JN317699

監修
新堂幸司・松尾浩也

日本裁判資料全集3

信山社

日本裁判資料全集

日本裁判資料全集３・４『長銀最高裁無罪事件（上巻・下巻）』

刊行にあたって

日本裁判資料全集１・２が刊行されたのは、2005年のことである。取り上げられた事件は、「東京予防接種禍訴訟」で、26年間に及ぶ訴訟の全貌を明らかにする記録集であった。原告たちの委嘱を受けた弁護団は、訴訟記録の整理、編集の作業を完遂し、上下両巻1,778頁の大冊が刊行された。

これに続く第２弾の達成は、容易なことではあるまいと思われていた。ところが、2008年７月、最高裁判所は、いわゆる長銀事件の被告人３名全員に無罪を言い渡し、事件を終局させた。そして、この事件では、弁護団が「長銀最高裁無罪事件記録刊行会」を組織しており、資料を整理の上、法律制度改善のための「公共財」として公刊したいという意向を有していた。これを知った信山社編集部と記録刊行会との間で協議が重ねられ、刑事事件の記録であるだけにその取り扱いには慎重でなければならないが、刊行会の方ではその点に充分配慮しつつ作業を進められていることが分かり、信山社としてこれを「全集３・４」として刊行することに決定した。ふたたび上下両巻、1,992頁の資料が世に出ることになったのである。

日本長期信用銀行に関して粉飾決算の問題があるとされ、同行の頭取又は副頭取であった幹部３名に対して公訴が提起されたのは、1999年６月のことであったから、裁判は約９年続いたことになる。起訴の罪名は、証券取引法違反（有価証券報告書虚偽記載）、及び商法違反（違法配当）である。被告人３名は、一審の東京地裁で執行猶予のついた有罪判決を受け、控訴も棄却されたが、上告審である最高裁判所第二小法廷では、全員無罪の判決を得た。なお、本件と表裏をなして、被告人らに対する民事訴訟も提起されていたが、これは一審、控訴審とも被告側が勝訴し、上告審の最高裁判所は、本件と同じ日に原告側の上告を斥けた。

本書は、６部構成になっているが、各部の冒頭に編者による「解説」が付され、理解に便宜を与えている。刊行準備中の昨2010年、図らずも厚生労働省元局長の無罪事件があり、特別捜査部の在り方が注目を浴びた。問題は発展して「検察の再生」、「捜査・公判の見直し」が論じられるに至っているが、９年を費やして「全員無罪」に到達した本件からも、多くの教訓を汲み取ることができよう。『裁判資料全集３・４』が刊行の意義を全うすることを期待して、この「まえがき」を書いた次第である。

2011年７月８日

日本学士院会員・東京大学名誉教授

松尾浩也

発刊にあたって

近年、明治判決原本が裁判所の合理化にともなって、整理されつつある。大審院判決録、最高裁判所判例集、高等裁判所判例集、下級裁判所判例集、行政事件判例集、刑事裁判月報、行政裁判月報、家庭裁判所月報、労働関係民事裁判例集、労働判例、裁判所時報などがそれである。明治24年の法曹記事、明治33年からの法律新聞、明治32年創刊の法学志林、昭和７年法学（東北大学)、昭和25年に判例タイムズ、昭和28年に判例時報などが発行されて今日に至っている。日本の判例集の歴史は公式・非公式を含めてかなり早い時期から作られるようになった。

また、判例集の刊行は判決の公平さを担保するものでもあり、憲法上保障される国民の裁判を受ける権利とも関連して重要なことである。梅謙次郎の法典質疑録・判決批評などは立法担当者の立法実践に寄せる並々ならぬ思いが感ぜられる。これらは、日本近代法、なかんづく近代司法制度の安定にとって重要な役割を果たしてきた。

学問レベルでも日本における判例研究は大正期末弘巌太郎の衝撃的方法論の提唱に始まり、平野義太郎・我妻栄・川島武宜・甲斐道太郎などによって盛んに議論された。今日判例研究の方法論についての論争は下火になったとはいえ依然として諸外国に例を見ない判例(研究)王国を作り上げているといえる。判例評釈・判例解説文献は枚挙に暇がない。これらはいずれも事実と判決文を掲載し解説を付している。判例研究の方法論で夙に指摘されているように、そこでは事実の精確な認識の上にたって、法の適用ひいては判決の結論が妥当かどうか判断されなければならない。ロースクール時代を迎えて、実務教育の重要性が言われるようになったが、そのための裁判資料は十分であったか。判例研究のますますの隆盛のみならず、法理論と法実務の架橋を支援するべく、ここに、日本裁判資料全集の刊行を企図した次第である。

願わくば、本裁判資料全集が発展普及し、法実務及び法学研究の両面にわたり新たな地平を拓く素材として大いに役立つことを期待するものである。

2005年10月20日

東京大学名誉教授　弁護士

新 堂 幸 司

日本裁判資料全集3

長銀最高裁無罪事件

上　巻

編集

更田義彦・倉科直文・國廣　正

坂井　眞・五味祐子

はしがき

1　編纂のねらい

本書は、1999（平成11）年6月、強制捜査に引き続いて起訴された後、2008（平成20）年7月に、最高裁判所の無罪判決を受けるまで、9年間、刑事被告人の地位におかれた旧日本長期信用銀行の元頭取大野木克信氏、副頭取須田正己氏、同鈴木克治氏に対する商法違反、証券取引法違反被告事件の記録である。

刑事事件で逮捕されると、洋の東西を問わず、逮捕されたことは大きな記事として報道されても、釈放されたときは必ずしも世間の大きな関心をひかない。被告人は判決を受けるまで、無罪の推定を受けると言われるものの、実際には、世間は、大多数の人々が、捜査報道によって被告人らの有罪を信じて疑わず、平素とは手のひらを返したような態度をとり、本人ばかりではなく、家族等周辺の人々は、生活に深刻な打撃を受け、社会的な評価を大きく傷つけられる。

3人の被告人は、巨大な国家権力と対峙して、いったんは屈服したが、起訴後に再び、立ちあがり、孤立しながらも、弁護人とともに、長期間を闘いぬいた。

捜査が「国策捜査」と呼ばれ（但木敬一・元検事総長発言　2009.1.11朝日）、一審、二審の裁判所が有罪判決を言い渡した事件について、最高裁が逆転の無罪判決を言い渡したが、捜査・起訴の判断並びに一、二審判決と、最高裁判決とが、どうして結論を分けたのか。

また本件では、内部調査委員会の調査を受け、旧長銀が、刑事告訴に踏み切ると同時に、検察官の主張や証拠を援用して、被告人ら取締役に対して損害賠償請求を提起して民事責任を追及し、整理回収機構がこれを引き継ぎ、訴訟を追行した。しかし、東京地裁、東京高裁の民事部は、請求を棄却し、最高裁も提訴弁護団の上告を棄却した。

ところが、メディアには、最高裁判決を聞いてさえ、刑事責任とは何か、刑事裁判とは何かといった観点を棚に上げて、長銀につぎ込まれた公的資金は、いったい誰が責任をとるのかといった論調が目立った。

そこで、この事件に被告人及び弁護人としてかかわった者としては、記録を編纂して、世に残す責務があると痛感した。本件のような無罪確定事件では、捜査段階と公判段階を通じた刑事手続の経過及び資料は、廃棄されるべきではなく、むしろ、わが国の法律制度の改善ないしは法文化の発展のためにも、公共財として保存されるべきであろう。

2　記録編纂上の制約

本件は、判決及び弁護人の上告趣意こそ、最高裁の判例集に収録されたものの、検察官の主張とその根拠とされた証拠、これに対する弁護人の反論とその根拠とする証拠は、公開されておらず、これらは、時間の経過とともに散逸する虞がある。

刑事事件の訴訟記録は、事件が確定すると、訴訟記録は検察庁が保管する。一般人は、閲覧請求をすることができるとされてはいるが、記録の保管期間の制限があるほか、記録の閲覧には制限があり、研究の目的であっても自由に閲覧謄写をすることはできない。

資料はできるかぎり保存したいが、本書もまた、訴訟記録の全てを登載することはできない。刑事事件の記録には、さまざまな制約がある。

まず、本件の記録は、膨大な分量がある。公判手続の記録の丁数のみでも、数千頁を優に超える。

次に、検察官の開示した捜査段階の証拠の開示については、刑事訴訟手続又はその準備以外の目的で使用する場合には、法律（刑事訴訟法281条の4）で厳しく制限されている。もっとも、この点は、無罪が確定した事件において、訴訟手続を検証する目的で資料を編纂する場合には、上記の制限の例外を認める扱いが考慮されてよい。とくに本件では、平行して審理された民事事件において犯罪被害者として整理回収機構の代理人が刑事記録を閲覧謄写して、その一部を証拠として提出した。そのかぎりでは民事事件の訴訟記録にも収載された資料もある。このような事情はあっても、捜査段階の記録は、公判手続で取り調べられていない資料をはじめとして、慎重に取り扱わざるを得なかった。

3　資料の選択の要領

そこで、本書に収録した資料は、公判段階における検察、弁護の「主張」が中心となる。弁護側は3人の被告人ごとに2名ないし5名程度の弁護団を編成し、当初から連携をしながらも、独自の弁護活動を行った。その主張は、大要においては、むろん一致しているが、細部においては、かなりの出入りもある。本書では、共通の弁護活動部分を除く、各被告人関係の主張・立証に関する資料の収録は、スペースとの関係で、それぞれの被告人ごとの、弁護人の自主的判断により、収録部分を選択したため、不揃いの点がある。

しかし、検察官の起訴状、冒頭陳述、検察官の一審以来の主張は、紙数の許す範囲でほぼ全面的に収録し、弁護人の反論及び一、二審判決に対する批判も、可能な限り収録した。

公判手続の経過は、公判期日調書（ただし、立ち会った裁判所速記官のらん等一部を省略した。）によって示した。

証拠関係については、証拠関係カード（継続用紙は省略。）を収録し、検察官及び弁護人が何を取り調べ請求したかを明らかにした。

検察官立証は、主として、捜査段階の長銀関係者をはじめとする関係者の供述調書と被告人の供述調書によっている。これらは、上記制約に加えて、そのあまりの分量のゆえに、収録できなかった。証拠として裁判所に提出されたものの総頁数は、12,400頁以上に達する。多くの調書には大部の会議資料等が添付されており、とくに被告人の供述調書には、そのほとんどに百数十頁の資料が添付され、甚だしきは

320頁の資料が添付されたものもある。これらの証拠、とくに被告人の供述調書の姿については、弁護人の弁論等における信用性の弾劾の項を参照されたい。

検察官の請求によると弁護人の請求によるとを問わず、第三者証人の公判廷における証言は、可能な限り収録した。刑事事件における弁護活動は、孤立し、徒手空拳である。人々は口を閉ざし、無関係を装い、弁護人に情報を提供したり、証人となることを尻込みする。刑事事件自体ではなく、民事事件の証人であっても、それが刑事事件にも関連すること思えば、証人としてあえて出廷し、事実を語ることには、極めて大きな困難があったと察せられる。弁護人請求の証人については、できるかぎり検察官の反対尋問も収録するように努めた。

被告人質問は、裁判所が寛大にその機会を与えたので、膨大な分量となった。一審段階の公判供述の速記録は、およそ1400頁にのぼるが、ここでは、ほとんど割愛し、控訴審における被告人の公判供述のうち、ごく一部を収録した。控訴審では、内容的にも争点に収れんされ、分かりやすくなっている。

関係法令、通達、会議記録、公刊物等の客観的な資料は、重要部分のみを収録し、できるだけ、その所在を示した。なお、解説においても、原則として敬称を省略した。

4　生きた教材

本件の記録を読み直すと、本件においても、弁護人の目の届かない密室の捜査において、捜査官が、被告人──捜査段階では「被疑者」と呼ばれる──から、巧みに被疑者の信頼を勝ち得、あるいは、弁護人を誹謗中傷するなどして、思いどおりの供述をとり、その内容の調書が作成された経過が明らかになる。しかも、刑事の裁判所では、自白の信用性をいとも簡単に認めてしまうことがわかる。

長銀刑事無罪判決事件の記録は、この事件の判断を検証する資料となるばかりではなく、法の支配の理念を共有する弁護士、検察官、裁判官が法曹としての職業上の倫理を学び、さらには報道機関をはじめ国民が、司法、とりわけ、刑事手続に対する理解を深める上で、一つの生きた教材となれば幸いである。

5　謝　辞

この記録が、日の目を見るについては、出版事情の厳しい折にもかかわらず、その意義を認め、終始、激励とご配慮をいただいた信山社の袖山貴さん、稲葉文子さんをはじめとする各位のご協力のおかげであり、厚く感謝を申し上げる。なお、編集上、行き届かない点もあるが、その責めは不慣れな編者が負うものである。上記実情にかんがみ、ご容赦をお願いしたい。

2011年4月21日

長銀最高裁無罪事件記録刊行会

編者を代表して　更田義彦

『長銀最高裁無罪事件』上巻　目次

第3部　公判手続の緒戦——冒頭手続と検察官の主張立証

第４部　弁護側の反証

『長銀最高裁無罪事件』下巻　目次

第6部 ためらいを見せた控訴審判決

第1部　事件の概要と最高裁判決

第1部　事件の概要と最高裁判決

［解説］

解　説

事件の概要

(1)　被告人ら３名は無罪

平成 20 年 7 月 18 日午後 3 時。最高裁判所（最高裁）第二小法廷の 4 人の裁判官が入廷して席に就き、平成 17 年(あ)第 1716 号証券取引法違反、商法違反被告事件について、中川了滋裁判長が判決を宣告した。

主文

原判決及び第 1 審判決を破棄する。被告人らはいずれも無罪。

これより先、東京地方検察庁（検察庁）は、平成 11 年 6 月 30 日、日本長期信用銀行（長銀）元頭取大野木克信、元副頭取須田正己、同鈴木克治の 3 名について、平成 10 年 3 月の期末決算に粉飾があるなどとして起訴し、東京地方裁判所（東京地裁）は平成 14 年 9 月 10 日、有罪判決を言い渡し、東京高等裁判所（東京高裁）も同 17 年 6 月 21 日、この判決を結論において支持して控訴を棄却していた。

最高裁判決は、一、二審の、会計基準に関する「新通達が慣行になった」とする判決を、事実誤認と法令の解釈適用の誤りがあるとして、破棄し、長銀経営陣に刑事責任がないことを確認した。

東京地方検察庁特捜部が起訴をした事件について、著しく正義に反するものとして無罪を言い渡した。このような事件は、ほとんど例を見ない。

(2)　起訴に至る経緯

長銀は、平成 10 年 10 月 23 日、経営が破綻し、いわゆる公的管理に移された。捜査当局は、経営者の刑事責任を追及するため、約半年にわたり、長銀関係者、特に経営陣の責任を追及するため、大々的な取り調べを行った。

しかし、捜査当局は、経営陣の刑事責任を、一般に分かりやすい背任等の刑法犯で立件することはできなかった。経営の破綻に近い時期の経営陣に廉潔性を疑わせる事実は、認められず、経営陣の刑事責任を追及することは困難であった。

検察庁は、長銀の、破綻の直近の会計年度の決算に粉飾の疑いを抱いた。利益がないのに配当をして資本を外部に流出させ、真実でない決算書を財務局に提出して、一般投資家に虚偽の情報を流布したという嫌疑である。

具体的には、長銀が、平成 10 年 3 月期の決算上、その資産である貸出金の財産的価値が劣化しているのに、これを不当に高く評価して、帳簿上、誤った記帳をした。特に長銀の関連ノンバンク及び関連会社に対する貸出金は、取立不能の虞があるにもかかわらず、取り立てることのできない見込み額を控除――すなわち償却・引当――をしない（旧商法 285 条の４）で、決算を行った。それは、商法による違法配当罪に該たり、そのような決算内容の報告は証券取引法による有価証券虚偽報告罪に該たる、というのである。

刑事責任を追及され、最終的に、起訴されたのは上記３人の頭取、副頭取である。なぜ３人なのか。逮捕勾留され、被告人として訴追されるか否かによって、天国と地獄との違いがあるが、起訴された者と不起訴とされた者を分けたのは何か。起訴の判断は恣意的ではなかったか。

もっとも、裁判では、後に見るように、いかなる場合に取立不能の虞があるというのか、また取立不能の見込み額をどのようにして算定するのかが、最大の争点となる。

検察官は、本件では、貸出先の実態と返済能力に関する捜査の結果を見れば、そのようなことを論ずること自体、ほとんど必要がないという立場をとり、長銀は適正な償却・引当をしなかった旨主張したが、最高裁の判決は、その主張に与しなかった。

平成 10 年３月期当時、都市銀行、長期信用銀行等の大手金融機関をはじめ、地銀、信組、信用金庫等の金融機関において、不良債権の償却・引当に関し、どのような会計基準に基づき、どのような会計処理が行われていたかについて、検察庁が、捜査を行なった形跡は、ほとんど窺えない。

検察官は、被告人らを含む長銀関係者を多数、取り調べた。中には極めて長期間、かつ長時間の取調べを受けた者もいる。長銀関係者は、破綻の社会的な責任を痛感し、不本意ながら、検察官の論理に屈従した。強制捜査に入る直前の平成 11 年５月６日、上原隆前副頭取が、同月 15 日には、福田一憲総務部長が自死した。

被疑者、参考人には、商法上、償却・引当義務があるか否かについて、十分に検討をする余裕は与えられなかった。その結果、「商法上、当期に償却・引当すべき不稼動資産が約１兆円存在するのに、資産不足のゆえにそれを怠った」という自白調書がパソコンによって、大量に作成された。

また、報道機関は、捜査機関から得た情報に基づき、粉飾決算であったと決め付けて大々的に報道し、世間にそのような強い印象を与えていた。

しかし、幸か不幸か、後に述べるとおり、長銀事件は、「自白」によって、決着のつく事件ではなかったのである。

⑶　償却・引当の基準は何か

弁護人は、公判手続の冒頭から、本件では、銀行の会計上、いかなる会計基準に基づいて、償却・引当をなすべきかが争点であることを指摘し、検察官に対し、これを明示するように求めた。

しかし、検察官は、終始、その点を明確にすることなく、一審の公判手続は、検察官、弁護人、裁判所の間で、本件の核心的な争点が何かについて、明確に認識を共有しないままに、進行したきらいがある。

検察官は、論告においては、「企業会計原則・同注解18、(公認会計士協会の) 4号実務指針、(大蔵省銀行局の銀行業に関する) 決算経理基準は、商法32条2項にいう『公正なる会計慣行』に該当し、特別の事情を立証できない限りそれに従わなければならない」、「長銀の貸借対照表の作成は、その点においても、その作成方法に係る規範に違反していた」、「金融機関において、従前、事実上税法基準に該当するもののみ償却・引当をしてきたとしても、それが『公正な』会計慣行でなかったことは言うまでもない」と指摘している。しかし、これらの点が検察官の主張の中心的な柱として据えられていたわけではない。

これに対し、弁護人は、最終弁論で、「商法285条の4は抽象的であり、その具体的基準が明らかでない」と指摘し、「税法基準は、金融機関の貸出金の引当償却に関する公正なる会計慣行の内容を構成していたかどうか」、「資産査定通達の趣旨、内容に争いがあるのに、これを慣行ということはできない。検察官がよるべき公正なる会計慣行を立証する責任を負う」などと主張した。しかし、弁護人も、検察官が取り調べ請求予定証拠として開示した膨大な記録の検討と長銀の破綻の経緯などの背景立証に時間をとられ、必ずしも明確に論点を浮き彫りにすることができず、企業会計実務における「税法基準」の指導性を適確に論証できなかった憾みがある。

一審裁判所は、検察側の立証に引き続き、弁護側の請求に基づき、長銀関係者のみならず、公認会計士、金融制度調査会関係者、商法学者、行政官等の証人尋問を採用し、慎重な審理を行った。しかし、判決は、「いかなる場合が取立不能の虞あるときにあたるのか、また取立つること能わざる見込み額をどのように算定するのかについては商法に具体的な基準を定めた基準がないから、当時の『公正なる会計慣行』(商法32条2項) によって判断するほかない」との判断を示すものであった。

(4) 従来の会計基準

(i) 弁護側の主張

弁護側は、一審以来、金融機関が従来、前期である平成8年度 (平成9年3月決算期) までは大蔵省銀行局の決算経理基準に従い、税法基準によって償却・引当等の会計処理を行ってきたことを指摘し、税法基準によることの根拠をおおむね次のように主張した。

① 会社法の会計、証券取引法会計、租税会計は、それぞれ目的を異にしているが、併存しており、しかも相互に影響、制約しあって形成されており、トライアングル体制と表現されていた。公正妥当と認められる企業会計の慣行の内容が明確でない事項については、租税制度の基準が会計実務に影響を及ぼし、租税会計が会社法に基づく計算を主導することが少なくない。

② この事件で問題とされた長銀の不良債権は、すべて長銀の取引先のうち、関連ノ

ンバンクあるいは関連会社に対する貸出金である。従来、このような取引先に対する貸出金は、銀行が将来の回収を見込んで、支援を継続している限り、破綻するとは考えられず、したがって、取立不能の虞があるとは言えないと考えられてきた。

③　法人税基本通達9-6-4が、事業好転の見通しのない先でなければ、無税償却を認めないのは、金融機関がその追加的な支援を予定している貸出先は、事業好転の見通しがないと判断することは適切とは言えないからである。税法基準は、公正妥当であると考えられており、会計の基準として、採用されてきた。

④　資産査定通達等は、このような会計処理を明確に廃止したとは言えない。その後策定された金融検査マニュアルの考え方を平成10年3月期に前倒しして、これによらない会計処理を違法であると断ずることはできない。

(ii)　検察官の主張

これに対し、検察官は、税法基準による取扱いは、平成10年3月期に限らず、それ以前の平成8年度においても、許すべからざるものであったとの態度をとり、従前から大蔵省検査（MOF検）や各銀行で用いられてきた貸出金の資産評価手法を適用すれば、本件貸出金は回収不能であると見込まれた。大蔵省の平成9年3月5日に出た「資産査定通達」は従来の資産評価の手法を受け継いだものであるが、長銀の会計処理は資産査定通達の基準を大きく外れている、などとしている。

このように、検察官と弁護人との間で、従来の会計基準は何かをめぐって、対立した。

(iii)　一審判決

この点に関し、一審裁判所は、早期是正措置が導入される以前の金融機関においては、不良債権償却証明制度において認められた限度において、貸出金等の償却・引当を行うのが一般的な傾向であったこと、及び早期是正措置導入以前には税法基準に従った償却・引当の方法が許容されていたことを認めながら、無税による償却・引当を行えば足りるとする会計処理が「公正なる会計慣行」になっていたとまでは言えず、資産査定通達等の趣旨に反する会計処理は、「公正なる会計慣行」と評価することはできない、とした。

要するに、一審裁判所の従前の会計基準に関する判断は、評価の点で、腰砕けであったといってよい。

反面、一審判決は、資産査定通達等における資産査定の方法、償却・引当の方法等を、金融機関の貸出金等の償却・引当に関する合理的な基準であり、「公正なる会計慣行」に当たり、この趣旨に反する会計処理は許されない、唯一の合理的な基準であった、とした。

さらに、判決は、弁護側の多岐にわたる主張をことごとく排斥し、長銀の平成10年3月期における貸出金について、実質的には、資産査定通達及び関連ノンバンクに対する貸出金の査定の考え方を取りまとめた9年事務連絡を機械的に適用して、償却・引当不足額を算定し、償却・引当が不足していると認定した。そして、結論として、

３人の被告人に対し、いずれも執行猶予付ながら懲役３年ないし２年の有罪判決をした。

(5) 公正なる会計慣行

そこで、控訴審では、①「公正な会計慣行」とは何か、②新しい慣行が従来の慣行にとって代わるには、どのような条件が必要か、③資産査定通達等が公正なる会計慣行か、④当時まで金融機関ではいかなる会計慣行があったのかをめぐって、審理が続けられた。

弁護人は、①公正なる会計慣行の意義を糺した上、会計基準は、②金融機関において、一般にどのような基準に基づいて会計処理が行われていたか、③行政当局において、バブル崩壊後の不良債権処理について、金融機関をどのように指導をしてきたのかといった客観的事実に基づいて認定されるべきであると主張した。

弁護人は、これらの点を立証するため、検察官に対し、他の金融機関関係者及び行政関係者等の供述調書の証拠開示を請求したが、ほとんど開示されなかった。

控訴審裁判所も、概して慎重に事実の取調べを行った。しかし、結論的には、一審の判決を支持した。

控訴審判決は、本件の核心的な争点を、「平成10年３月決算期の公正なる会計慣行は何かにある」と設定し、①「資産査定通達等」の定める基準に基本的に従うことが公正なる会計慣行となっていた。②その反面、「資産査定通達等」の趣旨に反し、その定める基準から大きく逸脱する会計処理は「公正なる会計慣行」に従ったものとはいえない。③従前「公正なる会計慣行」として容認されていた税法基準による会計処理や、関連ノンバンク等についての段階的処理等を容認していた従来の会計処理はもはや許容されない。④平成10年３月期においては、「資産査定通達等」の示す基準に基本的に従うことが唯一の「公正なる会計慣行」であり、⑤従来の基準と新しい基準の２つの基準の併存はあり得ない、とする判断を示した。

このように、控訴審判決は、２つの基準は併存しないと判断したが、従前、税法基準による会計処理が「公正なる会計慣行」として容認されていたこと、及び従来の会計処理は関連ノンバンク等についての段階的処理等を容認していたことを認めた上、これらの会計処理は、もはや「公正なる会計慣行」に従ったものではなくなったとしている。

弁護人にとっては、この点が後に突破口となる。

(6) 控訴審判決の論理と問題点

控訴審判決は、どのような根拠に基づいて、「新基準が唯一の基準である」と判断したのであろうか。

控訴審判決は、それぞれ作成者、名宛人、性質、内容の異なる「資産査定通達」、「９年事務連絡」、「４号実務指針」の３つを合わせて「資産査定通達等」と総称し、「資産査定通達等」に定める基準から大きく逸脱するような自己査定基準の作成や自己査定はもはや許されない事態に至っているとしている。周知の期間も確保されており、これに従うことが「公正なる会計慣行」であり、これに反する会計処理は「公正なる会計慣行」に従ったものとは言えない。平成10年３月決算期において何が公正なる会計慣行であるかは、容易に判断しうることであり、金融機関共通の認識である、というのである。

控訴審判決は、一方で、「公正なる会計慣行」が何かが、本件の核心的な争点であるとしながら、いわば、「それは自明の理である」と述べているに等しい。

たしかに、控訴審判決は、その根拠として、早期是正措置の導入の経緯を形式的には挙げているが、実質的な検討をしたとは言えない。本件決算期における他行の関連ノンバンク及び関連会社に対する貸出金の自己査定状況や、本件決算期後の金融検査マニュアルの策定と「資産査定通達」の廃止や自己査定と金融検査との乖離の状況といった、本件決算期以降の客観的事実を一切無視しているように思われる。

また資産査定通達、４号実務指針、９年関連ノンバンク事務連絡という性格の異なる文書を一括りにして、合理的かつ明確な「新基準」であると断定しているが、その認定は、極めて粗雑ではないだろうか。

さらに、多年行われた会計慣行を廃止するのに、わずか１年弱の期間をもって、周知期間が十分であったと言えるのだろうか。

判決における主な関係者の供述の引用も、それらの供述がいずれも、全体として、資産査定通達等が唯一の公正なる会計慣行であることを否定する内容であるのに、極めて恣意的な引用をしている。

控訴審判決は、関係者の「経営上の観点から償却・引当することが望ましいとする不良債権」と、「会計基準に照らし償却・引当しなければならない不良債権」とを、取り違えた供述について、その信用性を吟味していない。自白調書に基づき、「被告人３名は、平成10年３月期において、関連親密先について償却・引当をすべき不良債権が１兆円近くあることを認識していた」との断定的判断を示している点が、特徴的である。

控訴審判決において、目を引く点として、「要は金融機関に身を置く通常人を基準として、『公正なる会計慣行』が何なのかが理解でき、処罰される行為とそうでない行為が区別できれば足りる」とし、他方で、被告人らは「刑事責任を問われることになろうとは考えていなかったと思われる」とも述べていることが、挙げられる。

要するに、控訴審判決は、一審判決に対して、批判的な検討を求める控訴理由に答えたものとはなっていない。

⑺　長銀民事配当事件

本件に関し、旧長銀（新生銀行）は、被告人ら３名を含む経営陣に対し、違法配当による資本の流出によって損害を受けたとして、10億円の損害賠償請求の訴えを提起し、整理回収機構がその債権の譲渡を受けたとして、訴訟を継承した。

この民事事件は、刑事事件と争点が全く同一である。長銀関係の民事事件は、配当事件のほか、いわゆるノンバンクに対する貸出に関する事件、EIE（イ・アイ・イ）に対する貸出等に関する事件などがあり、いずれも東京地裁民事第8部（商事専門部）に係属したことから、配当事件の審理が刑事事件に比べてやや遅れた。しかも、原告の地位を承継した整理回収機構側の立証活動は、刑事事件について犯罪被害者の立場で、刑事記録を閲覧した上で、民事事件に証拠として提出するもの（犯罪被害者等の権利利益の保護を図るための刑事手続に付随する措置に関する法律3条）であったため、重要な証拠はほとんど共通であると言ってよい。

長銀民事配当事件は、東京地裁民事部において、刑事事件の一審判決の後、刑事事件の控訴審と時期的にも並行して審理された。

その結果、東京地裁民事部は、平成17年5月19日、原告の請求を棄却する判決を言い渡した。民事判決は、本件では、資産査定通達等によって補充された改正後の決算経理基準（新基準）が、平成10年3月期における銀行の貸出金の償却・引当に関する唯一の「公正なる会計慣行」であったか否かが最大の争点であるとした上で、平成10年3月期に新基準が唯一の「公正なる会計慣行」となっていたとは認められないとしたのである。

その理由の骨子は、新基準を唯一の公正なる会計慣行と認めるためには、会計慣行の変更に伴って、企業会計の継続性の点で支障が生じ、関係者への不意打ちとなるような場合には、これに対する必要な手当てを講じることが必要であること、基準として一義的に明確なものであること、これが唯一の基準となることの周知徹底が図られていること、以上の要件が必要であるが、本件ではこれらの要件を充たしていないというものである。

東京地裁民事部のこの判断は、適正手続の精神に基づくものであるが、本来、刑事手続においてこそ、尊重されるべきものであった。

整理回収機構は直ちに控訴したが、東京高裁民事部は、平成18年11月29日、一審判決を支持し、控訴を棄却する判決を言い渡した。

そこで、整理回収機構側が最高裁に上告及び上告受理の申し立てを行った。この事件は、刑事事件と同じ第二小法廷に係属した。

なおこのほかに、長銀の平成9年度の中間決算をめぐり、一般投資家が被告人らを含む取締役に対し損害賠償請求事件を提訴したが、請求棄却の判決が確定している（大阪地裁平成19年4月13日判決（(判タ1256号297頁)）、大阪高裁平成20年2月28日判決（(公刊物未登載)）。平成20年3月14日確定）。

これらの民事判決は、いずれも税法基準を公正なる会計慣行として認め、平成9年度の中間期及び年度末決算の適法性を認めたものである。

そこで、最高裁は、長銀の平成9年度の決算について、民事部の判決と刑事部の判決との事実認定のねじれと法令解釈の統一を迫られることとなった。

事実、最高裁は、刑事部の判決宣告の同日、前記長銀民事配当事件について整理回収機構の上告を棄却し、上告受理の申し立てを受理しないとの決定をした。

(8) 検察官の弁論

弁護側の上告理由に関する弁論に対し、検察官の最高裁における弁論の際立った特徴は、必ずしも原審判決の論理を擁護するものではなかった点にある。検察官は、弁論のなかで、原審が核心的な争点とした会計基準に関する公正なる会計慣行に関する論点をほとんど素通りした。

検察官は、立証の要点につき、検察官が償却・引当義務があるとする貸出金が回収不能見込みであったこと、したがって強行規定である商法等の規定により償却・引当義務があったのに償却・引当がなされなかったこと及びこれについての被告人らの故意が認められることのみであるとしている。

検察官としてみれば、本件では、基準がどのようなものであれ、取立不能は、あくまで取立不能であり、長銀の関連親密先に対する貸出金の査定は、商法に違反していることが明らかであるという立場、いわば、商法を解釈適用する権限は検察官に専属するという見解に終始したのである。

(9) 無罪判決とその意義

冒頭に述べたとおり、最高裁は、高裁の判決を破棄しただけではなく、一審判決も破棄し、差し戻しをすることなく、直ちに無罪の判決を言い渡した。

最高裁判決は、資産査定通達等によって補充される改正後の決算経理基準は、新たな基準として直ちに適用するには、明確性に乏しかったと認められると述べ、過渡的な状況のもとでは、これまで「公正なる会計慣行」として行われていた税法基準の考え方によって関連ノンバンク等に対する貸出金についての資産査定を行うことが、直ちに違法であったとはいえない旨指摘している。

不明確な基準によって、違法とされるのであれば、国民は安定した法的生活を送ることができない。最高裁は、一審判決及び原判決を破棄しなければ著しく正義に反するとの判断を示した。無罪判決は、最高裁にして、ようやく、裁判所が法の番人としての職責を果たし、かろうじて、法的生活の安定を回復したものと評価できよう。

次に、税法基準によれば、必要な償却引当をしているか否かが問題となる。しかし、本件では、この点をすでに十分に立証し尽くしていた。同じ小法廷に係属している長銀民事配当事件についても同様である。

このようなことから、最高裁は本件について差し戻すことなく、直ちに無罪判決を言い渡し、民事配当事件についても同日、上告及び上告受理の申し立てを退ける決定をした。

もとより、最高裁判決によってすべての問題が解決したわけではない。

被告人とされた者及びその親族は、他の冤罪事件の例と同じく、社会から白眼視された。これらの人々の失われた10年は、およそ回復しがたい重大な損失である。

この判決の結論は、無論、被告人、弁護人にとっては、当然のものであるが、この結果に辿りつくには、実に長期間を要した。被告人は心身ともに疲弊したと言っても過言ではない。

しかし、いったん、強制捜査が開始され、さらに起訴されると、防御には、とてつもないエネルギーを要する。一審の執行猶予がついた有罪判決で、正義の追求を断念して、泣き寝入りをする人も出てこようと言うものである。

本件のように、提起された問題が、なんら、胡散臭い話ではなく、金融機関における日常的な会計処理に関する事がらであっても、破綻金融機関の旧経営陣やその弁護人が事実に関する情報を収集することは、様々な事情から困難を極めた。

それだけに、困難を承知で、事案の真相を究明するため、快く証言、陳述書の作成を引き受け、あるいは貴重な情報を提供して下さった方々には、敬意を表し、感謝するのみである。中には、その結果、整理回収機構から手ひどいしっぺ返しを受けた人もいる。しかし、これらの司法に対する協力者の証言等がなければ、今日の結論を得ることはできなかったであろう。

さらには、証人の中には、尋問準備において事実関係を確かめたところを翻し、法廷で過去に体験した事実を述べるよりは、検察官の見解に沿う自説を述べた人もいることも付言しておこう。さまざまな人間模様がある。

一部の報道機関は、判決後の論評においてさえ、刑事事件によって、公的資金の投入という事態を招いた責任者を糾弾できると考えている節がみられるが、刑事手続に対する理解に欠け、誤っている。

この事件は、刑事訴訟法の理念を実現することの難しさを痛感させると同時に、司法（JUSTICE）への希望を改めて想起させるものであった。

Ⅰ　最高裁判決

平成17年(あ)第1716号

判　　　決

大野木克信

須田　正己

鈴木　克治

上記の者らに対する各証券取引法違反、商法違反被告事件について、平成17年6月1日東京高等裁判所が言い渡した判決に対し、各被告人から上告の申立があったので、当裁判所は、次のとおり判決する。

主　　　文

原判決及び第1審判決を破棄する。
被告人らはいずれも無罪。

理　　　由

被告人大野木克信の弁護人倉科直文ほかの上告趣意は、憲法違反、判例違反をいう点を含め、実質は事実誤認、単なる法令違反の主張であり、被告人須田正己の弁護人國廣正ほかの上告趣意は、憲法違反をいう点を含め、実質は事実誤認、単なる法令違反の主張であり、被告人鈴木克治の弁護人更田義彦ほかの上告趣意は、憲法違反、判例違反をいう点を含め、実質は事実誤認、単なる法令違反の主張であって、いずれも刑訴法405条の上告理由に当たらない。

しかしながら、所論にかんがみ、職権をもって調査すると、原判決及び第1審判決は、刑訴法411条1号、3号により破棄を免れない。その理由は、以下のとおりである。

1　本件公訴事実の要旨は、「被告人大野木克信は、平成7年4月28日から平成10年9月28日までの間、東京都千代田区内に本店を置き長期信用銀行業務等を目的とする長期信用銀行で、発行する株式が東京証券取引所第1部等に上場されている株式会社日本長期信用銀行（以下「長銀」という。）の代表取締役頭取であった者、被告人須田正己は、平成9年10月1日から平成10年8月21日までの間、長銀の代表取締役副頭取であった者、被告人鈴木克治は、平成9年10月1日から平成10年3月31日までの間、長銀の代表取締役副頭取であった者であるが、被告人3名は共謀の上、第1　長銀の業務に関し、平成10年6月29日、大蔵省関東財務局長に対し、長銀の平成9年4月1日から平成10年3月31日までの事業年度（以下「平成10年3月期」

ともいう。）の決算には5846億8400万円の当期未処理損失があったのに、取立不能のおそれがあって取立不能と見込まれる貸出金合計3130億6900万円の償却又は引当をしないことにより、これを過少の2716億1500万円に圧縮して計上した貸借対照表、損益計算書及び利益処分計算書を掲載するなどした上記事業年度の有価証券報告書を提出し、もって、重要な事項につき虚偽の記載のある有価証券報告書を提出し、第2

長銀の上記事業年度の決算には、上記のとおり、5846億8400万円の当期未処理損失があって株主に配当すべき剰余金は皆無であったのに、平成10年6月25日、長銀本店で開催された同社の定時株主総会において、上記当期未処理損失2716億1500万円を基に、任意積立金を取り崩し、1株3円の割合による総額71億7864万7455円の利益配当を行う旨の利益処分案を提出して可決承認させ、そのころ、同社の株主に対し、配当金合計71億6660万2360円を支払い、もって、法令に違反して利益の配当をした」というものである。

上記の当期未処理損失は専ら関連ノンバンク及びこれと密接な関連のある会社で長銀の関連親密先とされるものに対する貸出金に係るものであるところ、検察官は、商法（平成17年法律第87号による改正前のもの）32条2項にいう「公正ナル会計慣行」としては、後記資産査定通達等によって補充される改正後の決算経理基準のみがこれに該当し、これによれば長銀には平成10年3月期に公訴事実記載の未処理損失がある旨を主張した。そして、第1審は、公訴事実どおりの事実を認定して、被告人大野木克信に対し懲役3年、4年間執行猶予、同須田正己に対し懲役2年、3年間執行猶予、同鈴木克治に対し懲役2年、3年間執行猶予の各判決を言い渡し、原審は、事実誤認、法令適用の誤り等を理由とする各被告人の控訴をいずれも棄却した。

2　原判決の認定及び記録によれば、本件の事実経過は以下のとおりである。

(1)　大蔵省（当時。以下同じ。）は、銀行法（昭和56年法律第59号）の施行に伴い、昭和57年4月に「普通銀行の業務運営に関する基本事項等について」と題する通達（いわゆる「基本事項通達」。昭和57年4月1日付け蔵銀第901号）を発出したが、その中に経理関係として、普通銀行の会計処理の基準となるべき「決算経理基準」を定めており、この通達の発出以降、普通銀行は、当該経理基準のもとで、いわゆる税法基準（銀行の貸出金については、回収不能又は回収不能見込みとして、法人税法上、損金算入が認められる額（昭和44年5月1日付け直審(法)25「法人税基本通達」（平成10年課法2-7による改正前のもの）9-6-4等参照）につき、当期に貸倒償却・引当をする義務があるとされていたところ、銀行の関連ノンバンク等関連会社（以下「関連ノンバンク等」という。）に対する貸出金は、銀行がこれらに対し追加的な支援を予定している場合には、原則として回収不能見込み等とすることはできないが、銀行による金融支援が一定の要件を満たす場合には、上記「法人税基本通達」（平成10年課法2-6による改正前のもの）9-4-2に基づき当期における債権放棄などの確定支援損の限度で、寄附金としての処理をしないで、支援損として損金算入することが認められていたことに依拠して、銀行が関連ノンバンク等に対する金融支援を継続する限りは、毎期において確定支援損として損金算入が認められる範囲で段階的な処理を行うことができるというもの）に従った会計処理を行い、長期信用銀行においても、この基本事項通達を準用する取扱いにより、同様の会計処理を行っていた。したがって、銀行の関連ノンバンク等に対する貸出金については、一般取引先に対する貸出金とは異なり、銀行が関連ノンバンク等に対する金融支援を継続する限りは、償却・引当はほとんど行われていなかった。

⑵　平成６年、平成７年における金融機関の経営破綻を契機として、大蔵大臣の諮問機関である金融制度調査会は、金融システム安定化委員会を設置し、同年12月22日、金融機関経営の健全性の確保のための方策として「ディスクロージャーの推進」と「早期是正措置の導入」等の提言を内容とする「金融システム安定化のための諸施策」を大蔵大臣に答申した。また、大蔵省の金融検査・監督等に関する委員会も、同月26日、「今後の金融検査・監督等のあり方と具体的改善策について」と題する報告書を作成し、公表した。

⑶　これらの提言等を受けて、平成８年６月21日、「金融機関等の経営の健全性確保のための関係法律の整備に関する法律」など、いわゆる金融３法が成立し公布され、これにより銀行法及び長期信用銀行法等の一部が改正され、銀行経営の健全性を確保するための金融行政当局による監督手法として、平成10年４月１日以降「早期是正措置制度」が導入されることとなった。

⑷　平成８年９月、金融３法の成立を受けて、大蔵省銀行局長の私的研究会として、「早期是正措置に関する検討会」が発足し、同検討会は、同年12月26日、自己査定ガイドラインの原案などを内容とする「中間とりまとめ」を作成し、公表した。

⑸　大蔵省大臣官房金融検査部長は、「早期是正措置に関する検討会」における検討を踏まえ、平成９年３月５日付けで、各財務（支）局長、沖縄総合事務局長及び金融証券検査官あてに「早期是正措置制度導入後の金融検査における資産査定について」と題する通達（以下「資産査定通達」という。）を発出した。この通達には、金融機関が行う資産の自己査定は、金融機関が適正な償却・引当を行うための準備作業として重要な役割を果たすことになること、早期是正措置制度は平成10年４月から導入され、導入後の金融検査においては、金融機関の自己査定の基準が明確かどうか、その枠組みがこの通達で示される枠組みに沿っているかどうかについて把握し、当該基準に従って適切に自己査定が行われているかどうかチェックすることとなるが、導入されるまでの間における金融検査においても、金融機関の自己査定のための体制整備の進展状況等について把握するよう努められたい旨の記載がある。資産査定通達は、金融証券検査官が各銀行の実施した自己査定に対する検査を適切かつ統一的に行い得るよう作成されたものであり、金融機関にも公表されていた。

⑹　資産査定通達が発出されたことを受けて、全国銀行協会連合会の融資業務専門委員会は、各銀行が自己査定をする際の参考となるよう、資産査定通達の内容についての一般的な考え方を「『資産査定について』に関するＱ＆Ａ」（以下「資産査定Ｑ＆Ａ」という。）にまとめ、平成９年３月12日付けで、全国の金融機関に送付した。

⑺ 日本公認会計士協会は、資産査定通達の考え方を踏まえて、平成９年４月15日付けで、銀行等監査特別委員会報告第４号「銀行等金融機関の資産の自己査定に係る内部統制の検証並びに貸倒償却及び貸倒引当金の監査に関する実務指針」(以下「４号実務指針」という。)を作成し、公表した。これは、自己査定制度の整備状況の妥当性及び査定作業の査定基準への準拠性を確かめるための実務指針を示すとともに、貸倒償却及び貸倒引当金の計上に関する監査を実施する際の取扱いをまとめたものであった。この指針は、平成９年４月１日以降開始する事業年度に係る監査から適用するものとされた。

⑻ 大蔵省大臣官房金融検査部管理課長は、平成９年４月21日付けで、金融証券検査官等にあてて、「金融機関等の関連ノンバンクに対する貸出金の査定の考え方について」と題する事務連絡(以下「９年事務連絡」という。)を発出した。これは、関連ノンバンクに対する貸出金について、関連ノンバンクの体力の有無、親金融機関等の再建意思の有無、関連ノンバンクの再建計画の合理性の有無等を総合的に勘案して査定することを内容としていたが、金融機関一般には公表されていなかった。

⑼ ９年事務連絡の発出を受けて、全国銀行協会連合会の融資業務専門委員会は、いわゆる関連ノンバンク向け貸出金についての資産査定に関して、９年事務連絡の内容についての一般的な考え方を「『資産査定について』に関するＱ＆Ａの追加について」(以下「追加Ｑ＆Ａ」という。)としてとりまとめ、平成９年７月28日付けで、全国の金融機関に送付した。

⑽ 大蔵省銀行局長は、長銀の代表取締役頭取にあてて、平成９年７月31日付けで、「『普通銀行の業務運営に関する基本事項等について』通達の一部改正について」(蔵銀第1714号)及び「長期信用銀行の業務運営に関する基本事項等について」(蔵銀第1729号)と題する各通達を発出し、基本事項通達の一部を改正することとした旨及び長期信用銀行の業務運営については一部の事項を除き改正された基本事項通達によるものとする旨を通達した。基本事項通達の改正においては、決算経理基準の中の「貸出金の償却」及び「貸倒引当金」の規定などが改正された(以下、改正された決算経理基準を「改正後の決算経理基準」という。)。そこでは、回収不能と判定される貸出金等については債権額から担保処分可能見込額及び保証による回収可能額を減算した残額を償却・引当すること、最終の回収に重大な懸念があり損失の発生が見込まれる貸出金等については債権額から担保処分可能見込額及び保証による回収可能額を減算した残額のうち必要額について引当すること、これら以外の貸出金等について、貸倒実績率に基づき算定した貸倒見込額の引当をすることなどを定めていた。この定めは、本営業年度(平成９年に係る営業年度)の年度決算から適用することとされた。

⑾ 長銀では、事業推進部が関連ノンバンクを含む長銀の関連親密先とされる会社に対する貸出金に関する自己査定基準の策定を担当した。事業推進部では、自己資本比率(BIS比率)の維持を図るなどのため、償却・引当の財源を見据え、平成９年６月30日を基準日として実施された自己査定トライアル及び同年12月31日を基準日

として実施された自己査定本番における各査定状況等を踏まえて、当初策定した基準案に償却・引当が緩和されることとなる数度の修正を加え、平成10年3月30日、それ以外の「一般先」とは異なる査定基準を内容とする「特定関連親密先自己査定運用細則」及び「関連ノンバンクにかかる自己査定運用規則」を確定させた。

⑿　長銀は、平成10年3月期決算について、上記運用細則ないし運用規則に従って、関連ノンバンクを含む長銀の関連親密先とされる会社に対する貸出金の資産分類、償却・引当の実施の有無を査定したが、その自己査定は⑴で述べた改正前の決算経理基準のもとでのいわゆる税法基準によれば、これを逸脱した違法なものとは直ちには認められないが、資産査定通達、4号実務指針及び9年事務連絡（以下、これらを「資産査定通達等」という。）によって補充される改正後の決算経理基準の方向性からは逸脱する内容となっていた。

⒀　長銀では、上記自己査定の結果に基づいて策定された平成10年3月期決算の基本方針を同年3月31日の常務会で承認し、同期決算案を同年4月28日の取締役会などで承認した。そして、同年6月25日に開催された定時株主総会において、同期営業報告書、貸借対照表、損益計算書を報告するとともに、当期未処理損失が2716億円余りであることを前提に任意積立金を取り崩し、1株当たり3円の割合による利益配当を行う旨の利益処分計算書案を議案として提出し、可決承認された。そして、これに基づき、そのころ、長銀の株主に対し、合計71億円余りの配当が支払われた。

⒁　その後、長銀は、平成10年3月期に係る有価証券報告書を完成させ、平成10年6月29日、大蔵省関東財務局長あてにこれを提出した。

３　事実経過は以上のとおりであるところ、原判決は第１審判決を是認して被告人らに対し虚偽記載有価証券報告書提出罪及び違法配当罪の成立を認めたものであるが、その理由の要旨は、次のとおりである。

⑴　資産査定通達等及び改正後の決算経理基準は、金融機関の健全性を確保する目的で、平成10年4月1日から導入される早期是正措置制度を有効に機能させるために必要な金融機関の資産内容の査定方法や適正な償却・引当の方法を明らかにし、それにより資産内容の実態を正確かつ客観的に反映した財務諸表を作成することを目指して策定されたものといえ、しかも全国銀行協会連合会等を通じて金融機関にその内容が公表・送付され、周知徹底が図られてきた。資産査定通達等が示す資産査定の方法、償却・引当の方法等は、金融機関の貸出金等の償却・引当に関する合理的な基準であり、基準としても明確なものであり、同様の趣旨・目的のもとに発せられた基本事項通達の一部改正通達における改正後の決算経理基準の内容を補充するものとみることができる。

⑵　資産査定通達等は、本件当時（平成10年3月期決算時）における「公正ナル会計慣行」そのものではなく、これを推知するための有力な判断資料ともいうべき性格のものと考えられるが、金融検査官は資産査定通達、9年事務連絡に従って検査をし、会計監査法人は4号実務指針に従って監査をし、金融機関側でも、「資産査定Ｑ＆Ａ」、

「追加Ｑ＆Ａ」を作成してその周知を図っており、資産査定通達等の発出から平成10年３月の決算時までに約１年あって周知の期間も確保されていること、本件当時、金融機関においては、従来に比してより透明性の高い明確な資産査定等による会計処理が求められるに至っていたことに照らすと、本件当時においては、資産査定通達等の定める基準に基本的に従うことが「公正ナル会計慣行」となっており、資産査定通達等の趣旨に反し、その定める基準から大きく逸脱する会計処理は、「公正ナル会計慣行」に従ったものとはいえない。従前「公正ナル会計慣行」として容認されていた税法基準による会計処理や、関連ノンバンク等についての段階的処理等を容認していた従来の会計処理はもはや「公正ナル会計慣行」に従ったものではなくなった。言い換えると、資産査定通達等の示す基準に基本的に従うことが唯一の「公正ナル会計慣行」である。

⑶　長銀の作成した自己査定基準は、「関連親密先に係る債務者区分」、「長銀のみが取引銀行である関連ノンバンクに対する資産査定」、「『特定先』に当たる関連親密先とその債務者区分」、「関連ノンバンク等の関係会社向け貸出金の査定」、「関連ノンバンクに対する賃貸借型貸付有価証券の査定」の各点において、資産査定通達等の趣旨に反し、その定める基準を大きく逸脱したもので、許されないものである。

⑷　資産査定通達等の示す基準に従えば、長銀においては、平成10年３月期の決算について5846億円余りの当期未処理損失があったと認められるところ、被告人らは、いまだ数千億円にも上る未処理損失があることを認識しながら、上記の自己査定基準に基づき、当期未処理損失を過少の2716億円余りとする平成10年３月期決算を策定して取締役会等で承認しており、本件虚偽記載有価証券報告書提出罪に関する故意の存在及びその共謀の成立を認めることができ、また圧縮した数千億円にも上る未処理損失を考慮すると、株主に配当することができる剰余金は存在しないのに、被告人らはこのような事情を認識しながら、虚偽の内容を記載した財務諸表及び利益処分計算書等を取締役会等で承認した上で、株主総会に提出して承認可決させ、株主への配当を実施しているから、違法配当罪に関する故意の存在及びその共謀の成立を認めることができる。

４　しかしながら、原判決の上記判断は是認することができない。その理由は、次のとおりである。

⑴　原判決は、前記３のとおり、平成10年３月期の決算の当時においては、資産査定通達等によって補充される改正後の決算経理基準に基本的に従うことが唯一の公正なる会計慣行となっており、改正前の決算経理基準のもとでのいわゆる税法基準による会計処理では公正なる会計慣行に従ったことにはならないというものである。

しかしながら、資産査定通達等によって補充される改正後の決算経理基準は、金融機関がその判断において的確な資産査定を行うべきことが強調されたこともあって、以下に述べるとおり、大枠の指針を示す定性的なもので、その具体的適用は必ずしも明確となっておらず、取り分け、別途９年事務連絡が発出されたことなどからもうかがえるように、いわゆる母体行主義を背景として、一般取引先とは異なる会計処理が認められていた関連ノンバンク等に対する貸出金についての資産査定に関しては、具体性や定量性に乏しく、実際の資産査定が容易ではないと認められる上、資産査定通達等によって補充される改正後の決算経理基準が関連ノンバンク等に対する貸出金についてまで同基準に従った資産査定を厳格に求めるものであるか否か自体も明確ではなかったことが認められる。すなわち、記録によれば、

ア　改正後の決算経理基準は、前記２⑽記載のとおり、回収不能と判定される貸出金等に関する償却ないし引当、最終の回収に重大な懸念があり損失の発生が見込まれる貸出金等に関する必要額の引当、これら以外の貸出金等に関する貸倒実績率に基づき算定した貸倒見込額の引当などについて定めているが、それ自体は具体的かつ定量的な基準とはなっていなかった。

イ　資産査定通達についても、定性的かつガイドライン的なものである上、同通達において初めて導入された債務者区分の概念は、例えば「破綻懸念先」の定義において、「（中略）自行（庫・組）としても消極ないし撤退方針としており、今後、経営破綻に陥る可能性が大きいと認められる先をいう」として、母体行主義のもとにおける関連ノンバンク等に対する貸出金についてこれまで採られていた資産査定方法を前提とするような表現が含まれているなど、関連ノンバンク等に対する貸出金についての資産査定に関してまで資産内容の実態を客観的に反映させるという資産査定通達の趣旨を徹底させるものか否かが不明確であった。また、９年事務連絡は、一般取引先とは異なる関連ノンバンクに対する貸出金についての資産査定の考え方を取りまとめたものであるが、その内容も具体的かつ定量的な基準を示したものとはいえない上、前記追加Ｑ＆Ａに反映はされていたものの、金融機関一般には公表されていなかった。

ウ　４号実務指針については、具体的な計算の規定と計算例がないなど、これに基づいた償却・引当額の計算が容易ではなく、また、資産分類（分類Ⅰ～Ⅳ）について触れた規定がなく、債務者区分、資産分類、引当金算定の関係が必ずしも明確でないなど、結局、定性的な内容を示すにとどまり、資産査定に当たって定量的な償却・引当の基準として機能し得るものとなっていなかった上、銀行の関連ノンバンク等に対する貸出金についてまでその対象とするものであれば、それまでの取扱いからして、明確とされていてしかるべきところの、将来発生が見込まれる支援損（支援に要する費用）につき引当を要するのか否かが明確にされていないなど（平成11年４月の金融検査マニュアルにおいては、支援に伴い発生が見込まれる損失見込額に相当する額を特定債務者支援引当金として計上することなどが定められるとともに、これを受けて４号実務指針も改正され、上記部分が明確にされた。）、関連ノンバンク等に対する貸出金についての資産査定に関してまで４号実務指針の対象とすることを徹底して求めるものか否か必ずしも明らかでなかった。

エ　加えて、資産査定通達等の目指す決算処理のために必要な措置と考えられていた税効果会計（企業会計上の資産又は負債の金額と課税所得計算上の資産又は負債の金額

との間に差違がある場合において、当該差違に係る法人税等の金額を適切に期間配分することにより、法人税等を控除する前の当期純利益の金額と法人税等の金額を合理的に対応させることを目的とする会計処理）が導入されていなかった本件当時においては、資産査定通達等によって補充される改正後の決算経理基準に従って有税による貸出金の償却・引当を実施すると、その償却・引当額につき当期利益が減少し、自己資本比率（BIS比率）の低下に直結して市場の信認を失い、銀行経営が危たいにひんする可能性が多分にあった。

オ　以上のようなことから、平成10年3月期の決算に関して、多くの銀行では、少なくとも関連ノンバンク等に対する貸出金についての資産査定に関して、厳格に資産査定通達等によって補充される改正後の決算経理基準によるべきものとは認識しておらず、現に長銀以外の同期の各銀行の会計処理の状況をみても、大手行18行のうち14行は、長銀と同様、関連ノンバンク等に対する将来の支援予定額については、引当金を計上しておらず、これを引当金として計上した銀行は4行に過ぎなかった。また、長銀及び株式会社D銀行の2行は要償却・引当額についての自己査定結果と金融監督庁の金融検査結果とのかい離が特に大きかったものの、他の大手行17行に関しても、総額1兆円以上にのぼる償却・引当不足が指摘されていたことなどからすると、当時において、資産査定通達等によって補充される改正後の決算経理基準は、その解釈、適用に相当の幅が生じるものであったといわざるを得ない。

(2)　このように、資産査定通達等によって補充される改正後の決算経理基準は、特に関連ノンバンク等に対する貸出金についての資産査定に関しては、新たな基準として直ちに適用するには、明確性に乏しかったと認められる上、本件当時、関連ノンバンク等に対する貸出金についての資産査定に関し、従来のいわゆる税法基準の考え方による処理を排除して厳格に前記改正後の決算経理基準に従うべきことも必ずしも明確であったとはいえず、過渡的な状況にあったといえ、そのような状況のもとでは、これまで「公正ナル会計慣行」として行われていた税法基準の考え方によって関連ノンバンク等に対する貸出金についての資産査定を行うことをもって、これが資産査定通達等の示す方向性から逸脱するものであったとしても、直ちに違法であったということはできない。

5　そうすると、長銀の本件決算処理は「公正ナル会計慣行」に反する違法なものとはいえないから、本件有価証券報告書の提出及び配当につき、被告人らに対し、虚偽記載有価証券報告書提出罪及び違法配当罪の成立を認めた第1審判決及びこれを是認した原判決は、事実を誤認して法令の解釈適用を誤ったものであって、破棄しなければ著しく正義に反するものと認められる。

よって、刑訴法411条1号、3号により原判決及び第1審判決を破棄し、同法413条ただし書、414条、404条、336条により被告人3名に対しいずれも無罪の言渡しをすることとし、裁判官全員一致の意見で、主文のとおり判決する。なお、裁判官古田佑紀の補足意見がある。

裁判官古田佑紀の補足意見は、次のとおりである。

私は、平成10年３月期における長銀の本件決算処理が、当時の会計処理の基準からして直ちに違法とすることはできないとする法廷意見に与するものであるが、以下の点を補足して述べておきたい。

本件は、当時、銀行の財務状態を悪化させる原因であるいわゆる不良債権の相当部分を占めていた関連ノンバンク及びその不良担保の受皿となっていた会社など関連ノンバンクと密接な業務上の関係を有する企業グループに対する貸付金等の評価に関する事案である。

関連ノンバンクについては、母体行主義が存在していたため、母体行である銀行は、自行の関連ノンバンクに対し、原則として積極的支援をすることが求められる立場にあったと認められるところ、税法基準においては、積極的支援先に対する貸付金には原則として回収不能と評価することはできないという考え方が取られており、この考え方からは、関連ノンバンクに対する貸付金を回収不能とすることは困難であったと思われる。

本件当時、関連ノンバンクに対する貸付金の評価については、関連ノンバンクの体力の有無、母体行責任を負う意思の有無等によって区分して評価することとした９年事務連絡が発出され、これを反映した全国銀行協会連合会作成の追加Ｑ＆Ａが発表されているものの、同事務連絡自体は公表されておらず、内部文書にとどまっていることからすれば、これに金融機関を義務付けるような効果を認めることは困難であり、また、その適用においても金融機関において相当の幅が生じることが予想されるものであったと考えられる。

そうすると、本件における長銀の関連ノンバンク等に対する貸付金の査定基準は、貸付先の客観的な財務状態を重視する資産査定通達の基本的な方向には合致しないものであるとしても、法廷意見も指摘するとおり、母体行主義のもとにおける関連ノンバンク等に対する貸出金についてこれまで採られていた資産査定方法を前提とするような表現があるなど、少なくとも関連ノンバンクに関しては、同通達上、税法基準の考え方による評価が許容されていると認められる余地がある以上、当時として、その枠組みを直ちに違法とすることには困難がある。

もっとも、業績の深刻な悪化が続いている関連ノンバンクについて、積極的支援先であることを理由として税法基準の考え方により貸付金を評価すれば、実態とのかい離が大きくなることは明らかであると考えられ、長銀の本件決算は、その抱える不良債権の実態と大きくかい離していたものと推認される。このような決算処理は、当時において、それが、直ちに違法とはいえず、また、バブル期以降の様々な問題が集約して現れたものであったとしても、企業の財務状態をできる限り客観的に表すべき企業会計の原則や企業の財務状態の透明性を確保することを目的とする証券取引法における企業会計の開示制度の観点から見れば、大きな問題があったものであることは明らかと思われる。

検察官大鶴基成　公判出席

平成 20 年 7 月 18 日

最高裁判所第二小法廷

裁判長裁判官　中川了滋

裁判官　津野　修

裁判官　今井　功

裁判官　古田佑紀

Ⅱ　年　表

長銀経営陣に対する責任追及と金融制度の動き等年表

年　月　日		長銀経営陣に対する刑事責任の追及		金融制度の動き、並びに長銀旧経営陣に対する民事責任の追及
平成8年 (1996)				1月30日　「住専処理法の具体化について」(閣議了解) 6月18日　住専処理法成立 12月26日　早期是正措置「中間とりまとめ」公表
平成9年 (1997)				3～8月　資産査定通達等一連の自己査定ガイドラインを発出、公表 6月19日　早期是正措置検討会が98年4月からの実施を決定 7月4日　不良債権償却証明制度廃止 7月31日　改正決算経理基準発出 7月　アジア危機勃発 11月　日本金融危機　三洋証券会社更生法申請、コール市場麻痺 11月17日　拓銀経営破たん 11月24日　山一証券自主廃業
平成10年 (1998)				1～4月　大蔵省接待汚職摘発 1月12日　橋本首相、国会で確言「日本発の金融恐慌は起こさない」 2月16日　金融安定化法成立 3月　金融危機管理委員会、都長銀等21行に公的資金注入 6月　長銀株アタック 6月8日　大蔵省、金融機関に対する通達を全廃 6月22日　金融監督庁発足 6月25日　**長銀定時株主総会**（本件配当決議） 7月12日　参議院選挙 8月　「金融国会」始まる 9月24日　アメリカでLTCM破たん救済 10月12日　金融再生関連４法成立 10月16日　金融健全化法成立 10月23日　長銀が金融再生法に基づく特別公的管理申請、一時国有銀行化決定 12月13日　日債銀、特別公的管理決定
平成11年 (1999)				2月21日　「長銀の不良債権隠し、事業推進部が主導」と報道

年　月　日		長銀経営陣に対する刑事責任の追及		金融制度の動き、並びに長銀旧経営陣に対する民事責任の追及
				3月12日　金融再生委員会、大手15行の経営健全化計画を承認、7兆4500億円の公的資金注入、税効果会計の適用 3月31日　大手行決算、7兆円余の公的資金注入、税効果会計の導入に伴う6.6兆円の不良資産償却、引き当てを実施
				4月8日　金融監督庁、「金融検査マニュアル」公表
				4月20日　「長銀独自査定で不良債権隠し」等とする報道、連日続く
				5月18日　「長銀元頭取、『甘い査定』承認」とする報道
	5月20日		大野木、鈴木に対する第1回取調べ(任意)	5月24日　「長銀不良債権、う回融資で検査逃れ」等の報道、連日続く
	6月10日		大野木、須田、鈴木逮捕(東京地検特捜部部長中井憲治、副部長岩村修二)	6月8日　「きょう強制捜査」と報道
	6月11日		勾留（証券取引法違反）	6月11日　「長銀監査、虚偽説明うのみ」と報道
	6月30日		**起訴**（証券取引法違反、商法違反）(東京地検検事大野崇)	
	7月6日		保釈(大野木、須田)	
	7月7日		保釈（鈴木）	8月20日　興銀、第一勧銀、富士が統合計画発表
	11月19日	第１回公判	冒頭手続（裁判長金山薫）冒頭陳述(幕田英雄、葛西敬一、永幡無二雄検事)	10月14日　住友、さくら合併を発表
				12月1日　大阪株主、元取締役に対する損害賠償請求事件を大阪地裁に提訴
	12月15日	第２回公判	検察官請求証拠取調べ、証人高野円尋問	12月16日　旧長銀が東京地裁に民事配当、ノンバンク、EIE第1次、初島各損害賠償請求事件を提訴
平成12年(2000)	1月20日	第３回公判	証人吉武正訓尋問	
	2月10日	第４回公判	証人吉武反対尋問	
	2月24日	第５回公判	書証取調べ等	3月　新生銀行発足、名称変更は6月5日
	4月14日	第６回公判	裁判長交代（裁判長大野市太郎)、公判手続の更新、弁護人冒頭陳述	3月14日　三和、東海、あさひが事業統合を発表（のちに、あさひは離脱）

年　月　日		長銀経営陣に対する刑事責任の追及		金融制度の動き、並びに長銀旧経営陣に対する民事責任の追及
	4月26日	第７回公判	被告人質問（大野木）	
	5月19日	第８回公判	被告人質問（大野木）	5月24日　改正預金保険法成立（金融再生法、健全化法を恒久化。これにより、セーフティーネット形成）
	6月8日	第９回公判	被告人質問(大野木、須田)	
	7月12日	第10回公判	被告人質問（須田）	
	7月25日	第11回公判	被告人質問（鈴木）	7月1日　金融庁発足（金融監督庁と大蔵省金融企画局を統合）
	8月4日	第12回公判	被告人質問（鈴木）	
	9月12日	第13回公判	証人鈴木恒男尋問	
	10月4日	第14回公判	証人鈴木恒男反対尋問	10月4日　三和、東海、東洋信託の３行が経営統合計画を発表（新名称は「UFJグループ」）
	10月27日	第15回公判	証人越石一秀尋問	
	11月15日	第16回公判	証人大田秀晴尋問	11月「不良債権残高17兆円、大手16行、9月末中間決算で、高止まり続く」と報道
	12月7日	第17回公判	公判手続の更新、証人大岩一彦尋問	
平成13年(2001)	1月18日	第18回公判	証人千葉務尋問	
	2月8日	第19回公判	証人田島哲朗、中島敬雄尋問	2月「銀行の問題債権64兆円」、「進まぬ最終処理引当金不足一気に露呈」との報道
	3月2日	第20回公判	証人秋山正明尋問	
	3月23日	第21回公判	報道番組ビデオテープ証拠調べ	
	4月13日	第22回公判	証人岸田雅雄、西崎哲郎尋問	4月1日　三井住友銀行、発足 4月2日　UFJホールディングス発足
	5月9日	第23回公判	被告人質問（須田）	5月16日「同じ融資先査定ばらつく」との報道
	5月25日	第24回公判	被告人質問（須田）	
	6月7日	第25回公判	被告人質問（須田）	
	6月26日	第26回公判	被告人質問（鈴木）	
	7月12日	第27回公判	被告人質問（鈴木）	
	8月21日	第28回公判	証人高橋洋一尋問、被告人質問（鈴木、大野木）	8月14日　不良債権問題の長期化で、金融庁高官のインタビュー記事
	9月11日	第29回公判	書証取調べ等	
	9月28日	第30回公判	裁判長交代（裁判長川口宰護）、公判手続の更新	9月21日　大和、あさひ、経営統合で基本合意と発表

年　月　日		長銀経営陣に対する刑事責任の追及		金融制度の動き、並びに長銀旧経営陣に対する民事責任の追及
			被告人質問（大野木）	
	10月5日	第31回公判	被告人質問（大野木）	
	11月2日	第32回公判	証人内藤純一尋問、被告人質問（大野木）	11月27日　「大手銀、査定を厳格化」「大手13行、不良債権処理6兆円」等、不良債権処理の遅れを報道
	12月19日	第33回公判	論告（検察官保坂直樹、大圖明）	
平成14年(2002)	3月8日		日債銀事件の証人中井省尋問調書の取寄せ決定	1月1日　欧州単一通貨ユーロ流通開始 1月15日　UFJ銀行が開業 2月15日　「不良債権処理、首相、金融相に指示」との報道
	3月12日	第34回公判	最終弁論	3月7日　RCCが東京地裁に、長銀元取締役に対し、31億円を請求するEIE二次事件を提訴
	3月13日	第35回公判	最終弁論	4月25日　初島事件で元副頭取の損害賠償責任を認める判決
	6月28日		判決言渡し期日（6月11日）の変更決定	7月18日　EIE一次事件で、請求棄却の判決
	9月10日	第36回公判	**判決言渡し**（裁判長川口宰護）	9月30日　小泉内閣改造、竹中金融担当大臣就任、竹中路線スタート 10月31日　経財相が、金融再生プログラムを発表。税効果会計の見直しは先送り。経営責任の追及後退
	9月17日		控訴申立	11月8日　金融庁、銀行検査の結果、不良債権額は自己査定より35%超と発表 11月29日　政府、金融再生の工程表を発表、大手行に3段階で改革を促す 12月11日　改正預金保険法成立、ペイオフ解禁を2年猶予
平成15年(2003)	4月8日	判決謄本（平成15年3月10日付）受領		1月28日　金融庁特別検査開始 2月12日　りそなホールディングス、2003年3月期の最終赤字1850億円と修正発表 3月1日　大和、あさひ両行の合併でりそな銀行発足 4月25日　特別検査結果公表。大手銀行不良債権処理による追加損失1兆3000億円 4月28日　日経平均がバブル崩壊後の最安値を更新 5月16日　りそなグループが公的資金注入の申請を決定、政府は金融危機対応会議で2兆円規模の公的資金注入により、実質国有化を決める

年　月　日		長銀経営陣に対する刑事責任の追及		金融制度の動き、並びに長銀旧経営陣に対する民事責任の追及
				9月10日　「不良債権の銀行自己査定額、金融庁検査と格差縮小」と報道
	12月25日		控訴趣意書提出	12月　足利銀行、一時国有化
平成16年(2004)	1月16日	進行協議期日		2月19日　新生銀行が破綻後5年で東証１部に株式上場
	5月24日	進行協議期日		3月25日　長銀ノンバンク支援事件第一審判決（一部認容）
	6月18日		答弁書 事実取調べ請求書を提出	
	7月9日	進行協議期日		
	7月13日	第１回公判	（裁判長仙波厚、検察官新堀敏彦）	
			立証計画等	
	9月10日	第２回公判	被告人質問(大野木、須田)	
				10月1日　民事配当事件で証人尋問⑴大岩、大田尋問
	10月8日	第３回公判	証人西崎哲郎尋問、被告人質問（鈴木）	9月22日　東京高裁がEIE一次事件について、控訴棄却の判決
	10月28日	第４回公判	証人倉田勲尋問	
				10月29日　同⑵大野木、須田、鈴木(亘)尋問
				11月5日　同⑶証人西崎哲郎、岡田明重尋問
	11月12日	第５回公判	証人中井省尋問、被告人質問（鈴木）	
				11月19日　同⑷証人山谷耕平弁護士、中井省尋問
	12月10日	第６回公判	被告人質問（須田、大野木）	
平成17年(2005)	1月21日	第７回公判	被告人質問（反対尋問、裁判官の補充尋問）	
	2月24日	第８回公判	双方弁論（検察官吉田広司）	3月17日　最高裁がEIE一次事件について、上告棄却、上告を受理しない旨決定（裁判長泉徳治）
				5月19日　配当事件一審判決（請求棄却）（裁判長西岡清一郎）
	6月10日	第９回公判	弁論再開、民事判決書を証拠調べ	
	6月21日	第10回公判	**判決言渡し**（裁判長仙波厚）	

年	月日	長銀経営陣に対する刑事責任の追及		金融制度の動き、並びに長銀旧経営陣に対する民事責任の追及
	7月4日		上告、上告受理申立て	
	8月5日		大野木、須田、上告受理申立理由書提出	
	8月24日		上告受理決定がなかったことの通知	
	9月15日		弁護団、調査官面接（調査官井上弘通）	10月1日　三菱UFJ民事グループ経営統合
	9月22日		上告趣意書差出最終日延期	12月27日　鈴木、整理回収機構と和解
平成18年(2006)	2月28日		大野木、須田、鈴木上告趣意書提出	
	5月		那須弘平弁護人、辞任	5月10日　金融庁が中央青山監査法人に対し、一部業務停止命令を発動
	9月4日		岸田雅雄教授意見書を提出	
	10月6日		須田、上告趣意補充書提出	
	10月13日		大野木、上告趣意補充書提出	11月29日　配当事件控訴審判決(控訴棄却)（裁判長藤村啓）
平成19年(2007)	2月16日		鈴木、上告趣意補充書提出	みすず監査法人（旧中央青山監査法人）が7月を目途として実質解体を発表
平成20年(2008)	2月18日	公判期日通知		
	4月21日	公判期日	双方が弁論（検察官大鶴基成）	
	7月18日	公判期日	**最高裁(第二小法廷)判決言渡し**（裁判長中川了滋）	7月18日　民事配当事件、上告棄却の決定（第二小法廷）

＊この間、米国で、サブプライムローンに起因する金融危機が発生し（予兆は2005年から現れ、2007年から崩壊始まる）、2008年9月15日、リーマンブラザース破綻、16日米政府、FRBが大手保険会社AIGを救済。これ以後、数週間のうちに世界規模の金融市場麻痺状況が発生した。

本件に関する経済・金融の情勢及び

年度	バブル期	90〜91	92（平成4）	93（平成5）	94（平成6）	95（平成7）
特記事項	プラザ合意 (85/9) BIS比率導入 (88)	総量規制・地価税 公定歩合引上げ バブル潰し	MOF不良資産対策発表 (8)		MOF不良資産処理方針発表 (2)	住専最終処理 (12) 大和銀行N・Y事件 (9) 行政の転換構想
政治	自民政権—— 非自民政権	宮沢政権(91/3)→		細川(8)——	羽田(4)→村山(6)→	（自社さ）→
経済	円高不況　バブル			平成不況		回復
行政システム	———	官主導期	（破綻回避・事前指導型行政）			——→
セーフティネット	———	———	護送船団（破綻防止）———			———
不稼働処理方針			計画的・段階的処理方針———			———
公的資金			投入不発------- （宮沢構想）			公的資金タブー化---- （住専処理）
検査官・会計監査人への指針 ( )は非公開					（六年メモ）——→	（七年事務連絡）—
決算会計慣行			銀行局長通達（決算経理基準）——— 税法基準　一般先：法人税基本通達9-6-4等——— 無税認定（償却証明制度）——— 関連ノンバンク支援：法人税基本通達9-4-2——— 自己査定			
長銀の関連ノンバンク支援		4社収益支援 物件引取り———	事業化による支援-------	（NED）——— （長銀リース）———	（日本リース）——→	支援完了 （本格化）———
不良債権処理・支援損　全国銀行				3.4兆円	5.2	13.3
長銀			887億円	2874	3433	6500

金融行政の推移ならびに長銀の対応

（大野木弁護団作成）

〔MOF は大蔵省
PCA は早期是正措置
FSA は金融監督庁　の略〕

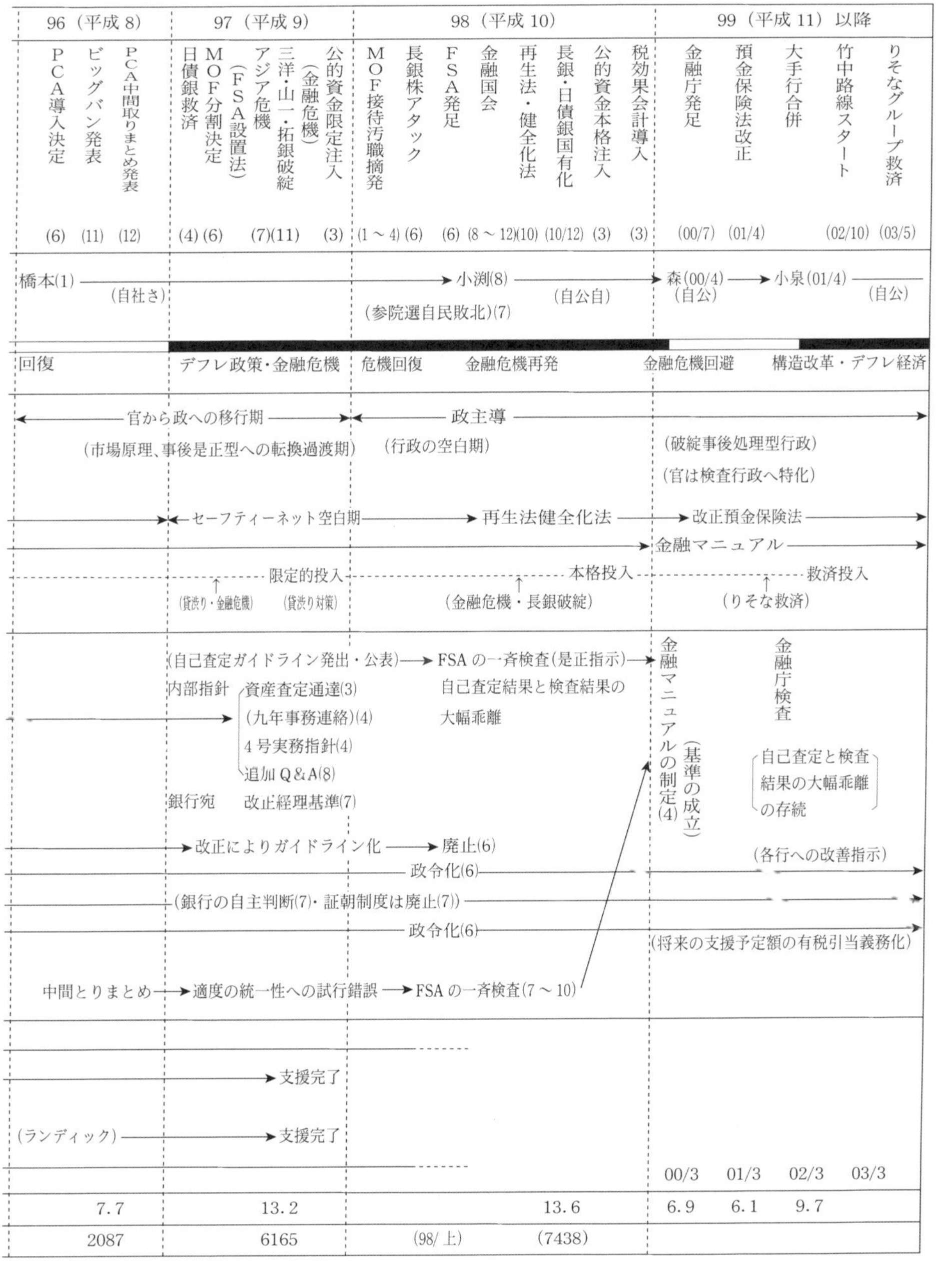

96（平成 8）	97（平成 9）	98（平成 10）	99（平成 11）以降
PCA導入決定 (6) ビッグバン発表 (11) PCA中間取りまとめ発表 (12)	日債銀救済 (4) MOF分割決定（FSA設置法）(6) アジア危機 (7) 三洋・山一・拓銀破綻 (11) 公的資金限定注入（金融危機）(3)	MOF接待汚職摘発 (1～4) 長銀株アタック (6) FSA発足 (6) 金融国会 (8～12) 再生法・健全化法 (10) 長銀・日債銀国有化 (10/12) 公的資金本格注入 (3) 税効果会計導入 (3)	金融庁発足 (00/7) 預金保険法改正 (01/4) 大手行合併 竹中路線スタート (02/10) りそなグループ救済 (03/5)

橋本(1) ――――――――――――→ 小渕(8) ――――――→ 森(00/4) ――→ 小泉(01/4) ――――
（自社さ）　　　　（参院選自民敗北）(7)　　　（自公自）　　（自公）　　　　（自公）

回復　｜　デフレ政策・金融危機　｜　危機回復　　金融危機再発　｜　金融危機回避　　構造改革・デフレ経済

←―――― 官から政への移行期 ――――→←―――― 政主導 ――――――――――――→
（市場原理、事後是正型への転換過渡期）　（行政の空白期）　（破綻事後処理型行政）
（官は検査行政へ特化）

――――→←セーフティーネット空白期 ――――→ 再生法健全化法 ――――→ 改正預金保険法 ――――→

―――――――――――――――――――――――――→ 金融マニュアル ――――→

- - - - - - - 限定的投入 - - - - - - - - - - 本格投入 - - - - - - - - - - - 救済投入
↑（貸渋り・金融危機）　（貸渋り対策）　↑（金融危機・長銀破綻）　↑（りそな救済）

（自己査定ガイドライン発出・公表）――→ FSA の一斉検査（是正指示）――→ 金融マニュアルの制定(4)（基準の成立）
自己査定結果と検査結果の大幅乖離

内部指針　〔資産査定通達(3)
――――→　（九年事務連絡）(4)
　　　　　4 号実務指針(4)
　　　　　追加 Q&A(8)

金融庁検査
〔自己査定と検査結果の大幅乖離の存続〕

銀行宛　改正経理基準(7)

――――→ 改正によりガイドライン化 ――――→ 廃止(6)
（各行への改善指示）

―――――――――――――― 政令化(6) ――――――――――――――――→

――（銀行の自主判断(7)・証朝制度は廃止(7)）――――――――――――→

―――――――――――――― 政令化(6) ――――――――――――――――→
（将来の支援予定額の有税引当義務化）

中間とりまとめ ――→ 適度の統一性への試行錯誤 ――→ FSA の一斉検査(7～10)

―――――――――――――――――――― - - - - -

―――――――――――――→ 支援完了

（ランディック）――――――→ 支援完了

―――――――――――――――――――― - - - - -

	96	97	98		00/3	01/3	02/3	03/3
	7.7	13.2		13.6	6.9	6.1	9.7	
	2087	6165	(98/上)	(7438)				

Ⅲ　判決評釈等文献一覧

	書籍名	発行年月日	号数	掲載頁	タ イ ト ル	筆者
	判例時報	2002/10/21	1793号	140	▽銀行の取締役が追加融資を行ったことについて、善管注意義務に違反するとして、責任が認められた事例（初島事件）	
	判例時報	2002/11/1	1794号	131	▽銀行の元取締役が行った融資について、善管注意義務に違反しないとして請求が棄却された事例（イ・アイ・イ第一次訴訟）	
	ジュリスト	2003/3/1	1240	42	金融機関の会計・開示と自己資本比率規制	弥永　真生
	商事法務	2003/7/25	1669号	17	不良債権と取締役の責任	岸田　雅雄
	判例時報	2004/5/21	1851号	21	長銀ノンバンク支援事件第一案	
	ジュリスト	2005/5.1-15	1289号	224	銀行の元取締役が実施した融資と経営判断による免責	清水　忠之
	判例タイムズ	2005/9/5	1183号	129	長銀配当損害賠償事件	
	判例時報	2005/10/1	1900号	3	長銀配当損害賠償事件第一審判決	
	判例時報	2006/1/21	1911号	25	会計基準の設定と「公正ナル会計慣行」	弥永　真生
	判例時報	2006/2/1	1912号	135	長銀粉飾決算事件控訴審判決	
	判例タイムズ	2006/7/1	1208号	57	系列ノンバンクに対し金融支援を行った銀行取締役の銀行に対する損害賠償責任	稲庭　恒一
	金融財政事情	2007/1/15	58巻2号	12	旧日債銀裁判、3月中にも2審判決──争点は、旧長銀と同じ「唯一の公正なる会計慣行」	倉田　勲
☆	金融財政事情	2008/7/28	59巻29号	8	長銀事件、最高裁が元頭取らに無罪判決	
☆	金融財政事情	2008/8/4	2800号	58	旧日長銀経営陣の無罪確定について	西崎　哲郎
	裁判所時報	2008/8/15	1464号	3	◎旧株式会社日本長期信用銀行の平成10年３月期における決算処理は、商法32条２項にいう「公正ナル会計慣行」に反する違法なものとはいえないとして、同銀行の頭取らに虚偽記載有価証券報告書提出罪及び違法配当罪の成立を認めた第１審判決及びこれを是認した原判決が破棄され、無罪が言い渡された事例（本件上告審判決）	
☆	商事法務	2008/10/5	1845号	26	旧長銀事件最高裁判決の検討	岸田　雅雄

	書籍名	発行年月日	号数	掲載頁	タイトル	筆者
	判例タイムズ	2008/10/15	1275号	245	高裁民事配当判決──平成９年９月期及び平成10年３月期における銀行の関連ノンバンクに対する貸出金の償却・引当に関する会計処理をするに当たり、商法（平成17年法律第87号による改正前のもの）32条２項所定の公正なる会計慣行と認められる資産査定通達等によることなく、それまで公正なる会計慣行とされていた税法基準により補充される改正前の決算経理基準によった場合であっても、前者の基準が当時における唯一の公正なる会計慣行とはいえず後者の基準もなお当時における公正なる会計慣行であったとして、同基準に従い配当可能利益があるとしてした配当手続に違法はないとされた事例	
☆	法学セミナー	2008/10/	646号	134	ローフォラム──長銀事件で逆転無罪判決──東京地検特捜部、異例の完敗	
☆	ビジネス法務	2008/11/	11号	1	長銀最高裁判決で見えた裁判員制度への憂慮	岸田　雅雄
	判例時報	2008/12/11	2019号	10	最高裁判決──旧株式会社日本長期信用銀行の平成10年３月期に係る有価証券報告書の提出及び配当に関する決算処理につき、これまで「公正ナル会計慣行」として行われていた税法基準の考え方によったことが違反とはいえないとして、同銀行の頭取らに対する虚偽記載有価証券報告書提出罪及び違法配当罪の成立が否定された事例	
☆	ジュリスト	2008/12/15	1369号	114	「公正なる会計慣行」と通達等の改正──旧長銀違法配当事件	得津　晶
	判例タイムズ	2008/12/15	1280号	126	最高裁判決──旧株式会社日本長期信用銀行の平成10年３月期に係る有価証券報告書の提出及び配当に関する決算処理につき、これまで「公正ナル会計慣行」として行われていた税法基準の考え方によったことが違反とはいえないとして、同銀行の頭取らに対する虚偽記載有価証券報告書提出罪及び違法配当罪の成立が否定された事例	

	書籍名	発行年月日	号数	掲載頁	タ　イ　ト　ル	筆者
☆	ジュリスト	2009/2/1	1371号	46	会社法判例速報──「税法基準」と「公正ナル会計慣行」	弥永　真生
☆	金融法務事情	2009/2/5, 2/15, 2/25	1857-1859号	20	旧長銀「違法配当」事件最高裁判決・最高裁決定をめぐって（上）（中）（下）	渡部　晃
	最高裁判所判例集	2009/2/25	62巻7号	2101	○証券取引法違反、商法違反被告事件（本件上告審判決──破棄自判）	
☆	研修	2009/7月	733号	3699	旧株式会社日本長期信用銀行の平成10年３月期に係る有価証券報告書の提出及び配当に関する決算処理につき、これまで「公正なる会計慣行」として行われていた税法基準の考え方によったことが違法とはいえないとして、同銀行の頭取らに対する虚偽記載有価証券報告書提出罪及び違法配当罪の成立が否定された事例──長銀粉飾決算事件上告審判決	津田　尊弘
☆	判例時報	2009/9/1	2045号	168	「判例評論」──株式会社日本長期信用銀行平成10年３月期に係る有価証券報告書の提出及び配当に関する決算処理につき、これまで「公正なる会計慣行」として行われていた税法基準の考え方によったことが違反とはいえないとして、同銀行の頭取らに対する虚偽記載有価証券報告書提出罪及び違法配当罪の成立が否定された事例	野村　稔
☆	判例時報	2009/12/11	2055号	8	最高裁刑事破棄判決等の実情（上）	三浦　透
☆	金融法務事情	2010/2/25	1891号	8	霞ヶ関から眺める証券市場の風景	大森泰人
☆	金融法務事情	2010/2/25	1891号	10	〈座談会〉長銀・日債銀取締役証券取引法違反事件の考察	西崎哲郎、野村修也、松尾直彦、森公高
☆	ジュリスト	2010/3/1	1395号	82	会社法判例速報──「公正ナル会計慣行」の意義と虚偽記載有価証券報告書提出罪	弥永　真生

本件最高裁判決に関する報道、評釈等に☆を付した。

第2部　立件の経緯と弁護の体制

——捜査から起訴、第1回公判期日に向けて——

解　説

1　長銀事件訴追に向けた捜査の経過（逮捕まで）

(1)　当初からあった「国策捜査」という見方

平成10年7月の参議院選挙において経済失政を突かれた自民党が敗北した直後の夏の臨時国会では、公的資金の注入により長銀問題を解決するとともに、当時の深刻な金融危機を乗り切るためのブリッジバンク法案などの成立を図る政府・与党の方針に野党が強く抵抗し、長銀救済反対を主張する展開となった。この夏の「金融国会」の与野党激突の過程を経て、同年9月末の与野党合意により、長銀については、平成10年10月中に成立させる予定の新法「金融機能再生のための緊急措置に関する法律」（平成10年法律第132号、いわゆる「金融再生法」）に基づく特別公的管理（「一時国有化」、国が全株式を取得し、他の金融機関に譲渡する）を適用して「潰す」という政治意思が決定された。他方、金融機能早期健全化のために破綻前の金融機関に広く大量の公的資金による資本注入を行う制度を作る（平成10年10月成立の「金融機能の早期健全化のための緊急措置に関する法律」平成10年法律第143号、いわゆる「早期健全化法」）方向の政治意思も固まった（当時の国会の状況と与野党合意による収拾にいたる経過を解説した文献の代表的な例として、西野智彦「検証経済迷走」岩波書店2001年7月、210頁〜223頁、藤井良弘「金融再生の誤算」日本経済新聞社2001年12月、95頁〜105頁参照。また、本件刑事事件控訴審第7回公判での大野木供述においても説明されている）。

その方針決定の直後の同年10月初旬、既に法務・検察当局は「国策」として、長銀経営者につき破綻金融機関の経営者としての刑事責任の追及を行う方針に決していたという指摘がある。すなわち同年10月7日当時の法務大臣中村正三郎は検察長官会同において「経済の再生が政府の最重要課題であることにかんがみ、検察としては、金融機関の不良債権問題の処理の過程において、破綻した金融機関の経営者らに対する刑事責任の追及や、悪質な債権回収妨害事犯の捜査処理を迅速かつ厳正に行う必要がある」旨訓示しているが、この訓示は「長銀や拓銀を想定したもので、政治サイドからの刑事事件化への要請だ」と受け止められていた（須田慎一郎「長銀破綻」講談社平成10年11月、230頁）。

同年10月12日金融再生法が参議院で可決された3日後の同月15日、金融監督庁（当時の名称、同年6月22日に発足）は、長銀は同年3月末時点において資産超過であることはもちろん、9月末時点においても貸借対照表上1600億円の自己資本を有する資産超過の見こみであるが、同時点で有価証券等を時価で評価した場合の含み損が

5200億円あるので、これを「加味」すると実質債務超過であるとの検査結果を通知した。なお、長銀の検査は他行同様に当初予定は平成10年3月期末決算の検査であり、遅くとも8月には検査が終了するはずであったが、金融監督庁はこれを終了後もその結果通知をせず、引き続き同年9月期分の検査まで続行して事実上通知を引き延ばしていた経過がある（前記藤井良広「金融再生の誤算」67頁～79頁。西野「検証経済迷走」230頁～235頁）。

この強引な「実質破綻（債務超過）」認定により、長銀に対する金融再生法（平成10年10月23日施行）36条による「破綻処理」の方針が確定され、これにともない長銀経営者に対する刑事責任追及という政治的な要請に基づく捜査方針も正式に実行に移されることになった。

そのころ発行された月刊誌の中には法相に近い自民党議員の「来春の統一地方選や次期衆議院選を考慮すると、税金を注ぎ込むことに対する国民の反発はとても無視できない。国策捜査で旧経営陣の首を取れ、というわけだ」という発言を紹介し、「具体的な容疑が見あたらなくても、国民に税金投入を納得してもらえるような生贄が必要なのである」「野党を加えて、住専破綻時とそっくりの国策捜査が繰り返されようとしている」と論評しているものもある（「選択」1998(平成10)年11月号74頁)。その後本件刑事事件の公判の過程で明らかにされていった捜査や起訴判断の実態をみると、まさに上記指摘のような「国策捜査」として「旧経営陣の首を取る」という結論が先行しているという指摘は当を得ていたと言うべきである。

(2)　捜査の経過と、処罰を煽ったマスコミ報道

しかし、上記のような冷静な指摘は大マスコミの報道論調には全く欠けていた。新聞・テレビ等のマスコミ報道は平成10年10月以降も長銀の受け皿会社への「不良債権飛ばし」などを大々的に取り上げ旧経営陣の責任を追及するキャンペーン報道を繰り返した。その後も、以下の如く一貫して長銀の経営に「不良債権隠し」「飛ばし」あるいは「粉飾」などの不正が蔓延しており、本件被告ら旧経営陣が何らかの刑事及び民事上の責任を問われ、逮捕されることも既定のことであるかのような論調で世論をリードした。警察・検察の捜査の展開にあわせ、捜査関係者からのリークを受けたと思われる記事を、時には捜索や取調べの事前予告報道あるいは長銀関係者の取調べ結果の事後報道などをまじえつつ、大々的に報道した。結果として警察・検察当局と二人三脚で、「旧経営陣の首を取る」ために何とか「具体的な容疑」を構成し、本件被告らの逮捕を心待ちするような世論を形成するための重要な役割を果たした。そう言われてもやむを得ない、実態があった。

(i)　「不正行為」探しの追及

捜査は当初、検察庁と警視庁により並行して開始された。平成10年11月には早くも、長銀の不良債権処理の重要部分を担う取締役事業推進部長であった大田秀晴氏などに対する警視庁の取調べが始まり、同年12月末には後に本件被告人となった鈴木

克治に対する検察官による事情聴取も1回行われている。ただしこの時点での捜査は、長銀の不良債権処理に関係する不動産事業化等において何か「不正行為」があるのではないかというものであり、本件で起訴事実となった平成10年3月末決算における不良債権の償却引当問題に焦点を合わせたものでは必ずしもなかった。マスコミ報道も「特別背任」の捜査に注目する傾向であった（ただし、平成10年12月末には違法配当に関する捜査を先駆け報道する新聞記事があらわれており、このころから東京地検特捜部は本件決算問題に焦点を当て始めていた形跡がある）。

その後長銀の後を追うように平成10年12月13日に金融再生法による特別公的管理銀行になったばかりの日債銀問題を巡って、平成11年2月に同行の前頭取や元大蔵省銀行局長の国会での参考人質疑が行われ、また同年3月初旬には、平成9年11月に破綻していた拓銀の元頭取らが特別背任容疑で逮捕される事態となると、日債銀、拓銀、長銀を「破たん3行」として、「破たんの経営責任を明らかに」という位置づけで経営者あるいは大蔵省官僚などの責任が活発に論じられ、捜査もそのような方向で進められていると報道されるようになった。東京地検特捜部は平成11年2月21日に金融監督庁の検査資料を押収し、警視庁も長銀の役職員や元役職員の取り調べを本格的に行った。例えば上述の大田秀晴氏は、この段階で20回弱の取調べを警視庁で受けたと証言している（一審第16回公判での同氏供述）。ただしこれら警視庁での取調べにより作成されたはずの多数の調書は本件刑事事件では開示も証拠提出もされていない。

(ii)　「粉飾決算」に焦点

平成11年4月になると、長銀の「粉飾決算」による違法配当などに捜査の焦点が定まったことを示す報道が多くなり、長銀の若手の元担当行員や元担当役員に対する検察官による本格的な取調べが始まった。

例えば前記大田秀晴氏及び平成10年3月当時長銀の取締役総合企画部長だった大岩一彦氏などの役員が一斉に東京地検特捜部の検察官に呼び出されて、長銀の「粉飾決算」に繋がる不良債権の処理や決算確定の過程について取調べを受けるようになった。マスコミ報道も「長銀元役員ら多数聴取」などと捜査サイドから得た情報をふまえて捜査状況を紹介するとともに、長銀の「不良債権を隠蔽する独自の査定基準策定」の内容を報道するなど、捜査が平成10年3月期末決算の「粉飾」に焦点を合わせて進展している様子を報道するようになった。

平成11年5月6日、平成10年3月期末決算の担当役員である上原隆元副頭取が東京地検特捜部の数回の取調べを受けた後に自殺する事件があった。そのころから不良債権処理を「先送り」したとして長銀の旧経営陣の責任を指弾する報道が競うように連日行われた。「関係者」からの情報という体裁で、本件被告ら頭取、副頭取が承認し本件平成10年3月期末決算処理に用いられた長銀の自己査定基準が粉飾を目的として作成されていたもので、「大蔵通達を逸脱した」独自基準であったとか、長銀の事業化会社などが「債権とばし」の受け皿であるなどと解説する報道が、捜査機関でなければ把握できないような具体的な内容で各新聞により披露された。大野木、須田、鈴木その他の元役員や幹部行員の名を摘示したり、あるいはそのイニシャルを表示してこれら解説を行う例もあった。長銀の内部調査委員会が旧経営陣を貸倒引当金の過少計上により決算を粉飾して違法配当したものとして告発する方針である等の報道がなされた。また、「長銀元役員、粉飾認める」という見出しで、捜査機関から得た確かな情報であるとの印象を与える報道がなされたこともあった。マスコミ各社の動きは、本件被告らの自宅前の路上などに陣取って、これを取り囲むように24時間カメラを向けて待機し、自宅に本人が出入りするたびに追跡して争ってマイクを突きつけたり、自宅に取材の電話をひっきりなしに掛けるなどして加熱した。大野木の場合は、別の階に自宅を構える兄が自転車で外出したところ、本人と取り違えられて追跡撮影をされるという笑えぬ珍事さえあった。

同年5月20日、本件被告人となった大野木、鈴木、須田の3名が一斉に検察官に呼び出されて証券取引法違反及び商法違反の被疑者として任意の取調べをうけた。大野木及び鈴木は、一応被疑者となることは予期しており、他方須田は被疑者として取調べられることは予想外であったが、いずれにしても、この3名及びその予定弁護人らがこの任意の取調べの事実を他に漏らすことはなかった。また、このころは捜査をはばかるうえに、マスコミの目に触れることを避ける必要からも、上記3名を含め、長銀関係者相互の連絡や情報連絡も（弁護人予定者間で、一般的な情報を交換すること以外は）行なわれていない。それにもかかわらず、マスコミはこの取調べの事実及び取調内容を、歪曲された内容で報道した。例えば大野木は平成10年3月末決算につき被疑事実を否認したのであるが、新聞はこの取調べを「大野木元頭取、粉飾認める」という、事実とは正反対の見出しで報道した（毎日新聞、同年5月25日）。その報道は読者に誤った事実認識を与え、取調べが継続中の、あるいはこれから取調べが予測される関係者に「粉飾」の事実を認めるように促す圧力としての効果を有していた。当時弁護人となる準備を始めていた著者らには、捜査側からの意図的なリークその他不明朗なものの存在を強く感じられるものであった。

(iii)　内部調査委員会と報道

特別公的管理銀行となった長銀において平成10年11月の経営陣一新とともに設置されていた内部調査委員会は、長銀バッシングとも言うべき長銀の破たん責任、粉飾決算の報道が過熱している状況の中で、平成11年6月4日報告書を提出し、長銀はこれを受けた形で同日、長銀の旧役員を違法配当（商法違反）、及び証券取引法違反（有価証券報告書虚偽記載罪）の罪名で告発した（同委員会は同法50条による民事・刑事の責任追及に関して長銀内部に弁護士7名で構成されたもので、委員長は当初は岩田廣一弁護士であったが、病気のためまもなく川端和治弁護士に交代した。なお川端弁護士は、後に長銀旧役員に対する民事の損害賠償請求事件でも長銀及びこれを承継した整理回収機構の訴訟代理人となった）。

6月初旬には後日逮捕された3名を念頭に置いたと思われる「元頭取ら3人が主導」

とする見出しの新聞記事があらわれ、大野木ら3名に対する出頭要請と家宅捜索を6月8日に実施する捜査方針が決まったとする事前予告報道がなされ、それが当日になって延期されたとの報道が続くという騒動があった。大野木ら3名の「粉飾決算容疑」による逮捕は既定の事実となり、逮捕を心待ちにする雰囲気が世論を覆った。

(3)　3名の逮捕――有価証券報告書虚偽記載

平成11年6月10日、大野木、須田、鈴木の3名は東京地検特捜部に出頭を求められ、同日平成10年3月期末決算についての証券取引法違反（有価証券報告書虚偽記載）の容疑で検察官に逮捕された。同日長銀本店や大野木らの自宅の家宅捜索も行われた。その逮捕（及び引き続く勾留）の理由となった被疑事実の要旨は「平成10年3月末までの事業年度内において、取立不能ないしはその虞がある貸出金合計約1,528億3,100円の償却又は引当てをなすべきであったのに、これをせず、当期未処理損失を過少に偽った貸借対照表、損益計算書及び利益処分計算書を掲載した有価証券報告書を平成10年6月29日に提出した」というものであった。翌11日、3名につき勾留請求がなされた。

この時点で、大野木の弁護人として那須弘平、中島鈜三及び倉科直文の3名が、鈴木の弁護人として更田義彦、長文弘の2名が弁護人選任届を提出した。須田については勾留質問後の6月11日、國廣正、坂井眞、五味祐子の3名が弁護人選任届を提出した。

2　逮捕後の被告人らの取調べと供述調書作成

(1)　身柄拘束下の取調べの実態

(i)　取調べ状況と接見制限

3名は6月11日に東京地裁により勾留決定を受け、以後10日間の勾留延長を含めて同月30日まで東京拘置所に身柄を拘束され、以後連日、土曜日曜もなく、朝から夜は消灯時刻（午後9時）後まで、同所に出向いてくる東京地検特捜部の検事からの取調べを受けた。須田は膀胱癌の全摘手術を受けて尿排出に障害のある身体障害者であり、これに対する配慮の乏しい拘置所での勾留生活は困難と苦痛を伴うものであったが、同人についても遠慮ない長期勾留と、連日の取調べは続けられた。捜査主任検察官として接見指定、公訴提起等を行ったのは大野宗検事であったが、実際の取調べに当たったのは、大野木について長野哲生、須田について江畑宏則、鈴木について落合義和の各検事であった。

これに対し、弁護人の接見はその都度検察官の指定を受け、おおむね朝取調べ前の時間帯に1回20分ないし30分に制限された。弁護人側には取調べに用いられた長銀の行内資料を含めた必要な情報の手持ちがないこともあり、防禦に実効あるアドバイスは困難であり、前日の取調べの概要を聞き取る程度のことしかできないのが実態であった。家族についても接見禁止処分がなされていたので、差入や私事に関する家族との連絡事項の取り次ぎも弁護団の役割となった。

なお、3名の弁護人らは接見のたびにマスコミの記者などから執拗に取材を受けるなどしたが、本件事案の特質と守秘義務の考慮から沈黙を守り、一切マスコミに情報を提供することはしなかった。そのため、勾留中の取調べ状況あるいは供述状況として報道された内容は、すべて捜査側からの何らかの形によるリークを情報源としているものと判断できる。

(ii)　円卓会議資料を突きつけ「自白」に追い込む

勾留の被疑事実は有価証券報告書虚偽記載のみであったが、実際は、当初から違法配当の被疑事実と両建ての取調べであった。両事件共通の取調べ目標として、大野木らが平成10年3月末時点で約「1兆円超」の回収不能貸出金が存在していることを知りながら、これにつき本来なすべき償却引当処理を意図的に怠った粉飾決算を行ったということを、各自に「自白」させることが追求された。

その具体的方法は、先ず長銀内部で平成8年当時に作成された役員打合せ会の資料(「円卓会議」資料)の中に、当時の大蔵省の金融検査による資産査定が最悪の結果となった場合に「Ⅳ分類1兆1256億円」がありうるという記載があること（Ⅳ分類は、平成8年度までの大蔵省の金融検査で原則として回収不能として償却引当てを要求される資産と評価された段階を指す）及びその後も類似の「最終要処理額1兆7000億円」「損失を完全に一掃するには1兆円」等の表現のある行内会議資料が平成9年12月までの間に複数作成されていることを示して、それらが回収不能見こみで当期に償却引当てが必要な不稼働資産の額を意味するものと認めさせる。これにより平成10年3月末の償却引当処理（約6000億円）がこの1兆円に遠く及ばなかったのは、長銀の自己資本比率維持と配当実施の目的に合わせて、本来であれば直ちに償却・引当すべき貸出金の実態を過少に評価して粉飾したものであり、違法配当及び有価証券報告書虚偽記載を犯したものであると認めさせる。その後は、長銀から押収された行内資料を引用しつつ、長銀の不稼働資産処理の経過や、平成10年3月期末決算から適用となった自己査定基準の策定経緯、平成10年3月期末決算における償却引当方針の決定経過、関連親密先を中心とした大口の不良債権先の状況の説明などの具体的な供述を展開する形の調書を作成するという手法であった。

(2)　逮捕された3名が「自白」した経過と、その内容

(i)　余儀なく自白

逮捕勾留中に作成された3名の供述調書（ただし公判廷に提出されたものに限る）の内容を時系列に従って検討すると明らかなことであるが、3名とも、逮捕の日の夜まで続いた取調べにおいて、検察官から前記「円卓会議」資料の「1兆1256億円」の記載部分を見せられ（あるいはこの1兆1256億円の記載があることを告げられ）、最終的には、その記載は当期に即時償却引当処理を要する額が1兆円超であることを意味するという検察官の主張を受け入れ、あるいは屈服した。その結果、同日作成された供述調書において早くも、平成10年3月決算期における実態としての「1兆円」の要即時処理債権が存在したことを認め、同決算での償却引当てが過少であり決算書類は粉飾であり、実際には配当する資金がなかったことを認める趣旨の調書作成に至っていた。すなわち大野木は「長銀の平成10年3月期の決算が粉飾決算であり、違法配当であったこと」を争う意思がない旨を表明し、須田・鈴木もニュアンスの差はあるものの、結果としてそれぞれ違法配当等の被疑事実を争わない内容となっている。（ただし、鈴木はその後勾留質問では前夜の検察官の取調べでの供述は不本意であったとして被疑事実を争う態度を示したが、その後の取調べにおいて結局抵抗を諦めて被疑事実を認める内容の調書を作成することになった経過がある。）

(ii) 自白調書と厖大な添付資料

6月11日の勾留決定以降、起訴された同月30日までの間に作成された各自の供述調書は、粉飾決算による違法配当及び有価証券報告書虚偽記載の被疑事実を認める旨表明しつつ、あるいはこれを認めることを前提として、例えば長銀における不稼働資産対策の経緯とその実態認識、自己査定基準の作成経緯、問題となる関連会社の実態、平成10年3月決算における償却引当処理方針の決定の経緯などのテーマごとに分けた10数通の供述調書において、具体的な形で「自白」を肉付け展開するものである。検察官が長銀の押収資料の中から選別提示した資料抄本中の記載を引用しつつ、それらをつなぎ合わせる叙述を加えて説明するかたちをとっている。これらの調書は100丁を超えるボリュームのものも少なくないが、本文部分はせいぜい20丁ないし50丁未満程度までであり、その余の大部分は引用され添付された資料部分である。

その取調べと調書作成の態様は、実際には例えば、被疑者に調書に添付する予定の資料を渡してそれを読ませている間に、取調べ検事が「朝からひたすらワードプロセッサーに向かってタイプ打ちを始められて、……余り会話もなく、そういう検面調書が作成されていて、それで全部でき上がって、夕食が終わった後、これを読んで、直すべきところをおっしゃってくださいみたいな形で、調書が作成されておりました」（一審第23回公判須田供述）という態様でなされることが殆どであった。

これら6月11日以降作成された供述調書は、公判廷に提出されたものの数で言えば、大野木11通、須田15通、鈴木10通に達する。これに加えて大野木の場合は、一連の取調べが終了し違法配当罪等で起訴された当日に、検察官のリクエストにより、検察官の指摘する「商法の鉄則」に則った資産査定を行わなかったことを反省する旨の「上申書」まで作成している。

(3) 決算処理当時の認識・真意に反する自白調書の作成に応じた事情

(i) 商法の原則をめぐる見解の対立

もともと長銀の元役員らは、本件平成10年3月期末の決算において長銀の行った不良債権の自己査定とそれに基づく会計処理は、当時の金融機関において一般に通用していた慣行に基づいて行われたものであり、大蔵省が平成9年の春に示していたガイドライン（「資産査定通達」等）でも許容されている範囲内であるとの認識であった。公判段階で提出された膨大な行内資料にも、自己査定を法令や行政のガイドライン等に反しない内容で実施することを前提とする記載はあっても、これらに違反した内容で自己査定を実施するとの認識を示したものは皆無である。

実は大野木らは、逮捕前の平成11年5月20日の任意取調べの際にも検察官から前記平成8年「円卓会議」資料中の「Ⅳ分類1兆円1256億円」という記載を示された部分のコピーを示されて質問を受け、この1兆円は回収不能債権として当期に全額を償却引当しなければならないものではないかと追及されていた。これに対し大野木は、当該資料にいう1兆円という記載は、貸出先である関連ノンバンク等をその時点で清算価値により評価した場合に生じると推定される損失（ロス）の計算に過ぎず、これをもって直ちに当期に長銀が当該関連ノンバンクに対する債権者として償却引当をする必要がある額を示すものとは思われない旨説明していた。しかし検察官は、この貸出先の清算価値に基づく損失計算額をそのまま長銀の当期の決算において償却引当をなすのが商法の原則であるとして譲らず、意見が一致しなかった経過がある。

(ii)　屈服した経緯

それにもかかわらず、3名とも逮捕・勾留の冒頭段階で早くも、長銀行内の資料に出てくる前記「1兆円」等の記載は、当期の償却引当が商法上の義務とされる額を意味するという検察官の見解に服して、平成10年3月期末の決算が必要な償却引当てを実施しない粉飾決算であったことを認める旨の「自白」に及んでいる。それはなぜか。この点につき大野木は一審の公判で自身の認識に反する供述調書の作成に応じた事情ないし心境を次のように述懐している。

「私自身としては、もう社会に対する経営責任というものは、いかなる理由であれ何かの処罰の対象となってあがなわなくちゃいけないことではないかという気持ちと、もう1つは、その証拠資料が元の部下の下からずうっと積み上がっているということでございます（注；5月20日の取調べの際に、検察官から「違法な決算であるという証拠は山ほど積み上がっている」と言われたことを指す。）ので、……やはりこれを、できれば私一人で悪いということを認めて、そこで、若い人たち、旧役員に行くのを止めてほしいと、そういう気持ちもございまして、この際、逮捕されれば基本的には争うまいと」「私が違法とか違法じゃないとか、そういうことに関係なしに、やはり処罰を甘んじて受けるということが最後の、失敗した頭取の取るべき道ではないか」。検事の清算バランスに基づく償却イコール商法の鉄則という議論を受け入れた事情について、「当日（注；逮捕当日の取調べのことを指す）もいろいろ議論いたしまして、再度強くそれがオーソライズされた解釈であるという、そういうことを受けましたと言うこともございましたし、争うまいという基本的な気持ちがベースになって、そういう調書をそのまま受け入れさせていただいたと」「ずばり検事の方から言われまして、おまえは下に押しつけるつもりかという言葉がありました。で、ここはやはり、争うまいということのきっかけになった」（一審第28回公判大野木供述）。

須田、鈴木の場合も、同様に平成10年3月期末決算当時、これが違法なものであるとは全く認識していなかったが、須田の場合、その長銀破綻の社会的責任を問われる立場からして、否認して検事に反論抵抗しても無駄であるという意識があった。「書いてあることは事実とは違うし、いちいち反論しないといけないとは思いつつも、ああいう特別な環境の中に入ってしまいますと、要するに、我々は長銀が破綻してその破綻の責任者として処罰されているんだから、そのことはそのことでもう自分で背負っていくしかないんじゃないか、というような思いで一杯でございました。」（一審第24回公判須田供述）。またその身体障害にとって過酷な環境であるために「自分の体のことを考えると、こういうところにはいつまでもいてはならないというか、早くここを脱出しなければという気持ちでいっぱいになってしまいました」という状況から、検事に反論することなく自白調書にサインした経過があったと述べている（同第10回公判供述）。

鈴木は、身柄拘束され初めて手錠をされたり身体検査を受けたりして精神的余裕がなくなっているところへ、担当検事から部下の元行員が全面的に被疑事実を認めているとか、逮捕された大野木も須田も認めているなどと言われて、それ以上がんばって抵抗する気力を奪われ、検事に何を言っても無駄という気持ちになり、真意に反する内容の調書にサインさせられた。また、勾留質問で否認する態度を示すと、検事にそれを責められて「弁護人から言われたので否認した」という趣旨の調書を作成されたり、検事から弁護人を貶め本人を不安にさせる話を言われたりもした。そして「とにかく机をばんばんたたいて、大変なお怒りでございまして、昨日言ったことをすぐ引っ繰りかえすのかというようなことで、がんがんやられた」。「あなたの人生も長いんだよというようなことも言われたし、……商法と証取法を合わせると7年になるぞと、……そのようなことをわんわん繰り返し言われ」、「否認したければすればいいじゃないかと、その選択もあなたの人生でしょう」というようなことを言われて、これから大変なことになるなと思わせられたりした（一審第12回、第28回公判鈴木供述）。

このような取調べの中で、「自白」調書が大量に作成された。

(iii)　あとは一気呵成に

そして、このような経過で一旦平成10年3月期末決算での償却引当不足と違法配当の被疑事実を認め、これを争わないことに決めてしまった後は、3名とも、その基本線に辻褄が合うように、各論テーマごとに資料を解釈あるいは説明する調書を作成していくところを受け入れざるをえず、これにサインしていった経過がある。「そういう違法な決算を導く大前提として、自己査定基準及びそれに基づく自己査定ということが基本にあるわけでございます。……最後の着手である決算について違法ということを認めた以上、それに至る一番大事なプロセスとしての自己査定についての評価も、そういう形での取調べにおける評価を受け入れたと、そういうことでございます。」（一審第8回公判大野木供述）

ⅳ　臨場感のある発言とワープロによる反復

これら供述調書の中には、過去の長銀の行内会議等において供述者自身の発言あるいは他の役員・行員等の報告内容などとして、具体的な言葉を引用した臨場感のある表現で記載されている部分がある。しかし、それらは実際には供述者の記憶があった事柄ではない。検事がそういうのだから、それには何か根拠があるのだろうという信頼感から、そのまま異議を述べずにそれら引用文言のある調書にサインしたというのが実態である。（一審第23回公判須田供述、第８回公判大野木供述）

また、これら３名の被疑者調書と他の長銀元役員・行員らの供述調書はいずれも手書き調書ではなく、記憶媒体を利用するワードプロセッサー（若しくはパソコン）により本文が作成されているものであるところ、供述者ごとに別の担当検事が取調べて供述調書を作成しているものであるにもかかわらず、供述者を異にする調書同士の間において、同一の人物の特定場面での発言の引用あるいは事実関係の特徴的な言い回し部分が相互に類似ないし酷似した表現となっている例が見られ、中には殆ど一言一句同じである例さえあった。これも本件取調べの特徴である。

ⅴ　核心にふれた取調べはあったか

なお、本件裁判においては、平成10年３月決算における会計処理が当時の「公正なる会計慣行」に反していたか否か等が最も重要な争点になったのであるが、３名に対する取調べにおいて、この当時の「公正なる会計慣行」が何であったか、それと長銀の自己査定基準及び決算処理との関係はいかなるものだったか、などの問題に焦点を置いて大野木ら３名の取調べが行われたことを窺わせる調書記載は、見あたらない。

3　長銀の行員、元役員らの取調べと供述調書作成

(1)　多数回に及ぶ取調べと、多数の供述調書作成

本件においては、大野木ら３名の元頭取、元副頭取の身柄拘束による取調べと並行して、あるいはそれ以前の段階から、長銀の元役員、行員らの任意による取調べが行われた。その範囲、回数は極めて多い。検察官により公判に請求された供述調書に限っても、これら長銀関係者（関連ノンバンク役職員を含む）の供述調書は人数にして43名、のべ通数にして139通に達している。請求された調書の通数からみると、特に長銀の関連会社に対するものを含む不稼働資産処理を担当し、自己査定基準の策定においても中心的役割を担ったとされる長銀事業推進部関係の役員及び幹部職員の供述調書と、決算事務を担当し不良債権処理計画を含めた経営計画の立案を担当する総合企画部関係の役員及び幹部職員の供述調書が、群を抜いて多い。事案の性質からしても、これらの部局担当の元役員や職員に対する取調べがもっとも数多く、かつ厳しい態様で行われたと思われる。

多くは大野木らの逮捕の日である６月10日以降の日付で作成されているが、逮捕予定者の周囲の参考人の取調べを行いその調書等を「山のように積んで」から、逮捕予定者の任意取調べや強制捜査が行われるのが常識であるから、実際には５月20日

や6月10日より前の時期からおびただしい数の取調べが行われており、6月10日以降の日付になっている供述調書も、その原型的な調書がそれ以前に作成されていた例が少なくないと思われる。

例えば取締役事業推進部長であった大田秀晴氏の場合、公判段階で請求された供述調書は6月18日付以降6月28日までの間の6通にとどまっているが、同氏の証言によれば実際に検察官による取調べを受けたのは4月14日から6月30日まで、ウイークデイに限らず土日も含めて30回強であり、この間作成した供述調書は13通ないし14通である（一審第16回公判大田秀晴供述）。公判に提出されている6月後半の作成日付の供述調書の作成の仕方は「もうできあがったものが、どんと置かれていまして、それを読んで、署名捺印しろと、こういうことでございました」(同）というものであった。

また取締役総合企画部長だった大岩一彦氏の場合、公判段階で請求された供述調書は6月5日付以降6月30日までの間の8通にとどまっているが、同氏の証言によれば実際に検察官の取調べを受けたのは平成11年4月14日から6月30日までの間に36、7回であり、公判で請求されているもの以外にも少なくとも3通の供述調書が作成されている（一審第17回公判大岩一彦供述)。

大田氏の場合も、大岩氏の場合も、その取調べの様子から、部下の行員が自分よりもはるかに多数回取調べを受けているものと当時から推測していた。実際、公判に請求された供述調書の通数を見ても、その部下の供述調書の通数（1人で10数通に及ぶものもある）の方が多い。

⑵　元役員、行員の供述調書の内容と特徴

公判で検察官から請求された元役員、行員らの供述調書の内容は、いずれも、各調書の末尾に添付した長銀の行内資料（役員会議資料等）や貸出先債務者にかかる財務資料等の一部を引用しながら、口をそろえて、長銀の貸出金には回収不能のため即時償却引当処理を要するものが、平成8年時点でも、本件平成10年3月期末決算（平成9年度期末決算）時においても1兆円超あり、役員はこれを認識していたにもかかわらずこれらの処理を先送りしていたとか、粉飾決算であり違法配当であったとか、あるいは長銀が平成10年3月期末決算のために用意した自己査定基準は、償却引当必要額を意図的に少なく見積もるような内容で作成したなどと供述するものである。

いずれも検察官がワードプロセッサー（もしくはパソコン）を用いて作成したものであり、添付された行内資料等が占めるボリュームが大きいものである点も、逮捕・起訴された3名の供述調書と同様である。また所々で生々しい言葉の形で引用している発言の文言を含め、文面的に類似あるいは酷似したパターンが多く、明らかに他人の調書における記載をそのまま転用したと思われるものさえあることも特徴である。

大野木は保釈後にこれら供述調書を読んだ印象を、「どうも全員が全く同じ基調で、……俗な言葉で言うと、金太郎飴みたいな調書になっていると。これが果たして、証

拠が山積みしているということの本当の意味なのかと、同じものだけがつみあがっているということが。」というものであったことを一審で述懐している（一審第30回公判大野木供述）。

これら供述調書にあらわれた元役員ら及び行員らの供述は、「円卓会議資料」を含め、その調書に添付された客観的資料の記載から読み取れるところとは矛盾することが明らかな内容のものが少なくない。また大野木ら3名が当時の自分を含めた長銀の役員、行員の認識であると理解していたものとも矛盾する内容である。「（保釈後）自分の調書も読み直してみましたし、それと同時に、他の方の検面調書も、全部読んでみました。そうしましたら、自分の調書は、情けない調書だってことは最初から分かっているわけなんですが、他の方の調書も、みんな、私と同じことが書いてあるのに驚きました。優に1兆円を超える引当、償却引当義務を知りつつとか、大蔵Ⅳ分類イコール即時引当、償却とか、違法配当とか、粉飾決算とか、そのような言葉が、みんな一様に同じように載っている調書がたくさんあるので、これはどうしたんだと、銀行時代に多くの仲間がいたわけですが、誰もこんなこと言ってなかったじゃないかと、一体これは何なんだろう。」（一審第24回公判須田供述）。

圧倒的な量の有罪証拠の「山」が実は、このような事実から乖離した内容による、画一的にまとまった供述調書の山であるということを保釈後に知った。このことが、当初は起訴事実を争うことに積極的とはいえなかった大野木ら3名を覚醒させ、本件の真実を問い、無罪を主張する姿勢に転ずるきっかけとなった。

⑶　事実から乖離した長銀関係者の供述調書はどのようにして作成されたか

このように、平成10年3月決算期あるいはそれ以前の長銀関係者の認識に反し、残されている行内資料等の客観的内容とも整合しない無理な内容の供述調書の山が作られたことには、どのような事情があったのだろうか。

本件では、国有化後の長銀の新経営陣が大野木らを告発し、旧役員に対する損害賠償請求を提起していた状況の下で、弁護人らが現職行員に接触し、公判廷で証人として真実を供述するよう求めることは困難であった。そのため、行員らの供述調書作成経緯の実態を公判廷で明らかにすることはできなかった。

しかし、元役員らに公判廷で証言を求めると、彼らの供述調書記載のうち、前記の如く1兆円超の要即時償却引当債権があったとか、粉飾決算であり違法配当であったとか、自己査定基準は、意図的に作成したなどと供述している部分は、いずれも本人の認識とは反対の内容であったことが判明した。彼らは作られようとしている調書が自分の認識に反する旨検察官に申し述べたのであるが、結局多数回に亘り続く取調べによる負担・疲労や、逮捕される恐怖も含めた取調べの圧力に屈して、検察官が作成した調書は内容が真実と相異すると知りつつ、心ならずもサインしてしまったという。

例えば大田秀晴氏は、かねてマスコミ報道でも逮捕の最有力候補であると報道されている立場であったところ、最初の取調べの際に「協力するかしないかは、あなたの考え方ですよ」といわれて、いつ逮捕されるかわからないという気持ちになった。そして、自分の勤務先（長銀退職後の職場）の仕事がありながら前年の11月から続く多数回長時間の取り調べを受けていた負担が積み重なっていた。部下が自分よりもさらに多数の取り調べを受けており、自分自身もマスコミに追われている状況に追い詰められて、「残念ながら精神的にも肉体的にも限界になって、検察庁にやってくるのがようやっとというような状況」となり、調書の内容について検察官と意見が合わなかったところがあっても、致し方なく印鑑を押したと証言している（一審第16回公判大田秀晴供述）。また同氏の場合も、調書中の臨場感ある第三者発言の引用部分の記載について、「調書におけるいろんな人の……会話の臨場感、これが私は残念ながら覚えていないことが大部分でございましたが、結局、流れがそうなっているし、……みんな部下も認めていると、それから、……逮捕された人たちも全部認めていると、認めていないのは大田さんだけだというふうに再三言われまして、それで、署名捺印をした」とも証言している（同）。

大岩一彦氏の場合も、償却引当義務の認識問題を含め取調検事とは意見が相違した。しかし、検事から「塀の向こうに行って調べますか」「捜査に協力しなければどうなるか」というようなことを言われながら取調べを受け、検事の作ってきた調書に署名をすることを躊躇すると「もうほかの人はそんなことを言っていません」と拒否されるなどのつらい取調べを受けた。「ここでサインしないと、捕まるといいますか、そういうようなことも非常に恐怖として持って」やむなく署名したと証言している（一審第17回公判大岩一彦供述）。他の元役員らも、それなりにニュアンスの差はあれ、基本的には同様の証言を行って調書作成に応じた事情を説明している。

(4) 会計処理ルール、会計慣行等に関する捜査の実態

ところで、本件裁判で最重要の問題となった、本件における取立不能（見込み）債権の認定とそれにかかる償却引当義務を決する会計ルールについて、捜査として何が行われていたのか。

本件当時、株式会社の会計処理において取立不能金銭債権の取り扱いを規律する法令は商法285条の4（平成17年の新会社法制定前の旧商法）第2項の「金銭債権ニ付取立不能ノ虞アルトキハ取立ツルコト能ハザル見込額ヲ控除スルコトヲ要ス」という抽象的な条文のみであり、その抽象的な基準を補充するものは結局旧商法32条2項の「商業帳簿ノ作成ニ関スル規定ノ解釈ニ付テハ公正ナル会計慣行ヲ斟酌スヘシ」とされていた。本件長銀の平成10年3月期末決算における不稼働貸出金の評価・償却引当処理が適法であったか否かは、この公正なる会計慣行の内容としていかなるものを認定するかによって、結論が左右される問題である。その会計処理に違法がなければ粉飾も違法配当も成立しないことになるのだから、この視点からの捜査は不可欠だったというべきであろう。

この点、検察官が公判に提出した証拠を見る限り、長銀の平成10年3月期末決算

に適用されるべき会計ルールに関して第1回公判までに捜査されたものは、平成10年7月から実施された金融監督庁による長銀に対する金融検査と同年5月の日銀による考査の結果を説明する関係職員の供述調書、その検査で基準とした平成9年3月のいわゆる「資産査定通達」及び同年4月の「関連ノンバンク事務連絡」及び前提となる「決算経理基準」等の諸通達、これら通達に関する金融監督庁職員の解説（職員の供述調書)、平成9年4月の日本公認会計士協会「4号実務指針」及びこれに関する同協会役員の解説（同役員の供述調書)、平成8年4月大蔵省により行われた長銀に対する金融検査の際の資産査定状況、及び平成7年12月の大蔵省早期是正措置検討会の「中間とりまとめ」の範囲に限られているようである（一審証拠関係カード検察官甲号証144番～170番、181番)。

しかし、これらは、金融監督行政の立場から会計処理方法の基準となる通達等を（平成8年度以前のものと平成9年度のものとをそれぞれ）説明し、長銀の金融検査結果を述べたり、長銀の自己査定基準の中に不適正なものがあると説明するもの、及び公認会計士協会の内部における指針を示すもの等にとどまっている。それらと客観的なルールである「公正なる会計慣行」の関係について説明して、本件決算時における不稼働貸出金の評価・償却引当ルールを明らかにする観点からの捜査の視点は殆ど見受けられない。特に裁判で中心的に問題となった、平成10年3月期末決算における関連ノンバンクに対する貸出金の取扱いにつき他行を含む金融機関において一般に受け入れられ適用されていた会計処理方法の内容と、その「公正なる会計慣行」性の有無、長銀の本件決算で用いられた会計処理方法としての公正なる会計慣行との関係如何などについての捜査はなされた形跡がない。

また、本件長銀の平成10年3月期末決算において適用されるべきであった「正しい」処理ルールにより具体的に計算すれば、長銀の償却引当不足額は各貸出先ごとにいかほどの額になり、全体ではどれだけの額になるのか、それが確定しなければ有価証券報告書の虚偽記載の有無も、違法配当の成否も確定せず、公訴提起は不可能である。しかしこの「正しい」ルールに照らして不足額を算定するための第三者による鑑定あるいは計算書等の証拠の提出はなかった。結局公訴事実における償却引当不足額の貸出先ごとの内訳とその算定根拠として検察官が提出した「証拠」は、検察官自らが資産査定通達と関連ノンバンク事務連絡を解釈適用しながら、各貸出先ごとの償却引当不足額を具体的に「査定」し、これにより長銀の貸借対照表等を引き直して計算し作成した資料であった（一審証拠関係カード検察官甲号証177番)。「先ず訴追ありき」で始まり、高揚したマスコミ世論を追い風にし、検察官の示す見解が商法の原則であるとして大野木らを「自白」に追い込んだ自信満々の捜査は、意外に足もとが脆かったのである。

4　起訴と保釈、無罪主張に至った事情

(1)　弁護団の慎重捜査要請と、強行された起訴

3名の延長後の勾留期限（6月30日）が迫った平成11年6月28日、3名の弁護団は共同して主任検察官の大野宗検事に面会し、同日付の陳情書を提出して、他の銀行の平成10年3月期決算における不良債権の償却状況を十分調査した上で、それと均衡を失しない対応を取ること、及びその他銀行の調査が終了するまで3名の処分は保留とすることを求めた。この陳情書においては、平成10年3月期末決算について従来の決算基準に変わる一義的な基準が確立されておらず、この結果、長銀以外の多くの金融機関が後日金融監督庁から不良債権償却が不十分であるとの指摘を受けたことを取り上げて、「金融行政の過渡期と基準不明確な条件下で」長銀の3名についてのみ決算の「粉飾」の刑事罰を問うことには公平性の観点から疑念があるとしている。

検察官はこの陳情書の指摘に耳を貸さずに起訴を強行した。しかしその9年後、本件における最高裁判決は、平成10年3月期末決算において長銀以外の大手18行（当時）のうち14行が長銀と同様に関連ノンバンク等に対する将来の支援損を引当て計上しておらず、また金融監督庁検査の結果長銀と日債銀を除外した17行において総額1兆円以上の償却引当不足が指摘されていた事実を重視し、同決算期においては従前の「公正なる会計慣行」である税法基準の考え方による処理が排除されているのか否か不明確な「過渡的な状況」であって、長銀が行った資産査定が「資産査定通達」の方向性から逸脱していたとしても、違法とはいえないとしている。弁護人陳情が示唆した本件の核心を見過ごして「まず処罰ありき」の「国策」による起訴に踏み切った検察官の対応は遺憾である。

(2)　起訴と「公訴事実」

(i)　二つの訴因

平成11年6月30日、大野木克信（当時63歳）、須田正己（当時59歳）、鈴木克治（当時62歳）の3名は、次のとおり、証券取引法違反（有価証券報告書虚偽記載）及び商法違反（違法配当）の2個の訴因により起訴された。

「(冒頭略) 被告人3名は、共謀の上

第1　日本長期信用銀行の業務に関し、平成10年6月29日、東京都千代田区大手町一丁目3番3号大蔵省関東財務局において同財務局長に対し、同会社の同9年4月1日から同10年3月31日までの事業年度の決算には5,846億8,400万円（百万円未満切捨て。以下第1において同じ。）の当期未処理損失があったのに、取立不能の虞があって取立不能と見込まれる貸出金3,130億6,900万円の償却又は引当をしないことにより、これを同額過少の2,716億1,500万円に圧縮して計上した貸借対照表、損益計算書及び利益処分計算書を掲載するなどした同事業年度の有価証券報告書を提出し、もって、重要な事項につき虚偽の記載の

ある有価証券報告書を提出し

第2　日本長期信用銀行の前記事業年度の決算には前記のとおり5,846億8,400万円の当期未処理損失があって株主に配当すべき剰余金は皆無であったのに、平成10年6月25日、同会社本店で開催された同会社の定時株主総会において、前記当期未処理損失2,716億1,500万円を基に、任意積立金を取り崩し、1株3円の割合による総額71億7,864万7,455円の利益配当を行う旨の利益処分案を提出して可決承認させ、もって、法令に違反して利益の配当をしたものである。」

(ii)　なぜ償却引当て不足か

この起訴状は、「取立不能の虞があって取立不能と見込まれる」にもかかわらず償却又は引当てをしなかったという貸出金の金額は3,130億6,900万円としており、これにもとづき有価証券報告書虚偽記載罪及び違法配当罪が成立するとしているが、有価証券報告書虚偽記載の勾留にかかる被疑事実（逮捕時のそれと同じ）においてはこの償却引当て不足額は「約1,528億3,100円金」であるから、起訴時に償却引当て不足額が1600億円も増加していることになる。

しかし、起訴状にも逮捕・勾留の被疑事実にも「取立不能の虞があって取立不能と見込まれるにもかかわらず償却又は引当てをしなかった」とされる貸出金の内訳（債務者名とその債務者ごとの償却引当不足額の）記載がなく、結局第1回公判において検察官冒頭陳述によりその内訳の釈明がなされ、前述の一番証拠関係カード検察官甲号証177番の提出がなされるまでは、被告人らにも一体どの部分が償却引当不足といわれて起訴されたのか、認識困難なものであった。また逮捕・勾留の被疑事実と比較して、どの債務者に対するものがどれだけの額増加したのかということも、分からずじまいである。

(3)　保　　釈

起訴と同時に、従前の証券取引法違反の事実による勾留に加えて、公訴事実第2の、商法違反（違法配当）の事実について、新たな勾留請求（求令状）がなされ、東京地裁刑事14部裁判官は同日、3名全員の勾留を決定した。なお、この違法配当による勾留の勾留質問においては、3名ともに事実を争っていない。

これに対し弁護人らは直ちに、保釈の請求を行った。保釈を求める事情として各弁護人が強調したのは、本件ではその会計処理が適法か否かは客観的な会計基準にしたがって評価されることであって、行為者の主観的事情の如何により会計処理の違法性の存否が左右されるものではない。長銀の行内資料等の客観的資料が検察官にことごとく押収されているうえに、被告人らも客観的資料にあらわれた数値や事実関係を争わないで、これを認める供述調書を作成しているから、罪証隠滅の余地はない。また、今後検察官が取調べ請求する膨大な資料及び供述調書を検討して期日の準備をする必要があるので、被告人の身柄拘束は極めて不当であることなどである（須田の場合にはさらに、その持病・障害の治療やケアー上の必要性も強調した。）。これに加えて、当時は各弁護人とも、本件においては検察官立証に長期間を要することはない見こみであると判断していたことから、その旨のニュアンスも裁判官には伝えられた。

なお保釈請求に対する検察官の意見は、保釈自体に強く反対する内容ではなかった模様である。被告人らが取調べにおいて争う態度を示さずに「自白」調書が積み上がっていること、また被告人、弁護人側が長銀行員や元役員らの供述調書を不同意として事実関係を強く争うことは困難であり、弁護は事実の評価的側面や情状的な要素の主張が中心になると見ていたようである。

東京地方裁判所裁判官は、平成11年7月6日保釈を許可し、大野木及び須田は同日、鈴木は翌7日身柄を解放されて帰宅した。保釈金は大野木について2000万円、須田及び鈴木について各1500万円であった。許可には居住地制限、出頭義務、罪証隠滅行為禁止などの条件の他に、被告3名相互の接触の禁止と、大岩一彦、大田秀晴、越石一秀ら元役員4名及び平成10年3月当時の長銀総合企画部、事業推進部の幹部行員3名との接触の禁止（いずれも弁護人を介する場合を除く）が付されていた。

(4)　第1回公判前の開示証拠の謄写とその検討

3名の保釈直後の平成11年7月8日、早くも裁判所から公判前の進行協議の日程調整の連絡があり、起訴から1カ月も経たない同月28日に協議期日が開かれ、同年8月以降、平成11年11月19日の第1回公判期日の直近までの間に、検察官請求予定証拠が整理の出来たものから順次開示されていった。

これらの第1回公判前開示証拠の分量は200点近いうえに、その大部分は被告人、元役員、行員らの供述調書であり、大量の添付書類が付属しているため、1調書が300丁近くに達するものもあった。そのため、全部を1セット謄写すると60万円近い費用を要した。実際には準備のために各被告ごとに数セット謄写する必要があったので、当初の検察官開示証拠の謄写費用だけでも各被告200万円前後の費用負担となった。

第1回公判に向けた準備として、3被告の弁護人は手分けして検察官の開示した請求予定証拠を検討し、証拠意見を検討しつつ、これと並行して公判での防禦方針の協議を行った（証拠意見の検討の詳細については、一審の解説参照）。

(5)　無罪主張に至った事情

本件では、捜査段階で各被告が自白した形となっている「粉飾」あるいは「当期要償却引当処理資産　1兆円超」、「（法的な意味での）償却引当不足」などは、平成10年3月決算期の役員・行員の実際の認識とは異なっており、自分たちは間違った決算をしたとは思っていないという点は3被告とも共通するところであった。

しかし、実際の公判で被告・弁護人としてどのような立場を取り、どのような主張を展開するのか。そもそも無罪主張を鮮明にするのか否か。3被告の間でもイメージは一致しておらず、各弁護人の間でも、検察官提出の多数の供述調書には原則として同意しながらも、例えば金融行政の過渡期であり会計基準も不明確な条件下で長銀が最善と考えて行った決算につき「粉飾」や「違法配当」を問うことが不当であるとする論陣を張るという点では一致していたが、その具体的方法や主張のニュアンスが一致していたわけではない。

公判においていかなる方針で臨むのかについて、開示証拠の検討会議の場などで各弁護人を介した意見交換が重ねられたが、第1回公判が間近に迫る時点まで、各被告の意見が揺れ、あるいは逡巡したことは事実である。

しかし、結局、最終的に3被告は、当時の長銀の経営者としての社会的責任を自省しつつも、平成10年3月期末決算には違法な会計処理はないと認識している、無罪である旨を明確に主張することで足並みがそろうことになり、第1回公判に臨むことになったのである。

この経過について、大野木は次のように述懐している。起訴当初は、事実と異なる「フィクション」に立った供述調書作成に応じたことが良かったのか、という疑問を持ちながらも「争わない、それは私のやっぱり取るべき道だということで（自らを）納得させた」経過があった。しかし、その後「心ならずも調書にサインしてしまいましたと、もし、おっしゃりたいことがあったら遠慮しないで言ってくれ」という趣旨の長銀の行員からの「うめき声」が伝わってきた。開示された長銀の元部下達の供述調書が金太郎飴みたいに不自然に一致した状態で事実と異なる内容となっていること、それら供述調書に添付された行内資料はむしろ、当時自分らが取った立場が慣行に沿った正しいものであったことを裏付けていることに気がついた。そのため、「（平成10年3月、あるいは、それ以前の）当時、自分で考えて、そして自分で指示をして行ったこと、こういったことをありのまま正直に筋道を立ててお話しし、その間にはいろいろ失敗もございますから、恥ずかしいこともございますけれども、そういった点をこの公判の場で公にして、そして、この裁判の御審判を仰ぐと、そういうことをしないと、供述調書だけがこの事件の歴史的な文書として残ってしまう」という心境になった（一審第30回公判大野木供述）。

須田も、開示された供述調書の山を見て、自分や長銀の職員らは「結局、取調べ時点に成立しているルールで、みんな物事を振り返って考えてしまったんじゃないか」「長銀の取調べを受けた人たちは、みんな、集団的な幻覚症状みたいなことになって、現在時点から、すべて過去を振り返って判断している調書ができあがっているんじゃないかと、これが、みんな同じ調書になっていることのポイントなんじゃないか」ということに気がついた。そして、ためらいつつも、「長銀の伝統と歴史をしっかりと後々に伝えるためには、説明すべきことは、きちんと説明しておかないと、その説明をするということが、長銀の最後の経営者の、一番大事な経営責任の果たし方ではないか」という心境になった（一審第24回公判須田供述）。

鈴木も、長銀の元経営者としての社会的責任を感じつつも、「私自身としては違法なことをした覚えもございませんし、そういう友人の声というものもございますので。しかも、本件につきましては、銀行関係者、かなり注目している事件かなと思います。それから、私も銀行員として長く生きてきた、非常に私としてはまじめに生きてきたつもりでございまして、そういうような状況を踏まえますと、どうして本件が刑事罰に触れるのか、やはり、どういう事情で、どんな点が問題なのかということをはっきりしてもらいたいなという気持ちが強いということであります」という心境で無罪主張に至った（一審第26回公判鈴木供述）。

Ⅰ 起　訴　前

①　勾留質問調書

勾留質問調書

被疑者　鈴木　克治

上記の者に対する　証券取引法違反　被疑事件について、
平成11年6月11日　東京地方裁判所で、
裁　判　官　　丸山　哲巳　は
裁判所書記官　　谷口　　繁　を
立ち会わせて、上記被疑者に対し次のように質問した。

問　氏名、年齢、職業、住居について述べてください。

答　検察官の前で述べたとおりです。

裁判官は、終始沈黙し又は個々の質問に対し陳述を拒むことができる旨を告げ、勾留請求書記載の被疑事実を読み聞かせた。

問　検察官からこのような事実について勾留の請求があったが、これについて何か述べることはないですか。

答　特命顧問「事業推進部担当」と書いてあるが事業推進部を担当しておらずこの事件では関係ないと思います。
98年3月決算については、自己査定制度の始まりの期のため銀行として財源を確保するなどしてきちんと対応したものです。
　昨日の夜検察官より取調べがあり私としては緊張しており、検察官からの厳しい指摘とあと2人は事実を認めていると言われ、一部私の意に沿わない内容のある調書に署名押印してしまいました。
　その部分というのは処理しなければならない不良債権の額が1兆1千億円であったが引当すべきところを引当てしなかったという部分です。
　私としては我々が引当しなければならなかった額がそれほどのものであったか全体として議論をしていきたいと思います。　　以上

裁判官は、弁護人を選任することができる旨を告げ、勾留した場合の通知先を尋ねたところ、

答　勾留通知先は　　更田義彦弁護人　電話番号（略）
長　文弘弁護人　電話番号（略）

上記のとおり読み聞かせたところ、相違ない旨申し立て署名指印をした。

被疑者　鈴木　克治　（指印）

前同日　同庁

裁判所書記官　　谷口　繁　㊞

② 勾 留 状

平成 11 年東京地検勾留第 6508 号

勾　留　状

指揮印

延長

延長

大野検察官係

被疑者

氏名　大野木克信

年齢　昭和○年○月○日生

職業　無職

住居　東京都○区○丁目○番○号

罪名　証券取引法違反

右被疑事件について、被疑者を、
東京拘置所に勾留する。
被疑事実の要旨及び刑事訴訟法六〇条一項各号に定める事由は裏面記載のとおり。
平成一一年六月一一日
東京地方裁判所
裁判官　丸山哲巳

この令状の有効期間は右発付の日から七日とする。
右期間経過後は執行に着手することができず、令状はこれを当裁判所に返還しなければならない。

勾留請求の日　平成一一年六月一一日

執行した年月日時及び場所　平成一一年六月一一日 午後四時四五分 東京地方裁判所構内 東京拘置所出廷留置場

執行することができなかったときはその事由

右のとおり相違ありません。
平成一一年六月一一日
東京拘置所
法務事務官　高橋昌也

勾留した年月日時及び取扱者官職氏名印　平成一一年六月一一日 午後六時一二分 東京拘置所 法務事務官　川田常雄

（被疑者用）

勾留理由開示済　平成　　年（む）第　　号　書記官印

被疑事実の要旨

別紙記載のとおり。

刑事訴訟法六〇条一項各号に定める事由

左の各号中　二、三号

一　被疑者が定まった住居を有しない。
二　被疑者が罪証を隠滅すると疑うに足りる相当な理由がある。
三　被疑者が逃亡すると疑うに足りる相当な理由がある。

勾留期間の延長

延長期間	理由	勾留状を検察官に交付した年月日	勾留状を被疑者に示した年月日
平成　年　月　日まで 平成　年　月　日 東京地方裁判所 裁判官		平成　年　月　日 裁判所書記官	平成　年　月　日 午　時　分 監獄官吏　警察署
平成　年　月　日まで 平成　年　月　日 東京地方裁判所 裁判官		平成　年　月　日 裁判所書記官	平成　年　月　日 午　時　分 監獄官吏　警察署

（97．12．20.000 城）

（別紙）

被疑者大野木克信は、平成7年4月から同10年9月までの間、東京都千代田区内幸町2丁目1番8号に本店を置き、長期信用銀行業務等を目的とする長期信用銀行で、その発行する株式が東京証券取引所第一部に上場されている株式会社日本長期信用銀行の代表取締役頭取であったものであるが、同会社元副頭取須田正己及び同鈴木克治と共謀の上、同会社の業務に関し、同年6月29日、同区大手町1丁目3番3号大蔵省関東財務局において、同財務局長に対し、同会社の同9年4月1日から同10年3月31日までの事業年度（第74期）の有価証券報告書を提出するに当たり、取立不能ないしはその虞がある貸出金合計約1,528億3,100万円につき、同事業年度内に償却又は引当をすべきであったのにこれをせず、当期未処理損失額を同額過少に偽るなどした貸借対照表、損益計算書及び利益処分計算書を掲載した同事業年度の有価証券報告書を提出し、もって、重要な事項につき虚偽の記載のある有価証券報告書を提出したものである。

③ 陳 情 書

陳　情　書

証券取引法違反被疑事件

被疑者　大野木　克　信
同　　　鈴　木　克　治
同　　　須　田　正　己

上記事件の処分について、以下のとおり陳情します。

記

1　本件の中心的問題は、日本長期信用銀行（以下「長銀」と言います）の平成10年3月期の決算内容に違法な点がなかったかという点にあると思われます。

周知のとおり、同事件の背景にはバブルの崩壊に伴う地価及び株価の下落という特殊な社会・経済情勢が存在しました。さらには金融機関を取り巻く経営環境が金融の自由化、国際化の流れの中で大きく変化し、これを受けて、当局の金融行政の在り方が見直され、それまでのいわゆる護送船団方式に代表される保護的規制的行政から、市場によるチェック機能を活用した行政へと大きく転換したという特殊な事情も存在しました。

2　この転換にともない採用された自己査定に基づく早期是正措置制度は平成10年4月1日以降に適用されるものとされており、それまでは、金融機関の貸出債権の貸倒償却方を含めて、その決算は大蔵省の示す基準・指導に大きく依存していたのが実情です。

3　このような時代背景の中で、本件で問題とされている平成9年度（平成9年4月から平成10年3月まで）決算については、従来の決算基準にかわる一義的な基準が確立されておりませんでした。このことはその後になってようやく全国銀行協会連合会による金融機関の決算基準である「決算経理基準」（平成10年9月7日）、日本公認会計士協会による「銀行等金融機関の資産の自己査定に係る内部統制の検証並びに貸倒償却及び貸倒引当金の監査に関する実務指針」（平成11年4月30日付）金融監督庁の略称「金融検査マニュアル」（平成11年4月8日付）が策定され、発表されたことからも明らかです。この結果、平成10年3月期決算については、長銀以外の多くの金融機関についても、後に金融監督庁から、程度の差はあれ不良債権の償却が不充分であることを指摘されるところとなりました。

4　被疑者等に私利私欲はみじんもなく、ひたすら長銀の経営の健全化を願っての行動であったことは衆目の一致するところであります。上記のような金融行政の過渡期と基準不明確な条件下で被疑者3名だけに、その決算の「粉飾」につき刑事罰を問うことについては公平性の観点からしてもその妥当性が慎重に検討されるべきであると考えます。

5　本件では、被疑者が逮捕勾留されて既に20日近くを数え、近々貴庁の処分結果が明らかにされるものと見込まれますが、弁護人らは、貴庁に対し、前記の各事情を考慮され、でき得れば、公訴の提起前に、平成10年3月期決算をしたその他の銀行の実情をも十分に調査されたうえで、それと均衡を失しない対応をとられるよう要望いたします。各金融機関に対する調査ないし処分が決まるまでの間、本件被疑者等に対する処分は保留していただくようご検討していただきたく、その旨陳情申し上げます。

以　上

平成11年6月28日

大野木克信弁護人
弁護士　那　須　弘　平
鈴木克治弁護人
弁護士　更　田　義　彦
須田正己弁護人
弁護士　國　廣　　正

東京地方検察庁
検　事　正　甲斐中辰夫殿
同特別捜査部
検察官検事　大野　宗　殿

II 起　　訴

① 起 訴 状

平成11年東地領第841号

平成11年検第 5089
13422〜13424
13716・13717号
15501〜15503
15508〜15510

起　　訴　　状

下記被告事件につき公訴を提起する。

平成11年6月30日

東京地方検察庁　検察官検事　大野　宗

東京地方裁判所　殿

本　籍　　東京都○区○○丁目○○番地
住　居　　同区○○丁目○○番○号
職　業　　無　職
(第一事実につき勾留中、第二事実につき求令状)　　大野木　克信
昭和11年○月○日生

本　籍　　東京都○○市○○丁目○○番地○○
住　居　　同市○○丁目○番○号
職　業　　会社役員
(第一事実につき勾留中、第二事実につき求令状)　　須田　正己
昭和14年○月○日生

本　籍　　東京都○○区○○丁目○番地
住　居　　同区○○丁目○番○号
職　業　　無　職
(第一事実につき勾留中、第二事実につき求令状)　　鈴木　克治
昭和12年○月○日生

公　訴　事　実

被告人大野木克信は、平成7年4月20日から同10年9月28日までの間、東京都千代田区内幸町2丁目1番8号に本店を置き長期信用銀行業務等を目的とする長期信用銀行で発行する株式が東京証券取引所第1部等に上場されている株式会社日本長期信用銀行（以下「日本長期信用銀行」ともいう。）の代表取締役頭取であったもの、被告人須田正己は、同9年10月1日から同10年8月21日までの間、同会社の代表取締役副頭取であったもの、被告人鈴木克治は、同9年10月1日から同10年3月31日までの間は同会社の代表取締役副頭取、同年4月1日から同年7月27日までの間は同会社の特命顧問であったものであるが、被告

人3名は、共謀の上

第一　日本長期信用銀行の業務に関し、平成10年6月29日、東京都千代田区大手町1丁目3番3号大蔵省関東財務局において、同財務局長に対し、同会社の同9年4月1日から同10年3月31日までの事業年度の決算には5,846億8,400万円（百万円未満切捨て。以下第一において同じ。）の当期未処理損失があったのに、取立不能の虞があって取立不能と見込まれる貸出金合計3,130億6,900万円の償却又は引当をしないことにより、これを同額過少の2,716億1,500万円に圧縮して計上した貸借対照表、損益計算書及び利益処分計算書を掲載するなどした同事業年度の有価証券報告書を提出し、もって、重要な事項につき虚偽の記載のある有価証券報告書を提出し

第二　日本長期信用銀行の前記事業年度の決算には前記のとおり5,846億8,400万円の当期未処理損失があって株主に配当すべき剰余金は皆無であったのに、平成10年6月25日、同会社本店で開催された同会社の定時株主総会において、前記当期未処理損失2,716億1,500万円を基に、任意積立金を取り崩し、1株3円の割合による総額71億7,864万7,455円の利益配当を行う旨の利益処分案を提出して可決承認させ、そのころ、同会社の株主に対し、配当金合計71億6,660万2,360円を支払い、もって、法令に違反して利益の配当をしたものである。

罪名及び罰条

第一　証券取引法違反　　平成10年法律第107号による改正前の同法第197条第1号、第207条第1項第1号、刑法第60条
第二　商　法　違　反　　同法第489条第3号、刑法第60条

上記は謄本である　平成11年6月30日
東京地方検察庁　検察事務官　　吉 田 晴 郎

② 勾 留 状

平成11年東京地検勾留第6508号

勾　　留　　状

指揮印	
経由官印	

大野検察官係

被告人	
氏名	大野木克信
年齢	昭和○年○月○日生
職業	無職
住居	東京都○区○丁目○番○号
罪名	商法違反

右被告事件について、被告人を、東京拘置所に勾留する。公訴事実の要旨及び刑事訴訟法六〇条一項各号に定める事由は裏面記載のとおり。

平成一一年六月三〇日

東京地方裁判所

裁判官　小　川　正　持

この令状の有効期間は右発付の日から七日とする。

右期間経過後は執行に着手することができず、令状はこれを当裁判所に返還しなければならない。

執行した年月日時及び場所	平成一一年六月三〇日 午後五時一二分 東京地方裁判所構内 東京拘置所出廷留置場
執行することができなかったときはその事由	

右のとおり相違ありません。

平成一一年六月三〇日

東京拘置所

法務事務官　高　橋　昌　也

勾留した年月日時及び取扱者官職氏名印	平成一一年六月三〇日 午後六時二〇分 東京拘置所 法務事務官　川　田　常　雄

（被告人用）

勾留理由開示済　平成　　　年（む）第　　　号　書記官印

公訴事実の要旨

別紙起訴状（註　61頁に掲出）写し記載の公訴事実第二のとおり。

刑事訴訟法六〇条一項各号に定める事由

左の各号中　二、三号

一　被告人が定まった住居を有しない。

二　被告人か罪証を隠滅すると疑うに足りる相当な理由がある。

三　被告人が逃亡すると疑うに足りる相当な理由がある。

98.12. 1.000 正　377

Ⅲ 保　　釈

① 保釈請求書

保　釈　請　求　書

被告人　大野木　克　信

上記の者は商法違反被告事件について勾留中のところ、下記の理由により保釈の請求をする。

平成11年6月30日

弁護人　那　須　弘　平
同　　中　島　鉱　三
同　　倉　科　直　文

東京地方裁判所
刑事部御中

請 求 の 理 由

1、被告人は平成11年6月11日、株式会社日本長期信用銀行（以下、長銀という）の平成9年4月1日から同10年3月31日までの事業年度にかかる平成10年3月期末決算についての証券取引法違反（虚偽の有価証券報告書提出）の被疑事実により御庁の勾留を受け、今日まで勾留を継続（10日間延長）されてきたものであるところ、勾留満期である平成11年6月30日、上証券取引法違反及び商法違反（同法489条3号）の罪により御庁に起訴され（御庁平成11年　第　　　号）、上記商法違反事件につき勾留決定を受けた。

2、被告人については刑訴法89条各号の権利保釈の除外事由なく、保釈は許可されるべきである。

なお、同条4号の「罪証を隠滅すると疑うに足りる相当な理由がある」に該当するとはいえないことにつき念の為付言すれば、本件は長銀が上平成10年3月期末決算を行うに際して、その貸出債権につき（実行済の約5000億円の他に、）償却及び引当処理すべき債権が約1500億円（証券取引法違反の被疑事実）存したにもかかわらず、これを処理しない内容の決算書類を作成したとして前記のとおり勾留され、その利益配当の点をとらえて違法配当罪による起訴に至ったものである。

本件においては、決算書類の内容及び有価証券報告書の提出と配当の事実等は公表された事実であり、また上記償却又は引当の要否が問題とされる個別貸出債権の存在とその内容も客観的に明らかであるから、上記の償却又は引当処理をしなかった貸出債権部分について、それが平成10年3月決算期において償却又は引当をなすべき法的義務のあるものであったか否かという、評価的な事実認定が問題であるところ、その判断の前提となる貸出先の経営状況や担保状況などにかかわる客観的資料類はことごとく長期信用銀行内に保存され、すでに平成10年7月から9月にかけて徹底的に行われた金融監督庁による検査、及び被告人らの取締役退任後に行われた長銀の内部調査委員会の調査により確実に保存され、それが調査結果とともに検察官に引き継がれているうえに、平成11年6月11日に行われた差押えにより押収されずみである。

決算内容の調整・確定及び株主総会議案決定に至る経過、及び被告人らの共謀の点についても、取締役会・常務会を含む一連の諸会議の記録、会議資料などの多数の客観的資料が同様に保存され、ことごとく押収されている。

加えて被告人は取調において、これら客観的資料にあらわれた数値及び事実関係を争わず、これを認める内容の調書を多数作成しているのであるから、本件においてはそもそも罪証隠滅の余地はない。

3、本件においては、検察官から質及び量ともに膨大な資料及び多数の供述書類の取調請求が必須な事案であり、その準備のために第1回公判期日までには長期を要すると見込まれるところ、この間被告人の身柄拘束が続けられることは極めて不当である。

また被告人は高血圧の持病を有し、投薬治療中である。

4、なお本件決算をなすに当たって、被告人ら役員が私利私欲に出たものは一切なく、被告人らの行為は専ら長銀の経営健全化の見地に出た、他に選択の余地のないものであったと被告人は確信しており、これにつき逃げ隠れすることなく司法の判断を仰ぐ心境にあるのだから、被告人の逃亡の可能性は全くない。

また被告人を含む当時の長銀役員らは、在任中は報酬の3割カットを実施し、賞与の支払もなかったうえに、退職慰労金の支給も一切受けていない。

保釈保証金については、これらの点に留意されて、適切な額を設定されるよう希望する。

②　保釈許可書

㈠　㈡　平成11年検代第5089号　検察官　大野宗
㈠　㈡　平成11年特（わ）第2139号
㈠　㈡　平成11年6月30日公訴提起　㈠同年6月11日勾留　㈡同年6月30日　勾留

保　釈　許　可　決　定

被告人　大野木　克　信
昭和11年○月○日生

上記の者に対する㈠証券取引法違反、㈡商法違反被告事件について、平成11年6月30日弁護人那須弘平、同中島鉱三、同倉科直文から保釈の請求があったので、検察官の意見を聴いて、㈠㈡につき、これを許可する。

㈠　証券取引法違反被告事件につき、保証金額は金800万円とする。
㈡　商法違反被告事件につき、保証金額は金1200万円とする。

出監の上は、下記の指定条件を誠実に守らなければならない。
もし、これに違反するときは、保釈を取り消され、保証金も没取されることがある。

指　定　条　件

被告人は、

1　東京都○区○丁目○番○号に居住しなければならない。
上記住居を変更する必要が生じたときは、書面で裁判所に申し出て許可を受けなければならない。
2　召喚を受けたときは、必ず定められた日時に出頭しなければならない（出頭できない正当な理由があるときは、前もって、その理由を明らかにして、届け出なければならない）。
3　逃げ隠れしたり、証拠湮滅と思われるような行為をしてはならない。
4　3日以上の旅行をする場合には、前もって裁判所に申し出て許可を受けなければならない。
5　大岩一彦、妹尾賢治、平田敏紀、大田秀晴、竹井信治、小西龍治、越石一秀、須田正己及び鈴木克治に対し、直接又は弁護人を除く他の者を介して面接、通信、電話等による一切の接触をしてはならない。

平成11年7月6日

東京地方裁判所刑事第14部(6)
裁判官　小　川　正　持

第３部　公判手続の緒戦
――冒頭手続と検察官の主張立証

第３部　公判手続の緒戦

――冒頭手続と検察官の主張立証

［解説］

解　説

1　公判前協議における裁判所の姿勢

(1)　書記官からの連絡

被告人３名全員の保釈直後の1999(平成11)年７月８日、係属部（東京地裁刑事第１部）の主任書記官から主任弁護人あて、「早い時期に、裁判所、検察官、弁護人の訴訟進行および争点整理のための事前打ち合わせを入れたい」と連絡があった。

当時は、公判前整理手続の制度は整備されていなかったが、第１回公判期日前に、裁判所は、その裁量により、膨大な証拠が提出され、長期間にわたる公判が予想される事件については、証拠整理の目途や公判の見通しを立て、計画的審理を行うために、訴訟の進行に関し必要な事項について打合せを行うことができる（刑訴規則178の10第１項）とされていた。

(2)　検察官の証拠開示予定

公判前協議は、同年７月28日に行われた。本件事件の裁判長は金山薫裁判官であった。

まず、検察官から、記録整理の状況と取調請求予定証拠の開示予定時期の説明があった。

検察官は、請求予定の証拠はダンボール箱で７～８箱、証拠開示は同年８月初めから順次行う予定であると述べた。これを受けて、裁判所から弁護人に対して、弁護人の証拠意見を同年11月19日に行われる第１回公判期日までに準備するよう要請があった。弁護人にとっては、非常に困難な作業となることは予想できたが、裁判所の公判の迅速な進行に協力する姿勢を示し、未だ証拠を確認していないので明言できないことを留保しながらも、これに応ずるよう努力する旨述べた。

(3)　裁判長の発言

裁判長から、次のような発言があった。

・本件では数字は争点とはならないでしょう。

・本件は、被告人３名の間の罪状・罪責の軽重が争点か。

・３名の役割がそれぞれどのようなものであったかが問題になるのではないか。

これらの発言は、第１回公判期日前に被告人３名が有罪だろうと認識していることを示唆し、公判期日前の事前の打ち合わせにおいては、「事件につき予断を生じさせる事項にわたることはできない」（刑訴規則178条の10第1項但し書き）とされていることに照らしても重大な疑問がある。弁護人らは、被告人の認否を確認することなく、何のためらいもなくこのような発言があったことに、一様に驚いた。

裁判所の発言の要因は二つ考えられる。

一つ目は、「特捜部の自白事件」に対する裁判所の絶大な信頼である。いわゆる特捜事件は、検察官のストーリーに沿った膨大な量の関係者の供述調書と同じく検察ストーリーに沿った被告人らの自白調書の存在に大きな特徴がある。自白調書が存在することから、直ちに有罪と決めつけていた（有罪の推定）のではないだろうか。

本件事件では、検察官は、ダンボール7～8箱の供述調書を請求する予定であると説明しており、これらはすべて検察官ストーリーにしたがったもの、ということになる。加えて、本件事件の被告人らは全員起訴後間もなく保釈されていた。第1回公判期日前で保釈される事件は、争いのない事件であるか、少なくとも検察官立証に手間取らない事件であるという「通念」があった。裁判所は被告人が捜査段階の自白を覆すことはないと判断したのだろう。

もう一つは、本件事件、長銀旧経営陣を取り巻く社会の雰囲気が裁判所に与えた影響が大きかったのではないか。1998(平成10)年秋に長銀が国有化されて以降、警視庁捜査二課と特捜部は被告人らを含む旧経営陣の刑事責任の有無について捜査を行っており、マスコミ報道は旧経営陣叩きの報道を断続的に行ってきた。そして、被告人らの逮捕が間近であると噂された5月前後から逮捕の6月までの間のマスコミ報道では連日大きく取り上げていた。その内容は、長銀の不良債権処理は「真っ黒」であり、被告人らはすでに「犯罪人」扱いに等しいものであった。そして、逮捕後は、被告人が「違法性を認めた」等が記事になっていた。

裁判官も、このような状況の下では、被告人らの公判供述に謙虚に耳を傾けようとする姿勢を保ち難いということであろう。

(4)　弁護人の対応

弁護人は、公判前協議において、客観的な事実（有価証券報告書に記載した数字、配当額等の数字）については認める方向であること、むろん開示された証拠を閲覧しない現段階で断言はできないが、検察官取調べ請求予定証拠を全面的に不同意にし、検察官により長銀行員に証言を求めるような進め方をしない旨回答した。弁護人には、保釈裁判官に対し、検察官立証に長期間を要する闘い方はしない旨約束しており、長銀行員が大半を占める検察官請求予定の供述調書を全面的に不同意にはできないとの判断があった。

公判前協議を経て、弁護人と被告人は、公判での無罪主張は、山積みされた自白調書、厳しい世論だけでなく、裁判所の予断と偏見との厳しい戦いになることを覚悟した。

2 検察官の開示証拠への弁護人の対応

(1) 開示順序と読み方指南

検察官による証拠開示は、8月中旬ころから順次行われた。膨大な供述調書を弁護活動に必要な部数謄写し、各弁護団が分担して検討した。

開示された証拠は、長銀の被告人以外の役員、長銀行員、関連ノンバンク等の役員、旧大蔵省による金融検査(いわゆるMOF検)担当者、金融監督庁の金融検査担当者、日銀考査担当者、長銀担当の公認会計士の供述調書が大半を占めていた。これらの供述調書のほとんどには、供述部分をはるかに上回る大量の長銀の会議資料等が添付されていた。

検察官は、不良債権処理及び決算実務責任者であった部長らの供述調書から開示を始め、弁護人に対し、「膨大な量の供述調書があるため、A氏の供述調書を最初に読むと全体像を理解できる」などと述べ、供述調書を読む順序を指南した。

検察官の指南の意図は定かではない。未だ、本件事件を把握していない弁護人と逮捕勾留中に自白した被告人に対し、検察官の目から見て極めて枢要な実務責任者である長銀行員が、検察官ストーリーに従い、検察官ロジックで貫かれた供述をしていることを知らしめ、供述内容を刷り込み、被告人らが否認に転じるのを防ごうとする狙いがあったのだろうか。

(2) 供述調書から読み取れる検察官ストーリー

開示された供述調書は検察官ストーリーに沿った内容で一貫していた。

「MOF検Ⅳ分類=資産査定通達Ⅳ分類=商法上の即時償却引当義務あり」、「BIS比率8%確保、配当実施のために財源の範囲内で不良債権を処理」というロジックで組み立てられたストーリーである。

後から見直してみても、長銀関係者の供述調書を読むと、本件事件の真の争点となる不良債権処理における「公正なる会計慣行」(商法32条2項)について触れた部分はほとんどなかった。

(3) 膨大な「金太郎飴」調書

検察官から開示された供述証拠の特徴は、次のような点にある。

・ほとんどの供述調書に供述者自身の供述部分を上回る量の資料が添付されている。
・供述部分は添付資料を説明する形式をとっている。
・供述調書はほぼ同じ内容で固められている(金太郎飴調書)。
・検察官ストーリーに沿った趣旨の供述部分が随所に織り込まれている。
・関係者の供述調書の作成日付のほとんどは被告人の逮捕勾留期間中のものである。

これらの諸点と、被告人質問や弁護側証人として後日法廷で証言した長銀の元取締役らの証言内容により明らかになった取調べ状況を考慮すると、検察官の供述調書作

成手法は、

① 検察官の基本ストーリーを決める。

② 基本ストーリーに沿って、人ごとに多少アレンジした供述部分をパソコンの文書作成ソフトで打ち込んで作成する。

③ さらに、一斉に関係者から供述調書に署名押印・指印を求める。

と、いうようなものと推測される。

明らかにパソコンのコピーアンドペーストで作成された調書が目立つ。

⑷ 弁護側の対応

三弁護団の弁護人は、開示された供述調書が膨大であり、短期間のうちに証拠意見の提出を求められていたため、分担して各自内容を読み込み、証拠意見案を作成して検討する方法をとった。そのため、証拠意見の作成は担当弁護人の判断に事実上委ねられ、それにより生じうる、供述調書ごと、弁護人ごとの多少のばらつきは許容することとなった。

被告人と、三弁護団は第１回公判期日までに、本件については、無罪主張を行うという方向性で一致した。無罪主張の場合、検察官ストーリーに沿った関係者の供述調書（甲号証）を不同意とし、弁護人は、検察官が証人申請した関係者に反対尋問するのが、いわば刑事弁護の定石である。

しかし、本件事件の証拠意見については、無罪主張に必要最少限度で不同意とするという基本方針を立てた。そして、①客観的事実関係は同意、②評価にかかわる部分（たとえば、「即時償却引当しなければならない」）を不同意、③長銀行員（役員以外）の供述調書については検察官の証人申請を必要としない最少限度での不同意とすることにした。

「必要最少限」の基本方針をとったのは、現役の長銀行員の供述調書が多数含まれていたことにある。被告人としては、公的管理に付された長銀の現役行員である元部下たちに、検察証人として法廷での証言を強いるのは心情的に困難であった。また、現役行員たちは、立場上、勤務先である長銀（被告人らを告発した）の意向に反して被告人らに有利な証言を行う可能性は小さい。弁護人が事前に感触を探ってみたが、法廷で事実をありのままの証言を得られる見込みは小さかった。このような事情から、弁護人は、供述調書を全部不同意にして検察側証人として証言させることは得策ではないと判断した。

争点は、債権の評価基準であるため、不同意部分を、検察官ロジックの核である「即時償却引当しなければならないⅣ分類債権」等に限定し、一部不同意の意見を多数提出した。

結局、検察官請求証拠の開示が一部遅れたことなどもあり、証拠意見は、第１回期日にそのすべてを出し切ることはできず、第２回期日の両期日を要した。

被告人らの供述調書（乙号証）については、第２回期日（平成12年２月24日）において、「すべて同意、信用性を争う」との証拠意見を述べた。取り調べの過程には別に指摘するとおり問題があるが、任意性を主要な争点とするよりは、被告人質問において取り調べのプロセスを明らかにして、そもそも、被告人らの供述内容が客観的事実と整合しないこと、要するに信用できないことを明らかにすべきと判断したためである。

(5) 検察官請求証拠の同意不同意をめぐる攻防

弁護人と検察官は、ある長銀行員の供述調書の証拠意見をめぐり鋭く対立した。その供述調書の内容は、長銀において、金融検査で資料の改ざんや隠ぺいがあったかのような内容であった。

検察官は、不同意にするのであれば検査妨害で立件する旨述べ、弁護人に対し同意するよう事実上圧力をかけてきた。

弁護人は検討の結果、当該供述調書の内容が本件事件の結論の帰趨に決定的な影響を及ぼすものではないこと、検査妨害が成立するようなものではないが立件されれば被告人らに新たな負担が生じることから、最終的には当該供述調書の提出に同意した。

3 第1回公判期日（11月19日）――争点整理をめぐる三者の攻防

(1) 裁判長の発言

1999(平成11)年11月19日午後1時15分、東京地裁第103号法廷で第1回公判期日が始まった。傍聴席には報道機関の記者が並び、開始直後の法廷の撮影も行われた。

裁判長は、冒頭の人定質問の際、首を横に傾げながら被告人ら3名に対し「きみたち、前へ」と告げた。この裁判長の発言や態度は、極めて奇異に映った。手続上、「被告人」の地位にあるものであるから、「被告人は前へ」と告げるのが自然であろう。破綻するまで金融機関のトップにいた年長者に対し、あえて「きみたち」と呼ぶのは、何としても座りが悪く、裁判官には被告人らの供述に謙虚に耳を傾けようとする姿勢は感じられなかった。

(2) 起訴状に対する求釈明と検察官の対応

検察官より起訴状の朗読が行われた。

本件は、商法285条の4第2項による「金銭債権の取立不能の虞、取立不能の見込み額」を控除せよとの規定の解釈の問題である。しかし、この規定のみで取立不能見込み額を算定することはできない。

そこで、金銭債権を取り立て不能と判断する基準、及び取立不能見込み額の算定基準は何かが、問われる。

またこの判断基準、算定基準は、商法32条2項にいう「公正なる会計慣行」においてどのように位置づけられていたかが問題となる。

したがって、本件の争点は、1998(平成10)年3月期決算における債権評価の基準に関する「公正なる会計慣行」が何であったかである。しかし、検察官の起訴状ではその「基準」は明らかにされていなかった。

また、起訴前の被告人らの取り調べにおいても、検察官は、「Ⅳ分類＝商法上当期に全額償却引当が義務づけられている取立不能または取立不能見込み額」というロジックで供述調書を作成したものの、取立不能見込み額の判断基準を明示していなかった。

そこで、弁護人は、その基準を明確にすべく以下のような釈明を行った（1999（平成11）年11月19日付求釈明書、全弁護団共通）。

① 3130億6900万円を取立不能と認定する根拠は何か、その判断基準は何か、その判断基準が直接法令に定められているか否か、定められていない場合はそれを判断基準とする根拠は何か。

② 右を償却又は引当すべきであったとする法令上の根拠は何か。

③「法令に違反して利益の配当をし」とあるが、具体的にいかなる法令に違反したのか。

これに対する検察官の釈明は以下の通りである（同日付釈明書）。

①については、

「釈明の要はないものと思料する。なお、取立不能と認定する根拠等については、冒頭陳述で明らかにする。」

②については、

「釈明の要はないものと思料する。なお、冒頭陳述において明らかにする。」

③については、

「商法等の関連法令に違反して利益配当をしたということである。」

(3) 検察官の冒頭陳述

ついで検察官は、冒頭陳述書を朗読した。

検察官は、起訴状に対する求釈明に対し、「冒頭陳述において明らかにする」としながら、冒頭陳述では明らかにしなかった。

検察官は、冒頭陳述において、償却引当の基準について、資産査定通達や関連ノンバンク事務連絡、公認会計士4号実務指針を判断根拠とするかのごとく主張した。

もともと、資産査定通達、事務連絡は金融検査官宛ての通達類にすぎず、4号実務指針も公認会計士の実務マニュアルにすぎない。ところが、検察官は、これらが刑罰法規発動基準となる法令上の根拠となる理由を明らかにしなかった。

この点をもう少し紹介すると、検察官は、冒頭陳述のうち、「第三　銀行等金融機関の資産査定と償却・引当の関係等」の項で、要約、次のとおり述べている。

① 貸出金については、「取立不能の虞があるときには、取立つること能わざる見込額を控除することを要す」（商法285条の4第2項）とされているところ、取立不能見込み額を貸出金勘定から直接控除することを「貸出金の償却」、同見込み額を

債権償却特別勘定に繰り入れることを「貸出金の引当」という。

② 平成9年度決算を対象に、平成10年4月から早期是正措置制度が導入されることとなった。「早期是正措置制度」は、自己資本比率という客観的指標に基づいて、金融行政当局が銀行に対し、業務改善計画の提出等の是正措置を適時・適切に発動することを主眼とする。早期是正措置制度は、金融機関自身に対して、自ら資産査定をした上で、その結果に基づき適切な償却・引当処理を行い、資産内容の実態を反映した財務諸表を作成することを要請するものであり、これにより、金融機関が行う自己査定と償却・引当処理とが直接の関連を有するものとなった。

③ 「資産査定」については、平成9年3月5日付の通達「早期是正措置制度導入後の金融検査における資産査定について」(資産査定通達) では「MOF一般先基準」を定め、同年4月21日付の大蔵省監理課長発の事務連絡「金融機関等の関連ノンバンクに対する貸出金の査定について」(関連ノンバンク事務連絡) では「MOF関連ノンバンク基準」を定め、これらの基準の内容が全銀協を通じて、Q&Aの形で全国の銀行に対して送付された。

④ 日本公認会計士協会は、同年4月15日付で公表した「銀行等金融機関の資産の自己査定に係る内部統制の検証並びに貸倒償却及び貸倒引当金の計上に関する監査上の取り扱い」(実務指針) において、資産査定通達における会計処理上の準拠基準を明示し、大蔵省銀行局は、同年7月31日付通達において、「決算経理基準」を改正した。

検察官は、以上の一般論をうけて、冒頭陳述書「第六　本件共謀状況及び本件犯行状況」の項で、「(長銀における) 償却・引当不足額の算出経過は、冒頭陳述の別紙3②記載のとおりである」として、末尾に別紙を添付している。これによると、関連ノンバンクでない会社については「MOF一般先基準」が、関連ノンバンクについては「MOF関連ノンバンク基準」が適用されるとした上、それぞれその「Ⅳ分類該当額」が、すなわち、「償却引当を要する額」であるとして、不足額を算出している。

以上でみたように、冒頭陳述においても、商法285条の4第2項による償却引当の基準は、明示的に明らかにされなかった。

(4) 再度の求釈明

そこで、弁護人は、釈明事項が冒頭陳述において明確にされていないことを指摘し、これを明らかにするよう求めたが、検察官は「冒頭陳述書記載以外にこれを明らかにする要なし」として釈明を拒否した。

そこで、弁護人から、「冒頭陳述書の記載を一瞥するかぎりは、結局「MOF一般先基準」あるいは「MOF関連ノンバンク基準」に基づきⅣ分類に該当すると認定するか否かが、「取立不能」かつ「償却・引当義務」の基準となるとするのか。明らかにされたい」と確認を求めた。

このような場合、裁判長は、検察官に対し釈明を求めるべきである。ところが、裁判長は、「それはMOF一般先基準ということではないでしょうか」と検察官の代わりに釈明するかのような発言を行ったうえで検察官に対応を促した。この発言・対応は、検察官の釈明拒否に助け舟を出すことにより、釈明論争を打ち切ろうとしているとも受け取られる。裁判所の公正性に疑念が生じうる訴訟指揮である。

弁護人は、第2回公判期日に提出した再度の釈明の申立書等において、「検察官の釈明拒否を助けると誤解されかねないものであって遺憾である」として、裁判長の訴訟指揮に対する抗議を行い、公正に手続を進めるよう裁判長をけん制した（【資料】12月14日付訴訟指揮に関する意見書）。

なお、第1回の公判調書（手続）には、

倉科弁護人　冒頭陳述で明らかにされていない部分についての求釈明
　求釈明書一③について、取立不能と認定する根拠等は、MOF一般先基準、MOF関連ノンバンク基準によれば四分類となるべきであるという趣旨でよいか。

裁判長　検察官に釈明を求めます。

永幡検察官　MOF一般先基準という趣旨です。

と記載されており、裁判長が直ちに検察官に直接釈明を求めたことになっていた。そこで、弁護人は、この点について、公判調書の正確性について異議を述べた。

(5) 検察官の再度の求釈明の申立に対する意見

第2回公判期日前に、弁護側は検察官に対し、再度の釈明を求める申立書を提出した。

これに対し、検察官は、同年12月15日付検察官意見として、再度の求釈明の申立書に対する意見を提出し、次のとおり述べている。

- 3130億6900万円を償却又は引当すべきであったとする法令上の根拠は、冒頭陳述書第三において明らかにしたとおりであるが、企業会計原則、同注解等の公正なる会計慣行も当然に含まれる。
- 公訴事実記載の訴因は十分特定され明確化されており、これ以上釈明の要はない。釈明を行ったのは、公判の円滑な遂行の便宜に資するためである。
- 弁護人の主張は、要するに「取立不能」という法的概念についての検察官の法律解釈ないし見解を問うとともに、取立不能を立証するための関係証拠を示すよう求めるものに等しく、いわば冒頭手続段階で論告の先取りを求めるものであって、検察官がこれに応ずる義務がないことは明白である。

この意見書は、「公正なる会計慣行」（商法32条2項の文言）に触れており、検察官は、同条項が本件の争点となることを初めて明示した。

なお、検察官は、弁護側の求釈明に対し「論告の先取り」を求めるものと主張している。しかし、弁護人は、起訴の対象となった事実についての実質的な法令上の根拠を明らかにするよう述べているだけであって、関係証拠の提示を求めるものではない。

検察官の主張は、論理のすりかえである。

法令上の根拠を明確にすることを頑なに拒否する検察官の対応は、基準論が弱点であること、あるいは、基準論を詰めていなかったことを自認するものであったように思う。検察官が、公判の冒頭手続において、商法285条の4第2項の解釈基準と公正なる会計慣行を明示しなかったことを裁判所は、いったいどのように受け止めていたのであろうか。

また、裁判員制度の導入により、対象事件において公判前の争点整理手続が厳格に行われている現在から振り返ると、この検察官の対応は隔世の感がある。

(6) 第1回公判期日における被告人の認否と意見陳述

被告人は、第1回公判期日において、無罪を主張し、公判に臨む際の意見、心情を陳述した。

被告人の認否及び意見陳述、弁護人の意見および求釈明をめぐるやりとりから、本件の争点が「取立不能見込み額」の評価基準であり、そこに「公正なる会計慣行」論が含まれることは、第3回公判期日で検察立証が終了するまでには明らかになっていった。

しかし、弁護人は、本件争点の絞り込み、本件事案の整理は未消化であり、手さぐりで前に進むといった状態であった。弁護人は、被告人との議論や事案検討を通じて関連ノンバンク等への支援損の取り扱い、税法基準などの存在などに気付き始めていたが、それらを本件事件の無罪主張するためにどのようなロジックを組み立てればよいか整理しきれていなかった。

4 検察官立証①──日銀考査担当者高野円証人尋問

(1) 高野円の供述調書

高野円は、1998(平成10)年5月に長銀に対する日本銀行による考査、いわゆる日銀考査のチームの1人であった。

検察官が取調べ請求をした高野円の供述調書2通のうち、平成11年5月24日付調書（検甲165）は、長銀の自己査定基準について、「不合理な基準を作り、運用を歪めていた」、「強引極まりない主張」、「自己査定が甘い」、「明らかにMOFガイドラインから逸脱した基準」、「MOFガイドラインの債務者区分の考え方を大きく歪めて、勝手に作った基準であることは明らかでした」、「随所に長銀にとって都合のよいように勝手なルールを作っているという印象を強くもちました」などの過激な表現がちりばめられており、完全に検察官ストーリーに沿ったものであった。

また、個社についても、「査定結果はあくまでも長銀側が日銀に対して提供した資料や説明が真実であるという信頼に基づくものでした。ですから、もし、長銀側が……社の実態、……について真実を隠していたとした場合に、これらの諸事情について、日銀側として実態を反映した資料や説明に基づいて査定していたならば、本来あるべき査定結果は自ずと異なったものであったと思われます」、「たとえば、……などの事情が認められれば」、という仮定の事実を実態として前提とし、「……という事情が本件日銀考査で明らかにされていたら、平成10年３月期基準で査定した際も、……再建可能性が十分あるとは到底認められなかったとされるべきであった」、「そのような場合、関連ノンバンク事務連絡Q&Aに定められているとおり、これを基準とする査定をすべきでした。」と結ばれている。

高野円の供述調書は、このように被告人に著しく不利な内容の部分が多く（長銀に対する悪意が感じられるような表現も多かった）、かつ、「仮定」の事実を前提として検察官ロジックに沿った供述を行っている部分があった。そこで、弁護人は、高野円の供述調書のうち、検甲165について、「不同意」とする意見を述べた。

その結果、この供述調書に代えて、検察官は、高野円について尋問請求をなし、第２回公判期日で同人の証人尋問が施行された。

⑵　高野円証人の証言（主尋問）

検察官の主尋問の内容は、総論部分については供述調書の内容をそのままなぞるような内容であったが、個社の査定状況についての尋問はほとんど行われなかった。

主尋問では、資産査定通達や関連ノンバンク事務連絡Q&Aは銀行が一般的に守るべきルールであり、公認会計士の実務指針と一体として資産査定通達が基準となることを証言した。

特徴的な証言は、関連ノンバンクについても資産査定通達を基準とし、その特殊性をQ&Aで検討するにすぎない、よって、関連ノンバンクについても資産査定通達にしたがった債務者区分を行わなければならない、つまり、引当償却額を算出するには資産査定通達と４号実務指針との関連で行うというスタンスであった。

検察官が抽象的な質問を繰り返したため、弁護人は頻回に異議申し立てを行った。

⑶　高野証人に対する反対尋問

弁護人の反対尋問のポイントは、以下のとおりであった。

・日銀考査の目的と考査結果の法的効果
・資産査定通達の法的位置づけ（金融機関に対する法的拘束力がなかったこと）
・資産査定通達による査定と、それ以前の査定基準とは異なるものであったこと
・関連ノンバンク等について一般先と異なる基準を設けることに合理性があったこと
・資産査定通達や事務連絡の債務者区分とは異なる債務者区分を設けることに法的問題はなかったこと
・資産査定通達の債務者区分の定義は明確でなく、長銀の解釈も許容されるものであったこと
・資産査定通達は金融機関の自主性を許容していたこと

・日銀考査において関連ノンバンク等の査定で「参考にした」全銀協Q&Aは法的拘束力のある基準ではないこと

弁護人の反対尋問に対しても、高野証人は、検察官の主張に沿った証言を貫いた。しかし、全銀協という任意団体が発出したQ&Aが法的拘束力を持つと証言したものの、その根拠についての説得的な証言がなかったし、関連ノンバンクについて一般先とは異なる債務者区分を設けることが問題となるとの証言についても、その理由についての説得的な証言はなかった。このような意味で、反対尋問は一定の効果を収めたものと思われる。

また、査定基準のあいまいさやMOF検の際のMOF事務連絡やメモ、法人税基本通達9-6-4についても少し触れたが、これらは、その後、展開することとなる基準論の萌芽であった（【資料】尋問調書156～157頁参照）。

しかし、この段階で、弁護人は、税法基準など大蔵省MOF検当時の実務と早期是正措置制度導入による資産査定通達、関連ノンバンク事務連絡、公認会計士協会4号実務指針との関係、金融行政の変遷、従前から続くⅣ分類の定義、関連ノンバンク等と母体行責任と不良債権の計画的段階的処理等、いくつもの素材を集めたが、「公正なる会計慣行」論でどのように料理するかを体系だてて、レシピをつくることができないでいた。

そのため、高野証人に対しても、MOF時代のⅣ分類との関係、税法基準の位置づけ、その内容について突っ込んだ反対尋問を行わなかった。検察官は、「検察立証は成功」という認識を持ったものと見られるし、裁判所も検察官ストーリーに対する根本的な疑問を持つには至らなかったものと思われる。

(4) 検察官による再主尋問

検察官の再主尋問では、資産査定通達が公認会計士の4号実務指針と一体となって基準となるとの証言を行った（【資料】尋問調書178頁15行目～179頁12行目）。

この証言は、検察官の冒頭陳述および釈明意見書における「公正なる会計慣行」論を意識したものかどうか、明らかではない上、「法的な拘束力」の根拠を説明するものとはなっていない。

(5) 裁判長による補充尋問

最後に裁判長が、自己査定基準と資産査定通達との関係を次のように尋ねた。

「先ほどのご証言からすると、要するに、この通達よりも緩い自己査定基準は許されない。逆に言うと、通達よりももっと厳しい資産査定をする自己査定であれば、正当なものとして承認すると、そういうご趣旨でよろしいんですか」と単刀直入に尋ねた（【資料】尋問調書180頁10行～32行目）。

この質問は、裁判長が、金銭債権の評価基準について「自己査定基準は厳しければ厳しいほどよい」との誤った認識を持っていたことを、明らかにした。検察側の高野証人も、裁判官の認識の誤りを指摘した。

5　検察官立証②――金融監督庁検査官吉武正訓証人尋問

(1)　吉武正訓証人の供述調書

第3回公判期日において、検察官が申請した吉武正訓証人（以下「吉武証人」という）の証人尋問が行われた。

検察官は、吉武証人の検察官供述調書8通（検甲144ないし150、同154）を証拠調べ請求したが、弁護人は、1通のみ同意し、4通を一部不同意、残り3通については全部不同意という証拠意見を提出していた。

吉武証人は、1998年3月期決算直後の同年4月に、金融監督庁による主要行19行への一斉金融検査が行われた際に、長銀への検査を担当した検査官である。信用リスクチームのリーダーとして長銀の自己査定・償却引当について検査を行った。その金融検査において、第一ファイナンス、日本リース、NED、ビルプロ三社、日本リース子会社、NED関連会社についての長銀自己査定についての検査状況について、個社別の「供述調書」が作成されていた。

供述調書には、当時検査官が作成した査定メモや長銀が提出した資料が添付され、供述部分には、査定基準は資産査定通達であり、関連ノンバンクについては関連ノンバンク事務連絡であること、各個社の査定もこれらの基準にしたがって行ったことが記載されていた。

金融検査結果の査定、債務者分類、分類額が、検察庁による起訴対象となった査定額と異なる部分については、「あくまでも長銀側が金融監督庁に対して提出した資料や私に対する説明が真実であると信頼してのことでした。」「ですから、もし本件記入検査で長銀側が……実態と異なる資料を提出したり、実態と異なる説明をしたりしていたとして、本件検査の場で、……実態が本件検査の場での説明内容と相当乖離があったとすれば、……おのずと異なった判断に至ったと思われます。」として、長銀があたかも虚偽の資料を提出し、虚偽の説明を行ったかのような印象を与える内容となっていた。

また、仮定に基づく説明が多用されていた。たとえば、個社についての供述調書を見ると、「もし仮に～、実態が……であったら、」という仮定に基づく供述を12回も繰り返したうえで、「その場合は、関連ノンバンク事務連絡の文言に忠実に従うと、」とし、検察庁の査定したⅣ分類額について、「当然に平成10年3月期に全額償却又は引当すべきでした。」

「そして、その場合、本件検査でも、最低限、これと同様の査定結果を出したはずでした。」と締めくくっている。弁護人は、この仮定に基づく「供述部分」について不同意とする意見を述べていた。

(2) 検察官の主尋問

検察官の主尋問の構成は、証人の経歴、長銀自己査定基準に対する評価、資産査定と自己査定との関係、長銀に対する金融検査、長銀の自己査定基準の問題点、個社ごとの査定状況であった。

吉武証人は、検察官の主尋問に対して、

・資産査定通達と関連ノンバンク事務連絡は、金融機関が準拠すべき基準である。
・関連ノンバンク事務連絡は資産査定通達の細則と位置付けられる。
・公認会計士実務指針は債務者区分に応じて償却引当を行う。
・Ⅳ分類額とは当期に全額償却引当を要するもので、検査官も銀行も同じ認識
・長銀自己査定基準は、新たな債務者区分を設けている点等に問題があった。

などの証言を行った。

(3) 弁護側の反対尋問

第4回公判期日において弁護側の反対尋問が行われた。弁護人側がポイントとしていたのは、以下各点であった。

・金融検査の目的は行政監督にあること
・金融検査は償却引当不足の違法性判断ではないこと
・金融検査で指摘された償却引当不足があっても、ただちに商法違反に当たるものではないこと
・資産査定通達も関連ノンバンク事務連絡も検査官向けの通達にすぎず、金融機関に対する法的拘束力を持つものではないこと
・資産査定通達の画一的運用を禁じていたこと
・資産査定通達や関連ノンバンク事務連絡は、そのまま適用できるような明確な基準ではなかったこと
・償却引当は金融機関の経営判断に属するものであること
・Ⅳ分類は、MOF 検当時の平成6年メモや平成7年事務連絡の記載からも全額即時償却引当義務を負うものとは理解されていなかったこと

弁護人は、当初企図したポイントについては成果を上げた。吉武証人は、資産査定通達や関連ノンバンク事務連絡に違反することが直ちに商法違反となるなどの証言はしなかった。

しかし、Ⅳ分類の定義、関連ノンバンクに対する支援損の扱いについては、問題意識の萌芽となるような質問が数か所みられるが、証人に切り込むような質問はできなかった。また、商法32条2項の「公正なる会計慣行」論を意識した税法基準に関する質問もほとんど行わなかった。

むしろ証人のほうが、検察官との尋問準備の結果であろうか、「資産査定通達の債務者区分が公認会計士協会の実務指針に連動しており、そういう意味では、実務指針が公正な会計原則に触れてくる」、「商法にいう公正な会計原則に該当するのではない

かというふうに考えている」と述べたが、この段階では、弁護人は十分に対応できなかった憾みがある。

このころ、弁護人、被告人は、母体行責任、関連ノンバンク等に対する支援の考え方、計画的段階的償却、税法基準などについて強い問題意識を持っていたが、検察官のロジックに対抗できるような強いロジックを構築できていなかった。

弁護人が検察官ロジックを崩すロジックを構築できたのは、検察立証終了後の弁護人の立証段階、とくに一巡目の被告人質問からであった。

検察官の立証は、２人の証人の尋問をもってひとまず終了した。

I 第1回公判期日

第 1 回 公 判 調 書（手続）

被告人の氏名 (1)　大野木　克信（出頭）
被告人の氏名 (2)　須田　正己（出頭）
被告人の氏名 (3)　鈴木　克治（出頭）
被告事件名(1)、(2)、(3)証券取引法違反、商法違反
公判をした年月同　平成11年11月19日
公判をした裁判所　東京地方裁判所刑事第一部
裁判長裁判官　金山　薫
裁判官　西野　吾一
裁判官　田中　直子
裁判所書記官　西尾　幸美
検察官　幕田英雄、葛西敬一、永幡無二雄
出頭した弁護人 (1)　（主任）那須弘平、中島鈆三、倉科直文
出頭した弁護人 (2)　（主任）國廣　正、五味祐子、坂井　眞
出頭した弁護人 (3)　（主任）更田義彦、長　文弘

人定質問
(1) 氏名　大野木克信（おおのぎ　かつのぶ）
生年月日、職業、住居、本籍は、起訴状記載のとおり
(2) 氏名　須田正己（すだ　まさみ）
職業　無職
生年月日、住居、本籍は、起訴状記載のとおり
(3) 氏名　鈴木克治（すずき　よしはる）
生年月日、職業、住居、本籍は、起訴状記載のとおり

起訴状の訂正
永幡検察官
起訴状記載の公訴事実中、「平成7年4月1日」とあるのを、「平成7年4月28日」と訂正する。

起訴状に対する求釈明
那須主任弁護人、國廣主任弁護人、更田主任弁護人
那須弁護人他7名作成の本日付け求釈明書記載のとおり
裁判長
検察官が任意に釈明される点がありますか。
永幡検察官
幕田検察官他2名作成の本日付け釈明書記載のとおり

被告事件に対する陳述
被告人大野木
被告人大野木作成の本日付け「公訴事実に対する認否・意見」記載のとおり
被告人須田
被告人須田作成の本日付け「公訴事実に対する認否・意見」記載のとおり

被告人鈴木

被告人鈴木作成の本日付け認否書記載のとおり

那須主任弁護人

主任弁護人那須他２名作成の本日付け意見書記載のとおり

國廣主任弁護人

主任弁護人國廣他２名作成の本日付け意見書記載のとおり

更田主任弁護人

主任弁護人更田他１名作成の本日付け意見書記載のとおり

検察官の冒頭陳述

幕田検察官他２名作成の本日付け冒頭陳述書記載のとおり

求　釈　明

倉科弁護人

先程、検察官は釈明中、その多くを冒頭陳述で明らかにする旨述べられましたが、冒頭陳述で明らかにされていない部分がございますので、その点について、釈明を求めます。

第一に求釈明書一③について、取立不能と認定する根拠等については、MOF 一般先基準、MOF 関連ノンバンク基準によれば、四分類となるべきであるという趣旨と理解してよろしいでしょうか。

裁判長

検察官に釈明を求めます。

永幡検察官

MOF 一般先基準という趣旨です。

倉科弁護人

同じく一④についてですが、冒頭陳述のどこに法令上の根拠があるのでしょうか。

裁判長

商法の他に何かありますか。

幕田検察官

それ以外には、ございません。

倉科弁護人

同じく二についてですが、いかなる法令に違反したのか、商法等の「等」を明らかにされていない。また、商法と言っても、商法何条か、明らかにされたい。

裁判長

特に釈明は求めません。

証拠調べ等

証拠等関係カード記載のとおり

指定告知した次回期日

平成 11 年 12 月 15 日午前 10 時 00 分　(刑事第 410 号法廷)

平成 11 年 12 月 9 日

東京地方裁判所刑事第一部

裁判所書記官　　西　尾　　幸　美

(1) 求 釈 明 等

① 弁護人求釈明書

平成11年特(わ)第2139号事件

証券取引法違反等　　大野木　克　信　外2名

求　釈　明　書

上記被告事件につき、弁護人らは後記のとおり起訴状に関し釈明を求める。

平成11年11月19日

大野木克信主任弁護人	弁護士　那　須　　弘　平
弁護人	弁護士　中　島　　鈆　三
同	弁護士　倉　科　　直　文
鈴木克治主任弁護人	弁護士　更　田　　義　彦
弁護人	弁護士　長　　　　文　弘
須田正己主任弁護人	弁護士　國　廣　　　　正
弁護人	弁護士　坂　井　　　　眞
同	弁護士　五　味　　祐　子

東京地方裁判所　刑事第1部　　御中

記

一　起訴状記載の公訴事実第1及び第2について

1　公訴事実第1及び第2のいずれにおいても、被告人らが、日本長期信用銀行（以下「長銀」と言う）の平成9年4月1日から同10年3月31日までの事業年度の決算において、真実は5846億8400万円の当期未処理損失があったのに、うち取立不能と見込まれる貸出金合計3130億6900万円について償却又は引当をせず、残額2716億1500万円のみを未処理損失として計上したとあるところ、

上記記載の

① 取立不能と見込まれるとされている貸出金3130億6900万円の内訳（債務者の別及び各債務者ごとの債権額の内訳）を明らかにされたい。

② 上記3130億6900万円は平成9年3月31日以前に発生していた貸出金か。発生していたものであるとすれば、その発生時期はいつか。

③ 上記3130億6900万円を「取立不能」と認定する根拠は何か。また、この判断基準は何か及びその基準が直接法令に定められているか否か、定められていない場合はそれを判断基準とする根拠は何かを明らかにされたい。

④ 上記3130億6900万円を償却又は引当すべきであったとする法令上の根拠は何か。

2　長銀は、上記平成9年4月1日から同10年3月31日までの事業年度において、上記3130億6900万円以外に、合計6165億円の債権償却及び貸倒引当金の計上処理をなしているが、これはすべて上記1の③の右判断基準に従えば「取立不能」に該当するものであったか。

二　公訴事実第2について

「法令に違反して利益の配当をし」とあるが、具体的に如何なる法令に違反したと言うのか明らかにされたい。

以　上

②　検察官釈明書

釈　明　書

証券取引法違反・商法違反　　　　　　　　　　　　　大野木克信 ほか２名

上記被告人らに対する頭書被告事件につき、上記被告人らの弁護人から申立てのあった起訴状に対する求釈明事項に対し、検察官は、下記のとおり釈明する。

平成 11 年 11 月 19 日

東京地方検察庁　検察官検事　　幕 田　英 雄
　　　　　　　　検察官検事　　葛 西　敬 一
　　　　　　　　検察官検事　　永 幡　無二雄

東京地方裁判所　刑事第１部　殿

記

求　釈　明　事　項	釈　明　事　項
一　公訴事実第１及び第２について １　公訴事実第１及び第２のいずれにおいても、被告人らが、日本長期信用銀行（以下「長銀」という。）の平成９年４月１日から同 10 年３月 31 日までの事業年度の決算において、真実は 5846 億 8400 万円の当期未処理損失があったのに、うち取立不能と見込まれる貸出金合計 3130 億 6900 万円について償却又は引当をせず、残額 2716 億 1500 万円のみを当期未処理損失として計上したとあるところ、上記記載の	一　１
①　取立不能と見込まれるとされている貸出金合計 3130 億 6900 万円の内訳（債務者の別及び各債務者毎の債権額の内訳）を明らかにされたい。	①　釈明の要はないものと思料する。 なお、冒頭陳述において明らかにする。
②　上記 3130 億 6900 万円は平成９年３月 31 日以前に発生していた貸出金か。発生していたものであるとすれば、その発生時期はいつか。	②　釈明の要はないものと思料する。
③　上記 3130 億 6900 万円を「取立不能」と認定する根拠は何か。また、この判断基準は何か及びその基準が直接法令に定められているか否か、定められていない場合はそれを判断基準と認定する根拠は何かを明らかにされたい。	③　釈明の要はないものと思料する。 なお、取立不能と認定する根拠等については、冒頭陳述で明らかにする。
④　上記 3130 億 6900 万円を償却又は引当すべきであったとする法令上の根拠は何か。	④　釈明の要はないものと思料する。 なお、冒頭陳述において明らかにする。
２　長銀は、上記平成９年４月１日から同 10 年３月 31 日までの事業年度において、上記 3130 億 6900 万円以外に、合計 6165 億円の債権償却及び貸倒引当金の計上処理をなしているが、これは全て上記判断基準に従って「取立不能」に該当するものであったか。	２　釈明の要はないものと思料する。
二　公訴事実第２について 「法令に違反して利益の配当をし」とあるが、具体的に如何なる法令に違反したというのか明らかにされたい。	二　商法等の関連法令に違反して利益配当をしたということである。

(2) 被告事件に対する陳述

① 被告人の罪状認否・意見

(i) 大野木克信

一 株式会社日本長期信用銀行の代表取締役頭取として、平成10年3月末決算において、公訴事実記載のとおり、一株3円の割合による総額71億7,864万7,455円の利益配当を行う旨の利益処分案を株主総会に提出し、起訴状記載の配当を行ったことは間違いありません。

また、同期の貸借対照表、損益計算書及び利益処分案に、当期未処理損失として、2,716億1,500万円を計上した有価証券報告書を大蔵省関東財務局長に提出したことも間違いありません。

しかし、これが犯罪にあたるとは当時、考えておりませんでした。

二 経営のトップとして、長銀を破綻に導き、国民の皆様に公的資金の支出という形で多大なご負担をおかけしましたことは大変申し訳なく、責任の重さを痛感しております。

又、株主・取引先その他関係各方面に対しても大変なご迷惑をおかけし、日本長期信用銀行の行員並びにそのご家族に対して、大変つらい思いをさせてしまったことにつきましても、心からお詫び申し上げます。

頭取就任以来の行動を振り返ってみまして、自分が実際にとってきた途以外に、長銀の破綻を救う途があったのか、くり返し反省し、自問自答を繰り返しておりますが、未だその答えを見いだし得ないでいるのも事実であります。

こうした点につきましても、裁判の中で、謙虚に、かつ、真剣に自分なりの答えを見いだすよう、最大限の努力を重ねていきたいと思っております。

(ii) 須田正己

起訴状に記載された公訴事実のうち、

私が、平成9年10月1日から同10年8月21日までの間、日本長期信用銀行の代表取締役副頭取であったこと、

長銀が公訴事実第一記載の時期に有価証券報告書を提出したこと、

公訴事実第二記載の利益配当を行ったこと、

はそのとおり間違いありません。

しかし、当時は、有価証券報告書のことさら虚偽の記載をしたという認識も、法令に違反する配当をしたという認識もありませんでした。

次に裁判の開始にあたって申し述べたいことがございます。

私は、常務、専務、副頭取時代には、ワリチョー、リッチョーの販売による資金の調達に最大のエネルギーをそそいで参りました。今、思い浮かぶのは全国25店で100万人にものぼるワリチョー、リッチョーのお客様のことです。貴重な財産を託して頂いた長銀の信用低下で、これらのお客様はどんなに心配し、不安になられたかを思うと本当に心が痛みます。

お客様の財産については、長銀が特別公的管理銀行となったことで、お約束どおりの元利金がお届け出来ることになったことは、金融債販売の責任者であった私にとってのせめてもの救いでした。

さりながら、私どもの力が及ばず長銀が破綻し、その処理に国民の皆様の税金が使われたことについては、経営者の一員としての責任を痛感しており、この責任を免れようとするつもりは全くありません。

私は、今、完全にリタイアしており、ふたたび会社経営に参加する意思はありませんので、今回の事件における反省点を自ら活かす場面は二度とないと思います。

しかし、長銀の中に、多くの日本企業の風土のなかにもある内部から登用された役員だけの仲間意識、言い換えれば、異論の出しにくい経営体質があったように思い、反省しております。したがいまして、この裁判を通じて、長銀の失敗を反面教師とし、今後の教訓として生かして頂きたいものだと念願しております。

(iii)　鈴木克治

公訴事実の記載事実のうち、その当時、その役職にあり、日本長期信用銀行の平成10年３月期の決算に関与した事実、及び同行が同第一記載の有価証券報告書を提出したこと、同第二記載の配当をしたことは間違いありません。

私は、長銀の経営を担った者として、その破綻について責任を痛感しており、この機会に改めて皆様にお詫びを申し上げます。

ただし、私は、当時、有価証券報告書にことさら虚偽の記載をしたという認識も、法令に違反する違法配当をしたという認識もありませんでした。

捜査段階では十分にご説明できなかったことについては裁判の過程でお聴き取りいただきたいと思います。

②　弁護人の陳述・意見

(i)　大野木弁護団

平成11年　特(わ)第2139号事件

証券取引法違反等　　　　大野木　克　信

上記被告事件につき、弁護人は後記のとおり陳述する。

平成11年11月19日

主任弁護人　那　須　弘　平
弁護人　中　島　鈆　三
同　倉　科　直　文

東京地方裁判所　刑事第１部　御中

記

一　公訴事実のうち、長銀が公訴事実第一記載の有価証券報告書を提出し、同第二記載の利益配当を株主総会において決議し株主に配当したこと、及び被告人大野木が代表取締役としてこれに関与したことを認めますが、これが虚偽であること及び違法配当に該当することは争います。

被告人には公訴事実記載の償却または引当をなすべき義務の違反は認められず、無罪であります。

二　すなわち本件は、元々存在しない架空の資産を計上する態様による粉飾決算が問題にされている事案ではなく、元々存在した資産である貸出金の一部について取立不能の見込との評価を加えて、これを償却・引当すべき義務の違反が問題にされている事案であります。本件決算において長銀は償却・引当を行わなかったわけではありません。むしろ同年度は6165億円を越える債権の償却・引当を実施しているのです。それにもかかわらず、公訴事実は更に3130億6900万円もの償却・引当の上乗せが義務であり、これをしなかったことは処罰されるべきものであると断定しているのであります。

しかし、いわゆる不良資産である債権に対する償却・引当の可否及び時期に関する経営者の判断のどこまでが適法な範囲内のものか、どこからが違法であり、かつ処罰されるべきものとなるのか、この点について商法285条の4第2項の「取り立ツルコト能ハサル見込」という抽象的規定以外に、客観的かつ具体的で明確な基準を提供する法令は当時も見当たりません。本件公訴事実は、結局検察官が個別貸出金につきなした事後的な「取立不能の見込」の認定判断に従って、銀行経営者のなした判断を否定し、これを処罰しようとするものであるといわねばなりません。

弁護人は、右貸出金3130億6900万円を「取り立てること能わざる見込み」と断定し、これを即時償却または引当しなければ違法であるとすることはできないと考えます。

三　このような本件公訴事実の成り立ちに鑑み、本件審理に当たっては、次の三点が留意されるべきであると考えます。

第一に、貸出金の「取立不能の見込」は一義的に内容の定まる文言ではなく、それを問題にする立場・場面によってその意味する内容が相違しうるものであるうえに、前述のとおり、その判断の客観性を担保する具体的基準が不明確であって、論者によってその認定判断が異なってくるものであるということです。現に、本件起訴直前の平成11年6月に提出された告訴状の償却・引当不足額（2097億余円）と、本件公訴事実における不足額3130億余円とは、大きく食い違っております。このような構成要件該当性の有無を分ける判断についての客観的判断基準が用意されていないところで、いわゆる不良債権につき銀行経営者がなした取立不能性、償却・引当必要性の判断を、事後的に違法と断定して処罰することが許されるのか、甚だ疑問であるといわねばなりません。

第二に、本件で問題とされている貸出金債権は、従前の大蔵省による護送船団行政のもとで過去から引き継がれた多額の不良債権の一部であって、本件決算は従来の銀行行政が平成10年4月以降新しいもの（いわゆる早期是正措置による監督体制）に転換する過渡期においてなされたものであるということです。償却・引当の要否、方法などにかかる行政当局の指導、指針もいまだ確立されていない状況のもとで、長銀は償却財源と税制の運用を踏まえた従来と同様の計画的償却の手法を踏襲しつつ、過渡期における試行錯誤の範囲内で可能な限りの償却・引当を行ったものですが、これは独り長銀に限らず、他の金融機関においても多かれ少なかれ、共通の現象だったのではないでしょうか。この間、償却・引当の要否を定める商法の規定には何らの変化もないし、これと関連する税法の変更もありません。このような条件のもとで、長銀の本件平成9年度決算について初めて、その可罰性を認めることにも重大な疑問があります。

なお、これに関連して、実施済の前記6165億余円に加えて、更に公訴事実の前提とする巨額の償却・引当を行うことは長銀の即時破綻の状況をもたらし、金融システムのセーフティーネット（これは平成10年10月、金融機能の再生のための緊急措置に関する法律、及び金融機能の早期健全化のための緊急措置に関する法律の成立により始めて整備されたといえます）が未整備な当時の状況下では、長銀自体及び関係会社並びに取引先の連鎖破綻を通じて日本の金融システムが壊滅的打撃を受けることは必定でありました。被告人の行為は、この状況のもとでは他に取り得る途のないものでありましたし、それはまた当時の金融行政の方針にも沿うことでありました。

第三に、長銀は本件決算後の変転する政治経済状況のもとで、結局平成10年10月23日に特別公的管理に服することになり、この点について、被告人が経営者としての責任を痛感していることは被告人の陳述からも明らかでありますが、しかしこのような結果責任が問われる経営上の責任問題と、行為責任が問われる刑事上の責任問題とは厳密に区分して考える必要があるということです。経営破綻という結果に引きづられて、被告人らの当時とった行為に対する刑事上の判断を誤られることのないよう、本件審理にあたって切に希望する次第であります。

(ii) 須田弁護団

東京地方裁判所平成11年特(わ)第2139号

証券取引法違反等　　　　　　　　　被告人　須　田　正　己

上記被告事件につき、公訴事実に対する弁護人の意見は下記のとおりである。

1999（平成11）年11月19日

主任弁護人　國　廣　正

弁護人　坂　井　眞

弁護人　五　味　祐　子

東京地方裁判所刑事第1部　御中

記

第一　被告人はいずれの公訴事実についても無罪である。

すなわち、起訴状記載の公訴事実中、被告人須田正己が平成9年10月1日から同10年8月21日までの間日本長期信用銀行（以下「長銀」という）の代表取締役副頭取であったこと、

長銀が公訴事実第一記載の時期に有価証券報告書を提出した事実、及び、同第二記載の利益配当を行った事実はみとめるが、

しかし、上記各行為がそれぞれ証券取引法と商法に違反するものであることを争う。

その理由を以下に述べる。

第二　被告人の各行為はいずれも構成要件に該当せず、かつ、故意が認められない。

一　構成要件不該当

1　本件において、公訴事実第一については、有価証券虚偽記載罪の「虚偽」の意味内容が、公訴事実第二については、違法配当罪の前提となる「本来計上すべき」未処理損失の金額が問題とされているところ、これらはいずれも商法285条の4第2項に違反した償却・引当がなされたかどうかによって決せられるものである。

ところが、商法285条の4第2項においては、たんに「金銭債権ニツキ取リタテ不能ノ恐レアルトキハ取リタツルコト能ハザル見込額ヲ控除スルコトヲ要ス」と定められているだけであって、金銭債権の評価基準については何ら定められていない。

そうすると、本件では公訴事実第一及び第二のいずれもが上記のとおり商法285条の4第2項に適合した決算がなされたか否かによって構成要件該当性如何は決まるものであるのに、この構成要件該当性判断の基準となるべき「金銭債権評価の基準」がどこにも定められていないこととになる。

2　そもそも債権の回収可能性についての判断、すなわち取立が不能か否かの判断は、債務者の資産内容、経営状態、将来の経営方針、その遂行能力、さらには債権者の回収能力や将来の経済情勢の見通しなど、極めて多様かつ複雑な要素を総合的に判断して初めて結論を導き得るものである。したがって、債務者の法的破綻のような明確な場合を除き、そのような判断の適否については一律に結論を下し得る性質のものではないから、その判断の誤りは、元来刑事罰を科すべき対象として不適当なものである。

言うまでもなく、刑罰権発動の前提として、構成要件の内容は明示されていなければならないものであるが、本件では上記のとおり、起訴状に記載された公訴事実に関する限り、被告人が事前に構成要件の内容を確知することは不可能であったと言わざるを得ない。

3　弁護人としては、有価証券虚偽記載罪及び違法配当罪そのものの構成要件が不明確であると主張するものではない。これらの罪が本来予定していた行為類型は、架空利益の計上や損失の隠蔽が行われるといったいわゆる「粉飾決算」のケースであって、そのようなケースについては上記に述べた問題は生じない。しかし、本件のように、債権の回収可能性をどのように算定するのか、それらに対してどの程度の償却・引当を行うべきかという判断の適否については、前記のいわゆる「粉飾決算」のケースと異なり、刑事罰を科することは本来想定されていなかったと主張するものである。

換言すれば、上記のような金銭債権の評価とそれに対する償却・引当の程度如何については、本来的に経営判断の問題であって、刑事司法が介入すべき問題ではないと考えるものである。

4　しかも、それらの行為の「後」において検察官が「あるべき金銭債権の評価基準」を決定し、それに照らして被告人の行為を違法であるとして起訴することは、罪刑法定主義に反するおそれすらあると言わざるをえない。

二　故意の不存在

被告人は、98年3月期の決算に関し、適法な償却・引当を行なったものと認識していたから、行為当時、起訴状記載の各罪につき、故意も存在しない。

第三　本件では不良債権の償却・引当額の適否について刑事責任が問われているものであるが、上記の第二記載の点は、我が国の経済情勢と金融行政の推移を抜きにして論ずることはできない。したがって、上記に述べた構成要件不該当及び故意の不存在を基礎づける背景事情について述べる。

バブル期に行われた不動産関連融資は、バブルの崩壊によって多額の不良債権を生み出すことになったが、この不良債権の内実、すなわちその評価は、地価の下落と直結する。そして、バブル崩壊後8年が経過した現在に至るまでに約70%もの地価の下落が継続すると予測した者はほとんどいなかった。

被告人が本件で刑事責任を問われている不良債権についてみると、その発生は基本的にバブル期に求められるものであって、問題とされている98年3月期に突然に発生したものではない。また、上記決算期において突然回収困難となったものではない。

二　このような経済情勢のもとで、長銀は98年3月期の決算を迎えた。

バブル崩壊後97年3月期の決算まで、不良債権の償却・引当については、本件において検察官が主張するような方式を取ることなく、銀行の財源と税制の運用を踏まえた計画的償却の手法が取られてきた。これは、銀行を破綻させない範囲内で計画的に償却するという行政当局の護送船団方式に基づく方針であった。1998年3月に行われた公的資金の投入も銀行をつぶさないことを目標として行われたものである。

確かに、1998年4月から、いわゆる早期是正措置制度へと金融監督行政が転換することが予定されていたが、98年3月期は過渡期であって、不良債権の償却・引当の要否及び方法については、行政当局の新たな指針も未だ確立されていなかった。

このような状況のもとで、被告人は、従来の手法を踏襲しながらも、過渡期における試行錯誤の範囲内で、可能な限りの償却・引当を行ったものである。また、長銀のみならず他の金融機関においても同様の対応がなされているのである。

三　加えて、この間、不良債権の償却・引当の要否を定める商法の規定には何らの変更もなく、償却・引当に関連する税法の変更もなかった。

四　また、98年3月期の決算時においては、97年11月以来の金融危機がいまだに継続しており、しかも、セーフティーネットは整備されていなかった。この時点で、検察官が主張するように、長銀が1兆円近い金額の償却・引当を行うことは、長銀の破綻に始まる日本の金融システム崩壊につながりかねないことでもあった。

第四　最後に、その他の事情について述べる。

長銀は、本件決算後の98年10月23日、特別公的管理銀行となった。

この点について、被告人が経営陣の一員としての責任を痛感しており、この責任を回避する意思が全くないことは被告人の罪状認否からも明らかである。

しかし、この裁判では、破綻そのものの責任が問われているのではない。

そして、経営上の責任の問題と異なり、刑事責任については結果責任を問うことは許されない。破綻した金融機関の経営者であったが故に被告人を処罰することは、経営責任と刑事責任を混同するものである。

審理にあたっては、この点につき格別のご配慮をお願いする次第である。

以　上

(iii)　鈴木弁護団

意　見　書

証券取引法違反等　　　　被告人　鈴　木　克　治

上記被告事件につき、公訴事実に対する弁護人の意見は、下記のとおりである。

平成11年11月19日

右主任弁護人　更　田　義　彦
弁護人　長　文　弘

東京地方裁判所刑事第1部　御中

記

一　いずれの公訴事実についても被告人は無罪。

二　本件は、有価証券報告書の記載及び違法配当について刑事責任を問われている事案であるが、有価証券報告書及び配当の前提となる決算書の作成にあたり、架空利益の計上や損失の隠蔽工作はなく、もっぱらいわゆるバブル期に貸し付けた貸付金債権のうち回収可能性の見込みがない債権に関する貸倒引当金の計上額に誤りがあるとする点において、従来型の粉飾決算とは異なっている。

すなわち本件においては、銀行の資産のうち貸付金の一部について経営者が貸倒処理をしなかったことについて、その判断が違法であるとして、検察官は刑罰権の行使を求めているのである。

しかしもともと債権の回収可能性は、企業会計上、企業の健全な経営を確保する見地からは厳しい評価が求められる一方、税務会計上は安易に無税償却が認められないなど評価に対立が見られる場合もあり、債権の回収の見込みは、法的破綻の場合のほかは、一義的に確定できない。

本件においては、刑罰権の発動の要件とされるべき債権回収の見込みについて法令上明確な基準がないのに、検察官が自ら基準を設定して起訴に踏み切ったものである。

被告人としては本件決算の基本方針を策定した当時、金融行政の変革期にあることは承知していたとはいえ、不良債権の貸倒償却及び貸倒引当については従来の行政上の取扱及び他行における取扱と同様に、銀行経営者には一定の裁量権限があるものと考えており、いやしくも本件有価証券報告書の記載及び本件配当の方針が裁量権限を逸脱するものとは認識しておらず、また仮に裁量権の逸脱があったとしても故意がない。

三 なお付言すれば、金融秩序の維持は、歴代の大蔵大臣が明言しているところであり、銀行の「不良債権」の償却・引当については、いわゆる護送船団方式の金融行政の下で銀行の破綻を生じさせない限度で段階的に処理することが是認されてきたことは、いわば公知の事実である。

ことの当否は別として、銀行における不良債権の処理は他行においても、一時に全額を償却引当することなく段階的に処理することが認められてきたのである。

破綻した金融機関の経営者であったが故に、被告人を処罰するというのであれば、それは刑事責任の追及と経営責任の追及とを混同するものというほかなく、はなはだ当を得ない。

以上の次第で、本件については格別、慎重にご審理いただきたい。

(3)　検察官冒頭陳述

冒頭陳述書

証券取引法違反・商法違反　　被告人　大野木　克　信
同　　同　須　田　正　己
同　　同　鈴　木　克（よし）　治（はる）

上記の者らに対する頭書被告事件について、検察官が証拠により証明しようとする事実は、下記のとおりである。

平成11年11月19日
東京地方検察庁
検察官検事　幕　田　英　雄
検察官検事　葛　西　敬　一
検察官検事　永　幡　無二雄

東京地方裁判所
刑事第1部　殿

目　次

第一　被告人３名の身上経歴等

一　被告人大野木克信について

被告人大野木克信（以下、「被告人大野木」という。）は、昭和 11 年○月、東京都渋谷区で出生し、昭和34年3月、東京大学農学部を卒業し、同年4月、株式会社日本長期信用銀行（以下「日本長期信用銀行」ないし単に「長銀」という。）に入行した。

被告人大野木は、以後、昭和61年6月、取締役、平成元年2月、常務取締役、平成4年6月、専務取締役、平成5年6月、代表取締役副頭取に各就任し、平成7年4月1日、代表取締役頭取代行を経て、同月28日、代表取締役頭取に就任し、平成10年9月28日までその地位にあった。

被告人大野木には、妻と二女がいる。

二　被告人須田正己について

被告人須田正己（以下「被告人須田」という。）は、昭和14年○月、秋田県能代市で出生し、昭和37年3月、京都大学経済学部を卒業し、同年4月、日本長期信用銀行に入行した。

被告人須田は、以後、平成元年6月、取締役、平成4年6月、常務取締役、平成7年4月、専務取締役に各就任し、平成九9年10月1日、代表取締役副頭取（人事グループ、企画グループ、財務グループ、リスク統轄部等分担）に就任し、平成10年8月21日までその地位にあったが、同日、取締役となり、同年11月4日、取締役を辞任した。

被告人須田には、妻と二男がいる。

三　被告人鈴木克治（よしはる）について

被告人鈴木克治（以下「被告人鈴木」という。）は、昭和12年○月、東京都文京区で出生し、昭和37年3月、東京大学経済学部を卒業し、同年4月、日本長期信用銀行に入行した。

被告人鈴木は、以後、平成元年6月、取締役、平成4年6月、常務取締役、平成8年12月、専務取締役に各就任し、平成9年10月1日、代表取締役副頭取（法人業務グループ、事業推進グループ、審査部等分担）に就任し、平成10年3月31日までその地位にあったが、同年4月1日、特命顧問に就任し、同年7月27日、右特命顧問を辞任した。

被告人鈴木には、妻と二男がいる。

第二　日本長期信用銀行の沿革・概要等

一　長銀の沿革

長銀は、昭和27年12月、長期信用銀行法に基づき金融債を発行して長期の安定的資金を調達し、この調達資金を、鉄鋼・電力等のいわゆる基幹産業に長期間融資し、我が国の基幹産業を育成することを目的として設立された。

長銀は、東京都千代田区内幸町2丁目1番8号に本店を置き、長期信用銀行業務のほか、担保付社債信託法、社債等登録法その他の法律により営むことができる業務等を主たる業務とし、事業年度は、毎期、4月1日から翌年3月31日までとしていた。

長銀は、平成10年10月23日、金融機能の再生のための緊急措置に関する法律第68条第2項に基づき、金融再生委員会に対し、特別公的管理の申出をし、同日、同委員会は、同法第36条第1項に基づき、特別公的管理開始を決定した。

二　長銀の概要

平成10年3月末時点の長銀の概要は、次のとおりであった。

資本金　3,872億2,900万円（百万円未満切捨て）
総資産額　26兆1,900億500万円（右同）
貸出金残高　15兆7,650億1,600万円（右同）
発行済株式　24億9,290万株（一万株未満切捨て）
従業員数　3,499人
上場証券取引所　東京証券取引所、大阪証券取引所の各市場一部

三　長銀における頭取及び副頭取の職務内容等

長銀の平成９年度の組織管理規程によれば、頭取は、取締役会の決議を執行し、当行業務の統轄をするほか、常務会を主宰して行務執行上の重要事項を諮問し、審議・決定するなどの職務を担当することとされており、副頭取、専務取締役、常務取締役は、頭取を補佐して当行業務を執行するなどの職務を担当することとされていた。

また、長銀においては、頭取を除く常務取締役以上の役員が長銀内のグループないし部・室・店の担当役員になるものとされており、平成９年度上期には、被告人須田及び被告人鈴木はいずれも専務取締役として、被告人須田が業務企画グループ等の担当役員を、被告人鈴木が営業企画グループ内の事業推進部等の担当役員をしていたものであり、前記のとおり、同年10月１日の右両被告人の副頭取就任に伴い、同年度下期は、被告人須田が人事グループ、リスク統轄部等の担当役員に、被告人鈴木が事業推進グループ等の担当役員となり、加えて、右両被告人とも、副頭取として、被告人須田が企画グループ、財務グループ等を、被告人鈴木が法人業務グループ、個人業務グループ、審査部等をそれぞれ分担していた。

四　長銀の組織・機構の概要等

長銀の平成10年３月末時点の主要な組織機構は、別紙１「日本長期信用銀行の組織機構図（概略)」のとおりであり、後記（第２、６）の関連ノンバンク等の所管部署は、事業推進グループの「事業推進部」であり、決算運営及び資本政策等の担当部署は、企画グループの「総合企画部」であった。

また、資産・負債の総合管理及び資金の調達・運用業務等は、財務グループの「総合資金部」が担当していた。

五　長銀内の各種会議の位置づけ及び出席者等

長銀においては、取締役会のほか、各種会議が開かれていたが、その主要な会議の位置づけ及び出席者等は、次のとおりである。

1　経営会議　取締役会の前置機関であり、常務取締役以上の役員が出席する会議であり、議決機関と位置づけられている。

2　常務会　頭取の諮問機関であり、常務取締役以上の役員が出席する会議である。
　経営会議との主な異同は、会長が経営会議には出席するが、常務会には出席しない点にある。

3　常務役員連絡会　出席者は常務会に同じであるが、非公式の会議であり、個別テーマにつき、会長を除く常務取締役以上の役員相互の情報交換の場と位置づけられる。

4　常務役員フリーディスカッション　出席者は常務会に同じであり、非公式の会議であるが、経営の基本に関わる諸課題につき、会長を除く常務取締役以上の役員の情報交換の場と位置づけられる。

5　円卓会議　出席者は常務会に同じであり、非公式の会議であるが、他行情勢や大蔵省等金融行政当局の動向、さらには金融行政当局による検査結果の予想等各種調査結果を常務取締役以上の役員に報告し、情報を共有するための場と位置づけられる。

6　取締役情報連絡会　取締役全員が出席する非公式の会議であり、取締役会が形式的に進められることから、取締役会の議題に関し、取締役に十分な情報を伝達する場と位置づけられる。
　平成10年４月に執行役員制度が導入されたことに伴い、廃止された。

六　関連会社の意義及び長銀の関連ノンバンク等

「関連会社」とは、昭和50年７月３日付け大蔵省銀行局長発の「金融機関とその関連会社との関係について」と題する通達（一般に「関連会社通達」と呼ばれる。）において、「金融機関が出資する会社で、その設立経緯、資金的、人的関係等からみて、金融機関と緊密な関係を有する会社」をいうものとされ、関連会社のうち、貸金業を営むものを「関連ノンバンク」

という。

長銀の関連ノンバンクには、株式会社日本リース（以下「日本リース」という。）、長銀インターナショナルリース株式会社（以下「長銀リース」という。）、日本ランディック株式会社（以下「ランディック」という。）、エヌイーディー株式会社（以下「NED」という。）、第一ファイナンス株式会社（以下「第一ファイナンス」という。）、平河町ファイナンス株式会社、ファーストクレジット株式会社及び株式会社ジャリックの合計8社がある（以下では、関連ノンバンクを含む関連会社及び関連会社から資産を譲り受けるために設立された資産管理会社（「受皿会社」とも呼ばれる。）等の長銀関係会社を「関連親密先」といい、関連親密先以外の一般の取引先を「一般先」という。）。

第三　銀行等金融機関の資産査定と償却・引当の関係等

一　銀行における「貸出金」の償却・引当の意義

銀行が取引先に融資した金員を「貸出金」といい（これに対し、銀行の取引先であるノンバンクが他に融資した金員を「営業貸付金」と呼ぶことがある。）、貸出金については、「取立不能の虞があるときには、取り立てること能わざる見込額を控除することを要す」（商法第285条の4第2項）とされているところ、当該取立不能見込額を貸出金勘定から直接控除することを「貸出金の償却」といい、同見込額を債権償却特別勘定に繰り入れることを「貸出金の引当」という。

なお、前者を「直接償却」、後者を「間接償却」と呼ぶこともある。

二　早期是正措置制度の導入と自己査定制度

平成8年6月に成立した「金融機関等の経営の健全性確保のための関係法律の整備に関する法律」に基づく銀行法及び長期信用銀行法等の一部改正に伴って、銀行経営の健全性を確保していくための金融行政当局による監督手法として、各行の平成9年度決算を対象に、平成10年4月から、早期是正措置制度が導入されることとなった。

「早期是正措置制度」は、自己資本比率という客観的指標に基づいて、金融行政当局が銀行に対し、業務改善計画の提出等の是正措置を適時・適切に発動することを主眼とするものである。

長銀等の海外営業拠点を有する銀行に対する早期是正措置の発動基準である「自己資本比率」は、平成5年大蔵省告示第56号「長期信用銀行法第17条において準用する銀行法第14条の2の規定に基づく長期信用銀行がその保有する資産等に照らし自己資本の充実の状況が適当であるかどうかを判断するための基準」の定める国際統一基準（以下「BIS（ビス）基準」という。）による自己資本比率（以下「BIS比率」ともいう。）が用いられ、BIS比率は、概略、以下の算式により計算される。

BIS比率＝自己資本の額（基本的項目及び補完的項目の和から控除項目を減じた額）／リスクアセットの額（「リスクアセット」とは、貸出金その他の損失発生の可能性が一般的に存する資産をいい、各資産毎に信用リスクに応じた算入掛け目（これを「リスクウエイト」という。）を乗じて算出されるが、その額の和）× 100

早期是正措置制度の下では、内閣総理大臣は、当該銀行に対し、BIS比率が8％未満になれば、経営の健全性を確保するための合理的と認められる改善計画の提出及びその実行を、BIS比率が4％未満になれば、自己資本の充実に係る合理的と認められる計画の提出及びその実行、配当又は役員賞与の禁止又はその額の抑制、総資産の圧縮又は増加の抑制、取引の通常の条件に照らして不利益を被るものと認められる条件による債券の発行又は預金若しくは定期積金の受入れの禁止又は抑制、一部の営業所における業務の縮小、本店を除く一部の営業所の廃止、子会社又は海外現地法人の業務の縮小等自己資本の充実に資する措置を、

BIS 比率が零％未満になれば、業務の全部又は一部の停止を、各命ずることができるとされた。

なお、貸出金の償却・引当を実施した場合、BIS 比率算式の分母と分子の両方の数字を同額ずつ減らす結果（「貸出金の償却」の場合、資産項目の貸出金勘定が償却相当額減額される結果、分母が同額減少し、分子である自己資本の資本勘定が同額減少し、「貸出金の引当」の場合、分母から債権償却特別勘定への繰入相当額が控除され、分子である自己資本からも同相当額が控除されることによる。）、BIS 比率を下げることになり、貸出金の償却・引当額が多額になればなるほど、BIS 比率は下がるという関係にある。

早期是正措置制度は、金融機関自身に対して、自ら資産査定をした上で、その結果に基づき適正な償却・引当処理を行い、資産内容の実態を反映した財務諸表を作成することを要請するものであり、これにより、金融機関が行う自己査定と償却・引当処理とが直接の関連を有するものとなった。

三　自己査定における資産査定基準

「資産査定」とは、平成９年３月５日付け大蔵省大臣官房金融検査部長発の「早期是正措置制度導入後の金融検査における資産査定について」と題する通達（以下「資産査定通達」という。以下では、資産査定通達の規定する資産分類基準を「MOF 一般先基準」ともいう。）において、金融機関の保有する資産を個別に検討して、回収の危険性又は価値の毀損の危険性の度合に従って区分することをいうものとされ、資産査定において、資産をⅡ、Ⅲ又はⅣ分類に区分することを「資産分類」あるいは単に「分類」といい、このうち、Ⅱ、Ⅲ及びⅣ分類とした資産を「分類資産」ということとされた。

そして、資産査定通達では、①債権確保上の諸条件が満足に満たされないため、あるいは、信用上疑義が存する等の理由により、その回収について通常の度合を超える危険を含むと認められる債権等の資産は「Ⅱ分類」、②最終の回収又は価値について重大な懸念が存し、従って損失の可能性が高いが、その損失額について合理的な推計が困難な資産は「Ⅲ分類」、③回収不可能又は無価値と判定される資産は「Ⅳ分類」、④Ⅱ、Ⅲ及びⅣ分類としない資産は「Ⅰ分類」ないし「非分類」というものとされた。

資産査定通達は、検査官の判断のぶれを少なくするために、貸出金の査定に当たっては、まず、債務者の財務状況、資金繰り、収益力等により返済能力を判定して「債務者区分」を行った上で、担保や保証等による保全の有無及び状況に照らして「資産分類」を行うべきものとし、債務者区分につき「正常先」及び「要注意先」等の五区分を設けており、「要注意先」以下の各債務者区分の意義等は、別紙２①「債務者区分認定基準対比表」の「MOF 一般先基準（資産査定通達）」の欄に記載のとおりである。

資産査定通達においては、概略、正常先に対する貸出金は、原則として非分類、要注意先に対する貸出金は、優良担保等による保全部分を非分類、これ以外をⅡ分類、破綻懸念先に対する貸出金は、優良担保等による保全部分を非分類、一般担保等による保全部分をⅡ分類これ以外をⅢ分類、実質破綻先及び破綻先に対する貸出金は、優良担保等による保全部分を非分類、一般担保等による保全部分をⅡ分類、これ以外をⅢ分類、実質破綻先及び破綻先に対する貸出金は、優良担保等による保全部分を非分類、一般担保等による保全部分をⅡ分類、これ以外をⅣ分類にそれぞれするものとされており、上記関係を図示すると、別紙２②「債務者区分と資産分類」のとおりである。

そして、資産査定通達の内容は、平成９年３月12日付けで、全国銀行協会連合会（以下「全銀協」という。）から全国の銀行に対し、「資産査定について」に関する Q&A（以下「資産査定 Q&A」という。）として送付されており、長銀においても、上記のような資産査定通達の内容を把握していた。

また、平成9年4月21日付け大蔵省管理課長発の「金融機関等の関連ノンバンクに対する貸出金の査定の考え方について」と題する事務連絡（以下「関連ノンバンク事務連絡」という。以下では、関連ノンバンク事務連絡の規定する資産分類の基準を「MOF関連ノンバンク基準」ともいう。）は、資産査定通達の細則として位置づけられるものであり、同事務連絡では、親金融機関の関連ノンバンクに対する貸出金については、関連ノンバンクの体力の有無、親金融機関等の再建の意思、関連ノンバンクの再建計画の合理性の有無等を総合的に勘案し査定を行うものとされた。

そして、関連ノンバンク事務連絡の内容は、平成9年7月に全銀協から全国の銀行に対し、「『資産査定について』に関するQ&A」の追加について（以下「関連ノンバンクQ&A」という。）として送付された。

四　資産の自己査定と償却・引当の関係

前記のとおり、早期是正措置制度は、償却・引当を含む会計処理が適切になされた財務諸表に基づいて計算された自己資本比率によって、金融行政当局が行政処分を発動するという制度であるが、日本公認会計士協会が平成9年4月15日付けで公表した「銀行等金融機関の資産の自己査定に係る内部統制の検証並びに貸倒償却及び貸倒引当金の監査に関する実務指針（以下「実務指針」という。）」では、「貸倒償却及び貸倒引当金の計上に関する監査上の取扱い」として、資産査定通達における債務者区分に応じた会計処理上の準拠基準を、次のとおり明示している。

すなわち、実務指針において、「破綻懸念先債権」については、債権額から担保の処分可能見込額及び保証による回収が可能と認められる額を減算し、残額のうち必要額を貸借対照表に貸倒引当金として計上するとされ、「実質破綻先債権」については、債権額から担保の処分可能見込額及び保証による回収が可能と認められる額を減算し、残額を貸倒償却するか又は貸倒引当金として貸借対照表に計上するとされ、「破綻先債権」については、債権額から担保の処分可能見込額及び保証による回収が可能と認められる額を減算し、残額を貸倒償却するか又は貸倒引当金として貸借対照表に計上するとされた。

また、早期是正措置制度の導入に伴い、平成9年7月31日付けで改正された大蔵省銀行局長発の「普通銀行の業務運営に関する基本事項等について」と題する通達（以下「基本事項通達」という。なお、同通達は、同日付け同局長発の「長期信用銀行の業務運営に関する基本事項等について」と題する通達により、長銀等長期信用銀行にも適用するものとされている。）中の「経理関係」と題する項では（同項の定める基準は、実務上、「決算経理基準」と呼ばれる。）、「(イ)回収不能と判定される貸出金等については、債権額から担保の処分可能見込額及び保証による回収が可能と認められる額を減算した残額を償却する。(ロ)債権償却特別勘定への繰入れは、回収不能と判定される貸出金等のうち、(イ)により償却するもの以外の貸出金等については回収不能額を、最終の回収に重大な懸念があり損失の発生が見込まれる貸出金等については担保の処分可能見込額及び保証による回収が可能と認められる額を減額した残額のうち必要額を、それぞれ繰り入れるものとする。」とされた。

第四　日本長期信用銀行における不良資産の実態及び平成8年度決算までの不良資産処理状況

一　長銀における不良資産の発生及び不良資産処理の先送り状況

1　第六次長期経営計画の策定

長銀は、主に基幹産業に対する長期貸付を収益の柱としていたが、その後、企業が必要な資金を直接市場から調達するようになったことや、後に「バブル経済」と呼ばれる金融緩和を背景として株価や地価が高騰していく情勢の中で、平成元年3月、当時常務取締役であった被告人大野木が取りまとめを担当した第六次長期経営計画（以下「六次長計」という。）を策定し、同年４月からその実行を開始した。

六次長計に先立つ第五次長期経営計画は、いわゆる金融自由化を見据え収益性を重視したものであったが、六次長計は、「不動産ブームに乗った新規開拓の推進」及び「親密不動産依存型ノンバンクの積極的活用」などをスローガンに、それまでの収益性という「質」を重視する経営から、ミドルマーケットと呼ぶ中小ないし中堅企業向け融資を積極的に推進するという「量」を重視したものに方針転換するものであった。

長銀は、六次長計に基づき、融資機会を最大限に捕捉し、機動的な融資を実行するため、事実上無制限の融資権限を営業部・店担当役員に与えるとともに、グループ別営業体制を敷き、従前は他部門から独立して融資の審査業務を担当していた審査部を、営業グループ・業務グループのそれぞれに取り込み、また、他行同様に「空中店舗」と呼ばれる融資専門の支店を開設するなどして、主に不動産関連事業向け融資に傾斜していき、昭和 63 年３月に約 14 兆円であった長銀の貸出金残高は、平成２年３月には約 18 兆円に増加していた。

そして、長銀本体のみならず、日本リース、NED、長銀リース、ランディック等の関連ノンバンクもまた、長銀同様に、不動産関連事業向け融資を拡大していった。

２　不良資産の発生

平成２年３月、大蔵省が金融機関の不動産関連事業向け融資残高を規制するいわゆる「総量規制」を実施したことを契機に、長銀においても、同年７月、グループ制の導入や部・店担当役員の融資権限の拡大が長銀保有資産の劣悪化を招き、特定の企業への融資の集中・急増をもたらしたとの反省から、融資の審査部門を各グループから独立させた上、融資限度枠を設定し、同限度枠に近づいた時点で常務会に報告させるといった「クレジットリミット制」を導入し、平成３年２月には、営業グループ及び業務グループを廃止するなど組織の見直しを行ったが、長銀の貸出金残高は、いわゆるバブルが崩壊期に入った同年３月以降も 19 兆円前後で推移していた。

平成２年以降の株価や地価の下落に伴い、長銀及び同行関連ノンバンクの保有する有価証券や担保不動産の価値が減少したため、長銀自身がバブル期に積み上げた関連ノンバンク向けを含む多額の貸出金が劣化したのみならず、関連ノンバンクを含む関連会社もまた、多額の不良資産を抱えることになった。

３　不良資産処理の先送り状況

平成元年６月に頭取に就任した堀江鐵彌頭取ら長銀経営陣は、「バブル崩壊期」に入っても、保有有価証券や担保不動産の売却といった抜本的な不良資産の処理には踏み出さず、将来の株価や地価の上昇に期待し、長銀及び関連ノンバンク本体の赤字決算を回避するため、関連ノンバンクの非連結子会社を不良資産管理のための受皿会社として設立し、同子会社に長銀が融資をして不良不動産等を買い取らせたり、不動産の「事業化」を目指すと称して、これに更なる追加融資を実行するなどして、不良資産処理の先送りを行った。

関連ノンバンク等関連会社の決算状況は、経営会議等の場で長銀経営陣に対して随時報告されており、平成５年６月 25 日の経営会議においては、関連会社の平成４年度決算状況について、バブル破裂の影響がより深刻化し、関連会社は大幅な減収減益決算となったこと及び関連会社本体の赤字決算回避を主眼として、不良資産の受皿会社への移管を促進していることなどが報告された。

長銀内部にも、不良資産処理を先送りすることを問題視する意見があり、平成５年８月３日のノンバンク関連部連絡会（長銀において関連ノンバンクを所管する部署の部長らが出席。）では、関連会社の不良資産を受皿会社に移管することにより、関連会社本体は表向き健全化するが、表面を飾っているだけであり、最終的な解決が見えないとの意見や、事業化を推進すれば新たな融資が必要になり、不良資産の増大につながる危険があるので、事業化推進には疑問があるとの意見などが出された。

しかしながら、堀江頭取ら長銀経営陣は、受皿会社を使っての不良資産の移管といった不良資産処理の先送り方針を維持し、その後も、不良資産の受皿会社を新たに設立していった。

こうして平成4年1月以降平成8年4月までの間だけで、関連ノンバンクの貸付債権や担保不動産の受皿を目的として、65社にも上る資産管理会社が設立された。

二　長銀経営陣の同行保有資産の実態認識状況

1　平成7年度決算までの不良資産処理状況

長銀は、平成6年4月に当時常務取締役であった被告人鈴木が中心となって、第七次長期経営計画（以下「七次長計」という。）を策定した。

七次長計は、融資の審査部門の強化等により、貸出資産の増加を抑制するとともに、証券業務等の資産増を伴わない収益業務の強化をうたい、「基礎（構造）収益基盤の構築」などを実現すべき課題としていた。

七次長計が策定される直前の平成6年3月末時点の長銀の不良資産については、被告人3名（被告人大野木は当時副頭取。被告人須田及び被告人鈴木は当時常務取締役。）らが出席した平成6年4月27日の常務会において、事業推進部長から、「不稼働資産の現況」と題する資料に基づき、平成6年3月末時点の利息延滞債権が平成5年9月末時点から614億円増加して約1兆2,700億円となっていること及びそのほかに金利減免債権が約7,800億円あって、合計で約2兆円の不良債権がある旨の報告を受けた。

その後、被告人大野木が頭取に就任した後の平成7年7月10日の常務会では、関連事業部長から、平成7年3月末時点における長銀リース、ランディック、NED及び第一ファイナンス等関連ノンバンク6社の延滞債権及び固定化営業債権等の不良資産合計額が約9,900億円あり、そのうち長銀が処理すべき損失見込額は約9,000億円に上る旨の報告を受けたことから、被告人3名ら長銀経営陣は、前経営陣から引き継いだ不良資産の巨額さを改めて認識した。

長銀の七次長計においては、「不良資産の早期処理」が課題の一つとされていたものの、長銀は、平成6年度決算において、一般先につき2,296億円、関連親密先につき1,137億円の合計3,433億円の不良資産しか処理せず、201億円の当期利益を計上した黒字決算とし、中間期及び期末とも1株当たり4円（通期8円）の配当を実施した。

その後、被告人大野木は、七次長計で想定していた景気の回復、不動産市況の活性化が進展しなかったため、企画部（平成8年2月に「総合企画部」に組織変更。）等に対し、長銀の体質改善・リストラ計画の策定を指示し、平成7年9月、人員削減・政策株売却・拠点統廃合を骨子とする「体質改善3か年計画」を策定し推進したが、これは不良資産についての抜本的処理を内容とするものではなく、長銀及び同行関連会社の抱える不良資産が減少することには結びつかなかった。

長銀は、平成7年度決算において、一般先につき同行が母体行であった第一住宅金融のほか住専関係の処理額3,400億円を含む5,000億円、関連親密先につき1,500億円の合計6,500億円の不良資産処理を行って1,130億円の当期損失を計上し、長銀設立以来初の赤字決算を組み、株式配当は、従来の1株当たり通期8円を通期6円とする減配を行い、いわゆる住専処理を終了させたものの、関連ノンバンクを含む関連親密先に対する不良資産処理を先送りした結果、平成7年度決算後においても、長銀には、関連親密先と一般先を併せ、なお1兆円規模の回収不能見込みの不良資産が残存しており、被告人3名ら長銀経営陣は、そのことを認識していた。

2　平成8年5月の大蔵省検査への対応状況及び同検査の実施状況並びに不良資産処理

計画の策定

(一) 大蔵省検査への対応状況

長銀では、平成7年夏ころから、大蔵省金融検査部による金融検査(以下「MOF(モフ)検」という。)が近く実施されることと予想し、同行の関連ノンバンクに対する貸出資産につき、MOF検において相当多額のⅢ、Ⅳ分類を認定されることが想定されたことから、これを回避するため、MOF検対策として、長銀本体及び関連ノンバンクを含む関連親密先の抱える不良資産の実態及び今後の処理予定などに関する資料や諸会議議事録等を検査官に見られることのないように、上記資料等の一部もしくは全部を抜き取り、又は差し替えるなどの工作を行い、さらに、検査官向け説明シナリオを作成するなどの準備作業を進める一方、事業推進部担当者が中心となって、同行の抱える不良資産の実態を把握した上で、MOF検において最終的にⅢ、Ⅳ分類に査定されるであろう金額の予測作業を行った。

その間の平成7年8月中旬ころ、被告人鈴木(当時常務取締役。事業推進部等担当。)は、事業推進部担当者から、その時点での資産分類予測結果について、実態ベースの分類予測で、Ⅲ分類が約2,800億円、Ⅳ分類が約1兆円になった旨の報告を受けたことから、同担当者に対し、関連会社のⅣ分類を何とかする必要があることを関係部署の担当役員に説明するよう指示した。

そのため、上記担当者は、平成7年8月22日、被告人鈴木並びに関連会社を所管していた営業企画部及び関連事業部の各担当役員のほか、審査部担当役員を交えて、MOF検対策のための検討会を行い、その場で、「MOF検に対する対応方針について」と題する資料を使用しながら、MOF検では、関連ノンバンク等の関連会社で分類額が積み上がることが確実で、簡易な方法での資産分類予想では、少なくとも、Ⅲ分類が約2,800億円、Ⅳ分類が約1兆円との結果になり、特に関連ノンバンクのⅣ分類だけで8,000億円にも上り、自然体でMOF検に臨んだ場合、向こう5年間の不良資産処理計画の枠に収めることは困難であること及び審査部発の通達に従った担保評価の見直しを行っていない点も問題視される可能性があるが、担保評価の見直しを実施した場合、大幅な担保割れの結果を招くことなどを報告した。

被告人鈴木は、上記報告に引き続いて、「今のままMOF検を受ければ、Ⅲ、Ⅳ分類がべらぼうに増えてしまう。Ⅲ、Ⅳ分類圧縮のために知恵を使ってくれ。例えば、事業化の見込みがない物件であっても、事業化計画があることにしたり、担保評価を収益還元法で行い分類額を圧縮したらどうか。」、「新頭取は、この4月に就任され、株主総会を乗り切ったばかりであり、MOF検の対応次第では、頭取の首を差し出すことになる。とにかく万全の体制で臨んではしい。」などと発言し、出席者を叱咤激励してⅢ、Ⅳ分類額の圧縮を指示し、以後、各部は連携しながら、被告人鈴木から示された上記方針の下、分類額圧縮のためのMOF検対応の準備を進めた。

事業推進部担当者は、平成7年11月2日、MOF検では、分類資産の増加が懸念されるため、最大限の努力を行い、分類額を圧縮することが必要であること及び特にⅢ、Ⅳ分類については、その絶対額が当行の経営に与える影響を考えれば、最優先で分類回避を図るべきであるとする方針や、そのための対策として、検査官に対する受け答えの仕方などを記載した「受検Q&A」を作成し、そのころ、各営業部・店に配布した。

そのころ、頭取であった被告人大野木に対しても、被告人鈴木から、MOF検に対しては万全の対策で臨み、分類資産の認定が圧縮できるように努力している旨の報告がなされ、被告人大野木は、分類額を圧縮する方針を了承した。

平成8年3月上旬、長銀は、同年4月には長銀にMOF検が入るとの情報を入手したことから、事業推進部担当者が、長銀経営陣への報告用に改めてMOF検での資産分類の予想結果を整理した上、同年3月下旬、被告人鈴木の執務室において、同被告人に対し、他行から得たMOF検の検査方式に基づき、自然体で試算をした結果、Ⅲ分類が2,603億円、Ⅳ分類が1兆1,256億円になったが、実態のⅣ分類はもっと大きな数字になる旨報告したところ、同被告人は、今後もⅣ分類を含む分類資産の圧縮策を検討するよう指示した。

長銀では、平成8年4月8日、被告人3名のほか、小林副頭取ら在京の常務取締役以上の役員が出席した円卓会議において、事業推進部長から、「分類予測と償却計画について」と題する資料等に基づき、MOF検では、取引先の死に体認定を避けたり、不動産評価を調整するなど、分類額圧縮のための工夫を凝らし、資料に「査定前」として記載したⅢ分類2,115億円、Ⅳ分類2,877億円（一般先1,157億円、関連親密先1,720億円。）を目指すこと、同検査の結果、最悪の場合、資料に「最悪ケース」として記載したⅢ分類2,606億円、Ⅳ分類1兆1,256億円（一般先1,807億円、関連親密先9,449億円。）と認定されることも予想され、「最悪ケース」の数字がもっとも実態に近いこと及び上記資料に「努力目標」として記載したⅢ分類3,334億円、Ⅳ分類6,611億円（一般先1,327億円、関連親密先5,284億円。）を当面の目標に、今後も更にⅢ、Ⅳ分類圧縮のための努力を重ねる必要がある旨の報告を受け、これにより、被告人3名ら長銀経営陣は、平成7年度決算後においても、（回収不能見込みの）不良資産が1兆円を超えて残存していることを明確に認識し、その際、被告人大野木は、工夫して上記「努力目標」の数字を更に圧縮するよう指示した。

㈡　大蔵省検査の実施状況及び不良資産処理計画の策定

平成8年4月17日から、長銀に対するMOF検が開始されたが、同検査において、長銀側担当者は、検査官（以下「MOF検査官」という。）に対し、事前に用意した説明シナリオに基づく説明を行うとともに、抜き取り又は差し替えた資料等を閲覧させるなどして、長銀保有資産の実態を秘匿し、即時に償却・引当を要するⅣ分類とされる資産が多く出ないように極力努めた。

その結果、長銀では、MOF検査官との接触を通じ、平成8年6月7日には、MOF検結果の確定値見込みについて、貸出金ベースで、Ⅲ分類が9,120億円、Ⅳ分類が2,045億円、総与信ベースで、Ⅲ分類が9,158億円、Ⅳ分類が2,095億円になるとの感触を得るに至った。

上記確定値見込みは、前記円卓会議で報告された分類予測を、はるかに下回るものであり、平成8年10月4日に大蔵省が長銀に発した検査報告書での資産分類結果と同一のものであった。

他方、この間、長銀は、MOF検査官から、MOF検結果の講評に当たって必要な長銀における不良資産処理計画の提出を求められ、平成8年6月6日、被告人大野木の了承の下で、MOF検査官に対し、平成8年度から平成11年度までの4年間で合計8,385億円（平成8年度が3,372億円、平成9年度が2,505億円、平成10年度が1,908億円、平成11年度が600億円。）の不良資産を処理するとの内容の不良資産処理計画（以下「MOF提出計画」という。）を提出した。

三　不良資産処理計画の減額変更と平成8年度決算における不良資産処理状況

1　MOF提出計画の変更状況

前記のとおり、長銀では、平成8年6月上旬、MOF検確定値見込みとして同検査結果の概要を把握したが、事業推進部長は、MOF検対策のための資料改ざん工作等が奏功し、MOF検の査定結果が長銀に有利な内容に収まったことに安堵しつつも、他方、不良資産処理を先送りすることに対する危機感を募らせ、同年7月、事業推進部担当者に指示して、「今後の不良債権処理の進め方について」と題する資料を作成させ、そのころ、同担当者をして、被告人鈴木（当時常務取締役。事業推進部等担当。）に対し、上記資料に基づき、MOF検結果は全体的に甘い評価であり、実態を正確に反映したものではないことを報告させた。

被告人鈴木はMOF検結果が実態と乖離していることを認識していたが、上記報告を受け、改めて不良資産の抜本的処理の必要性を感じた。

ところで、長銀では、平成8年7月に2万2,000円台で推移していた日経平均株価が、同年9月、2万円台にまで落ち込み、保有有価証券の含み益が大きく減少するなど不良資産処理に充てる財源が不足したことから、そのころにはMOF提出計画の実施が困難な見通しとなった。

そのため、決算運営等を担当する総合企画部担当者は、平成8年9月18日の被告人3名ら長銀経営陣が出席した常務役員フリーディスカッション会議において、「今後の決算・資本政策」などと題する資料に基づき、MOF提出計画を維持したまま、平成8年度決算を黒字とし配当を実施した場合、BIS比率8％を確保するのは困難な状況になったため、当初3年間の不良資産処理予定額を7,785億円から5,500億円に減らし、各年度の不良資産処理額を、平成8年度3,000億円、平成9年度1,500億円、平成10年度1,000億円に変更することを提案し、被告人3名ら長銀経営陣は、平成8年度決算を黒字にして配当を実施すること及びBIS比率8％の確保を優先することを前提に上記提案を了承した。

なお、上記提案において処理予定額とされた5,500億円は、長銀の抱える不良資産の実態に基づいて算出されたものではなく、BIS比率8％を維持することを前提にし、今後黒字決算を維持した場合に、不良資産処理に充てることが可能な財源見通しから逆算したものであり、MOF検結果のⅣ分類及び住専分を除くⅢ分類の一部を対象にしたものであった。

総合企画部担当者から上記会議の結果について報告を受けた事業推進部担当者は、長銀が抱える不良資産の実態からすれば、MOF提出計画の不良資産処理計画ですら不十分であったのに、同計画を更に後退させたのでは、その計画どおりに不良資産を処理したとしても、長銀の不良資産を一掃することができないばかりでなく、不良資産処理の将来への先送りとなって、かえって不良資産処理が困難になることを懸念し、この考えを長銀経営陣に認識させるため、平成8年10月29日、被告人鈴木の執務室において、同被告人に対し、「今後の不良資産処理について」と題する資料に基づき、関連親密先は、MOF検では、Ⅲ分類が5,140億円、Ⅳ分類が1,961億円と査定されたが、平成8年3月末時点の数字を使って、本音ベースの査定をした結果、Ⅲ分類が848億円、Ⅳ分類が1兆1,626億円となったこと及び現在の長銀の不良資産処理計画は、3年間で5,500億円にすぎず、明らかに不十分であるので、実態に基づく計画を立てるよう役員会に諮ることを具申し、これに対し、被告人鈴木は、役員会に諮る前にこれを被告人大野木に報告するよう指示した。

そこで、事業推進部担当者は、平成8年11月11日、頭取室において、小林副頭取及び被告人鈴木を交え、「今後の不良資産処理について」と題する資料に基づいて、被告人大野木に対し、MOF検結果は、関連ノンバンクの受皿会社の赤字分や不動産含み損等を査定されずに済んだため、実態と大きく乖離しており、本音ベースで査定した場合の分類額は、関連親密先だけでⅣ分類が1兆1,626億円であったこと及び償却財源不足を考慮するとしても、3年間で最低でも8,000億円程度の不良債権処理を実施する必要があることを具申したところ、被告人大野木は、巨額の回収不能見込みの不良資産を今後どのように処理するかを役員会に諮って検討する旨述べた。

そして、平成8年12月19日、被告人3名ら長銀経営陣が出席した常務役員フリーディスカッション会議において、上記問題が協議された際、事業推進部担当者からは、平成8年3月末時点の償却後の数字を使った実態ベースの関連親密先に係る要処理額は1兆7,063億円で、各社に対する貸出金で足切りした場合でも、関連ノンバンク7社だけでⅣ分類が1兆円を超えており、本来なら、平成8年度には1兆円以上の不良資産処理を行う必要があり、現在の当初3年間で合計5,500億円の不良資産を処理するという計画では不十分で、償却財源の制約を踏まえるとしても、3年間で最低でも8,000億円程度の不良資産を処理すべきである旨の意見が出され、他方、総合企画部担当者からは、日経平均株価が2万円台で推移している現状からは、同株価を2万2,000円と想定して不良資産処理計画を立てるのが限界であり、この場合、平成8年度からの3年間の不良資産処理見込額は、合計で5,600億円であり、前記9月18日の常務役員フリーディスカッション会議で確認された今後3年間で5,500億円の不良資産を処理するという計画を達成するためには、日経平均株価が2万2,000円を割ってしまう場合も考慮して、実施予定のファイナンス（以下では、長銀の資本調達のための株式及び債券の発行を「ファイナンス」という。）の増額や資産圧縮の促進、さらには保有不動産売却等の追加施策が必要である旨の意見も出され、これらの意見を踏まえ、被告人大野木は、「とりあえずは、総合企画部案の3年間で5,500億円の不良資産を処理するとの計画で進めることにし、以後、株価動向を見ながら検討を続けよう。」などと発言し、他の出席者もこれに賛同したため、前記9月18日の常務役員フリーディスカッション会議で了承された計画を基本に不良資産処理を進めることが確認され、平成8年度の不良資産処理額は3,000億円と予定された。

2　不良資産処理予定額の再変更及び中期計画の策定

長銀では、平成8年度中間期に約1,000億円の不良資産処理を済ませ、同年度下期に残り2,000億円の不良資産を処理する予定であったところ、平成9年1月、日経平均株価が1万8,000円台を割り込み、不良資産の償却財源として使用する長銀保有の有価証券含み益が大きく減少したため、平成8年度決算を黒字とした場合に2,000億円の不良資産処理財源を確保できる見通しがつかなくなった。

そのため、平成9年1月17日、被告人大野木及び小林副頭取は、頭取室において、総合企画部長らとの間で平成8年度決算の運営方針を改めて協議し、総合企画部担当者から、株価が1万7,000円から1万8,000円で推移している現状では、平成8年度決算の黒字方針を維持したまま、平成8年度下期に2,000億円の不良資産を処理することは困難である旨の報告を受けて、被告人大野木は、総合企画部部長らに対し、平成8年度決算を黒字とすることを優先する考えから、平成8年度下期の不良資産処理額を1,000億円に減額し、これを前提に、来年度以降の不良資産の処理予定を再検討するよう指示した。

被告人大野木及び小林副頭取は、平成9年1月31日、頭取室において、被告人大野木の上記指示に基づき再検討した総合企画部長らとの間で、再度、平成8年度及び平成9年度の各決算運営方針を協議し、総合企画部担当者から、平成8年度下期の不良資産処理額を1,000億円にした場合、平成9年度には、3,000億円の不良資産処理が必要となり、その後も毎期1,000億円の不良資産処理が必要になること及び平成9年度は、日経平均株価が2万円以上にならない限り、赤字決算を覚悟する必要がある旨の報告を受け、これに対し、被告人大野木は、平成8年度は黒字決算とするが、平成9年度は黒字決算にこだわらず、3,000億円の不良資産処理を実施し、株価の上昇によっては、不良資産処理額を5,000億円に増額する旨の意見を述べるとともに、被告人須田及び被告人鈴木を交えてこれを再協議することとした。

平成9年2月5日、重役会議室において、被告人3名らと総合企画部長らとの間で再び協議が行われ、その際、総合企画部担当者から、平成8年度の年間不良資産処理額を2,000億円に減額し、平成8年度は黒字決算とすること、平成9年度は赤字決算を前提に、不良資産処理額を3,000億円とし、株価が上昇すれば、5,000億円を処理すること及び平成9年度決算を赤字にした場合でも、配当は実施することを内容とする平成8年度及び平成9年度の決算運営方針案が提案された。

被告人3名らは、平成8年度の不良資産処理額を当初計画どおりの3,000億円とした場合、償却財源不足から平成7年度に続いて2期連続の赤字決算となりかねず、そうなれば、経営責任の追及という問題が生じかねない状況にあったことに加え、他行が平成8年度を黒字決算とする方針である中で、長銀が赤字決算を組んだ場合には、長銀が市場から落後したものと思われて、資金調達の面でも悪影響が出るものと判断し、平成8年度を黒字決算とするため、平成8年度下期の不良資産処理額を、1,000億円に減額した上で、平成9年度からの3年間で合計5,000億円（うち、平成9年度3,000億円）を処理するとの上記決算運営方針案を了承し、同方針案は、平成9年2月7日の常務役員連絡会においても了承され、その後、被告人3名らが出席した同年3月10日の常務会において、中期計画（以下「中期計画」という。）として承認された。

上記常務会で承認された中期計画は、平成8年度の不良資産処理額を3,000億円から2,000億円に減額し、平成9年度には、最低でも3,000億円の不良資産処理を行うことを内容とするものであったが、加えて、平成10年3月末時点でのBIS比率8％達成を確実なものにするために、平成9年度中にリスクアセットの23兆2,000億円から21兆円への圧縮達成を目指すことなどを内容としていた。

3　平成8年度決算における不良資産処理状況

長銀の平成8年度決算については、平成9年4月28日の取締役会において、当期利益を196億5,900万円とし、1株当たり3円（通期で6円）の配当実施とすることが、原案のとおり承認され、上記案は、同年6月27日の株主総会において可決承認された。

その結果、長銀の平成8年度決算における不良資産処理額は、一般先1,153億円、関連親密先934億円の合計2,087億円にとどまった。

第五　犯行に至る経緯（早期是正措置制度への対応状況等）

一　長銀独自の自己査定基準策定状況

1　自己査定体制検討プロジェクトチームの設置及び同プロジェクトチームによる長銀独自の自己査定基準案の検討状況

長銀では、平成8年10月に頭取の諮問機関として、事業推進部、総合企画部、審査部、リスク統轄部等の各部員によって構成される自己査定体制検討プロジェクトチーム（以下「自己査定PT」という。）を設置し、平成9年度決算から適用される早期是正措置制度の導入に伴う自己査定基準策定を含む自己査定体制についての検討を始めた。

自己査定PTは、発足当初、長銀の不良資産の大半を占める関連親密先に対する債権を所管する事業推進部の担当者が中心となって、大蔵省が同省銀行局長の私的研究会である「早期是正措置に関する検討会（以下「大蔵省検討会」という。）」に提出した査定基準案等を参考にして、長銀独自の自己査定基準の考え方の検討を行い、その結果を基に更に検討を重ね、その検討過程において、償却・引当を要するⅢ、Ⅳ分類を圧縮するための手段・方法として、関連親密先については、一般先とは異なる基準を設けてⅢ、Ⅳ分類の認定を回避することや、一般先についても、債務者区分を破綻懸念先及び実質破綻先と認定するための要件を厳格に絞り、Ⅲ、Ⅳ分類を圧縮することなどの方針を固めていった。

平成8年12月26日、大蔵省検討会が、国際統一基準による自己資本比率を平成10年4月から導入する早期是正措置発動の指標とすることや、各金融機関の自己査定を適正な償却・引当のための準備作業と位置づけることのほか、資産分類に当たっては、債務者の財務状況・資金繰り・収益力等により返済能力を判定して債務者区分を行うことなどを内容とする「中間とりまとめ」を公表し、これを受け、自己査定PTは、平成9年2月14日、被告人3名らが出席した常務会において、「早期是正措置に係る資産自己査定について」と題する資料を提出して、大蔵省検討会の「中間とりまとめ」の内容を報告するとともに自己査定PTにおいて今後検討すべき最重要課題として償却・引当に直結するⅢ、Ⅳ分類の査定基準の策定を挙げた上、大蔵省検討会の「中間とりまとめ」では区分されていない一般先と関連先等の取引先を区分し、長銀のⅢ、Ⅳ分類の相当部分を占める関連ノンバンクを含む関連親密先につき、一般先とは異なる査定基準を作成してⅢ、Ⅳ分類を圧縮する方針を自己査定PTの中間答申として報告したところ、被告人大野木は、同中間答申の方針を了承し、他の出席者もこれに賛同した。

その後、自己査定PTは、上記中間答申の方針に従って長銀独自の自己査定基準の内容を更に検討し、事業推進部担当者をして、自己査定結果に基づいて算出される要償却・引当額が、中期計画における不良資産処理額に収まるかどうかなどを検証させながら、長銀独自の自己査定基準策定のための基本方針をとりまとめた最終答申案を作成した。

２　長銀独自の自己査定基準策定のための基本方針の決定状況等

㈠　自己査定基準策定のための基本方針の決定状況

事業推進部担当者は、平成９年４月下旬、被告人鈴木（当時専務取締役。事業推進部等担当。）に対し、前記最終答申案等を記載した「早期是正措置への対応と今後の不良債権処理について」と題する資料に基づき、長銀独自の自己査定基準策定のための基本方針について、「一般先と関連親密先とで、それぞれ別個の自己査定基準を策定する。一般先に係る自己査定基準は、Ⅲ、Ⅳ分類を圧縮するため、大蔵省の資産査定通達において示した債務者区分のうち、破綻懸念先及び実質破綻先と認定するための要件を大蔵省の通達よりも厳しく絞るものにする。大蔵省の通達には関連ノンバンクについての規定はなかったが、長銀では、関連親密先に係る自己査定基準として、関連ノンバンクを含む関連親密先全体について、債務者区分の内容を一般先とは異なるものにしてⅢ、Ⅳ分類を圧縮する。」旨説明した上、「上記の基本方針に従って自己査定を実施した場合に償却・引当が見込まれる金額の試算結果に関しては、国税局の承認を得た支援計画に基づいて支援を実施している長銀リース、ランディック、NEDの３社に対する支援額のうち、翌期以降の支援額をⅢ分類としたケースでは一般先が1,760億円、関連親密先が2,838億円の合計4,598億円となり、右支援先３社に対する翌期以降の支援額をⅡ分類としたケースでは一般先が1,760億円、関連親密先が1,897億円の合計3,657億円となった。」旨報告したところ、被告人鈴木は、上記説明に係る自己査定基準策定のための基本方針を了解するとともに、事業推進部担当者に対し、これを被告人大野木及び被告人須田にも説明するよう指示した。

上記指示を受けて、事業推進部担当者は、平成９年４月30日、被告人須田（当時専務取締役。）の執務室において、同被告人に対し、「早期是正措置への対応と今後の不良債権処理について」と題する資料に基づき、前記基本方針について、「実態通りに自己査定をした場合には、決算不能の状態になるので、自己査定結果から算出される要償却・引当額を中期計画における不良資産処理計画に合わせるためには、Ⅲ、Ⅳ分類を圧縮するため、独自の自己査定基準を策定するほかない。一般先と関連親密先とを別基準にし、いずれの基準でも、できるだけ破綻懸念先や実質破綻先が出ないような基準にする方針である。」旨説明したところ、被告人須田も、上記基本方針を了解した。

続いて、事業推進部担当者は、平成９年５月９日、重役会議室において、被告人鈴木及び決算運営担当の総合企画部担当者らを交え、被告人大野木に対し、「早期是正措置への対応と今後の不良債権処理について」と題する資料に基づき、前記基本方針について、「関連親密先のⅢ、Ⅳ分類をいかに圧縮するかが自己査定における最大のポイントであり、そのため、関連ノンバンクを含む関連親密先について、一般先とは別の査定基準を策定するなどして、Ⅲ、Ⅳ分類を圧縮する方針である。一般先についても、Ⅲ、Ⅳ分類を圧縮するため、大蔵省の通達よりも、実質破綻先や破綻懸念先の要件を絞っている。」旨説明した上、「この方針に基づく償却・引当の見込金額は、支援先３社の翌期以降の支援額をⅢ分類としたケースで合計4,598億円となり、支援先３社の翌期以降の支援額をⅡ分類としたケースで合計3,657億円となるが、事業推進部としては、翌期以降分をⅢ分類にするという前者の考えである。」旨報告し、その際、被告人鈴木も、「事業推進部では、中期計画での不良資産処理額に合うように自己査定基準を検討中だが、相当苦労している。」などと口添えをしたところ、被告人大野木は、中期計画の不良資産処理計画に沿った自己査定基準を策定する右基本方針を了承するとともに、同基本方針に基づいて作業を進めるよう指示した。

これに引き続いて、総合企画部担当者が、被告人大野木及び被告人鈴木らに対し、「97年度リスクアセット、決算・BIS比率、不稼働処理運営について」と題する資料に基づき、「事業推進部の案では、自己査定に基づく償却・引当見込額が4,598億円となり、中期計画における平成9年度の不良資産処理見込額である3,000億円に収まっていない。そのため、自己査定結果による要償却・引当額が不良資産処理計画の内容と一致するように調整しなければならない。」旨報告したところ、被告人大野木は、総合企画部担当者に対し、「財源の関係もあるので、自己査定結果に基づく要償却・引当額と不良資産処理計画の内容が整合するよう事業推進部とともに検討するように。」などと指示したほか、被告人鈴木に対し、「細かなところは、鈴木専務と事業推進部に任せる。」旨述べた。

このようにして被告人3名の了承を得た自己査定基準策定のための基本方針は、平成9年5月23日に開催された常務会において、自己査定PTの最終答申として付議されて了承され、不良資産処理額を中期計画における不良資産処理計画の内容に収めるため、大蔵省が示した査定基準とは異なる長銀独自の自己査定基準を策定して要償却・引当金額を圧縮し、不良資産処理を先送りするとの方針が確定した。

上記常務会において了承された自己査定基準策定のための基本方針中、一般先の債務者区分の意義及び認定要件は、別紙2①「債務者区分認定基準対比表」の「平成9年5月決定の長銀基本方針」の欄に記載のとおりである。

(二)　平成9年度中間期決算の運営方針の決定状況及び同決算の実施状況

長銀独自の自己査定基準策定のための基本方針を固めるのと並行して、平成9年5月19日、重役会議室において、平成9年度中間期決算の運営方針について、被告人3名ら長銀経営陣と総合企画部長らとの間で協議が行われ、総合企画部担当者から、前記の「97年度リスクアセット、決算・BIS比率、不稼働処理運営について」と題する資料に基づいて、不良資産処理を平成9年度中間期に前倒しで実施し、中間期決算を赤字とするケース1と、不良資産処理を期末主体で実施することとし、中間期決算は黒字とし期末決算を赤字とするケース2の二案について説明がなされたが、被告人3名ら長銀経営陣は、貸出資産等のリスクアセットの縮減が進まないときには、中間期決算を赤字にして不良資産処理を実施した場合、期末にBIS比率8％を達成することが困難となるおそれがあることから、中期計画に掲げたリスクアセット21兆円の目標を平成9年度上期に達成した上で、同年度下期にBIS比率8％が維持できる範囲で不良資産処理を実施することにし、「平成9年度中間期決算は黒字とし中間配当を実施する。不良資産処理は下期に重点的に実施する。」との上記ケース2による平成9年度中間期決算運営方針が固まった。

上記決算運営方針については、平成9年6月12日、頭取室において、被告人3名ら長銀経営陣と総合企画部長らとの間で、再度協議が行われ、総合企画部担当者から、「97／上期決算運営について」と題する資料に基づき、「平成9年度中間期は黒字決算とし、同中間期には、平成9年度の不良資産処理予定額3,000億円のうち、1,000億円の処理を実施する。」旨の報告があり、被告人3名ら長銀経営陣は、これを了承した。

平成9年度中間期決算が迫った平成9年8月に入り、日経平均株価が下落したことなどから、総合企画部担当者は、上記決算運営方針を維持するか否かを再確認するため、同年9月9日及び同月11日の両日にわたって、頭取室等において、被告人3名ら長銀経営陣に対し、

「97年度上期決算1次見込み」と題する資料等に基づき、平成9年度中間期決算を黒字決算とし中間配当を実施するとの従来の決算運営方針で行くことについて了承を求めたところ、被告人3名ら長銀経営陣は、同年五月に中間期は黒字決算見込みである旨を記者発表していたことや、中間期に配当を見送れば年内に予定していたファイナンスの実施が事実上不可能になりかねないことなどから、上記決算運営方針を改めて了承した。

上記決算運営方針は、平成9年9月16日の常務役員連絡会及び同年10月28日の取締役会においてそれぞれ了承され、同年11月25日の取締役会における承認を経て、同日、経常利益を106億5,800万円、当期利益を100億5,100万円とし、1株当たり3円の中間配当を実施するとの内容の平成9年度中間期決算が発表された。

3　長銀独自の自己査定基準の策定状況等

㈠　自己査定基準の策定状況

長銀では、平成9年12月末を基準日とする自己査定に先立ち、自己査定の予行演習として、同年7月から同年9月にかけて、同年6月末を基準日とする自己査定トライアル（以下「トライアル」という。）を実施した。

一般先に係る自己査定基準（以下「一般先基準」という。）についてはリスク統轄部が、関連親密先に係る自己査定基準（以下「関連親密先基準」という。）については事業推進部がそれぞれ所管していたため、トライアルに使用する自己査定基準についても上記両部が分担して作成した。

一般先基準に関しては、前記最終答申で示された基本方針に基づき、Ⅲ、Ⅳ分類を圧縮するため、債務者区分について、別紙2①「債務者区分認定基準対比表」の「平成9年5月決定の長銀基本方針」欄の各項に記載したとおり、破綻懸念先及び実質破綻先の各認定要件をMOF一般先基準より厳格な内容のものとし、平成9年6月30日、リスク統轄部長が小林副頭取から決裁を受け、同年7月1日、秘書室を通じて被告人大野木の決裁を経た上で、トライアルにおいて使用された。

関連親密先基準に関しては、事業推進部担当者において、前記最終答申に基づき一応の基準案を作成した。

上記基準案によれば、国税局に提出した支援計画に基づいて長銀が債権放棄等の方法によって支援をしている関連ノンバンクに対する貸出金につき、翌期以降の支援予定額をⅡ分類にしたとしても、平成9年度の要償却・引当額が合計3,836億円となり、中期計画における同年度の不良資産処理予定額の3,000億円を超える見込みになった。

そこで、事業推進部担当者は、前記最終答申における基本方針よりも更にⅢ、Ⅳ分類を圧縮でき、平成9年度の要償却・引当額を3,000億円までに収めることが可能な関連親密先基準を作る必要に迫られ、平成9年6月下旬、支援先に関しては、現に支援している先は債務者区分をせず、当期支援額をⅣ分類、支援予定額をⅡ分類に査定し、今後の支援予定のない先は、実質破綻先に区分するという基準を策定し、これに基づいてトライアルを開始することとし、支援先以外の関連親密先基準については、トライアルの経過を見ながら、基準の全体的内容を検討することにした。

その後、事業推進部担当者は、平成9年7月下旬までに、関連ノンバンクに対する貸出金についてのトライアル用の自己査定基準として、関連ノンバンクQ&Aに準拠し、「関連ノンバンクにかかる自己査定（トライアル）運用規則」を策定した。

関連ノンバンクに対する貸出金の正しい査定をするためには、当該関連ノンバンクの第三債務者に対する営業貸付金を正しく査定することが当然に必要であったが、トライアルを実施するに当たって、事業推進部担当者は、関連ノンバンクの担当者に対し、長銀作成の一般先基準を交付してその遵守を求め、同基準に基づいて関連ノンバンク自身による第三債務者に対する営業貸付金の査定が行われた結果、トライアルにおける関連ノンバンクの営業貸付金の査定結果は、Ⅲ、Ⅳ分類が過少であるなど実態から乖離したものとなった。

また、事業推進部担当者は、平成9年7月下旬に、関連親密先に対する貸出金についてのトライアル用の自己査定基準として、「当行経営支援先ならびに特定関連親密先自己査定（トライアル）運用細則」を策定した。

右運用細則は、関連親密先に対する貸出金の査定に当たって、償却・引当を要することとなるⅢ、Ⅳ分類査定を回避する目的で、関連親密先を「経営支援先」、「経営支援実績先」、「特定先」に三分し、一般先基準とは別の自己査定基準を設けたものであった。

「経営支援先」とは、長銀が支援を行っている先をいうとされ、これについては、支援継続を前提に考えれば企業維持に懸念はないので、通常の債務者区分に当てはめるのは適当でないとの理由により、通常の債務者区分を行わず、貸出金の資産分類は、全額Ⅱ分類とされることになった。

「経営支援実績先」とは、長銀による支援が終了した先をいい、日本リースがこれに当てはまるとされ、これについては、支援の完了により業況は正常に復しており、引き続き特別の注意をもって管理を行っているとの理由により、通常の債務者区分を行わず、貸出金の資産分類は、原則Ⅱ分類とされることになった。

「特定先」とは、長銀の補完的機能を有する先をいうとされ、これについての債務者区分は正常先又は要注意先とし、債務者区分に応じた査定を行うものとされることになった。

トライアルのための上記の関連親密先基準については、そのころ、事業推進部担当者が被告人鈴木の了承を得た上で、トライアルに用いられていった。

㈡ トライアルの進捗状況等に関する被告人3名への報告状況

トライアルの進捗状況等に関し、平成9年8月6日、事業推進部担当者が、被告人鈴木の執務室において、同被告人に対し、「自己査定トライアル結果と97年度不良債権償却計画」と題する資料に基づき、トライアル結果に基づく要償却・引当額は5,650億円程度になる見込みであること、トライアルでは、関連親密先について、かなり無理な査定をしているため、自己査定本番では、会計士などから分類額を増加させるように修正を迫られる可能性があること及び関連親密先では、経営支援実績先や特定先といった区分を作ってⅡ分類にとどめるなどしており、他行の基準と比べても相当自主裁量性の強い基準となっている旨報告したところ、被告人鈴木は、トライアルで使用した自己査定基準を自己査定本番でも使用し、要償却・引当額を圧縮するよう指示した。

被告人須田に対しても、平成9年10月16日、リスク統轄部長が、被告人須田の執務室において、「自己査定トライアル分類結果速報」と題する資料等に基づき、トライアル結果及び自己査定基準について、トライアルでは、関連親密先を一般先とは別基準にした上で、経営支援先などの債務者区分を設けて、日本リースをこれに当てはめ、同会社向け貸出金を全額Ⅱ分類にしたこと、所有不動産等について事業化計画を持つ会社に対する貸出金は、事業化計画にめどがついていることにしてⅡ分類にするなどしたこと及び自己査定本番も同様の方針で臨む旨報告したところ、被告人須田も、上記方針を了承した。

被告人大野木に対しても、平成9年10月24日、リスク統轄部長が、頭取室において、「資産自己査定総括」などと題する資料に基づき、トライアル結果及び自己査定基準について、トライアルは、自己査定PTの最終答申に従った自己査定基準により実施しており、一般先については、破綻懸念先や実質破綻先となる要件に絞りをかけ、関連親密先は一般先とは別の基準を設け、Ⅲ、Ⅳ分類を圧縮したこと及び自己査定本番も同様の方針で行う旨報告したところ、被告人大野木も、上記方針を了承した。

㈢ 平成9年度の不良資産処理額の増額状況

この間、長銀は、平成9年7月15日、スイス銀行（以下「SBC」という。）との間で、SBCが長銀発行の優先株及び劣後債合計約2,000億円を引き受けることなどを内容とする資本及び業務の提携に関する基本合意書を締結した。

上記合意締結後、SBCが長銀に対し、将来のSBCからのファイナンス実施に備えるための不良資産処理額の増額を求めたことなどから、被告人大野木は、総合企画部長らに対し、中期計画の見直しを指示した。

そのため、総合企画部において中期計画の見直しを検討し、同部担当者が、被告人3名ら長銀経営陣が出席した平成9年8月1日の常務役員連絡会において、中期計画で目標としたリスクアセット21兆円の達成にめどがつき、今後のSBCからのファイナンスの実施や、日経平均株価が期末に2万円を維持していることなどを前提にすれば、平成9年度の不良資産処理額を3,000億円から5,000億円に増額した場合でもBIS比率は9％を確保できる旨報告したところ、被告人3名ら長銀経営陣は、即時償却・引当を要する不良資産が実際には1兆円を上回る規模に達していることを認識しつつも、平成9年度の不良資産処理予定額を5,000億円に増額することを了承した。

二　長銀における平成9年度下期の資金調達状況等

長銀の資金調達の柱であった金融債の金利は、市場における長銀の信用低下等に起因して、平成7年12月債から、株式会社日本興業銀行（以下「興銀」という。）発行の金融債の金利に0.2ないし0.3％の上乗せを行わざるを得ない状況にあったが、平成9年2月上旬、株式会社日本債券信用銀行に経営破綻の噂が流れ、長銀も、その余波を受けて信用低下が進み、金利の上乗せにもかかわらず、新規の金融債発行が容易ではなくなり、長銀の金融債発行残高は、

平成9年2月末	13兆5,500億円
同年3月末	13兆4,600億円
同年4月末	13兆2,600億円

と減少した。

金融債金利の上乗せについては、平成9年6月債及び同年7月債では、長銀発行の金融債の金利は、興銀発行の金融債の金利と比べ、0.4％の乖離が生じるまでに至った。

平成9年11月には、三洋証券、北海道拓殖銀行、山一証券等が相次いで経営破綻し、大手格付け機関が長銀の長期債の格付けを下げたことなどから、長銀の金融債発行残高は、

平成9年10月末	12兆6,500億円
同年11月末	12兆4,600億円
同年12月末	12兆1,200億円
平成10年1月末	11兆9,800億円
同年2月末	11兆8,000億円
同年3月末	11兆3,200億円

となり、平成9年11月末からの4か月間で、約1兆1,000億円もの残高が減少した。

また、平成9年11月、金融機関相互での短期資金貸借を行うコール市場において、三洋証券がデフォルト（債務不履行）を起こしたことを契機として、同市場における信用不安が高まっていたが、金融債による資金調達が困難になった長銀は、借入期間の短縮や金利の上乗せを行ってでも、コール市場からの資金調達に依拠せざるを得なくなり、長銀におけるコール市場からの調達残高は、

平成9年11月末	2,800億円
同年12月末	3,100億円
平成10年1月末	5,100億円

と増加した。

長銀は、BIS 比率を向上する目的で貸出金等のリスクアセットを圧縮する取組みを強化し、貸出金の回収に力を注いだ結果、長銀における貸出金残高（円貨）は、

平成９年３月末	16兆0,800億円
同年９月末	15兆0,200億円

となり、以後、

平成９年10月末	15兆1,100億円
平成９年11月末	15兆1,000億円
同年12月末	15兆円
平成10年１月末	14兆9,000億円
同年２月末	14兆7,700億円
同年３月末	14兆1,700億円

と推移し、平成９年度には合計１兆 8,000 億円余りの貸出金を回収したが、これは、金融債による資金調達が困難化していたことから、貸出金の回収を推進せざるを得なくなった結果でもあり、長銀が貸出金の回収を強力に進めれば進めるほど、市場から長銀の資金繰り状況が苦しいことを見抜かれることにもなった。

このように、平成９年度下期、殊に北海道拓殖銀行等が破綻した平成９年 11 月以降の長銀の資金調達状況は、自転車操業といっても過言ではない程悪化し、資金調達不能の事態に陥ることさえ危惧されていた。

第六　本件共謀状況及び本件犯行状況等

一　平成９年度決算運営方針の検討状況及び本件共謀状況

被告人３名ら長銀経営陣は、平成９年８月１日の常務役員連絡会において、平成９年度決算運営方針として、同年度には 5,000 億円の不良資産を処理することなどを了承していたが、平成９年 11 月３日に三洋証券が会社更生法の適用を申請したことが報じられ、日経平均株価が１万 6,000 円を割り込むなどしたことから、総合企画部担当者は、同月７日、頭取室において、被告人大野木に対し、「97 年度決算の選択肢」と題する資料等に基づき、平成９年度決算において、5,000 億円の不良資産処理を行うとの既定方針についての再確認を求めるとともに、配当を実施するかどうかについても指示を仰いだ。これに対し、被告人大野木は、BIS 比率８％の維持とファイナンスの実施が市場の信用を損なわないための命題であり、無配はファイナンスの実施を事実上不可能とする結果となり、かつ、5,000 億円の不良資産処理方針は既に提携先の SBC に対する公約でもあって同方針を変更することはできないと考えたが、被告人須田及び被告人鈴木も交えて、改めて協議することとした。

被告人３名は、平成９年 11 月 11 日、重役会議室において、被告人３名と総合企画部長らとの協議を開き、その場において、総合企画部担当者から、「97 年度決算運営について」と題する資料に基づき、「配当維持を前提にした場合、赤字幅は、2,500〜2,800 億円が限度であり、無配とした場合には、赤字幅の制約はなくなるがファイナンスの実施が困難となる。不良資産処理額が 5,000 億円では見劣りするが、それ以上の不良資産処理は困難である。5,000 億円の不良資産を処理しない場合には、処理の遅れが目立ち SBC との提携にも悪影響が出かねない。今後の日経平均株価次第ではあるが、平成９年 11 月 25 日の中間期決算発表時には、平成９年度の不良資産処理額を 5,000 億円としたまま、配当実施を前提にして、平成９年度の赤字幅を 2,500 億円として発表してはどうか。」旨の意見具申を受け、平成９年度決算運営方針に関する最終的な決断を求められた。これに対し、被告人大野木は、配当の実施が必要であるとの前記考えから、被告人須田及び被告人鈴木に対し、「無配という選

択はないですね。」と配当実施の方針であることを述べ、被告人須田及び被告人鈴木も「そうですね。」と答えて上記方針に賛同し、また、平成９年度決算において5,000億円の不良資産を処理するとの方針については、被告人大野木が、「SBCにも説明済みであるから、中間期決算発表時には、5,000億円の不良資産処理を実施すると発表する。ともかくBIS比率８％の維持とファイナンス実施を最優先し、この二点を軸に平成９年度決算を行うしかない。」旨述べて、平成９年度決算において5,000億円の不良資産を処理する方針であることを明らかにし、被告人須田及び被告人鈴木も、上記処理方針に賛同した。

こうして、被告人３名は、平成９年度決算では、中間期・期末のいずれについても配当を実施すること、同年度の不良資産処理予定額を5,000億円とすること及びBIS比率８％の維持を前提として期末の赤字幅や不良資産処理額を最終決定することなどの決算運営方針を決定し、平成９年11月12日、被告人３名を含む常務取締役以上の役員が出席した常務役員連絡会において、上記決算運営方針が了承された。

平成９年11月17日、被告人３名ら長銀経営陣が出席した常務役員連絡会において、トライアルの最終結果及び平成９年度の償却・引当見込額などについて、総合企画部担当者から、「自己査定トライアル（97／6基準）結果と今年度の償却・引当見込みについて」と題する資料に基づき、「平成９年６月末基準のトライアルの結果は、Ⅲ分類が7,697億円、Ⅳ分類が1,759億円であった。処理財源の制約があるため、一般先のⅢ分類については25％を処理し、関連親密先のⅢ分類については処理の対象としない方針である。その結果、トライアル結果に基づく償却・引当額は、一般先が1,644億円、関連親密先が867億円の合計2,511億円となった。平成９年12月末基準の自己査定本番の予想結果に基づく平成９年度の償却・引当額は、トライアル後に破綻先が増えると見込まれるので、一般先が2,750億円、関連親密先が2,650億円の合計5,400億円程度になり、5,000億円という処理予定額におおむね収まる。」旨の報告があり、被告人３名ら長銀経営陣は、上記報告にいうトライアル結果及び自己査定の本番予想結果が、Ⅲ、Ⅳ分類を圧縮・回避する目的で策定された長銀独自の自己査定基準によることを認識していたが、自己査定本番もトライアルと同様に長銀独自の自己査定基準に基づいて実施し、要償却・引当額を平成９年度の不良資産処理予定額の枠内に収めようとするものであることを再確認した。

平成９年11月17日には北海道拓殖銀行が経営破綻して金融システムに対する不安が増大し、同月20日には大手格付け機関が長銀の格付けを下げたことなどから、被告人大野木は、同月25日に予定していたSBCからのファイナンスの実施を取りやめることにしたが、平成９年度中間期に予定していた中間配当については、配当実施の方針を維持することにし、同年11月21日、被告人３名らが出席した常務役員連絡会において、「11月25日のファイナンスの実施は取りやめるが、中間・期末の配当は実施する。中間期決算発表時には平成９年度の不良資産処理額は5,000億円として発表する。」旨の方針が了承され、同日の取締役情報連絡会においても同方針が了承された。

ここにおいて、被告人３名は、１兆円を上回る規模の回収不能見込みの不良資産があること及び商法等の法令に従ってその全額を償却・引当処理すべきことを認識しながら、長銀独自の自己査定基準を策定するなどして償却・引当すべき金額を圧縮し、平成九年度決算の不良資産処理額を過少なものにするとともに、上記回収不能見込みの不良資産を法令に従って処理すれば、平成９年度において配当を実施することができないことを認識しながら、中間期・期末とも配当を実施することを内容とする共謀を遂げるに至った。

二　平成９年度決算の不良資産処理額検討状況

１　平成９年12月における不良資産処理方針の検討状況

平成９年11月25日に実施予定であったSBCからのファイナンスを延期したことから、

長銀とSBCとの間の提携解消の噂が立ったことなどにより、長銀の株価は大きく下落し、債券解約ラッシュという事態を招いたところ、同年12月8日には、SBCとスイスの大手銀行との合併が報じられ、長銀とSBCとの間の提携解消の噂が再燃した。

被告人大野木は、市場の信用を回復するとともに、行内の動揺を抑えるため、ファイナンスの早期実施とリストラを含む、大胆な経営刷新が必要であると考え、平成9年12月15日、頭取室において、被告人3名を含む長銀経営陣と総合企画部担当者との間で、長銀の経営刷新の方策等について協議した。その際、総合企画部担当者は、「長銀再生プラン」と題する資料に基づき、「行内には、長銀には処理すべき不良資産が実際に幾らあるのか、長銀に不良資産を処理できる体力が本当にあるのか、一気に不良資産を処理できるのであればBIS比率が国内基準の4％となっても今期にやるべきではないかという意見がある。関連親密先に対する貸出金残高は3兆円であるが、そのうち回収の見込めない不良資産が約1兆円あり、今年度に予定している5,000億円の不良資産処理では不十分である。」、「1兆円というのは関連会社からの回収見込みの全くない不良資産の額である。仮に関連会社に対する貸出金等のロスを、取引各行の貸出金シェアに応じて配分するプロラタ式で処理しても、1兆円近い金額になることが事業推進部の計算で分かっている。」旨報告した。

こうして、被告人3名ら長銀経営陣は、法令上、即時償却・引当を要する回収不能見込金額が関連会社分だけで1兆円規模に達しており、これに一般先に係る回収不能見込金額を加えれば、長銀保有の回収不能見込不良資産が優に1兆円を超えている実態を改めて認識したため、被告人大野木は、「不良資産の抜本処理が必要なことは十分承知している。」などと、被告人鈴木も、「やらなければいけないことは十分分かっている。そこのところを理解して欲しい。」などと、被告人須田も、「結局、今の状況では時間をかけるしかない。」などとそれぞれ発言したが、被告人3名とも、BIS比率8％の維持の方針とともにファイナンスのための配当実施の方針も変更できる状況になく、長銀の抱える不良資産処理は先延ばしするしかないと考え、被告人大野木が、「今後は将来が展望できるシナリオを立てて不良資産の処理を進めなければ、行内の納得も得られない。しかし、現時点では選択の余地はない。」などと発言し、被告人須田及び被告人鈴木もこれに賛同し、前記の平成9年度決算運営方針を変更しないことにした。

平成9年12月25日に開催された取締役情報連絡会において、リスクアセット15兆円の達成や要員・経費の抜本的削減等を内容とする「長銀再生2ヶ年計画」と題する経営改善計画について協議された際、一部の取締役から、「圧縮後の貸出資産11兆円のうち、4兆4,000億円が関連親密先向け貸出金となるが、それで長銀は生き残っていけるのか。問題の先送りをせず、踏み込んだ策を講じないと、格付け機関や市場の信任は得られないのではないか。」旨の意見が出されたが、被告人大野木は、「長銀のグループ会社をどうするかを描かないと根本問題の解決にはならないが、現実には長銀自体の体力との関係であり、グループ会社には資金支援を実施するなどして破綻の顕在化を回避するほかない。」旨答え、長銀の破綻に直結しかねない関連親密先の抜本的処理は先送りするほかないとの考えを示した。

2　原価法への移行に伴う不良資産処理額の増額状況等

平成9年12月24日、大蔵省が短期売買以外の目的で保有する上場株式の評価方法につき、低価法と原価法の選択制の導入等を内容とするいわゆる貸し渋り対策を発表し、また、同日、自民党の緊急金融システム安定化対策本部が公的資金による資本注入等を内容とする自己資本充実のための支援策を発表した。

これを受け、長銀では、総合企画部が中心となって、株式評価方法及び公的資金導入についての検討を始め、その検討結果について、平成10年1月20日、頭取室において、総合企画部担当者が、被告人大野木及び被告人鈴木に対し、原価法を採用すれば、株価の動向にかかわらず不良資産処理額として、約5,000億円を確保することができる上、SBCからのファイナンスが実施できなくても、BIS比率８％を確保できる旨報告したところ、被告人大野木が、「5,000億円の不良資産処理は、対外的な公約でもあるから、他行の動向を見据えることを前提に、原価法でいくしかない。」旨述べ、被告人鈴木もこれに同意したことから、原価法を平成９年度決算における株式評価方法とする方針が固まった。

その後、株式評価方法問題については、平成10年２月13日、被告人３名らが出席した常務役員連絡会において、総合企画部担当者が、原価法を採用することにより、5,900億円の不良資産処理を行うことができること及び不確定ではあるが、かなりの銀行が原価法を採用すると予想される旨報告したところ、被告人３名ら長銀経営陣は、あくまでBIS比率８％の確保を前提にしながらも、少しでも多くの不良資産を処理したいとの考えから、原価法を採用することにした上で平成９年度の不良資産処理額を5,000億円から5,900億円に増額することを決定した。

公的資金導入問題については、そのころまでに、長銀とSBCとの間で同会社からのファイナンス実施を両社の提携条件としない旨の合意がなされたことから、長銀では、それに代わる自己資本増強策が必要となっていたところ、上記常務役員連絡会において、総合企画部担当者から、「長銀の格付けの引下げを阻止して、９％以上のBIS比率を達成するには、優先株発行等により、最低でも1,300億円の公的資金導入を受け、資本を増強する必要がある。」旨の報告を受け、被告人３名ら長銀経営陣は、SBCからのファイナンス実施に代わるBIS比率対策としての公的資金導入の方針を了承し、平成10年３月４日の経営会議及び取締役会において、合計2,000億円の公的資金を申請する案が承認された。

平成10年３月５日、長銀が預金保険機構に対し公的資金導入の申請を行ったところ、同月13日、公的資金から優先株として1,300億円、劣後ローンとして466億円を長銀に導入することが閣議決定され、整理回収銀行は、同月27日、長銀に対し優先株引受けの申込みをするとともに、長銀との間で永久劣後ローン契約を締結し、同月30日、長銀に対し1,300億円の払込みをするとともに、466億円の永久劣後ローンの貸付けを実行した。

３　自己査定の実施状況

長銀では、平成10年１月から同年３月にかけて、平成９年12月末を基準日とする自己査定本番（以下「自己査定本番」という。）を実施した。

被告人３名は、平成９年11月に自己査定本番においてもトライアルと同様、Ⅲ、Ⅳ分類を圧縮するとの方針で臨むことを確認していたが、同年12月26日の常務会において、総合企画部担当者から、被告人３名ら長銀経営陣に対し、「早期是正措置導入に伴う自己査定の実施並びに自己査定基準・償却基準の概要について」と題する資料に基づき、自己査定本番で使用する長銀独自の自己査定基準の概要の説明がなされ、同基準に基づき自己査定本番を実施するとの方針が提案され、同常務会において、同方針が了承された。

上記自己査定基準のうち一般先基準については、リスク統轄部が起案し、平成９年12月29日、同部の担当役員である被告人須田の決裁を受けた上、同日、秘書室を通じて被告人大野木の決裁を経て、自己査定本番において使用された。

一般先基準における債務者区分の意義及び要件は、別紙２①「債務者区分認定基準対比表」中の「平成９年12月策定の長銀基準」の欄に記載のとおりであり、トライアルで使用した自己査定基準に比べ特段の変更はなかった。

上記自己査定基準のうち関連親密先基準については、自己査定本番を実施しながら同基準を検討し修正を加えたため、同基準の内容が確定したのは平成10年３月のことであったが、長銀では、同基準の決裁日を、一般先基準の決裁日と同一日付に遡らせた。

自己査定本番に使用された関連親密先基準は、トライアルに使用した同基準を一部修正したものであり、主な修正部分は、「関連ノンバンクの受皿会社及びその関連会社向け貸出金の査定に当たっては、それらの会社の保有資産の含み損及び繰越欠損額の合計額を上記貸出金についてのII分類とし、貸出金相当額についてはII分類としない。」などであった。

これは、III、IV分類を圧縮した結果II分類が増大したことから、II分類の増加を理由として、格付け機関が長銀の格付けを下げることがないようにする目的で、II分類を圧縮するための修正であり、事業推進部では「IIつぶし」と呼ばれた。

自己査定本番においても、第一ファイナンス、NED、日本リース等の各関連ノンバンクの担当者に対しては、トライアルのときと同様に、長銀策定の一般先基準に従って各社の第三債務者に対する営業貸付金の査定をするよう指示したため、各関連ノンバンク自身による営業貸付金の査定結果は、実態に比し、極めて甘いものとなった。

4 平成9年度決算における不良資産処理方針及び同方針における償却・引当不足額

㈠ 事業推進部及び総合企画部では、自己査定本番を進めながら、平成10年3月31日までに、平成9年度決算における不良資産処理額を約6,000億円とし、うち別紙3①「引当不足額内訳」記載の第一ファイナンスほか13社に対する各貸出金に関しては、第一ファイナンスにつき平成10年3月末時点の同会社の債務超過相当額の147億円、NEDにつき平成9年度の長銀のNEDに対する債権放棄による支援額201億8,000万円の合計348億8,000万円のみを処理し、上記2社以外の各会社に対する貸出金については平成9年度には一切処理しないとの不良資産処理方針を取りまとめ、後記のとおり、被告人3名ら長銀経営陣の了承を受けた。

長銀の平成9年度決算における上記不良資産処理方針に基づく償却・引当は、右14社に対する貸出金に関し、別紙3①記載のとおり、償却・引当を要する金額に比べ、3,130億6,900万円が不足していた。

別紙3①記載の各会社毎の償却・引当不足額（以下「引当不足額」という。）の算出経過は、別紙3②「引当不足額算出経過」記載のとおりである。

㈡ 別紙3①記載の各会社のうち、関連ノンバンクと認められる第一ファイナンス、NED及び日本リースの3社に対する貸出金の査定に当たっては、MOF関連ノンバンク基準が適用され、上記3社を除く会社に対する貸出金の査定に当たっては、MOF一般先基準が適用されるべきものであった。

MOF関連ノンバンク基準では、前記のとおり、金融機関等の関連ノンバンクに対する貸出金については、当該関連ノンバンクの体力の有無、親金融機関等の再建の意思、関連ノンバンクの再建計画の合理性の有無等を総合的に勘案して査定を行うべきものとされ、当該関連ノンバンクの第三債務者に対する営業貸付金の査定結果及び保有資産の含み損状況等を含めて把握される当該関連ノンバンクの財政状態が実質債務超過であり、かつ、その実質債務超過額が償却前利益によりおおむね2～3年で解消できない場合は当該関連ノンバンクには体力がないものと判断されることとされた。

当該関連ノンバンクが体力のない関連ノンバンクに該当し、かつ、大幅な実質債務超過の状況に相当期間陥って自力での再建の見通しがない場合であって、親金融機関等にいわゆる母体行責任を負う意思がある場合には、再建計画が作成されているか否かによって区別された。すなわち、①再建計画が作成されているが、同計画に合理性がないと認められる場合には、当該関連ノンバンクに対する貸出金は、当該関連ノンバンクの第三債務者に対する営業貸付金等の査定結果のうちのIV分類を当該関連ノンバンクに対する貸出金シェアで按分した分に相当する額をIV分類に、その残額に相当する額をIII分類に各査定するものとされ、②再建計画が作成され、かつ、同計画に合理性がないと認められる場合以外には、当該関連ノンバンクに対する貸出金は、原則として全額III分類とされ、③再建計画が作成されていない場合には、当該関連ノンバンクの再建可能性が十分にあると認められる場合以外においては、関連ノンバンクに対する貸出金は、当該関連ノンバンクの第三債務者に対する営業貸付金等の査定結果のうちのⅣ分類を当該関連ノンバンクに対する貸出金シェアで按分した分に相当する額をⅣ分類に、その残額に相当する額をⅢ分類に各査定するものとされた。

MOF 一般先基準では、債務者区分が実質破綻先とされた先に対する貸出金は、担保の処分可能見込額及び保証による回収可能見込額を控除し、回収見込みがない部分をⅣ分類と査定するものとされた。

㈢　しかし、長銀では、以下に述べる方法により、別紙３①記載の各会社に対する貸出金についてのⅣ分類を圧縮ないし回避した。

⑴　まず、第一ファイナンスに対する貸出金を MOF 関連ノンバンク基準に従って査定した場合、同会社は、決算書上、債務超過状況にあり、かつ、保有資産の含み損等を考慮した実質債務超過額を解消できず、長銀としても清算予定としていた会社であるから、第一ファイナンスは、体力のない関連ノンバンクに該当し、長銀には母体行責任を負う意思はあるものの、再建計画が作成されておらず、かつ、再建可能性が十分にあると認められる場合以外に該当する上、第一ファイナンスの取引金融機関は長銀のみであることから、第一ファイナンスの第三債務者に対する営業貸付金等についてのⅣ分類全額に相当する額を、長銀の第一ファイナンスに対する貸出金についてのⅣ分類と査定すべきであった。

しかし、長銀では、第一ファイナンスの第三債務者についての債務者区分の認定に当たり、実質破綻先の認定要件に絞りをかけた長銀独自の一般先基準を適用することによって、実質破綻先認定を回避するとともに第一ファイナンスの第三債務者に対する営業貸付金についてのⅣ分類査定を回避した上、「当該ノンバンクの取引金融機関が当行のみである場合には、既に損失が確定しているとみなされる部分をⅣ分類、担保等により回収が見込まれる部分をⅡ分類、その他をⅢ分類とすることができる。」旨の規定を設けた長銀独自の関連親密先基準を適用し、第一ファイナンス保有資産の含み損等については、損失が未だ確定していないとして同会社におけるⅣ分類査定を回避し、同会社の平成九年度の決算書上の債務超過相当額のみを同会社に対する貸出金についてのⅣ分類と査定した。

⑵　NED は、ベンチャーキャピタルを本業とする会社であり、同会社に対する貸出金を MOF 関連ノンバンク基準に従って査定した場合、同会社はバブル期に増加した巨額の営業貸付金が不良債権化したことにより、実質債務超過の状況にあり、かつ、実質債務超過額を解消できないことから、体力のない関連ノンバンクに該当し、長銀には母体行責任を負う意思があって、NED に対する支援計画を作成して国税局に提出したものの、同会社は長銀が支援計画に基づく支援を実施しても再建可能性の認められない会社であって、支援計画に合理性がなく再建見通しがない場合に該当するので、NED の第三債務者に対する営業貸付金についてのⅣ分類等に、長銀の NED への貸出金シェア（33.2%）を乗じた金額に相当する額を、長銀の NED に対する貸出金についてのⅣ分類と査定すべきであった。

しかし、長銀では、NED に対する貸出金の査定に当たり、国税局に提出した右支援計画を MOF 関連ノンバンク基準にいう「合理的再建計画」として取り扱い、平成９年度の NED に対する債権放棄による支援相当額のみを同会社に対する貸出金についてのⅣ分類と査定し、残額をⅢ分類と査定した。

なお、国税局に提出した右支援計画について、真実は、国税局の承認が得られておらず、かつ、内諾を得ることができる見込みもなかったにもかかわらず、平成 10 年に受検した日本銀行による考査（以下「日銀考査」という。）及び金融監督庁による検査において、長銀担当者は、「国税局の内諾は得られており、承認も得られる見込みである。」旨の虚偽の説明を行い、検査官らに、国税局提出に係る右支援計画が「合理的再建計画」であることを前提とする査定を行わせた。

(3) 別紙３①記載の青葉エステート株式会社、ユニベスト株式会社、グラベス株式会社、コーポレックス株式会社、プロクセル株式会社、日本ビゼルポ株式会社及びエクセレーブファイナンス株式会社の７社（以下「NED グループ会社」という。）は、NED（以下「NED 本体」ともいう。）の資産管理会社ないし資金調達会社であり、関連ノンバンクではないから、長銀の上記７社に対する各貸出金については、MOF 一般先基準に従って、それぞれ個別に資産査定を行うべきであり（このルールは「個別査定の原則」と呼ばれる。）、同基準に従えば、各会社とも、多額の不良資産を抱え、深刻な経営難の状態にあり、再建の見通しがないことから、債務者区分を「実質破綻先」とし、担保による保全部分のないことから、長銀の NED グループ会社に対する各貸出金全額をⅣ分類と査定すべきであった。

しかし、長銀では、NED グループ会社を実質破綻先と認定することを回避する目的で、「『関連ノンバンク』に区分された関係会社のうち、不稼働処理を（関連ノンバンク）本体と一体で行う会社についでは、それぞれを『関連ノンバンク』と債務者区分し、それに準じた資産分類を行う。」旨の規定を設けた長銀独自の関連親密先基準を口実として、NED グループ会社をも NED 本体と同様に関連ノンバンクとあえて取り扱った上で、同グループ会社を NED 本体と一体にみて、NED グループ会社に対する各貸出金については、平成９年度の NED に対する貸出金のうち債権放棄分以外の貸出金についての査定に準じて全額Ⅲ分類と査定した。

(4) 四谷プランニング株式会社、竜泉エステート株式会社及び木挽町開発株式会社（以下右三社を「ビルプロ三社」という。）は、いずれも、日本リースの日本ビルプロヂェクト株式会社グループに対する不良資産を減らすために設立された会社であり、MOF 一般先基準に従って査定した場合、ビルプロ三社に収益はなく、深刻な経営難の状態にあって、再建見通しがないことから、各会社とも債務者区分を「実質破綻先」とされ、かつ、長銀のビルプロ三社に対する各貸出金のうち担保による保全部分を控除した残額をⅣ分類と査定すべきところ、長銀では、ビルプロ三社は、いずれも、担保不動産の事業化を目的とする会社であって、各物件の事業化計画の実現にめどが立っており、各会社に対する貸出金の回収が見込まれるとして、ビルプロ三社の債務者区分を「要注意先」とし、各会社に対する貸出金を全額Ⅱ分類と査定した。

(5) 有楽エンタープライズ株式会社（以下「有楽エンタープライズ」という。）は、日本リースグループに属する会社であるが、MOF 一般先基準に従って査定した場合、有楽エンタープライズ保有の不動産に係る事業化計画に実現のめどはなく、深刻な経営難の状態にあって再建見通しがないことから、同会社の債務者区分は「実質破綻先」とされ、かつ、長銀の有楽エンタープライズに対する貸出金のうち担保による保全部分を控除した残額をⅣ分類と査定すべきところ、長銀では、有楽エンタープライズ保有の不動産に係る事業化計画にめどが立っており、同会社に対する貸出金の回収が見込まれるとして、同会社の債務者区分を「要注意先」とし、同会社に対する貸出金について全額Ⅱ分類と査定した。

(6) 日本リースは、リース部門を本業とし貸金業をも行う会社で関連ノンバンクに該当するが、長銀の日本リースに対する貸出金を MOF 関連ノンバンク基準に従って査定した場合、同会社はバブル期に積み上げた巨額の営業貸付金が不良債権化して実質債務超過の状況に陥り、その実質債務超過額を解消するのに約 40 年もの期間を要すると見込まれるとともに、本業であるリース部門の収益力も先細りの状態にあったため、同会社は体力のない関連ノンバンクに該当し、長銀に母体行責任を負う意思はあるが、再建計画が作成されておらず、かつ、再建可能性が十分に認められる場合以外に該当するので、日本リースの営業貸付金等についてのⅣ分類に長銀の日本リースへの貸出金シェア（13.4%）を乗じた金額に相当する額を、Ⅳ分類と査定すべきであった。

しかし、長銀では、日本リースを体力のある関連ノンバンクとして取り扱う目的で、同会社のグループ会社のうち、保有不動産の事業化を目的として設立された事業化会社に対する営業貸付金を査定対象から外したり、第三債務者の査定に当たって長銀独自の一般先基準を適用して日本リースの営業貸付金のⅣ分類を回避し、さらに、同会社の基礎収益力をかさ上げするなどの対策を講じた上で、前記のとおり、「当行が経営支援を行っていた先で、支援完了した先については、債務者区分を『経営支援実績先』とし、資産分類は原則Ⅱ分類とする。」旨の規定を設けた長銀独自の関連親密先基準を適用し、日本リースに対する貸出金について全額Ⅱ分類と査定した。

なお、長銀は、日本リースの平成10年3月末時点の実質債務超過額が約7,000億円、同会社の償却前利益が年間170億円であり、右のとおり、年間収益力は先細りの状態であったにもかかわらず、同年に受検した日銀考査及び金融監督庁検査においては、上記実質債務超過額を過少に、上記償却前利益を過大にそれぞれ説明するなどして、日銀考査では、体力のある関連ノンバンクと認定させ、上記金融監督庁検査では、体力はないものの再建可能性はあるものと認定させた。

三　平成9年度決算運営方針の確定状況

平成10年2月13日の常務役員連絡会後の株価の変動を踏まえ、被告人3名は、同年3月20日、重役会議室において、総合企画部担当者から、「97年度決算見込み」と題する資料に基づき、「株価変動の影響等で、経常損失額が100億円減少したが、不良資産処理額の5,900億円や、当期損失額の2,800億円には変動は生じない見込みである。その結果、平成10年3月末時点のBIS比率は10%を上回ると予想される。」旨の平成9年度決算運営方針の報告を受けて、これを了承した。

その際、有価証券の売却等によって捻出した100億円を財源にして、一般先に係る不良資産処理額を100億円上乗せすることになり、平成9年度の不良資産処理額は、5,900億円から6,000億円程度となる見込みになった。

平成10年3月23日、被告人3名ら長銀経営陣が出席した常務会において、事業推進部長から、同部において算定中の平成9年度における関連ノンバンク毎の不良資産処理額について、「ランディックにつき1,671億円、長銀リースにつき800億円、NEDにつき200億円、第一ファイナンスにつき138億円の合計約2,810億円を処理する予定である。」旨の報告があり、同常務会において、これが了承された。

その後、平成10年3月31日、被告人大野木及び被告人須田らが出席した常務会において、事業推進部長から、同部及び総合企画部において最終的にとりまとめた平成9年度における関連ノンバンクに対する不良資産処理額について、「平成9年度に不良資産を処理するのは、ランディックにつき1,671億円、長銀リースにつき799億5,400万円、NEDにつき201億8,000万円、第一ファイナンスにつき147億円の合計約2,820億円に確定した。」旨の報告があり、また、総合企画部担当者からも、「平成9年度決算は、業務純益が1,500億円、経常損失が3,200億円、当期損失が2,800億円の見込みである。不良資産処理額は、6,000億円程度になる見込みであり、このうち、関連ノンバンク分は、2,820億円で確定した。」旨の平成9年度決算運営方針の報告があり、同常務会において、同決算運営方針が了承され、同日開催の経営会議及び取締役会においても、同決算運営方針が承認された。

被告人鈴木は、上記の常務会、経営会議及び取締役会には出席していなかったが、平成9年度決算における各関連ノンバンクに対する不良資産処理額については、事業推進部担当者から同常務会等の開催に先立って説明を受けて了解していた上、上記決算運営方針が右取締役会において承認されたことは、そのころ、右取締役会議事録の回覧を受けて認識した。

ここに被告人３名は、長銀保有の回収不能見込みの不良資産が１兆円を超える規模に達しており、法令に従ってその全額を償却・引当すべきこと及びその全額を償却・引当した場合には剰余金が皆無となって法令上配当の実施が許されないことを認識しながら、平成９年度決算においては、前記のとおり、長銀独自の自己査定基準を策定・適用するなどして償却・引当すべき金額を圧縮し、上記回収不能見込みの不良資産の一部のみの償却・引当を行った上で配当を実施することを内容とする共謀を一層固めた。

四　本件犯行状況等

平成10年３月31日の取締役会において、前記平成９年度決算運営方針が承認されたことを受けて、各部・店等の担当者が決算案作成に必要な数値を経理オンラインに入力し、総合企画部担当者において、それらの数値の集計及び調整を行い、平成10年４月22日ころ、不良資産処理額約6,165億円を含む平成９年度決算案が作成された。

右平成９年度決算案は、同年度決算には、5,846億8,400万円（百万円未満切捨て。以下同じ。）の当期未処理損失があったのに、前記（第六、二４）のとおり、償却・引当を要する貸出金合計3,130億6,900万円について償却又は引当をせず、当期未処理損失を同額過少の2,716億1,500万円に圧縮して計上した内容虚偽の貸借対照表、損益計算書及び利益処分計算書の各案を含むものであり、また、上記利益処分計算書案は期末１株３円の割合による総額71億7,864万7,455円の利益配当を行うことを内容とするものであったが、平成10年４月28日開催の経営会議及びその後引き続き開催された取締役会において、上記決算案どおりに承認され、同年５月21日までに監査役及び監査法人による監査を経て、同月25日の取締役会において、その旨報告されて了承された。

このように、平成９年度決算では、上記のとおり、5,846億8,400万円の当期未処理損失があって株主に配当すべき剰余金は皆無であったのに、平成10年６月25日、長銀本店で開催された株主総会において、上記当期未処理損失2,716億1,500万円を基に、任意積立金を取り崩し、１株当たり３円の割合による利益配当を行う旨の利益処分案が提出されて可決承認され、そのころ、これに基づいて、長銀の株主に対し、合計71億6,660万2,360円（株主57億8,797万5,048円、源泉所得税13億7,862万7,312円）の配当金が支払われた（公訴事実第二の犯行）。

一方、長銀において、有価証券報告書の作成を所管する総務部担当者は、平成10年６月20日ころまでに、前記のとおり、平成９年度決算の当期未処理損失を2,716億1,500万円に圧縮して計上した内容虚偽の貸借対照表、損益計算書及び利益処分計算書を掲載するなどした平成９年４月１日から平成10年３月31日までの事業年度に係る長銀の有価証券報告書を完成させ、同有価証券報告書は、被告人大野木の決裁を受けた上、平成10年６月29日、公訴事実記載のとおり、大蔵省関東財務局において、同局長に提出された（公訴事実第一の犯行）。

第七　日本長期信用銀行に対する日銀考査及び金融監督庁検査の各実施状況

一　日銀考査の実施状況

長銀に対しては、平成10年５月21日から、自己査定本番実施後初めての日銀考査が実施された。

日銀考査は、平成10年３月末を基準日とし、平成９年度の償却・引当後の数値に基づいて行われた。

長銀では、日銀考査を受検するに当たって、平成８年にMOF検を受検した際と同様に、長銀及び関連ノンバンク等の実態を記載した各種会議資料を差し替えたり、会議そのものを不存在扱いにするなどした上、対考査官用の説明シナリオをあらかじめ用意するなどの準備作業を進め、考査官に対しては、上記差替え後の資料を閲覧に供し、説明者は、右説明シナリオに従って考査官に対する説明を行った。

日銀考査において、考査官は、長銀策定の自己査定基準につき、「債務者区分の判定が甘く、殊に、破綻懸念先及び実質破綻先の認定要件が絞られ過ぎている。関連ノンバンクについて債務者区分をしていない。担保評価が甘めである。」などの問題点を指摘した上で、長銀自己査定本番におけるⅢ、Ⅳ分類の合計額が4,444億円であったのに対し、同合計額を6,418億円と査定した。

また、考査官は、長銀の自己査定に関し、大蔵省の示した自己査定基準を長銀が都合良く解釈し、債務者区分を一ランクずつ甘くしており、利息追貸により破綻を免れている不動産関連貸付が多いため、D査定（Ⅲ分類相当）額の殆どがいずれL査定（Ⅳ分類相当）に転化するとの見方が可能であり、要償却・引当額は、L＋Dの合計額で捉えることが妥当であるなどの指摘を行った。

二　金融監督庁検査の実施状況

その後、長銀に対しては、平成10年7月16日から、金融監督庁による検査が実施された。

上記検査は、平成10年3月末を基準日として、平成9年度の償却・引当前の数値に基づいて行われた。

長銀では、前記の日銀考査と同様に、金融監督庁検査対策として、検査官に長銀及び関連ノンバンク等の実態を記載した資料を見られることを避けるために、各種会議での配布資料や議事録等を差し替えたり、会議そのものを不存在扱いにするなどした上、対検査官用の説明シナリオをあらかじめ用意し、検査官に対しては、上記差替え後の資料を閲覧に供したほか、説明者は、上記説明シナリオに基づいて、検査官に対する説明を行った。

検査官は、上記検査において、長銀策定の自己査定基準につき、「資産査定通達が債務者区分を五区分としているのに、関連ノンバンク等につき別途細則を設け、それ以外の『その他』という区分を設けている。実質破綻先及び破綻懸念先の判定要件につき、業況、返済状況、財務状況の三条件全てに該当しない限り、破綻懸念先または実質破綻先としない規程としている。」などの問題点を指摘した上で、長銀自己査定におけるⅢ、Ⅳ分類の合計額が9,763億円であったのに対し、同合計額を1兆8,520億円と査定し、長銀の償却・引当基準に従った場合でも、2,747億円の償却・引当不足が生じていると指摘した。

第八　情状その他関連事項

（別紙１）

日本長期信用銀行の組織機構図（概略）

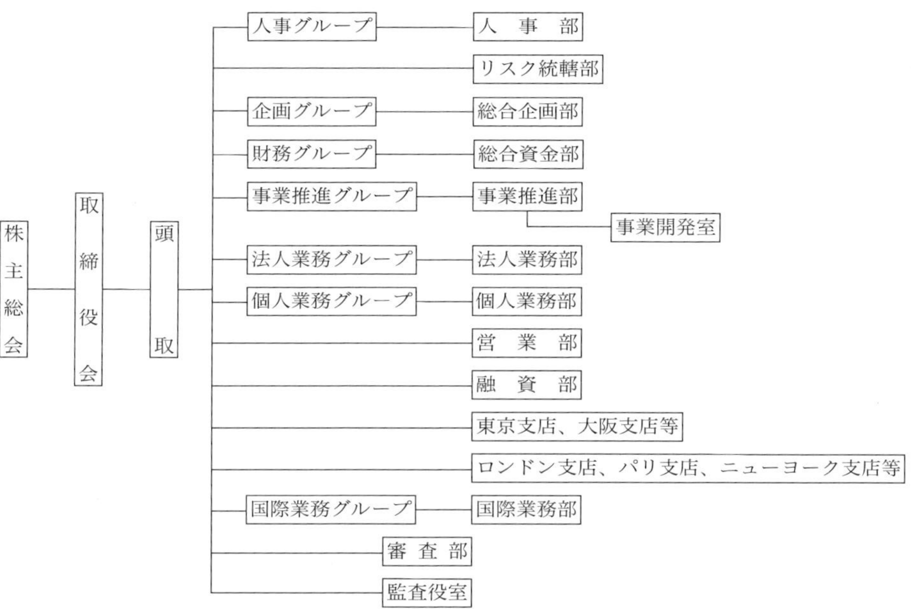

(別紙2①)

債務者区分認定基準対比表

	MOF 一般先基準 (資産査定通達)	平成9年5月決定の 長銀基本方針	平成9年12月策定の 長　銀　基　準
要注意先	金利減免・棚上げを行っているなど貸出条件に問題のある債務者、元本返済若しくは利息支払いが事実上延滞しているなど履行状況に問題がある債務者のほか、業況が低調ないし不安定な債務者又は財務内容に問題がある債務者など今後の管理に注意を要する先をいう。 なお、創業赤字で当初事業計画と大幅な乖離がない貸出先を除く。	「要注意」の認定としては以下の通り ①赤字決算等業況が低迷 ②貸出条件問題先（金利減免、棚上げ） ③貸出条件履行問題先(6ヶ月未満の延滞、なお延滞には期限延長も含む) 要注意3条件のうち1つ以上に該当した先が対象	管理に注意を要する先であり、以下のような条件に該当した債務者をいう。 ①貸出条件問題先 ・金利減免、棚上げ、金融支援を目的とした最終期限延長及びテールヘビー化等を行っている先 ②履行状況問題先 ・元本・利息延滞、利息追貸し等、実質履行状況に問題のある先 ③財務内容問題先 ・赤字、債務超過であり、その原因が一時的でなく、自己資本、期間利益等からみても相当期間内に解消のない先
破綻懸念先	現状、経営破綻の状況にはないが、経営難の状態にあり、経営改善計画等の進捗状況が芳しくなく、今後、経営破綻に陥る可能性が大きいと認められる債務者をいう。 具体的には、現状、事業を継続しているが、実質債務超過の状態に陥っており、業況が著しく低調で延滞状態にあるなど事業好転の見通しがほとんどない状況で、自行としても消極ないし撤退方針としており、今後、経営破綻に陥る可能性が大きいと認められる先という。	「破綻懸念」の認定としては以下の通り（＝「破綻懸念」3条件） ①業況が著しく低調な状態が続いている ②実質債務超過状態 ③過去6ヶ月以上入金が全くなく、今後の入金も殆ど見込めない 「破綻懸念」3条件を全て満たした先が対象、それ以外はⅡ分類	以下の「破綻懸念」3条件を全て満たしている先等、現状、経営破綻の状況にはないが、経営難の状態にあり、経営改善計画等の進捗状況が芳しくなく、今後、経営破綻に陥る可能性が大きいと認められる債務者をいう。 ①業況が著しく低調な状態が続いている先 ・2期連続して償却前営業利益が赤字の場合 ・主要行の支援もなく、再建計画が頓挫するなど、再建の見通しが殆どない先 ②現状、事業を継続しているが、実質債務超過状態の先 ・不動産等の含み損を加味した実質自己資本が債務超過と判断される場合 ③過去6ヶ月以上入金が全くなく、今後の入金も殆ど見込めない先

	MOF 一般先基準 (資産査定通達)	平成9年5月決定の 長銀基本方針	平成9年12月策定の 長 銀 基 準
実質破綻先	法的・形式的な経営破綻の事実は発生していないものの、深刻な経営難の状態にあり、再建の見通しがない状況にあると認められるなど実質的に経営破綻に陥っている債務者をいう。 具体的には、事業を形式的には継続しているが、財務内容において多額の不良資産を内包し、あるいは債務者の返済能力に比して明らかに過大な借入金が残存し、実質的に大幅な債務超過の状態に相当期間陥っており、事業好転の見通しがない状況、天災、事故、経済情勢の急変等により多大な損失を被り(あるいは、これらに類する事由が生じており)、再建の見通しがない状況で、元金又は利息について実質的に長期間延滞している先などをいう。	実質破綻の認定としては以下の通り(=「死に体」3条件) ①売上が殆どない等会社の実態がない先 ②債務超過状態(2期連続) ③債権のうち回収不能見込額が50%以上ある 「死に体」3条件を全て満たした先が対象、それ以外はII、III分類	以下の「実質破綻」3条件を全て満たしている先等、法的・形式的な経営破綻の事実は発生していないものの、深刻な経営難の状態にあり、再建の見通しがない状況にあると認められるなど実質的に経営破綻に陥っている債務者をいう。 ①事業を形式的には継続しているが、売上が殆どない等会社の実態がない以下のような先 ・売上がゼロ ・廃業、休業、見なし解散先 ・従業員が全くいなく、営業停止状態 ②債務超過状態(2期連続)の先 ③債権のうち回収不能見込額が50%以上ある先 ・(ネット与信回収見込額)/(ネット与信)<50%の場合 ネット与信=債権額−担保−保証 ネット与信回収見込額=清算バランスからの回収見込額+キャッシュフローからの回収見込額
破綻先	法的・形式的な経営破綻の事実が発生している先をいい、例えば、破産、清算、会社整理、会社更生、和議、手形交換所の取引停止処分等の事由により経営破綻に陥っている債務者をいう。	法的・形式的に破綻の事実が発生している先	法的・形式的な経営破綻の事実が発生している先であり、例えば、破産、清算、会社整理、会社更生、和議、手形交換所の取引停止処分等の事由により経営破綻に陥っている債務者をいう。

(別紙2②)

債務者区分と資産分類

	優良担保・保証分	一般担保・保証分		無担保無保証部分
正　常　先	非分類	非分類		非分類
要 注 意 先	非分類	Ⅱ分類		Ⅱ分類
破綻懸念先	非分類	Ⅱ分類	Ⅲ分類	Ⅲ分類
実質破綻先	非分類	Ⅱ分類	Ⅲ分類	Ⅳ分類
破　綻　先	非分類	Ⅱ分類	Ⅲ分類	Ⅳ分類

処分可能見込額　　担　保 評価額 保証額

(別紙3①)

引当不足額内訳

単位：百万円

会　社　名	実態Ⅳ分類額	平成9年度引当額	引当不足額
第一ファイナンス㈱	69,872	14,700	55,172
エヌイーディー㈱	75,595	20,180	55,415
青葉エステート㈱	24,784	0	24,784
ユニベスト㈱	7,403	0	7,403
グラベス㈱	3,196	0	3,196
コーポレックス㈱	1,362	0	1,362
プロクセル㈱	596	0	596
日本ビゼルボ㈱	131	0	131
エクセレーブファイナンス㈱	40,000	0	40,000
四谷プランニング㈱	16,690	0	16,690
竜泉エステート㈱	14,414	0	14,414
木挽町開発㈱	10,777	0	10,777
有楽エンタープライス㈱	4,285	0	4,285
㈱日本リース	78,844	0	78,844
合　　計	347,949	34,880	313,069

(別紙3②)

引当不足額算出経過

個社別の引当不足額算出経過（単位：百万円）

(1) 第一ファイナンス㈱

関連ノンバンクであることからMOF関連ノンバンク基準が適用される。

→体力のない関連ノンバンクであり、母体行責任を負う意思はあるが、再建計画はなく、再建可能性が十分にあると認められる場合以外の場合に当たることから、営業貸付金等の査定結果のⅣ分類を貸出金シェアによりⅣ分類とする。

引当不足額の算出経過

項目		金額
営業貸付金のⅣ分類額		21,917
債務超過額		19,959
	第一ファイナンス	13,748
	子会社	6,211
有価証券含み損		31,341
子会社貸倒引当金		−3,345
合　　計		69,872

項目	金額
貸出金シェア	100%
実態Ⅳ分類額(ア)	69,872
平成9年度引当額(イ)	14,700
引当不足額(ア−イ)	55,172

(2) エヌイーディー㈱

関連ノンバンクであることからMOF関連ノンバンク基準が適用される。

→体力のない関連ノンバンクであり、母体行責任を負う意思があって再建計画が作成されているものの、同計画に合理性がなく、再建の見通しがないことから、営業貸付金等の査定結果のⅣ分類を貸出金シェアによりⅣ分類とする。

引当不足額の算出経過

項目	金額
営業貸付金のⅣ分類額	217,126
有価証券含み損	8,436
不動産含み損	2,135
合　　計	227,697

項目	金額
貸出金シェア	33.2%
実態Ⅳ分類額(ア)	75,595
平成9年度引当額(イ)	20,180
引当不足額(ア−イ)	55,415

(3) 青葉エステート㈱、ユニベスト㈱、グラベス㈱、コーポレックス㈱、プロクセル㈱、日本ビゼルボ㈱、エクセレーブファイナンス㈱

これら7社は、関連ノンバンクではないので、MOF一般先基準が適用される。→いずれも実質破綻先と認められる上、担保がないことから、貸出金全額がⅣ分類となる。

引当不足額の算出経過

	青葉エステート	ユニベスト	グラベス	コーポレックス	プロクセル	日本ビゼルボ	エクセレーブファイナンス	計
貸出金額	24,784	7,403	3,196	1,362	596	131	40,000	77,472
担保による保全額	0	0	0	0	0	0	0	0
実態Ⅳ分類額(ア)	24,784	7,403	3,196	1,362	596	131	40,000	77,472
平成9年度当額(イ)	0	0	0	0	0	0	0	0
引当不足額(ア−イ)	24,784	7,403	3,196	1,362	596	131	40,000	77,472

⑷　四谷プランニング㈱、竜泉エステート㈱、木挽町開発㈱

これら３社は、MOF 一般先基準が適用される。→いずれも実質破綻先と認められるため、担保による保全部分を除いた残額がⅣ分類となる。

引当不足額の算出経過

	四谷プランニング	竜泉エステート	木挽町開発	計
貸出金額	18,780	14,942	11,550	45,272
担保による保全額	2,090	528	773	3,391
実態Ⅳ分類額（ア）	16,690	14,414	10,777	41,881
平成９年度引当額（イ）	0	0	0	0
引当不足額（アーイ）	16,690	14,414	10,777	41,881

⑸　有楽エンタープライズ㈱

MOF 一般先基準が適用される。

→実質破綻先と認められるため、担保による保全部分を除いた残額がⅣ分類となる。

引当不足額の算出経過

貸出金額	6,350
担保による保全額	2,065
実態Ⅳ分類額（ア）	4,285
平成９年度引当額（イ）	0
引当不足額（アーイ）	4,285

⑹　㈱日本リース

関連ノンバンクであることから MOF 関連ノンバンク基準が適用される。

→体力のない関連ノンバンクであり、母体行責任を負う意思はあるが、再建計画はなく、再建可能性が十分にあると認められる場合以外の場合に当たることから、営業貸付金等の査定結果のⅣ分類を貸出金シェアによりⅣ分類とする。

引当不足の算出経過

営業貸付金のⅣ分類額	588,391
貸出金シェア	13.4％
実態Ⅳ分類額（ア）	78,844
平成９年度引当額（イ）	0
引当不足額（アーイ）	78,844

Ⅱ 冒頭の攻防と検察官の立証

第2回公判調書（手続）

被告人の氏名(1)　大野木　克信（出頭）
被告人の氏名(2)　須田　正己（出頭）
被告人の氏名(3)　鈴木　克治（出頭）
被告事件名(1)、(2)、(3)証券取引法違反、商法違反
公判をした年月日　平成11年12月15日
公判をした裁判所　東京地方裁判所刑事第一部
裁判長裁判官　金山　薫
裁判官　西野　吾一
裁判官　田中　直子
裁判所書記官　西尾　幸美
検察官　幕田英雄、永幡無二雄
出頭した弁護人(1)　（主任）那須弘平、中島鈫三、倉科直文
出頭した弁護人(2)　（主任）國廣　正、五味祐子、坂井　眞
出頭した弁護人(3)　（主任）更田義彦、長　文弘
出頭した証人　高野　円

公判調書の記載の正確性についての異議申立て

倉科弁護人

第1回公判調書手続部分二丁裏「求釈明」に続く部分中、「裁判長　検察官に釈明を求めます。永幡検察官　MOF一般先基準という趣旨です。」という部分については、当日の経過とは、内容において、相違があると認識しております。裁判長の「どうですか。」という程度の発言であり、永幡検察官がこの部分は釈明の要なしと述べ、私がそのことに対し、強く釈明を求めたことに対して、結局、裁判長から、「一般的な基準という趣旨でしょうから。」というようなことをおっしゃり、それで、釈明を終わりにするという経過があったわけでして、「三丁表4行目ないし7行目の部分」の記載は、実際公判で行われた問答とは著しく内容において違うものがあると考えます。よって、刑事訴訟法51条1項により異議を申し立てます。

幕田検察官

私どもとしては、公判調書記載の趣旨で、ご発言があったものと理解しております。

裁判長

上記異議申立ては理由がなく、公判調書の記載は相当であると考えます。

求　釈　明

那須主任弁護人

那須主任弁護人他2名作成の平成11年12月13日付け起訴状及び検察官冒頭陳述に対する再度の釈明を求める申立書記載のとおり

更田主任弁護人

那須主任弁護人の上記申立てと同趣旨です。

國廣主任弁護人

那須主任弁護人の上記申立てと同趣旨です。

坂井弁護人

國廣主任弁護人他２名作成の本日付け第１回公判における求釈明手続に関する意見書記載のとおり

裁判長

起訴状に対する求釈明というご趣旨であれば、裁判所は釈明権を行使しません。

冒頭陳述に関して、検察官何か任意釈明される点がありますか。

永幡検察官

永幡検察官作成本日付け意見書記載のとおり

証拠調べ等

証拠等関係カード記載のとおり（「期日」欄に①と表示したもの）

証拠開示命令の申立て

中島弁護人

那須主任弁護人作成の本日付け証拠開示命令の申立書記載のとおり

更田主任弁護人

更田主任弁護人他１名作成の本日付け証拠開示請求書記載のとおり

永幡検察官

証人高野円の立証趣旨は既に明らかにしておりますし、当該証人の供述書は既に開示し、請求済みでありますから、反対尋問権を行使するに際し何ら不都合はなく、必要性に乏しいと考えます。また、元々請求意思のない調書を開示する意味はないのが訴訟法上の原則であると考えております。なお、開示請求書記載の各人について、請求の趣旨にそう調書は存在しません。

裁判長

現時点で、証拠開示は命じません。

証拠調べ等

証拠等関係カード記載のとおり（「期日」欄に②と表示したもの）

指定告知した次回期日

(1) 求 釈 明 等

① 弁護人の再度の釈明申立書

平成 11 年特(わ)第 2139 号
証券取引法違反等　　大 野 木　克 信

起訴状及び検察官冒頭陳述に対する再度の釈明を求める申立書

平成 11 年 12 月 13 日

主任弁護人　那　須　弘　平
弁護人　中　島　鈆　三
同　倉　科　直　文

東京地方裁判所刑事第 1 部　御中

記

本件公訴事実につき、弁護人の平成 11 年 11 月 19 日付け求釈明書に対する検察官の釈明は、その冒頭陳述書の内容とあわせて理解するとしても、以下に指摘するとおり甚だ不十分で、本件における防禦の対象を特定しえないものであるばかりか、その処罰根拠法令さえ特定しないものであり、これを放置したままの審理続行により被告人は適切な防禦権の行使を阻害される虞が強い。

よって、検察官に対し後記のとおり、起訴状及び冒頭陳述書に対する再度の求釈明を行う。検察官に対しては、これに対する真摯な応答をなすことを求めるとともに、裁判所におかれても、この点につき適切な訴訟指揮をされるよう求める次第である。

第一　本件において釈明が必要な理由と、検察官の釈明拒否の経過について

一　弁護人は前記求釈明書により、検察官に対し、下記の釈明を求めた。公訴事実第 1 について求釈明事項 1 の③

「上記 3130 億 6900 万円を『取立不能』と認定する根拠は何か。また、この判断基準は何か及びその基準が直接法令に定められているか否か、定められていない場合はそれを判断基準とする根拠は何かを明らかにされたい。」

同④

「上記 3130 億 6900 万円を償却又は引当すべきであったとする法令上の根拠は何か。」

公訴事実第 2 について

「『法令に違反して利益の配当をし』とあるが、具体的に如何なる法令に違反したというのか明らかにされたい。」

二　本件公訴事実はいずれも、3130 億 6900 万円の貸出債権が「取立不能」であるということ、及びそれを平成 10 年 3 月末決算において償却又は引当することが法律上の義務であったことを前提として初めて成り立つものであるから、検察官は、この「取立不能」の判断基準及び償却・引当義務の法的根拠が何であるかという問題が本件の重大な課題であることを十二分に認識し、この点についての結論を出したうえで本件公訴を提起したはずである。公訴事実第２の「法令」が具体的に何であるかについても同様である。
　そしてこの「取立不能」の存否及び償却又は引当義務の存否、また違法配当罪の成否は本件における重要な争点となっている（第１回公判期日における被告人及び弁護人の陳述もこれを争うことを明らかにしている）。したがって、上記各事項の釈明が不可欠であることは、検察官においても裁判所においても十分ご承知のことと思われるが、念の為その趣旨を再度説明する。

1　起訴状に対する弁護人の陳述でも指摘したように、「取立不能」という概念は抽象的で、多義的なものであるから、漠然とこれの該当性を論じるだけでは、結局「取立不能と見るべきだから取立不能だ」との、結論（ないし勘による決断）をもってその理由とする論議の域を出ないことになり、論者ごとに結論は大きな相違を示しうる。これでは刑罰権行使の限界を画するための安定的で客観的な基準として機能させることはできない。
　「取立不能」は客観的事実として立証されるべき対象である（「取立不能」の主観的認識の問題ではない）が、その事実認定は評価的事実認定である。したがって、その評価が判断者の恣意ないし主観に左右されないように、可能な限り客観的具体的な判断基準（ものさし）が設定されたうえでの認定作業がなされなければならない。その「ものさし」の具体的内容を明らかにしないで、被告人の行為を規範からはずれたものとして非難し、処罰することは許されない。それが罪刑法定主義の要請である。また被告人の防禦の観点から見ても、その防禦の対象を特定するためには、その「ものさし」が明確にされていることが必須の要請である。その基準は人の処罰の可否を決する基準にかかわるものである以上、可能な限り法令あるいはこれに準ずる客観的ルールに根拠が求められるべきものであることも言うまでもあるまい。
　さればこそ、本件ではまずこの公訴提起の前提とされ、本件構成要件の内容を実質的に画しているところの「取立不能」の具体的認定基準が何なのか、それが法令に基づくのであればそれは何か（前記求釈明事項１の③）という点が第一に明確にされ、これを受けてその検察官の依拠した基準が正当か否か、さらにはその基準が正当でないとすればいかなる具体的基準をもって「取立不能」の該当性を判断するべきなのかが、吟味されなければならないのである。そして少なくとも、検察官が起訴にあたり採用した具体的基準及びその依拠法令が何なのかという点については、検察官立証の開始前に明確にされていなければ、被告人の適切な防禦権行使は著しく困難であるし、審理の充実と円滑な進行も実際問題として困難となるのである。

2　また、「償却又は引当すべき」義務の有無についても、それが処罰を根拠づける法的義務の問題である以上は、その義務の発生する法令上の根拠を明示する必要があることが明らかである（前記求釈明事項２の④）。特に商法285条の４第２項の「取立ツルコト能ハザル見込額ヲ控除スルコトヲ要ス」という規定それ自体は、償却又は引当が義務づけられる要件としての「取立不能」及び「取立ツルコト能ハザル見込額」の具体的意味も、その認定基準も提供しない抽象的な規定である。また同条においては「償却」すべき場合と「引当」すべき場合との区別も明らかにされてはいない。上記条文以外に、それを補充し、あるいは趣旨を敷衍する法令条文があるのかどうか、また本件起訴はそれら法令条文のどれに依拠しているのかという点は、被告人の防禦にかかわる事柄であり、また「取立不能」の意味や判断基準の解釈にも直接影響する事柄である。検察官も、この法的義務の根拠規定につき定見を持たぬまま本件公訴提起に及んだわけではあるまい。検察官はこの点を積極的に明らかにするべきである。

同様に、公訴事実第2にかかる前記求釈明事項についても、検察官はこれを確定したうえで公訴提起に及んだものであるうえに、結局は「償却又は引当すべき」義務の法令上の根拠如何を、角度を変えて求釈明しているに等しいのであるから、検察官はこの点も積極的に明らかにするべきである。

三 しかるに検察官が平成11年11月17日付釈明書及び冒頭陳述においてなした応答は甚だ不十分かつ不適切なものであった。

1 起訴状朗読直後の弁護人からの求釈明に際しては、上記の公訴事実第1にかかる1の③に対しては「取立不能と認定する根拠等については、冒頭陳述で明らかにする」、同④についても「冒頭陳述において明らかにする」と述べ、回答を冒頭陳述まで先送りしておきながら、その冒頭陳述書においても、結局弁護人の前記釈明に対する明確な回答を記載しなかった。冒頭陳述書において、上記3130億6900万円の内訳となる貸出先とその債権額の内訳を一応明らかにしたが、これら債権は大蔵省の平成9年の通達あるいは「事務連絡」であるところの「MOF一般先基準」(冒頭陳述書13頁)あるいは「MOF関連ノンバンク基準」(同15頁)によれば同基準上の「Ⅳ分類」に該当するというのみである(同85頁〜92頁)。一見すると、上記の意味での「Ⅳ分類」に該当する貸出債権であるか否かが「取立不能」で引当又は償却すべきものであるか否かを分ける判新基準であるとの前提に立っているかのようでもあるが、これを判断基準と明言しているわけではない。他方、冒頭陳述書別紙3①及び3②においては、これら個別貸出債権は「実態Ⅳ分類」とされているが、「実態Ⅳ分類」という定義は上記「MOF一般先基準」あるいは「MOF関連ノンバンク基準」には存在しないものであり、その趣旨は不明であって、検察官が結局何を基準として本件起訴判断に至ったのか、曖昧である。またこれら大蔵省の行政上の通達あるいは事務連絡でしかないものが、何ゆえ犯罪の成否を分ける判断の基準になるのかという疑問もあり、検察官の依って立つところを推断することは困難である。

さらに、公訴事実は被告人らが「3130億6900万円の償却又は引当をしない」ことを違法な決算処理であるとしていながら、その冒頭陳述書では別紙3①及び3②にあるとおり、結局3130億6900万円全額を「引当不足額」に計上しており、「償却不足額」は存在しないものとされていて、検察官の言う「償却」「引当」の具体的に意味するところも、両者間の区別も、明らかではない。

2 弁護人は冒頭陳述書朗読終了後ただちに、検察官が起訴状朗読の段階では「冒頭陳述において明らかにする」として先送りしていた前記釈明事項が冒頭陳述においても明確にされていないことを指摘し、これを明らかにするよう求めたが、検察官は冒頭陳述書記載以外にこれを明らかにする要なしとして、これを拒否した。

そこでやむなく弁護人から「冒頭陳述書の記載を一瞥するかぎりでは、結局『MOF一般基準』あるいは『MOF関連ノンバンク基準』での『Ⅳ分類』に該当するから取立不能として償却・引当の義務の対象となるとするのが本件公訴提起の趣旨と読めないでもないが、そう解してよいのか」と、具体的な問を出して確認を求めたにもかかわらず、検察官はこれに対しても何ら答えず、回答自体を拒否し続けた。

3 また、公訴事実第2にかかる前記求釈明事項に対しては、検察官は釈明書において「商法<u>等の関連法令</u>に違反して利益配当をしたということである」と述べるにとどまり、商法のどの条文に違反したのかを明らかにしないばかりか、商法以外の法令が違反の対象となっていることを明言しながら、その法令名さえ明らかにしなかった(傍線弁護人)。さらに冒頭陳述書においても、「商法<u>等の法令</u>に従ってその全額を償却・引当処理すべき」（72頁）と繰り返しながら、その「等の法令」の内容を記載していない。
これに対しても弁護人は上記商法の条文及び「等の関連法令」の具体的内容を明らかにするよう法廷で求めたが、検察官はこれに対する回答も拒否し続けた。

第二　釈明拒否の不当と、これをめぐる第1回口頭弁論期日での折衝の問題点について

このような審理の方向を定める上で不可欠な事項であり、かつ検察官にとっては容易に明らかにできる事項であるにもかかわらず、敢えて釈明を拒否して冒頭陳述においても明らかにせず曖昧なままにして立証を進めようとする検察官の訴訟追行態度は、被告人の防禦権行使を困難ならしめる目的に出た不当なものと解さざるを得ない。このような検察官の釈明拒否のために、被告人としても容易には防禦の具体的焦点を確定しがたく、困惑している。その防禦権を全うするためには、検察官立証の推移を慎重に見極める必要があり、防禦方法もそれに応じた慎重な態様のものとならざるを得ないところである。

従前弁護人らは、検察官の堂々としたフェアーな訴訟態度と、被告人の主張に耳を傾け、その立証を尊重する裁判所の公平な訴訟指揮を期待して、書証についての不同意部分の限定や3被告人間の方針を可能な限り統一する方向での事前調整を試みるなど、できるだけ円滑な訴訟進行に協力してきたつもりである。しかし検察官の本釈明問題に対する対応は、これを裏切るものであり、残念というほかはない。

また付言するならば、本釈明問題は、構成要件論としても、被告人の防禦権の問題としても極めて重大で、本件審理の方向性にかかわる事柄である。ところが、この問題について裁判所が第1回公判期日において示された訴訟指揮は、検察官の行き過ぎた訴訟態度をたしなめないばかりか、むしろ求釈明に対して黙して語らぬ検察官を尻目に、「一般基準という趣旨でしょうから云々」などと、趣旨必ずしも明らかでないことを裁判長から言い出して釈明論争を打ち切ろうとし、検察官の不当な釈明拒否に助け船を出したと誤解されかねない場面を現出するなど、遺憾なものがあったことを申し述べざるを得ないところである。

第三　再度の求釈明

以上述べたことを踏まえて、検察官に対し、本件公訴において検察官が主張する犯罪構成要件の枠組みとその当てはめの基準を特定し、被告人の防禦の対象を可及的に画定し、本件審理の充実と円滑な進行に資する目的で、公訴事実及び冒頭陳述に現れたところに対し、別紙のとおり再度釈明を求める。

検察官においては、検察官請求証人の証人尋問前の段階で、是非ともこれを明らかにされたい。

（求釈明事項）

一　公訴事実第1に関し、

1　3130億6900万円を「取立不能」と認定する判断基準は何か。またその基準は法令に定められているか否か、定められている場合はどの法令か。法令に定められていない場合は、それを判断基準とする根拠は何かを明らかにされたい。

2　3130億6900万円を償却又は引当すべきであったとする法令上の根拠は何か、明らかにされたい。

3　検察官が上記2点の求釈明事項について冒頭陳述書内で回答しているとすれば、それはどの部分か。具体的に頁数、行数をもって明らかにされたい。

4　前記1及び2の求釈明事項については、冒頭陳述書で言うところの「MOF一般先基準」(冒頭陳述書13頁、平成9年3月5日付け大蔵省大臣官房金融検査部長発通達「早期是正措置制度導入後の金融検査における資産査定について」の規定する基準)あるいは「MOF関連ノンバンク基準」(同15頁、平成9年4月21日付け大蔵省管理課長発事務連絡「金融機関等の関連ノンバンクに対する貸出金の査定の考え方について」の規定する基準)に基づき「Ⅳ分類」と認定されるか否かが、「取立不能」かつ「償却又は引当すべき」ものに該当するか否かを決する基準であるとする趣旨か。明らかにされたい。

5 冒頭陳述によれば、上記平成9年の「MOF一般先基準」通達及び「MOF関連ノンバンク基準」事務連絡の前から大蔵省の金融検査に関して「Ⅲ分類」「Ⅳ分類」の概念が存したというが(27頁以下)、これらと上記「MOF一般先基準」及び「MOF関連ノンバンク基準」における「Ⅲ分類」「Ⅳ分類」とは同じものか、相違するものか。相違するとすればどの点が異なるのか、明らかにされたい。

6 本件3130億6900万円を「償却又は引当」すべきものと言うが、「償却」と「引当」それぞれの定義と具体的意味、及び両者の相違点を明らかにするとともに、本件3130億6900万円が「償却」ではなく「引当」すべきものとされる理由を明らかにされたい。

7 公訴事実は長銀の平成10年3月期決算を掲載した有価証券報告書の記載が虚偽であるとするが(同有価証券報告書は甲第3号証)、検察官は上記有価証券報告書の貸借対照表及び損益計算書の借方貸方欄の、どの部分にどのように表記されているべきであったと言うのか、具体的に明らかにされたい。

8 冒頭陳述書別紙3①表及び3②中の各表には、いずれも「実態Ⅳ分類額」なるものが表記され、その合計額から「平成9年度引当額」を差し引いたものが本件公訴事実の3130億6900万円と一致する金額となっているが、検察官はこの「実態Ⅳ分類額」をもって「償却又は引当をすべき」金額であるとする趣旨か。

9 上記「実態Ⅳ分類額」なるものの具体的意味とこれの分類基準、及びその分類基準の根拠法令は何か、また前記「MOF一般先基準」あるいは「MOF関連ノンバンク基準」による「Ⅳ分類額」とは一致するのか、相違するのか、明らかにされたい。

10 冒頭陳述書別紙3②中の各表中の、「貸出金シェア」「営業貸付金」「有価証券含み損」「不動産含み損」の意味内容と、その算出方式を明らかにされたい。

11 冒頭陳述書別紙3②中には、「再建可能性が十分にあると認められる場合以外の場合」あるいは「(再建)計画に合理性がなく、再建の見通しがない」場合に当たるので、「営業貸付金等の査定結果のⅣ分類額を貸出金シェアによりⅣ分類とする。」とあるが、次の点を明らかにされたい。

㈠ 本件公訴提起に当たり「再建可能性が十分にあるとは認められない」あるいは「(再建)計画に合理性がなく、再建の見通しがない」と認定した主体は誰か。

㈡ 「営業貸付金等の査定」をした主体は誰であり、その査定基準とその根拠法令は何か。

㈢ 「貸出金シェア」により「償却又は引当をすべき」金額が算定されているようであるが、これはいわゆる「プロラタ方式」のことをいう趣旨か。また、このような算定方法がとられるべきとする法令上の根拠は何か、明らかにされたい。

(弁護人の理解するところによれば、このような場合の要償却額算出の考え方としては、「プロラタ方式」のほかに、いわゆる「母体行責任」や「修正母体行責任」などが考え出されていて、そのいずれを採用すべきかが、いわゆるバブル崩壊後に問題にされてきたものであるが、そのような議論は商法が適用される多数の会社の中のごく一部を占めるに過ぎない金融業界内でのことであり、他の一般会社ではそれらは問題になっていない。）

二　公訴事実第２に関し、

被告人が「法令に違反して利益の配当をし」たというが、具体的に如何なる法令の、いかなる条文に違反したというのか明らかにされたい。また検察官の釈明では「商法等の関連法令」に違反したと言うが、商法以外の法令に違反したというのであれば、その法令名及び条文を明示されたい。

②　検察官意見書

意　　見　　書

証券取引法違反・商法違反　　　　大野木　克信

右被告人に対する頭書被告事件につき、上記被告人の弁護人からの平成11年12月13日付け起訴状及び検察官冒頭陳述に対する再度の釈明を求める申立書に対する検察官の意見は、下記のとおりである。

平成11年12月15日

東京地方検察庁　　検察官検事　　　　永幡　無二雄

東京地方裁判所　刑事第１部　殿

記

一　弁護人の平成11年12月13日付け申立書（以下「本申立書」という。）記載の一１について、3130億6900万円を取立不能と認定した根拠については、冒頭陳述書第三ないし第七において明らかにしたとおりである。

本申立書記載の一２について、3130億6900万円を償却又は引当すべきであったとする法令上の根拠としては、冒頭陳述書第三において明らかにしたとおりであるが、企業会計原則、同注解等の公正なる会計慣行も当然に含まれる。

本申立書記載の一８について、冒頭陳述書別紙３①及び同②の「実態Ⅳ分類額」欄記載の金額が冒頭陳述書82頁８行目の「償却・引当を要する金額」に当たる。

その余については、釈明の要はないものと思料する。

二　本件公訴事実記載の各訴因は、いずれもその記載自体及び平成11年11月19日付け求釈明書の求釈明事項二についての釈明によって十分特定され明確化されており、また、罰条も明示されており、これ以上釈明の要はない。

なお、公判の円滑な遂行の便宜に資するため、冒頭陳述及び本意見書において、上記求釈明書の求釈明事項の一部について釈明を行ったが、現時点で、これ以上釈明を行う考えはない。

また、冒頭陳述の記載についても、十分明確であると考えるので、釈明する考えはない（なお、本申立書記載の一８については、公判の円滑な遂行に資するため、上記のとおり補足説明したものである。）。

三　弁護人が、本申立書において縷々述べるところは、要するに、「取立不能」という法的概念についての検察官の法律解釈ないし見解を問うとともに、検察官が「取立不能」を立証するための関係証拠を示すよう求めるものに等しく、いわば冒頭手続段階で論告の先取りを求めるものであって、検察官がこれに応ずる義務がないことは明白である。

以　上

③ 調書の正確性異議

平成11年特(わ)第2139号
証券取引法違反等　　　　　　大野木　克　信

調書記載の正確性についての異議の申立

平成11年12月27日

主任弁護人　那　須　弘　平
弁護人　中　島　鉱　三
同　倉　科　直　文

東京地方裁判所刑事第1部　御中

記

頭書被告事件の、平成11年12月15日の第2回公判期日において、弁護人は第1回公判調書の正確性に異議を申し立てたが、念の為本書をもって、その趣旨及び理由を確認的に申し述べる。

(異議の対象部分)

第一回公判調書（手続）のうち、2丁表4行目から7行目の、下記の記載

「裁判長　　検察官に釈明を求めます。
　永幡検察官　　MOF一般先基準という趣旨です。」

(異議の趣旨)

上記調書記載は、該当部分で実際に検察官及び裁判長が述べたところとは、主体においても、発言内容についても、実際に行われた問答及び訴訟指揮とはまったく異なった内容の記載である。これは訴因に関する重要な争点について審理冒頭段階でなされた検察官の釈明の実態と、これに対する裁判長の訴訟指揮の実態を大きく歪めて記録するもので、看過し難い。

刑訴法51条1項に基づき、正確性に対する異議を申し立てる。

該当部分の問答は真実には、おおよそ次のような経過であった。

「検察官　　釈明の要はない。
　裁判長　　その点は一般基準という趣旨でしょうから……。
　倉科弁護人　　検察官に答を求めているのです。
　裁判長　　その点はもう、よろしいでしょう。　　　　」

なお上記公判調書には、上記の他にも、必ずしも正確とは言いがたい問答の要約が記載されているところではあるが、今回はそのすべてを取り上げることは省略し、特に実態とは似ても似つかぬ度合いの大きい上記の部分に限って申し立てた次第である。

(2) 証拠開示請求

① 証拠開示命令の申立書

被告人　大野木　克　信

上の者に対する証券取引法違反等被告事件につき、下記の証拠につき、検察官に対し、下記証拠につき、証拠開示をなすよう命令されたく申し立てる。

平成11年12月15日

上記主任弁護人　那　須　弘　平

東京地方裁判所刑事第1部　御中

第1　開示を求める証拠

山本幸男の平成10年5月に実施された長銀に対する日銀考査に関しての検察官に対する供述調書

第2　開示を求める理由と必要性

本件は、長銀が平成10年3月末に行った決算に関し、資産査定とそれに基づく償却引当額が過少であり、違法であったとされる事案であるところ、

山本幸男は、平成10年5月に実施された日銀考査において、調査役として長銀の行った国内融資の査定並びにそれに基づいた償却引当額の当否を考査し、それを取りまとめた者であり、証人高野円は、国内融資に関する査定作業については、むしろ応援していた者であり、本件は長銀の国内融資の実態が焦点となっていることからして、山本証人の方が高野証人より適していると言える。

従って、上記日銀考査の内容・実態等については高野証人のみならず山本幸男氏も証人として尋問する必要が大きく、高野証人の尋問に先立って山本幸男氏の検察官に対する供述調書が開示されることが、真実を明らかにし、被告人の防御のためにも是非とも必要である。

②　証拠開示請求書

平成11年特(わ)第2139号

証券取引法違反等　　鈴　木　克　治

頭書事件について、弁護人は下記のとおり証拠の開示を請求します。

平成11年12月15日

弁護人　　更　田　義　彦
弁護人　　長　　　文　弘

東京地方裁判所
刑事第1部　御中

記

1　開示を求める証拠

1　下記供述者の検察官面前調書中、日銀考査に対する長銀の対応状況に関する供述を内容とするものの全部。

橋本裕幸参事役、鷲見守康参事役、猿渡幸太郎副参事役、守澤敏明

2　前記証拠の開示を必要とする理由

1　橋本参事役、鷲見守康参事役、猿渡副参事役、守澤敏明は、日銀考査において、自己査定基準の考え方について説明を求められ、平成10年5月12日に日銀に赴き、高野円の事前ヒアリングに応じた者であるが同日のヒアリングの内容に関する高野の供述の信用性を有効かつ適切に弾劾するためには、これらの者の検察官の面前における供述内容を閲覧することが必要不可欠である。

(3) 検察官請求の証人

① 高野 円証人尋問調書（第2回公判）

証人尋問調書 （平成11年12月15日第2回公判）

検　察　官（永幡）

まず証人の経歴ですが、現在、証人は、日本銀行考査局の調査役ですか。

はい、そうです。**(略)**

日本銀行は、平成10年に、日本長期信用銀行、以下長銀と言いますが、長銀に対する考査を行いましたか。

行いました。

証人は、そのときのメンバーでしたか。

メンバーでございました。

日本銀行法第44条には、金融機関との間で考査に関する契約を締結することができると規定されていますが、このときも長銀との間で契約を締結していましたか。

いたしました。

その契約に基づいて長銀に対する日銀考査を行なったんですか。

はい。**(略)**

本件日銀考査において、証人はどのような役割でしたか。

チームを統括いたします考査役をサポートし、チーム内の連絡調整を行う役割と、私自身は信用リスク班に属しておりました。

本件日銀考査にあたり、長銀に対して考査の申込みをしたのはいつでしたか。

平成10年4月13日と聞いております。

実際に長銀本店への立入りをしたのはいつでしたか。

平成10年5月21日からです。

本件日銀考査に先立って、長銀から資料の提出を受けましたか。

受けました。

どのような資料でしたか。

長銀の自己査定基準等でございました。

長銀の自己査定基準の提出を受けたのは、何のためでしたか。

まず、実際の考査を効率的に進めるために長銀の自己査定基準を見ておこうということでございました。

長銀作成の自己査定基準を長銀基準と呼ぶことにいたしますが、長銀基準の適否についても判断しましたか。

いたしました。

長銀基準の適否を検討ないし判断したのはなぜですか。

基準がゆがめられていたり、正確性が保たれていないと、自己査定自体が正確に行われませんし、ひいては適切な償却、引当がなされず、それが、またひいては適切な財務諸表が作成されていない可能性があるからでございます。

長銀基準の検討の際、何と比較して検討しましたか。

当時は、大蔵省が平成9年3月に発出いたしました資産査定通達と、平成9年7

月に全銀協から発出いたしました、いわゆる関連ノンバンクのQ&Aでございます。

全銀協というのは、全国銀行協会連合会のことでよろしいですか。

はい、そうです。

以下ではそれらを資産査定通達、関連ノンバンクQ&Aと呼ぶことにいたしますが、資産査定通達に続いて出された関連ノンバンクQ&Aとはどのようなものですか。

平成9年3月に発出されました資産査定通達には、関連ノンバンクの貸出金に関する査定について、詳細ではなく、全く触れられておりませんので、全銀協が、その後、解説と称した関連ノンバンクのQ&Aというのを参考にするためでございます。

本件日銀考査における長銀保有資産の査定は何に基づいて行われたのですか。

基本的には長銀の自己査定基準ということなんですが、その長銀の自己査定基準の趣旨に反したところにつきましては、資産査定通達と全銀協の関連ノンバンクQ&Aを使いました。

ただいまの証言の中の長銀基準に反した部分というのは、長銀基準が何に反した部分ですか。

資産査定通達と関連ノンバンクQ&Aでございます。

長銀基準が資産査定通達や関連ノンバンクQ&Aに反した場合には、どのような基準を使われましたか。

資産査定通達を使いました。

資産査定通達や関連ノンバンクQ&Aの基準を使われたわけですね。

はい、そうです。

証人は、資産査定通達や関連ノンバンクQ&Aをどのように位置づけていましたか。

平成10年4月から早期是正措置というのが発動されることになったんですが、それに伴いまして、金融機関が一般的に守るべきルールであるというふうに考えておりました。

資産査定通達で示された基準に照らして、長銀基準について何か問題点がございましたか。

ございました。

例えばどのような点でしたか。

例えば、自己査定というのは、そもそもまず貸出金の分類に当たりまして、債務者区分の分類というところから入るわけですが、長銀の場合、その債務者区分の分類、特に破綻懸念先、実質破綻先の認定が資産査定通達の趣旨と反しているというふうに思いました。

長銀の債務者区分の点について。

弁　護　人（中島）

ちょっと異議があります。破綻先とか、これは破綻懸念先と証人にいきなり言われても分からないわけでしょう。どういう場合をどうだということをきちんとさせてからやっていただきたい。前提がどうも分かりません。

検　察　官（永幡）

債務者区分の点で、長銀基準が資産査定通達に反していると証人が判断されたのは、どのような部分でしたか。

今申し上げました債務者区分の中で、破綻懸念先、実質破綻先に認定する要件が狭くなってるという部分があったというところであります。

長銀基準における債務者区分の内容について、どのようなものだったか覚えてらっしゃいますか。

覚えております。

証人が長銀基準の債務者区分の中で問題であると考えた点を具体的にお話できますか。

できます。

どういう点でしたか。

先ほど申し述べたように、破綻懸念先、実質破綻先というのは、認定要件がございまして、それぞれ3つずつ認定要件を持っているんですが、それをすべて満たさないと債務者区分がそこに認定されないというような基準になっているということでございます。

それら三点について、今、現在、記憶はありますか。

正確な記憶はございません。

(甲) 証拠番号81 (供述調書) 添付の資料11を示す

これが証人が検討した長銀の自己査定基準ですか。

そうです。

ただいま証言された長銀基準が破綻懸念先や実質破綻先の債務者区分について3つの条件すべてを満たさなければならないとしている部分はどこですか。

この資料11の26枚目の「ロ. 債務者区分の判定」、表が出てるわけなんですが、その真ん中の「破綻懸念先」「実質破綻先」の認定要件でございます。

証人が指摘されたのは、「破綻懸念先」「実質破綻先」という項がある中のどの部分になりますか。

自己査定の趣旨と反しているというところは、「破綻懸念先」として書かれている解説のところの『以下の「破綻懸念」3条件を全て満たしている先等』の「全て」という意味と、それから、「実質破綻先」のところについては『以下の「実質破綻」3条件を全て満たしている先等』の「全て」というところです。

そのうち、実質破綻先と認定するための3つの条件とはどのようなものですか。

実質破綻先を認定するにあたって、長銀といたしましては、まず1つ目として、事業を形式的には継続しているが、売上げがほとんどないなど、会社の実態がない先、それから、2期連続債務超過状態にある先、それから、債権のうち、回収不能見込み額が50パーセント以上ある先、その3つの条件です。

資産査定通達における基準よりも長銀基準が甘いというのは、具体的にどのような点ですか。

今、資産査定通達が正確に頭にないので、見せていただけると助かりますけど。

(甲) 証拠番号151 (供述調書) 添付の資料2を示す

この資産査定通達の37ページに実質破綻先の区分ということが書かれているわけなんですが、そこの趣旨から見ると、長銀の基準については、先ほど示したように、事業を形式的には継続しているが、売上げがほとんどないなど、会社の実態がない先と書いてるんですが、そういう先だけではなくて、再建の見通しが全くない先というのも実質破綻に認定するようになっているということです。

検　察　官 (永幡)

そのような長銀の基準を見て、長銀の債務者区分について、証人はどのように思いましたか。

こういう要件に従っていくと、実際の査定額、特にL、D査定額ですが、それが違っているのではないかというふうに思いました。

長銀基準における債務者区分が資産査定通達よりも狭くなっているという点について、長銀側に説明を求めたことはありましたか。

　　ございました。

その際、長銀側はどのように説明していましたか。

　　実際、これは事前に見せてもらったものなんですが、要件はこのとおりであるという説明だったんですが、実際は、実態を見ながら判断しているんで、これは飽くまでも例示にしかすぎないというのが事前の説明でございました。

長銀側の説明は飽くまで例示である、そういうものだったんですか。

弁　護　人（更田）

質問ですが、長銀側と言われても具体的でないんで、特定していただきたいんですけども。

裁　判　長

特定できるならしてください。誰から聞かれたかというのを明らかにされたらいいんじゃないですか。

検　察　官（永幡）

証人にそのような説明をした長銀側の人は誰でしたか。

　　記憶にございますのは、長銀の猿渡さん、鷲見さん、それから守澤さんでした。

長銀側の説明は飽くまで例示であるというものだったわけですね。

　　そうです。

その後、実際に査定をしてみた結果はどうでしたか。

　　実際に考査におじゃまして査定の検証に入ったわけですが、事前の長銀の説明とは異なり、運用面では、この３条件をすべて満たさなければ、こうした要件に認定されないというようになっておりました。

具体的にはどのようなケースがあったんですか。

　　具体的には、例えば実質破綻の例でありますと、売上げがゼロ、それから、廃業とか従業員が全くいない状態というところでないと実質破綻にならない仕組みになってますが、実際に売上げがほとんど上がっていないんだけども、わずかながら上がっていて営業利益もあると、それから、従業員もほとんどいないと言いながら２、３人いるという状態の中で、将来再建の見通しがない先についても、実質破綻に認定しないという先がございました。

長銀では、長銀と親密な関係にある会社群について、先ほど示した一般先とは別の自己査定基準を作成していましたか。

　　作成しておりました。

どのような書面であったか記憶にありますか。

　　正確にはございません。

（甲）証拠番号 31（供述調書）添付の資料を示す

今示したものが長銀の関連親密先等についての自己査定基準ですか。

　　そうです。

それと同じものを、当時、御覧になっていたわけですか。

　　見ました。

その基準についても検討されましたか。

　　いたしました。

その基準に問題とすべき点はありましたか。

　　ございました。

どのような点ですか。

今お示しした資料の3枚目に「特定関連親密先自己査定運用細則」というものがあるんですが、関連ノンバンクを債務者区分として長銀側はその他というふうに区分しておりました。

今の証言は、長銀が債務者区分をその他としている点が問題であるという意味ですか。

そうです。

長銀基準がその他という区分をしていたことは、その資料だとどこに現れてくるんですか。

こちらの資料の「経営支援先」と「経営支援実績先」という二つを総称してその他というふうに区分しておりました。

大蔵省の示した基準だと、債務者区分はどのようになっていたんですか。

債務者区分にはその他という区分はございませんでした。

大蔵省の基準での債務者区分はどのようなものでしたか。

資産査定通達によりますと、正常先、要注意先、破綻懸念先、実質破綻先、破綻先の五つの区分でございます。

長銀側に対して、その他という区分を設けている理由について説明を求めたことがありますか。

ございます。

長銀側の説明はどのようなものでしたか。

その他という区分を設けるのは、長銀が支援する限り破綻することはないという先をその他という区分にしているという説明でございました。

証人にそのような説明をした長銀側の担当者はどなたでしたか。

先ほど申し上げた猿渡さん、鷺見さん、守澤さんだったと記憶しております。

証人は、長銀側の説明を聞いて、どのように思いましたか。

そういうことをしてしまいますと、つまり、こういうその他の中に入れてしまうと、非常に自己査定に恣意性が働いて、自己査定結果がゆがめられてしまうというふうに思いました。

銀行側の恣意性が働くという点は、具体的にどのような意味ですか。

適切な償却、引当がなされず、適正な財務諸表が作成されないということにつながるというふうに思いました。

関連親密先についての長銀基準の中で、他に特に問題であると考えた点はありますか。

ございます。

それはどのような点ですか。

今拝見させていただいている「特定関連親密先自己査定運用細則」の真ん中あたりにあるんですが、「特定関連親密先に対してその信用補完を目的に行う貸付有価証券(賃貸借契約型)については、分類対象外資産とする」というところでございます。

資産査定通達ではどのようになっていましたか。

資産査定通達では、貸付有価証券は資産査定の対象でございます。

貸付有価証券が消費貸借に基づくものか、あるいは賃貸借に基づくものかによって違いがあるということはありませんか。

ありません。

その理由についてはどのように考えていますか。

両者とも与信であることには変わりがないからです。

長銀が、大蔵省の示した基準よりも、破綻懸念や実質破綻とするための要件を狭くしていたり、特定関連親密先についてその他という区分を設けている理由について、当時、証人はどのように考えましたか。

　要件を狭くするとか、こういう特別の区分を作るということは、それをもってして自己査定をゆがめる、Ｌ、Ｄ査定を調整しているのではないかというふうに考えました。

今証言に出ました日銀考査におけるＬ査定、Ｄ査定というものと、資産査定通達にいう分類とは対応しているんですか。

　対応しております。

日銀考査にいうＬ査定は、資産査定通達にいう何分類になりますか。

　Ｌ査定はⅣ分類でございます。

同じく、日銀考査におけるＤ査定は、資産査定通達にいう何分類になりますか。

　Ｄ査定はⅢ分類でございます。

資産査定通達における二分類は、日銀考査では何査定と呼ばれるんですか。

　Ｓ査定はⅡ分類でございます。

資産査定通達上の四分類の意義は御存じですか。

　知っております。

どのようなものですか。

　回収不能又は無価値と判定される資産です。

日銀考査におけるＬ査定の意義は、ただいま言われたⅣ分類と完全に一致すると考えてよろしいですか。

　はい。

証人は、本件日銀考査において、長銀の貸出金についての査定に従事しましたか。

　いたしました。

長銀の貸出金の査定をしたときの様子について尋ねますが、査定の現場で、長銀の説明者との間で議論になったことがありましたか。

　ございました。

それはどういう場面でのことですか。

　私が債務者区分を引下げに向けて変更しようとした場合などでした。

債務者区分の引下げというのは、具体的にどのような債務者区分をどのように変更するような場合ですか。

　例えば、破綻懸念先を実質破綻先に引き下げるという意味でございます。

そのような場面での長銀側の対応はどのようなものでしたか。

　引下げに向けて抵抗がございました。

長銀側の抵抗があった場合、証人はどのようなことを長銀側に伝えていたんですか。

　査定というのは、まず、債務者の実態の認識を一致させるというところから始めますが、その実態の認識を一致させたところで、この資産査定通達に照らしてみて、私の言ってることが論理的に間違っていますかなどと尋ねたりいたしました。

そのような場合、長銀側の説明者はどのような対応でしたか。

　非常に困った顔をいたしまして、論理的に間違ってはいないんだけれども、上司から下りるなというふうに言われているというふうに言っておりました。

下りるなというのは、どういう意味だと理解しましたか。

弁　護　人（中島）

ちょっと、誰との会話なのかさっぱり分からないじゃないですか。具体性のない尋問をされても困ります。これは異議です。具体性がありません。
検　察　官（幕田）
明確な質問をしております。
弁　護　人（倉科）
それから、もう一つ申し上げます。異議です。伝聞でございます。
検　察　官（幕田）
直接経験した事実の答えを求めているものでございまして、伝聞では全くない。
裁　判　長
異議は棄却いたします。ただ、担当者名が分かるんであれば、反対尋問も省略化できますんで、できるだけ主尋問で聞いてください。
検　察　官（永幡）
証人が証言された上司から下りるなと言われているという話をした長銀側の説明者は覚えていますか。
　　覚えております。
どなたですか。個別の名前を、覚えてらっしゃる範囲で結構です。
　　申し上げますと、事業推進部の山本参事役です。
当時は部長じゃなかったですか。
　　いえ。事業推進部は山本部長と山本参事役と2人います。
先ほどの証言にあった下りるなというのはどういう意味だと理解しましたか。
　　日銀考査の査定変更を受け入れてはいけないというふうに理解いたしました。
長銀側の説明者が考査の査定を受け入れない場合、その後の対応はどうなっていくんですか。
　　その担当の方では御判断できないのであれば、上司に御相談いただいて、その上司から御説明をしてくださいというふうに申し上げました。
どういうクラスの人たちになるんですか。
　　部長クラスの方でございます。
証人が対応された長銀側の部長クラスの人で、名前を覚えていらっしゃいますか。
　　覚えております。
どなたですか。
　　総合企画部の妹尾部長、事業推進部の山本部長、総合資金部の寺嶋部長です。
その部長クラスとのやり取りの中では、どのようなことがありましたか。
　　私と別室で、日銀の査定について、まあ論理的には理解できると、ただし、今回の考査では、長銀の査定で御理解いただきたいというふうなことを言われました。
その中の、今回の考査では長銀の査定で御理解いただけないかというのはどういう意味だと思いましたか。
　　このまま債務者区分を変更せずに日銀考査を終えていただきたいというふうに理解いたしました。
その際、証人はどのような対応を取りましたか。
　　先方のそういう要望を受け入れる気は全くございませんでしたので、そのような話は受け入れられないという姿勢を貫いてまいりました。
証人が長銀側の部長クラスの方とそのようなやり取りをしたのはいつごろのことでしたか。
　　考査期間の後半の平成10年6月の上旬ごろだったと思います。
長銀側が債務者区分の引下げに抵抗する理由について、どのように証人は考えていましたか。

長銀の償却、引当ができる体力から見て、追加的なＬ査定、Ｄ査定が出ると、もうこれは処理ができなくなるんだと考えていると思いました。

長銀が償却体力との関係でＬないしＤ査定を出したくないと考えているというのは、どういう意味なんですか。

Ｌ査定、Ｄ査定が追加的に増えると、決算ができなくなるからです。

Ｌ査定及びＤ査定と償却、引当との関係については、どのように理解されていましたか。

Ｌ査定は、全額当該決算期に償却、引当を行うもの、Ｄ査定については、必要額を当該期に引当処理を行うものというふうに理解しております。これは金融界の一般的なことだというふうに思っておりました。

その上で、長銀が償却体力との関係でＬないしＤ査定を出したくないと考えていると思われたというのは、分かりやすく言うとどういう関係になるんですか。

ですから、当該期にＬ査定が出ると、そのＬ査定をすぐ決算に反映しなければいけなくなるので、その処理に戸惑うということと、それから、Ｄ査定についても、その中の必要額を当該期の決算で引き当てるとなると、そこでまた決算ができなくなるということ、２通り理解いたしました。

Ｌ査定というのは、資産査定通達に基づいてＬ査定となったものでも、関連ノンバンクQ&Aに基づいてＬ査定となったものでも同じですか。

同じです。

弁　護　人（中島）

ちょっと、その規定では、ＬとかＤ査定というのは出てこないんですよ、今の挙げられた基準では。そして、関連ノンバンクではＬとかそういうのは出てこないんですよ。誤導です。

検　察　官（永幡）

出てまいります。

裁　判　長

続けてください。

検　察　官（永幡）

資産査定通達に基づくＬ査定と、関連ノンバンクQ&Aに基づくＬ査定とは同じ性質のものですか。

はい、そうです。

それはどうしてですか。

Q&Aにもあるんですが、関連ノンバンクといえども、一般債務者と同じように査定をするというところだからです。

本件日銀考査の基準日は平成10年3月末でしたか。

はい、そうです。

本件日銀考査では、平成10年3月期の償却、引当後の数字についても考査対象としましたか。

いたしました。

平成10年3月末を基準日とする考査において、償却、引当後の数字を使用してＬ査定が出るということは、どういうことを意味するんですか。

追加的な償却、引当が残っているということを意味いたします。

長銀側が債務者区分の引下げに抵抗する理由についてですが、償却体力との関係以外で、何か思い当たることがありましたか。

先ほど申し述べたように、L査定、D査定が出ると決算ができなくなるということと、及び、今回の日銀査定の結果というのは非常に厳しめの内容でしたから、それが一般行員に知れるとまずいというふうに考えているのではないかと思いました。

日銀考査の結果が一般行員に知られるとまずいという話が長銀側からあったことがありますか。

ございます。

証人にそのような話をしたのはどなたでしたか。

部長クラスの方です。

その部長クラスの方は、証人にどのような話をされていましたか。

その部長クラスの方から下に対して下りるなという指示をしているのに、部長クラスの方が受け入れてしまったというふうになると、一般行員のモラルに影響を与えるというふうに話しておりました。

(以上　川村　亜希子)

そのような話を聞いて、証人はどのように思いましたか。

一般行員に影響を与えていくと、長銀の優秀な人材が外に流出していく引き金になるんだろうというふうに思いました。

それは、一般行員が退職するという趣旨でよろしいんですか。

そうです。

それ以外に、もっと広い意味での長銀に対する影響力的なものを考えたことはありますか。

ございます。

その点については、どのように理解されましたか。

その実際の資産査定内容が長銀から外に漏れると、長銀の評判と申しましょうか、長銀のレピュテーションに影響が及び、ひいては長銀の経営に重大な影響を及ぼしかねないのではないかというふうに考えているのではないかと思いました。

ちょっと話を戻しますけれども、日銀考査の場で、債務者区分を引き下げようとした際に、部長クラスの方が対応に出てきて、お話しされた場面を証言されましたね。

はい。

その際、別室で話をされたというふうに証言されましたね。

はい。

別室で相手方から話のあった内容なんですけれども、もう1度、確認させてもらえますか。

論理的には日銀査定の結果を受け入れるけれども、今回は長銀の査定どおりで御理解いただけないものかというような趣旨のことを言っておられました。

ほかに長銀側から説明のあったことで覚えていることはありませんか。

あえて言えば、今回は目をつぶってくれと、それから、次回、何とかするから、今回は勘弁してほしいというようなことを言われました。

検　察　官(幕田)

特定関連親密先自己査定運用細則というもの、まあ、関連会社関係の長銀の自己査定基準ですが、先ほど御覧いただいて証言いただいたわけですが、そこでMOF基準とは違った債務者区分をしているということで、経営支援先と、それ

　　から、経営支援実績先というものがあったと、こういうお話でしたが、ここで出てくる支援という言葉ですが、この支援という考え方が長銀における自己査定のいわゆる正確性に影響を及ぼす、あるいは恣意性というものにつながると、こういうものは何かございましたか。
　　実際に再建計画が存在しないのに、こういう支援実績先とか支援先に当てはめているという例がございました。
また、基準自体についても、そのような危険性があると考えたんですか、ないと考えたんですか。
　　あると考えました。
長銀の自己査定基準ですが、破綻懸念先及び実質破綻先の認定要件が狭くなっていると、こういうお話でしたが、これを実際に適用して、資産査定を行なった場合には、その資産査定はMOF基準でやった場合に比べて甘くなるんですか、厳しくなるんですか、あるいは変わらないんですか、これはどのようにお考えになりましたか。
　　破綻懸念先と実質破綻先というところは、先ほどから御説明しているように償却、引当の対象になってくるところですから、当然そこの認定が甘くなれば、償却、引当の額が甘くなるということにつながります。
実際に長銀での自己査定の運用を御覧になったときに、その資産の査定が甘くなっている例がございましたか。
　　ございました。
弁　護　人（那須）**（略）**

日銀考査をやるについて、これこれこのようなやり方でやってください、あるいはやりなさいというそういう規則なり規程なりが、日銀の内部規程としてございませんかというふうに聞いているんです。
　　契約に基づいておりますので、例えば、事前にその承諾を取るとか、そのほぼ1か月前ですが、承諾を取るとかそういうような取決めはございます。ただ、考査の手法としてどういうふうな査定の検証をするとか、先ほど申し上げたような3つの班があったんですが、その3つの班の中で、どういうふうに進めるかというところの具体的な手法について定めたものはございません。
そうすると、よるべき基準は日銀と長銀との契約書だけであると、こう理解してよろしいですか。
　　基準というか、契約ですね。資産査定の検証については、これは午前中に申し上げたとおり、大蔵省の資産査定通達と関連ノンバンクのQ&Aを参考にしているということです。
その参考にしているというのは、参考にせよという内部規程が日銀の内部にあるのか、ないのか。
　　それはございます。
名前は、何という規程ですか。
　　規程名は、自己査定要領と言います。
自己査定要領ですか。
　　あっ、資産査定要領です。失礼しました。間違えました。
それは、いつ作られたものですか。
　　平成10年3月に作っております。
平成10年3月の何日ですか。

日付は忘れました。日付はありません。

日付がないの。

はい、平成10年3月になっています。**(略)**

その資産査定要領には、どのようなことが書かれているんですか、およそでいいですが、ごく一口で言いますと。

書かれているのは、大蔵省の資産査定通達と関連ノンバンクのQ&A、これが挟まっている、そのまま入っています。そして、それを参考にするとなっています。

それを参考にして査定をしなさいと、こういうことですか。

はい、そうです。

それは業務契約といいますか、長銀との契約を締結するについて、それに何か添付資料として付けられたとか、あるいは長銀のほうに事前に示されるとか、そういうようなものですか、それともそういうことは一切ない、全くの内部的なものですか。

今お話ししたように資産査定通達と関連ノンバンクのQ&Aしか入っていませんので、それは長銀の方もお持ちだと思うんですね。ですから、示しようがないということです。

でも、何か表書きみたいなのはあるわけでしょう。

表書きはあったかもしれません。

それは、長銀のほうには示されていましたか。

示しておりません。

すると、すべての考査の方法について、大蔵省の資産査定通達あるいは関連ノンバンクQ&Aというようなそういうものに基づいてやりなさいと、こう書いてあって、独自のことは何も書いてないんですね。

そうです。

そうすると、念のために伺いますが、先ほど来、LだとかDだとかSだとかというような言葉が出てきておりますけれども、それはその要領の中に出てきていますか、いませんか。

出てきています。

しかし、大蔵省の資産査定通達あるいは関連ノンバンクQ&A、そういったものにはLとかSとかDとかというようなものは一切出ていないと、私は理解しておるんですが、違いますか。

ええ。先ほど主尋問で申し上げたように全くそれを読み替えるということですから、全く同じものだと理解しています。**(略)**

この入手した資料、長銀のほうから入手した資料のことを言うんですが、これは考査の作業に入る前に事前に検討をしましたね。

しました。**(略)**

検討の結果は、先ほど証言されたようなことであったと、こういうことで受け止めておるんですが、これは何か書面に残しているんですかね。

私どもの内部資料に残しております。

当行の自己査定手引の問題点についてというこういう書類ですか。

たしかそうだったと思います。

その結論についてお尋ねしますけれども、破綻懸念先、それから、実質破綻先に判定されるルートが狭いというような証言を先ほどされましたが、それも1つの結論になるわけですね。

そうです。結論というか、その事前の段階ですから結論ではなくて、飽くまでも仮説です。

仮説ね。

はい、事前の話ですけどね。

その仮説というのは、狭いというのは、何かに比べて長銀の自己査定基準が狭いということだと思いますが、何に比べて狭いということですか。

資産査定通達に比べてです。

大蔵省の平成9年3月5日付けのものですね。

そうです。

（甲）証拠番号155（供述調書）添付の資料1を示す

これは水谷貢の調書に添付されているものなんですが、あなたのおっしゃる通達というのは、この文書のことを言うんでしょうかね。

そうです。

これは、あなたも前々から見たことがあるんですね。

ございます。

これは、先ほどから通達と言っているんですが、この書面を見ると、あて先が各財務（支）局長、沖縄総合事務局長、金融証券検査官というあて名で、それから、文書の作成者が大蔵省大臣官房金融検査部長、中川隆進、この方の書面であると、こういうふうに理解できるんですが、それでよろしいですね。

はい。

これは、いわゆる本来の意味の通達ですか。

検　察　官（永幡）

異議があります。本来の意味の通達の意味が、恐らく証人は理解できないと思います。

弁　護　人（那須）

そうですか。

裁　判　長

まあ、それは答えてもらいましょう。どうですか。

いや、分かりません。私は大蔵省の人間ではないので、本来の意味の通達とは何ぞやということは全く分かりません。

弁　護　人（那須）

あなたが、これを通達と理解していたことは間違いないんでしょう。

そうです。

長銀も、これを守らなければいけないものだというふうにこういう理解をしていたんですか。

そうです。

それから、日銀もこれに従って考査をやるんだと、こういうふうに理解していたわけですね。

そうです。

あなたが通達であると理解した根拠は、何なんでしょうか。

これは、恐らく銀行法に基づく指導監督の一環であろうというふうに理解しております。

銀行法に基づく指導監督の一環であると、だから、通達であると、こういうんですか。

そうです。

ちょっとよく分からないんですがね、ほかに通達であるとする根拠がありますか。

ほかには分かりません。

通達であるとすると、例えば、平成何年何月の何々の通達何号というようなそういう特定がちゃんとされていると思うんですが。

されているのかどうかも私は知りません。

確かめてないんですね。

私は確かめておりません。

ほかの方は確かめていますか、日銀の一緒に考査に携わった人たちすべてについてお尋ねしますが。

それは一考査員の立場ですから、そもそも考査を始めるときに、それが通達に基づいているのかどうか検証して考査に臨むということをしておりません。

そういうことを日銀の内部の方にお尋ねするとしたら、どなたに聞けば分かりますか。

誰が適任か私には分かりません。

いわゆる資産査定通達と言われているものですけれども、これはいわゆる内部通達と言われているものではないんですか。同じ行政官庁の内部での通達であると、そういうことを聞いたことはありませんか。

さあ、ちょっと私は何も存じ上げませんが、内部通達という言葉自身も初めて知りました。

それも検討したことがないんですね。

はい。

それから、話をちょっと元へ戻しますが、破綻懸念先とか実質破綻先に判定されるルートが、長銀の自己査定基準では狭くなるという証言をされましたが、そのときに税法基準というのは、何か問題としてよるべき基準として考えられるんですか、関係ないですか。

関係ないですね。

今の内部通達と言われているものの。

検　察　官（永幡）

すみません。内部通達とは言われていません。

弁　護　人（那須）

そうですね。じゃあ、もう少し正確に言いますと、平成9年3月5日、蔵検第104号の大蔵省大臣官房金融検査部長から各財務（支）局長、沖縄総合事務局長、金融証券検査官にあてた書類の写しの2ページを見てください。誠に恐縮ですが、ここの一行目からちょっと声を出して読んでみてもらえませんか。

なぜ読まなきゃいけないんですか。

できれば読んでいただきたいと思うんですけど、駄目なら私のほうで読みますけれども。

読んでください。

「早期是正措置制度導入の後、金融証券検査官は、通常の金融検査においては金融機関が自主的に定めた基準で資産の自己査定を実施していることを前提として検査を行うこととなるが、」云々と、こうありますね。

はい。

自主的に定めた基準という表現があるんですが、大蔵省が定めるいわゆるこの後ろのほうに別紙として付いている「資産査定について」というこの基準以外に、自主的に基準を定めるということは認められていると、こういうことは、あなたは承知していましたか。

　　承知しております。

（以上　　岡本　賀奈江）

そうすると、この「資産査定について」という平成9年3月の別紙のほうですね。これと異なる基準も長銀で作ることは許されておったと、こう理解してよろしいですね。

検　察　官（幕田）

異議がございます。主尋問でそのような一般的な質問をしたこともございませんし、証人がそのような答えをしたこともございません。したがいまして、今の質問は主尋問に現れていない、一般手続事項について質問するものでございまして、不適当だと考えます。

裁　判　長

異議は棄却します。

　　自主的にと定められていますが、この資産査定通達と称しましょうか、これをゆがめたりとか、緩くしていいという基準もどこにもございません。

弁　護　人（那須）

自主的に定めるのはいいんだけれども、ゆがめてはいけないと、緩くしてはいけないと、こういうことですか。

　　はい。

それは、どこかにそういうことが書いてあるんですか。

　　書いてはないです。

それでは、あなたはその情報を誰から仕入れたのですか。

　　それは一般的に金融機関が守るべきことだからです。

私が聞いているのは、誰から聞いたか、あるいは教えられたのかということです。それとも、教えられていないんですか。あなたが自分で考え出したことですか。

　　教えられてはいません。

じゃあ、どうしてそういう知識をあなたは持つに至ったのですか。

　　いや、誰からも教えてもらっていません。

では、何かの本を見てですか。

　　いいえ、これは金融常識です。

金融常識ですか。

　　はい。

そんなものが一般的にあるんですか。

　　ですから、どこにも書かれておりません。

それから、ゆがめたと言いましたが、どういうふうになったらゆがめることになるのですか。

　　そうですね。文言を変えたりとか、違った言葉遣いをしたりとか、そういうことでしょうかね、例示すれば。

文言を変えたりすることは、ゆがめることになるんですか。

　　なると思います。

それから、もう一つ、違った言葉遣いで定めること、これもゆがめることになるんですか。

なると思います。

ということは、長銀の自己査定基準というのは、この「資産査定について」という、この基準どおりにしなければいけなくて、一言も違っていたらいけないと、こういうことになりますか。

そうではありません。

じゃあ、どこまでが許されるのですか。

どこまでということは、具体的にはこの言葉だからいいとか、こういう解釈だからいいというのは、それは見てみないと分かりません。ただ、長銀について、先ほど証言しましたように、破綻懸念先、実質破綻先のうち、三つの要件をすべて満たしている、これは明らかにゆがめられております。

なぜ、ゆがめられたと、あなたは考えたのですか。

この資産査定通達の中に、すべて満たしていないと、そこの債務者区分になるという記述がどこにもないからです。

そういう記述がなければ、なぜ、ゆがめたことになるんですか。

……ちょっと質問の趣旨がよく分かりません。

もう一回、さっきの答えを繰り返していただけますか。

さっきの話と同じことを言いますけれども、破綻懸念先と実質破綻先の三つの要件をすべて満たしていないと、その債務者区分が適用されないという、すべてという言葉がこの資産査定通達の中には入っていないということです。

(甲) 証拠番号 81 (供述調書) 添付の資料 11 を示す

あなたの言っているのは、この上から 26 枚目の中段、「破綻懸念先」と書いてあるところに、「以下の『破綻懸念』3条件を全て満たしている先等、現状、経営破綻の状況にはないが、経営難の状態にあり」云々と書いてあるところ、「3条件を全て満たしている先等」という、ここがゆがめていると、こういうことですね。

破綻懸念先についてはそうです。

実質破綻先については、その次の欄、同じような表現があるところですが、「以下の『実質破綻』3条件を全て満たしている先等」という表現がある、ここがゆがめていると、こういうことですね。

そうです。

これは、先ほどの大蔵省の資産査定のどの部分をゆがめているということになるんですか。

すべてということが書いてないということです。

どこにですか。

資産査定通達です。

すべてと書いてあるからゆがめていると、こういうことですね。

そうです。

しかし、先ほど証言しましたように、自主的に自己査定基準を定めてよいという、そういうのが、先ほどの中川検査部長作成の各財務局長あての書類の趣旨なのではないですか。

自主的にという意味では、そうですね。

そうすると、「3条件を全て満たしている先等」というふうに書いてあるからといって、それがゆがめているということにはならないんじゃないですか。

なるんじゃないですか。

どうしてなるんですか。その実質的な理由というのを説明してください。

例えば破綻懸念先でも実質破綻先でも、①②③という例示がございますね。これをすべて満たしていないと、この要件に合致しないと。つまり①と③だけを満たしていて、破綻懸念先に認定されるケース、実質破綻の中において、①を既に十分に満たしているので実質破綻に認定されるケース、こういうこともあり得ます。

もう少し具体的に聞きましょう。この破綻懸念先の①、「業況が著しく低調な状態が続いている先」、「2期連続して償却前営業利益が赤字の場合」、「主要行の支援もなく、再建計画が頓挫するなど、再建の見通しが殆どない場合」、これに当たる場合も、これは破綻懸念先としなければいけないと、こういうのがあなたの御意見ですか。

そうです。ケースにもよりますけれどもね。この文言だけではないですけれども、この文言が非常に当てはまってくると、破綻懸念先ではないかというような疑いが出てきます。

しかし、この①に当たるからといって、直ちに破綻懸念先になると、こういうことではないんですね。

ありません。

②については、「現状、事業を継続しているが、実質債務超過状態の先」、「不動産等の含み損を加味した実質自己資本が債務超過と判断される場合」と、こういう言葉がありますが、これに当たるからといって、すぐに破綻懸念先になると、こういうことではないですね。

そうです。

それから、③、「過去6ヶ月以上入金が全くなく、今後の入金も殆ど見込めない先」と、これに一つだけ当たるからといって、すぐに破綻懸念先になると、こういうことでもないんでしょう。

ございません。ただし、①と②が一緒になれば、その②の実質破綻先の状態、この実質破綻先の深さと言うんでしょうか、解消度合いですね。これが長期にわたる場合は、①と②が合致すれば、破綻懸念先に該当いたします。

あなたの考えでは、①と②が合致すれば破綻懸念先になると。

いや、違います。ですから、②の中で実質債務超過の深さの度合いが非常に大きくて、その期間収益力では当面解消し得ない、長期にわたるというような前提が付いてくると、①②だけでも破綻懸念先になるという意味です。

その深さの度合いが大きくなるというのは、具体的にはどういうことを言うのですか。

具体的には、これは1つの基準ですけども。

1つの基準というのは、どういうことですか。

いろんな物の見方があると思うんですが。

いろいろな物の見方というのは、もう少し具体的に説明してもらえませんか。それは人によって、いろいろな見方があると、こういうことですね。

違います。債務者の状態がいろんな状態に侵されているということです。人によっては見方が違うということじゃないです。それで、債務者の状態が大幅な債務超過、この債務超過を解消するのに、通常であると、その期間収益力という収益を使って解消していくわけですが、それが例えば5年以上の長期にわたる場合、こういう場合は破綻懸念の疑いが出てまいります。

その5年以上というのは、何かどこかに基準として書かれているのですか。

検　察　官（永幡）

異議があります。先ほどから同じことの繰り返しだと思います。飽くまで一つの例として証人は証言しているわけですから、その点を十分理解して質問していただきたいと思います。

裁　判　長

答えてください。

弁　護　人(那須)

その5年先というのは何か根拠があるのですか。単なるあなたの考え方ですか。

自分の考え方ではないです。

日銀の内部に何かそういう基準が。

違います。私が今まで負ってきた考査経験の中から、多数の、大半の銀行が使っていた考え方です。

大半の銀行が使っていた考え方だからということは、じゃあ、違う考え方の銀行もあったわけですか。

ええ、長銀がそうでした。

それ以外にはありましたか。

それ以外は記憶にないです。

長銀だけだということですか。

長銀だけかどうか、私だけが見たサンプルの中では長銀だけです。

しかし、今のような、他の銀行が5年という一つの基準を使っていたから、だから、それを参考にして判断するんだと、ちょっと何か非論理的な気がするんですが。もうちょっと何か基準はないんですか。5年なら駄目だとか、3年ならいいんだとか。

検　察　官(永幡)

異議があります。誤導です。証人は、先ほど自分の経験に基づいてという点を付加して証言しております。

いや、それは申し上げられます。今現在ですけども、10年4月に出された大蔵省の新金融検査マニュアル、これは再建期間が原則5年となっています。ただ、再建計画を策定されている場合は、原則5年から10年、この間が認められます。

弁　護　人(那須)

それは、いつ作られたのですか。

11年の4月です。

10年4月と言いましたが、11年4月ということですね。

はい。

この日銀の考査が行われたときには、まだそれはできていなかったんでしょう。

できてないです。

それができたのは、なぜ、できたのか分かりますか。

存じ上げません。

今まで基準がはっきりしていなかったから、基準をはっきりさせようとして、そういうマニュアルを作ったんじゃないんですか。

そうなんですか。

話を元に戻しますけれども、もちろん程度にもよるんだけれども、①と②が合致していれば、破綻懸念先になる場合があるという証言でしたね。

ええ、そういう場合があるということです。

じゃあ、①と③の場合はどうですか。

あり得ると思います。ですから、③のところは非常に表現が熾烈に書いてありまして、今後、入金がほとんど見込めない先とありますが、そのケースによりましては、入金が見込めないとなると、営業実態がもうないというふうな判断ができるので、これだけだと破綻懸念じゃなくて、実質破綻だということもあり得ると思います。

それから、②と③が要件を満たす場合はどうなりますか。

ですから、これだと破綻懸念だけじゃなくて、実質破綻になってしまうという可能性もあります。

しかし、そこまでは認められるけれども、①②③すべてが合致しなければ駄目だというのは、あなたの考えでは、これはちょっと破綻懸念先を定義するルートとしては狭すぎると、こういうことですか。

そうです。あえて実質破綻にするとは申しませんけれども、破綻懸念でもルートが狭いと。

しかし、その２つなら認めるけれども、３つなら駄目だというのは。

いいえ、そうではありません。③だけあったとしても、そういう営業状態を見ていけば、破綻懸念ではなくて、実質破綻であるというふうな認定もできるということを今申し上げたということです。

破綻懸念先であるかどうかは、①と②と③の３つがそろっていればいいとか、２つならいいとか、あるいは一つでも駄目だとか、そういうことではなくて、もっと実質的に判断をしていくというのが本来あるべき姿なんじゃないんですか。

そこで弁護士さんが使われた実質的にというのは、どういう意味ですか。

もう少し個々、具体的に中身を見て。

それが実質的という意味ですか。

私はそういうつもりで使ったつもりです。

その意味がちょっと理解できません。

その破綻懸念先のところで、これは多分、長銀の基準だと思いますが、「３条件を全て満たしている先等」という、「等」という言葉がここに入ってきていますね。

入っています。

これがあれば、そこで実質的に判断ができるんだから、「先等」というところまで読み込めば、これでもいいんじゃないですか。そうは考えなかったですか。

すべてという文言に、実はこだわりました。

それは、あなたがこだわったんですか。それとも、日銀の。

考査チームでこだわりました。

こだわって、結論はどうなったのですか。

これは午前中に申し上げたように、事前の段階では、結論ではなく仮説でありましたので、その事前の段階に長銀から１度説明を受けたところでは、飽くまでも例示であるというような御説明でしたけれども、実際の考査におじゃましたときの、私どもが運用状況を拝見したところでは、やはりそのすべてを満たしていないと、こういう破綻懸念先なり実質破綻先に認定されないというケースが出てまいりました。

実質破綻先のことについてお尋ねしますが、今の表の実質破綻先の①②③の、③のところで、「債権のうち回収不能見込額が50％以上ある先」とありますね。

はい。

この文言は、先ほどの大蔵大臣官房金融検査部長の、この内部通達に比べますと、ゆがめていることになるんですか、ゆがめていないことになるんですか。

そういう数値基準自体が資産査定通達に出ておりませんので、これだけでは判断できません。

あなたたち日銀の考査チームは、この50パーセントというのも何か問題だというような指摘をした事実があるんじゃないですか。

　いえ、指摘はしません。さっき申し上げたように、早期是正措置と法人税基本通達、これは違うものだと思っていまして、法人税基本通達の9-6-4の1、この中には債務超過率4割以上であれば、無税で償却要件が認められるというふうになっております。それとは比較しましたけれども、相手にはそれに比べて緩いんじゃないのというような指摘はしておりません。

比較しましたね。

　内部で比較しただけです。

内部で比較して、そうすると、長銀のほうには、それは伝えなかったと、こういうことですか。

　伝えたというか、議論はしました。

議論というのは、誰と誰で議論をしたんですか。

　それは、もう弁護人さんがご覧になった、猿渡さんとか、鷲見さん、橋本さん、それから、守澤さん、そのような記憶です。

その3人は長銀の役員じゃなくて従業員の人ですね。

　そうです。

その人と議論をしたと。

　はい。

どのような議論をしましたか。

　どう考えるんですかというふうに聞いたと思います。

どう考えるんですかと。

　はい。正確な記憶はそれ以上残っておりませんが。ただ、覚えておりますのは、今申し上げたように、私どもは税法基準をそのまま適用する気はございませんというふうなことは、長銀にははっきり申し上げましたし、これは日本銀行全体の見解でございます。

ただし、内部的にはそれを検討したし、それから、その鷲見さんとか、長銀の担当者と議論したと、こういうことですね。

　そうです。

そこで、お尋ねするんですが、さっき40パーセントという言葉をお使いになったんですけども、それは法人税法基本通達の9-6-4という、そのことを指すんですね。

　そうですね。

しかし、その9-6-4には、50パーセントと書いてあるんじゃないですか。正確に言うと、おおむね50パーセントと書いてあるんじゃないですか。

　その中に細則があって、会計士の運用ルールというのが多分ありまして、その中は4割になっています。

　それは細則ですか。

　細則なのかどうかは、会計士ではないので分かりません。

それは基本通達の解説の中で、おおむね50パーセントとあるけれども、それは40パーセントでやるのが適当であると、そういうような解説があるということなんじゃないですか。

　そうなんですか。

少なくともそういう可能性があるんですね。

　あると思います。

そうすると、あなたたちが長銀の担当者と議論した 40 パーセントという数字、あるいは 50 パーセントがいかがなものかという議論も、今のようなお話を伺うと、必ずしも絶対的なものではないと、こう理解してよろしいですね。

いかがなものかとは申し上げておりません。

いかがなものかとも言ってないんですね。

はい。どう考えるんでしょうかというふうに申し上げました。

証人及び日銀の考査担当者と、それから、長銀の担当者との間で議論した結果を、長銀の担当者のほうでまとめた、何かメモみたいなものがあったようですが、記憶していますか。自己査定基準等事前ヒアリング②という、そういう題名の書面ですけれども。

検　察　官（永幡）

異議があります。その書証は証拠として採用されておりませんので、誤導であります。

弁　護　人（那須）

いやいや、私が聞いているのは、そういうものを見た事実はありますかということです。

それは長銀の内部資料ですよね。

あなたは見たことはないですか。

なぜ、私が見るんですか。ございません。

あなたが検察官に対して述べた供述調書の中に、これが添付されておって、それを見て、この話の内容は正確なものだと思いますというようなことを検察官に述べた記憶はありませんか。

検　察　官（永幡）

異議があります。時期を特定して質問していただかないと、証人が混乱しているようなので。見た時期ですよ。当時見たのか、取調べで見たのかということです。

当時は見ておりません。

弁　護　人（那須）

そうすると、検察官に対して供述をしたときは見せてもらいましたか。

特捜部の検事様に供述調書をとられたときには、そういうものを示されたこともあったように思います。

それを見て、その内容が正確だと思いますと、あるいは正確だと答えたのかな、そういう記憶はありますね。

はい。

（甲）証拠番号 165（供述調書）添付の資料 4 を示す

裁　判　長

これは不同意になっているんでしょうか。

弁　護　人（那須）

同意にはなっておりません。

裁　判　長

そうであれば、具合が悪いですね。

弁　護　人（那須）

これを示すということもできないんですか。

裁　判　長

はい。要するに取調べ段階で見たという供述ですよね。となれば、示される理由が裁判所は理解できないんですが。

弁　護　人（那須）

じゃあ、こういうふうにお尋ねします。日銀の担当者が、関連ノンバンクの債務者区分がないのはどうしてか、数行考査したが、債務者区分なしというのは、御行が初めてであると、こういうような発言をしたという記載が、その中にありましたか。

検　察　官（永幡）

誤導です。証拠上、何も現れておりません。

裁　判　長

弁護人、それはやっぱり誤導です。だから、現在のこの人の記憶を聞いてもらえればいいので、そういう御自分たちの手持ちの証拠を前提に聞かれるのはいいですけれども、そのとおりかというような聞き方はよくないですね。だから、聞かれたときに、こういうことを言ってませんかと、そういう聞き方をされればいいんですよ。

弁　護　人（那須）

この日銀と長銀の担当者との打合せ、事前のヒアリングのときに、その関連ノンバンクの債務者区分がないのはどうしてかと、数行考査したけれども、債務者区分なしというのは長銀が初めてですよというような指摘をしたという記憶はありますか、ありませんか。

　その他区分を設けているのはどうしてですかということを聞いた記憶はありますが、数行考査したから、そんな、初めてだと言った記憶は私はございません。

それに対して、この長銀の担当者のほうは何と答えたか、あなたは記憶がありますか。

検　察　官（永幡）

先生、それに対して、それの記憶はないと言っていますから。

弁　護　人（那須）

数行考査したがというところが記憶がないということは分かるんですけれども、関連ノンバンクの債務者区分がないのはどうしてかという、そういう質問に対して、どう答えたかと聞いているんです。

　いや、関連ノンバンクについては、その他というふうに区分しておりますと。で、その他というのは、なぜですかというふうなことを聞いたようなことは覚えております。

そしたら、それに対して、関連ノンバンクのIII、IV分類は支援姿勢の結果であり、III、IV分類があるからといって、破綻懸念先や実質破綻先とすると、債務者区分と資産分類にねじれが生ずるというような趣旨の答えを聞いた記憶がありますか、ありませんか。

　うーん。

要するにねじれが生ずると。だから、債務者区分なしというふうにしたんだと、こういう回答を。

　いや、そこまでは覚えていません。そういうねじれという言葉までは。

どんな回答があったか、記憶しているだけでいいですから、答えてください。

　それは先ほど主尋問で申し上げたように、その他区分とはどういうことですかというふうに申し上げたときに、長銀が支援する限りつぶれない先について、その他としていると。その他については、支援先と経営支援実績先を総称して、その他と称していますと、こういうところは記憶しております。

そういうふうな特別な区分をするのはなぜですかという、そういう質問を突っ込んでしなかったのですか。要するに理由ですね。

　ですから、長銀が支援する限りつぶれないので、そういう債務者区分をしており

　　ますということが理由なんじゃないでしょうか。
ねじれが生ずるというような言葉を聞いたことはありますか、ありませんか。
　　それが何のねじれかちょっと理解できないんですが。
資産分類にねじれが生ずるというようなことを聞いた記憶はありませんか。
　　ないです。
で、そういう回答に対して、日銀のほうではどのようにそれに答えたのでしようか。答えるというか、更に意見を述べたんだろうと思うんですけれども。
　　先ほど申したように、それ以上記憶がないというふうに申し上げたんですが。
では、日銀内部でも、おっしゃるような議論はあったと。ただし、御行の考え方は少数派意見であったがと、こういうようなことを日銀の人が答えた記憶はありませんか。
　　少なくとも私は答えてないということと、そういった記憶もないです。
記憶がない。
　　はい。
本当はそれに似たようなことを日銀のどなたかが言ったんじやないですか。要は日銀の内部にも、長銀のそういう考え方を認める意見があると。ただし、それは少数派であると。
　　いや、ないと思います。ないです。それは、なぜかというと、さっき申し上げたように自己査定の資産査定通達の趣旨に反するからです。それは正常先、要注意先、破綻懸念先、実質破綻先、破綻先という5つの分類のどれにも当たらないというのは、貸出金の分類をしていないということになると思います。
記憶違いじゃないですか。
　　ないです。私は少なくとも絶対そういうふうには考えません。
あなたは考えなかったけど、ほかの人がそういう指摘をした事実はありませんか。
　　ほかの人の記憶はございません。
一緒にいた方のことを聞いているんですよ。
　　はい、そうです。
一応そういうふうに伺っておきます。別にあなたをいじめようとして言っているわけじゃなくて、真実を知りたいから聞いているんだけれども。当時、なるほど、そういう考え方もあるんだなというようなことを考えたことはありませんか。あるいはあなたが考えなくても、ほかの人がそういうことを口走ったことはありませんか、日銀の内部で。
検　察　官（永幡）
すいません。そういうことというのは何を指すのでしょうか。
弁　護　人（那須）
今のような支援先、支援実績先については区分なしということでやるという、その考え方です。記憶がなければいいですよ。
　　いや、ないと思います。
こういう資料を、あらかじめ検討するというような作業をして、現実に今度は考査の作業が始まったと思いますが、その中身はちょっと置きまして、結果的に日銀の考査報告書というようなものにまとめられたわけですね。
　　まとめました。
これはまとめるについて、あなたも関与したんですね。
　　私が原案を書き、ほとんど私の原案のまま残りました。
その考査報告書の中に、今回、資産査定は当行が実施した自己査定、これは平成9年

12月末を検証する形で行なったが、本行査定額と先方の自己査定の乖離は極めて大幅であり、全体的に自己査定基準を当行が都合よく解釈し、債務者区分を一ランクずつ甘くしている印象があると、こういうようなことを、あなたは起案し、それが考査報告書になったという記憶はありますか。

　　ございます。

そうすると、この本行というのは日銀のことですよね。

　　ええ。これは日銀用語で本行と言います。

日銀が、あるいはあなたたち担当者が、自分たちのこの作業を通じて、判断をして、到達した結論であると、こういうふうに考えていいですか。

　　それは正確ではありません。早期是正、10年4月以降ということですけれども、新しい日本銀行の法体系と言うか、それと直接的に関係があるかどうか、先方の自己査定を検証する形で作業をしていまして、先方の自己査定どおりに認めた部分と、それから我々が変更した部分、これを合成して、本行の査定と、こう称しております。

しかし、これは日銀が考査をするわけですから、長銀の、もちろん意見は聞くんでしょうけれども、最終的には日銀の判断で、この数字などはまとめていいわけでしょう。

　　違います。

長銀のほうの了解を受けなければいけないとか、同意を得なければいけないというような、そういう何か規則でもあるんですか。

　　規則はありませんが、そういうことはしていません。

どういうふうにしているのですか。

　　日本銀行の考査の納得性を保つためには、先方に対して理解を得ることが一番重要だと考えますので、先方が納得するまで議論します。つまり本行査定というのは、本行が変更を促したけれども、最終的には長銀の経営陣が納得したというふうに理解しております。

日銀のほうは納得しているんですか、納得していないんですか。

　　どういう意味でしょうか。

その考査結果ですよ。要するに日銀ももちろん納得しているんでしょうね。

　　日銀が作った数字なんで、納得するも何もないですよね。

だから、それは特に問題ないんでしょう。この日銀が出した数字というのは。

　　問題がないというのは、どういう意味でしょうか。

例えば長銀の人に押し切られて、心ならずも甘い数字を認めてしまったとか、そんなことはないですね。

　　ございません。

あなたが自分の職業的良心に基づいてやった結果が、あの長銀で出された数字であると、こういうふうに理解していいですね。

　　結構です。

そうすると、その中に査定資産額という言葉が使われていたと記憶しておりますが、その査定資産額というのは、どんなことを指すのでしょうか。

　　自己査定というのは、すべての資産全体を対象にしていますから、貸出金以外の資産も査定対象にしたということです。

そうすると、この査定資産額というのは、いわゆる不良資産とか、優良な資産もすべて含めてということですか。

　　いや、査定資産というのは、L資産、D資産、S資産、これを総称して査定資産と呼んでいます。査定対象資産という言葉を使いますと、その対象になる資産全体を指します。

そうすると、査定資産額が今回は３兆 5382 億円であったというような記載がありますが、これはいわゆるＬ、Ｓ、Ｄの三つを合わせた数字と、こういうふうに理解していいですね。

貸出金だけじゃなくて、すべてそこに分類された資産を総合したものだということです。

（以上　　宮村　麻理）

Ｌというのは、これは、とにかく英語かローマ字か知りませんが、何かの言葉の頭文字というか、一番頭の字だと思うんですが、何の略ですか。

ロスです。

損失ですか。

そうです。

それから、Ｄはどうですか。

ダウトフルです。

疑わしい。

そうです。回収疑問と言います。

それから、Ｓは。

サブスタンダードです。

これはどういう意味ですか。

ちょっと直訳しにくいんですが、通常の貸出しの形態とは違った異常な形態というふうな意味です。

スタンダードよりもちょっと。

スタンダードではないということです。標準形ではないと。

そのＬとかＤとかＳという言葉を使って区分をしなさいよというようなことも、先ほど述べた内部の要領に載ってるんですね。

載ってます。

この考査報告書の中には、当行の要償却資産額という言葉を使ってるんですが、要償却資産額というのは、Ｌ、Ｓ、Ｄで言うとどれになるんですか。

これは、相手にはお示ししてない言葉です。日本銀行の中での使い方です。

日銀の内部で結構ですから、どういう意味を持っているのか、あるいはＬ、Ｓ、Ｄとの関係ではどういう関係にあるのかを教えていただけますか。

償却、引当を要するという意味なので、そこには引当という言葉は出てませんが、我々の内部で使っているという意味では償却、引当を要する資産という意味なので、ＬとＤを総称して言っております。

その要償却資産額については、利息追い貸により破綻を免れている不動産関連貸付けが多いため、Ｄ査定額のほとんどがいずれＬ査定に転化するとの見方が可能であると、こんなような言葉を使っていますが、Ｄ査定額がいずれＬ査定に転化するというのは、これはどういう趣旨ですか。

先ほど御説明したので御理解いただけると思いますけれども、Ｄというのは回収疑問であると、疑問が持たれているというところなので、回収の可能性がわずかに残っているということも裏返しとしてあり得るんですが、いずれ時間がたてば回収の可能性が全くない無価値の資産に変わるであろうということがこの長銀のケースにおいては多かったという意味です。

したがって、あなたの今の趣旨からしますと、平成10年3月基準では、それは未だD査定額であるから、いずれ、例えば平成10年度とか、11年度とか、そういうときには、時間がたつとL査定に転化するであろうと、こういうふうに理解してよろしいですね。

時期は特定できませんけども、そういうようなニュアンスです。

このようなD査定の中身というのは、あなたとしては、職業的な良心に基づいてちゃんとやった結果がD査定になったと、こう理解してよろしいですね。

そうです。

この考査報告書のうち、長銀のほうに開示された部分とそうでない部分とがあるようにさっきの証言でお聞きしましたけれども、長銀のほうに示された部分というのは、どの部分がありますか。

検　察　官（永幡）

異議があります。そのような証言はしてないです。見せてないという証言をされたと。

弁　護　人（那須）

そうすると、全部を見せてないんでしょうか。

見せてません。

考査報告書は一切長銀には見せていない。

所見と報告書とありまして、所見というのは相手にお渡しをしてます。報告書というのは内部の文章ですから、内部のために作ってますので、当然長銀にはお見せしていません。

考査報告書の後ろのほうに所見というのがついてたもんですから、それを一体のものと考えたんですが。

一体ではございません。

そうすると、所見だけが長銀のほうに示されたんですね。

まさに所見というのはそういう言葉の意味を持ってて、見たところこうですよというのをお伝えしたということでございます。

そういう所見を長銀に示すというのは、先ほどの、長銀と日銀、あるいは日銀と長銀との契約書の中の条文で言うとどの部分に基づいて所見を示したことになりますか。

ちょっと契約書が手元にないんで。

何か助言をするというような言葉が契約書の中にあったんではないかと思うんですが、その助言の一つと考えていいですか。

そうですね。

そうすると、その所見だけが示されたものであって、それ以外のものは長銀には示されていないと。

そうです。

その所見には、MOFガイドラインというのか、先ほど来問題になっております大蔵省の自己査定基準、こういったものと食い違っているというようなことは一切書かれていなかったのではないですか。

ちょっともう一回所見を見てみないと分からない、記憶にないですが。報告書は、私が原案を作って鮮明に覚えてるんですけども、所見自体は、考査役が自らお書きになっておられるんで、どこまで今正確なのかというのは、ちょっとものを見ないと分からないです。

その考査役というのはどなたのことを言うんですか。

今、特別公的管理にある長銀の取締役をしている溝田です。

溝田さんが所見を書いたと。

そうです。

（甲）証拠番号193（資料作成報告書）添付の資料2①を示す

所見というのを見ていただきたいんですけれども、所見の中に、大蔵省の資産査定基準と食い違っているというような指摘というのがどこかにありますか。ざっと見ていってください。

当初、日本銀行のこの所見の書き方の中に、大蔵省だの金融監督庁だのという文言はもともと使わないんです。ですから出てないと思います。

それは、なぜ使わないんですか。

ですから、日本銀行の考査は、資産査定通達は別にしまして、別に大蔵省、金融監督庁の検査を参考にしながらやるものではないからです。

要は、大蔵省とか金融監督庁の下請けをやっているわけじゃないですよね。

それは意味が分かりませんが。

そうすると、「概要」、「御行経営の現状」、「収益、資金繰り等」、「当面の対応」、その後に資産内容の表がありますが、どこを見ても大蔵省の資産査定基準と違っているよとか、そういう指摘はないですね。

ないです。

そういう指摘をしなかったことについて、何か理由がありますか。

検　察　官（永幡）

異議があります。指摘をしなかったとは証言しておりません。記載がないとの証言ですので。

弁　護　人（那須）

記載がないのは、何か特別な理由があるんでしょうか。

この所見というのは、きわめてコンパクトにまとめて書いてます。ですから、自己査定基準の問題というのは、考査中に長銀に対して話はしてあります。ただし、なぜここに書かれていないかというところなんですが、私は考査役の立場ではないので、正確には申し上げられないけれども、私が今これを書いた溝田のことを類推するに、恐らく、今の一番の長銀の問題点というのは、既にもう不良資産が相当の額たまってしまってるんで、それをなるべく早く処理するというのが当面の課題なんで、何でもかんでも一挙にはできないよと。つまり、一番取り組むべきは、彼らが認知した要償却資産の大きさであると、それを何とか落としていくことだというのを、分かりやすく、むしろそこだというのを焦点を当てて書いたと。ただし、実際の考査の中では、その基準について、そういう問題がありますねという話はしております、助言はしました。

この考査報告書の言わば結論に近いと思うんですが、D。

報告書ですか。

考査報告書ですね。いや。所見にも当てはまるかな。

所見の中には、御覧いただきますと、要償却資産だとか、それがLプラスDだとかいう言葉は一切使ってません。使わないようにしています。

その考査報告書の中で、Lに該当するものが幾らだというふうに記載してあったか記憶はありますか。

520何億だったと記憶しております。Dは忘れましたけど。

これは、平成10年3月末基準。

　　そうです。
この数字は、あなたから見たら正確な数字だと。
　　当時は正確でした。
後からは違うと思ったんですか。正確じゃないというふうに考えるようになったんですか。
　　それはなぜかと申しますと、金融監督庁が、公的管理になる前に、新聞発表、記者発表したときに、これは再生委員会ですかね、そのときの数字と日銀の数字を比較いたしましたので、平成10年3月末基準と相当乖離があるなと、これについては後で認知いたしました。
しかし、それは日銀のほうが間違っていたのか、それとも金融監督庁のほうが間違ったのか、そこのところまではっきり分からないでしょう。それは確認してないでしょう。
　　間違いとか、間違いでないということは考えませんでした。当時あった情報からすると、当時の私どもが平成10年5月、6月に入った考査の時点では、この数字で正しかったと。
さて、そこでお尋ねしますが、この考査報告書及び所見というのは、金融監督庁のほうには送られていますね。
　　送っています。
それはいつごろ送ってるんですか。
　　うろ覚えですが、平成10年の7月ごろだったと思います。
この考査報告書に、例えば安齋理事という名前が出てくるんですけども、安齋理事というのは、お名前は何というお名前ですか。
　　安齋隆です。
現在、長銀の頭取をやっておられる安齋さんですか。
　　そうです。
それから、溝田さんという人も関与しているようですが、これは。
　　溝田泰夫です。長銀の取締役です。
そうすると、その方々は、当時、この考査報告書及び所見については、当然目にしておられるんでしょうね。
　　目にしております。
そのときに、この数字を見て、具体的に日銀法に基づく何かのアクションというのか、措置を講ずるとか、そういったようなことは一切なかったですね。
　　私は聞いておりません。
弁　護　人(中島)
先ほど、今回の日銀考査は平成10年3月基準というような言い方をされたんですが。
　　3月末基準ですね。
その3月末基準の基準というのは、どういう意味ですか。
　　3月末の数字をベースに資産査定を行いますという意味です。
3月末、そこのところがちょっと分からないんで御説明いただきたいんですけど、3月末の数字というのは、財務諸表とか、要するに貸出金の内容とか、そういう資料に基づいてということなんですか。
　　いや。たまたま3月末だったということが正確でありまして、通常、入る月の彼らの作成負担を考えて、考査先に入るところの2か月前の月末の数字を基準にして資産査定を行いましょうと、これは内部の取決めで正式な契約書にはどこにも書いてないんですけども、そういう取決めも彼らの事務負担を配慮したものであります。

ただ、私がお聞きしたいのは、そういうデータを見るにしても、いつ見るかによって、その後の経済情勢の変化によって違ってくるんじゃないですかということです。だから、その基準というのはどういう意味を持ってるのか、データだけ3月末のデータを使うんですよと、そういう意味ですかということです。3月末のデータを使って、5月の経済情勢を見ながら読み込むのかということです。

おっしゃる趣旨は分かるんですが、現実には経済情勢なんて取り込みようがないですよね。決算をやってませんから。何を織り込むのかという意味が分からないんですが。

(甲) 証拠番号193 (資料作成報告書) 添付の資料2②を示す

これの表から7枚目、「資産内容の実態と今後の課題」というところ、ここの初めのほうに、「当行が実施した自己査定」という、この「当行」というのはどういうことですか。

これは、3月末の基準に向けて、自己査定を12月末をベースにしないと3月の償却、引当が確定できないので、通常の金融機関はみんなこのやり方を採ってまして、12月に数字をいったん作って、それを3月に向けて自己査定すると、こういう意味でございます。

そうすると、3月末基準というのは、要するに、長銀が12月末に自己査定した数字を、3月末というと決算が終わってからの数字を見てるということですか。

いや、決算と同時です。長銀自身もそういうやり方をしてまして、12月にいったん締めないと、3月末に締めたんじゃ自己査定ができないわけですね。12月末にいったん締めまして、そこから自己査定で相当な債務者の査定に入るわけですから、3月末にかけて自己査定をやるんですが、その間に、3月末の貸借対照表なり損益計算書なり利益処分計算書を確定するために3月末の数字も入れていくと、こういう考え方です。

そうしますと、この考査報告書は、長銀が行なった3月末の数字、要するに、12月末に策定して、3月末に償却とかいろいろして、後の額ということですか。

償却、引当の前と後と数字は両方ございます。先ほど弁護人がおっしゃったL幾らですかという527億という数字は償却、引当後の数字でございます。

この中に、特に、Lで400というのがあるんだけど。

それは償却、引当後のLです。

次に、日銀考査の目的について個人的にお聞きしますが、先ほど特融ということを、日銀法にはないんだけれどもと言われましたけれども、要するに、金融システムの安定のために考査を行うと、安定の資料にするために行うと、こう伺ってよろしいですか。

それも目的の1つです。大きな目的の1つだというふうに御理解いただいてもいいかもしれません。

金融システムの安定と言いますと、一長銀だけではなくて、日本全体の、又は世界の経済の中の金融システムと、こう考えてよろしいですか。

おっしゃるとおりです。

そうすると、要するに、日本の金融、また世界の金融の安定のためということになりますと、あんまり議論はしたくないんですが、要するに、できるだけ健全であってほしいと、検査する相手の銀行ができるだけ健全であってほしいという目で査定するんじゃないんですか。

ちょっと意味が分からないんですが。金融システムが安定であるためには、できるだけ正確に金融機関の健全性を図らなきゃいけないと。ですから、思いを込めて健全であってくれという気持ちはないです。冷静に見て、もちろん他と差別をせずに冷静な尺度で見て健全かどうか判断をしていくしかないなということです。

そうしますと、資産、特に貸出金の査定につきましては、そのときの経済情勢によって、このくらいの分は償却してほしいとか、そういうものはないんですか。

ないです。

例えば、地価の動向とか株価の動向とか、そういうものは考えられませんか。一切考えないの。

ちょっと私の持ってる常識と違う世界の話なので、意味がよく分からないんですが。もちろん、これからの、例えば私どものマーケットリスク班で収益シュミレーションというのをやりますけれども、その収益シュミレーションをするにあたって、将来の収益を推計するときには、地価の下落率だとか、株価の動向とか、不良資産の発生の度合いとか、それは予想損失率に伴った発生の度合いですけど、そういうものを織り込みながら、収益のシュミレーションという作業をやりますけれども、現在の自己査定の3月末基準で見て、そこに何かそういうファクターを入れるという考え方はないです。

そうすると、考査報告書に、今のDはいずれはLに移行する可能性があると書いてないですか。

書いてます。

要するに、時間軸考えてやってるんでしょう。

それは、DがLに変わるわけであって、今の御質問の趣旨だと、それはLに査定しないとまずいですよねという趣旨に聞こえてきますが、私は、今はそれはDでいいんだろうと、だけど、それは将来はLに変わってくるんで、その時点が確定したときにL査定すればいいんだろうと、こういうふうに思ってます。ただ、内部の中では、限りなく時間がたてばLに変わっていくなというふうな見方を示したということです。

ところで、先ほど、それぞれの査定通達、それと関連ノンバンク通達のことを言われてましたけども、というのは、日銀内に、資産査定要領、その中には、関連ノンバンクに対する査定についてはどうするかというのはあるんですか。

ですから、これは先ほどからの繰り返しになりますけれども、資産査定通達と全銀協の発出したQ&Aがそのまま入っていると。

関連ノンバンクについては、基準はないんじゃなかったですか、当時。

ですからQ&Aですよね。

あなたの同意されている調書でもそう言っているし、あなたと一緒に行った河合さんかな、その調書でも、日銀には関連ノンバンクについての査定基準はないんだと。

だから、Q&Aを基準かというふうな議論をされると、Q&Aですから基準ではないですよね。

ですから、同意されている調書の中に、関連ノンバンクについては、日銀は特に一般の査定基準と区別した意味で、関連ノンバンクについては日銀は査定基準を持っていませんと言ってるんですよ、あなた以外にも。

これは、先ほどの私の話でも申し上げたように、一般債務者と同様に査定をすると、この原則は変えておりません。ただし、Q&Aの中にフローチャートがあるように、母体行の支援意思があるとかないとか、経営体力があるなしとか、そういうケースが出てきたときにはこういう当てはめ方をするというのをQ&Aを参考にしながらやっているという意味でございます。ですから、基準があるのかという、基準かと言われると、ああ、基準じゃないかもしれないなというふうに申したのかもしれません。

一般先と関連ノンバンク先と、これを分けて査定する考えは、どうしてこんな考えが起きてきているんですか。要するに、一般先と関連ノンバンク先では、査定の仕方が違うでしょう。

同じだと今おっしゃいましたよ。

同じですか。

同じです。同じですが、ただし、母体行の支援意思だとか、そこについての支援意思があるなしだとか、母体行という概念が出てきますよね。それに対して、経営体力があるなしとか、再建計画に合理性があるなしとか、多少複雑な要素が入ってくるんで、基本的には同じなんですが、複雑な要素を考えると、関連ノンバンクというのは、少し詳しめな査定の解説が要るという意味です。

そうすると、母体行の支援の意思と、要するに母体行の体力ですよね、そういうことでしょう。

突き詰めるとそうでしょうね。

それは、償却財源の話になりませんか。

それはどういう意味なんでしょうか。

償却財源があるなしも体力の1つじゃないですかという意味です。

まさにそうです。

ですから、例えば、母体行が支援の意思があるかないかというのは、償却財源があるかないかと。

そうです。当然、償却財源がなければ。支援といっても、支援の定義がいろいろありまして、単純に貸出しをするだけの支援とか、支援損を計上して母体行が損失を計上するケースとか、債権放棄をするケースとか、現金贈与をするケースとか、いろんな形態があるもんですから、おっしゃるような部分というのは償却財源でしょうと言われると、支援損であるとか、債権放棄とか、非常に限定されてきます。

貸出先の債権の評価について、貸したほうの体力があるかないかということを何で考えないんですか。要するに、母体行が責任を持つか持たないか、体力があるかないかということでもって分けますと言ったでしょう。

それは、ちょっと長銀のケースに限定させてお話させていただければと思うんですが、長銀のケースの関連ノンバンクの場合は、母体行からだけ借入れをしているわけではなくて、他の信託銀行なり、他の都市銀行からの借入れが相当規模あるわけでありまして、その信託銀行なり都市銀行が何をよりどころにして関連ノンバンクに金を貸しているかというと、当然、長銀の実態を見て金を貸していることになるわけです。ですから、その支援意思があるかないかというのは、けっこう大きな話になりまして、もし支援意思がないとなると、そこに資金を出している信託銀行なり都市銀行がお金を引き上げてしまうと、そのときに、長銀として、肩代わりと称して別途貸出金ができるかどうかと、こういう問題が発生してまいります。

そういうときだったら、長銀がつぶれちゃったら、もっとほかのところが困っちゃうわけですな。

困ります。

そういう意味での母体行責任というものも考えているんでしょう。

そうです。

一般先はそういうことを考えますか。

一般先でも考えます。

大口であれば。

ええ、考えます。例えば、ゼネコンとか、不動産とか、商社もそうです。

(以上　川村　亜希子)

弁　護　人(倉科)

日銀考査についての基準の話が出ましたが、それとの関係で、いわゆる資産査定通達は、平成9年3月5日でございます。じゃあ、平成9年3月5日の資産査定通達が出る前の日銀考査は、具体的にはどういう基準を用いて資産査定を行なっていたんですか。

これまた資産査定要領というものがございまして、比較的、資産査定通達に似たような内容のこれは要領がございました。

その平成9年3月5日後の要領については、具体的には資産査定通達と、それから、関連ノンバンクのQ&A、それが挟んであると、こういう状態であったとおっしゃいましたね。

えっ、平成10年ですよね。

平成10年4月1日の話がそうなんですか。

ええ、そうです。

分かりました。失礼しました。じゃあ、平成10年3月31日以前の基準は、どういう基準に従って考査を行なっておられたんですか。

ですから、さっき申し上げたように日本銀行の中に資産査定要領という旧基準というのがありました。

その基準というのは、具体的には、例えば、大蔵省の通達だとかそういったものを使っていたんですか。

それまでには、そういう資産査定に関する通達は発出されていないというふうに理解しておりますので、そういうものは使っておりません。

大蔵省が銀行の検査をするときに、実際には基準を持って使っていた、そういう話も御存じないですか。

それは存じ上げません。

そうすると、少なくともあなたの認識としては、大蔵省の持っている基準とは関係ない基準でもって平成10年3月31日以前の考査を行なっていたと、こういうことですか。

それはちょっと極端な言い方でありまして、関係があるかないかというところを思い出すと、日本銀行の考査と当時の大蔵省の金融検査の検査とは交互に入るということが慣例となっておりましたので、私どもがお邪魔したときの前に、例えば、大蔵省の検査がどのような検査手法で、どういうふうに行なっていましたかという情報は得ていましたので、それは当該金融機関から得ていたという情報なんですが、その当該金融機関の得ていた情報を我々の考査局内で積み上げながら、恐らくはこういうような入り方をしているのではないかというような考え方を

　　持っておりました。

平成9年3月5日の資産査定通達より前から大蔵省の金融検査では、Ⅰ分類、Ⅰ分類とは普通言いませんが、まあ、Ⅱ分類とかⅢ分類とかⅣ分類とかそういう概念を使っていたことは御存じでしたね。

　　知っております。

それで、平成10年3月31日以前の日銀考査においては、その査定はSとかDとかLとかというのを使っておりましたか。

　　使っていました。

じゃあ、平成10年3月31日以前の日銀考査におけるS、D、Lと、それから、大蔵省の金融検査官の使っている基準であるⅡ、Ⅲ、Ⅳとは違っていたんですか。

　　その当時も、多分同じであったと思います。

平成10年3月31日以前における日銀考査においては、そうしますと、平成9年3月5日の資産査定通達というものは、基準として使っていなかったんですか。

　　資産査定要領の中には、まだ綴じ込みはされておりませんでしたけれども、そういうものの存在は認知しておりましたので、資産査定要領に入れないまま参考にしていたというのが正確な答えなんです。

平成9年3月5日のこの資産査定通達から平成10年4月1日までの間が、普通、早期是正措置への移行期間と、そういう趣旨の表現で言われていたことは御存じですね。

　　知っております。

そのような移行期間において、どんな基準に従ってやるのかということは重要な問題だと思うんですが、それについて日銀の考査は、大蔵省の資産査定通達の基準というものを重視していたんじゃありませんか。

　　重視というのか、参考にしていることは事実です。

しかし、平成9年3月5日の資産査定通達と、それより前の大蔵省の検査官の基準とは違うところがありましたよね。

　　どこですか。

例えば、債務者区分なんかが違っていたでしょう。

　　どこですか。

例えば、破綻先と実質破綻先とかいう問題があったでしょう。

　　でしょうと言われても分からないんですが。

例えば、平成9年3月5日の資産査定通達で、いわゆる実質破綻先という言葉が出てきたんじゃないんですか。

　　ああ、それは正確な言い方じゃなくて、そもそも債務者区分というのを行なっていなかったではないかというほうが、私にはぴんときます。

いずれにしても、かなり違っていますね。

　　違っているというふうには理解しないんですが、もともとL、D、SのⅡ、Ⅲ、Ⅳ分類の区分はしていたので、その中に債務者区分という概念を入れたということなので、大きく見て何か違ったかというと、債務者区分を入口に入れたというだけなので、査定額ないしは分類額を算出するということは同じです。

そこで伺うんですが、平成10年4月1日以降、長銀以外に考査に入ったというのは、どこだったのかということなんですよ。長銀は、平成10年の5月から入ったんでしたかね。

　　そうです。

それより前に平成10年4月1日以降、考査に入ったところはどこですか。

もちろん考査に入っています。具体名は。

検　察　官（永幡）

異議、本件と関連性があるんでしょうか。

弁　護　人（倉科）

いやいや、考査の基準の話をしているわけですから、その考査基準に従って、長銀より前に実際にやられた経験があるかどうかというのは大事でしょう。

私は経験がありますが、具体名は今ちょっと言いにくいんですが。

別にそれは隠すほどのことじゃないんじゃないですか。

検　察　官（永幡）

入ったかどうかが分かればよろしいんですか。

弁　護　人（倉科）

いや、だから、例えば。

入ったことは入りました。

日銀の考査の対象になるのは全国に600あるでしょう。

はい。

600と言ったって、小さいところ、まあ、そう言っては非常に失礼な言い方だけど、小さいいわゆる地銀もあれば、大都銀もあるわけでしょう。ですから、それだったら、どんなところへ入ったんですか。

具体名は申し上げませんが、都銀の上位行とか地銀の上位行に私は入りました。

それは、平成10年の5月に長銀に入る前に何行入りましたか。

私は供述調書に書いてあるように50先ばかり経験がありますから、既にそのときに45行目ぐらいだったかと思いますね。

平成10年4月1日以降は、どうですか。

実は長銀に入ってから、私は1年間ばかり公的資本の導入の関係の仕事をしまして、1年間、考査に行っておりません。

私の質問の趣旨は、平成10年4月1日から長銀に5月に入るまでの間。

はい、行きました。

何行ですか。

1行行きました。考査サイクルとして1サイクルしかございません。

それから、今回の長銀の考査に入ったことについてですが、先ほど三つの班に分けたとおっしゃいましたね。

申しました。

つの班が信用リスク班とか言われましたね、違いましたっけ。

今の表現は正確ではございません。国内本支店チームを見るところは三つの班に分けたという意味です。海外支店を見る班が、また別途ございます。

そうすると、その国内の本支店を見るというものについての、何といいますか、そういうものを班と言いましたか、例えば、国内班というふうに言いませんでしたか。

国内班というのは、明示的には使わなかったですね。海外に行く人たちは、海外班とか言っていましたけど、国際業務班とか言っていましたけれども、国内にいる人たちは、あなた、国内班よという明示的な言い方はしていません。

じゃあ、違った言い方をしましょう、国内を担当する考査チームは、信用リスク班、マーケット班、オペレーショナルリスク班の3つに分かれていたんじゃないですか。

いいえ。マーケット班じゃなくて、マーケットリスク班です。

いずれにしても、信用リスク班、マーケットリスク班、オペレーショナルリスク班ですね。

　　はい。

信用リスク班というのは、班長さんはどなたでしたか。

　　山本幸夫を班長にしました。

それから、長銀の自己査定基準というものについて、まず自分で検討した上で、更にディスカッションをしたと、こういうお話でしたね。

　　そうです。

そのディスカッションの過程でも結構ですし、あるいは過程でなくてもいいですけれども、長銀の担当している監査法人に、その自己査定基準について意見を求めたと、あるいは求めたかというような問答をしましたか。

　　長銀に対して、この監査基準について、当時の監査法人に対して了解を取られているかということは確認しました。

そしたら、どういう確認が得られましたか。

　　確認をしていると。

確認をしているという意味は、どういう意味ですか。つまり特に異議はなかったと、こういう意味ですか、そういうふうに受け取りましたか。

　　そう受け取りました。

それから、先ほどお示ししました考査報告書、もうこれは覚えておられると思うので、いちいちお示ししませんけれども、考査報告書によりますと、他の訴訟当事者がいるので言いますと、考査報告書の本文の2ページなんですけれども、527億円のL査定というものが、平成10年の3月末、決算期ですかね、ということで発生していると、こういう話でしたね、そういう報告だったでしょう。

　　それも正確じゃありません。追加的な償却、引当が発生しているということです。

追加的な償却、引当とおっしゃる意味は。

　　既に平成10年3月末において彼らが、その金額はちょっと忘れましたけれども、償却、引当を彼らが適正だと称する額を引き当てているわけです。それに対して、私どもは、それじゃ、足りないですよと。

　　はい、分かりました。

L査定が527億ありますよということを申し上げたんです。

おっしゃることは、よく分かりました。それでは、527億円のうち400億円、これはNEDの関係であったということですね。

　　そうです。

具体的には、NEDの平成10年度債権放棄予定分ということだったんじゃないですか。

　　そうです。

平成10年度に放棄する予定の分というものについて、これが平成9年度の決算におけるL査定になるのは、どういうわけなんですか。

　　あのときの情報としては、既に国税の了解を取っているという話がありましたので、それはもう当該年度、既に発生するのを見込んでいるのであれば、償却を行なっておくべきではないかという意味でLを出し、このLについては長銀側も納得したということです。

そうしますと、つまり国税の承認云々というその時期の問題ですか。

　　そうです。

それから、先ほど、多分、金融検査マニュアルのことだろうと思うんですけれども、平成11年4月になってから金融検査の基準というものが決められたという趣旨のことをおっしゃいませんでしたか。

言いました。

そうですね。

基準というか、マニュアルですね。

それで、その金融検査マニュアルというのは、もちろん金融監督庁の問題でございますけれども、金融検査マニュアルと、それから、平成9年の資産査定通達、これとは一連のつながりのものであるという御理解ですか。

そう理解しています。

平成9年の資産査定通達に発するものがいろいろな試行錯誤を経て、平成11年4月に、この確定した金融検査マニュアルになったということなのではありませんか。

検　察　官（幕田）

異議があります。先ほど証人が平成11年4月のマニュアルの話をしましたが、それは尋問と関係のない証言ということで、それに基づいて引き続いて証言した形跡がないわけでございます。また、そもそも本件の日銀の考査は、証言に出ておりますように平成9年3月のMOF基準に基づいてやっているのでありまして、今、弁護人が御指摘になった平成11年4月のマニュアルは、全く本件に関係ないわけでございます。したがいまして、本件とは関係ないということで、今の質問に異議を唱えます。

弁　護　人（倉科）

理由なし。

裁　判　長

関連性はあると思います。ただ、事後のことですので簡単に聞いてください。

弁　護　人（倉科）

それで、平成11年の段階になったときに、この金融検査マニュアルは、一律的、形式的に適用してはならないという趣旨のことが盛り込まれたことを御存じですね。

知っております。

その他幾つか変更がありますが、それはあなたはお読みになったことがありますか。

読みましたが、その他幾つかを全部言ってみろと言われても言えません。

でも、あったかどうかだけは分かりますね。

もちろん知っております。**(略)**

弁　護　人（坂井）

先ほど中島弁護人の質問がありまして、その関連でちょっとお聞きしたいんですが、関連ノンバンクに関する資産の査定の問題です。証人は関連ノンバンクについても、その査定の基準というのは、原則として一般債務者と同様だと考えていると、要するに、資産査定通達が基準になるんだと、こういうお答えでしたね。

そうです。

ただ、全銀協のQ&Aは参考にしますということで、原則は同じだけれども、母体行という概念が入ると、複雑ないろんな要素が入ってくるので、まあ、これはちょっと正確じゃないかもしれませんが、更に細かくいろいろ見ていく必要があると、こういう趣旨の証言があったとお聞きしてよろしいでしょうか。

結構です。

それで、そういう問題になってくると、母体行の償却財源の問題だとか、まあ、支援と言ってもいろんな意味があるし、それぞれ具体的にそういうものを考えて判断していかなくてはいけないと、こういうことですね。

そうです。

そこで母体行の体力という問題が出て、長銀のケースについてお話しになられたんですが、長銀のケースでは母体行である長銀だけでなく、他の銀行等の債権者があって、長銀の体力を見て、最終的な判断がなされる部分があるという話をされていたと思うんですが、その先で一般先についても大口の債務者については、同様の問題がありますという御証言をされたと思うんですが、例えばということで、ゼネコンであるとか不動産関係、商社などはそうですと、こうおっしゃったんですが、その一般先についても大口であれば同様の問題というか、考慮をするというんですかね、問題が生ずるということの具体的内容をもう少し分かりやすく説明していただけますか。

今申し上げた業種というのは、この経済環境の中で、いわゆる日本的なリストラ、リストラクチャリング言わば人を削減し、資産を売却し、有利子負債を削減するという過程の中で、新たにダウンサイジングと言って、資産を圧縮し、その圧縮した資産の中から収益を生み出そうと、こういうような行動に入っている過程の中で、金融機関がある程度支援資金を出していくというのは、必要不可分な関係にあると思うんですけれども、その中で今申し上げた、正確に申し上げれば、例えば、ゼネコンの中のさるところとか、それから、商社とか、はたまた流通の中で不動産もありますけれども、その中で長銀の果たす役割というのは、それなりの資金供与を出していて、支援を続けているわけでございます。そういう先が、例えば、長銀がそういう位置付けにあるので、そういうところについて、実際、債務者が本当に立ち上がれるのだろうかというような疑問を他の融資金融機関が持ったときに、融資を解消に向けて行動するということが懸念されてきて、そういうところは非常に長銀としても懸念されるところです。

そうすると、形の上では一般先に分類されても、今おっしゃったような現代の日本の状況に置かれているある会社ないしは業種については、関連ノンバンクと同様の考慮をして、資産査定を行なうんだというようなことになるんでしょうか。

考慮をする部分があるところも、まあ、ちょっと言い方がよく分からないと思いますけれども、関連ノンバンクというのは、そもそも営業貸付事業を行なっているというところが、関連ノンバンクの特色だと思うんですが、私が今そこに触れなかったのは、資金調達の多様化と称しまして、債務者が非常に複数の銀行から金を借りているという意味では、今、こういう日本経済の中で問題視されているような業種、企業と関連ノンバンクの状態というのは似たようなところがあると、こういう意味でございます。

具体的にはストレートには当てはまらないのかもしれませんが、全銀協のQ&Aで挙げられているような配慮というか、関連ノンバンクではないわけですけど、関連ノンバンクについておっしゃった、更に細かくいろいろ考慮していく必要があるというようなことを、そういう業種ないしは会社に関してはやられるということですか。

関連ノンバンクは母体行という言葉が出てきちゃうので、母体行という意味であると、自分たちのやっぱり関連会社であるという位置付けがはっきりしちゃうんですが、今申し上げた一般債務者というのは、そういう関連会社形態ではございませんので、そこのところはちょっと違います。

形の上では単なる大口にすぎないということですか。

そうです。ただ、日本の金融慣行の中で欧米社会と違うのは、メインバンク、準メインバンクという主力銀行、準主力銀行というそういう銀行が企業を守るという金融慣行みたいなものが確立されていますから、そういう中で見ると、メインバンク、準メインバンクの力が弱ければ、その企業も体力が比例してくるのではないかというふうに、私どもの見る日本の市場からは、そういうふうな評価を受けてしまうということです。

そうすると、一般先であっても、査定についてある程度そういうのが影響してくる場合もあるということですか。

ございます。**(略)**

弁　護　人(更田)

本件考査は5月14日から6月12日まで行なわれたと、こういうことでしたね。

長銀本店に入らせていただいたのが、5月21日からだということになっております。

この考査に入る前、長銀が日銀考査を前回に受けたのは、いつであるか、これは証人は御存じですか。

ちょっとうろ覚えになっちゃうので、今、即答できないんですが。

いや、大体、何年ぐらい前に。

平成6年の2月か平成7年の2月、そのあたりだったのではないかと思います。

平成8年にMOF検があったんですけど、そのMOF検の後、日銀考査はなかったんですか。

入っておりません。

あなたの記憶ではね。

いや、記憶ではなくて入っていません。平成8年以降は入っておりません。

そうすると、不良資産は、まあ、今回、査定された対象になる資産は、かなり長期間にわたって滞留している資産だと思うのでお尋ねするんですが、前回の長銀の考査のときに、対象として査定されたかどうかということは、証人は御存じですか。

すみません。思い出しました。多分、前回が平成5年11月基準になっていますので、平成6年2月に入っていると思います。

平成6年12月ですか。

いや、平成5年の11月基準が前回の基準日です。ということは、平成6年の2月に考査に入っていると思います。

平成6年2月ですか。

はい。

すると、本件の考査に入る前に、そのときの記録というのは御覧になってから来られるものなんですか。

はい。私どもは、内部の記録ですからもちろん見てまいります。

さっきのお話でも、日銀法が平成10年4月に改正になったと、こういうことでしたね。

はい。

そうすると、この日銀法の改正後の考査として入られた銀行としては2行目と、こういうことですか。

いや、2ではありません。4月にも複数行の考査に入っております。

それは、先ほどの地銀上位行、都銀上位行といったところに入られているんですか。

都銀には、その4月はございません。4月は、地銀の上位行、第二地銀、それから、信用金庫でございます。

すると、さくら銀行に入られたというのは、もっと前の話ですか。

時期は申し上げられませんが、そんなに前ではありません。

その４月の改正前ということになりますか。

　　もちろんそうです。

そうすると、査定通達に基づく自己査定基準というものを御覧になるのは、何行目になったんでしょうか。

　　先ほど他の弁護人の方がおっしゃったんですが、既にその１年前から試行期間に入っていますので、その１年間はもうずっとそれで考査を続けていますので、その１年間、私どもは一人あたり。

いや、結論だけ簡単におっしゃってください。何行目ぐらいだったかと聞いているんです。

　　結論としては、７行見ました。７行プラス１行ですから、年度に入っての１行ですから、８行目になります。

主尋問で、自己査定基準について、その適否の判断をしたというふうにおっしゃいましたか。

　　申しました。

これは、誰がそういう判断をしたんですか。

　　チームの中で信用リスク班で仮説を立て、これは。

いや、誰が判断をしたか、結論だけ言ってください。

　　考査役です。

どなたですか。

　　溝田考査役です。

溝田考査役は、当時の頭取、副頭取といった役員との面談をしておられますね。

　　しております。

あなたは、その役員面談には陪席されていたんでしょうか。

　　いたしました。

そのときに自己査定基準について話が出たかどうか、あなたは記憶がありますか。

　　ございません。

すると、溝田考査役のその適否の判断については、何か文書に書かれているんでしょうか。

　　書かれておりません。

内部文書にも書かれていないの。

　　書かれていません。

そうすると、あなたは溝田考査役の判断については、いつ、どういう機会にお聞きになったんですか。

　　私がチームの考査役をサポートしというふうに申し上げたときに、常に毎日、考査役に報告しておりますので。

いつだったかは記憶していないということですか。

　　ええ、そういうことです。

あなたは、長銀の自己査定基準がMOFガイドラインの考え方をゆがめていると、資産査定通達の考え方をゆがめているというふうにさっきからおっしゃっているんだけれども、このMOFガイドライン、資産査定通達がどのようにして作成されたかということについては、あなたは詳細を知っているんですか。

　　知りません。

この資産査定通達が法令と同じ拘束力があるかどうかについては、どうですか。

　　本件の資産査定通達は、監査の実務指針と不可分一体のものであるというふうに思っております。

法令と同じ拘束力があると考えていたのかどうか。

法の趣旨に反すると思います。

いや、拘束力があるかどうかを伺っているんですが、あなたの認識をお尋ねしているんですけど。

資産査定通達は、実務指針と不可分一体のものであり、本件については、法的拘束力があると思います。

(以上　　岡本　賀奈江)

全銀協の資産査定に関するQ&Aですけれども、これについては、どうですか。

全銀協ですから、発出主体から、全銀協が出したものに法的効力があるかどうかというのは、それは質問になるんでしょうか。

だから、今あなたがお尋ねになるように、全銀協というのは民法上の社団法人ですよね。

ええ、そうです。

この全銀協がQ&Aを作成した経過の詳細を、あなたは御存じなんですか。

知りません。

あなたの理解で、金融機関がそれぞれの自己査定にあたって、自主的なルールを設けることはそもそもいかんのだというふうに聞こえたので、お尋ねするんですけれども。そういう趣旨ではないんでしょう。つまり、それぞれの金融機関が自己査定基準を設けること自体については、あなたはいかんとおっしゃっているわけじゃないんですね。

いかんとは聞こえるようですけれども、いかんとは言ってません。

日銀の営業局は金融機関との間で、常時、情報、連絡等を取っていることは御存じですね。

残念ながら10年4月時点で営業局はなくなっております。

組織が統合されて、営業局はどういうふうになりましたか。

解体し、一部が考査局、一部が金融市場局になりました。

考査報告書には、結論として、本行、つまり日本銀行と長銀は連絡を取っていくというようなことが書かれていますね。

書かれております。

日銀考査の性格を聞きたいんですけれども、本件考査の当時、日銀考査を厳格にやらなければいかんというような気持ちを、あなたはお持ちだったんですか。

厳格というか、正確にやらなければいけないというのが正確な表現です。

その動機付けとしては、当時、金融機関と日本銀行の間に、世上、癒着があるというふうなことを言われておったというような事情もあるんじゃないですか。

それは違います。

鴨志田理事が5月1日に自殺されていますよね。

そうですね。

吉澤課長が公判になったのは6月11日と、こういうことでしたね。

検　察　官(幕田)

異議がございます。全く関係がない質問が続いております。証人は明確に、そういった世上のこととは関係がないというふうに証言をしております。

弁　護　人(更田)

世上に関係ないとは、まだ言っておられませんので、お尋ねしているのですが。

裁　判　長
　尋問は制限します。
弁　護　人（更田）
　長銀の経営状況に関する風説が出たというようなことは、あなたはこの考査の時点で御存じでしたか。
　　知っております。
　具体的には、6月5日に月刊現代の7月号の広告が載ったというようなことは御存じでしたか。
　　知っております。
　先ほどあなたがおっしゃった法人税法の基本通達の9-6-4、9-6-5というようなものは、これは通達としては同じ平成10年4月に廃止になったということは、あなたは御存じですか。
　　知っております。**(略)**

検　察　官（永幡）
　先ほど、どなたかの弁護人の質問に答えて、監査実務指針という言葉を使われたんですけれども、その正式な名称はお分かりですか。
　　正式名称はちょっと見せていただかないと……内部統制にかかるとか何とかという非常に長い文言なので、通称監査実務指針と私どもは呼んでおりますけれども。日本公認会計士協会が発出した監査実務指針という理解はあるんですが、正式名称は非常に長いものですから。
（甲）証拠番号153（供述調書）添付の資料6を示す
　今示したものが先ほど証言された監査実務指針と証人が呼んでいたものですか。
　　そうです。
　正式には「銀行等金融機関の資産の自己査定に係る内部統制の検証並びに貸倒償却及び貸倒引当金の監査に関する実務指針」と言うんですね。
　　そうです。
　それから、確認なんですが、弁護人からの質問に答えて、資産査定通達に法的な拘束力があるのかという点について、監査実務指針と資産査定通達とが一体となって効力を有していると考えていた旨証言されましたか。
　　はい。
　証人が言うところの監査実務指針において、大蔵省の資産査定通達との関係について触れた部分がありますか。
　　ございます。
　どの部分になるんですか。
　　2ページ目の3の「内部統制の有効性の評価に当たっての留意事項」の(1)の「自己査定基準と当局の『資産査定について』との整合性」という項目です。
　その項の4行目以降ですが、いわゆる資産査定通達の、「別添『資産査定について』と同一である必要はなく、より細かい分類であってもよいが、『資産査定について』の分類に整合し、分類の対応関係が確保されていることを確かめる必要がある。」という記載のことですか。
　　そうです。
　関連ノンバンク向け貸出金についても、一般の債務者と同様に査定を行うのが基本だという趣旨の証言はされましたか。

いたしました。

それは、関連ノンバンクQ&Aに記載されておりますか。

おります。

(甲) 証拠番号151(供述調書)添付の資料4を示す

今示したものが関連ノンバンクQ&Aですか。

そうです。

このどこの部分にありますか。

1枚めくった438というページ番号のIの項目、「関連ノンバンクに対する貸出金の査定の基本的考え方」というところのAのI、「自行の関連ノンバンクに対する貸出金については、基本的には、一般の債務者に対する貸出金と同様に、当該関連ノンバンクの資産状況、財務内容等をベースとして査定を行うことになるが」というところです。

本件の日銀考査において、本件日銀考査を一緒に考査された方の中に、山本幸夫さんという方はいらっしゃいましたか。

おりました。

山本幸夫さんは、どのような役割を果たされていましたか。

信用リスク班の班長でございました。

午前中の主尋問の中で、各班の調整などを証人がされていたということなんですが、山本さんのお仕事と証人のお仕事との関係をちょっと簡単に話していただけますか。

職階としては同じ調査役ですが、私は調査役の位置付けの中でも筆頭という立場にありまして、考査役に、すべての班を統括し、すべての班の状況を報告する役回りを得ておりました。ですから、山本幸夫班長も、私に対しては報告の義務を負っております。

本日証言をしていただいた長銀基準の問題点についてなんですが、長銀の部長クラスとの折衝などに当たったのはどなたなんですか。

基本的には私にすべて長銀の部長クラスの人間が申入れをしてまいりまして、信用リスク班の班長、山本を私の横に同席させた形にいたしました。

弁護人から再三質問があった点で、しつこいようなんですが、日銀考査においては、長銀の保有資産の実態に迫るために当然務められたということですか。

そうです。

そこで、当時、長銀から与えられた情報について、何らかの検証ないしは裏付けなどは取られているんですか。取られるものなんですか。

すべてについて、そういう裏付けを取るということはいたしておりません。

ちょっと聞きにくい質問にもなるんですが、日銀考査の考査としての限界といったものがありますでしょうか。

限界ということになると、金融監督庁検査、当時の大蔵省検査との比較になってきますが、法的な強制力を持っていないというところが限界だと思います。

また弁護人からの質問に答えて、L査定については全額をすぐに償却、引当にしなければならない旨証言しましたか。

当該決算期に全額償却、引当を行うべきだというふうな趣旨のことを言いました。

つまり10年3月末基準でL査定となったものがあれば、10年3月期に償却ないし、引当すべきであったという意味に理解していいんですか。

そうなります。

D査定については、どのように考えていましたか。

　　Ｄ査定額というのは、全額が償却、引当に当たるとは思えず、その中で必要額を引き当てるという考え方をとるものであるというふうに理解しております。

今証言された、必要額を引き当てる時期については、いかがですか。

　　必要額も当該決算期でございます。

まとめると、Ｌ査定の全額と、Ｄ査定の必要額は当該期に償却、引当をする扱いが実務であったということですか。

　　はい。

（再反対尋問　略）

裁　判　長

自己査定基準と資産査定通達の関係ですけれども、先ほどの御証言からすると、要するにこの通達よりも緩いと言いますか、緩い自己査定基準は許されないと。逆に言うと、通達よりももっと厳しい資産査定をする自己査定であれば、正当なものとして承認すると、そういう御趣旨でよろしいんですか。

　　緩いものはおかしいですが、厳しすぎるとなると、これはまた別問題だと思います。

本来どういうことですか。

　　つまり、本来引き当てるべきものでないものを引き当ててしまっているとか。そうすると、株主に対する配当を毀損してくるという考え方も出てまいりますので、別物だというふうに考えます。

そうすると、例えば通達では第Ⅲ分類だけれども、自己査定は第Ⅳ分類にしているというような自己査定基準というのは、やっぱりよくないということになるわけですか。

　　そこは非常に技術的な話なんですけれども、通達だとⅢ分類だけどもという、そこの解釈の問題になってくると思うんですね。どう考えてみてもⅢ分類でしかないというふうな解釈であれば、Ⅳ分類にすればやりすぎだというようなことになってまいります。

やりすぎだというのは分かりますけれども、そういうのは会計処理としては許されないということになるんですか。

　　許されないです。

そうすると、結局、自己査定というのは、査定基準と基本的には同じでなければいけないということになるんですか。緩くてもいけない、きつくてもいけない。

　　そうです。

先ほど、日銀の考査と金融監督庁が行なった検査との違いについて聞かれましたけれども、これはそれぞれの時点における情報が正しければ、それぞれが正しいと、そういう理解でよろしいんですか。

　　そういうことです。

もしも、与えられた情報が違えば、また答えも違ってくると。

　　もちろん変わってきます。

日銀考査が基本的には対象行が正確に情報を提供しているという、そういう信頼を前提にした検査ということになるんでしょうか。

　　完全にはそうではないんですけども、長銀においては、そういう信頼関係の下にやりました。

（以上　　宮村　麻理）

第 3 回 公 判 調 書（手続）

被告人の氏名(1)　大野木　克信（出頭）
被告人の氏名(2)　須田　正己（出頭）
被告人の氏名(3)　鈴木　克治（出頭）
被告事件名(1)、(2)、(3)証券取引法違反、商法違反
公判をした年月日　平成12年1月20日
公判をした裁判所　東京地方裁判所刑事第一部
裁判長裁判官　金山　薫
裁判官　西野　吾一
裁判官　田中　直子
裁判所書記官　西尾　幸美
検察官　幕田英雄、永幡無二雄
出頭した弁護人(1)　（主任）那須弘平、中島鈆三、倉科直文
出頭した弁護人(2)　（主任）國廣　正、五味祐子、坂井　眞
出頭した弁護人(3)　（主任）更田義彦、長　文弘
出頭した証人　吉武　正訓
証拠調べ等
証拠等関係カード記載のとおり
指定告知し、証人吉武正訓に出頭を命じた次回期日
平成12年2月10日午前10時00分　（刑事第410号法廷）
平成12年1月28日
東京地方裁判所刑事第一部
裁判所書記官　西尾　幸美

② 吉武正訓証人尋問調書（第3回公判）

証人尋問調書（平成12年1月20日第3回公判）

検　察　官（永幡）

証人は、現在、金融監督庁検査部検査総括課の検査官ですか。

はい。**（略）**

以上の経歴を整理しておくと、証人が金融検査に携わるようになったのは、平成2年7月からであり、以後、平成4年7月から2年間の大蔵省地方課時代を除いて、検査官として金融検査に携わってきたということですか。

はい。

ところで、証人は、平成10年7月から同年9月にかけて、日本長期信用銀行、以下長銀と呼びますが、金融監督庁の長銀に対する金融検査において、長銀保有の貸出金等の資産査定に従事されましたか。

はい。

金融検査における資産査定では、何をチェックするんですか。

自己査定の正確性及び償却､引当の適切性等についてチェックをいたします。**（略）**

話を戻しますが、自己査定基準の合理性は、何を基準に判断するのですか。

自己査定基準の合理性については、大蔵省時代に発出された資産査定に関する通達及び事務連絡です。

資産査定についての通達というのは、正式には何という名称の文書ですか。

早期是正措置導入後の金融検査における資産査定についてという題名だったかと思います。

（甲）証拠番号153（供述調書）添付の資料1、3を示す

物の同一性を確認するために示しますが、資料1は「早期是正措置制度導入後の金融検査における資産査定について」というタイトルの文書ですけれども、これが今証言された通達ですか。

そうです。

先ほど、事務連絡と言われましたけれども、この文書の正式な名称は何でしたか。

金融機関等の関連ノンバンクに対する貸出金の査定の考え方についてという事務連絡だったと思います。

資料3ですが、今示したものは「金融機関等の関連ノンバンクに対する貸出金の査定の考え方について」というタイトルの文書ですが、それが今証言された事務連絡ですか。

はい、そうです。

以下では「早期是正措置制度導入後の金融査定における資産査定通達について」と題する通達を資産査定通達と呼び、「金融機関等の関連ノンバンクに対する貸出金の査定の考え方について」と題する事務連絡を関連ノンバンク事務連絡と呼びますけれども、金融機関が作成する自己査定基準の合理性を資産査定通達に従って判断するとの点については、資産査定通達に記載されていますか。

はい。**（略）**

長銀の自己査定を検証するに当たって、検査官が用いた基準は何でしたか。

基本的には長銀の作成しました自己査定基準を使用しますが、これが資産査定通

達や事務連絡に反する場合は、資産査定通達や事務連絡を基準として査定いたします。

今の証言で事務連絡と言われたのは、関連ノンバンク事務連絡のことですか。

そうです。

関連ノンバンク事務連絡は、資産査定通達との関係で、どのように位置づけられていましたか。

関連ノンバンク事務連絡は、資産査定通達の細則として位置づけていると考えておりました。

関連ノンバンク事務連絡が資産査定通達の細則であるというのはどういう意味ですか。

関連ノンバンク事務連絡に規定のないものについては、資産査定通達によって査定をするということです。

具体的にはどのような点になりますか。

例えば、関連ノンバンク事務連絡には債務者区分がございませんが、この場合、資産査定通達により債務者区分をするということでございます。

関連ノンバンクについても、資産査定通達に従った債務者区分が必要であるという意味ですか。

そうです。

関連ノンバンクに対する貸出金の査定に当たっては、当該関連ノンバンクのいわゆる第三債務者に対する営業貸付金の査定を行いますか。

はい。

第三債務者の債務者区分や営業貸付金の分類は何に基づいて行いますか。

これも同様に、基本的には長銀の自己査定基準を用いますが、これが資産査定通達や関連ノンバンク事務連絡の規定に反する場合は、通達や事務連絡により査定をいたします。

資産査定通達や関連ノンバンク事務連絡の定める基準は、金融機関が作成する自己査定基準とどのような関係にありましたか。

金融機関が自己査定基準を作成するに当たって準拠すべき基準であるというふうに考えておりました。

それは、金融監督庁における一般的な理解でしたか。

そう思います。

長銀作成の自己査定基準を長銀基準と呼ぶことにしますけれども、資産査定通達や関連ノンバンク事務連絡の定める基準に照らし、長銀基準には問題点がありましたか。

はい、ありました。

長銀基準の中で、証人が最も問題であると考えたのはどの点でしたか。

関連会社等一定の会社群について、債務者の実態を考慮せずに、一律に正常先、要注意先とすることとしていたという点や、資産査定通達に区分のない新たな区分を設けていたという点でございます。

そのような規定を置いていたのは、長銀作成のどのような名称の文書でしたか。

特定関連親密先自己査定運用細則と、関連ノンバンクにかかる自己査定運用規則だったと思います。**(略)**

なぜそのような基準であれば問題なのかについてお尋ねしますが、まず、資産査定通達にない新たな債務者区分を設けることがどうして問題なのですか。

償却、引当というのは、資産査定通達の中の債務者区分に応じて行うことになっておりますが、新たな債務者区分を設けることによって、適切な償却、引当ができなくなるということになるからです。
資産査定通達における債務者区分に応じた償却、引当について定めた文書がありますか。
ありります。
それは、何という文書ですか。
実務指針と言っております。
どこが作成した文書ですか。
日本公認会計士協会が作成したものです。
今、実務指針と言われましたけれども、それは、正式には何という名称の文書でしたか。
正確には覚えておりませんが、自己査定にかかる内部統制の検証及び貸倒償却等の監査に関する実務指針と呼んでおります。
（甲）証拠番号 153（供述調書）添付の資料６を示す
同一性確認のために示しますが、今示したものは、日本公認会計士協会が公表した「銀行等金融機関の資産の自己査定に係る内部統制の検証並びに貸倒償却及び貸倒引当金の監査に関する実務指針」というタイトルの文書ですが、これのことですか。
はい、そうです。
債務者区分に応じた償却、引当基準が、今示しているものに記載されているということでしたが、どこに記載されていますか。
この実務指針の５ページ目の上から３行目「6. 貸倒償却及び貸倒引当金の計上に関する監査上の取扱い」という項目のところに記載されております。
その項目で①ないし⑤として書かれている部分になりますか。
そうです。
話を長銀基準の問題点に戻しますが、長銀基準で、特定先に該当する会社を正常先若しくは要注意先と債務者区分するようにしていることがどうして問題なんですか。
正確な自己査定をするためには、債務者の実態を見た上で査定をするというのが原則でありますので、最初から一律に実態を見ずに正常先、要注意先とするということは、最終的には適切な償却、引当ができないということになるということです。
今指摘した部分、つまり、経営支援実績先や、あらかじめ正常先、要注意先に指定されていた会社群について、本件検査ではどのように査定をしましたか。
資産査定通達に基づき債務者区分を行いました。
本件検査において、長銀が自己査定で行なった債務者区分が適切かどうかを判断するための貸出先の営業状況や財務状況等の情報はどのようにして得ていましたか。
長銀から提出された資料や担当者の説明から得ておりました。
長銀側から提供される資料や説明は、実態に即していることを前提として査定を行うのですか、それともそうではないのですか。
実態に即したものであるということを前提に査定を行います。**（略）**

次に、長銀では、先ほど示した関連ノンバンク等についての基準のほかに、一般の取引先を対象とする自己査定基準を設けていましたか。
はい。
何という名称の文書であったか覚えていますか。
自己査定手引きだったと思います。

(甲) 証拠番号81 (供述調書) 添付の資料11を示す

同一性確認のために、資料11の中の「自己査定手引き」と題する書面を示しますが、今示したものが、長銀の一般先についての自己査定基準ですか。

　はい、そうです。

今示した「自己査定手引き」に記載されている長銀の一般先基準の中に、問題であると考えた部分がありましたか。

　はい、ありました。

それは、どのような部分でしたか。

　それは、債務者区分を認定するに当たりまして、三つの要件をすべて満たさないとその債務者区分にならないというふうに規定していたところでございます。

そのように三つの要件すべてを満たすことを求められていた債務者区分は何という債務者区分でしたか。

　破綻懸念先と実質破綻先の二つです。

破綻懸念先とするための三つの条件とはどのような内容でしたか。

　例えば、6か月以上入金がないといったようなことが書いてあったと思います。

そのほかには覚えてらっしゃいませんか。

　正確には覚えておりません。

実質破綻先とするための三つの条件とはどのようなものでしたか。

　会社の実態がないといったようなことが書いてあったと思います。

そのほかの細かな要件については記憶にありませんか。

はい、記憶にございません。

「自己査定手引き」の債務者区分の判定という項には記載されておりますか。

　はい、記載されております。

記載の同一性確認のため、資料11の中の「自己査定の手続きについて」と題する回議用紙添付の「自己査定手引き」中10ページの「債務者区分の判定」という項目を示しますが、長銀の一般先基準の記載上、どのような場合に破綻懸念先とすることになっていますか。

　破綻懸念先の三つの条件は、申し上げますと、一つは、業況が著しく低調な状態が続いている先、二つ目は、現状、事業を継続しているが、実質債務超過状態の先、3番目に、過去6か月以上入金が全くなく、今後の入金もほとんど見込めない先の三つでございます。

次に、長銀の一般先基準の記載上、どのような場合に実質破綻先とすることになっていますか。

　一つ目が、事業を形式的には継続しているが、売上げがほとんどない等会社の実態がないような先、二つ目として、債務超過状態、2期連続の先、3番目として、債権のうち回収不能見込み額が50パーセント以上ある先となっております。

証人は、どのような点が問題であると考えましたか。

　これら三つの条件がすべて満たされないとその債務者区分にならないというところです。

具体的にどのように問題なのですか。

　この三つの条件が満たされないとその債務者区分にならないと、債務者区分としてはより甘いほうへ行くという形になっているというところが問題だというふうに考えました。

例えば、実質破綻先の場合だと、長銀基準では、資産査定通達の定める基準に照らして、実質破綻先と認定するのが難しくなるのですか、それとも容易になるのですか。

　難しくなると考えます。

破綻懸念先の場合も同様ですか。

　そうです。

実質破綻先や破綻懸念先という債務者区分の認定が難しくなる結果、Ⅳ分類やⅢ分類は出やすくなるんですか、出にくくなるんですか。

　それは出にくくなります。

本件検査当時に、証人は、そのような長銀の基準を見て、どうして長銀がそのような基準を作成したのだと思いましたか。

　少しでもⅢ分類、Ⅳ分類を少なくしようというふうに考えていると思いました。

実際に、本件検査で長銀の貸出金の査定をしてみて、どのように思われましたか。

　実際、この三つの条件すべてを満たさないと、その債務者区分にしていない事例がありましたので、その自己査定は甘くなっているというふうに考えました。

証人は、検査官として、本件検査で、長銀保有の貸出金査定に従事され、その経過及び結果を書面にまとめましたか。

　はい。

何という書面ですか。

　査定メモというものです。

査定メモにはどのような事柄を記載するのですか。

　債務者区分の判断の根拠や、分類算出根拠について、自己査定結果及び当方の査定結果を書くようになっていました。

査定メモは何のために作成するんですか。

　重要な分類先について、その記録をとどめておくためです。

査定メモはいつ作成するのですか。

　個々の債務者の分類が終わった時点で作成いたします。

個々の債務者の査定が終わった時点ということですか。

　はい。

査定メモには、本件検査における貸出金査定の経過や査定結果などを、ありのままに記載しましたか。

　はい。

（甲）証拠番号 202（㈱日本リースに係る査定メモ）を示す

同一性を確認するために示しますが、今示したものが日本リースの査定メモですか。

　はい、そうです。

１枚目に「査定メモ」と見出しの用紙がありますが、誰が作成したのですか。

　これは私が作成いたしました。

２枚目以降に目を通してもらえますか。「貸出金調査表」と題する表や、「自己査定ワークシート」や「貸付金明細表」といった書類がありますけれども、これらの書類を作成したのは誰ですか。

　これは、長銀側の担当者だと思います。

証人が作成したわけではないんですね。

　違います。

そのうち、「貸出金調査表」というものは、いわゆるラインシートと呼ばれておりますか。

　はい、そうです。

査定メモの2枚目以降に長銀側の作成資料が添付されているのはどうしてですか。

　　これは、私が作成しました査定メモの裏付け資料として添付しております。

2枚目以降の付属資料に手書きによる書き込みが見られますけれども、これらは誰が書いたものですか。

　　これは、私が書いたものです。

本件検査当時に書き込んだのですか。

　　はい、そうです。

(甲) 証拠番号203 (エクセレーブファイナンス㈱に係る査定メモ) を示す

同一性確認のため示しますが、今示したものがエクセレーブファイナンスの査定メモですか。

　　はい、そうです。

1枚目の査定メモは誰が作成したものですか。

　　これは私が作成したものです。

2枚目以降に目を通してもらえますか。ラインシートや自己査定ワークシートなどがありますが、これらを作成したのは誰ですか。

　　これは長銀側の担当者だと思います。

2枚目以降の資料にある書き込みは誰がしたものですか。

　　これは私がしたものです。

本件検査当時にしたものですか。

　　はい、そうです。

分類資産と償却、引当の関係について尋ねますが、まず、分類資産とは何ですか。

　　資産査定通達の中で、Ⅱ分類、Ⅲ分類、Ⅳ分類という資産でございます。

そのうち、Ⅳ分類とはどのような資産ですか。

　　回収不可能、又は無価値と判定される資産でございます。

Ⅳ分類と償却、引当の関係については、どのように考えられていましたか。

　　Ⅳ分類については、当該決算期に全額償却、引当すべき資産というふうに考えております。

基準日が平成10年3月末である場合に当てはめると、その時点でⅣ分類と判定される資産は、いつの決算期で償却、引当を要することになりますか。

　　その場合ですと、10年3月期の決算に反映することになります。

Ⅳ分類は、全額が当該決算期に償却、引当を要するという考えは、証人ら検査官がそう考えていたということですか。

　　いえ。検査官だけではなく、検査を受けていた金融機関側でも同様に考えておりました。

そのようなⅣ分類の扱いは、債務者区分によって異なりますか。

　　いえ、異なりません。

また、資産査定通達の定める基準に基づいて判定されるⅣ分類と、関連ノンバンク事務連絡の定める基準に基づいて判定されるⅣ分類とで違いがありますか。

　　違いはありません。

Ⅲ分類とはどのような資産ですか。

　　最終の回収、又は価値に重大な疑念が存し、したがって、損失の発生の可能性が高いが、その損失額の合理的な推計が困難な資産というふうに定義付けられていると思います。

資産査定通達に基づいて正確に言うと、最終の回収又は価値について、重大な疑念が存し、したがって、損失発生の可能性が高いが、その損失額について、合理的な推計が困難な資産といわれるものですか。

　　そうです。

Ⅲ分類と償却、引当の関係については、どのように考えられていましたか。

　　Ⅲ分類については、債務者区分によって償却、引当が異なります。

具体的にはどういうことですか。

　　破綻懸念先については、その必要額を引き当てることになっておりますし、実質破綻先については、全額引き当てすることになっています。

（以上　　川村　亜希子）

今の証言で引き当てると言われましたけれども、時期はいつですか。

　　当該決算期に引き当てるということです。

今証言されたⅢ分類と償却、引当の関係ですが、それは検査官の間における考えですか。

　　いえ。これも検査官だけの考えではなく、検査を受けている金融機関も同様の認識であったと考えております。

続いて、本件検査における各社ごとの貸出金査定状況についてお尋ねします。まず証人は本件検査において長銀の四谷プランニング株式会社、木挽町開発株式会社、竜泉エステート株式会社に対する貸出金について査定をしましたか。

　　はい。

これら三社を便宜上、ビルプロ三社と呼びますが、ビルプロ三社に対する貸出金の査定に当たって適用される基準は、一般先についての基準ですか、そうではないのですか。

　　一般先についての基準です。

関連ノンバンク事務連絡に定める基準は適用されないのですね。

　　はい。これは一般事業先でございますので、長銀の関連ノンバンクでもありませんので、関連ノンバンク事務連絡は適用いたしません。

関連ノンバンクというものが、どういうものか説明してください。

　　はい。私の理解では、その金融機関と歴史的な関係が深い、それから、資金、資本の関係、人的関係が非常に深いノンバンクということでございます。

そのように考えておられた関連ノンバンクにビルプロ三社が当てはまらないわけですね。

　　そうです。

ビルプロ三社に対する貸出金の査定における長銀側の説明者は誰でしたか。

　　営業第６部の大湊さんと市村さんだったと思います。

証人は本件検査において、ビルプロ三社の債務者区分をどのように認定しましたか。

　　破綻懸念先と認定いたしました。

その結果、長銀のビルプロ三社に対する貸出金の分類結果はどうなりましたか。

　　担保で保全されている部分についてはⅡ分類、その残額についてはⅢ分類といたしました。

長銀の自己査定では、ビルプロ三社の債務者区分はどうなっていましたか。

　　要注意先となっておりました。

ビルプロ三社の債務者区分を判定するに当たってのポイントは何でしたか。

　　事業化の成否でございます。

本件検査において長銀がビルプロ三社の債務者区分を要注意先にしていた根拠や、証人がビルプロ三社の債務者区分を破綻懸念先と判定した理由については、ビルプロ三社の査定メモに記載されているとおりですか。

そうです。

証人は長銀側の説明が実態に基づくものとして査定をしたのですか、そうではないのですか。

長銀側の説明が実態に基づくものとして査定をいたしました。

査定メモの記載内容について一点確認したいのですが、ビルプロ三社の査定メモは甲148号証に添付されておりまして、各査定メモの査定結果の債務者区分判断根拠には、順調に行っても借入金の返済に長期間掛かると見られ、大幅な保全不足の状況からロス発生が懸念されるという趣旨の記載がありますが、このロス発生が懸念されるというのは、どういう意味ですか。

弁　護　人（倉科）

異議があります。誘導が激しすぎるのじゃないでしょうか。

検　察　官（永幡）

同意によって取調べ済みなので許されると考えますが。

裁　判　長

取りあえず聞いてみてください。記憶がなければ喚起してください。

検　察　官（永幡）

ビルプロ三社の査定メモの査定結果の債務者区分判断根拠の欄にどのように記載されたか覚えていますか。

正確には覚えておりませんが、事業化のめどが十分に立っていないというようなことを書いたと思います。

（甲）証拠番号148（供述調書）を示す

これに添付されている資料1の1を見てください。これは四谷プランニングに関する査定メモになりますが、債務者区分の判断根拠欄にどのように記載されていますか。

「当社の事業化に目処がたったとはいえ、これまで長時間を要したことから、赤字が続き、債務超過が拡大しているほか、地価の下落により事業用不動産は多額の含み損を抱えている。現状利払いを日本リースからの借入れにより行っているため延滞は発生していないが、その分借入金が漸増している。事業の収支計画をみると順調にいっても借入金の返済に60年以上かかるとみられ、大幅な保全不足の状況からロス発生が懸念されるため破綻懸念先とする。」というふうに記載しております。

それで、今の記載の「ロス発生が懸念される」というのは、どういう意味ですか。

貸出金の回収に一部回収ができない部分が出る可能性が大きいということでございます。

同じく資料2の1を見てください。これは木挽町開発に関する査定メモですが、その査定結果、債務者区分判断根拠欄にも同様に「ロス発生が懸念される」という記載がありますね。

はい、あります。

今証言をされたのと同じ意味ですか。

同じ意味です。

今度は資料3の1を見てください。これは竜泉エステートについての査定メモですが、この査定メモの査定結果、債務者区分判断根拠欄にも「ロス発生が懸念される」という記載がありますね。

　　はい、あります。

この意味も先ほどと同じ意味ですか。

　　同じ意味です。

ビルプロ三社の債務者区分を判定する際のポイントは事業化計画の成否であったということでしたね。

　　はい。

ビルプロ三社向け貸出金の査定に関して、事業化計画と債務者区分の関係についてお尋ねします。まず事業化計画の有無、存否は債務者区分に影響を与えましたか。

　　与えると考えます。

ビルプロ三社の場合、事業化計画がなければ債務者区分はどうしていましたか。

　　実質破綻先としていたと考えます。

次に事業化計画があることを前提にして、事業化計画実現の可能性というものは債務者区分に影響を与えましたか。

　　影響を与えます。

ビルプロ三社の場合、事業化計画実現のめどがなければ債務者区分はどうしていましたか。

　　実質破綻先としていたと考えます。

ビルプロ三社の場合、事業化計画がない場合や事業化計画があっても、実現のめどがない場合に債務者区分を実質破綻先とすることになるのはどうしてですか。

　　事業化計画のめどが立たないということは担保保全額以外は回収ができないということになるからです。

事業化計画がない場合も同様ですか。

　　同様でございます。

ビルプロ三社の債務者区分を実質破綻先とした場合には、担保によって保全されていない部分は何分類になりますか。

　　Ⅳ分類になります。

その場合、長銀は平成10年3月期にビルプロ三社向け貸出金について、どの部分を償却、引当しておくべきであったことになりますか。

　　Ⅲ分類としていた金額相当額を償却、引当すべきだったと考えます。

証人がビルプロ三社の査定メモにⅢ分類として記載されていた金額になりますか。

　　はい。

その全額ですか。

　　そうです。

ビルプロ三社の各査定メモには、本件検査結果としてのⅢ分類として、四谷プランニングについては166億9000万円、木挽町開発については107億7700万円、竜泉エステートが144億1400万円と記載されていますが、これらについて長銀は平成10年3月期決算で償却ないし引当をしておくべきであったということですか。

　　はい、そうです。

長銀は平成3年10月期決算でビルプロ三社向け貸出金について償却ないし引当をしていましたか。

　　しておりませんでした。

本件検査において証人が査定を担当した会社の中で、事業化計画が実現しても貸出金の回収のめどがつかないという理由で債務者区分を実質破綻先とした先がありましたか。

　ありました。

何という会社でしたか。

　有楽エンタープライズという会社です。

本件検査において有楽エンタープライズの債務者区分を実質破綻先とした結果、有楽エンタープライズ向け貸出金の分類結果はどうなりましたか。

　担保で保全されている部分についてはII分類、それ以外をIV分類といたしました。

長銀は平成10年3月期決算に有楽エンタープライズ向け貸出金について償却、引当をしていましたか。

　しておりませんでした。

長銀は平成10年3月期決算において、有楽エンタープライズ向け貸出金についてどの部分を償却、引当しておくべきでしたか。

　IV分類として査定した部分です。

有楽エンタープライズの査定メモにはIV分類が42億8500万円と記載されていますが、この金額ですか。

　そうです。

全額ということですか。

　全額ということです。

証人は本件検査において、NED株式会社のほか、NEDのグループ会社である青葉エステート株式会社、ユニベスト株式会社、グラベス株式会社、コーポレックス株式会社、プロクセル株式会社、日本ビゼルボ株式会社、エクセレーブファイナンス株式会社に対する長銀の貸出金について査定を担当しましたか。

　はい、担当しました。

以下、株式会社を省略して単に社名で呼ぶことにします。証人がNEDに対する貸出金の査定に当たって使用した基準は一般先基準でしたか。それとも、関連ノンバンクについての基準でしたか。

　関連ノンバンクについての基準です。

それは、なぜでしたか。

　NEDは長銀の関連ノンバンクという位置付けだったからです。

NED以外の、先ほど名前を挙げたNEDのグループ会社に対する貸出金の査定に当たって使用したのは一般先基準でしたか、関連ノンバンク基準でしたか。

　それは一般先基準でございます。

NEDを除くNEDのグループ会社向け貸出金の査定では、関連ノンバンク事務連絡に定める基準は使用していないのですね。

　はい。

それは、なぜですか。

　関連ノンバンクではないからです。

本件検査において証人はNEDの債務者区分をどのように認定しましたか。

　破綻懸念先として認定しました。

証人がNEDの債務者区分を破綻懸念先としたのはどのような理由からでしたか。

　再建計画の合理性が認められると判断したからです。

その再建計画というのは長銀のNEDに対する再建計画ですね。

　そうです。

本件検査におけるNED関係の長銀側の説明者はどなたでしたか。

営業第６部の能勢さんでした。それから、事業推進部の上池さんでした。

NEDの債務者区分を判定するに当たって、NEDの再建計画はどのようなウエートを占めていましたか。

再建計画に合理性がないということになりますと、NEDの再建自体ができないということになりますので、大幅な債務超過の状態にあったNEDについては実質破綻先として認定していたかと思いますが、そういった債務者区分の判断に大きなウエートを占めていたというふうに考えます。

NEDの再建計画に合理性があることを前提にした結果、NEDの債務者区分を破綻懸念先にしたということですか。

はい。

本件検査において証人がNEDの債務者区分を破綻懸念先にした理由は査定メモに記載してありますか。

はい、記載しております。

どのようにして記載してありましたか。

再建計画の合理性ですとか、体力ですとか、それから、親金融機関の支援の意思等を判断して、その時点でそれ以上債務超過が拡大しないと。で、基礎収益力も変わらないということ。それから、親金融機関が支援を続ける体力がある、続けることができるということを前提とするならば、破綻懸念先になるというようなことを記載してあったと思います。

（甲）証拠番号145（供述調書）を示す

添付されている資料１ですが、これがNEDの査定メモですか。

はい、そうです。

証人が今証言されたところはどの部分に当たりますか。

「査定結果」の「債務者区分判断根拠」というところでございます。

長い文章ですが、どこからどこまでのあたりに書いてあるのですか。

営業貸付金を査定した結果というところから、６行目の破綻懸念先にとどめたというところまでの箇所でございます。

それは営業貸付金を査定した結果、自己査定のⅢ、Ⅳ分類合計を約470億円上回るものとなっており、実態バランスで見ると、1982億円の実質債務となっている。基礎収益力を15から20億円と見ると、債務超過解消に100年掛かる状況にあり、実質破綻先と認められる。当行の見直し支援計画におけるロス見込み2951億円は、Ⅱ分類等の保全不足を含んでいるため、今回査定のⅢ、Ⅳ分類を上回っており、これ以上不良資産が増加しないと仮定すれば、当行支援計画どおりに処理が進めば、当社の再建は可能と考えられる。このため債務者区分を実質破綻先から破綻懸念先にとどめたという部分ですか。

そうです。

査定メモには支援計画とありましたけれども、これは再建計画のことですか。

はい、同一でございます。

再建計画の合理性の有無を判断する要素について、どのような点を考慮するのですか。

分類資産について自己査定結果と当局査定結果に大きな乖離がないかどうか。それから、支援する親金融機関の支援の体力があるかどうか。それから、支援期間が著しく長期にわたっていないかといったような点でございます。

再建計画について国税局の内諾が得られているかどうかということも一つの判断要素になりますか。

はい、なります。

国税局の内諾が得られているかどうかについて、長銀側からはどのような説明を受けましたか。

国税局から内諾を得ており、あと、国税庁のほうで手続がほぼ見通せるというような説明だったと思います。

そのような説明は証人がNEDの再建計画に合理性があると認めたことに影響を与えていますか。

はい、影響は与えていると考えます。

実際には国税局の内諾は得られておらず、そのことが本件検査当時に判明していた場合、NEDの再建計画の合理性を判断するに当たって影響を与えましたか。

与えたと考えます。

どのような影響があったのでしょうか。

国税局の内諾が得られないということは、その再建計画に問題があるという判断をしたというふうに考えますので、その点について長銀側にいろいろ、その話の確認をいたします。その結果、先ほど申し上げましたような問題点が出てくれば、合理性がないというふうに判断することになります。

本件検査において、長銀が国税局に提出した計画どおりに支援を実施しても、NEDを再建させることができず、経営陣もそれを認識しているということが判明していた場合には、NEDの再建計画に合理性は認められますか。

弁　護　人（倉科）

異議がございます。幾ら何でもそれは仮定に基づく誘導が過ぎると思います。

裁　判　長

いかがですか。

検　察　官（永幡）

甲101号証によって既に立証済みの事項ですから、仮定ではないと考えます。

裁　判　長

結構です。仮定の問いに対して仮定の答えをしてください。

今の経営陣が支援できないというふうに判断しているということであれば、再建計画の合理性は認めないと考えます。

検　察　官（永幡）

確認しますが、今、支援をしてもNEDを再建させることができないという場合として私は聞いたのですが。

結論は同様でございます。

先ほどの証言の中で、分類資産について自己査定と当局の査定結果とが乖離していないかどうかを再建計画の合理性の有無を判断するに当たっての要素にするということでしたか。

はい。

具体的には、自己査定結果と当局の査定結果とが、どのような状態である場合に再建計画の合理性を否定することになるのですか。

自己査定結果よりも当局の査定結果が、資産査定の分類額が大きい場合ということです。

当局の査定結果が自己査定結果よりも大きい場合。

分類額が大きい場合ということでございます。その場合、実質債務超過が大きくなるというふうに考えます。

その結果、再建計画の合理性はどのように判断されることになるのですか。

　再建計画の合理性の判断については、その債務超過額と、それから、基礎収益力によって、どの程度で債務超過が解消されるのかということを見ておりますので、債務超過額が大きくなりますと、再建期間が非常に長期にわたるということが考えられますので、その再建計画自体が成り立たなくなってくるということになるから、合理性がないというふうに見るということでございます。

親金融機関が再建計画どおりに支援を行えば再建可能ではあるが、再建計画どおりに支援を行うことが困難な場合には、どのような判断をすることになりますか。

　これも再建計画というのは親金融機関の支援が前提になっておりますので、そのとおりに支援ができないということになりますと、先ほどと同じように再建計画自体が成り立たなくなってくるということで、その合理性は否定されると思います。

ところで、本件検査においてNEDの営業貸付金について査定をしましたか。

　はい。

NEDの第三債務者向け営業貸付金の分類額はどのようなものになりましたか。

　分類額は、ほぼ長銀側が行なった分類額と近いものになったと記憶しております。

金額は幾らくらいであったか覚えていますか。

　はっきりとは覚えておりません。

何を見れば分かりますか。

　査定メモの添付資料を見れば分かると思います。

（甲）証拠番号145（供述調書）を示す

どれを見れば分かりますか。

　左端の上方に「資料10」と書いてあるものでございます。

この資料を作成したのは誰ですか。

　これは長銀側の担当者が作成したものです。

資料10の見方ですが、一番左側に「債務者」という欄がありますが、これは何ですか。

　これがいわゆる第三債務者と言われる先です。

それに続いて上部の欄外に「自己査定結果（98/3)」、「金融監督庁検査結果（98/7)」とあって、「債務者区分」、「分類額」、「査定額」という欄がありますが、このうち左側の「自己査定結果」というところには何が記載されているのですか。

　これは長銀が98年3月を基準として査定した結果が記載されております。

左側が長銀の自己査定の結果ですね。

　そうです。

右側の「金融監督庁検査結果」というところに記載されているのは何ですか。

　これも同じく98年3月を基準とした金融監督庁の査定結果が記載されております。

右側が金融監督庁による査定結果ということですか。

　はい。

これら営業貸付金の査定に当たっての基準日はいつですか。

　基準日は平成10年3月末でございます。

それで、資料10のどこを見れば、本件検査における金融監督庁による営業貸付金の分類額が分かりますか。

　これはこの表の下、欄外に「関係会社プラス分」と書いてある、これの右側の欄、例えばII分類で言いますと、97872というふうに書いてある、この欄でございます。

単位は幾らでしょうか。

これは100万円です。

本件検査において証人はNEDの第三債務者に対する営業貸付金のIII分類は幾らであると査定していますか。

667億3500万です。

同じく本件検査において、証人はNEDの営業貸付金のIV分類は幾らと査定していますか。

1697億5800万です。

本件検査において、証人はNED向け貸出金につき、どの部分をIV分類にしましたか。

貸出金にシェアを掛けたものをIV分類といたしました。

NEDですよ。

失礼しました。NEDにつきましては支援額が出ておりましたので、支援額相当額をIV分類といたしました。

それは、どこがいつNEDを支援した金額ですか。

長銀が平成10年3月決算期において支援した額です。

証人がその部分をNED向け貸出金のIV分類としたのは、なぜですか。

再建計画の合理性を一応認めておりますので、その年度の決算期で長銀が支援をする額、それをIV分類とするということになっておりますので、その額をIV分類といたしました。

関連ノンバンク事務連絡の定める基準に従ったからですか。

そうです。

(甲) 証拠番号153 (供述調書) を示す

添付の資料3の後ろから3枚目のフローチャートですが、本件検査において証人はNEDをどこに当てはめましたか。

このフローチャートでいきますと、まず体力の有無の判定のところですが、「体力がない場合」、それから、その下に行きまして、「母体行責任を負う意思がある場合」、それから、その下に行きまして、「再建計画が作成されている場合」、それから、その下に行きまして、「その他の場合」として、一番下の右から二つ目のボックスに当てはめました。

証人が指摘しているボックスには、原則として全額III分類、なお経営の意思により債権放棄額等が当該年度に確定している場合には、その額をIV分類とし云々と書かれていますが、これを適用したのですか。

はい、そうです。

再建計画が作成されている場合で、営業貸付金の査定結果が関連ノンバンク向け貸出金の査定にストレートに反映される場合というのは、どのような場合ですか。

それは関連ノンバンクに対する貸出金が親金融機関100パーセントの場合です。

NEDの場合に、営業貸付金の査定結果が関連ノンバンク向け貸出金の査定結果に直接反映される場合は、どの場合になりますか。

直接反映されるとすれば、再建計画に合理性がない場合のほうへ行けば、そういうこともあります。

その考え方は今見てもらっているフローチャートのどのボックスになりますか。

右から三つ目の、先ほどのボックスの左隣のボックスです。

そこには、原則として営業貸付金等の査定結果のIV分類を貸出金のシェアによりIV分類とし云々と書かれていますが、そこですか。

はい、この箇所です。

そこに書かれている「営業貸付金等」の「等」とは、どういうものですか。

この「等」は有価証券、不動産といったものが含まれております。

有価証券や不動産といったものの何がその「等」に含まれるのですか。

これの正味含み損がここに含まれます。

正味含み損とは何ですか。

正味含み損と言いますのは、例えば有価証券の時価と簿価の差額ですけれども、時価のほうが簿価よりも低い場合に正味含み損というふうに言っております。

まず含み損とは何ですか。

含み損というのは時価と簿価の差額です。

時価と簿価の差額のうち、どちらが高い場合の差額ですか。

簿価のほうが高い場合です。

含み益とは何ですか。

時価のほうが高い場合に含み益になります。

その上でお尋ねしますが、正味含み損とは何ですか。

簿価と時価を比較して、最終的に簿価のほうが高くなっている場合、その金額を正味含み損と呼んでおります。

（以上　　宮村　麻理）

それは単純な含み損になるんじゃないですか。

それは一つの有価証券、例えばで考えた場合はそうなんですが、例えば、複数ある場合に中には含み益があるものがある、それで、中には含み損になっているものがあると、そういったものを全部合算をして、最終的に合計したところで含み損のほうが大きくなるという場合、これが正味含み損になります。

関連ノンバンクに対する貸出金の査定に当たって、営業貸付金の査定結果のほか、有価証券や不動産の正味含み損を考慮するという点について、関連ノンバンク事務連絡にその旨の規定がありますか。

はい、ございます。

記載の同一性を確認します。

（甲）証拠番号153（供述調書）添付の資料３を示す

関連ノンバンク事務連絡のどこに記載されていますか。

関連ノンバンク事務連絡の２枚目ですが、Ⅱの２．に『「体力がない」関連ノンバンク』とありまして、それの三つ目のパラグラフに「また、親金融機関等の関連ノンバンクに対する貸出金の査定に当たっては、当該ノンバンクの営業貸付金の査定結果を反映させるとともに、有価証券及び不動産等の正味含み損を当該貸出金の査定において加味することができる。」というこの箇所でございます。

再建計画に合理性がない場合の関連ノンバンクに対する貸出金のⅣ分類の算出方法についてですが、先ほどのフローチャートには営業貸付金等の査定結果のⅣ分類を貸出金のシェアによりⅣ分類とありましたが、これはどういうことですか、もう少し分かりやすく説明してもらえますか。

正味含み損をⅣ分類として、営業貸付金のⅣ分類に加算するということでございます。

その上で貸出金のシェアによりⅣ分類と書いてありますが、ここはどういう意味ですか。

これは関連ノンバンクの総借入額、これを分母としまして、長銀からの借入額を分子として、それを計算したものでございます。

そのようにして算出した貸出金シェアを、営業貸付金のIVと有価証券や不動産の正味含み損を加えた合計額に乗じた額を、関連ノンバンク向け貸出金のIVにするということですか。

そういうことです。

本件検査でのNED向け貸出金の査定において、実態バランスというものを作成しましたか。

はい、作成しました。

実態バランスとは何ですか。

実態バランスとは、一定の時点におけるその会社の資産、負債の内容を正確に時価に落としたものでございます。

時価に落としたものということですが、実態バランスと呼ばれているものには、時価が出てくるんですか。

はい。例えば、有価証券ですと、その時点で上場株式等については、時価が出ておりますので、その時価を反映させるということでございます。

実態バランスに表示されるのは、含み損益ではありませんか。

今のお話では含み損益というのは、おっしゃるように簿価から含み損益を考慮して、実際の価格を出すというそういう意味であれば、そういうことです。

実態バランスというのを作成する目的は、何なんですか。

これは関連ノンバンクを査定するに当たって、体力の判定をする必要がありますが、この体力を判定する際に実質債務超過がどれだけあるかということを検証する必要があります。そのために実態バランスを作成いたします。

ちょっと質問が前後しますが、バランスシートというのは貸借対照表のことですね。

そうでございます。

実態バランスには別の呼び方がありますか。

場合によっては、清算バランスと呼ぶこともあります。

実態バランスも清算バランスも同じことだと理解していいですか。

はい。

NEDの平成10年3月末時点における有価証券及び不動産の正味含み損は、幾らでしたか。

はっきりと覚えておりません。

何を見れば分かりますか。

査定メモの添付資料を見れば分かると思います。

記憶喚起のため検甲145号証添付の資料を示したいと思います。

(甲) 証拠番号145 (供述調書) を示す

どれを見れば分かりますか。

資料番号で言いますと、資料9でございます。

資料9の作成者は誰ですか。

これは長銀側の担当者が作成いたしました。

その資料9が実態バランスと呼ばれているものですか。

はい。

その資料9によって、NEDの平成10年3月末時点の不動産及び有価証券の正味含み損が幾らかというのは、どこで分かるんですか。

左の欄に不動産というところがございますが、ここの含み損益、それから、有価証券についても、同じくその下に含み損益という形で計上されております。

平成10年3月末時点のNEDの不動産の正味含み損が21億3500万円で、同じく有価証券が84億3600万円であるということですか。

そうです。

不動産や有価証券の正味含み損の額は、誰が調査するんですか。

これは一義的には長銀側の担当者でございますが、それを我々がチェックをするということです。

じゃあ、一義的に長銀側が出してきた金額が、この金額であるということですか。

はい、そうです。

次に貸出金シェアの算出方法について尋ねますが、NEDの場合、長銀のNEDに対する貸出金シェアというものは、この実態バランスから算出できますか。

はい、できます。

どのようにすればいいのですか。

この右の欄ですが、一番上に借入金というところがございますが、これの簿価、これを借入金総額としまして、分母に持っていきまして、その下に当行というのがございますので、当行を分子として、それを計算すればシェアが出てきます。

先ほどの証言で、長銀は平成10年3月期にNED向けに支援をしていたということですけれども、その支援額を考慮する必要がありますか。

はい。

じゃあ、計算は結構ですから、貸出金シェアの算式の分母と分子だけを教えてもらえますか。

考え方としては、ただいまの借入金の金額から支援額を除いたものを分母とし、同様に当行の簿価からも支援額を引いたもの、これで計算をいたします。

支援額を引くんですか。

あっ、申し訳ございません。除かれていますので足し戻さないといけませんので、いずれも分母、分子に支援額を足すということです。

言葉で言うと、分母は4963億6700万プラス平成10年3月期の支援額、それで、分子が1514億500万プラス平成10年3月期の支援額ということでよろしいですか。

はい。

そのようにして算出した貸出金シェアですけれども、金融検査の場では、小数点第何位までを使いますか。例えば、0.123456というような場合、貸出金シェアは幾らになりますか。

その場合ですと、小数点以下第四位を四捨五入いたしますので、0.123、したがって、百分率で表しますと、12.3パーセントというふうに計算いたします。

NEDの営業貸付金の査定方法についてお尋ねしますが、営業貸付金の査定は、どのようにして行なわれるのかについて、簡単に説明してもらえますか。

営業貸付金の査定方法については、長銀側から提出された債務者の財務内容等を表したリスト、それと長銀側からの説明に基づき査定を行ないます。

本件検査時にNEDの第三債務者について、証人が新たに実質破綻先と認定した先がありましたか。

あったと思います。

会社名を覚えていますか。

記憶がございません。

どのような資料があれば説明できますか。

査定メモに添付してある資料を見れば分かると思います。
記憶喚起のため検甲145号証添付の資料を示します。
(甲) 証拠番号145（供述調書）を示す
左上の資料番号で何番のものを見れば説明できるか教えてください。
左上の資料番号10というのを見ていただければ分かるかと思います。
本件検査において新たに債務者区分を実質破綻先と認定した第三債務者は、どこになりますか。
例えば、上から五つ目の松本経営システム、それから、パシフィックモーゲージ、日本ビルプロヂェクト、大福興業、大阪ファイナンス、第一不動産、昭和興産、岩崎住宅以上です。
以上の8社ですね。
はい。
そのうちの松本経営システムを例にして、債務者区分を変更した理由を説明してもらいたいと思いますけれども、その資料10で説明できますか。
これだけではできません。
ほかにどんな資料が必要ですか。
松本経営システムの財務内容等が分かる資料が必要でございます。
査定メモの附属資料の中にありますか。
はい。その次のページの資料11、これで分かるかと思います。
資料11だと、松本経営システムは何番目にありますか。
左の番号でいくと、№5というところです。
それでは、本件検査において、松本経営システムを実質破綻先と認定した理由について説明してもらえますか。
松本経営システムは、この上に少し見にくいんですが、実は延滞が93年から続いているという私の手書きの記載がございます。それから、ずっと右のほうへいきまして、売上高、経常利益等ありますが、経常利益、当期利益が赤になっておりまして、資本勘定についても赤になっております。したがいまして、利益が上がっていない。それで、債務超過が拡大しているという状態にありますし、それから、先ほどの延滞というふうに手書きで書いてある横に、これは実は入金と書いてあると思うんですが、これは月に大体100万円程度だったと思います。したがいまして、月に100万円程度の内入れがある状態なんですが、この程度では借入金が返済できないという状況ですので、実質破綻先といたしました。
今の証言で、赤とあったのはマイナスという意味ですか。
ええ、そうです。
そのような先を長銀が自己査定で要注意先としていたのは、なぜだと思われましたか。
これは、恐らく長銀の作成した基準を適用したからだと思います。
もう少し具体的に言えますか。
長銀の一般先に適用する長銀基準があったと思うんですが、それを適用していると思うんですが、できましたら詳しい先ほどの規程があれば示せると思います。
記憶喚起のために検甲81号証添付の「自己査定手引き」中、10ページの債務者区分の判定の項を示します。
(甲) 証拠番号81（供述調書）を示す
今、示したものは、長銀の自己査定基準ですが、それに基づいて長銀が松本経営システムを要注意先に債務者区分した経過についての証人の考えをお聞かせください。

先ほど申し上げましたように売上額がございますが、売上額がある場合、実質破綻先のところで債務者区分のところを見ますと、①の中に例示で挙げてあります「売上げがゼロ」というところに該当しなければ、実質破綻先とならないというふうにこの規程では読めるわけですが、松本経営システムは売上げがあると、ゼロではないと、したがいまして、長銀のこの規程では、すべて満たしていないといけないということですので、この売上げゼロのところを満たさないということになりますので、上位の破綻懸念先にまずいくというふうに考えられます。それで、次に破綻懸念先ですけれども、③のところに「過去6ケ月以上入金が全くなく」というふうに書いてありますが、この松本経営システムで見ますと、わずかではありますが、月に100万の入金があるということですので、これもこの条件に該当しないということになって、破綻懸念先の認定ができないということで、更に上位の要注意先にいくということで恐らく判断したんだろうと思われます。

証人が本件検査で松本経営システムの債務者区分を実質破綻先としたのは、長銀の基準ではなく、資産査定通達に定める基準に従ったからですか。

そうです。

もう一社だけお尋ねします。

（甲）証拠番号145（供述調書）添付の資料11を示す

先ほどの資料ですが、その一番上に大和エンタープライズという会社がありますね。

はい。

この会社は延滞先になっていますか。

はい。大和エンタープライズというふうに債務者名が書いてある上に、これも手書きで分かりにくいんですが、94年から延滞しているということで延滞になっております。

大和エンタープライズの当期利益や資本勘定のほうは、どうなっていますか。

当期利益、資本勘定は、赤になっております。

ということは、大和エンタープライズも、年々、債務超過額が増加していくことになりませんか。

まあ、一期だけですけれども、債務超過額が当期利益よりも大きいので、年々、拡大しているということが言えるかと思います。

（甲）証拠番号145（供述調書）添付の資料10を示す

証人は、大和エンタープライズの債務者区分を長銀の自己査定結果と同様の要注意先としていますね。

はい。

これは、なぜですか。

実は大和エンタープライズは、NED以外に長銀の関連会社として日本リース、それから、芝エンタープライズというところから融資を受けているんですが、大和エンタープライズの現在行なっております開発プロジェクトというのが、その当時、説明がございまして、これは新宿にある土地を東京都に処分するというプロジェクトなんですが、そのプロジェクトがうまくいけば、要するに、東京都にその土地が処分できれば、貸出金が返済されるという説明が担当者からあったと、それで、その担当者というのは、このNEDを査定していた担当者ではなくて、そのプロジェクトをよく承知していた芝エンタープライズというところの担当者が、そういう説明をしたと、それで、その芝エンタープライズは、私ではなくて別の検査官がやっておりました。そこから話を聞きまして、返済できると、回収

　　できるということでしたので、要注意先といたしました。
話を整理しますが、まず、証言の中に出た芝エンタープライズというのは、芝中央ファイナンスのことですか。
　　失礼しました。芝中央ファイナンスのことです。
芝中央ファイナンスは、長銀の関連会社のうち、何という会社の系列の会社でしたか。
　　これは、日本ランディックという会社の系列になります。
先ほどの証言の中にあったのは、大和エンタープライズには、NEDのほか日本リースや芝中央ファイナンスが貸付けをしていたということを言われたんですね。
　　そうです。
その上で長銀の芝中央ファイナンス向け貸出金の査定の際に、大和エンタープライズの債務者区分が詳細に検討されたということを証言されたんですか。
　　そういうことです。
長銀のその芝中央ファイナンスに対する貸出金の査定に当たった検査官は、どなたでしたか。
　　草彅検査官です。
その草彅検査官から芝中央ファイナンスの関係で、大和エンタープライズを要注意先にしたという話を聞いたわけですね。
　　そうです。
その検査官から、大和エンタープライズを要注意先とした理由についても聞かれているわけですね。
　　はい、先ほど御説明したとおりでございます。
ちょっと先ほどの話では分かりにくかったと思いますので、もう一度、大和エンタープライズを要注意先とした理由について、証人が聞いたところを説明してもらえますか。
　　もう一度、御説明いたしますと、大和エンタープライズが行なっている開発プロジェクトがありまして、それは大和エンタープライズが所有している新宿の土地を東京都に処分するというプロジェクトでございます。それで、その処分代金の交渉を今しているところであると、その処分代金が周辺の相場とほぼ同じような価格で売れるとすれば、大和エンタープライズが、NED、それから、芝中央ファイナンス等から借り入れている貸出金をすべて返済できるという説明でした。
草彅さんという方に、そのような説明をした長銀側の説明者は分かりますか。
　　分かりません。
証人は本件検査において、債務者区分を認定するための情報をどのようにして得ていましたか。
　　長銀の担当者から提出のあった資料、それから、それに基づく説明から得ておりました。
長銀から得た情報が正しいことを前提として査定をされたのですか、それともそうではないのですか。
　　正しいことを前提として査定をいたしました。
長銀側の説明が実態と異なっていたような場合には、第三債務者の債務者区分は、本件検査におけるものと異なり得ますか。
　　ええ、異なり得ます。
NED本体についての質問を終えて、NEDの関連会社であるエクセレーブファイナンスに対する貸出金の査定についてお尋ねします。証人は、エクセレーブファイナンス向け貸出金の査定に当たったということでしたね。

　はい。

エクセレーブファイナンスは、関連ノンバンクではないので、一般先の基準を使ったと言われましたね。

　はい。

本件検査において、証人はエクセレーブファイナンスの債務者区分をどのように認定しましたか。

　破綻懸念先といたしました。

それは、どのような理由からでしたか。

　エクセレーブファイナンスは、長銀から借入れをしているわけですが、その借入金をそのまま NED に貸し付けていると、したがいまして、NED の債務者区分、NED から返済されるかどうかということが、エクセレーブファイナンスの査定に反映されるということになるからです。

今の証言の中で、NED の債務者区分は、エクセレーブファイナンスの債務者区分に反映されるという証言がありましたか。

　はい。

反映されるというのは、具体的にどういう意味ですか。

　反映されるというのは、NED がエクセレーブファイナンスから借り入れている貸出金を返済できるかどうかということですので、これは全額エクセレーブファイナンスから NED に渡っているわけです。ですから、NED の債務者区分が、そのままエクセレーブファイナンスに反映されていくというふうに考えられるということです。

NED の債務者区分がエクセレーブファイナンスの債務者区分に反映されるというのは、NED とエクセレーブファイナンスの債務者区分が一致するという意味ですか、そういう意味ではないんですか。

　一致するという意味です。

なぜ一致するのかについての説明が、先ほどの説明だったわけですか。

　はい、そうです。

もう一度、確認しておきますけれども、エクセレーブファイナンスは、長銀から借り入れたお金をそのまま NED に貸し付けているわけですね。

　そうです。

そのときに、NED とエクセレーブファイナンスの債務者区分は一致するというふうに言われたわけですね。

　はい。

その理由を分かりやすく話してもらえますか。

　長銀からエクセレーブファイナンスに貸し付けられた貸出金が、そのまま全額 NED に貸し付けられていると、ということは、長銀が直接 NED に貸し付けているのと同じで、間で利ざや分は除かれておりますが、そのまま長銀が NED に貸し付けているのと同じことだというふうに考えられるということです。

その場合に、どうして NED とエクセレーブファイナンスの債務者区分が一致してくるんですか。

　NED の債務者区分が破綻懸念先でしたので、同じようにエクセレーブファイナンスを破綻懸念先にしたということです。

それは、債務者区分が一致してくることの帰結ですね。

はい。

ですから、なぜNEDの債務者区分とエクセレーブファイナンスの債務者区分が一致してくるのかということをお尋ねしているんですけれども。

もう一つ考慮しないといけないことは、NEDの再建計画の中で、エクセレーブファイナンスも一体として考えられていたという長銀側からの説明があったからです。

エクセレーブファイナンスを中心にして考えると、エクセレーブファイナンスが借入先である長銀に返済するためには、エクセレーブファイナンスは、どうすればいいんですか。

まず、NEDから貸出金を回収しなければなりません。

エクセレーブファイナンスとしては、NEDに貸しているお金を返してもらわないと、長銀に返せないという関係にあるわけですね。

そういうことです。

エクセレーブファイナンスがNEDに対する貸付金を回収しないと、長銀からの借入金を返済できないということは、どうして言えるんですか。

先ほども御説明しましたようにエクセレーブファイナンスは、すべてNEDに貸付けをしております。ということは、それ以外に得るべき収益がございませんので、すべてNEDからの収益にかかっているわけです。長銀に返済できるかどうかは、すべてNEDから回収できるかどうかにかかっているということだからです。

そういう理由から、NEDとエクセレーブファイナンスの債務者区分が一致するということになるわけですか。

はい。

先ほどの話ですと、本件検査では、NEDの再建計画に合理性を認めたので、NEDを破綻懸念先にした結果、エクセレーブファイナンスも破綻懸念先にしたというふうに言われましたか。

はい。

エクセレーブファイナンスの長銀からの借入金が、全額NEDの貸付けに回っていることを前提にして、NEDの債務者区分を要注意先と認定した場合には、エクセレーブファイナンスの債務者区分は、どのようにしていましたか。

要注意先としておりました。

同じ前提で、NEDの債務者区分を実質破綻先としていた場合には、エクセレーブファイナンスの債務者区分は、どのようにしていましたか。

実質破綻先としておりました。

次に、第一ファイナンスの関係についてお尋ねしていきます。証人は本件検査において、長銀の第一ファイナンス株式会社に対する貸出金の査定を担当しましたか。

はい。

以下、単に社名で呼びますが、本件検査での第一ファイナンス向け貸出金の査定において、長銀側の説明者はどなたでしたか。

営業第6部の能勢さんでした。

第一ファイナンス向け貸出金の査定に当たって基準としたのは、一般先についての基準ですか、それとも関連ノンバンクについての基準ですか。

第一ファイナンスは、長銀の関連ノンバンクと位置付けられておりましたので、関連ノンバンク基準で査定をいたしました。

長銀の自己査定では第一ファイナンスの債務者区分は、どのようになっていましたか。

関連ノンバンクということで、その他区分という区分にしておりました。

証人は本件検査において、第一ファイナンスの債務者区分をどのように認定しましたか。

破綻懸念先と認定いたしました。

長銀の自己査定では、どの部分をⅣ分類にしておりましたか。

債務超過部分をⅣ分類にしておりました。

今言われた債務超過相当分というのは、どの会社のいつのものですか。

第一ファイナンスの平成10年3月期の債務超過でございます。

本件検査において、証人は第一ファイナンス向け貸出金のどのような部分をⅣ分類としましたか。

先ほどの債務超過部分に、第一ファイナンスが保有している有価証券の正味含み損、それから、非上場株式の無価値とされる部分をⅣ分類といたしました。

営業貸付金のⅣ分類は、どのように扱われましたか。

それに営業貸付金のⅣ分類を加えております。

本件検査における証人の判断経過を明確にするため、検甲153号証添付の資料3を示したいと思います。

（甲）証拠番号153（供述調書）添付の資料3を示す

関連ノンバンク事務連絡の後ろから3枚目のフローチャートを見てもらえますか。本件検査では、第一ファイナンスをこの中のどこのボックスに当てはめたんですか。

第一ファイナンスは、体力がない先ですので「体力がない先」、それから、「母体行責任を負う意思がある場合」、それから、「再建計画が作成されていないか又は検討中の場合」ということですので、一番右端のボックスに当てはめました。

一番右のボックスは、上段と下段がありますが、そのうちどちらに第一ファイナンスを当てはめましたか。

「これ以外の場合は営業貸付金等の査定結果のⅣ分類を貸出金のシェアによりⅣ分類とし、残額をⅢ分類」とあります、この下段のほうを当てはめました。

第一ファイナンスの取引銀行は、長銀のほかにありましたか。

いいえ、ございませんでした。

取引銀行が長銀だけの場合、先ほどの貸出金のシェアというのは、どのように考えればよろしいんですか。

100パーセントと考えれば結構です。

その場合、第一ファイナンス向け貸出金の査定結果は、どのようにして導きますか。

先ほど申し上げました第一ファイナンスの債務超過に、営業貸付金のⅣ分類、それから、有価証券の正味含み損、非上場株式の無価値とされる部分、こういったものを合計いたしまして、これに100パーセントを掛けるという形になります。

第一ファイナンスの査定結果が、そのまま貸出金の査定結果になるという理解でいいんですか。

今のは、そうです。そのうちのⅣ分類のところの部分ですが。それ以外については、営業貸出金等の査定結果が、そのまま第一ファイナンスに対する長銀の貸出金の査定結果になるということでございます。

本件検査において、第一ファイナンス向け貸出金の査定において、長銀側と議論になった点がありましたか。

はい。

それは、どの点でしたか。

　　株式、有価証券の正味含み損についての考え方です。
今言われた有価証券というのは、どこ保有の有価証券のことですか。
　　第一ファイナンス保有の有価証券でございます。
第一ファイナンス保有の有価証券の正味含み損が、どのような形で問題になったんでしょうか。
　　第一ファイナンス保有の有価証券、これは上場有価証券ですけれども、私はこれを正味含み損のところをⅣ分類にしたんですが、長銀はこれをⅢ分類だということで主張がございました。
第一ファイナンス保有の有価証券の正味含み損を、Ⅳ分類とするかⅢ分類とするかが議論となったわけですか。
　　そうです。
(以上　　岡本　賀奈江)

その点について、長銀はⅢ分類と主張していたとのことですが、どのようなことを根拠にしていましたか。
　　長銀側の主張としては、有価証券は、時価が頻繁に動くのだから、含み損は確定し得ないと。したがって、損失が確定しないので、Ⅳ分類ではなくてⅢ分類ですということだったと思います。
その点について、証人はどのように考えましたか。
　　資産査定といいますのは、初めに御説明いたしましたように、基準日現在の資産の内容を計算して出すものですから、この場合ですと、10年3月末時点の有価証券、上場株式の時価を見ますと、これは時価というものが出ているわけですから、それを時価として、あと、含み損があれば、この含み損は損失として確定できますので、その時点で損失があるというふうに言うことができますので、それをⅣ分類とできるというふうに考えました。
長銀側は、有価証券の損失額を確定できないという主張だったわけですか。
　　はい。
それに対して、証人は確定できると考えたんですね。
　　はい。
証人がそのように確定できると考えた理由を簡潔に説明してもらえますか。
　　先ほど申し上げましたように、資産査定というのは、ある一時点でそのときの資産の価値を出すものだということだからです。
簡単に言うと、基準日があれば損失額が出せるということですか。
　　ええ。基準日があって、その資産について時価が立っていれば、損失部分が確定できるということです。
先ほど、第一ファイナンス向け貸出金の査定における長銀側の説明者は営業6部の方であったというふうに言われましたけれども、有価証券の正味含み損の扱いについては、ほかの方が加わるようなことがありましたか。
　　ありました。
どういう方が加わりましたか。
　　総合企画部の方と、事業推進部の方です。
まず、総合企画部の方は、何という方でしたか。
　　小山参事役だったと思います。
事業推進部側はどなたでしたか。

　　複数名いらっしゃいましたが、名前は覚えておりません。
有価証券の正味含み損の扱いを議論した際の長銀側の方の人数は何人くらいだったんでしょうか。
　　全体で５、６名いたかと思います。
長銀側の言い分は、有価証券の時価が目まぐるしく変動するので、損失額を確定できないという趣旨だったというふうに言われましたが、そのほかに何か理由を挙げていませんでしたか。
　　10年３月期から有価証券の評価方法を原価法に変えたということでしたので、含み損部分は考えなくていいということだったと思います。
今の証言の中の原価法に変えたという主体はどこですか。
　　これは、長銀、親銀行会社、それから、第一ファイナンス。
長銀ですか。
　　長銀です。第一ファイナンスもそうだというふうに記憶しております。
先ほど、原価法に変えると、含み損を考慮する必要がないというのが長銀側の主張だというふうに言われたんですか。
　　そうです。
原価法を採用したことと、有価証券の正味含み損をⅣ分類にするかⅢ分類にするかという点については関係すると考えましたか。
　　直接的には関係するとは考えませんでした。
第一ファイナンス保有の有価証券の正味含み損の問題は、最終的にはどのように決着したんですか。
　　我々の説明を長銀の方にいたしまして、最終的には納得していただいたと考えております。
つまり、第一ファイナンス保有有価証券の正味含み損はⅣ分類としたんですね。
　　そうです。査定としてはⅣ分類といたしました。
そのように落ち着くに当たっては、どのような経過がありましたか。質問を変えますと、その問題について、金融監督庁の中でも検討されたことはありますか。
　　検討はいたしました。
どのような形で検討されたんですか。
　　長銀側からも、バックオフィスに聞いてくれというような話がありまして、要は、検査班だけの判断では納得できないということがありましたので、バックオフィスにも検討していただくようにいたしました。
バックオフィスというのは、金融監督庁のバックオフィスですか。
　　そうでございます。
具体的にはどこを指しているんですか。
　　検査部の審査業務課というところです。
バックオフィスの考えはどのようなものでしたか。
　　バックオフィスの考え方も私と同じような考え方でございました。
平成10年３月末時点の第一ファイナンス保有有価証券の正味含み損の額は幾らでしたか。
　　はっきりと覚えておりません。
何を見れば分かりますか。
　　査定メモの添付資料を見れば分かると思います。
（甲）証拠番号144（供述調書）添付の資料７ないし11を示す

記憶喚起のために示しますが、どれを見れば分かりますか。
　資料7のところの1に債務者区分とありますが、この中のⅣ分類の額として挙げられている有価証券含み損、この欄です。
単位は幾らですか。
　これは100万円です。
証人が指摘したところには、括弧内に有価証券含み損とありますが、その前の金額が第一ファイナンスの平成10年3月末の正味含み損ということですか。
　そうです。
294億5500万円ですか。
　はい。
そのすぐ右の括弧内に、非上場株式含み損とありますね。
　はい。
これはどういう意味ですか。
　この非上場株式含み損というのは、第一ファイナンスが保有している非上場株式の無価値に当たる額でございます。
非上場株式が無価値であるかどうかはどのように判断するのですか。
　このときの判断は、非上場株式を発行している会社が実質債務超過になっているかどうか、実質債務超過になっていれば無価値というふうに判断いたしました。
資料7によると、その金額が18億8600万円ということになるんですね。
　はい。
その項のⅣ分類の2つ目のところの括弧内に第3債務者分類結果Ⅳ分類とありますね。
　はい。
そこに書かれている金額は何ですか。
　これは、第三債務者を分類した結果、Ⅳ分類というふうに当方が査定した金額です。
その金額が34億円だったわけですね。
　はい。
長銀の自己査定では、第一ファイナンスの営業貸付金にⅣ分類はありましたか。
　ありませんでした。
本件検査において、営業貸付金のⅣ分類を新たに認定したということになりますか。
　はい。
第一ファイナンスのどの会社に対する営業貸付金からⅣ分類が出たのか、覚えていますか。
　覚えておりません。
何を見れば分かりますか。
　査定メモの添付資料を見れば分かります。
(甲) 証拠番号144 (供述調書) 添付の資料2ないし11を示す
どれを見れば分かるか、左上の資料番号を言ってもらえますか。
　資料10を見れば分かりやすいと思います。
この資料10の作成者は誰ですか。
　これは長銀側の担当者です。
資料10には何が書かれているんですか。
　これは、長銀の行なった自己査定結果で、左側に数字が入っておりまして、右側に金融監督庁検査結果ということでその査定結果が書かれております。

本件検査で、証人が営業貸付金からⅣ分類を出した先はどこですか。

この金融監督庁検査結果のⅣ分類の欄に金額が入っているところを見ていただければ分かりますが、債務者名を申し上げますと、ヒロシ興産、九州流通サービス、大阪ファイナンス、この3社です。

その三社を実質破綻先とされた理由は、その資料で説明できますか。

これだけでは説明できません。

何があれば説明できますか。

この債務者の財務内容等が分かる資料があれば御説明できます。

(甲) 証拠番号144（供述調書）添付の資料2ないし11を示す

記憶喚起のために示しますが、どれを見れば分かりますか。

先ほどの資料10の一つ手前ですが、資料9を見ていただければ分かると思います。

簡潔にで結構ですけれども、ヒロシ興産、九州流通サービス、大阪ファイナンスの3社を実質破綻先と認定された理由を説明していただけますか。

まず、ヒロシ興産ですが、これは、この表でちょうどパンチで穴が開いていますので名前が読み取れないかもしれませんが。

上から何番目ですか。

八番目、手書きで「ハナテングループ」と書いてある欄です。まず、その債務者名の横に延滞というのが平成7年の4月から続いているということが書いてあります。それから、ずっと右のほうへいきまして、売上、経常利益、当期利益というのが入っている欄がありますが、その横に、繰越損益、資本勘定、この欄が大幅な赤になっていると、債務超過になっているということでございます。したがいまして、長期間延滞をしていて、利益はわずかですが上がっておりますけれども、返済がなされておらず、資本が赤になって債務超過になっているということで、ヒロシ興産については業況の回復の見込みがないと、貸出金の返済が困難であると、できないというふうに判断いたしまして、実質破綻先としました。

続いて、九州流通サービスと大阪ファイナンスも簡潔に説明していただけますか。

九州流通サービスと大阪ファイナンスは、基本的に財務内容はほぼ同じような状況になっておりまして、毎期赤字が積み上がって債務超過が拡大しているという状態ですので、これも借入金の返済ができないというふうに判断いたしまして、実質破綻にしております。

長銀の自己査定では、それら3社が破綻懸念先となっていますが、それはどのような理由からであったと思われますか。

これも、長銀基準を使って自己査定したからだと思います。

長銀基準がどのようになっていたからそれら3社が破綻懸念先になったのだと思われましたか。

これは、売上高がゼロではないということだと思います。

(甲) 証拠番号81（供述調書）添付の資料11を示す

記載の同一性を確認するために、資料11中、自己査定手引きの10ページ、債務者区分の判定を示しますが、今示しているものは長銀の基準ですが、実質破綻先の要件のうち、どれに該当しないために破綻懸念先と認定されたのだと思われますか。

この実質破綻先の「①事業を形式的には継続しているが、売上が殆どない等会社の実態がない以下のような先」ということで、ここでは売上げがゼロというふうになっているわけです。で、この売上げがゼロになっていないということで、恐らく①の基準を満たしていないというふうに判断をして、三条件すべてを満たしていないということになりますので、その上位のランクの破綻懸念先にしたというふうに考えられます。

本件検査における第三債務者に対する営業貸付金の査定に必要な情報というものはどのようにして得ていましたか。

長銀側の担当者からの提出資料、それから説明によって得ておりました。

実態がそれらと異なっていた場合には、第3債務者についての債務者区分は異なり得るのでしょうか。

異なり得ると考えます。

(甲)証拠番号144(供述調書)添付の資料9を示す

貸付先欄のところに手書きですずらん恒産経由やはまなす恒産経由と書かれていますが、すずらん恒産やはまなす恒産というのはどういう会社ですか。

これは、第一ファイナンスの100パーセント出資の子会社です。

そこにはそれら子会社経由と書かれておりますが、それはどういう意味ですか。

この意味は、第一ファイナンスからすずらん恒産に対して貸し出した貸出金が、そのまま九州流通サービスというところに貸し出されていると。したがって、実質的には第一ファイナンスが九州流通サービスに貸し付けているということで、ここに債務者がきておりまして、横にすずらん恒産経由というような表現をしております。

貸付先の上から5番目にあるパシフィックファイナンスというところには、すずらん恒産経由と書かれていますが、お金の流れとすれば、第一ファイナンスがすずらん恒産に貸し、すずらん恒産がパシフィックファイナンスに貸しているわけですね。

はい。

そのようなケースでパシフィックファイナンスを第一ファイナンスの第三債務者として扱ったのはなぜでしたか。

これは、長銀の担当者の説明でもありましたように、第一ファイナンスの営業貸付金を査定する場合には、すずらん恒産について査定しなければいけないわけですが、実質的にはその資金が、例えばパシフィックファイナンスといったところに流れておりますので、ここの債務者の状況によって返済されるかどうかということを検討しなければならないということでしたので、こういう形で挙げております。

第一ファイナンスの子会社であるはまなす恒産とすずらん恒産は、どのような財務状態でしたか。

2社とも債務超過の状態でした。

はまなす恒産とすずらん恒産の債務超過額は、第一ファイナンス向け貸出金の査定に当たってどのように扱うのが適切ですか。

第一ファイナンスの第3債務者の査定結果に、すずらん恒産、はまなす恒産の債務超過額を加味するのが適当だと考えます。

はまなす恒産とすずらん恒産の債務超過額と第一ファイナンスの債務超過額とは同様に扱うのですか、そうではないのですか。

同様に扱うのが適当だと考えます。

それはどうしてですか。

はまなす恒産、すずらん恒産は、100パーセント第一ファイナンスが出資している子会社ですので、その子会社に対する親会社としての責任はすべて第一ファイナンスが負うという形の説明がありましたので、これを加味する必要があるということでございます。したがいまして、同じように取り扱うということになろうかと思います。

今言われたのを簡単に言うと、子会社の債務超過額は第一ファイナンスの負担になるからということなんですか。

そういうことです。

平成10年3月末時点の第一ファイナンス及びその子会社の債務超過額は幾らでしたか。

はっきり覚えておりません。

何を見れば分かりますか。

査定メモの添付資料を見れば分かると思います。

（甲）証拠番号144（供述調書）添付の資料2ないし11を示す

記憶喚起のため示しますが、どれを見れば分かるか、資料番号を言ってもらえますか。

資料8を見ていただければ分かると思います。

資料8は実態バランスないし清算バランスと呼ばれているものですか。

はい。それを表した表です。

資料8のどこを見れば分かりますか。

この清算バランス表の下のところに実質正味自己資本という欄がありますが、その下に子会社赤字分と、その横に手書きで債務超過というふうに入れておりますが、ここの右の数字を見れば、これが債務超過ということでございます。

この手書きは証人の字ですか。

はい。

両子会社の平成10年3月末の債務超過額は、合計で62億1100万円ということですか。

はい、そうです。

第一ファイアンスの平成10年3月末時点の債務超過額は幾らですか。

第一ファイナンスの平成10年3月の債務超過額は、その上の清算バランスの資本合計の簿価のところを見ていただくと分かります。

幾らですか。

137億4800万です。

第一ファイナンスと子会社の債務超過額を第一ファイナンスのⅣ分類とした場合、子会社における貸倒引当金相当額は考慮する必要がありますか。

はい、あります。

子会社の貸倒引当金相当額を第一ファイナンスのⅣ分類から引くのですか、加えるのですか。

Ⅳ分類から引くということになります。

以上整理しますと、第一ファイナンスに対する貸出金のⅣ分類は、第一ファイナンスの債務超過額、営業貸付金のⅣ分類、有価証券の正味含み損、非上場株式の無価値額、子会社の債務超過額となって、子会社の貸倒引当金相当額を合計額から控除するということになりますか。

はい。

最後に、株式会社日本リース向け貸出金の査定状況についてお尋ねしたいと思います。証人が、本件検査において、長銀の株式会社日本リースに対する貸出金の査定を担当されましたか。

はい、担当しました。

以下では単に日本リースと呼びますが、本件検査での長銀の日本リース向け貸出金の査定に当たって使用した基準は、一般先の基準でしたか、関連ノンバンクについての基準でしたか。

関連ノンバンクに関しての基準でございます。

関連ノンバンク基準を使用したのはなぜでしたか。

日本リースは長銀の関連ノンバンクとして位置づけられていたからです。

本件検査における長銀の日本リース向け貸出金に関する長銀側の説明者、これは誰でしたか。

営業第6部の大湊さんと市村さんだったと思います。

長銀の日本リースに対する貸出金の査定がどのように進められたのかについて、まず、簡単に話してもらえますか。

まず、日本リースの債務者概況ということで、財務内容、それからあと、長銀との取引経緯といったようなことを担当者から説明を受けました。その次に、日本リースが保有している資産について、例えば営業貸付金の状況等を説明を受け、そして、日本リースに対する長銀の貸出金で、自己査定結果がどうなっているかといったようなことを説明を受けると。そして、その自己査定結果を検証するという形で査定を進めました。

長銀自己査定では、日本リースの債務者区分はどのようになっておりましたか。

経営支援実績先ということで、その他区分になっておりました。

証人は、本件検査において、日本リースの債務者区分をどのように認定しましたか。

破綻懸念先として認定いたしました。

証人が、本件検査において、日本リースの債務者区分を破綻懸念先とした理由について説明してください。

日本リースの実質債務超過を見ますと、かなり大幅な債務超過になっているんですが、基礎収益力が比較的ございまして、実質債務超過を基礎収益力で割りますと、その債務超過の解消が大体6年程度でできるというような計算になりました。ただ、その場合ですと、体力がない先ということになりますので、まだ破綻懸念先になるかどうかという判断をしなければいけないんですが、そこで、長銀としての支援意思、場合によっては支援をするという説明がございましたので、破綻懸念先にいたしました。

今の証言にあった支援するというのは、長銀が日本リースを支援するという趣旨でよろしいんですね。

はい、そういうことでございます。

長銀が日本リースの支援を以前していたかどうかは御存じですか。

はい、知っております。

以前、長銀が日本リースを支援していたということですが、その支援はいつ終了になりましたか。

平成8年3月期に終了したと聞きました。

平成8年3月期の直後に大蔵省の検査が長銀に入ったことは御存じですか。

はい、知っております。

本件検査において、平成8年の大蔵省検査の結果と金融監督庁による検査結果というのは、比較などはされるんですか。

はい。前回の検査結果というのは確認いたしますので、それを確認して比較いたします。

比較した結果、どのように思われましたか。

そのときの債務超過額が、支援終了後であったにもかかわらず、かなりまだ多額にあったと。で、まだ支援が必要な状態にあったんですけれども、そのまま特段の支援がなされないまま推移しておりまして、私どもが検査に入ったときに査定をした結果と比べますと、ほとんど債務超過の状態が変わっていないと、改善されていないというふうに見ました。

そのように、平成8年の大蔵省検査のときの結果と比較して、債務超過ないし財務状態が改善していないという点も、日本リースの債務者区分を破綻懸念先とした理由の一つですか。

はい。

本件検査において、平成10年3月末の日本リースの実質債務超過額は幾らであると認定されましたか。

約1600億だったかと思います。

正確には幾らと認定したか覚えていらっしゃいませんか。

正確には分かりません。

何を見れば分かりますか。

日本リースの査定メモの添付資料を見れば分かります。

（甲）証拠番号202（㈱日本リースに係る査定メモ）を示す

記憶喚起のためにこの付属資料を示しますが、本件検査において認定した平成10年3月末の日本リースの実質債務超過額は、そのうちの何を見れば分かりますか。

査定メモの添付資料の左肩に63という数字が入っております「7. 実態バランス表」という、この表を見れば分かります。

その資料の作成者は誰ですか。

これは、名前は定かではありませんが、長銀の担当者が作成したものだと思います。

長銀側が作成したものであることは間違いありませんか。

はい、それは間違いありません。

単位が幾らですか。

これは100万円です。

改めて尋ねますけれども、本件金融検査における日本リースの平成10年3月末の実質債務超過額はどこを見れば分かりますか。

この実態バランス表の負債の正味自己資本と書いてある欄の簿価のところを見れば分かります。

1578億9600万円ですか。

はい、そうです。

次に、本件検査において、長銀側から日本リースの基礎収益力は幾らであると説明を受けましたか。

約250億だという説明を受けました。

確認が遅れましたが、基礎収益力というのは、関連ノンバンク事務連絡に書いてある償却前利益と同意義ですか。

はい、同意義でございます。

ところで、本件検査において、長銀の日本リースに対する貸出金の査定に当たり、分類額を算出する順序について尋ねますが、まず、どのような点から検討しましたか。

まず、日本リースの体力の有無について検討いたしました。

体力の有無はどのように判定しましたか。

先ほどの実態バランスを作成いたしまして、そこに出てきた実質債務超過が基礎収益力でどれくらいの年限で解消できるかということで判断いたしました。

今言われたどれくらいの年数で実質債務超過額を解消できればいいのかという点なんですけれども、どのような基準を使われましたか。

基準によりますと、概ね2、3年で債務超過が解消するということであれば体力ありというふうに見ますが、それを超えると体力なしと見るということになっております。

今の証言の中にあった債務超過というのは、実質債務超過という意味ですか。

そうです、実質債務超過です。

本件検査の日本リース向け貸出金の査定の場ではどのような判定をされましたか。

先ほどの実質債務超過額を基礎収益力で割りますと、約6年程度かかるという計算になりますので、まあそれだけではないんですが、そういったほかの要素も勘案して体力がないというふうに判断いたしました。

実質債務超過額を基礎収益力で割ったところ、約6年ぐらいとなったので体力なしと判断したということですか。

そうです。

体力の有無の次にはどの点を検討しましたか。

体力の次には、親金融機関の支援意思、それから、いわゆる母体行責任を負う意思があるかどうかという点を検討いたしました。

いわゆる母体行責任を負う意思があるかどうかを検討されたんですね。

はい。

いわゆる母体行責任とは何ですか。

これは、関連ノンバンク、この場合日本リースですが、日本リースに対する貸出先は長銀以外にあるわけですけれども、母体行である長銀が、そのほかの貸出先に日本リースが返済していくのを確実にできるように、その責任を長銀が負っていくということで、迷惑を掛けないと。で、万が一損失が発生するというようなことがあれば、母体行である長銀が、その損失を、その貸出金以上であってもかぶるということだと考えております。

(以上　　川村　亜希子)

今の証言の中にあった迷惑を掛けないというのは、他行に迷惑を掛けないという意味ですか。

はい。銀行であれば他行ですし、それ以外の貸出先であれば、そういった先ということでございます。

他の取引金融機関というような意味でいいのでしょうか。それとも、それ以外の意味を広く含んでいるのですか。

どういうところが日本リースに貸出しをしていたかというのを、かなりの数がありましたので、すべてが金融機関であったのかどうかというのは定かではありませんので、そういう意味で貸出先ということで特に金融機関という限定はいたしませんでした。

他の貸出先に迷惑を掛けないという意味ですね。

そうです。

その点、長銀が母体行責任を負う意思があるかどうかについては、どのように判定されましたか。

日本リースを査定する中で、担当者からそういった説明を受けましたし、それから、主任検査官が経営陣のほうにもそういった意思を確認しているかと思うのですが、そういったことで母体行責任を負う意思があるかどうかというのを確認しております。

まず結論から言うと、母体行責任を負う意思があると判断したわけですね。

そうです。

先ほどの証言にあった、担当者からそういった説明を受けたという、そういったというのはどのような説明を受けられたのですか。

他行、他の借入先には迷惑を掛けない、損失が発生する場合には貸出金以上であっても、その責任を母体行が負うといったことでございます。

いわゆる母体行責任の意思の有無の次には、どのような点を検討されましたか。

再建計画があるかどうか、再建計画の有無について検討いたしました。

再建計画ですか。

再建計画、いわゆる長銀側から言いますと支援計画があるかどうかということになろうかと思います。

その点については、どのように判定しましたか。

これは日本リースにつきましては先ほど御説明したかと思いますが、平成8年3月にいったん支援を終了したということを長銀側が公表しておりますので、その後、再度、再建計画なり、再建をしているという説明はありませんでしたので、再建計画はないというふうに判断いたしました。

再建計画の有無の次には、どのような点を検討されましたか。

再建計画の有無の次には、それまでの体力等にも関連してくるのですが、最終的に再建可能性が十分にあるかどうかという点を検討いたしました。

再建可能性が十分にあるかどうかの点については、どのように判定しましたか。結論だけ述べてください。

再建可能性が十分にあると判断いたしました。

それはなぜですか。

基礎収益力が250億もあると。で、債務超過額は多額ですけれども、6年程度で解消できそうだと。場合によっては長銀から日本リースを支援することも考えているといったような説明がございましたので、再建は十分できるのではないかというふうに考えました。

長銀側のその説明が実態に即しているという前提で、日本リースの再建可能性を判断されたのですね。

そうです。

（甲）証拠番号153（供述調書）を示す

添付されている資料3、関連ノンバンク事務連絡という書面です。これの後ろから3枚目のフローチャートを見てください。本件検査において、証人は日本リースをどのように当てはめましたか。

まずフローチャートの上のほうに「体力がない場合」という記載がありますが、これは先ほど申し上げましたように、実質債務超過額の解消が約6年ということですので、「概ね2～3年で実質債務超過額の解消が不可能」ということで、体力がない場合というふうに見まして、その次に母体行責任を負う意思があるということでしたので、「母体行責任を負う意思がある場合」という記載のところに行って、それから次に再建計画が作成されていないということでしたので、「再建計画が作成されていないか又は検討中の場合」ということで一番右下のボックスに入ります。

一番右下のボックスには上段と下段がありますが、そのうちのどちらに日本リースを当てはめたのですか。

上段は「再建可能性が認められる場合は、原則として全額Ⅲ分類」というふうになっておりますので、上段に当てはめました。

そこには「親金融機関等の収益力等から関連ノンバンクの再建可能性が認められる場合」とありますが、そこに当てはめたのですね。

はい。

関連ノンバンク事務連絡の本文だと、どこになりますか。

関連ノンバンク事務連絡の3枚目の(2)の②の「再建計画が作成されていないか又は検討中の場合」という、その項のすぐ下ですね。親金融機関等の収益力というところから、3行目の全額をⅢ分類とするというところでございます。

そこには「親金融機関等の収益力、有価証券等の含み益の状況等から判断し関連ノンバンクの再建可能性が十分にあると認められる場合には、原則として、親金融機関等の当該ノンバンクに対する貸出金の全額をⅢ分類とする」とありますが、その部分ですか。

はい。

フローチャートでは単に「再建可能性が認められる場合」となっており、本文のほうでは「再建可能性が十分にあると認められる場合」とありますけれども、関連ノンバンク事務連絡の定める基準を適用する上でどちらを使うことになるのですか。

フローチャートのほうは本文を簡略化したものですので、これは本文の規定を適用するということになります。

つまり関連ノンバンクで再建計画がないか、又は作成中の場合には、再建可能性が十分にあると認められるかどうかを検討することになるのですね。

はい、そうです。

関連ノンバンク事務連絡の本文では、先ほど指摘したところに続いて、「これ以外の場合」とありますが、これはどのような場合ですか。

これは再建可能性が十分にあると認められる場合以外の場合ということです。

それは再建可能性がないとされる場合よりも広い概念なんですか。それとも、同じなんですか。

広い概念だと考えております。

どういうケースがあるからですか。

例えば再建可能性が認められるといった場合も含まれるというふうに考えられるからです。これに再建可能性がない場合といったものも含まれますので、単に再建可能性がないということよりも広い概念だということです。

単に再建可能性があるという場合には、関連ノンバンク事務連絡だと、先ほど指摘した「これ以外の場合」のほうに入るわけですね。

はい。

本件検査で証人が日本リースの再建可能性は十分にあると判断されたのは、長銀側から、実質債務超過額を6年で解消できる基礎収益力があって、長銀としても支援の用意があるなどという趣旨の説明を受けたからであったということでしたか。

はい、そうです。

実態が長銀側の説明と異なっていた場合、本件検査における日本リースの再建可能性についての判断は異なり得ますか。

異なり得ます。

日本リースの実質債務超過額を約6年で解消できることを前提にして、日本リースの再建可能性が十分であると認めるために、どのようなことが必要であると考えていましたか。

再建可能性が十分であると考えるためには、例えば実質債務超過額、それから、基礎収益力がこれ以上悪化しないということ。それから、再建の間、親金融機関である長銀が支援できる体力がある、若しくは意思があるということが前提条件になってくるかと思います。

今のおっしゃった体力、若しくは意思というのは、どちらか一つですか。それとも、どちらも必要なのですか。

いずれも必要になると考えます。

関連ノンバンクの基礎収益力、実質債務超過額が悪化する場合、実質債務超過額の解消に要する期間は長くなりますか、短くなりますか。

長くなると考えます。

再建可能性が十分であるかどうかの一般的な判断基準について、証人は検査官として、実質債務超過額の解消に要する期間が、どの程度であれば再建可能性は十分にあると判断してもよいと考えていましたか。

私としては、実質債務超過額が基礎収益力でおおむね5年から10年程度で解消されるということ。それから、その間、親金融機関の支援意思等があれば十分、可能性があるというふうに言えるのではないかと考えておりました。

基礎収益力で実質債務超過額を割るという計算で、実質債務超過額の解消に20年とか30年というような、10年を大幅に超える期間を要するというケースでは、再建可能性の判断はどのようになりますか。

そういった場合ですと、いわゆる債務超過額が非常に大きい、若しくは基礎収益力が小さい、又は親金融機関の支援できる体力がないというようなことも考えられますので、債務超過額解消に超長期掛かるということであれば、確信を持って再建の可能性を判断するということはできないと考えます。

実質債務超過額の解消に10年を大幅に超える期間を要するケースの場合、再建可能性について確信を持った判断ができないということですが、その場合は再建可能性は十分にあると判断するのですか。それとも、再建可能性は十分にあるとは言えないと判断するのですか。

弁　護　人（倉科）

異議があります。それは二者択一ですので、不当な誘導であると思います。二者択一とは限りませんから。

裁　判　長

どうですか。答えてください。

はい。再建可能性は十分にあるかどうかということであれば、再建可能性は十分にあるというふうには考えられないということになると思います。

検　察　官（永幡）

本件検査において、証人は日本リースの第三債務者に対する営業貸付金の査定をしましたか。

はい。

営業貸付金の査定を行う上で必要な情報はどのようにして入手していましたか。

長銀の担当者から資料の提出を受け、また、その説明を受ける形で入手しておりました。

長銀側から得ていた情報が実態と異なっていた場合には、第三債務者の債務者区分や営業貸付金の査定結果は異なり得るものですか。

異なり得るものです。

次に長銀の日本リースに対する貸出金シェアの算出方法について尋ねますが、どのようにすればいいのですか。

日本リースの総借入額を分母としまして、分子に長銀からの借入額、その計算をした結果として、そのシェアが導き出されます。

平成10年3月末時点でのそれらの額、つまり総借入額と長銀からの借入額は分かりますか。

はっきりとは分かりません。

何を見れば分かりますか。

日本リースの査定メモの添付資料を見れば分かります。

(甲) 証拠番号202 (㈱日本リースに係る査定メモ) を示す

どれを見れば分かりますか。

一番最後についている82ページの借入金残高表という表です。

計算は結構ですから算出式を教えてもらえますか。

一番右端の下のところに合計額がございますが、これを分母として、左の真ん中あたりに日本長期信用銀行からの借入額がございますが、これを割ればシェアが出されます。

2556億8000万割る1兆9126億4700万ということですか。

はい、そうです。

貸出金シェアの算出で、実務上、何か考慮すべき点というものがありますか。

あります。

どのような点ですか。

例えば日本リースが借り入れている貸出先に対して長銀が保証をしていた場合、その保証部分を長銀の貸出しと見て、シェアを算出します。

平成10年3月末時点の長銀の日本リース向け貸出金のシェアを算出するに当たって、考慮すべき長銀の保証はありましたか。

はい、ありました。

それは何ですか。

それは東海銀行からの借入れに対する保証です。

それは何を見れば分かりますか。

査定メモ添付資料の12ページの7-4、支払承諾見返調査表という標題のラインシート、これの真ん中あたりに私の手書きで、「東海BKからの借入れに対する当行保証」というふうに書いてあるところを見れば分かります。

日本リースの東海銀行からの借入金について長銀が保証していたということですか。

そうです。

そのような場合、貸出金のシェアの算出はどのようになるのですか。

長銀からの借入額に、東海銀行からの借入額を足したものを日本リースの借入額の合計で割れば、シェアが算出されます。

日本リースの東海銀行からの借入金額は、先ほどの査定メモの一番最後の借入金残高表で分かりますか。

はい、分かります。

幾らになっていますか。

592億4400万です。

先ほど私が言った計算式の分子にその金額を加えればいいわけですか。

そうです。

長銀は平成10年３月期に日本リースに対する貸出金に関して償却、引当をしていましたか。

しておりません。

長銀の日本リース向け貸出金の分類額の算出上、日本リースの平成10年３月期決算に営業貸付金についての貸倒引当金を計上していた場合には、その額は営業貸付金のⅣ分類から控除する必要がありますか。

あります。

日本リースが貸倒引当金を計上していた場合、控除後の営業貸付金等のⅣ分類に、先ほどの方法で算出した貸出金シェアを乗じた額が日本リース向け貸出金についてのⅣ分類になると理解していいわけですか。

そうです。

（以上　　宮村　麻理）

第 4 回 公 判 調 書（手続）

被　告　人　の　氏　名 (1)　　大野木　　克　信（出頭）
被　告　人　の　氏　名 (2)　　須　田　　正　己（出頭）
被　告　人　の　氏　名 (3)　　鈴　木　　克　治（出頭）
被　　告　　事　　件　　名(1)、(2)、(3)証券取引法違反、商法違反
公 判 を し た 年 月 日　　　平成12年2月10日
公 判 を し た 裁 判 所　　　東京地方裁判所刑事第一部
裁 判 長 裁 判 官　　　金　山　　　　薫
裁　　　判　　　官　　　西　野　　吾　一
裁　　　判　　　官　　　田　中　　直　子
裁 判 所 書 記 官　　　西　尾　　幸　美
検　　　察　　　官　　　永　幡　　無二雄
出 頭 し た 弁 護 人 (1)　　（主任）那須弘平、倉科直文
出 頭 し た 弁 護 人 (2)　　（主任）國廣　正、五味祐子、坂井　眞
出 頭 し た 弁 護 人 (3)　　（主任）更田義彦、長　文弘
出 頭 し た 証 人　　　吉　武　　正　訓

証　拠　調　べ　等

証拠等関係カード記載のとおり

指定告知した次回期日

平成12年2月24日午前10時00分　　（刑事第410号法廷）

平成12年2月21日

東京地方裁判所刑事第一部

裁判所書記官　　西　尾　　幸　美

③ 吉武正訓証人尋問調書（第4回公判）

証人尋問調書（平成12年2月10日第4回公判）

弁　護　人　（倉科）

まず、証人の金融検査の経歴につきまして、前回、検事さんから伺ったことについて補充してお伺いいたします。証人のお話によりますと、平成2年7月から平成4年7月まで、これは近畿の地方財務局になるんですか。

　　そうです。地方支分部局になります。

そこで金融検査のお仕事をなさったと、こういうことですか。

　　そうです。

その近畿の地方財務局時代に金融検査の対象となった金融機関は、どういう種類のどういう規模のものだったんでしょうか。

　　主に信用金庫でございまして、大きなところは当時2兆円程度、小さなところは数百程度の規模だったと思いますが、それ以外に信用組合ですとか労働金庫等の検査に従事しておりました。

いわゆる地方銀行というものは、検査として担当なさいましたか。

　　地方銀行にも検査に行ったことがございます。

それから、大蔵省の本省にお出になってからは、平成6年7月から平成10年6月まで金融検査部ということですね。

　　そうです。

そのときに検査を担当なされた金融機関の対象は、どういう種類のどういう規模のものだったんでしょうか。

　　本省で管轄しております金融機関ということで、都銀、長信銀、それから地方銀行といったところになります。

平成10年6月から9月まで、日本長期信用銀行の検査を担当されましたね。

　　はい。

その平成10年9月より後に、日本長期信用銀行に検査の結果を示達した後でございますよ、その後に金融機関の検査をなさった経験はあるんですか。

　　はい、ございます。

平成11年7月にいわゆる金融検査マニュアル、これが通達の形で制定されましたが、それ以降も検査をされたことはありますか。

　　それ以降はございません。

それでは伺いますが、平成2年7月から平成4年7月の間、平成6年7月から平成10年6月までの間なさいました金融検査ですが、この金融検査の法的根拠でございますが、これは検査の対象が違ったようですけれども、法的根拠は同じなんでしょうか。

　　いいえ。例えば、都銀ですと銀行法第25条に基づいて検査をするということになりますし、信用金庫であれば信用金庫法というのが別途ございますので、その中に規定されている検査の規定にのっとって行なうということになります。

長期信用銀行の場合は、長期信用銀行法が準用する銀行法の規定によるわけですか。

　　そういうことです。

じゃあ、銀行法及び銀行法が準用される金融機関について伺いますけれども、その金融検査の目的、それはどこにあると理解すればよろしいんでしょうか。

　　第25条にその目的が規定されておりますが、銀行の業務の健全かつ適切な運営を確保するためというふうに規定されております。

そのために検査をするということになりますが、そもそも銀行法の目的というのは、今おっしゃったような銀行の業務の健全かつ適切な運営を期すというところにあったわけではございませんか。

ええ。銀行法の目的も、そのように検査の目的と同じような文言がございます。

銀行法の第1条には、銀行の業務の公共性にかんがみ、信用を維持し、預金者等の保護を確保するとともに金融の円滑を図るため、銀行の業務の健全かつ適切な運営を期し、もって国民経済の健全な発展に資することを目的とすると、こう書いてありますが、そういった目的から検査をなさるわけですか。

そうです。

そうしますと、そういった検査をして、検査をした結果が出て、何をなさるということになるわけですか。

検査というのは、金融機関の経営の実態というのを把握して、その結果をまとめまして、金融機関にその結果を通知するとともに、あと行政監督に生かすということで、結果をそちらに通知するという形になります。

銀行法第1条に書かれた目的のために、平成10年に金融監督庁が発足する前は、大蔵省銀行局が行なう行政、そのための指導をすると、それから、必要な場合には、銀行法第26条以下の権限発動をすると、こういうことでございますか。

そうです。第26条の監督権限につなげるということになろうかと思います。

それで、平成8年にいわゆる早期健全化法というものが制定されまして、そして、部分的にある部分は平成9年4月から、ある部分は平成10年4月から施行ということになりましたね。

その時期がいつというのは、ちょっと私も定かに覚えておりませんが、早期健全化法というのが、施行されたというのは承知しております。

その際に銀行法第26条に今までなかった文言として、銀行の業務の健全かつ適切な運営を確保するため、これこれの権限を行使するというふうに付加された条文改正があったことは御存じですね。

はっきりと記憶しておりません。

それは法律を見れば分かることなんですが、まあ、いずれにしましてもそうであると、そうしますと、資産査定と俗に言いますけれども、検査において資産を査定するというその目的というのも、銀行の業務が健全かつ適切であるかどうかという観点から見るわけでございますね。

そうです。

平成9年3月5日のいわゆる資産査定通達というものがございますね。

(うなずく)

(甲) 証拠番号151 (供述調書) 添付の資料2を示す

これは、いわゆる資産査定通達であります。蔵検第104号とある1枚目の本文の冒頭におきまして、「金融検査においては、従来から、金融機関の業務の健全かつ適正な運営の確保の観点から、その保有する資産について、個々の資産を回収の危険性又は価値の毀損の危険性の度合に従って区分し、査定を行っているところである。」と書いてございますね。かねて行なっているということは、つまりこの資産査定通達が出る前のいわゆる大蔵省検査、MOF検という時代から、ずっと検査の目的は同じであると、こういうことですね。

そういうことだと私は理解しております。

それで、今の銀行法第１条に書かれた銀行法の目的、もちろんその目的の中には、銀行法ができた歴史的な経緯というものもあると思うんですけれども、そこにおけます銀行の業務の健全かつ適正な運営というのは、何よりもまず預金者保護ということにあるのではありませんか。

　究極的には、我々は預金者保護というのを目的として理解しております。

預金者に迷惑を掛けることがないように銀行の資産の健全性というものをチェックしようと、こういうことではございませんか。あなたは検査をなさっているんだから、そういうことは理解なさっているんでしょう。

　先ほど申し上げましたように、預金者保護というのは目的の一つであるというふうに理解しております。

そういう観点から行政指導をするということになるわけだし、監督権限も発動するということになるのではありませんか。

　実際どういう観点からその監督権限が発動されるかというのは、それは個々の内容によって異なってくるでしょうから、その目的が何かというのは、今の仮定の段階ではお答えできないと思いますが。

しかし、銀行を検査するときの基本的姿勢ということにかかわるものですから、お伺いしたわけなんですけれども、そうしますと、この銀行法の見地からする検査というものは、できるだけ預金者に危険が生ずることのないように厳格に検査するというのが基本なのではありませんか。

　もちろん預金者保護ということを念頭に置いております。

それで、先ほどの平成８年の改正法いわゆる早期健全化法というものが施行した、いわゆる早期是正措置というものが実行されるようになってきたわけでございますけれども、その早期是正措置の趣旨というのも、今お聞きしたような銀行法の趣旨からして、できるだけ早く金融機関がそういった危ない状態になるのを防ぐと、そういう監督を実行あらしめるために早期是正措置の制度をやっていくんだと、こういうふうに法の制定の経過があるということはどうですか。

　預金者保護というのが明確に書いてあるかどうかは、私はちょっと記憶にございませんが、それまでの行政の透明性ですとか行政のルールを明確化するといったこと、それと、自己責任の原則に基づいて、金融機関が自ら責任を持って経営に当たると、そのための措置だというふうに理解しております。

いわゆるペイオフですね、預金者の保護というものをもう足切りをしてしまうというそういった制度の導入の期限との関係で、早期是正措置制度の導入が検討されてきたという経緯は御存じですか。

　そこのところのつながりは、はっきりとは私は分かりません。

それで、その検査の結果、検査官によれば、これは償却、引当の不足があるということが発見されたということがあったとします。その場合の法的効果はどういうことなんでしょうかということを伺いたいんです。そういうことが見付かった場合には、その銀行に対して処罰がなされるんですか、あるいは経営者に対して処罰がなされるんですか。

　償却、引当に不足があったということをもって、直ちにそれが処罰になるということにつながるかどうかということになると、それはそういうことにはならないと思いますが、ただ、何のために償却、引当をしているかということになりますと、それは正確な財務諸表を作成して、それに基づいて正確な自己資本比率を出して、それに基づく早期是正措置を発動するということになるわけですから、そういった意味では、行政処分につながっていくということにはなろうかと思いますが、すべてそういうふうになるかどうかというのは何とも申し上げられません。

基本的には銀行法に基づく行政権の行使ということの前提となる効果が出ると、こういうことでございますね。

それだけではなくて、償却、引当というのは、そもそも商法、それから、企業会計原則等に従って監査法人と相談した上で、適切な償却、引当をするということが法律で義務付けられておりますから、そういった観点からも、償却、引当をきっちり行なう必要があるというふうに考えております。

償却、引当の不足があると、この決算は法令違反であるというようなことで、公務員の義務たる告発をなさったことはありますか。

これまで私の記憶ではないかと思います。

それから、償却、引当の不足がありますよということを検査官が認定したときに、その決算はさかのぼって違法、無効になりますか。

その償却、引当が直ちに違法だとか無効だということにはならないかもしれませんが、先ほど申し上げましたように最終的に行政処分等に結び付いてくるとか、それから、商法等に違反するということになれば、可能性としては、それに違反するということで、何らかの措置が出てくるということは考えられると思いますが。

しかし、少なくとも商法違反で告発をなさったことはありませんね。

これまではないということです。

それから、この銀行監督行政権の行使という目的でなされるその検査であるという性質は、いわゆる金融検査マニュアルというものが、平成11年7月の通達で確定する前と後とで違いがありますか。

特段変わるところはないと思いますが。

(弁) 証拠番号1(金融監督庁の1年)を示す

まず、この弁1号証の表紙を見てください。「金融監督庁の1年」とありまして、金融監督庁の編ですが、これは御存じですね。

はい、承知しています。

じゃあ、その上で132ページを見てください。132ページに「別図16-2-1」というのがございまして、そこに平成10年3月期の主要17行、これはこの中に書いてありますが、日本長期信用銀行と日本債券信用銀行を除いたものですが、「主要17行における総与信の自己査定・当局査定の乖離額」というのがございます。ここで言っております当局というのは、もちろん金融監督庁のことでしょうね。

もちろんそうだと思いますが。

そこで、それを見ますと、日本長期信用銀行と日本債券信用銀行を除いた主要17行いわゆる都市銀行、信託銀行、それから日本興業銀行ですがね、当局の査定においていわゆるIV分類、これが2511億円あったと、つまり銀行が査定していなかったけれども、当局が査定したのは2511億円あると、こういうふうになっておりますが、そういう事実があったことは御存じですか。

数字ははっきり覚えておりませんが、今そういうふうにこの表には書いてございます。

平成10年6月から金融監督庁は一斉に19行だったですかね、検査に入ったでしょう。

そうですね。

そうだとしますと、一斉に入った結果が、どういったことであったかということは、当然、金融監督庁の中では皆さん情報を持って知っておられますね。例えば、Ⅱ分類の乖離額というのが、ここにあるように3兆5842億円もあっただとか、Ⅳ分類でさえも2511億円もあったというような話だって聞いておられるでしょう。

いや、これが集計されたのは相当後ですので、その検査している時点で、これだけあったということは分かりません。

もちろん検査が終わった後、庁内における情報としてそういうことが、あなた方のところに伝わらなかったですか。

伝わったかどうかちょっと覚えておりませんが、こういった形でまとめられているというのは、その後見ました。

事実は知っておられますね。そういうことがあったということはね。

（うなずく）

それから、本件の日本長期信用銀行に係る金融監督庁検査をした結果、日本長期信用銀行は、償却、引当をしなかったけれども、しかし、検査の結果としては、追加の償却、引当が必要であるという結論を出されましたよね。

はい。

（甲）証拠番号151（供述調書）添付の資料11を示す

資料11の4ページを見てください。それで、参考という形にはなっておりますけれども、平成10年3月期の要追加償却、引当見込額というのが書いてございますね。

（うなずく）

そこに要追加償却、引当見込額というのが書いてございますけれども、要追加であるということなんでございますけれども、そうしますと、検査をした結果、こういう状態であるから償却、引当を積み増しなさいという指導をなさったというふうに理解してよろしいですか。

いや、これは指導ということではなくて、検査結果としてこういう数字になりましたと、それで、ついては最終的に長銀の役員の方、それから監査法人とも面談をして、こういう金額が出ておりますがということで意見交換をした結果、長銀側もこれだけ必要だというふうに認めたと、同じ認識になったということで、数字が上がっているということです。

ただ、いずれにしても追加して償却、引当をしなさいと、こういうことでございますね。

いや、しなさいということじゃなくて、長銀が必要だというふうに認めたということです。

いずれにしても追加して、これから追加償却、引当をするという話であって、平成10年3月期に、その分、償却、引当がなかったのが違法であるということを指摘なさったわけではないですね。

この時点で違法云々の話まではしておりません。

それから、早期是正措置制度というものを導入するにつきまして、この早期是正措置制度というのは、それによって金融機関を破綻させるのが目的ではないということが、早期是正措置に関する検討会で指摘されているということは御存じですね。

詳細については存じ上げません。

（弁）証拠番号8（金融財政事情1997・1・20号抜粋（62〜67頁））を示す

「早期是正措置に関する検討会中間とりまとめ」という資料の部分を見てください。この中間とりまとめというものが存在することは御存じですよね。

はい。

それの65ページの2段目に「II早期是正措置の具体的内容について」という大きな項目がございます。そして、「1基本的考え方」とあるその流れの中で、3段目に「(2)金融機関の不良債権処理等への配慮」という小見出しがございますが、分かりますか。

　　はい、分かります。

そこにその本文として、「一方、早期是正措置は金融機関を破綻に追い込むことを目的としたものではなく、制度導入時において多くの金融機関が達成不可能となるような基準を設けるべきではない。」と、こう書いてありますが、そういうことがあったということは思い出されましたか。

　　いや、ここに書いてあるような詳しい内容は覚えておりません。

ただ、当時は、つまりこの中間とりまとめが出された当時ですね、それから、平成9年3月5日の資産査定通達が出された当時は、そういった議論ということは勉強しておられた上で、検査に当たられたのではありませんか。

　　見たかもしれませんが、ただ、今覚えているかと言われても、これは覚えていないと、というのは、そのほかのいろんな資産査定に関する通達等を見ても、ここまでは書かれていないと思います。

今のは中間とりまとめですが、その後、平成9年3月5日の資産査定通達を経て、それから、平成11年7月1日施行の通達による金融検査マニュアルというところまでいくその流れというものについては、これは一つの一貫した流れであると理解してよろしいですか、そういう理解の下で検査をなさいましたか。

　　今おっしゃったそのマニュアルの話でございますか。

はい。つまりあなたは金融検査マニュアルが出たことは御存じでしょう。

　　出たのは知っておりますが。

それで、その直前まで検査をなさっておられたわけでしょう。

　　マニュアルを使った検査はしたことがございません。

ないけど、それまではしておられますよね。

　　それまでは検査をしております。

そういう時代には、この平成9年3月5日の資産査定通達の時代もあるし、あるいは資産査定通達がない時代もありましたね。

　　そうですね、資産査定通達が出たのは平成9年3月ですから。

そして、その平成9年3月5日の資産査定通達が出る前は、大蔵省が出されていたそのほかの通達に従って検査をなされておられたわけでしょう。

　　そうです。

それから、平成9年3月5日の資産査定通達が出された後、金融マニュアルの確定へ向けて、この金融検査マニュアル検討会が検討していた、例えば、中間とりまとめなんていうのを出したこともありますが、そういったときのその考え方というものを基準にして、あなたは検査をされておられたんじゃないですか。

　　それは違います。そのマニュアルが出るまでは、適用されるまでは、逆にそのマニュアルに基づいて検査をするんじゃないよというような話がというか、そういうことに内部的にはなっておりましたので。

すると、金融検査マニュアルで確定したところというのは、平成9年3月5日の資産査定通達で検査するときとは、大分中身が違ってくるわけですか。

　　そういうことではございません。

それでは、こういうふうに伺いましょう。金融検査マニュアルが確定する中で、この金融検査というものにつきましては、画一的に機械的にその基準を適用してはならないというような反省が述べられているということは御存じですか。

　その反省というのが理解できません。

じゃあ、そういう指摘があることは御存じですか。

　反省ではなくて、それは標準的な基準を定めたものですから、いろんな業態なり、それから規模がありますので、そこはそれに応じた形で適切にマニュアルを利用するということだと理解しておりますが。

すると、業態とかそのほかの事情に応じた適切な検査をしなきゃならないということは、これは資産査定通達時代も同じですか。

　それは同じです。

それでは、あなたは大蔵省検査の時代というものも経験しておられるということですから伺いますが、大蔵省による検査の時代の資産査定の基本的方法というのは、これは貸出金の場合なんかがそうなんですけれども、資産をⅠからⅣまでの四つの分類に分けるという手法でしたね。

　はい。

（甲）証拠番号 153（供述調書）添付の資料２を示す

その資料２の表紙に、表紙というのか、何かの抜粋なのかなあ、とにかく資料２の冒頭に四角で囲んで、「資産査定上の調整事項について」とあって、昭和 56 年６月 30 日、事務連絡銀検第 131 号とあります。こういうものが検査の基準だった時代があるということは御存じですね。

　はい、通達としてはございました。

それから、その今お読みしたところのすぐ下に、平成８年８月 30 日、事務連絡最終改正とございますね。

　はい。

ということは、平成８年当時も、この「資産査定上の調整事項について」というのは、資産査定の基本ルールだったわけですね。

　基本ルールというか、資産査定には使われていたということだと思います。

そこで１枚めくっていただきまして、資料としてはページ数が 227 ページと書いてございますが、その真ん中のところにちょっと段落の切れ目があって、「Ⅰ資産査定の定義」というのがございますね。

　はい。

そこに「資産査定とは、金融機関の保有する全資産を個別に検討して、確実性の度合に応じ次の基準により、四段階に分類することをいうものとする。」と、こうありますね。

　（うなずく）

そして、ⅠからⅣまで書いてございます。いちいち読むのはもう省略するかもしれませんが、このⅠからⅣと、こういう定義の仕方をするという手法、これは平成９年３月５日の資産査定通達のときも同じものだと考えてよろしいですか。

　ええ、同じものだと私は考えております。

例えば、この昭和 56 年の事務連絡でⅡ分類となっているものと、資産査定通達においてⅡ分類となるものとは範囲が違うということはないと考えてよろしいですか。

　若干定義の修正はございますが、基本的には同じだというふうに理解しています。

それから、そのほかにもⅢ分類、Ⅳ分類とございますね。これも定義の中に含まれる範囲は同じものだと理解してよろしいですか。

　はい。

IV分類は回収不可能又は無価値と判定される資産とございますが、この定義は資産査定通達はおろか、いわゆる金融検査マニュアルでも使われている定義ですね。

　　そうです。

(以上　　岡本　賀奈江)

(甲) 証拠番号153 (供述調書) を示す

添付の資料4、これは、どうもこの事件では、いわゆる6年メモと言うようでございますが、この6年メモでは、この表の中にありますように、III分類とかIV分類とかII分類とかいうローマ数字が出てきます。ここで言うII、III、IVという分類というのも、これも、先ほどの昭和56年の事務連絡以来、一貫した定義内容を前提としていると伺ってよろしいですか。

　　はい、同じです。

もう一つめくっていただきまして、今度は資料5でございます。ここに、やっぱり囲んだものがございまして、当面の貸出金等査定におけるIII及びIV分類の考え方についてという平成7年4月13日事務連絡、これは、この事件では7年事務連絡と言うことがあるようでございますが、この7年事務連絡の中にも、II、III、IVと書いてございますが、その定義は、やはり同じものを前提としていると伺ってよろしいですか。

　　はい。

(甲) 証拠番号151 (供述調書) 添付の資料2を示す

その資料2の、下のページ数でいきますと32ページというところを見ていただきましょうか。そのところに2で用語の定義という言葉がございます。よろしいですか。その用語の定義というところに、資産査定において、II、III及びIV分類に区分することを分類といい、II、III及びIV分類とした資産を分類資産というと書いてあって、その後、続いております。そうすると、II、III、IVという分類というのも、この資産査定通達が出る前の大蔵省検査におけるII、III、IV分類と中身は同じだと理解してよろしいですか。

　　はい。そう私は理解しています。

そこで、めくりまして、33ページ、そこに(4)、IV分類とするものは、回収不可能又は無価値と判定される資産であるとございます。次に、なお書きがありまして、なお、IV分類については、その資産が絶対的に回収不可能又は無価値であるとするものではなく、また、将来において部分的な回収があり得るとしても、基本的に、査定基準日において回収不可能又は無価値と判定できる資産であると、このなお書きが、実は先ほど見ていただきました昭和56年以来の大蔵省の事務連絡の中のIV分類にはついてないんですよ。それで伺うんですが、このなお書きがつくことによって、資産査定通達におけるIV分類というのは従来とは意味内容が変わってきたんでしょうか。

　　変わってないと理解していますが。

そうしますと、資産査定通達が出る前の大蔵省検査の時代においても、IV分類については、このなお書きのような理解が前提となっていると聞いてよろしいですか。

　　そうですね。実務上はこういったこともあったというふうに理解しております。

あなた自身がその検査に当たられた場合、この資産査定通達の前に、いわゆる都市銀行を含む本省での検査をなさったときのあなたの理解というのは、このなお書きのついているIV分類の理解で検査なさったわけですね。

　　そうです。

その次に、平成11年4月に金融検査マニュアル検討会が出した最終取りまとめ、それから７月に出された通達も同じでございますけれども、その金融検査マニュアルにおけるⅣ分類、これも、あなたが大蔵省時代から資産査定通達の前後を通じて理解してきたⅣ分類と同じⅣ分類を意味してこのマニュアルを作ってあるというふうに理解してよろしいんでしょうか。

　　ええ。そのように理解しております。

今後、あなたがこの金融検査マニュアルに従って検査をするとした場合には、今のような理解の下でⅣ分類を判定なさるわけですね。

　　まあ仮定の話になりますので、将来の話ですから断定的なことは言えませんが、今の理解としては同じものだというふうに理解しておりますので、同じような査定をすると考えます。

それから、いわゆるⅡ分類、あるいはⅢ分類というものに該当するとされたものについては、これは償却、引当はする義務はないんでございますか。

　　償却、引当をする義務というのは、基本的には商法等に基づいて、監査法人とも相談して、銀行が自主的に決めるもので、それはその法律に義務付けられているわけですから、当然義務があるというふうに考えていいと思います。

金融監督庁が、検査において、追加償却、引当が必要であるという中には、Ⅱ分類、Ⅲ分類のものも含まれるということですか。

　　もちろん含まれます。

例えば、Ⅱ分類に該当するものについて、償却、引当をしなかったということについては、これは商法違反になるんですか。そういう前提で検査をなさっているんですか。

　　商法違反になるかどうかという、その前提だと言われると、それは適正になされてなければ、法律違反であるというのは、それは事実だと思います。

しかし、Ⅱ分類というのは、先ほどの定義にもあるように、資産査定通達の定義で言えば、信用上疑義が存する等の理由により、その回収について、通常の度合いを超える危険を含むと認められる債権等の資産というもの、これについて、償却、引当をしないことは商法違反であると、こういうことになるという前提で検査をなさっているんですか。

　　商法違反になることを前提という、その意味がちょっとよく分かりませんが、正確でなければ、正確に適切に償却、引当すべきということは当然指摘いたします。

金融検査に当たる方にとっては、何よりも、先ほどの銀行法の、いわゆる銀行の行政監督上の観点、究極的には預金者保護という観点から、こういう償却、引当をすべきだということを言ってるんであって、それが商法上違反であるかどうかということは、直接には関係ないんじゃないですか。

　　法律に定めがあればそれに従うというのは当然のことでしょうから。

おっしゃりたいことの意味は分かりますが、あなたが検査官として権限を行使しているのは、銀行法及び今の法律で言えば金融再生委員会法に基づく権限でしょう。

　　そうです。

商法に基づく権限ではないですね。

　　銀行法には経営の健全性等を見るというふうになってますから、当然その中には、銀行法に書いてあることだけではなくて、他の法律に規定されてるものに違反してるということが明らかになれば、それはそれで銀行に対して指摘もするでしょうし、改善を求めるということは出てくると思います。

銀行法でいう健全経営という観点、早期是正措置でいう早期に間違った結果にならないようにする、分かりやすく言えば、病気を早いうちに治してしまえと、そういう観点から言えば、償却、引当ということについては、できるだけ十分にあったほうがいいに決まってますよね。

いや。十分にあればいいという、その意味が、どういう。過剰であれば、それはそれで問題ですが。

もちろん過剰なら駄目でしょうけれどもね。

それは、適切に償却、引当をするということです。

でも、予防でしょう。予防の観点でしょう。銀行経営が不健全にならないように、そういうことにならないようにするための突っかい棒として償却、引当をするという観点から検査をなさるんでしょう。

今は行政というか、変わっておりまして、事後チェック型に変わっておりますので、我々検査官としては、銀行の業務運営について、事後にチェックして、問題があればそれを指摘するということです。

事後チェックという手法を使っていることは分かります。しかし、目的は予防でしょう。

そこは、経営者が自己責任で経営判断をするということだということです。

その次に、この大蔵省検査時代において、債権償却証明制度というのがございましたね。

はい。

これは平成9年7月に廃止されてる制度ですが、その内容は、もちろん御存じでしたよね。

担当したことがございませんので、詳しくは承知しておりませんが、あったということは承知しております。

その下では、IV分類に該当する債権と認定されるということと、無税で償却できるということとはつながっておりましたね。

検　察　官

異議があります。ちょっと幾ら何でも本件検査との関連性がないと考えます。

弁　護　人（倉科）

いいえ、違います。どういう観点で検査をしたかを伺っているわけですから、そういうふうに聞いてるんです。

裁　判　長

異議は棄却します。どうですか。

無税だからIV分類というのは、私の理解ではそういうふうに理解しておりません。有税の償却もございます。

弁　護　人（倉科）

それはいいですけど、ただ、少なくとも、IV分類という認定を受ければ、これは、先ほど申し上げました無税償却の制度を適用することが保証されましたね、債権償却証明制度によって。

まあ無税に該当する、定義に該当するものであれば、当然無税償却を認められたということになると思いますが。

償却が無税になるか有税になるかということは、きわめて企業にとっては重大な利害であるということはお分かりですね。

無税か有税かというと、まあ利害に関係すると、当然だと思います。

現にあなたは日本長期信用銀行の調査に入られたから御存じだと思うけど、日本長期信用銀行は、平成7年度になした住専の債権放棄について、無税償却を否認されて訴訟をしていたということは御存じでしたね。

　　訴訟をしていたことについては承知しております。

これは、ごく最近取り下げられたんですけど、それも御存じですか。

　　いや、それは知りません。

一方、国税の立場からすれば、無税償却というものを安易に認めることはできないと、そういう利害があると、そういう意味で、その両方の調整として債権償却証明制度というものがあったということは認識しておられましたね。

　　その利害の調整という認識はございません。私の認識では、実際、その資産査定に当たって、その資産の実態をよく知っている検査官が、証明に当たってその確認をするというのが適切だという理解をしていたんですが。

理解の話はそのくらいにいたしまして、それで、あなたが大蔵省検査をしている時代においては、不良債権の計画的償却ということを金融機関がやっている場合がありましたね。

　　まあ金融機関がやっていたというか、一般的にそういう話があったというのは知っております。

話があっただけですか。あなたは日本長期信用銀行に検査に入られたんだから、そのときには、平成８年の大蔵省検査のときの結果も参考に御覧になってますでしょう。この間、そう証言なさいましたよ。

　　はい。８年の４月の結果は参考にしております。

だとすれば、例えば、NEDについては、そういうことで計画的に償却してたということは御存じでしょう。

　　計画的にというか、限られた収益の中で処理をしてたと。

そういう場合に、当該年度の償却を実施する分、まあ債権放棄が普通だろうと思いますけど、それはⅣ分類にするけど、それ以外については、次年度以降の分についてはⅢ分類とすると、そういう運用が行われてたということも御存じですね。

　　運用というか、事務連絡にそういう処理について規定されております。

そういう処理というのは、あなたが理解していたこの大蔵省検査の制度目的という観点には、別に反するものではなかったんですね。

　　制度目的といいますと、どういうことですか。

金融検査の目的は一番最初に御確認しましたけれども、金融検査の目的に照らしてどうですか。あなたは、こんなものはおかしいと思いながら検査をしてたんですか。

検　察　官

異議があります。８年MOF検に証人は参加しておりませんので、８年MOF検の結果を前提に証人に聞かれるのはおかしい。

弁　護　人（倉科）

いいえ。そういうものがあるということは認識しておられたと。

裁　判　長

問いとしては、あんまり適切じゃないでしょう。問いの仕方を考えてください。

弁　護　人（倉科）

（甲）証拠番号153（供述調書）添付の資料５を示す

７年事務連絡の２枚目、275-3とあるページの一番下に注３という字が小さい字で書いてありますけど、読むと、関連ノンバンクに対するⅣ分類と償却の関係については、当面考慮せず査定作業を行うこととすると、実はこういう文章がついておるということなんですが、７年事務連絡にこういう注があったということは覚えておられますか。

はい。

これがどういう意味なのか私にはよく分からなかったんですが、どういう意味なんでございますか。

これは、私の理解で言いますと、検査というのは、資産の実態を把握するというのが一番の目的ですので、関連ノンバンクについては、母体行がどれだけあと負担しなければいけないのかということを正確に把握するためには、関連ノンバンクの持っている営業貸付金等きっちりと資産の実態把握を行うと。で、その結果、最終的に母体行がどれだけ引当なり償却するかというのは、商法、それから企業会計原則等に基づいて、これは監査法人とも相談して銀行が自主的に決めることだと、そういうことが書いてあるだけだと理解しておりますが。

そうしますと、Ⅳ分類というふうに検査の結果査定されるということと、それが償却されるかどうかとは別問題であると、こういうことですか。

今と違いますのは、この時点では、検査というのは、基準日がいつになるか分からないと。今は決算期、例えば3月期とか9月期ですが、この時点は、いろんな、もう検査に入った前日が基準日になりますから、その時点の資産の内容は把握できますが、最終的に償却、引当するのは、決算期末、3月とか9月ですので、そのときに幾ら引当しなきゃいけないかどうかというのは、検査ではもう把握しようがありませんので、そこは、要は直接リンクするんじゃないですよということだというふうに理解しております。

直接リンクするのではないという、その理由は、検査の基準時と決算時との時間のずれと、こういうことですか。

そうですね。時間のずれによって、場合によっては、その資産の状態が変わってくると。そこは、金融機関が法令、それから企業会計原則に基づいて、当然その決算期には会計監査人とも相談するわけですから、そこで経営の責任として判断してやるということだというふうに理解しておりますが。

念のため確認しますが、そこで言う償却の関係については当面考慮せずという、この償却というのは、無税償却であるかどうかということではないんですか。

これが無税かどうか、例えば、有税で、関連ノンバンクに対する親金融機関が有税引当するということを意思決定しておれば、それも恐らくⅣ分類になるでしょうし、必ずしもこれが無税かどうかというのは、これだけでは判断できないと思いますが。

それで、この注に対応してるかどうか分からないんですが、表がございまして、表の一番右側の欄の一番下のところに小さな括弧で注と書いてあって、そして、その文章が2行あるんですよ。お分かりになりますか。

支援損で始まるところですか。

そうです。支援損75を5年間にわたり各年度15ずつ計上予定、関連ノンバンクに対する親銀行の貸出金150の査定とあって、Ⅱ分類75、Ⅳ分類75と、こう書いてありますけれども、こういうような議論をされているわけですけれども、ここにありますように、何年間にわたり償却するという実務が行われていたと、こういうことでございますか。

これは、ちょっとこれだけでは何とも言えませんが、再建計画が策定されているということで、いろんな前提があると思います。例えば、国税がその再建計画を承認してると、で、要は、支援損を出したときに、無税償却を認めてるというのがこの75ですよということであれば、各年度15ずつ無税償却というのが出てくるというのは分かりますが、ただ、償却していくのか、それか、あと残り、例えば、75を直接その年度で償却して、あと残りの60については引当をしておくということも考えられるわけですから、ここは、実際、どういうふうに償却、引当をするのかというのは、まさしく先ほど言いました経営の判断でやられているものだというふうに考えますけれども。

そういう何年間にわたって償却をすると、そういったような場合について、償却予定の分を何分類にするか、償却するものを単年度で全部何分類にする、あるいは何年間にわたってやって、当期の支援損だけをⅣ分類にするとかいう、どんなやり方をすると、そういったことについては、いろんなやり方があったんじゃありませんか。金融機関によってもやり方は違ったでしょうし、どうでしょうか。

やり方といいますと、例えば。

償却の仕方ですよね。あるいは分類の仕方ですか。

1年度で75全部をやってしまうということであれば、ここにあるように、場合によっては全額Ⅳ分類と。分類自体はこれで見ると変わらないとは思いますが、いろんな償却の、いろんな償却というとあれですが、引当との関係もありますので、償却、引当というのは、5年の間に幾らというのはあり得たとは思いますが。

現に日本長期信用銀行のNEDの例で言えば、当期の支援損はⅣ分類、それ以外は、例えばⅢ分類とするというようなやり方をしている例もあったわけですね。

そうですね。それは、基準上そういうふうに書いてございますので、まあ金融機関は全銀協のQ&Aに基づいてやっているとは思うんですが、我々の事務連絡と同じような扱いになっていますので、それは問題があるというふうには考えなかったということです。

それで、この平成10年6月からの検査ということなんでございますが、証言としては、ずっと10年3月時点ということで証言をされたように伺いましたけども、実際の検査は10年6月の時点の分もなさったんではないんですか。

検査としては、10年3月時点をやって、その後、直近の10年9月時点の予定、予測という意味で、6月時点の資料に基づいて9月末をはじき出したと、その6月以降のいろんな後発事象を加味して9月を出したということで、2期やったということでございます。

そうすると、3月基準を一つと、それから、その出した基準は9月なんですか、それとも、基準は6月で、9月までの後発事象を加味したんですか、どっちですか。

基準としては9月基準になるかと思うんですが、その3か月前に仮基準日ということで6月を設けておりますので、だから仮基準日の数字を参考にというか基にして9月を出したと。だから、まだ9月が来ておりませんので、実際9月時点ということで確定したものがその時点では出せなかったということです。

この検査の中には、3月基準の話だけではなくて、9月のときの話も資料に出てくるのは、そういう理由なわけですね。

（うなずく）

（甲）証拠番号151（供述調書）添付の資料11を示す

この4ページ、そこに、10年3月期の横に10年9月末見込みと書いてあるというのは、今おっしゃった方法で出したものをここに書かれたと、こういうことですね。

そうです。

4ページの7という冒頭の見出しの下に、平成10年3月期以降、急激な資産の劣化が進んでおりと書いてありますね。

(うなずく)

そういう事情を考慮して9月末時点においての見込みを書かれたと、こういうことですか。

そうですね。これは事実を書いてございます。

急激な資産の劣化というのは、具体的には何のことをおっしゃっているんですか。

これは、例えば日本リースですが、当時、長銀が合併の話が出ておりましたので、日本リースをある程度整理していかなければいけないということから、かなり思い切った支援損を出すと、それできれいにするということで、相当引当なり償却なりを考えていたということです。で、最終的には日本リースはつぶれましたので、そこが加味されてる、それが一番大きな理由だと思いますが、それに伴う関連の会社も連鎖倒産等出てましたので、そういったことがここに書いてある意味だというふうに思います。

今の後発事象の中には、日本リースに対する支援のほかに、NEDとか、それから日本ランディックも少し残ってましたかね、そういったものの支援というのを後発事象として考えたと、こういうことですね。

そうですね。

それは、平成10年3月より後に長期信用銀行自身の意思によってなした後発事象と、こういうことですね。

それだけではなくて、更に申し上げますと、査定に当たっては担保の評価をいたしますが、9月時点の数字を出すときには、直近で当時出た国税の路線価を、8月ですから出てますので、それを使って見直し等をしてますので、そうした担保の劣化も大きな理由に入ってたかと思います。

それから、有価証券の評価というものについても下がったということだったんじゃないんでしょうか。

たしかそうだったと思います。

それで、この平成10年6月から行われました検査のことについて、検査官として準拠した、よった基準が何であったのかということなんでございますが、これは資産査定通達と、これは間違いないですね。

間違いございません。

それから、確認しますが、関連ノンバンク事務連絡は、基準としてはそれによったわけでございますか。

その考え方を使ったということです。

それで、この資産査定通達を基準とするということについては、これは、それによるということは、なぜそれによられたんですか。

その資産査定通達の、9月時点の査定ということですか。

平成9年3月5日の資産査定通達によったということについて、平成10年3月基準ということでやった検査について、それをよりどころとしたということですが、その通達をよりどころにしたと言うんだから、それはなぜですかと。簡単な質問と言えば簡単な質問ですが。

10年3月時点の話ですね。10年3月時点は、その資産査定通達でやることが、検査官に対して通達されていたと。

通達だから、つまり、行政庁内部における通達であれば、それは命令だからそれに従うと、こういうことですか。

そうですね。

そうすると、関連ノンバンク事務連絡は、それに従わなくてもよろしいんですか。

　10年3月時点ですと、関連ノンバンク事務連絡もまだ生きておりましたので、それに従うということになるということです。

ですから、私も、前回の証言で不思議に思ったのは、資産査定通達についてはそれに従ったというストレートなことをおっしゃるのに、関連ノンバンク事務連絡については、関連ノンバンク事務連絡があるからそれに従ったという言い方をなさらないで、その考え方をと、さっきそうおっしゃったから。

　今考え方と言いましたのは、話が、10年9月の話なのか、10年3月の話なのかはっきり示していただけなかったので、それで、10年9月であればその考え方を使ったと、10年3月であれば、それは関連事務連絡に従って査定をしたと、そういうことです。

そうすると、10年9月に限っては、関連ノンバンク事務連絡は従うべきものという形にはなってなかったわけですか。

　その通達自体がございませんから。

それは、通達がなくなったのは、10年のいつのことなんですか。

　監督庁発足と同時になくなったということです。

そうすると、大蔵省の通達は、金融監督庁が発足した後も金融監督庁の検査官のよるべき基準であるという何か根拠があったわけですか。

　はい。その大蔵省時代の通達を引き継ぐ、引き継がないということを示した文書が流れております。

それは通達ですか。

　まあ通達と言ってよろしいかと思いますが。

少なくとも、法律とか、あるいは政令、省令によって、そういう指示があったわけではないんですね。

　そもそも、通達自体を使うか使わないかと、引き継ぐか引き継がないかということですので、それをどうするかという指示、通知については、法令で決めるようなものではないというふうに理解します。

（以上　　川村　亜希子）

それで、この資産査定通達というものは、これは銀行だとか、あるいは公認会計士に対して何かを義務付けるものですか。

　資産査定通達というのは、先ほども話が出ましたが、検査自体、銀行法25条に基づいて行うものだと。で、その目的としては経営の健全性、したがって資産の健全性というところも見ますので、その目的を達成するために資産査定というものがあるわけですから、その資産査定を行うに当たって、金融検査官がよるべき基準ということで出されているもの。ですから、そういう意味では、更に申し上げますと、その結果が銀行法26条等に言います、監督上の措置等に結び付いていく場合がございますので、そういう意味で言いますと、従わざるを得ないというか、拘束力があるというふうには考えます。

要するに法的に銀行や公認会計士の決算時の行為を義務付けるものではないのですね。

　公認会計士さんのほうは、商法とか、企業会計原則等がございますので、そちらのほうは監査上はいろいろ拘束を受けるということだろうと思いますが。要は資産査定通達を全く無視していいかと言うと、検査官は資産査定通達に従って査定をするわけですから、おのずと、金融機関がそこから合理性がないようなことをやっていると、それは指摘を受けるような形になりますし、そういう意味では拘束されているというふうに考えられるのではないかと思います。

資産査定通達に従ったとおりの債務者区分、あるいは資産区分を取らなかったからといって、それが直ちに違法だと言われることではないですね。

ただ、資産査定通達の債務者区分というのは、実務指針の償却、引当に関する規定に連動しておりますので、そういう意味ではその実務指針が公正な会計原則、それから、元は商法ということになりますと、法律に触れてくるというふうに考えられないことはない。直接的にはないということでしょうけれども。

公認会計士協会が出した指針、これも法的拘束力を生ずるものではありませんね。

いや、拘束すると理解しております。

どういう組立てで法的拘束力が発生するのですか。

商法に言う公正な会計原則というものに該当するのではないかというふうに考えているからです。

そういう理解を前提とした上で、拘束力があるのだという見解だということで伺ってよろしいのですか。

はい。

早期是正措置というのは、どういうところがみそであったかということですよ。それにつきまして、手法の観点から言うならば、金融機関が自主的に行なった資産査定、それから、償却、引当措置というものがまずなされるというのが前提ですね。

そうです。

それを検査して、そのことについて改善を要するとか、あるいは追加償却、引当が必要ではないかというのであれば、そういうような指摘をするということで指導を行なっていくという仕組みですよね。

我々が見た検査結果で追加、要償却額が出てくるといった場合に、会計監査人、それから、銀行の経営者等とも意見交換をして、両者の意思を一致させた上で、認識を一致させた上で最終的に通知をすると、検査結果を通知するということです。

その検査結果を前提にして、今度は自己資本比率ですか。自己資本比率が計算され、その自己資本比率に従って必要な、今度は法に基づく監督権限を行使すると、こういうことなんでしょう。

そうですね。

そうしますと、今の資産査定通達あるいは公認会計士協会の指針、そういったもののほかに、各銀行に対して、資産区分だとか、債務者区分だとか、償却、引当の割合だとか、そういったことをどうしなさいと指示するような一種の基準と言うのですか。そういったものはなかったのですか。

我々が検査に入った時点ではなかったと理解しています。

それから、今までずっと見ていただきました昭和56年の大蔵省の事務連絡から始まって、平成9年までの間には債務者区分という考え方はなかったように思うのですが、いかがでございますか。

はい。債務者区分という形で明記されたものはなかったと理解しています。

ところが資産査定通達になると、初めて債務者区分というものが出てきましたね。

はい。

それで、資産査定通達に出された基準というのは、どういうものであったかと言うと、私の理解するところでは、債務者区分という一つの分類基準があって、それから、今度はもう一つ別の、例えば担保があるかないかというような類型ごとに定めたもう一つの基準があって、それによってⅠからⅣというような資産区分がなされるという構想であったように思いますが、どうですか。

そうです。債務者区分というのは、一つは検査官によって大きく査定がぶれないようにということも考え方としてはあると思いますが、要はまず債務者の財政状況、財務内容とか、それから、収益状況ですね。そういったものを見て、まず債務者の状態を決めると。返済の状況ですね。そういった債務者の状況を決めると。その後、今お話があったように、では、どれだけ回収が可能なのかという観点から、要は回収の危険性、価値の毀損の危険性の度合いを見て、ⅠからⅣまでの分類を行うということになろうかと思います。

その資産査定基準における、この区分の方法をマトリックスという表現でおっしゃっておられませんでしたか。

記憶にございません。

木戸さんというのは、あなたの上司ですよね。総括の監督官ですが、その方はマトリックスという言葉を使っておられませんでしたか。

それはマトリックスというか、おっしゃっているのは債務者区分をするに当たって、形式的な基準を使ってどういうふうに判断するかといったものを簡易に形式的に表したものということでしょうか。

英語で言えば、MATRIX ですよね。鋳型だとか、あるいは数式による固定されたものと、こういう意味合いですけれども。つまり今あなたがおっしゃったように、形式的基準あるいは形式基準ですか。そういったものから類型に当てはめていくと、そういう手法ですね。

そうですね。

そういう類型的なものに当てはめていく手法ということになりますと、実態とずれてくるというものもあり得るのじゃないですか。

おっしゃるとおり、実態と違った結果が出ている場合もあります。それは非常に簡単な基準というか、規定で、その形式基準というのが作られていますから、更に細かく実態を見ていけば、債務者区分が変わるといった場合はございます。

この資産査定通達の中でも、金融機関が独自に自己査定基準を設定するということは、前提として、この通達を出しておられるということがあるのですが、それは御存じですか。

そうですね。承知しています。

それで、平成11年7月の通達になった金融検査マニュアルですね。その金融検査マニュアルが確定するに当たって、マニュアルの適用に当たっては機械的、画一的な運用に陥らないように配慮する必要があるという指摘がなされたことは御存じですか。

はい。

これは金融監督庁検査部がまとめた、最終とりまとめの概要という中に書いてございますね。

はい。概要にも書いてございますし、更に中にも幾つかちりばめられていると思います。

そのような機械的、画一的な運用に陥らないように配慮する必要があるというのは、金融検査マニュアルが平成11年4月に確定する前の平成10年12月の中間とりまとめにはなかった。それがその後、そういう表現が加わったということも御存じですね。

その経緯までは、はっきりとは承知しておりません。

それから、平成11年4月に確定された金融検査マニュアルでは、このマニュアルの各チェック項目は、これらの基準の達成を金融機関に直ちに法的に義務付けるものではないという表現が明記されておりますが、そのことは御存じですか。

はい。

それから、検査における指摘が直ちに特定の監督上の措置に結び付くわけではないということも明記されましたが、それも御存じですか。

はい。

この金融検査マニュアルというものは、平成11年7月に部内の通達として確立したわけですが、そうしますと、それまではこの金融検査マニュアルに該当する詳しい基準というものは金融監督庁においてもなかったと、こういうことですね。

そうですね。そこまで詳しいものはなかった、取りまとめられたものはないということです。

(甲) 証拠番号151 (供述調書) 添付の資料3を示す

これは事務連絡ということになっていますけれども、平成9年4月21日で、平成9年3月5日の資産査定通達よりは後に出ているわけなんです。これにつきまして、もう従来議論されてきましたから、いちいち読み上げるのはできるだけ省略することにいたします。後ろから3枚目、ページ数で言うと275の33です。フローチャートになっている表を見てください。この表を見ますと、フローチャートの果てに結局、非分類か、IIか、IIIか、IVかというところに行き着くようになっておるのですが、この中に債務者区分という要素が入ってこないのですが、そのことは当然御存じですよね。

はい。

関連ノンバンクに関しましては、債務者区分というものがなくても、そうしますと、II、III、IVという判定ができるわけでございますね。

そうですね。資産査定ということだけで考えれば、おっしゃるように債務者区分がなくても、II、III、IVが出てくるようになっております。

何で関連ノンバンクについてだけこういうものがあるのかと。資産査定通達ではまず債務者区分をやってから資産区分をするのに、何でこの関連ノンバンクだけはこういった資産査定通達とは違った構造のものが基準として出るのかということなのですが。

まず債務者区分をしなくていいということはどこにも書いてございません。当然、資産査定通達というものが前にございますから、実際に査定する段階では、これは前回の証言でもお話をしましたように、資産査定通達の細則として関連ノンバンク事務連絡というのが位置付けられておりますから、当然、債務者区分から入ると。債務者区分をした上で、関連ノンバンク事務連絡が、なぜ特別に出ているかと言うと、これは母体行の支援という特殊な、通常の一般先とは違う特殊な考え方というのが入ってきますので、そういったことを明確にこういう文書に落としたということで出されているということです。

しかし、少なくとも関連ノンバンクについて資産区分をするについては、債務者区分は必要ありませんね。

ええ。資産区分では必要ありませんが、最終的には引当、償却ということをしなくてはいけませんので、そういうことを考えると、当然債務者区分をしないと償却、引当につながってこないというふうに考えます。

しかし、償却、引当に関しましては、例えばII分類なら何パーセントだとか、III分類が何パーセントだということについて、日本長期信用銀行の検査の当時にそういう基準を通達なり事務連絡でお出しになっていましたか。

　これは基本的に自己査定ということになっておりますので、それは金融機関自らがいろいろ過去のデータ等を取って決めるべきものという理解です。

そうすると、各分類ごとにどういう償却をするかということについては、監督庁などが指図するというものではなくて、むしろ各金融機関の自主的判断であると、こういうことですか。

　基本的にはそうです。

それで、この関連ノンバンクについて、少なくとも資産区分について資産査定通達が指示しているような債務者区分が必要ないということは、やっぱり各金融機関の営業の実情あるいは各金融機関が貸出しをしている、その貸出先の実情というものに応じて、やっぱり具体的にそれぞれ判定しなければならないのであって、資産査定通達でもって、すべてを形式的に割り切ることは無理だったということだったのじゃないのですか。

　そういうことではなくて、まず資産査定というのは債務者の実態を明らかにするということですから、その部分についての規定になっているということです。償却、引当は実務指針等に記載がございます。ですから、それはそちらに従って行なっていくと。それはそれで我々は早期是正措置が導入された以降は、償却、引当についても適切に行われているかどうかという観点で別途チェックはしております。

しかし、公認会計士協会の指針なるものは、法律でもなければ、法律に基づく政令、省令でもありませんね。

　先ほど、その商法の公正な会計慣行と、先ほどちょっと原則と言って、言い間違いをしましたが、慣行ということで、公正な会計慣行というふうに理解しておりますし、それから、最終的には早期是正措置という形で行政処分につながっていくものですから、当然、償却、引当の適切性は、これは我々が皆でチェックしないといけないということに制度上変わったということです。

債務者区分ごとに償却、引当率がどうかということを公認会計士協会が出したのは平成9年4月15日が初めてでしょう。

　はい、そうです。

平成9年4月15日に初めて出したものが公正な慣行ですか、直ちに。

　そこがその慣行になるかどうかというのは、正式な定義付けというのは私は分かりませんが、そういうふうに理解していたということです。

あなたがおっしゃる公正な企業慣行というのは、いわゆる企業会計準則とか、そういったものを頭に置いておっしゃっているのでしょう。

　ただ、引当、償却自体は従前から言っておりますように、商法とか、企業会計原則に基づいて、その金融機関がやっているわけですから、それが特段、大きな変更を受けたということではないと思います。

あなたは企業会計原則というものと、それから、公認会計士協会の平成9年4月15日のものとは同等の慣行であるという御理解の下で検査をなさっていたわけですか。

　そうですね。実務指針という形で明確に引当、償却について整理されたと。

企業会計準則は昭和23年に策定されて、50年の風雪を経ていたものであるということは御存じですね。

　いつできたかは承知しておりません。

それと平成9年4月15日に公認会計士協会が初めて出したものが同じ公正な慣行だ

という御理解だったのですね。

　　同じかどうかは分かりませんが、公正な会計慣行というふうに理解しておりました。

それで、債務者区分について日本長期信用銀行の資産査定基準には問題があるという御指摘をなさったということですね。

　　そうです。

その具体的な内容なんでございますが、まず第一は資産査定通達に書いてある五つの債務者区分以外の債務者区分があるからと、こういうことですか。

　　形式的には、それ以外の債務者区分をしているということですが、その意味は適正な償却、引当ができないからと、適正な償却、引当につながらないからということが真意のところでございます。

しかし、少なくとも債務者区分が適切ではないという御指摘はなさったでしょう。

　　それはそのとおりです。

それに対して、日本長期信用銀行側はそうではないというふうに自説を述べたのではありませんか。

　　述べられておりましたが、最終的には我々の考え方を理解したものと認識しております。

それから、債務者区分ということなんだけれども、具体的な中身は関連ノンバンクあるいは経営支援の実績先、そういう区分だったのじゃないですか。

　　資産査定通達から見れば、合理性のない、そういった区分でした。

合理性があるかどうかは、これから伺うことにしまして、まず日本長期信用銀行が資産査定通達にない債務者区分を設けたという具体的な内容は、関連ノンバンクあるいは支援実績先とか、そういう区分だったのではありませんか。

　　そうです。

よく、その他、その他というふうに言うけれども、それはそういった関連ノンバンクとか、経営支援実績先といった区分を総称して、その他と言っていたということでしょう。

　　おっしゃるとおりです。我々が把握と言いますか、五つの債務者区分以外には想定しておりませんでしたので、金融機関側が自己査定の中でいろいろ勝手に債務者区分をするということは、逆に、そこは想定されていましたから、それをいちいち全部取り出して債務者区分という形で分けておりませんでしたので、そういったものを含めて、その他と。そういった金融機関がそれぞれいろんな五つ以外の債務者区分をしていたものを、その他として分けていたということですね。

そういった日本長期信用銀行が設けた債務者区分のあり方について、検査官の方々とそれから、日本長期信用銀行の担当の方ですね。担当の部長とか、参事役という方が面談をしたという席があったことを覚えていますね。

　　面談というのは、何度も会う機会はありましたので、いつの話か分からなければ、お答えしようがないのですが。面談したことがあるかどうかと言われれば、面談したことはあります。

そうすると、あなたが立ち会った面談の中で、債務者区分の合理性について、討論と言うのか、論争と言うのか、あるいは説得と言うのか知りませんけれども、そういった話合いをした場がありましたか。

　　ええ、意見交換をした場はありました。

その意見交換をした場の中で、木戸主任検査官が日本長期信用銀行の主張に対し、その債務者区分について、おっしゃることに一理あると言ったことを覚えていますか。

　　一理あるというのが何を意味するのかは分かりませんが、はっきりとは覚えておりません。

（甲）証拠番号151（供述調書）添付の資料6を示す

これはもう裁判所で取調べ済みの証拠なんですけれども、1ページのちょうど真ん中に「(木戸主任検査官) 仰ることに一理あるし、経緯はわかった。」ということが書いてございまして、その言っている問答のテーマは何であるかということにつきましては、その上を見ていただければ分かりますけれども、日本長期信用銀行の債務者区分、いわゆる関連ノンバンクだとか、そういったものを含めた、総称して言う、その他区分についての議論なんですけれども、これは98年7月14日の面談なんですけれども、あなたはこの場に立ち会われましたか。

　　入っていました。

この表の一番上のところに、「先方」とあって、「検査官名」、「木戸主任検査官、船曳検査官、他計11名」とありますが、そうすると、あなたはこの11名の中に入っていたわけですね。

　　そうです。

関連ノンバンクという債務者区分を設けることは不合理なことですか。

　　先ほども申し上げましたように、債務者区分の名前だけをもって、それが不合理だと我々は言っているわけではございません。それが適切な引当、償却につながらないということがあるから、そういった間違った引当、償却をするということにつながるので、そのための債務者区分を設けているのであれば、それはおかしいというのが趣旨です。

しかし、少なくとも事務連絡が存在するように、関連ノンバンクについては単純に資産査定通達のマトリックスだけでは、到底実態に合った査定はできないという状況がありましたね。

　　いや、実態に合った査定はできたというふうに認識しております。

そうすると、何のために関連ノンバンクの事務連絡があると理解しておられたのですか。何であんなフローチャートでやって、債務者区分も関係なく、ああいうフローチャートで資産分類すると思っていたのですか。

　　資産査定通達は一般的な査定の原則を整理したものですから、関連ノンバンクの査定に当たって、実態を把握するに当たっては、当時、親銀行の母体行主義というような形で、支援がどうなるかということが非常に大きなポイントになっていたと。で、要はどういうことかと言うと、関連ノンバンクの不良資産部分が親銀行にどれだけ跳ね返ってくるのかと。親銀行がどれだけそれをかぶるのかという、通常、その一般先とは少し違う、違うと言いますか、かなり程度の違う考え方というのを用いなければならなかったということですから、資産査定通達の中でもそれは読めるのですが、それを明らかに文書に残すということで、ああいう関連ノンバンク事務連絡というのを新たに、新たにというか、できてきたということでございます。

関連ノンバンクにとって特に必要な基準を設けるという手法は資産査定通達前からあったのではありませんか。

　　考え方としてはありました。

（甲）証拠番号153（供述調書）添付の資料5を示す

先ほどの平成7年事務連絡、その1ページ目でございます。印刷したページ数で言うと、275の2ページ、この一番上の四角く囲った表題の下に、小さな字で13行にわたって文章が書いてあります。下から2段目ですが、「このため、今般、関連ノンバンクに対する貸出金の査定の考え方を含め、不良債権の内容についてより実態を反映した形で把握するため、Ⅲ分類及びⅣ分類の査定の考え方を以下のとおり取りまとめたので通知する。」と書いてあります。で、この資料5をめくっていただきまして、275の4というページ数が印刷されているところを見ていただけませんか。「関連ノンバンク査定の考え方」というのがありますが、このフローチャートというのは、体力があるかとか、再建計画があるかというようなことで分けてありますね。で、関連ノンバンクということについて、こういった再建計画がどうであるとか、あるいは体力があるとか、あるいは母体行責任がどうという要素を考慮して、他の債務者とは別にこういう査定をするという考え方が従来からあったし、それは資産査定通達の下でも同じだったのじゃないですか。

　その従来というのはいつの。

資産査定通達前の大蔵省時代です。

　資産査定通達前からございました。

この日本長期信用銀行の平成10年10月のいわゆる一時国有化ということになってから後なんですけれども、この日本長期信用銀行のそういった決算、会計を日本長期信用銀行が自ら検査した結果、当時の経営陣を告訴しているということがございます。そのことは御存じですね。

　はい。

その告訴している告訴状にも、関連ノンバンクという資産区分にして、その上で償却、引当がこれだけ足りる、足りないという議論をしているということは御存じですか。

　はっきりとは承知しておりません。

（以上　宮村　麻理）

関連ノンバンク事務連絡のお話に関連して伺います。関連ノンバンク事務連絡というものを適用して検査をするという考え方というのは、結局、関連ノンバンクには母体行主義ということが関係するからでしょうか。

　関係するというか、関連ノンバンク事務連絡を定めたというのは、そこを考慮するという意味合いが一番大きいと理解しています。

すると、母体行主義ということは、結局、当該金融機関が対象ノンバンクに対する他の債権者と同等の立場で債権回収をすることはないということでございますか。

　それは、平成9年の関連ノンバンク事務連絡のことをおっしゃっているんですか。

前提としている母体行主義というのは、そういうことですかね。

　はい。それまでは完全母体行主義というのが前提にあったかと思いますが、徐々にそういったことが崩れてまいりましたので、そういう意味で、平成9年の関連ノンバンク事務連絡では、そういった完全母体行主義が全く前提ということではない、すなわち通常、一般の債権者と同等の場合がありますよということが書かれているということです。

母体行責任を負う意思があるかどうかというのが、そのチャートの中の一つの分かれ目になっておりますね。そこで言う母体行責任というのは、今のようなつまり一般債権者としての立場以上に、それを超えて債務負担をする意思があると、こういう意味ですかね。

　ですから、母体行責任を負う意思がないということは、言わば一般の債権者と同じというところへチャートとしては流れていくということだと理解しております。
つまり母体行責任を負う意思がないという場合はね。
そうです。
そういうことですね。
はい、両方が書かれているということですね。
そうだとすると、その関連ノンバンク基準が意味を持つのは、母体行責任を負う意思がある場合のことではありませんか。
母体行責任を負う意思があるかどうかという一つの判断要素が入っているということは確かだと思います。
母体行責任を負う意思があるという貸出先ということで言うならば、それは相手がノンバンクでなくても、やっぱり同じような考え方で資産査定ができるのではありませんか。
おっしゃるように母体行責任ということであれば、例えば、ほかに不動産の関連会社等がありますから、そういったところの責任はどうなるんだと、母体行が負うべきかどうかという問題は確かにありますが、ただ、なぜノンバンクかというと、要は関連ノンバンクというのは、更にまた融資をしているわけですから、信用での取引をしているわけです。したがって、その信用というのは、そもそも母体行に負うところが大きいというところも、意味合いとしては大きいというふうに考えていますが。
まあ、そうおっしゃるのではありますけれども、貸出先がノンバンクでなくても、やっぱりその貸出先が更に関連会社、あるいは関連会社でない第三者もあるかもしれませんけれども、そこへ融資をするということは現実にはありますよね。
現実にはありますね。
そうだとしますと、要は関連ノンバンクというものに該当するかという形式的な分かれ目ではなくて、母体行責任を負う意思がある、母体行責任を問われる立場であるかどうかというところで資産分類を考えるという考え方は、あながち不合理ではないんじゃないですか。
申し訳ございません。趣旨がよく分かりません。
つまり関連ノンバンクというのには定義があるわけでしょう。関連ノンバンク事務連絡と打ち出している以上は定義があるわけでしょう。
関連ノンバンク事務連絡の中には、定義は特にうたわれてはいません。
じゃあ、どういう意味合いで、その事務連絡では関連ノンバンクのことを言っているんですか。
別途関連会社の通達があったかと思うんですが、それを見ますと、例えば、設立経緯ですとか人的な関係、それから、資本、資金の関係、まあ、非常につながりが密接な関係を持っている会社、その中でそういった貸出しをやっているのが、関連ノンバンクといわゆる言っている先だというふうに私は理解しております。
それは、やっぱり定義としてはノンバンクでなくちゃいけないわけですね。ノンバンクと言う以上は、まずノンバンクでなきゃいけないでしょう。
ええ。関連ノンバンク事務連絡で言っているのは、ノンバンクということです。
したがって、例えば、日本長期信用銀行が人的つながりとか設立からの歴史的経緯だとか、あるいは融資のシェアだとかいろんなことを考えて、ノンバンクではないけど、関連会社であるというようなものを持っているということは、現実にありましたよね。
ええ、それはあります。

そういうノンバンクではないけれども、関連する会社について、関連ノンバンクと同じ、あるいは類似のフローチャートによって資産査定をするというのは、必ずしも不合理なやり方ではないのではないですか。

関連ノンバンクでない会社を関連ノンバンク事務連絡に基づいてということですか。

ええ。準用してというか、その考え方に基づいてね。

これは関連ノンバンク事務連絡に限らず、その元の通達であります資産査定通達からも、その考え方は出てくるかというふうに考えております。

そうすると、当該検査を受ける金融機関が、そのような貸出先の実情に応じて関連ノンバンク基準を準用し、あるいは類似の方法で資産査定をするというようなことは、資産査定通達にも反するものではないわけですね。

関連ノンバンクであれば、関連ノンバンク事務連絡というのがありますから、基本的にはそれを使うということになります。それで、その他の関連会社であれば、全く一般先ということには、確かにおっしゃるようにそういう意味であれば、親会社である母体行の水準をどう見るかということを考慮して査定するというのは当然あります。

本件の日本長期信用銀行について検査をされたときに、今の定義で言う関連ノンバンクに当たる貸出先、そことしてはNEDがあったわけですか。

NEDも入っていました。

ほかに主要なところは、どういうところがありましたか。

日本リース、それから、第一ファイナンス、平河町ファイナンス、ジャリック、私の担当したところで主なところというのは、そういうところかと思います。

それで、母体行責任を負う意思があるということになっていた関連ノンバンク、これは、例えば、NEDはどうでしたか。

長銀側の説明では、NEDについても母体行責任を負うというふうに説明があったかと思います。

日本リースはどうでしたか。

日本リースも責任を負うという話があったと記憶しています。

そのほかにも、そういう母体行責任を負うということを言っていた関連ノンバンクはありましたか。

基本的に長銀の関連ノンバンクは内容がよくありませんでしたので、そういった確認をしたところ、ほとんどの、ほとんどというか、関連ノンバンクで私が担当したところは、そういう支援をしないと立ち行かないということで、支援意思があるかどうかを確認したと思います。

それで、日本長期信用銀行が母体行責任を負うということの意味ですが、そうしますと、日本長期信用銀行以外の金融機関で当該ノンバンクに融資をしているところ、そこのほうが日本長期信用銀行よりも債権の回収率がよくなると、こういうことですか。

母体行である長銀が損失をかぶると、そして、他行に迷惑を掛けないということが、基本的な母体行責任という考え方ですので、そういうことからすれば、他行というか、他の貸出先に損失が回るというのは少なくなると考えられます。

そうであるとしますと、同じ債務者であっても、その検査を受ける金融機関が母体行であるかそうでないかによって、債権の査定内容が変わってくるわけですね。

査定内容というと、債務者区分が変わることはないというふうに考えます。

債務者区分はもちろん、例えば、破綻懸念先であるかとか要注意先であるかということは伺じかもしれないけれども、日本長期信用銀行のほかに、例えば、第一勧業銀行だとかさくら銀行というのが、そのノンバンクに対して債権者であるとしても、日本長期信用銀行の当該ノンバンクに対する貸出金の査定区分と、それから、第一勧業銀行あるいはさくら銀行の当該ノンバンクに対する貸出金の査定区分とが一致しない場合があると、こういうことですね。

　査定は、基本的にその金融機関に行って、相手方から提出された資料ですとか説明を聞いた上で我々はやるわけですから、金融機関によって全く同じ資料なり説明があれば別ですが、そういった説明がなければ違った答えが出てくるということはあり得ると、だから、その過程で長銀がこうだからほかも同じようになるかとかという話であれば、それは一概には答えられません。

つまり事実認識の資料の違いの問題ではなくて、正に理論的可能性のことを伺っているんですがね。今のように同じ一つのノンバンク、日本リースなら日本リースで結構ですよ、それに対する日本長期信用銀行の貸出金の分類が、例えば、Ⅲ分類になるというようなことがあっても、母体行責任を負わないほかの銀行、例えば、第一勧業銀行とかさくら銀行だったら、その貸出金はⅡ分類になると、そういう違いはあり得るのではないのかというのが私の質問です。

　与えられた条件というか、例えば、日本リースに対してⅣ分類、Ⅲ分類が同じ結果が出てきたと、日本リースを査定した結果、同じ数字が出てきたとした場合、そのⅢ分類、Ⅳ分類なりがまず長銀のほうに付けられると、まあ、付けられるというか、それは長銀自身が我々がかぶりますという母体行責任の意思表示だと思うんですが、そうであればこれは数字の計算ですから、Ⅲ、Ⅳがそれで全部無くなれば、あとはⅡが残ると、場合によってはⅠになるということも、それは理論的にはあり得ると思います。

しかるに関連ノンバンク事務連絡では、母体行の場合であっても、最終的にはプロラタでもって、その損失負担をするということで査定するわけですね。

　それは少し違うと思うんですが、幾ら母体行責任があるといっても、それを負えるだけの体力がなければ、若しくはそういったことが証明できなければ、完全に母体行にすべて損失が負えるという判断ができませんから、そうなりますと、原則に戻って、シェアで損失はその各貸出先に付いていくと、そういうことだと認識しています。だから、母体行責任があるからといって、シェア割になるからおかしいということにはならないと。

いいえ、別におかしいと申し上げているわけではないんですけど、結局は何か類型を設けて、先ほどのマトリックスじゃないですけれども、そういったものに当てはめてやっていくしかない、つまりどうしても実態とずれてくる部分があるのではないんですかということをお聞きしているわけですよね。

　マトリックスというのは、飽くまで取りあえずの形式的な区分で、その後、きちっと実態を把握した上で、それに修正を加えていくと、いきなり実態を見るといって査定を始めるというのは、なかなか難しい面も場合によってはありますので、まず形式的な、例えば、返済ぶりを見たり財務状況を見たりということで仕訳をして、それはもう飽くまで形式的ですから、その後、実態を見た上で修正を加えていくと、そういう意味でマトリックスというのは使っております。

それから、この平成10年の3月基準の検査、このところで、例えば、第一ファイナンスなんかであったことなんですけれども、保有している有価証券の評価損をどう見るかという問題があったことを覚えておられますか。

評価損について、長銀からその査定について意見があったということでしょうか。

はい。

それはございました。

それで、検査官の方と日本長期信用銀行側との意見の違いというのは、要するに、どういうことだったんでしょうか。

簡単に申し上げますと、長銀の方がおっしゃっていたのは、株式というのは日々変動していると、ですから、時価が動くではないかと、だから、評価損が確定できないというお話が一つありました。それに対しては、我々は資産査定というのは、ある一時点をとらえて、そのときの資産の実態を把握するわけですから、それがその時点が関係ないと、動くんだという理屈自体が我々は理解ができなかったと、それで、もし動くというのであれば、まあ、株式のことをおっしゃっていましたので、じゃあ、ゼロになる場合もあるし、場合によっては100になる場合もあると、じゃあ、ゼロから出発するという発想であれば分からないではなかったんですけれども、長銀の方の説明は、まず今ある時価をコンプリートして、例えば、100のものが50になっていると、そこはコンプリートした上で、そのあとの50というのが、そこが変わり得ると、だから、III分類ですというような説明があったわけですね。理屈から言えば、時価の部分が変わらずに何で損失だけが動くのかというのが、全く長銀の方の説明では理解ができなかったということです。それで、我々は時価が決まっているのであれば、そこまでは資産の価値は認められますと、そして、簿価から時価を見た場合のその含み損の部分については、これは検査基準日現在では、要は価値が毀損しているわけですから、そこはIV分類ですという主張というか、考え方を示したということです。

今おっしゃった株式なんですが、その議論になったのは、そうすると、上場株式ですか。

ええ、上場株式です。

それで、日本長期信用銀行本体の資産としまして、日本長期信用銀行が保有する株式、これはこの平成10年3月の時点では原価法ですね、つまり取得したときの価格ということでしょうかね、それでもって評価するという評価方法が採られたことは御存じですね。

はい、承知しています。

今、証人がおっしゃった時価というのは、これは今の原価法とは違う方法であって、要するに、正に検査をしたときの株式の時価で評価する、したがって、原価より低い場合があると、そういうことでしょう。

原価法には低い場合、含み損が発生している場合があるということです。

原価法には含み損が発生している場合があるけれども、日本長期信用銀行の平成10年3月の決算では、その含み損というのは別にマイナス評価にはしませんでしたね。

マイナス評価になっていると認識しています。

原価法でやったんじゃないんですか。

原価法ですけれども、先ほど言いましたように含み損としてとらえております。

そういう問題はあるかもしれないけど、しかし、原価法は採用なさったんでしょう。

それは、経理的な処理として原価法を採っているということは知っておりました。

その原価法を採用するということについては、平成10年3月になって、そういう採用をしてもよろしいという大蔵省の指導があったんじゃないんですか。

原価法を選択できるということはございましたが、それは飽くまで長銀の決算処

　理の話として認識しておりました。

それは長銀の決算だけじゃないですね、そのときにやった大手銀行、ほんの3行だけ例外でしたけれども、それ以外はみんなその年は原価法を採用したんじゃありませんか。

　他行の個別のことは分かりません。

客観的事実ですが、そのことをあなたは御存じないんですか。

　ほかにあったということは聞いたことがありますが、今、何行とかおっしゃいましたけれども、そこは承知しておりません。

日本長期信用銀行の本体についての資産については、原価法を採用するのに、その関連ノンバンクについては、原価なんていうのは問題にならないと、こういうことですか。

　それは御説明いたしますと、我々は関連ノンバンクの資産の実態を検査で明らかにしているわけです。それで、その検査基準日現在で関連ノンバンクの実態バランスがどうなっているか、資産の状態がどうなっているかということをまず把握するわけです。その場合、原価法であるとか低価法であるとか、そういったことははっきり言って関係ございません。どうしてそういう実態バランスを見るかというと、その結果、例えば、実質的に債務超過になっているというのが出てきますと、その関連ノンバンクに対して長銀が資金を出しているわけですから、要はその実質債務超過になっている関連ノンバンクからの貸出金が回収できるのかどうかと、もう既に債務超過になって、全くもう返済できるものがありませんと、その場合に母体行である長銀自身がどれだけ貸出金が回収できない、要は貸出金が毀損しているのかというのを実質的に見ると、そのために原価法とかというのを、そういう会計処理とは別に実態で資産を見るということをしているわけです。

平成10年の3月期決算で、まあ、都銀が中心ですけれども、大手19行のうち原価法を採用したのは16行だと、それで、その前の年までは低価法であったということは思い出されましたね。

　いや、具体的に何行とかというのは、私は覚えておりません。

長銀の本体については低価法を使わないでやって、それで、実質債務超過でないかどうかという判断ができるんですか。

　ですから、原価法というのは会計処理の話ですから、その資産の実態をどう見るかということとは関係がありません。今、有価証券がどれだけの価値を持っているのかどうかというのを我々が見ると、これが資産査定です。

関連ノンバンク、それから、そうでないノンバンクではないけれども、関連性のある会社、どちらも長銀からの貸出先については、その資産内容を調査なさったと、こういうことでございましたね。

　長銀から資金が出ている関連会社、関連ノンバンクについては、実態を把握しました。

それで、その実態把握の方法として、ラインシートを提出してもらったという話が出ましたけど、それは関連ノンバンクだけですか。

　それ以外の関連会社も含まれております。

ラインシートというものは、資金の流れというものが客観的に出ていると、こういうものですね。

　資金の流れといいますか、長銀からの貸出し内容が分かるものということです。

それについて必要があると思った場合には、長銀の担当者に説明を求めたと、こういうことですね。

　　提出されたラインシートはチェックしておりますので、当然それについては説明を求めております。

それから、ラインシートでなくても、提出された資料について質問がある場合は、質問していますよね。

　　もちろん質問があれば質問をします。

それで、前回、証人に示された査定メモ添付書類というのがたくさんありましたけれども、原本は赤い字で書き込みがしてあるんですが、その赤い字の書き込みは、あなたがやったわけですか。

　　具体的にどこの話か分からないので、すべて赤い字かと言われると、中には鉛筆書きもあるかもしれませんし、黒のボールペン書きもあるかもしれませんし、どこの何というふうにちょっと御指摘していただかないと、それか現物を見せていただかないと、何ともお答えのしようがございません。

不幸にも現物はコピーで出されているものですから、赤いのは見えませんので、ちょっとそれをお見せすることはできないんですけれども、そういった書き込みをなさったということは、長銀の担当者から一つ一つ説明を受けた結果を書き込んでおられるわけですね。

　　説明を受けたものだけかどうかは分かりません。後で、自分が整理するために書いたものもある可能性があります。

しかし、あなたが自分で考えて想像して分かるものというものは、非常に限られていますよね。数字的なことなんて、みんな聞かなきゃ分かりませんよね。

　　すべて聞かないと分からないということではありません。

弁　護　人（那須）

平成10年7月に長銀に対して金融検査が行なわれて、あなたはこれに関与されたと、その直前の平成10年6月8日に、大蔵省が「金融関係通達の見直しについて」と題する新聞発表をしたということについて記憶はございますか。

　　その新聞発表自体があったというのは記憶にございません。

それでは、金融関係通達の見直しが行なわれたという事実は知っておりますか。

　　それは承知しています。

（弁）証拠番号1（金融監督庁の1年）を示す

235ページを見てください。「新聞発表」とありまして、「金融関係通達の見直しについて」と、こういう文章ですが、これを見たことはないですか。

　　見たかもしれません。

日付は、平成10年6月8日ですね。こういう見直しがあったということ自体は、あなたは知っておりますね。

　　それは承知しております。

同じ書証の56ページを見てください。(2)のところですが、「同年6月には、金融関係通達の内容を抜本的に見直し、金融機関や業界団体を名宛人とする指導的通達を全面的に廃止するとともに、行政の統一的執行を確保するための部内通達については事務ガイドラインとしてとりまとめて公表した（資料6－1参照）」ということで、先ほど示したのが資料6－1なんですが、この事実はあなたは知らないですか。

　　これは、先ほど申し上げましたように見直しをしているというのは承知しています。

なぜこの時期に金融関係通達の見直し、その大半の通達、事務連絡を廃止するというようなことが行なわれたか、その理由は分かりますか。

それは今のこの資料の上のほうに書いてありますように、明確なルールに基づく透明かつ公正な金融行政を確立すること、このような観点から、金融機関の監督については、金融機関の経営に市場規律と自己責任の原則を徹底させ、市場の信認を得ていくことが重要と、こういった流れの中で見直しがなされたということだと理解しています。

この見直しというのは、いわゆる通達行政への批判にこたえて従来の在り方を改める作業の一環であったと、このように理解してよろしいでしょうか。

通達行政の批判というか、ここに書いてあるように明確なルールに基づいて、透明かつ公正な金融行政を確立するということでございます。

通達による行政というのは、明確なルールに基づく透明かつ公正な金融行政ではなかったと、こういうことを踏まえているわけでしょう。

まあ、必ずしもすべて明確であったかというと、そこははっきり私には分かりません。

この見直しの際、例の平成9年3月5日の資産査定通達は残されましたね。

それは残っております。

（以上　　岡本　賀奈江）

（弁）証拠番号1（金融監督庁の1年）を示す

この235ページを見てほしいんですが、この新聞発表の左側には、旧通達とか法令とか、いろんなものが表示してあります。右のほうには、残ったものが四角の中に入れてあります。今言いました残ったといわれる資産査定通達は、この右側のボックスが四つありますが、どれに該当するんでしょうか。

申し訳ございませんが、これは、この監督上の通達の廃止を書いてあるんだろうと思うんですが、これに検査の関係が入ってるかどうかというのは、ちょっと私は分かりません。この図の中にそれが入っているのかどうかと言われても、そもそも入っているかどうか、これだけでは何とも申し上げようがありません。

資産査定通達というのも金融関係通達の一つではないんですか。

ここでいう金融関係通達の、この中に入っているかどうかというのは分かりません。

そうすると、この新聞発表が行われた後は、この資産査定通達が事務ガイドラインという性格を与えられたのではないかと弁護人は理解しておるんですが、そういうことも分かりませんか。

事務ガイドラインとして出ているのは、ほとんど監督上の行政上の通達からきているものというふうに私は理解しております。

そうすると、余り深く聞きませんが、まず、省令とか告示に入らないことは間違いないですね。

まあ字句どおり見ればそういうことですね。

事務ガイドラインに含まれるか含まれないかというのは、何を見れば分かりますか。これも分からないですか。何かを見ればそこのところは分かるという、その書類なり通達なり何なり教えていただければ参考になるんですが。

事務ガイドラインそのものを見れば、そこに入っているかどうかは分かると思います。

事務ガイドラインという何かまとめたものがあるんですか。

それはあったと思います。

それは金融監督庁にあるわけですね。

そうですね。

あなたは持っていますか。

古いものはあったかと思いますが、直近のものかどうかはちょっと分かりません。

次に別のことを伺いますが、先ほど、倉科弁護人が示された金融検査マニュアルについてお尋ねしますが、この金融検査マニュアルでは、最終取りまとめというものと中間取りまとめというものの対比が行われていると、これは御存じですか。

比較というか、そういう違いがあったというのは承知しています。

その違いを、この金融検査マニュアルの中で対比させてますね。それは御存じないですか。

はっきりとは覚えておりません。

見たことはありますか。

見たことはあると思います。

(弁) 証拠番号2(金融検査マニュアル)を示す

表紙を除いて5枚目の表ですけれども、「金融検査マニュアル案(中間とりまとめ)の見直しについて」というものですが、この中で、従来の当局指導型から自己管理型への転換を進めるという、そういう点が最終取りまとめでは強調されてると、そういう事実はあなたは知ってますか。

今お話のあったようなことは、ちょっと直接的には私は分かりませんが、ただ、基本的には自己責任の原則というのが流れとしてありますので、当然金融機関の自己責任で基本的にはやるべきことということだろうと思います。

その当局指導型の検査というのは、あなたの承知してるところでは、いつごろまでそれが行われていたんですか。

これは、早期是正措置制度が導入される前まで。

ということは、平成10年3月31日までと、こう理解していいですか。

いや。それは早期是正措置制度が導入された後ですから、決算期で言えばそれよりも前ですね。

およそいつごろか分かりますか。

その前に試行が始まっておりますから、法律ができたのが平成8年の6月ですか、ですから、それまではということになると思うんですけれども。

そうすると、証人がこの平成10年7月に携わったとされる本件検査というのは、これはいわゆる自己管理型の検査であったと、こういうふうに考えてよろしいですか。

そうです。自己責任の原則に基づいたものということですね。

部分的に旧来の手法を使ったということはございませんか。要するに、前に行われたような、例えば資産査定のやり方について。

これは前回の証人尋問のときにもお話をしましたが、そもそも全く新しい基準に基づいて査定をしているわけではありません。これまで我々が持っていた基準、それから、当然それを金融機関もある程度分かっているわけですから、その中でやっていた査定を、もうそういうやり方をやめて、検査官に対しては資産査定通達というものを出して、それは飽くまでも検査官に対して出しているわけですけれども、それを金融機関のほうでは斟酌をして、その枠組みに沿った形で合理的な説明ができるものとして自己査定基準をそもそも自分たちで作ってくださいということで、まず金融機関のほうにそういった基準を作っていただいて、それを

　我々が事後的にチェックするという形に変わったということですね。

長銀の検査に当たり、あなたのほうで個別に資産査定メモというのを作りましたね。

　それは作りました。

あれは、いわゆる新しい自己管理型の検査でも、やはりあの作業は必ず行うものなんですか。

　その資産査定メモというのは、10年3月の時点で私が作ったものということですか。

そう。10年3月基準の資産査定について、あなたが平成10年7月に携わったときに資産査定メモというのを作ったわけでしょう。

　それは、新しい検査手法、事後チェック型の検査手法の中で新たに作られてきたものだというふうに理解しています。

（甲）証拠番号151（供述調書）添付の資料2を示す

この本文の上から8行日、その際、金融機関が行う資産の自己査定は、金融機関が適正な償却、引当を行うための準備作業として重要な役割を果たすこととなりと、こういう部分がありますね。

　はい。

この準備作業として重要な役割を果たすというのは、これはどういうことを意味しているのですか。

　ここでの意味は、これは何度も御説明したかもしれませんが、早期是正措置を発動するためには、自己資本比率を正確に出すと。自己資本比率を正確に出すためには、適切な財務諸表を作らないといけないと。適切な財務諸表というのは、きちっとした償却、引当ができていないとできませんから、だから、そのためには、償却、引当を適切にしようと思えば、その前の資産査定をきっちりやらないといけないと、そういう意味で、資産査定はその後につながる償却、引当の準備作業ですよと、そういう位置づけになっているということです。

先ほど、倉科弁護人の質問の際、債務者区分というのが償却とか引当に非常に重要であると、こういう証言をされましたね。

　重要であると認識はしてます。

その債務者区分がきちんとされておれば、資産査定という作業を経ずに償却とか引当ができるのではないですか。

　それはできません。

やはり資産査定というのを間に挟まなければ駄目ですか。

　いや。資産査定というのが、債務者区分をして、それから、Ⅰ、Ⅱ、Ⅲ、Ⅳという、そういう分類をしていくという、そういう作業です。

そのⅠ、Ⅱ、Ⅲ、Ⅳの分類、区分というのをどうしても経ないと償却とか引当というのは適正にできないものなんですか。

　できないと私は認識しております。

（甲）証拠番号151（供述調書）添付の資料5を示す

資料5の5ページの6に貸倒償却及び貸倒引当金の計上に関する監査上の取扱いという項目がありまして、その下に①から⑤まで、正常先債権、要注意先債権、破綻懸念先債権、実質破綻先債権、それから破綻先債権と、この五つについて、それぞれどのように償却、引当をするかということが書いてございますね。

　それぞれの債権をどういうふうに引当するかということが書いてございます。

この部分については、およそこのⅠ分類、Ⅱ分類、Ⅲ分類、Ⅳ分類という、これが全く出てこないんですよね。そのことをあなたは気付いていますか。

出てはきておりませんが、これは、見ていただければ、例えば破綻懸念先債権とございますね。これで③のところですが、これの3行目、債権額から担保の処分可能見込額及び保証による回収が可能と認められる額を減算しとかという、こういう表現があるかと思いますが、こういったことが、まさしく回収の可能性とか、それから、価値の毀損の危険性の度合いを見てるということですから、おのずとこれがⅡになるのかⅢのことを言ってるのかというのは、ここである程度読み取れるんではないかと私は理解しておりますが。

私が言いたいのは、Ⅳ分類というのは、定義上回収不可能又は無価値と判定される資産ですよね。

はい。

ですから、当然それは全額一時に償却するのが当然だと、こういうことになるんですけれども、それは、Ⅳ分類だから全額一時に償却するというんじゃなしに、回収不能又は無価値と判定される貸出金だから、それを便宜上Ⅳ分類と名付けて、そしてそれを償却、引当すると、こういうことなんじゃないんですか。そういう考え方は間違いですか。

この債務者区分というのは、飽くまでも、要は債務者ということで考えられる債権というか資産ですね、そういったものに対する償却、引当ということになると思うんですが、例えば、不動産とか、有価証券というのは、もう債務者区分をする意味がありませんから、だから、そういう意味では、債務者区分はすべてしないといけないかということであれば、そうではないんでしょうが、基本的には、そもそも資産の分類をするというのは、回収の危険性の度合い、それから、価値の毀損の危険性の度合いに応じてやると。で、それで出てきた、要はⅣ分類というのは、先ほど定義がありましたけど、回収不可能といったものですので、これは、あえて債務者区分がどうというような、ここに当てはめてみるとかという以前の話ではないかというふうには考えますけれども。

端的に聞きますけれども、Ⅰ分類、Ⅱ分類、Ⅲ分類、Ⅳ分類という、この分類は、金融監督の行政上必要な概念であって、会計上は、そういうものはなくとも、債務者区分及びその債務者先の実態を見て償却、引当をすることができるのではないですかという、こういう質問なんですが。

この資産査定というのは、相当歴史があるわけでして、我々が検査でこういう形で分類をしてると、で、当然金融機関側も、これは長い歴史の中で分かっている話ですから、恐らく、大体我々がやっていた資産査定に準じた形、若しくはそのままそういった資産査定を使って資産を区分して、それは、あと、商法なり、それから企業会計原則に帰っていくわけですけれども、そういったものに従って償却、引当をしていたというふうに認識しております。

(弁) 証拠番号8(金融財政事情1997・1・20号抜粋(62~67頁))を示す

これは早期是正措置に関する検討会の中間取りまとめという資料ですが、これは御覧になったことはありますか。

見たかもしれませんが、はっきりと記憶はありません。

この一番最初のページの最下段に、適正な財務諸表作成の必要性について、それから、その次のところに適正な財務諸表作成に当たっての償却、引当のあり方についてというのがずっと書いてありますが、ここでも、その償却、引当をどうするかということについて、Ⅰ分類、Ⅱ分類、Ⅲ分類という言葉が出てこないんですよね。で、その後ろの、今度は64ページの一番上ですが、3の資産の自己査定についてという、そこでは、このⅠ分類、Ⅱ分類、Ⅲ分類というのが出てくるんですね。だから、私は、それについてプロではないですから、むしろあなたにお尋ねしてるんだけども、資産の自己査定については、確かにⅠからⅣというふうに分けるのは意味があるんだけども、適正な財務諸表の作成、あるいはその前提としての償却、引当については、ⅠからⅣなんて分けるのは必ずしも必要ではない、もちろんあっても有害ではないんでしょうけど、そういうことではないですかという質問なんですが。結論だけで結構です。

　　それは、資産査定通達と実務指針は関係ないということをおっしゃっているということですか。

いえ。そんなことを言ってるんじゃなくて、償却、引当のためには債務者区分というのは必要かも分からないけども、ⅠからⅣの分類区分というんですか、それは必ずしも必要な概念ではないんじゃないですかという質問なんです。分からなければ分からなくて結構です。

　　いや。資産査定は、ですから、その償却、引当のための準備作業としてやるわけですから、その中で出てくる資産の分類、これは、当然この償却、引当に反映されてくるというふうに理解をしています。

別の質問ですが、平成9年の関連ノンバンク事務連絡というのは、平成10年6月の、先ほどの大蔵省の通達の見直しで廃止されたかどうかは、あなたは分かりますか。

　　10年6月の監督庁発足と共にそれは適用されないこととなっております。

その事務連絡が廃止されたのに、なお、その後で行われた平成10年7月の本件検査で、この事務連絡を一つの基準にしてあなたは作業をすると、こう理解してよろしいですか。

　　いえ。そういうことではなくて、平成10年3月末時点の自己査定の正確性を我々はチェックしているわけですから、そのときに生きていた法律なり、それから通達なりを適用して資産査定をするというのは、何らおかしいことではないというふうに理解しておりますが。

事務連絡というのは、これは、検査官に対する作業の進め方を指示してるものだと、こういうふうに理解してよろしいわけでしょう。直接、金融機関に対して、この事務連絡が発せられたとかいうようなことではありませんね。

　　その事務連絡が、検査官以外、外に向かって出されたものかどうかと言われれば、そうではありませんが、まあ、これについては、この内容と同じようなものが全銀協のQ&Aという形で広く銀行業界に出されているということは、当時、我々検査をやっている人間はみんな承知しておりました。

それは、事実上知っておる、あるいは知るように配慮がなされたと、こういうことであって、直接銀行に対してこの事務連絡が出されているわけじゃありませんね。名あて人として出されているわけじゃないですね。

　　名あて人は銀行ではありません。

そうすると、検査官とすれば、その検査をする当時に存在する事務連絡に基づいて作業を進めるべきだと、こういうことになりませんか。廃止されたものを根拠にして作業を進めるというのはおかしいということになりませんか。

　　それは法律論の話になるのかもしれませんが、我々が資産査定で見てるのは平成10年3月末基準日のものを見ているわけですから、金融機関も、当然まだその時点では通達が廃止されてませんので、我々の関連ノンバンク事務連絡から恐らくQ&Aというのが作られてきたと思いますので、それに則って自己査定をやっていたわけですね。したがって、まだ10年3月末時点では、そういった基本的な考え方が一般的な取扱いとして行われていたわけですから。しかも、長銀のほうでは、それを取り入れた形で自己査定基準を作っていたと。で、我々としては、10年7月にそれが廃止されたからといって、大体それに沿った形で作られていましたから、それを作っていた自己査定基準がおかしいということが言えるのかどうかということだと思うんですが、実質的にはそれは難しいと思います。それと、もう一つは、例えば、10年5月の時点で我々が検査に入ったとした場合に、そのときは、関連ノンバンク事務連絡を使って10年3月末基準のやつを見ると、一方で、7月に入って、今度は関連ノンバンク事務連絡を使わずに同じ10年3月末時点の査定をするというのは理屈としてはおかしいのではないかと。要は、法律でもそうだと思うんですが、さかのぼって、遡及して、そのときそのものがなかったものとして、例えば罰するとか、そういうことにはなってないと思うんですが、そういうことから考えれば、確かにおっしゃるように、10年7月時点にはその関連ノンバンク事務連絡はありませんでしたけれども、我々が見た10年3月末基準の自己査定の正確性の検証の時点では、それは生きていたわけですから、それを使うというのは、何らおかしいことではないと考えます。

関連ノンバンク事務連絡というのは、検査官に対して作業の進め方について指示をしたものだと、その点はそれでよろしいんでしょう。

まあ作業の進め方、事務的なものだけではなくて考え方を整理したものだということです。

それから、日本公認会計士協会が出した実務指針について、しばしば証言がなされておりますが、この公認会計士協会の実務指針というのも、これも金融機関に対して直接発せられたものではないですね。

そこのところははっきり私は承知しておりません。

これは、会員である公認会計士に対して発せられたものじゃないんですか。

恐らくそうだろうと思いますが、そこははっきりとは分かりません。

それが何で償却とか引当の基準になるんですか。金融機関に対しては、何ら効力は生じないんではないんですか。

ですから、この実務指針自体が公正なる会計慣行のうちの一つというふうに考えればですね、まあそういうふうに認識していたわけですけれども、それは、当然、法律、企業会計原則等から導かれるものですから、当然金融機関に義務づけられているというふうに考えられるんではないでしょうか。

むしろ、公認会計士が監査をするときに基準にしますから、そういう間接的に事実上基準になり得ると、こういうだけのことではないんですか。

これは何度も申し上げておりますが、公正な会計慣行という認識でございます。

本件検査と同じ時期の平成10年3月の長銀の決算について、公認会計士は恐らくこの実務指針を参考にしながらだろうと思いますけれども、監査をして、そして適正であると、こういう意見を書いたと、こう理解しておるんですが、それはそのとおりでよろしいですか。

それは有価証券報告書を見ていただければ分かるんじゃないでしょうか。

(甲) 証拠番号3(有価証券報告書)を示す

この平成10年6月25日づけの監査報告書を示しますが、これを見て、公認会計士がどのような報告をしたか分かりますか。

ここに書いてあるとおりだと思います。

（甲）証拠番号193（資料作成報告書）添付の資料3を示す

最後にお尋ねしますが、あなたが携わった金融検査の結果として、平成10年10月19日付けで「検査結果通知」というのが長銀に対して発せられておりますね。

　　はい。まあ日付まではっきり覚えておりませんが。

この検査結果という1ページですが、1の(1)の最後ですが、改善を要するという言葉が使ってありますね。その上から読みますと、自己査定基準については、次のとおり、当局の資産査定についての通達に対応していない点が認められるので、改善を要すると、そうですね。

　　ええ。そうここに書いてあります。

これは、この時点では、将来、将来と言ってもそんな遠い将来ではないと思いますが、近い将来に改善をしなさいよと、こういう趣旨に理解してよろしいですね。

　　これは、検査に入った時点でそういうきちっとした規定になっていないので、それは改善を要すると、そういう意味でございます。

お尋ねしたいのは、その検査結果については、過去にさかのぼって違法だよと言ってるんではなくて、今後改善をしてくださいよと、こういうふうに指摘をしてると、こういうふうな理解でよろしいんでしょう。

　　今後というか、いろいろ検査に入っている中でも、できるものはどんどんやっていくということですから、別に今後という意味ではございません。

（以上　　川村　亜希子）

弁　護　人（國廣）

（弁）証拠番号2（金融検査マニュアル）を示す

この金融検査マニュアルの最終とりまとめという文書の存在は御存じですね。

　　はい。

現在の金融監督庁の金融検査は、この金融検査マニュアルの最終とりまとめに従って行われておりますね。

　　現在というのは、いつのことをおっしゃっているのですか。

今。平成12年時代。

　　これを使って検査をやっております。

この金融検査マニュアルの最終とりまとめは、このような本の形、あるいはフロッピーの形、あるいはインターネットというような形で一般に公表されておりますね。

　　はい、公表されています。

この最終とりまとめがそのような形で公表されたのが、いつであるかは御存じですか。

　　最終とりまとめが出た時点ですか。これが出たのは11年4月だったかと思います。

公表されたのは平成11年4月8日ですね。

　　……。

では、この最終とりまとめというものを各金融機関、検査官ではなくて金融機関がどのように利用することを、金融監督庁は求めて、あるいはこの最終とりまとめ自体は求めているのですか。

検　察　官

異議があります。本件は平成10年3月期時点の資産査定が問題になっていますので、その時点の基準を問題にされるならともかく、その後の基準について証人に質問されるのは主尋問の範囲から外れますので、異議を申し立てます。

裁　判　長

主尋問の範囲外ですが、関連性はありますね。

弁 護 人(國廣)

では、省略して引用しながら聞かせていただきます。この最終とりまとめの目次がございますが、第一部で「基本的考え方」と書いてありまして、その次のII、「金融検査マニュアル等の基本的考え方」のページを見てください。4ページになります。その(1)に「当局指導型から、自己管理型へ」と書いてあるところの第2パラグラフを読み上げます。「具体的にはまず、検査マニュアルは本来的には検査官のための手引書ではあるが、金融機関の自己責任に基づく経営を促す観点から、これらを公表するようにすべきである。」と書かれてありますね。

　　はい。

こういう趣旨でインターネット等で公表されておるわけですね。それと、6ページのIIIの(1)、「金融検査マニュアルの位置づけ」というところの最初の文章を読み上げます。「金融検査マニュアルはあくまでも検査官が金融機関を検査する際に用いる手引書として位置づけられるものであり、各金融機関においては、自己責任原則の下、このマニュアル等を踏まえ創意・工夫を十分に生かし、それぞれの規模・特性に応じたより詳細なマニュアルを自主的に作成し、金融機関の業務の健全性と適切性の確保に努めることが期待される。」と、このように書かれておりますね。

　　書かれております。

さて、この金融検査マニュアルを作成するための機関である金融検査マニュアル検討会というものがあるのですけれども、これが発足したのはいつであるか御存じですか。

　　平成10年だったと思いますが、いつごろかというのは分かりません。

8月25日なんですけれども、そのころだという記憶はございますか。

　　はっきりとはございません。

8月25日なのですが、この8月25日というのは、証人が長銀に対する金融監督庁の本件の検査をやっている最中ですね。

　　そうです。

では、先ほどの金融検査マニュアル検討会というのが、長銀に対する金融監督庁の検査の途中である8月25日に発足し、そして、翌年の4月8日の最終とりまとめの公表まで24回の検討会を行なったということは話として聞いておられますか。

　　回数までは覚えておりません。

回数までは覚えていないけど、何度かやったということは覚えておられますか。

　　はい。

最終とりまとめに至る前の段階で、中間とりまとめというものを公表したことは御存じですか。

　　はい。

その中間とりまとめの公表は、いつごろであったか御記憶にありますか。

　　ございません。

それは平成11年12月22日なんですけれども、そのころだという記憶はございますか。

　　……。

(弁) 証拠番号1(金融監督庁の1年)を示す

記憶喚起のために、弁1号証の16ページぐらいから年表がございます。16ページの平成10年6月に金融監督庁発足というところから、この年表は始まっております。それの21ページの12月22日の欄で、右側から二つ目のところに中間とりまとめの公表というのがございますね。

　　はい。

中間とりまとめを、まだ結論が出ていないのに金融監督庁が公表した目的は何ですか。

　　これはここにも書いてありますように、パブリックコメントを求めるために公表したと。

パブリックコメント、すなわち一般の意見を広く求めることを目的にやったわけですね。では、中間とりまとめに対する外部からの意見がたくさん寄せられたかどうかについては、あなたは御記憶ありますか。

　　たくさんというのは、どの程度か分かりませんが、コメントはあったということは承知しております。

同じ弁１号証の544ページの資料17の１の５を見てください。「金融検査マニュアル検討会『中間とりまとめ』に対するご意見等の公表について」とありますが、ここには47行から、600以上の意見が寄せられたと書いてありますね。

　　47行ではなく、47先ですね。

要するに金融機関ということですね。

　　いや、これは必ずしも金融機関じゃないと理解していますが。

47先から、600以上の意見ということですね。同じ資料の572ページを見てください。「回数」と書いてありますが、ここで中間とりまとめの公表後、第16回、17回、18回、19回で４回のヒアリングが行われたというふうに記載されておりますね。

　　はい、記載されています。

このようなヒアリングが行われたこと自体は金融監督庁の検査官であるあなたは当時御存じでしたね。

　　ヒアリングが行われていたということは承知しております。

じゃあ、金融監督庁は平成10年７月から10月にかけて、長銀も含めた主要19行の金融検査を一斉に行いましたね。

　　19行の検査を一斉に行なっております。

そして、その中で、あなたは長銀の検査を担当されたと、そういうことですね。

　　はい。

更に金融監督庁が地方銀行10行に対しても平成10年11月から12月にかけて検査を行いましたね。

　　はっきりと月までは分かりませんが。

じゃあ、10年の暮れごろに。

　　地方銀行にも検査には行ったかと思われます。

吉武さん御自身は地方銀行の検査にも参加されましたか。

　　参加しました。

さて、この長銀を含めた主要19行の金融検査や地方銀行10行に対する金融検査の結果は中間とりまとめないしは最終とりまとめに反映されていますか。

　　それははっきり分かりません、私は。

つまりヒアリングなどが行われ、意見を600求めたりしているわけですけれども、金融監督庁自らが行なっている金融検査の結果を、このマニュアル作成の参考にはしていないのですか。

　　私は直接担当しておりませんので、それを考慮したかどうかということは承知しておりません。

例えば上司がそのような形で報告したというようなことは聞いておられませんか。

　　上司というのはどういう人を指しているのか、私は金融検査官ですので、そのときどきによって、上司というか主任は替わりますし。

ですから、そのときどきの主任が、例えば長銀の検査結果あるいは地方銀行の検査結果を、マニュアルの検討会に一応報告するんだというような話を聞いたことはございませんか。直接あるいは間接に。

私は聞いたことはございません。

そうしますと、金融検査マニュアルの最終とりまとめというのは、このような一般への公表、一般からのコメント、更に各種団体からのヒアリング、それにあなたは、どうか分からないとおっしゃったけれども、金融検査の結果を踏まえてかもしれないけれども、そのような結果として作成されたものですね。

ですから、分からないものが前提のお話にはお答えできないと思います。

あなたが分かる範囲では、24回行われて、その結果、平成11年4月8日にきちんとした形で公表された。そして、現状の金融検査のスタンダードになっているということは、あなた自身、分かっていますよね。

今これを使って検査をやるということになっております。

だけにとどまらず、各金融機関もこれを基に自己査定あるいはマニュアルを作っていくことが予定されておるわけですよね。

直接的なあれはございませんが、我々検査官がこれに基づいて検査をするということになれば、金融機関のほうでもこれを無視するわけにはいかないということになろうかと思います。

プラス、この最終とりまとめ自体に、それを参考にすることが望ましいと書かれていましたね、先ほど読み上げたところで。

はい。

ところで、本件の長銀に対する平成10年7月から行われた金融監督庁の金融検査に話を戻します。そのときに、あなたを含む金融監督庁が査定の基準とした資産査定通達というのは一般に公表されているものですか。

公表されております。

インターネットですか。それとも、このような文書でですか。

プレス発表をしております。

いつごろですか。

平成9年3月5日にプレス発表しているはずです。

どういう形でのプレス発表ですか。

どういう形、そこは詳しくは分かりません。プレス発表しております。

資産査定通達を作成するに当たって、先ほどの最終とりまとめと同じように一般のヒアリングなどは行われましたか。

その時点では一般というのをどこまで指すのかあれですが。

不特定多数ということです。

全然関係のない人にまで答えを求めるということはしていないと思いますが、当然ある程度、金融機関等にもそういった話は行っているのではないかというふうに。

行っているのではないかと推測されるわけですね。

推測はされます。

それは何らかの審議会、検討会というような公的な機関での意見聴取ですか。

そういう形ではないと思います。

非公式の、大蔵と銀行は分かっているからというような形での話の聞き方ですか。それとも、きちんとした何らかの会合という形で記録に残って、意見を聞いたものですか。

　　そこまでは分かりませんが、全く、例えば銀行協会なりに話をしないまま進めていたということはないと思われるということです。

ただ、その話の仕方を今問題にしているわけですけれども、パブリックコメントを求めるとか、全銀協の書面による意見を求められるとか、そういうような形では行われていないわけですね。

　　それは分かりません。

資産査定通達及び関連ノンバンク事務連絡というのは、どのような形で各銀行の知るところとなるわけですか。どのような形で各銀行に伝えられるのですか。

　　ですから、資産査定通達は、先ほど申し上げましたように公表されていますから、当然、金融機関のほうもそれを入手していると。

関連ノンバンクは。

　　関連ノンバンク事務連絡については金融機関には直接的には我々は発出しておりませんので、公表もしておりません。

ただ、なぜか銀行は知っているということですね。

　　そういうことになるかと思います。その前に全銀協は、それについてのQ&Aを作っているということです。

いわゆる法にのっとった形、あるいはあて先をすべての銀行、あるいは全銀協あてにこれらの文書を、資産査定通達と関連ノンバンク事務連絡を送付していると、そういうことはないわけですね。

　　資産査定通達は恐らく全銀協を通じて各銀行に配付されているというふうに考えます。

推測ですか。

　　これは一般的な、その当時の処理から考えればそうだということで、私が直接携わったわけではございません。

それでは自己査定基準、各銀行が、これは平成10年3月期の決算ということで時期を限定してお聞きしますが、自己査定基準というものは資産査定通達あるいは関連ノンバンク事務連絡に違反するものであってはいけないというような通達あるいは事実上の通知は存在しますか。事実上の通知というのは、文書による通知、先ほどあなたがおっしゃったような全銀協にそのような文書を出したということですね。

　　字句どおり、反してはいけないというような文書は出していないかと思います。

質問を変えます。前回のあなたの主尋問の速記録の2ページ目によりますと、吉武さんは平成6年7月に大蔵省の金融検査部に異動して、そして、金融証券検査官として金融機関などの検査を担当していたとありますが、間違いございませんね。

　　はい、間違いございません。

そして、平成10年6月の金融監督庁の発足に伴い、金融監督庁に異動されたのですね。

　　そうです。

吉武証人のように、大蔵省の金融検査部の検査官から金融監督庁の検査官に異動した人は何人くらいおられますか。

　　人数は、はっきりとは分かりません。

大体で結構です。

　　検査官としてですか。検査官がそのまま……。

検査官というか、要するに金融検査の大蔵の部門から金融監督庁の検査の部門に。

当時、検査部のほうは150人ほどおりましたので、約ですね。もう少しいましたが、そのまま移ってきたのが何人かと言われてもはっきりとは分かりません。

それでは吉武証人御自身は、いわゆる金融監督庁が発足する前の金融機関に関する大蔵検査、MOF検の担当者として金融機関の検査を行なった経験はおありですね。

はい。

では、今回の長銀に対する金融監督庁検査、すなわち平成10年7月に行われた金融監督庁検査のことですが、その前の長銀に対するMOF検、すなわち大蔵検査は何年に行われたか御存じですか。

たしか平成8年4月だったかと思います。

平成8年4月から6月ということですね。

……。

氏家哲さんという方を御存じですか。

はい、知っております。

氏家さんは、今申し上げました平成8年4月から行われた長銀に対するMOF検の検査官であったことは御存じですか。

はい。

氏家さんは平成10年6月、金融監督庁が発足したころ、大蔵省を退職して、現在は整理回収機構の検査室に勤務なさっていることは御存じですか。

はい。

宮川宏一さんという方は御存じですか。

はい。

宮川さんは平成8年の長銀に対するMOF検の検査官だったことは御存じですか。

はい、知っております。

氏家さんと宮川さんが平成8年の長銀に対するMOF検の担当者だったということは、あなたは御存じだということですね。

検査官のうちの二人ということですね。

ところで、あなたは今回の金融監督庁の金融検査、平成10年6月から行われた金融検査の前に行われた、平成8年に行われたMOF検の結果を確認してから検査に入られたわけですね。たしか前回、そのように御証言なさったと思うのですが。

前回検査として見ております。

(以上　　宮村　麻理)

吉武証人は、1996年(平成8年)の長銀に対するMOF検の結果、そのMOF検でIII分類、IV分類と査定された不良債権がどの程度の額あったか、これは御記憶にはございませんか。

ございません。

(甲) 証拠番号159 (供述調書) の37ページを示す

これは宮川さんの供述調書ですけれども、それの前から4行目からですが、「本件検査」、これは1996年(平成8年)のMOF検を意味します。「本件検査においては、貸出金を査定した結果、III分類912,077百万円、IV分類204,541百万円という数値がすでに出ていました。」と書かれていますが、このような数字が1996年(平成8年)の段階での大蔵検査での数字だったということはよろしいですか。

ええ、ここにそういうふうに書いてあるというようなことで。

まあ、直接の御記憶にはないと思いますが。

　　はい。

でも、当時、検査に入る前には、恐らくその数字を見て入ったであろうということは言えますね。

　　恐らく見ていると思います。

じゃあ、MOF検の後、長銀とMOFとの話合いの結果、この数字を3年間で償却しますということで話がついていたということは、事前にお聞きになっておりましたか。

　　それは承知しておりません。

（甲）証拠番号159（供述調書）の34ページを示す

同じ供述調書ですけれども、それの後ろから6行目からですが、「今後3年程度で目処がつくシナリオの作成方を依頼しました。」と書いてあるんですけど、そして、これは1996年(平成8年)の検査ですから、1997年(平成9年)の3月、1998年(平成10年)の3月、1999年(平成11年)の3月の3年間で償却していくというような話になっていたことは、事前に認識してはおられませんでしたか。

　　それは存じ上げません。

では、吉武証人は、1996年(平成8年)の長銀に対するMOF検の担当者ではありませんでしたね。MOFの検査官のころに、長銀のMOF検を担当したことはございませんよね。

　　はい、ございません。

ただ、同じ1996年(平成8年)ごろ、あなたは他の金融機関のMOF検をなさったことはありますね、平成8、9年ごろということで結構なんですが。

　　はい。平成8年ということであれば、担当というか、検査に行ったと思われます。

あなたが大蔵省の検査官として大蔵検査を行なっていたときに、当時、Ⅲ分類やⅣ分類と大蔵検査で大蔵省側が認定した金額について、どの程度の期間で償却するかというような交渉あるいは話合いを金融機関と行なったという御自身の経験はございますか。

　　私自身は、Ⅲ分類、Ⅳ分類をどれくらいで処理するといったようなことで話をしたことはございません。

あるいはあなたの上司なり同僚が、そのようなことをやっていたというようなことを見た経験、聞いた経験はございますか。

　　はっきりとは覚えておりませんが、まあ、計画的なものは通常聞いているのではないかと思われます。

ところで、あなたはMOFの金融証券検査官から金融監督庁の検査官に移られたわけですけれども、あなた御自身の姿勢としてMOF検の担当者のときと金融監督庁の担当者になったときとで、資産査定に対する姿勢に相違は生じましたか。

　　姿勢というのは、どういう意味でございますか。

例えば、計画償却はなるべく認めずに、早期償却を求めるようにするというようなことです。計画償却をなるべく認めず、できるだけ早期の償却をしなさいと。

　　償却というか。

引当償却と言い換えてもいいかと思いますが。

　　一般的に言われていたのは、不良資産を早期に処理をするというようなことは言われていたと。

金融監督庁になったころから、より強く言われるようになったということですか。

　　いや、それ以前からあったかと思います。

そういたしますと、Ⅲ分類ないしⅣ分類というその分類の仕方というのは、まあ、Ⅳ

分類になれば即時償却ということになろうかと思うんですけれども、その分類の仕方は、大蔵検査のときと金融監督庁検査になったときでは、基準というのは変わってないと考えられるんですか。

　　Ⅲ分類、Ⅳ分類ということですか。

はい。まあ、基準自体は同じ資産査定通達だと思うんですが。

　　いや、変わっていないと認識しております。

そうすると、いろいろ微妙な部分で、より厳しめに認定するというようなことはなく、大蔵検査のときも金融監督庁検査のときも、一貫して同じ認定をしてきているというふうに伺ってよろしいですか。

　　そうです。実態を正確に把握すると、そういう意味での姿勢は変わっておりません。

じゃあ、質問の内容を変えます。今回の1998年(平成10年)の7月から行なわれた長銀の金融検査は、その年の9月になって、6月基準の金融検査を更に追加して行なったという事実がございますね。

　　6月の仮基準日を使って査定をしたということです。

その当時、大手銀行に一斉検査が入りましたが、それはみんな1998年(平成10年)3月期を基準にした金融監督庁の一斉検査だったわけですね。

　　そのように認識しております。

長銀以外で、その1998年(平成10年)3月末プラス6月でも9月でも結構なんですが、別な基準時で更なる検査、査定を行なったという銀行はございますか。

　　あったかと思われます。

あとのところは、みんな3月基準だったのではありませんか。その一斉検査で、3月基準にプラスして6月基準をやった銀行というのは、ほかにはないのではないですか。

　　たしかあと1行あったのではないかと思われます。

どこですか。

　　日債銀も見たのではないかと思うんですが、これははっきりと記憶しているわけではありません。

長銀の場合、1998年(平成10年)の6月を仮ということで再検査をした理由は、先ほど何とおっしゃいましたか。

　　できるだけ直近の時点での長銀の資産の実態を把握するということが。

なぜ直近の時点での資産の内容を把握する必要が、長銀に関して生じたわけですか。

　　世上というか、政治的にいろいろと長銀のことが言われていたということもあったのではないかと思われます。

住友信託銀行との合併話というのは、その理由として考えることができますか。

　　それが理由になっているとは考えられません。

そうすると、世上の理由から他行と違って、まあ、1行だけなのか2行なのかはともかくとして、再検査をするというのは、どういうことですか。3月基準の検査だけでは駄目なんですか。なぜ6月基準で再検査をすることが、世の中に求められるのですか。

　　はっきりとしたことは分かりませんが、まあ、政治的な問題かなという、これは私の想像です。

(弁) 証拠番号1(金融監督庁の1年)を示す

301ページを見てください。ここでは平成10年3月末の査定の結果というものが出されておりますね。

はい。

そして、次のページの302ページを見てください。ここでは平成10年9月末見込みという査定結果が書かれておりますね。

はい。

そうしますと、この二つを比べてみますと、Ⅳ分類が1373億円から5200億円という形で大幅に増加しておりますね。

はい。

あと下のほうで、含み損益の有価証券等というところですが、3月末の場合は2432億円というものが、9月末見込みでは5200億円と、このように大幅に増加しておりますね。

はい。

このように大幅に増加した理由は、どうしてですか。

これはお答えしたかと思いますが、日本リース等、関連会社等の実態が変わってきたということで、例えば、日本リース自体が倒産したということが、この中に含まれているということで大きく変わっていると。

じゃあ、もう一つ関連の質問ですけど、しかし、3月末の査定に加えて、新たに6月末を仮にとして査定を始めましょうという作業が開始されたのは、9月の初めではありませんか。

はっきりとした時期は覚えておりませんが。

（甲）証拠番号151（供述調書）の21ページを示す

これは木戸さんの供述調書ですけれども、それの前から4行目からですが、「他方、3月末基準の検査がほぼ終了した時期である8月21日に、長銀が日本リースなどに対する支援計画を発表しました。そのため、9月末の中間決算時と3月末決算時では長銀の財務内容が全く変わってしまうことが予想されました。折から長銀問題が国会で取り上げられるなどしており、直近の財務内容もよく見る必要があるということからバックオフィスの指示を受け、長銀に6月末基準ラインシートについても出してもらい、資産査定を行うこととなったのです。」と書いてあるんですけれども、9月初めごろに再度査定を始めたということなのではないですか。

8月末か9月初めか、まあ、大体そのころに。

そうしますと、日本リースが倒産したのは9月の末ですから、まずⅣ分類の査定が増えた原因はいいんですよ、9月末でやったから増えたというのは、しかし、そのやり直しを始めたのは9月の初めですから、そのやり直しの原因になるものは、日本リースの破綻ではないんじゃないですか。

ですから、先ほど申し上げましたようにはっきりとした理由は、私も承知しておりませんけれども、政治的な動きがあったのではないかというふうに申し上げたと思うんですが。

それでは、同じ1998年（平成10年）の8月21日に、住友信託銀行と長銀の合併の話があったことが原因で、もう一度査定をやり直したということはありませんか。

そこははっきり分かりません。

（弁）証拠番号1（金融監督庁の1年）を示す

298ページと299ページを見てください。これはいずれも平成10年8月21日の内閣総理大臣及び金融監督庁の長官の談話ですが、これは住友信託銀行と日本長期信用銀行の合併についての二つの談話なのですが、例えば、298ページの総理大臣談話では、下から6行目からですが、「今回、両行が合併をより具体的に推進することについて合意したことは、わが国金融システムの安定に資するものと考えられ、高く評価したいと考えます。」というふうに、このような談話が内閣総理大臣により出されたことは、あなたは記憶にありますか。

ええ、ございます。

その右のページの299ページを見てください。同じような趣旨の金融監督庁の長官の談話が出されたということも、あなたは御存じですか。

たしかあったと思います。

このことと査定のやり直しというのは関係ないんですか。

分かりません。

先ほどの302ページを見てください。平成10年9月末見込みの査定結果の部分ですが、ここにおいて、下から2行目に有価証券の含み損が5200億円ということで、3月末決算に比べて非常に増加しておりますけれども、これを入れることについて、最後に同じ年の10月19日に長銀に対して金融監督庁が検査結果通知を出したことについて、長銀から異議の申立てがあったことは御存じですか。

我々は立入検査までは承知していますが、その後についてそういう話があったというのは、その検査班にあったわけではないと思われるんですが、それは分かりません。

先ほど倉科弁護士の質問で、同じくこの株式の含み損についての質問があったのですが、原価法かどうかということの絡みの質問だったんですけれども、あなたは金融監督庁検査では原価法かどうかは問題にならないと、実態バランスが重要であるというふうに述べられましたね。

それは、関連ノンバンクを査定する上でというそういうことですね。

一般的に、関連ノンバンクの査定の場合も本来の査定の場合も同じなんですけれども。

いや、何かその趣旨がちょっとよく分からないんですが。

じゃあ、関連ノンバンクについてということで結構ですが。

ですから、関連ノンバンクの査定をするときは、その実態を把握するということで、含み損を考慮してバランスを見ると。

じゃあ、関連ノンバンクの場合に限定したお答えだったわけですね。

そのときのお話は、そうだったように思いますが。

それでは、この平成10年9月末の査定を行なった場合に、有価証券の含み損については評価しておりますが、例えば、税効果会計的な観点の部分は、金融監督庁の査定には反映しておりますか。

平成10年9月期では、税効果会計は見ていないというふうに理解しているんですが。

それでは、貸出資産の評価益、貸出資産の時価評価、これは優良な債権の場合、高く評価するという部分ですけれども、そのような考慮はこの9月末見込みの段階で考慮されておりますか。

貸出債権の時価評価ですか。

はい。債権額でも、優良な債権は高く評価することがあるんじゃないですか。

いや、資産査定といいますのは、例えば、この平成10年9月末であれば、9月末時点の資産の実態を表しているということですから、将来、価値が変わるから、それを折り込んでというそんな数字にはなっていないと思います。

ただ、その時点で含み益的な評価をすることはないんですか。含み損は認めるけれども、含み益は認めないのですか。

　　いや、含み損益は当然見ています。

そうすると、貸出債権について、含み益を見てはいないのですか。

　　貸出債権の含み益というのがどういうことか、ちょっと私には理解できません。

それでは、3月期の査定に加えて6月期を仮基準とし、9月末で査定をやり直したと、まず、そのような作業をなぜ二度行なったかという理由については、あなたは分からないと、何か政治的な理由があるのであろうということで、答えとしてはよろしいわけですね。

　　政治的な理由ではないかと思うということで、確信を持っているわけではありません。

その結果として10月19日に出された結果通知書、これによって債務超過認定をされたことが原因でというか、それを根拠に長銀が破綻認定されたことは御存じですね。

　　長銀が破綻認定をされたのは、その債務超過になったからというその前に、たしか要は預金の払戻しができなくなる恐れがあるということで、長銀自らが再生法に基づいて、何か申出をしてきたということだったと思うんですが。

あなたの御認識は、長銀が自発的に破綻認定をしてほしいと言ってきたから破綻したのであって、金融監督庁の債務超過認定は関係がないと、そのような御趣旨と伺ってよろしいですか。

　　債務超過になったそういう検査結果が出たから破綻したとかということではないというふうに理解しております。

あるいは破綻したから債務超過の認定を出したというようなことはないんですか。

　　破綻した金融機関については、後でその資産の実態というのは、たしか公表しているかと思いますが。

9月末時点でね。

　　ええ、そういうことだというふうに理解しております。

3月末時点では、債務超過の査定にはなっておりませんね。

　　我々が見たその検査結果では、そういうふうになっておりません。

ところが、9月末では債務超過になっておりますね。

　　これでは、そういうことです。

そして、因果関係は分からないけれども、その債務超過の検査結果報告と相前後して、長銀が破綻したということは事実として存在しますね。

　　これは、9月末に債務超過になっていたというその一時点をとらまえての話ですから、その破綻したのがいつかとかというのは、これだけでは言えないというか、分からないと思いますが。

では、債務超過の検査結果通知が出されたのは、10月19日で間違いございませんか。

　　ええ。先ほどの話ですと、そうですね。

それで、10月23日に金融再生法と金融機能早期健全化法が施行されたことは間違いありませんね。

　　日付は定かじゃありませんが、そのころだったと思います。

そして、その法の施行と同じ日である10月23日に、長銀が特別公的管理開始決定されたという事実がございますね。

　　はい、それは知っております。

弁　護　人（更田）

今、國廣弁護人からお尋ねのあった点に関連して、まずお尋ねしますが、本件の長銀の検査に入るについて、前回の長銀に対するMOF検の記録を検討したということは、前回も証言しておられますね。

　　はい。

それで、それとはまた別に、前回、金融検査における資産査定では、何をチェックするのかという検察官の質問に対して、自己査定の正確性及び償却、引当の適切性等についてチェックをするというふうにお答えですが、これは今回の早期是正措置後の金融検査についてのお答えなんですか、それとも従前からの金融検査についてのお答えなんですか、どちらなんですか。

　　長銀の検査についてのお話というふうに理解しておりますので、早期是正措置制度導入後の検査というふうに考えて申し上げました。

そうすると、前回のMOF検で償却、引当の適切性等について、どういうふうなチェックがされているかということは、証人は分からないわけですね。

　　はっきりとしたことは存じ上げません。

(甲) 証拠番号151 (供述調書) 添付の資料2を示す

これは再三お尋ねしている平成9年3月5日の資産査定通達ですが、ちょっと大変初歩的なことをお尋ねしますが、この2枚目の上から5行目ですけど、「金融機関の自己査定基準」とありまして、それから3字か4字空いていて、「が独自のものである場合には、」と、こう書いてあるんだけれども、ここは「自己査定基準」のその後は何が書いてあったんですかね。

　　いや、これは私は存じ上げませんが。

分かりませんか。

　　これは最初から消えていたんでしょうか。

いや、私どもが見るかぎりでは消えたものしかないから、あなたがもし分かれば教えてもらいたいと思って聞いているんです。

　　ちょっと意識はしておりませんでしたので記憶にございません。

再々、入れ替わり立ち替わり同じようなことを聞いて恐縮なんだけれども、この日、この通達は財務支局長、金融証券検査官あてに発出されているんだけれども、その同じ日に全銀協の担当役員あてに事務連絡が行っているというようなことは御存じですか。

　　実際そういった文書が行ったかどうかということは知りませんが、公表もされている通達ですので、まあ、通常、一般的に考えれば、全銀協にも送付されているというふうに理解しています。

当時、金融検査部の管理課長は村木さんという人でしたか。

　　たしかそうです。

この人の名前で全銀協連合会担当役員あてに、各金融機関における自己査定のための体制の整備充実等の参考となるよう、貴傘下の金融機関に対し、通達の周知方よろしくお取り計らい願いたいと、こういうようなことが出ているんですけど、あなたは御記憶にないですか。

　　それは見たことがございません。

参考となるようというようなことが出ているんですけどね。ところで、この資産査定通達について教えてもらいたいんですが、ここで貸出金の分類方法について書かれておりますが、まず債務者区分を行なうということでしたか。

　　たしかそうだと思います。

その次に、その手法としては何をやるというふうに言っていたか御記憶がありますか。

　　次に何かというのは、はっきり覚えておりません。

次に資金使途等の内容を個別に検討しろと、こういうことになっているようですね。それで、その次に何を検討するということになっているか記憶がありますか。

　　通常の査定を考えますと、回収の度合いを見ていくということかと思われますが、その通達の順番がどうなっていたかというのは、そこまではっきり覚えておりません。

でも、あなたは、この通達に基づいて、自信を持って資産査定をやられたように再々おっしゃっているから、この通達の考え方の基本的な枠組みがどうなっているかということは、あなたの頭の中にインプットされていると思って聞いているんですよ。

　　ですから、その通達について一言一句。

いや、一言一句でなくていいんですけどね。

　　一言一句承知しているということではないということを言っているんです。

だから、債務者区分をやって、その次に資金使途等の内容を個別に検討しろと、そして、その次はこの通達によると、担保や保証等の状況を勘案の上、分類を行なうものとすると、こう書いてありますね。

　　ですから、先ほど私が言ったように回収の度合いを見るというそういう意味だと思います。

その回収の度合いを見るというのは、物的担保だけではなくて、人的保証等についても検討しろと、こういうことですね。

　　保証と言えば、物的なものもあれば、人的なものもございます。

当該貸出債権について、どんなスポンサーやバックがあるかというような点も、当然御覧になるわけですね。

　　もちろんそういったものは検証いたします。

そこで、その次にいわゆる関連ノンバンクに関する事務規程のことですが、これはこの資産査定通達の細則だというふうにあなたはおっしゃっているんだけれども、その意味を教えてもらいたいんですけどね、この資産査定通達のどの部分、どの考え方を受けた細則だということになるんですか。

　　どの部分、どの箇所というか、もう少し絞っていただけませんか。何をおっしゃっているのかちょっとよく分かりません。

（以上　　岡本　賀奈江）

（甲）証拠番号151（供述調書）添付の資料2を示す

この33ページを御覧ください。まず、貸出金の分類方法のⅠに基本的考え方とありますね。ちょっと私の質問の趣旨がよく分からないと言うから、取りあえずこれかこれかという形でお尋ねしますが、もしそれ以外の場合であればということでお答えください。この基本的な考えを受けた細則だということなのか、あるいは、その後に、ずっとめくると、35ページに貸出金の分類基準というのがありますね。ずっと見ていくと、更に、その次に38ページ、外国政府等に対する貸出金というのがありますよね。それから、39ページになると、その他の外国の民間企業等に対する貸出金というふうになってますが、今言った関連ノンバンクに関する事務連絡というのは、今私が申し上げたような、例えば、そのどれかの部分を受けて作られた細則だと、そういうようなことが言えるんですか。

　　まあ今のような項目で分けるとすれば、今お話があった38ページ、これの5の外国政府等に対する貸出金、これ以前、ここより前のところを基本的には全部受けてるというふうに考えられると思います。だから、確かに個別にどこがどこというふうには事務連絡には書いてございませんが、あえて言えばそういうことになろうかと思います。

もう一回33ページに戻りますと、基本的な考え方のところに、まず債務者区分をやりなさいと、それから、資金使途等の内容を個別に検討しますと、更に担保や保証等の状況を勘案の上分類を行うものとすると、こう書いてあるんですけれどね、やっぱりこの基本的な考え方を受けた細則だと、こういうことになるんですかね。あなたが細則とおっしゃったから説明してもらいたい。

基本的な考え方だけではなくて、そのもとの32ページの資産査定の目的から始まっているということです。

ちょっとよく分かりませんね。話がちょっと変わりますけれど、長銀の自己査定基準について、検査官側と長銀側とで面談をしたということが今朝の証言にありましたけれど、そのときに、長銀の自己査定基準の策定経過について話は出ましたか。

策定経過というのはどういうことでございますか。

つまり、どういういきさつで、どういうような検討を経てこの長銀の査定基準が作られたかということについての説明です。じゃあ端的にお尋ねします。

(甲) 証拠番号81 (供述調書) 添付の資料1ないし11を示す

長銀が自己査定基準を作った経過に関するこういった資料がいろいろあるんですけど、こういったものは、あなた方はその段階で御覧になったという御記憶がありますか。

ございません。

例えば、MOF、大蔵省が、銀行局が原案としてどういうものを出したとか、あるいは、会長行であるさくら銀行がどういうような案を持っておったとか、そういうようなことについて、その他、他行のものであるとか、いろいろ基準にして策定したというような、そういう話は聞かなかったですか。

はっきりと記憶にはございません。

じゃあ、債務者区分として五つ以外のものを作ったのがけしからんというふうに聞こえるので、端的にお尋ねしますけれども、破綻懸念先という債務者区分を持たない銀行の査定基準案というのが存在したかどうかということについて、あなたは御存じですか。

確認しておりませんので、存じあげません。

長銀の自己査定基準の債務者区分のそれぞれの定義、破綻懸念先であるとか、実質破綻先であるとかといったものの定義は、これは査定通達で示しているところと異なった点があったんですか。

元の定義は異なっているところはなかったと思います。

そうですね。私の見たところでは、この二つについては、少なくとも一字一句同一ですね。そうでしょう。そこで、前回の御証言でも、要するに、長銀は、三条件を満たしていなければいけないというふうな言葉が書いてあるからけしからんのだというようなことをおっしゃっているんだけども、資産査定通達は、定義を受けて、具体的にはどういった場合に実質破綻先に当たるというふうなことが書いてありますが、これは、項目的に条件を書き分けているんじゃなくて、文章でだらだらと書いてあるわけですね。御記憶ありませんか。

定義のことをおっしゃっているんですか。

定義を受けて、具体的に実質破綻先とはどういう場合をいうということについて、どういう書き方を資産査定通達はしておったかということを聞いてるんです。

抽象的な書き方になっていたと思われます。

こういう場合又はこういう場合又はこういう場合という、オア、オア、オアというような形で条件を示してはおりませんね。

　　要は具体的な計数を出していないとか、そういう意味ですか。

計数というんじゃなくて、どういう場合が具体的には実質破綻先に当たるかということの条件、長銀は三条件だと、こうあなたがおっしゃるから、じゃあもともとの資産査定通達はどういう条件の示し方をしていたかということをお尋ねしているんですよ。

　　定義はきっちりと規定されておりました。

きっちりしてましたか。

　　……。

解釈の余地を残さないような書き方になってますか。

　　……。

それでは、ちょっと質問を変えますけど、長銀のほうの条件というのは、実質破綻先について見ると、三つの条件というのはどういうものであったか御記憶がありますか。

　　たしか会社の実態がないといったようなものが入っていたと思います。

それだけだったら、資産査定通達と矛盾しないわけでしょう。

　　ですから、その三条件をすべて私は記憶しておりません。

（甲）証拠番号81（供述調書）添付の資料10を示す

資料10の176丁、この破綻懸念先では、①、②、③と、こう三つ条件があると、このことをおっしゃっているわけですね。

　　そうです。

この業況が著しく低調な状態が続いているときと、現状、事業を継続しているが、実質債務超過状態の先と、それから、三つ目の項目が、過去6か月以上入金が全くないと、今後の入金もほとんど見込めないと、これは、多くの場合に重なりあっているというふうには読めませんか。

　　まあその状態が重なりあってるということはあるとは思いますが、その三つの条件がすべてそろわないと破綻懸念にならないというものではないということです。

長銀の基準自体も「満たす等」というふうに書いてありますよね。

　　等が入っていたかと思いますが。

で、平成10年3月期の自己査定に基づいて、破綻懸念先に分類した先が全部で何社あったかというようなことは、証人は御記憶がありますか。

　　覚えておりません。

それじゃ、こう聞きましょう。破綻懸念先に分類された先が、すべてこの三条件を満たしているかどうかという観点から絞り出されたものであったかどうか、その点は記憶がありますか。

　　その破綻懸念先、今、件数をおっしゃったのは、それは長銀が調べたものということですか。ちょっとよく内容が分からないんですが。

検査結果を10月19日に長銀に通知されましたよね。

　　それは、先ほどからお話があったと思うんですけれども。

それに対して、長銀の側から改善対応策といいますか、回答書が金融監督庁に提出されましたか。

　　来ていると思います。

それをあなたは御覧になった御記憶がありますか。

　　見た記憶はございます。

118社中58件は三条件を満たしていないけれども破綻懸念先とされていたんではあ

りませんか。

件数まで覚えておりません。

この間、三条件たまたま全部満たしていないという理由で分類違いだというふうに指摘した例をあなたは証言されたから、そういった例ばっかりだったのかどうかということをちょっとお尋ねしたいんだけども、記憶ないですか。

ですから、私が査定した限られた数の中で、3条件がすべて満たしていないとその債務者区分にしていなかったという例が認められたということです。それと、ほかの検査官がやった査定について、やはり情報交換しますので、そういった中で、自己査定手引き、長銀の基準に書いてある3つの条件を満たさないとその債務者区分にならないというようなものが、かなり実態として出てきていたと。

だから、かなりとおっしゃるから数字を聞いてるんですよ。そういうものが見られたということなんでしょう。そうでなかったものもあったんじゃないんですかと私はお尋ねしているんですよ。

そういうものはなかったというのは、それはどういう御趣旨ですか。

つまり、破綻懸念先というふうに長銀が分類しているけれども、それが、3条件を全部満たしていないけれども、債務者区分の観点で長銀が破綻懸念先だというふうに分類したものがあったんではないんですかということ、そういう例をあなたは御覧になりませんでしたかということを聞いてるんです。

我々が問題にしているのは、3条件をすべて満たさないと破綻懸念先にならないというふうな取扱いをしていること自体が問題だと。だから、二つの条件に当てはまっても、場合によっては一つでも破綻懸念先になるものも中にはあるわけです。ということは、どういうことかというと、甘い査定になっていたと。三つそろわないと破綻懸念先にしない、しないということは、例えば、要注意先に持っていっていると、そういうお話をさせていただいたということです。

もう一つお尋ねしますが、破綻懸念先という概念というか定義は、その後、見直しがありましたか。

どこのお話ですか。

だから、さっきから聞かれているように、この資産査定通達で言っている破綻懸念先という概念は、その後の金融検査マニュアルなどで見直しがあったかということを聞いてるんですよ。

金融監督庁の定義が変わったかということですか。金融監督庁としては、基本的には変わっておりません。

(弁) 証拠番号2(金融検査マニュアル)を示す

この49ページを示しますけれども、ここに破綻懸念先というのがありますよね。中間取りまとめのところから最終取りまとめに移る、その両方のときに、この破綻懸念先について、中間取りまとめでは、金融機関等の支援がなければ経営破綻に陥る可能性が大きいと認められる債務者を含むというふうにされて、その後、最終取りまとめのときには、その点が、金融機関等の支援継続中の債務者を含むをいうというふうに変わったりしているんですが、あなたの記憶にはないですか。

聞かれたのは、中間取りまとめと最終取りまとめの比較をされているということですか。私は資産査定通達との関係を聞かれてるのかと思ったんですが。

もちろんそうなんですよ。資産査定通達から、中間取りまとめ、最終取りまとめと、ころころと定義が変わってるんじゃないんですかと聞いてるんです。

いや。定義が変わってるとは理解しません。

だって定義に付加されてるんですよ。

　　いや。要は、その意味は変わっているとは考えられないと思います。

いや。あなたは、資産査定通達が、金科玉条というか、完璧なものだったようなことを前回おっしゃっているからこういう御質問をしてるんですよ。じゃあ、次に、前回、事業化の進捗状況に関連した御証言があったんで、こういう質問をしたいんです。事業化の進捗状況について、個社ごとではなくて、総括的に長銀における事業化の進捗状況はどうであったかというような点について、あなたは検査の結果判断されましたか。

　　御質問の総括的にという意味がよく分かりません。

検査結果によると、指摘された受皿会社 18 社について問題があるというような御指摘がありますよね。だから、その不動産の、大体何件ぐらいの不動産について、事業化の進捗状況がどんな状況であったかということについて、あなたの御記憶があれば述べていただきたい。

　　個別の内容については記憶しておりません。

この 236 物件について、何件もう既に売却が済んだかとか、更地、駐車場等が何件あって、事業化がどの程度着手されているかといったことについての総括的な認識というか、そういうことの記憶はないわけですか。

　　今はございません。

これも、余り重複は避けますが、第一ファイナンスとの関係で、有価証券の含み損について、長銀の担当者側と検査官との間で議論があったというようなことを前回証言しておられますが、これは、検査官の従前の取扱いと違う点があったからではないんですか。

　　従前の取扱いと違いがあったというふうには認識しておりません。

この有価証券の含み損については、事務連絡以前の規程や基準ではどういうふうになっておりましたか。

　　それは、例えば何を指されてるんですか。7 年のとか事務連絡とかいうことですか。

しょっちゅう変わったから、記憶がないですか。

　　そんなに出ていないとは思いますが。

じゃあはっきり言ってください。

　　ですから、どのことをおっしゃっているんですか。

だから、私が言ってるのは、事務連絡以前の規程、基準と。

　　だから、どの事務連絡ですか。

それは、もう当然ここで平成 9 年 4 月の関連ノンバンクの事務連絡のことをお尋ねしてるんですよ。

　　それ以前ということですね。それ以前も、含み損ということで加味するということになっておりました。

加味しなければならないとは書いてないですよね。

　　それ以前は加味するものとするというふうに書いてあったと記憶しております。

（甲）証拠番号 153（供述調書）添付の資料 3 を示す

まず、平成 9 年のほうについて聞きましょう。平成 9 年の事務連絡は資料 3 です。これについてお尋ねします。この 2 枚目、275–30 と書いてあるページを示します。これは、加味するものとするじゃなくて、加味することができるんですよね。

　　平成 9 年ではそうなっております。

それ以前は加味するものとするというふうになってたという記憶なんですか。

はい。

じゃあその前のどこに書いてあるか、これを御覧になってお分かりになりますか。

どこにつづられているのか。例えば資料5の275-3ページ、関連ノンバンクについての表がありますが、それの下の、関連ノンバンクに体力がない場合と左のほうに書いてあって、その右のほうに、4行目、親銀行の貸出金の査定において加味するものとすると。その上に有価証券とか不動産と書いておりますが。

そうすると、平成9年の事務連絡では、この点はむしろ緩和される方向にあったということになりますか。できるものとするというふうに文章が変わったわけですね。

まあ緩和されたというのか、ちょっとそこは趣旨は私には分かりません。

それから、さっき、相弁護人の國廣弁護人からお尋ねがあった点にかかわりますけれども、有価証券の含み損の関連で、実態バランスを見る場合には、原価法、低価法ということは関係ないというようなことを証言されましたが、これは関連ノンバンクについての証言だと、こういうことでしたか。

関連ノンバンクに限らず、一般的に実態バランスを見るときはそういうふうに見ております。

長銀本体について考えるときも同じだと、こういうことですか。

ええ。もちろん実態バランスを見るときは同じことになります。

会計処理とは別だと、会計処理とは別にこの資産の実態を見るんだと、こういうふうなこともおっしゃいましたよね。

資産の実態を見るということと、会計処理をするということは別だと。

それは、生きてる会社について、企業の実態を評価するという場合に、清算バランスでないと実態が分からんと、こういう趣旨ですか。

まあ分からないというか、実態バランスを見れば分かるということだと思います。

だって、清算バランスと言うんだから、要するに、これはもう会社が倒産して解体処理する場合の評価ということですよね。

そこは、厳密に言えば、実態バランスとは言いながら、当然ゴーイングコンサーンで見ておりますから、全く清算と同じかというと、全く同じというふうには考えておりません。ほぼ同じような形にはなるとは思いますが、全く同じかと言われると、それは多少考慮すべき点が出てくるんではないかと思われます。

それから、資産査定通達、あるいは事務連絡といったような検査官に対する通達等が、金融機関の企業会計の基準として、どこまでどういうふうに適用されるべきかというあたりについては、ちょっと横に置くことにしまして、年度の途中でこういった通知が改廃された場合に、検査官は、検査の日時、現在の基準をベースにして検査をされるというのは分かるんだけども、当該金融機関に対して、それを同じように求めておられるんですか。

早期是正措置制度自体は、平成10年4月から導入されておりますので、資産査定通達がその1年前の平成9年3月に出ているわけですから、その間、1年間の準備期間があったというふうに認識しております。

そうすると、検査官の検査については、平成10年4月以降の検査にこの基準を適用するが、その通達の直接の名あて人でない金融機関には、前年度の平成9年4月1日からの会計年度にそれを適用すると、こういう考えなんですか。

まあ適用するということではなくて、そういった通達が出されておりますから、それに準拠するというんですか、それを見ながら、参考にしながら、金融機関が自己査定基準を自分たちで作って、それに基づいて査定をしてくださいと、そういうことです。

そういう今あなたがおっしゃったような趣旨の行政指導なり何なりは、大蔵省から金融機関に対して文書などで通知や通達があるんですか。

直接的なそういう文書を出しているかと言われると、ないかもしれませんが、ただ、行政のあり方というのは、転換されて、自己責任の原則ですよということが言われているわけですし、それは、我々が事後チェックをしますよということも言ってきているわけですから、当然それは金融機関としても理解をしていたと。

それはあなたの推察でしょう。あったかないかもしれないというんじゃはっきりしないんで、あるならあると、分からないなら分からないと答えてください。

金融機関は、資産査定通達に基づいて自己査定基準を作っておりましたから、それは当然知っていたということです。

平成9年4月1日から平成10年3月31日をもって終わる会計年度に、こういう会計基準を適用するというようなことは、明文の何か通知、文書等で示達されているかどうかということについては、あなたははっきりしたことは分からないと、こういうことですか。

今おっしゃったようなそのままの文書が出ているかと言われると、私は承知しておりません。

弁　護　人（倉科）

個別のところを伺うつもりだったんですが、今、ちょっと私が質問したところを契機とした議論が深まったもんですから伺わせていただきますけれども、有価証券を評価する含み損の話です。私は、あなたの証言は、日本長期信用銀行本体の評価をするときには、やっぱりその含み損を評価して査定すべきであるというふうにおっしゃったように理解しておったんですけれども、それはそれでよろしいんですか。

含み損を考慮はしております。

その査定の段階ですよ。検査の査定ですよ。金融検査の10年3月基準で日本長期信用銀行の資産を評価するに際して、有価証券については含み損を評価すべきなんですか。

含み損としてとらえております。

そうしますと、決算として出すときには、含み損は入れてない原価法を採用しますからね。そういう決算は決算だけれども、金融検査の査定は、またそれとは別だという趣旨ですね。

決算では、当然原価法で処理されておると思いますし、長銀の資産の実態というふうに見た場合は含み損を考慮しているということです。

資産の実態を表さない決算をしてもいいんですか。逆に、こう聞きましょう。この新しい早期是正措置制度の趣旨から言って、そのような決算というのは、それ自体間違いだということになりませんか。

そういう決算をしていいのかどうかという判断は私にはできません。

（甲）証拠番号151（供述調書）添付の資料11を示す

その4ページ、そこにおきまして、平成10年3月の長銀の資産状態及び9月の資産状態を評価するに際しては、いずれも含み損の評価を加えた上でなさっておりますね。

これは自己資本等の状況ですので、含み損の状況を加えております。

その含み損という中で、有価証券の含み損というのは非常に大きな割合を占めておりましたね。

まあ多額に含み損があるというのは事実です。

それで、平成10年9月当時、ダウ式日経平均株価が1万4000円台から1万3000円台と推移していたことも御存じですね。

正確な平均値が幾らであったかというのは覚えておりません。

平成10年3月末現在、ダウ式平均株価が1万6000円台であったことも御存じですね。

はっきり覚えておりません。

それは、もう検察官の出した甲178号証に出てますから省略いたしますけれども、平成10年3月では、いまだ債務超過状態ではなかった、しかしながら、平成10年9月状態なら、長銀は債務超過状態である、そういう評価をすることに至った大きな原因は、この有価証券含み損の算定の差ですね。あなたはそれこそ検査をなさったから、そのくらいのことは覚えてるでしょう。

いや。ここに書いてある数字、そのとおりです。

(以上　川村　亜希子)

そうだとすると、それは債務超過状態とは言うけれども、要は有価証券の。

裁　判　長

弁護人、誤導です。そういう答えではありません。

弁　護　人(倉科)

前回のあなたの証言によりますと、日本リースを関連ノンバンク事務連絡に従って査定していく際におきましては、再建計画があるという証拠はなかったと。したがって、再建可能性が十分にあると認められるかどうかというところが鍵であったと、こういうことでございますね。

そうです。

よく似ている表現だけれども、ちょっと違うのじゃないかと思うので確認しますが、NEDの場合、これは再建計画がありましたね。それについて、ただ、再建計画に合理性がなく、再建の見通しがないのかどうかと、こういうことが問題だったわけですね。

そうです。

そうしますと、NEDの場合は再建計画に合理性がなく再建の見通しがないのか、あるいは再建計画に合理性がなく見通しがないとは言えないのかと、その差ですね。

合理性がないとまでは言えないということです。

NEDの場合はね。そこで、日本リースに戻りまして、日本リースがリース部門においては収益力が高かったという認識はありましたか。

そういう説明を受けておりましたので、それが事実だとすれば、そういうことだというふうに理解しておりました。

日本リースの話が先ほど出ましたが、平成10年9月に会社更生法の申立てをし、それで、リース部門を営業譲渡したわけなんですが、その営業譲渡した後のリース部門が大変好調であるというお話を聞いたことはありませんか。

存じ上げません。

リース部門から切り離された、今度は不動産部門ですね。その不動産部門についても、現状では関連会社を含めて年間100億近い賃料収入が上がっているという話は聞いたことがありませんか。

聞いておりません。

それから、ビルプロ三社についてお話を伺ったときに、このビルプロ三社については保有不動産を用いた事業化計画にめどがあるかどうかと、これが鍵であったと、こういう趣旨ですか。

　　そうです。

その検査の査定の結果としては、これはⅢ分類の資産であると、こういうことになったわけですね。

　　破綻懸念先としたところについては一応事業化のめどがあるという判断をしたということです。

それで、そのビルプロ3社のうち、木挽町開発、それから、竜泉エステートにつきましては、私が午前中の質問のときに触れました日本長期信用銀行自身の告訴においても、債務償却、引当不足という中からは外されているのですけれども、そのことは御存じですか。

検　察　官

異議があります。証拠関係は全く出ておりませんので、誤導だと思います。

弁　護　人（倉科）

いや、もうほぼ公然の事実だと思いますから。

裁　判　長

いや、裁判所は知りませんよ。質問がちょっと適当ではありませんね。

弁　護　人（倉科）

次に、先ほどの弁1号証の「金融監督庁の1年」という中に書いてあることなんですけれども、日本長期信用銀行と日本債券信用銀行を除いた17行については、一斉検査の結果、要追加償却が1兆413億円ありと指摘されたということが出ているわけなんでございますが、平成11年3月に同じ17行が公的資金を7兆4600億円入れた上で、9兆4136億円の不良債権の処理をしたということは御存じですか。

検　察　官

異議があります。本件と関連性がありません。

弁　護　人（倉科）

そんなことはないでしょう。

裁　判　長

そこまで来ると関連性はありませんね。

弁　護　人（倉科）

平成10年3月時点におきまして、各銀行がやった不良債権処理というものは未だまだ不十分であったと、こういうことだったのじゃないのですか。そういうことは皆、監督庁で認識しておられたでしょう。

検　察　官

異議です。

裁　判　長

前提条件を制限していますから、制限します。

検　察　官

弁1号証の「金融監督庁の1年」の中にもあるのですが、平成10年3月末を基準とした日本長期信用銀行に対する金融検査の結果として、要追加償却、引当見込額として2747億円という数字が上がっておるのですけれども、これは長銀が今後、償却、引当すべき金額なのか、あるいは平成10年3月期に処理しておくべき金額だったのか、どのような意味だったのですか。

　　それは10年3月に償却、引当すべき額であったというふうに認識しております。

平成9年3月の資産査定通達は今なお生きているのですか。

　　生きております。

資産査定通達と、今日、弁護人が再三尋ねた金融検査マニュアルとの関係は、どのように理解されていますか。

　　資産査定通達をより詳しく解釈したものだというふうに理解しております。

親銀行における上場有価証券の会計処理が原価法であるか、低価法であるかによって、長銀の関連ノンバンク向け貸出金の回収可能性に違いが生じると考えていましたか。

　　違いが生じるとは考えておりません。

平成10年7月からの大手行一斉検査についてですけれども、それを行なった主体は金融監督庁だけでしたか。

　　いいえ、日銀も入っていたと記憶しております。

國廣弁護人の質問の中に査定のやり直しという表現があったのですけれども、それは平成10年3月末基準の自己査定を、その後、やり直したという意味には理解していませんね。

　　そうです。平成10年3月の査定は査定として、更に別途、長銀で査定をしたということです。

前回の補充として確認しますが、前回の法廷の最後で、日本リース向け貸出金の査定に関連して、日本リースの再建可能性が十分でないと判断した場合の同社向け貸出金のⅣ分類の算出方法をお尋ねしましたが、その際、日本リースの営業貸付金等のⅣ分類の額から日本リースが貸倒引当金を計上していれば、その貸倒引当金相当額を控除し、それに貸出金シェアを乗じた額が日本リース向け貸出金についてのⅣ分類になる旨、証言されましたね。

　　はい。

その場合に控除することになる日本リースの貸倒引当金というのは、債務者ごとに計上する、いわゆる個別貸倒引当金のことですか。

　　そうです。

第一ファイナンス向け貸出金の査定に関して、若干補充して確認したいのですが、本件検査では証人は第一ファイナンスを破綻懸念先に債務者区分したということでしたね。

　　はい。

既に取調べ済みの甲144号証によれば、証人は長銀側から、第一ファイナンスは回収業務を継続しており、当分の間、清算はないので、実質破綻は行き過ぎである旨の主張を入れて、債務者区分を破綻懸念先にしたということのようですが、それで間違いありませんか。

　　間違いありません。

長銀側からは、第一ファイナンスの清算時期についてどのような説明を受けましたか。

　　債務者の説明を書いた資料では、あと、2、3年程度、清算までに掛かるということだったかと思うのですが、実際、担当者から説明を受けたときは、まだ回収可能な債権があるということで、5年、場合によっては10年、更にその間、別途収益を上げるような事業をさせて、場合によっては再建できるかもしれないといったような説明がございました。

そのような説明を前提にした結果、第一ファイナンスの債務者区分を破綻懸念先にしたのですか。

　　そうです。

本件検査の際に、証人に対して、先ほど述べられた第一ファイナンスの清算時期などについて説明をしたのは何部の誰でしたか。

事業推進部の方だったと思いますが、名前は覚えておりません。

既に取調べ済みのNEDグループ会社などの査定メモの附属資料中のラインシートと呼ばれている資料には、ディスクロとか、ディスクロ対象などという附せんが付いていますけれども、それは誰が付けたものですか。

それは私が書いたものです。

それは、どのような趣旨でその附せんを付けたのですか。

債権のうち、ディスクロしないといけないものがあるのですが、その附せんを付けたものはディスクロされておりませんでしたので、ディスクロすべき債権ではないかということで附せんに書いて付けました。

それから、平成10年3月末の自己査定で使用された長銀作成の自己査定基準のうち、一般先の債務者区分について破綻懸念先と実質破綻先については、三条件すべてを満たさなければ、そのような債務者区分をしていないことが問題であると考えたということでしたね。

はい。

その点を長銀側に指摘した結果、長銀側はその基準を修正しましたか。

修正しました。

弁　護　人（那須）

先ほどの資産査定通達、平成9年3月5日のものですが、これは今でも残っているというような説明をされましたが、私どもが昨日調べた段階では、平成11年7月1日付けで金融検査マニュアルというのが通達になりまして、その中で3月5日付け通達、蔵検第104号は廃止するというのが出ておるのですが、先ほどの証言は訂正されますか。

そういう通知が出ているということであれば、そういうことです。ちょっと私は存じ上げていませんでした。

裁　判　長

この資産査定のあり方についてなんですけれども、証人の今までの御経験から言うと、基本的な検査の基準とか、やり方というのは変わっていないということでいいのですか。

いえ、やり方ということになりますと、これまでは監督官庁検査のほうで持っていた基準をそのまま当てはめながら査定をしていたということなんですが、今、早期是正措置導入後の検査では、まず金融機関がそういった基準を作ると。我々はそうした基準をチェックする。体制を確認したり、そういった基準をチェックする。そして、運用状況をチェックするというようなやり方に変わっております。

だから、自己責任原則に基づいた事後チェックに変わったということはよく分かるのですけれども。検査官自身がおやりになる査定の際の基準とか、資産評価の面というのはどうなんですか。従前と変わった点はあるのですか。

例えば資産査定通達が、今はあれですが、あった時点ということで考えますと、その資産査定通達を検査官が一つの判断基準として持っていると。で、金融機関のほうで作った自己査定基準が、その枠組みから外れているとか、そこから合理性がないということになりますと、我々は資産査定通達に戻って、もう一度見直すということになりますので、その点で見ますと、従前の資産査定と余り変わらない形の査定になるというふうに理解しております。

具体的に適用すべき基準としては、従来からの経験を踏まえてどんどん精緻にはなっているのでしょうけれども、基本的な考え方というのは余り変化はないということでよろしいのでしょうか。

そういう御理解で間違いございません。

（以上　　宮村　麻理）

第5回公判調書（手続）

被告人の氏名(1)　大野木　克信（出頭）
被告人の氏名(2)　須田　正己（出頭）
被告人の氏名(3)　鈴木　克治（出頭）
被告事件名(1)、(2)、(3)証券取引法違反、商法違反
公判をした年月日　平成12年2月24日
公判をした裁判所　東京地方裁判所刑事第一部
裁判長裁判官　金山　薫
裁判官　西野　吾一
裁判官　田中　直子
裁判所書記官　西尾　幸美
検察官　永幡無二雄、古谷伸彦
出頭した弁護人(1)　（主任）那須弘平、中島鈆三、倉科直文
出頭した弁護人(2)　（主任）國廣　正、五味祐子、坂井　眞
出頭した弁護人(3)　（主任）更田義彦、長　文弘

証拠調べ等

証拠等関係カード記載のとおり

指定告知した次回期日

平成12年3月16日午前10時00分　（刑事第410号法廷）

平成12年3月10日

東京地方裁判所刑事第一部

裁判所書記官　西尾　幸美

第4部　弁護側の反証

第4部　弁護側の反証

[解説]

解　説

1　反証準備の難航

検察側の立証は、弁護側が被告人の捜査段階の供述調書（乙号証）の取り調べに応じたことによって、早々に目処がついた。そこで裁判所は、弁護側に「経営上の判断の正当性、査定基準の誤りをストレートに立証したらどうか、総論、各論のいずれで争うのか明確にするように」と促した。

弁護側は、公判手続の前から、それぞれ、弁護側の立証段階に備えて、事実関係を調査研究するとともに、証人尋問によって事実をどのように明らかにするか、腐心していた。

弁護人の反証準備には、様々な障碍があった。

本件では、被告人は、起訴後１週間程度のうちに、保釈されたが、保釈許可条件として、被告人相互の接触のほか、各部門の実務の責任者である大岩一彦、妹尾賢治、平田敏紀、大田秀晴、竹井信治、小西龍治、越石一秀の各氏との面接、通信、電話等による接触は禁止されており、被告人相互でさえ、公判期日に弁護人立ち会いで、顔を合わせるのがせいぜいであった。弁護人と被告人の電話による連絡は、原因不明の雑音が入り、盗聴されている疑いもなしとしなかった。

弁護人は、金融機関の不良債権にかかわる償却引当の実情などについて、検察官の請求取調べ済み証拠に添付された会議資料等の行内資料の読み込みのほか、文献上の調査を進める一方で、他行の関係者から、決算経理について一、二ヒアリングを行った。しかし、世論は、捜査機関からの取材に基づく圧倒的な報道によって、破綻金融機関の経営陣は当然に刑事責任を負うべき「犯罪人」であるとみなしていた。刑事事件に証人として法廷で「事実」を語る人を見つけることは、極めて困難であった。

原則的には、長銀関係者等参考人の検察官面前調書の信用性を争い、反対尋問の機会を求める必要がある。しかし、本件では、極めて例外的に全部不同意とした調書もあるが、様々な制約から、膨大な書証のほとんどを、同意せざるを得なかった。したがって、せいぜい、検察官の主張を引き写しにした結論部分を一部不同意とした程度であり、事実、およそ160点以上（56人）の供述調書を取調べ済みで、検察官立証は２名の証人で終了した。

長銀関係者が証人として出廷する可能性について、公判を傍聴していた渡辺邦敏新生銀行法務・コンプライアンス統括部長は、「長銀関係者の法廷での証言は行わないということで検察側と話がついている」と明言していたほどであった。そのような取り決めがなくても、長銀関係者は、長期間、捜査の対象とされたため、疲弊しきっており、被告人らの腹心であっても、自分の生活の立て直しなどに追われ、こと刑事事件にかかわって「事実」を語ろうとする態勢にはなかった。

弁護人は、長銀関係者の中から、候補者を絞って、何人かから事情の聴取を行った。新生銀行に残留した人については、同行のコンプライアンス部長の取次なしには面会が許されなかったし、再就職先を得た人も周囲に気を使い、過去に触れられることを好まなかった。

検察官から、長期、かつ土、日など 40 数回という多数回の調べを受けた関係者は、その「マインドコントロール」の下にあるかのように、破綻金融機関の要衝にあって、強い責任感に苛まれ、なお深刻な反省のさなかにあり、「自分が法廷に出れば、調書では述べてない、もっと不利な事実を述べなければならない」と漏らし、押し黙って、多くを語りたがらなった。

要するに、事実や理屈がどうであれ、「長銀が破たんした以上、トップが刑事責任を負うのは当然であり、それを弁護することなど考えられない」という雰囲気が圧倒していたように思われる。

こうして、事件の全体像を描き出すのに相応しい証人を見つけることは、出来なかった。

また、本来、冷静な立場にあるべき学究に、弁護団が商法、会計学、刑事法の交錯する未開の分野について意見を求めても、専門的見地から率直な意見を聞くことも、なかなか容易ではなかった。

政府の審議会に関係する商法学者は、「本件について意見は言えない」として敬遠し、又、刑事法の学者も、一方的な資料のみによって「(長銀経営者は) 膨大な不良債権を隠ぺいするため、関連ノンバンク向けの融資の査定を別基準にして、不良債権を少なく見せかけていました。」(芝原邦爾「経済刑法」岩波新書、2000 年 5 月) と決めつけ、関連ノンバンクに対する融資の回収可能性の判断基準は、論ずるまでもないという姿勢であった。

そのような状況の下で、公判準備において、那須弁護人が、「金融検査官の尋問請求を検討中」と述べたところ、金山裁判長は言下に、「その必要はないでしょう」と採用に否定的な態度を示し、端的に鈴木克治被告人の公判供述を促した。しかし、検察側の立証が終わった今、被告人質問を終えれば、いつ審理が打ち切られても不思議ではない。したがって、弁護側は、裁判所のそのような打診に対し、きわめて警戒的であった。

したがって、弁護側の立証計画は、検察官請求により取調べ済みの供述調書のある長銀関係者の中から数名、その他、公認会計士、大蔵省関係者等を軸に検討中というのが、偽らざるところであった。

2　民事訴訟の応訴と弁護側の体制

他方、保釈された被告人をはじめ、何人かの元取締役は、平成9年9月中間期及び平成10年3月期の決算について、新生銀行から刑事事件と同様に粉飾決算であり、利益がないのに違法に配当を実施して銀行に損害を与えたとして、すでに述べたように、裁判上、10億円の損害賠償請求を受けた。これを民事配当事件という。

さらに、新生銀行は被告人らを含む元取締役に対し、関連会社等に対する融資判断を誤り、銀行に損害を与えたとして巨額の損害賠償請求訴訟を提起した（「関連ノンバンク事件」など）。これらの事件はいずれも整理回収機構が承継した。

そこで、被告人らを含む元取締役は、民事訴訟の防御活動も負った。刑事事件では起訴を免れたものの、民事事件の被告となった元取締役の代理人は、刑事事件の弁護人とともに、連携をとりつつ、民事の弁護活動にあたることになった。

鈴木被告人の場合、不良債権処理の担当役員であったことから、ほとんどすべての案件について、民事責任を追及されることとなった。訴訟上、請求された金額は80億円に上る。

長銀提訴弁護団団長川端和治弁護士は、平成12年2月3日、民事事件の第1回口頭弁論期日に、傍聴席の報道陣に向けて、「長銀事件の審理の開始に当たって」と題し、あえて意見陳述を行った。この中で、川端弁護士は、「巨額の負担を強いられた国民が重大な関心を持って見つめている」と述べ、「本件では司法もその力を問われている」と訴えた。これに対し、被告等の代理人は昂然かつ粛々と正攻法で応戦した。

弁護人は、刑事事件の弁護活動の一方で、民事訴訟の対応を余儀なくされた。刑事事件の膨大な訴訟記録中には、長銀の会議資料等、民事訴訟の資料となるものが少なくなかった。刑事弁護においても、民事弁護においても、被告人が自ら克明に資料を読み解き、丹念に作業メモを作成し、企業会計、銀行決算、ノンバンク等の実情に疎い弁護人に注意喚起を促した。

3　弁護側の立証計画と冒頭陳述

弁護人は、こうして人証に先立って、文献、記録等の客観的な証拠を収集し、第4回公判から、数次にわたって書証の取り調べを請求した。これらの書証及びその立証趣旨は、証拠関係カードのうち、弁護側請求分のとおりである。そのほとんどが公刊された文献等の資料であり、同意書証として決定取り調べられた。本件では、この頃までに同様の法律問題を抱える日債銀事件の弁護団と連絡が取れ、金融機関における決算経理に関する資料の提供を受けることができた。

捜査機関は、世論の後押しを得て、強制捜査権限を背後に、6カ月以上を費やして捜査の末、公判の維持に自信を持って起訴した。それに引き換え、弁護側の実情は、以上のとおりであった。もし、本件のような事件で、公判前整理手続において、短期間に立証計画のみならず、証拠調べ請求まで要求されると、弁護側としては、閉塞状況に陥ることは必至である。しかし、本件では、公判期日の進行と平行して、準備を進めることができた。

平成12年4月14日、第6回公判期日。この日、裁判所の構成が変わり、新たに大野市太郎裁判長の下で審理が行われることになり、公判手続が更新された。

弁護人は、それぞれ、更新意見を述べ、かつ冒頭陳述を行った。

弁護人の冒頭陳述は、弁護人によって区々であるが、例えば、平成9年度決算の経緯、貸出債権の償却引当義務の根拠、長銀における自己査定基準の策定と自己査定の経緯、本件決算後の事情などを述べた。これは検察官請求証拠中の行内資料、被告人からの聴き取りのほか、収集した文献等に基づいて執筆したものである。

調査を進め、公判が回を重ねるとともに、事実上、法律上、本件の起訴には問題があるのではないかという確信が深まっていった。しかし、この段階では、弁護人は、遺憾ながら、本件の争点をまだ、的確に絞り切ってはいない。

4　争点明確化のための被告人質問

(1)　大野木被告人（7、8、9回公判）

平成12年4月26日から同年8月4日まで、6回にわたり、大野木、須田、鈴木（克）の順で、被告人質問が行われた。これは、大野木弁護団の発議によるもので、検察官が弁護側の釈明に十分に答えず、争点が絞り切れていなかったことから、被告人質問を通じて、争点を明確化しようとするものであった。

大野木被告人は、①本件で償却・引当不足とされた債権が長銀の関連ノンバンク等に対する貸出金であることから、関連ノンバンクの性格、すなわち金融システムの安全性に密接な関係を持った業種であること、②長銀が多数の関連ノンバンクを有していた理由、③長銀の内部資料中に言う「不稼働資産」の意義、④長銀が3年間で不良債権を処理する計画を立てていたこと、⑤このような計画的段階的処理は、大蔵省銀行局の行政方針であったこと、⑥早期是正措置制度の導入は環境が整っておらず、平成10年4月から当分の間は、将来の見直しを前提とした「試行期間」であることなどを述べた。

ついで、大野木は、①当期の決算は、監査法人の適正意見を得ていること、②関連会社を清算ベースで評価した場合のロス見込み額と、当期に関連会社に対する貸出金債権の償却・引当を要するか否かとは、全くの別概念であること、③関連ノンバンクに対する支援は、支援計画の全額を一時に全部償却引当しなければならない取り扱いではないこと、④平成8年4月8日の「円卓会議」の資料中に「査定後（最悪ケース)」との標題のもとに算定された数値の趣旨、「関連会社不良資産実態」という表における「実態ロス（Ⅲ＋Ⅳ)」は、清算ベースでの数値であり、これと償却引当を要する額は一致しないこと、⑤検面調書の「私は、関連グループ会社を清算価値に基づいて資産評価を行えば、第73期・平成8年事業年度当初、長銀には、当期、単年度に全額償却・引き当てすべき回収不能あるいは回収不能見込みの不良債権が1兆円を超えていることは、平成8年4月の円卓会議の席上での報告から十分認識していました」という記載は、検察官の考えが記載されたものであって、当時の自らの認識とは違うものが記載されていること、⑥平成8年12月19日事業推進部作成の「今後の不良債権処理について」と同日付総合企画部作成の「今後の決算・資本対策について」との関係について、担当部は、それぞれの視点から資料を作成するものであり、いずれかが誤っているという関係にあるものではないことを述べた。

さらに、大野木は、長銀が関係会社については支援の意思や企業継続の意思等も含めた「実態」を反映させた自己査定ルールを策定しようと考えたのは、全銀協のQ&Aに示された趣旨を踏まえたものであること、長銀は自己査定の基準を作成する過程で、ガイドラインやQ&A、他行の資産査定基準の策定状況も踏まえ、かつ公認会計士の意見も聞いていたこと、平成9年12月の役員会資料中に、関連親密先の損失を完全に一掃するには1兆円規模の手当てが必要という記載があるが、この「1兆円」は、当期に償却引当が必要な額を示すものではないこと、平成10年3月の決算については、監査法人の適正意見を得ていること、平成10年4月の早期是正措置制度の導入後も、各行における自己査定基準には、でこぼこがあり、平成11年に策定された金融検査マニュアルはその現状を踏まえたものであることなどを供述した。

(2)　須田被告人（9、10回公判）

平成12年6月8日から須田被告人の被告人質問が行われた。

須田は、まず、バブル崩壊後、行政は、金融システムの大混乱を防ぐため、いわゆる「母体行主義」を基本ルールとしてきたこと、関連ノンバンクに対する支援は、再建計画を立案し、自行の貸出残高の範囲内で、必要最小限の支援を行ってきたこと、平成10年3月期の決算を対象とする金融監督庁と日銀の検査において、主要銀行19行のうち、破綻した長銀と日債銀とを除く17行において、合計1兆413億円の償却・引当不足が指摘されたこと、主要19行合計の不良債権処理額の合計は、平成10年3月期と同11年3月期とで、いずれも約10兆円に上っていること、これらの事情は、一斉検査において用いられた基準が、未だ各金融機関において慣行として定着していなかったことを示すことを述べた。

つぎに、須田は、銀行が再建を目的として支援を行っている関連ノンバンク向けの貸出債権を償却しないのは、もしその債権を償却すれば、その債権取立不能になることを意味し、再建支援と自己矛盾であるから、銀行実務ではそのような手法は取られていないこと、須田の検察官面前調書は、円卓会議資料中の「Ⅳ分類債権1兆1256億円については、平成10年3月期に全額償却・引当しなければならない」とする点をはじめ、自分の認識に反するものであること、このような調書の作成に応じたのは、同僚や部下が相次いで自殺に追い込まれたように検察官の取り調べが過酷であり、抵抗すれば自分もそのような状況に追い込まれると考えたこと、副頭取としての責任を感じたこと、人工膀胱を装着しているという身体的な理由から早く身体拘束を解いてもらいたいという一念によること、自分が平成 10 年 3 月期に償却引当てをしなければならないと考えていたのは、約 3000 億円であったことを述べた。

⑶　鈴木被告人（11、12 回公判）

平成 12 年 7 月 25 日から、鈴木被告人の被告人質問が行われた。

鈴木は、まず、自分の審査部、企画部、資金業務部、融資業務部等における経験を通じ、長銀の使命、性格、業務等を説明した上、①関連ノンバンク、②平成 8 年の MOF 検査、③関連会社の 4 分類債権の計画的・段階的償却・引当、④早期是正措置、⑤自己査定基準の策定について述べた。

早期是正措置制度の前提となる各金融機関における自己査定、及び資産査定の基準は、基本的には、従来の基準を大きく変動するものとは考えられていなかったこと、銀行業の決算経理基準は引き続き適用されると考えていたこと、長銀における自己査定基準の策定は、各銀行、銀行協会、会計士、大蔵省等の情報を踏まえ、MOF のガイドライン、全銀協の会長行であったさくら銀行の基準、平成 8 年 11 月、非公式に発表された大蔵省の金融検査部案等を参考として策定したものであること、関連親密先やノンバンクを一般先と異なる扱いをすることは、従来から大蔵省が認めてきたことであり、その理由には合理性があり、この行政方針は、引き続き、継続されるものと考えていたこと、こうした考え方は、全銀協が関連ノンバンクについて別基準を示した Q&A や、平成 9 年 4 月 21 日付の関連ノンバンク事務連絡等に窺われること、資産査定通達の趣旨に関する認識と取調べ状況、長銀の自己査定基準に対する監査法人の見解に対する態度などを述べた。

ついで、長銀における関連親密先等についての自己査定基準において、一般先とは別基準を立てた理由について、母体行として、合理的な支援をしていく限り偶発的な損失発生のリスクがないという判断によるものであり、こうした考え方は、その後に発表された金融監督庁の最終とりまとめ等によっても裏付けられていることを述べた。

さらに、その後開示された供述調書とあいまって、本件における取り調べの過程を明らかにした。

鈴木の検面調書と公判廷での供述が相違する理由として、①自白をした事情、勾留質問で否認したのちの検察官の取調べ状況等、②調書本文と添付資料の不整合、客観的事実との不適合、検察官の添付資料内容の誤解・取り違えにもとづく調書の記載、添付資料の不適切な引用に基づく強引な論理に添う調書の記載、客観的事実に反する参考人の誤った供述調書を引き写しにした調書の記載等を指摘した（鈴木弁護団の「弁論要旨」参照）。

5　長銀関係者の尋問

被告人質問を通じ、弁護側の反証のポイントは、次第に、①「法律上、償却引当をすべきであるのに、怠った」旨の被告人及び長銀関係者の「自白」の信用性──取り調べ状況、②長銀の「円卓会議」等の会議資料の説明──検察官の意図的誤解を解く、③長銀の自己査定基準の策定作業の経緯、──大蔵省、他行からの情報収集の実情、④長銀の資金繰り──当期に資金不足のために償却引当を控えたという状況にないこと、⑤「関連ノンバンク事務連絡」なる文書の性格、意義、⑥他行における不良債権処理の状況、⑦本件以後の状況──とくに「金融検査マニュアル」によって基準が厳格化されたことなどに絞られてきた。

平成12年9月12日から、長銀関係者の証人尋問が実施された。

捜査段階における参考人の取り調べも、被告人に対する場合と事情は、同様である。「もし、そのように供述しなければ、どうなるか分かってるだろう」。越石、大田、大岩らの公判供述は、この事件でも、強引な取り調べが行われたことを示している。

(1) 鈴木恒男証人（13、14回公判）

鈴木恒男証人は、長銀の最後の頭取（平成10年9月28日〜11月4日）であった。

検察官の取り調べでは、逮捕をほのめかして、①円卓会議資料にある最悪ケースのとおり、実態を認識していたこと、②償却財源が不足したので、粉飾したこと、③配当は違法であること、以上の3点を認めるように迫られた。弁護士に相談をしたところ、「一人で頑張っても支えきれない」と助言された。その結果、検面調書は、検事の言うとおり、事実に反し、自分が当時考えてもいなかった内容で作成され、署名させられた、検面調書には、自分が平成7〜8年ころに1兆円ぐらいの償却引当を要すると認識していたかの部分があるが、それは事実に反する、経営陣は、長銀の自己査定基準の内容を指示したことはない等と述べ、平成10年4〜5月頃の長銀の状態、及びその後公的管理に至る経緯、日本リースに対する第3次支援の合理性などを証言した。

(2) 越石一秀証人（15回公判）

越石一秀証人は、国際関係の業務に従事していた期間が長く、最後の副頭取（平成10年8月21日〜11月4日）である。越石は、検面調書は、検事の誤導、逮捕の脅しなどにより、事実に反し、自分が当時考えてもいなかった内容が作成され、署名させられたものであること、円卓会議の資料中の「最悪ケース」とは、その当時の長銀の実態を示すものでも、即時に償却引当をしなければならないものでもなかったこと、平成10年2〜5月頃には、長銀は公的資金の投入などもあって、余裕を持てる状態にあったが、その後、同年6月の月刊「現代」の記事等の突発的な事象によって、長銀の状態は急速に悪化したこと等を証言した。

(3) 大田秀晴証人（16回公判）

大田証人は、関連事業部長から事業推進部長に転じた経歴をもち、最も厳しい取り調べを受け、新聞でも、捜査段階で、イニシャルで、逮捕の見込みを報道していた。

証言は、第1に、早期是正措置制度について他行の担当者から自己査定基準の策定状況等に関して聴き取った「他行情報」（聴き取りメモ）（下巻280〜285頁）が存在するが、このメモの記載内容から見ても、平成10年4月1日から即時厳格に適用されるとは考えられていなかったこと、長銀の関連ノンバンク自己査定統一基準フローチャートは、日債銀のものにならったものであること等を証言し、第2に、関連親密先について、①一般先と異なる取り扱いをするのは、人、モノ、金のすべての面で、実質的な経営支配をしているので、突然死はあり得ないからであること、②関連親密先の取り扱い基準は、さくら銀行、あるいは日本興業銀行からの情報を参考として策定したこと、③この取り扱い基準を平成9年9月に太田昭和監査法人に説明したが、特段の意見や指摘は受けなかったこと、④監査役にも説明したが、異議も意見もなかったことを証言した。

⑷　大岩一彦証人（17回公判）

大岩証人は、企画グループの統括部長等を経験したが、長銀の関連親密先の性格、重要性、その不稼働資産については計画的段階的な償却を行う必要があるという認識であったこと、平成9年12月に長銀で議論された2カ年計画に記載されている「1兆円規模の手当てが必要」の1兆円とは、いわゆる清算バランスによる評価であり、当期に償却しなければならないという数字として議論されたものではないこと、平成10年3月期における長銀の資金繰状況は、期末にかけて公的資金の導入、保有有価証券の評価方法の変更などもあり、マーケットの状況、SBCとの提携等からすれば、長銀が資金繰りで破綻することをリスクとして想定する状況ではなかったと述べた。

⑸　千葉務証人（18回公判）

千葉証人は、長銀の常務取締役大阪支店長から平成8年6月日本リース副社長に転じたが、平成7年3月期に長銀の再建支援を受けた日本リースが、平成9年11月の金融危機の混乱期を乗り切り、平成10年3月期当時、自転によって再建計画を着実に推進していた事実を証言し、平成10年8月に会社更生申立に追い込まれたのは、その後の突発事情によるものであることを証言した。

⑹　田島哲朗証人（19回公判）

田島証人は、平成7年6月から平成10年6月まで長銀の監査役であったが、自己査定基準は、会計監査人に示し、意見を求めて適正に策定されたこと、関連親密先に別基準を設けることについては、大蔵省検査、日銀考査において長銀の支援意思を重視していたことなど一般先とは違った分類が行われていたこと、自己査定の結果について、会計監査人から監査報告書（原稿）の説明を受ける席でも、お墨付きのような発言があったこと、償却引当の基準が資産査定通達で一変するとは誰も理解していなかったことを証言した。

検察官の長銀関係者に対する反対尋問は、関連する民事事件において、証人が被告となっていること、あるいは整理回収機構から請求を受けていること等から、民事上の責任を回避するために、証言内容には疑いがあると指摘する点において、ほとんど共通していた。中には、証言をしたのちに、整理回収機構から、巨額の損害賠償請求を受け、諸般の事情からやむなく一定の金額の支払いに応ぜざるを得ない事態に立ち至った人もいる。

6　公認会計士の尋問

(1)　中嶋敬雄証人（19回公判）

中嶋証人は、平成7年、日本公認会計士協会の副会長、「早期是正措置に関する検討会」の委員であり、捜査段階において検察官の取り調べを受け、検面調書を甲156号証として取り調べ済みであった。

中嶋は、大蔵省の「関連ノンバンク事務連絡」を見たことがあるかについて、「検察官の取り調べ前には見ていなかった」と証言した。

この証人は、弁護側から尋問を請求したが、税効果会計は本件決算期より後の、平成11年3月期決算からである事実は認めたものの、当時の主要行にどの程度の影響を与えたかについて記憶がないなど、記憶があいまいで、明確な供述が得られない反面、こと「意見」に関する部分は、検察官の主張に添うものであった。

(2)　秋山正明証人（20回公判）

秋山証人は太田昭和監査法人に所属する公認会計士として、長銀の監査を担当したが、長銀に対する監査実施の概要、自己査定基準、支援予定のノンバンク、支援損の計上の仕方、資産査定通達の解釈、公正な会計慣行、その後の金融検査マニュアルによる基準の変更、金融検査における資産査定と償却・引当との関係、NED、日本リースなどについて証言した。

7　学者・学識経験者の尋問

(1)　岸田雅雄証人（22回公判）

企業の会計規制法を専攻分野としてきたこと、企業会計における金銭債権の評価基準、商法上の基準、金融機関の金銭債権評価の基準、引当と経営判断等について証言した。

会計処理が唯一絶対ではなく、公正な会計慣行は複数あること、金融機関では税法上の基準に従って行われてきたのが実情であること、取り立て不能による損失については、何をもって可能性が高いというかは解釈の幅がある、不良債権の引当金の積立については、一定の裁量の範囲内では経営判断の問題であることを指摘した。

⑵　西崎哲郎証人（22回公判）

西崎証人は早期是正措置の検討小委員会の座長を務めた立場から、早期是正措置制度の導入の背景、資産査定の性格、資産査定のガイドラインには定量的な基準が整っていなかったこと、制度の導入の当初は、試行期間と考えられていたこと等を証言した。

なお、西崎証人は、この証言の後、当時の会議の記録等を整理し、控訴審でより具体的な証言をした。

証人として採用が決まると、それが弁護側の請求の証人であっても、検察官は遠慮会釈なく、呼び出して「テスト」を行う例が少なくない。検察側請求の証人候補者に弁護側が接触すると、偽証の疑いをかけられる虞もあり、慎重にならざるを得ないのとは、好対照をなしている。弁護側請求による証人は、法廷に出るには、事実上、様々な障碍がある。

8　二巡目の被告人質問

岸田、西崎両証人に対する証人尋問をもって、証人尋問は一区切りをつけた。

そこで、平成13年5月9日から、須田、鈴木、大野木の順で再度被告人質問が行われ、検察官による「反対尋問」も実施された。

⑴　須田被告人（23、24、25、29、32回公判）

第1回は、当時は、資産分類と要償却・引当額とはリンクしていなかったこと、当局が関連ノンバンクについて別異の取り扱いを認めていたことからみても、関連親密先について一般先と異なる自己査定基準を設けることは、破たんリスクの相違から当然と考えていたことを述べた。

第2回は、関連ノンバンクNEDとその受け皿会社とを一体として査定する会計処理は、正しいと認識していたこと、翌期以降の支援予定額について一定額を引き当てる会計処理は、平成11年4月に出された金融検査マニュアル以後のことであること、関連ノンバンク支援関係の会計処理に関し、行政当局の出したルールは、平成9年3月期、平成10年3月期、平成11年3月期の各期においてばらばらであることを述べた。

第3回は、銀行が関連会社に対する支援を打ち切るという選択肢は、親銀行の責任としてあり得なかったこと、債権放棄によって関連会社に支援を行う場合、支援額は年度ごとに決定していかざるを得ず、将来の支援予定額を当期に決定することは考えられないことなどを述べた。

最後に、不良債権処理に関する会計処理の基準は、平成10年3月当時はまだ試行錯誤の段階にあったことなどを述べた。

保坂検察官は反対尋問で、須田被告人と取り調べ担当検察官の取調べ終了時のやり取りを聞き出し、無理な取調べがなく、被告人が担当検事をいかに信頼していたかを描き出そうとした。しかし、身柄を拘束された被告人と取調べ検察官との間に自由かつ対等な人間関係が存在しないことを見落としており、かえってその異常さが際立っているように思われる。

(2)　鈴木被告人（26、27、28、32 回公判）

鈴木被告人は、本件において、事業推進部の担当役員であったことなどから、長銀副頭取退任後の決算について訴追されている。

第 1 回は、副頭取としての責務、長信銀の使命、副頭取在任中及び退任時の執務状況等を述べ、ついで事業推進部の大田秀晴部長の供述調書の信用性、竹井信治参事役の供述調書の信用性について問題点を指摘し、不良債権処理の環境と担当状況、特に住専処理、関連親密先と事業化会社、一元的処理体制、長銀リース、NED、日本リース等の個社に対する貸出金、専門家の意見、関連ノンバンク・親密先に対する貸出金を一度に全額償却引当しないことについて、税法基準によるという理解を述べた。

また、自白は、その経緯から事実に反する供述であることを述べ、資産査定通達前後の資産評価、子会社等に関する不良債権と無税償却の要件、再建先に対する追加支援と償却引当、企業会計原則と不良債権の開示の基準、資産査定通達の策定過程「案」における「破綻懸念先」の意義、「資産査定通達」と「関連ノンバンク事務連絡」の関係、「金融検査マニュアル」における資産査定の厳格化を指摘した。

第 2 回は、平成 8 年の MOF 検における検査官見解の趣旨、自己査定制度によっても資産査定の基準は基本的に変わらないとの認識、平成 10 年 3 月期と段階的、計画的処理、日本ランディック、第一ファイナンス、ビルプロ三社等に対する支援損の計上と経営の意思、企業の価値を清算バランスだけでみることの誤り、行政方針と商法の関係、MOF 検受検対策の意味、「あるべき償却」について公判立会検察官と意見が違うこと、取調べ状況、否認を撤回させられた経緯を述べた。

第 3 回は、取調状況、とくに否認を撤回させられた経緯を述べた。

第 4 回は、税法基準、平成 10 年 3 月期の決算経理基準と従来の基準との関係、同期の決算の骨格決定の時期、自己査定基準と監査法人の見解、「資産査定通達」等に関する取調べ状況、取調状況と供述の変遷、銀行局の監督行政と商法の関係などについて、補充的に述べた。

(3)　大野木被告人（28、30、31、32 回公判）

第 1 回は、告発前の内部調査委員会においては、何ら事情を聴取されず、弁解の機会が与えられなかったこと、平成 8 年の円卓会議の「最悪ケース」に関する説明及び関連会社、関連ノンバンクに対する貸出金の償却引当と一般先に対するそれとは異なるとの供述を一切調書に記載されなかったこと、検察官の清算ベースによる一括償却が商法の要請である旨の見解には納得できなかったが、心ならずも調書の作成に応じてしまった経緯、逮捕後の取り調べ状況、取調べ過程で作成した上申書（乙 49）の趣旨等について述べた。

第2回は、関連親密先に対する債権の処理については、経営の健全性の観点から不足感を感じていたが、法律上要求される償却引当を怠ったことはなく、又その認識もないこと、早期是正措置制度の導入に当たっては、セーフティーネットの構築が必要であること、早期是正措置制度の導入は試行錯誤を要するものであること、NED、第一ファイナンス、日本リース等に対する償却引当について述べた。

第3回は、平成10年3月期には、法律上、必要とされる償却引当に不足はなかったこと、捜査段階で、取り調べ検察官は、「円卓会議」の資料中の「最悪ケースの数字」に関する被告人の説明を理解せず、意見が食い違ったが、やむなく調書に署名したこと、継続企業価値の評価方法、従来の大蔵省検査の資産分類と償却引当とはリンクしないこと、事業化会社についての償却引当、第一ファイナンスの将来と予定された「清算」の性格等を述べた。

第4回は、本件公判において、取り調べ段階で作成された供述調書の記載内容と異なる主張供述をすることになった理由と時期などを述べた。

9　行政官などの尋問

(1)　高橋洋一証人（28回公判）

高橋証人は、平成5年7月から6年7月まで大蔵省大臣官房金融検査部審査課長補佐の地位にあり、「金融機関の不良債権処理と償却」を執筆しているが、当時の決算経理基準の内容、不良債権償却証明制度等について証言した。ただし、当時の大蔵省金融検査部の金融検査等の実情を述べるよりは、高橋の、当時の実務に対する批判的な個人的な見解を述べた。

(2)　内藤純一証人（32回公判）

内藤証人は、平成8年7月から同10年6月まで大蔵省銀行課長の地位にあったが、早期是正措置の導入後の自己査定は、基本的には、金融機関の自己責任に基づいて行われるもので、金融検査と意見が対立した場合には、話し合いによる決着が前提とされていたこと、関連ノンバンク事務連絡は関連ノンバンクの資産評価についての整理をするために、資産査定通達の幅の中で定められたものであり、固定的なものではなく、経済の変化に対応していくガイドライン的なものであること等を証言した。

10　公判手続の更新

証拠調べが最終段階に入った平成13年9月28日、裁判長が交代し、新たに川口宰護裁判長となった。

各弁護人は、公判手続の更新に際し、本件事案の特徴と問題点、争点、取り調べた証拠に関する意見などについて、意見を述べた。

この日をもって、証人等の取り調べを終え、論告、弁論が行われることとなる。

11 論　　告

論告は、金融機関の健全性確保のため、「早期是正措置制度」が導入されたことに伴い、自己資本比率算出の前提として、「資産査定通達」及びその細則が発出され、各金融機関において、平成10年3月期から、これらの基準と整合性を有する適正な自己査定基準を策定して自ら資産査定を行い、いわゆる不良債権を含む貸出金等を回収可能性に応じて分類した結果に基づき、従来にも増して適正に償却引当を行うことが求められるようになったものであるところ、上記通達等において、「Ⅳ分類」と分類される貸出金等は「回収不可能又は無価値と判定される資産」とされ、商法285条の4第2項等によれば、前記Ⅳ分類は当期に全額償却・引当すべきものであった。長銀は、バブル崩壊により関連ノンバンクを含む関連会社等向け貸出金に巨額の不良債権を抱えたものの、償却・引当の財源に乏しいことから、適正な償却引当を行わず、被告人ら3人が、Ⅳ分類債権を実態に反して圧縮することとし、意図的に独自の基準を新たに定めるなど、資産査定通達等から逸脱し、かつ合理性のない自己査定基準に従って、自己査定を行うことにより、当期の償却・引当額を違法に圧縮したなどとして、虚偽の有価証券報告及び違法配当が成立する旨主張し、大野木被告人に懲役3年、他の2人に懲役2年をそれぞれ求刑した。

12 弁　　論

以上に紹介したとおり、裁判所は、多数回の公判期日を重ねて、被告人質問を丹念に聞き、証人尋問を行うという慎重な審理を行った。

そこで、弁護側は、被告人ごとに、証拠調べの結果に基づき、弁論要旨を準備・執筆し、2日にわたって弁論を行った。

(1) 大野木被告人関係

大野木被告人関係では、冒頭に本件訴追の基本的問題点として、①その時期の長銀経営者として当然なすべき行為が処罰されようとしていること、②貸出金債権評価には経営判断を抜きには語り得ないことを看過していること、③検察官の論理の基本的誤りと証拠構造の問題点を挙げている。大野木被告人関係の弁論要旨の論点はきわめて多岐にわたっており、11章全254頁からなる。

(2) 須田被告人関係

須田被告人関係では、冒頭に検察官の論告の構図を要約し、「税法基準」は「公正なる会計慣行」ではなく、被告人らもこれを認識していたとする点を挙げ、本件の争点の第1として、平成9年3月期までに、金融機関の貸出金の引当・償却において通用していた「税法基準」は、金融機関の貸出金の引当・償却に関する「公正なる会計慣行」の内容を構成していたか否か、等にあると整理し、弁論要旨は、基準論、長銀の自己査定基準、個社、被告人の故意、須田の自白調書の信用性、論告批判（全148頁）からなっている。

(3)　鈴木被告人関係

鈴木被告人関係では、冒頭に、本件の性格と審理の対象を述べ、審理の対象、主たる争点の第1は、「会計基準について、公正なる慣行を捜し求めること」であるとし、商法は、償却引当に関する基準を定めていないから、よるべき慣行を明らかにするべきであり、その立証責任は検察側にあると指摘した。その弁論は全115頁からなる（補充書を含む）。

(4)　小　　括

このように、本件では、「商法285条の4第2項による金銭債権の取立不能の虞、取立不能の見込み額を判断する基準として、何が公正なる会計慣行であるか」が、激しく争われた。

とはいえ、振り返ってみると、弁護人としては、一審当時には、事案の背景、金融機関の機能、支援先、不良債権処理の経過とその環境、決算手続の経過、長銀の破たんの経緯等、多くの論点に力を注がなければならず、いささか焦点が拡散していた。

そこで、一審判決の後、引き続き、裁判所を説得する作業が残された。

I　弁護側の立証計画

第 6 回 公 判 調 書（手続）

被告人の氏名(1)　大野木　克　信（出頭）
被告人の氏名(2)　須　田　正　己（出頭）
被告人の氏名(3)　鈴　木　克　治（出頭）
被告事件名(1)、(2)、(3)証券取引法違反、商法違反
公判をした年月日　平成12年4月14日
公判をした裁判所　東京地方裁判所刑事第一部
裁判長裁判官　大　野　市太郎
裁判官　西　野　吾　一
裁判官　大　森　直　子（旧姓　田中）
裁判所書記官　長　郷　道　明
検察官　保坂直樹、古谷伸彦
出頭した弁護人(1)　（主任）那須弘平、中島鈆三、倉科直文
出頭した弁護人(2)　（主任）國廣　正、五味祐子、坂井　眞
出頭した弁護人(3)　（主任）更田義彦、長　文弘

公判手続の更新

裁判官がかわったので公判手続を更新した。

被告事件に対する前と異なる陳述

那須主任弁護人

那須主任弁護人他2名作成の本日付け「更新にあたっての弁護人意見」記載のとおり

坂井弁護人

國廣主任弁護人作成の本日付け「更新に関する意見書」記載のとおり

更田主任弁護人

更田主任弁護人他1名作成の本日付け「公判手続の更新意見書」記載のとおり

弁護人の冒頭陳述

那須主任弁護人、倉科弁護人

那須主任弁護人他2名作成の本日付け冒頭陳述書記載のとおり

國廣主任弁護人、五味弁護人、坂井弁護人

國廣主任弁護人他2名作成の本日付け冒頭陳述書記載のとおり

更田主任弁護人、長弁護人

更田主任弁護人他1名作成の本日付け冒頭陳述書記載のとおり

指定告知した公判期日

平成12年4月26日午前10時00分
平成12年5月19日午前10時00分

平成12年4月20日

東京地方裁判所刑事第一部

裁判所書記官　長　郷　道　明

(1)　更新意見

①　大野木弁護団

更新にあたっての弁護人意見

証券取引法違反・商法違反　　　　　　　　　　　　　被告人　　大野木　　克　信

上記の者に対する頭書被告事件について、弁護人らは弁論の更新にあたり、次のように陳述する。

平成12年4月14日

弁護人　　那　須　　弘　平
弁護人　　中　島　　鈆　三
弁護人　　倉　科　　直　文

東京地方裁判所
刑事第1部御中

記

一　本件は、株式会社日本長期信用銀行（以下、「日本長期信用銀行」または「長銀」という）が平成9年度（平成10年3月期）決算に際して、同年度末の未処理損失を2716億1500万円となし、1株あたり3円の割合による利益配当を行ったことにつき、それが資産の償却・引当を過小にすることによりなされた違法なものであるとして、頭取及び副頭取であった被告人らか起訴されているものである。

しかし本件は、架空資産の計上あるいは簿外債務の隠蔽などといった典型的で違法性の推定されやすい「粉飾」の事案とは全く性質を異にするものである。

長銀は、上記決算において約金6165億円の貸出債権の償却・引当を実施したものであるが、本件公訴事実は、上記償却・引当ではなお3130億6900万円が過少でありこれを計上しなかったことが「内容虚偽の貸借対照表、損益計算書及び利益処分計算書」を作成したことになり、また商法第489条1項3号に違反すると主張するものであって、まさに被告人らによる資産の評価に関する経営判断の是非が問われている事案である。

このような事案の特質に鑑み、弁護人は冒頭手続段階以来、一貫して、本件の問題点として、次のように指摘してきたところである。これらは、弁護側の立証段階に入った今後の審理においても、十分に留意されるべきである。

二　第一に、平成10年3月期の決算の時点において、債権評価に関し、償却・引当の判断のために拠るべき明確な法的基準が存在したのか、ということである。

特に検察官の主張及び提出証拠との関係でいえば、平成9年3月5日付大蔵省「資産査定通達」及び同年4月21日付「関連ノンバンク事務連絡」は、果たして被告人らに商法の債権評価規定違反を問うに足る法的基準を提供するものであったか否か、極めて疑わしい。またそのほか、よるべき明確な基準があったか、この点も甚だ疑問であり、本件では行為規範として本来備えるべき具体性・明確性を持った基準が存在しなかったと言わざるを得ない。

第二に、商法上要求されている債権の償却・引当については、その性質上、必然的に評価的要素を含むところから、もともと経営者の経営的・裁量的判断に依存する側面がある。これに加えて、上記指摘のとおり、本件平成9年度決算当時、償却・引当の法的基準として明確なものが用意されていなかったとすれば、法は、この点につき経営者に一定の幅を持った経営判断ないし裁量を許していたものといえるのではないか。

そうであるとするならば、被告人らに対し刑事責任を問うためには、経営判断の当否の問題とは厳密に区別された意味での、裁量の幅を超えたことが一見して明白な事実の存在が必要なのではないか。しかし、本件ではそのような事実が存在したとは認め得ないのである。

第三に、被告人らは、長銀の他の役員及び幹部その他の従業員と共にバブル崩壊による巨額不良債権という負の遺産を背負いながら、長銀再建のために懸命の努力を重ねてきたものであるが、平成9年11月のいわゆる金融危機、及びこれに伴う日本発の世界金融恐慌が懸念される中で、ほとんどこれしかあり得ないと思われる途を選択してきた。

その被告人らの行為をどのように評価するべきなのか、これを例えば検察官のように、単なる大蔵省通達の機械的適用の枠内かどうかと言ったレベルで断罪するのは、あまりにも社会の実相から離れた議論なのではないか。

第四に、被告人らに長銀の平成10年3月期の決算における債権の償却・引当について検察官主張の如く、法令に違反して配当をしたとの認識を有していたのか。また、平成10年3月期の決算に関する有価証券報告書につき、虚偽であるとの認識を有していたと言えるか、ということである。本件の前記のような本質、及び当時の護送船団行政から早期是正措置体制への移行期という背景などをも考えれば、被告人らにそのような認識を認めることは困難であると弁護人は思料する。

最後に、長銀は被告人らの奮闘努力にもかかわらず、残念ながら平成10年6月以降の情勢の中で経営危機となり、平成10年10月に公的管理に入ったものであるが、そのころから、長銀破綻に伴う巨額の公的資金の注入についての責任を追及する声が高まり、本件起訴はその一環であると目されるが、それは、長銀が結果として多額の国費が長銀に投入されたということに対する一種の結果責任を問うものとなってはいないかということである。

あくまでも、平成10年3月期決算当時の判断として、被告人らの行為に可罰性があるといえるのか、慎重に審理判断していただきたいと考える次第である。

⑵　弁護人冒頭陳述

①　大野木弁護団

冒 頭 陳 述 書

証券取引法違反・商法違反　　　　　　　被告人　大野木　克　信

上記の者に対する頭書被告事件について、弁護人らが証拠により証明しようとする事実は、下記の通りである。

平成 12 年 4 月 14 日

弁護人　那　須　弘　平
弁護人　中　島　鈆　三
弁護人　倉　科　直　文

東京地方裁判所
刑事第 1 部御中

目　次

12 バブル崩壊後の対応及び第七次長期経営計画
13 長銀における貸出金残高の推移
14 不稼働資産への対応策
15 有価証券含み益の推移
16 長銀における不良資産処理の問題点
17 グループ会社の不良資産処理に関する問題点
18 日本リースについて
19 大野木頭取就任前の経営について
20 被告人大野木の頭取就任及び当時の長銀を取り巻く環境
21 平成7年3月期決算
22 平成7年度関連親密先の決算内容報告
23 体質改善三カ年計画
24 平成7年度決算
25 平成8年4月のMOF検
26 平成9年3月期決算
27 平成8年4月以降の経営施策
28 スイス銀行（SBC）との業務提携
29 平成9年7月提携発表後の推移
30 平成9年度中間決算
31 SBCとの提携に関する格付け機関の評価
32 平成9年11月金融危機の発生
33 金融危機以降の経営の推移
34 金融危機と各銀行の対応
35 早期是正措置制度の導入
36 護送船団方式との訣別
37 早期是正措置の導入の具体化
38 移行期における護送船団方式の混在

第4 長銀における平成9年度決算の経過
1 長銀の平成9年度決算の方針
2 不稼働資産の実態と、これに対する被告人の認識
3 長銀の平成9年度上期（中間）決算確定に至る経緯
4 中間決算後、平成10年3月期決算の確定に至る経過
5 平成9年度決算の概要と、そこにおける不稼働資産処理の状況
6 長銀の自己査定の結果と、自己査定基準策定の経緯
7 監査法人による監査と、株主総会での決算報告及び利益処分決議迄の経過

第5 平成10年4月以降の事態急変と公的管理開始
1 平成10年5月の日銀考査
2 長銀株価の急落
3 住友信託銀行との合併交渉
4 政治状況
5 金融監督庁検査
6 大野木頭取らの辞任
7 金融国会

（本文　略）

②　須田弁護団

証券取引法違反・商法違反被告事件

冒 頭 陳 述 書

被告人　須 田　正 己

被告人須田正己に対する証券取引法及び商法違反被告事件について、弁護人が証拠によって証明しようとする事実は以下のとおりである。

2000（平成12）年4月14日

弁護人　國 廣　正
弁護人　坂 井　眞
弁護人　五 味　祐 子

東京地方裁判所刑事第1部　御中

目　　次

（本文　略）

③ 鈴木弁護団

冒頭陳述要旨

証券取引法違反等　　被告人　鈴　木　克　治

上記被告人に対する頭書被告事件について、弁護人が証拠によって証明しようとする事実の要旨は次のとおりである。

平成12年4月14日

主任弁護人　更　田　義　彦
弁護人　長　　文　弘

東京地方裁判所
刑事第1部　御中

記

目　次

弁護人は、検察官請求証拠のうち日本長期信用銀行（以下、長銀という）関係者、公認会計士、金融行政担当者等の供述調書及び被告人ら供述調書の信用性を争い、平成10年3月期の決算に関し、商法及び証券取引法違反について、被告人らが違法性の認識を有しなかったことについて、以下のとおり立証しようとするものである。

第1　平成9年度決算の経緯

長銀の平成9年4月1日から同10年3月31日までの事業年度の貸借対照表、損益計算書及び利益処分計算書における貸出金の評価は、以下の経緯と背景の下でなされたものである。

1　金融機関の経営と金融行政

長銀は、長期信用銀行法に基づき大蔵大臣の免許を受けた金融機関であった。同法は「長期信用銀行の制度を確立し、その業務の公共性にかんがみ、監督の適正を期すること」等を目的としていた。

同法17条は、監督の適正を期するため、銀行法の規定中、経理及び監督等に関する部分を全面的に準用している。大蔵大臣は、同法によって、銀行の業務についても立入検査の権限、業務の停止命令等の措置、更には免許の取り消し等に関する広範な監督権限を有する（銀行法24条以下）とされている。

ちなみに銀行は、一般事業会社とは異なり、商法281条第1項の規定により作成する営業報告書及び附属明細書の記載事項についても、銀行法により大蔵省令で定めることとされている（銀行法22条）。

このような広範な監督権限を有する銀行行政は、明治23年制定の銀行条例にその淵源があり、昭和金融恐慌時の昭和2年公布の銀行法によって確立し、監督・検査・命令・処分等について強い権限が大蔵省に賦与された。銀行法は、銀行行政の細部についてあえて具体的な規定を定めず、官僚に大きな裁量を与え、透明性に問題のある行政指導に委ねていた。

第二次大戦後の金融システムは、政府・日銀が銀行保護政策をとり、経済の復興、高度成長に対応し、その後の金融自由化の進展にもかかわらず戦前に確立した裁量の大きい行政指導を継続し、いわゆる護送船団方式をとってきた。

戦後初期の最も重要な行政指導は、経常費用を経常収益の78パーセント以内に抑えるべきものとする「経営収支率の指導」である。

昭和42年に、経営収支率の指導に代わり、大蔵省は「統一経理基準」を採用した。この「統一経理基準」によって、それまで個別銀行ごとに異なった取扱をしてきた決算勘定科目や、不良債権の償却等の基準が統一され、その結果、各銀行の決算内容等の比較が可能となり、銀行間の競争が促進されることとなった。

金利自由化や銀行・証券の垣根問題等についても、大蔵省は金融制度調査会の検討結果を踏まえ、慎重に進めてきた。

大蔵省と各金融機関との関係についてみると、金融の自由化や国際化が次第に進み、また

1980年代後半からのいわゆるバブルの発生と崩壊に伴って多くの金融機関に大量の不良債権が発生し、その経営への影響が懸念されるといった状況の下においても、基本的には変わらなかった。大蔵省と金融機関のトップとの間の常時の情報交換と、いわゆるMOF担に象徴される事務レベルの綿密な接触体制は、恒常的に継続し、本来、銀行が自律的に判断すべき増資、決算、あるいは支店の拡張にいたるまで、広範かつ微細に行政指導が維持されてきた。

こうして大蔵省は金融システムの安定性を維持するという目標を堅持し、個別行を救済するという措置を講じてきたのである。

また、メインバンクのシステムは、このような護送船団方式の金融行政の下で、遺憾なくその機能を発揮した。産業・企業の実情を熟知する主力銀行が企業経営を指導し、万一不測の事態が生じた場合にも、主力銀行の判断で再建等を進め、社会経済に対する影響を極力抑えてきた。

このシステムが近年、いわゆる母体行主義にまで発展し、メイン銀行が直系の関連会社のみならず、取引経緯や出資、人的関係等において親密度の高い取引先にまで、実質的な母体行として経営責任を問われるようになった。なお、メインバンクがその取引先に対する債務を全額放棄し、メインバンク以外の他の金融機関の債権は比例配分によって処理する方式を修正母体行主義という。メイン銀行は、状況の急変時には、資金の追加負担、あるいは人的負担等を負うことが当然の責務とされ、仮にそれから逃れるような動きがあれば、メインバンク自体の信用力が問題とされることになった。

したがって、メインバンクとしては、そのような取引先が経営破綻に陥ったときは、当該取引先の債務を肩代わりしていた。

企業はメインバンクとサブバンクを使い分けていたが、銀行にとっては大蔵省が大手20行は潰さないと公約している限り、母体行主義の方がコストが安いとされていたのである。

2　長銀の経歴・経営状況の推移

長銀は、昭和27年に設立され、日本興業銀行（以下、興銀という)、日本債券信用銀行（以下、日債銀という）とともに長期信用銀行として金融債を主たる資金調達源としつつ、戦後の復興期から一貫して産業界の高度化、事業展開に必要な設備資金等の長期安定供給の要請に応えてきた。しかし、1980年代からの金融の国際化、自由化の流れの中で、証券市場からの資金調達、すなわち直接金融の比率が高まり、従来の業務の利鞘が低下した。

このような状況の下で、昭和60年に策定された「第五次長期経営計画」では、規模の拡大にとらわれず、手数料収益性に指標をおいた高付加価値業務への転換を目指すとともに、制度金融から市場金融への脱却を図り投資銀行への転換を目指すビジョンを示した。

しかし、証券業務への本格的な参入には制度的に時間を要することから、平成元年4月に策定された「第六次長期経営計画」では、高収益資産の積み上げや営業基盤拡充の主力を担う業務として、中堅・中小企業に力点をおいた新規取引開拓や量的拡大への取組が強力に推進された。バブル経済の拡大の中、金融業界では不動産を担保とした信用判断による不動産関連融資が貸出規模拡大競争の中心となっていった。長銀でも長期貸出の量的拡大が容易な不動産関連融資が注目され、国内案件に限らず、海外不動産投資やM&A案件等に拡大していった。

こうした融資における不動産市況の見通しや個別案件の信用判断の結果、不良債権を発生させることとなった。

また長銀は、平成元年3月に営業体制を改組し、大企業と、中堅・中小企業のそれぞれのグループに審査部門を取り込む一方で、営業機会を最大限に捉えるという観点から融資権限を部店に下ろし、担当役員に実質青天井の与信権限を与えることになった。なお被告人鈴木は、この時、昭和 61 年から出向中であり、この組織の変更には関与していない。

長銀グループ会社のうち、いわゆる不動産、ノンバンク関連会社においても、長銀が「第五次長期経営計画」において「独自の経営」を認めたこと、また各社が金融の緩和を背景に、信託銀行、生命保険会社、農林系統金融機関等から容易に資金調達を実行できたことから、目先の収益拡大を目指し、不動産担保に依存した営業貸付を急速に拡大した。本業以外の融資分野においては審査体制が未整備であり、結果的には各社のリスク管理能力を超える不動産関連融資によって業容を拡大することとなった。

なお、長銀がバブル経済に巻き込まれた経緯の詳細は、必要に応じ立証する。

3　金融行政とバブル崩壊による貸出債権の劣化

日本経済の「バブルの発生」が、昭和 60 年のプラザ合意に始まることは公知の事実である。この合意は先進五カ国の蔵相が為替市場に協調介入を行うというものであった。この協調介入によって日本経済は、円高、円高デフレと呼ばれる不景気を惹き起した。株価は急上昇を始め、そして円高デフレからの回復は株価を更に急速に引き上げ、これがバブルの出発点となった。

この株価上昇は、昭和 62 年のブラック・マンデーによって、あたかも終了したように見えたが、ブラックマンデーの影響は短期間のうちに回復し、平成元年 12 月には、実に 3 万 8000 円まで上昇した。

株価の上昇で始まった資産価格の上昇に連動するように、土地価格は上昇し、商業地平均では、昭和 60 年を起点とすると、平成 2 年までに約 4 倍という高い上昇率を示した。

異常なまでの地価上昇の背景に金融機関の資金供給があったことは否めない。日本銀行の積極的な金融政策により通貨供給量は拡大し、金融機関の資金量は増大する。金融機関は、否応なしに貸出規模の拡大の必要に迫られ、積極的な不動産担保貸付を拡大した。戦後、土地価格は一貫して上昇していたので、土地は最も有効な担保と考えられた。こうして土地価格と土地担保融資拡大はらせん状に増大し、バブルを生んだ。

東京は、日本での事業拡大をはかり「ジャパン・マネー」を狙う外国の金融機関を始め、内外の企業の進出ラッシュとなり、オフィス不足が急激に表面化した。また低金利を背景に団塊の世代を中心とする住宅ラッシュの需要があり、同時に土地を産業や生活のために取得するものだけではなく、「財テク」投資の一環として土地が買われるようになった。

他方、プラザ合意を契機に円高・ドル安が進み、行き過ぎたドル安はアメリカにとってインフレ要因となり、景気の足を引っ張ることとなった。また他の国々にとっても為替市場の不安定は、国内経済にとってマイナスである。

そこで、プラザ合意と同様の手法で国際的な政策協調が推進され、日本でも低金利政策をとることになった。このために、公定歩合は昭和 56 年から 62 年の初めにかけて、それまでの 5 パーセント台から 2.5 パーセントに低下した。

西ドイツはその後、公定歩合引き上げを行って「超」低金利から脱しているのに対し、日本銀行は平成元年 5 月に、ようやく第 1 回の公定歩合引き上げに着手した。これは西ドイツが 4 回も公定歩合の引き上げを行った後のことであり、その遅れは著しいものであった。

このようなことから、わが国では「一億総不動産屋時代」とも言われる異常な事態が招来し、同時に「日本の金利は『国際政策協調』のために半永久的に上昇しない。景気上昇も半永久的に続く」という神話が市場関係者の間に広がり始めた。

しかしながら、資産価格の長期に及ぶ高水準維持・上昇というバブルも、ついに崩壊した。平成元年 5 月以降、公定歩合を引き上げ、平成 2 年 8 月には 6 パーセントという高水準に達した。政府は、平成元年12月に土地基本法を成立させ、税制、金融のあらゆる手段を活用して土地価格を引き下げることが法律として定められた。更に平成2年3月に「土地関連融資の抑制について」という大蔵省銀行局長通達の通達により住専等のノンバンクを除く金融機関に対し、不動産業種向け貸し出しを抑制する、いわゆる総量規制を実施した(90.3.27日経)。この通達は不動産担保融資に急ブレーキをかけることになった。加えて土地の保有コストを引き上げて投機を抑制するために、「地価税」を導入した(91.4.24日経)。

これによって今度は、それまでとは逆に資産価格の急激な低下を重ねることになった。すなわち資産価格の低下の予想が資産価格を引き下げ、そのことが更に資産価格の一層の下落の予想を呼ぶという循環をもたらしたのである。

この金融政策によって、いわゆるバブル崩壊のプロセスは急展開した(91.3.28日経)。この結果、都市圏に営業基盤を持つ金融機関は巨額の不良債権を抱えるに至った。しかしその当初は、不動産価格の下落についても楽観的な見通しが主流を占め、それほど深刻な事態であるとの認識には至っていなかった。

事後的な検討によれば、これらの施策によって、景気の拡大は平成3年4月に終焉を迎えていたとされ、また、現に、地価も同年3月ころを境として下降を始めるのであるが、当時の一般的認識としては、景気の拡大の終焉は自覚されておらず、現に、経済企画庁が平成3年3月に発表したいわゆる経済白書においても「総合的に見れば景気後退局面に入ったとは言えない」などとされ、また同じく経済企画庁の「月例経済報告」においても、平成4年1月まで「我が国経済は、これまでの拡大テンポが緩やかに減速しつつある。これはインフレなき持続可能な成長経路に移行する過程にあることを示している」とされていたほか、民間の調査機関の調査の結果も、実質経済成長率等の景気見通しについて、等しく強気の見方を堅持していたのである。

もっとも右政府見解等に対し、当時一部の経済専門家がある程度の景気の後退を指摘した例も見られるが、その後の急激な景気の落ち込みはこれらの経済専門家を含め何人も予測しなかったことであり、むしろ「平成4年の後半から景気は再び回復する」との景気見通しが極めて一般的であった。ちなみに、戦後のいわゆる各景気循環を見ても、石油価格の急騰という特殊事情による第二次石油ショックの景気下降期間は36カ月に及んだことを別にすると、いずれの場合も景気下降期間は1年半を越えない期間にとどまっており、多くの場合は1年以内に再び景気の回復をみていたから、当時の景気の見通しは過去の景気循環にも沿うものであった。

後からみると、地価は、前記のとおり平成3年ころを境として長期的な下降を示しているが、当時は、公定歩合の引き下げ、前記総量規制の撤廃などの状況から急激かつ長期の地価の下落は予測されず、地価の回復が見込まれていた。

4　不良債権の処理に関する行政の運営方針及び当時の一般的認識

政府並びに金融当局は、バブル崩壊後も、①護送船団方式の維持、②大手20行は潰さない、③不良債権の処理は「計画的、段階的に」との方針を維持した。

すでに倒産した取引先向け債権のうち、いずれ償却は避けられないが会社更生手続が終了していないなどの理由で引当金を積んでいない債権が巨額にのぼり(91.11.27日経)、金融界は過去の土地関連融資のツケにあえぎ、取引先の倒産や収益圧迫を覚悟した支援策が表面化している(92.3.27日経)と報道されていた。

しかし融資先の危険度に応じて個別に償却するには厳しい制限があった(92.2.21日経)。全銀協は、バブル崩壊に伴う不良債権の増額に対応するため無税の貸倒引当金の計上限度額の維持・拡大を要望した(91.8.7日経)。

大蔵省は、金融機関の決算において、平成2年当時、信用金庫の有価証券評価損について赤字の表面化を避けるため償却先送りを個別的指導で認める（90.9.17日経）など柔軟に対応していたが、平成4年2月に至り、急増している銀行の不良債権の処理をしやすくするために、融資先の経営実態に対する金融機関の判断を尊重し、引当金計上の認定を弾力化する旨の通達を発した（92.2.28日経）。

大蔵省は、金融機関が膨大な不良債権にあえいでいることを知りながら、市場の不安心理を解消するため、蔵相が自ら記者会見をなし、「銀行の収益力や内部留保の状況からみて銀行の経営を心配することはない」との認識を示し（92.4.10日経）たうえ、平成4年3月期決算の概要を公表して、一部で20兆ないし30兆円規模に膨らんでいるとみられていた不良債権額について、担保や保証が確保できておらず焦げつく虞のある債権は都銀、長信銀、信託銀合計で2兆ないし3兆円にとどまるとの推計を示し、「金融システム安泰」を懸命に宣伝した（92.4.24日経）。

しかし、それ以降も株価は下落の一途を辿り、同年8月、株価は1万4300円台に突入し（92.8.19日経）、1万円割れも懸念されるに至った。

そこで大蔵省は、平成4年8月18日夕刻急遽、沈滞する株価への対策や金融機関の「不良債権」への対処策を盛り込んだ「金融行政の当面の運営方針について――金融システムの安定性確保と効率化の推進」を発表した（92.8.19日経）。

この「金融行政の当面の方針」は、いわゆるバブル経済の崩壊が金融機関に与えた影響は極めて大きく、その克服には厳しい取り組みが必要であり、かつ相当の調整期間を要するが、確実に問題を克服できるなどとしており、金融システムに対する不安を払拭するねらいがある。したがって、不良債権について、その処理に関し償却にかかわる税制面の対応を進め、個別問題の処理方針の早期確定と「計画的・段階的処理」を促すとともに、情報開示を行う方針を示したほか、株価対策について、金融機関に対し決算対策としての株式の益出し売却を安易に行わせないようにさせること、及び金融機関の融資対応力にかかわる対策として、劣後ローンや劣後債の発行を通じてBIS基準による自己資本比率を確保し、それによって貸し渋りなどの問題に対応することを柱としていた。

その後、金融当局は、金融機関の不良債権処理については、共同債権買取機構を設置したが、抜本的な措置は講じなかった。むしろ金融当局は、株式市場の安定対策を優先し、政府によるNTT株の一段の新規売却を中止して株式の供給を抑制し、平成4年度の補正予算、平成5年度の公的資金による株価支持策を打ち出すとともに、金融機関に対し、株式の売却を抑制するように要請した（93.1.10日経）。銀行が多額の株式を売却すると、株価下落の圧力となる危険性があるだけではなく、含み益の減少を通じ自己資本比率を抑えることとなり、多額の含み益が減少すると不良債権処理に取り組む銀行の体力の脆弱化をもたらすのに対し、株式の売却を手控えれば、不良債権の処理を遅らせることになる。結局、大蔵省は不良債権処理を目的とする株式売却のうちクロス売買（同じ銘柄、同じ株数をほぼ同時に売買する取引）に限って容認したが、通常の売り切り型の株式売却については自粛を求めた（96.3.3）。

金融システムは、このような株式需給対策と、公定歩合の最低水準までの引き下げ等による市中金利の低下促進にもかかわらず、不安定状態を解消できず、当局は有効な対応策を講ずることができなかった。

この結果、銀行は、平成5年度から貸倒引当金の積み増しを積極化したにもかかわらず、付随する潜在的損失が膨張した。

ついで大蔵省は平成6年2月8日、「金融機関の不良資産問題についての行政上の指針」（蔵銀第212号各金融機関団体代表者宛）を発出した。これによると、平成4年8月の「金融行政の当面の運営方針」を継承し、金融機関の経営上の問題によって金融システムの安定性が損なうことなく、信用秩序の維持に万全を期しつつ、不良債権を計画的、段階的に処理していく方針を示している。

更に大蔵省は、平成7年6月8日、金融機関の不良債権処理についての基本方針「金融システムの機能回復について」を公表し、「金融機関の不良債権については、預金者保護に配慮しつつ、金利減免等を行っている債権を含め、従来の発想にとらわれることなく、おおむね5年間に積極的な処理を進め、問題に解決の目処をつける」方針を打ち出した(95.6.9日経)。

これと並行して、住宅金融専門会社(以下、住専という)の処理策が検討されていた(たとえば不良債権の分割償却が検討されていたことについて、95.10.19日経参照)が、平成7年12月19日、閣議決定をみた。これにより都市銀行、長期信用銀行、信託銀行の大手21行は、住専向け債権を全額放棄し、合計約3兆7000億円を平成8年3月期決算で一括して償却することとなった(95.12.20,96.3.16日経)。

平成7年12月末、金融制度調査会は「金融システムの安定化のための諸施策」と題する答申を提出し、早期是正策の導入を提言した。この答申を受けて、平成8年6月にいわゆる金融三法、すなわち、預金保険法の一部改正、金融機関の更生手続の特例等に関する法律、金融機関等の経営の健全性確保のための関係法律の整備に関する法律が成立した。

5 金融行政の転換と金融秩序の維持

いわゆる「早期是正措置」は、「事前行政」から「事後行政」への転換を目指し、透明性の高い手法で、適時に行政措置を発動できるために、導入された新しい金融機関監督の手法であるといわれる。

この早期是正措置は「早期是正措置に関する検討会──中間とりまとめ」にあるとおり、金融機関を破綻に追い込むことを目的としたものではなく、わが国では米国が1992(平成4)年末に早期是正措置を導入した状況とは異なり、金融機関の不良債権の処理に未だ目処がついておらず、金融・資本市場の活性化と不良債権処理とを車の両輪として進めなければならない環境にあるので、制度導入時において多くの金融機関が不可能となる基準を設けるべきではない(平成8年12月26日の「早期是正措置に関する検討会中間とりまとめ」早期是正措置の具体的な内容について (1)基本的考え方、(2)金融機関の不良債権処理等への配慮)とし、導入に当たってわが国金融システムの実情に対する配慮を求めている。

またこの中間とりまとめは、「金融機関経営の健全性を確保していくための早期是正措置の導入にあたっては、金融機関が自らの責任において適正な償却・引当を行うことにより資産の内容の実態をできるかぎり客観的に反映した財務諸表を作成することが前提となる」とした上、「各金融機関が適正な償却・引当の実施を行っていくためには、有税による償却・引当を円滑に進めていく環境整備も必要である」と指摘し、「その観点から有税償却・引当を行った場合の前払い税金等の取扱を定める税効果会計について、今後検討が行われることが望ましい」と述べ、「自己査定のガイドラインは、これまでの検査における資産査定の考え方と基本的に同様である」とも述べ、「できるだけ早期に自己査定を実施する体制を整備し、その結果を適正に反映させた償却・引当を実施することが望ましい」としている。

ところで、この中間とりまとめを受けて発出された平成9年3月5日の「早期是正措置導入後の金融検査における資産査定について」(蔵検第104号)は、金融検査官の行う「金融検査における資産査定の方法等が変わる」としているが、金融機関等は、従来、銀行業の決算経理基準において用いられてきた資産査定の考え方と方法を全く否定するものとは受け止めず、むしろ従来の方式と継続性を有するものと理解するのが一般であった。

すなわち従来の方式では、金融機関が債権を償却するについて自己認定をしても、金融検査官が不良債権償却証明をしなければ、税務上も損金として経理処理をすることができなかった。のみならず、後に述べるように有税償却を行う場合であっても金融機関の「自己認定」は容易に認められなかった。このように従来は、金融機関の自己認定にかかわらず、金融検査官が個々の資産を回収の危険性または価値の毀損の危険性の度合いに従って区分し査定を行ってきた。

このように従来から金融機関は、法的破綻を受けた取引先に対する債権を償却し、回収不能または最終の回収に重大な懸念があり損失の発生が見込まれる債権については「取立不能の虞」があると自己認定をして償却証明を求め、更に後に述べるように、一般の事業会社とは異なり、銀行業の決算経理基準に従って「貸倒引当金」を積んできたのである。

これに対し早期是正措置の導入に伴う新しい金融検査では、金融機関等が企業会計原則等に基づき自らの責任で適正な償却・引当を行って作成し、会計監査人が監査した結果の正確性等をチェックすることになる。ここでは金融機関等が「資産査定通達」の枠組みに沿って基準（自己査定基準）を設け、これに基づいて資産査定（自己査定）を実施しているかをチェックするとされており、償却引当を要する債権の基準自体は、自主的に定めるものとされている。

したがって金融機関において、企業会計の基本原則である継続性の要請からみても、従来の大蔵省の定めた銀行の決算経理基準、従来の金融検査の査定の要領、不良資産を段階的、計画的に償却・引当することを勧めてきた行政方針等に準拠して、各金融機関において「基準」を策定することが許されると解するのは、いわば当然である。

しかも大蔵省は、この通達を発出した後、平成９年５月、日債銀の同年３月期の決算について金融検査を行い、右決算における不良債権処理は、損失懸念分を５年間で償却できる等として「妥当であり、再建可能」と判断した旨の結果をまとめ、各金融機関に、護送船団方式の「奉加帳」の方式で日債銀の増資の引き受けを要請した（97.5.11 日経）。

他方、資産査定通達の示す償却対象の範囲の解釈をめぐっては、銀行の系列ノンバンクやメインバンクが支援しているゼネコン向けの貸出等について線引きの微妙さが指定されていた（97.8.20 日経）。

更に大蔵大臣は、同年９月２日の講演で「金融機関の不良債権は平成 10、11 の２カ年で解消されていくのではないか」との見通しを述べ、段階的、計画的処理を否定しなかった（97.9.3 日経）。

大蔵大臣と日銀総裁は、平成９年 11 月 27 日、金融システムを守る異例の緊急談話を発表し、金融機関のこれ以上の破綻はない等と述べ、あらゆる手段を総動員して市場の安定を図る決意を明らかにした（97.11.27 日経）。

言い換えると、金融当局は、早期是正措置に関する「資産査定通達」が発出された後の、この時期においても、金融機関が金融秩序の維持をはかりながら、不良債権の処理を複数年度にわたって進めることを是認していたのである。

６　長銀における不良債権の処理

長銀においても、バブルの崩壊とともに取引先の事業展開、資金繰りの悪化により問題先企業が目立つようになった。これと並行して長銀の関連親密先の融資部門においても、同様の状況が生じた。こちらは銀行の取引先に比べ信用力、基盤の弱い取引先に対する融資が多かったために、顕在化のスピードが早かった。

これは先に述べた金融並びに土地政策、すなわち相次ぐ公定歩合の引き上げ、平成２年の土地基本法の制定、大蔵省銀行局長の「土地関連融資の抑制」通達によるいわゆる総量規制によって、株価の低迷に加え土地関連資金の急激な先細りを生じ、土地価格をはじめとする資金価格の下落がスパイラルに進んだことによるものである。

しかも当時は、地価、株価の低迷にもかかわらず、景気の先行きに対する楽観的な見通しが大勢を占めていたため、問題先企業においても強気の姿勢を容易に崩そうとはしなかった。

しかしながら、長銀では、平成4年前後から資産の質の回復と自律性のある組織運営体制の構築を経営課題とし、審査体制の整備、不良資産対策の専門部署、リスク管理専門担当セクションを設置して、問題先企業、問題債権の全体把握の強化、債権保全と回収の強化拡充に取り組むとともに、経営責任を示すために役員賞与の返上、役員報酬のカットを実施した。

更に関連親密先については、各社の本来の業務とのバランスにおいて問題債権発生の負担が重い長銀リース、エヌイーディーについて再建策をまとめ、平成4年末から国税当局と協議を開始し、平成6年3月に至り、ようやく債権放棄を主とする損益支援について法人税基本通達9-4-2による承認を得た。

長銀は、関連親密先の支援も含め、不良債権の処理については、株式の含み益の活用により早期に引当・償却処理が可能なものと判断していた。

ところが地価の下落が止まらず、問題先企業の数が増加するとともに、その抱える不良債権額も拡大していった。またこの影響は、関連親密先の中で本来の業務が確立し、相応の含み資産を有していた日本リース、日本ランディックにも重くのしかかるに至った。

その上、住宅金融専門会社である第一住宅金融も、経営が困難になった。同社については後に大蔵省の主導で、金利減免を主体とする再建計画がスタートした。

このように長銀では、関連親密先の長銀リース、エヌイーディーの再建支援を先行させ、自らの問題債権処理については回収の強化と必要な償却・引当を逐次進めてきた。しかし1990年代の前半は、高利率の金融債「ワイド」の負担等による調達コストの高止りから、短年度決算の利益確保に注力せざるを得なかった。関連親密先に対する長銀の融資残高は極めて大きかったが、問題処理に本格的に取り組むについては、住専問題の処理を優先しなければならなかった。

住専については、長銀は第一住宅金融の母体行であったほか、一般行として六住専に対し大口債権を抱えていたが、処理にあたっては農林系統金融機関の厳しい対応が予想された。

このような状況の中で、長銀では、関連会社ないし長銀の担保物件の活性化を図り、担保不動産の汚染を防止するため、関連会社と共同して事業化会社を設立し、物件それぞれの特性に応じ、収益を図ることを目指した。当時としては、不動産流通市場が逼塞状況に陥っており、担保不動産は売却しようにも買い手が現れず、競売手続も東京地区では2、3年を要する上、異常な安値の落札となるという状況であったため、他に方策がなかったと言っても過言ではない。しかし事業化会社による物件の活性化を目指す方針は、結果的には、更なる地価の下落と事業化の遅れによって損害を拡大させることになった。

長銀は、不良債権問題については、逐次、処理の促進を図るため、最も厳しい見方で内部的な査定を試みた「最悪のケース」を含むシミュレーションを行い、もっともウエイトの大きい関連親密先に対する債権を含め、引当償却、更には関連会社の再建計画期間中の支援総額を取り纏め、計画的、段階的に処理をする方針で、中期計画を見直してきた。

住専問題の処理と平行して、残された日本リース、日本ランディックの再建のための支援策を本格的に進めることとし、平成6年12月には日本リースに対する支援計画について、平成8年7月からは日本ランデイックに対する支援計について、それぞれ国税当局と折衝を開始した。長銀の関連会社の取引先金融機関は多数にのぼり、またこれら金融機関は長銀の金融債の消化基盤でもあったので、長銀としては長銀の関連会社が市場で信認を維持することが不可欠であった。

長銀としては、会社清算にともなう債権放棄額が大きい住専の第一住宅金融をはじめ関連親密先に対する不良債権の処理を優先課題とし、税務当局との折衝を経て、承認を受け、段階的、計画的に最大限の努力を尽くして処理を進めた。国税当局は、初めは不良債権を非常に限定的に、債務者が破産・会社更生法等の手続中であって、元本の回収が不可能となる蓋然性が高い破綻先債権など極めて限られた債権のみについて債権の償却を認めてきたのである。しかし結果的には、長銀の不良債権処理が先送りであるとか、ディスクロージャー回避の支援策とかの評価を受けることとなった。

長銀の平成 5 年度から同 9 年度までの 5 年間の不良債権の処理額は、関連会社に対する支援を含め、約 2 兆 1000 億円である。大蔵省の指導による住専向け貸付債権の処理のための平成 7 年度の決算と、平成 9 年度の本件決算で、不良債権処理のために赤字決算を行った。

7　決算運営における経営判断の合理性

平成 9 年度決算では、当初は 5000 億円の不良債権処理を実施して赤字決算を組むという基本方針であったが、日経平均株価がじりじりと下がり、長銀の株価も 10 月ころには 500 円を割り込み、株式売却益の確保や年度末の保有株式の評価損負担が大きな懸念材料になった。

長銀は、スイス銀行（SBC という）との提携を進めてきたが、SBC とのファイナンスも含め慎重に検討し、平成 9 年度の中間決算においては、黒字決算の維持、中間配当の実施を行う方針を決め、平成 9 年 11 月 25 日に決算見込みと中間決算を発表した。

この時点での決算見通しとしては赤字許容額は、配当を実施した場合 2500〜2800 億円にとどまるのに対し、無配とした場合には 3600 億円程度を見込めるものの、信用力の低下を招き、SBC との提携の一環として予定していたファイナンスの実施が困難になることから、年間 5000 億円の不稼働資産処理を織り込んで配当に踏みきる方針であった。

これと前後して、三洋証券、山一證券、北海道拓殖銀行の破綻が相次ぎ、邦銀及びわが国の金融システムに対する不信が一挙に増幅された。この結果、邦銀の海外資金調達が大きなダメージを受けるとともに、国内の資金調達についても、ごく一部の銀行と郵便貯金のみが順調さを維持するという状態となった。また今後の株価についても一層の低迷が予想された(97.11.13,12.15 日経)。

このため、各銀行ともに BIS 比率確保のため、年度末にかけ分母対策として貸出資産の一段と強力な圧縮を行い、この矛先が自行系列・メイン先以外のノンバンク、不動産企業に向けられ、返済要請ラッシュとなりその他先についてもいわゆる貸し渋り現象が社会問題化するに至った（97.12.23 日経)。

そこで長銀では、他行に先駆けて実施してきた資産圧縮を一段と高めるとともに、資金確保に注力するとともに、関連親密先の資金繰り支援にも留意しつつ、異常事態を克服した。またわが国金融システムのこうした深刻な状況に対処するため、政府自民党、大蔵省は公的資金の導入を決めるとともに、株式市場の低迷による金融機関の決算に対する影響を考慮し、株式の期末評価について原価法の選択を認めるなどの抜本的かつ緊急の対策を打ち出した。

長銀が、SBC とのファイナンスを公的資金導入による資本増強に切り替えるとともに、株式評価における原価法の採用により、自己査定基準に基づく不良債権処理について年度合計で、当初計画の 5000 億円から 6200 億円に増額したのは、右の対策を受けてのことであった。この結果、長銀の不良債権処理としては、自己査定制度の導入を契機に一般取引先についての引当償却はほぼ完了したが、エヌイーディー、事業化会社等、関連会社について段階的、計画的な処理を一部残すこととなった。

こうして赤字決算を出すことになったが、資本増強に備えるためにも配当継続の方針をとることとなった。

当時の長銀の置かれた状況の下では、この決算方針は合理的なものと言うべきである。

第2 貸出債権の劣化と償却引当義務

1 金銭債権の評価と償却引当義務

本件公訴事実は、既存の金銭債権が経年的に劣化した場合に償却引当義務があることを前提として、いわば架空の資産を計上した場合と同等に、刑事責任を問うものである。

しかしながら、商法上の資産の評価は、まさに利益衡量的、政策的に決定される事項であり、現在及び将来の株主と債権者の間の利害を調整するという観点から社会的に合意を得たものであればよいという面があるといわれている。それゆえ金銭債権の評価、すなわち償却引当の基準も一義的ではなく、一般に企業経営者に相当広範な裁量権が認められており、仮に裁量権を逸脱していると評価される場合であっても、直ちに刑事法上の違法性を具備するわけではなく、監督官庁の方針と指導にしたがっている場合にも、違法性を有しないというべきである。

2 企業会計制度の多元性

そもそも企業会計制度は、商法、証券取引法及び税法のそれぞれの会計によって構成されており、相互に密接な関係を持っている。このような多元的な体制は、わが国の企業会計制度に特有のものといわれている。これは日本の企業会計制度が、大陸法系の会計を継受した商法による会計と確定決算主義を採用した法人税法による会計に加えて、戦後、特に米国の会計を導入した証券取引法による会計及び企業会計原則の三つから成り立っており、相互に密接な関係を持って形成され展開してきたためである。

企業会計原則は、戦後の社会的・経済的、政治的な環境の下で生成された。これを証券取引法との関係でみると、戦後の日本経済の復興、再建を図るために「証券投資の民主化」を含む「企業会計制度の改善・統一」を主な目的として設定されて以来、証券行政と密接に関係してきた。しかし、企業会計原則は、証券取引法による会計のみでなく、商法会計や税法会計とも密接な関係をもっている。企業会計原則は、商法、税法などの会計法令に対し、立法指導性を示した時期があったが、後には、商法の計算規定との調整を余儀なくされるに至った。

早期是正措置に関する資産査定通達は、金融機関等が「企業会計原則」に基づき適正な償却・引当による財務諸表を作成することを前提とする旨述べている。ところで企業会計原則は「債権の貸借対照表価額は、債権金額又は取得価額から正常な貸し倒れ見込み額を控除した金額とする」と定めてはいるものの、「正常な貸倒見込み額」の判断基準については何ら述べていない。「企業会計原則注解」によると「引当金」について、将来の特定の費用又は損失であって、その発生が当期以前の事象に起因し、発生の可能性が高く、かつその金額を合理的に見積もることができる場合には、当期の負担に属する金額を当期の費用又は損失として引当金に繰り入れ、当該引当金の残高を貸借対照表の負債の部又は資産の部に記載するものとするとしているのみである。

企業会計上、債権の回収不能見込み額の控除又は貸倒引当金の繰り入れは損失となる。しかし、企業会計上の損失が税法上、損金として取り扱われるか否かは、理論上は、別問題である(不良債権の評価損を計上するかどうかは国税当局と相談しながら決めているのが実態。96.10.30日経)。税務上は、損金に関する法人税法22条3項を受けて、国税庁の法人税基本通達により貸倒損失を、法人税法施行令により貸倒引当金勘定への繰り入れ限度額をそれぞれ定めて処理されている。

３　昭和37年改正による商法285条の４

商法の会社における金銭債権の評価に関する規定は、昭和37年に新設された。昭和37年改正前の商法では、金銭債権の評価について格別の規定はなかった。同条は、金銭債権が取立不能のおそれあるときは、その見込み額を控除しなければならないと定めた。

法務省は、昭和37年の商法改正にともない、株式会社の貸借対照表、損益計算書、営業報告書及び附属明細書に関する規則（「商法計算書類規則」という）によって、商法281条による計算書についての記載方法を定め、会社の財産及び損益の状態を正確に判断できるように明瞭に記載しなければならない（１条）とし、売掛金等の金銭債権のうち破産債権、更生債権その他これらに準ずる債権で決算後１年以内に弁済を受けられないことが明らかなものは、投資等の部に記載しなければならない（７条）とした上で、流動資産の部に記載した金銭債権のうち取立不能のおそれがある場合には、その金銭債権が属する科目ごとに取立不能見込額を控除する形式で記載しなければならず（10条）、投資の部に記載された長期の金銭債権についても同様である旨定めている（20条）。しかし、いかなる場合に取立不能のおそれがあると判定するかについては何らの基準も明示していない。

取立不能のおそれについては、商法上、一般には、債務者の資産状態、取立のための費用及び手続の難易などを総合し、企業関係者の社会通念によって回収不能のおそれあるときをいうと解され、その判定基準は必ずしも明確ではなく相当の困難が伴い、企業の合理的な活動の範囲内で取り立て不能のおそれがあると認められれば足りると解されており、その認定には客観性あることが要請されるが、しかしある程度の主観的判断が入ることも差し支えないと解されている（注釈会社法⑹285条の４、旧版120頁、蓮井）。

会社法上の取立不能見込額は、期間損益の確定を目的とする企業会計において、期間費用計上の原則に基づき債権の取得原価を修正してその回収価値を把握するための「貸倒見積額」とはその意味するところが常に一致するとはいえないと解されている（同123頁）。他方で、会社法上の取立不能の見込額は、法人税法上、損金算入を許容される貸倒引当金、あるいは損金経理により処理を認められる債権償却引当金などの額とも、必ずしも一致するとは限られない（同）。

法人税法は、債権は一般的にその債務者の総財産を担保とするものであるから部分的な価値の減少は考え難いこと等から回収不能の認定を厳格にして、債権の放棄である全額貸し倒れ、債権の切捨て額の確定等の一部貸し倒れの場合の法的事実を求め、その判定基準を詳細かつ明確に通達によって規定する一方、債務者の支払い能力についても、一定の事実の発生した場合に法人の貸し倒れ処理をそのまま認める扱いとしており、実際上、これが企業会計実務を左右する影響を与えてきた（93.1.3日経参照）。

ところで商法計算書類規則については法務省が、昭和57年に「株式会社の貸借対照表、損益計算書、営業報告書及び付属明細書に関する規則の特例に関する省令」を定め、商法計算書類規則は、建設会社、銀行、保険会社等一定の業種には適用されず、それぞれの主管官庁の定める省令等によるものとした。この規則によって長期信用銀行については大蔵省の省令である長期信用銀行施行規則、前記通達による決算経理基準と、行政指導によって規律を受けてきた。

他方、証券取引法は、有価証券報告書について、大蔵省令で定めるところにより、当該会社の営業及び経理の状況その他事業の内容に関する重要な事項その他投資者保護のため必要かつ適当なものとして大蔵省令で定める事項等を記載した届出書を提出しなければならないとしている（同法５条）。同法を受けて定められた「財務諸表等の用語、様式及び作成方法に関する規則」も、適用の一般原則として一般に公正妥当と認められる企業会計の基準に従うものとする一方で、銀行・信託業等別記の特定事業を営む会社の財務諸表等については、銀行法等の法令又は準則の定めによるものとしており、有価証券報告書の記載に関しても大蔵省が決算経理基準に基づく行政指導を行ってきたのである。

こうして金融機関の不良債権については、回収不能見込み額を貸倒引当金として負債項目に繰り入れ(「間接償却」という)、回収不能額を直接貸借対照表の資産項目から引き落とす(「直接償却」という)とされた。実務上、一般に債権にかかる損失がすでに発生し、損失額がほぼ確定しているが、担保物の処分が完了していない等、回収の途中にあるときは間接償却を行い、その後、回収作業が完了して最終的に回収不能額が確定したときに直接償却が行われることとされてきたのである。

4　金銭債権の資産評価と商法の昭和49年改正

昭和49年の商法改正で、資産評価の原則に関する34条が改正され、会計帳簿に記載すべき財産の価額のうち、金銭債権についてはその債権金額から取立不能見込額を控除した額を越えることができない旨の規定が設けられた。

資産の評価基準としては、取得原価基準、低価基準、時価基準などがあるが、商法及び企業会計原則は、取得原価基準を採用し、これに部分的に修正を加えている。いずれの基準を採用するかは、会計の対比・選択の問題である。取得原価主義による伝統的な財務諸表を他の財務情報を支える岩盤と見るか否か、また取得原価主義会計を経営者の受託責任の基盤と見るか否かの問題であると言われている。

商法が原則として、取得原価基準を採用した理由は、取得原価基準によれば、経営者の恣意的な評価を防止できると考えられたこと、誰が測定しても同じ結果を導けるため、会計監査に適していると考えられたことなどによると言われている。これに対し金銭債権については、判断の恣意性、多義性を免れ得ないことを自覚しつつ、一定の限度でいわば時価主義による修正を加えたのである。

会計基準は蔵相の諮問機関の企業会計審議会が決め、しかも時に大蔵省の「裁量」で、企業会計の原則が踏みにじられることがある。たとえば株価が急落していた平成2年3月期決算では大蔵省が全国の信用金庫のうち約40について個別指導で有価証券の評価損の償却先送りを認め(90.9.17日経)、同じく平成4年9月期決算では、金融システムの安定化のための緊急対策において、金融機関に対し株式評価損の償却を先送りするよう指導した(92.8.19日経)。

更に、早期是正措置の導入を控えた平成10年3月期の本件決算においても、大蔵省は、資産の評価のうち保有上場株式について、原価法、低価法の選択制をにわかに認めた。

このようにして「企業会計原則」は、体系性や首尾一貫性を失い、制度的地位の低下は免れないといわれている。

5　金融機関における会計基準と決算運営――商法、企業会計基準と決算経理基準

(1)　決算経理基準

すでに述べたとおり、会社法の計算に関する規定を受けた法務省令は銀行には適用されず、銀行法に基づく大蔵省令が適用される。

昭和42年9月、大蔵省は、銀行局通達をもって銀行の経理処理に関する統一基準を定めた。昭和50年には銀行法施行細則により、商法に基づく「計算書類規則」、証券取引法に基づく「財務諸表等規則」と調整をはかった。

昭和56年6月、銀行法が全面改正され(昭和57年4月施行)、新銀行法の施行規則によって、銀行の統一経理基準通達も、通達「普通銀行の業務運営に関する基本事項等について」(昭

和57.4.1付蔵銀第901号「基本事項等通達」）に整理統合された。この通達に添付された「普通銀行の業務運営に関する基本事項」には、経理関係として、決算経理基準が定められていた。

その後、この通達は、平成9年7月31日一部改正（蔵銀第1714号）されたが、決算経理基準は、平成10年6月10日に廃止されるまで存続した。

長銀の財務諸表は、「財務諸表等の用語、様式及び作成方法に関する規則」（昭和38年大蔵省令第59号）第2条の規定に基づき、同規則及び「長期信用銀行法施行規則」（昭和57年大蔵省令第13号）により作成され太田昭和監査法人の監査を受けている（例えば弁3参照）。

平成8年度決算書によれば重要な会計方針として、引当金の計上基準の項に、貸倒引当金については、銀行業の決算経理基準に基づき税法上の貸金の1000分の3.0に相当する額を引き当てているほか、貸金等について回収可能性を検討して計上しているなどと記載されている。債権償却特別勘定を除く貸倒引当金は、期末における貸出金等の残高の1000分の3を必ず繰り入れることとされ、債権償却特別勘定については、税法基準によるもののほか、有税による繰り入れが認められるようになったことによる。

これに対し、平成9年度決算書では、改正後の銀行業の決算経理基準に基づき、予め制定した償却・引当基準に則り、貸倒引当金を計上している旨が記載されている。

⑵　不良債権償却証明制度

課税上、一般に、事業会社の債権の貸倒損失の認定は税務当局が行うが、金融機関の貸出金債権については、国税庁は、独自の判断を差し控え、大蔵大臣官房金融検査部の金融検査官が「回収不能又は最終の回収に重大な懸念があり、損失の発生が見込まれる貸出金であること」を証明した金額に限り、税務上も損金として経理処理をすることが認められてきた。この制度は、昭和25年以来実施されていたが、昭和30年2月、「不良債権償却証明制度実施要領」（昭和30.2.24銀秘第933号）によって従前の各種通牒を統一した。この通達によると、「金融機関の不良債権償却証明制度は、国税庁との協定に基づき実施せられ、金融検査官が第四分類及びこれに準ずるものとして証明した不良債権の金額は、原則として法人税法上損金に認められることとなっている。金融機関が必要な償却を行い、資産内容の充実を図ることは望ましいが、証明官の審査が厳に失し、あるいは寛に流れるときは本制度本来の意義を失うおそれがあるので、税務当局と密接な連絡を保ちつつ、適宜かつ慎重に行うようにする」とされていた。したがって金融機関としては、各期末の償却予定債権を報告し、金融検査官の査定により、適当と認められ償却証明を受けた債権に限り、無税で償却することが認められたのであり、有税償却については言及されていなかった。

平成4年6月、「不良債権償却証明制度等実施要領について」（平成4.6.25蔵銀第1237号）が、右通達を引き継いだが、ここで有税償却の届け出があった場合の処理について規定された。これによると「有税償却については『決算経理基準』等によりその内容を報告することとされているが、この届け出の受理にあたっては、金融機関の自己認定により行われるものであることに留意する」というのである。今日としてはなんら違和感なく受けとれる内容であるが、むしろ大蔵省が従来、有税償却について金融機関の「自己認定」を例外なく認めなかったことを読み取るべきである。

ついで平成5年11月、現下の経済情勢の下における不良債権の実態に応じた取り扱いをするため、同名の通達（平成5.11.29蔵銀第439号）が出された。この通達も、わざわざ「有税引当等については「決算経理基準」等によりその内容を当局に届け出ることになっているが、この届け出の受理にあたっては、金融機関等の自主判断により行われるものであることに留意する」と定めている。要するに、当局は有税引当であっても相変わらず、強い縛りをかけ、金融機関の自己認定を認めなかった実情が強く窺われるのである。

大蔵省大臣官房金融検査部審査課課長補佐高橋洋一は「金融機関の債権償却」において、金融機関の引当・償却について、税務当局と監督当局は統一的（conformable）な取り扱いとなって、金融機関を含む関係者の事務コストの削減にかなり寄与していると思われると述べている（平成8年4月第2訂第3刷10頁）。

この通達は平成6年2月8日に一部改正された上、不良債権償却証明制度は、本件決算年度の期央である平成9年7月4日に、廃止された。

⑶ 銀行の決算経理に関する「公的規制の廃止」と資産評価の基準

早期是正措置によって金融機関の経理から公的規制を廃止し、第一次的には金融機関の自己査定に委ねたといわれる。

たしかに、平成9年度の決算期の期央である平成9年7月4日に「不良債権償却証明制度」が廃止され（97.7.29日経）、同年7月31日、「普通銀行の業務運営に関する基本事項等について」通達の一部を改正する通達（蔵銀第1714号）が発せられ、資産運用関係のうち自己資本比率の国内基準に関する部分、及び経理決算関係の全部は、この営業年度の決算から直ちに適用するとされている。決算経理関係では経理処理の原則や資産の評価及び償却について変更があり、引当金等の繰入に関する部分は削除されている。

そして改正後の「決算経理基準」自体も、平成9年度の決算期の終了した後である平成10年6月10日に廃止された。

ところで金融機関の不良債権の償却・引当は、平成9年3月期まで、大蔵省検査、日銀考査、大蔵省検査部における償却認定、すなわち税法を基準とする大蔵省の裁定を考慮に入れて、銀行の不良債権担当セクションが要償却・引当額を算定してきた。ただ「復活折衝」に見られるように、大蔵省は貸倒償却に対して消極的であった。大蔵省検査部審査課に償却証明を申請しても償却証明が得られない場合には、結果的には本来貸倒償却されるべき債権まで引き続き資産として計上されることとなる。

従来は、これと並行して監査法人が資産内容を抽出などの方法により調査し、これらを総合して、決算担当部署が償却引当額の原案を作成し、最終的に役員会において決定していた。

制度上は、前記不良債権償却証明制度の廃止によって、銀行が資産の健全性を自ら把握し、不良債権の範囲を自ら認定し、引当金を積み増したり、償却を行うかを自ら決定することができるようになった（不良債権の範囲どこまで。97.8.20日経）。

しかし、そうであっても金融機関としては、不良債権の償却・引当の基準に関する従来の金融検査部ないしは税務当局の扱いが、早期是正措置の導入と、不良債権償却証明制度の廃止、決算経理基準の改正によって、急激に変更されるものとは、およそ理解できなかった。この点は不良債権の資産評価について、大蔵省金融検査部審査課長補佐である高橋洋一が「商法上の取立不能の意義と決算経理基準にいう回収不能において、解釈を異にしなければならぬ理由はあるまい」との見解を示していたことからも明らかである。金融機関に対し、従来の不良債権の資産評価、償却及び引当の基準について急激な変更を強いることは不可能であり、大蔵省が金融機関に対しそのような無理難題を課すわけはあり得ない。

その後、長銀に対する金融監督庁の検査ののち、金融機関の資産査定については、法律が整備された。

すなわち、本件決算期の後である平成10年10月16日に金融機能の再生のための緊急措置に関する法律が制定された。これによれば、資産査定について「資産査定とは、主務省令で定める基準に従い、回収不能となる危険性又は価値の毀損の危険性に応じてその有する債権その他の資産を区分することをいう」（同法6条2項）と規定したうえ、同法施行規則において、資産査定の基準は、債務者の財政状態及び経営成績等を基礎として、破産更生債権及びこれらに準ずる債権、危険債権、要管理債権、正常債権に区分するとされた（同規則4条

1項)。その後、平成11年4月8日に発表された金融監督庁の「金融検査マニュアル」は、同年7月1日以降に行われる決算処理にかかる検査に適用されるとされている。

言い換えると本件決算期に関するかぎり、従来の行政方針が明示的に撤回されていないのであるから、段階的、計画的にできるだけ早期に処理を進める方針の下に、金融検査部ないしは税務当局の扱いを尊重して不良債権の償却引当を行って、決算を運営することが許容されていたと言わざるを得ない。

第3　長銀における自己査定基準の策定と自己査定の経緯

1　自己査定基準の策定経過

平成7年12月の大蔵大臣談話及び平成8年6月の金融機関等の経営の健全性確保のための関係法律の整備に関する法律の成立を受け、同年10月、長銀は、担当役員を鈴木恒男常務取締役として資産の自己査定体制・手法・基準等具体策を検討するため「自己査定体制検討プロジェクトチーム」を組成して、各方面、例えば全銀協の早期是正措置に関する検討会(座長西崎哲朗）などから情報を収集した。

大蔵省は、平成8年2月案、平成8年11月の大蔵省原案などを経て、平成8年12月の大蔵省ガイドラインを策定し、平成9年3月、「資産査定」通達（自己査定基準のガイドライン）を発表し、平成9年4月、会計士協会が償却・引当基準を発表した。

長銀のプロジェクトチームも、各行と同様に大蔵省内で進んでいた資産査定ガイドラインの策定の進捗状況と平仄を取りつつ、作業を行った。この過程で実施されたシミュレーションは種々の評価想定により計算したもので、決算における引当処理とは必ずしも一致するものではない。

従来、金融機関における貸出債権の資産評価「分類」作業上、債務者区分を行っておらず、破綻懸念先、実質破綻先といった区分は一般的ではなかった。ちなみに全銀協の会長行であったさくら銀行の当初基準には、破綻懸念先の概念さえなかった。

長銀経営陣は、不良債権をできるだけ迅速に処理することにより長銀が生き残るという強い確信を持っていた。

長銀は、自行が生き残ることを前提として可能な限り積極的に償却･引当を行う方針であった。全体目標としては、3カ年のうちに財源5000億円を投入して早期是正措置クリアーの目処を立て、平成12年3月期において引当率60～70パーセントを達成することとし、具体的には、一般先については平成9年度中に全体処理を完了、関連親密先については、破綻懸念先、破綻先については3年間のうちに全額処理、支援中の長銀リースは平成9年度、日本ランディックは平成10年度に支援終了、エヌイーディは計画的に処理するという計画であった。

長銀としては、早期是正措置は、導入後の一定期間は、試行期間であると受け止めていたから、即時に早期是正措置の発動といったドラスティックなことはなく、時間的余裕があるとの認識であったが、策定した自己査定基準については、監査法人の見解を求めることとしていた。

プロジェクトチームは、平成9年5月23日、常務会に自己査定基準に関する最終答申を提出したが、その後も、支援先及び関連親密先の取り扱いに検討を加えた。

この検討にあたっては、同年7月上旬、全銀協から入手した関連ノンバンクに対する与信の査定基準に関するガイドライン、同月下旬ころ興銀から入手した「合理的な再建計画が作成されている先については計画の枠を超えた与信についてはⅡ分類と考えることが可能である」との情報などを参考とした。

長銀では、この査定基準によって同年7月4日から自己査定トライアルを実施した。自己査定トライアルの結果は、常務会のみならず、監査役に報告し、監査法人及び大蔵省に説明し、これと平行して、中間配当の実施については同年9月3日及び同年11月20日に法務部の意見も徴している。

長銀では、自己査定基準の策定にあたり、監査法人の意見をきいたほか、大蔵省の指導を受けた。

太田昭和監査法人は、同年9月ころ、長銀が「関連ノンバンクに係る自己査定運用規則」及び「特定関連先自己査定運用規則」の検討を求めたところ、合理性を欠くとは認められないとして、問題点の指摘ないし特段の意見を述べなかった。監査法人は、一般先、関連ノンバンクとは別に、特定関連先に関する自己査定基準についても検討の上、違法ないし不適切であるとの意見はなんら述べなかった。

このように長銀は、自己査定の基準、結果の正確性について監査法人の監査を受けたが、監査法人は、一般先債務者区分に関する基準について資産査定通達を逸脱するものではなく、関連ノンバンクに関する運用規則及び経営支援先等に関する運用細則についても許容範囲を逸脱する内容ではないとして格別の意見を述べなかった。

ついで同監査法人は、同年10月ころ、長銀が償却・引当基準について説明をなし、意見を求めたところ、「その考え方は許容範囲にある」として格別の意見を述べなかった。

更に、監査法人が同年11月ころに取りまとめられた「自己トライアルの結果」について、仮監査を実施した。監査法人は、自己査定基準に基づく自己査定結果の正確性についても、一定の抽出基準に基づいて抽出した貸出先についての不適正とは認められないとし、この自己査定結果に基づく、償却・引当についての監査においても、適切になされていると判断した。

このように長銀の自己査定基準は、監査法人の仮監査を受けて整備され、自己査定の結果は、監査法人から適正であるとの判断を受けている。

長銀は、同年12月中旬に大蔵省に対し自己査定トライアルの結果を提出したが、格別の指摘は受けていない。

長銀の自己査定基準は、取引の実態等に精通したスタッフが検討を重ねて策定し、かつ監査法人から格別の指摘を受けなかったので、経営陣が基本的に合理性に適うものとして機関決定を行ったものである。ただし経営陣は手続の細部及び具体的な償却引当の実施過程には必ずしも関与してはいない。

検察官の主張によれば、長銀の関連ノンバンクについては、長銀の自己査定基準によるべきではなく、平成9年4月21日付け「金融機関等の関連ノンバンクに対する貸出金の査定の考え方について」(事務連絡)に示された基準に基づいて査定されるべきであるとしたうえ、第一ファイナンス、エヌイーディー、日本リースの3社について母体行責任を負う意思があるとしても、再建計画がないか、あるいはその合理性がなく再建可能性が十分にあるとは認められないなどとして引き当て不足を指摘している。

また検察官は、青葉エステートほか9社については、いずれも関連ノンバンクとして右事務連絡による基準を適用することはできず、一般先にかかる資産査定基準が適用されるとして、いずれも実質破綻先に債務者区分されると認定し、各社向け貸出金から担保による保全部分を控除した残額がⅣ分類と認定されるとしている。

そのほか検察官は、あたかも長銀の自己査定基準における破綻懸念先、実質破綻先の適用基準が著しく失当であるかのごとく主張している。

しかしながら一般先に関する自己査定基準における債務者区分とその定義は、資産査定通達のそれと同一である上、いわゆる三条件の運用に関する検察官の主張は、実情と隔たりがある。

長銀の関連ノンバンク基準は、平成8年11月の大蔵省原案の考え方を極力取り込んで策定し、関連会社の査定は、全銀協のガイドラインに従い、自行が支援の意思があればII分類にとどめたものである。したがって関連会社については独自の債務者区分をしなくても引当不要の結果となる。都銀が債権放棄による支援を行った事例でも、残余の不良債権についてIII分類として引当処理はしていない。

いわゆる事業化会社を「破綻懸念」に区分しなかったのは、自行の意思と無関係に偶発的に破綻する可能性が全くないことによる。これに反し、自行が特定の事業化会社を破綻させる意思を持つ場合には、「実質破綻先」に区分して引当を実施することになる。このように事業化会社は、一般取引先を「破綻懸念先」に区分する場合とは状況が異なるので、一般取引先基準を機械的に適用することは、実情に合致しない。自行が特定の事業化会社について破綻させない意思を有する場合であっても、「要注意先」あるいは「破綻懸念先」に区分した場合、引当の程度についてバランスをとり難い。ちなみに、平成8年4月の大蔵省検査においては、事業化会社に対する貸出債権は、II分類として認められ、破綻懸念先として取り扱われてはいない。

従来は、企業会計上、貸倒れが発生するのは資金繰りが破綻し、返済不能となる場合であるから、およそ金融機関が支援意思を明確にしており、その支援継続が合理的である限り、資金繰り破綻はあり得ず、「貸倒れの発生の可能性が高い」とは言えないから、貸倒れ引当金が設定できないとされ、税法上も、いわゆる無税による貸倒引当金の繰入れは認められないとされていた。

したがって清算バランスによって資産評価をしない限り、商法等に違反するなどとは、誰も夢想だにしなかったのである。

2　決算の策定と承認手続の経過

平成9年度決算では、平成9年12月に公的資金の導入と保有株式の原価法の選択が可能となったので、平成10年3月31日の常務会において不稼働資産の償却、引当額を当初の見込み額より約1000億円上積みして6000億円程度とすることを決めた。

鈴木克治は、公的資金の導入申請に合せて実施した執行役員制の採用に伴う取締役の減員の実施により、平成10年4月1日付で取締役を退任し、同年3月31日の取締役会にも出席していない。

本件決算書の作成及び配当手続は、言うまでもなく、その後のことである。すなわち、平成10年4月28日の取締役会において、平成9年4月1日から同10年3月31日までの第74期にかかる決算書に関する議案が審議され承認された。

同日の取締役会で可決承認された決算案は、自己査定額を用いて要償却、引当額を算定しているが、新しいシステムで予定されているようにもっぱら自己査定に基づいて不良債権等の資産の評価をしたわけではなく、基本的には従来の手順に従い、従来の慣行を尊重し、事前に大蔵省、監査法人の指導を受け、意見を徴した上で、取り纏めたものである。

更に事後的にも、長銀の監査法人である太田昭和監査法人が、平成10年5月18日付け監査報告書を作成して適法である旨の意見を述べた。

また長銀の監査役会は同月21日付け監査報告書を作成し、同じく適法である旨の意見を述べた。

その結果、長銀は同月25日、取締役会を開催し、同年6月25日に株主総会を招集し、株主に対し1株3円の割合による配当を行う旨の利益処分計算書案等を決議案として上程することを出席取締役全員一致で原案どおり承認した。

この間、長銀は、同月14日から6月12日まで日銀考査を受け、その終了後、非公式な結果を聴き、弁護士の意見も徴した上、6月25日開催した定時株主総会で右利益処分計算書案を原案通り可決承認した。

長銀は、平成10年6月29日に、関東財務局に対し右決算書どおり記載した第74期有価証券報告書を提出した。

なお長銀は、株主総会後、第一勧業銀行、第一生命保険、日本生命保険、京都銀行、王子製紙、大和銀行、朝日生命保険、日動火災海上保険、川崎製鐵、トヨタ自動車（以上各社の持ち株率は合計15.37パーセント）などの大株主を含む株主に対して本件配当をした。

この配当については、今日に至るまで長銀の新経営陣は、株主に対し、一切、配当金の返還を請求していない。仮に、いわゆる内部調査委員会の、本件配当が違法配当である旨の結論が正当であるとするならば、当然、なされるべき損害回復のための実効的な手だては、何ら講じられていないが、全く首尾一貫していない。

第4　本件決算後の事情――長銀の「資産査定」と破綻の経緯

平成10年4月以降、公的資金の導入にもかかわらず、わが国金融システムに対する不信は収まらず、国際的にもジャパンプレミアムの拡大など、邦銀の資金調達環境が悪化し、信用収縮が継続した。

長銀は、SBCとの業務提携解消の風説が市場に流布し、市場の標的となり、マスコミの報道が過熱し、株価、格付け（98.5.26,6.18日経）がスパイラルに低下した。

こうした状況の下で、株主総会で退職慰労金の案件の上程が見送られた。金融監督庁は6月22日に発足し、長銀が6月26日に、住友信託銀行との合併構想を発表する（98.6.27日経）と、長官はこれを高く評価し最大限の支援を行う旨の談話を発表した。

7月に入り、「金融再生トータルプラン」が発表され（98.7.3日経）、金融監督庁は緊急的な措置として主要19行に対し集中的な検査を実施することになった。その結果、自己査定基準及び償却引当基準についてはその内容の一部に問題が認められたとして大半の銀行に改善を求めた。また、自己査定の正確性については関連会社や大口メインの分類誤り等、当局査定と自己査定が相違しているものが全行において認められ、償却・引当の適切性についても償却・引当基準自体に問題が認められたなどとして全行について償却引当額の追加が必要であると認定した。

他方、7月12日の参議院選挙で自民党が大敗し、橋本首相は辞任した。これを受けて小渕政権が誕生したが、発足当初の内外の評価は極めて低かった。8月には政府から金融再生トータルプラン関連六法案が国会に提出されたが、野党の攻勢を受け、政府は後退を重ね、政府提案のブリッジバンク法案が葬られ、結局野党三会派の提案を「丸呑み」して、10月16日に金融再生関連法、金融機能早期健全化法等が成立した。

この間、金融監督庁の検査官は、7月14日に自己査定基準について面談で質したのち同月16日から30日まで平成10年3月期の決算についての検査を行い、9月7日から14日まで平成10年6月時点での資産査定を行い、これらを踏まえ、償却引当不足があるとの判断を示した。もっとも金融監督庁の指摘した平成10年3月期決算の引当償却不足額は、本件における検察官の主張する額とは一致しない上、同年3月期に遡って修正することを求めてもおらず、できるだけ直近の期に是正を求めるというものであった。

長銀と住友信託の合併構想は、結局、棚ざらしにされて崩壊し、政府が長銀を債務超過と認定したのは、このような政治的混乱の影響を多分に受けてのことであり、金融監督庁は10月19日に至り検査結果を通知した。長銀はこうして、当初想定された合併ではなく、10月23日に、金融再生法36条により新たに創設された特別公的管理（一時国有化）の下に置かれて破綻処理をされることになった。

同日、金融再生法及び金融機能早期健全化法が施行され、12月22日に「金融検査マニュアル中間とりまとめ」が、同11年4月8日に「金融検査マニュアル最終取りまとめ」が、それぞれ公表された。

このマニュアルは、本件において検察官が資産査定の基準として主張する資産査定通達及び関連ノンバンク事務連絡に比べ、全体として柔軟であり、特に「マニュアルの運用にあたっては、機械的・画一的な運用に陥らないよう配慮する必要がある」ことを注意しており、金融機関の規模や特性に応じ十分かどうかを判断するように求めている。

要するに、その後の動きを見ると資産査定通達等の基準が絶対的なものでないことを強く示唆しており、制度の変革のはざまで実施された前記金融監督庁の検査の異常さと行き過ぎが際立っている。

なお、大蔵大臣の諮問機関である企業会計審議会は、平成11年3月期の決算からこれまで連結決算にしか認められていなかった、税効果会計を単独決算にも前倒しで導入する方針を決めた。これにより銀行は、不良債権を有税で償却した場合、納税済の税金が一度に資本に戻り、自己資本を大幅に増強することが可能となり、推定で大手18行で5兆円の効果があるといわれている（98.10.18日経）。

第5　鈴木克治の認識

鈴木克治は、昭和37年に入行し、大阪支店営業第2部長、本店融資業務部副部長を経て、昭和61年3月から平成元年5月までライフに出向した。同年5月に長銀に復帰し、業務推進部長となり、同年6月取締役に選任され、平成4年6月常務取締役、同8年12月専務取締役となった。

この間、同3年2月、営業企画部長、同6年6月から営業企画部を離れ、企画部を担当し、同7年6月からは事業推進部を担当し、特定債権対策委員会の責任者として不良債権の処理に苦闘してきた。

然る後、同人が副頭取の地位にあった期間は、偶々、平成9年10月から同10年3月までの6カ月であった。

わが国では、間接金融が依然として主体になっているので、バブル崩壊が金融機関のバランスシートに与える影響は大きい。したがって、不良債権の処理には調整時間を必要とする。この点は、大蔵省が、平成4年8月18日の「金融行政の運営方針」及び平成6年2月8日の「金融機関の不良債権問題についての行政上の方針」で明らかにしたところであった。このような行政方針に従い長銀でも不良債権問題の早期処理を経営の最重要問題として取り上げ、各中期計画においても計画的な着実な処理を進めることとし、財源のあるかぎり計画を前倒しして処理を実施してきた。

平成10年3月期決算では、他行においても多かれ少なかれ、同様の処理がなされていることは、同10年9月期中間決算並びに同11年3月期本決算の償却額から容易に窺えるところである。「平成11年3月期決算ハンドブックによると、銀行が主張する十分な引当が行われたかは依然不透明である」とされている。大手銀行の平成11年3月決算における不良債権処理額が大きく増加した。これは金融支援先の債務者区分を前年の決算期においては「要注意先」としていたものを「破綻懸念先」に変更したことによるものともいわれている。

このほか、これまで述べた実情を踏まえて、被告人鈴木克治は、取り調べ検察官に対し、経営陣の立場を説明し、従来の行政スタンスが継続していると考えていたから、不良債権については従来どおり相談しながら時間軸を置いた計画的処理が認められるものと考えており、これをよもや粉飾決算であるとか、違法配当を意図的に実施しようという意思はなかった旨を縷々説明しようと試みた。

しかしながら、検察官は、一、二の点を末尾に書き足すことはあっても、本質的には被告人の供述を虚心に受け止めて考え直すことなく、自らの論理を被告人に押し付けたため、被告人としては事実に反する供述調書への署名と指印に応ぜざるを得なかった。したがって被告人の供述調書の信用性を強く争い、今後の公判においてはその経過を具体的に立証する予定である。

Ⅱ　一巡目の被告人質問

第７回公判調書（手続）

被告人の氏名(1)　大野木　克信（出頭）
被告人の氏名(2)　須田　正己（出頭）
被告人の氏名(3)　鈴木　克治（出頭）
被告事件名(1)、(2)、(3)証券取引法違反、商法違反
公判をした年月日　平成12年4月26日
公判をした裁判所　東京地方裁判所刑事第一部
裁判長裁判官　大野　市太郎
裁判官　西野　吾一
裁判官　石田　寿一
裁判所書記官　長郷　道明
検察官　保坂直樹、古谷伸彦
出頭した弁護人(1)　（主任）那須弘平、中島鈆三、倉科直文
出頭した弁護人(2)　（主任）國廣　正、五味祐子、坂井　眞
出頭した弁護人(3)　（主任）更田義彦、長　文弘

公判手続の更新

裁判官がかわったので公判手続を更新した。

証拠調べ等

証拠等関係カード記載のとおり

さきに指定告知済みの次回期日

平成12年5月19日午前10時00分

平成12年5月12日

東京地方裁判所刑事第一部

裁判所書記官　長郷　道明

被告人質問（大野木）を施行

第 8 回 公 判 調 書（手続）

被告人の氏名(1)　大野木　克信（出頭）
被告人の氏名(2)　須田　正己（出頭）
被告人の氏名(3)　鈴木　克治（出頭）
被告事件名(1)、(2)、(3)証券取引法違反、商法違反
公判をした年月日　平成12年5月19日
公判をした裁判所　東京地方裁判所刑事第一部
裁判長裁判官　大野　市太郎
裁判官　西野　吾一
裁判官　石田　寿一
裁判所書記官　長郷　道明
検察官　保坂直樹、古谷伸彦
出頭した弁護人(1)　（主任）那須弘平、中島鈆三、倉科直文
出頭した弁護人(2)　（主任）國廣　正、五味祐子、坂井　眞
出頭した弁護人(3)　（主任）更田義彦、長　文弘

証拠調べ等

証拠等関係カード記載のとおり

指定告知した次回期日

平成12年6月8日午前10時00分

平成12年6月5日

東京地方裁判所刑事第一部

裁判所書記官　長郷　道明

被告人質問（大野木）を施行

第 9 回公判調書（手続）

被告人の氏名(1)　大野木　克信（出頭）
被告人の氏名(2)　須田　正己（出頭）
被告人の氏名(3)　鈴木　克治（出頭）
被告事件名(1)、(2)、(3)証券取引法違反、商法違反
公判をした年月日　平成12年6月8日
公判をした裁判所　東京地方裁判所刑事第一部
裁判長裁判官　大野　市太郎
裁判官　西野　吾一
裁判官　石田　寿一
裁判所書記官　長郷　道明
検察官　保坂直樹、古谷伸彦
出頭した弁護人(1)　（主任）那須弘平、中島鉱三、倉科直文
出頭した弁護人(2)　（主任）國廣　正、五味祐子、坂井　眞
出頭した弁護人(3)　（主任）更田義彦、長　文弘
証拠調べ等
証拠等関係カード記載のとおり
指定告知した次回期日
平成12年7月12日午前10時00分
平成12年6月30日
東京地方裁判所刑事第一部
裁判所書記官　長郷　道明

被告人質問（大野木、須田）を施行

第10回公判調書（手続）

被告人の氏名(1)　大野木　克信（出頭）
被告人の氏名(2)　須田　正己（出頭）
被告人の氏名(3)　鈴木　克治（出頭）
被告事件名(1)、(2)、(3)証券取引法違反、商法違反
公判をした年月日　平成12年7月12日
公判をした裁判所　東京地方裁判所刑事第一部
裁判長裁判官　大野　市太郎
裁判官　北村　和
裁判官　石田　寿一
裁判所書記官　長郷　道明
検察官　保坂直樹、東　弘
出頭した弁護人(1)　（主任）那須弘平、中島鈜三、倉科直文、横田高人
出頭した弁護人(2)　（主任）國廣　正、五味祐子、坂井　眞
出頭した弁護人(3)　（主任）更田義彦、長　文弘
公判手続の更新
裁判官がかわったので公判手続を更新した。
証拠調べ等
証拠等関係カード記載のとおり
指定告知した次回期日
平成12年7月25日午前10時00分
平成12年7月24日
東京地方裁判所刑事第一部
裁判所書記官　長郷　道明

被告人質問（大野木、須田）を施行

○ 須田正己供述調書（第10回公判）

被告人供述調書（平成12年7月12日第10回公判）

弁　護　人（國廣）

（弁）証拠番号98（逐条詳解法人税関係通達総覧）を示す

では、国税の無税認定について伺います。弁98号証は法人税関係の通達総覧でございますが、ここでは法人税基本通達9-4-1、「（子会社等を整理する場合の損失負担等）」の部分と、それから、4枚目の基本通達9-4-2、「（子会社等を再建する場合の無利息貸付け等）」についての解説がなされていますが、この法人税基本通達の子会社等の再建に関する9-4-2の通達が、96年、平成8年4月当時にあったかどうかということをまず確定させたいと思います。この法人税基本通達の9-4-2が96年(平成8年)4月当時に存在していたことはどこを見れば分かりますか。

はい。9-4-2の四角い箱の下の注釈の1に。

それは2512と書いてあるページですね。

はい、そうです。この注釈に「本通達は、昭和55年5月15日付の基本通達の改正において追加された。」と記載されております。

ということは、この通達は96年(平成8年)当時あったということですね。

はい、そうです。

ところで、この9-4-2の標題には「（子会社等を再建する場合の無利息貸付け等）」と記載されていますが、ここにある子会社等とはどのような会社をいうのですか。

はい。それを分かっていただくためには少し前に戻って、9-4-1の通達のほうを開いていただきたいと思います。9-4-1の通達、四角い括弧の中の下のほうに「（注）子会社等には、当該法人と資本関係を有する者のほか、取引関係、人的関係、資金関係等において事業関連性を有する者が含まれる（以下9-4-2において同じ。）。」と書いてございます。

したがって、9-4-2においても子会社等は含まれると、そういうことになるわけですね。

はい、そうです。

ところで、この9-4-2の子会社等の内容を定める、今あなたがおっしゃった9-4-1の注ですね。この注は平成10年に追加されたものですね。

はい、そうです。

そうしますと、この9-4-2の子会社等の内容を定める9-4-1の注が平成10年に追加されたものだとすると、今問題となっている96年、平成8年4月当時においては、この注に記載された子会社等に関する考え方は通用していなかったのではありませんか。

いいえ、そうではありません。

どこを見れば分かりますか。

今、2511ページを開いていただいていると思いますが、2枚めくっていただいて、2511の3というところを開いていただきたいと思います。そこの上のほうに6というところがありまして、その中の下から5行目に「この点は、本通達が新設された昭和55年当初からそのような考え方がとられており、そのために『子会社等』という表現になっているのであるが、そのことが若干わかりにくいとの批判もあったので、平成10年の通達改正において（注）書が付け加えられ、本通達及びこれと密接な関連を持つ基本通達9-4-2の適用関係の一層の円滑化が図られることになった。」と記載されております。

ということは、結局、この9-4-2というのは、子会社等に関する注も含めて96年、平成8年4月当時に適用されていたということでよろしいですね。

はい、そのとおりです。

以上が9-4-2の適用関係の問題でしたが、次に9-4-2の内容、趣旨について伺いたいと思います。この9-4-2の趣旨については、弁93号証のほうが詳しいので、弁93号証、週刊税務通信、平成12年5月8日号を示しながら質問します。

(弁)証拠番号93(週刊税務通信2622号)を示す

これはどのような文書ですか。

表紙の次に標題が書いてございまして、これは子会社等を整理、再建する場合の親銀行、親会社の損失負担等にかかわる質疑応答事例等を文字どおり国税庁がまとめたものでございます。

これは国税庁の見解が書かれているものですね。

はい。

つまり、これは96年、平成8年4月当時に存在していた、もちろん現在も存在しているわけですけれども、この法人税基本通達の解釈についての国税庁の見解を記載したものだと考えてよろしいですね。

はい。納税者の便に資するために国税庁が、それまで納税者から問い合わせのあったいろいろな質疑応答事例に対して、国税庁の解釈を取りまとめ、公表したものでございます。

それでは、弁93号証の24ページないし25ページを見てください。この法人税基本通達9-4-2の趣旨はどのようなものであると国税庁は言っておりますか。

はい。お手元の資料の24ページに、この通達の趣旨が記載されておりますので、そこを読み上げますと、24ページの通達の趣旨には「法人税の執行上、民商法重視の立場に立てば親子会社といえどもそれぞれ別個の法人であるから、仮に子会社が経営危機に瀕して解散等をした場合であっても、親会社としては、その出資額が回収できないにとどまり、それ以上に新たな損失負担をする必要はないという考え方がある。しかしながら、一口に子会社の整理といっても、親会社が、株主有限責任を楯にその親会社としての責任を放棄するようなことが社会的にも許されないといった状況に陥ることがしばしば生じ得る。」、次のページにいきまして、「つまり、親会社が子会社の整理のために行う債権の放棄、債務の引受けその他の損失負担については、一概にこれを単純な贈与と決めつけることができない面が多々認められるということであり、このようなものについて、その内容いかんにかかわらず、常に寄附金として処理する等のことは全く実態に即さないといえる。」と書いてあります。

日本リースに対する長銀の95年、平成7年、及び96年、平成8年の支援は先ほど述べられたように無税の認定を受けていますね。

はい。

では、無税の認定を受けるということ、つまり再建支援等により損失負担等をした場合において損金算入が認められるとはどういう場合ですか。

この資料の23ページにそのことが記載されておりますので読み上げます。23ページのIIの2、「再建支援等により損失負担等をした場合において、損金算入が認められるときとはどのようなものか。」に対して、「寄附金とは、法人税法第37条第6項において『金銭その他の資産又は経済的な利益の贈与又は無償の供与』とされているが、その経済的利益を供与することについて、経済合理性が存する場合には、その供与した経済的利益の額は寄附金に該当しないものとして取り扱うこととしている。再建支援等事案における損失負担等の額の損金算入が認められる経済合理性とは、経済的利益を供与する側からみて、再建支援等をしなければ今後より大きな損失を蒙ることが明らかな場合や子会社等の倒産を回避するためにやむを得ず行うもので合理的な再建計画に基づく場合などその再建支援等を行うことに相当な理由があると認められる場合をいう。」と書いてあります。

では、今、経済合理性という言葉が出てきましたが、経済合理性が認められる場合というのは、どういう場合ですか。

これは 25 ページに、そのことについて記載された箇所がございます。Ⅱの 4 というところに、経済合理性を有しているか否かはどのように検討するのかという設問に対する答えとして、その下に「子会社等を整理又は再建する場合の損失負担等が経済合理性を有しているか否かは、次のような点について、総合的に検討することとなる。」として、①から⑦まで 7 つの項目が書いてございます。

ということは、長銀の日本リースに対する支援は今の①から⑦の条件がすべて満たされたというふうに国税に認定されたということですね。

はい、そのとおりだと思います。

25 ページの①から⑦の要件をすべてここで検討することはいたしませんが、代表的なものについて簡単に伺います。まず①の要件、「損失負担等を受ける者は、『子会社等』に該当するか。」という要件について伺います。日本リースは法人税基本通達にいう子会社等に当たりますか。

はい。26 ページの右上に『事業関連性のある『子会社等』の範囲は、どのようなものか。」というところに「資本（親子）関係、取引関係、人的関係、資金関係等において事業関連性を有するものをいう」ということで、日本リースと長銀の関係は正にこの関係ですから、子会社等に該当すると思います。

次に 25 ページに書かれている要件の②、「子会社等は経営危機に陥っているか（倒産の危機にあるか）」という要件について伺います。当時、96 年（平成 8 年）4 月に至る当時のことですが、当時、日本リースは経営危機に陥っていましたか。

はい。この日本リースはバブル経済の崩壊の直後から、先ほど御説明したような不良債権を抱え、経営危機に陥っておりました。そのために日本リースを再建するために、再建のための計画を作成し、長銀は日本リースの再建を支援していったということでございまして、先ほど申し上げた平成 7 年、8 年の損益支援を行うことにより、日本リースは再建に向かって歩み始めていたと、そのような流れの中にありまして、その支援をやろうと思ったときは、日本リースは当然経営危機に陥っていました。

そうでなければ無税認定されないわけですよね。

はい、そうです。

次に 25 ページの要件③、「損失負担等を行うことは相当か（支援者にとって相当な理由はあるか）。」という要件について伺います。支援者、これは長銀のことだと思いますが、支援者にとって相当の理由があるか否かは、国税によってどのように検討されたのですか。

これは 27 ページを御覧になっていただいたほうが分かりやすいのでございますが、27 ページの下のほうに「(3)支援者にとって損失負担等を行う相当な理由」というところに、答えといたしまして、支援者にとって損失負担等を行う相当な理由があるか否かは、損失負担等を行い子会社等を整理することにより、今後被るであろう大きな損失を回避することができる場合、又は、日本リースのような子会社等を再建することにより、長銀の残債権の弁済可能性が高まり、倒産した場合に比べ損失が軽減される場合若しくは支援者である長銀の信用が維持される場合などが考えられるというふうに読むことができます。

したがって、ここの「支援者にとって損失負担等を行う相当な理由」はあるということですね。

はい。

ここには整理の場合と再建の場合の両方が書かれておりますけれども、当然、日本リースに対する長銀の支援は今読み上げたところの再建部分に妥当するということですね。

はい。日本リースを再建しようとしておりました。

ところで、国税により日本リースに対する支援が無税認定されたということは、その無税認定された再建のための支援計画が実施された後においては、被支援者はどのような状態になっているということなのですか。

はい。倒産の危機を回避し、再建に向かって回復の過程を歩み始めたということを意味します。

(弁)証拠番号99(1996年4月27日付け日本経済新聞の記事抜粋(「日本リース不良債権4500億円処理」と見出しの付された部分)を示す

これは長銀の日本リースに対する98年(平成10年)3月の支援終了についての記事ですが、この記事では日本リースの再建については、どのように書かれていますか。

日本リースは不良債権処理をほぼ完了したことになり、自力再建できる体制が整った。日本リースは業界第2位の総合リース会社で、本業のリース部門の回復もありうんぬんということで、日本リースが再建に向かって歩み始めたことの記事になっております。

このような新聞記事が出ている当時、すなわち96年、平成8年4月ごろ、これは円卓会議が行われた月でもありますし、MOF検が始まっている月でもあるわけですが、あなたの日本リースの状況についての認識はどのようなものでしたか。

日本リースは再建に向かって確実に歩み始めたと考えておりました。当時、長銀の役員は皆同じような考え方を持っていたと思います。

今、日本リースに対する長銀の支援についての国税の無税認定の話をちょっとやったわけですけれども、円卓会議資料にまた戻りたいと思います。

(乙)証拠番号3(供述調書)添付の資料番号⑦を示す

1ページ目を見てください。この円卓会議資料は来るべきMOF検を想定したものであったわけですが、実際にMOF検で日本リースに対する貸金はどのように査定されましたか。

IV分類には査定されませんでした。

この円卓会議資料の「査定後(最悪ケース)」の欄の右側を見ますと、「日本リースG」というところはIV分類で1100億円と書かれておりますけれども、IV分類と大蔵省の検査で認定されたものはなかったわけですね。

はい、そうです。

ということは、この「査定後(最悪ケース)」の予測は、これは長銀の予測ですが、的中しなかったということですね。

はい、そういうことになります。

ということは、先ほど述べた一般先の予測も当たらなかったし、日本リースの予測も当たらなかったということですね。

はい、そのとおりです。

以上のように日本リースに対する再建のための支援が合理的であるとして、国税の無税認定を受け、その再建のための支援が現に実行され、日本リースが再建に向かっているのならば、何もこの円卓会議資料で日本リースに対する貸出金をⅣ分類と予測する必要などないのではないですか。

私も全くそのように思います。Ⅳ分類に予測する必要はなかったと思います。ただ、この予測担当者は来るべき大蔵省検査を迎えるに当たりまして、長銀の行内を引き締める警告を発する、そのような考え方を持っていたのじゃないかというふうに思いまして、こういう数字、例えば一般先についても日本リースグループについても、このような数字を挙げたのじゃないかと思います。予測担当者もこの１枚目の表の一番下に、『最も可能性の高い分類予想額」として、日本リースグループについてはⅣ分類としては予測していないことからも分かりますように、予測担当者の見解も先ほどから私が述べている見解と同じだということが分かります。

当時、長銀の行内において、日本リースが既に破綻しており、それに対する貸金全額がⅣ分類になると考えている人はいましたか。

そのような人はだれもおりませんでした。日本リースは本業であるリース部門が従来から非常に高収益を上げてきておりまして、日本リースの弱点は唯一バブル経済後の営業貸付金部門の不振でございましたので、そこを処理するための財源を長銀が協力すれば、日本リースは必ずまた日本ナンバー２のリース会社としてよみがえっていく確信を持っておりましたので、日本リースがⅣ分類に分類されるなどと考える人は長銀の中には一人もいなかったと思っています。

以上、円卓会議資料の最悪ケースに関する日本リースについて伺いました。最初に一般先について伺い、次に日本リースについて伺いましたので、次に関連会社について伺います。円卓会議資料の１ページ目には関連会社については、MOF 検で最悪の場合には幾らがⅣ分類と査定されるという予測が書かれておりますか。

関連会社の欄の 8349 億円という数字が最悪ケースの予測数字になっています。

そうしますと、この円卓会議資料の最悪ケースで予測されている関連会社に対する 8349 億円のⅣ分類の内容について伺っていきたいと思います。まずここでいう関連会社というのはどういう会社ですか。

この資料の後ろのほうに関連会社の内訳表を説明しているページがございます。

別紙４という、右側に棒グラフが書かれている書面ですね。

はい、そうです。

では、関連会社とはどのような会社であるかを説明してください。

関連会社とは、この左上のほうにある長銀リース、NED 以下、会社名が全部で９つあると思いますけれども、これらの会社のことを言います。

では、このページの左上にある「関連会社不良資産実態」という表について伺います。関連会社名を書いてある右側に「総資産」という欄がございますが、この「総資産」の欄に記載されている数字は何を表しているものですか。

これは長銀リース以下、この９社がそれぞれ持っている貸借対照表の資産の総合計、総資産の金額を示します。

では、次に「不良資産」更に「実態ロス（Ⅲ＋Ⅳ)」と書かれている欄がございますが、この欄の数字は何を表しているものですか。

これらの関連会社の総資産のうち、何らかの事情で回収が滞っているとか、そういうことで不良資産化している金額を「不良資産」と言っていると思います。更にその次の「実態ロス（Ⅲ＋Ⅳ)」というのは、ⅢとかⅣというのは大蔵省が資産分類をするときに表示する符号でございますから、大蔵検査官の立場に立って、その不良資産を分類してみたらⅢとⅣに分類されるものの金額がこれだけあるという意味で、この実態ロスという金額が表示されているというふうに見えます。

ここで一つ確認しておきますが、ここの「不良資産」や「実態ロス（Ⅲ＋Ⅳ)」と表現されているものは、言うまでもないことですが、関連会社の資産の状況でございますね。

はい、そのとおりです。関連会社の第三債務者に対する貸付資産の状況を意味していると思います。

ここでの「不良資産」、「実態ロス（Ⅲ＋Ⅳ)」として表現されているのは関連会社の第三債務者に対する営業貸付金だけですか。

営業貸付金も含まれますけれども、関連会社が保有している有価証券とか不動産の損失も含まれるものと推測されます。

ここで今、「不良資産」、「実態ロス（Ⅲ＋Ⅳ)」として表現されている数字は関連会社の資産についての数字であるということは分かりましたが、このような数字を算出したのは長銀なのですか。それとも、関連会社自身なのですか。

これは、まず第一義的には関連会社の経営陣あるいは担当者がこの算出を行い、その結果を長銀側に提出してきた。長銀側は多分、事業推進部だろうと思いますが、提出してきたので、その数字がここに判明して記載されているものだと思います。

今、関連会社の担当者の方々が出してきた数字だろうというお話がありましたので、ちょっと横道にそれますが、そのことに関連して一つ質問いたします。関連会社でこのような数字を算出して長銀に出してきた人たちというのは、どのような人たちでしたか。

ほとんどは長銀からの出向者ということになりますが、当時これらの関連会社はバブルの影響を受けて大変不良資産を抱えて苦しんでおりました。バブル時代にこれらの不良資産が出来上がったころの経営者たちはもう６、７年たっていますから、ほとんど代替わりしていなくなっておりまして、その後に関連会社の再建のために長銀から送り込まれた人たち、その当時の先輩方の残した負の遺産を片付けるために送り込まれておった人たちが作業をしたと思います。

あなたは、平成４年、５年当時、ちょっと前になりますけれども、人事部長もやっておられましたね。

はい、そうです。

ですから、この関連会社に対する人の派遣なども、あなたが選んでやっていたということもあるわけですね。

そうでございます。人事部長時代、私が大変悩ましく思ったのは、この関連会社を再建するために人材をどのように供給していったらいいかというテーマでした。これらの不良債権に正面から向かい合って、これらを処理していくための人材というのは、単なる貸出し部門の知識のみならず、今まで銀行のお客さんにはいないような大変怖いお客様たちも相手にしないといけないような対外折衝能力も必要だということで、かなり長銀の中でも優秀な人材、営業力も高くて、知識があって、折衝能力の高い人材を選抜して関連会社に送り込んでいたのが人事部長の私でございました。

優秀な人材を送り込んでいたわけですね。

大変いい人たちを送り込んでいたと思います。この優秀な人たちがもっと前向きな仕事に従事していただいたら、本当にどんなに長銀にとってはいいだろうと思いつつも、当時の長銀にとっては関連会社の再建が経営の非常に重要なテーマだったものですから、それらの方々を送り込んでいたわけです。これらの人材は長銀の同期の中でもトップクラスの人たちが送り込まれていたと思います。

（以上　　宮村　麻理）

あなたが人事部長として、そのような人を言わば本体から関連会社に送り込むということについては、あつれきはありませんでしたか。

人事部長として関連会社に派遣する人たちに対して内示を出しますと、大抵の人はびっくりするわけでございますけれども、中には人事部長と話があるということで、私のところにねじ込んでくるような人もいました。そのねじ込んでくるような人たちに対しては、関連会社の再建が長銀にとってどんなに大事なことか、それから、長銀にいたら経験できないような分野の仕事に取り組んで腕を磨いて、また戻ってこいよというようなことで、私のほうからお話しして納得いただいて、関連会社に派遣しておりますけれども、大体、人事部長に自分の処遇についてねじ込んでくるような人は、もともと優秀なやつが多いわけでございまして、そういう人に限って、その後、また本当に戻って、長銀本体の役員になった人も何人かいらっしゃいます。

あなた自身、人事部長としていい人材を外に出しすぎるというような非難を受けたことはありませんか。

銀行の中に置いておいて働いてもらいたいような人材をあえて選抜して送り込んでいたものですから、須田人事部長はいい人を外に出しすぎると、いい人を苦労させすぎるというような批判があったこともございます。私自身はいろいろ体のこともあったりして、関連会社に行ったこともないし、それから、地方に単身赴任をしたこともないので、私自身はそういう苦労をしていないものですから、御苦労を掛ける人たちが一杯出ることについては、やや負い目を感じている次第でありました。

第11回公判調書（手続）

被告人の氏名(1)　大野木　克信（出頭）
被告人の氏名(2)　須田　正己（出頭）
被告人の氏名(3)　鈴木　克治（出頭）
被告事件名(1)、(2)、(3)証券取引法違反、商法違反
公判をした年月日　平成12年7月25日
公判をした裁判所　東京地方裁判所刑事第一部
裁判長裁判官　大野　市太郎
裁判官　北村　和
裁判官　石田　寿一
裁判所書記官　風間　高志
検察官　保坂直樹、東　弘
出頭した弁護人(1)　（主任）那須弘平、中島鈜三、倉科直文、横田高人
出頭した弁護人(2)　（主任）國廣　正、五味祐子、坂井　眞
出頭した弁護人(3)　（主任）更田義彦、長　文弘
証拠調べ等
証拠等関係カード記載のとおり
指定告知した次回期日
平成12年8月4日午前1時15分
平成12年8月2日
東京地方裁判所刑事第一部
裁判所書記官　風間　高志

被告人質問（鈴木）を施行

第 12 回公判調書（手続）

被告人の氏名⑴　大野木　克信（出頭）
被告人の氏名⑵　須田　正己（出頭）
被告人の氏名⑶　鈴木　克治（出頭）
被告事件名⑴、⑵、⑶証券取引法違反、商法違反
公判をした年月日　平成 12 年 8 月 4 日
公判をした裁判所　東京地方裁判所刑事第一部
裁判長裁判官　大野　市太郎
裁判官　北村　和
裁判官　石田　寿一
裁判所書記官　村上　剛英
検察官　保坂直樹、東　弘
出頭した弁護人⑴　（主任）那須弘平、倉科直文、横田高人
出頭した弁護人⑵　（主任）國廣　正、五味祐子、坂井　眞
出頭した弁護人⑶　（主任）更田義彦、長　文弘

証拠調べ等

証拠等関係カード記載のとおり

指定告知した次回期日

平成 12 年 9 月 12 日午前 10 時 00 分

平成 12 年 8 月 24 日

東京地方裁判所刑事第一部

裁判所書記官　村　上　剛　英

被告人質問（鈴木）を施行

Ⅲ 長銀関係者の証言

第 13 回 公 判 調 書（手続）

被 告 人 の 氏 名 (1)　大野木　克 信（出頭）
被 告 人 の 氏 名 (2)　須 田　正 己（出頭）
被 告 人 の 氏 名 (3)　鈴 木　克 治（出頭）
被 告 事 件 名(1)、(2)、(3)証券取引法違反、商法違反
公判をした年月日　平成12年9月12日
公判をした裁判所　東京地方裁判所刑事第一部
裁 判 長 裁 判 官　大 野　市太郎
裁 判 官　北 村　和
裁 判 官　石 田　寿 一
裁 判 所 書 記 官　村 上　剛 英
検 察 官　保坂直樹、東　弘
出 頭 し た 弁 護 人 (1)　（主任）那須弘平、倉科直文、横田高人
出 頭 し た 弁 護 人 (2)　（主任）國廣　正、五味祐子、坂井　眞
出 頭 し た 弁 護 人 (3)　（主任）更田義彦、長　文弘
出 頭 し た 証 人　鈴 木　恒 男

弁 護 人 の 意 見
倉科弁護人
別紙鈴木恒男証人にかかる検面調書の開示拒否に対する弁護人の意見要旨記載のとおり

証 拠 調 べ 等
証拠等関係カード記載のとおり

指定告知した次回期日
平成12年10月4日午前10時00分

平成12年9月20日
東京地方裁判所刑事第一部
裁判所書記官　村 上　剛 英

①　鈴木恒男証人尋問調書（第13回公判）

証人尋問調書（平成12年9月12日第13回公判）

弁　護　人（那須）

（略）

あなたは、平成7年8月22日に長銀において、MOF検対策会議という会議に出席した記憶がありますか。

出席いたしました。

その会議で、「MOF検に対する対応方針について」という資料の配布を受けた記憶がありますか。

配布された資料があったことは記憶しております。

（甲）証拠番号83（供述調書）添付の資料2を示す

これは、あなたの6月19日付けの調書に添付されている資料なんですが、この「MOF検に対する対応方針について」という資料が配られたことは記憶していると、こういうことですね。

はい。

その内容がどのようなものであったかということについては、詳しく記憶していますか。

昨年、取調べを受けた時点では、余り明確な記憶がございませんでした。現在でも同じでございます。

そうすると、この8月22日のMOF検対策会議について、あなたはどのようなことを記憶していますか。

当時、私は審査部の担当役員でございまして、審査部の関係のテーマとなっておりました、担保の評価の洗い替えという制度につきまして関心を持っておりましたので、その点については記憶しております。

Ⅳ分類がどのくらいあるかとか、あるいは償却、引当がどのくらい必要であるかとかというようなことについての議論がなされたかどうかということについての記憶は、どうでしょうか。

記憶がございません。途中から出席したのか、そのへんもちょっと定かではないんですが、記憶がないというのが正直なところでございます。

それは、現在そうだということだけでなくて、検察官に取調べを受けた当時も、そうであったと、こう理解してよろしいですか。

はい、そうです。

あなたは、平成11年6月19日に東京地方検察庁で、検察官の取調べを受けて、供述調書に署名捺印をしましたね。

はい。

その調書では、平成7年8月22日の会議のことについて、先ほどの「MOF検に対する対応方針について」という資料に関連して、当時の大蔵省の査定方法に基づいて自然体で試算した結果では、長銀の要償却額がⅢ分類、約2000億円、Ⅳ分類、約8000億円となるというような趣旨のことを検察官に供述したと、こう記載されておりますが、そういうことが調書に記載されているということ自体は分かっていますね。

はい。

あなたは検察官の取調べに際して、Ⅲ分類、約2000億円、Ⅳ分類、約8000億円という分類額があったというふうに供述していますが、実際にそういうふうにあなたが検察官に述べた事実はございますか。

そういう供述はいたしておりません。

(甲) 証拠番号83 (供述調書) を示す

4丁裏を見てください。「その試算結果は、この資料2に添付されていたはずであり、分類額は、Ⅲ分類、約2000億円、Ⅳ分類、約8000億円というものでした。」と、このように書かれていますが、こういう供述をあなたはしなかったと、こういうことですか。

はい。

こういう数字をあなたが自ら口に出したということはないんですね。

はい。

それでは、自分のほうから進んで2000億円とか8000億円という数字を挙げた事実はないにしても、検事さんのほうからⅢ分類が2000億円だとかⅣ分類が8000億円だとかと言われて、それを、ああ、なるほど、そのとおりだということで認めたというか、受け入れたと、そういう事実はございますか。

検事さんからそういう数字が出たと思いますが、先ほど申し上げましたとおり、私自身、記憶がございませんでしたので、そういう数字を示されましても、それを含めて記憶がないということを申し上げました。**(略)**

あと細かいところは省きますけれども、あなたが現実に検察官に述べたことと、それから調書との間に食い違いがあるようですけれども、このような事態が生じた原因というのは、先ほどの6月19日の調書、甲83号証で述べたところと同じと、こう理解してよろしいですか。

はい、そうです。

やはり、この6月28日の調書、甲85号証についても、あなたとすれば署名捺印することを拒否するということが実際にはできなかったと、こう理解してよろしいですか。

はい。できなかったというか、事実上そういうことですが、非常に壁が厚くて、強い無力感といいますか、そういう気分で判こを押したということでございます。

弁　護　人 (倉科)

あなたの調書として検察官から請求されたものの中には、あんまり明確に記載されていない問題なんですけれども、あなたは長銀における自己査定体制検討プロジェクトチームというものにかかわったことがありますね。

はい。

その自己査定体制検討プロジェクトチームにおけるあなたの地位というか役割というのはどういうものだったのかというのを伺いますが。

長銀では、プロジェクトチームを作りますと担当役員を置くというふうに定めておりまして、このチームを所管する担当役員ということでございます。

(以上　川村　亜希子)

自己査定体制検討プロジェクトチームというのは、一体どんな作業をしたのかということなのですけれども。

自己査定制度自体全く新しい仕組みでございますし、言わば3年か4年に一ぺん受けておりました大蔵省検査を6か月ごとにやるというような作業としては実に膨大な、特に営業部あるいは支店の作業量が大変大きくなるものでございます。

原則として大半の債務者についての資産状況、担保の状況、細かい計数を全部書き出すわけでございまして、これを何とか営業部の負担にならないように、例えばコンピューターシステムでサポートできないかとか、あるいはそれをできるだけ効率的に集計して、間違いがあればそれをチェックできる体制をどうしたらいいかとか、もちろん資産の自己査定をしていく際の査定基準という問題、それも国内の貸付先だけではなくて、海外の債務者、非居住者の対象になりますもので、非常に関係する本部のセクションが多いわけでございます。そういうところの全体を取りまとめ､進行を管理するというのが､このプロジェクトチームの役割だったと思っております。

自己査定体制検討プロジェクトチームというものは平成 8 年、1996 年の秋に立ち上げられたわけですね。

そうだと思います。

それで、平成 9 年 2 月に一種の中間報告というものをお出しになりましたよね。

はい。

それから、平成 9 年、1997 年 5 月 23 日に常務会にこの答申を出したということでしたね。

はい。

その答申を出したところで、プロジェクトチームとしてはお役御免ですか。

そこで解散いたしました。

自己査定体制検討プロジェクトチームとありますが、そのプロジェクトチームの課題としては例えば今先ほどもありました、いろんな手順、手続とか、あるいはシステムとか、そういったようなことも大事な検討課題だったわけですね。

はい、そうです。

どうしても、こういう事件になると、何だか自己査定基準ばかりを作るのが目的だったように印象を受けがちだけれども、そんなことはないですね。

ええ。それぞれの本部関係のセクションが所管しておりますもの、言わば一つの部品といたしますと、それを持ち寄って円滑にその仕事が流れるような仕組みを作るという、それがたしか起案の段階でも各部のノウハウを集約し、というような趣旨のことが書いてあったように後で見た書類で確認いたしましたが、そういう趣旨でございます。

それから、今お聞きしました中に出てきましたけれども、1997 年、平成 9 年 2 月にその中間報告をなさったと。この中間報告をなさったということについては、その前年の平成 8 年 12 月に大蔵省の早期是正措置に関する検討会の中間取りまとめというものがあったことを受けたものだったのではないのですか。

そうだと思います。

自己査定体制検討プロジェクトチームというのは、この早期是正措置に関する行政側、あるいは監督側というのですか。そういった体制整備の流れに対応して準備をしていたのではありませんか。

はい。まだ 2 月の段階では大蔵省の資産査定に関する通達も出ておりませんし、情報収集の段階でございました。ただ、前年の秋にスタートしてけっこう時間も掛かっておりますし、そういう当局関係あるいはほかの銀行の状況なんかを情報収集して、言わば時効の中断的に報告をしておいたほうがいいだろうと、そういう意味でございました。

この早期是正措置が平成 10 年 4 月 1 日から導入されるということは、この自己査定体制検討プロジェクトチームとしては把握しておりましたね。

　　はい。

平成9年3月期決算がありますね。ここにおける各行が行う資産査定、そういったことと、それから、この早期是正措置ということで作られつつあった行政の監督権のあり方ということとの関係は、どういうことになるのだろうというふうに認識していたのですか。

　　早期是正措置自体は98年(平成10年)4月1日からということは、これは明確でございますが、問題はそれを4月1日からもし発動するとした場合に、根拠となる各銀行の資産内容はいつの時点のものか、まず単純に考えれば前年度末である3月末での決算というものがございますから、これを使うのが一番簡便であり、常識的ではあるのですけれども。ただし、法のといいますか、早期是正措置という一つの行政措置を講ずる場合の正式な根拠として、いつの時点の自己査定なんだというところは必ずしも明確ではなかったように思います。あいまいな面があったというふうに私は思っております。ただ、銀行としてはその3月末を、4月以降の早期是正の対象となる、言わば本番として位置付けてやっていこうと、行内ではそう言っておりましたが、厳密に法律の根拠としてのあれがどうかということを詰めたわけではございません。それから、もう一点は4月1日から検査、大手金融機関の集中検査があるというふうなことも言われておりましたのですが、自己査定制度を前年度末までに各行に入れて、その準備状況、体制の整備状況がどうなっているのかをチェックするというのが一斉大蔵省検査の目的だったというふうに理解しております。現在でもそう思っておりますが。したがって、その段階で各行が作りました体制及びその一環としての自己査定基準について大蔵省検査当局が何らかの意見あるいは指導をして改善すべきものがあれば求めていく、そのためのとっかかりの検査ということになるのだろうと理解しておりました。

検　察　官(保坂)

今の点なのですが、先ほどの弁護人の質問は平成9年3月期の決算との関係でという質問ではなかったのでしょうか。

弁　護　人(倉科)

御指摘のとおり、私が言い間違えたのです。平成9年度末の決算が平成10年3月なのですね。そういう意味で言ったところをどうも言葉が縮まってしまったようです。その証人がお答えになった銀行の決算、早期是正措置に関する銀行の決算というのは平成10年3月期、平成9年度末決算の趣旨でお答えになったのですか。

　　そうです。ちょっと言い間違えました。そういうことでございます。

それで、平成8年12月に出されました中間取りまとめですね。早期是正措置に関する検討会の中間取りまとめの中で早期是正措置というものについて、今あなたがおっしゃったような理解の仕方というものをうかがわせるようなものはあったのでしょうか。御記憶ありますか。

　　まだ、早期是正措置自体が措置自体はできているのですが、自己査定の関連での体制の整備といいますか、例えば公認会計士協会における償却、引当についての考え方あるいはその資産査定自体に時価評価制度を持ち込むべきかどうかといった幾つかの課題があり、それから、世論の一部には景気が必ずしもよくない中、最初から厳しい対応をして実体経済に水を掛けるようなことになりはしないかとか、そういったことへの対応が必ずしも明確にはできていなかったという意味で、やや過渡的な性格を残したものだったのではないかと思っております。

その中間取りまとめの中で早期是正措置は金融機関を破綻に追い込むことを目的としたものではないと、制度導入時において多くの金融機関が達成不可能となるような基準を設けるべきではないという指摘があったということは証人は覚えておられますか。

　その時点では余り明確に覚えておりませんでした。

あるいは2000年度中には、その制度の実施状況等を踏まえて制度全般について見直しを行うことが適当だと、こういう指摘があったことは覚えていますか。

　ええ。先ほど申し上げました、いわゆる過渡的なという意味では、その指摘は記憶にありました。

そこで、この自己査定体制検討プロジェクトチームの任務の中には、もちろん長銀の自己査定基準を策定するという部分もあったと思うのですけれども、この自己査定基準の策定方針について、経営陣から何か特別の指示をしたというようなことはあるのでしょうか。

　先ほど申し上げましたように、このチーム自体が言わば各担当部の成果を集めて、しかるべき時期にきちんと答申を出すという、それが担当役員たる私に課せられた課題だと思っておりましたし、それから、ほかの役員でそのチームのアドバイザリーグループというものをたしか置いておったと思うのでございますが、このアドバイザリーグループと、あるいは私も含めた役員間のこの件に関する打合せは、記憶によれば一度もやらなかったように思います。もちろん、私からも自己査定基準のありようについて指示したという記憶はございません。

そうすると、基本的にはどういうところにのっとって自己査定基準を作るというのが、この自己査定体制検討プロジェクトチームのやったことなのでしょうか。

　基準自体につきましては、事業推進部、それから、営業企画部というふうな部が情報を集めて、ほかの銀行がどう考えているのか、それから、大蔵省の金融検査部がどんなふうに考えているのか、その途中経過に関する情報を集めて、それで作っていくというふうなことをやっていたと記憶しております。

それで、この事件では、検察官の主張によれば、平たく言えばこういうことになるかと思うのですけれども、その自己査定基準については財源が少ないので本来償却、引当すべきものをしなくてもよいような基準を作るというようなことで自己査定基準が作られたのではないかと、こういう主張をされているのですけれども、そういう趣旨の指示を経営陣からしたことがありますか。

　ありません。

今お話が出ましたけれども、プロジェクトチームの答申が出されるに当たって、他行の動向を参考にしているということはあったわけですね。

　はい。

その中に例えばどんなものがあったかということは知っていますか。

　ええ。幾つかの都市銀行、それから、同じ業態である地方信銀の中の銀行、数行と若手クラスが情報交換しているという話は聞いておりました。その中の一つのテーマが重要なテーマと言っていいのかとも思いますが、自己系列の関連親密先についてどういう基準を設けていくか、どういう償却をするというふうに考えていくのか、そのへんが重要なテーマであるということは聞いておりました。

自己査定体制検討プロジェクトチームが5月23日に答申を出したと。その答申の中には自己査定基準に関する部分もありましたね。

　はい。

（乙）証拠番号4（供述調書）添付の資料番号⑩を示す

資料番号⑩の1枚目を御覧ください。これが自己査定体制検討プロジェクトチームが常務会に提出なさった答申ですか。

そうだと思います。

そこで、№.12という書面を御覧ください。そこのⅣというところに「関連・親密先償却・引当基準」とありますね。

はい。

そこで、その左上の括弧の四角の中にポツが二つありまして、そこには「・会計士協会のガイドラインにおいて関連・親密先の償却・引当基準について特に具体的な規定は何もない」、「・MOFとしても同様に関連・親密先の償却・引当について特段の考え方は示されていない（一般先と同様の扱い）」とありますね。その四角の下に今度は「(当行の考え方)」という四角がございます。そこで、⑴として「関連・親密先と一般先とでは明らかにリスクの程度は異なっている。特に一般先のように突然破綻するという偶発損失リスクは全くなく、当行が完全にコントロールしている以上形式的には同一の債務者区分にあっても一般先とは異なる償却・引当基準を適用する」というような記載があります。そして、⑵として「具体的には当行支援（含む予定先）の有無等実態に応じて個々に適切な償却・引当を行うこととする」と、こういう記載がございます。これも一つの考え方なのですが、こういった当行の考え方、こういうような考え方が答申されているということは、細かなことは別として、大まかなことは御存じでしたね。

はい。

そういった考え方が、妥当性だとか、あるいは早期是正措置制度の趣旨との整合性ということでは、どういうことになるだろうというふうに判断しておられましたか。

妥当性という観点では、その実態として関連親密先が一般先と同じように破綻するかということになりますと、母体金融機関としての支援の意思がはっきりしていて、なおかつ合理的な再建計画ができて実行されるということであれば、一般先のような形で突発的な取りもれということにはならない。そこを前提としてスタートしていくことは許容されるのではないかと。この自己査定制度以前から大蔵省及び日銀の検査ないし考査でやっぱり関連親密先と一般先とは違った基準といいますか、我々には明らかにされておりませんでしたが、違った査定方法を採っておられたというのは確かでございまして、これはすなわち一般先と同じように支援するにもかかわらず、一般先と同じようにⅣ分類というふうなことになった場合に、査定結果から逆に破綻を招きかねないという実態面と結び付いておりますもので、こういう別立ての基準を作るというのは合理的な考え方ではないかというふうに、私はこのペーパーを見たときには理解したわけでございます。

今の点は査定が逆に破綻を導き出す恐れがあると、こういう意味なのですけれども、そこをもう少し具体的に言っていただけますか。

自己査定制度以前でもそうでございますが、Ⅳ分類ということは特に大蔵省検査の時代には、すなわち税務当局に相談しなくても大蔵省の検査官がⅣ分類にすれば、ほぼ自動的に無税償却が認められるというような仕組みと連動しておりました。で、我々としてはⅣ分類になったものについては、その期に償却するのが原則の考え方であり、償却する以上は資金の追加の貸出しはもちろんできない、短期貸出しのロール・オーバーにも応じられないと。要するに資金繰りの面でその企業は破綻するケースが極めて多いわけでございます。特にノンバンクなんかで、主力銀行であり、母体銀行である銀行がⅣ分類を付けて、ニューマネーの供給が一切できないということは、ほかの金融機関がすべて資金をストップするということと全く同じ意味になりますので、事実上、即時資金繰り破綻ということになりかねないということでございます。そこをやっぱりうまく両立させていくように基準というのはあるべきではないかという趣旨でございます。

それから、先ほど支援というお話が出ましたね。関連親密先に対する支援ということと、いわゆるⅣ分類ということはどういう関係になるのですか。

すべてⅠからⅣまでの区分で資産を分類しなさいというのが、中間取りまとめでも、あるいは行政の考え方としても、ここは一番骨格として重要なところだったかと思います。金融機関によって債務者区分その他いろいろ細かいところについては自主的にそれぞれの事情に応じて作っていいというような趣旨ではございましたのですが、しかし、区分についてはこれは共通の物差しとして動かすことはできないという一つの前提という意味で、ⅠからⅣというのがまず定められたと理解しております。先ほど申し上げましたように、一般の場合にはⅣ分類イコール、その期に償却、引当を要するということでございますが、それでは関連親密の場合に支援していくというものがⅣ分類というのはあり得ないのかという、我々としてはその意味ではあり得ないと思っているわけですが。ただし、支援する場合に例えば当期、この期に例えば1000億円支援するということを決めた瞬間に、今期の決算に大きな影響を与える、言わば確定的な支出項目ということになってくるわけでございます。例えは悪いのですけれども、何らかのペナルティーを払うとか、そういうときに多額の支出が確定しているという場合に、これは決算上、やっぱり損失として織り込まなければいけないと。それを一般先でのⅣ分類という器を借りて、今期償却すべき金額はⅣ分類に入れましょうと、見なしましょうという、実質Ⅴ分類と言っていいかもしれませんけれども、そういう意味合いのものとして、このⅣ分類という器を使ったということかと今では思っております。

私のほうの理解が間違っていたら言ってください。Ⅳ分類だから支援するというのではなくて、支援するからⅣ分類になるのですね。

そうです。おっしゃるとおりです。当期の支援額がⅣ分類に出てくるという逆の関係でございます。

答申の中に入っている自己査定基準の案ですね。これは本来償却、引当すべきものをしなくてもよいようにした基準だというふうに認識していましたか。

いいえ、しておりません。

それから、このプロジェクトチームが解散してから後、この自己査定基準、そういったものは更に若干の修正を経て確定していっているようでございますけれども、確定して、平成10年3月期、平成9年度末決算において適用された自己査定基準は平成9年5月23日に答申されたプロジェクトチームにおける自己査定基準案と本質的に異なっているものという認識はありましたか。

その後、関係担当部において詳細な基準が作られたということは承知しておりましたが、その内容まで細かく掌握する立場にはおりませんでしたし、また役員会で議論されたということもありませんので、それが今の御質問のように、個々のプロジェクトチームの答申と細部にわたって一致しているのかどうかは分かりませんが、長銀のこの手の仕事の進め方として、こういう基本原則があった場合にそれに逸脱する細則を作るということは、まず風土としてあり得ないというふうには確信しておりました。

風土というのは風土ですね。

　　そうですね。

長銀の行員の方は皆さんまじめなのですね。

　　はい、そう思っております。

それで、最終的に用いられた自己査定基準が商法に定められている債権の評価に関する基準ですね。それに違反した、違法なものであるというような認識はありましたでしょうか。

　　全くございませんでした。

これは資料に出ていますから伺うのですが、このプロジェクトチームの案の後、長銀が自己査定基準を確立する過程で基準案に対して監査法人あるいは大蔵省に意見を求めるというスケジュールがあったようなのですが、そういった監査法人とか、大蔵省に意見を求めたということがあったということは御存じですか。

　　監査法人に対して説明して意見を求めるというのは、たしか予定されていたことだったと思いますので多分やったのだろうなとは思いました。大蔵省の関係はよく分かりません。

それから、この基準はプロジェクトチームのときの基準案と基本的に変わらないものであるとしても、平成10年3月期、平成9年度末決算において行った自己査定においては、この自己査定基準の適用をゆがめたと。それによって不当に要償却、引当額を減らしたというようなことがあるというような認識はあったのでしょうか。

　　全くございません。それは本部もチェックいたしますし、大蔵省検査が来たときにチェックされて、一担当者がやったことについても割と簡単にチェックされますので、そういうことは多分やらない、やっても意味がないというふうに思っております。**(略)**

弁　護　人（更田）

今日、これまでここであなたの証言を伺っておりますと、法廷に検察官から提出されている4通の供述調書の内容と随分大きな食い違いがあるように思われますが、どうしてこういった調書に署名したのか、個々にはもう御説明はありましたけれども、そのいきさつと理由についてお尋ねしたいと思います。まず、あなたがこれらの4通の調書を読んだのはいつごろのことですか。

　　作成された時点を別にすれば、今回証人として発言するに際して弁護士の先生と打合せをしたときでございます。

8月の中旬ころですか。

　　そうでございます。

それで、これらの調書が作成された当時のことを思い出して御覧になりましたか。

　　はい。

初めに検察官から呼び出しがあったのは、いつ、だれからですか。

　　99年（平成11年）の5月の中旬に電話をいただきまして、東京地方検察庁川崎支所に来るようにということで5月20日に出頭いたしたのが初めてでございます。

その際、検察官から、20日から何日間程度事情を聞きたいというような話でもありましたか。

　　3日間という話を最初電話でいただきました。

高口検察官からではなかったですか。

　　たしか高口検事だったと思います。

20日に出頭したのは何時ごろですか。

　午後間もなくですから一時過ぎぐらいだったと思います。

検察官はあなたにどのような項目について尋ねたんですか。

　最初に、たしか96年（平成8年）4月8日ですか、円卓会議で来るべき大蔵省検査でどの程度の査定になるかということを予想した数字が出されたことがあったようだけども覚えているかというようなところから始まりまして、要するに不良債権の実態認識はどうか、それが一番最初でございました。その後は、そういう不良債権の実態認識に対して、処理していく場合の処理財源についておのずから制約があって、その処理財源に合わせて自己査定基準を恣意的に作っていったということではないかというお尋ねがありました。それと、最終的には98年（平成10年）の3月決算に基づいて行いました配当につきまして、配当財源がないことを承知してて、すなわち違法性を認識した上で配当の決議をしたのではないかというお尋ねがございました。その3つだったと思います。

3つの項目についてそれぞれあなたの認識を聞かれたわけですか。

　そうです。

かなり時間を費やしてそれぞれの項目についてあなたは説明をされたんですか。

　はい、いたしました。最初の円卓会議のケースにつきましては、瞬間的に記憶が呼び出せなかったというんですか、思い起こせなかったというところから始まったんでございますが、まあ記憶がないというのは円卓会議の性格にもよるんでございますけれども、短時間でそういう数字が出たとしても記憶に残らない、そういう内容のものでなかったかというふうなところから大分時間を費やした記憶がございます。

かつてというか、会議の際の資料等を示されて検事からお尋ねがあったんですか。

　はい。短時間資料を見せていただいたかなと思います。

それで、その資料を見て、例えば円卓会議の性格のようなことについても説明をしたんでしょうか。

　はい、いたしました。

必ずしも検察官の考えているような重大な会議ではないといったようなことも説明されたんでしょうか。

　はい。もともと円卓会議という会議自体が役員全員が必ず出席しなければいけないような会議ではなくて、いる人が情報交換で集まってきて、決議もせずに情報をインプットして、それでまた解散するというような、そういう性格のものでございましたので、そこに出てくる数字について議論するという場ではありません。したがって、本件も、ある意味で報告、そういった意味で数字が出されたことはあったかもしれませんと、そういう話を申し上げました。

出席した役員が、当時、長銀の抱えている不良資産について実態を認識するための、あるいは認識を共通にするための会議であったかどうかというような点についてもあなたの認識を説明されましたか。

　いたしました。

どのように説明しましたか。

　資料を拝見したかあるいは検事さんから口頭で言われたのかはちょっとはっきりしませんが、その中に、最悪ケースとして、Ⅳ分類、1兆1000億というような数字があるけれども、これが実態であろうと。その実態を実態として認識していたはずであるという御主張でございましたが、私は、そのプロセスはそのときはよく知りませんでしたが、一種の大蔵検査を迎えるといいますか、来るのに対して、営業部店を始めとして気が緩んではいないかと、大蔵省の検査スタンスも少しずつ変わっているんで、言わばショック療法というか、ちょっと極端で現実的でないものまで出してウォーニングをしようとしたものではないかというような説明、私の解釈を申し上げた記憶がございます。**(略)**

で、この日の取調べは何時ごろまでかかったんですか。

10時ごろだったんではないかと思います。

検察官とのやり取りの中では、あなたの説明を検察官は理解してくれたんでしょうか。

いや。全くの平行線といいますか、私が申し上げてもかみ合うということはございませんでした。

その日の調べの過程で、従来、決算経理上不良債権の償却はどういうふうな手続なり手順で行ってきたかというようなことについてもあなたは検察官から聞かれましたか。

それは聞かれてないと思います。

あなたのほうから進んで説明されましたか。

自己査定制度以前の償却、引当についてはあんまり話題にならなかったと思います。

検察官はそういった点について関心を持って聞くというようなことはなかったわけですね。

むしろ、自己査定後、トライアルと称してたあたりから。時間的に言えば、そのへん。すると、大蔵省検査が来るんで円卓会議に資料が出た、そのへんの話は出ましたが、そのときの償却がどういう手順で行われたかと、そういうテーマは余りございませんでした。

先ほど来伺いましたあなたの御経験、御経歴からすると、そういった点についても当然あなたに御説明を求めていいかと思ったのでお尋ねしたんですが、そのへんの説明は余りなかった、調べはなかったわけですね。

はい、そうです。

次に、償却原資あるいは予算に合わせて不良債権額を圧縮したのではないかという点に関連してなんですが、不良債権の中で、一般先、住専、自行系列のノンバンク等関連会社等に対する貸付金というようなブロックごとにこの処理を進めるというような行政方針があったということがありましたか。

必ずしも明示的に今の御質問のようなブロックとかその順番とかということではなかったと思うんですが、ちょっと時期は忘れましたが、たしか住専問題を何とかして着手していきたいという段階で大蔵省の通達が出ましたが、要するに不良債権を先送りばっかりしてないで、段階的、計画的に処理するようにしていくべきだと。他方で、一挙に処理しようと思えば、持ってる株をみんな売却するあるいは売却したものを買い戻すといういわゆるクロス売買をして益出しをするということになるけども、それは慎重にというふうな通達がございましたが、そのときの趣旨は、かなり住専問題を念頭に置いてたんだとは思いますが、結局すべてを一挙にやろうと思っても、このバブルの後遺症は余りにも大きい。したがって、ぼう然としてるよりは、住専からでも、あるいはどこからでも、計画的、段階的に着実に進めましょうという趣旨の通達だったと思っております。そういう面では今の御質問と一部意味合いが共通するところもあろうかと思います。

平成8年3月期に、閣議了解に基づいて住専の処理を一括して前倒しで行ったということはありましたね。

　はい。

まあ自行系列が結果的に後回しになるということになるわけですね。

　それは、やはり一般先がいつ破綻するか分からないと、そういう状況で償却、引当というのを厳しくやっていくというこの趣旨は全くそのとおりだと思いますし、それに比べて、関連親密先は自らある意味でコントロールできるという範疇で、どちらを先に考えるかということでいえば一般先を当然ながら優先的に考えるということはある意味で合理的な選択ではないかと思っております。

住専関係が先行して、自行系列の不良資産の処理が後回しになったというようなことで、MOF検の示達の中でもそれを容認するような記載があるというふうに認識しておられますか。

　まあ容認というほど明示的かどうかはあれですが、要するに、関係会社が残された課題としてありますよと。それを、関係会社の管理、指導について遺漏がないようにと。要するに、不測の事態がないようにしっかり見ていくと、そういう意味では、いわゆる肯定的な見方をしておられたのかとは思います。

検察官は、この日の調べの中で、こういった処理をしなければならない債権、特に自行系列の関連会社、ノンバンク等に対する債権についても直ちに当該年度に償却、引当が必要だというような考え方であなたに尋ねてきたのですか。

　いえ。私は審査部長のときに大蔵省検査で何人かの検査官とも話をしましたが、その時点で、今の御質問のような一挙に処理するというようなことを言っておられた方はどなたもおりませんでした。その後、金融監督庁の検査の際には、残念ながら面談する機会がございませんでしたんで、どういうお考えだったのかは分かりません。

話があっちこっちにいって恐縮なんですが、私の質問は、当日の5月20日の取調べのときに、検察官は、そういった自行系列の関連会社、関連ノンバンク等に対する不良資産についても、当該年度に直ちに償却、引当が必要だと、なのではないかというような考え方であなたに質問をして取調べを進めたのではないのですかということを聞いてるんですが。

　失礼しました。そういうことだと思います。

で、そういったことで当日は平行線だったと、こういうことなんですね。

　はい。

当日は調書は作成しましたか。

　してないと思います。

で、その後の取調べはどうなりましたか。

　3日間と言われましたんですが、マスコミがどうもうるさい、場合によってはあなたがつけてこられたかもしれないというようなことをおっしゃってまして、明日、あさってはその関係で取りやめにしますということを言われました。

その後、あなたの自宅が捜索差押えを受けるということがありましたか。

　はい。

これはいつですか。

　6月10日です。

大野木さんたちが逮捕された当日ですか。

　そうです。

一方、あなたに対しての呼び出しはいつ受けましたか。

10日、家宅捜索中に電話をいただきました。

これはどういう内容の呼び出しでしたか。

やはり明日から3日間事情聴取をするという趣旨でございました。

6月11日の取調べの様子を話していただきたいんですが。

11日も、やはりテーマとしては5月20日と同じような、大きく言えば三つの項目だったと思いますが、それぞれ5月20日に私が申し上げたようなことは話としてはもう聞いておられるようでして、私が何を言いたいのかというのはある程度御承知で、そこから始まったように思っております。

あなたが何を言いたいかということは分かった上で、検察官はあなたにどういうふうに調べをしたのですか。

膨大な資料あるいはたくさんの人からの事情聴取、話を聞いて、大体実態といいますか、真相といいますか、そういうものは掌握してると。記憶がないとかいう話かもしれないけれども、まず動かないというぐらいの調べはしたということで、全くの平行線でございました。

その際、あなたが検察官から何かある一定の方向に促されたということはありませんか。

11日の段階で、検察当局の戦線としてはまだ終息に至っていないと。対応次第では戦線の拡大もあり得るということを念頭に置いて話をしなさいというような趣旨のことを言われまして、非常に動揺した覚えがございます。

戦線が拡大するあるいは戦線が終息していないというのはどういうような意味にあなたは受け取られましたか。

私の理解は、追加で逮捕されることがあり得べしという意味かなというふうに理解しました。

あなた御自身が逮捕されるかもしれないと、こういう意味ですか。

はい。それに加えて、私と同様の立場にあった者もそれをきっかけにということにつながっていく、それを示唆されたのかなというふうに思いました。

更にあなたに決断を迫るような調べがありませんでしたか。

途中で、既に取調べが進んでる大野木さんが全面的に認めておられるとか、あるいはこれからの銀行のことを考えて更なる戦線拡大というのは若手を含めてマイナスになるんではなかろうか、そのへんも考えたほうがいいんじゃないかというようなことを言われました。

大野木さんが認めてると、こう言われたんですか。

そういうお話でした。

もし疑うなら調書を見せるというようなことも言われたんではありませんか。

ええ。そう言われましたが、そこまで検事さんがおっしゃると、申し訳ないことですが、そうかなと勝手に思って、実際には拝見しませんでした。

(以上　川村　亜希子)

新しくスタートする銀行のためにもよくないというような話があったのですか。

はい。

それは会社に残った後輩たちの処遇その他のことも、あなたは考えたわけですか。

処遇といいますか、検事さんが何をおっしゃろうとしたのか、大体は推測がつきましたが、決してイメージとしてプラスにはならない。それと同時に若手の人たちの事情聴取でも大体その事実関係は明らかになっていて、大野木さんとか、そういう若手の人に責任を預けて自分は知らないということで押し通すのかというようなお話もありまして、それもかなりこたえたような感じがいたしました。

当日の本題も結局 5 月 20 日のときの調べと同じ 3 点がテーマだったわけですね。

そうです。

結論的には認めたのですか。

さっき申し上げました不良債権の実態認識で円卓会議のときのそれが実態と思っていたという点と、財源の制約があって自己査定基準をそれに合わせて作成した点につきましては、一部、字句の修正等をしていただいたかと思いますけれども、結局、同じ事象の見方の相違は埋まらないと思いまして判こを押しました。

その点についてもやっぱり当日もあなたは検事等に説明をして相当頑張ったのじゃないですか。

はい。5 月 20 日と同じようなことを申し上げましたが、きぜんとして自説を譲ろうとはされなかったというふうに記憶しております。

検察官が自説を譲らなかったと言うのですか。

はい。

あなたも自説を譲らなかったわけですね。

一応議論としては平行線なのですが、最終の段階で判こを押す段になって、私自身のほうが御説明するのを断念したということでございます。

ちょっと前後しますけれども、経過をもう少し聞きたいのですが、他行の自己査定制度や償却について、あなたはある程度御存じでしたね。

先ほどのプロジェクトチームの関係で、骨格の段階でのあれは知っておりましたが、細目はどういうふうになったのかというところまでは、十分に知っているとは言いがたいのではないかと思います。

この 98 年（平成 10 年）3 月期の決算について、長銀の決算が違法ならば他行も問題あるのじゃないかというようなことを、あなたは検事に言ったのではありませんか。

各行の自己査定基準がどうであるかということよりも、私の情報として入ってくるのは例えば A なら A という取引先に対して、あそこの銀行はこういう分類をしたらしいとか、あるいはこの程度引当をしたらしいとか、あるいは自己系列のところについてはどういう対応をしたとか、そういう、言わば結果の情報は幾つか入ってきました。それで、大体ほかの銀行がどんな対応をしているのかというのは想像はできたわけです。

うちとほかとでそんなに違うとは思わないというような説明を、あなたはなさったのでしょう。

はい。

検察官は、それに対してどう言っていましたか。

それは余り議論というか、どこの銀行がどうという話にはなりませんでしたが、しかし、全体としてそういうことが金融のムラにはあるということは知らないではないと。ただし、検事さんとしては金融のムラとして全体としてそういうことがあること自体が正しいとは言えないというような言い方もされておられたと思います。ただ、ほかの金融機関と質的に全く違うかという点については、納得できるような御説明はもちろんありませんでした。

なぜ、長銀だけ刑事事件の調べをするのだというようなことについて検察官から話があったのではありませんか。

そういう趣旨のことは私も申し上げましたが、これは一種の雑談の中でという雰囲気かもしれませんけれども、例えばスピード違反で検挙するときにほかの車もスピード違反だったと言っても、自分がスピード違反していたケースは、それで無罪になりますかという言い方をされていたように記憶しております。

検事が長銀の捜査について、何か自分の思いをあなたにしゃべったことで、あなたが特に覚えていることがおありになるのじゃないですか。

これも雑談のあれかもしれませんけれども、一部で国策捜査というような言い方もされているけれども、全部否定するわけにはいかない。しかし、我々は目の前に不正があるからやっているのだということで、そう言われるのは面白くはないということは言っておられました。

いろいろいきさつがあって、当時の調べの結論としては、あなたとしては違法性の認識はのめないけれども、ほかの点については解釈により結局そういう意味合いもあるかなということで署名に応じたと、こういうお話でしたか。

はい。

何時ごろまで掛かったのですか。

たしか夜の11時ごろだったのではないかと思いますが。

検察官からは、その違法性の認識については時間を貸してくれと、こういうこと。

検　察　官（保坂）

弁護人、異議があります。先ほど来、ちょっと誘導がひどいのではないかと思います。

弁　護　人（更田）

そうですか。本人の記憶を喚起しています。

検　察　官（保坂）

取調べ状況ということで、記憶喚起のためにお聞きになるのであれば、また別ですが。最初からこうではないですかという形で誘導するのは不適当だと思います。

裁　判　長

今のところはちょっとあれだと思いますね。

弁　護　人（更田）

11時半ぐらいまで掛かったというお話でしたね。

11時ごろだったと思います。

その後の調べについては、検察官はどのように言いましたか。

私は3番目の違法性の認識のところはどう見ても納得できない。検事さんからは、11日のうちに署名、捺印するようにと再三言われましたが、やっぱりその3点目だけは何とか考える時間をいただきたいということで、1、2時間猶予をお願いして、最終的に判こを押さないで、その日は帰りました。

で、その晩、自宅に帰られたのですか。

帰りました。

翌日の調べは何時からということになっていたのですか。

夕方だったかもしれませんが、やはり11時ごろまで行われたと思います。

その前の日の調べから帰ってから翌日の調べに行くまでのあなたの気持ちというか、どんなことを思案されましたか。

1番目と2番目、そういう形で署名、捺印して帰ってきて、論理的に3番目というのがつながってしまって、いったん判こを押したものについて、今度は理屈でそれを御説明するのは非常に難しいところに自分で自分が追い込んじゃったということだったのでございますけれども、そこでどうするか、随分、右か左か悩みまして、検事さんが前の日に言っていた戦線拡大の話等もありまして、家族のことやら何やら、正直申し上げて、非常に揺れたのでございますが、最終的には無力感といいますか、そういう形で二日目の日は判こを押そうと決めました。

検事の主張を認める形になったわけですか。

はい。

それについては、やはりあなたは長銀の経営陣の一角にある者としての責任なども感じられたということですか。

全体として、こういう破綻という結果になって多額の公的資金等を余儀なくされたというふうなことについての道義的な責任、反省といったことは本当に強く感じておりましたし、非常に親しくお付き合いをしていた上原さんが亡くなったりしたようなこともあって、ちょっと言葉は悪いのですが、気分がなえていたといいますか、自分を鼓舞することができなかったというのが正直なところでございます。

その後の調べの状況をお尋ねしますが、その後の調べはどういうふうに行われましたか。

そこで今の3点で署名、捺印いたしまして、その後、それに関連する各論的なことを逐次聴取して調書にしていくというふうに言われまして、最初は6月一杯、毎日事情聴取をしたいということでしたが、約10日間くらいやって、少し休みといいますか、行かない、聴取しない日もあったりしましたが、中断した上で月末近くから再度聴取があって、十数回聴取されたと思います。

十数回、事情聴取を受けたのですか。

はい。

（以上　　宮村　麻理）

経歴書

証人　鈴木　恒男

1986年（昭和61年）7月　企画部参事役

1990年（平成2年）1月　業務グループ業務審査部長

1992年（平成4年）6月　取締役

同　年　7月　取締役事業推進部長

1994年（平成6年）6月　取締役営業企画部長

1995年（平成7年）1月　常務取締役営業企画部長

同　年　7月　常務取締役（審査部及び営業部店担当）

1996年（平成8年）6月　常務取締役営業企画部長（兼営業部店担当）

1997年（平成9年）9月　常務取締役（営業企画部および営業部店担当）

1998年（平成10年）4月　常務取締役（営業企画部、営業部店および事業推進部担当）

同　年8月21日　副頭取、頭取代行

同　年9月28日　頭取

同　年11月4日　辞任

第14回公判調書（手続）

被告人の氏名(1)　大野木　克信（出頭）
被告人の氏名(2)　須田　正己（出頭）
被告人の氏名(3)　鈴木　克治（出頭）
被告事件名(1)、(2)、(3)証券取引法違反、商法違反
公判をした年月日　平成12年10月4日
公判をした裁判所　東京地方裁判所刑事第一部
裁判長裁判官　大野　市太郎
裁判官　北村　和
裁判官　石田　寿一
裁判所書記官　村上　剛英
検察官　保坂直樹、東　弘
出頭した弁護人(1)　（主任）那須弘平、倉科直文、横田高人
出頭した弁護人(2)　（主任）國廣　正、五味祐子、坂井　眞
出頭した弁護人(3)　（主任）更田義彦、長　文弘
出頭した証人　鈴木　恒男

証拠調べ等

証拠等関係カード記載のとおり

指定告知した次回期日

平成12年10月27日午前10時00分

平成12年10月12日

東京地方裁判所刑事第一部

裁判所書記官　村上　剛英

② 鈴木恒男証人尋問調書（第 14 回公判）

証人尋問調書（平成 12 年 10 月 4 日第 14 回公判）

弁　護　人（更田）

前回の尋問に引き続いてお尋ねいたします。前回の確認ですけれども、6 月 11 日、12 日の調べの状況について、調書の 181 ページから 182 ページにかけてですが、11 日も、やはり大きく言えば 3 つの項目だったと思うと、3 つの項目から調べが始まったという御趣旨のことをおっしゃっておられますが、この 3 つの項目というのは、もう一度言っていただくと、どういうことになりますか。

はい。1 点目が不良債権の実態をどういうふうに認識していたか、96 年（平成 8 年）の 4 月の円卓会議での報告が実態であるというふうに認識していたのではないかと。2 番目が償却を進めていく上での財源が不足しているので、財源に合わせて自己査定基準を作成したということではないかと。3 番目が平成 10 年 3 月の決算に基づいて行いました配当については、配当財源が不足していることを認識しながら、すなわち違法性を認識して配当の決議をしたのではないかと。その 3 点だったと思います。

そこで調書の 185 ページの辺りで、今度は 3 点がテーマで取調べを受けたということの後で、今の第 1 の点、不良債権の実態認識の点と、第 2 の点、財源の制約があって自己査定基準をそれに合わせて作成したという 2 つの点については判こを押したと、こういうふうにおっしゃっておられますね。

はい、そうです。

そこで 190 ページになりますが、1 番目と 2 番目の点については「署名、捺印して帰ってきて」うんぬんというふうにおっしゃっておられるのですが、そうしますと、6 月 11 日の調書は今言われた 1 番目と 2 番目の点に関する調書だったと、こういうことになりますか。

はい、そうです。

で、3 点目、つまり違法性の認識にかかわる点については、1 日目の調べ、つまり 11 日の調べでは判こを押さないで帰らせてもらったと、こういうことになるのですね。

はい。

それで、6 月 12 日の調べの際に、その 3 点目についても署名、捺印した調書ができていると、こういう御趣旨でございますか。

そうです。

その後の調べについてお尋ねいたしますが、その後の調べはいつごろまで続きましたか。

11 日の分も含めて 10 日間くらいだったと思います。

この事件は、いつ起訴されたかは御記憶されておられますか。

たしか 6 月 30 日だったと思います。

この起訴の前後という点でいうと、調べはいつごろまで続きましたか。

30 日の後、やや不確かですが、1、2 回聴取されたような気がします。

そういう御記憶なのですね。

はい。

で、この間、調書は合計で何通作られたというふうに記憶しておられますか。

これも不確かですが、6 通か 7 通とったかと思います。

前回、相弁護人が示してお聞きした調書を含め、ここで請求されている4通の調書はそのうちの一部と、こういうことになるわけですね。

　　そうです。

甲83号証は6月19日の調書ですが、この中で資産状態の実態を隠すためにMOF検の事前準備をしたのだと、あるいは大切だと思っていたし、そういう話を聞いたというような趣旨のことが記載されておりますが、このMOF検の事前準備というのはどういう目的で、したというふうに認識しておられますか。

　　前回も申し上げましたように、それ以前の大蔵省検査での宿題、具体的には担保評価方法の洗い替えの問題、その他ございましたので、その宿題のその後の進捗状況を点検するとか、あるいはこれは通常の大蔵省検査でやっておりました準備でございますけれども、説明する営業部店の人が必ずしもよく勉強していないケースも見られまして、第三者、すなわち検査官に対して要領よく分かりやすく説明するための説明の仕方を自ら準備しておく、シナリオを作って、自らよく勉強しておくというようなことは当然のこととして準備しなければいけないわけですが、そういうことを督励する、そういう意味合いの準備作業を促進しようという会議だったと思っております。

そういった趣旨のことは、この6月19日のお調べのときに、あなたは検察官に説明されたのですね。

　　言いました。

で、その説明の趣旨に沿った調書になっていないのは、どうしてなのですか。

　　私が申し上げた以外のことについて、検事さんのほうから、こういう説明なり発言があったのではないかというお尋ねがありまして、記憶しておりませんということを申し上げたのですが、調書の段階で盛り込まれておったということでございます。

そうしますと、あなたはこの調書について、ほかの点についてですけれども、調書の訂正を申し入れたということを前回証言しておられますけれども、前回の調書の15ページ辺りのところで、今おっしゃった点については訂正してくれという申入れはしなかったのですか。

　　私以外の出席者の発言については記憶がないというようなことは繰り返し申し上げました。その趣旨は訂正していただきたいということで申し上げたわけですが、残念ながら聞き入れられなかったということでございます。

そうすると、前回、これも結論としては、最終的には検察官に理解してもらうのを断念して、署名、捺印したのだというふうにおっしゃっていますが、そのとおりなのですか。

　　はい、そうです。

その後、6月19日の後、6月28日くらいまでの間にはどういったテーマについて調べを受けたか御記憶ありますか。

　　順番は、はっきりいたしませんが、日本リースの件は記憶しております。

(甲)証拠番号120(供述調書)を示す

検　察　官(保坂)

どうして示す必要があるのでしょうか。

弁　護　人(更田)

日本リースに関する調書と言われたから、これと同一かどうかということを確認するためです。

検　察　官（保坂）
結構です。
弁　護　人（更田）
日本リースについての調べがあったということですが、それはこの調書のことでしょうか。
そうです。
これは６月30日付けの調書ですが、そうすると、調べとしてはかなり最後の段階でやったという記憶ですか。
そうです。
日本リースに関する調べのほかには、どういったテーマについて調書が作成されたという御記憶がありますか。
ちょっと記憶がはっきりしません。
自己査定基準の策定経過については調べを受けましたか。
はい。お尋ねはございまして、プロジェクトチームの性格、その他、御説明はいたしましたが、調書にはならなかったのではないかと思います。
あなたは自己査定基準のプロジェクトチームの担当役員だということを調べの中で聞かれましたか。
聞かれました。
そういう立場であるということが前提になっても調書は作られなかったわけですね。
そうです。
調書が作られなかった事情なのですが、あなたの説明を検察官がどういうふうに受け止めたと思っておられますか。
私が申し上げましたのは、前回証言で申し上げましたように、全体の進行管理が主たる役割だと認識しておりましたということを申し上げたわけですが、更にその内容については余りお尋ねはなかったように思います。
全銀協の関連ノンバンクに関する追加Q&Aという資料を示した調べがあったのでしょうか。
なかったのではないかと思います。
そうすると、あなたの御記憶では、自己査定基準の策定経過については余り突っ込んだ調べがなかったという記憶なのですか。
そうです。
検察官が法廷に請求している調書は、先ほど示した日本リースの調書のほかには６月28日の２通の調書なのですが、これもあなたの調べとしては最後、大詰めに近い段階で作られた調書だと、こういうことになりますか。
はい。
あなたの御記憶では、さっきの６月11日、12日、19日の調書のほかに28日の２通の調書と30日の調書、これで合計６通になりますが、ほかに調書があるかどうか、その点はどうですか。
今は記憶ございません。
前回来の御証言で６月11日、12日の調べの経過を伺いましたが、証人としてはいろいろ考えて去就を決められたということですか。
そうです。
そういうことであるのに、今回の法廷で、調書に記載されたことはあなたの御記憶と異なると、あるいは認識と違うということを証言されておりますが、その理由を述べてください。

私は昨年の取調べの段階でも、前回あるいは今回証言として申し上げていることと同じことを申し上げたわけでございます。残念ながら聞き入れていただけなかったということではございますけれども、申し上げている内容は変わっていないと思っております。他方で昨年の取調べの段階で、意に反して署名、捺印をいたしましたが、私自身、大変精神的な負担にもなっておりましたし、機会がありましたならば、昨年申し上げようとした真意につきまして、もう一度申し上げることができればいいかなと思っておったのは事実でございます。昨年、私自身の精神的な動揺もありまして、署名、捺印してしまったことにつきましては、司法当局の関係の方も含めまして、関係者に大変御迷惑をかけたということを改めておわび申し上げたいと思います。

今あなたは精神的な負担とか、精神的な動揺というふうに言われたのですが、どういったことがあなたの精神的な負担になり、どういった精神的な動揺があったのか、そこをもう一度話してください。

署名、捺印するに際しては前回申し上げましたように、戦線の拡大という言葉を私は、私も逮捕されることあり得べしというふうに解釈して大変動揺したということで申し上げましたが、署名、捺印した後、やはり私自身の真意を全く書き留めていただけなかったという、あるいはその結果が関係の方に御迷惑をかけるのではないかというのが、ずっと気持ちの上でのしこりのようなことで続いておりまして、これから私自身、生活を送っていく上でやはり重いものを背負っていくのかなという意味で負担でございました。

先ほど、あなたは、取調べの段階でも法廷でも述べている内容自体は変わっていないのだというふうにおっしゃいましたけれども、その作られた調書があなたの真意なり趣旨と違っているということは、当時分かっていたわけですか。

はい。

それにもかかわらず、その調書に捺印したのは、それがあなたの真意なり、認識として確定するというか、固定されるというふうに、あなたは当時考えなかったのですか。

そうは考えませんでした。

どうしてですか。

明らかに私が考えていること、あるいはその真意と違う記載が多数ございまして、署名、捺印したことが私自身の認識に影響する、例えばもう少し数が少ないとか、程度が小さいとか、そういう場合はあり得たかもしれませんが、足し上げますと、まるで違う認識になっているということでございますので、それに私自身が影響されるということはないとは思っておりました。

ちょっと分かりづらいので、もう一度お尋ねしますけれども、あなたに対して検察官が資料を示して尋ねたりしたことはあったわけですね。

はい。

で、その資料に書かれていること自体は動かないわけですよね。

はい。

検察官があなたの説明どおりに調書にとってくれないということについて、あなたとしては自分の説明というのは別の機会にまたできるというふうに考えていたのですか。

いえ、そういう機会があるかどうかは、その時点では考えませんでしたが、資料の読み方につきましても、今のお尋ねにありますように、それほど断定的あるいは一通りの読み方しかできないのかということについては異論もございます。その次元から御説明をするということが必要だったわけでございますけれども、その段階から、資料に書いてあることはこうなんだという解釈で、なかなかそれを覆すことができなかったということでございます。ちょっとお尋ねの趣旨と合っているかどうか……。

要するにさっきあなたが言われた３つのテーマですね。不良債権の実態についての認識、これは検察官の調べは当期に償却すべきものというふうな前提で聞かれていたのではないですか。

多分そうだと思います。

あなたの説明とは平行線だったということでしたね。

はい。

それから、２番目の点については償却財源とのかかわりということでしたか。

そうです。

それから、３番目の違法性の認識、これらについては、あなたは検察官に当時あなたの考え方というのは十分説明したわけですね。

前回申し上げましたように、５月20日の時点でも私が申し上げたことを含めてお尋ねのように説明したと自分では思っております。

もう一度最後にお尋ねしますけれども、そういった調書ができた後で、今回、法廷に立つまでの間に、あなたの考え方が変わったという点はあるのですか。

考え方は変わっておりませんが､いろいろそれを裏付けたり､考える機会が多かったのは事実でございます。

あなたの考え方を裏付けるようなものというのは例えばどんなものなのですか。

いろんな書物、あるいは雑誌、新聞等でございますけれども、２、３年経過しておりますので、当時はこういうことであったというふうな、やや回顧的なものが幾つか出ておりまして。

例えばどんなものがありましたか。

その中で私も非常に関心を持っておりました行政当局、金融行政を担っておられた方の当時の考え方が披歴されているという意味で、元銀行局長の西村さんが書かれました「金融行政の敗因」でしたか、そういう書物がありますが、例えばそういうもの。あるいは昨年の10月になりますか、１年前になりますけれども、中央公論に掲載されました安倍衆議院議員の論文なんかが印象に残っております。

あなたが調べを受けていた当時は、いちいちお示しはしませんけれども、新聞、雑誌、その他で長銀たたきというか、バッシングが非常にすさまじく行われていたわけですね。

はい。

その後、長銀の破綻に関する、今言われたような文献、論説等もいろいろ表れてきたということなのですか。

はい。

その論説等の中には、あなたの考え方を裏付けるようなものもあったと、こういうことなのですね。

そうです。幾つか大変鋭い指摘もございますが、総じて先ほどの西村元銀行局長の書物でもそうでございますけれども、２、３年たった現時点から見れば、こうだったということは言いやすいということもございますけれども、当時は今書かれているほど、はっきりしたものが示されていたわけではもちろんなくて、いったん古いものを壊して新しいものを作っていくという、言わば建設途上でございましで、それが今2、3年たった後で、こうだったということで示されましても、我々当事者、その渦中にいた者としては寄る辺がないぐらい急激に変わっていったと。その不一致といいますか、それに戸惑うということは正直言ってございます。

最後にこの法廷で、あなたの真の認識とか、経験とかを述べようというふうにお考えになるに至った事情とか、気持ちとか、そういったことで付け加えることがありますか。

先ほど申し上げましたように、私自身の気持ちの負担を、やや自己中心的な言い方になってしまいますけれども、軽減させていただけるのであれば有り難いというふうに最終的に思って出てまいったわけでございますが、やはりその当時の雰囲気を少しでもお伝えして、この事件の核心部分というのは何かということについて、少しでも私なりの考え方を申し上げたいと、そういう趣旨で出てまいりました。

(以上　　宮村　麻理)

検　察　官（保坂）

まず、証人の前回の証言の速記録ですが、これはお読みになりましたか。

はい。

先ほど、弁護人のほうから何点か証言に関する訂正がありましたが、そのほかの点については訂正がないということでよろしいですか。

はい。

では、証人の事情聴取を受けた際の状況について伺います。証人が最初に検察官から取調べを受けたのは平成11年5月20日、2回目が同年6月11日ということですが、6月11日の取調べの担当検察官はだれでしたか。

林検事だと思います。

6月11日以降の取調べはすべてその林検事が行ったのでしょうか。

そうです。

6月11日の取調べ開始時刻は何時ころでしたか。

午後1時ごろだったと思います。

その日、林検事からは、言いたくないことは言わなくてもよいという黙秘権の告知を受けましたか。

はい。

その翌日の6月12日の取調べ開始時刻と終了時刻はそれぞれ何時ころでしょうか。

少し時間は後だったと思いますが、夕方から、11日も12日も終わりは午後11時ごろだったと思います。

その12日以後の取調べ開始時刻、終了時刻はおおむねどれぐらいだったでしょうか。

午後6時とか7時から午後11時ごろまでだったと思います。

夕方から調べが始まる際には夕食はどうされたんでしょうか。

家で済ませてきました。

午後11時ころまで取調べを受けたことがあるということですが、証人としてはその点に関しては特に異議はなかったのでしょうか。

11時ごろになりますと、交通機関の関係で帰る足がなくなりますということは申し上げました。

電車で帰れる時間に帰してほしいという要望を伝えて、そのとおりになったということでしょうか。

　そうです。

5月20日の1回目の取調べを受ける前に、本件に関して証人自身がどなたか弁護士さんに相談したりしたことはあったでしょうか。

　正式な形で相談したということではございませんが、知り合いの弁護士さんと話はいたしました。

何というお名前の弁護士さんですか。

　正式な形でやっておりませんので、できましたら名前は御勘弁いただきたいと思いますが。

証人とはどのような関係の弁護士さんでしょうか。

　以前仕事の関係で存じあげてる先生でございます。

何年ものお付き合いがあるということですか。

　はい、そうです。

その方は、弁護士になられる前はどういう仕事をされていましたか。

　詳しくは存じませんが、法務省あるいは検察庁にもおられたようなことを聞いた記憶がございます。

要するに検事をされていたということですか。

　多分そうだと思います。

証人は、結局逮捕も起訴もされませんでしたが、もし逮捕されたり起訴されるようなことになったら、その弁護士を正式な形で弁護人として選任するという考えはあったでしょうか。

　はい。

林検事の取調べで6、7つの調書が作成されているということですが、その内容についてはすべて読んで内容を確認していますか。

　今回の4通につきましては内容を確認しております。

そのほかのものについてはどうですか。

　ほかのものについては見ておりません。

今お尋ねしているのは、調書に署名をする前にその内容について確認をしたのかと、検察官から調書の原稿を見せられるなどして内容を確認したのかどうかと、こういうことをお尋ねしているんですが。

　失礼しました。すべて内容は確認しております。

本文についてはすべて閲読されましたか。

　はい。

資料についてはどうでしょうか。

　一部は見ましたが、全部を詳細に見たということではございません。

例えば、本文で引用されてる部分があると思うんですが、そこについては資料をその都度確認されましたか。

　ほぼ確認したと思いますが、一部は確認してないところもあったかと思います。

本文に出てきているものであるのに資料を確認していないのがあるかもしれないというのはどういうことでしょうか。

　それが重要な指摘かどうかということによって確認したりしなかったりということだったと思います。

では、重要な点と思われることについては資料もきちんと確認したということでよろしいですか。

　添付されている限りにおいてはしたということでございます。

調書の内容を検察官から見せられて読み終わってから証人がその調書に署名をするまではそれぞれどれくらいの時間がかかったでしょうか。

かなりまちまちではございますけれども、2時間程度かと思います。

もう一度確認しますが、調書の原稿を示されて読み終わってから署名をするまで2時間もかかったんですか。

すみません。聞き違えました。調書の原稿を見てから署名するまでは、15分とか20分とか、内容によってはもっと短いのもございましたが、そんな感じでございます。

5分程度で署名したものもあったのではないですか。

はい。そういうのもあったと思います。

もう一度確認になりますが、検察官が調書を作成した場合、意に沿わない内容の調書について署名を拒むことができるということはその調書に署名をするときから分かっていたんですか。

はい。

前回、調書の訂正すべき箇所が多すぎて、全部について訂正を申し立てるのは大変な労力がかかると思ったと、そういうふうに証言しましたが、1つ1つ訂正をしなくても、調書全体について署名をしないと、こういう方法も採ることは可能でしたね。

はい。

取調べを行った林検事の言葉遣いとか調べの態度はどのようなものだったでしょうか。

特に私が奇異に思ったこともございませんで、きぜんとしておられましたが、丁寧な対応をしていただいたと思っております。

どのような内容の調書が作成されたのかということについては、その後、先ほど相談をしていたという弁護士さんには報告したでしょうか。

5月20日から6月の初めの段階で状況を説明して、相談というほどではございませんが、話をしたことはございます。

今お聞きしてるのは、調書が作成されて証人が署名をした後にその内容について弁護士さんに報告をしたかということですが。

事後的に話はしました。

例えば、6月11日に一晩考えさせてほしいと頼んで帰宅した部分があったということですが、その帰宅した後、翌日また調べを受けるまでの間にその弁護士さんとは何か相談をされましたか。

はい。連絡はしましたが、私自身の考え方を申し上げて聞いていただいたということでございます。

すみません。もう一度、今の点、おっしゃってもらえますか。

私が11日の日に署名捺印してきた部分がこういう内容であり、一日だけ時間をいただいて持ち帰ってきた項目についてはこういう内容であり、その3点目について、私自身としてやむなく署名捺印せざるを得ないと思っているという言わば報告に近いお話をいたしました。

要するに、報告を受けた弁護士さんは、あなたが意に沿わない調書、6月11日の調書に署名をしたとか、そのペンディングになっているものについても署名をせざるを得ないような感じだと、こういうことを聞いたわけですね。

はい。

それに対して、その弁護士さんはどうおっしゃったんですか。

最終的にはやむを得ないだろうという御意見のようでございました。

意に沿わない調書であるのにそれに署名するのはやむを得ないだろうというのを弁護士さんがおっしゃったんですか。

　　正式な御相談ということではございませんので。

正式でないにしても、あなたが法律の専門家として頼りにして相談をしてるわけでしょう。それに対してそういうアドバイスの仕方があるんでしょうかね。

　　繰り返しになりますけど、私自身でこういうふうにせざるを得ないと思ったことを申し上げて、言わば結果的に背中を押していただいたような感じにはなりましたが、最終的には自分の判断で対応しようというつもりでおりましたので、御相談される方がどうこうということではないと思っております。

内容が違うならちゃんと訂正しなきゃ駄目じゃないかと、場合によっては署名を拒否しなさいと、こういう話にはならないんですか。

　　それは、私も、本来そういうものであるべきだということは承知しておりましたので、あえてその先生もそれは言われなかったのかなと思います。

それから、その弁護士さんのほうに、検察官の意に沿わない供述を続けたら、逆らったら、あなた自身が逮捕されるおそれがあるのかどうかと、こういうことについてはその見通しを聞いたことはありましたか。

　　ございません。

どうして聞かないんですか。

　　それは、部外者である方にそういう質問をしても余り意味のある答えは期待できないと思ったからでございます。

しかし、先ほどお聞きした話では、その弁護士さんは検事もされていたことがあるということで、刑事事件については詳しい方ではないんでしょうか。

　　一般的に刑事事件とは言っても、１件１件の状況はまるで違ってると私は思っておりました。

しかし、取りあえず聞いてみるということもあるのではないでしょうか。

　　考えませんでした。

しかし、あなたの先ほどのお話では、検察官からそのように言われたことによって精神的な動揺を受けたとか負担を受けたと、こういうふうにおっしゃっていましたが、そういう状態なのに専門家の方に聞いてみようというふうに思わないんですか。

　　私自身の考え方を申し上げて、全く私が前提としてないようなことがあって結論が覆るようなことであれば、少しまじめに聞いたかもしれませんが、私自身大体決めてから結果報告をしたような形になってましたので、聞き方にもよるのではないかと思っております。

戦線を拡大されると言われたとしても余り重視していなかったということではないんでしょうか。

　　私自身は大変重く受け止めておりました。

それから、検察官から示された調書に署名をすれば、それが逮捕されている被告人らの裁判に使われる可能性が高いということはその署名をした際分かってもらえましたか。

　　はい。

証人自身も黙秘権を告げられるなどしたことから、逮捕はされなくても将来起訴されて裁判にかけられる可能性があるということは調書に署名をした際に分かっていましたか。

　　はい。

証人自身も、起訴された場合、署名した調書がその裁判で使われるということもこの署名の際分かっていましたか。

はい。

ところで、証人は、旧長銀から民事の損害賠償請求訴訟を起こされ現在も係争中ですね。

そうです。

おおむねどのような請求をされているんでしょうか。

私の場合は3件について損害賠償請求を受けております。

客観的なことだと思いますので誘導しますが、平成10年3月期の株主配当が違法配当であったということで約7億円、それから、日本リースに対して不良貸出しをしたということで約21億円、日本ランディックに対して不良貸出しをしたということで1億円の損害賠償を請求されているのではないでしょうか。

はい。不良貸出しという言葉がちょっと違ってるかと思いますけど、概略おっしゃるとおりでございます。

それらの請求については、この法廷の被告人3名も共同被告になっていますか。

そう思います。

そのほかにも何名か共同被告の方がおられるわけですね。

はい、そうです。

副頭取をされた越石さん、それから大岩一彦さん、大田秀晴さんなどもその訴訟で訴えられていますか。

案件の内容はまちまちでございますが、その1件でも該当するという意味ではおっしゃるとおりでございます。

証人はその違法配当に関する民事訴訟でどのような主張をされているんでしょうか。

今の段階では、前回申し上げましたような自己査定制度、その内容、それが作成された当時の環境あるいは文献の解析、そういったことをいたしております。

主張としては、配当可能利益はあったと、違法性の認識もなかったと、こういう主張をされているのではないですか。

そうです。

被告人3名も基本的に証人と同じ主張をされてるんでしょうか。

と伺っております。

仮にその損害賠償請求が認められたとすると、共同被告の頭数で割ったとして、証人はそれを支払うことは可能ですか。

仮定の御質問でございますし、今それを考えたくないということで、御返事は御猶予願いたいと思います。

以前、検察庁でこの点について私が伺ったときには、自己破産するしかないとおっしゃっていたのではないでしょうか。

それは仮定の問題としてそのまま原告の請求が通った場合は物理的にそういうことになるという、言わば1足す1が2であるという自明のことをお尋ねになったので肯定いたしましたが、本日の御質問とは趣旨が違うかと思います。**(略)**

第 15 回公判調書（手続）

被告人の氏名(1)　大野木　克信（出頭）
被告人の氏名(2)　須田　正己（出頭）
被告人の氏名(3)　鈴木　克治（出頭）
被告事件名(1)、(2)、(3)証券取引法違反、商法違反
公判をした年月日　平成 12 年 10 月 27 日
公判をした裁判所　東京地方裁判所刑事第一部
裁判長裁判官　大野　市太郎
裁判官　北村　和
裁判官　石田　寿一
裁判所書記官　村上　剛英
検察官　保坂直樹、東　弘
出頭した弁護人(1)　（主任）那須弘平、倉科直文、横田高人
出頭した弁護人(2)　（主任）國廣　正、五味祐子、坂井　眞
出頭した弁護人(3)　（主任）更田義彦、長　文弘
出頭した証人　越石　一秀

証拠調べ等
証拠等関係カード記載のとおり

指定告知した次回期日
平成 12 年 11 月 15 日午前 10 時 00 分

平成 12 年 11 月 8 日
東京地方裁判所刑事第一部
裁判所書記官　村上　剛英

③ 越石一秀証人尋問調書（第15回公判）

証人尋問調書（平成12年10月27日第15回公判）

弁護人（坂井）

まず最初に、あなたの経歴、職歴についてお聞きしたいと思います。**（略）**

それで、本件では会社の決算ということが問題になっているんですが、この御経歴、職歴の中で、長銀の決算に関与するような立場というと、形式的には92年（平成4年）の取締役就任後ということになるんでしょうけれども、実際にそういう役割というか、実際にそういうことができるようになったというのはどのあたりからなんでしょうか。

95年(平成7年)4月に国際担当役員といいますか、今おっしゃられたようなポジションで東京へ戻ってまいった以降でございます。それまでは、香港支店長として香港に駐在しておりました。当時の現実的なやり方としまして、海外駐在の役員というのは、決算の取締役会でございますとか、株主総会ですとか、あるいは年末年始にたまたま帰ったときとか、そういったときに開かれる役員会等に参加すると、それ以外は現地に駐在して業務推進に専念するということでございました。

そうしますと、95年(平成7年)4月に帰国後、ある程度そういうことではなくて常時取締役会にも出られるようになったと。

はい。**（略）**

ちょっと話題を変えまして、本件に関する検察官からの調べの状況についてお聞きしたいと思います。既に法廷に調書を提出されておりますけれども、初めて検察官から証人に連絡があったのはいつでしょうか。

昨年の5月17日であったと思います。

そのあたりのことはメモ、控えか何かがあるわけですか。

ちょっとした手控えはございました。

それで日にちがはっきり分かるということですね。

はい。

それは、だれから連絡がありましたか。

地検の丸山検事からでございました。

そのときはどんな話だったんでしょうか。

翌日に地検に出頭するようにという御指示でございました。

で、その連絡を受けて、実際はどのような事情聴取があったんでしょうか。まず、日にち。当初の話でも結構ですが。

18日は、午後1時半だったと思いますけれども、地検に出頭いたしました。

その日は何時ごろまで聴取をされたんでしょうか。

終わった時刻というのは正確には覚えていないんでございますけれども、かなり夜遅くなっていたと。

翌日はどうでしょうか。

翌日は、出頭したのは2時だったと思います。

やはり夜まで。

夜までかかりました。

で、20日はいかがでしょうか。

20日は、大阪支店長の葬儀がございまして、それの参列が夕方ありまして、たしか午後4時だったと思います。

やはり夜遅くまで。

はい。まあ遅いと言いましても、地下鉄に乗って毎回帰りましたので、そういった時間の範囲内でございました。

その3日間の聴取の出頭した場所はどこだったんでしょうか。

これは、地検の9階の検事の部屋でございました。

それで、3日間取調べがあったんですが、その間に調書を作るようなことはありましたか。

それは、結果的にはございませんでした。

じゃあ、どういう話があったかは後でお聞きするとして、では、その3日間の聴取の後、調べはどうなりましたか。

その後、中断いたしました。

それは、20日まで3日間調べをして、取りあえずここで一段落するよという話だったんですか。

いや。翌週も事情聴取が続くということで、御連絡いただくということでございましたが、実際には6月に至るまでございませんでした。

そしたら、20日の段階ではまた翌週連絡するからと言われていたけれども、6月に入って次に連絡が来るまでちょっと間が空いたということですか。

はい。

じゃあ、その次にどういう連絡がありましたか。

6月10日だと思いますが、1時半ごろ家宅捜索がございました。で、そのときに、これは地検の徳田検事から電話がございまして、翌日から出頭するようにという御指示でございました。

御自宅の家宅捜索というのはどういう方が来たんでしょうか。

これは、証券取引等監視委員会の方が4名、たしか前田さんという方をヘッドとして来られました。

そのときは、もう家じゅう捜索をされたわけですか。

それはそういうことだと思います。

その最中に徳田検事から連絡があったと。

はい。

それで、その連絡があった後の取調べはどんなふうに進みましたか。

これは、当初は連続しておりましたが、その後は数日置きにということでございました。

場所はやはり地検ですか。

はい。

で、当初は連続していてというのは、11日からしばらく連続していて、その後はちょっと飛び飛びになったと、こういうことですね。

そうです。そうだったと思います。

私がお聞きした範囲では11日から13日。

検　察　官（保坂）

異議あり。そこのところは誘導しないで聞いていただけますか。

弁　護　人（坂井）

じゃあ、御記憶にしたがって、いつごろまで連続してあったか、お話いただけますか。

25日だったと私は記憶してるんでございますが。

それは最後の日ということですか。

はい。それから、調書の日付を今回見させていただいたんですが、それが24日になっておりまして、あるいは私の記憶違いで24日であったかもしれません。

そうすると、電話があった翌日である6月11日から、記憶としては25日まで調べられたと思うと。

はい。

前半については毎日、後半については少し日にちが飛んだ日もあったと、こういうことですか。

はい。

これは、何時ごろから何時間ぐらい調べられたんでしょうか。

当初は、午後5時から夜までと。

夜何時ごろまででしょうか。

これも、私も正確な記憶がないんでございますけれども、そんなに遅くなったということはないです。

そんなにというのは何時ごろですか。

例えば、10時ごろを前後にしていたと。

まあそれを遅いと言うかどうかはともかく、10時ごろまで調べられたと。で、電車で帰れる時間ということでよろしいですね。

はい、結構でございます。

それで、当初は5時ごろからとおっしゃったんだけど、もっと早い時間からやったこともあるんですか。

その後は、たしか2時からということになったと思います。

2時から始まったときは何時ごろまでやったんでしょうか。

これは、比較的早く、夕方といいますか、5時とか6時に帰るときもあったと思います。

それらの場所はいずれも地検ということでよろしいですか。

はい。

取調べというのは、大きく分けると二つに分かれてますね。前半の取調べ、ちょっと間が空いて6月の取調べ。

はい。

じゃあ、まず前半についてお聞きしますけれども、最初の3回の取調べのときの検事の取調べの態度はどんな様子でしたか。

内容に若干入るかとは思いますけれども、この3日間は、96年(平成8年)4月8日の円卓会議の資料を1枚示されまして、それの解釈についての尋問に終始いたしました。

その内容についてはまた改めてお聞きしますけれども、そのときの話し方、きつい話し方をされたとか、そうでもなく優しかったとか、そういうことをお聞きしたいんですが、そういう点ではどうだったでしょうか。

私としては、大変大きなプレッシャーを感じました。

怒鳴られるようなことはありましたか。

多少はございました。

今度は、6月の調べのときの、内容というよりも、取調べの態度というのはどうだったんでしょうか。

　まあ取調べの際のお言葉とか、それはともかく、よりソフトにお話をいただいたと思っております。

前半とはちょっと違う感じですか。

　はい。

それで、今回法廷で証言されるに当たって、法廷に提出されておりますあなたの検察官面前調書は甲 86 号証から 88 号証まで 3 通あるんですが、これはお読みになられましたか。

　はい。読ませていただきました。

で、その内容を読んでみて、率直な御感想は、どんなお気持ちだったですか。

　当時の私の考えあるいは認識、事実に反することが多々書かれておりまして、この調書に結果的にサインしたということについて、私自身大変情けないというふうに思っております。これによって御関係の皆様に御迷惑をお掛けしたということもございますし、私自身非常に自分自身に対して情けないなという気持ちでおります。

どうしてそういう調書になったかについてはまたお聞きしますが、その前に、その 3 通の調書をお読みになったんですが、あなたがサインをした調書というのはこの 3 通だけなんでしょうか。

　私の記憶ではもう 1 通ございます。

それは、何日付けのものかということは分かりますか。

　これは、11 日ないしは 12 日、恐らく 12 日であろうかと思います。

そうしますと、6 月で最後のというか 2 度目の調べ、いったん中断した後の調べが始まったその日か又は翌日と、こういうことになりますかね。

　はい。

そうすると、あなたとしては、サインをしたのは合計 4 通あったという御記憶なんですか。

　はい。

もう 1 通あったはずだというのは、どうしてそういう御記憶があるんでしょうか。

　11 日ないしは 12 日に円卓会議についての調書をお取りいただいたというふうに記憶しております。

そうすると、円卓会議に関してもう少し詳しく書いてあった調書があったはずだと、それが最初の調書のはずだと、こういう御記憶なんですか。

　そうでございます。

それがなかったと。

　はい。

それでは、さっきおっしゃったような内容の調書が作成された経緯について具体的にお聞きしたいと思います。まず、本件の被告人 3 名が逮捕される以前の 5 月段階での取調べの様子、これについてお聞きしますが、先ほどの話ですと、そのときは円卓会議のときの状況について聞かれたと、こういうことですか。

　はい。

具体的にはどういう話だったんでしょうか。

　円卓会議の資料を 1 枚示されまして、これを見ますと、いわゆる MOF 検に備えた、まあ予想の数字が書かれているわけでございますけれども、その中の最悪ケースにつきまして、これが長銀の不良債権の実態であろうと。最悪ではなくて実態だと。で、Ⅳ分類というのは直ちに償却、引当を要するものであって、したがって、たしかこのⅣ分類は1兆1000億程度だと思いましたが、この金額を直ちに償却、引当しなければいけないという認識があったはずであるという御趣旨でございました。

それは、そういうふうに取調べに当たった検事がそうだろうとあなたに言ったわけですね。あなたの認識はそうだったんだろうと。

はい。

で、そのとき、そういう内容について、検事さんは何か準備をされておられましたか。そういう内容について認めろというふうなことを言ったんですか。

そういうことでございます。

で、あなたとしては、それについては、そのときは認めたんですか、認めなかったんですか。

それは認めませんでした。

5月の3回の調べでは認めなかったと。

はい。

(甲)証拠番号72(供述調書)添付の資料1を示す

「円卓会議資料」を示します。今円卓会議というふうにおっしゃいましたけども、あなたがおっしゃった円卓会議というのは、ここに書いてあります96年(平成8年)4月8日、この円卓会議のことについて聞かれたと。

はい。

で、その表紙をめくった部分に「分類予測と償却計画について」と書いてございますが、こういう内容を示されたわけですか。

そのとおりでございます。この1枚でございました。

この1枚を示されたと。

(うなずく)

そのとき、表紙はありましたか。

ございませんでした。

そうすると、この2枚目の1枚の資料を示されて、3日間そのお話に終始したと。

はい。

あなたがさっきおっしゃった最悪ケースというのは、今示しております2枚目の真ん中の段の左端にございます「査定後(最悪ケース)」と書いてありますが、このことですか。

そうです。

あなたは、検事にそういうふうに言われて認めなかったということなんですが、具体的には検事に対してどういう内容のお答えをされておられたんですか。

この資料を示されましたが、私は、当時、この資料あるいはこの数字について全く記憶がございませんでした。

まず、それが第一点ですね。

はい。

それで、記憶はなかったけれども、そうしましたら、資料を見た上で、あなたとしてはどう考えるというようなことはお話になったんですか。

はい。その後、この資料を見てどう思うかというお話になりました。

一言で言えないかもしれませんが、じゃあ資料を見て、あなたは、自分としては当時こう思ってたんだと思うというようなことで、どんなことをおっしゃったんでしょうか。

幾つかこれを見て思ったわけでございますけれども、まず第一にこの分類予測と償却計画ということでございますが、基本的にはこれはMOF検に備えた資料でございまして、当時、早期是正措置の導入等が控えておりまして、これは中身がなかったんですけれども、今回のMOF検における検査官の考え方というか、基準といいますか、そういったものが必ずしもはっきりしないということで、かなりいろんな幅を取って予測をしたものというふうに思いました。これは、どちらかというと、MOFの検査官がどういうふうに考えられるかということを読んだ資料であるというふうにまず第一に思いまして、そういうふうに申し上げました。それから、次に、銀行員の常といたしまして、このいろんなケースを私のプロジェクトファイナンスのほうで盛んにやっておったんでございますが、ベースケース、楽観ケースあるいは悲観ケースというようなことを並べるというのは、これは銀行員のさがでございました。通常そういった場合にはベースケースというのが物事を考える上での基本になると、これは長年たたき込まれてきた習性でございますから、そういうふうに私はこの数字を見たということでございます。したがって、最悪ケースというのは実際には非常に起こり得ないような前提を幾つか重ねたケース、そういうふうに思い、かつ申し上げた次第です。それから、更にいろいろ議論の過程ででございますけれども、この当時の償却、引当のやり方というか、実務的なやり方は、決して資産を分類してそれに対して償却、引当をするということではなくて、別途償却証明制度というものがございまして、それに基づいてやっていたというふうに申し上げました。それから、仮にMOF検でこの分類があっても、それは直ちに分類、償却に結びつくというものではないという理解でございました。こういったようなことを御説明したつもりでございます。

最初におっしゃったのは、1兆1000億円の性格について、先ほど証言されたように、検事のほうで、当時の長銀の実態だっただろうと、そう思ってたんじゃないかと、言ってみたら、単純にそういう結論を迫ってきたわけだけれども、そんな単純なものじゃないですよという御趣旨のお答えをされたわけですね。

はい。

もう一つ、MOF検の分類と、償却、引当は必ずしも直結したものではないということなんですが、そうしますと、資産の分類というのは、MOF検ではもちろん使用されていた概念なんでしょうけれども、行内ではそういうことは償却、引当のために行われていたわけではないわけですか。

私が実際の作業に直接携わったということはないんでございますけれども、当時の理解では、期末になりますと、各部店にこういった償却、引当の対象となる案件を提出するように求めて、で、これを担当部がまとめまして、大蔵省の、これは金融検査部審査課だと思いましたけれども、そこに持ち込んで、無税償却については、これは認定を受けると、あるいは有税については報告するというようなことで、そこで、実際の相談というのは言葉が悪いかもしれませんけれども、行われて、償却額が決まっているというふうに理解しておりました。これは、私は国際関係の担当でございましたけれども、国際部門における償却、引当も同じような手続においてなされていたと理解しております。

（以上　　川村　亜希子）

それで、MOF検における分類と償却、引当との関係で、当時のあなたの認識をお聞きしたいんですが、MOF検でⅣ分類となったものの扱いと償却、引当という関係については、どういうふうにお考えだったんでしょうか。

それほどクリアな考え方を持っていたというのではない、まあ、後から私が多少勉強したという面もございますけれども、一般先につきましては、これはMOF検でⅣ分類とされたものは無税償却の対象になると、あるいは適状であるという認定に、ほぼ自動的になっているというふうに理解しておりました。ただ、関連親密先につきましては、Ⅳ分類になったから、必ずしも直ちに償却、引当ということではなかったというふうに思っておりました。**(略)**

それから、結論部分とも言えるんですが、今お示ししております最悪ケース、これについては、そうしますと、あなたとしては、どんな数字というか、どんなケースというふうに円卓会議の当時思っていたと検事に述べたんでしょうか。

最悪ケースの前提でございますけれども、一つは修正母体主義ということでございます。それと、このケースでは基本的には清算的に数字をはじいてみると、すなわちすべての関連会社といいますか、関連先が同時に清算に至ると、こういったようなケースを前提に数字を出したというふうに思いました。当時の理解で、例えば、修正母体主義というのは、どちらかと言いますと、親銀行としてこの会社をしっかり責任を持って立て直していくんだという象徴的な意味を持っておりまして、実際に修正母体主義が使われるということは、ほとんどなかったという理解でございます。住専のときに修正母体主義ということが非常にクローズアップされましたけれども、現実にはそういうことは余りないと、本当に清算ということになれば、実際にはプロラタで処理するということでございますので、まあ、ノーショナルというか、想定上の考え方というふうに思っておりました。

そうしますと、今おっしゃったような想定ですね、例えば、修正母体行主義の問題について現実には余り起こり得ないような前提も含めて、そういう想定をした数字というのは、あなたとしてはどんな数字になるんですか。

だから、清算的に見て、かつ修正母体というのは、何か相入れないといいますか、それぞれの最悪の数字というのを単純に足したというふうに思いまして、それで、実際にはその関連先というのは、やはり長銀にとっても大変重要な先でございますから、こういった存在がないと、長銀の将来の顧客サービスといいますか、収益といいますか、そういったものの絵を描いていく上で描けなくなるということでございますから、基本的にはもちろんその企業の再建を合理的に見ていくということでございますけれども、そういうことをベースに支援をしていくというのが当時の考え方であったと思います。したがいまして、こういったような静的といいますか、スタティックな分析といいますか、数字というのは実態とはちょっと違った、やはりMOF検でMOFの検査官の方々が、そういう過渡期において、どういうふうに考えられるかということを予測して、正に最悪ケースを考えたものというふうに理解しておりました。

最後の点は、最初におっしゃった、この資料がMOF検の準備の資料であるということと関係してくるわけですね。

はい。

それで、ちょっと別の話に移りますが、最初の3日間の調べでは、まあ、言ってみれば、検事の主張とあなたの主張は平行線をたどったままだということだと思うんですが、その3日間の最後の3回目の調べのときに、検事からどのようなことを言われましたか。最初のというのは、5月の3回の調べということを言っております。

先ほど申し上げましたけれども、その3日間は、この1枚をめぐっての議論ということではなくて、検事さんにはほとんど私のお話は聞いていただけないということで、繰り返しになっていたわけでございます。それで、その間に何と申しましょうか、入口から一歩も進まないと、私も大変忙しいと、これから先もあるわけだから、これはまず認めるべきであるというようなお話もございました。そして、私と同じような責任を負っている役員は、皆、既に認めていると、こんなところでどうしてそういうことを、私が今申し上げたような趣旨のお話をしているのかと。それから、そういうことをやっておりましたときに、どうしても疲れてまいりますから、まあ、同じことの繰り返しということでございますから、どうしても黙ることも出てくるのでございますけれども、これは黙秘をするのかと、ここでこういうことを申し上げていいのかどうか分かりませんが、和歌山のヒ素事件の被告人と同じであると、私の品性が大変下劣であるというようなお話も承りました。

そういうある意味で厳しいことを言われたということなんですが、そういう中で、あなたも被疑者として扱うぞというようなこと、ないしは逮捕するぞとかそういうようなことを言われたことはあるんでしょうか。

私が被疑者であるかどうかということについては、私は終始理解しておりませんでした。被疑者であるというふうにおっしゃられることはありませんでした。しかし、2日目に調書を用意されまして、それに調印するようにというお話でございましたが、私は今申し上げたような認識から、それは調印できないと申し上げました。それで、3日目になったわけでございますけれども、3日目の夜には、どうなっても知りませんよと、家族も悲しむでしょうというようなお話もございまして、それから、逮捕するか主任と相談してくると言われて、外に出ていかれました。このへんは、ちょっと私ももう逮捕されるということで動転もいたしました。それで、帰ってこられまして、事務官の方だったと思いますが、新聞記者が周りにいるかもしれないから見てくるようにと検事が言われたと記憶しております。そこはちょっと私も動転しておりましたので、正確かどうか分かりませんけれども、たしか事務官の方が外へ出られて、戻ってこられていました。そうしましたら、検事から今日はこれで終わりであるというお話がありまして、その日は帰ったということで、結局、調書にはこの3日間では調印いたしませんでした。

（略）

そのように5月の調べの段階では、検事の主張を認めなかったということなんですが、ただ、最終的に証拠として提出されている調書上では、この最悪ケースというふうに書いてあるものの解釈について、基本的に検事の主張を認めるような内容になっていますね。

はい。

それを認めてしまったのが、いつかというのは、先ほど、もう1通、調書があるというお話で出てきました、6月11日か12日ということになるわけですか。

そうでございます。

それは、さっき言ったように違うというふうに思っていらっしゃったのに、どうして検事の主張を基本的に認めるような内容に、サインをすることになったんでしょうか。そのあたりの事情をお話しください。

　間が空いております間に、私はこれについていろいろと考えてみたんですけれども、やはり私の認識はそのとおりだという認識で間違いないと思っていたわけでございますが、11日に徳田検事の元に出頭いたしまして、冒頭のお話で、これはいわゆる国策捜査であって、これだけの銀行が公的管理に入ったということについての責任は、やはりあるでしょうと、したがって、協力してくださいというようなお話からスタートしたわけでございますけれども、ちょっと別の方のことを申し上げるのは大変恐縮でございますが、大野木さんほかの皆さんも、さばさばしておられると、この円卓会議の認識についておかしなことを言っているのは、あなただけであると言われました。それで、また同じような議論に、まあ、議論といいますか、説明になったわけでございますけれども、ただ、既に皆さんが、この点の認識について認めておられるんだと。そして、何人かの方の調書を持っておられまして、ここに書いてあるということでございました。それで、その議論の間に、私も売り言葉に買い言葉といいますか、ついそれではそれを見せていただきたいというふうに申してしまいました。これは後から考えますと、人様の調書を見るというのは、大変申し訳ないということでございますけれども、当時、そういうことで申し上げてしまったと。そうしましたら、全部読んでよろしいと、まあ、全部といいますか、その中の1冊でございますけれども、そういうことで。
全部読んでよろしいというのは、だれかが言ったんですか。
　その内容を全部読んでよろしいというふうに検事が言われました。私はちょっとぱらぱらっとポイントを見るというつもりでしたが、全部読んでよろしいと、そういっても全部じっくり読むということもありませんでしたけれども。
それは、どのくらいの調書を持ってきたんですか。
　それは、そんなに厚いものではなくて、お話では、たしかお3方の調書だったと思います。
それで、あなたは何か読まれたんですか。
　特にこれといった理由はないんですけれども、鈴木さんの調書を読ませていただきました。
鈴木さんの調書を読んでみると、その内容はどうだったんでしょうか。
　先ほど申し上げたように、きちんと読んだというわけではございませんが、私の理解では、結局、速やかに償却、引当すべきものを先送りしたと、これは長銀の再生のためにやむを得ないものであったけれども、おわびするという御趣旨であったかと思います。
それを読んでから検事さんとのやり取りは、どういうふうに進んでいったんですか。
　やはりそれを読みましたので、これは申し上げてよろしいのかあれですが、言わば男の約束であるということで、私としても読んだ以上はという気持ちに追い詰められたというか、そういう気持ちになりまして、結局、検事の御主張を認めるような結果になりました。
そうすると、ポイントだけちょっと整理をしますと、ほかの方はみんな認めているよと、調書もあるよと言われて、ついやり取りの中で、じゃあ、読ませてくれと、まあ、本当にそうかなということなんでしょうが、読ませてくれと。それで、読んだらそういう趣旨のことが書いてあって、どうだ、読んだ以上はと、男の約束とおっしゃったのは、そういう意味ですか。
　そういうことでございます。
それで、何か認めざるを得ないことになってしまったということですか。

はい。

法廷には出ていない６月11日か12日付けの調書、もう１通あるという調書にサインをしたわけですか。

結局、その調書へのサインは翌日ということになったかと思います。

そうすると、12日のサインだろうということですか。

そこは正確には覚えておりません。

じゃあ、最初に検事の主張に沿うような調書にサインをしたということなんですが、そうすると、さっき述べられたようなあなた自身の御主張は全く引っ込めて、検事の主張のとおりという調書にサインをしたんですか。

実際の調書ということになりまして、やはり私もそこでちゅうちょするものがございました。それで、私の気持ちとしては、検事さんの御主張の前提のとおりであるならばというような気持ちを込めた文言を入れたと記憶しているのでございますが、それが具体的にどういう文言であったかというのは、ちょっと今思い出せません。

すると、検事さんの言うとおりの前提ならばという気持ちを込めた内容のそういう前提の前置きが入っていると思うと、こういうことですか。

はい。

それは検事が言うような最悪ケースの解釈について、いろいろなそういうふうに解釈する前提があるはずだけれども、そういう前提であるならば、そうでしょうと、こういう調書になっているはずだということですか。

そうでございます。まあ、何といいますか、せめてもの思いを込めたということでございます。

それで、その後、法廷に出てきている３通の調書が、６月の調べの中で作成されるわけですが、その後の調べの状況ないしは調書の作成の状況というのは、どんなふうに展開していきましたか。

基本的にはこの認識を認めたということになりましたので、要所要所で議論をしても、結局、そういう認識があったという前提に立ちますと、どうしても議論にならないといいますか。

そうしますと、個別の事実では、証人としては違うんじゃないかという反論をして、議論になるようなこともあったと。ただ、結局、そうすると、最悪ケース１兆1000億円というのを認めた前提の話が。

それを認識していながら、そういうまた別の認識ということになって、これはなかなか御説明するというわけにはいかないかと思いました。それと、そういった説明を試みたわけでございますけれども、もうこれはあなたもいったん覚悟したんでしょうと、そんな女々しいことをいろいろ言うなというような御趣旨で、これは私に有利なように言うというわけではございませんけれども、ともかく不法の問題以前に、そういう覚悟を決めた以上は貫くのが男であると、こういう御趣旨であったと思います。思うというよりか、そんな印象もちらっと頭をかすめました。

そのほかにあなたが思ったことを、要するに、検事の主張を否定するような方向で主張をしたときに、責任逃れというような意味で、いろいろ言われたことはございませんか。

私が一番我が身にこたえましたのは、どうしても立場上、国際業務担当役員ということで、いろんな個別のことで、私が十分理解していないこととか、あるいは知らないとか忘れたとかそういうことがございまして、それをいちいち、私にとっては言わば本当のことなのでございますけれども、ただ、あなたは、結局、国際業務担当であったという立場を隠れみのにして責任逃れをしていると、自分だけ責任を取らないのかと、議論になるときには、そういうふうなお話もございまして、そういうつもりではないんだけれども、どうしても自分だけ責任を取らないということになりますと、やはり認めてしまうというようなことでございました。

(略)

検　察　官（保坂）

先ほど来、男の約束という言葉を何度も使われていますが、調書を見せられる前に、何か約束をされたんですか。

いや、特にそういう約束はございません。

丸山検事の取調べを受けて、２日目の日に調書の案を示されたんだけれども、署名は拒否したと、先ほど、こういうふうに証言されましたね。

はい。

その点は、２日目ということで間違いないでしょうか。

と思います。

先週、この証人尋問の前に検察庁に来ていただいて、お話を伺いましたね。

はい。

その際に同じ点についてお尋ねしたと思うんですが、その際はどういうふうにお答えになったか覚えていらっしゃいますか。

そのときは、３日目というふうに申し上げたと思います。

話が変わったのは、どうしてなんでしょうか。

取調べの細かい日にちでございますとか順序というのは、正直言って余り、何といいますか、日付につきまして、そのときはっきりしてない面もございましたので、３日と申し上げたんですけれども、その後、よく考えてみますと、なぜ思い出したかといいますと、２日目に調書をお示しになって、そのときに調印をしなかったわけでございますが、それならあしたも来るようにというふうに言われたことを思い出しました。それで、そのあしたというのが、たまたま元大阪支店長の告別式でございましたので、そこに参列して、午後遅くになって、４時でございましたか、そのころにお伺いしたということでございます。

では、２日目に調書の案を示されて、これは署名できませんと言ったときに、丸山検事からは何か言われましたか。

したがって、署名できないということで、それならあしたもやろうというお話でございました。

それだけですか。

はい、それだけだと思います。

逮捕うんぬんという話は、２日目の日は出てないんでしょうか。

それは出てないと思います。

では、３日目の日に逮捕うんぬんという話が出たようですが、先ほどの話では、主任検事のところに聞きに行くというようなことをおっしゃいましたね。

ええ。相談すると、まあ、ちょっと細かい言葉はともかく、そういう趣旨のことを。

実際、丸山検事は、主任検事と連絡を取っていたんでしょうか。

　部屋の外にお出になりましたから、実際には分かりません。

じゃあ、その部屋を出て、丸山検事が戻ってきてから、再度、提示された調書に署名をするかどうかという点は、どうなったんでしょうか。

　いや、それはしなかったといいますか。

丸山検事のほうから、再度、調書に署名するつもりはないかとかそういうことは聞かれなかったんですか。

　部屋を出ていかれた後はないと思います。それで、帰ってこられて、もう私も相当動転していたということもあるかと思いますけれども、私の記憶では、今度は事務官の方に外に新聞記者等がいるかもしれないから見てくるようにと、こう言われて、事務官の方が外へいったんお出になったというふうに思います。

事務官が外に見に行っている間に、丸山検事と証人の間で、何か話はなかったんでしょうか。

　取り立てて話はなかったと思います。

この調書をどうするのかという話はないんですか。

　いや、もう私は逮捕するということだと思っておりましたから、新聞記者を避けて、ちょっと私もどういう手続なのか全く分かりませんけれども、どちらかへ行くということなのかなあと思っておりました。

じゃあ、逮捕するというような話をされて、逮捕されるぐらいなら署名しようというふうには考えなかったんですか。

　当時は、そう考えておりませんでした。

逮捕されても構わないという気持ちだったんでしょうか。

　申し訳ありませんが、もうそのときは逮捕されるならやむを得ないと思いました。

それでも、署名をしなかったわけですね。

　はい。

調書の内容で納得の行かない点があったようですけれども、その点については訂正を申し立てて、応じてもらえた点というのは、一つもなかったんでしょうか。

　細かい語句の修正でございますとか本筋にかかわりのない点は、修正をしていただいたと思いますけれども、検事の御主張にかかわる点につきましては、全く認めてもらえなかったと思います。

本筋に関係ない点は訂正してもらえたということですが、具体的にはどういう点でしょうか。

　主として、てにをはというようなことだったと思います。

内容的に変えてもらったという点はないんでしょうか。

　内容で変えたということで覚えているというのはございません。ただ、どういう文言にしたか、ちょっと私も覚えてないのでございますけれども、今回、拝見していないと思います調書について、検事の御主張というか、御趣旨を認めるについて、そういう前提であるならばというような気持ちを込めた文言を入れさせていただいて、そこのところは入れていただいたと思っております。それが客観的に見て、そういう趣旨になっているかどうかということについては、ちょっと自信がございませんけれども、私としては、せめてそれを入れたということでございます。

長銀が一時国有化されてから、本件について丸山検事から調べを受けるまでの間に、弁護士さんに相談されたりしたことはあったでしょうか。

　一般的なアドバイスをしていただくということで、お願いしたことはございます。

一般的なアドバイスというのは、どういうことですか。

……。

何についてのアドバイスを受けるんですか。

公的管理に至りましたので、それについて何か法的な問題について、あるのか、ないのか、あるいはどう考えたらいいのかということについてのアドバイスでございます。

それは、証人お1人が単独でアドバイスを受けられたということですか。

いいえ。これにつきましては、大野木さん、須田さん、鈴木さん、それから増澤さん、上原さん、それと私ということでございました。

具体的にはどなたからアドバイスを受けたんでしょうか。

那須弁護士でございます。

丸山検事から呼出しを受けて、調べを受けるんだということについては、那須弁護士などには相談したんでしょうか。

いいえ、全くございません。

相談しなかったのは、どうしてでしょうか。

私としては、何か法的な問題があるというふうには思っておりませんでしたし、特に弁護士の方に弁護をお願いするというような必要があるとは全く思っておりませんでした。

では、徳田検事のところで調べを受けて、あなたの納得の行かない調書に署名をしたということですが、そのことについては、那須弁護士などには相談したんでしょうか。

全くしておりません。

それは、どうしてでしょうか。

全く同じ考えでございます。

しかし、現実問題として被告人大野木らは既に逮捕されているわけですね。

はい、そうでございます。

そうしますと、現実に刑事事件として立件されるということで調べを受けているんじゃないですか。

はい、実際問題として弁護士さんに弁護をお願いするという発想はありませんでした。

繰り返しになりますけど、実際に刑事事件として立件されていて、その事件について、あなたの納得の行かない調書ができているのに、その点について知り合いの弁護士さんに聞いてみないというのは、どうしてなんでしょうか。

例えば、それによって逮捕されるような事態になる場合には、そのときにはお願いする必要があるかなということで、繰り返しになりますけれども、現実にはお願いしようというような気持ちは当時ありませんでした。

事実と違う内容の調書に署名すれば、それが後で刑事裁判で使われた場合に、被告人大野木らにとって不利な証拠になるということが分かっていながら、その調書に署名をしたということでしょうか。

そういうことでございます。

証人自身が逮捕されるかもしれないと思っていたということですが、逮捕されるだけではなくて、証人自身も本件で起訴されて、刑事責任を問われる可能性があるということは、調書に署名をする際には分かっていたんでしょうか。

そこまで深く考えていたわけではないですけれども、そういうこともあるかなと、そのときには覚悟をするしかないなと思いました。

証人は、現在、本件の違法配当に関連して、被告人３名などとともに民事訴訟で損害賠償請求をされていますね。

　　はい。

その訴訟では、簡単に言うと、どういう主張をされているんですか。

　　実際の弁論は、まだ具体的な議論という点では始まっていないという状況であります。

結論的に言うと、違法配当があったのか、なかったのかというのは、証人としては争っているんですか。

　　ええ、争います。**（略）**

第16回公判調書（手続）

被告人の氏名⑴　大野木　克信（出頭）
被告人の氏名⑵　須田　正己（出頭）
被告人の氏名⑶　鈴木　克治（出頭）
被告事件名⑴、⑵、⑶証券取引法違反、商法違反
公判をした年月日　平成12年11月15日
公判をした裁判所　東京地方裁判所刑事第一部
裁判長裁判官　大野　市太郎
裁判官　北村　和
裁判官　石田　寿一
裁判所書記官　村上　剛英
検察官　保坂直樹、東　弘
出頭した弁護人⑴　（主任）那須弘平、倉科直文、横田高人
出頭した弁護人⑵　（主任）國廣　正、五味祐子、坂井　眞
出頭した弁護人⑶　（主任）更田義彦、長　文弘
出頭した証人　大田　秀晴

証拠調べ等

証拠等関係カード記載のとおり

指定告知した次回期日

平成12年12月7日午前10時00分

平成12年11月28日

東京地方裁判所刑事第一部

裁判所書記官　村上　剛英

④ 大田秀晴証人尋問調書（第16回公判）

証人尋問調書（平成12年11月15日第16回公判）

弁　護　人（倉科）

まず、証人の経歴を伺いたいと思います。**（略）**

それでは、あなたは平成8年2月から日本長期信用銀行の事業推進部長というお仕事に就いておられたということのようでございますが、事業推進部というところは何をするところなのか、その職務をお聞かせいただけませんでしょうか。

　事業推進部は、一般取引先並びに関連親密先の不稼働資産の処理をいたすところでございますが、その目的は、不稼働資産の処理を行いながら回収の極大化を図るということが、第一のねらいでございます。そのために事業化会社、例えば、代物弁済で受けた土地ですとかそういうものにつきまして利回りが回るような事業化、これを推進してまいりました。もちろん部店指導という立場もございました。

今、部店指導とおっしゃいましたけれども、部店というのは、そうしますと、不稼働資産を抱えている貸出し先の担当の部店という意味ですか。

　直接的にはそういうことになりますが、一般部店からも経営に懸念が持たれる先、要注意しなければいけない先、そういうものが徐々に発生してきている時期でございましたから、そういうものについても、いろいろ指導をしていくという立場でございました。ただ、職務権限上は、不稼働資産を担当しております融資1部とか2部とか、そういう不稼働資産を集中的に持っている部店の本部という位置付けでございます。

その仕事の範囲の中には、いわゆる関連親密先というものも入るわけですよね。

　はい、入ります。

関連親密先に対する関係ですと、そこにおける経営については、どういうふうにすべきではないかというような助言とかアドバイスとかというようなことも、職務の範囲には入ってくるわけですか。

　はい、当然それは入ります。

それから、いわゆる支援という言葉が、この事件でもよく話題になっているのでございますけれども、関連親密先に対する支援というものについては、広義の支援というものと、それから、狭義の支援というものが、よく話題になっているんですが、支援というのは、どういうことをすることになるわけですか。

　金融機関は、すべからく会社を支援しているということだというふうに思いますが、端的に申し上げますと、一つは、債権放棄等による金融支援のことを支援というふうに申しております。そのほかにお金を貸すということ、このお金を貸すということは資金支援でございます。それから、営業で会社の収益を上げていくと、それで、会社の内容をよくしていくということで営業支援、それと、人材を銀行から派遣するということをやっておりましたから、これは言わば人的支援というような形でございまして、銀行は会社に対してもろもろ支援を行ってきておりまして、通常の支援というのは、損益支援のことを言っておりまして、それ以外のところも、まあ、支援には当たりますが、それが全部組み合わさって支援という形になると、こういうことだというふうに理解いたしております。

損益支援の場合には、計画的に、つまり何年度かにわたって、そういった損益を支援するという場合もありますね。

　はい。

そういった計画の立案とか遂行というんですかね、そういったことも事業推進部の職掌に入ってくるんでしょうか。

　はい。関連会社の再建計画なり経営計画、これを会社と一緒になって作るということ、それで、立ち行かない場合に支援計画を作っていくというのが、我々の仕事でございました。

事業推進部のそういった職務を進めていく上で、何か留意してきたというようなことはありますでしょうか。

　不稼働資産というのは、権利が非常に錯綜いたしておりまして、債権者と債務者のせめぎ合いのような仕事、それから、我々はできるだけ回収を多くしようということで動いているわけでございますから、非常に法律的なフリクションが起きる部署でございました。ですから、リーガルマインドといいますか、非常に顧問弁護士さんの手を煩わせまして、いろんなことを御相談しながら処理をいたしておりましたから、まあ、戦争で言いますと、一番しんがりを務めているような仕事でございますので、非常に嫌な大変な仕事でございましたけれども、そういうところでございましたので、特にリーガルな面については、細心の注意を払って仕事をいたしておりました。**(略)**

証人は、長銀の公的管理が開始した後、いわゆる取調べというものを受けたことがありますね。

　はい。

それは、いつごろから始まったことでございますか。

　一昨年の11月でございます。

平成10年の11月ですか。

　はい。

それは、どこでの取調べだったんでしょうか。

　警視庁捜査2課でございます。

そのときは、回数は。

　11月に1回ございまして、しばらく空きまして、2月、3月に20回弱ございました。

平成11年の2月、3月に20回弱あったということですね。

　はい。

それは、同じように警視庁捜査2課でございますか。

　はい、警視庁捜査2課でございます。

どんなテーマで聞かれたのでございますか。

　当初は長銀が不正行為をやっていないかということで、特に不動産の事業化の観点が最初は中心でございました。その後は償却全般の問題に話が移ってまいりました。

警視庁捜査2課の捜査というものは、結局、2月、3月の後は。

　ありません。

その後は、どこか別のところであったんですか。

　その後は東京地検に呼ばれまして、4月14日から6月30日まで呼ばれました。

　回数は、30回強でございますから、両方合わせますと50数回になります。

検察庁での取調べについては、検察官のお名前は覚えておられますか。

　　はい。

どんなお名前だったでしょうか。

　　最初は林検事でございました。その後、江畑検事になりまして、廣瀬検事が１回入りまして、その後、また林検事に戻りました。

その話を聞かれたテーマといいますかね、それはどういうことだったのでございましょうか。

　　償却全般の話でございます。不稼働資産の償却の話でございます。

広い意味では不稼働資産の償却という問題になりますが、もちろん項目としては、具体的には幾つかの項目がありますね。調書も幾つかその項目ごとに調書がございますが、そういった調べの中で、調書はどのくらいお作りになったのでございましょうか。

　　定かにあれではないのでございますが、十数本だったと思います。13、４本だと思います。

13、４本ぐらいですか。

　　はい。

一番最初は、いつごろだったでしょうか。

　　４月の初めだったと思います。まあ、４月の中ごろでございますね。それは明確に覚えております。

本件で公判に証拠調べ請求されているのは、６月18日が日にち的には一番古いものなんです。それを合わせて合計６通が出ているんですけれども、そうすると、それより前にあるということでございますか。

　　はい。

例えば、５月なんかにもあるのでございますか。

　　ございます。

同じ調書といいましても、６月22日からのものが５通でございまして、６月28日と６月29日に合計３通というふうになって、６月の終わりに非常に調書の通数が集中しているのでございますけど、実際の取調べと、それから、調書作成もあったと思いますけれども、そうすると、そういうのは６月の終わりに限られていたわけではないんですね。

　　取調べはもっと以前のほうが長時間行われまして、後半のほう、逮捕後は比較的調書を取るための取調べが主でございました。

今、逮捕後とおっしゃったのは。

　　６月10日以降でございます。

そういう意味ですね。被告人の方々がね。

　　はい。

長時間の取調べもあったというお話ですが、例えば、どのくらいのことがあったのでございますか。

　　１週間、毎日であったこともございますし、朝10時から夜中の終電に乗れるか乗れないかぐらいの時間もございました。ですから、食事を外で２回したとか、それから、とびとびのときもございましたし、夕方から深夜までというのもございました。

それは月曜日から金曜日までの、いわゆるウイークデーに限られていたんですか。

　　いいえ、日曜日、土曜日も呼ばれました。

それから、先ほど50数回とおっしゃいましたけれども、これは実際に取調べがあった回数のことでございますか。

1日全くなかったということはありませんが、朝10時ごろに呼ばれて、深夜まで、終電の間際までずうっと待合室に留め置かれたというのが、ちょうど6月10日、逮捕の前後には3日間ぐらい留め置かれまして、ほんの30分ぐらい検事とお話をして、そして、帰れと、こういうことでございました。

それから、自分の居所がどこにあるかというようなことについては、連絡するように求められていたのではありませんか。

それは検察庁のほうではございません。警視庁のほうで、約1か月間ぐらい、毎朝、警視庁に連絡を取るように言われました。

それで、6月の後半の取調べについては、調書を取るための取調べというような話だったですね。

はい。

そうしますと、具体的には調書はどういう手順で作られたんですか。

調書は、もう出来上がったものが、どんと置かれていまして、それで、それを読んで、署名捺印しろと、こういうことでございました。

あらかじめ作ってあるものを読まされたと、こういうことでございますか。

はい。

6月の後半になって、たくさん作っているものがありますが、そういったものの中で、署名するまでに時間が掛かったというようなものはありましたか。

随分ニュアンスの点で。正直に申し上げましたし、書いてありますことの事実関係については、そのとおりだと思うのでございますが、問題は、その解釈でございますとかそういう点につきましては、我々の考え方と検事さんの考えておられることとは違うということを相当申し上げました。

そういったような議論で、時間が掛かる場面もあったということですか。

後半のほうは、そんなにはございませんでしたが。

それで、今、事実関係についてとおっしゃいましたね。

はい。

そこで言う、事実関係というのは、どういう意味での事実関係かということなんですが。

会議でこういうことが言われたとか、こういう数字はこうだとか、こういう話のことを事実関係と申し上げたわけでございます。紙に書いてあるといいますか、証拠に付いている紙の話でございます。

そうすると、ニュアンスとか解釈というような部分で、要するに、意見が合わないというようなことがあったということですか、例えば、それはどんなようなことがあったのでございますか。

分類償却額を即時に全額償却しなければいけないというところでございますとか、関連親密先の償却に対する考え方でございますとか、例えば、日本リースの債務者区分、それから、資金繰りの問題を非常に強く強調された調書になっておりますが、資金繰りは、あのときは極めて異常な状態でございまして、そのへんのところは、資金繰りと企業の債務者区分というのは違うのではないかという主張を相当長期間やらせていただきました。それと、調書におけるいろんな人の会話があるのでございますが、会話の臨場感、これが私は残念ながら覚えていないことが大部分でございましたが、結局、流れがそうなっているし、私の部下ももう私以上に呼ばれておりましたし、それで、みんな部下も認めていると、それから、逮捕後は逮捕された人たちも全部認めていると、認めていないのは大田さんだけだというふうに再三言われまして、それで、署名捺印をしたと、こういうことでございます。

今おっしゃった中で、臨場感うんぬんという話がございましたよね。

はい。

それは、要するに、だれそれがこういうことを言ったというようなことについて、具体的にはせりふといいますかね、そういったようなことについて、あなたとしては本当は覚えてないけれども、ほかの人はこう言っているよということだから、最終的には署名捺印したという部分もあると、こういうことでございますか。

はい。

それから、今お話があったうち、分類償却額を即時償却しなければならないかどうかということが出ましたね。

はい。

この分類額というのは、具体的には何分類の話をなさっていたわけですか。

Ⅳ分類の話でございます。

いわゆるⅣ分類の即時償却の必要性と、こういう話でございますか。

はい。

それから、調書の中には、実態というような言葉が出てくるものもございますけれども、そういったものと即時償却の必要性というようなことについても議論になったんですか。

ええ、どれが実態かという観点でですね。どの部分が実態で、どの部分を償却するかというような話は随分させていただきました。

その償却の必要性に関しては、関連親密先に対する不稼働資産の評価についての考え方というようなことは問題になったんでしょうか。

それは、再三、我々の主張を申し上げました。

そこで、いろいろやり取りがあったということなんでしょうが、そういった検事さんとのやり取りの中で、何か記憶に残っているような言葉とか、あるいは事柄というのはありますか。

私は大変数多く呼ばれておりますが、最初に検察庁に呼ばれましたときに、あなたの頭の上をすべての案件が通っているので、ですから、あなたは早くお呼びをいたしましたと、それで、協力するか、しないかは、あなたの考え方ですよと、ということは、まあ、逮捕があなたについてありますよと、こういうような意味合いであったかと思いますが、そういうことを言われました。

その取調べに際して、自分はいかなる立場なのか、参考人なのか被疑者なのかというような問題ですね、そういったことについては、お尋ねになりましたか。

マスコミ等でも事業推進部が諸悪の根源のような報道がされておりましたし、イニシャルで名前が報道されたり、いろんなことがございましたものですから、参考人であるのか被疑者であるのかということは、私のほうから検察官に再三確認をいたしました。必要があれば黙秘の件と弁護士の件は言うというふうに言われましたが、ただ、調書の上のところには、名前と住所しか書いてございませんで、参考人とも被疑者とも書いてございませんでしたから、絶えず逮捕されるというような心配といいますか、おそれを持って、取調べに臨んでおりました。

今マスコミの報道などでイニシャルというふうにおっしゃいましたけれども、あなたのイニシャルでいくと、それはOになるわけですか。

はい、Oでございます。

そのほかにどんなイニシャルがあると報道されていたんですか。

イニシャルは、事業推進部が諸悪の根源というような形で、一斉に報道されました関係上、SとOと、それからTというのが私の部下でございますが、このS、O、Tが最有力逮捕候補者であるというのが、夕刊紙その他週刊誌に相当出ました。

そのTというのは、あなたの部下のだれかであると。

はい、部下でございます。

あなたは、だれのことか分かっていますね。

分かっております。

それから、Sというのも、だれのことか、あなたには理解できていると。

はい、分かっております。

そうすると、あなたとしては、常に自分が逮捕される立場なのではないかということを頭の中に置きながら取調べを受けていたと、こういうことになりますか。

はい。覚悟をいたして、事に当たっておりました。

それで、検事さんといろいろ議論をなさったということなんですけれども、最終的に作られた調書は、あなたが検事さんと意見が合わなかったところについては、あなたの言いたい認識あるいは理解に沿う内容になっているんでしょうか。

最後に作られました調書は、日本リースの調書であったかと思いますが、ここのところは相当時間が掛かって、それで、6月30日にまでなったわけですが、先ほど申し上げました金繰りに対する理解の問題、だから、破綻懸念先になるんだということではないという御議論を相当させていただきました。

例えば、そういうのがありますね。

はい。

しかし、調書の内容としては、あなたの主張が取り入れられた調書になっているかどうかという問題なんですよ。

ですから、取り入れられてないということだと思います。

それから、今あなたがそのほかにもおっしゃった、検事さんと意見が合わなかった部分とおっしゃられた点、そういった点については、日本リース関係以外の調書においても、あなたの主張が反映されているのか、反映されていないのか、正確に趣旨が出ているかということですが。

相当激しい議論を戦わせましたが、結果においては、小さな字句の訂正でございますとか、同じ箇所が二度出てくるとか、そういうところにつきましては御訂止をいただきましたが、あとにつきましては、ほとんど取り入れられておりません。

そういう内容であるけれども、あなたのほうとしては、最終的には署名捺印しておられると、こういうことでございますね。

はい。

そういったようなことについては、そういうふうになった事情というのは、どういうことなのかということで、まあ、御本人としては、なかなかおっしゃりにくいこともあるかもしれませんけれども、要するに、どんな事情で署名したのかなあということなんですが。

一昨年の11月から6月末までの取調べでございまして、私自身、体重が10キロぐらいやせておりました。かつ、私の部下でございました関連事業部の部員も、私以上の回数で多分呼ばれたであろうということが推測されましたし、検察庁の入口とか待合室でも多くの部下と会いました。それから、マスコミ報道等で、とにかく諸悪の根源であるというような書き方で、各誌、一斉に報道されました。そして、個人の家でございますが、そこにマスコミ各社が車を止めまして、家を取り巻くようにして、毎日固めておったというようなこと等々ございまして、この時点では、残念ながら精神的にも肉体的には限界になって、検察庁にやって来るのがようやっとというような状況でございました。ですから、やむを得ず、致し方なくというか、印鑑を押したと、こういうことでございます。

今、あなたがおっしゃった検事さんと意見が合わなかったというか、そういったような部分の問題として、こういうことはあるかどうか伺いますが、いわゆる平成8年4月の円卓会議におけるあなたの報告、その内容についての問題はあったでしょうか。

はい、それは子細に聴取を受けました。**(略)**

(以上　　宮村　麻理)

検　察　官（保坂）

まず、取調べの状況について伺いますが、先ほどの証言では、午前10時ころから夜の11時過ぎとか終電のころまで取り調べられたことがあったと証言されましたが、そういうことは何回くらいあったんでしょうか。

5回を超えていたように思います。

どの検察官の調べのときでしょうか。

林検事と廣瀬検事のときでございます。

それ以外の場合には、午前10時から始まって、早く取調べが終わったときもあったんですか。

始まりは、午前10時からのときと午後1時からのときがございました。終わりは、7時とか8時とかそんなような感じで、場合によっては10時とかそのぐらいの、交互にそんな感じでございました。

午前10時から調べが始まった場合ですが、終わる時間は、7時、8時、場合によっては10時くらいということですか。

ええ。10時に始まって、12時近く、終電の前までというときもありました。

ですから、それは先ほどお聞きしたので、それ以外のことをお聞きしているんですが。

それ以外のときは、10時ぐらいでございました。

もっと早い時間はなかったんですか。

早い時間もありました。

夜の早い時間に終わったというのは、何回くらいあるんでしょうか。

最初のころは、夕食前で、7時ぐらいには。ですから、10回ぐらいは、そういうような時間だったと思います。

それから、午後に調べが始まった場合もあったわけですね。

はい。

1時ころからとおっしゃいましたが、終了したのは、何時くらいでしょうか。

それはばらばらでしたが、やはり夕食を取ってこいと言われたのは、半分ぐらいだったように思います。

全体が何回あって、その夕食を取ってこいと言われたのは、何回くらいということになるんですか。

30数回呼ばれておりますが。

いや、そうではなくて、午後に調べが始まった場合で、その夕食を取ってこいと言われたのは何回あって、そうではなかった、それより早く終わったのは何回あったんでしょうか。

はっきり覚えていません。

おおむねの回数も分からないんですか。

ええ。午後の場合は、数回だったように思います。

数回ずつということですか。

はい。

午後に取調べが始まったというのは、時期的には何月くらいの取調べのことをおっしゃっているんですか。

5月は、ばらばらでありました。朝来いというときと、昼から来いというときと。

それで、6月に入りましてから、特に6月の後半からは、午後が多うございました。

それから、検察庁での調べは、主に林検事がされたということでしょうか。

回数的には林検事が多うございましたが、江畑検事と交互でございます。最初、林検事が1週間やって、その後、10日ぐらい江畑検事が行いました。

林検事の取調べの雰囲気というのは、どんな感じでしたか。

雰囲気は、丁寧な紳士的な扱いであったと思います。ただ、非常に待ち時間が長うございました。

調書に署名をされる場合には、その前に調書の本文とか資料の内容については、きちんと確認されましたか。

調書は閲読させていただきました。それで、資料は全部かどうかは分かりませんが、確認できるものはできるだけ確認をさせていただきました。

本文で引用されている、具体的にこういうふうに資料に書いてありますというふうに引用されている部分があると思うんですが、そういうところは、きちんと引用されているか確認しましたか。

確認しておりません。

していませんか。

はい、していません。その前に資料で説明を受けていました。

じゃあ、改めて見なくても、その資料と本文が合っているかということは分かったということですか。

はい。

先ほどの証言では、調書の訂正については、細かい字句の訂正程度を受けてもらえたと、こういう証言でしたか。

はい。

それ以外に証人のほうから、こういう点について書き加えてほしいと頼んで、書き加えてもらったことはなかったですか。

1か所、文章を直しきれないので、そこの部分を事務官が書いて、書き足していただいたところがあります。

内容的には、どういう場面の供述でしょうか。

私の記憶では、償却の計画を常務会にかけるときに、頭取に説明した資料と常務会フリーディスカッションで説明したときの資料の指示が、私の指示によって直されておったというところは、たしか違うんじゃないかなと、これは鈴木副頭取の指示でやったのではないかなというようなことを御指摘して、それは、そうかということで御訂正をいただきました。

証人の供述した内容と違うことが記載されている調書については、署名を拒むことができるということは、その調べの当時は分かっていましたか。

強制されているとかそういうことではありませんが、拒否できる雰囲気ではありませんでした。ただ、拒否はできるんだろうと思っておりました。

実際に調書の原稿を渡されて、署名をしないまま帰宅したとかそういうことはありましたか。

一度、時間切れになりまして、明日以降にということで押さないで、それは拒否したとかそういうことではなくて、12 時を回って、帰らなきゃということで、ペンディングになったということがございます。

それは内容を確認しきれなかったから、翌日回しになったということですか。

いや、議論になっておったからです。

最終的に調書に署名をする際には、その内容には納得して、署名をされたんでしょうか。

先ほど申し上げましたように、体力的、精神的に限界の中で押しました。

先日、検察庁に来てもらって、お話を伺ったことがありましたね。

はい。

その際には、今の点についてどうおっしゃいましたか。

調書の内容について中身自体、書いてある事実は、どうのこうの否定するわけではないけれども、ニュアンスが違うんだと、そこを聞き入れられなかったんだと、こういうふうに申し上げたと思います。

ちょっとニュアンスの違いはあると思いましたが、納得して、署名しましたと、こういうふうにおっしゃいませんでしたか。

いいえ、そうではないです。それは、そういう意味で申し上げたのではありません。

先ほどの証言では、取調べの回数が多くて、精神的、肉体的に疲れていたということをおっしゃいましたね。

はい。

一番最初に検察庁で検察官から調書を取られたのは、大体いつごろの時期でしょうか。

４月 12 日に最初に呼ばれて、１週間目ぐらいですから、中ごろであったと思います。

４月の中ごろですか。

はい。

検察官の調べが始まる前に、警察でも調べを受けていたそうですが、警察の調べが終わってから検察官の調べが始まるまで、大体どれくらいの期間があったんでしょうか。

３、４週間ぐらい空いていたと思います。

そうすると、３、４週間、間が空いて、それから、調べが再開されて、その数日後に最初の調書が取られたと、こういうことになりますか。

はい。

そうしますと、その時点では、それほど精神的、肉体的に疲労がなかったのではないかと思いますが、どうでしょうか。

いいえ。それは地検にみんな呼ばれだしましたし、当然、私も地検に呼ばれるだろうと、警視庁でも言われておりましたし、ですから、そういう意味では、精神的に相当追い詰められておりました。

肉体的な面は違うということですか。

肉体的にも。私は仕事をしておりますので、そういう意味では、それに加えて、捜査が継続しているということは、相当な負担でございました。

それから、警察や検察庁で取調べを受けている間に、弁護士さんと相談したことはありましたか。

　　取調べが始まりだしましたので、一般論としていろいろなお話は、お伺いをさせていただきました。

いつごろから弁護士さんに相談していたんでしょうか。

　　11月に呼ばれまして、ですから、12月ぐらいに相談をしたと思います。

平成10年の12月ころということですか。

　　はい。

その相談をしていた弁護士さんには、取調べにおいて、証人が供述していないような内容が書かれている調書が作成されたんだと、こういうことは報告されましたか。

　　先生は大変お忙しい方で、いろいろ連絡を取ろうとしても、なかなか取れなくて、結局は自分の判断でやりました。それで、正式に契約を結んで、お願いしているという先生ではございませんで、御相談に時々あずかっていたと、こういうことでございます。

いや、ですから、結論として、その意に沿わない調書が作成されたことについて、弁護士さんにはお話しされたんですか、されてないんですか。

　　意に沿わないということは言っていません。

あなたの話したことと違うんだということは、どうして弁護士さんには言わなかったんですか。

　　銀行の中の細かいいろんな話でございますから、説明をするには、相当な時間を取って御理解をいただかないと、できないということでございます。

内容的なことは、そうかもしれませんが、検察官が自分の話してない内容の調書を作って、それに署名しろと言ってきていると、どう対処したらいいのかということを、一般論としてお聞きにならないんでしょうか。

　　私としては、調書の署名押印を拒否するということを、あんまり理解しておりませんでした。出されて、押せと言われれば、押さなきゃいけないものだと思っておりました。

先ほど、そういう証言をされましたか。調書の署名を拒否できるということは分かっていましたと証言されたばかりではないんですか。

　　はい。ただ、その場の雰囲気というか、置かれた状況では、それができなかったと。

だから、雰囲気の問題ではないんじゃないんでしょうか。

　　だから、事実関係としては、そのとおりですが。

ですから、拒否できるということが分かっていて、ただ、雰囲気的に拒めなかったと、じゃあ、どうしたらいいのかということを、弁護士さんには相談しないんですか。

　　していません。

なぜですか。

　　正式に御依頼をしておりませんでしたし、いろいろ電話をおかけなどもしたんですが、連絡がつかなかった場面も多々ございました。

先ほどの証言では、検察官から、あなたの上をすべての案件が通っている、協力するのか、しないのか、よく考えろというようなことを言われたそうですね。

　　はい。

それは、いつごろ、だれから言われたんですか。

　　4月12日に呼ばれた、その最初のころだと思います。林検事からです。

林検事の口から逮捕という言葉は出たんでしょうか。

　　逮捕というふうに私が推察をいたしました。

じゃあ、あなたは逮捕されるかもしれないと思っていたのであれば、なぜ、あなたの話と違う調書が作られても、弁護士さんにきちんと相談しないんでしょうか。

　　ですから、いろいろ連絡を取ろうとしても、契約もしていませんでしたし、それは逮捕されれば当然お願いしようと、こう思っておりました。

逮捕される前に契約しようと思わなかったのは、どうしてですか。

　　そういうものだとは分かっておりませんでした。

取調べに関連して、弁護士さんから何かアドバイスを受けたことはなかったですか。

　　真実をきちんと述べなさいと、これは言われました。

そのことからすると、真実と違う調書に署名をしてはいけないということにはならないんですか。

　　そういうことになると思いますが、そういう状況じゃなく、追い詰められておりました。

証人は、現在、本件に関連する民事訴訟で、後ろにいる３人の被告人らとともに裁判を受けているようですが、そのアドバイスを受けていた方というのは、民事訴訟の関係で、証人自身の代理人となっている方でしょうか。

　　はい、お願いしてございます。

証人がそのように民事訴訟で訴えられるということについては、この取調べを受けている当時は、そういう可能性があるんだということは考えていましたか。

　　刑事でというような問題も相当深刻に受け止めておりましたから、民事もあるというふうに考えておりましたが、私は償却をいたしました一取締役で、配当問題で民事で訴えられるのは甚だ心外だというふうに、今思っております。

いや、ですから、結論として訴えられるとは思っていなかったということなのか、思っていたのか。

　　いや、おそれもあるというふうに思っておりました。

今日、証人がここで証言されたことが、証人の民事裁判のほうで使われる可能性があるとか、裁判の結論に影響する可能性があるということはお分かりですか。

　　はい。

また、証人の調書が、被告人らの起訴、不起訴の判断とか、起訴された場合の裁判の結果に影響するものであるということは、調書に署名する際、お分かりでしたか。

　　はい。**（略）**

第17回公判調書（手続）

被告人の氏名(1)　大野木　克信（出頭）
被告人の氏名(2)　須田　正己（出頭）
被告人の氏名(3)　鈴木　克治（出頭）
被告事件名(1)、(2)、(3)証券取引法違反、商法違反
公判をした年月日　平成12年12月7日
公判をした裁判所　東京地方裁判所刑事第一部
裁判長裁判官　大野　市太郎
裁判官　福士　利博
裁判官　石田　寿一
裁判所書記官　村上　剛英
検察官　保坂直樹、東　弘
出頭した弁護人(1)　（主任）那須弘平、倉科直文、横田高人
出頭した弁護人(2)　（主任）國廣　正、五味祐子、坂井　眞
出頭した弁護人(3)　（主任）更田義彦、長　文弘
出頭した証人　大岩　一彦
公判手続の更新　裁判官がかわったので公判手続を更新した。
証拠調べ等
証拠等関係カード記載のとおり
指定告知した次回期日
平成13年1月18日午前10時00分
平成12年12月20日
東京地方裁判所刑事第一部
裁判所書記官　村上　剛英

⑤ 大岩一彦証人尋問調書（第 17 回公判）

証人尋問調書（平成 12 年 12 月 7 日第 17 回公判）

弁　護　人（倉科）

まず、証人の経歴を確認させていただきます。**（略）**

それで、証人は平成 8 年 6 月に総合企画部長に就任されたということですが、その当時の総合企画部における問題意識といいますか、証人あるいはそのスタッフの問題意識は、どういうような問題意識なのか、例えば、状況認識はどういうことであり、具体的にどんな戦略で取り組んだのかと、こういうことでございますけれども。

少し散漫になるかもしれませんけれども、その当時、私は証券業務部長というものを兼務した形で、総合企画部長を拝命したわけでございますけれども、そのときの金融、銀行の経営をめぐる環境というのは、やはり非常に大きく変わってきたときだというふうに認識いたしました。それは、その当時、日本の銀行の金融機関の格付が下がっていく、これは不良債権の問題もありまして下がっていくとか、前の年に大和銀行のニューヨーク事件があって、あるいは不祥事みたいなことがございまして、いわゆる金融行政が大きく変換するような時期にあったというふうに思っております。その当時、たしか新しい金融行政の方向としまして、自己責任原則に基づいた行政あるいは透明性の高い行政ということが、行政の大きな課題として打ち出されておりまして、言ってみれば、従来の護送船団方式から、徐々に自己責任原則に基づく行政というふうに変わっていく過程にあったというふうに思っております。そういう中で、総合企画部といいますか、銀行の経営といたしましては、そういう行政に対応した新しい銀行の経営の方向性みたいなのを考えていかなければいけないという時期だと思っておりまして、1つは、早期是正措置というのが入って、自己資本比率に基づく行政といいますか、銀行監督といいますか、そういう方向が出ておりますので、それに向けての財務体質の強化、これは不稼働資産の処理という問題も含めまして、財務体質の強化という問題と、それから、その年の 11 月でしたか、金融のビッグバンというのが、橋本総理大臣から発表されましたけれども、これは 2001 年(平成 13 年)をもって、東京マーケットをニューヨーク、ロンドン並みのマーケットにしていくということで、非常に大きな変化が出てくるというふうに予測しておりました。すなわち業態間の競争、垣根が取っ払われて、外資も入ってくる、競争が非常に激化していくという中で、長銀としてどういうポジショニングで、どういう競争力を持った銀行にしていくかということ、これについて検討しなければいけない。言ってみれば、この大きな 2 つの課題があったというふうに思っておりまして、それに向けまして、先ほど出てまいりました中期計画を作るとか、あるいはその後、スイスの銀行との提携とか、そういうことになっていくわけでございますけれども、そういう問題に注意していったというふうに御理解いただければと思います。

（略）

それで、これから証人に対して主として検察庁で取り調べられて、裁判所に調書が提出されているような事柄を中心としてお伺いすることになりますが、検察庁で取調べを受けた経過につきましては、また後ほどまとめて伺うといたしまして検察庁で取調べを受けた経過、この中において御自分の供述したい趣旨あるいは聞かれたことに対して言いたかった趣旨、そういったことについて検事さんには十分理解してもらえなかったと、そういったような部分はあったのでございましょうか。

ええ。何点かございまして、私は私なりの意見を述べさせていただきましたけれども、なかなか御理解いただけなかった部分が幾つかございます。

まあ､それは挙げればたくさんあるかもしれませんが､主にどういうようなことがあったのでございましょうか。

あえて整理して何点かということで申し上げれば、一つは、96年(平成8年)あるいは97年(平成9年)当時、長銀には1兆円を超える不良債権、処理しなければいけない債権があったと、これについては単年度で処理しないと、商法の規定に違反するというようなことを御主張されまして、この点については、私の認識とは違っていたというのが1点。そして、それにもかかわるお話でございますけれども、いわゆる長銀が持っておりました関連先、まあ、関連親密先という言葉を使っておりますけれども、それにつきましては、長銀が積極的な支援、それに伴う再建という形で支援していきながら、関連親密先が持っております不稼働資産を徐々に処理していくというような形でやっていくことについては、その当時のルールから当然できる、認められる措置であったというふうに主張しておりましたけれども、そもそも長銀の体力が、その当時ないときに支援するというのは、自己矛盾であるというような御主張をされましたので、この点についても、私の考え方と違っていたと。それから、3点目は、早期是正措置に入る一つのプロセスとしまして、自己査定基準の策定、あるいはそれに伴う償却、引当基準を自分たちで作るという作業がございましたけれども、長銀の作った、そういった自己査定基準等は、言ってみれば、長銀が持っていた巨額の不良債権が露呈しないようなゆがんだ形で作られたということでございまして、これについても、私はそういうふうに思っていなかったという点。これらの点が主でございますけれども、それ以外にも取調べを受けていた最中にいろいろと、特にその当時の経営トップ陣の会議等での発言について、正確に覚えていない部分があったのでございますけれども、そこについて、こういうふうに言ったんだろうということで、私としては記憶がないということを申し上げたんですけれども、その点はなかなか認めていただけなかったという点がございます。

今おっしゃっていただいた点の2番目の話としまして、体力という言葉が出てきたんですけれども、私が証人関係の検察庁から提出されている供述調書を読んでみますと、甲50号証の平成11年6月5日付けの調書では、どちらかと言うと、償却財源があるかどうかというような意味で使われているというふうに読めるわけですが、一方、甲10号証の平成11年6月5日付けの調書ですと、体力という言葉は使っていないけれども、何か言いたいことは、どうも資金繰りがひっぱくしていたんじゃないかという意味で議論されているようにも思うのでございますが、今証人がおっしゃった長銀に支援する体力があったか、なかったかという議論につきましては、これはそういった両方の意味で、そういう議論がされたんでしょうか。

多分、取調べを受けた検事の方は、その両面をおっしゃったかと思いますけれども、特に私に対して、その体力との対比で御質問があったのは、当時の資金繰りの問題についてかなり御質問がございまして、資金繰りの破綻等を来すリスクが、非常に長銀が高かったのであって、いわゆる関連親密先を支援していく、そういう面からの体力がなかったんじゃないかという点は、かなり強調されたというふうに記憶しております。

それでは、今おっしゃった三つのテーマというのを順番に伺いつつ、それに関連することも伺っていきたいと思いますけれども、まず、長銀の不稼働資産の認識とか償却、引当の必要性、あるいはその時期といったことについて、それぞれ証人が担当した当時の認識ということについて伺いたいと思います。それで、証人が総合企画部長に就任されてから、この今の1兆円というものが出てくる機会というのは、恐らく平成8年の秋から12月にかけてのフリーディスカッション、そういった時期ではないかと思うのでございますが、その当時、当期、その年度内、単年度に償却、引当しなければならないような不稼働資産というものが1兆円に達すると、あるいは1兆円を超えるという表現があったかもしれませんけれども、そういう認識は証人にあったんでしょうか。

ございませんでした。

ところが、調書には、実態として長銀に1兆円以上の回収不能不良債権があるというような記載がある部分があるわけですよ。すると、その当時、議論していた1兆円というものが、もしあったとすれば、それはどういう意味合いで議論していたんでしょうか。

当時の会議資料等を検事の方から見せていただいて、私として記憶がございますのは、たしか96年(平成8年)の12月でございますか、事業推進部並びに総合企画部のほうから、フリーディスカッションの場に出した検討テーマがございますけれども、その中に事業推進部が提出した、関連親密先の実態についての報告がございまして、ここにおいて、まあ、言ってみれば要償却額と、私ははっきりとした言葉は覚えていませんけれども、そういう形で、それなりの1兆円近いものが出ていたような記憶がございます。これにつきましては、その当時の説明等も踏まえまして、私の理解としましては、関連親密先が持っている資産、これを時価で評価するといいますか、その当時の時価で清算価値的に考えたときには、それくらいの将来にわたってのロスといいますか、損失が出てくるというようなことが、一つの数字、試算として出てきて、その後の取調べ等も、そのへんが一つの根拠となって、1兆円という数字で幾つかの調書に出ているのではないかというふうに思っております。

すると、それは、当期に今おっしゃった試算される数字を全部長銀が、その関連親密先に対する貸出金の償却をしなければいけないんでしょうか。

そういうふうには認識しておりませんでした。

じゃあ、どういうふうに扱うのがよろしいというのか、あるいはどういう扱いが許されるというのか、どういうふうに考えておられたんですか。

関連親密先といいますのは、私ども長銀のいわゆる関連、まあ、関連と申しますのは、人的、資本的あるいは営業的に非常に密接な関係にありまして、一つの長銀のグループ的な存在として、長銀が主体的に育て、育成並びに支援していくという企業でございまして、こういう関係にある先につきましては、長銀の支援の動向が、その企業の一つの方向といいますか、左右するわけでございますので、長銀がしっかりと支援していくという考え方を持ってやっておりましたので、そういう意味では、突発的な破綻ということはないわけでございまして、抱えている不稼働資産というのを、なるべく早い時期に処理していくことが望ましのは当然でございまして、そういう努力をしておりましたし、また、それは当行の収益等をにらみながら、計画的あるいは段階的に支援していくという考え方でやって

　いたというふうに理解しております。

証人は、平成8年に行われた大蔵省の金融検査の最中及びその後に、長銀が出した償却計画というものを御存じですね。

　ええ、そういうものを出したということは知っております。

(甲) 証拠番号28 (供述調書) 添付の資料1を示す

これは、大田秀晴さんの平成11年6月25日付けの検面調書に添付されている資料ですが、証人がこのような書類を直接作られたかどうかは別として、こういう内容でMOFに対して、MOFというのは大蔵省ですが、償却計画というものが出されていたという認識はありましたか。

　これを見ますと、個別の企業の数字あるいは最終的な数字は記憶がないんですけれども、3年とか4年にわたって、どういう形で処理していくということを出したということは記憶がございます。

そうしますと、こういった関連親密先における不稼働資産というものについては、この大蔵省に提出している償却計画でも、計画的、段階的な償却というものが、当然のこととして議論されていると、こういうことになりますかね。

　そういうふうに考えております。

それから、平成8年の大蔵省検査の当時は、Ⅲ分類とかⅣ分類という言葉が使われておりますが、当時、銀行の決算において、そういったⅢ分類とかⅣ分類というような分類をすることが必要だったんですか。

　私の理解では、Ⅳ分類、Ⅲ分類と資産を分類して、そういうⅣとかⅢという数字を把握するのは、大蔵省検査の一つの手法としてやられたということで理解しておりまして、それと銀行が実態をきちんと把握しながら、個々の会社について、どういう償却、引当をするかということについては、別な問題で、それとはリンクしていないというふうに思っておりました。

そういった関連親密先に対する不稼働資産、これを計画的、段階的に処理することが、会計的なルールあるいは法的ルールに違反しているというような認識は、長銀内にあったんでしょうか。

　全くございませんでした。

あなたの調書の中には、あたかもそういった不稼働貸付け、これについては計画的、段階的処理ではいけなくて、単年度で償却、引当することが法的義務であるかのような、そういうふうに読めないことはないような記載もあるんですけれども、これは証人が本来供述しようとした趣旨とは違っているわけですか。

　それは違っておりました。

どうしてそういう調書ができたかは、また後で伺うことにいたしますけれども、そういった関連親密先に対する不稼働貸付けの計画的、段階的処理というような処理の仕方、これについては、長銀だけがそういうことをやっていたかどうかということなんですけどね。

　ほかの銀行の内容について詳細に私が調べた、あるいは私のほうに報告があったということではないんですけれども、その当時、早期是正措置が入るという前提といいますか、それまでの議論として平成6、7年ごろから、金融システムの安定化のためのいろんな大蔵省の考え方あるいは金融制度調査会の考え方、そういうものが出ているわけでございますけれども、当然、金融行政としては、そのころ日本の金融機関が抱えていた大きな不良債権をどうやってきれいにしながら、競争力のある金融機関を作っていくかということが、大きな課題だと思いますけれども、金融機能の回復というような点からも、大蔵省の考え方が出ていたと思いますけれども、その中でも、段階的、計画的に処理するとか、あるいは五年以内で不良債権の問題を解決するとかというような、１つは、そういう大きな考え方があったということでありますし、また、具体的な経理なり会計みたいな点から考えましても、基本的に長銀なり金融機関がきちっと支援し、再建していく、そのための支援計画等が出てくる問題については、会社につきましては突発的な破綻というのがないのでございますので、それは計画的に処理するということが当然認められているというふうに、私は理解しておりました。

そういった理解については、頭取を含めた、あなた以外の経営陣あるいは事業推進部の方は、どういうふうに認識していたんでしょうか。違う認識を持っていたんでしょうか。

私は同じ認識を持たれていたというふうに理解しております。

あなたの調書の中には、平成８年度のみならず、平成９年度につきましても、単年度に全部処理しなければいけないんだという義務に違反し続けて、決算をしたというふうに読める記載もあるんですけれども、事実としては、そういった義務に違反した処理をしているという認識があったんですか。

そういう認識はございません。具体的なその年度で必要な償却、引当につきましては、各個社の状況について関連部、まあ、営業部店並びに関連本部がきちんと事実を把握し、一般先については、それの必要額、それから、関連親密先については、支援計画等をベースにして、今年度の償却、これも大きな数字については、たしか常務会あるいは取締役会で議論した上で決めていったというふうに、そういうきちんとしたプロセスを執って、長銀として必要な額を決めていったというふうに理解しております。

そういった不稼働資産の処理というのが形に現れる場としては、決算というのが一つございますね。

（うなずく）

長銀の決算をする際の不稼働資産の処理の場面において、いわゆる一般先という貸出し先と関連親密先という貸出し先との間では、その処理の仕方には何か違いのようなものはあったのでございますか。

一般先につきましては、当然、その個社の状況において、倒産しているとか、あるいは法的な処理が入っているとかというような状況の中で、必要額をやっていったということでございますし、関連親密先につきましては、先ほど申し上げたとおり、当行が支援していく前提におきまして、個社別の支援計画に基づいて当期の支援額を決めていったと、その支援額を決定するときには、その会社の状況、それから、支援計画の進ちょく等を勘案すると同時に、長銀としてどれくらいのものが可能であるかという収益面との整合性といいますか、それは当然ながら考えながらやっていったということでございます。**（略）**

弁　護　人（長）

あなたの今ここでの御証言と、開示され取調べ請求されている証人の検察官に対する供述調書の記載内容は、どうも食い違っている点がありますけれども、確認的に伺いますが、どちらが証人の正しい認識、記憶なのでしょうか。

本日ここで証言させていただいているのが私の正しい認識でございます。

そうしますと、正しい認識ではない内容が記載された検面調書の記載ですけれども、それは証人があえて検察官に自己の認識に反することを述べた結果なのでしょうか。

いや、そういうことではございません。

そうしますと、検事には本日法廷で述べた御証言と同様のことを説明し、述べていたということになりますか。

おっしゃるとおり、私として、今日証言した内容、あるいは私の考え方、認識、そういうものは今日証言したようなことをお話ししたわけでございます。

それにもかかわらず、捜査段階の調書のほうでは違う内容が記載されているということになりますね。

そういうことでございます。

それでは証人に対する検察官の捜査段階の取調べ状況を伺っていきますけれども、証人に対する検事の調べというのは、いつから始まって、いつごろ終わったのでしょうか。

私が最初に取調べを受けましたのは平成11年になりますか、昨年ですから、平成11年4月14日が最初の取調べでございまして、その後、6月30日まで続きまして、36、7日くらいだったかと思います。

その間に36、7日間、検事の取調べを受けたということですね。

はい。

正確に御記憶されていますけれども、これはメモか何かをお取りになっていたということになりますか。

簡単なメモを、お会いするといいますか、お約束の時間がその日によって違ってきますので、それは記録としてといいますか、そういう意味で取っておりました。

開示され取調べ請求されている、あなたの検察官に対する供述調書というのは全部で8通あります。甲10号証及び甲50号証ないし甲56号証の8通で、その調書を見ますと、検事は2人だったということが分かりますけれども、実際に証人が4月14日から6月30日までの間に取調べを受けたのは、この2人の検事だったのですか。

私が取調べを受けたのは三人の検事の方でございます。

そうしますと、その供述調書の中に出てくる検事2名のほかにも、もう1人検事がいたということになりますか。

はい、そういうことでございます。

何という検事ですか。

最初に4月14日から4日間ほど取調べを受けました、江畑検事でございます。

その後、調書の順番からいくと、落合検事になるわけですか。

ええ。落合検事がたしか4月20日過ぎから6月5日くらいまで、その間に一度、1日だけ廣瀬検事の取調べを受けました。

4月21日から6月5日ごろまでの間に、何日間くらい落合検事に調べられたのですか。

恐らく20日以上だったと思います。

その後、6月30日までの間に廣瀬検事の取調べを受けたということになりますか。

ええ。廣瀬検事の取調べは、たしか6月17日から6月30日の間に10回強あったと思います。

一番最初にあなたが調べを受けた江畑検事の取調べ状況について伺いますが、証人はこの長銀事件の関係で、どのような立場にある者として取調べを受けましたか。

江畑検事の取調べのときに、私としては、どういう立場ですかと。言ってみれば、被疑者ですかということを伺いましたところ、あなたは被疑者ですと、黙秘権はございますということをおっしゃいました。

明確に被疑者だというふうに、あなたに告知したということですね。

　はい。

江畑検事にはどのようなことを尋ねられましたか。

　江畑検事は、私が総合企画部長になって以降の長銀のいろいろな会議のペーパーですとか、あるいはいろいろな書類をお見せいただきまして、長銀の平成10年3月までのいろいろな流れについて聞かれたというふうに記憶しております。

江畑検事による調べの際には調書は作成しなかったのですか。

　調書はございません。

次に、その後を引き継いだ落合検事の取調べについて伺いますが、落合検事も証人を被疑者として取り調べたのですか。

　私は江畑検事のとき、被疑者ということだったので、落合検事にも被疑者ですかと言ったら、被疑者と言えば、そうであると。ただし、何でも言ってくれと。あなたはほかの方に比べれば非常に、たしか乗り遅れているという表現をされたと思いますけれども、私は、どういう意味かは、はっきりつかめなかったのですけれども、乗り遅れている状況であるので、何でもきちんとしっかりと話してくださいということを言われました。

そのような検事の話を聞いて、証人はどう思いましたか。

　今申し上げたとおり、乗り遅れているという意味がどういう意味かは分からなかったですし、私としては江畑検事のときも記憶を極力思い出しながら、覚えていることは話したというふうに思っていましたし、また、被疑者どうこうということについては、実質的には疑いをかけられているのだなという感じは持っておりました。

乗り遅れているという意味が、あなた自身は記憶どおりに述べているので、はっきりしないというふうに思ったというのが一点ですね。

　はい。

それと、被疑者と言えば、そうだがと、何でも話してほしいというようなことを言ってきたという点については、疑われているのだなというのは分かるのですけれども、被疑者と言えば、そうだなという点について、被疑者じゃないのかもしれないなというふうには受け取らなかったのですか。

　被疑者、参考人というのがどういう立場かというのは、私もよく分かりませんでしたけれども、まあ、自分がどういう立場にいるのか分からないということで、非常によく分からない立場にいるなというふうには思いました。

そうしますと、どうにでもなってしまう立場にいるのかなということは理解できたと。

　それは、どういうふうになるかということについては、不安は非常にありました。

落合検事は、あなたに対してどのようなことを尋ねてきましたか。

　落合検事も基本的には江畑検事と同じように長銀の、平成……私が総企部長になって以降の流れを聞いてこられたわけですけれども、一つは長銀はどうしてこういう状態になったのかということ、あるいはそういうことをどういうプロセスで、だれが決めていったのかと、このへんについて、大岩さん、しっかりと話してくださいというふうに言われた記憶がございます。

そうしますと、検事はあなたに対して淡々と、今述べたようなことを質問されてきたというだけだったのでしょうか。

　必ずしもそうではございませんで、私の一つの記憶としてありますのは、たしかあれは休みの日ですから、4月29日の休みの日ですけれども、取調べに伺ったら、大岩さんはとにかくうそが多いと、真実をしゃべっていないと。私はどういうことかと思ったのですけれども、その長銀の取締役情報連絡会ですか、あるいは常務役員連絡会等の議事録がないと。大岩さんが持っているはずだということで、私はそれはもう一切持っていませんということを、その前回の取調べで聞かれたと思うのですけれども、お答えして、その日も探しましたけれども、ございませんと。それは、うそだということで、かなり厳しいトーンで詰め寄られまして、なければ家宅捜索もしますよと。あるいは、言葉はあれでございますけれども、塀の向こうに行って調べますかというようなことも言われまして、それで、とにかく今から戻って、自宅と会社を調べてこいということでございまして、私は一度、もう前の日にも調べてあるのですけれども、もう一度自宅、並びに、休みでしたけれども、会社に行って調べて、戻って、ございませんでしたということを言って、非常にそのときは緊張感があったという感じはしております。

4月29日、休みの日の調べの際にうそつきだと言われたということですね。探してこいと言われたということになりますと、いったん検察庁を出られて、自宅及び銀行のほうに行かれたと。

自宅並びに、その当時、私が勤めておりましたウォーバーグ証券に行ったということです。

また検察庁のほうに出向いて、その日のうちに落合検事に、ありませんでしたと言ったわけですね。

はい。

それに対して、落合検事は何と言っていましたか。

特にもう。その時点では次のテーマの御質問があって、その結果、その書類が最終的に見付かったのかどうかということは、私は聞かされておりません。

その前段階での話だと、持ってこなければ家宅捜索するぞと、塀の向こうに行って取調べをしてもいいのだぞというようなことを言われたわけですよね。

はい。

それは静かに言ったのか、大きな声で言ったのか、どなっていたのか。

静かということではなかったと思います。かなり声を高めておっしゃったというふうに思います。

探してきたけれども、なかったということを報告したにもかかわらず、それはそうかというような対応でしかなかったのですか。

ええ。そのときは私としてはかなり緊張して戻ったのですけれども、その後、更にその問題について突っ込んでということはございませんでした。

これは見付かったのでしょうか。

分かりません。

でなければ、怒りそうなものだと思うのですけれども。あなた自身には分からないということですね。

はい。

落合検事が作成された証人の調書は、取調べ請求されているものを見ますと、6月5日付けの3通、甲10号証、甲50号証、甲54号証とあるのですけれども、この3通だけですか。

その前にも、6月5日の前の日の6月4日に調書が1通か2通取られたと思います。

それから、5月26日くらいに調書が1通取られていると思います。

そうしますと、今取調べ請求されている3通以外にも落合検事があなたを調べて作成した調書が2、3通あるということになりますね。

　　はい。

では、日付の若いほうから伺いますけれども、5月26日付けの調書というのは、どのような内容が記載されたものだったのですか。

　　はっきりとは記憶ございませんけれども、それまでにお話しした長銀の、その間、1年半くらいの間というのは、私が総合企画部長になってから平成10年3月くらいまでの流れを、長銀のいろいろな会議だとか、何かの流れを書かれた調書だというふうに思っております。

証人が述べた内容が調書になっていたのですか。

　　私がお話しした内容とは別に、私として非常に落合検事と議論になった点が一点ございまして、それは長銀の自己査定において、あるいは長銀の不良債権の処理において、関連親密について、私は今日も証言で申し上げましたとおり、長銀が積極的に支援している限りは破綻ないというような考え方で支援をしていくということを申し上げたら、それは体力がない長銀が支援していくということは全く不合理であると。そもそも自己査定等はその銀行の体力を計るといいますか、そういうこともあるのだから、全く自己矛盾で不合理であるというような点、ここは私が証言した内容とも違いますし、私の認識とも違ったということでございます。

そういうやり取りがあって、その検事の主張のほうが記載されたということになりますか。

　　結果的に、それは調書を見た後に、そういう記載があったということが分かったわけでございます。

そうしますと、そのようなやり取りがあって、5月26日に行くと、調書は出来上がっていたということになりましょうか。

　　そういうことでございます。

それを読んだところ、あなたの御説明ないし主張と全然違うことが記載されていたということになりましょうか。

　　はい。

そうしますと、そのような証人の認識と違うことを記載されている調書ですけれども、それを読んで、あなたは検事に、これは直してくれというようなことは言いませんでしたか。

　　私は今申し上げたとおり、私の考え方を述べて、これは私の考え方と違いますということを申し上げて、訂正なりを御依頼申し上げたのですけれども、訂正はしていただけませんでした。

あなたは、検事の主張が記載された調書でいいというふうに言ったわけではないのですね。

　　私は、それは私の認識と違うということをはっきりと申し上げました。

それを明確に述べたと。

　　はい。

しかし、検事は明確に拒否してきたと。

　　書き直しはしていただけなかったということです。

そうしますと、先に進みませんが、その後どうなりましたか。

　　落合検事は、そういう考え方が私の認識であり、長銀のその当時の考え方だと申し上げたのですけれども、それは不合理であるということと、先ほども申し上げましたが、御主張されたと同時に、もうほかの人はそんなことも言っていませんよということで、既にいろいろな資料で事実は、はっきり分かっているのですよというようなことを主張されました。

書き直しに応じないで今のようなことを言い、それで、あなたに署名を求めてきたわけですよね。

はい。

あなたは、即座に署名したのですか。

私は、まあ、その不合理という意味をどういうふうに解釈したらいいかということについて非常に分からなかったものですから、1日時間をいただけないかということで強くお願いをしたのですけれども、先ほど申し上げたように、もうほかの人はそんなことを言っていませんというようなこともございまして、そこは聞き入れてもらえなかったです。

あなた自身は、自分の説明、主張と違うので、1日時間をくれと言ったわけですね。

はい。

そこで署名をしたくなかったということがあるのでしょうけれども、それは認めてもらえなかったと。

はい。

認めない代わりに、ほかの人はそんなことを言っていないよというようなことを言ってきたわけですね。

はい。

それ以外に、あなたの立場についての言及とか、責任を負うか、負わないかとか、あなたが平成10年3月に辞めていることに関しても、落合検事はその際何か言ってきませんでしたか。

とにかく捜査に協力しろということと、それに協力しなければどうなるかというようなこともおっしゃっておりまして、そういう意味で私としても非常に精神的にもまいっておりまして、この場で署名しなければいけないということを非常に圧迫感として持っておりました。そのままでいろいろと捜査も続いておりまして、精神的にも非常にまいっておって、主張すべきことを主張しなければいけないということで頑張ってはきていたのですけれども、いろいろなことがございまして、その段階ではやむを得ずといいますか、実際に最悪の事態といいますか、自分にとって不利益になるというようなことも頭にちらつきまして、最終的にはサインしたということでございます。

今述べられた、継続的に取調べを受けていたということや、マスコミ攻勢があったというような背景があって、精神的に追い詰められていたと。

検　察　官(保坂)

異議があります。証人はマスコミうんぬんという証言はされていないと思いますが。

弁　護　人(長)

撤回します。今のような背景があって。

検　察　官(保坂)

今のような背景というのは、どういうことでしょうか。

弁　護　人(長)

直前の証人の証言のような理由、背景があって。

裁　判　長

だから、検察官からそういうことを言われたりしていたことなどということで聞いていきましょう。

弁　護　人（長）

それで、私の質問に対する答えになっていなかったのですけれども、落合検事がどう言っていましたかということを僕は質問したのです。ほかの人はもうそんなことは言っていませんよというようなことを言われましたとおっしゃいましたね。

　　はい。

それ以外に、あなたの立場に関することであるとか、責任を取る、取らないとか。あるいはあなたが平成10年3月に長銀の役員を退任していますよね。

　　はい。

そのことに関連したことも言ってきませんでしたか。

　　落合検事は、まあ、被疑者と言えば、そうだけれども、とにかく協力してくれと。あなたに責任を取ってもらうというのは必ずしも考えていないのだと。とにかく協力してくれと。長銀を3月末に辞めていて、あなたはよかったですねというようなこともおっしゃいました。

捜査に協力しないとどうなるかというようなことは言われませんでしたか。

　　もちろん協力してくれということは、協力しなければどうなるかということをおっしゃったということです。

それは聞きようによっては、いろいろ取れると思うのですが、あなたに責任を取ってもらおうと思っていないということや、被疑者と言えば被疑者だけれどもと。あなたは平成10年3月に長銀の役員を辞めていてよかったですねと。捜査に協力してくれと。これだけの言葉、言葉じりは多義的ですけれども、これを合わせますと、あなたはどのように理解をしましたか。

　　ここで1日考えさせてくださいということは受け入れられなかったということ、これは私としても非常につらかったわけでございますけれども。同時にその当時、先ほど申し上げたとおりの捜査が続いたこととか、あるいは5月の連休明けには、私の上司であった上原元副頭取が亡くなったというふうなこともございまして、私自身、精神的に非常に弱くなっていたということがございまして、ここでサインしないと、捕まるといいますか、そういうようなことも非常に恐怖として持って。今から思えば非常に自分自身、弱かったと思いますけれども、そのときの状況は、そういう判断をして署名したということでございます。

署名しなければ逮捕されるのではないかという気持ちに陥ったということですね。

　　はい。

この5月26日というのは、元、長銀の副頭取の上原さんが自殺された後ですけれども、これはあなたの直属の上司だったのでしょうか。

　　そうでございます。

上原さんの自殺というのは、あなたに何か影響を与えていますか。

　　……いろいろな意味で影響はありました。

どのような気持ちになりましたでしょうか。

　　まず亡くなられた理由が何かということが非常に理解できなかった……それをどういうふうに自分で解釈していいか分からなかったということが一番大きいです。

そのような状況での取調べであったということですよね。

　　はい。

5月26日付けの調書には、今あなたがもろもろ述べたけれども、そのような経緯があって署名するに至ったということですね。

はい。

(以　上　　宮村　麻理)

先ほど、取調べ請求されていない調書の中に、6月4日付けのものも、1、2通あるというふうに御証言されましたけれども、その6月4日に作成された調書というのは、どのような内容のものだったんですか。

6月4日に取られた調書は、私の記憶では長銀の97年(平成9年)の中間決算、並びに本決算に向けての検討状況を聞かれた調書であったかというふうに記憶しております。

ほかには何かありませんでしたか。

6月4日付けで、あるいはもう1通取られていたかも分かりません。ちょっと記憶にございませんけれども、そのときの調書の中に、その当時、長銀には処理しなければいけない回収不能な不良債権が1兆円超といいますか、1兆円ぐらいあって、これは本来であれば商法の規定に従って、単年度で償却、引当しなければいけないものであるというにもかかわらず、長銀の経営陣はそれを先延ばしにしたと、いわゆる商法違反であったというような記載のあった調書でございましたので、はっきりと今記憶しております。

そうしますと、先ほどの御証言ですと、証人自身は、そのような御認識はお持ちではございませんよね。

はい。

そのような真にあなたが認識されているところを検事にも話しはしたんですか。

ええ。そこは私としても商法にかかわる問題でございますので、非常に私の認識と違っておりましたし、私としてはそういう認識は持っていませんと、また、経営陣もそういう認識を持っていなかったということで、落合検事にはそれ以前から御説明していましたとおり、関連親密先については、長銀が支援するということで破綻がないということで、計画的にやっていくということ、それが商法に違反するということは考えていなかったことを再三申し上げました。

それに対する検事の反応はいかがでしたか。

私は、それにサインすることは、私自身が商法に違反した認識ということで、商法違反を認識したということになるわけでございますので、その点について再三申し上げたのでございますけれども、落合検事がおっしゃるには、突き詰めて言えば、そういうことになる。そういうことになるというのは、商法違反ということなんだけれども、もう皆さん、そんなこと言っていませんよと。それから、もうこの問題は、トップの方に責任を取ってもらう話でしょうというようなことで、とにかくこの調書にサインしてくださいということをおっしゃいました。加えて、そのとき、まあ、従前もそうでございますけれども、落合検事の御主張は、いわゆる金融検査マニュアルといいますか、自己査定基準の大蔵省から出ている通達、これは飽くまで金融検査官のマニュアルであって、これはマニュアルにすぎないんだと。今、検察として調べているのは、商法の規定でどうだということを調べているので、そこからもう資料やなんかすべて出ているので、これは疑いの余地がないという主張をされました。

5月26日付けの調書の作成の際にも抵抗を示されたけれども、署名しましたというようなことがあって、先ほどその理由などを述べられましたけれども、先ほどよりも一歩進んだ内容とも言えますよね。あなた自身が商法の規定に反する認識を持っていたという内容の調書だったわけでしょう。

　ええ。正しくそこは私にとっても非常に重要な内容になっているというふうに考えまして、私がこれを今認めるということは、そのときの状況から、これがどういうふうに全体の捜査に影響するかというような点とか、あるいはほかの人は証言の中で認めているということをおっしゃっていたんですけれども、私の部下なんかがどういう対応をしたのかとか、まあ、いろんな思いを巡らして、私としては何とかここは撤回していただきたいというふうに考えたわけです。

じゃあ、証人自身も大分粘られたわけですね。

　はい。

その際も、もう調書は出来上がっていて、それをあなたが読んで、抵抗したということになりますか。

　はい、そうでございます。

最終的には、先ほどちょっとあなたもおっしゃっていたけれども、これだけの資料があるんだということとか、ほかの人間も認めているということとか、トップの方に責任を取ってもらえばいいんだというようなことを言ってきたわけですか。

　ええ。そのとき、この問題は代表取締役とおっしゃったか、トップとおっしゃったかは忘れましたけれども、に責任を取ってもらうことではないですかというような御発言がありました。

ということは、あなたに責任を問うつもりはないと。

　まあ、そういう趣旨でおっしゃったのではないかというふうに思います。

それで、もろもろ先ほど言ったような理由もあり、あなたは最終的には署名したわけですね。

　はい、署名いたしました。これに協力しないということになると、私自身としてどういう立場になるかということも、当然そのときの検事の私に対する対応から、非常に威圧感みたいなのがありましたし、何とか変えていただきたいというふうにお願いしたけれども、それは受け入れられなかったと。最終的には先ほど申し上げたとおり、そのときの私自身の気持ちとして、非常に弱くなっていたということもありますし、結局は、今から思えば大変不本意でありますけれども、自分のこと、家族のことを考えて、署名したということでございます。

ところで、６月４日の取調べは、何時ごろまで続いたんですか。

　その日はいろんな議論もあって、それから、今言ったように私も随分抵抗したといいますか、あれで、午前１時ぐらいまで掛かったと思います。

そうしますと、それは６月５日に入っていたんですか。

　そうですね。その日は、たしか夕方の４時ぐらいからだと思いますけれども、それぐらい遅い時間でした。

それは検察庁ですか。

　そうでございます。

午後４時から翌日の午前１時まで、あなたはずっと検察庁にいたんですか。

　その日は、たしか食事もお弁当を取っていただいて、取調べの部屋で食事をしたというふうに記憶しております。

あなたは、署名しないと、どうなるか分からないという威圧感を感じていたということをおっしゃっているけれども、疲れていたということもあったのかもしれませんね。

　ちょっと夕食の時間が１時間あったのか、２時間あったのかは記憶がございませんけど、もちろんその日自体が長かったということもあったと思います。それから、先ほど申し上げたような環境の中でございましたので、まあ、正直言って、疲れたと言えば疲れていました。

それで、検察庁での調べが終わったのが午前1時だったということですね。

大体それぐらいの時間だったと思います。

ちょっと常識的に考えて、遅すぎる調べだと思うんですけれども、あなた自身、気が付かなかったんですか。

時間を気にするというよりは、私の考えを述べて、主張していたということなので、気が付いたか、気が付いてないかはあれですけれども、大分遅くなったということは分かったと思います。

例えば、検事がもう午後11時になったとか、午前零時になったとかというようなことを、あなたに告知することはあったんですか。

いや、記憶にございません。

いずれにしても、午前1時までの間に署名をしたということになりますね。

はい。

証人は、これだけ多数回、調べを受けていますと、弁護士に相談していたようにも思うんですが、弁護士に相談していませんでしたか。

その当時、捜査の進展がどういうふうになるかということも、私自身、大変、不安を持っておりましたので、私の友人から紹介された弁護士に御相談はしておりました。

弁護士から何か助言はされていませんでしたか。

正直言って、体力、気力をもって、しっかり記憶を呼び起こして、お話ししなさいということと、それから、もちろん調書については、自分が不本意であるということには、署名しなくてもいいんですよということとか、自分として理解できない点、あるいは署名等でちゅうちょしたら、1日待ってくださいということは、言ってもいいんですよということは言われていました。

そのような助言があったので、5月26日付けの調書のときには、1日、時間をくださいというようなことをおっしゃったんですか。

26日は、たしか先ほど申し上げたようなことをお願いしました。

ただ、聞き入れてもらえなかったということですよね。

はい。

そのような助言があったにもかかわらず、あなたの意に反する内容の調書に、あなたは署名しているわけですけど、これはなぜですか。

そのときは、私としても1日おいて、また考えさせてもらいたいということも申しましたし、書き直していただきたいということも再三申し上げたんですけれども、その場の雰囲気といいますか、非常に私自身に威圧感のある感じでございまして、弁護士さんにそう言われていたことは、頭の中にありましたけれども、正直言って、それを言うだけの自分の気力なりがなかったということだと思います。

助言は、聞いていれば、なるほどできるかなと思ったけれども、実際に検事の調べを受けてみれば、自分の主張が全然聞き入れてもらえないということになりましょうかね。

はい。

そして、署名しなければ、どうなるかというようなことも言われながら、署名を迫られたと。

はい。

それで、あなたの先ほどの証言を聞くと、恐怖感もあったということになりますね。そのような状態に自分が陥るんだというところまでの助言はなかったということになりましょうか。

まあ、どういうレベルで、どうするというようなことまで細かに、先生からお話を聞いていたわけではございません。

そういう意味では、弁護士の助言どおりに、たやすく行動できるような状況ではないと、検事の調べは厳しいんだということになりましょうかね。

今から思えば、もう少し自分の主張を押し通すべきだったというふうに思いますけど、そのときは自分自身に負けてしまったということだと思います。

その後にも、あなたは調書に署名されていますけれども、弁護士の助言との絡みでいけば、分かってはいても、今述べられたような経緯の中で、署名をしていったということになりましょうかね。

はい。

それから、廣瀬検事の取調べについてちょっと伺いますけれども、廣瀬検事は、証人をどのような立場にある者として取調べをしていましたか。

廣瀬検事の取調べのときに、私は私自身の立場として被疑者という立場ですかという御質問をしたんですけれども、じゃあ、そういう被疑者でやりましょうかというような御発言はございました。

証人は、その被疑者でやりましょうかという検事の発言を聞いて、どう思いましたか。

まだ私自身に疑いが掛けられているというふうに思っておりました。

逮捕されるかもしれないという恐怖感はありましたか。

そういう気持ちもありました。

廣瀬検事の取調べというのは、どのようなものだったんでしょうか。

廣瀬検事の取調べも、基本的には江畑検事、落合検事と内容的には同様のことを聞かれたという感じがしておりまして、私が総合企画部長に就任してから退任するまでの間の長銀でのいろんな会議あるいは出来事、それについて廣瀬検事は、場面、場面でどういうことが、特にトップから会議やなんかで、具体的にどういう発言があったのかと、それを大岩さんから聞きたいんだということはございました。

ほかの検事と違うような取調べ方で、何か記憶はありませんか。他の人の調書を読み上げるようなことはありませんでしたか。

他の人の調書を読まれたケースは２回ほどございます。１つは、取調べが始まって２日目か３日目か記憶は定かじゃないですけれども、大野木頭取の逮捕後の調書を読み上げられました。

その大野木元頭取の供述調書の内容は、どのようなものでしたか。

私が記憶しておりますのは、長銀の執った今回の対応については、日本の金融システム、あるいはアジア、まあ、世界の金融システムの安定といいますか、そういう問題を絡めていくと、やむを得なかったんだと。それで、この責任は、私、大野木頭取お１人にあるというような中身だったというふうに記憶しております。

それは、あなたがどんな供述をしているか教えてくれというふうに聞いたわけではなくて、検事のほうから大野木被告人の調書を読み上げてきたということですか。

はい、そうでございます。

その際、検事は、ほかに何か言っていませんでしたか。

先ほど申し上げたとおり、会議、会議での各役員方の御発言について、明確にどういう表現をしたかということを言ってくれと。それで、調書にも、そういう内容が書かれたものがございまして、私は正直言って、その場、その場で経営陣の方がどういう具体的な言い回しで言ったかということは記憶がないということで、これはほかの方の話されたことを私が知っていたということで調書になるわけで、ここは私としては記憶がないということを申し上げましたところ、もう私の部下であった人間のすべてが、そういうことを言っていますよと。それで、そういうほかの人の調書から記憶を呼び起こして話してくださいと、あるいは調書の中身で、当然ほかの人の調書からいっても、こういうことだったんじゃないですかということを言われて、私の部下の調書を読み上げていただいたことが、一、二度ございます。

部下の供述内容をあなたに言ってきたということになりますね。

そうですね。部下も連日の取調べで大変疲れていると、部下のことも考えて、やっぱり総合企画部長としての責任ということを考えて、お話しくださいというような表現はございました。

そのあなたの部下ですけれども、あなたの部下のほうが検事からの取調べは、あなたよりもたくさん受けていたんですか。

私が記憶しておりますのは、私の回数よりはるかに多い回数を、私の取調べの前段階からやられていたんじゃないかというふうに思っておりました。

それを踏まえて、あなたも上司として責任を取りなさいという言い方をしてきたということですね。

まあ、責任を取れというか、部下のことを考えて、あなたの立場を考えて、お話しくださいということです。

それで、部下の調書を読み聞かされたときに、あなたの認識と比べて、どうだろうというようなところで、何か思いませんでしたか。これはちょっと私の認識に反するなとか、ああ、なるほど私の思っているとおりだとか、どんな感想を持ちましたか。

部下の供述調書の中にも、当時、私と一緒に仕事をしていたときに、いろいろ考えていたことと違うような内容が書かれていたということは、1、2点あったかと思います。それから、役員さん方の発言についても、本当に部下がそういうふうに記憶していたのかどうか分かりませんけれども、そういう内容でありました。

1、2点違うところについて協力してくれというふうにも言われているので、あなたは、じゃあ、そのとおりで構わないというふうに思ったわけですか。

いや、役員さん方の発言については、部下の供述並びにその流れから、こういうことを言ったということで、そういうことではないですかというふうには強く言われました。

結局のところ、協力してほしいという要請に対して、結果的には協力したということになるんですか。

そうですね。廣瀬検事の調書の中にも、落合検事のときに私が随分抵抗しました商法との関連の供述がございまして、これについては、たしか廣瀬検事に落合検事のときに私が署名しました調書を読まさせていただいて、それで、どう思いますかという御質問がございました。それについて、私は落合検事にも申しましたとおり、そういう商法違反等の認識はいささかも持ってなく、そこの訂正をお願いしたんですけれども、受け入れられませんでしたということを申し上げました。

落合検事が調べた際に作成したあなたの調書を、廣瀬検事はあなたに渡したんですか。

ええ。たしか1通だったと思いますけれども、私に手渡して、これを読むようにというふうにおっしゃいました。

読んで、今言ったような感想をあなたが述べたということですか。

はい。

その１通ですけれども、現在、開示されて、取調べ請求されている中の１通なんでしょうか。

いや、それがどの調書だというのは、私は記憶がございません。

内容については、商法に反するものである旨の認識を自分が持っていたということが記載された内容の調書だったわけですね。

そうですね。それは商法の規定に照らし合わせると違反であるというか、長銀がそういう不良債権を先延ばしにしていた責任は、非常に重たいというようなことだったかと思います。

それに対する感想としては、落合検事にも述べたとおりのことをあなたは述べたということになりますね。

はい。

それに対して、廣瀬検事はどのようなことをあなたに言ってきましたか。

私はそういう認識がなかったと。また繰り返しになりますけれども、関連親密先については、長銀が支援するということで、突発的な破綻がないという考え方で処理していくことについては、商法上の問題はないというふうに私も理解していたし、恐らく経営陣もそういうふうに理解していたと申し上げたんですけれども、廣瀬検事は、これは情状としては理解できないことはないけれども、それ以上でも、それ以下でもないということをおっしゃいました。

あなたの言ったことは、情状だというふうに明確に言ってきたんですか。

ええ。情状としては理解できるけれども、それ以上でも、それ以下でもないというような表現だったと思います。

それ以外に何か言っていたことはありますか。

廣瀬検事も、商法に照らし合わせて、どうかということであって、大蔵省の通達等は金融検査のマニュアルであるから、検察としては、そういう観点から調べているんだということで、この単純な会計の話は、簿記学校の生徒でも分かるはずだと、まして、皆さん、それなりの教育を受けた方が分からないはずはないでしょうというようなこともおっしゃいました。

あなたがるる述べたことについては、情状だというふうに言って、更に商法、会計のことというのは、簿記学校の生徒でも分かるんだと、だから、違反しているんだと、先送りにしていた、あなた方は責任が重いんだというふうに断定してきたということになりますか。

はい。

この段階になると、あなたも、もう２人の検事の調べを受け、落合検事の調べに対する調書の作成にも応じていますから、廣瀬検事が調書を作成するに際して、署名を求めたのは何度かあると思うんですよ、廣瀬検事が作成した調書が何通か出ていますからね。それについては、落合検事に抵抗したような抵抗は、いちいち示されなかったということになりますか。

私の気持ちとしては、１つ１つ認識が違っていることは、その度にサインする前には申し上げたんですけれども、自分自身として既に落合検事のところで署名しているということもございまして、また、それを撤回していただけるということもないというような感じがございましたので、そういう気持ちでサインしました。

そうすると、6月4日の調べの際のように、翌6月5日の午前1時まで調べが継続したというようなことはなかったわけですね。

いいえ、そういうことはございません。

廣瀬検事が作成した調書というのは、甲51号証、甲52号証、甲53号証、甲55号証、甲56号証と5通あるんですけれども、6月26日から30日までの間、毎日、1通ずつ取られていますけど、これ以外にも調書はあったんでしょうか。

私の記憶では、今回見せていただいた調書がすべてだというふうに思います。**(略)**

検　察　官(保坂)

証人は、現在、本件に関連して、違法配当に関与したということで、被告人らとともに民事訴訟で訴えられておられますね。

はい。

先ほど、刑事の関係で弁護士からアドバイスを受けていたという、その弁護士さんは、今あなたの民事の代理人をされている方ですか。

そうでございます。

それから、検察庁で証人の供述調書が作成されているということですが、署名をする前には、その本文、資料共に内容を確認されましたか。

しております。

調書の内容を何度も読み返したりするということはあったでしょうか。

基本的には私は2回ぐらいは目を通して、それから、疑問点については、もう一度、私の疑問点について読んだような、基本的にはそんなような形でやったというふうに記憶しております。

いずれの調書も、複数回、内容を確認されたということでしょうか。

複数回とまではいきませんけれども、少なくとも私としてやや疑問に思ったところについては、一度じゃなくて、2度ぐらいは見ております。

そのようにして慎重に何度も調書の内容を確認されたのは、どうしてでしょうか。

それは、私としてお話しした内容と調書について、そこにどういうギャップといいますか、違いがあるかという点については、これは大変大きな捜査といいますか、重要な事件というふうに認識しておりましたので、私としても間違ったことが書かれてないようなチェックは、当然ながらしたということでございます。

確認ですが、一番最初に検察官が調書を作成したのは、5月26日の調書ということでよろしいですか。

私の記憶が今ちょっと定かじゃないんですけれども、その前の5月の19日に落合検事に、もう1通、調書を取られているかと、ちょっとあいまいな記憶で恐縮です。

その5月19日の調書というのは、どういう内容の調書なんですか。

そのときの流れから申し上げて、先ほど来申し上げている、長銀の平成8年6、7月から平成10年3月ぐらいまでのいろんな流れを書かれた調書じゃなかったかというふうに思います。

その中には、関連親密先についての償却、引当について、どうすべきかといったような点の記載はあるんでしょうか。

その点については、はっきりと記憶はしておりませんけど、私の認識なり供述したものと大きく懸け離れたものがなかったゆえに、署名をしたのではないかというふうに思います。

特に議論になる点はなかったということですか。

　申し訳ございません。そこは、はっきりした記憶がございません。

いずれにせよ議論になったのは、5月26日の調書を取る際であったと、それが最初だったということでよろしいんでしょうか。

　ええ。私として今振り返りまして、落合検事とそれなりの議論、まあ、場面、場面で会議の状況とか、これをどう理解するんだとか、そういうことについては、もちろん議論がございましたけれども、調書の内容について、私としてかなり向こうの意見と違うということで議論したので記憶があるのは、5 月 26 日でございます。

ちなみに 5 月 26 日は、何時ごろから何時ごろまで取調べがあったんですか。

　午後 1 時だったか 3 時だったか、時によっては夕方から始まることがあるんですけれども、それから 9 時とか 10 時だったんじゃないかと思います。

夕方というのは、食事を取った後でしょうか。

　申し訳ございません。記憶がありませんけど、食事の前だったかと思います。

終了時刻は、午後 9 時か 10 時ころということですね。

　はい、そうだったと思います。

それから、議事録を探せという話があったところで、先ほどの話では、書類が出せなければ家宅捜索をやるとか、塀の向こうに行って調べますかと言われたと、このように証言しましたね。

　はい。

先般、検察庁においでいただいて、同じようなことをこちらでも確認しましたね。

　いや、その件について御質問を具体的に受けた記憶はございません。

私の記憶では、ほかの場所で調べるということを言われたというふうにおっしゃいませんでしたか。

　いや、私としては、そういうふうにお話ししたか、ちょっと記憶にないですけれども。

検察庁に来られたときに、その議事録を探せということを言われたということはおっしゃいましたよね。

　はい、たしかお話ししましたね。

その際に、逮捕をにおわせるようなことを言われたということもおっしゃったんじゃないんですか。

　いや、そういう意味では。私が先日お伺いしたときに、塀の向こうという表現をしたかどうか記憶してないのであれば、ほかのところというのは、そういう意味で私は言ったんじゃないかと思います。

じゃあ、そこのところの表現は、正確には覚えてないということですか。

　この前、お伺いしたときに、塀の向こうという表現がどうかということも、ちょっとちゅうちょしたということも、正直言ってございます。

だから、塀の向こうという表現は使わなかったということですか。

　この前、検察庁にお邪魔したときには、その表現を使わなかったということです。

塀の向こうに行って調べるかといったようなことは、証拠品との関係で言われたということですよね。

　そのときは、私が持っていないということをさんざん主張するのに、分かっていただけないということがありましたので、私としてもかなり気が動転していましたので、要するに、家宅捜索して、それで、逮捕して、別の場所でしっかり調べますよと、そういう意味だったんじゃないかというふうに受け取りました。

だから、そのときの検察官の発言としては、証拠品を隠したりするようならば逮捕するぞと、こういうニュアンスだったのではないですか。

はい、そういうことです。

調書に署名をする、しないというやり取りをしている場面では、そういう塀の向こうに行くかといったような表現はされていないんですか。

そういう表現を使われたということは記憶にございません。

(以上　　岡本　賀奈江)

それから、先ほどの証言では、弁護士さんのほうから署名するかどうか迷ったときには一日待ってくれと頼むこともできるんだというアドバイスを受けたということで、実際にもそのアドバイスに従って検察官に要望を出したわけですね。

はい。

で、それについて受け入れられなかったということについては、後日その弁護士さんには話をされたんですか。

お話をしました。

弁護士さんは何とおっしゃっていましたか。

私がそういうふうにそのとき判断してサインしましたんで、それは、そういうことでしたかという御反応でした。

ただ、弁護士さんは御自分でアドバイスされているわけだから、1日待ってくれと頼んでるのに応じないのはおかしいじゃないかと、こういうふうにはおっしゃらないんですか。

具体的にそこをもう一度再現できる話でもないというふうに考えられたんじゃないかと思います。

ただ、今後、そのようなことがないように弁護士さんから申入れをするとか、してもらいたいということをあなたが弁護士さんに頼んだとか、そういうことはないんですか。

そこまでは私はお願いしませんでした。

どうしてでしょうか。

うちの弁護士さんにはいろんな面で、捜査の進展がどうなるか分からないという点でお願いしておりましたけれども、最終的には私は自分自身で、もちろん弁護士の御助言もいただきながら最後は私が判断する問題だというふうに考えたからです。

そのように考えるのは結構なんですが、1日考えさせてくれと言われて応じてもらえなくて非常につらかったと先ほど証言されましたよね。

はい。

そういうつらいことがあったのに弁護士さんはそれを放置しておくということなんでしょうか。

それは、そのときの弁護士さんの御意見として具体的にどういう方策があるということを私と具体的に相談したということではございません。

どうして相談してみないんですか。

分かりません。

いや。あなたのほうからどうして相談しないんでしょうか。

私は、もうそこで署名したという事実はそれはそれで事実としてありますので、それ以上何をお願いするかということはよく分からなかったということです。

ただ、その後も取調べが続くということは予想はされたわけですよね。

はい。

で、また同じような形であなたの意に沿わない調書が作成される可能性というのもあったわけですよね。

それは可能性としてあったと思います。

で、それに備えて、アドバイスをもらうとか、弁護士さんから検察官に申入れをしてもらうとか、そういうことは考えないんですか。

そのときは、状況を御説明して私の弁護士さんのアドバイスとしてそういうものがなかったということです。

それで、最初の5月26日の調書に署名した際に、この場で署名しなければならないというようなふうに思わせられるような精神的な圧迫があったんだと、こういうふうにおっしゃいましたが、その後の調べでまたいろいろ議論をしてるというのはどうしてなんでしょうか。要するに、その後、検察官の言いなりにはなってませんよね。いろいろあなたの見解をまた述べて。

それは、26日の調書の内容と、それからその後の調書の内容というのは違う論点でもありますし、当然つながってるというふうには考えますけれども、それは、論点の違うものは論点の違うものできちんと議論したということです。

先ほどの話では、6月4日ころの調書には、単年度で処理しなければ商法に違反するんだというような記載があったから非常に抵抗したんだと、こういうことでしたね。

はい。

5月26日の調書にはそれに類似する内容というのは記載されてないんですか。

私の記憶では、26日の調書には商法との関連で長銀の処理がどうだったかということは書かれてなかったというふうに思われます。私が抵抗したのは、関連親密先は突発的な破綻がないので、そういうものの考え方で償却、引当等やることについては、当然その当時のルールなりものの考え方として取れるし、銀行として取れる判断であったということを申し上げたのに対して、それはもうそもそも長銀は体力がないので、体力のないところを支援していくということ、これは論理矛盾であると、たしか自己矛盾とおっしゃったと思いますけれども、そういう意味でそういう考え方は合理的でないと、不合理か合理的でないと言ったかは忘れましたけども、私はたまたま不合理という意味をどういうふうに自分自身消化して考えればいいかということを悩んで議論したということでございます。

商法という言葉ではないかもしれませんが、例えば、法律上要求されてるように全額を単年度で償却、引当しなければならないとか、そういった表現はなかったんでしょうか。

そこまで私は今は記憶がございません。ただ、不合理だということは、要するに、長銀のやってることがおかしいということを言われてるんじゃないかと思ったんで、いや、それはそうじゃないですということを私としては主張したわけです。

じゃあ、5月26日の調書を取る前に、議論というか、取調べの過程で商法上当期の全額引当が必要なんだということは検察官の口からは一言も出てないんですか。

いや。その取調べの過程でいろんな資料をお見せいただいて、商法上といいますか、これをやっぱり処理しなきゃいけなかったんじゃないですかという話は何回か出てたと思います。それは、先ほども御説明しましたとおり。

結構です。商法に違反するかどうかという観点での議論も5月26日の段階であったということでよろしいですか。

　　そういうお話が落合検事のほうから出てたというふうには記憶しております。

そのことが調書に盛り込まれていたという記憶はないですか。

　　今思い起こしても、そこは私としては記憶がございません。

次の6月4日ころの取調べのときには、深夜の1時ころまで取調べがあったということですが、そのことについて、遅い時間まで取調べがあったということは弁護士さんには話をされましたか。

　　たしか御報告はしてると思います。

その点については弁護士さんはどうおっしゃっていましたか。

　　特にその点に関して具体的な御意見なりアドバイスはなかったと思います。

そんなに遅い時間まで調べるのは問題だという発言は全くないんですか。

　　記憶にございません。

あなた自身はどう考えていたんですか。

　　私は、その取調べというのは通常何時までやるかということについてそれほど知識もなかったんで、とにかく遅い時間だったということで、実は家内も大変心配してまして、家のほうが心配してるなということは思ってました。

先ほど署名をした理由の一つというような形で疲れていたこともあったんだというふうなことをおっしゃいましたが、そういうことであれば、少し日にちを空けて調べをしてほしいとか、あるいは遅い時間までの調べを控えてほしいとか、そういうことを検察官に申入れしないんでしょうか。

　　そのときの私の精神状態は多分そこまで気力がなかったんだというふうに思います。

あなた自身が言えなくても、弁護士さんを通じて言ってもらうとかというのは考えないんですか。

　　今から思えばそういう手段を取るべきだったのかも分かりません。

でも、実際疲れてるわけでしょう。何とかしてほしいと思わなかったですか。

　　思いました。

じゃあ、弁護士さんに何でその点相談しないんですか。

　　相談するような、させてくださいというふうなことを言えるような雰囲気ではなかったというふうに私はそのとき受け取めたんだと思います。

それは、取調べの時点のことをおっしゃっているんでしょう。

　　そうです。

その翌日とかに弁護士さんに話をするということは考えないんですか。

　　事実、こういうことがございましたという報告をしたということです。

報告をして、じゃあどうしてほしいということだったんですか。

　　それは、そういう状況の報告の中で弁護士さんとして私に必要なアドバイスをしていただけると、必要があればしていただけるというふうに考えた次第です。

はっきりしないんで確認しますが、調書に署名をする時点で、署名して、その調書が将来証拠として使われて、あなた自身が刑事裁判で責任を問われるという可能性があるかということです。

　　それは、調書に署名するということは、それが捜査の一つの証拠なり、あるいはそういう形で将来的にも使われるということだろうというふうには思いました。その中で、私が具体的にどういう形になるかというのは、不安はございましたけども、そこまで明確なあれとして認識したということではなかったと思います。

可能性としては、あなた自身も責任を問われる可能性はあるというふうに考えていたんですか。

　　まあそういうこともあるかなというふうには思っておりました。

それから、先ほどの、この件で民事訴訟で訴えられるおそれがあるんじゃないかということは、その署名をする時点では考えてましたか。

　　民事のことまで頭に回るような状況じゃございませんでした。**(略)**

（以上　　岡本　賀奈江）

第18回公判調書（手続）

被告人の氏名(1)　大野木　克信（出頭）
被告人の氏名(2)　須田　正己（出頭）
被告人の氏名(3)　鈴木　克治（出頭）
被告事件名(1)、(2)、(3)証券取引法違反、商法違反
公判をした年月日　平成13年1月18日
公判をした裁判所　東京地方裁判所刑事第一部
裁判長裁判官　大野　市太郎
裁判官　福士　利博
裁判官　石田　寿一
裁判所書記官　村上　剛英
検察官　保坂直樹、東　弘
出頭した弁護人(1)　（主任）那須弘平、倉科直文、横田高人
出頭した弁護人(2)　（主任）國廣　正、五味祐子、坂井　眞
出頭した弁護人(3)　（主任）更田義彦、長　文弘
出頭した証人　千葉　務

証拠調べ等
証拠等関係カード記載のとおり

指定告知した次回期日
平成13年2月8日午前10時00分

平成13年1月24日
東京地方裁判所刑事第一部
裁判所書記官　村上　剛英

証人千葉務の尋問を施行

第19回公判調書（手続）

被告人の氏名(1)　大野木　克信（出頭）
被告人の氏名(2)　須田　正己（出頭）
被告人の氏名(3)　鈴木　克治（出頭）
被告事件名(1)、(2)、(3)証券取引法違反、商法違反
公判をした年月日　平成13年2月8日
公判をした裁判所　東京地方裁判所刑事第一部
裁判長裁判官　大野　市太郎
裁判官　福士　利博
裁判官　石田　寿一
裁判所書記官　村上　剛英
検察官　保坂直樹、東　弘
出頭した弁護人(1)　（主任）那須弘平、倉科直文、横田高人
出頭した弁護人(2)　（主任）國廣　正、五味祐子、坂井　眞
出頭した弁護人(3)　（主任）更田義彦、長　文弘
出頭した証人　田嶋　哲朗、中嶋　敬雄

証拠調べ等

証拠等関係カード記載のとおり

指定告知した次回期日

平成13年3月2日午前10時00分

平成13年2月20日

東京地方裁判所刑事第一部

裁判所書記官　村上　剛英

⑥ 田島哲朗証人尋問調書（第19回公判）

証人尋問調書（平成13年2月8日第19回公判）

弁　護　人（更田）

(略)

平成7年から平成10年6月まで、日本長期信用銀行の監査役をしておられましたね。

はい。3年間常勤監査役を勤めておりました。

平成10年3月期の決算の監査の結果についてまずお尋ねします。

(乙) 証拠番号41（供述調書）添付の資料14を示す

この中の253ページ、「監査報告書」を示しますが、この監査の結果は5月21日付けの報告書に記載したとおりですか。

はい、間違いございません。

この報告書を拝見しますと、同期の監査役は、常任監査役が岸道雄さん、監査役として、ほかに田島さん、戸塚さん、深井さんの御署名がありますが、この4名の方が監査役だったわけですか。

はい。第74期に当たりますけれども、このときの監査役は、今お話のありました、岸さんと私、この2人は、監査等についての商法の特例に関する法律の常勤監査役でございます。それから、戸塚さん、深井さんは、同じく同法にいう社外監査役というお2人でございます。ただ、このお2人は、事実上は毎日御出勤でございました。

監査報告書の一番下に「(注)」が書いてあって、戸塚岩夫さんと深井道雄さんは特例法の18条1項に定める社外監査役であるというふうに書いてありますが、それぞれどこから来られた方々ですか。

戸塚さんは大蔵省の御出身でございます。それから、深井さんは日銀の御出身でございます。

それでは、この監査意見、監査の結果がどのようにして決定されたのかをお尋ねいたしますが、まず、これは5月21日に監査役会が開催されたんですか。

はい、そのとおりでございます。監査役会でこの監査報告書の作成を決めました。

監査役会における意見はどのようなものでしたか。

この監査役会での監査報告書の作成に関しては、各監査役から1年間の監査の報告があって、で、特にこの原案がもう示されておりまして、この原案で問題がないということで、格別の議論はございませんでした。**(略)**

今まで御証言いただいた監査業務の経過を大まかにまとめた日程の記録というのがありますね。

はい、ございます。

その記録にはどんな事柄が整理されて記載されているんでしょうか。

第74期の監査役会の開催の状況でございます。日時と、どういうことが議題になったか、だれが出席したかという表でございます。それから、本部説明会という資料がございまして、これが、先ほど申しましたように、取締役等から営業の報告を受ける、その重要な一つが本部からの報告でございましたので、その本部報告会の開催状況が書いてある紙でございます。それから、もう一つは案件説明会という名目でやっておりましたけれども、これは、トピックスのいろんな問題が起こりましたときに、執行部側から、あるいはこちらの監査役のほうから要求して説明会を開いてもらうと、それの開催状況でございます。それが記載してございます。**(略)**

それでは、98 年(平成 10 年) 3 月期の会計監査の手順を続けて説明していただきたいんですが、7 月の会計監査の方針などを議論したときに、当期においてはどのような点が議論されたんでしょうか。

74 期の一つの大きな特徴といいますか、これは 98 年(平成 10 年) 4 月からいわゆる早期是正措置が導入されると。その前提として、当期の償却、引当はいわゆる自己査定によって行うということがもう決まっておりましたので、毎期監査の重点方針を掲げるんでございますけれども、この期の重点方針の 2 つのうちの 1 つとしてそれを掲げております。もう 1 つは、コンプライアンス体制ということでございまして、これは前年度も掲げたんでございますけれども、いわゆる大和銀行のニューヨーク支店事件等を念頭に置きまして、その当時、特に海外支店で、コンプライアンス体制、法令遵守の体制について問題になっていたということでございまして、特に海外店を念頭においてコンプライアンス体制、それから早期是正措置の導入に伴う資産査定等への対応について、この二つを重点の監査対象というふうに決めたわけでございます。

その監査方針の重点対象の一つとして自己査定等への対応を掲げたいきさつといいますか、事情をもう少し説明していただけませんか。

私どもの理解では、早期是正措置が導入されますと、銀行の自己責任というのが非常に厳しく問われることになる。それから、行政も、それまでの事前の行政指導あるいは通達による行政から事後の規制に変わるというふうに理解をしておりました。ただ、この債権の評価が自己査定の根幹にあるかと思うんですけれども、それ自体その評価の基準がこの早期是正措置の導入あるいは自己査定の制度が入ったからといって基本的に変わるというふうな理解ではございませんでした。

具体的には執行部が内部統制していくということになるわけですね。

はい。おっしゃるとおりでございます。で、その執行部が適切な対応をしないと、適切な対応といいますのは、恣意的な基準を作ったり非合理的な基準を作ったり恣意的な運用をしたりしますと、これは当然のことながら会計監査人の監査のチェックを受けるであろうし、事後的に金融検査のチェックを受けるだろうというふうなことですから、適切な対応が求められている。その執行部の対応を見守っていく。で、必要があれば助言したり勧告をするというのがその当時の考えでございました。

具体的には、そういった点については専門家である会計監査人が外部から監査をすると、こういう考え方だったんでしょうか。

はい。基本的に償却、引当、それはいわゆる債権の評価を基にして償却、引当をするわけですけれども、これは優れて会計事項だということでございますので、会計監査人が第一次的な監査をすると。で、我々はそれを見守りながら、執行部が、これは会計監査人も内部統制を見ると思うんですけれども、監査役としても執行部の内部統制を見ながら適切な対応を見届けるのが必要であるというふうに考えたわけでございます。

(乙）証拠番号 41（供述調書）添付の資料 14 を示す

この 253 ページの「監査報告書」を御覧ください。この監査の結果の(1)というところに、会計監査人の監査の方法及び結果は相当であると認めますと書いてありますが、会計監査人の監査の方法及び結果というのは、今言われたようなことも含まれているというふうに理解してよろしいんでしょうか。

はい。これは、1年間を通しまして会計監査人の監査の仕方を見て、最後にその相当性を判断するというふうに考えておりました。その中身は、会計監査人自身の能力が問題ないかというところから始まるわけですけれども、あと、監査計画がきちんと計画どおり行われているかどうか、そういうことを折にふれて見ながら最後にこの相当性の判断をするということでございます。

当期においては、監査役と会計監査人との接触は、年間を通じて、どの程度、どんな機会があったんでしょうか。

先ほど申し上げましたように、期初に、7月4日にまず会計監査人の監査計画を聞く機会がございました。それから、大きなところから申し上げますと、中間決算がございますので、彼らは証取法の監査をいたしますので、その監査を我々も聞く機会を設けておりました。それから、期末にそれこそ会計監査の報告書の説明を受ける会議、これが大きな3つの柱でございまして、それ以外に、実際に支店にまいりまして、会計監査上は往査と言っておりますけれども、その往査の状況を、どういうふうに往査してるかというのを我々も見る。そういうのは上期に1支店、下期に1支店。上期は新宿支店だったと思います。下期は渋谷支店に同行いたしまして、その状況と講評を四監査役がそろって聞きました。そういう意味では年間この期は五回の接触があったということでございます。**(略)**

さて、そこで、自己査定等に対する対応、当期の重点的な監査項目であったというお話なので、この点について監査役としてどのような検討をされたかをお尋ねしたいと思います。まず、どんなことをなさいましたか。

まず、その概要を知る必要があるということでございまして、7月25日に監査役会で監査計画を決めたその日だったというふうに記憶しておりますが、その記録にも載っておりますけれども、案件説明会を開きまして、総合企画部から自己査定制度全体の話、それから、自己査定の基準というのはどんなのを考えているか、それから、今後のスケジュール、どういうふうにして運営していくか、そういう全体の流れと大枠を理解する機会を設けたわけでございます。

当行の自己査定基準を大づかみに見た場合に、どういった内容になっているというふうに理解されたんでしょうか。

その当時示された、これは資料があって書いてあったと思うんですけれども、多分もう自己査定トライアルが始まっておりましたので、そのときの案であったのではないかというふうに今考えるんですけど、詳細な中身は残念ながらクリアに覚えているわけではございませんけれども、その当時の記憶のイメージを呼び返してみますと、一般の取引先、それと関連親密先と関連ノンバンクという二つの大きなくくりがあったように記憶してます。で、一般先にはⅠからⅣまでの分類、正常先から要注意先とかという、そういう分類があったように記憶してます。それから、関連親密先と関連ノンバンクのほうは、更に小さな、関連親密先には、例えば支援先とか支援実績先とかいう項目があったというふうに理解しております。

関連親密先、関連ノンバンクについては、当期にどういった貸出金をどのように処理するというような点については何か御記憶がありますか。

はい。これもちょっとはっきりした記憶ではないんですが、当期、例えば長銀が債権放棄をして支援をするような額はもちろんⅣ分類なんですけれども、将来支援する予定はⅢ分類、それ以外は原則Ⅱ分類だというふうな考え方であったというふうに記憶してます。

そういった原案の説明を監査役が受けて、証人としてはどのようにお感じになりましたか。あるいは監査役会で何か議論があったんでしょうか。

そのときの感じを申し上げますと、自己査定の基準ということですから、１つの基準が出てくるのかなというふうに思っておりましたが、大きく一般先とそういう関連親密先、ノンバンクという２つに分かれているということで、一見するとちょっとダブルスタンダードのような感じを私は受けました。それから、同じような感じを持たれたのか、監査役会のメンバーの中からも、こういう基準でいいんですかと、通達との関係はどうなんですかというような質問があったように記憶しております。

それに対して、執行部側というんでしょうか、そのときの説明に当たった総合企画部の職員のほうからはどういった話があったんでしょうか。

今思い返してみますと、そもそも自己責任に基づく自己査定ということですので、自己査定の基準というのはもちろん３月に大蔵省のガイドライン的な自己査定通達が出ておりましたけれども、この通達のとおりに必ず作らなければいけないというものではないと。で、各銀行の実情に応じて更に細目を定めたりすることは構わないと、これはもう大蔵省も認めているというふうな説明でございました。

その説明に対して、あなたとしては何か疑問は抱きませんでしたか。

それだけですと、２つに分けてしまうことが、かなり差があるような、最初から区分が二つに分かれてしまうということについては疑問がありますので、そういうことではなくて、もう１つ説明がありましたのは、その関連ノンバンク、親密先については、もう１つの全銀協から示されている特例、これはQ&Aというふうな形で示されていたと思うんですけれども、そのQ&Aにそういう特例扱いを認めているから、それに従って、ベースにしてこの基準を作ったんだというふうな説明でございました。

全銀協の追加のQ&Aが出たということのほかに、何か特段の説明はあったんでしょうか。

はい。当然執行部としては、ほかの銀行の動向も調査しているようでございまして、そういうふうな考え方で、一般先だけの基準ということじゃなくて、ほかにも別の基準を作っている銀行もあるというふうな説明だったように記憶してます。

そのような説明を聞いて、監査役としてはどういうふうに理解されたわけですか。

私の理解では、かつて、自分の銀行の経験からしまして、大蔵省の検査あるいは日銀の考査がありましたときに、やはり銀行の関連先につきましては、銀行の支援の意思というのを非常に強く聞かれ、で、その結果、一般先とは違った分類が行われてたというふうな記憶がございました。そういう意味では、そういう２つに分ける扱いということ自体に余り抵抗感はなかったということでございます。
それから、関連親密先の中に支援先というふうな言葉が出ておりましたけれども、当時、ディスクロージャーの債権の中には、やはり支援先債権というふうな項目が入っておりまして、これは、破綻先の債権であるとか、延滞先債権であるとか、それから利息の棚上げの債権とは別に一番最後に開示を求められたものでございまして、支援先で要注意ではあるけれども再建の蓋然性の高い債権だというような別のくくりで発表されていたように私は理解しております。そういう支援先の言葉にも全く唐突なものではないというふうな感じでございました。

在来の銀行業界、全銀協などの基準あるいは大蔵省がそれまで出していた通達などについても検討されたわけですか。

はい。その3月の自己査定通達あるいは今の全銀協のQ&A、それらがその基準の中に盛り込まれているというふうに聞いておりましたので、そういうふうに理解をしたわけでございます。

住専問題の処理に当たって、政府が執った姿勢というか、考え方なども考慮に入れたんでしょうか。

はい。その3月の資産査定通達にも、銀行の支援の意思とか、あるいはQ&Aの中にも母体行というような言葉が出ておりまして、母体行責任というのがその当時の一つの考え方になっておりました。私の記憶によりますと、長銀の場合には、もうバブルが崩壊し始めたころの日銀の考査で初めてそういう母体主義というふうな査定の仕方が出てまいりまして、それは、日銀の場合は、長銀が母体だというふうに認めるノンバンクについては、長銀でＳ分類をすると、いわゆるⅡ分類でございますけれども。で、ほかの銀行ではこれは分類しないというふうな、これは母体行の考え方につながるわけでございますけれども、そういう方式が導入されて、その後の大蔵省の検査にも入っていった。それから、今おっしゃったように、その前年か前々年の住専の処理に当たりましては、母体行主義そのものではありませんが、修正母体行主義というのが閣議決定までされまして法律になって住専処理が行われたというふうな銀行界の流れでございましたので、そういう母体行の意思を重視した分類というのはそれなりに合理的だというふうに、銀行にいた者にとってはすんなりと頭に入ったということでございます。

先ほど、あなたが触れられた全銀協の追加Q&Aもそういった大蔵省の考え方と関連があるというふうにお考えになったんでしょうか。

はい。そういうふうに理解いたしました。

当時、当行に限らず、他の金融機関が置かれている実情などもあなたは考慮されたわけですね。

はい。これは、当行だけではございませんで、どの大手銀行もやはり関連ノンバンク等の親密先の問題を抱えておりまして、それをどう自己査定するんだということで、当然全銀協にそのへんの調整といいますか、考え方を聞いたと思うんですけれども、全銀協のほうは大蔵省の認知を受けた上でこのQ&Aを見ましたということのようでございますので、そういう意味では各銀行のニーズに沿ったQ&Aが示されたというふうなことで、全く不自然な感じはありませんでした。

(以上　　川村　亜希子)

今までに述べられたのは、大体、監査方針を決めて、そして、当期の監査の作業に着手した7月の下旬から9月ごろの時点での話をされたというふうに理解してよろしいんでしょうか。

はい、そのとおりでございます。

そうしますと、その後は大体どういうふうにフォローされたんでしょうか。

全体のスケジュールとしましては、トライアルが9月末ぐらいで終わると。そして、自己査定の基準を決めて、本番が12月の末基準日で行われると。それから、1、3月の後発事象といいますか、その後に発生した事象を織り込んで、最終的に自己査定をやるというふうなスケジュールを聞いておりましたので、その節々でその前後で、それは総合企画部を中心にしていたと思うんですけれども、総合企画部の担当の上原専務とか総合企画部長の大岩取締役とか事業推進部長の大田取締役などから、その折々に話を聞いておりまして、自己査定の基準はもちろん、それから、トライアルの結果もすべて会計監査人のほうに示して、その意見を聞きながら適正に進めているというふうに理解しておりました。

それで、日常のそういったフォロー、監査の過程で、あなたとしては、どういった点を特に心掛けていたというふうに伺ってよろしいんでしょうか。

私の監査業務の中では、一つは、トライアルの結果というのが、各営業部店の調査に参りますと、もう出ておりましたので、それの結果を個別に聞きまして、じゃあ、この先については、前の大蔵省の検査あるいは日銀の考査では、どんな分類であったかという照合をして、その信憑性を確かめたと。基本的には前の検査とか考査の基準と変わっていないというふうに私は理解しておりましたので、少なくともこれが漏れるようなことがあってはおかしいというふうに思って、チェックをしたわけでございます。それから、あと基準は基準として、その当てはめに恣意性がないかどうかということも、一応、念頭に置きまして、各営業部店に行ったときに次長さんから話を聞いて、部店が作った原案は、何か本部で直されたことがありますかというふうなことを尋ねてまいりました。ある部店なんかでは、部店原案よりも厳しい判定になりましたというふうな、厳しいというのは、IIじゃなくてIIIというそういうふうな意味でございますが、そういうのもあったというふうに聞いておりましたので、それは一つの事例ではございますけれども、まずは適正に運営がされているのかなというふうに私個人としては考えておりまして、そのへんを監査役会で報告した記憶があります。**(略)**

(乙) 証拠番号41 (供述調書) 添付の資料13を示す

180ページを見てください。平成10年4月28日に1097回の取締役会が開かれて、この会議には、あなたも出席されたんですね。

はい、出席しております。

この会議で、当期の決算報告を執行部から受けたわけですか。

はい、そうでございます。

183ページを見てください。この期の決算報告を監査役会及び会計監査人へ提出する件というのが、この取締役会の議題だったわけですね。

はい。

そうすると、監査役会としては、この日に当期の決算報告を聞いて、監査の作業をしたと、こういうことになるんでしょうか。

監査業務は、先ほどからずっと申し上げておりますように、年間を通じてということでございますけれども、最後のまとめの期末の監査は、決算書類を受け取ってから、最終の詰めを行うということでございます。

じゃあ、この決算報告を受けてからは、どんな検討を行ったんでしょうか。

これを受けました後としましては、先ほど申しましたように会計監査人からの会計監査報告書の作成がなされて、こちらに提出されますので、その内容の御説明を受ける会を開いたわけでございます。それが5月15日だったというふうに記憶しております。

253ページの左側を見てください。5月18日付けで会計監査人の監査報告書が作成されているようですが、この報告書を作成する前に会計監査人と監査役とが会議を持ったと、こういうことですか。

はい、そうでございます。例年、そういう扱いになっておりまして、会計監査人のほうは、もう原案ができておりますので、それを基にして話をしたということでございます。

5月15日の会議には、監査法人からはどなたが出席されましたか。

これは先ほどの資料の案件説明会の中にも書いてありますが、松尾さん、江端さん、秋山さん、山内さん、この4人の会計士が出席されました。それから、私どもは4人でございます。

全監査役が出席したと、こういうことですね。

はい。

その席で、会計監査人からは、どのような説明がありましたか。

第74期の会計に関する特記事項の一つは、有価証券の評価方法を原価法に変えるということを当期からやったわけでございますけど、それの説明があって、それは相当であるというふうなお話がありました。

253ページの「2. 監査の結果」の(1)を見てください。今あなたがおっしゃった有価証券の評価方法に関する事項というのは、ここに書かれたことですか。

はい、そのとおりでございます。

それから。

それから、自己査定に基づく償却、引当につきましても、当然、話題になりまして、このときは私の記憶では江端さんのほうから長銀の貸出し資産の8割は抽出してみましたと、長銀のきっちりした自己査定基準に従って、しっかり処理をされておりますと。まあ、言葉はちょっと正確には覚えておりませんが、私としては、そういう趣旨のお墨付きの発言があったというふうに理解しております。ほかの会計士の方も、特にそれに関して別の意見はございませんでした。

江端さんのほうから貸出金については8割を抽出してみたと、こういう発言があったというふうに記憶しておられるわけですか。

はい、そういうふうに私は理解をいたしました。

そのほかに何か記憶に残っている議論といいますか、意見のやり取りはありましたか。

あとは、余り議論がなかったように記憶しているんですけれども。

そのような会計監査人との会議のほかに監査役会あるいは監査役、証人御自身としては、当期の決算について、どのようにして考え方をまとめられたんですか。

特に償却、引当に関連しましては、先ほどの決算書類を頂く前に少しさかのぼるんですけれども、3月の終わりごろ、当期の関係会社等に対する貸出金の処理をどうするか、今年度、幾ら債権放棄をして、支援をするかというふうな説明が、これは事業推進部からだったと思いますが、案件説明会だったと思いますけど、3月26日にそういう会議がございまして、例えば、日本ランディックであるとかNEDであるとかそういうものを償却しますと、幾ら支援して、償却しますという説明を聞いております。それから、4月24日でございますが、これはリスク統轄部から話を聞きまして、自己査定に伴う償却、引当という題名の、これも記録に載っておりますけれども、説明を受けて、それは当期の全体像を、1、3月の後発事象も含めて、最終的にどうするというふうな説明を聞いたというふうに記憶しております。そして、毎年行うんですけれども、5月に入って、総合企画部のほうからすべての償却の明細の説明を受けておりますので、それを監査したと。それで、最終的な監査報告書の作成に臨んだということでございます。

そうしますと、5 月 21 日の監査役会では、そういった検討を踏まえて、冒頭におっしゃったようにほとんど議論はなく、監査意見書のような監査結果がまとめられたと、こういうことなんですね。

はい、そのとおりでございます。

その意見は、その後の経過あるいは事情などで見直す必要があるというふうに考えておられるでしょうか、どうでしょうか。

現時点でも、見直す必要はないというふうに考えております。

検　察　官（保坂）

平成 9 年 7 月に総合企画部のほうから、長銀の自己査定基準についての考え方の説明を受けたということですが、それ以前に長銀のほうで自己査定基準を作るためのプロジェクトチーム、自己査定 PT と呼ばれているものを作って、作業をしていたという話は、お聞きになっていましたか。

記憶がはっきりしないんですけど、長銀らしいやり方だなという感じはしますので、あったかもしれませんが、確かな記憶は今のところございません。

事後的でも結構ですが、自己査定 PT でどういうことが検討されたのかということは、報告を受けたことがありますか。

自己査定プロジェクトチームの中身の説明を取り出して聞いたことはないと思います。

それから、平成 9 年 7 月の総合企画部からの説明の際に、どういう資料に基づいて説明を受けたのかということなんですが、具体的にはどんな資料でしたか。

これも全然資料が残っていませんので、もう記憶しかございませんけれども、多分、そういう監査役に対する説明会のために総合企画部がまとめた資料だったというふうに理解をしております。

例えば、紙の枚数で言うと、何枚くらいあったとかそういうあたりは記憶がありますか。

はい。多分、B4 判のペーパーで、2 枚か 3 枚ぐらいの紙だったんじゃないかなというふうに理解しております。このへんは、ちょっともう記憶がはっきりしません。

例えば、紙の資料は受け取らないで、口頭だけの説明を受けたという可能性はないんでしょうか。

いや、毎回、こういう説明会では必ず資料があって、それに補足して、口頭で説明があったというふうに理解しておりますので、このときも、多分、何か紙があったんじゃないかというふうに思っております。

では、その B4 判、2、3 枚の資料には、どんなことが書いてあったか、覚えている範囲でお答えいただけますか。

先ほども申し上げましたとおり、細かいことは覚えてないんですけれども、全体の自己査定あるいは早期是正措置と自己査定との関係とか、自己査定の今考えている基準、恐らく先ほど申し上げましたように、トライアルの基準だったんじゃないかなというふうに今思うんですけれども、その説明、それから、今後、どんなスケジュールで、どういうふうに進めていくかというふうな、そんなことが書いてあったんじゃないかというふうに記憶しております。

証人は、資産査定通達、平成 9 年 3 月ころに大蔵省が出した自己査定に関する基準なんですが、それとか先ほど話にあった全銀協の Q&A、それから、公認会計士協会が平成 9 年 4 月に出した 4 号実務指針と呼ばれる、償却、引当に関する基準については、そのものを御覧になったことがありますか。

はい。その当時、必ず見ていると思います。内容を必ずしも今覚えているわけではございませんが、通達も実務書なんかが出ていましたので、それで見ていたんじゃないかというふうに記憶しております。

今挙げた三つすべてを見ていたということですか。

Q&Aの中身を詳細に見ていた記憶はちょっとございません。Q&Aみたいな考え方があるというのは知っていたと思います。

資産査定通達、それから4号実務指針については、現物を見たことがあるということなんですか。

はい、それは見たと思います。

間違いないですか。

はい。

では、平成9年7月ころに総合企画部から、長銀の自己査定基準について説明があった際に、資産査定通達、全銀協のQ&A、4号実務指針と長銀の自己査定基準とか償却、引当の基準を比較して、どこが同じで、どこが違うのかということを個別に説明を受けたことはありましたか。

資料の体裁自体がそういう形になっていなかったと思いますので、いちいちこの通達とこの基準が一緒、違うというふうな説明はなかったように記憶しています。

それから、先ほどの話では、長銀の自己査定基準やトライアルの結果について、長銀の現場サイドのほうから公認会計士のほうに見せて、意見を聞いてやっているということを聞いたことがあると証言されましたが、具体的に自己査定基準のどういう点について、公認会計士側と協議をしているのかということはお聞きになっていたんですか。

自己査定の考え方自体を公認会計士に示して、その意見を聞きながら進めていたと。期末にいきなりその基準で、これで駄目ですと言われても困るということで、そういう対応をしていたというふうに聞いております。

じゃあ、基準を見せて、検討してもらっていますということを聞いていただけで、具体的にその基準の中のどういう点について協議をしていますとか、そういう個別の話については、お聞きになっていなかったということですか。

はい、そこまでは聞いておりません。

それから、自己査定トライアルの結果について、部店を回ったときに個別に聞いたことはあるということでしたが、その全体の結果についてどうだったのかということは、会計監査人とかその他の方からお聞きになったことはありましたか。

会計監査人から直接聞いた記憶はございません。それから、執行部サイドのほうからは、何度かほかの件あるいは中間決算のときなんかに接触する機会がありましたので、多分、11月ごろだったんじゃないかと思うんですけれども、それがトライアルの最終結果かどうかは分かりませんが、今こんな数字になっているというふうな説明を聞いたように思います。だから、それを基にして、例えば、中間決算をどうするか、期末の最終決算をどうするかというようなことの検討が進んでいたようでございますので、概要は聞いたんじゃないかと。今、正確に何分類が幾らというのは覚えておりませんけれども、報告があったように記憶しております。

数値的な結果についても、報告を受けたという記憶ですか。

はい、概数を聞いたんじゃないかと思います。

先般、直接、証人とお会いして、お話を聞く機会があったと思いますが、その際には、今の点についてどういうふうにお答えになりましたか。今の点についてお尋ねしたことがありますよね。

　　我々にそういう報告があったかどうかというお尋ねがあったかどうか、ちょっと覚えてないんですけれども。

そうですか。

　　先ほどの記録でもお示ししましたように、中間決算の説明を聞いているんですね。あの記録は後から見付かったものですから、それで、もう1回、記憶をたどり直してみたんですけれども、確かにそのときトライアルの数字を、最後の確定数字かどうかというのは、もう忘れたんですが、それを基にして、例えば、中間決算を幾らにし、年度の償却総額を、当時、確かもう5000億というふうな数字があったと思うんですけれども、それを予定しているというふうな話を、多分、総合企画部からだったと思いますが、聞いたことを思い出しました。

それから、自己査定本番、つまり平成9年12月時点の自己査定の基準と、それからトライアルのときの基準というのは、同じであるのか、違う点があるのかといったことについては、だれかから説明を受けたことはありましたか。

　　はい。その両方を突き合わせての話ではございませんけれども、大筋は変わっていませんというふうな話でございましたので、最終の原案のチェックまではしておりません。

一部、変更があった点はあるということ自体は聞いていたということですか。

　　はい。だから、細かい点は変更があったかもしれないなという理解はありましたけれども、基本的な考えが変わったというふうには理解しておりません。

具体的にどの点が変わったのかということについては、証人のほうでは聞き直されるとかそういうことはされていないということですか。

　　はい、それはやっておりません。

（甲）証拠番号32（供述調書）添付の資料⑲を示す

「回議用紙」と題する書面で、件名として「自己査定運用規則ならびに細則制定の件」と記載のある資料ですが、今示している資料を最初から最後までざっと目を通していただけますか。今示している資料については、証人はだれかから見せられたり、説明を受けたことはありましたか。

　　ございません。

今示している資料には、3枚目に「特定関連親密先自己査定運用細則」とありますし、その2枚後に「関連ノンバンクにかかる自己査定運用規則」とありまして、最後のページに「当行関連親密先自己査定フローチャート」というものがありますが、これらすべていずれも御覧になったこともないし、説明を受けたこともないと、こういうことでしょうか。

　　はい。これそのものの説明を受けたこともございませんし、見たこともございません。

これと似たような形式の資料で、自己査定トライアルの段階の資料というものがあるようなんですが、それについては見せられたり、説明を受けたということはありましたか。

　　それ自体はないと思いますが、先ほど申し上げました7月25日の説明会の資料は、あるいはそこから抜粋して作られているかもしれない、これは推測でございます。

では、その平成9年7月の総合企画部からの説明の際に、先ほど示した資料の最後に付いているような、こういったフローチャートのようなものはあったんでしょうか。

記憶ははっきりしませんが、こんなフローチャートはなかったんじゃないかなあと思います。

それから、先ほどの証言では、事業推進部のほうから関連親密先について、今年度、幾らの支援をするのかという説明を受けたということでしたが、今年度の支援額というのは、どういうふうにして具体的に決めていったのかということは、お聞きになっていましたか。

その説明を最終的に聞いたのは、先ほど申し上げましたように3月26日、期末に近いころでございまして、さらに、その後、取締役会で債権放棄の決議が予定されておりましたので、その事前説明があったというふうに理解しておりますけれども、個別の会社についてどんな考え方でという細かい説明まではなかったような気がします。

そうしますと、今期はこういう額で支援をしますという結論だけをお聞きになったということになるんでしょうか。

はい。そこでは、その結論だけでございます。その後、先ほど申し上げましたように取締役会にかかっておりますので、その取締役会の場で、簡単な説明があったと思います。

その取締役会では、今期、この額にしたのは、こういう計算によるんですという説明はあったんでしょうか。

いや、そこまでの細かい説明はなかったと思います。

それから、ちょっと話が戻りますが、平成9年7月の総合企画部からの自己査定基準についての説明の際に、一般先と関連ノンバンクや関連親密先について区別をしてもいいんだという根拠として、全銀協のQ&Aというのがあるんですよという説明を受けたということでしたが、その際の担当者の説明の仕方として、全銀協のQ&Aは、関連ノンバンクや関連親密先について定めているものなんですと、こういった説明の仕方だったんでしょうか。

正確には覚えておりませんが、関連ノンバンクについて、こういうQ&Aが出ていると。それで、考え方は、それだけにとどまらないというふうなことだったように記憶しております。例えば、関連親密先についても、支援の意思がはっきりしていれば、同じような考え方が採れるというふうな説明だったんじゃないかと思います。

弁　護　人（坂井）

先ほど主尋問の最後のところで、証人は、今でも当時の監査意見は変わらないというふうにおっしゃいましたね。

はい。

そういう御意見であることを前提にしてお聞きしたいんですが、他方で、現在、三被告人が故意に償却、引当不足の決算をしたということで、商法違反、証券取引法違反で刑事事件になっていると、こういうことについては、先ほど言ったようなあなたの立場からは、現在、どのようにお考えですか。

その当時、あの償却、引当が違法であって、その結果、違法配当をする意図があったんだというふうに、新聞報道なんかでも報道されていたんですけれども、私にとっては、それはちょっと信じられないというふうな感じの印象でございました。長銀の自己査定の基準に従ってやった償却、引当が違法だったというのを、どこかの監査の過程で感じたかどうかというと、それは感じてなかったと。それで、適法のああいう意見になったわけですけれども、今回、こういう証言の場がございましたので、もう一度、じゃあ、法的にはどういうふうに考えればいいのかなというのを、もう一度整理してちょっと考えてみたんですけれども、償却、引当というのは、当然、その大前提といいますか、その基礎に貸出し債権の評価の問題があるというふうに考えておりますが、その大もとは商法であるとか、あるいは企業会計原則もそうなのかもしれませんけれども、その評価自体についての明確な定めが法律で決まっているわけではないのでございますね。銀行の場合には、商法や企業会計原則だけじゃなくて経理基準という、これは一編の通達でございますけれども、施行規則でも施行令でもない、そういう通達に従って、まあ、この期も含めてでございますけれども、従来、償却、引当が行われてきております。その間には、もう97年(平成９年)7月には廃止になりましたけれども、不良債権の償却証明制度というふうな制度もあって、そういう慣行の中で、銀行の償却、引当がずっと行われてきたと。そして、その中には、当然のことながら文書に書かれたものでないような実質的な償却、引当の基準があったと思うんですけれども、それが、例えば、さっきの大蔵省の３月に示された自己査定通達によって、その実質的な基準がここで一変してしまったというふうには、だれも取らなかったわけでございまして、そういう意味では、実質的な基準は継続しているというふうに考えたわけでございます。そういうふうに考えますと、その実質的な基準というのは、多分、商法の第32条第２項で言っている公正なる会計慣行、これは一般には何か企業会計原則を言うというふうに言われているようですけれども、それ以外にも公正なる会計慣行というのはあり得るので、特に銀行のような規制業種については、実際に先ほど申し上げた通達とか償却証明制度とか検査官の査定だとか、そういうものが混然一体となってできた一つの基準ができていたわけで、これは３月の自己査定通達でも、全銀協のQ&Aでも、全然、実質的には変わってなかったんじゃないかというふうに考えたわけです。ですから、それに従って執行部が自己査定基準を作って、償却、引当をやったというのを後から商法違反だったと言われても、ちょっと私にはなかなか理解できない。形式的には通達の違反ということが、あるいは経理基準違反みたいなのがあったのかもしれませんが、少なくとも法律違反というふうには全然考えなかったということでございます。

あなたとしては、今おっしゃったような意味での債権評価の基準を前提にして、当時、監査意見を下したと、適法な意見を下したということですか。

そこまではっきり今申し上げたような整理をしていたわけではありませんが、銀行員として感じていた、何か大蔵省が関与して、償却、引当をやるという、そういう公的な権力が有権解釈でもって、そういう基準を示しながらやっているという理解でございましたので、突然、それが一編の通達で変わったりするということはあり得ないというふうに考えていたわけでございます。

それを後になって改めて調べてみたら、先ほどおっしゃったような証言になると、こういうことですか。

はい。そういうふうにもう一度理解し直すと、そういうことなので、今改めてまた意見を変える必要はないのかなというふうに、先ほど申し上げたわけでございます。

そういう観点から言うと、当時の執行部に犯意があったとも思えないと、こういう御判断なんですか。

これはもう今それをお調べになる場ですから、よく分かりませんけれども、私の推測ではぎりぎり許されている、その当時の実質の基準に従った自己査定基準を作って、それに従って償却、引当をむしろ積極的にやっていたんじゃないかなというふうに理解しておりますので、そういう犯意があったというのは、ちょっと専門的にはよく分かりませんけれども。

あなたは、長銀の内部調査委員会から事情を聞かれたことはございますか。

それはございません。

一度もないということですね。

はい、一度もございません。

検　察　官(保　坂)

証人は、今回、証言するということが決まった後で、本件に関連する資料を何か御覧になったことはありますか。

弁護人との打合せがございましたので、そのときに全体の裁判の流れといいますか、論点がどういうところにあって、私はどういう立場で証言をするのかということを教えていただくために、双方の冒頭陳述の中身を見せていただきました。

冒頭陳述というものが、どういうものかということは、弁護人から説明を受けましたか。

はい、お互いの主張の論旨をまとめたものだというふうに説明を受けております。

それから、被告人３名は、本件に関連することで民事訴訟を提起されているんですが、証人自身は、今現在はまだ民事訴訟を提起されていないということですね。

そういう訴えは受けておりません。

ただ、将来的にそういう民事訴訟を提起される可能性があるかどうかについては、どういうふうにお考えですか。

それは私が申し上げるのはあれなんでございますが、理論上は、それはあり得るかなというふうにもちろん思いますけれども、今までそういう調査委員会に呼ばれたこともございませんし、現実に訴えを受けてもおりません。

(以上　　岡本　賀奈江)

Ⅳ　公認会計士の証言等

①　中嶋敬雄証人尋問調書（第19回公判）

証人尋問調書（平成13年2月8日第19回公判）

弁　護　人（倉科）

まず証人の御経歴を伺います。私のほうで存じ上げていることを申し上げますと、証人は昭和35年3月に慶応大学を卒業されて、それから、会計士補を経て昭和41年3月に公認会計士に登録されたということでしょうか。

　　はい。

最初は井口公認会計士事務所というところでお勤めになったのですね。

　　そうです。

その後は今の朝日監査法人の代表社員に至るという経歴でよろしいのでしょうか。

　　はい、結構です。

ちなみに朝日監査法人の代表社員になられたのは、いつごろでしょうか。

　　合併をしてきていますから、朝日監査法人になったのはつい最近ですね。ただ、名前が変わっただけで、その前は朝日新和監査法人と言いました。

そうすると、そこの代表社員になられたのは、いつごろのことでしょうか。

　　今から12、3年前だと思いますけれども。

それで、あと、日本公認会計士協会の御経歴でございますが、私どもが分かっておりますのは、平成7年7月に日本公認会計士協会の副会長というふうに伺っておりますが、よろしいでしょうか。

　　はい。

その前には日本公認会計士協会の役員はされたのでしょうか。

　　はい。大分長い間、常任部長をやっていました。

現在も副会長でいらっしゃるのですか。

　　そうです。

それから、あと、経歴の中で伺うこととしましては、日本公認会計士協会の銀行等監査特別委員会という委員会の委員長になられたことがあって、これが平成8年3月のことでしょうか。

　　そうだと思います。

そこで、4号実務指針という、これは俗称ですけれども、正確には銀行等金融機関の資産の自己査定に係る内部統制の検証並びに貸倒償却及び貸倒引当金の監査に関する実務指針というものがありますが、これが日本会計士協会で正式に採用されるための案といいますか、これをお作りになったわけですね。

　　そうです。

（甲）証拠番号156（供述調書）添付の資料1を示す

これは証人の調書に添付されているものなのですが、これが今お話にあった、銀行等監査特別委員会というものを設置するときの日本公認会計士協会が出したステートメントですね。

　　はい。

2枚目の一番左のところに「委員」というふうに書いてありまして、「委員長中嶋敬雄」

と、こういうふうに書いてございますね。

　　はい。

それで、下の「委員」というところに「西川郁生」というお名前がありますが、この方は何か分科会のようなものを担当された方ですか。

　　この委員会は特に分科会とか、そういうものは作らずにやったと思います。

この表の中に「資産査定マニュアル」という四角い作業部会がございますね。これを担当なさった方ですか。

　　いや、ちょっとはっきり……よく分からないです。

それで、証人は、資産査定マニュアル作業部会の作業の会合にもお出になったことはありませんか。

　　ありません。

それから、証人の経歴として、大蔵省の早期是正措置に関する検討会、正確には大蔵省銀行局長の私的諮問委員会の早期是正措置に関する検討会のメンバーだったことはありませんか。

　　そうでした。

(甲) 証拠番号156 (供述調書) 添付の資料3を示す

1枚目の左上の四角の囲みの中に「早期是正措置に関する検討会名簿」とあって、そのメンバーの中に中嶋証人のお名前がありますが、これが証人ですね。

　　はい。

それから、大蔵省の金融機関の決算、経理に関する検討会、通称MOF検討会と言ったかもしれませんが、それに参加されたことはありませんか。

　　それは、ありません。

時期的なことを言いますと、平成8年7月から12月ごろまでの話なのですが、どうだったのでしょうか。

　　当時は早期是正措置を導入するための検討会に属していました。

そうしますと、そういう検討会にはいたけれども、そういう名前かどうかは覚えておられないという意味ですか。

　　いいえ。さっきお話のあった早期是正措置に関する検討会というものもありますね。それのメンバーではありました。しかし、今おっしゃっておられる委員会か何かは分かりませんけれども、それには出席したことはありません。

(甲) 証拠番号157 (供述調書) 添付の資料6を示す

これはほかの方の調書にくっついている資料なのですが、この1枚目のところに「用件」として「金融機関の決算経理に関する検討会 (第8回目) の模様」と書いてございまして、これは多分、大蔵省の中小金融課が書いた記録のようですが、その3枚目を見てください。一番下のところに「(参加メンバー)」というのがございまして、その中の「当局」というところにたくさん人の名前が書いてありまして、その次に「公認会計士協会」、その一番頭に「中嶋副会長」という記載があるものですから、それで伺ったのですが。

　　あんまりはっきりした記憶はないです。ここでは私は具体的な作業には参加していなかったと思います。

それから、先ほどの日本公認会計士協会の銀行等監査特別委員会、その関係で伺いますけれども、その作業の中で銀行等監査問題懇談会というのをやったことがあるようでございますが、それにお出になったことはありますでしょうか。

　　それは私が中心になって運営をしましたので。それは協会の中の機関です。

（甲）証拠番号156（供述調書）添付の資料1を示す

2枚目を見てください。「委員」のメンバーでございますが、その中に「小宮山賢（さとし）」さんとお読みするのでしようか。

いや、ちょっと……。

この方は朝日監査法人の代表社員の方ですよね。

そうです。

（甲）証拠番号156（供述調書）添付の資料3を示す

1枚目の左側に四角で囲まれた中にメンバーが書いてございますが、この中の一番下に「(注)」とありまして、「上記のほか、金融関係者が特別メンバーとして参加。」とございます。この金融関係者というのは、どんな方だったか、覚えておられますか。

全銀協のメンバーの方とかですね。そういう方だったと思います。

例えば全銀協の会長である、当時さくら銀行の方ですかね。順番で出ていたと思うのですけれども、その方が参加されたりしなかったのでしょうか。

一緒に両方で仕事をしていたので、はっきり記憶はないのですけれども、ダブっているのですけれども。

ダブっているとおっしゃいますと。

検討会では、私も、それから、今おっしゃっておられる方もはっきりとお互いが委員だという認識はあるのですけれども、懇談会になりますと、場合によると、オブザーバー的に席を空けて座っていただくということもありましたので、ちょっとはっきりしないのですけれども。

そうしますと、今おっしゃった懇談会というのは、日本公認会計士協会の銀行等監査特別委員会の関係の銀行等監査問題懇談会については御一緒であったかどうかは記憶が定かでないと、こういうことですか。

来ておられたかもしれません。

それで、今御覧いただいている「早期是正措置に関する検討会中間とりまとめ」というやつでございますが、その2枚目の真ん中の段の一番下の行でございます。当局がこれまでの検査（資産査定Ⅰ～Ⅳ分類）における実務を基に、以下のような基本的考え方に基づいて自己査定ガイドラインの原案を作成し、本検討会において検討を行った結果おおむね了解が得られたのでと、こういうふうに文章が続くのですが、そうしますと、「早期是正措置に関する検討会中間とりまとめ」に至るまでの間には、当局というのは多分大蔵省だろうと思うのですが、そこから何かガイドラインの原案のようなものが示されたわけでございますか。

事務局として協力しておられましたから、その作文とか、そういうものは取りあえず第1段階は大蔵省の方が作ると、それを検討して、必要なところは直すという形で作業を進めました。

同じく2枚目の真ん中のところなのでございますが、⑹という記載がございます。「なお、各金融機関が適正な償却・引当の実施を行っていくためには、有税による償却・引当を円滑に進めていく環境整備も必要である。その観点から、有税償却・引当を行った場合の前払税金等の取扱いを定める税効果会計について、今後、検討が行われることが望ましい。」と、こういう言葉があるのでございますが、「税効果会計」というのはこういうふうに書いてあって、何となく分かったような気もしますけれども、およそどのようなものなのでしょうか。

税金の期間配分を均等化するといいますか、ならすという、そういう効果があります。

そうしますと、いわゆる有税償却、あるいは有税引当ですね。つまり税法上は損金として認定されないような償却とか、引当をした場合、それに対して法人税の対象になると、こういう問題ですね。

いや、逆に法人税、つまり税が損金算入を認めないもので、一時債ですね。それをその期にそのまま加算しちゃいますと、その期の税金が増えますね。ところが、その次の期もその次の期も税と会計が一致しているとしますと、そのときにこちらにプールした、そういう税効果会計の数字の固まりをその次の期に配分できると、それによって税金の納付による会計上の偏りが修正されますから、税金がフラットになると。つまり収益が上がったとおりに表現することができるということになっていまして、最近の欧米では当然のこととして行われております。で、実はこれは日本にとっては非常に大きな転機になったわけですね。ここで有税償却しかできないということから、今まで日本の会計基準では受け入れられないと言われていた税効果会計を制度として導入するようになったと、そういう意味合いもあります。

そういう制度は、この中間取りまとめの時点では、まだなかったわけですね。

そうです。

それから、後にお伺いしますけれども、平成10年4月1日という時期がございます。いわゆる自己査定体制の始まりでございますね。その時期にも税効果会計というものはあったのでしょうか。なかったように私は認識しておるのですが。

……ちょっとはっきり覚えていないのですが。

私が調べたところによりますと、企業会計審議会が税効果会計にかかる会計基準というものを示したのが平成10年10月、それから、大蔵省が財務諸表等規則といったものを、この税効果会計に合うように改正したのが1998年(平成10年)12月からと。ですから、平成10年12月から平成11年3月の間と。それから、法務省の計算書類規則の改正が平成10年12月というふうになっているように思うのですが、そんなようなことだったのじゃなかったのでしょうか。

大体そんな感じです。

公認会計士協会の実務指針も、これに関するものが平成10年5月から平成11年1月にかけて幾つか出されたというふうに思いますが、そうだったのではないでしょうか。

そうだと思います。

そうしますと、その税効果会計というものが、ここで言う各金融機関が適正な償却、引当の実施を行っていくための環境整備として必要であると、こういう認識があったわけですね。

そうです。

このことは、どのようなメンバーがそういう御指摘をなさったのでしょうか。

これは前から会計専門家の間では言われていたことです。ですから、だれが言ったのがきっかけになってというのは、なかなか難しいですね。ただ、この中間取りまとめの中で、今おっしゃっておられるようなところの文章が出てくるのは、全銀協の岡田さんと私がそういう強い意見を申し上げた結果、法制審議会のメンバーの方との話合い、行政が話合いをして、それで、今まで駄目だと言われていたものが認められるようになったということだと思います。

今、岡田さんという名前が挙がりましたが、これは全銀協の。

当時、第1委員長でした。

その方は、さくら銀行じゃなかったのですか。

　　まあ、そうです。

それで、この税効果会計というものが実際に実施されることになっていたのは、平成12年4月ということになっていたようですが、銀行については平成11年の3月期決算に、前倒しで実施されたのじゃなかったのでしょうか。

　　だったと思います。

その税効果会計というのは、具体的な形としては法人税調整額と、そんな形をとるのじゃないでしょうか。

　　そういうふうに、決算書の上ではですね。

それが平成11年の3月期決算においては、当時の主要17行で約6兆6500億円くらいに達したのではなかったでしょうか。その数字は御記憶ありませんか。

　　ありません。

でも、大変、大きな数字になったのじゃなかったでしょうか。

　　はっきり記憶がありません。

では、銀行によっては、そのことによって2000億円以上の法人税調整額というものができたと。それによって、もちろん償却、引当というものの余裕ができるわけですが、そういう効果がある銀行もあったというようなことは御記憶にありませんでしょうか。

　　それはあります。

（甲）証拠番号156（供述調書）添付の資料3を示す

3枚目を見てください。一番右側の(2)という文章がお分かりになりますか。そこで「金融機関の不良債権処理等への配慮」と、こういう言葉がありまして、あと、いちいち読むことはしませんけれども、要旨としては例えば金融機関を破綻に追い込むことを目的としたものではないと、導入時において多くの金融機関が達成不可能な基準を設けるべきではないとか、米国においては金融機関の不良債権処理におおむねめどがついたとされる92年(平成4年)末に早期是正措置が導入されたのと比べると、我が国においてはとか、いろいろな記載がありますが、このへんはどの方面のメンバーが御指摘になったことなのでしょうか。

　　いろいろな方がいろいろおっしゃいましたが、それを整理して書き上げたので、まあ、注意深く読んでいただければ、信金に関することは信金の話のところで出てくるというふうに、読めないことはないです。

そういったようなことで、「早期是正措置に関する検討会中間とりまとめ」というのが平成8年12月26日付けでなされているわけですが、この中間取りまとめの後は、早期是正措置に関する検討会としての活動はあったのでしょうか。

　　検討会としては、もうそこでおしまいで、あと、今度は具体的な基準作りといいますか、実務指針作りに移りましたから。

経歴関係は一段落いたしまして、実は証人につきましては、裁判所で既に証拠として採用されております検察官に対する供述調書というものがございまして、それで、私どものほうでそのことについてお伺いするのでございますが、テーマはもちろんそこに書いてあることについてなのですが、聴取した検察官は徳田薫さんという検事さんですが、その検事さんに話を聴取されたということは御記憶ですよね。

　　はい。

調書はできておるのですが、その検事さんに話を聞かれたのは何回くらいあるのですか。

　　たしか2度、お目にかかったと思います。

その二度、お目にかかった中で、中嶋さんが署名した調書を作られたのは何回くらいありましたでしょうか。

　第１回目です。

すると、２回目には調書は作らなかったのですか。

　２回目は書いたものを見せていただいて、特に意見がなければ署名をするようにと言われました。

すると、１回目は署名はしなかったのですか。

　ええ。

１回目は、この調書という書類はお作りになったのですか。署名はしなかったけれども、例えば作られたということはあるかもしれないと思って伺うのですが。

　検事さんのほうで作られたと思います。

１回目に。

　いや、１回目にどこまで作られたかは、私は場所が離れていたから分かりませんけれども。

検事さんのところへ行って、まずお話を聞かれますよね。

　ええ。

あるいは検事さんからいろいろな資料を見せられたりするかもしれない。そんなような手続はありましたね。

　それは、ありました。

その結果を検事さんが調書にまとめられたわけですか。

　そうですね。

その調書にまとめるときには、証人は検事さんがまとめる場にはおられなかったわけですか。

　そうですね。

１回目では、結局、調書に署名したこともないし、それから、そのときに作られたかもしれない、あるいは作りかけだったかもしれない調書を見たことはなかったのですか。

　そうです。

２回目に行かれたときに、出来上がった調書があったわけですか。

　そうです。

そして、それに署名なさったと。

　そうです。

調書の日付は平成11年6月9日になっておりますが、これは検事さんに話を聞かれて、その日は署名しなかったという日とは別の日ですね。そうしますと、署名したのが6月9日ですか。

　さあ、そういうふうに言われても、今は何も、スケジュール表も去年のものは残っていません。

署名した日と、それから、それより前に１回、検事さんのところに行った日との間は、どのくらいありましたでしょうか。

　さあ、１週間、ちょっと切れるくらいじゃないでしょうか。

それで、１回目のときには資料を幾つか見せられて話を聞かれたと、こういうことですか。

　そこはちょっとよく分かりません。覚えていませんね。

１回目に行かれたときは、もちろんその前に連絡があったでしょう。話をお聞きしたいので来ていただけませんかと。

　　はい。

そういうふうに言われて、それはどういうことをお聞きしたいからという連絡だったのですか。

　　……あんまりはっきり覚えていないですね。

行って、その話を聞かれたときから、また更に１週間たって調書に署名ですが、その間、こういう調書について、あるいは検事さんがこういうふうに聞かれたということについて、それはどう答えたらいいだろうかというようなことを、どなたかに相談なさいましたか。

　　全然していません。

それから、検事さんに呼ばれましたよね。

　　（うなずく）

呼ばれたときに、１回目に行く前に、どなたかにどういうことを言ったらいいだろうかということは相談なさいましたか。

　　それはしていません。

そうしますと、特に公認会計士協会の、これは公式見解であると言って調書を作ったとか、そういうものではないですね。

　　もちろん。

そこで、調書に書いてあるお話についてお伺いいたしますけれども、実は調書の中にこういう表現があるので、その意味をお伺いしたいと思いまして、それで、伺っているわけですが、その大蔵省の資産査定通達というものについては、Ⅰ分類ないしⅣ分類という分類区分をするという手法をとっておられる。一方、公認会計士協会の実務指針では、そういうⅠないしⅣ分類という分類区分はないと。それはなぜなのだろうかということの御説明の中で、公認会計士が監査をするについては、会計基準の考え方を含めて、ある程度の判断の幅がありますという表現が出てくるのです。この監査をするについて、会計基準の考え方を含めて、ある程度の判断の幅ということの意味なのですが、これはどういう意味でおっしゃったのでしょうか。

　　１つは重要性の問題ですね。財務諸表を作成する上で、重要性の原則の適用がありますから、結果として、細かいものは、まあ、極端な言い方をすれば、少しくらいゆがんでいても、それは無視していくということになりますね。ただ、誤解していただいちゃ困るのは、でたらめだということではなく、それなりのルールがあって、それに従ってやっているということです。それが一つですね。それから、例えば棚卸資産なんかを評価するときにも、積み上げて計算をしていくわけですけれども、そういうところで内部統制がちゃんと機能しているという認識を我々がすれば、それに応じた、なんていいますか、リスクの評価をして、そして、監査の件数を減らすと、審査の件数を減らすというような、そういうことはしますね。そういうのからいきますと、幅が結果として出てくる、もし仮に２人の人が作ったら若干の差はあるはずだと。だけど、そういう大枠がはめてありますから、そんなに飛び出すことはないだろうというのが常識だと思いますけれども。

（以上　　宮村　麻理）

今おっしゃったのは、私の承知しているところでは、たしか平成３年に監査基準というものを作られましたね。

　　はい。

その監査基準の定めるところに従ってやっている限り、そう大きな違いにはならないと、こういうことですか。

そうですね。監査基準というのは、その前に会計基準があって会計処理がなされているのを監査は見るだけですから、まず作られる財務諸表のほうにそういう幅がある程度できるということでしょうね。

財務諸表というのは、貸借対照表とか損益計算書とか、そういったものでございますね。

ええ。そういうものに大きな重要性はないけれども、若干人が替わればものは変わるといいますか、評価が変わるといいますか、そういう差は出てくると思います。

この場面では、実は、ⅠないしⅣ分類という分類区分をなぜしないのかというところで会計基準の考え方を含めてある程度の判断の幅とおっしゃっておられるもんですから。

それも同じことだと思います。

そうすると、公認会計士によってはⅠないしⅣという分類区分については見解を異にする場合もあると、こういうことですか。

そうですね。

それから、今のお話ですと、会計基準の考え方を含めてという意味が今一つ私には分からないんですが、つまり監査基準でやっているということであれば、会計基準の考え方を含めてというのはどういうものなのか、ちょっと今分かりにくいんで。

検討しているのは財務諸表ですから、監査基準は意見を述べるときに判断をする基準ですから。

そうすると、公認会計士さんは、その会計基準をどう理解するかという一つの考え方を持って監査をしますよね。

はい。

そうすると、公認会計士さんによっては、人によって会計基準について考え方が違う部分もあると。それから、監査のやり方で、その監査基準の範囲でどうやるかということについて、考え方の違いが出る部分もあると、こういうふうに理解してよろしいでしょうか。

そうですね。ただ、それは、そんなに大きなぶれではありません。

4号指針と簡単に言わせていただきますが、実は、この4号指針と、資産査定通達の関係、その関係がどういうことなのかというのが私どもの一つの疑問でありまして、疑問の一つとしては、ⅠないしⅣ分類という分類区分をするかしないかという点の違いがあると。なぜしないかということについては、この先生の調書にそのことが書いてあると、こういうことだったわけですけれども、もう一つ、実は、債務者区分のところで、資産査定通達のほうが4号実務指針よりも少し詳しく書いているような気がするんですが、どうでしょうか。

それはそうだと思います。それは、それなりの理由があるわけです。つまり、さっきのに関係するんですけれども、大蔵省の検査官は、要するに、1つ1つの資産について1つ1つ評価をしていくわけですね。ところが、会計士のほうは、内部統制の状況を検討して、リスクがなければ示唆の範囲をうんと減らします。したがって、そういう中で、もしそれをそのまま集計したら差が出るのは当たり前なんで、そういうことを申し上げたつもりです。やっぱり検査と監査は目的が違いますから。検査は一つ一つの問題であり、監査は全体の財務諸表が投資家とかそういう人たちの判断を誤らせないかどうかで決めてますから。

それで、4号指針なんでございますが、今申し上げたように、割と記載は簡単であるように思うんでございますけれども、そうしますと、実際の適用に当たって、それは一体どういうふうになるのか、これはどう判断すべきなのか、例えば、どっちの債務者区分にするのかだとか、あるいは、償却、引当の必要額の話をどうするかということについては、その適用に当たっての解釈というのはなかなかもう自明だろうと、一義的に明らかであるというのはなかなか言いにくいように思うんですが、それはやっぱりそういう大まかな枠を作るというところに1つの意味があったわけですか。

大まかな枠を作る……のにですか……。

つまり、非常に文言は簡単なんですよね。そうであるとすると、実際の適用の場面ではやっぱり見解の相違というのが出てくるんじゃないかと思うんですよ。

ええ。これは私の個人的な意見ですけれども、実は公認会計士の場合、会計の専門家なわけですね。そこでその程度の文章があれば、十分理解して、そして判断もできるはずだということですね。で、後で改定になっているのは、御覧いただければお分かりのように、ほとんどが追加したもので、入れなくてもいいようなものがほとんどなんですね。それは、何年かたって、3年ぐらいたちましたでしょうか、担当が替わって、次の担当がそういうふうに細かく見直したいということだったので、少し細かくなったと思います。

先ほどの中間取りまとめの中にもありましたが、制度としては従来の考え方とはかなり根本的に考え方を変えるシステムを目指しておられましたよね。

そうですね。

そうすると、従来やったことのないことであるということになりますと、実際に実務でやるということになりますと、どうしてもあるものは少しずれてみたり、あるものは行き過ぎてみたりとかいうようなことも起こり得るということは予想されたんじゃないでしょうか。

それは、ほかの分野といいますか、そういうところはどうか分かりませんけれども、会計の分野はさほど大きな変化はありませんでしたから。どっちかと言ったら運用の面で変化があったんですね。

どういう意味ですか、それは。

例えば、今までは、不良債権の償却証明とか、ああいうものは、もらいに行って検査部長の判をもらってこない限りは償却できなかったと。ところが、自己査定になったために会社のルールで償却ができるようになったと、そういうような差ですね。そういうものの積み上げが言わば4号指針にも影響してると。

どういうところが影響してるんですか。私はすぐに意味が分からなかったんですが、過去の積み上げがございますね。実績というか、今までやってきたこと。

はい。

それが4号指針に影響するというのは、どういう。

4号指針の考え方と違いますから。例えば、今までなら書類を出さなきゃいけないものが出さなくてよくなったり、それから、検査の方法が変わったり、そういういろんな変化がありますよね。それの積み上げを整理してるのが4号指針のようなもの、4号指針はそんなようなものだと言えるんじゃないでしょうか。もちろん新しい方向への道具の一つではありますけれども。

先ほど、4号指針というのは後に改正されたという話が出ましたが、それについて資料を示します。

(弁) 証拠番号129(「銀行等監査特別委員会報告第4号の一部改正について」と題する書面写し)を示す

新旧対照表があるんでございますが、この新旧対照表というのを見ますと、大体傍線を引いたところが変わったというところなんでしょうか。

後から書き込まれたところですね。

そこで、例えば、4号指針の新旧対照表のうち、282ページに⑨というのがあるんですが、この⑨というものに相当するものが旧基準ではあるのかと思って見ているんですが、ここまで書いたものはどうもないように思うんでございますが、⑨は「金融機関等の支援を前提として経営改善計画等が策定されている債務者については、」と、こういうことがあるんですよね。この4号指針では、「金融機関等の支援を前提として経営改善計画等が策定されている債務者については、」というところについて、ここまで詳しく規定はしていなかったように思うんですが。

もちろんこのペーパーの中にはここしかないと思います。

この辺は、約2年の間、実際に運用をやってみて、この辺はこういうふうにきちんと書いたほうがいいと、例えばそういうようなことになって書いたということなんじゃないでしょうか。

それと、会計士のほうも、様子が変わったわけですから、なるべく細かく書いてくれたほうが有り難いというような意見も一部にあったんですね。しかし、この中身を見れば、ほとんど変わらないんですね。一番変わったのは、追加で、資料といいますか、情報がインプットされると。今おっしゃっておられるようなところなんかがそうだろうと思うんですね。

そのほかにも、例えば284ページに「(注2)」というのがありますけれども、これなんかも全く新しく加わった文章のように読めますが、前の4号指針のときは、この辺は、要注意先債権にかかる引当というものそのものがなかったんじゃないかなと、こう思うんでございますが、この辺は、やっぱり実務をしていく中で、この4号指針の適用についてこういうふうにしていこうと、こういうふうに考えてこういうものが書かれるようになってきたと、こういうことじゃないんでしょうか。

まあいろんな意見があってということであることは間違いないです。しかし、どっちかと言えば抜けてたものを補充したということですね。

その抜けてるということで、その補充をどうするかという問題、そっちのほうはもう施行した1年目から問題になりますよね、実際に実務をやる人たちにとっては。

ええ。

そういうことになるわけで、そうだとしますと、施行1年目とか、あるいは改正が行われる前の会計士さんの立場としては、この書かれていないことについてはやっぱり違う見解で処理するということもあり得たんじゃなかったでしょうか。

まあ調べたわけじゃありませんから何とも言えませんけれども、特に苦情があったということは聞いてません。

その次に、大蔵省の資産査定通達というのがあるんでございますが、これは、平成9年3月5日でございます。それで、実はこの資産査定通達というものは、大蔵省が途中で金融監督庁になったせいもあるかもしれませんけれども、最終的には金融監督庁の金融検査マニュアルというところへ収れんしていったということがあったんじゃないでしょうか。

そうです。

そこで、実は、大蔵省の資産査定通達と、金融検査マニュアルというものを私は対比して見てみたわけなんでございますけれども。

（甲）証拠番号156（供述調書）添付の資料４を示す

そこの資産査定通達の債務者区分の部分なんでございますが、左下に「46」と書いてあるところから「47」にかけてでございますけれども、「46」の下から四行目にまず「破綻懸念先とは」という大きな定義があり、そのページの一番下の行に「具体的には」と、こういう文章がありますが、この「具体的には」という文章が４号指針には記載がなかったことですよね。よろしゅうございますか。

（見ながら）はい、分かりました。

その話は、さっき私が伺った４号指針のほうが記載が簡単だと言った意味をもう１回確認しただけのことなんですが、そこで、資産査定通達そのものの話に戻りますと、この破綻懸念先の定義のところの文章と、今度は金融検査マニュアルということで、平成11年４月に公表されたものとの比較なんでございますが。

（弁）証拠番号２（金融検査マニュアル）を示す

この中の49ページを示しますが、「自己査定基準の適切性の検証」という部分ですが、そこを見ますと、破綻懸念先の、これは多分定義だろうと思うんですが、書き方として、従来の文章の「具体的には、」というところの上に「（金融機関等の支援継続中の債務者を含む）」と、こういう表現があるわけです。こういうものが加わりまして、更にその右側にいきますと、「自己査定結果の正確性の検証」という欄では、「金融機関等の支援を前提として経営改善計画等が策定されている債務者については、」という文章がつながると、こういうふうになっているんです。つまり、資産査定通達のときには、支援しているかというような要素については、まあその芽みたいなものはありますけれども、その辺を特にそういった判定上の要素としてきちんと位置づけた状態にはなっていなかったんですが、この金融検査マニュアル。

検　察　官（保坂）

異議あり。きちんと位置づけていたかどうかというのは、それは評価にわたるもので、弁護人が質問の中に織り込むのは不適切だと思います。

弁　護　人（倉科）

この質問としては、私は別に、そんなに誘導とか、そういうことにはならないと思うんですが。つまり、こうではないかということについてお答えを伺うわけなんで。そう思いますが。

裁　判　長

そういう理解でよろしいかという趣旨の質問ですか。

弁　護　人（倉科）

はい。資産査定通達では、金融機関の支援先、そういった要素というものは資産査定通達の中でははっきりと出ていなかったと、そういうふうに思うんですが、そういう評価ではないでしょうか。

それは、同じだからだというふうに考えて書いてないんですね。支援先であろうと、支援は受けてなくても苦しい会社があるとしますね。で、そこに融資をしていると。その場合に差はないはずだと、評価をするときには差がないと、そういう意味です。それを改定したときには、どういう経緯で入ってきたか分かりませんけども、それがここに書き込まれたということだろうと。で、１つだけ申し上げておきますと、今、公認会計士協会の出すいろんな通牒が本みたいにみんな厚くなってきたんですね。それは、グローバル化の影響といいますか、アメリカなんかの基準書というのはものすごく分厚いわけですね。それと同じような形で書き始めてますから、ある意味では段々長くなってると、そういうことが言えると思います。

ただ、なぜそんな記載が必要になったのかなということを考えますと、やっぱり平成10年4月1日から始まる時期においては、その辺の解釈というものについてはいろいろ考え方が分かれるようなものもあったんではないのかなと思いましてそう伺っているんですが、証人のおっしゃるような理解とはまた違う理解で処理をする方もおられたんではなかったでしょうか。

しかし、有価証券報告書をみんな出してますから、そんなに考え方が違うのがあれば問題になるだろうと思うんですけどね。

それで、実は平成10年4月より後に、金融監督庁が、その当時の大銀行、大手ですね、一番最初は19行の時代がありましたが、それに一斉に検査に入ったんですが、そのことは御存じですね。

(うなずく)

で、その検査に入った結果、そういった債務者区分とか、あるいは資産区分について、不適切な例があったと、こういう指摘もあるんですが、そういうことは御存じありませんか。

それは知ってます。

ただ、それは結果としてそういう話であって、もちろんそういう会計監査を担当された公認会計士としては、それは1つのやり方としてそれぞれ処理なさったんではないでしょうか。

それはそうだと思います。ただ、今はそういうことがないように、行政と、日本銀行ですね、監査あるいは検査があったときには、後で必ず公認会計士等の意見の調整をやってるということになってまして、そんなに公認会計士の監査だけが混乱したり問題になったりすることはなかったと思います。

公認会計士の問題もあるかもしれませんけれども、それは私は分かりませんから。だけど、それは、実際にそういった償却、引当の実務をした金融機関、その間にもやっぱり考え方がいろいろあったという事情もあるんじゃないでしょうか。それは分かりませんか。

それはちょっと。

ただ、いずれにしましても、今までにない全く新しい制度ですよね。それは、つまり全然なじんでないことですよね。それをやるということについては、当然やっぱりトライアンドエラーという要素も予想されたんじゃないでしょうか。

ただ、一般的にこういう基準の改正なんかがあったときには、研修会も十分やってますし、そんなに間違いを犯す人ばかりだとは私は思えないです。

もちろんたくさんいるかどうかは別ですけれども。

ええ。

で、この早期是正措置の場合ですと、まず、金融機関が自分で自己査定をしますと。で、そのまま外部監査のチェックを受けますということですけれども、それを受けてまた行政指導もやっていくということであれば、本来は、例えば金融監督庁がそんな全部を一斉に検査するなんてことは本当は必要性はないんじゃないかと、こういう考え方もあり得ると思うんですけれども、やっぱりそれを一番最初の年に一斉にやったということは、そうやって実務の運用のいろんな考え方というものを統一していこうと、こういうことだったんじゃないでしょうか。

ちょっとはっきり分かりませんけども、そういう考え方も一つはあるとは思います。

この中間取りまとめの議論をしていく中で、そういった制度というものの激変だとか、あるいは、時期が少し、本当は、当時の環境的には好ましくないというような、そういった指摘もあると。そういった時期の中でやっていくということになると、やっぱり４号指針なり、あるいは資産査定通達というものをやってもぶれというものは出てくるというようなことは予期しておられたんじゃないでしょうか。

検討会ではほとんどそういう話は出てないですね。といいますのは、あれは骨組みを作ってるようなものですから、ですから、その後で金融庁あるいは金融庁が作ったプロジェクトで自己資産の査定をしたときに、そのマニュアルを作ったときにそういった心配があってより具体的になったということは言えるかもしれません。

それから、実は資産査定通達と４号指針との間でもぴったり一致してない部分があるんですよね。それは御存じですか。例えば、資産査定通達ですと、担保によってカバーされてる分について、評価額と、それから、処分可能見込み額との差額という部分があると。あるいは保証によってその回収の見込みが不確定な部分があると。この辺は、Ⅲ分類というのが実質破綻先の話ですけれど、４号指針はそういうような分け方をしていないということはあったんじゃないですか。

それは、もともと４号指針は債務者区分なんですね。債務者ごとに区分して、そして、そういう棚卸資産も担保資産も、あるいは保証も含めて評価をして、この会社の債務は幾らで、そのうちのどれだけが回収できるかというような見方をしてるわけですね。それに対して、資産査定通達のほうは一つ一つ細かい資産を格付けしてやってると。だから、そこのところは基本的に違うと言えば違うんですね。

しかし、効果としては、Ⅲ分類ということになれば、普通はそれについて全額引当ということにはならないんだろうと思うんですが。

検　察　官（保坂）

異議あり。どうしてそういうことになるんでしょうか。償却、引当については、４号実務指針が定めているんであって、資産査定通達では定めてないはずですが。

弁　護　人（倉科）

では、こう伺いますけれども、資産査定通達で、例えばⅢ分類となるものは、これは大体100パーセント償却という前提だったんでしょうか。

いや。Ⅲ分類はⅢ分類ですから。

そうですよね。やっぱりそれは回収不能の確率というものを考えるんでございましょう。

そうですね。

ということになるもんですから、それで、私は、もちろん実質的にはどうかという議論は別として、要するに文言上の話ですけれども、実質破綻先ということについて、資産査定通達と、それから４号実務指針とはぴったり同じというわけでもないなと思ったんですけれども。

検　察　官（保坂）

異議あり。誤導です。

裁　判　長

そこは、もうさっきから聞かれてるんで。分類が違うということですから。

弁　護　人（倉科）

あと、4号実務指針が出来上がるまでの期間、必ずしも4号実務指針の検討の場で出たかどうかは別ですけれども、実質破綻先の担保でカバーされてない部分について、損害の確実性の程度に応じてⅢ分類とⅣ分類に分けると、そういう考え方が大蔵省サイドから示されたことはありませんか。

あるかもしれません。といいますのは、さっきお話をした区分の問題ですね。

(以上　川村　亜希子)

実は、その4号実務指針とそれから資産査定通達のほかに、全銀協の追加Q&Aというものが平成9年の7月に出てるんですけれども、それは御存じですか。

細かいことは知りません。

それで、その資産査定通達では、関連ノンバンクということについて注目した物の決め方というものが手当てされていたであろうかと、こういう疑問があるわけでございますが、それは、資産査定通達の中ではそういうものは出ていなかったんじゃないでしょうか、どうでしょうか。

ちょっとはっきり記憶にないんですけれども。

その関連ノンバンクQ&Aというものについては、関連ノンバンクに対する貸出金の査定の考え方というものが示されていたということはどうでしょうか。

それは分かりません。

今、これから簡単に省略してQ&Aとこう申しますけれども、そのQ&Aで言っている、そういった関連ノンバンクに対する貸出金査定の考え方という点は、4号指針の中では何か表現してるとか取り入れてるということはあったんでしょうか。

いいえ、それはありませんでした。検討は十分にした上で、子会社等と同じ立場にあるんだから同じように扱えばいい、同じように評価すればいいということになりました。

その、いわゆる支援とか、あるいはその母体行責任を負う意思と、例えば、そういった要素を考えて、その債務者区分で資産査定をするという考え方というのは、4号指針とは矛盾するものでしょうか。

要するに、4号指針は、例えば、損の引当をするとか、そういうふうなことで考えてるわけじゃないですね。貸倒引当のところとか償却のところは別ですけれども。

その貸倒れの償却とか引当に関係する部分で、その支援先かどうかとか、それについて母体行責任を負う意思があるかどうかということを考えるというのは、4号指針の考え方とはどうでしょうか、整合するんでしょうか。

整合すると思いますね。ただ、書いてないかどうかと言われれば、書いてないということです。

それから、そのQ&Aというものの位置づけなんでございますけれども、これは、実務指針のような、いわゆる指針としての位置づけというものはされるものなんでしょうか。

その辺になると、正直言って、あいまいなところがあるんですね。

で、同じように関連ノンバンクの問題を扱ったものとしまして、実は、大蔵省の事務連絡として、いわゆる関連ノンバンク事務連絡というものがあるんですが、それは御存じですか。

はい。

それをお知りになったのは、いつごろのことでございますか。

　　すいません、よく覚えてません。
（甲）証拠番号153（供述調書）添付の資料3を示す
この正確な名称は「金融機関等の関連ノンバンクに対する貸出金の査定の考え方について」という文書でございまして、これは、平成9年4月21日に出されているわけでございますが、こういったものが出されたと、あるいは存在するということをお知りになったのが、先ほどお伺いしました平成11年に検事さんのところでお話を聞かれるよりも前か後かということはどうでしょうか。
　　後だと思います。
その検事さんからお話を聞かれたときに、「金融機関等の関連ノンバンクに対する貸出金の査定の考え方について」というものは、見せてもらったことはないんですか。
　　すいません、もう一度お願いします。
徳田検事さんにお会いして、話を聞かれたでしょう。
　　はい。
それから、2回目には署名までされたと、その間に、この「金融機関等の関連ノンバンクに対する貸出金の査定の考え方について」というこの大蔵省の事務連絡を見せてもらった、あるいは見せられたというふうに、まあ、少し乱暴な表現をすればそうなりますけれども、ということはありませんでしたか。
　　と思います。
ありました。
　　ありませんでした。
じゃ、先ほどお伺いしました全銀協の関連ノンバンクQ&A、これを徳田検事さんのところへ行かれるときには、事前に御存じでしたか。
　　どれかがはっきりしませんけれども。と言いますのは、これは大蔵省の通達ですよね。
はい。
　　大蔵省の通達あり、我が方の通達ありで、これを全部読むだけだって大変なんですね。ですから、少なくともこれについては、読んでいませんでした。
この事務連絡のほうはね。
　　はい。
じゃ、Q&Aはどうだったでしょうか。
　　Q&Aは、ある程度見ました。
Q&Aは、徳田さんのところへ行かれるよりも前から御存じでしたか。
　　ええ、あれは問題になってるということで、私の耳にも協会内で入ってきてますから。
それは、いつごろ耳に入った話でございますか。
　　……3年、間違うといけないんですけれども。
例えば、平成10年の4月の早期是正措置制度が始まりましたよね。
　　はい。
それよりも前ですか。それとも、早期是正措置制度が始まってから後ですか。
　　後だと思います。
平成10年の3月期の決算というものについて、たくさん不良債権の処理がなされたと、大きい銀行、当時としては19行ですかね、で、なされたということはありましたですよね。
　　はい。

それで、平成10年の3月期というのについてそれだけたくさんやったんですけれども、その後、平成11年の3月期もまた、たくさん処理してるという事実は御存じですか。

はい。

その平成10年で公的資金まで入れてやったんでしょうけれども、実際やったんですが、平成10年にたくさんやったにもかかわらず、また平成11年の3月期に処理額が9兆円以上に達してるということがあるんですが、そういったことも覚えていらっしゃいますか。

はい。

平成10年で3月期の決算、自己査定制度の下でやったにもかかわらず、どうしてそんなにたくさん出たのかと、その11年3月期の決算という話の中には、もちろん長銀、日債銀はもう入ってません、どうしてそんなに出たのかなということなんですけれども、その辺についての御理解はどういう御理解ですか。

やっぱりある期の期末に担保評価して、そして損失を算出しますね。ところが、今の経済の状況からいくと、もう半年たったらまた土地でも何でも目減りしちゃうんですね。また引き当てなければいけない。それの繰り返しだと思います。

この11年の3月期では、不良債権の取扱いについて基準が変更になるというようなことはなかったんですか。

基準は、変わらないんじゃなかったですか。

そうですか。従来だったら不良債権として計上しなくてもよかったものが、やっぱり計上しなければならないようになってきたというようなことはないんですか。

そういう傾向はありますね。

11年の3月には。

だんだん10年、11年、12年と行くにつれて、今おっしゃるように、これでもかという感じですから、はっきり廃止しようという方向であることは間違いないですね。

弁 護 人（横 田）

私からは、話、少し変わりまして、会計制度と税務の関係について少し先生にお伺いしたいと思います。早期是正措置の導入の前においてなんですが、金融機関の会計処理において税法基準が、事実上ですけれども、大きな影響を与えていたということは言えませんか。

言えます。

（甲）証拠番号155（供述調書）添付の資料6を示す

標題が「『普通銀行の業務運営に関する基本事項等について』通達の一部改正について」、いわゆる第5の1の部分が決算経理基準と呼ばれているものの一部改正についての通達なんですが、これは抜粋なんですけれども、1枚めくっていただきますと、これが新旧対照表の形になっておりますね。もう1枚めくっていただきますと、102と書いてある丁なんですが、第5経理関係、1決算経理基準と書いてございます。まず前提として、いわゆる平成10年に廃止される前の決算経理基準というものは、銀行が準拠すべき会計処理の重要な準則であるということは間違いありませんですね。

はい。

それでは、その今見ていただいてるところの左側の現行という欄の、(3)のイというところを御覧ください。「貸出金の償却」という題名になっておりますが、この部分のなおというところで、「なお、有税償却する貸出金については」というような記載がございますね。

　　ええ。
それから、もう１枚めくってください。同じく左側、現行の欄の(4)のイ、それで(ロ)の部分、ここを読みますと、「債権償却特別勘定への繰入れは、税法基準のほか、有税による繰入れができるものとする。」と、こう書いてありますね。
　　(うなずく)
こういうのを読みますと、これは、当時の決算経理基準というものが貸出金の償却とか、債権償却特別勘定の繰入れについて、税法の基準を意識していたというふうに理解してよろしいですね。
　　一応、いいと思います。
ところで、早期是正措置導入以前について先ほども少し話は出ましたが、不良債権償却証明制度という制度がございましたですね。
はい。
これは、簡単に言うと、どのような制度であったんですか。
　　要するに、損金算入できる引当金だということですね。
どなたが認めてくれるというか。
　　これは、大蔵省の大臣官房の、たしか検査部長の判が必要だと思います。
最終的に検査部長の判こによって。
　　だというふうに覚えています。
そういう金額について、原則としては税務の当局も尊重する、要するに、無税扱いとするという取扱いであったということでよろしいですか。
　　はい。
金融機関の不良債権の償却については、なぜこのような取扱いが認められていたと考えればよろしいのですか。
　　それは別記事業で、常に行政の監督下にあるということですね。監視下にあると言ったらいいのかな。
そういうような行政の監視下にあるというのは、金融機関に特殊な事情であったと、こういうことですか。
　　そうですね。
それで、最終的に、その検査の部長さんとおっしゃいましたかね。
　　はい。
その部長が決裁をするというような形になるということですが、そういう趣旨というのは何か理由があるんですか。
　　それは恐らく、これは想像ですけれども、検査をして償却の金額を決めるわけですから、それについて償却をすべきですよということもありますから、それで判が要ると。
要するに、その大蔵省が判断するのが一番適当であるというような、そういう理解でよろしいですか。大蔵省のというか、検査部長のラインが。
　　行政の組織ですから、いかようにもできるでしょうから、そこは何とも申し上げられません。
先ほどの甲155号証の資料6、先ほどの102と書いてあるページの(3)のイ、「貸出金の償却」のところですが、そのなお書き、「有税償却する貸出金については、その内容をあらかじめ当局に提出するものとする。」と、こういう記載がありますが、これは、金融機関が有税償却する貸出金の内容を自ら判断して当局に提出すべしと、こういう趣旨の規定でよろしいですか。

「提出するものとする。」をどう読むかの問題があるんですが、有税償却する貸出金というのがあるんですね。ですから、それは落とさなければいけないので、それについては届出をするということになっておる。だから、また逆に言えば、金融検査部長のほうから積極的に償却をしろと言われたものだけしかやらないというふうにはなってないはずなんです。

金融機関の自主的な判断で当局に出すと。

大きな貸倒れがあったりしたときは当局へ、そういう形で出してます。

その金融機関の判断の話なんですが、判断と言ってもおのずから限界というか、裁量には幅がありますですよね。

(うなずく)

それは、償却不足だけじゃなくて、過大償却の場合も限界はあるということですよね。

(うなずく)

この不良債権償却証明制度という制度は、いつ廃止されたんですか。

平成9年ぐらいじゃないですか、正確には……。

平成9年の7月ごろだったですか。

そんな感じだったですね。

この制度が廃止された理由というのは、どのようなものなんでしょうか。

これは、さっきちょっと話題になった税効果会計が認められるようになったので、そういう調整が要らなくなったわけですね。

税効果会計というのは、導入されたのはいつからになりますか。

導入されたのは、さっきお答えしたんですけれども、さっきの答えと同じです。はっきり記憶がないので。

正式には、平成12年度からの導入ということではなかったですか。

正式にはそう、そんなものでしょうね。

そうすると。

前倒しでみんなやった。

前倒しでやったという話がございましたですね。

……。

話、変わりますが、平成10年度に大きな法人税法の改正がありましたですね。

……。

毎年改正があるみたいですけれども。

ええ。

貸倒引当金制度について大きな改正があったんですけれども、御存じでございますか。

ええ。

この貸倒引当金制度について改正の内容というのは、簡単に言うと、どういうことだったんでしょうか。

……貸倒引当金だけでそんなに……大きな改正はないですね。

法人税法自体はすごく大きな改正があったけれども、貸倒引当金については、じゃ、大きなという言葉はともかくとしまして、改正がありましたですが、例えば、貸倒引当金の繰入限度額の計算方法に変更があったとか、そういうことがございましたね。

そうですね。

それから、法定繰入率が廃止になったとか、あるいは債権償却特別勘定の取扱いが少し変わったということもございましたね。

はい。

一番最後に申し上げたこの債権償却特別勘定の取扱いというのは、それまでとどこが変わったんでしょうか。

　　それまでは、要するに、形式基準だと半分まででしたね。そういう形式基準が、たしかなくなったんじゃないかと。

実質。

　　(うなずく)

平成 10 年度の改正前は、この債権償却特別勘定の取扱いは何か法律上で決められていたものなんですか。

　　税法の法規の中に、確かに入ってたと思います。

通達ということではなかったですか。

　　通達ではなかったと思います。引当金の場合はですね。税法の場合は、あれはもともと引当金を引当金と考えてないんですね。つまりそういう引当金を外したものが、税の会計そのものだという考え方ですから。

私の理解だと、今申し上げた債権償却特別勘定というのは、今まで通達であったのが法人税法の施行令に格上げになったという理解をしておったんですけれども、それは間違えた理解ということですか。

　　いや、格上げになったのは、そのとおりなんじゃないですか。

それで、今申し上げた法人税法の改正なんですが、これは平成 10 年 3 月 31 日に公布されてるんですが、この附則で平成 10 年 4 月 1 日から施行されているということなので、そうすると、平成 10 年 3 月末の決算については、この平成 10 年度改正による法人税法自体の適用はないと考えてよろしいんですか。

　　いや、それは経過措置を見ないと。

経過措置を見ないと分からない。

　　はい。

先ほど、税効果会計ということを少しお聞きしておりましたけれども、金融機関において、そうすると、平成 11 年の 3 月期に前倒しに適用になったということでよろしいですか。

　　9 月末に、たしか対象になってたんじゃないですか。

平成 10 年の 9 月の中間決算も対象になっていたと。

　　はい、そうですね。

これは、何か法律だか通達だかの根拠みたいなものはあるんですか。

　　もちろんあると思います。

詳しくはということですか。

　　詳しくは分かりません。

この制度の導入自体は、平成 12 年の 4 月以降の決算から連結及び単独決算ともに導入されたというふうに理解しておるんですが、例えば、金融機関について、平成 10 年 9 月とか平成 11 年 3 月期に前倒しの適用が認められたという理由は、どういうところにあるんでしょうか。

　　それは、不良債権をなるべく早く処理をさせたいということだと思います。

しかも、その税負担が増えることによって収益が悪化することのないようにというような、そういう要望みたいなものがあったということですか。

　　どうか私にはちょっと分かりません。

その前倒しに導入されてたというのは、これは金融機関だけなんですか。

　　やればやってもいいんじゃないですか。

実際にやったかどうかというのは、御存じありませんか。

　やってるところはあると思いますね。

例えば、ゼネコンなんかでは、導入されているということはありませんか。

　ちょっとよく分かりませんけれども、上のほうはやってるんじゃないですか。

このような税効果会計が導入されたということは、早期是正措置が導入されて、不良債権の償却がそれまでと違って、税務上の要件いかんにかかわりなく、必要性が発生したら直ちに実施だという、そういうことが背景にあるというふうに理解してよろしいですか。

　御理解いただけるかどうか分かりませんけれども、要するに、税効果会計というのは、さっきもお話ししたように、税をフラットにするのが目的ですから、もともとフラットならそういうことをする必要ないんですけれども、まあ、決算書を御覧になるとお分かりのように、毎期毎期凸凹ですよね。そうすると、ちょうどその税金を払わなければならないときに、それ以外の引当の出っ張りが出てきたりなんかして、つまり損益がものすごく増えるわけですね。そこを調整しようというのが税効果会計ですから、完全なフラットにはならんでしょうけれども、何期かを並べてみれば、ある程度フラットになると。で、次もまたある程度フラットになると、そういう目的で導入したものですから。

先生のお話、今の税効果会計の話とか、あるいはその不良債権償却制度もそうなのかもしれないんですが、私がお伺いしたテーマとして、会計制度と税務の関係ということなんですけれども、もちろん分けて考える考え方もあるとは思うんですが、非常にこう、特に税効果会計の話なんていうのをお伺いすると、その2つを結び付けて考えるというような、どっちが正しいとかどっちが間違ってるということじゃなくて、会計制度と税務というのは非常に密接に結び付いてるんだなという考え方もあるのかなという気がするんですが、その辺りはいかがでしょうか。

　それは、ちょうどその逆を目指してまして、つまり税法基準の背景から、いわゆる普通の会計の基準の会計へ我々は移行したいわけですね。その努力をこのところずっとやってきてるわけです。で、さっきお話しした税効果会計もその中の1つですね。

税効果会計というのは、先生のおっしゃった、今、分かれていくというのに対して、逆にその結び付けて考えるような方向じゃないかなと私は思うんですが、そういう理解ではいけないんですか。

　いや、結び付けて考えるんですけれども、それは、結果として税効果会計が後から入ってきたような形になってるんだと思いますね。だから、税効果会計を、もしやらなければ、毎期100億、次の期は120億とか、そういうような数字が動いてということですね。

ですから、その会計の中に税の物の考え方を少し入れてるのかなと。

　ですから、税のほうは排除した。

(以　上　　木村　政江)

弁　護　人(長)

商法32条2項で、商業帳簿の作成に関する規定の解釈については公正なる会計慣行を斟酌すべしとの規定がございますよね。

　はい。

先生の検察官に対する供述調書の5丁の裏面の6行目あたりから、4号実務指針は商法32条２項にいう公正なる会計慣行であり、商業帳簿の作成に関する規定の解釈をする上で斟酌されるべき規範であると考えられますというふうにおっしゃっていますが、これはこのとおりでいいのでしょうか。

私は、そう思っています。

してみると、この公正なる会計慣行に４号実務指針が当たるというお考えですけれども、そこで素人として素朴な疑問を先生に投げかけますが、ここには公正なる会計慣行とあるのですよ。慣行というのが、ある程度実施され、トライアンドエラーなどが行われながら、この点についてはもうだれもがこのように解釈すべきなのであるというようなことが固まって、普通、慣行が出来上がるのではないかと思うのですけれども、発表した途端に慣行になるということになるのでしょうか。

おっしゃることもよく分かりますけれども、要するに時がたつというのも一つですね。その間に取引が行われて、それがだんだん積み重なって。しかし、法の改正なんかをしたときは、平べったく、ばあっと広がるわけですから、皆がそれを知り、皆が守ろうとすれば、それもまた慣行になるのじゃないかと私は考えておりますけれども。

法の定立の話を先生は今されましたが、ちょっとすれ違っているような気がするのですよ。４号実務指針は立法機関が制定したものではございませんから、飽くまでも公正なる会計慣行に当たるから規範たり得るという順序をとると思うので、私が聞いているの慣行というものにストレートに、平成９年に発表がなされた段階で、この会計慣行というものになるのですか。法律は、別に慣行じゃなくても、実施のときからばっと広がりますから。そうではなくて、この４号実務指針、これがなぜ会計慣行に当たると言えるのかというのを素朴に伺っているのですけれども。

そのお答えは証取法の中の財務諸表規則の第１条の２、第１条の３ですか、そこで手当てがされていて、最初から規範だということになっていますけれども。

どういう手当てなのでしょうか。具体的に言っていただけますか。

要するにこれは一般に公正だと、会計処理基準とみなすと。

確かに財務諸表規則なんかにも一般に公正妥当な会計基準から出てきますけれども、それと公正なる会計慣行というのは同義であるということですか。

そうですね。

慣行というのは意味がないのですか。

意味はあるのじゃないですか。

日常用語例で言うと、やはり実施され、長く皆に支持され、多義的な解釈が許されないような状態になったときに慣行になるのではないかというふうに。

検　察　官（保坂）

異議があります。その点については既に答えが出ていると思います。

裁　判　長

あとは考え方の問題ですから。

弁　護　人（長）

それでは、ここに当たると、規範なんだということを前提に伺います。

（弁）証拠番号129（「銀行等監査特別委員会報告第４号の一部改正について」と題する書面写し）を示す

「282」と記載のあるページを見てください。先生は先ほど倉科弁護人の質問に対して、４号実務指針というのは抽象的ではないかと、規定されていない部分もあるのではないかという質問に対して、いえ、これは専門家、会計の専門家が見れば、だれしもが分かるのだというふうにお答えになりましたね。平成11年に4号実務指針が改正になった際の事項は追加であると、補充的なことを追加したまでだと。御証言の文脈では、追加されなくても専門家が見れば分かるのだという内容ではございませんでしたか。

　そのようにお答えしたと思います。

上から2番目、⑨を見てください。ちょっと読んでみますが、「金融機関等の支援を前提として経営改善計画等が策定されている債務者については、再建計画の実現可能性、その進捗状況及び今後の当該債務者の財政状態の回復の見込等を総合的に判断して、自己査定が行われていることを確かめる。再建計画の実現可能性を判断するに当たっては、当該計画が5年程度の期間を目処に策定されており、かつ計画終了時には実質債務超過が解消されることが予定されていることが必要となる。」と書いてあるのですけれども、これは規定されていなくても、専門家である公認会計士には自明の理なのでしょうか。

　自明の理という意味がちょっと……。

これは専門家であれば、補充的に追加しなくても、それは分かるんだというふうな御証言があったので伺っているのですが、例えばその再建計画が5年程度の期間というふうに、これには書かれていますけれども、専門家である公認会計士は再建計画が5年程度の期間というのが、これはもう公正妥当なんだというふうに一般的に考えられていたのですか。

　まあ、一般的にそういう意見が多いので、ここにこういう形で書き込まれているということです。

それまでは、この5年程度以外の意見をお持ちになっていた会計士さんもいらっしゃったのではないですか。

　それは、いたと思います。

ということは、専門家であっても、やはりこの再建計画年数について一義的に定まるものではなかったのですね。それを確定させるために4号実務指針は平成11年に改正されたのではないですか。

　よく分かりません。

検　察　官(保坂)

異議があります。誤導だと思います。新しい実務指針においても5年程度ということであって、5年というふうに限定しているわけではありません。

裁　判　長

要は多少の幅があって5年程度だということであったらどうでしょうかということです。

　これは5年とか、6年とか、7年とか、大体意見があるのですけれども、日本国内においても専門家の人たちの意見を聞けば、大体長くて7年くらい、それから、海外の書物なんかも大体7年くらいが多いのですね。ですから、そういう中から選び出して皆で議論した結果、こんなものかという、そういった意味では、おっしゃるようにこんなものかと、7年程度かな、5年程度かなと、そういう話はあり得ると思います。

弁　護　人(長)

取りあえず5年程度にしようということで確定させたということになりましょうか。

　はい。

ところで、先生が規範とおっしゃる4号実務指針は、だれあてのものですか。

これは一義的には会員、公認会計士ですね。

規範たり得るためには、その適用の対象となる、例えば銀行などの金融機関にもきちんと、多義的に取れず、分かるような状態でなければいけないのではないですか。

そこのところは、ちゃんと手当てができています。

どういう手当てですか。

例えば確定する前に、協会の理事会にかけて確定するわけですけれども、その前に行政、学者、証券取引所、アナリスト協会、経済界と、全部集まっていただくか、こっちが回って説明するかして、了解を取ってやっております。

そういう経緯はあるにしても、多義的に取れる、あるいは規定されていない部分については、専門家でない限り、一義的にこの程度とか、これはこうするんだということが分からない場合がありますよね。

それはあると思います。

先生は 4 号実務指針については専門家であれば分かるんだと言っていますから、専門家でない人は一義的には分からないというのが裏返しになると思いますが、どうでしょうか。

まあ、でも、多くの経営者は分からないとは言ってきていませんから、分かるのじゃないでしょうか。

それから、規定されていない部分、あるいは多義的に理解できる文言について、専門家であれば一義的に分かるんだというのは、公認会計士の中では常識なのでしょうか。

そういうアンケートを取ったことはないので分かりませんけれども。

例えば法律家、法曹の間では規定されていない部分、あるいは多義的に取れる部分については、一義的にはならなくて逆に多義的になるのですよ、専門家のほうが。公認会計士には、そういうところはございませんか。

それは基準ができればですね。基準に従っていれば楽だということで、基準に収れんするとは思いますけれども、意見。

ということは、規定がなかった部分については規定され、明確になれば、そこに収れんされていくということでしょうか。

まあ、そうだと思います。

（甲）証拠番号 156（供述調書）添付の資料 5 を示す

2 枚目を見てください。企業会計原則注解の「〔注 18〕」というところですが、これは引当金について規定されているところですけれども、その一段落に「将来の特定の費用又は損失であって、その発生が当期以前の事象に起因し、発生の可能性が高く、かつ、その金額を合理的に見積ることができる場合には、当期の負担に属する金額を当期の費用又は損失として引当金に繰入れ、当該引当金の残高を貸借対照表の負債の部又は資産の部に記載するものとする。」というふうに規定されていますけれども、その引当の要件ということで、先生の検察官に対する供述調書についても、四つの要件ということで、それについての説明がなされていますが、私が伺いたいのは、その要件の後、「場合には」の後に続く「当期の負担に属する金額を」という部分なのですけれども、この「〔注 18〕」には、そのような要件を満たした場合には、「当期の負担に属する金額を」うんぬんと書いてあるのですよ。それを裏返しに言うと、当期の負担に属さない金額というものもあると、これはそういう意味ですか。

……ちょっと待ってください。

四つの要件があるのだと。一つが将来の特定の費用又は損失であると。二つ目がその発生が当期以前の事象に起因していること。三つ目がその発生の可能性が高いこと。

四つ目がその金額を合理的に見積もることができることという要件、これを満たす場合には、貸倒引当金の計上が必要なんだということですよね、この規定は。ただ、その要件の次に続く、その要件に記載されているのが、「場合には」までなのですが、「当期の負担に属する金額を」と書いてあるのですよ。これはどういう意味なのでしょうか。

　それは会計というのは期間計算をするわけですね。ですから、損失が発生したときに、どの期間の損失なのかということを検討しなきゃいかんわけですね。その結果、当期の損失又は費用だという部分も確定して、それを資産に計上すると、費用にも計上すると。

それは自動的に当期の負担に属する金額というのが出てくるのですか。

　その前に全体の金額がありますよね、合理的に見積もれる。それが合理的に見積もれれば、いつからいつまでかというのは、はっきりしますから、当然計上して、それをその期で支払っていくということになるのじゃないでしょうか。

では、当期の負担すべき金額というものがここに書かれている以上、翌期以降に負担すべき金額を計上してもよろしいのだというふうに読んでいいわけですか、これは。

　いや、決まっていれば計上すべきだと思いますね。

では、何でここに書かれてあるのですか。「当期の負担に属する金額を」と、あえて入れているのですか。

　いや、ですから、引当金の場合はまだ具体的に金額等が固まっていないから、それと期間損益を、会計が損益を算出する道具として使っているから、そういう形で表現しているのだと思うのですが。

ちょっといいですか。これは引当を計上する場合の要件で、金額を合理的に見積もることができることということがまず要件になっているのですよ。

　そうですね。

そうなっていれば、自動的に当期だというのはよく分からないのですけれども。合理的に更に見積もることができる場合に「当期の負担に属する金額を」と書いてあるわけですから。

　合理的な金額が計算できなければ当期の負担の金額の計算はできませんね。

これは既に要件に書いてあるのですよ。「その金額を合理的に見積もることができる場合には」と。だから、できていることを前提にして更に言っているのですよ、「当期の負担に属する金額を」と。そうすると、文理的に見ると、当期の負担に属さない金額もあるのだとしか読めないのですよ。合理的に見積もることができた場合でも。そうではないですかという質問なのですけれども。

　そんなことは規定していないと思います。

そうすると、「当期の負担に属する金額を」というのを、あえて規定する必要はないですね。

　ええ。

これは、取調べのときに検事に質問されませんでしたか。

　されていません。

先生の調書には、それについての説明が全くないのです。当たり前のことですという一文もないのですけれども。そこに検事は疑問を持ちませんでしたか。

　……。

弁　護　人（更田）

長銀の場合、平成8年度の決算期には、重要な会計方針として、銀行業の決算経理基準に基づきというふうに書いてあるわけですね。そして、平成9年度の決算については同じく銀行業の決算経理基準に基づき、あらかじめ制定した償却、引当基準にのっとり、今日問題になっている4号実務指針に規定する債権に相当する債権ごとに貸倒引当金を計上していると、こういう注記が重要な会計方針として書かれているのでお尋ねいたしますが、この早期是正措置の導入に伴って、平成9年1月に改正され、平成10年には開始された銀行局の示している決算経理基準、銀行業の決算経理基準、これは先生の今言われる公正なる会計慣行に合致していたのでしょうか。

　　していたと思います。

証人の御存じの範囲で、大蔵省が銀行の会計処理について示した通達、あるいは指導のうち、公正な会計慣行に反するとして公認会計士協会で問題として取り上げたものがありますか。

　　過去にはあると思います。

具体的に御記憶になっているものがありますか。

　　それは3年……4年くらい前でしょうか。例えば会計処理の会計方針を変更してもいいというような通達付きの処理というのはたくさんありましたね。

では、具体的にお尋ねしますが、貸出金の償却又は引当について、大蔵省の示した通達、あるいは指導について、日本公認会計士協会が問題があると言って取り上げたものはありますか。

　　それは、ありません。

平成10年3月期の決算から有価証券について原価法の採用が許されるようになりましたけれども、これについては日本公認会計士協会は公正なる会計慣行との関係で何か意見を表明しておりますか。

　　そこは、ちょっと私、全部掌握していないので分かりません。

日本公認会計士協会の銀行監査特別委員会で、大蔵省の債権償却証明制度の運用について公正な会計慣行との関係で意見を言ったことがありますか。

　　今はもうその委員会に属していませんので、そういう機会はありません。

先生が立ち上げられた、先ほど、倉科弁護人が尋ねた、銀行監査特別委員会以前に昭和50年代にも日本公認会計士協会には銀行監査特別委員会という委員会が設置されていたということは御記憶がありますか。

　　それは、あります。

そのころ、大蔵省の銀行局通達による経理基準について、その委員会が妥当性を検討したということは御存じですか。

　　知っています。

昭和49年に商法32条等の改正があって、そして、多分それを受けてのことだと思うのですけれども、昭和51年に銀行局の通達による統一経理基準に基づく会計処理は商法32条2項に言う、公正な会計慣行に合致しているものとして取り扱うという趣旨の答申書をその委員会が取りまとめたことは、先生は御記憶ありますか。

　　はっきり認識していないのですけれども。

昭和51年に銀行局の通達による統一経理基準に基づく会計処理は、商法32条2項に言う、公正な会計慣行に合致しているものとして取り扱うという趣旨の答申書を銀行監査特別委員会が取りまとめたということについて、先生は御存じ、あるいは御記憶ですか。

　　それは知っています。

その後、その答申書の意見を日本公認会計士協会が見直したということは、この4号実務指針までは少なくともないのではないですか。

そうですね。

ありませんね。

はい。

弁　護　人（那須）

（甲）証拠番号156（供述調書）添付の資料3を示す

2枚目を見てください。「3. 資産の自己査定について」という箇所がございます。それの(2)、「資産の自己査定は、各金融機関が有する資産を個別に検討・分析して、回収の危険性または価値の毀損の危険性の度合に従って分類区分することであり」とありますが、これが自己査定の定義であると理解してよろしいのでしょうか。

そうですね。

したがって、この分類区分というのがⅠ分類からⅣ分類ということで、その後ろのほうに書いてございますね。

そうです。

次に1枚目を見て下さい。「2. 適正な財務諸表作成に当たっての償却・引当のあり方について」というのがありますね。

はい。

そうすると、この中間取りまとめは当然のことながら、その償却、引当のあり方というのと、自己査定のあり方というのを区別して取りまとめをされたと、こういう理解でよろしいですか。

そうですね。

この償却、引当のほうでは分類という言葉は一切使われていないのですけれども、直接、正常先債権だとか、要注意先債権だとか、破綻懸念先債権だとか、実質破綻先債権だとか、破綻先債権だとか、こういうようなところから償却をする必要があるのではないかというようなことを導き出しております。これはこれでよろしいですね。

はい。

（甲）証拠番号156（供述調書）添付の資料2を示す

4号実務指針の5枚目を見てください。同じように「貸倒償却及び貸倒引当金の計上に関する監査上の取扱い」ということで①から⑤まで書いてありますが、ここにも分類のことは一切触れられておりませんね。

はい。

これは先生が今の時点でお考えになっても、これで正しいのですね。

正しいと思います。

もう一つ伺いたいのですが、商法285条の4でしたか、回収不能の見込みのある債権についての規定でございますが、この規定の下で、銀行、それから、例えば商事会社あるいはゼネコン、こういうような会社すべて、償却、引当が行われているわけですけれども、これは同じ基準で償却、引当が行われるべきであると、こういうふうに理解してよろしいのでしょうか。

そのようなことはどこにも言っていないと思います。それは例えば銀行は銀行の貸倒れの趨勢とか、あるいは条件とか、いろいろあると思いますし、商社は商社であるし、メーカーはメーカーであるということだと思いますけれども。

しかし、規定としては285条の4がそのまま適用されるわけでしょうから、抽象的な意味では。

もちろん同じです。

では、各業態によって引当の率とか何かは具体的に検討しなきゃいけないと、こういうことでしょう。

　そうです。

そこで、この 4 号実務指針というのは銀行だけに適用される指針ですね。

　まあ、銀行だけということではないと思いますけれども。

まあ、金融機関。

　ええ。

それは、それでよろしいのですか。

　結構です。

その結果として、商事会社とか、あるいはゼネコンなどと償却の仕方が違ってくるということはないのですか。

　いや、それは数字は一致するかもしれません、同じ人間が計算すれば。ただ、これはさっきの会計に幅があるというのとも関連するのですけれども。ただ、単に償却の方法だけじゃなくて、どんな率を掛けるかとか、そういうことも一応考えなければならないわけですね、償却率の問題ですね。

4 号実務指針というのは、償却とか、引当の基準だけじゃなくて、それ以外のいろいろなことを書いてございますね。

　ええ、書いてあります。

そういう全体的なこととして、これは当然金融機関に当てはまるのでしょうけれども、要するに償却、引当の基準については、これは他の業態である建設会社であるとか、あるいは商事会社と何ら変わりがないし、変わったことを書いているわけではないと、こういうふうに理解することはできませんか。

　それは、できます。

検　察　官（保坂）

確認になりますが、4 号実務指針は会計監査を行う公認会計士だけではなくて、金融機関自体が準拠しなければならないものということでよろしいですか。

　はい。

言い方を変えますと、単なる監査の基準ではなくて、会計処理基準であると、会計基準であるという言い方はできますか。

　できます。

それから、弁護人の質問の中で、4 号実務指針は資産査定通達よりも幅を持たせてあるというような質問がありましたが、その幅を持たせた 4 号実務指針よりも更に甘い償却、引当の基準を金融機関が定めるということは許されるのでしょうか。

　許されないと思います。

そうした 4 号実務指針よりも更に甘い基準を設定して、本来あるべき償却、引当額との差額が大きくて重要性が認められるというような場合に、その財務諸表に対しては公認会計士はどういった監査意見をつけるのでしょうか。

　監査意見で言えば、限定意見か、余りにも金額が大き過ぎて、財務諸表にその数字を入れると、財務諸表としての効果といいますか、そういうものが発揮できないということになれば、不適正意見になります。

そういった 4 号実務指針よりも更に甘い基準を設定して、不適正意見がつけられるような基準に基づいて償却、引当をしたような場合、それは粉飾決算になるというふうに言えるのでしょうか。

　虚偽記載という言葉で今は監査基準の上では統一されていますけれども、実質的にはいろいろな言い方がありまして、その中の一つにはなると思います。

4号実務指針は、一般先とか、あるいは金融機関の関連会社とか、そういった区別なくすべての貸出し先についての償却、引当に関して適用されるのかということですか。

はい、そのとおりです。

金融機関の関連会社について、4号実務指針の債務者区分と全く対応関係のない債務者区分を定めて、独自に償却、引当の基準を定めるということは4号実務指針の立場から許されるのでしょうか。

違反していると思います。

金融機関の関連会社について、支援先であるという、それだけの理由で関連会社の業況を考慮することなく、償却、引当の要否を判断するということは4号実務指針の立場から許されるのでしょうか。

許されないと思います。

それから、破綻懸念先のⅢ分類というものについては、4号実務指針の立場からしますと、必要額の引当をするということになっていますね。

はい。

その必要額の引当をするというところで必要額はゼロであるというふうに判断するということはあり得るのでしょうか。

それはⅢ分類にならないのじゃないですか。

そもそも、Ⅲ分類にならないと。Ⅲ分類であるということになれば、当然その必要額というのは必ず出てくると、引当しなければいけない部分というのは必ずあるというふうに考えてよろしいのでしょうか。

と思います。

それから、将来、追加の貸出しが予定されている貸出し先について、償却、引当をしたら追加の貸出しができなくなる。その結果として、その貸出し先はつぶれてしまうから、償却、引当をすることはできないのだと、こういう見解についてはどう思いますか。

それは会計としては予想されていない考え方だと思います。

既に引当などがされている会社に対して、追加の与信をすると、貸出しをするということは許されるのでしょうか。

それは経営の判断だと思います。

引当済みの会社であっても、追加の貸出しについて、きちんとしたリスク管理ができていれば貸出しをしても構わないと、こういうふうに考えることはできないのでしょうか。

そういうふうに考えていいと思います。

（以上　　宮村　麻理）

それから、先ほど、弁護人の質問の中で、全銀協が出した関連ノンバンクについてのQ&Aというものがあって、それについてはある程度内容を御存じだということでしたね。

はい。

それと一緒に、弁護人のほうから、平成9年4月21日付けの金融機関等の関連ノンバンクに対する貸出金の査定の考え方についてと、こういう通達も先ほど示されていましたが、今言ったQ&Aとか通達の中では、特に関連ノンバンクについての債務者区分をするといったような記載はないんですが、先ほど来のお話からしますと、4号実務指針の立場では、関連ノンバンクだろうとなかろうと、必ず債務者区分をしなければいけないと、こういうことになるんでしょうか。

はい。

(甲) 証拠番号32（供述調書）添付の資料⑲を示す

今示している資料の1枚目、左下のほうに「135」と手書きで書いてあるページですが、その「〔決裁事由〕」と書いてあるところの2のところで、「当行特定関連親密先について、通常の一般債務者と同様の基準で債務者区分・資産分類を行うことは、当行の経営関与度の高さ等を勘案すれば適当ではない。」と、こういった記載がありますね。

はい。

それから、同じ4のところですが、「『経営支援先』については、当行の支援が必要であり、支援を前提とすれば企業維持に懸念はない。こうした先を通常の債務者区分に当てはめることは適当ではなく、通常の債務者区分は行わず『経営支援先』とする。」と。「また、経営支援先に対する与信は企業維持が前提であるため、資産分類は原則II分類とする。」と、こうありますね。

はい。

それから、5のところで、「当行が経営支援を行っていた先で、支援完了した先については、業況は正常に復しているものの、当行は引き続き特別の注意をもって管理を行っており、従来同様の当行スタンスを継続していることから、当該先の債務者区分は『経営支援実績先』として区分するものとした。資産分類については、原則II分類とする。」と、こうありますね。

はい。

で、その次のページ、6のところの3行目、途中からですが、「当行関連ノンバンクと指定を受けている先で『体力がない』と認定された先については、資産分類について一般先とは異なる査定方法をとることから、通常の債務者区分は行わず、『関連ノンバンク』とする。」と、こういう記載がありますね。

はい。

今読んでいただいたところの経営支援先、経営支援実績先、関連ノンバンクという、こういった債務者区分を設定するということは、4号実務指針との関係で許されるんでしょうか、許されないんでしょうか。

区分を集めたときに合っていれば許されると思いますが。それについてはどこかに書いてあると思うんですが。

どこかに書いてあるというのは、どういう意味でしょうか。例えば、経営支援先とか経営支援実績先。

ええ。そのへんは分けても構わないと。ただし、合算していきますから、その過程でほかへ紛れ込んだりしないように整理してあればいいということが、どの通達か何か今はっきり思い出せないんですけれども、書いてあったと思うんです。

では、例えば、経営支援先であるとか経営支援実績先といった債務者区分が、4号実務指針の債務者区分、正常先とか要注意先とか破綻懸念先とか実質破綻先といった債務者区分ときちんとした対応関係がなかったとしたらどうなりますか。

なければ、それは整備しなければならないことになると思います。まず内部統制の問題です。

対応関係がないような債務者区分というのは4号実務指針からは許されるんでしょうか。

許されません。

(甲) 証拠番号32 (供述調書) 添付の資料⑲を示す

この中の「特定関連親密先自己査定運用細則」、左下に「137」とページが書いてあるところを示しますが、今見ていただいている中で、3として「特定先」とありまして、対象先と書いてあって具体的に会社名が書いてありますね。

はい。

そして、債務者区分については正常先若しくは要注意先とありますね。

はい。

こういったように、自己査定基準、まあその細則の中で、特定の会社について、あらかじめ債務者区分を決めておくと、こういったことは4号実務指針の考え方から許されるんでしょうか。

には反すると思います。

4号実務指針に反しているということは、これは明らかに反していると言ってよろしいでしょうか。最初から特定の会社について債務者区分が決まってるということは明らかにおかしいと言えませんか。

そうですね。

弁　護　人 (倉科)

今おっしゃったことなんですが、債務者区分について、4号指針で掲げられた五つの区分、正常先から始まって破綻先まで五つですよね。

(うなずく)

そういう区分の、これは、例えば、破綻懸念先であるとか、破綻先であるという、そういった表題をつける、区分をすること自体が重要なんですか。そうではなくて、やっぱり適正なる償却、引当の判断をするための、そういった段階に応じた区分をすることが大事なんじゃないんですか。

そうですね。

先ほど、検察官の質問に対し通達か何かでというふうにおっしゃいましたけど、これは、先ほどの金融検査マニュアルなんかには、例えば特定債務者支援引当金という、そういう項目もありますけど、そういうもののことを意識しておっしゃったんじゃありませんか。

まあそれ以外にもあるという認識だったんですけれども。

まあそれ以外にもあるでしょうけれども、例えばの話であればそういうようなこと。

(うなずく)

それから、平成10年度の、先ほども伺いましたけれども、金融機関の一斉検査を金融監督庁が行った、そのときに、例えば、関連会社等について債務者区分をその他としたとか、そういう例があったという指摘があったということは御存じですか。

知りません。

もちろんそれは、長期信用銀行、日本債券信用銀行を除いたところなんですけれど、それは御存じないですか。

はい。

弁　護　人 (那須)

(弁) 証拠番号129 (「銀行等監査特別委員会報告第4号の一部改正について」と題する書面写し」) を示す

この中の284ページの「(注3)」を示しますが、「破綻懸念先債権の回収可能性」というのがありますが、「破綻懸念先債権の回収見込額を検討するに当たっては、債務者の支払能力を総合的に判断する必要がある。」と、そして、いろいろなことが書かれていますね。

（うなずく）

この記述そのものは正しいわけでしょう。

そうです。

そうしますと、単純に清算バランスによってだけ回収可能性の存否を判断するんじゃなくて、いろいろなことを総合的に勘案して判断をしなさいよということをここでは言ってるんではないかと私は理解しているんですが、もし違ってたら違ってると。

そのとおりです。

そこでお尋ねするんですが、銀行は、関連ノンバンクあるいは関連子会社に対して支援をしているとか、しようとしているという、その事実は、総合的判断の要素として取り入れてよろしいでしょうか、いけないでしょうか。

その前に、これは、どっちの側から見ているんですか。要するに、子会社の立場なのか、関連ノンバンクなのか、銀行なのか。

これは、銀行から見て回収可能性を判断しているわけでしょう。違いますか。

（見ながら）要するに、ここは、清算しても、それから継続企業として考えても、いずれにしても、つまり生き延びることができるだけの資産なり環境があるかということを考えなさいと言っているわけですね。

だから、それは当然分かるんですけれども、支援をするということがはっきりしている場合に、その支援の意思と能力というものをこの中に勘案してよろしいか、勘定に入れてよろしいかどうかと。

ああ、能力を持っていれば入れて結構だと思います。

裁　判　長

今のは、債務者に、ここの前段のほうに書いてある、支払能力の、債務者の経営状態だとか、いろいろ書いてありましたよね。

はい。

そういうものを、再建が可能であるという前提であればその支援を勘案してもいいという。

はい、そういうことです。

可能性がなければ、要するにそこはもう駄目だということですか。

ええ、駄目です。

どこかで体力のあるノンバンクとか体力のないノンバンクみたいなことが出てましたけども、体力のないようなところは、もうそれは幾ら支援があっても駄目だということですか。

はい。

（以上　　川村　亜希子）

第20回公判調書（手続）

被告人の氏名⑴　大野木　克信（出頭）
被告人の氏名⑵　須田　正己（出頭）
被告人の氏名⑶　鈴木　克治（出頭）
被告事件名⑴、⑵、⑶証券取引法違反、商法違反
公判をした年月日　平成13年3月2日
公判をした裁判所　東京地方裁判所刑事第一部
裁判長裁判官　大野　市太郎
裁判官　福士　利博
裁判官　石田　寿一
裁判所書記官　村上　剛英
検察官　保坂直樹、東　弘
出頭した弁護人⑴　（主任）那須弘平、倉科直文、横田高人
出頭した弁護人⑵　（主任）國廣　正、五味祐子、坂井　眞
出頭した弁護人⑶　（主任）更田義彦、長　文弘
出頭した証人　秋山　正明

証拠調べ等

証拠等関係カード記載のとおり

指定告知した次回期日

平成13年3月23日午前10時00分（次回期日）
平成13年4月13日午前10時00分（次々回期日）

平成13年3月16日

東京地方裁判所刑事第一部

裁判所書記官　村上　剛英

② 秋山正明証人尋問調書（第 20 回公判）

証人尋問調書（平成 13 年 3 月 2 日第 20 回公判）

弁　護　人（横田）

速記録末尾添付の「略歴書」と題する書面を示す

証人の略歴は、ここに記載してあるとおりでよろしいですか。

　　はい、そのとおりでございます。

この略歴書を見ますと、例えば証人と日本長期信用銀行との関係であるとか、監査法人太田昭和センチュリーの概要、あるいは 1 枚めくっていただくと、監査法人太田昭和センチュリーと長銀の関係ということについても記載がありますけれども、いずれもこのとおりということでよろしいですか。

　　はい、このとおりでございます。

この中で一つだけお伺いさせていただきたいのですが、平成 11 年 12 月に長銀の会計監査人が交代したという事情があるようですが、その理由は何ですか。

　　これは長銀がリップルウッドホールディング社に買収されまして、それによってオーナーが代わったわけでございます。それに伴う会計監査人の交代でございます。

それでは 1998 年、平成 10 年 3 月期における長銀に対する会計監査の概要というか、簡単なアウトラインについてお伺いしたいと思います。長銀の 1998 年、平成 10 年 3 月期の監査において、太田昭和監査法人はまずどのくらいの人数と監査日数あるいは時間を投入しましたか。

　　関与社員、主査、公認会計士、会計士補、20 人のメンバーで、年間 825 日、時間数で言えば 6595 時間掛けております。

太田昭和監査法人は、ほかの金融機関の外部監査にも関与していたと思いますけれども、今お話しになった日数あるいは時間というのは、ほかの銀行の平成 10 年 3 月期の監査に投入した監査延べ日数に比べて多かったと言えるのでしょうか、それとも、少なかったと言えるのでしょうか。

　　ほかの銀行と比較しますと、平成 10 年 3 月期当時、長銀は約 40 店舗ほどの店舗を有しておりました。この程度の店舗を有する大手の信託銀行と比較しますと、200 日、約 1600 時間、日数も時間も多うございました。それから、長銀の店舗の 10 倍程度の店舗を有する大手の都銀と比較しましても、ほぼ同等の時間でございましたので、私どもとしては長銀の平成 10 年 3 月期については十分な時間、人員を投入したというふうに考えております。

それでは、その長銀に関してなのですが、1 年前、すなわち平成 9 年 3 月期の長銀に対する監査と比較すると、平成 10 年 3 月期というのはどの程度の人員及び日数を投入したと言えるのですか。

　　日数的には平成 9 年 3 月期と平成 10 年 3 月期を比較しますと、170 日、日数が増加しております。

人員に関してはどうですか。

　　人員も、先ほど 20 名程度と言いましたけれども、20 名程度で前年よりもかなり増えております。

そのように、投入する人員とか、日数が増えたという主な理由というのは何だったのでしょうか。

このように平成10年3月期に私どもの監査日数が増えた主な原因は、平成10年3月期に銀行に自己査定制度が導入されて外部監査を受けることになったことによるものでございます。

それでは、その長銀の平成10年3月期の自己査定ないしは償却、引当に関する監査がどのようなスケジュールで行われたのか簡単に説明していただけますか。

まず自己査定にかかわる内部統制の評価ということで平成9年10月から11月に、主として自己査定にかかわる内部体制の整備状況を眼目に内部統制の評価を行いました。翌年、平成10年2月以降には引き続き自己査定の内部統制の検証、ここでは自己査定基準の検証等と言いますが、こういうものを含めて自己査定の内部統制の評価を行い、自己査定結果の検証を行いました。これが2月から5月でございます。それから、償却、引当の監査につきましては5月に行っております。

その中で自己査定基準ないしは結果の検証という話がありましたが、それは長銀の債務者のすべてについて行われるのですか。

すべてではなくて、各部店から抽出するという方法でやっております。

そのように抽出して検証するという方法は、監査の言葉で言うと、試査と言いまして、通常行われる監査方法とお伺いしてよろしいですね。

はい、そのとおりでございます。

監査法人としては、平成10年3月期において長銀の各部店から債務者を抽出して自己査定結果を検証する試査というものを行う際にどのような基本方針で臨まれたのですか。

平成10年3月期は銀行に自己査定制度が導入された第1年目でございますし、これに対して外部監査を行うというのも第1年目でございましたので、まず自己査定制度の理解を深めるということで、債務者については各部店から幅広く抽出するということが1つの眼目でございました。それから、2点目には、中間取りまとめ、それから、実務指針4号にも書かれておりますように、自己査定の監査に当たっては深度ある監査を行いなさいと、この深度ある監査というのは抽出項目数を増やすということでございますので、私どもとしては長信銀の監査の実務上、最高限度まで達するまで抽出項目数を増やすように努力いたしました。

各支店より幅広く抽出しということなのですが、具体的に言いますと、どのような基準で抽出したということになるのですか。

この抽出の基準は平成9年12月末の基準で自己査定を実施されておりますので、12月の基準日の資産残高が債務者区分で言えば、破綻懸念先、実質破綻先、破綻先については3億円以上の残高のところ、それから、それ以外のところについては50億円以上の残高のところ、こういうところを対象に抽出いたしました。これが基準でございます。

そうすると、そのような基準に従った結果、全体的な抽出した割合というのは、どの程度になったのですか。

自己査定対象資産に対しまして、全体では59パーセント、金額ベースでございますが、約6割に達しております。それから、そのうちのⅢ分類、Ⅳ分類につきましては95パーセント以上となっております。

その自己査定結果の検証という手続なのですが、それは具体的にどのような基準、あるいはよりどころによってなされるものなのですか。

私どもの自己査定の監査につきましては、日本公認会計士協会から実務指針4号という監査上の取扱いが出ておりますので、監査の実施に当たってはこれに準拠して行ったわけでございます。

（甲）証拠番号 151（供述調書）添付の資料５を示す

今、先生がおっしゃられた４号実務指針というのはこれですか。

はい、このとおりでございます。

これを見ながら手続について具体的に御説明していただけますか。

まず２項の④でございますが、ここには「自己査定の妥当性の検討は、銀行等金融機関の債務者を監査人が直接監査するものではない」ということが書かれておりまして、これが前提でございます。それから、５項の③に「財務情報が不十分と認められた場合、追加的に資料を入手する必要性について担当者と協議する。」と、更にこの前提としまして、５項の冒頭のところに「抽出された債務者に対する債権ごとに、必要資料を閲覧し、査定担当者等と協議する方法で行われ」と。それから、５項の④に「債務者に関する財務資料の数値に虚偽や明らかな異常と認められるものがないか注意を払う。」、それから、⑧に「分類債権については、最終判断についての説明が付されており、判断と説明が整合しているかを確かめる。」と実務指針にはこのように書かれておりますので、このような手続を実施して自己査定の結果を検証したわけでございます。

今、先生が述べられた中の第５項の本文のところなのですが、そこに「必要資料を閲覧し」という記載があるのですけれども、この必要資料として具体的には何を閲覧したのですか。

私どもは、この必要資料というものにつきましては、自己査定において作成されたラインシート、これを見たわけでございます。

（甲）証拠番号 206（捜査報告書（第一ファイナンス㈱分））を示す

２枚目以下を見てください。今、先生がおっしゃられたラインシートというのはこれですか。

はい、これがそれに当たります。

弁　護　人（五味）

会計処理基準についてお伺いいたします。97 年、すなわち平成９年３月期決算についてまずお聞きしますが、平成９年３月期決算まで銀行は何に基づいて会計処理を行っていたのですか。

平成９年３月期以前につきましては、銀行は商法企業会計原則の規定のほか、銀行業決算経理基準、ここに銀行の一般的な会計処理が定められておりますので、これらに準拠して会計処理を行ったわけでございます。

平成９年３月期決算までの決算経理基準、その下で貸出金の償却、引当の実務はどのような状況でしたか。

決算経理基準において、償却、引当についての規定は一般的な規定でございました。実務上は償却証明制度の下で無税の償却、引当については大蔵省の承認を必要としておりました。それから、有税の償却、引当についても平成４年７月までは大蔵省の承認が必要でありましたし、それ以降は届出制になっておりましたが、事実上、大蔵省の了解の下に行われておったわけでございます。そういう意味では平成９年３月期以前の銀行の償却、引当というのは大蔵省の強い影響下にあったわけでございます。

次に大蔵省の金融検査のことをお聞きしますが、その金融検査では銀行の資産査定を行うわけですが、この資産査定というのは簡単に言えばどのようなものでしたか。

資産査定と申しますのは大蔵省の金融検査の一環として行われるもので、銀行が保有するすべての資産について検討、分析を行い、回収可能性、価値の毀損の程度からこれを非分類、Ⅱ分類、Ⅲ分類、Ⅳ分類に分類することを言います。

その大蔵省の金融検査の資産査定の結果と、償却、引当の関係はどのようなものでしたか。

資産査定の結果と償却、引当とは直接の関係はありませんでした。

その理由は何ですか。

資産査定の目的というのは、これは大蔵省が行政目的で行うわけでございまして、その資産査定の結果は外部監査人に開示しておらず、そういう意味では資産査定の結果と償却、引当は連動しておらなかったわけでございます。

次に平成10年3月期の決算について伺います。平成10年4月1日に銀行など金融機関に対しで早期是正措置制度が導入されたのは御存じですね。

はい、知っております。

(甲) 証拠番号156(供述調書)添付の資料3を示す

中間取りまとめを見てください。この中間取りまとめによって、早期是正措置の前提として各銀行が資産の自己査定を行うことになりましたが、この自己査定は先ほどおっしゃった従来の大蔵省による資産査定とどのような違いがありますか。

まずこの自己査定が将来の資産査定と異なる点は3つございます。まず第1のポイントは、自己査定は金融機関自らが行うものでございます。2番目は、この自己査定の結果は直接、償却、引当と連動しているということでございます。三番目は、自己査定は二つのステップで行われるということでございます。まずすべての債務者を正常先、要注意先、破綻懸念先などに債務者区分を行った上で、更に貸出金等の債権につきまして、あるいは資産を含めまして、非分類、Ⅱ分類、Ⅲ分類、Ⅳ分類と、こういうふうに資産分類を行う、こういう手順を踏むわけでございます。こういう点が従来の資産査定と大きく異なっている点でございます。

そうすると、今おっしゃった資産分類と償却、引当の関係というのは直接関係すると、そういうことでよろしいですか。

はい、そのとおりでございます。

それまで銀行内部では、例えば貸出金の価値を把握するための信用ランク格付制度とか、債権管理の制度というものが作られていたように思うのですが、ここで言う自己査定とは異なるのですか、同じなのですか。

はい、それは自己査定とは全く関係ありません。

(甲) 証拠番号156(供述調書)添付の資料4を示す

先ほどの中間取りまとめでは、当局、大蔵省に対して自己査定のガイドラインを作成するように要請しておりますが、今お示しした大蔵省の通達と別添の資産査定についてというのが、その自己査定ガイドラインとして大蔵省から出されたものということでよろしいですか。

はい、そのとおりでございます。

これから、この大蔵省の通達を資産査定通達と言います。この資産査定通達に関連して全銀協からガイドラインのようなものは出されましたか。

全銀協からは資産査定通達についてのクエスチョン・アンド・アンサー及びクエスチョン・アンド・アンサー追加が出されております。

クエスチョン・アンド・アンサー、これから、Q&Aと呼びますが、Q&Aと関連ノンバンクに関する追加のQ&A、これは全銀協がどのようなプロセスを経て作成したか御存じですか。

Q&A、Q&A 追加の前文にはこれらの通達は大蔵省と相談の上と書かれておりました。そういう意味では事前の大蔵省の承認の下にこれは出されたものでございます。従来から全銀協が出します通達については、ほとんどのものが、すべてと言っていいかも分かりませんが、大蔵省の了解を取って出されておるわけでございます。それは経理にかかわらず、それ以外の業務の分野でもすべてそうでございました。

そこで、関連ノンバンクに関する追加 Q&A、これは資産査定通達との関連ではどのような位置付けというふうに認識されていましたか。

Q&A 追加の前文には関連ノンバンクの一般的な取扱いをここでは説明していますというふうに書かれておることから、資産査定通達そのものには関連ノンバンクの規定が全くないという意味では関連ノンバンクについては支援損等の特殊な状況があるわけで、この資産査定通達の枠組みを関連ノンバンクに適用する場合の一般的な取扱いをこの Q&A 追加では示しておるわけでございます。

そこで、この関連ノンバンク向け債権、それについてはこの追加 Q&A に従うことが義務付けられていたのでしょうか。

Q&A 追加が義務付けられていたわけではございません。ただし、Q&A 追加自体は資産査定通達と整合性が取れて、その枠組みの中で出されたものでございますので、銀行はこの Q&A 追加に従っていれば、それは適切な会計処理と認められますし、Q&A 追加に従っていなくても、本則の資産査定通達に従って処理すれば、これは妥当な会計処理というふうに認められたわけでございます。

（甲）証拠番号 151（供述調書）添付の資料５を示す

これから、これを４号実務指針というふうに申し上げますが、この４号実務指針の「1．はじめに」の最後の段落の部分を見てください。「本報告は、早期是正措置に伴って導入される自己査定制度の整備状況の妥当性及び査定作業の査定基準への準拠性を確かめるための実務指針を示すとともに、貸倒償却及び貸倒引当金の計上に関する監査上の取扱いを明らかにしたものである。」というふうに記載されていますので、この４号実務指針は大きく分けると、自己査定制度の整備状況の妥当性、それと査定作業の査定基準への準拠性、それに償却、引当基準に関する監査上の取扱いについて示していると、そういうふうに理解してよろしいですね。

はい、そのとおりでございます。

では、この４号実務指針の２枚目を見てください。自己査定制度の整備状況の妥当性なのですが、この判断はどのような方法で行うのですか。

この実務指針４号によれば、まず１番目に自己査定基準と当局の資産査定通達、先ほどの資産査定通達でございますが、との整合性、これをまず確かめることになっております。それから、２番目に自己査定基準の整備状況を確かめることになっております。それから、３番目に自己査定の実施部署がどうなっているかということを確かめることになっております。これらを確かめることによって自己査定の内部統制の検証ができるわけでございます。

そのうちの最初におっしゃった自己査定基準と資産査定通達の整合性、この関連でお伺いしますが、銀行の自己査定基準で資産査定通達で規定されていない債務者区分、例えば関連ノンバンクとか、特定先とか、そういった債務者区分を受けることは、この４号実務指針に違反していることになるのでしょうか。

それは違反していることにはならないと思います。

その理由は何ですか。

先ほど言いました個々の自己査定基準と当局の資産査定通達との整合性の項目のところに、自己査定基準に示す査定分類は資産査定通達と同一である必要はなく、より細かい分類であってもよいが、資産査定通達の分類に整合し、分類の対応関係が確保されていることを確かめるというふうに書かれておりますので、そういうことから言えば、この対応関係が確保されておれば、完全に一致しているということは要求されておらないわけでございます。

資産査定通達自体にも同様の趣旨を記載した部分がありましたね。

はい、ございます。

(甲) 証拠番号156(供述調書)添付の資料4を示す

どの部分に当たりますか。

資産査定通達の2ページ目、第4パラグラフの真ん中あたりでございますが、「金融機関の自己査定基準の枠組みが独自のものである場合には、『資産査定について』の枠組みとの関係を明瞭に把握する」ということが書かれておりまして、更に金融機関の自己査定基準の中の個別のルールが合理的に説明できるものであるかどうか等をチェックすることとなるというふうに書かれておりまして、資産査定通達においても金融機関が独自の自己査定基準の枠組みを作ることを許容しているというふうに解釈できるわけでございます。

次に償却、引当についてお伺いいたします。

(甲) 証拠番号151(供述調書)添付の資料5を示す

4号実務指針の5ページを見てください。先ほどの中間取りまとめで公認会計士協会に対して償却、引当に関するガイドラインを作成するよう要請していますが、4号実務指針の中で、そのガイドラインとなる部分は、この5ページの「6. 貸倒償却及び貸倒引当金の計上に関する監査上の取扱い」、この部分に当たると、お伺いしてよろしいですか。

はい、そのとおりでございます。

そうすると、引当、償却基準の適切性を監査する際には、銀行で作られた償却、引当基準をこの4号実務指針に基づいて検証すると、そういう手続になるということでよろしいですね。

はい、そういうことでございます。

それでは資産査定通達等の解釈についてお伺いいたします。資産査定通達と4号実務指針、これらは各金融機関がその規定に手を加えずに、そのまま具体的に適用できるものでしたか。

それはできないというふうに理解しておりました。

それは、どういう理由からですか。

資産査定通達及び指針4号、これらはすべての金融機関に一般的に適用されることを想定しておりまして、規定の中には抽象的な部分もございますので、これを各金融機関が実務に移すに当たっては、それぞれ具体的な基準を設け、運用する必要性があったわけでございます。

先ほど、資産査定通達に関連して全銀協からQ&AとQ&Aの追加があったということなので、それらも含めてお聞きいたしますが、資産査定通達、4号指針、Q&A、追加Q&Aについて、各金融機関でより具体的な規定を設けて適用していくに当たって、各金融機関の実情を考慮するということは認められていたのでしょうか。

はい、それは認められておりました。

(甲) 証拠番号156(供述調書)添付の資料3を示す

中間取りまとめの２枚目を見てください。今おっしゃった点について、中間取りまとめで具体的に触れられている部分について御指摘ください。

２枚目の３.の(3)のところでございますが、「金融機関においては、このガイドラインをベースに創意・工夫を十分に生かし、それぞれの実情に沿った詳細な自己査定に関する基準を自主的に作成することはむしろ望ましい。」と、このように書かれております。

（甲）証拠番号155（供述調書）添付の資料３を示す

Q&Aを見てください。同じ趣旨の記載がQ&Aのほうにもございませんでしたか。

ええ、ございます。

どの部分に当たるのでしょうか。

資産査定通達に関するQ&Aの前文のところでございますが、「個別金融機関の有する特殊性・地域性等は考慮されておりません。」、それから、「表面上の文言にこだわらず、あくまでも実質面を重視した解釈を行っていただく必要があります」と、このように書かれております。

（弁）証拠番号２（金融検査マニュアル）を示す

６ページを見てください。これは98年、平成10年３月期の決算より後に公表された金融検査マニュアル検討会最終取りまとめでありますが、それについても同様の趣旨の記載がありますね。

ございます。

どの部分なのでしょうか。

Ⅲの(1)の第２パラグラフの真ん中あたりでございますが、「マニュアルの適用にあたっては、金融機関の規模や特性を十分踏まえ、機械的・画一的な運用に陥らないよう配慮する必要がある。」と、このように書かれております。

そもそも、資産査定通達、４号実務指針、Q&A、追加Q&Aの規定は、だれが読んでも同じ理解ができるような規定だったのでしょうか。

資産査定通達等は、先ほど申し上げましたように、全ての金融機関を想定して一般的な規定がなされておりますし、抽象的な部分もございますので、すべての人がそれを解釈したら同じ解釈になるということではなかったかと思います。

見る人によって、解釈する人によって解釈に違いが出るというのは当然だと、そういうことですか。

はい、解釈の違いが出るのはやむを得なかったかと思います。

そうすると、資産査定通連等は、その適用に当たってはある程度の解釈の幅というようなもの、これは許容されているとお考えだったのでしょうか。

ええ。資産査定通達等に解釈の幅があって、それを適用する場合に差が出てくるというのは当然のことだったというふうに理解しております。

会計の処理というのは数字を扱うわけですけれども、そのような場合でも画一的なそういう適用になると、そういうことはないのですか。

会計の分野以外の方から見れば、会計というものは数字を扱うわけですから、数学と同じで同じ答えになるはずだというふうに思われがちでございますが、そうではなくて、数字を扱うわけではございますが、判断が入る要素がありまして、個人によって差が出るということは当然あるわけで、だれもが同じ結論になるということは保証されておらないわけでございます。特に償却、引当のようなものについては将来の事象の見積りでございますので、主観的な判断、判断の要素が大きいわけでございます。そういうことですので、人によって見積りの結果に差が出るというのは当然のことでございます。

（以上　　宮村　麻理）

また、平成10年3月期は、銀行にとっても、監査を行う立場の公認会計士の側にとっても、自己査定制度が導入されて1年目だったわけですが、そのことは許容される解釈の幅に影響をしていたんでしょうか。

それはあったかと思います。と申しますのは、平成10年3月期は、自己査定制度導入1年目でございまして、銀行においても、自己査定の実施というのは手探り状態にあったわけでございます。その中で、資産査定通達等の字義どおりの解釈しかできないわけでございます。2年目以降であれば、資産査定通達等の解釈についてもコンセンサスが得られ、また、その改正も行われ、解釈の幅が狭まっていくということは認識されておったわけです。それから、平成10年3月期は、自己査定制度導入1年目ということで、平成9年3月期以前の会計処理の継続という面もあったわけでございます。平成9年3月期以前に償却、引当をしなくてもいいというふうに認められた項目が、資産査定通達の解釈上、それが許容されるというふうに読める場合に、それを許容できないと、平成10年3月期に結論付けることは、なかなか難しかったのではなかろうかと、許容範囲内と判断できたのではないかというふうに思うわけでございます。

(甲) 証拠番号156（供述調書）添付の資料3を示す

これは先ほど来お示ししている中間とりまとめですが、証人は、平成10年3月期の監査より前に、この中間とりまとめをお読みになったことはございますか。

ございます。

3枚目のII.の1.の(2)には、「早期是正措置は金融機関を破綻に追い込むことを目的としたものではなく、制度導入時において多くの金融機関が達成不可能となるような基準を設けるべきではない。」とか、その少し下のところに、「我が国においては、金融機関全体としては不良債権の処理が進んでいるもののなお状況は区々であり、」とか、また、もう少し下のところに、「このような状況の下では、早期是正措置の導入により金融機関に貸し渋りが生じる等、実体経済に大きな悪影響が生ずることのないよう配慮することも必要である。」とかと記載されていますが、この記載は、どういう趣旨とお考えになりましたか。

ここに書かれておりますように当時の状況と申しますのは、不良債権の処理は各金融機関によって区々であったわけでございます。不良債権の処理が進んでいるか否かということがあったかと思います。自己査定制度導入によって金融機関の破綻をさせないという配慮があったということも考えられるわけでございます。したがいまして、不良債権の処理が進んでいるか否かということから、資産査定通達等の運用に当たってはある程度、幅があったというふうにも考えられるわけでございます。

今の幅があったというのは、解釈の幅ということですか。

いいえ、運用が。

運用の幅ということですね。

はい。

それでは、平成10年3月期において、そういう解釈とか運用の幅が認められていた例としては、どのようなものがありましたか。

2つポイントがあるかと思うんですけれども、1つは、要注意先と破綻懸念先の債務者区分の基準でございます。もう1つは、支援計画に基づく翌期以降の支援予定額について、これについての引当金の計上の問題でございます。この二点があったかと思います。

支援計画というのは、関連ノンバンクに対するということですか。

はい、そうです。

それでは、先ほど、最初におっしゃった資産査定通達における要注意先と破綻懸念先との区分の基準についてお伺いいたします。

（甲）証拠番号156（供述調書）添付の資料4を示す

資料4の8枚目を見てください。資産査定通達では、要注意先の定義は、どのように記載されておりますか。

資産査定通達におきましては、要注意先は次のように定義されております。「要注意先とは、金利減免・棚上げを行っているなど貸出条件に問題のある債務者、元本返済若しくは利息支払いが事実上延滞しているなど履行状況に問題がある債務者のほか、業況が低調ないしは不安定な債務者又は財務内容に問題がある債務者など今後の管理に注意を要する先をいう。なお、創業赤字で当初事業計画と大幅な乖離がない貸出先を除く。①要注意先に対する貸出金については、②のａからｅに該当する貸出金で、優良担保の処分可能見込額及び優良保証等により保全措置が講じられていない部分を原則としてⅡ分類とする。」

裁　判　長

ちょっと待ってください。これをずっと読んでいってもらっても、ここに書いてありますから。

ちょっと主なところだけ、あとは簡単ですので読まさせていただきますと、「②ａ不渡手形、融通手形及び期日決済に懸念のある割引手形。ｂ赤字・焦付債権等の補填資金、業況不良の関係会社に対する支援や旧債肩代わり資金等。㊟繰越欠損や不良資産等を有する債務者に対する貸出金については仮に他の名目で貸出されていても、実質的にこれら繰越欠損等の補填資金に充当されていると認められる場合は原則として当該貸出金を分類することとする。」と、㊟のところは以下省略しまして、「ｃ金利減免・棚上げ、あるいは、」

全部ここに書いてありますから分かりますから、読んでもらうのではなくて、何か説明を求めるのであれば、そこに絞ってください。

弁　護　人（五味）

そういうふうに記載されていますね。

（うなずく）

「(3)破綻懸念先」のところを見ていただきますと、「①破綻懸念先とは、現状、経営破綻の状況にはないが、経営難の状態にあり、経営改善計画等の進捗状況が芳しくなく、」等々書かれておりまして、「具体的には、」のところに幾つか条件が書かれております。それで、お聞きするんですけれども、破綻懸念先と要注意先のこれらの定義を前提にして、「実質債務超過の状態に陥っており、業況が著しく低調で貸出金が延滞状況にあるなど事業好転の見通しがほとんどない状況で、自行（庫・組）としても消極ないし撤退方針としており、今後、経営破綻に陥る可能性が大きいと認められる先をいう。」と、これが破綻懸念先の定義として書かれていますが、いろいろと要件が並んでおりますが、これらの要件は選択的なものなのですか、それともすべての条件を満たさないといけないものなのですか。

この資産査定通達の定義を見ますと、実質債務超過の状態に陥っており、かつ業況が著しく低調で、かつ貸出金が延滞状態にあるなど事業好転の見通しがほとんどない状況で、かつ自行としても消極ないし撤退方針としておりということで、論理的にはアンドでこの4つの要件が結ばれているということで、すべての条件を満たした場合に破綻懸念先に該当するというふうに資産査定通達上、解釈ができるわけでございます。

今おっしゃった解釈を前提としますと、実質債務超過の状態である、業況が著しく低調である、貸出金が延滞状況にあるなど事業好転の見通しがほとんどない先と、こういうところでも銀行が積極的に支援する方針、こういう貸出し先についての債務者区分というのは、どうなるんでしょうか。

実質債務超過の状態と財務内容が悪い債務者であっても、銀行が積極支援する債務者については、客観的に見て、破綻する可能性は極めて小さいわけでございますので、これは破綻懸念先にしなくてもよいというふうに資産査定通達上、解釈ができるかと思います。

じゃあ、そのような解釈は、平成10年3月期でも実務上も同じような取扱いがなされていたんですか。

はい、そのようになされていたと理解しております。

証人が長銀の自己査定基準を監査する際にも、同じように判断されたんですか。

はい、そのように判断しておりました。

それで、今の破綻懸念先と要注意先との区分についての解釈を前提とすると、例えば、母体行の積極支援が確実と見られている場合には、再建計画が作成されていない場合、こういう場合には破綻懸念先と区分することになるんですか、どうなんですか。

それは破綻懸念先にしなくてもよいと考えられます。

その理由は何になるんですか。

資産査定通達の要注意先の定義にも破綻懸念先の定義にも、再建計画ということについては何ら触れられておりません。ですから、先ほど申し上げましたように、銀行が積極支援する債務超過状態のような財務内容の悪い関連ノンバンクであっても、銀行が積極支援すれば、再建計画がなくても再建計画が作成され、それが実行される可能性が極めて高くて、破綻に陥る可能性が極めて小さいわけですから、破綻懸念先にならないという解釈も、資産査定通達上はできるわけでございます。

それでは、次に関連ノンバンクに対する支援予定額の引当、先ほど証人が二つ目の例として挙げられた部分についてお伺いいたします。ちょっと前に戻りますが、平成9年3月期、それまで関連ノンバンクに対する支援損の計上は、どのように行われてきたのですか。

関連ノンバンクに対する支援損につきましては、まず、支援する側で寄附金課税を受けないように、これを無税で損金処理する必要があるわけでございます。一方、支援を受ける側では、受けた受贈益に相当する不良債権の償却、これを無税で行う必要があるわけでございます。そういう意味では、関連ノンバンクに対する支援計画というのは、国税局と相談をしながら、その結果、承認も受けながら進めていたわけでございます。一方、会計の見地から言いますと、支援損というのは、相手に寄附を与えるというか、寄附行為の一つでございますので、飽くまでも支援する側の意思決定というものがないと確定しないわけでございます。そういう意味で、平成9年3月期以前は、支援として意思決定した金額について支援損に計上する、すなわち分割償却の処理が認められておったわけでございます。そして、翌期以降、支援するものについて、商法第 287 条の 2 の引当金を設定するという会計慣行は確立しておらなかったわけでございます。

今おっしゃったような支援損の分割計上の方式と、そういうのが会計慣行となっていたということですか。

そのとおりでございます。

翌期以降の支援見込額について、引当は必要ないという取扱いがなされていた理由は、どういうところにあるんですか。

数年にわたって支援する場合、当期に意思決定したものを支援損に計上し、翌期以降に支援するものについては、引当金として計上しないというのは、関連ノンバンクについては、銀行が積極支援しますので、破綻する可能性というのは極めて小さいわけでございますので、そういう意味では、貸倒引当金が発生しないという考え方も許容範囲内であったわけでございます。

それでは、次に 98 年(平成 10 年) 3 月期における支援損の計上についてお伺いいたします。

（甲）証拠番号 151（供述調書）添付の資料 4 を示す

この追加 Q&A には、支援損の計上について説明されている部分はございますか。

ございます。

どの部分から分かりますか。

2 ページ目の「2 『体力がない』関連ノンバンク」のＱ 4 でございます。

では、その部分を見ながら、追加 Q&A の支援損の計上についての考え方を御説明ください。

このＱ 4 の答えのところで、「自行の関連ノンバンクは『体力がない』状況にあるが、作成されている再建計画に客観的な合理性が認められ、当該再建計画に沿って債権放棄額が『経営の意思』により当該年度に確定している場合は、その金額をⅣ分類とし、残額をⅢ分類とする。なお、「経営の意思』による債権放棄を当該年度に全額を一括して行うこととしている場合は、その金額全額をⅣ分類とし、残額をⅡ分類として差し支えない。」と、このようにＱ 4 では、全額支援損を計上する方法と分割して計上する方法を認めているわけでございます。そして、分割で計上する場合には、当期に経営の意思で確定したもののみを支援損としてⅣ分類とし、翌期以降、支援のものについてはⅢ分類として認めているわけでございます。

それで、この追加Ｑ ＆ Ａでは、将来の支援予定額をⅣ分類としていないんですけれども、このことは、どのような意味を持つと一般的に受け止められたんですか。

これについては、Ⅲ分類でございますので、当期の支援損として計上しなくてもいいということと、それから、これに対する引当の話になるわけでございますが、まず、先ほど言いましたように分割償却につきましては、平成 9 年 3 月期以前も認められており、翌期以降、支援については、貸倒引当金の計上をしないことも会計慣行上認められていたと、その会計処理の継続という面があったわけでございます。それから、もう一つ、このⅢ分類について引当金をどうするかというのは、実務指針にも書かれているわけでございます。

（甲）証拠番号 151（供述調書）添付の資料 5 を示す

この実務指針のどの部分に書かれているんですか。

実務指針の（注 2）のところでございます。「破綻懸念先債権の回収可能性」というところでございます。

何ページになりますか。

64ですかね。

6枚目の(注2)の部分ですね。

はい。

御説明ください。

ここに「(注2)破綻懸念先債権の回収可能性」という項目がございます。破綻懸念先債権に分類されるということは、自己査定上、資産分類においてはⅢ分類ということになるわけでございます。このⅢ分類の引当については、ここでは「債務者の支払能力を総合的に判断する必要がある。」、飛びまして、「銀行等金融機関並びに親会社の支援状況」、飛びまして、「その他債権回収に関係のある一切の定量的・定性的要因を検討しているか確かめる。」と、こうありまして、総合的に判断して、ある程度、ここで裁量の幅があったわけでございますけれども、そういうものを総合的に判断して、必要額を計算するという考え方があったわけでございます。それから、その後のところに「債権額から清算価値を差し引いた差額に倒産確率を乗じて回収不能額を算出する方法等が考えられる。」と、こうありまして、必要額の計算に当たっては、債権額から清算価値を差し引いた残額に倒産確率を乗じて計算するということが書かれておりまして、先ほどの関連ノンバンクについて言えば、銀行が積極支援するところについては、破綻する可能性が極めて小さいわけですから、破綻の確率は限りなくゼロに近いということで、必要額はゼロということも許容されるわけでございます。それから、資産査定通達のもともとの体力のない関連ノンバンクの分類から言えば、銀行が積極支援する関連ノンバンクは、破綻する可能性が極めて小さいわけでございますので、資産査定通達上、要注意先という解釈もあるわけでございます。それで、要注意先ということで分類されれば、資産分類上はⅡ分類しか出てこないわけです。しかし、Q & Aの追加で処理すれば、Ⅳ分類、Ⅲ分類が出てくるわけで、そういう意味では、Q & Aの追加によったほうが厳しい処理をやったと、保守的な処理をやったと、こうも解せるわけでございます。

それで、平成10年3月期決算において支援損の分割計上をして、将来の支援予定額について引当金の計上をしていない銀行というのは、長銀以外にもあったんでしょうか。

当時、平成10年3月期の大手行19行のうち、長銀を除く18行で将来の支援予定額について、特定債務者支援引当金ないしは貸倒引当金として計上しなかったところは、18行中14行ございます。

それでは、話が変わりまして、平成10年3月期の後のことをお聞きします。平成10年3月期決算の後ですが、金融検査官の資産査定についてのマニュアルとして金融検査マニュアルが作成されましたが、金融検査マニュアルにおいて資産査定通達と比較して変更された点はございますか。

ええ、ございます。

どのような点になるでしょうか。

まず一つは、要注意先と破綻懸念先の区分の基準が変わったということでございます。それから、もう一点は、関連ノンバンクに対する引当金の規定が新たに追加されたということでございます。

まず一点目の要注意先と破綻懸念先の区分、そこの点について伺います。

(弁)証拠番号2(金融検査マニュアル)、(甲)証拠番号156(供述調書)添付の資料4を

示す

弁2号証の49ページの該当部分と甲156号証添付の資料4の資産査定通達、この両者を比較して、どのような点が変更されたのかということについて御説明ください。

まず、金融検査マニュアルのほうでは、「今後、経営破綻に陥る可能性が大きいと認められる債務者」の後に、「(金融機関等の支援継続中の債務者を含む)」と、この括弧書きが挿入され、他方、資産査定通達において破綻懸念先のところに書かれておりました、「自行（庫・組）としても消極ないし撤退方針としており、」と、この規定が削除されたわけでございます。さらに、金融検査マニュアルでは、「以下の全ての要件を充たしている場合には、経営改善計画等が合理的であり、その実現可能性が高いものと判断し、当該債務者は要注意先と判断して差し支えないものとする。」ということで、4条件をクリアした場合に、初めて要注意先とすることができるという規定を新たに追加したわけでございます。

そうしますと、資産査定通達の内容と比較して、簡単に言うと、どのような点が見直されたというふうに言えますか。

見直しのポイントは、銀行が積極支援する財務内容の悪い債務者については、資産査定通達上は、原則、要注意先であったわけでございますが、金融検査マニュアルでは、原則、破綻懸念先と、こういうふうに取扱いが変わったというふうに解釈することができるわけでございます。

証人としては、なぜ、金融検査マニュアルで、そのような変更がなされたとお考えですか。

資産査定通達において、原則、要注意先と、この解釈を金融検査マニュアルでは、原則、破綻懸念先にするというふうに取扱いを変えたものだというふうに解釈できるわけでございます。そうすることによって、初めて・金融検査マニュアルの規定の変更が分かるわけでございます。

それでは、関連ノンバンクに対する将来の支援予定額、その取扱いについては、どのような変更がございましたか。

関連ノンバンクに対する特定債務者支援引当金につきましては、資産査定通達においては、何らの規定もなかったわけでございます。金融検査マニュアルにおいて、初めて(2)のところで、特定債務者支援引当金の項目が設けられたわけでございます。

それは80ページの(2)ということですね。

はい、80ページでございます。

金融検査マニュアルに特定債務者支援引当金の項目が新設されたことで、銀行の会計処理基準に何か変更がございましたか。

金融検査マニュアルで、特定債務者支援引当金の項目が設けられることにより、従来はこれらが選択適用が認められていたものが義務付けられたというふうに解されるわけでございます。

引当が義務付けられたと、そういうことですね。

はい。

証人としては、金融検査マニュアルで、特定債務者支援引当金というのがわざわざ新設されたのは、なぜだと思われますか。

資産査定通達上は、特定債務者支援引当金を積んでも積まなくてもいいという範囲があったわけでございますが、これが狭められて、必ず特定債務者支援引当金を積まなくてはいけないというふうになったと、そのように解されるわけでございますす。

平成10年3月期の決算期以降、平成11年4月30日に、先ほどの4号実務指針の一部が改正されて、公表されたことは御存じですね。

はい。

(弁)証拠番号129(「銀行等監査特別委員会報告第4号の一部改正について」と題する書面写し)を示す

どのような部分が改正されたのかについて、その対比表を使って御説明ください。

まず一点目は、下に「(資169)」と書いてあります279ページでございますが、「3．内部統制の有効性の評価に当たっての留意事項」のところに(1)とございます。それで、旧指針4号は、「自己査定基準と当局の『資産査定について』との整合性」と書かれておりまして、これが「自己査定基準と『資産査定について』その他当局の定めるガイドラインとの整合性」と、このように改正されたわけでございます。したがって、実務指針においては、自己査定基準が新しく出ました金融検査マニュアルと整合性が取れているかどうか、これを検証しなさいということに変わったわけでございます。したがいまして、先ほど申し上げました金融検査マニュアルにおける、銀行が積極支援する財務内容の悪い債務者に対する債務者区分の取扱いを、原則、要注意先から原則、破綻懸念先にするという、この取扱いの変更が実務指針にも盛り込まれたわけでございます。そのように実務指針の解釈上、解されるわけでございます。

もう一点ございますか。

ええ。もう一点は、この対比表で言えば、「(資175)」と書いてあります285ページでございますが、「(注4)関連ノンバンクに対する債権」の後半のところで、「経営支援先である関連ノンバンクに対する債権については、今後の支援による予想損失額を、債権放棄により支援を行う場合には貸倒引当金として、現金贈与等の方法により支援を行う場合には特定債務者支援引当金として、それぞれ貸借対照表に計上する。」と、このように新しく規定が盛り込まれたわけでございます。

4号実務指針でも、金融検査マニュアルでなされた変更と同じような変更がされたということですね。

はい、そのとおりでございます。

平成10年3月期の決算の後に、長銀を含む大手19行について、平成10年3月末日を基準時として、金融監督庁による金融検査が実施されたことは御存じですね。

はい、知っております。

(弁)証拠番号1(金融監督庁の1年)を示す

511ページを見てください。金融監督庁の検査結果で、長銀、日債銀以外の大手17行で、合計1兆円の償却、引当不足を指摘されていますが、平成10年3月期において、大手17行の中で会計監査人が不適正意見を付した銀行はございましたか。

それはございません。

そうすると、金融監督庁が1兆円もの償却、引当不足を指摘した原因は、何だと思われますか。

平成10年3月期を基準として、金融監督庁が検査を行ったわけでございますが、金融監督庁としましては、金融監督庁という新しい検査機構になったことと、それから、厳しい世論を背景に厳しい検査を実施したと。そうしまして、内容的には、先ほど申し上げましたような結果的に金融検査マニュアルで改正がなされました二点がございますが、一点は、原則、要注意先から破綻懸念先に変えたという銀行支援先の問題、それから、支援予定額の引当の問題、この二点の改正を前倒し適用して、厳しい態度で臨んだということだと思います。

次に、99 年(平成 11 年) 3 月期の決算についてお伺いいたします。平成 11 年 3 月期は、金融検査マニュアルと改正された 4 号実務指針を基に会計処理が行われて、監査が実施されたんですか。

実務指針の 4 号も金融検査マニュアルも、適用年度は平成 11 年 4 月 1 日から開始する事業年度からということでございました。したがいまして、平成 11 年 9 月の中間財務諸表から適用されるということでございますが、これが前倒し適用されたということでございます。

監査でも、前倒し適用されたんですか。

監査でも、前倒し適用されたということでございます。

そのように前倒し適用されたのは、どういった理由なんでしょうか。

平成 10 年夏以降、金融監督庁が大手行に一斉に金融検査に入りまして、そうしまして、平成 10 年 3 月期の検査に当たりましても、先ほど申しました二点の改正点等を新しい基準として前倒し適用したわけでございます。それで、これを受けまして、各行とも平成 11 年 3 月期においても、この新しい基準を前倒し適用したということでございます。

(弁) 証拠番号 22 (金融財政事情 1999・6・14 号抜粋 (12〜33 頁)) を示す

16 ページから 17 ページにわたる「不良債権処理額」という表を見てください。この表を見ていただくと、99 年(平成 11 年) 3 月期決算における大手 17 行の不良債権処理額というのが、16 ページの表の下のほうの「17 行合計」というところに書かれておりまして 9 兆 3972 億円、それで、98 年(平成 10 年) 3 月期は、9 兆 9527 億円というふうに書かれておりまして、99 年(平成 11 年) 3 月期の決算においても、前年度と同じ規模の不良債権処理が行われたということなんですけれども、この結果は、各行が 98 年(平成 10 年) 3 月期決算は、不良債権の処理が不足していた、不適法であったと、そういうようなことを意味するんでしょうか。

そういうことではないと思います。平成 10 年 3 月期については、その当時、一般的に許容されると解釈される、そういう解釈を前提として決算を行ったわけでございまして、その決算においては不足はなかったわけでございますが、先ほど言いましたような新しい基準の前倒し適用によりまして、平成 11 年 3 月期は、不良債権の処理の積み増しが出てきたわけでございます。したがいまして、事後的に見ると、平成 10 年 3 月期の償却が不足しているような現象が、各金融機関においても発生しているというふうに理解できるわけでございます。

弁　護　人 (那須)

私のほうからは、長銀の自己査定及び償却、引当基準について、それが妥当であったかどうかというような観点からお尋ねしたいと思います。証人は、長銀の平成 10 年 3 月期の監査を行うに当たりまして、自己査定基準などについても、事前に長銀側から説明を受けたり、あるいは話を聞いたりしたことがございますか。

ええ、説明を受けたことがございます。

それは、大体いつごろのことでしょうか。

まず第 1 回目は、平成 9 年 9 月のことでございます。

それから、その次は。

その次は、平成 9 年 10 月でございます。その後は、平成 10 年 2 月でございます。

そうすると、平成 10 年 3 月期の監査を行うに当たって、事前に 3 回、説明を受けたと、こういうことですね。

ええ。説明を受けまして、実際に監査を行ったのは、平成10年2月以降のことでございます。

それでは、一つ一つお尋ねしますが、平成9年9月の説明というのは、どのような内容のものだったんですか。

平成9年9月の説明と申しますのは、事業推進部の大田部長、常峰参事役ほかから、長銀の自己査定基準の基本的な考え方について説明を受けたわけでございます。その際、特に自己査定基準の検討を行ったとかそういうものではございません。

その説明を受けたほうの公認会計士の先生というのは。

私と、あと関与社員の江端でございます。

次に、今度は平成9年10月ころに説明を受けたということなんですが、この説明は、どのような内容のものだったんですか。

平成9年10月は、自己査定にかかわる内部統制の検証を行いまして、自己査定体制の状況等を検証するということで、担当者から自己査定基準の自己査定の手引、それから、与信監査制度についての文書、こういうものを入手しまして、説明を受けたわけでございます。それで、この過程でも、特に自己査定基準の検討というものが眼目ではございませんでした。

(以上　岡本　賀奈江)

この10月のときの説明についても、あなたと、それから江端さんが説明を受けたり質問をしたと、こういうふうに理解してよろしいですか。

はい、そのとおりでございます。

それから、次に、平成10年2月にまた説明を受けたということですが、これはどのようなことが行われたんでしょうか。

平成10年2月は、自己査定の内部統制の検証と自己査定結果の検証を行ったわけでございます。このときに、自己査定の手引き、それから関連ノンバンク運用規則、特定関連親密先運用細則、このような自己査定の基準を入手しまして検討を行ったわけでございます。

(弁)証拠番号131(「自己査定制度の制定及び自己査定の実施について」と題する書面写し)を示す

これがこのときに入手した資料と、こう理解してよろしいですか。

はい、そのとおりでございます。

この一枚目の上にサインみたいな、これはイニシャルみたいなものが書かれておりますが、これはどなたのイニシャルですか。

上に書かれておりますMAというのは、これは「マサアキアキヤマ」で、私のサインでございます。下はHEでございまして、これは江端広司のサインでございます。

この今証言された自己査定手引き、関連ノンバンクにかかる自己査定の運用規則、それから特定関連親密先自己査定運用細則についてはどなたが検討したのでしょうか。

これは、関与社員3名と主査が検討いたしました。

この中には証人も含まれておるわけでございますね。

含まれております。

このときには、長銀側からはどのような説明がありましたか。

　　私どもで自己査定基準について資産査定通達と整合性を検証しまして、その中で質問すべき事項について御担当の方から説明を受けました。

質問した内容というのは、これは、例えばというか、例で結構でございますけれども、どのようなものだったですか。

　　質問事項はたくさんあったわけでございますが、例えば、非分類のところに正常な運転資金とか短時日に回収するとかいう規定がございましたので、それは、具体的にはどういう基準でどこからそういうふうに判断されたんですかということとか、あるいは、破綻懸念先及び実質破綻先の3条件の考え方、こういうものも質問いたしました。

その今の3条件というのは、先ほど出てきました3つの条件と、そういう意味ですか。

検　察　官（保坂）

異議があります。先ほど出てきた3条件というのは何でしょうか。長銀の自己査定基準についての質問はこれまで出てないはずですが。

裁　判　長

ですから、具体的に聞いてください。

弁　護　人（那須）

その今の3条件というのは一言で言うとどういうことでございますか。

　　その3条件と申しますのは、長銀の自己査定基準の自己査定の手引きの中に債務者区分が出てまいりますが、その中で破綻懸念先と判断する場合の3条件、実質破綻先と判断する場合の3条件、こういう場合の3条件でございます。

その長銀の自己査定基準について検討した、その結果、結論というのはどのようなものだったですか。簡単で結構でございます。

　　私どもとしては、実務指針に準拠して自己査定基準を検証した結果、資産査定通達とそごするものではなく、許容範囲内というふうに考えました。

それでは、もう少し詳しくお尋ねしていきますが、一般先について破綻懸念先と実質破綻先という2つの債務者区分があるんですが、この要件についてちょっとお尋ねいたしたいと思います。先ほど、破綻懸念先と実質破綻先の3条件という証言がありましたが、このことについて質問したというその3条件というのは、先ほど述べられたあの3条件でよろしいわけですね。

　　そうでございます。

その3条件については、具体的にどのような質問をされたんでしょうか。

　　私ども、実務指針にのっとって長銀の自己査定基準が資産査定通達と整合性が取れているかどうか、これを検証するということになっておりましたので、両者を対比しまして一致しているかどうか確かめたわけでございます。その中で一致していない部分がございましたので、その理由について担当者に質問をし説明を受けたわけでございます。

そこでは、具体的に、この自己査定の手引きと、それから大蔵省からの資産査定通達とを照合しながら内容を検討したと、こう理解してよろしいですか。

　　はい、そのとおりでございます。

速記録末尾添付の対照表（編註：本書525頁以下）を示す

この左側のほうに「長銀基準」と書いてあり、右側のほうに「資産査定通達・関連ノンバンクQ&A」と書かれておる、この文書はあなたが作成されたものですか。

　　そのとおりでございます。

この証言を準備するにあたり作成されたものですね。

そのとおりでございます。

長銀基準という左側のほうには、これは何が書かれているんですか。

この長銀基準につきましては、長銀の自己査定の基準であります自己査定の手引き、それから関連ノンバンク運用規則、特定関連親密先運用細則、これが記載してございます。

それから、右側の資産査定通達・関連ノンバンクQ&Aという欄、これにはどのようなことが書かれていますか。

これは、先ほど御説明しました資産査定通達とQ&A追加でございます。

それぞれの欄に黒く太い字で書かれておる、これが該当箇所というふうに理解してよろしいですか。

はい、そのとおりでございます。

で、左側と右側とが対応するような形になってるわけですね。

はい、そうです。

そこで、以下対照表と呼びますが、この2ページを示します。この2ページの部分は、長銀の自己査定基準と大蔵省の資産査定通達などの破綻懸念先について比較対照したもののようですが、間違いないですか。

はい。間違いございません。

まず、資産査定通達における破綻懸念先について伺いますが、先ほど五味弁護人のほうの質問についてもお答えになってるようですのでごく簡単で結構でございますが、この破綻懸念先の定義についてはどのようにあなたのほうは理解したのでしょうか。

ポイントは、この「具体的には、現状、事業を継続しているが、」以降のところになるかと思うんですけども、資産査定通達では「実質債務超過の状態に陥っており、業況が著しく低調で貸出金が延滞状態にあるなど事業好転の見通しがほとんどない状況」と、このように書かれております。

これは、右側の欄の上から5行目以下のところですね。

はい、そうですね。で、これと対比しまして、長銀基準はどうかと申しますと、まず「①業況が著しく低調な状態が続いている先」、「・2期連続して償却前営業利益が赤字の場合」、このように書かれておるわけですけれども、この「業況が著しく低調な状態が続いている先」というのは、右側の資産査定通達の「業況が著しく低調で」と、ここに対応するわけで、この「・2期連続して償却前営業利益が赤字の場合」というのは、これは抽象的な基準では実務上運用できませんので、それを具体的な基準として定めたものだというふうに理解したわけでございます。

次に、長銀基準のほうでは「②現状、事業を継続しているが、」というところで始まるんですが、この部分についてはどのように判断をしたんでしょうか。

これも、長銀基準では、「現状、事業を継続しているが、実質債務超過状態の先」となっていますが、資産査定通達では、「事業を継続しているが、実質債務超過の状態に陥っており、」ということで、これは完全に対応するわけでございます。

先ほどの「具体的には、」というところで始まる部分の次の部分ですね。

そうでございます。

それで、今度は、長銀基準の欄の③と書かれているところ、「過去6ケ月以上」というところで始まっておりますが。

これは、「過去6ケ月以上入金が全くなく、今後の入金も殆ど見込めない先」とございますのは、資産査定通達の「貸出金が延滞状態にあるなど事業好転の見通しがほとんどない状況」、これを具体的な基準として実務上運用できるように定めたものだというふうに理解できるわけでございます。これらの理解は、すべて銀行側の説明で私どもがそう理解したということでございます。

公認会計士さんとしても監査法人としてもそういう理解について了解したと、こういうふうに考えてよろしいですか。

はい。

その結果としてですけれども、長銀基準の上から３行目、「以下の『破綻懸念』３条件を全て満たしている先等、」、こう書いてあり、ここのところの読み方によっては、破綻懸念先に当たるというためには①から③をすべて満たすことを要求するかのようにも読める、そういう内容になっておるんですけども、この点については先生はどのように判断されたんでしょうか。

これは、おっしゃるとおり、①かつ②かつ③、この条件がすべて満たされた場合に破綻懸念先に該当すると、こういう規定かと思います。それについては、資産査定通達においても、これはそれぞれの条件が並列的と申しますか、かつアンドでつながっておりますので、すべての条件を満たした場合に破綻懸念先になるということでございますので、これはこれとして許容されるであろうと。更に、「以下の「破綻懸念』３条件を全て満たしている先等」と「等」がついておりますので、これらの３条件すべてを満たしたもの以外に実質的に判断して破綻懸念先になるものがありますよと、こういうことを規定に盛り込んでおりますので、これはまた十分な手当てかなというふうに考えたわけでございます。

そうすると、この部分については長銀基準は資産査定通達のいってることの範囲内にあったと、こう判断したと、こう理解してよろしいですか。

はい。私どもとしては、資産査定通達の解釈上、このように解釈することも許容範囲内であるというふうに考えたわけでございます。

それでは、次に対照表の３ページを御覧いただきたいんですが、ここは、実質破綻先についての定義を比較対照したものというふうに理解してよろしいですか。

はい、そのとおりでございます。

資産査定通達における実質破綻先の定義についてはどのような理解に立っておったのでしょうか。これも、先ほどの五味弁護人の質問でお答えいただいている部分がありますので簡単で結構でございます。

これも、実質破綻先の「具体的には、」以降のところに条件が書かれておりまして、これらがすべて満たされた場合に実質破綻先になるわけでございますが、では、長銀基準とはどのように対応してるかということになるかと思うんですけども、その点につきましては、まず、「①事業を形式的には継続しているが、売上が殆どない等会社の実態がない以下のような先」については、「事業を形式的には継続しているが、」、これに対応して、更に「事業を形式的には継続している」という抽象的な規定では実務は動きませんので、実態がないということで売上げがほとんどない会社というような具体的な基準を盛り込んだというふうに説明を受け、我々もそのように理解し、それは許容範囲内であるというふうに考えたわけでございます。

先ほどの「具体的には、」という言葉が出てきましたのは、これは、資産査定通達、右側の欄の上から６行目に、「具体的には、事業を形式的には継続しているが、」うんぬんと、ここのところを指すんですね。

ここのところを具体化させたものだということですね。

そういう資産査定通達を前提にして、長銀自己査定基準における①、②、③の条件が記載されているわけですが、そのうちの「①事業を形式的には継続しているが、売上が殆どない等会社の実態がない以下のような先」というのは、これはどれに当たることになるんですか。

これは、先ほど言いましたように、具体的には一番最初に出てくる「事業を形式的には継続しているが、」と、この規定を更に具体化したものでございます。

それで、②についても先ほどお話をいただいたことでよろしいですね。

はい。この②につきましては、「債務超過状態（2期連続）の先」と書かれておりまして、これは、資産査定通達の「債務超過の状態に相当期間陥っており、」と、この「相当期間」の具体的な基準として「(2期連続)」というふうに入れたわけでございます。

それから、長銀基準のほうの③に、「債権のうち回収不能見込額が50％以上ある先」と、こういうふうに書いてありますが、これはどういうことでございましょうか。

これは、資産査定通達の「債務者の返済能力に比して明らかに過大な借入金が残存し、」と、更に、「大幅な債務超過の状態に陥っており、」と、ここのところを具体的な基準として明示したものであり、そういうふうな説明を受け、我々もこれは資産査定通達に照らして許容範囲内であるというふうに理解したものでございます。

そうしますと、この実質破綻先についても、読み方によっては、この左側、すなわち長銀基準の①から③のすべてを満たすことを要求するかのような内容にも読めるんですが、この点についてはどういうふうに判断をされたんでしょうか。

この点につきましては、自己査定手引きのところで「3条件を全て満たしている先」と書かれておりますんで、この①と②と③がすべて満たされた場合に実質破綻先に当たると、こういうふうに解釈できるわけでございます。それにつきましては、先ほど、実質破綻先の定義においてもこれらの要件が並列的に書かれておりまして、すべて満たされた場合に実質破綻先になるというふうに解釈できますので、長銀の基準がこの3つの条件をすべて満たしている先とすることも許容範囲内であるというふうに考えました。更に、「3条件を全て満たしている先等」と、これにも「等」が入っておりまして、したがいまして、3条件をすべて満たしている先以外にも実質判断によって実質破綻先とするものがあるという、こういう手当てをしておりますので、これは全く問題ないであろうというふうに私どもはこの資産査定通達の解釈上そのように判断したわけでございます。

今並列的という言葉をお使いになりましたが、それはアンドでつながってると、こういう趣旨ですか。

はい。かつとかあるいはアンドということでございます。

今度は、関連ノンバンクにかかる自己査定運用規則、弁132号証、先ほど示されたものなんですが、この運用規則についても検討されましたよね。

はい。これにつきましても、資産査定通達及びQ&A追加と長銀の関連ノンバンク自己査定運用規則を対比検討いたしました。

その結果はどのような結論になりましたか。

この結論は、資産査定通達、Q&A追加と照らしまして違っている部分もございますが、それは許容範囲内であると認められましたので、結論としては許容範囲内であるというふうに認めました。

これは、対照表でいいますと5ページと6ページになりますね。この5ページ、6ページというのは、証人が長銀の関連ノンバンクにかかる自己査定運用規則と関連ノンバンクQ&Aを比較対照した部分であると、こう理解してよろしいですか。

はい、そのとおりでございます。

この6ページのほうを御覧いただきたいんですが、⑶の②の7というところを御覧いただきたいんですが、ここに「貸出金シェアについては、貸出を行っているすべてのもの（含むノンバンク）について当該ノンバンクの直近決算期または決算期以降の直近時点の計数により産出する。」と、「なお、当該ノンバンクの取引金融機関が当行のみである場合には、既に損失が確定しているとみなされる部分をⅣ分類、担保等により回収が見込まれる部分をⅡ分類、その他をⅢ分類とすることができる。」と、こう書かれておりますが、この点については、関連ノンバンクのQ&Aと何か形式的に異なっているようでありますけれども、この点はどのように判断をしたのでしょうか。

御指摘のとおり、ここの7のところ、特になお書き以降のところがこのQ&A追加とは異なるわけでございまして、ここのところにつきましては、このQ&A追加では「貸出金のシェア」という言葉を使っておりまして、この「貸出金のシェア」というのは複数の金融機関を想定しているわけでございます。一方、この7のなお書き以降は、金融機関が当行のみの場合を想定しておるわけでございます。したがいまして、この7は関連ノンバンクQ&Aに想定されてない、金融機関が単独である場合、そういうものについて注記を行ったと、こういうふうに説明を受け、私どももそのように理解したわけでございます。更に、ここで記載されている内容は、「既に損失が確定しているとみなされる部分をⅣ分類、担保等により回収が見込まれる部分をⅡ分類、その他をⅢ分類とすることができる。」とありまして、貸出金シェアでやる場合には、母体行責任を負う長銀は、他行の損失も負担しなきゃいけないわけでございますが、単独行であればそれは必要ないわけでございますので、担保等により回収が見込まれる部分をⅡ分類、その他をⅢ分類とするということ、これは許容範囲内であるというふうに判断したわけでございます。

それから、今度は甲133号証に当たるんですけれども、特定関連親密先の自己査定運用細則、いわゆる細則といわれるほうについてお尋ねしますが、これについても検討したわけですよね。

はい。これについても検討いたしました。

で、結論的にはどのような判断に至ったんですか。

資産査定通達に照らしまして許容範囲内であるというふうに判断いたしました。

具体的にその判断というのをもう少し詳しく説明していただけますか。

長銀基準でいう特定関連親密先自己査定運用細則で対象とされますのは、まず体力のある関連ノンバンクでございます。体力のある関連ノンバンクとは何かというのは、クエスチョン・アンド・アンサー追加に書かれておりまして、償却前利益、2、3年で実質債務超過が解消できるか若しくは実質債務超過がない、こういう関連ノンバンクを体力のある関連ノンバンクと言っておりました。で、この解釈を資産査定通達の解釈に照らせば当然破綻懸念先にはなりません。したがって、要注意先以上ということになるわけでございまして、体力のある関連ノンバンクをこの運用細則に当てはめれば、Ⅱ分類以上になるわけでございますが、それは資産査定通達に照らして許容範囲内であるというふうに判断できるわけでございます。更に、自己査定運用細則では特定先というものを設けてございました。特定先についてはここで社名が挙がっているものが特定先でございます。で、この特定先については、資産査定通達の破綻懸念先並びに要注意先の定義からすれば、銀行が積極支援する先は破綻に陥る可能性が極めて小さく、そういう意味では破綻懸念先には当たらなくて、要注意先になると、このように資産査定通達上解釈できるわけでございます。したがいまして、長銀の運用細則ではこの特定先を正常先若しくは要注意先に債務者の状況に応じて分類するということになっておりますので、これも資産査定通達に照らして許容範囲内であるというふうに判断できたわけでございます。

今特定先という言葉が出てきましたが、これは、対照表ですと7ページの真ん中よりちょっと下、「3.」と書いてある、ここのことを指すんですね。

はい、そのとおりでございます。

それから、長銀基準の7ページの上から12行目ぐらいのところに、「なお、特定関連親密先に対してその信用補完を目的に行う貸付有価証券(賃貸借契約型)については、分類対象外資産とする。」と、こういう規定がございますが、この扱いについてはどのように判断をされたんでしょうか。

まあこの点につきましては、貸付有価証券については資産査定通達に照らせば貸出金に準じて分類を行うということになっております。しかしながら、この貸付有価証券は、一般の債務者ではなくて、特定関連親密先に対して貸し付けられておるわけで、特定関連親密先については、これは長銀が積極支援する先でありますので、破綻する可能性は極めて小さいと。したがいまして、破綻しないわけですから、この貸付有価証券は返還されるわけでございます。したがって、非分類も許容範囲内であると、そのように判断いたしました。

そうしますと、今まで説明されてきた考え方というのはよく理解できたのでありますが、いずれも長銀が支援をする能力を持っているという、そのことを前提にしてるように思われるのですけれども、多数の債務者に対する長銀の支援能力については、この監査当時、どのように認識していたのでしょうか。

私どもが平成10年3月期の監査を実施している当時においては、まず関連ノンバンクでいえば平成10年5月でもって長銀インターナショナルリース、それからランディック、ここに対する支援が完了したわけでございます。更に、平成8年3月期以前に日本リースに対する支援も完了しておるわけでございます。残るは、平成10年3月期時点で見ればNEDが残っていたわけでございますが、これは将来にわたって2000億の支援を行うということでございましたので、当時の長銀の総資産26兆円の規模からいえば十分これはやっていけるということでございましたし、また、ここに特定先として挙げられておる会社がたくさんあるわけでございますが、これらがすべて債務超過にあるわけではございませんし、債務超過にあったとしても、これらの支援が直接損益支援につながるわけではなくて、すぐ債権放棄等を伴うわけではございませんので、通常、支援にもいろいろな形がございますが、損益支援以外の、例えば営業面の支援とか人事面の支援、それから、貸付金については残高維持、こういうことによって、長銀には新たな損失、NED以外は負担はないであろうと、こういう認識でございましたので、長銀の体力に大きな影響を与えるものではないと、そのような認識で私ども監査人はおったわけでございます。

長銀は、御承知のとおり、平成10年10月に金融再生法に基づく特別公的管理の開始決定が行われまして事実上破綻したんですけども、平成10年3月末の基準を監査された段階では、長銀の支援能力ないし支援体力については、これはもう支援可能であると、こういうふうに認識していたと、こういう理解でよろしいわけですね。

ええ。平成 10 年 3 月期時点において、私どもが監査として見た資料あるいは説明等から、体力がないというふうに否定するものはなかったわけでございます。で、長銀の体力が急激になくなっていったのは、平成 10 年 7 月から 8 月にかけて、長期債務についての格付けが投機的なレベルまで引き下げられ、長銀が資金調達の大きな源としておりました債券の発行に著しい支障を来たし、それによって資金繰りが困難になったということでございます。それから、平成 10 年 3 月期当時において、支援につきましては、長銀の経営計画の下で合理的に算定されたものからすれば、長銀の収益力からすれば困難になるものではございませんでした。それから、平成 10 年 3 月期の遺切な基準に基づいて償却、引当も行い、その結果におきまして、自己資本比率 8 パーセントを超えておったわけですから、平成 10 年 3 月期において、長銀の支援能力、事業継続能力、これを否定するという状況には我々はなかったわけでございます。

（以上　　川村　亜希子）

弁　護　人（倉科）

まず、午前中にお伺いしたことについて、ちょっと補充をさせていただきますけれども、先ほど金融検査マニュアルのお話が出ましたけれども、金融検査マニュアルが確定される前には、各界から意見を聴取したということがございましたね。

ございました。

それで、実は、この「金融監督庁の 1 年」というものの、例えば 549 ページには、太田昭和監査法人の金融ノンバンク審査専門委員会というところが意見を出した部分があるんでございますが、これは、いつごろからあるものなんでございましょうか。

正確にいつからということは、はっきりした記憶ではございませんが、10 年 3 月期ころには、もう既にできておったというふうに記憶しております。

その委員会は、どういうことをするという委員会だったんでしょうか。

私どもの仕事と申しますのは、監査を実施して、最終的には被監査会社に対して監査報告書を提出すると、こういう仕事でございますが、その監査報告書には、関与社員、私も長銀の場合には関与社員になっているわけでございますが、関与社員が署名捺印すると。で、関与社員の判断が正しいかどうか、事務所としては、審査する機構を設けておるわけでございます。審査委員会というのがその審査機構に当たるわけでございますが、10 年 3 月期ころから、金融の分野というのは非常に会計的にも特殊な分野でございますので、その審査委員会の中に更に金融ノンバンク審査委員会という特別な委員会を設けまして、そこが関与社員が判断した事項について審査をして、その判断が正しいかどうかということを検討する、そういう機関が出来上がりまして、関与社員が監査報告書を提出する前に必ずその審査機構を通すと、事務所としては、こういう手続になっておるわけでございます。

そうすると、長銀の平成 10 年 3 月期決算についても、その審査専門委員会には通しているわけですか。

ええ、通しております。

先ほど午前中の審理の最後のところで、長銀の 10 年 3 月期の状況についてどういうふうに判断しておられたかという話を伺ったんでございますが、その中で、長銀インターナショナルリース、それから、日本ランディックですか、これについては、支援終了していると、厳密に言うと、平成10年5月までということですかね。

はい。

それから、日本リースについては、これは、支援終了していると、こういう認識があったと、こういうことでございますね。

はい、そのとおりでございます。

そこで伺うんですが、本件では、検察官が問題にしていないから、余り何だかよく分からないまま終わっているもんですから、ちょっと事実関係を確認しておきたいのが、その日本ランディック、それから、長銀インターナショナルリースについての平成10年3月期における資産査定と、それから、償却、引当がどういうものであったのかということをお伺いしたいと思うんです。で、日本ランディック関係においては、平成10年3月期決算において、不稼動資産の処理はどういうものであったかということは、もちろん数字の細かいところまでぴったりの数字は思い出されるかどうか分かりませんけれども、大体どんなことだったか覚えておられますか。

私どもは、自己査定に当たってはラインシートを入手しますので、日本ランディックのラインシートに記載されている不良債権については、そのとおりに理解しております。

これは、実際になされたものの客観的資料としてあることなんで伺いますけれども、日本ランディックについては、450億円を債権償却特別勘定に繰り入れると、これは、有税引当ですね。それから、あと、64億円と1157億円というのは、これは、方法の違いはあるけれども、結論としては、いずれも支援損ということで、直接償却ということになるんでございましょうね、そうしますと。

それは、60億のほうは、共同債権買取機構に売却したその売却損を長銀が負担したものだというふうに思います。それから、残りのやつは、債権放棄ということで、両方とも支援損ということでございます。

そうすると、1221億円が支援損という処理になっているということでございましたね。

はい、そうでございます。

これは、資産の査定、その分類ですよね、何分類と、非分類かどうかという。これについては、450億円についてはⅢ分類、それから、1221億円についてはⅣ分類ということだったんではございませんでしょうか。

たしかそのようだったと思います。

この長銀の日本ランディックに関する処理というものについては、実は、支援計画というものがその基にあったということは御承知していらっしゃいますね。

はい、承知しております。

これは、平成9年3月期から5年間の支援計画ということだったんではなかったでしょうか。

はい、そうだったと思います。

それで、平成9年の3月期には、証人もその決算に関与しているので知っておられると思いますけれども、支援として、302億円の実績があったんではなかったでしょうか。

ええ、そのような金額だったと記憶しております。

そうしますと、平成10年の3月期には、これは、随分大きな数字の支援損、それから、有税引当の債権償却特別勘定をやっていますけれども、これは、支援計画からすると、随分前倒しであったと思いますが、そうだったんじゃなかったでしょうか。

前倒し適用というふうに説明を受け、そのように認識しております。

この長銀の処理というのも、これは、許容される範囲内の処理であるというふうに判断なされたわけですね。

　　はい、そのように判断いたしました。

それから、長銀インターナショナルリース、これについても、平成10年3月期には、358億円を債権償却特別勘定に繰り入れると、有税引当と。それから、約440億円、これを支援損、内訳は、もちろん共同債権買取機構への売却と債権放棄とありますけれども、ということだったんではございませんでしょうか。

　　はい、そのように記憶してます。

それで、このときに、資産の分類としては、この有税引当した358億円についてはⅢ分類で358億、それから、支援損に相当するⅣ分類を440億と、こういうことだったんではございませんでしょうか。

　　はい、そのような数字だったと記憶しております。

この長銀インターナショナルリースについても、実は、支援計画というものがあったわけですよね。

　　はい、そのとおりです。

それで、長銀インターナショナルリースについては、平成10年3月期まで5年間ということだったんですけれども、平成10年3月期になした支援ですね、合計しますと、有税引当と、それから、支援損を合わせますと、約800億になるんですけれども、これは、最初の計画よりは上回ったものだったという御認識はあったでしょうか。

　　そのとおりだと思います。

この長銀インターナショナルリースに関する処理、これも許容される範囲内の行為であると、こういうふうに御判断されたわけですね。

　　はい、そのとおりです。

先ほど申し上げました日本ランディックについての有税引当450億円、Ⅲ分類としたもの、それから、長銀インターナショナルリースについて同じくⅢ分類、358億を、これをそのまま債権償却特別勘定に有税引当した、これについては、平成10年の5月期にもう償却処理したんじゃなかったんでしょうか。

　　その有税引当した部分と申しますのは、平成10年3月期終了後、平成10年の5月に債権放棄を行ったものでございます。

つまり、そういった意味では、もう前の平成10年3月期においては、既に債権放棄ということも確定していたと、そういうふうなものだったんですね。

　　ええ。私どもの考え方は、私どもの監査報告書というのは、5月中旬に出します。5月13日にたしか債権放棄がされたと思うんですけれども、それ以降に監査報告書を出すわけでございまして、監査人の立場から言えば、平成10年3月期、決算期後、発生した後発事象というふうに理解できるわけでございます。したがいまして、その後発事象をどう取り扱うかという会計上の問題がございまして、そのことについて、重要な後発事象として財務諸表に注記するという方法もございますけれども、更に積極的に債権特別勘定というもので個別引当を行うことがより適切な処理であろうということで、それは、妥当な処理というふうに判断いたしたわけでございます。

それから、先ほどの午前中のお答えの最後のほうに、特定先という言葉が出てきたんですが、その特定先というものに入るものの中には、いわゆる事業化会社というふうなものがあったんでしょうか。

　　はい、ございました。

その事業化会社というものは、長銀だとか、あるいは日本リースなどの関連ノンバンクの融資した担保物件の活性化、事業化を図っていくという目的の会社だったんではないんでしょうか。

まあ、そういう性格の会社でございまして、もう少し補足させていただきますと、関連ノンバンクに発生した不良債権、これに担保がくっついておるわけでございます。で、これらの担保は、いろいろ地権者が分かれていたり、権利関係が錯綜している場合が非常に多いわけでございます。で、そのまま放置すると、不良債権がいつまでも回収できないということでございますので、その権利関係が錯綜しているものを整理するために、いったん不良債権からその不動産を分離しまして、そして、その不動産の部分を活性化すると、こういう目的のために事業化会社にそういう不動産が移されたと。その不動産を基に、その不動産の上にいろいろ事業化を進めていくと、具体的には、事務所を建てたり、そういうことで事業化を進めていくということから、事業化会社というふうに言われているというふうに私どもは理解しておりました。

そういった会社について、長銀の平成10年3月期における自己査定、これは、例えば債務者区分であったらどういうようなことであったかということなんですが。

午前中に御説明いたしました特定関連親密先運用細則という規則がございますが、これは、私ども資産査定通達等に照らしまして、許容範囲内であるということで判断いたしたわけですが、その細則によれば、特定先というところに具体的に会社の名前が出てきております。例えば日比谷総合開発とか、新橋総合開発とか、そういうところとか、あるいは日本リースの関連会社、こういうものも出てきております。これらが代表的な事業化会社ということだと思います。それで、この特定先の中に含まれる事業化会社、これの判断につきましては、私ども、特定先が、その資産査定通達に照らして、午前中も申し上げましたが、積極支援する先は破綻する確率が極めて小さいということで、原則破綻先にしなくてもよいという資産査定通達の解釈から、要注意先というふうに判断できるわけでございます。したがいまして、事業化会社の中にも状況は区々でございまして、その債務者の状況に応じまして、これを要注意先、並びに正常先と、こういうふうに長銀の基準では分類するわけでございます。その結果、要注意先につきましては、Ⅱ分類以下になるわけでございます。で、そういう債務者区分、並びに資産分類は、資産査定通達の解釈から言えば、許容範囲内であるというふうに私どもは判断したわけでございます。

本件では、四谷プランニング、竜泉エステート、木挽町開発という3社、これを通称ビルプロ3社という向きもあるようでございますが、そういったものについての取扱いというのはどういう御理解で処理されたわけでございましょうか。

それらの会社は、日本リースの関連会社というふうに理解できるかと思います。その場合には、特定先の中にあります日本リースの関連会社に当たりますので、これは、特定先という取扱いになると。で、そうしますと、運用細則では、要注意先、若しくは正常先と分類されると、こういうふうになるわけでございます。で、その根拠につきましては、また資産査定通達の解釈になるわけでございますが、銀行が積極支援する先は破綻する可能性が極めて小さいわけでございますから、原則要注意先でいいということで、要注意先に分類されるということで私どもは理解しております。

先ほどの午前中の最後のお話の中では、NEDというところが将来にわたって支援が残ると、こういうお話だったんでございますが、このNEDという会社そのものと、それから、これは、検事さんも言っておられる言葉なんですが、NEDグループという7つの会社がございますね、青葉エステートとか、ユニベストとか、グラベス、コーポレックス、プロクセル、日本ビゼルボ、エクセレーブファイナンスと、こうあるんですが、このNED及びNEDグループということについては、長銀は、平成10年3月期はどういう処理だったんでしょうか。

NEDにつきましては、まず、Q&Aの追加によれば、体力がない関連ノンバンクに該当しまして、で、母体行責任を負う会社、そして、合理的な再建計画が存在する関連ノンバンクと、こういうふうに定義されるわけでございます。で、Q&Aの追加によれば、そういう会社については、何年かにわたって支援を実施する場合には、当期の支援を経営意思によって確定したものについて支援損に上げる、これがⅣ分類でございます。そして、翌期以降に支援する支援予定額については、Ⅲ分類に分類すると。長銀は、そういう分類を行って、Ⅳ分類について支援損として計上しておるわけでございます。で、その場合に、Ⅲ分類の中には、NEDのグループ会社の分の債権も含まれております。

それで、そのⅣ分類について、これは、約で言えば202億円ですかね、これをこの平成10年の3月期ではどうしたかというと、NEDは、債権放棄で処理したんですね。

はい。

ということのようでございますが、それで、今お話しの中で、このグループの7社をNED本体と一緒に処理するということの合理性というんですかね、あるいはそれが許容される理由というのはどういうところにあったんでしょうかということでございます。

NED本体とグループ会社を別々にして考えるか、一体と考えるか、考え方は二通りあるかと思います。別々に考えるという考え方は、法形式的に別会社でございますから、これは、分離して考えるのが相当であろうと、こういう考え方もあるかと思います。一方、会計というものは物事の実質面をとらえますので、その側面から考えますと、そのグループ会社の歴史的経緯、設立の経緯をかんがみますに、そもそもこの受皿会社各社というのは、NEDが持っていた不良債権をいったんこの受皿会社に移して整理しようということで、この受皿会社が設立されたわけでございます。御承知のように、当時は共同債権買取機構のような公的機関がなかったわけで、この不良債権の整理については、各銀行がそれぞれの中で整理しようと、こういうことであったわけでございます。そういう中で、そういうスキームを作って、不良債権を受皿会社に移したということでございます。しかしながら、この点につきましては、国税のほうからその取引に税務上問題があるということで、買戻ししなさいという指導を受けまして、もう一度その受皿会社に移った不良債権をNED本体に移し替えたわけでございます。その結果、受皿会社に繰越欠損と、それから、借入金が残ると、こういう形になったわけでございます。ですから、第一点は、このような設立された受皿会社の設立経緯から見て、一体処理が望ましいということが言えるかと思います。二点目でございますが、二点目は、この受皿会社の借入金につきましては、NED本体が保証をやっておりまして、そして、これは、税務上も、保証が付いている限り、損金に落とせないわけでございます。ですから、NEDが保証ということであれば、借入金の面からも、これは、受皿会社とNED本体とは一体と見るということが相当だと考えております。それから、三点目でございますが、三点目は、第一次支援計画において、これは、国税局、当局の認可も受けておるわけですが、先ほど申しましたように、NED本体と受皿会社と一体処理ということが認められておって、第二次支援計画においても、その一体計画というのを国税局と協議中であったわけでございます。そのようなことから考えますと、これは、一体処理と考えるのが相当かと思いますし、更に付け加えさせていただければ、平成8年4月にNEDの資産査定について大蔵検査があったかと思うんですけれども、それについて、受皿会社を分離して処理しなさいとか、その受皿会社の部分をⅣ分類にして償却しなさいということで、その後、それが償却されたというふうに私どもは認識しておりませんでしたので、それも大蔵検査ではそのように考えられておったのかなという認識でございました。

今お話しになった二点目のところで、グループ各社については、NED本体が保証しているという話、そして、その保証があるところでは無税償却ができないというお話でしたが、これは、どこが、つまり、長銀が各グループ会社、例えば青葉エステートとか、エクセレーブファイナンスとか、それあての貸出金について無税償却することはできないと、こういう意味ですか。

長銀が受皿会社に対して貸している貸金でございますね、これに保証が付いているということで、無税償却ができないと。

ということだから、NEDの保証があるんだから、例えはエクセレーブファイナンスに対する貸出金についても無税償却できませんよと、こういう話ですね。

はい、そういうことでございます。

それで、今の追加Q&Aの話とも関係することではあるんですけれども、その再建計画ですね、一種の妥当性というのか、あるいは合理性というんですかね、そういったような要素についてどうなんであろうかということが当然問題になるわけでございますが、その点については、どう判断しておられたんでございましょうか。

まあ、午前中にも申し上げましたが、私どもの監査手続というのは、実務指針に乗っかってやるということでございまして、まず、ラインシートから異常な点、不審な点がないか検討しまして、そして、再建計画につきましては、説明を受ける必要があるということで、担当者から説明を受け、約、グループ会社も含めまして2750億の支援をする必要があるけれども、そのうち、その全体につきましては、国税局と協議中であるということでございましたし、残りの750億については、準メーンであります第一勧銀も応分の負担をするというような説明を受けたわけでございます。その説明の中で、750億と申しますのは、NEDに対する第一勧銀の貸付金と、それから、もう一つ、グループ会社に対する貸付金をほぼ合わせますと、大体それくらいになりますので、まあ、750億の整合性はある程度合理性があるというふうに判断できまして、その説明を私どものラインシートに記載させていただいております。

NEDについては、これは、外部監査人による会計監査を受けている会社だったですよね。

NEDにつきましては、大手の監査法人が監査しておりまして、私ども、その財務諸表を見ましたが、そこでは債務超過にはなっておりません。

これは、朝日監査法人が担当したようでございますね、NEDについては。

はい、大手の監査法人だと思います。

それで、このNEDの処理については、先ほどの御証言からも出てきましたけれども、Ⅲ分類の分類については引当はしていないということがあるんですが、それは、午前中お話しいただきました、この関連ノンバンク関係のⅢ分類の引当は必ずしも必要ではないはないという、そういう理論がそのまま適用される事例でございますか。

そうでございますね。平成10年３月期というのは、先ほど言いましたように、ほとんどの大手銀行がそういう引当を行っていなかったわけで、そういう意味では、大多数の銀行が行っていないということは、会計の世界では、ギャップと申しまして、一般に公正、妥当と認められる会計慣行というものは、ほとんどのものが行っている会計処理なり原則が、それが会計慣行になっておるわけでございます。そういう意味からすれば、引き当てないということが当時の会計慣行でございました。そして、これが、その後、検査マニュアル実務指針によって幅が狭められて、新しい会計慣行として確定したのだと、こういう見方ができるわけでございます。

それから、もう一つくらい例を伺っておきたいんですが、第一ファイナンスというのがございますね。

はい。

（甲）証拠番号206（捜査報告書（第一ファイナンス㈱分））を示す

この第一ファイナンスについて、どういう処理だったかということなんですけれども、これは、なかなか資料をお示ししないと分かりにくいと思うので（ちょうど検事さんが出してくださったもんですから、これを見てください。これは、第一ファイナンスに関するラインシートのようでございますが、これは、御覧になったことありますね。

はい。これにつきましては、このラインシートの１枚目でございますが、右に438とありますが、これは、私どもが銀行から入手したすべてのラインシートに整理番号として付したものでございます。で、その左側に、ＨＥとか、ＭＡとかサインしてございますが、これは、午前中御説明いたしましたように、江端と私のサインでございます。

それを見ますと、結局、どういうことになっているのか、例えば債務者区分と資産分類ですよね、これは、私の見たところでは、Ⅳ分類が130億円ですか、それから、Ⅲ分類が389億、Ⅱ分類が四捨五入すれば629億と、こういう数字になるわけですね。

そうです。

それで、この年は、平成10年３月期の決算においては、第一ファイナンスの償却、引当はどういう処理がなされたんでしょうか。

第一ファイナンスにつきましては、ここで、Ⅳ分類が130億というふうになっておりますが、これは、12月末基準の自己査定でございます。で、３月末には、最終的には147億の引当金を長銀では取ったというふうに記憶しております。

この長銀の資産の分類と引当処理、これが許容される範囲内にあるというふうに判断されたのはどういうことだったんでしょうか。

まず、当社の繰越欠損額がⅣ分類、130億がそれに相当するわけでございますが、これについては、この第一ファイナンスというのは不良債権を回収する会社というふうに言われておるんですけれども、この不良債権というのは、関西系のノンバンク等の倒産によりまして不良債権が発生したわけでございますが、これは、会社整理とか、特別清算とか、そういう対象の会社でございまして、この第一ファイナンスの持っている営業貸付金は、そういうものであったとしても、一応裁判所の認可を受けまして、債権放棄を行った後の残高を第一ファイナンスは持っておるわけでございます。したがいまして、計画によってその営業貸付金は回収できるということでございまして、営業貸付金の中身がすべて償却されているということを前提に、この債権処理を行った結果の数字がこの第一ファイナンスの繰越欠損となっておるわけでございます。したがいまして、この第一ファイナンスにおきましては、このラインシートにも書いてございますが、2001年(平成13年)3月期ころまでずれ込む可能性が大ということで、これは、整理がずれ込むということで、最終的にそのころまでは回収業務をやり続ける会社ということで、私どもは、この第一ファイナンスにつきましては、資産査定通達に照らして、破綻懸念先に該当するというふうに理解したわけでございます。したがいまして、破綻懸念先であれば、Ⅲ分類、最悪Ⅲ分類ということでございます。しかし、第Ⅳ分類も出して、これを引き当てているということで、非常に健全な処理、保守的な処理を行ったというふうに理解しております。更にⅢ分類の中身を見ますと、第一ファイナンスの持っている営業貸付金のうち、Ⅲ分類相当、先ほど言いましたように、この営業貸付金というのは、すべて債権放棄した後の残高でございますので、これは、回収見込みがあるということでございます。それから、有価証券含み損、これがⅢ分類となっております。この金額が大きいわけでございますが、そもそもこの第一ファイナンスの有価証券をどう評価するかというのは、Q&Aの追加の関連ノンバンクのところにも、ただ有価証券を評価するということは書いてありますけれども、具体的にどの基準でどのように評価するかということは書いてありませんので、どういう評価をするかは、これは、任意でございます。そうすると、参考になるのが資産査定通達でございます。そうしますと、資産査定通達では、保有する有価証券は非分類でございます。したがって、非分類ということはⅠ分類でございますので、あえてⅢ分類にするということは、これは保守的にやっていると。しかも、その含み損については、これは、持っている有価証券はすべて上場有価証券ばかりで、優良銘柄でございます。で、この含み損も回復可能性が多いにありと、発行体がおかしくなっているわけではございません。そういう意味でⅢ分類にしているということは、これは、合理的だというふうに判断しました。それから、第一ファイナンスには、2社の子会社がございます。それらの子会社に対する貸付金のうち、子会社が持っている繰越欠損分、これをⅢ分類としております。これにつきましても、資産査定通達に照らして、子会社を見れば、これは、破綻懸念先というふうに考えられますので、その部分をⅢ分類とするということは、資産査定通達上からも許容範囲内であると、このように判断したわけでございます。

この第一ファイナンスについては、1つは、第一ファイナンス保有の有価証券の含み損の相当額を長銀の自己査定においてⅣ分類にするかどうかという問題がありますけれども、それについては、今のお話のように、そういうことは資産査定通達でも義務づけられてはいないということですね。

はい。で、Ⅲ分類で相当だと我々は判断したわけです。

それから、第一ファイナンスの子会社、具体的には、はまなす恒産と、それから、すずらん恒産ですが、これについての繰越欠損分というようなものについても、長銀の第一ファイナンスに対する貸出金の自己査定において、Ⅳ分類に算入しなきゃならないということは義務づけられていなかったということでございますか。

ええ。そういうことでございますので、私どもは、長銀の第一ファイナンスの資産査定、自己査定の結果を妥当なものというふうに判断したわけでございます。

第一ファイナンスは、やっぱり外部監査があって、これは、太田昭和監査法人が監査したのではありませんか。

ここの会社については、私どもの法人が監査しております。

証人自身もかかわったんでございますか。

　　私も米国から帰った後、ここの関与社員をやりました。

あと、省略しますが、いずれにしても、長銀の自己査定基準というものに照らし、それから、資産査定通達とか、あるいはQ&A、追加Q&A、4号指針、そういったものに照らして、許容される範囲内であるという判断をされたわけですね。

　　ええ。私どもは、まず、このラインシートを基に自己査定の結果を検証いたして、それが妥当かどうかは、まず、銀行の自己査定基準に準拠しているかどうかと、更にその自己査定基準が資産査定通達等の許容範囲内であるかというところを検討して、最終的な結論は許容範囲内ということにしたわけでございます。

検　察　官（保坂）

まず、太田昭和監査法人は、長銀の会計監査の関係で現在民事訴訟を提起されているのではないですか。

　　民事訴訟は、1件ございまして、関西のほうの株主から訴訟を受けております。

簡単に言うと、どういう内容の訴訟でしょうか。

　　旧株主が、長銀の株価がゼロになったために、自分の買ったときの値段からゼロとの差額、その金額を損害賠償してくださいというふうに求めておりまして、これは、平成9年9月期の中間財務諸表が対象となっております。

その中間財務諸表に虚偽があったから損失を受けたんだと、こういう訴えということでしょうか。

　　そうでございます。

それは、監査法人自体が被告となっているということですか。

　　そのとおりでございます。

監査法人の社員というのは、監査法人に関しては無限の連帯責任を負っていると、こういうことでよろしいんでしょうか。

　　監査法人の制度というのは、商法の合名会社に準じた組織でございまして、そこで社員と言われる者は、今検事さんが言われたように、無限連帯責任を負っております。

それから、長銀の監査をされていた間に長銀の会議録などで御覧になっていたものは、どういった種類のものがあったでしょうか。

　　自己査定に関して、ラインシート以外では、例えば取締議事録でございますね、これを毎期見ております。

例えば常務会の資料とか、それから、経営問題協議会開催報告、特定債権対策委員会の資料とか、こういったものは御覧になっていましたか。

　　今おっしゃった議事録関係は見ておりません。

（以上　　名児耶　明子）

それから、決算経理基準というものは平成10年3月期の決算においても適用があったんですか。

　　それは、決算経理基準は平成10年3月期においても適用されました。

結論だけお答えいただきたいんですが、決算経理基準というのは公正なる会計慣行というふうに言えたものでしょうか。

　　平成10年3月期においてということでしょうか。

はい、そうです。

　　決算経理基準も公正な会計慣行の一部を構成しておりました。

それから、同じく平成10年3月期ということでお聞きしますが、資産査定通達、全銀協の関連ノンバンクQ&A、それから公認会計士協会の4号指針、これらはいずれも当時、公正なる会計慣行だったと、こういうふうに言ってよろしいんでしょうか。

はい、公正な会計慣行を構成したというふうに認識しております。

それから、平成10年3月期においては、金融機関の関連ノンバンクについても、資産査定通達の債務者区分と対応関係のある債務者区分をする必要があったのではないですか。

その点につきましては、実務指針によれば、資産査定通達と同一である必要はなく、より詳細であっても、分類の対応関係があれば実務指針上は斜合されるということでございます。

詳細になってもいいが対応関係ははっきりしなきゃいけないと、こういうことですね。

ええ、分類に整合性があって対応関係が確保されているということでございます。

そういう考え方からしますと、関連ノンバンクについて、関連ノンバンクというふうに、ひとくくりにした債務者区分をするというのは適当なんでしょうか。

それは実務指針の趣旨からすれば許容範囲内だということになります。

しかし、証人の証言によると、体力のある関連ノンバンクについては要注意先以上であるだろうと、それから体力のない関連ノンバンクについては破綻懸念先以下であろうと、こういう証言ではなかったですか。

いえ、そのような発言はしておりません。

では、それに類似した発言を先ほどされていませんでしたか。

しておりません。

長銀の平成10年3月当時の貸倒引当金計上及び貸出金償却基準というのは、証人は当然、当時御覧になっていますね。

はい、見ております。

それによりますと、債権償却特別勘定の繰入額については、自己査定基準に定める債務者区分が破綻懸念先のⅢ分類債権である場合、それから自己査定基準に定める債務者区分が実質破綻先及び破綻先のⅢ分類債権である場合というふうに、場合を分けて繰入額の計算方法を記載しているんですが、そのことは御存じですね。

はい、知っております。

そうしますと、関連ノンバンクについてもⅢ分類の引当が必要かどうかということを考える上で、債務者区分をして、長銀の定義する破綻懸念先になるのか実質破綻先になるのかということを判断しなければいけないんではないですか。

関連ノンバンクにつきましては、まず資産査定通達の適用があるわけでございますが、Q&A追加の適用も選択適用できるわけでございます。Q&A追加では、そこでは支援損の処理のことを言っておりまして、当期で支援確定したものが、これがⅣ分類、翌期以降の支援予定がⅢ分類と、このようにされておるわけです。翌期以降支援するⅢ分類につきましては、先ほど言いましたように、引当金を取るというものは、公正な会計慣行の中では、取らなくても、当時はいいと、こういう会計慣行であったわけでございます。したがいまして、関連ノンバンクの翌期以降、支援損、支援する部分については、取らないということが、既に会計慣行であったわけでございます。したがいまして、その償却引当金の基準で、関連ノンバンクについてⅢ分類の引当の問題というのは出てこないわけでございます。したがいまして、関連ノンバンクという基準を行ってもⅢ分類に何ら実害はないわけでございます。

ただ、関連ノンバンクだからと言って、すべてについて支援損を計上するということではないですよね。

関連ノンバンクについては支援計画があって、そして支援の意思決定をしたものが支援損に計上されるということでございます。

ですから、そういう決定がされていない場合は支援損の問題にはならないわけですね。

はい、支援損の問題にはなりません。

では、支援損の問題にならない場合は、一般先と同じようなⅢ分類とかⅣ分類というのがあり得るんじゃないんですか。

関連ノンバンクにつきましては、Q&A 追加によれば、支援損の処理をどうするかというために関連ノンバンクの Q&A 追加が出ております。したがいまして、Ⅲ分類については引当金はしなくてもいいという会計慣行があったわけでございますから、そこではもう引当の話は関連ノンバンクについては出てこないわけでございます。

ですから、お聞きしているのは支援損の問題が生じない関連ノンバンクについては、一般先と同じようにⅢ分類、Ⅳ分類というのが出るんではないかということをお聞きしているんですが。結論だけ、まずお答えください。

Q&A 追加の適用を受けないところ、これは体力があるノンバンクについては、Q&A 追加の冒頭のところにもありますように、これは一般債務者と同様に分類を行うということになっております。

体力のあるノンバンクについては一般債務者と同様の債務者区分をし、体力のないノンバンクについては債務者区分をしないと、こういうことになるんですか。

それは私が申し上げたのは、Q&A の追加の記載がそうなっておりますということでございます。

だから、私が今質問したことでよろしいんですか。Q&A によると、そういうことになるんですか。

そういうことになります。

速記録末尾添付の対照表を示す

２ページを示しますが、資産査定通達の破綻懸念先の定義のところで、なお書きがあって、自行として消極ないし撤退方針を決定していない債務者であっても、当該債務者の業況等について客観的に判断し、今後、経営破綻に陥る可能性が大きいと認められる場合は破綻懸念先とすると、こういうふうに書いてありますね。

はい。

この自行として消極ないし撤退方針を決定していない債務者という中には、積極支援先というのは入らないんでしょうか。

これは入らないと思います。

それはどうしてですか。

今後、経営破綻に陥る可能性が大きいと認められる場合は破綻懸念先とすることになっていますけれども、積極支援するということは、客観的に判断して経営破綻に陥る可能性は大きくないというふうに考えられまして、客観的に見ても銀行が積極支援する先は破綻する可能性が小さいわけですから、ここでのなお書きを適用しても、なおかつ積極支援する先は、客観的に判断して破綻しないと考えられるわけでございます。

まず言葉の問題として、本文のほうでは、「消極ないし撤退方針としており」とあって、なお書きのほうでは、「消極ないし撤退方針を決定していない債務者であっても」と、こういうふうに書いてありますね。

　はい。

本文で規定している場合でない場合であってもというふうに分類上は読めるんではないんですか。

　そのように読むという読み方もありますし、また、そもそも銀行が積極支援するということがあれば、その債務者は客観的に判断して経営破綻に陥る可能性が大きいとは認められないと、こう読めるわけでございますね。ですから、そういう意味では、積極支援というところを判断すれば、経営破綻に陥る可能性というものは極めて小さいというふうに読めるわけでございます。

では、その積極支援ということの中身について伺いたいんですが、金融機関が支援をするという意思が堅ければ、その内容はどんなものであってもいいと、こういうことなんでしょうか。

　支援にもいろいろございまして、端的な支援は、損益支援と言われます債権放棄とか現金贈与というものもございますし、それ以外に借入金、貸付金の面で、例えば残高維持をするとか、これも支援の一種でございますし、それから更にそれ以外に、損益を伴わないものとして人事面の支援、あるいは営業面の支援、こういうものをすべて含めて支援と言うわけでございます。

今お答えになったのは支援の方法の問題だと思うんですが、積極的な支援があると言えるためには、まず金融機関が機関決定するなどして支援の意思を明確にしていること、それからその支援を行うことによって貸出先の再建ができること、それから支援について金融機関が実際に行うことが可能であること、こういった条件がそろっていなければいけないのではないですか。

　支援の意思と支援の能力があるということが支援の前提だと思います。

そして支援によって再建ができるということも条件になるんですね。

　はい。

金融検査マニュアルになってからは、支援先であっても、破綻懸念先あるいは実質破綻先になる場合があるということのようなんですが、これはどういう理屈からなんでしょうか。

　検査マニュアルの定義からそういうふうに改正されるわけでございます。

定義はそうなんでしょうけども、支援先であるのに破綻懸念先や実質破綻先になるというのは、どういう実質的な理由があるからなんでしょうか。

　それは従来、資産査定通達では解釈の幅があったわけでございますが、そこのところが検査マニュアルで狭められたわけでございますが、それは検査マニュアルにおいて、合理的な再建計画があるとか、4条件というものが検査マニュアルでは付加されました。この4条件というのか要注意先になるかならないかというところで大きなファクターになったわけでございますが、そういう意味では検査マニュアルでの取扱いが厳しくなったわけでございますね。

では、検査マニュアルで取扱いを厳しくしたのはなぜなんですか。

　それは厳しくというよりも、資産査定通達と検査マニュアルとを比べますと、資産査定通達の解釈の幅は広かったわけでございます。それを検査マニュアルでは狭めたということでございます。

マニュアルの問題はちょっと離れて、支援をしていれは、その支援先は破綻しないんだということを先ほど来おっしゃっていると思うんですが。

　単なる支援ではなくて積極支援ということでございますね。

積極支援をすれば破綻しないんだと、そのことと、支援先であっても破綻懸念先や実質破綻先になる場合があるということとは、どういうふうにつながるんでしょうか。

検査マニュアルと資産査定通達の解釈を比べたときにそういう違いが出てくると、こういう話でございます。

ちょっとよく分からないんですが。

裁　判　長

おっしゃるとおりマニュアルはそうなっているんですよ。だという理解なんでしょう。

はい。

検察官が聞いているのは、そういうふうに変えなくちゃいけなかったその実態は何なんですかということ、実際はどうなんですかということなんですよ。

それは平成 10 年 3 月期以降、金融検査が行われまして、ほとんとの銀行がそういう資産査定通達の解釈を幅があるものというふうに解釈して実務を行っておったわけで、それも一つの会計慣行として認められておったわけです。ところが、金融監督庁の検査官のお立場からすれば、もう少しそういう解釈を狭めたほうがいいと、こういう御判断があったわけで、そういう検査を指導されて、それが検査マニュアルとして具現したわけでございますけれども、そういうことによって解釈の幅が狭められたと、そういう違いが起きたということでございます。

検　察　官（保坂）

積極支援先であれば破綻しないという事実問題は、マニュアルの改正前であろうと後であろうと変わらないんですか。

積極支援していれば、支援側に支援の意思と支援の能力があれば、破綻しないということも、見るケースもございますし、そこでは、そう見るケースとそう見ないケースも、実際の実態判断というものも中にはあるかも分かりませんけれども、私どもは飽くまでも資産査定通達の解釈、検査マニュアルの解釈の問題から申し上げておるわけでございます。

ですから、積極支援をしていても破綻する場合というのがあるんだから、だから金融検査マニュアルは、そういう場合は実質破綻とか破綻懸念先になるんですよということを決めているんじゃないんですか。

それは前提は、積極支援をする意思があっても、余りにも支援をするだけのことができなくなったような状態になれば、それは積極支援そのものが今度は崩れていくわけですから、その場合には破綻の可能性も起きてくるでしょう。そういうことが言えるかと思います。

それはマニュアルを改正しようがしまいが同じことではないんですか、事実問題としては。

一つの事実を一つの基準に照らしてどう解釈するかというのはあるかと思います。事実は一つというのは、事実は一つだと思います。ただ、解釈には幅があるということです。

それから、支援損についても、将来の支援予定額についても、全額、特定債務者支援引当金などの形で計上しなさいというふうに金融検査マニュアルでなったということですが、それはどうしてそういう取扱いにすべきだということになったんでしょうか。

当時は、10 年 3 月期においては、長銀を除く 18 行中 14 行が、そういう引当金を積んでなかったわけでございます。したがいまして、当時はそういうものも公正な会計慣行であったわけでございますが、金融監督庁のほうも、そういう引当金については計上すべきという、そちらのほうの考え方が検査の過程の中で強く出されまして、検査マニュアルにもそういうものが盛り込まれまして、その結果そういうものが義務づけられたわけでございます。

先ほどと同じことなんですけども、金融監督庁のほうが将来の支援損についても引当すべきだと考えるようになったのはどういう背景事情があるからなんですか。

金融監督庁が、今度、大蔵省から分かれまして、行政改革で、非常に厳しい検査をするというような行政改革が行われたり、当時、金融機関に対する世論の厳しい風当たりがありました。そういうものを背景に、厳しい検査、それから検査基準もそういうふうに厳しいものに変えたというか、解釈の幅をもっと狭めていったということが背景にあったと思います。

検査の問題だけでなくて、償却、引当処理のやり方自体をそうしなさいということですよね。単に検査でこういうふうにチェックするということではなくて、償却、引当はこうしなきゃいけないということですよね。

はい。

なぜ、そういうふうに考えられるようになったんでしょうか。

まず平成10年3月期に言いますれば、9年3月期以前からそういう会計慣行が認められておって、10年3月期も会計処理の継続性ということでほとんどの銀行が引当をしないという会計慣行を継続しておったわけでございます。これが第一点と。

そういう会計慣行があったんなら、なぜ、その慣行を変える必要があるというふうに考えられたんでしょうか。

常に、公正な会計慣行というのは、そのときの状況に応じて検討されて変わっていくわけでございます。そういう意味で、公正な会計慣行の中身、解釈、これも公正な会計慣行になるわけでございます。そういうものが平成10年3月期と11年3月期と比べたときに変わっていったということでございます。

じゃあ、何が変わったから会計慣行も変わるべきだということになったんですか。

それは検査マニュアルに、そういう規定が設けられたわけでございます。

だから、検査マニュアルが変えられるに至ったのは、状況が変わったから公正なる会計慣行の考え方も変わるべきだと、だから金融検査マニュアルも変わったんだと、こういうことをおっしゃっているんではないんでしょうか。

弁　護　人(坂井)

質問が不当だとまでは言いませんけども、検査マニュアルを変えたのは証人ではないので、なぜ変えたのかというような質問は不適当ではなかろうかと。

裁　判　長

だから証人としてその実態を理解しているのであれば、そこを述べてくださいという趣旨だと思うんです。

検　察　官(保坂)

どういうふうにお考えになっているのかということをお聞きしているんですが、どうでしょうか。

裁　判　長

ですから、そういうことを考えたことがないんであれば考えたことがないで、マニュアルが変わったからそのとおり処理したんですということであれば。

そういう意味では、我々は基準が遵守されているかどうかということから監査するわけですから、基準の変更を会計慣行の変更として受け入れたということでございます。

検　察　官（保坂）

なぜ会計慣行が変わったのかは分からないということですか。

そこまでは考えが至っておりません。

金融検査マニュアルが策定されるに当たっては幅広くパブリックコメントが集められたようなんですが、その結果として将来の支援損部分についても引き当てるべきだということについては、そのパブリックコメントとしても余り意義がなかったということになるんでしょうか。

私も中身については詳細には聞いておりませんけれども、各界からいろんな意見を聴して、それも踏まえた上での改正だということで聞いておりまして、そういうものを反映してできたのが検査マニュアルだということで、意見が反映されているというふうに思います。

従来の実務のやり方と全く違うやり方を、連続性のないやり方を導入しようとすれば、非常に大きな抵抗があるんじゃないかと思うんですが、どうでしょうか。

そういうことではなくて、従来から二通りのやり方が会計慣行として認められておって、引き当てないというほうが有力な会計慣行であったと。で、有力でない、多数の銀行がやってない会計慣行がそこで定められたということでございます。

だから、有力なものが有力でないものに取って代わられるというのは大きな変化じゃないんですか。

大きな変化でございます。

それについては大きな反対はなかったですか。

そのパブリックコメントの過程の中に私はいませんでしたので、その辺の過程についでは私は掌握しておりません。

では質問が変わりますが、自己査定制度の導入前までは、金融検査における資産査定の結果と償却、引当とは直接はリンクしなかったという証言でしたが、直接はリンクしないということは、逆に言えばある程度は関連があったということになると思うんですが、どういう関連があったんでしょうか。

弁　護　人（倉科）

今の質問はちょっと論理がおかしいんじゃないかと思いますが。もっと端的に伺えばいいんじゃないでしょうか。

検　察　官（保坂）

一般的に聞いているわけです。

弁　護　人（倉科）

だから、直接リンクしないということは、じゃあ間接的にあったことになる、そういう問題じゃないでしょう。論理学上そんなことは成立しないでしょう。

裁　判　長

もう一回質問してみてください。

検　察　官（保坂）

直接はリンクしないという証言でしたが、全く関係がないという御趣旨なんでしょうか。

資産査定の結果と償却、引当金は直接リンクしておりませんでした。決算経理基準によれば、無税償却のものについては償却証明制度で承認が必要になっております。その中身というのは、資産査定通達の結果のⅣ分類がこの無税の対象になるという意味では、これはそういう意味では間接的に対応する、リンクするということは言えるかも分かりませんけれども、そもそも資産査定というのは銀行が自ら行うものではございませんし、償却、引当というのは銀行の判断で自ら行うものでございます。そういう意味では、それは直接関係していなかったということが言えるのではないかと思います。

では、実情として、金融検査でⅣ分類とされたような場合は、償却、引当をどうしていたんでしょうか。

Ⅳ分類にされたようなもので、銀行が、これは償却、引当が相当だと判断したものについては、経営の意思としてこれをやるということを決めて、そしてそれを償却証明制度の下で大蔵省に無税で償却できるよう証明を受けて償却を行うと、こういう流れになっておりました。

Ⅳ分類査定されたものは、基本的にはその直近のところで償却、引当をしていたんじゃないですか。

ええ、私どもは資産査定の結果については開示されておりませんでしたので、そのⅣ分類が完全にどうなったかということは私どもには分かりませんけれども、Ⅳ分類の中身と無税の償却の中身がイコールということであれば、そのⅣ分類になったものについては大蔵省も無税で証明が出せたはずでございます。

速記録末尾添付の対照表を示す

２ページを示しますが、破綻懸念先の定義の、「具体的には」というところ以下のところなんですが、「現状、事業を継続しているが」とあって、その後ずっと読んでいくと、「事業好転の見通しがほとんどない状況」とありますね。

はい。

その「事業好転の見通しがほとんどない状況」というのはどういう場合かということを例示したのが、その前の、「実質債務超過の状態に陥っており」とか「業況が著しく低調で」とか「貸出金が延滞状態にある」といった部分ではないでしょうか。

そういう読み方もできるでしょうし、貸出金が延滞状況にあるなど事業好転の見通しがほとんどない状況と読んでしまうこともできるかも分かりませんし、読み方は、いずれにしてもこの個々のものを、かつ、ということでつなぐということはできるのではないかというふうに思います。

ですから、事業好転の見通しがほとんどない状況ということの例示がその前に書いてあるものであるとしますと、実質債務超過状態とか業況が著しく低調であるとか、貸出金が延滞状態というのは、一つ一つが例示であって、すべてを満たさなければ事業好転の見通しがないというふうになるというふうには読めないんじゃないでしょうか。

では例示をなくして、事業好転の見通しがほとんどない状況だけで資産査定通達というのが運用できるかということではなくて、それを更に具体的に一つの条件をここに定義して当てはめて、そして実務上これでもって解釈してやりなさいよと、そういう趣旨として私どもは読んでおるわけでございます。したがいまして、例示ではなくて具体的な要件をここに盛り込んでおって、そして最後に事業好転の見通しがほとんどない状況でということで結論を出しておるわけでございます。

その次のページの実質破綻先のところを示しますが、やはり資産査定通達のほうの定義のほうの、「具体的には」というところ以下なんですが、最後のところで、「先などをいう」というふうに書いてありますね。

はい。

ということは、その前のところは例示がされているということになりませんか。

私どもは、これを解釈するに当たっては、これは実質破綻先の一つ一つの要件を定義しているというふうに理解しております。

しかし、「などをいう」、ということは、その前に書いてあるのは例示だということになりませんか。

　　例示というよりも、これは具体的な要件が書かれているというふうに理解しております。

ですから、要件の例示ということではないんでしょうか。

　　要件そのものだというふうに考えております。

では、「など」というのはどういう意味があるんですか。

　　それ以外にも要件があれば加味する必要があるでしょうねということはあるでしょうけれども、それをここで、何がそういう要件になるかということは、なかなか困難でございますので、これらの要件を一つの条件として判定するということも許容範囲内かなというふうに考えております。

ですから、ここに書いてあるものすべてを満たさなければ実質破綻先にはならないというふうには、これは読めないですね。「など」というのが付いているわけですから。

　　そういうことにはならないと思います。

どうしてですか。ほかにもあるから「など」と書いてあるんじゃないんですか。

　　そういうことにはならないと思いますし、ここで書かれていることは一つ一つが資産査定通達の実質破綻先としての要件をここで明示しておるわけですから、これらの要件をすべて満たした場合にという解釈も我々はできるのではないかというふうに考えたわけでございます。

ですから、すべて満たした場合などというふうに読むんじゃないんですか、この実質破綻先のところは。あなたの言い分を前提としたとしてもですよ。

　　そういう読み方もできるかも分かりませんし、私どもは私どもの読み方をしたということです。

（甲）証拠番号 98（供述調書）添付の資料６を示す

今示しているものは自己査定トライアルの際に第一ファイナンスにおいて大阪ファイナンス株式会社向け営業貸付金を査定した際のワークシートということなんですが、当時こういった資料は会計監査人のほうは御覧になっていましたでしょうか。

　　この資料は見た記憶がございません。

この資料の右側の「３　債務者区分」というところを見ますと、「実質破綻先」のところでは「売上なし」、「２期連続債務超過」、「回収不能見込 50％以上」と、３つの条件が挙げられていて、それらの要件が＆という記号で結ばれていますね。

　　はい。

この３つの条件を満たさない場合には実質破綻先にならないと、こういうことですね。

　　いえ、そうではございませんで、実質破綻先の３条件を満たす場合、自己査定基準には、などが入っておりますので、これ以外にもあるわけでございます。

ただ、ワークシート上は、ほかの要件などは書いてないですね。

　　このワークシート上は、まさしくそのとおりでございます。

それから破綻懸念先のところも同様に大きく分けて３つの要件があって、＆で結ばれていますから、ワークシート上は３条件すべてを満たした場合に破綻懸念先になると、こういうことですね。

　　そういうことで、このワークシート上はそのように読めます。

それから、要注意先のところを見ると、やはり３つの条件がありますが、今度は、or、英語の、又はという言葉で結ばれていますね。

　　はい。

これは3つの要件のうちどれか1つの条件を満たしていさえすれば要注意先になると、こういうふうにワークシート上はなりますね。

はい。

(甲) 証拠番号127(供述調書) 添付の資料2を示す

これは自己査定トライアルの際に日本リースにおいて日本ビルプロヂェクトという会社の営業貸付金を査定した際のワークシートですが、これは当時、御覧になったことはありますか。

いや、これは見た記憶はございません。

こういった形式のワークシートは全く見ていないということなんでしょうか。

こういう形態のやつは見た記憶がございません。

このワークシートの形式も先ほどの大阪ファイナンスのものと同じものですね。

そうですね。

この2番のワークシートでは実質破綻先のところと破綻懸念先のところに2つずつチェックがついていて、しかし、その3つがすべて満たされていないということで結論的に要注意先となっていますね。

はい。

自己査定基準には、3つの条件すべてを満たす先などというふうに書いてあったようですが、そういう言葉が入れてあっても、実際には、などが入っていないものというような。

弁 護 人(倉科)

異議がございます。誤導でございます。今示されているものは、まず第一に長銀がやったワークシートではない上に、これは自己査定トライアルの話をしているんでしょう。

検 察 官(保坂)

ですからトライアルというふうに質問しています。

弁 護 人(倉科)

だから、それと本年、10年3月期のワークシートの話と混同して質問されては困ります。

(以上　松井 良江)

検 察 官(保坂)

日本リースの担当者の供述によりますと、平成10年1月の自己査定の本番でも、今示しているのと同じワークシートで営業貸付金の査定を行うように長銀側から指示をされたと、そして、それに従ったということを述べられているんですが。

弁 護 人(倉科)

異議があります。信用性を争ってる調書の内容を、そのような形で引用して誘導尋問するのは異議があります。

裁 判 長

御意見はいかがですか。

検 察 官(保坂)

信用性を争っているというのは。

弁 護 人(倉科)

そうですよ、私どもは同意した部分、一部不同意部分を含めて、すべて信用性を争うという大前提を申し上げているはずです。

裁 判 長

質問が全部終わってないものだから、その後が分からないんであれなんですが、そう言ってるんだけれども、どうなんですか、その後は。

検　察　官（保坂）

というふうに述べているんですが、そういったことを見聞きしたことはありますか。

ございません。

速記録末尾添付の対照表を示す

対照表の２ページのところを示しますが、長銀の自己査定基準のほうの破綻懸念先のところの③の要件、過去６箇月以上入金が全くなく、今後の入金もほとんど見込みがない先と、この要件について伺いますが、これは、途中でわずかでも入金があれば、例えば、１億円の貸出しに対して10万円の入金があったとか、そういった場合には、この要件を満たさないんでしょうか。

「入金が全くなく」でございますので、そういうものは、これを満たさないということになります。

資産査定通達では、こうした６箇月とか、入金ゼロといった絶対的な数値基準は置いていませんね。

数値基準は置いておらず、午前中申し上げましたように。

まず、取りあえず、置いていないということ、よろしいですね。

置いておりません。

そうしますと、貸出金に対して余りにも僅少な入金しかなかったという場合は、それは考慮しないで破綻懸念先になるというふうに資産査定通達上は解されるんじゃないんでしょうか。

ええ、資産査定通達上は、これに該当するものは、「具体的には」の以下で、「貸出金が延滞状態にあるなど」と、これに該当するかと思うんですけれども、しかし、これは、すべての金融機関に一般的に適用するために抽象的な表現になっております。これでは実務は動かないわけでございますので、具体的な基準を明示する必要があるわけでございます。そして、この具体的な基準で、じゃ６箇月という基準が常識的に考えて不合理な基準であれば別ですけれども、税務でもそうでございますが、未収収益の不計上の基準というのは、６箇月でも。

裁　判　長

いいですよ、今、聞かれてるのは６箇月じゃないんですよ。「全く」というところが問題なわけです。要するに、１億円貸していて、１万円しか返ってこなくても、６箇月間に１万円でも入金があれば、これに当てはまらないというふうに読めますよねという質問なんですよ。で、査定通達のほうは、そこまでは書いてないんじゃないですかと、そういう趣旨ではないんじゃないですかと、それで、ここと自己査定の手引と査定通達との間の解釈に違いがあるかどうかということを、今、検察官は聞いてるんです。

そうでございますね。ですから、これは入金が全くない期間が６箇月ということでございますので、やはりこの６箇月という期間が常識的な期間かということも一つの判断要素だというふうに思います。

「全く」というところはどう考えておられるかと聞かれてるんですよ、今。

私どもは、この「全くなく」というよりも、むしろこの６箇月の基準のところが常識的かどうかという判断でございます。

そうすると、１年間に100億貸してあって、10万円でも入ってればいいということになるわけですか、６箇月置きにでも。そういうことを聞かれてるんですよ、具体的に言うと、今。6箇月以内に10万円ずつ年に2回だけ入ってくると。で、貸金と関係なく、わずかな金額でも入ってれば、それじゃいいんですかという、それが検察官の、極端な例ですけれどもね、そういう質問なんですよ。だから、期間を問題にしてるというよりは、むしろ期間も問題だけれども、中身がそれで足りてるんですかということなんですよね。

その辺については、私どもは今ちょっと十分な答えを用意しておりませんので、答えは留保させていただきます。

検　察　官（保坂）

当時、じゃ、考えてなかったんですか、それは。

いや、考えておったと思うんですけれども、ちょっと今、当時のあれが思い浮かばないものですから。

次の質問ですが、長銀の自己査定基準では、次の3ページのところですけれども、実質破綻先の3条件の中に、「事業を形式的には継続しているが、売上が殆どない等会社の実態がない以下のような先」というのがあって、売上げがゼロとか、従業員が全くいないといったことが書いてありますが、そういった状態では、形式的にも事業を継続するということはできないんじゃないですか。売上げがないとか、従業員がいないとか、そういう場合ですが。

ここでいう形式的というのは、法的破綻に入ったものというふうに理解すれば、破産になったとか、会社更生法を申請したとか、会社特別清算になったとか、こういう法律的に破綻したという意味で解釈すれば、そういうふうに理解できるんじゃないでしょうか。

形式的でも事業を継続していれば、多少の売上げが上がるということもあるんじゃないですか。

形式的に事業を継続していれば売上げが上がるという場合、その場合には、実質破綻にならないかも分かりませんね。

ただ、「売上げがゼロ」というふうにはっきり書いてありますよね。

ええ。ですから、こういう会社は、ここでいう実質破綻の、まさしく条件の一つに該当するということではないでしょうか。

じゃ、売上げがわずかにあったらどうなるんですか。

売上げがわずかにあったという条件は、これをクリアできればこの条件には該当しないということは言えるかと思います。

ただ、先ほどのように100億の負債を抱えている、借入れがあるような先が、月々10万円の売上げがあるといった場合でも実質破綻にはならないということですか。

この条件から言えば……すいません、もう一度質問をお願いします。

長銀から100億の借入れがあるような先があったとしますよね。その先が月々10万円程度の売上げがあるといったような場合、売上げがあるから実質破綻にはならないと、こういうことになるんでしょうかということですが。

まあ、それは、100億という例が極端な例だと思うんですけれども、そういう例でやるということではなくて、この考え方から言えば、売上げがほとんどないと、売上げが少しでもあれば、それは事業として動いてるということは、見方としてはあるかも分かりません。で、それが瞬間的なものなのか、もう少し長い目でそうなのかというのは、破綻懸念先になるか実質破綻先になるかという判断であるかと思います。

だから、先ほどの例で、10万円の売上げがあるということをもって事業を継続しているというふうに判断されるんですか。

　　それは、私ども監査人の立場からすれば、10万円ということと、それからもう少しほかの条件も加味することになると思いますけれども、そこのところをこのようにぎゅうぎゅうぎゅうぎゅうやるというような議論の中では、なかなかお答えは出しにくいかと思います。

それから、長銀の自己査定基準では実質破綻先の3条件の中に、債権のうち回収不能見込額が50パーセント以上ある先という条件がありますが、50パーセント未満、例えば、49パーセントだったら実質破綻先にならないんですか。

　　これで言うと、そういうことになりますね。

平成10年3月当時、無税償却に関して、法人税基本通達（9-6-4）というのがまだありましたね。

　　はい。

その解釈に関して、その少し前まで不良債権の償却証明制度というのがあって、その実施要領というのもありましたね。

　　ございました。

そこでは、回収不能見込額が40パーセント程度であれば、無税償却を認めていたんではないですか。

　　そのころの記憶は、ちょっと定かではございません。

じゃ、仮に、その実施要領で40パーセント程度というふうに書いてあったら、長銀の実質破綻先の条件というのは、それより厳しいということになるんでしょうか。まあ、なりますね。

　　……その辺は、ちょっと40パーセントそのものを私は記憶にありませんので、何ともお答えしかねますが。

償却証明制度って、随分長い間やっていたんじゃないですか。

　　やっておりました。

で、実施要領について、あなたは専門家として非常に細部まで御存じだったんじゃないですか。

　　ええ、当時は読んでおったと思いますが、そのころの記載が40パーセントだったかどうかというのが、今現在記憶にないということを申し上げておるわけでございます。

そうしますと、実際には、償却証明制度は9年の7月ころまでありましたね。

　　はい、そうです。

10年3月の段階で40パーセントという数値については、記憶あったでしょうかね、まだ。

　　いや、それは、ですから、今記憶を復元できないと言っておるわけでございます。

今はできないけど、10年3月当時も忘れていたかもしれないということですか。

　　10年3月期当時、それを覚えていたかどうかという記憶は、今現在分からないということです。

従来の無税償却、どういう場合に認められていたのかということと、今回、自己査定制度、入ってくるものとを比較検討したということはないんですか、当時。

　　当時は、決算経理基準が公正な会計慣行ということになっておりましたので、その範囲内で私どもは、検討はいたしております。

従来、無税償却が認められていたようなものが実質破綻先としてⅣ分類に査定されないような基準というのは、おかしいという観点では見ていないということですか、当時。

当時は、見ておりません。

でも、従来からの継続で考えるというふうにさっきおっしゃってたんじゃないですかね。

ええ。それは、すべての細部の個々の基準というのは記憶にあるわけではございませんので、今ちょっとお答えはできません。

では、対照表の5ページ、長銀基準の関連ノンバンクにかかる自己査定運用規則の(3)「『体力のない』関連ノンバンク」のところですが、なお書きのところで、「この資産分類基準は通常の債務者の資産分類とは異なることから、資産分類の前提となる債務者区分については、これを行わず『関連ノンバンク』とする」と、こういうことになってますね。

はい。

債務者区分、やらなくていいんですか。

これは、先ほど言いましたように、実務指針にも資産査定通達よりもより細かい分類であってもよいということが書かれておりますし、関連ノンバンクその他の枠組みを作ったとしても、資産査定通達上、支障がなければ、これは特に問題ないというふうに判断できるわけでございます。

(甲)証拠番号206(捜査報告書(第一ファイナンス㈱分))を示す

この1枚目を見てください。これは、平成10年3月期の長銀の会計監査をするに当たって、第一ファイナンスという会社の貸出金について判断するときに参考にした資料ということでよろしいでしょうか。

はい。こちらに私どものサインがありますので、そのとおりです。

1ページ目の右上のほうに先ほどと同じ手書きのサインがあるから、その監査のときに直接使ったものだということが分かると、こういうことですか。

そういうことです。

その右半分の一番下の④「債務者区分の安定とその理由」というところですが、そこに、結論として「債務者区分は行わないこととする」と書いてあって、その横に書いてある正常先から破綻先までの債務者区分のどれにも丸がついてませんね。

はい。

これでは、資産査定通達上の債務者区分との対応関係というのは分からないんじゃないですか。

それは、これ以外の債務者区分を作ることが駄目だということは出てこないわけでございます。

じゃ、第一ファイナンスというのは、どういう債務者区分だったんですか。

これにつきましては私どもの解釈は、第一ファイナンスというのはこのラインシートで言いますと、関西系ノンバンクの最終配当を勘案すれば、最終処理は2001年3月期ごろまでずれ込む可能性大ということで、まだ数年間不良債権の回収業務をやっていくということを前提に、そういうことであれば、これは実質破綻先ではなくて回収懸念先であるなということで、資産査定通達に照らせば破綻懸念先であるという認識でございました。

そういう認識なのは結構なんですが、その先ほどのラインシートの1枚目に破綻懸念先のところには、別に丸はついてないですよね。

ついておりません。

どうしてなんでしょうか。

それは、関連ノンバンクという債務者区分を作っておるわけでございます。

資産査定通達上の破綻懸念先に該当するというのであれば、長銀のほうでも関連ノンバンクについて、そういう債務者区分をすればいいんじゃないですか。

Q&A追加が出たように、関連ノンバンクについては特別な状況がございますので、そういう観点からは、関連ノンバンクという区分を設けることはあながち不合理とは言えないということもございますし、実務指針では、完全に一致しなくても、より詳しい分類であってもいいということでございますので、こういう考え方も許容されるというふうに判断したわけでございます。

規定の文言の問題なんですが、関連ノンバンクQ&Aでは、関連ノンバンクについては資産査定通達における債務者区分はしなくていいというふうに書いてあるんですか。

それは書かれておりませんけれども、体力のあるノンバンクと体力のないノンバンクと分かれておって、体力のないノンバンクについては支援損の特別な処理があるわけでございますので、体力のあるノンバンクは一般の債務者と同様に債務者区分を行って差し支えないということが書かれておることからすれば、これは、体力のない関連ノンバンクについても関連ノンバンクということで枠組みを作っても、それは資産査定通達とその特別な取扱いを示したQ&Aの追加から判断すれば、特に問題ないというふうに私どもは判断したわけでございます。

（甲）証拠番号151（供述調書）添付の資料４を示す

質問を変えますが、この資料４のＱ７のところで、体力がない関連ノンバンクで再建計画が作成されていないか検討中の場合は、自行の収益力、有価証券等の含み損益及び当該ノンバンクの損失見込額などから判断し、関連ノンバンクの再建可能性が十分にあると認められる場合には、原則として、自行の当該ノンバンクに対する貸出金の全額をⅢ分類とすべきと考えられると、こういうふうになってますね。

はい。

それに対して、長銀の関連ノンバンク運用規則のほうでは、これは、先ほどの対照表の６ページのところですが、⑶「『体力のない』関連ノンバンク」の③というところ、そこには、「当該支援対象ノンバンクの損失見込額等から判断し」となっていますね。

はい。

そうしますと、先ほどのQ&Aのほうには、自行の収益力とか、有価証券等の含み損益の状況というのも書いてあったんですが、これについては、長銀の運用規則のほうではどうして書かれていないということなんでしょうか。

……そもそもこの自行の収益力とか、有価証券の含み損益の状況及び当該ノンバンクの損失見込額などから判断しということについては……ちょっと先ほどの発言は取り消させていただきます。

対照表のほうにもＱ７に書いてありますよね。そこで見比べていただければいいと思うんですが。自行の収益力、有価証券等の含み損益の状況という言葉が、長銀の基準のほうには書いてありませんよね。

そうですね。

これは、どうしてなんですか。

この自分のところの収益力だとか、有価証券等の含み損益というのは、これは自行のことにかかわることでございますから、この自行が体力があるということであれば、これは当然、こういうものを考慮しなくても体力があるということになりますので、わざわざこれを書く必要もないと、体力があるという認識であれば、この自行の収益力とか、有価証券等の含み損益、これは体力を判断する１ファクターでございますので、そもそも体力があるということを認識してれば、こういうものは書かなくてもいいということかと思います。

有価証券等の含み損益というのは、どこについての有価証券等の含み損益のことなんでしょうか。

ここで読みます限り、自行の収益力、有価証券等の含み損益の状況ということは、これは自行の収益力、有価証券等の含み損益、このように読めるわけでございます。

で、これは書いてはいないけれども、当然の前提として検討してるんだと、考えているんだということなんでしょうか。

ええ、支援に当たりましては、当然、先ほど言いましたように、支援の意思と支援の体力が必要でございますので、支援の体力の中には、こういう自行の収益力、有価証券等の含み損益も含まれるわけでございます。

念のためですけれども、書いてないからといって考慮しなくていいと、こういうことではないんですね。

考慮しなくてもいいということ……どういうことでしょうか。

ですから、長銀が自分自身の収益力とか、有価証券等の含み損益等を考えなくてもいいということではないということですね、当然の前提だということであれば。

体力を考える場合には、こういうものも含まれるということでございます。

裁　判　長

でも、今の問いは、体力がない関連ノンバンクに対する問いじゃないんですか。前のページを見ると、２のところで、体力がない関連ノンバンクについての問いがＱ３から始まってるんですよね。ですから、Ｑ７は、体力がない関連ノンバンクについて再建計画が作成されていない場合どういうふうに考えたらいいかというのが問いで、それに対する答えがこれなんで、ですから、体力がないのを前提にしてると思うんですよ。今の答えだと、体力があるからそういうことを考えなくていいんだということだったけれども、このＱ７は、体力がないノンバンクに関する部分に入ってると思うんですが、そういう理解は間違いですか。

これは、自行と書いてありますので、これは長銀のことでございます。

ですから、自行に体力があるからということですか。

はい。

そういう意味でいいんだと。

はい、そういうことでございます。

検　察　官(保坂)

特定関連親密先自己査定運用細則の関係でお尋ねしますが、そもそも自転していける貸出先について、損益支援をするということはあるんでしょうか。

それは、余り可能性としてはないと思います。

余りないということは、ある場合もあるんですか。

例外的には、そういうこともあるかも分かりません。

どういう場合ですか。

何かその関連ノンバンクが外部環境によって、より強化しなければいけないとか、そういうことがあるケースというのは非常に少ないと思いますけれども、何かの外部的要因でもってそういう支援がやられるというレアケースは想像できるということは言えるかと思います。

その外部環境というのを、もうちょっと御説明いただけますか。

更にその関連ノンバンクを強化するとか、あるいはその分野において競争力を高めるとか、そういうものの中で、例えば、体力のあるノンバンクの定義というのは、Q&A 追加では実質債務超過が2、3年で解消できる先、現実にまだ債務超過状態にあるわけでございますね。それを一気に早く片付けて競争力をつけると、そういうような状況になった場合には、体力のある関連ノンバンクでもそういう支援が必要なケースが出てくるのかなというふうに想像できるわけでございます。

（以上　　木村　政江）

先ほどの尋問で、大阪ファイナンスという会社と、それから、日本ビルプロヂェクトという会社に関するワークシートというのを見ていただきましたが、それを見ますと、「(簡易査定先用)」というふうに書いてあるんですが、それ以外に、簡易査定先用でないワークシートというのはご覧になったことはありますか。第一ファイナンスや日本リースなど、関連ノンバンクが第三債務者の営業貸付金の査定をする際に使ったワークシートというのは、ご覧になったことはありますか。

それはいつの時点の査定ですか。

10年3月期ですね。

10年3月期、会社はどちらの会社。

関連ノンバンクすべてということで、いずれか、ご覧になったことがあるものがあれば指摘してください。

関連ノンバンクでラインシートを見たものは……。

そうではありません、ラインシートではなくて、関連ノンバンクについては、関連ノンバンク自身が営業貸付金の査定をしますよね、分類をしますよね。

はい。

その際のワークシートというのは、どこかの関連ノンバンクについて、ご覧になったことはありますか。

それは、ラインシートの中に、営業貸付金の明細がついておりますので、それについては検討しております。

それは長銀が作ったものということですよね、ラインシートの中に入ってるものというのは。

それは、長銀が関連ノンバンクから入手した資料によって作ってるというふうに考えられます。

ですから、関連ノンバンク自身が使っていたワークシートというのは、ご覧になったことはないということでよろしいんでしょうか。

はい、そういうことです。

それは簡易査定用とそうでないものとにかかわらずということですね。

そうです。

（甲）証拠番号206（捜査報告書（第一ファイナンス㈱分））を示す

平成10年3月期決算の会計監査の際、第一ファイナンス向けの貸出金の自己査定の適切性を判断する上で参考にしたのは、今示している甲206という資料だけでしょうか。

これだけでございます。

（甲）証拠番号97（供述調書）添付の資料4を示す

標題として、「5．非支援先対応方針（各社別）」と書いてあるものですが、それで、「(1)第一ファイナンス」とあって、「ロ」というところに「会計士対策」とあって、第一ファイナンス向け貸出金について、どの部分まで有税引当をするかどうか、ケース別に分け、それぞれの場合、会計士に対してどのような説明をするか記載したもののようですね。書面上、そういうことは分かりますか。

　会計士対策としてこの欄が作られてるというふうに理解できます。

で、例えば、CASE 4の営業貸付金のロス見込額などは引当てし、株式含み損は引当てしないという場合については、「会計士説明方針（Q&A）」という部分を見ると、「貸付金のロス見込み額は、今後環境が変化しても回収見込み薄」とあって、貸付金のロス見込額を引当てする理由というのが書いてありますね。

　それは引当額幾らのところでございましょうか。

CASE 4のところです。「貸付金のロス見込み額は、今後環境が変化しても回収見込み薄」というふうに書いてありますね。

　はい、書いてます。

だから、貸付金のロス見込額については引当をするんだという説明ということですよね。

　まあこの資料は、今これを見ておりますので、はい、この記載はそのようかと思います。

ところが、CASE 1の何も引当をしない場合というところを見ると、「会計士説明方針（Q&A）」としては、ロス見込額がはっきりせず、要引当額も確定できないと、こういう記載があって、だから、営業貸付金のロス見込額がはっきりしないと、こういうことになってますね。

　そのように書いてございます、はい。

そうしますと、営業貸付金について、ロス見込額が算定できるのかどうかという、まあ事実は一つであるのに、長銀が第一ファイナンス向け貸付金について、どこまで引当をするつもりであるかということによって、会計士への説明ぶりが変わると、こういうことになってますね、この資料からは。

　これは私が見ていない資料なので仮定の話になりますけれども、償却、引当というのは将来の事象の見積りの話でございますので、事実が一つということにはならないと、真実が一つということにはならないということが言えるかと思います。

ただ、長銀として、第一ファイナンスの営業貸付金について、ロス見込額を算定できるのかどうかということについては、長銀としての考え方は一つではないんですか。

　長銀としての考え方は、どこまでが解釈としてできるかという幅の中で、その中に納まるかどうかということの判断の中で考えるということでございます。その前提としては、見積りという判断がどうしてもあるわけでございますので、引当についてもそういう影響が出てこざるを得ないと。

ちょっとよく分からないんですが、会計士への説明の仕方がケース・ケースで違ってくるというのはおかしいことではないんですか。

　この数字が決算に反映されるということでございまして、この決算に反映される、この幾つかの数字は、これは、当時の通達等の解釈からすれば、許容範囲内の中に入ると。その決算案が幾つかあったという、こういう、まあ仮定の話でございますけれども、そうすると、必ずしも一つの決算案が許容範囲内に納まっているということではなくて、複数の決算案が許容範囲内に収まると、で、そのうちの一つを銀行が選択すると、これは償却、引当が見積り、あるいは将来の事象を見積もるということでございますので、一義的に決算案というのが確定するわけではございませんで、そこには銀行の判断、あるいは会社の判断、経営者の判断、ここが入るわけでございます。

だから、決算案の幅があるということはいいんですが、それによって、会計士への説明ぶりが変わるというのはおかしくないんですか。ある場合については営業貸付金のロスは算定できるという前提で説明し、ある場合は算定できないという説明をするというのはおかしいことではないんですか。

まあこれ、私が今初めて見る資料でございますので、会計士対策というこの項目で、ここに書いてある資料について、今コメントと言っても、なかなか申し上げづらいわけでございます。

一般的な考え方としてはどうですか。決算の取り方というか、考え方について、幅があるにしても、会計士への説明というのは、事実に即して、営業貸付金についてロスが算定できるのかどうかという説明が変わってくるということはないんじゃないですか。

決算案については、それぞれある認められる決算をやった場合に、決算の説明というのは変わってくるということはあり得ると思います。

そうなんですか。営業貸付金のロスが算定できるから、ここまでは引当てしなきゃいけないとか、算定できないから引当てしなくてもいいとか、こういうことではないんですか。引当額が先にあって、それに対する説明が変わってくるということはおかしいんじゃないですか。

この決算案の前提としては、まず長銀が幾ら引き当てるか、それから第一ファイナンスが営業貸付金についてどれだけ引き当てるかという二つの要素が入るわけでございます。それぞれの要素というのは判断が入りますので、その数字は一義的には決まらないということでございます。したがいまして、どの決算を選択するかによって、それに対する決算の説明というのは変わってくるということもあり得るということです。

結論から逆に理由つけが決まるということはあるんですか。

そういうことは、私どもは、ちょっと、そういう仮定の話にはちょっとお答えができないと思います。

ある時点において、営業貸付金のロスが算定できるのかどうかというのは、一つの事実ではないんですか。

金額が測定できるというのは、その測定する事実があれば、それはその時点で、ただ、その答えというのは判断の要素が入りますので、数学の世界ではございませんので、一義的には決まらないと、判断の要素が入ってくるということで、真実が一つだという言い方をしますと、必ずしも答えは複数になってくる可能性もあるということでございます。

質問を変えますが、第一ファイナンスに関しては、長銀から、償却、引当をしないで済ませることはできないのかという相談を受けたことはなかったですか。

私どもは、第一ファイナンスについての引当はこうしますよということで、そういう方針を、説明を受けたことはございます。

ですから、先ほどの質問に対しては、相談を受けたことはあるということなんですか。

決算の最終……。

答えだけ取りあえず言ってください。

ですから、決算の引当の方針について、説明を受けたことはあります。

江端会計士とともに、平成９年６月20日の日に、千代田区内の鴨川という日本料理店で、被告人の鈴木さんとか大田秀晴さんとかから接待を受けたと、こういう事実はないでしょうか。

まあ接待というよりも、私どもとしては食事付きの意見交換会というふうに理解しております。

その際に、被告人鈴木はどんなようなことを言ってましたか、第一ファイナンスの関係については。

それはもう相当前の話でございますので、話の内容については、定かには記憶にございません。

じゃ、その席で、だれの発言かはともかくとして、長銀側から第一ファイナンスについてどんな話があったかというのは記憶ありますか。

今現在では記憶にありません。

そういう日本料理店のようなところで長銀の関係者と会うということは、よくあったことなんでしょうか。

過去には余りないことでございます。

どういう場合に、じゃ、そういう接待というか食事付きの意見交換会というのがあるんですか。

私どもは民間の監査法人でございまして、各経営陣と時々はそういう食事会をやって、諸般の事情、例えばその企業の業界のこととか企業の経営戦略とか、そういうことを、経営者と意見交換をすることはよくあることでございます。そういうことの一つの目的のものかなというふうに理解しております。

通常、そういう場合に出てくる人というのはどういう人ですか。

まあ会社によっていろいろ違いますが。

長銀の場合ということでお答えいただきたいんですが。

長銀の場合は、たまたま私が同席したというのは、鈴木さんとのこの会食が初めてでございます。

それ以前はなかったんですか。

その以前は、ちょっと私、海外に行っておりましたし、それ以前はなかったというふうに記憶しております。

ちなみに、この日の食事代というのは、あなたの分はだれが払ったんでしょうか。

その分は、多分私どもで割り勘でしなかったので、銀行のほうで負担しているというふうに思います。

そういうのは一般的に接待と言われているんじゃないですか。

世間で、それ相応の金額で、しかも、目的がそういうもので、まあ私どもそういう席で何かアドバイスのようなものができれば、それはそういう常識的な範囲であれば、意見交換会として、先方に御負担願うのも、常識範囲内ではないかというふうに、そのときは考えておりました。

それから、先ほどの証言では、第一ファイナンスの関係についてた有価証券の含み損についてはⅣ分類とする必要はないんだと、こういう証言だったと思うんですが、それ以前の平成8年4月のMOF検の際に、同じような点というか、第一ファイナンスの保有する株式含み損についてはどういう分類をされたかというのは聞いたことありますか。

いや、それは聞いておりません。

平成10年7月からの金融監督庁の検査では、その点についてはどういう判断をされたかは知っていますか。

平成10年7月度の金融検査の結果につきましては、銀行から説明を受けまして、そのとき、有価証券の含み損については、たしかⅣ分類にされていたというふうに思います。

その点については、どういうふうにお考えになりますか。

それは、先ほど第一ファイナンスの有価証券の考え方の説明のところで説明しましたように、有価証券自体の銀行における評価というのは、資産の査定の分類というのは、非分類が相当ということでございますので、そもそも有価証券の評価というのは、その発行体がおかしくなれば評価減するというのが大原則でございます。これらの有価証券は、すべて上場されている一流名柄ばかりでございますので、発行体は何ら問題がないわけでございます。したがいまして、含み損といっても、これは回収可能性があるということを否定するということにもならないわけで、そういう意味ではⅣ分類にしなくても、Ⅲ分類も相当というふうに考えたわけでございます。

（甲）証拠番号93（供述調書）添付の資料1を示す

第一ファイナンスと標題のある書面ですが、これは長銀のほうから押収されている資料なんですが、左半分の一番下のところに、「MOF分類額」と記載があって、Ⅳ分類、141億円と、こういう記載がありますね。

はい。

そこに、「資本勘定のマイナス＋株式含み損はⅣ分類」と、こういうふうに書いてありますね。

弁　護　人（國廣）

この書類がいつ、どのような目的で、長銀のどの部署で作られたのかということを明らかにして質問していただきたいと思います。

裁　判　長

書いてあることは、そのとおり書いてありますよね。

ええ、書いてあります。

検　察　官（保坂）

長銀の方の話によると、ここの記載は平成8年4月のMOF検で第一ファイナンスの保有する株式含み損相当額についてⅣ分類にされたということの根拠というか説明をする際に、その資料を使って説明されておられるんですが、で、そのことからしますと、平成8年の4月のMOF検で株式含み損がⅣ分類と査定されたのは間違いないようなんですが。

弁　護　人（倉科）

今の質問の前提となるこの資料を作った人、長銀の方の話によりますと、そういう漠然としたことでもって、何か根拠のあるかのごとく質問する誘導というのは不適当であると思います。第一、この資料1なるものは、甲93号証に添付されてるんですけど、これは勉強会の資料として作成したものと書いてあるので、大分今のお話ぶりとは違いますよ。

裁　判　長

長銀のどういう関係者がそういうことを言ってるのか、そこをはっきりさせていただいて、そして、どういう際の説明資料なのか。

検　察　官（保坂）

長銀の事業推進部におられた青木さんという方のお話で、事業推進部の関係者が関連会社についての今後の対応等を議論するために平成9年の1月ころ作った資料であると、で、その資料の説明として、本文の16丁辺りに書いてあるんですが、長銀の平成8年4月に実施された大蔵省検査で、長銀の第一ファイナンス向け貸出金について、第一ファイナンスの債務超過額、第一ファイナンス保有の有価証券の含み損額に相当する額をIV分類と査定されていましたと、この資料に基づいて説明されているんですが、そのことからしますと、MOF検の際にそういう査定がされたと、分類がされたというのは長銀の関係者自身が言っているわけですから間違いないと思うんですが、で、客観的な資料にもその旨の記載があるんで間違いないと思うんですが、従来からそういう取扱いはされていたんではないんでしょうか。

その事実は、資産査定の結果は、私ども開示されておりませんのでしたので、その事実は知りませんでした。

まあ、この平成8年4月のこの第一ファイナンスについての査定がどうだったかということは御存じなかったかもしれませんが、そのころの会計慣行というか、実務上の処理で、こういう場合の有価証券含み損はIV分類にするというふうになっていたんではないんですか。

資産査定でどうなってたかというのは私どもは知らないわけでございますが、ただ、資産査定通達に照らして、私どもがこの自己査定のところで第一ファイナンスの債務者区分を資産査定通達上はどうなるのかなということで考えますれば、これは、まだ数年間事業をやっていくわけですから、これは破綻懸念先であろうということで考えたわけです。そうしますと、債務者区分が破綻懸念先であるということであれば、資産分類は非分類からIII分類になるわけでございます。IV分類が出てきようがないわけでございます。で、なおかつ有価証券の中身を見ますと、上場有価証券でありますし、これは回復可能性も有りだということになっておりますし、それから、関連ノンバンクの保有する有価証券について、どのように評価するかというのは資産査定通達にはなくて、本体のほうの長銀の有価証券の評価をどうするかということは書かれております。それを準用しますと、非分類ということになるわけでございますから、何もこの含み損をIV分類ということでやることもないということで、III分類にすることも許容範囲内であるというふうに私どもは考えたわけでございます。

じゃ、大蔵検査も間違っていたし、金融監督庁の検査も間違ってたと、こういう御見解ですね。

いや、そういうことを申し上げておるのではなくて、私どもは、資産査定通達上、そのような解釈もできるというふうに考えたわけでございます。で、先ほど来申し上げてますように、資産査定通達の解釈には幅があったわけでございます、そういうものを前提にして解釈すると、そういう私どもの解釈もできたということでございます。

それから、先ほどの証言では、第一ファイナンスについては、平成10年3月期に、営業貸付金のIV分類は全くなかったと、こういう証言なんですか。

営業貸付金のIV分類は、ラインシート上はないということで判断しました。

(甲)証拠番号98(供述調書)添付の資料5を示す

「不稼動資産処理状況('98年3月現在)」ということで、会社名が第一ファイナンス㈱、取引先名が大阪ファイナンス㈱となっていまして、まあこの鳩野さんという方の説明によりますと、10年3月期決算に当たって、第一ファイナンスが大阪ファイナンスという会社の営業貸付金を査定したときの資料ということのようなんですが、これを見ますと、資産分類のIV分類のところに、IV分類、5億7400万円、まあIV分類が出てますね。

はい。

まあいちいち示しませんが、あと、九州流通サービスとか、それからヒロシ興産と、こういった会社についても、やはり同様にⅣ分類、営業貸付金をⅣ分類というふうに第一ファイナンスのほうで判断していたようなんですが、そのことは当時御存じでしたか。

第一ファイナンスのほうで長銀の自己査定のための資料を作って、それがⅣ分類にされてるということは、私ども知りませんでした。

ラインシートにも書いてないから分からなかったと、こういうことですね。

はい。

（甲）証拠番号96（供述調書）添付の資料5を示す

標題として、「第一F金融監督庁検査結果」とありますが、この資料は、平成10年7月からの金融監督庁の検査で、まあ第一ファイナンスの営業貸付金について査定した際の資料ということのようなんですが、これによると、ヒロシ興産という会社、それから九州流通サービス、それから大阪ファイナンス、いずれも実質破綻先と債務者区分されて、Ⅳ分類が出ていますね。

はい。

先ほどの第一ファイナンスのやった資産査定と同じ、まあその先については同じ結論になってますよね。まず数字はともかくとして、Ⅳ分類が出てるという意味では同じですね。

Ⅳ分類は出ております、この資料では。

第一ファイナンス側も金融監督庁も、それらの営業貸付金はⅣ分類だとしてるんですが、先ほどの証言とはどういう関係になるんでしょうか。

私どもの、第一ファイナンスの方からの説明によれば、例えばこの一番大きいヒロシ興産のⅢ分類、21億8000万がⅣ分類として21億8000万ということに分類されておりますが、このヒロシ興産は公開会社であるハナテンの社長、山本博のグループ会社でございまして、そこから入金も実際ございましたし、社長が責任をもって貸付金については弁済するというお話でございましたので、これはⅢ分類でいいのかなというふうに判断した記憶がございます。それ以外のところについては、ちょっと金額が小さいので、記憶にはございません。

ただ、ヒロシ興産の件についても、今証人がおっしゃったような事情というのは、当然第一ファイナンス側は分かってることですよね。

第一ファイナンスの方から説明を受けたということです。

第一ファイナンスはそれを前提にしてⅣ分類にしてるわけですね。

弁　護　人（更田）

裁判長、前提ですけれども、第一ファイナンスがⅣ分類としたというのは、どういう機会にしたのかというのをめいりょうにしていただきたいんですけれども。つまり、決算書上あれしたというわけではなくて、勉強会というか、検討資料でしょう、さっき検察官が言われてるように。そうじゃないんですか。

裁　判　長

今示しているのは金融監督庁の検査結果で、Ⅳ分類にされてる。

検　察　官（保坂）

金融監督庁のもそうですし、甲98の資料5ですか、これについては、まあこの鳩野という方が大阪ファイナンス向け営業貸付金の査定結果などを自分がまとめたものだと。

弁　護　人（倉科）

ただ、これ、第一ファイナンスの決算とどういう関係になるのかが、全然分からないんですけれども。

検　察　官（保坂）

ですから、別に決算とは連動してないんです。

弁　護　人（倉科）

だったら、第一ファイナンスがそうしたということにはならないんじゃないですか、決算でこれが出てるんじゃなきゃ。鳩野という人が自分でそういうのを作ったことがあるというだけのことじゃないですか。

検　察　官（保坂）

ああ、そうですか。じゃ、この資料は全く無意味なものだと、こういうことになるんですか。

弁　護　人（倉科）

そんなこと言ってませんよ。質問の前提を明らかにしてほしいと言ってるだけです。

裁　判　長

少なくとも金融監督庁もそういうふうに言ってるし、この鳩野という人もそういうふうに考えていたことは間違いないんだろうと思うけれども、それが決算書類かどうかは、はっきりしないんですよね。

検　察　官（保坂）

決算書類ではないです、これは。

裁　判　長

だから、そういう、ただ、内部でも、それから金融監督庁も、そういう検査結果を出してることはもう間違いないということなんですけどね、内部の一部の人から。

検　察　官（保坂）

じゃ、そういう第一ファイナンスの内部の人が判断したもの、あるいは金融監督庁の判断と証人の考えは違うと、こういうことですね。

　　私どもは、先ほど言いましたように……。

結論としては違うということですね。

　　ええ、資料と説明から判断しておりまして、その結果は、このⅢ分類ということについて、特に不審な点はないというふうに判断したわけでございます。

(甲）証拠番号207（捜査報告書（エヌイーデイー㈱分））を示す

平成10年3月期決算の会計検査の際、NED向けの貸出金の自己査定の適切性を判断する上で参考にしたのは、このラインシートなどの資料だけでしょうか。

　　このラインシートの資料だけでございます。

このラインシート以外に、会計検査人のほうで直接NEDの業況の実態について把握するということはないわけですか。

　　それはございません。

NEDに対しては、平成6年から再建計画が実施されていたんですが、国税に提出された再建計画はどういう内容のものであったか、確認されたことはありますか。

　　このラインシートで第一次支援計画でどういう支援をやったかという実績の数字はラインシートで確認いたしました。あと、それぞれその都度支援をする場合に、取締役会にかかりますので、それについても確認しておりまして、当初この支援損の総額についても、取締役会議事録のほうで確認していたかというふうに思います。

ラインシートに書いてあること、それから取締役会議事録に書いてあること、この範囲で再建計画の内容を把握されていたということですか。

　　そのとおりです。

長銀の関係者の供述によりますと、国税に提出した再建計画では、NED の営業貸付金のロス見込みが 30 パーセントになっていると、しかし、実際には、その倍に近いロスを見込んでいたと、こういうふうに述べている人がいるんですが、そういった話は聞いたことはありますか。

　　聞いたことはありません。

平成 6 年 3 月期以降、NED に対する毎期の支援額がどのような根拠によって決められているのかということを確認されたことはありますか。

　　これは、ラインシートの記載と、取締役会議事録のみでございます。

（以上　　佐藤　公美）

各期、毎期の支援額の具体的な算定方法については、御存じなかったということですか。

　　一応そのスキームは理解しておりますが、金額が具体的にどのように積み上げられたかということについては、承知しておりません。

NED の支援計画については、終了直前に見直しをするということで、国税と協議をしていると、こういった話は聞いていましたか。

　　聞くというよりも、ラインシートにそのように記載されておりますので、国税と協議中であるという認識でございました。

その見直し後の支援計画について、国税の承認が得られるのかどうかについての見込みについては、長銀側からどういう説明を受けていましたか。

　　国税と協議中で、そこで悲観的な説明はなかったというふうに思います。

内諾は得られていないとか、承諾するのかしないのか、いつごろまでに判断されるのか分からない、といったような話は、長銀側から聞いたことはありましたか。

　　協議中ということだけしか聞いておりません。

どれくらいの期間にわたって協議をしてるのかということは聞きましたか。

　　それもラインシートには記載しておりませんので、そこのところは聞かなかったのか、聞いてもラインシートに記載しなかったのか、そこのところはちょっと不明確でお答えできません。

先ほど、弁護人の主尋問の中で、NED の見直し後の再建計画については、第一勧業銀行も支援をするというような説明を受けたと、こういったことを証言されたんでしょうか。

　　はい、ラインシートにそのことを記載しておりますので、説明を聞いて記載したということでございます。

ラインシートのどこにそういう記載がありますか。

　　ここに DKB。

今示されたのは、ラインシートの 2 枚目、「自己査定ワークシート 1」というページの、右の下のほうの部分を、今、指されたわけですね。

　　はい。

じゃ、こちらのほうから伺いますが、一番下のほうに「①－②＝2750」とか「LTCB2000、今後 5 年で予定」とか、「DKB750」、こういう記載がございますね。

　　はい。

それもどういう意味なんでしょうか。

　これは、02年3月期までの第二次支援計画で、支援累計額が2952億円ございますが、そのうち、当期で支援損を決定したものが202億ございます。2952億から202億引きますと、2750億になります。これが翌期以降、支援する額になるわけですが、そのうちにLTCBが支援する額が2000億、DKBが支援する額が750億、2000億については今後5年で予定というふうに、私どもが聞いて、ここに記録しております。

今の証言中で、LTCBというのは長銀のこと、DKBというのは第一勧業銀行のことということでよろしいですか。

　はい、そうです。

そうしますと、長銀のほうの説明では、国税に提出してる再建計画において、長銀と第一勧銀で共同で損益支援をするという、こういう内容になっているという説明だったんでしょうか。

　国税の内容までは、私ども説明を得ていたのかどうかということは、定かではございませんが、DKBの支援が750億あるという説明は、受けております。

長銀と第一勧銀との間の、今の点については合意書とか、面談記録とか、そういった資料は確認されましたか。

　このDKBの750億について、そういうものでは確認しておりません。

NEDの支援の見直しのことについては、平成10年3月の取締役会でも報告されていますが、御存じですか。

　この202億の支援については、議事録で確認してると思いますが、それ以外のことについては、ちょっと記憶がございませんので、ちょっとお答えしかねます。

その取締役会議事録を御覧になったということですが、その中に第一勧業銀行のことは書いてあったでしょうか。

　それは書かれておりません。

(甲) 証拠番号123（供述調書）添付の資料2を示す

「今後の当行グループ会社の管理・運営について」と題する平成9年11月10日の常務会資料ですが、資料で言いますと、7番の資料になります。今示している常務会の資料については、御覧になったことがあるでしょうか。ちょっと中身も含めてご覧になってください。

　8ページくらい見ましたが、見た記憶はございません。

この資料の中に、（参考資料）として、「各社別個別リストラ対策の概要」というものがありまして、そのNEDの⑷－②とあるページですけれども、具体的には手書きで左下に52と書いてあるページですが、ここを見ますと、「収益増強対策内容」とありまして、読んでいきますと、「98／3からの支援5カ年計画（暫定）で3000億円の処理を実施した後でも最終利益は10億円程度の赤字。不良債権の処理が大半引当方式であり未引当の固定化債権が650億円程度残り当該資産の金利負担を賄えない状況」と、こういうふうに書いてありますね。

　はい。

資料そのものではないにしても、そういった内容について、長銀側から説明を受けたことはありますか。

　ございません。

また同じところの、その下の部分を見ますと、「ここ数年消費者金融の上場が相次ぎ、20億のキャピタルゲイン確保も無理ない水準であったが、今後は店頭市場の低迷もあり20億の確保は非常に厳しい水準」と、こう書いてありますね。

　はい。

こういった話については聞いたことがありましたか。

　聞いたことありません。

それから同じ資料の、手書きで34と書いてあるページですが、「3．主要7社のリストラ後の資金調達見込みと将来見通し」というページで、そこのNEDの欄の、「将来の見通し」というところを見ていただくと、「償却負担から当面清算はできないが時間をかけて不良債権を処理し、将来清算するしかない。ベンチャーの分離は残存不稼働の逐次処理の観点から難しく現状のまま本体に残しておくしかない」と、こういった記載がありますね。

　はい。

こういった点については、長銀側から説明を受けたことはありましたか。

　ありません。

（甲）証拠番号208（捜査報告書（エヌイーデイー㈱の関連会社分））を示す

次にNED関連会社のラインシートを示します。ラインシートの3番になります。今見ていただいているラインシートは、エクセレーブファイナンス、それから青葉エステート、ユニベストという会社のラインシートですが、これ以外のNED関連会社についてのラインシートは見当たらないんですが、どういうことでしょうか。

　私どもは、午前中御説明しましたように、すべての先を抽出したわけではなくて、私どもの基準で抽出しまして、その抽出したものがここにあるものだけと、そういうことでございます。ですから、受皿会社についてすべて、ラインシートを私どもは入手したわけではございません。

今見ていただいた3社のラインシートなんですが、これらが平成10年3月期決算の会計監査の際に、それら3社の貸出金の自己査定の適切性を判断する上で、参考にした資料ということでしょうか。

　はい、すべてのラインシートの用紙に、整理ナンバーと、私どものサインが入っていますので、これはそのときに使ったラインシートでございます。

今の3社については、このラインシート以外の資料を、当時御覧になったことはありましたか。

　いや、ありません。

NEDの関連会社の再建計画の内容というのはどういうものかということは、証人は当時、平成10年3月期決算の監査の際に、検討されましたか。

　その点につきましては、ラインシートで検討したということでございます。

そこに書いてあること以外の点については、特に検討されなかったということでしょうか。

　このラインシートに記載されていることについて、質問があれば説明を受けまして、追加資料は特に必要がないと判断して、追加資料は入手しておりません。

（甲）証拠番号211（捜査報告書（㈱日本リース分））を示す

日本リースのラインシートを示します。4番のラインシートですが、平成10年3月期決算の会計監査の際に、日本リース向けの貸出金の自己査定の適切性を判断する際に参考にしたのは、今示している資料、ラインシートということでしょうか。

　はい、これにも整理番号と私どものサインが入っておりますので、これによって検討しました。

今示してる資料以外の資料というのは、会計監査の際、特に使われていないということですか。

このラインシートは、一番最後のページに付いています、「日本リース㈱提出」という資料がございますが、これはこのラインシートを最初に入手しまして、そうして、含み損益を検討する必要があるという判断の下に、追加資料を入手することにつきまして、担当者と協議しまして、そしてこの追加資料が直ちに提出されまして、これに基づいて私どもは最終的に実質自己資本がどうなっているか、実質債務超過状態かどうなのかということを判断したわけでございます。

今おっしゃったのが、ラインシートの一番後ろに付いているページ、「日本リース㈱提出」と書いてあるページのところ、手書きで30と書いてあるページのことをおっしゃったわけですね。

そのとおりです。

追加の資料というのは、この資料だけを受け取ったということですか。

はい、そうです。

今の追加資料を基に、平成10年3月期に、日本リースは実質債務超過状態であったのかどうかという点については、当時、どのように判断されましたか。

この実質債務超過かどうかということは、関連ノンバンクのQ&A追加で、体力のあるノンバンクか体力のないノンバンクかは、償却前利益で実質債務超過が解消できるかどうか、もしくは実質債務超過がないというものが、これが体力のあるノンバンクに定義されております。したがいまして、実質債務超過かどうかということで、私ども判断いたしました。その前提は、日本リースの、まず監査を受けてる財務諸表からスタートをしまして、営業貸付金の含み損、あるいは有価証券の含み損益、固定資産の含み損益、その他資産の含み損益、こういうものを加味しまして、最終的に資本勘定がどうなっているかということを判断したわけでございます。そうしますと、最終の余剰というのが、160億ございます。これらを加味しても、最終的に160億の実質自己資本の余剰があると、このように判断したわけです。したがいまして、日本リースは、体力のある関連ノンバンクであると、このように判断したわけでございます。

今の160億という数字は、先ほどの追加資料の「提出」という資料の、下のほうに、余剰160億と書いてある、そこの部分を指しておっしゃっているわけですね。

そのとおりです。

この追加資料が、更にどのような資料を基にして作成されたのかということは、確認されましたか。

私どもとしましては、この資料の信頼性をまだ検証しなければいけないわけでございまして、この、書いてある営業貸付金の金額につきましては、ラインシートの中に、また、営業貸付金の資産分類の表が載っております。それと照合しますと、整合性が取れていると。で、引当の計算もⅢ分類については50パーセント、Ⅳ分類については100パーセント、引当の計算がされるということで、整合性が取れているということで、この追加資料を入手して、最終的には160億の余剰で問題ないというふうに判断したわけでございます。

ラインシートとの間で矛盾がないから、正しい資料だろうと思ったと、こういうことですか。

そうです。それから、ラインシートの追加資料の前提の、財務諸表の、日本リースは証券取引法の監査を受けてる会社でございますので、その財務諸表においても、自己資本はプラスでございますので、債務超過状態にはなかったということ

　　も、私どもの判断材料の一つになりました。

平成 10 年 7 月からの、金融監督庁の検査の際に、検査官のほうと証人のほうで、日本リースについて、協議したというか、話合いをされたことはありましたか。

　　ございました。

その際に、金融監督庁のほうでは、日本リースについて、債務超過なのかどうかという点について、どういうふうに考えているということだったでしょうか。

　　実質債務超過であるというような話が出たと思います。

（甲）証拠番号 128（供述調書）添付の資料 3 を示す

「全社貸付資産自己査定総括表 98／3 (A)シナリオ」と書いてあるページです。この資料は御覧になったことはありますか。

　　ございません。

これは日本リースの担当の方が作成された資料ということなんですが、98 年 3 月期についての資料ということは、この表の標題から分かると思うんですが、自己査定結果のⅣ分類というところを見ますと、7226 億 6300 万、全社総合計というところですが、そういう数字になってますね。

　　はい。

（甲）証拠番号 128（供述調書）添付の資料 2 を示す

「営業貸付金の状況（98／3）総括表」といった標題がついているページです。この資料は御覧になったことがあるでしょうか。

　　ございません。

この資料も、やはり日本リース内部の方が作成された資料ということなんですが、日本リースの全営業貸付金の回収不能額、この表の真ん中辺りに、回収不能額とあって「イ＋ロ－ハ」とありますが、そこの全社営業貸付金合計という欄を見ますと、7229 億円という数字になっていますね。

　　はい。

これらの資料は、日本リースが作成して、長銀のほうにも提出していたということのようなんですが、全く見たことはなかったということなんですね。

　　見ておりません。

資料自体は御覧になったことはなかったにしても、その数字、7229 億円とか、そういった、それに近い数字をお聞きになったことはなかったですか。

　　ないです。

（甲）証拠番号 211（捜査報告書（㈱日本リース分）を示す

日本リースのラインシートの 1 枚目を御覧いただきたいんですが、1 枚目の 2 、「債務者の概況」のところの「③、今後の見通し」というところで、本業収益について書いてある部分がありまして、「安定的に年間 290 オクを計上できる体質が定着している」と、そういった記載がありますね。

　　はい。

この 290 億円という数字の根拠について、何か別の資料で確認したということはないんでしょうか。

　　特にこれらの数字について、クロスリファレンスのマークを付けておりませんので、確認はしておりません。

長銀側の説明としては、これは 290 億という数字は、見込みとか、あるいは推定値ということではなくて、過去、そういう本業収益が上がったという実績があるという説明だったんでしょうか。

私どもはこれについて、追加的説明を受けておりませんので、安定的に年間290億を計上できる体質が定着しているという、このラインシートの、文字どおりこの表現をそのまま理解しておりまして、特にこの点について、追加説明等必要という判断はいたしませんでした。

文字どおりと言いますと、実際に290億円という本業収益が上がっているということですか。

そうです。ここに書かれているとおりです。

この本業収益の290億円の中には、元加利息分とか、未収利息の計上分とかは入っているんでしょうか、入っていないんでしょうか。

そこまでは私は掌握しておりません。

実態経常利益とか、実力基礎収益という言葉を聞いたことはありますか。

……聞いたことありません。

じゃ、元加利息分とか、未収収益の計上分とかを除いたものが、それを実態経常利益というふうに呼ぶと定義しますと、それが170億円とか180億円程度だということはお聞きになったことはありますか。

ございません。

日本リースの関係では、平成8年3月期で支援が終了したということを、公に宣言していますね。

はい。

その支援が終了したということは、どういう意味に理解されていましたか。

支援をその時点で完了して、その支援の終了でもって、日本リースは体力のある関連ノンバンクになるということからしますれば、あと、支援を受けなくても、自力で経営ができる状態になったというふうに理解しておりました。

今おっしゃった支援というのは、損益支援とか、資金繰り支援とか、いろんな支援があるようなんですが、どういう支援のことをおっしゃっているんですか。

それは債権放棄などを伴う損益支援のことでございます。

資金繰り支援についてはどういうふうにお考えになってましたか。

資金繰り支援については、長銀が一番のメーンバンクでございますので、引き続き、そういう貸付金の実行についてはやられるというふうな理解とともに、あと、人事支援、営業支援、こういうものがあるなということでございました。

今おっしゃったのは、長銀が従来からある貸出し残高を維持するかどうかと、こういう点についておっしゃったんでしょうか。

そうです。

じゃ、例えば、日本リースがほかの金融機関から借入れしてる部分について、折り返し状況はどうなのかとかという点については、その当時、確認されたりしたことはありますか。

その当時、日本リースの体力については、私ども疑念を持っておりませんでしたので、そういうことは特に、追加手続としては実施しておりません。

確認してないということですか。

確認しておりません。

ちなみに、平成9年の終わりころ、12月ころに、日本リースが本業のリース部門の新規の契約を停止したとか、そういった話をお聞きになったことはありますか。

聞いておりません。

日本リースの関係者の供述によりますと、平成10年3月期の決算の関係ですが、日本リースの営業貸付金の査定に当たって、事業化会社については、営業貸付金の査定を行わなかったと、査定のための資料を作らなかったと、こういうことを供述してる人がいるんですが、そういった事実はお聞きになったことはありますか。

　　聞いておりません。

一般論として、特定の範囲の営業貸付金について、最初から査定の対象から外すというやり方は、適当な方法なんでしょうか。

　　今の御質問は、日本リースの営業貸付金についての査定というお話でございましょうか。

一般論として伺っております。ある金融機関があって、その貸出し先の関連ノンバンクの営業貸付金を査定する際に、一部について、最初から査定をしないという取扱いをすると、こういうことは、一般論として許されるかということです。長銀に限らずということです。

　　体力のない関連ノンバンクということであれば、これはQ&Aの追加によって、Ⅳ分類、Ⅲ分類が、その親金融機関の査定に影響してきますので、これは厳密にやらなければいけないと思いますし、体力のある関連ノンバンクについては、これはそういう営業貸付金のⅢ、Ⅳがあっても、これはⅡ分類になってしまいますので、そのへんについてはそれほど厳密にやらなくても、自己査定上は差し支えないということも言えるかと思いますけれども、内部管理的にはそれは当然やるべきだという答えを会計士としては言わざるを得ないと思います。

ところで、日本リースの不動産事業化会社の事業実態ということについては、どの程度把握されていたんでしょうか。

　　私どもは事業化会社については、ラインシートで見ておりましたし、私どもが監査してる会社もございましたので、それらについては内容も把握しておりました。

不動産事業化会社のうちのどれくらいについて監査されていたんですか。

　　事業化会社で監査していましたのは、日比谷総合開発と、新橋総合開発、有楽町総合開発、この 3 社でございます。それ以外の事業化会社、日本リースの事業化会社については、日本リースのグループでございましたので、日本リースの会計監査人のほうの監査の対象だというふうに理解しておりました。

その日比谷総合開発とかおっしゃった、監査していたという 3 社をのぞいて、そのほかの事業化会社の財務諸表については、入手して確認したりしたことはありましたか。

　　それはラインシートに財務諸表が記載されておりますので、それでもって確認したということでございます。

実物は見ていないということですか。

　　はい。

（甲）証拠番号 209（捜査報告書（いわゆるビルプロ 3 社分））を示す

次にビルプロ 3 社の関係のラインシートを示します。四谷プランニング、それから木挽町開発、それから竜泉エステート、3 社のラインシートのようですが、これらが平成 10 年 3 月期決算の会計監査の際、今の 3 社向けの貸出金の自己査定の適切性を判断する上で参考にしたラインシートということでしょうか。

　　はい、整理番号と、私どものサインがございますので、そのとおりでございます。

それ以外の資料については、特に当時、入手されていないということでよろしいですか。

　　はい、そのとおりです。

（甲）証拠番号 109（供述調書）添付の資料 3 を示す

「特定債権対策委員会議事録」を示します。それの左下に56と手書きで書いてあるページ、標題で言いますと、「Ⅱ．要処理対象債権の概要と対応方向」と記載のあるページを示します。今示している資料は、平成9年9月8日の、特定債権対策委員会の資料ということなんですが、これについては御覧になったことはありますか。

　　ございません。

それで今見てもらっているページの、右の、具体的なポイントというところの、上から4つ目の四角に、「3者のうち事業化のめどのない木挽町、四谷分については当行において引当不可避。(竜泉については事業化着手済みとして引当対象外にできるかどうか)」と、こういった記載がありますね。

　　はい。

今のところは、このビルプロ3社についてのことが書いてあるところだと思いますが、この記載からしますと、この記載にあるような木挽町や四谷分について、事業化のめどがないといったことについては、長銀側から聞いたことはありましたか。

　　ありません。

(甲) 証拠番号209 (捜査報告書 (いわゆるビルプロ3社分)) を示す

次、四谷プランニングのラインシートを示します。これによると、四谷プランニングの事業化の関係では、「賃貸オフィス・マンションの複合ビル建設を行う」、こういったことが書いてありますね。

　　はい。

平成10年10月に着工という記載もありますね。

　　はい。

実際には、平成10年3月当時、まだ隣地の買収ができていなかったという事情があるようなんですが、そういった事情についてはお聞きになってましたか。

　　聞いておりません。

それから、当面の収益源を確保するために、ダイエーの函館物件を購入するという記載もありますね。

　　はい。

実際にその後、函館物件というのは購入されたんでしょうか。

　　私どもが自己査定の監査をしたのは、平成10年2月ごろでございまして、12月末の基準で作られたこのラインシートを検討いたしまして、この事実が記載してあったわけでございます。その後、このダイエー函館物件がどうなったかということは、私どもの監査として特に後発事象としてフォローすべきような事項じゃございませんでしたので、確認はしておりません。

事実上、お聞きになったこともないんですか。

　　ございません。

じゃ、平成10年10月に、実際にそのビル建設が着工されたのかどうかという点は御存じですか。

　　それは、この平成10年9月のラインシートを見ないと、ちょっとそれは確認しないとお答えできないと思います。

(以上　田嶋　啓子)

(甲) 証拠番号209 (捜査報告書 (いわゆるビルプロ3社分)) を示す

木挽町開発の関係のラインシートを示しますが、ここに書いてある事業化計画としては、賃貸オフィスと賃貸店舗の複合共同ビル建設を隣地所有者である出光興産と事業化する計画であるとか、平成10年の9月に着工するとか書いてありますね。

　　はい。

その着工を前提として、立ち退きをしてもらわなければいけない借家人がいるんだが、それができていないといった事情については、お聞きになったことはありましたか。

　　いや、聞いたことがありません。

実際に、平成10年の9月に着工することはできたのかどうかは、後日お聞きになったことはありますか。

　　その点については、平成10年9月期でも自己査定をやっておりまして、そのラインシートを見ないと、ちょっと記憶にはありません。

次に竜泉．エステートのラインシートを示しますが、このラインシートによると、事業化計画としてはパチンコ業者に賃貸して、平成10年末には店舗がオープンする予定とありますね。

　　はい。

平成10年2月、3月ごろは、近隣住民がパチンコ店の建設に反対していて、開発許認可を取得できるようなめどが立っていなかったと、こういう事実はお聞きになったことはありましたか。

　　聞いておりません。

後日その点に関して、何かお知りになったことはないですか。

　　それも、10年9月期のラインシートを見てみないと、ちょっと分かりません。

パチンコ店の進出に対して反対があるということは、新聞報道などで御覧になったことはなかったんですか。

　　そういう当時雑多な情報がありましたので、そのうちのどれだったのか、ちょっと物件的には記憶が特定されないということでございます。

その監査の手続がすべて終わった後で、そういう新聞報道があるのを知って問題だと思われたという事実はなかったでしょうか。

　　それは平成10年9月期も、その後の11年の3月期も、私どもが監査を引き続きやっておりましたので、その自己査定の中でフォローしていたというふうに思います。

弁　護　人（更田）

速記録末尾添付の対照表を示す

それの3枚目、先ほど検察官からお尋ねのあった点なんですが、当行の「自己査定手引き」の「実質破綻先」の欄を見ますと、「債権のうち回収不能見込額が50%以上ある先」というふうにありますね。

　　はい。

これと、検察官はその従来の大蔵省の債権償却証明制度とを対比して、40パーセントと50パーセントで数値が違うという点を指摘されたんですが、ここに回収の見込額の計算方法が書いてございますね。

　　はい。

ネット与信分のネット与信回収見込額というふうに書いてあって、さらにネット与信とか、ネット与信回収見込額の定義というか算定方式が書いてございますが、債権償却証明制度の場合の回収の見込額の計算方法は、これと同一なんでしょうか。

　　その点は、ちょっと即答ができません。

そうすると、そういう点を見ないと、単純に数値を比較できないということになりますね。

実態を見るとすれば、そういうことかと思います。

それから、この当行の自己査定基準について絶対的な数値基準が、例えば6箇月であるとか、2年以上経過とか、今の指摘の部分を含めて幾つか示されているわけですが、これはどういう意味があるのか、あるいは主尋問でもう既に御説明済みであるかもしれないんですが、念のために、ちょっと補充的に御説明いただけますか。

資産査定通達とか、これに関連して出されていますQ&Aとか、Q&A追加、あるいは実務指針、それらはおしなべて広く金融機関に一般的に適用されるように、抽象的な部分もございますので、実際に各金融機関が実務を運用する場合には、どうしても具体的な基準が必要なわけでございます。そのために、具体的な基準を設けたということだというふうに理解しておりますし、例えば50パーセントとか6箇月というのが、明らかに個々の具体的なケースを免れるために、そういう基準が設けられたということであれば別でございますが、常識的に考えて、50とか6箇月というのは妥当な水準だというふうに判断できるのではないかと、当時我々は判断したわけでございます。

自己査定の制度そのものが、銀行の本部あるいは支店といった多くの事業所というか、査定部署、部署ごとに見る目が違うわけですね。

はい、そのとおりでございます。

一人の公認会計士が全件を見るというのとは、あるいはMOFの検査官が全件を検査するというのとは違って、見る目が違うから、絶対的な基準を設けておくということに意義があるんではありませんか。

御質問の確認ですが、それは私どもの監査の立場から、基準がどうあるべきかという御質問でしょうか。

そうではなくて、自己査定基準がそもそも絶対的な基準、数値基準などを置いていることについて、検察官はえらく限界的な事例を示してお尋ねになっているので、こういった自己査定基準の妥当性を検証されたお立場から、見解を確認的にお尋ねしています。

具体的な基準を設けるということについては、実務を運用する上から言えば、その必要性は認められるということについては、全く反対はございません。そして、実際に自己査定をやる場合に、資産査定通達だけを渡して、それぞれ各部内、支店でやりなさいと言っても、それは不可能な世界でございます。したがいまして、もっと具体的な自己査定の基準を銀行として作って、これを各部、各支店に担当者に研修会も開いて説明し、そして、それに基づいて運用を行っていくという、その具体的基準が実務を動かす上には、大きな組織になればなるほど必要なわけでございます、というふうなことが言えるかと思います。

検　察　官（保坂）

(甲) 証拠番号210（捜査報告書（有楽エンタープライズ㈱分））を示す

有楽エンタープライズのラインシートの6番、今示しているものが、10年3月期決算の会計監査の際に、有楽エンタープライズ向けの貸出金の自己査定の適切性を判断する上で、参考にした資料ということでしょうか。

はい、そうでございます。

それ以外の資料は、御覧になっていないということでよろしいでしょうか。

はい。

裁　判　長

先ほど来、長銀だったら長銀でもいいんですけど、その支援先についての話が出ていましたよね。

　　はい。

そのときの中身として、積極的な支援であるというふうにおっしゃってたんですけども、証人がイメージしている積極的な支援という具体的な中身は何を、支援の中のどれを考えて、言っておられるんですか。

　　今の御質問はどういう方法、支援の方法ということでございましょうか。

その積極的な支援をすれば、関連会社、関連先については倒産ということはあり得ないということですよね。

　　はい。

そのときの支援というのは、支援の中でもいろいろあるわけですが、積極的な支援であるというふうに言ったわけですけど、その積極的支援というものの中身としては、具体的にはどんなことを言っておられるのかということです。

　　関連ノンバンクにつきましては、そういう具体的に債権放棄とか、そういうものを考えておるわけでございますが、それ以外の会社については貸付金、これは貸付金で例えば残高維持を図るとか、その程度のことを考えておりまして、それから、それ以外の支援としては、人事面の支援とか、あるいは営業活動で協力する。

それは分かるんです。そうすると、その人事面とか営業面も含めて、それも積極支援だというふうに理解していると。

　　そうですね。そういうものを引き揚げないということで、積極的にそれを長期間にわたって続けていくという強い意思の下にやるということが、積極支援だというふうに理解しています。ですから、方法は選ばないということでございます。

そうすると、支援の方法としては幾つかあるわけですが、あとは支援する銀行側のどれだけの体力と意思があるかという、むしろそこの問題になっちゃうということになるわけですか。

　　はい、そういうことでございます。

（以上　　立部　雅子）

〔対照表〕

長銀基準	大蔵通達・Q&A・実務指針	説明
自己査定手引き第2編第1章Ⅲ4. ロ. 正常先 ① 業況良好先 ② 査定対象債務者基準に該当するものの、その原因が一時的なものであり、企業実態からみて特段問題がないと認められる先 **自己査定手引き第2編第1章Ⅲ5. ロ. (2)** 正常先 全額非分類	**大蔵通達Ⅱ. 4.** (1) 正常先 正常先とは、業況が良好であり、かつ、財務内容にも特段の問題がないと認められる債務者をいう。これら正常先に対する貸出金は原則として非分類とする。 **実務指針6.** ① 正常先債権(業況が良好であり、かつ財務内容にも特段の問題がないと認められる債務者に対する債権) 債権額で貸借対照表に計上し、貸倒実績率に基づき貸倒引当金を計上する。	長銀基準と大蔵通達等は整合していると認められる。
自己査定手引き第2編第1章Ⅲ4. ロ. 要注意先 管理に注意を要する先であり、以下のような条件に該当した債務者をいう[*14]。 *14 信用力の高い親会社の全面支援が受けられる先は「正常先」とすることができる。 ① 貸出条件問題先 ・金利減免[*15]、棚上げ、金融支援を目的とした最終期限延長及びテールヘビー化等を行っている先 *15 市場金利の変動に伴う金利引下げ、通常の取引中での水準引下げ等の場合は、金利減免に当たらない。 ② 履行状況問題先 ・元本・利息延滞、利息追貸し等、実質履行状況に問題のある先	**大蔵通達11. 4.** (2) 要注意先 要注意先とは、金利減免・棚上げを行っているなど貸出条件に問題のある債務者、元本返済若しくは利息支払いが事実上延滞しているなど履行状況に問題がある債務者のほか、業況が低調ないしは不安定な債務者又は財務内容に問題がある債務者など今後の管理に注意を要する先をいう。 なお、創業赤字で当初事業計画と大幅な乖離がない貸出先を除く。 ① 要注意先に対する貸出金については、②のa. からe. に該当する貸出金で、優良担保の処分可能見込額及び優良保証等により保全措置が講じられていない部分を原則としてⅡ分類とする。	長銀基準と大蔵通達等は整合していると認められる。 大蔵通達におけるⅡ分類の貸出金の例示からすれば、繰越欠損等に対する貸出金による補填が行われた先、貸出条件の大幅な軽減や極端に長期の返済契約がなされている先といった財務内容に相当問題がある先であっても、「破綻懸念先」の要件に該当しない限りは、「要注意先」に分類するものとされていたことは明らかである。 そして、「破綻懸念先」については、大蔵通達では「具体的には、現状、事業を継続しているが実質債務超過の状態に陥っており、業況が著しく低調で貸出金が延滞状況にあるなど事業好転の見通しがほとんどない状況で、自行(庫・組)としても消極ないし撤退方針

長　銀　基　準	大蔵通達・Q＆A・実務指針	説　　　明
		としており、今後、経営破綻に陥る可能性が大きいと認められる先をいう。なお、自行（庫・組）としで消極ないし撤退方針を決定していない債務者であっても、当該債務者の業況等について、客観的に判断し、今後、経営破綻に陥る可能性が大きいと認められる場合は、破綻懸念先とする。」と定義しており、この定義によれば、財務内容に相当問題がある先であっても、銀行（特に、主力銀行）の支援が確実と認められれば、原則として「破綻懸念先」として扱う必要はなく、「要注意先」として扱ってよいという考え方であったと理解されうる。

長銀基準	大蔵通達・Q＆A・実務指針	説明
が差し替えられる等、回収が長期化する場合は、不可。 「特定の返済財源」とは、近く入金が確実な増資・社債発行代り金、不動産売却代金、代理受領契約に基づく受入金、あるいは、返済に充当されることが確実な他金融機関からの借入金等でそれぞれ増資、社債発行目論見書、代理受領委任状又は振込指定依頼書、その他の関係書類により入金の確実性を確認できるものをいう。 また、「短時日に回収確実」とは基準日以降、概ね１ヶ月以内に回収が確実なものをいう。 ・正常な運転資金*24と認められる貸出金 *24 「正常な運転資金」とは、正常な営業を行っていく上で恒常的に必要と認められる運転資金であり、日々必要な決済資金、適正な在庫商品に見合う資金等である。 例えば卸・小売業、製造業の場合には、次の算式により算出される金額（融資シェアを考慮）を目安とし、それ以外の業種については、その業種特性を十分考慮の上算出する。 ・優良担保の処分可能見込額 ・優良保証付き及び保険金の支払いが確実と認められる保険付貸出金 →非分類 上記以外は原則II分類	②　要注意先債権（貸出条件に問題のある債務者、履行状況に問題のある債務者、赤字決算等で業況が低調ないし不安定な債務者に対する債権）債権額で貸借対照表に計上し、貸倒実績率に基づき貸倒引当金を計上する。	

長　銀　基　準	大蔵通達・Q＆A・実務指針	説　　明
自己査定手引き第2編第1章Ⅲ4. ロ. 破綻懸念先 以下の「破綻懸念」3条件を全て満たしている先等、現状、経営破綻の状況にはないが、経営難の状態にあり、経営改善計画等の進捗状況が芳しくなく、今後、経営破綻に陥る可能性が大きいと認められる債務者をいう＊18。 ＊18　但し、以下①②の先は原則として破綻懸念先とする。 ①　債権償却特別勘定設定先 ②　買取機構持ち込み先 また、以下③④のような先は左記条件に拘わらず、「要注意先」とすることができる。 ③　再建計画が存在し、計画に沿って半分以上進捗している先 ④　信用力の高い親会社の全面支援が受けられる先 ①　業況が著しく低調な状態が続いている先 ・2期連続して償却前営業利益が赤字の場合 ・主要行の支援もなく、再建計画が頓挫するなど、再建の見通しが殆どない場合 ②　現状、事業を継続しているが、実質債務超過常態の先 ・不動産等の含み損を加味した実質自己資本が債務超過と判断される場合 ③　過去6ヶ月以上入金が全くなく、今後の入金も殆ど見込めない先 **自己査定手引き第2編第1章Ⅲ5. ロ.（2）** 破綻懸念先	**大蔵通達Ⅱ. 4.** (3)　破綻懸念先 ①　破綻懸念先とは、現状、経営破綻の状況にはないが、経営難の状態にあり、経営改善計画等の進捗状況が芳しくなく、今後、経営破綻に陥る可能性が大きいと認められる債務者をいう。 具体的には、現状、事業を継続しているが、実質債務超過の状態に陥っており、業況が著しく低調で貸出金が延滞状態にあるなど事業好転の見通しがほとんどない状況で、自行（庫・組）としても消極ないし撤退方針としており、今後、経営破綻に陥る可能性が大きいと認められる先をいう。 なお、自行（庫・組）として消極ないし撤退方針を決定していない債務者であっても、当該債務者の業況等について、客観的に判断し、今後、経営破綻に陥る可能性が大きいと認められる場合は、破綻懸念先とする。 ②　破綻懸念先に対する貸出金については、優良担保の処分可能見込額及び優良保証等により保全されている貸出金以外の全ての貸出金を分類することとし、一般担保の処分可能見込額及び一般保証による回収が可能と認められる部分をⅡ分類とし、これ以外の部分をⅢ分類とする（なお、一般担保の評価額の精度が十分に高い場合は、担保評価額をⅡ分類とすることができる。）。 **実務指針6.**	長銀基準と大蔵通達等は整合していると認められる。 長銀基準は、必ずしも大蔵通達の各項目に従って整然と対応しているわけではないが、その内容を検討した結果、内容的には大蔵通達と合致していると解されることから、長銀基準において、「破綻懸念先」にあたるというために、左記3条件を全て満たすことを要求することは、大蔵通達から見ても許容範囲内であり妥当と解することができ、社内基準ではさらに「……3条件を満たしている先等」として、3条件を全て満たしていなくても実質的考慮により「破綻懸念先」とする余地を残している。従って、当監査法人は、「破綻懸念先」に関する社内基準は許容範囲内であり妥当と認めた。

長銀基準	大蔵通達・Q&A・実務指針	説明
・決済確実な割引手形及び特定の返済財源により短時日のうちに回収が確実と認められる貸出金(注) (注)「決済確実な商業手形」とは、必ずしも上場有配会社発行の手形に限らず、一般的に手形関係人の信用が十分であり、過去の決済が確実にされている等、決済に懸念ないと判断される手形をいう。 また、代り金を別段預金に留保している場合を含むが、なんらかの事情により手形が差し替えられる等、回収が長期化する場合は、不可。 「特定の返済財源」とは、近く入金が確実な増資・社債発行代り金、不動産売却代金、代理受領契約に基づく受入金、あるいは、返済に充当されることが確実な他金融機関からの借入金等で、それぞれ増資、社債発行目論見書、代理受領委任状又は振込指定依頼書、その他の関係書類により入金の確実性を確認できるものをいう。 また、「短時日に回収確実」とは、基準日以降概ね一ヶ月以内に回収が確実なものをいう。 ・優良担保の処分可能見込額 ・優良保証付き及び保険金の支払いが確実と認められる保険付貸出金 →非分類 ・一般担保処分可能見込額 ・一般保証付貸出金 →II分類*[25]	③　破綻懸念先債権(現状、経営破綻の状況にはないが、経営難の状態にあり、今後、経営破綻に陥る可能性が大きいと認められる債務者に対する債権)債権額から担保の処分可能見込額及び保証による回収が可能と認められる額を減算し、残額のうち必要額を貸借対照表に貸倒引当金として計上する。 なお、(注2)参照のこと。 (注2)破綻懸念先債権の回収可能性 破綻懸念先債権の回収見込額を検討するに当たっては、債務者の支払能力を総合的に判断する必要がある。債務者の経営状態、担保・保証の有無と担保価値、債務超過の程度、延滞の期間、事業活動の状況、完成途上のプロジェクトの完成見通し、銀行等金融機関並びに親会社の支援状況、再建計画の実現可能性、今後の収益及び資金繰りの見通し、その他債権回収に関係のある一切の定量的・定性的要因を検討しているか確かめる。各金融機関は、上記のような様々な要因を勘案した具体的な回収見込額の算出方法を定めておく必要がある。その方法としては、例えば、売却可能な市場を有する債権については売却回能額を回収可能額とする方法や、債権額から清算価直を差し引いた差額に倒産確率を乗じて回収不能額を算出する方法等が考えられる。	

長　銀　基　準	大蔵通達・Q＆A・実務指針	説　　明
＊25　家賃収入等のキャッシュフローによる回収見込み分、または清算バランスから見込まれる配当額、保証人からの回収見込額について明確な根拠があることを前提に、これを考慮してII分類とすること可。 また、P/J資金については当該P/Jからの回収見込分等についても明確な根拠があることを前提に、これを考慮してII分類とすること可。 上記以外原則III分類		
自己査定手引き第2編第1章III 4. ロ. 実質破綻先 以下の「実質破綻」3条件を全て満たしている先等、法的・形式的な経営破綻の事実は発生していないものの、深刻な経営難の状態にあり、再建の見通しがない状況にあると認められるなど実質的に経営破綻に陥っている債務者をいう。 ①　事業を形式的には継続しているが、売上が殆どない等会社の実態がない以下のような先 ・売上げがゼロ ・廃業、休業、見なし解散先 ・従業員が全くいなく、営業停止状態 ②　<u>債務超過状態（2期連続）</u>の先 ③　債権のうち<u>回収不能見込額が50％以上</u>ある先 ・（ネット与信回収見込額）／（ネット与信）< 50％の場合 ネット与信＝債権額－担保－保証	**大蔵通達II．4.** (4)　<u>実質破綻先</u> ①　実質破綻先とは、法的・形式的な経営破綻の事実は発生していないものの、深刻な経営難の状態にあり、再建の見通しがない状況にあると認められるなど実質的に経営破綻に陥っている債務者をいう。 具体的には、事業を形式的には継続しているが、財務内容において多額の不良資産を内包し、あるいは債務者の返済能力に比して明らかに過大な借入金が残存し、実質的に大幅な債務超過の状態に相当期間陥っており、事業好転の見通しがない状況、天災、事故、経済情勢の急変等により多大な損失を被り（あるいは、これらに類する事由が生じており）、再建の見通しがない状況で、元金又は利息について実質的に長期間延滞している先などをいう。 ②　実質破綻先に対する貸出金については、優良担保の処分可能見込額及び優良保証等に	<u>長銀基準と大蔵通達等は整合していると認められる</u>。 長銀基準は、必ずしも蔵大通達の各項目に従って整然と対応しているわけではないが、その内容を検討した結果、内容的には大蔵通達と合致していると解されることから、長銀基準において、「実質破綻先」にあたるというために、左記3条件を全て満たすことを要求することは、大蔵通達から見ても許容範囲内であり妥当と解することができ、社内基準ではさらに「……3条件を満たしている先等」として、3条件を全て満たしていなくても実質的考慮により「実質破綻先」とする余地を残している。従って、当監査法人は、「実質破綻先」に関する社内基準は許容範囲内であり妥当と認めた。

長 銀 基 準		
ネット与信回収見込額＝清算バランスからの回収見込額＋キャッシュフローからの回収見込額	より保全されている貸出金以外の全ての貸出金を分類することとし、一般担保の処分可能見込額及び一般保証による回収が可能と認められる部分をⅡ分類、優良担保及び一般担保の担保評価額と処分可能見込額との差額及び保証による回収の見込が不確実な部分をⅢ分類、これ以外の回収の見込がない部分をⅣ分類とする（なお、一般担保の評価額の精度が十分に高い場合は、担保評価額をⅡ分類とすることができる。）。	
自己査定手引き第2編第1章Ⅲ5. ロ. (2) 実質破綻先・破綻先 ・決済確実な割引手形及び特定の返済財源により短時日のうちに回収が確実と認められる貸出金（注） (注)「決済確実な商業手形」とは、必ずしも上場有配会社発行の手形に限らず、一般的に手形関係人の信用が十分であり、過去の決済が確実にされている等、決済に懸念ないと判断される手形をいう。 　また、代り金を別段預金に留保している場合を含むが、なんらかの事情により手形が差し替えられる等、回収が長期化する場合は、不可。 　「特定の返済財源」とは、近く入金が確実な増資・社債発行代り金、不動産売却代金、代理受領契約に基づく受入金、あるいは、返済に充当されることが確実な他金融機関からの借入金等で、それぞれ増資、社債発行目論見書、代理受領委任状又は振込指定依頼書、その他の関係書類により入金の確実性を確認できるものをいう。 　また、「短時日に回収確実」とは、基準日以降、概ね1ヶ月以内に回収が確実なものをいう。	**実務指針6.** ④　実質破綻先債権（法的、形式的な経営破綻の事実は、発生していないものの、深刻な経営難の状態にあり、再建の見込みがたたない状況にあると認められるなど、実質的に経営破綻に陥っている債務者に対する債権） 　債権額から担保の処分可能見込額及び保証による回収が可能と認められる額を減算し、残額を貸倒償却するか又は貸倒引当金として貸借対照表に計上する。	

長銀基準	大蔵通達・Q＆A・実務指針	説明
・優良担保の処分可能見込額 ・優良保証付き及び保険金の支払いが確実と認められる保険付貸出金 ・債権償却特別勘定繰入額及び特定海外債権引当勘定繰入額に見合う貸出金 ・法的整理手続きに係る共益債権 →非分類 ・一般担保処分可能見込額 ・一般保証付貸出金 ・更生担保権、及び5年以内の更生債権・和議債権・会社整理債権等 →II分類*[25] *[25]　家賃収入等のキャッシュフローによる回収見込み分、または清算バランスから見込まれる配当額、保証人からの回収見込額について明確な根拠があることを前提に、これを考慮してII分類とすること可。 　また、P/J資金については当該P/Jからの回収見込分等についても明確な根拠があることを前提に、これを考慮してII分類とすること可。 ・担保評価額と処分可能見込額との差額 ・保証による回収の見込みが不確実な部分 →III分類*[26] 上記以外原則IV分類*[26] *[26]　実質破綻先、破綻先について清算バランスが作成できず、明確に配当額を算定することができない場合には、債権額から非分類、II分類、III分類の要件に対応する金額を差し引いた後に、別途連絡する当行の過去の回収実績率を乗じた金額を控除し、IV		

分類とすることが可。 控除した金額はⅢ分類として取り扱う。		
自己査定手引き第2編第1章Ⅲ4. ロ. 破綻先 法的・形式的な経営破綻の事実が発生している先であり、例えば、破産、清算、会社整理、会社更正、和議、手形交換所の取引停止処分等の事由により経営破綻に陥っている債務者をいう。 **自己査定手引き第2編第1章Ⅲ5. ロ. (2)** 実質破綻先・破綻先 ・決済確実な割引手形及び特定の返済財源により短時日のうちに回収が確実と認められる貸出金(注) (注)「決済確実な商業手形」とは、必ずしも上場有配会社発行の手形に限らず、一般的に手形関係人の信用が十分であり、過去の決済が確実にされている等、決済に懸念ないと判断される手形をいう。 また、代り金を別段預金に留保している場合を含むが、なんらかの事情により手形が差し替えられる等、回収が長期化する場合は、不可。 「特定の返済財源」とは、近く入金が確実な増資・社債発行代り金、不動産売却代金、代理受領契約に基づく受入金、あるいは、返済に充当されることが確実な他金融機関からの借入金等で、それぞれ増資、社債発行目論見書、代理受領委任状又は振込指定依頼書、その他の関係書類により入金の確実性を確認できるものをいう。	**大蔵通達Ⅱ. 4.** (5) 破綻先 ① 破綻先とは、法的・形式的な経営破綻の事実が発生している先をいい、例えば、破産、清算、会社整理、会社更正、和議、手形交換所の取引停止処分等の事由により経営破綻に陥っている債務者をいう。 ② 破綻先に対する貸出金は、優良担保の処分可能見込額及び優良保証等により保全されている貸出金以外の全ての貸出金を分類することとし、一般担保の処分可能見込額及び一般保証による回収が可能と認められる部分並びに清算配当等が見込まれる場合はその分をⅡ分類、優良担保及び一般担保の担保評価額と処分可能見込額との差額及び保証による回収の見込みが不確実な部分をⅢ分類、これ以外の回収の見込みがない部分をⅣ分類とする(なお、一般担保の評価額の精度が十分に高い場合は、担保評価額をⅡ分類とすることができる。)。 **実務指針6.** ⑤ 破綻先債権(破産、清算、会社整理、会社更生、和議、手形交換所における取引停止処分等の事由により経営破綻に陥っている債務者に対する債権) 債権額から担保の処分可能見込額及び保証による回収が可能と認められる額を減算し、残額を貸倒償却するか又は貸倒引当金として	長銀基準と大蔵通達等は整合していると認められる。

長　銀　基　準	大蔵通達・Q＆A・実務指針	説　　　明
また、「短時日に回収確実」とは、基準日以降、概ね1ヶ月以内に回収が確実なものをいう。 ・優良担保の処分可能見込額 ・優良保証付き及び保険金の支払いが確実と認められる保険付貸出金 ・債権償却特別勘定繰入額及び特定海外債権引当勘定繰入額に見合う貸出金 ・法的整理手続きに係る共益債権 →非分類 ・一般担保処分可能見込額 ・一般保証付貸出金 ・更生担保権、及び5年以内の更生債権・和議債権・会社整理債権等 →II分類*[25] *25　家賃収入等のキャッシュフローによる回収見込み分、または清算バランスから見込まれる配当額、保証人からの回収見込額について明確な根拠があることを前提に、これを考慮してII分類とすること可。 　また、P/J資金については当該P/Jからの回収見込分等についても明確な根拠があることを前提に、これを考慮してII分類とすること可。 ・担保評価額と処分可能見込額との差額 ・保証による回収の見込みが不確実な部分 →III分類*[26] 上記以外原則IV分類*[26] *26　実質破綻先、破綻先について清算バランスが作成できず、明確に配当額を算定する	貸借対照表に計上する。	

長銀基準	大蔵通達・Q＆A・実務指針	説明
ことができない場合には、債権額から非分類、Ⅱ分類、Ⅲ分類の要件に対応する金額を差し引いた後に、別途連絡する当行の過去の回収実績率を乗じた金額を控除し、Ⅳ分類とすることが可。 控除した金額はⅢ分類として取り扱う。		
関連ノンバンクにかかる自己査定運用規則 (1)「体力の有無」の査定 営業貸付金、有価証券、不動産等の資産の内容を検討*2し、また、再建計画がある場合はその計画の進捗状況の実態を勘案して「体力の有無」を判断する。 *2 有価証券、不動産等の評価を行うにあたっては当該企業の営業の実態に則した評価を行う。 実質債務超過となっている場合の「体力の有無」の判断は、償却前利益により、概ね2〜3年程度でその債務超過を解消できるかどうかを目安として判断するが、実質的な債務超過の状態が相当期間継続しており、かつ、自力での再建の見通しがたたない場合は、「体力がない」ものと判断される。 (2)「体力のある」関連ノンバンク 実質債務超過でない場合、もしくは現状債務超過であっても概ね2〜3年程度で解消が可能であるなど、自力による再建が可能な先については「体力のある」関連ノンバンクとして本運用規則の対象外とす*3る。	Q&A **Ⅱ 具体的な査定方法等** **1「体力がある」関連ノンバンク** Q2 どのような場合に自行の関連ノンバンクについて、「体力がある」と判断できるのか。その場合、当該関連ノンバンクに対する貸出金は、どのように査定すべきか。 A1 自行の関連ノンバンクが、実質債務超過でない場合や償却前利益で概ね2〜3年で実質債務超過の解消が可能であるなど自力再建が可能な場合は、「体力がある」関連ノンバンクと判断できるものと考えられる。 このような関連ノンバンクについては、一般債務者に対する貸出金の場合と同様の査定を行って差し支えない。 2 なお、債務超過であっても、単年度でその解消が可能な場合には、非分類とすることができる。 ただし、自行が当該ノンバンクに対して、金利減免又は元本棚上げ等の支援を行っている場合は、原則として、当該貸出金の全額をⅡ分類とすることが妥当と考えられる。	<u>長銀基準とQ&Aは整合していると認められる</u>。

長　銀　基　準	大蔵通達・Ｑ＆Ａ・実務指針	説　　　明
*3　特定関連親密先自己査定運用細則による査定を行う。 なお、債務超過であっても単年度で解消が可能な場合には非分類とすることができる。ただし、金利減免・元本棚上げなどの支援を行っている場合は、原則として貸出金全額をII分類とする。 (3)「体力のない」関連ノンバンク 「体力がない」と判断される関連ノンバンクについては、一般債務者とは異なる以下の基準により資産分類を行う*4。なお、この資産分類基準は通常の債務者の資産分類とは異なることから、資産分類の前提となる債務者区分については、これを行わず「関連ノンバンク」とする。 *4　体力がない関連ノンバンクについても、当行が母体行責任を放棄していない先に対してその信用補完を目的に賃貸借契約により行う貸付有価証券は分類対象外資産とする。	**2「体力がない」関連ノンバンク** Q3　自行の関連ノンバンクについて、どのような場合に「体力がない」と判断すべきか。 A　自行の関連ノンバンクが、償却前利益で概ね2〜3年で実質債務超過の状況を解消できない場合、その解消の可否等について総合的・客観的に判断する必要がある。基本的には、実質的な債務超過に相当期間陥っており、かつ、自力での再建の見通しが立たない場合は、「体力がない」ものと判断すべきである。	
関連ノンバンクにかかる自己査定運用規則(3) ①　合理的な再建計画が存在し、当行が母体行責任を負っても再建の意思を有する場合 再建計画に従った債権放棄、現金贈与、有価証券含益贈与等により、再建支援を行うことが「経営の意思」*5により決定されている場合には当該年度の支援予定額をIV分類とし、それを超える支援予定分についてIII分類とする。但し、貸出金ならびに支払い承諾の合計残高を限度とする。	**Q&A** **2「体力がない」関連ノンバンク** (1)　<u>自行がいわゆる母体行責任を負う意思がある場合</u> Q4　自行に関連バンクの再建を行う意思があり、自行の関連ノンバンクは「体力がない」状況にあるが、当該ノンバンクの資産状況を踏まえ作成された再建計画に客観的な合理性が認められる場合は、どのように査定すべきか。	<u>長銀基準と大蔵通達等は整合していると認められる</u>。 関連ノンバンクにかかる自己査定運用規則(3)①では、当該年度の支援予定額をIV分類、それを超える支援予定分についてIII分類、その他はII分類とされているが、これに該当する関連ノンバンクは、いずれも母体行である長銀に支援意思があり、客観的に破綻する可能性が小さいことから、大蔵通達によれば「要

長銀基準	大蔵通達・Q＆A・実務指針	説明
*5「経営の意思」とは、当行の経営の意思が明確に確定している場合を言う。	A　自行の関連ノンバンクは「体力がない」状況にあるが、作成されている再建計画に客観的な合理性が認められ、当該再建計画に沿って債権放棄額が「経営の意思」により当該年度に確定している場合は、その金額をⅣ分類とし、残額をⅢ分類とする。 なお、「経営の意思」による債権放棄を当該年度に全額を一括して行うこととしている場合は、その金額全額をⅣ分類とし、残額をⅡ分類として差し支えない。 また、現金贈与、有価証券含み益の贈与等の方法により再建支援を行う場合は、当該支援相当額をⅣ分類とすべきものと考えられる。ただし、当該支援が債権放棄と同様に当該貸出金の減少（返済）につながる場合に限るものとする。 **大蔵通達Ⅱ．4.** (2)　要注意先 要注意先とは、金利減免・棚上げを行っているなど貸出条件に問題のある債務者、元本返済若しくは利息支払いが事実上延滞しているなど履行状況に問題がある債務者のほか、業況が低調ないしは不安定な債務者又は財務内容に問題がある債務者など今後の管理に注意を要する先をいう。 なお、創業赤字で当初事業計画と大幅な乖離がない貸出先を除く。	注意先」として債権全額をⅡ分類とすることが認められるという解釈が可能な先であるので、運用規則は大蔵通達及びQ&Aの趣旨からみて許容範囲内であり妥当と認めた。

長銀基準	大蔵通達・Ｑ＆Ａ・実務指針	説明
関連ノンバンクにかかる自己査定運用規則(3) ②　当行が母体行責任を負う意思があっても、大幅な債務超過が相当期間継続しており、再建計画[*6]に客観的な合理性が認められない場合 当初の再建計画の実施が困難であるなど再建計画に客観的な合理性が認められない場合は、当該支援対象ノンバンクの営業貸付金等のⅣ分類額を貸出金のシェア[*7]によりⅣ分類とし、残りをⅢ分類とする。 *6　再建計画が作成されていない場合を含む *7　貸出金シェアについては、貸出を行っているすべてのもの（含むノンバンク）について当該ノンバンクの直近決算期または決算期以降の直近時点の計数により算出する。 なお、当該ノンバンクの取引金融機関が当行のみである場合には、既に損失が確定しているとみなされる部分をⅣ分類、担保等により回収が見込まれる部分をⅡ分類、その他をⅢ分類とすることができる。 ③　当行が母体行責任を負う意思はあるが、再建計画が作成されていないか検討中の場合 当該支援対象ノンバンクの損失見込額等から判断し、当行の支援により再建可能性が十分にあると見込まれる場合は、貸出金の全額をⅢ分類とする。ただし、当該支援対象ノンバンクの営業貸付金等のⅣ分類額とⅢ分類額の合計を上限とする。	**Q&A** **2「体力がない」関連ノンバンク** (1)　自行がいわゆる母体行責任を負う意思がある場合 Q6　自行に関連ノンバンクの再建を行う意思があり、再建計画が作成されているが、自行の関連ノンバンクは「体力がない」状況で実質的に大幅な債務超過の状況に相当期間陥っており、かつ、再建計画に客観的な合理性が認められない場合、どのように査定すべきか。 A　再建計画が作成されているが、自行の関連ノンバンクに「体力がない」と判断され、実質的に大幅な債務超過の状況に相当期間陥っており、当初の再建計画の実施が困難であるなど、再建計画に客観的な合理性が認められない場合は、自行の関連ノンバンクに対する貸出金は、原則として、当該ノンバンクの営業貸付金等の査定結果のⅣ分類を自行の貸出金シェアによりⅣ分類とし、残額をⅢ分類とすべきものと考えられる。 ［注］貸出金のシェアは、貸出を行っている全ての者（他のノンバンクを含む）について、関連ノンバンクの直近決算期又は決算期以降の直近時点の計数により算出する（以下同じ。）。 Q7　再建計画が作成されていないか又は検討中の場合は、如何に査定すればよいのか。 A1　自行の収益力、有価証券等の含み損益の状況及び当該ノンバンクの損失見込額等から判断し、関連ノンバンクの再建可能性が	長銀基準とQ&Aは整合していると認められる。 Q&Aは、「貸出金シェア」という記載からも明らかなように、関連ノンバンクの取引金融機関が複数ある場合に、自行が母体行責任を負って、他行分の損失も負担して関連ノンバンクを処理する場合を想定している。すなわち、Q&Aは関連ノンバンクの取引金融機関が自行のみである場合は想定していないといえるから、かかる場合について関連ノンバンクにかかる自己査定運用規則(3)②＊７「なお書」のような注記を設けることは合理的である。すなわち、関連ノンバンクの取引金融機関が自行のみである場合には、他行分の損失を自行で負担する必要はなく、担保物件の売却代金や、第三債務者からの回収金等、関連ノンバンクから回収できると見込まれる金額についてまでⅢ分類とすることはむしろ不合理であり、Ⅱ分類とすることが合理的といえる。

	十分にあると認められる場合には、原則として、自行の当該ノンバンクに対する貸出金の全額をⅢ分類とすべきと考えられる(ただし、この場合のⅢ分類の額は、当該ノンバンクの営業貸付金等のⅣ分類とⅢ分類の合計額を限度とすることができる。)。 (2) 上記以外の場合は、自行の関連ノンバンクに対する貸出金は、原則として、営業貸付金等の査定結果のⅣ分類を自行の貸出金シェアによりⅣ分類とし、残額をⅢ分類とする。	
関連ノンバンクにかかる自己査定運用規則(3) ④ 当行に再建の意思なく、母体行責任を負う意思もない場合 当行に再建の意思なく、当該ノンバンクが相当期間にわたって実質的に大幅な債務超過となっており、再建の見通しがない場合には、一般の債務者と同様の査定を行うものとする。 当該ノンバンクの営業貸付金等の資産査定結果を当行の貸出金シェアに応じて分類するものとし、プロラタ方式により、Ⅳ、Ⅲ、Ⅱ分類の順に充当するものとする。	**Q&A** **2「体力がない」関連ノンバンク** (2) 自行がいわゆる母体行責任を負う意思がない場合 Q8 自行が関連ノンバンクを再建する意思がなく、かつ、いわゆる母体行責任を負う意思がない場合は、如何に査定するのか。 A 原則として、自行との関連を考慮することなく一般債務者の場合と同様に査定するべきものと考えられる。 したがって、自行が関連ノンバンクを再建する意思がなく、関連ノンバンクが実質的に大幅な債務超過の状況に相当期間陥っており、かつ、再建の見通しがない場合には、自行の当該ノンバンクに対する貸出金は、原則として、営業貸付金等の査定結果を自行の貸出金のシェアにより分類するものとし、いわゆるプロラタ方式により、当該ノンバンクの営業貸付金等の査定結果を自行の貸出金シェアに応じ、Ⅳ・Ⅲ・Ⅱ分類の順に充当するものとすべきと考えられる。	長銀基準とQ&Aは整合していると認められる。

長銀基準	大蔵通達・Q＆A・実務指針	説明
関連ノンバンクにかかる自己査定運用規則(3) ⑤　当行に再建の意思はないが、プロラタ以上で貸出金全額以下の範囲で、損失負担を負う意思がある場合。 関連ノンバンクが相当期間にわたり実質的に大幅な債務超過となっており、かつ再建の見込みがない場合には当該ノンバンクの資産査定によるⅣ分類の金額を当行の貸出金シェアによりⅣ分類とし、残額をⅢ分類とする。 なお、経営の意思により債権放棄額が当該年度に確定しており、その額が貸出金シェアにより算定したⅣ分類額を上回る場合には、その金額をⅣ分類額とし残額をⅢ分類とする。	**Q&A** **2「体力がない」関連ノンバンク** (2)　自行がいわゆる母体行責任を負う意思がない場合 Q9　自行が関連ノンバンクを再建する意思はないが、自行の貸出金額の範囲内において損失負担（プロラタ方式以上かつ貸出金全額以下）する意思がある場合は、如何に査定するのか。 A　関連ノンバンクが実質的に大幅な債務超過の状況に相当期間陥っており、かつ、再建の見通しがない場合には、自行の当該ノンバンクに対する貸出金は、原則として、営業貸付金等の査定結果のⅣ分類を自行の貸出金シェアによりⅣ分類とし、残額をⅢ分類とする。 なお、経営の意思により債権放棄額が当該年度に確定しており、当該額が上記貸出金のシェアにより算定したⅣ分類額を上回る場合は、その金額をⅣ分類とし残額をⅢ分類とする。	<u>長銀基準とQ&Aは整合していると認められる</u>。
特定関連親密先自己査定運用細則 早期是正措置にかかる自己査定実施にあたって、当行「関連ノンバンク」に指定された先については、別途定める「関連ノンバンクにかかる自己査定運用規則」を適用する。また、次葉に指定する当行経営支援先（以下、「経営支援先」という）、支援実績先（以下、「経営支援実績先」という）ならびに当行関連親密先等（以下、「特定先」という）については、「自己査定制度の制定と自己査定実施につい	**大蔵通達Ⅱ．4.** (1)　正常先 正常先とは、業況が良好であり、かつ、財務内容にも特段の問題がないと認められる債務者をいう。これら正常先に対する貸出金は原則として非分類とする。 (2)　要注意先 要注意先とは、金利減免・棚上げを行っているなど貸出条件に問題のある債務者、元本返済若しくは利息支払いが事実上延滞してい	<u>長銀基準と大蔵通達等は整合していると認められる</u>。 Q&Aでは、体力のある関連ノンバンクに対する債権にかかる自己査定は、一般の債務者同様に行って差し支えないとされている。そこで、体力がある関連ノンバンクを一般の債務者同様に大蔵通達によって区分した場合、Q&Aの「体力がある」の定義（実質債務超過でない、または償却前利益で概ね2〜3年

長銀基準	大蔵通達・Q＆A・実務指針	説明
て」(長銀統部74-14号)に定められた債務者区分・資産分類基準とともにつぎの査定基準を適用する。 「関連ノンバンク」に指定された先が「経営支援先」、「経営支援実績先」または「特定先」に重複該当する場合は、原則として「関連ノンバンク」の基準を適用する。現状当行の経営支援先3社はすべて関連ノンバンクの指定を受けていることから、現時点での「経営支援先」の対象となる先はない。 なお、特定関連親密先に対してその信用補完を目的に行う貸付有価証券(賃貸借契約型)については、分類対象外資産とする。 1.「経営支援先」 対象先 ～ 当行の経営支援先ならびにその企業と一体として損失処理を計画している先 ただし「関連ノンバンク」基準で体力がないと判断される先を除く 債務者区分 ～ 「経営支援先」 資産分類 ～ 原則II分類 支援予定額 III分類 当該年度支援損計上予定額 IV分類 2.「経営支援実績先」 対象先 ～ 当行が過去に経営支援を行っていた先 ただし「関連ノンバンク」基準で体力がないと判断される先を除く 債務者区分 ～ 「経営支援実績先」	るなど履行状況に問題がある債務者のほか、業況が低調ないしは不安定な債務者又は財務内容に問題がある債務者など今後の管理に注意を要する先をいう。 なお、創業赤字で当初事業計画と大幅な乖離がない貸出先を除く。 (3) 破綻懸念先 ① 破綻懸念先とは、現状、経営破綻の状況にはないが、経営難の状態にあり、経営改善計画等の進捗状況が芳しくなく、今後、経営破綻に陥る可能性が大きいと認められる債務者をいう。 具体的には、現状、事業を継続しているが、実質債務超過の状態に陥っており、業況が著しく低調で貸出金が延滞状態にあるなど事業好転の見通しがほとんどない状況で、自行(庫・組)としても消極ないし撤退方針としており、今後、経営破綻に陥る可能性が大きいと認められる先をいう。 なお、自行(庫・組)として消極ないし撤退方針を決定していない債務者であっても、当該債務者の業況等について、客観的に判断し、今後、経営破綻に陥る可能性が大きいと認められる場合は、破綻懸念先とする。	で実質債務超過の解消が可能)からして、当然「正常先」または「要注意先」に区分されることになると考えられる。 従って、この運用細則に従った場合も、Q&Aに従って一般の債務者同様に大蔵通達に基づく査定を行った場合(体力がある以上は必然的に「正常先」または「要注意先」になると考えられる)と比べて査定が甘くなることはないと考えられるので、当監査法人は体力のある関連ノンバンクについて運用細則の適用を許容範囲内であり妥当と認めた。 関連親密先等は、全て、主力銀行である長銀が、積極的に支援する意思を明確に有しているため、客観的に経営破綻に陥る可能性は小さいと認められる債務者であったから、大蔵通達における「破綻懸念先」に分類する必要はなく、「正常先」または「要注意先」に区分することができる。従って、運用細則によって処理した場合も、大蔵通達に基づく査定を行った場合と比べて査定が甘くなることはないと考えられるので、当監査法人は関連親密先等についても運用細則の適用を許容範囲内であり妥当と認めた。 エル都市開発、日比谷総合開発、新橋総合開発、有楽町総合開発、エルシーエー並びにその関係会社は、優良資産を保有させて事業化する目的の会社であり、保有する資産の適切な評価額については確実に回収が認められるため非分類とし、評価損、欠損金に相当す

長　銀　基　準	大蔵通達・Q＆A・実務指針	説　　　明
資産分類　　～　原則Ⅱ分類 3.「特定先」 対　象　先　～　長進、長銀システム開発、長銀ビジネスサービス、長銀不動産調査サービス、長銀カード、長銀情報システム、長銀総合研究所、長銀総研コンサルティング、長銀投資顧問、日本ランディック関連会社（除芝中央ファイナンス）、ジャリック、日本ランドシステム、長ビル、長友、長栄、日本リース関連会社、エル都市開発、日比谷総合開発、新橋総合開発、有楽町総合開発、軽井沢総合開発、平河町ファイナンス、北武蔵カントリークラブ、エルカクエイ、カクエイユニオンライフ、エル・アドエヌアールコーポレーション、長栄ライフ、吉井カントリークラブ、エル・シー・エー 債務者区分　～　「正常先」もしくは「要注意先」 資産分類　　～　債務者区分に応じた査定を行う。 　但しエル都市開発、日比谷総合開発、新橋総合開発、有楽町総合開発、エル・シー・エーならびにその関係会社が「要注意先」に区分された場合にはその事業趣旨に鑑み、保有する不動産・有価証券等の資産の評価損ならびに繰越欠損に相当する金額をⅡ分類とする。		る金額は、将来、回復ないし解消が期待されるものの、健全性の見地からⅡ分類としたものであり、許容範囲内であり妥当と認めた。 　特定関連親密先に対してその信用補完を目的に行う貸付有価証券（賃貸借契約型）については分類対象外資産とするとの扱いについては、関連親密先は、全て、主力銀行である長銀が、積極的に支援する意思を明確に有しているため、事実上破綻する可能性はなく、貸付有価証券が返還されない可能性は事実上ないものと認めうるので許容範囲内であり妥当と判断した。

第 21 回 公 判 調 書（手続）

被　告　人　の　氏　名（1）　大野木　克　信（出頭）
被　告　人　の　氏　名（2）　須　田　正　己（出頭）
被　告　人　の　氏　名（3）　鈴　木　克　治（出頭）
被　告　事　件　名（1）、（2）、（3）証券取引法違反、商法違反
公判をした年月日　平成 13 年 3 月 23 日
公判をした裁判所　東京地方裁判所刑事第一部
裁　判　長　裁　判　官　大　野　市太郎
裁　判　官　福　士　利　博
裁　判　官　石　田　寿　一
裁　判　所　書　記　官　村　上　剛　英
検　察　官　保坂直樹、東　弘
出　頭　し　た　弁　護　人（1）　（主任）那須弘平、倉科直文、横田高人
出　頭　し　た　弁　護　人（2）　（主任）國廣　正、五味祐子、坂井　眞
出　頭　し　た　弁　護　人（3）　（主任）更田義彦、長　文弘

証　拠　調　べ　等

証拠等関係カード記載のとおり

先に指定告知した次回期日

平成 13 年 4 月 13 日午前 10 時 00 分

平成 13 年 3 月 28 日

東京地方裁判所刑事第一部

裁判所書記官　村　上　剛　英

V　学者の証言

第22回公判調書（手続）

被告人の氏名(1)　大野木　克信（出頭）
被告人の氏名(2)　須田　正己（出頭）
被告人の氏名(3)　鈴木　克治（出頭）
被告事件名(1)、(2)、(3)証券取引法違反、商法違反
公判をした年月日　平成13年4月13日
公判をした裁判所　東京地方裁判所刑事第一部
裁判長裁判官　大野　市太郎
裁判官　福士　利博
裁判官　石田　寿一
裁判所書記官　村上　剛英
検察官　保坂直樹、大圖　明
出頭した弁護人(1)　（主任）那須弘平、倉科直文、横田高人
出頭した弁護人(2)　（主任）國廣　正、五味祐子、坂井　眞
出頭した弁護人(3)　（主任）更田義彦、長　文弘
出頭した証人　（主任）岸田雅雄、西崎哲郎

証拠調べ等
証拠等関係カード記載のとおり

指定告知した次回期日
平成13年5月9日午前10時00分

平成13年4月26日
東京地方裁判所刑事第一部
裁判所書記官　村　上　剛　英

証人岸田雅雄、同西崎哲郎の尋問を施行

① 岸田雅雄証人尋問調書(第22回公判)

証人尋問調書(平成13年4月13日第22回公判)

弁　護　人(倉科)
速記録末尾添付の「経歴並びに業績」と題する書面を示す

まず、証人の経歴及び著書等を伺います。証人の経歴、職歴、それから業績の中で著書とあるものは、この「経歴並びに業績」のとおりですか。

はい、間違いございません。

証人の著作等を拝見すると、証人は企業の会計規制法を主要な専攻分野にしてこられ、それとの関係で、税法などについても研究を重ねておられるように思われますが、いかがでしょうか。

はい、そのとおりです。

既に証拠調べ請求済みの「商法・証券取引法から見た企業の違法行為のチェックシステム」と題するジュリスト1129号34ページ以下の論文をお書きになられましたね。

はい。

それを執筆した問題意識について伺います。非常に大きいところで結構でございますので。

ちょうどそのころ、いろいろな企業不祥事がたくさんございまして、その特集を御覧いただければ分かりますが、ほかの方は、全部、刑事、あるいは刑事畑の学者、あるいは実務家の方でございますけれども、当時のジュリストの編集部から、私が企業会計をやっているということで、企業会計の観点から、そういう企業の不祥事等について書いてくれと言われてましたので、私もその点、興味を持っておりましたので、それが書いた動機でございます。

そのジュリストの論文を書かれる少し前の1997年(平成9年)10月発行のインベストメントと題する、これは雑誌でございましょうか。

はい。大阪取引証券所が出している雑誌でございます。

その雑誌においても、「規制産業とその企業会計規制」という題の論文を書かれておられますね。

はい。

それでは伺いますが、企業会計における金銭債権の評価及びその方法ということについて、企業会計における基準というものはどういう状態なんだろうかという問題意識で伺いますが、そもそも、企業会計における金銭債権の評価及びその方法について、絶対の基準だとか、唯一の基準というものはあるんでございましょうか。

私、企業会計を専門に、20年近くやっておりましたので、一般的なことからお話をしたいと思います。私、よく授業で、こういうふうに説明をいたします。私は神戸に住んでいるわけですけれども、神戸市というのは、東西34キロ、南北は、北は六甲山、南はポートアイランドという島までございますけれども、そこで、毎日、ラジオやテレビで天気の情報が入ってます。昨日、神戸で10ミリの雨が降ったと言いましても、ある人は神戸に住んでても雨が降ってなかったと、あるいは1ミリしか降ってなかったという人があります。つまり、神戸市内の山の上で測るか、水上で測るか、北で測るか、南で測るか、全部雨量は変わってきますけれども、神戸では、神戸の海洋気象台というところで、午前9時、午前10時に測ったものを神戸市の雨量としてやっているわけでございます。だから、厳格に言う

　と、それは神戸の雨量の１つに過ぎないわけでございます。しかし、同じ場所で、同じ時間で、毎日継続しておけば、それは１つの客観的な真実になるということでございます。長くなりましたけれども、企業会計においても、様々な会計処理の方法がございます。例えば、時価主義と原価主義というのは、会計学で200年以上争っているわけですが、いまだ決着がつかない問題でございます。しかし、時価主義なら時価主義、原価主義なら原価主義と、１つの方法を継続してやれば、それは比較可能な処理だということでございます。私が申し上げたいのは、会計においても様々な会計処理方法があって、それぞれが１つの基準として認められている。つまり、選択のあるものだと。これが会計の現実でございます。

そうすると、その企業会計について、今度は、その法令上の規制を加えるというような状況になったときに、そうしますと、そういった様々な方法のある企業会計というものについて、法で一つの物を押し付けるというか、あるいは、これにしなさいということは、非常に難しい問題があるのではありませんか。

　はい、おっしゃるとおりでございます。ですから、私の定義によれば、会計というのは、企業の経済活動を評価して記録して、そして報告するシステムだということでございます。経済活動というのは、極端なことを申しますと、一瞬、一瞬動いているわけでございます。ところが、法律の体系というのは権利、義務の体系に納まると。つまり何らかの経済活動を、権利あるいは義務に結び付けるということは本来不可能でございます。法律というのは保守的なもので、一回決まれば、そう動くものじゃありません。しかし、会計の事実というのはしょっちゅう変わっているわけですから、ある程度の幅で経済的な事実を、権利、義務の法律の体系に翻訳するといいますか、法律を表すためには、やはり一定の幅というものが必要ではないかというふうに思っております。

そこで、今度は、会社の資産について増減が生じたという問題について、先生の書かれた教科書等を拝見しますと、１つは、その法律的に効果を生じた財産的な増減の問題と、それから、法律的には効果を生じてない、そういった増減という問題があるというふうに、先生は整理しておられる部分がございますが、この本件で問題になっております、金銭債権の時間的経過に伴い発生する経済的価値の減少という問題、これは、今の類型で言うと、どちらの類型になるんでございましょうか。

　後のほうですね。土地の評価というのは、極端なことを言えば、毎日毎日変わっているわけですが、それを、法律的に権利があるとかないとかいうふうに表す場合には、やはり一定の幅で評価しなければならないというふうに思います。

そうだとしますと、そもそも、ある程度幅を持ってやらなきゃならないというのは、性質がそうでありますが、同時に、その幅をどうするということ自体、それ自体が非常に難しいというか、明確な基準というものはつけにくいものなのではございませんか。

　はい、そうだと思います。

そこで、いわゆる経済的価値の減少という、つまり法律的価値を生ぜしめない経済的価値の減少としての金銭的債権の価格の減少、そういった問題について、それをどう評価するか、評価する場合に、どのような方法で測定するか、どのような方法で表現するかというようなことについて、会計基準として、何らかの明確なものがあるんでございましょうか。

　必ずしも、ございませんです。

法令上は、そういった経済的価値の減少という問題の取扱いというものの規制はどうなっているのかと、法の規制としてはどうなっているのかという問題がございますね。

はい。金銭債権については、商法の285条ノ4と34条の3号というのがございます。今申し上げているのは、例えば、100万円でお金を貸したということは、法律的には100万円の権利が免除なり弁済なり、民法の定める消滅事由が発生しない限り、100万円の権利があると、しかし、経済的には、それが回収不能であれば50万円、30万円の経済的な事実がある、そういうことを申し上げているわけですが、商法には、一般的な、今申し上げた規定以外には、細かいところはございません。

今先生がおっしゃいました金銭的債権というのは、それは、要するに、いつまでも100万円なら100万円のものがあるというふうに、法律的には評価されるということは、これは商法上は金銭債権における額面主義として規定されているわけですね。

そうですね、はい。

ということなんですが、それで、今申し上げました商法285条ノ4の第2項、それから、商法34条の第3号だったですかね、これについては、そういった経済的価値の減少に対する会計上の評価の基準として、これは客観的、具体的な基準と言えるんでございましょうか。

いえ、商法の285条ノ4という規定があるだけで、その後に、どのように評価するかということは、法令、この場合は省令で、法務省規則である、計算処理規則等には、規定は、直接にはないわけでございます。

この金銭債権評価の法としての基準、法令の基準というものは、これは、客観的、具体的なものでなければならないんではないでしょうか。

そうですね。だから、その辺が、大変難しい問題であると思います。

そうしますと、じゃあ、商法285条ノ4の第3項とか、あるいは商法34条の第3号ということについて、それ自体は、客観的、具体的な基準としては機能しないと。

いや、客観的、具体的と申しますか、法律に規定がないと、法令の令ですね、省令、法務省の計算処理規則にも細かいところはないと、少なくとも法令にはないと。

そうすると、法令のレベルとして、そういった会計規制法として、持つべき客観性、具体性というものは、十分には備わっていないということは言えるわけですね。

はい。それは、先ほど申し上げたようにやむを得ないと言いますか、必ずしも明確に、経済価値を反映するようなルールを作ることは、もともと難しいと、幾つかの選択方法があっておかしくないということは言えると思います。

で、念のため伺いますが、いわゆる、通達というものがございますね。銀行関係であっても、たくさん、大蔵省、あるいは金融監督庁もあるかもしれませんけれども、そういった通達というものがありますが、そういった通達類というのは、この商法の規定の解釈の基準となるような、そういった法令として扱うことはできるんでございましょうか。

当然に、ならないですね。その理由というのは、法令というのは、飽くまでも国民を拘束すると。ですから、法律であろうが、政令であろうが、省令であろうが、すべて官報に公告されて、国民のみんなが知っているから、これを守りなさいというのが法令です。通達というのは、基本的に、通達も様々なものがございますけれども、上級官庁が下級官庁と言いますか、下の者に対して、内部でこういうふうにしなさいというのが通達であって、公表されているものもありますけれども、公表されてないものもたくさんあるわけでありまして、通達は、原則と言いますか、法令的には、法律あるいは省令という効力を持たないのは当然のことだと思います。ただ、例えば、大蔵省、当時の大蔵大臣なり、大蔵大臣というのは、法律上、銀行について監督権限を持っていますから、通達に従わなかったような場合に、銀行に対する処分と言いますか、行政処分の根拠となることはあり得ますけれども、それは当然に商法の規定になるということは論理的にあり得ないと思います。

そうしますと、その商法そのもの、あるいは省令、あるいは規則などによって、そういった法令によって、経済的減少をどのように会計的に処理すべきかということの基準が、客観的、具体的なものがないということであるとしますと、実際に、企業、会社は、そういった金銭債権の経済的価値の減少に対しては、どのような取扱いをすればよろしいのかと、こういう問題が出てきます。

一つはその法律の解釈、商法285条ノ4を、私はこういうふうに解釈しましたということで処理すると。で、それが正しいかどうかは裁判で決まることだと思いますけれども、それが一つの方法だと思います。

今、一つの方法とおっしゃいましたけれども、後はどういう方法に。

後は、商法の違反になるかどうかは、当然に法令上の根拠がないといけませんから、よくあるのは、商法32条2項の公正なる会計慣行を斟酌すると、もしそれが公正なる会計慣行ならば、そしてそれが斟酌されれば、その商法32条2項を通じて、法令上の効力を持つことがあり得ると。あるいは商法第1条の商慣習法という規定がございますけれども、商慣習法であれば、商慣習法として、商法上の効力を持つことはあり得るということですね。

そこで、商法32条の公正なる会計慣行という問題につきましては、そもそも何が公正なる会計慣行なのかという問題と、それから、斟酌す、とはどういうことなのかという2つの問題があるように思うんでございますが、公正なる会計慣行ということは、一体そもそも、どんなもののことを言っているんだろうかというような問題がございますね。

はい。

これについて、よく議論されるのは、企業会計原則がそうではないかというような議論もあるようなんでございますが、そういったことについて、問題になる可能性があるものとして、例えば、銀行ですと、平成9年3月に出された資産査定通達という通達がございます。あるいは、そのほかにも通達がございますが、そういった通達は公正なる会計慣行と言うことができるでしょうか。

公正なる会計慣行とは何かということについて、様々な議論がございますけれども、とにかく、一般の人にそれが公正だと、一般というのも、非常にあいまいですけれども、認められていなければいけないというふうに思いますから、通達は、先ほど申し上げたように、当然には入らない。しかし、企業会計原則は、多くの会計学のテキストによりますと、原則として入るだろうと、実際、財務諸表規則の1条から2条に、これは98年(平成10年)だと思いますけれども、そういうのを取り入れようということを認めましたんで、一般には、企業会計原則は、原則として、公正な会計慣行に入ると考えてよろしいのではないかと思います。原則としてであって、当然に入るということではございませんけれども。

そうすると、いわゆる通達は、今の企業会計原則はもちろん、そういう議論があるということでございますね。

何度も繰り返しますけれども、通達というのは、当然には当たらないと。繰り返

　します。通達というのは、法令ではありませんから、それには当たらないと。場合によって、それが、今申し上げたように、一般の社会で認められているような場合に入ることがあり得ると、あり得ますけれども、当然には入らないというふうに思います。企業会計原則のように、先ほど申し上げたように、通達というのは、一般に知られてないことが多いわけですから、そういうふうに思います。

税法において、それぞれ、少し前ですと、基本通達で、償却、引当の基準というものを決めているというのがございまして、そういったようなものは、これは公正なる会計慣行というふうに取り扱うことができるのかという問題がございます。

　税法も同じですね。商法の規定ではないですから、それが一般に社会で認められているような場合に入ることがあり得ますけれども、税法の処理に従ったからと言って、当然に公正な会計処理を斟酌したということにはならないというふうに思います。なることがあり得るということですね。

いろいろお話を伺いますと、ちょっと基本的な疑問になるんですが、公正なる会計慣行というものは一つしかないものなんでしょうか。

　いえ、先ほど申し上げたように、会計処理というのは複数、原則として、資産評価でも債権の評価でも、様々なもの、大体一つ以上あるのが普通でございまして、その中でどれを選ぶかというのが一般的ではないかと思います。必ずしも一つではないと思います。

それで、よく会計においては、継続性の原則ということが問題になるんでございますが、その継続性の原則という問題、今ずっとお伺いしてきました金銭債権評価の問題としては、意味のある議論なんでございましょうか。

　先ほど、ちょっと神戸の雨量の話で申し上げましたけれども、基本的に複数の会計基準があるから、どれか一つを選べば、原則として継続しなきゃいけないと、それはそこに結び付いているわけで、もし一つだけなら、当然守らなきゃないけないんで、何も問題ないんですが、幾つかの考え方があった場合に、時価なら時価、原価なら原価というものを一つ選択し、それを継続してくれば、絶対的な真実じゃなくても、相対的な真実というものがあって、それによって、企業会計の比較可能性と、去年よりも今年よくなったというようなことはできると、そこに意味があるわけで、継続性の原則は、一般的には認められております。商法には、必ずしもその規定はありませんけれども、ただ、商法281条ノ3の第2項の第5号に、監査について、そういう規定がございますので、それを根拠にして、あるいはそれを根拠にせずに、商法32条2項の公正なる会計慣行を根拠として、一般には継続性の原則というのが認められております。

今おっしゃいました商法281条ノ3の第2項というのは、監査報告書に記載することを要する事項の中の、貸借対照表又は損益計算書の作成に関する会計方針の変更が相当なるや否や、及びその理由と、こういう部分のことをおっしゃっておられるわけですね。

　はい。だから、監査役が、それは原則として監査役、商法特例法上では公認会計士ですけれども、監査をする人が、会計処理の方針が変更されていた場合には、それをチェックしなさいよと。だから、チェックするという言葉を入れることによって、間接的に継続性の原則が認められているのではないかというふうに、一般に考えられております。

先ほど、お伺いする機会を失ったんで伺いますけれども、公正なる会計慣行の斟酌という言葉がございますね。

はい。

その斟酌ということはどういうことなんだろうと。つまり、公正なる会計慣行なるものがあると、それに、例えば、従わなければならないという意味なんだろうかと、こういうような疑問があるわけなんですが、それはどういうふうに理解すればよろしいんでしょうか。

これは立法のときから問題があったわけでございますが、商法以外にも、多くの法律で斟酌という言葉を使っております。おそらく、これはドイツ語の翻訳だろうと思うんですが、ここでも、公正な会計慣行に従わなきゃいけないということを書かずに、わざわざ斟酌としたのは、従うほど強くないと、しかし、参酌、参考にする参酌という言葉も使わないと、つまり、参酌と従うの中間的なものであって、先ほど申し上げたように、企業会計には、様々な会計処理方法がございますので、わずかなミス、ちょっと従わなかったからということで、違法というのは問題だということで、幅を持たせて、斟酌という言葉を使ったというふうに言われております。ですから、公正な会計慣行を斟酌したけれども使わないということは論理的にあり得るわけで、アメリカではGAAP、Generally Accepted Accounting principle、一般に認められた会計原則と言いますけれども、それに従わないと、これは、見たけれども、従わないほうがいいというような場合もあり得ると、だから、日本でも、論理的には公正な会計慣行であっても、これは真実を表してないというような場合には、斟酌した結果、従わなくても違法ではないと、そういう意味で、斟酌という言葉を使っているというふうに思います。

そうしますと、商法285条ノ4第2項、それから、商法第34条第3号という、そういった規定の下で、企業が、金銭債権の経済的価値の減少というものを、どう会計上取り扱うかという問題について、そのよるべき基準というようなものについては、一つは、法令の解釈として、こういう取扱いというものが許容されるということで、それを処理するという方法が一つあるということでございますね。

はい。先ほど申し上げたように、解釈というのは、それぞれの法律を見た人が、例えば、企業の経営者が行うと、その結果、その解釈が正しいか、正しくないか、これは規定は何もないわけですから、最終的には、裁判所が判断するというのが一つの方法であると思います。

しかし、解釈が正しいかどうかということが、一体、行為をする人にとって判断が容易なものであるかどうかという問題がございますね。

はい。

そういったことについては、判断は容易なものではないんじゃないかというふうに思うんでございますが、先生はそういう問題意識をお持ちなんではないでしょうか。

そうです。

それから、もう一つの方法としては、公正なる会計慣行というものがあるかということで、それを斟酌するという方法を取るということもあり得ると、こういうことでございますね。

はい。

その場合の公正なる会計慣行というものについては、これは一つには限らないということでございますね。

はい。

そうすると、しかし、何が公正なる会計慣行かということについては、これは、だれが見ても間違いのない判断ができるというような性質のものなんでしょうか。

そうではないですね。

そうであるとしますと、そういった点でも、何が公正なる会計慣行かという基準で行動するにしても、その行為者にとっては、非常に判断の難しい問題になるということになりますね。

そうです。

それで、平成10年の3月末までの期間で結構でございますが、その期間において、金融機関の金銭債権の経済的減少に対する評価、そういった実務を事実上支配してたという、何かそのようなものはあるんでございましょうか。

恐らくそれは、税法の処理だろうと思いますね。企業経営者に税金を一番気にして、有税償却と言いますか、そういうことをせずに、税金がかからない範囲で、税法の基準に従って行われてたというのが実情ではないかと思います。

それで、先生は、ジュリスト1129号の34ページ以下の論文でございますが、その論文の中でおっしゃっておられることなんでございますが、先生は書かれたので特にお見せしませんけれども、39ページの一番下の段、4段のところに、こういうくだりがございます。「会計基準の明確化の要請」という標題になっておりまして、文章が、「会社の役員が民事・刑事の責任を負うためには、その行為が違法なもの、すなわち『法令』違反でなければならない。しかし商法・証券取引法等の法令には企業会計に関する規定がほとんどなく、規定がある場合でもその規定があいまいで、それに違反する行為を『法令』違反として責任を追及することは事実上困難である。」と、こういうふうにおっしゃっておりますが、これはそうしますと、今までお伺いしたような、法令としての客観的、具体的な基準を定めたものが十分備わっていないという現状、あるいは会社として、この法令の解釈として許される範囲であると判断して、例えば、会計の処理をする、あるいは公正なる会計慣行はこれではないかということでそれを斟酌して会計を処理するということをするにしても、何が正しいかということについては非常に判断が難しい問題であると。

そうですね。

そういった状況を踏まえて、今お読みしたような部分を書かれたというふうに理解してよろしゅうございましょうか。

そうですね、はい。

弁　護　人（更田）

今の御証言で、商法285条ノ4の解釈は、最終的には裁判所の判断によるんだというふうにおっしゃったのでお尋ねしたいんですが、285条ノ4で、金銭債権について、取立不能のおそれあるときはというふうに、あるいは取り立てることができない見込み額を控除するというふうな表現になっているわけですけれども、この解釈にあたっては、公正なる会計慣行を斟酌して解釈すると、こういうことになるんでございますね。

はい。公正なる会計慣行を斟酌するという場合は二つあって、つまり、法律に規定があるという場合でも、具体的な内容について公正な会計慣行によるという場合と、今おっしゃったように、ない場合に公正な会計慣行によると、両方あって、両方とも認められるというふうに考えられてます。

285条ノ4については、法令に規定がないと、こういう場合なんですね。

はい。だから、その場合に、先ほど申し上げたように解釈によると、しかし、解釈だけでは十分な根拠がないという場合に、法令上に根拠するためには32条2項によって、もう少し明確にするというのが一つの考え方だろうと思います。

その場合に、公正なる会計慣行として、一般に、企業会計原則が考えられると、こういうことなんですね。

はい。

企業会計原則が唯一の公正なる会計慣行ではないというふうに理解してよろしいんでしょうか。

もちろんそうです。

その企業会計原則で、特に金銭債権の引当に関する条項としては、企業会計原則の注18というのに、引当金についての条項が定められているようですが、それはそのとおりでございますか。

そうです。

ここでは、将来の損失であって、発生の可能性が高いものというふうなことが記載されておりますね。

はい。

この発生の可能性が高いというのをどう読むかということについては、解釈が、また幅があるんでしょうか。

そうだと思います。

例えば、業況が不良の関係会社に対する支援は、要注意先として扱うというようなことを例示したような解釈というのは、今の企業会計原則の発生の可能性が高いということの読み込みとしては、許されるものなんでしょうか。

はい、そうだと思います。えっ、すみません。もう一度おっしゃっていただけますか。

金融機関の貸付先が業況不良の関係会社であると、この業況不良の関係会社に対する支援というのは、差し当たり、要注意先として扱うというような。

要注意先というのが、先ほど、分類の話に出てないんですけれども、どういうふうに解釈するかということで、その発生見込みが低いという意味でおっしゃっているわけですか。

いや、ですから、それも含めてお尋ねしたいんですけれども、業況不良の関係会社に対する支援は、直ちに発生可能性が高いものとして、取り扱わなければならないかどうかという意味でお尋ねしています。

検　察　官（保坂）

異義があります。今の質問は意味が分かりません。発生する可能性というのは何のことをおっしゃっているんですか。

裁　判　長

要注意先というのはⅣ分類のことをおっしゃっているわけなんでしょうけれども、そこのところを確定してからじゃないと、質問を受けている人がどういう理解しているかということの間に、ちょっとずれがあるような感じもしないでもないんですが。

（以上　　木場　英子）

弁　護　人（更田）

商法の285条ノ4は、金銭債権について取立不能のおそれあるときは、取り立てることができない見込額を控除するという趣旨の規定なんですが、この条項の解釈として、企業会計原則の注の18、引当金についてを公正なる会計慣行の一つとして考えた場合に、その企業会計原則の注の18の発生の可能性が高いと、これは損失の発生の可能性が高いと、こういう意味でございますね。

はい、そうです。

で、この損失の発生の可能性というのは、取立て不能になるような、取立て不能によって生ずるであろう損失と、その発生の可能性が高いという意味と理解してよろしいですか。

はい。

で、その場合に、何を損失発生の可能性が高いと解釈するかというのは幅があると、こういうことですね。

はい、そうです。

で、先生、平成9年の3月に大蔵省が出した資産査定通達というのは、子細に検討されたことがおありですか。

少し読みましたけれども、あんまり深くは知りません。

その資産査定通達の中で、債務者の区分として、正常先、要注意先、破綻懸念先、それから実質破綻先、それから破綻先と、5つに区分しているということは御存じでしょうか。

はい、大体知っております。

で、その2番目の要注意先の一つの例示として、先ほどお尋ねした業況不良の関係会社に対する支援というものを挙げてるんですが。

(甲)証拠番号151(供述調書)添付の資料2を示す

下のページでいくと36ページを示します。金融機関の業況不良の関係会社に対する支援や旧債肩代わり資金等を、要注意先に対する貸出金として扱うと。ま、言ってみれば、損失の発生の可能性が比較的低い債務者、あるいはその債務であると、貸出金、債権であるというふうに扱うというような扱いというのは、これは、企業会計原則の注の18の解釈の幅として、どういうふうに考えたらよろしいんでしょうか。

入ると思いますけど。

入るというのは、そういう取扱いも、一つの基準の設定の仕方として許されるものだと。

はい、要するに、一つの根拠になるということですね。

弁　護　人(坂井)

一点だけ確認なんですが、先ほどの倉科弁護人の質問で、公正なる会計慣行は一つしかないのかということで質問がありまして、それについて証人は、一つ以上あるというお答えと、必ずしも一つではないというお答えをされたんですが、一つ以上というのは一つが含まれるものですから、どういう御趣旨で言ったのかがちょっとあいまいだったので。

それは二つ以上ですね。

それは二つ以上という御趣旨でおっしゃった、複数という御趣旨でおっしゃったんですか。

だから、いろいろな会計処理がございますので、今私が申し上げてるのは、すべての会計処理方法を知ってるわけじゃないですし、またいろんな新しいのが出てきてますから、ま、多くの場合には複数のものが、一つ以上というのは複数という意味なんですが、二つ以上という意味なんですが。

複数という趣旨でおっしゃったんですか。

はい、そういう意味で申し上げてるわけでございます。

弁　護　人(倉科)

今更田弁護人から出た質問がありますので少しお伺いしますが、先生のおっしゃるところからすると、今更田弁護人が示したような、ああいうふうに例えば債務者区分というものを設ける、それから債務者区分についていろいろなグレードをつける、で、そのグレードをつける中で、こういう事象がある場合にはこうすると、そういった基準を設けるという、そういったやり方、そういったいろんな分類だとか基準だとかいうものについても、それは一つの方法であると、別にそれだけが唯一のものではないと、そういうのが先生のおっしゃることの趣旨というふうに理解してよろしゅうございますか。

　　はい、不良債権の分類についても、自己査定の基準ですとか、金融再生法の基準とか、銀行法21条に基づくディスクロージャーの基準とか、さまざまな分類の仕方があって、必ずしもすべての分類というのは一致してないのが現状でございまして、今そのお話でございましたように、それも一つの方法に過ぎないと、すなわち、これを守らないから当然に商法の違反になるということは言えないように私は思います。

今お示ししたのは、別に、私どもは公正なる会計慣行という趣旨でお示ししたわけじゃないんですけれども、例えばそういった一つの基準を設けて金銭債権の評価をするということについては、その基準をどういう内容にするかについてはいろんな方法があると。

　　はい。で、それはやっぱり、目的と言いますと、今申し上げた三つの基準というのは、それぞれの、例えば金融再生法の目的、あるいはその自己査定の目的、ディスクロージャーの目的によってそれぞれ分類されているわけで、それが商法285条ノ4の解釈として当然に入るという意味ではないというふうに申し上げて、もし仮に入るとしても、それは様々なやり方があり得るということを申し上げております。

ということですよね。

　　はい。

だから、働えば、今盛んに例として挙げましたように、業況不良の関係会社に対する債権者としての当行のかかわり方というものを考慮するのかどうか、あるいは考慮するとすればどういう方法で考慮するのか、それについても様々な方法があると。

　　そうです。

どれかこれでなければならないというようなものは、商法で別に何か決められているわけではない。

　　はい、そうです。

また、公正なる会計慣行として、これでなければならないというものがあるわけでもないというふうに理解してよろしゅうございますか。

　　はい、そうです。

そうであるとしますと、一つの企業、あるいは銀行というものが、そういったいわゆる不良債権ですね、貸出先について自分なりの基準を作って、で、それについてその基準に従って評価をし、処理をするということ、これというものは、この商法の法体系の中では許容されていることであると。

　　はい、商法285条ノ4の解釈としては認められてると思います。

検　察　官（保坂）

まず、今回証言されるに当たって、弁護人のほうから示された資料、その他についてはどんなものがあったでしょうか。

　　私、資料というのは余り見てませんですけれども。冒頭陳述書だけですので。

冒頭陳述のみですか。

冒頭陳述書だけです。あと起訴状という薄いもの一枚です。それしか。だから、証拠関係は全然存じません。どういう事件か、どういうふうになってるのかというのは、全く存じません。

そうしますと、本日の証言は、そういった具体的な証拠関係に基づいてというよりは、一般論として御証言されたということですか。

はい、そうです。私の立場は多分そうだと思います。

それから、弁護人から冒頭陳述を受け取ったということですが、その冒頭陳述というのは、だれが作成した冒頭陳述でしょうか。

3人の方ですけど。

検察官の冒頭陳述も、御覧になっていますか。

ただし、飽くまでも事実関係ではなくて法律の問題として今言っていますので、事実関係は余りよく分からないです。

それから、先ほどの御証言では、資産査定通達については、大まかなところは御覧になったことがあるけれども、詳細な内容については知らないと。

知らないというか、多分、これ、できてる経過というのがございますので、それを全部知らないと、これはどうだということは私自身は言えないと思いますので。ちらっと見たくらいは知ってますけども。

ですから、資産査定通達の細かい内容については御存じないということでよろしいでしょうか。

はい。

それから、その査定通達以外にも、大蔵省から出ている事務連絡のようなものとか、全銀協から出ているQ&A形式のものですとかそういったものもあるんですが、そういったものも、内容は御存じないということなんですか。

いや、ちらっとはもちろん見てますけれども、それを、具体的にこれはどうだというようなことまではちょっとお答えしかねるということですね。

子細な内容は御存じないということですね。

はい、そうです。

それから、早期是正措置が導入されるに当たって、それに関連する審議会とか検討会等に参加されたということはございますか。

ございません。

それから、先ほど弁護人が質問の中で引用していた「商法・証券取引法から見た企業の違法行為のチェックシステム」という論文ですが、ジュリストに掲載されたのは平成10年3月1日号ということなんですが、実際にこの論文をお書きになったのはいつごろでしょうか。

ジュリストの場合は結構長いと、ま、2、3月前ですね、それは。ほかのは1週間とか2週間ありますけれども、ジュリストは2箇月くらい前だと思います。正確にちょっと覚えておりませんけど。

平成10年の初めごろということでしょうか。か、9年の暮れか。

おっしゃってるのは依頼があったということですか。書いたのは、出したのはその前ですけど、本が出る2、3週間前ですけども、執筆の依頼がございましたのは、だから、その前の年の暮れか1月の初めぐらいですね、恐らく。

実際に執筆されたのは。

その前後ですね。だから、12月から1月ぐらいであると思います。

で、この 10 年 3 月 1 日という時期は、まだ自己査定制度ですとか早期是正措置というものが正式な導入、実際に施行されているという状況ではないんですが、ま、そういう施行前のものについては前提にしないで書かれた論文ということでよろしいんですか。

　別に銀行のことだけ関係してるわけじゃございませんので、内容自体が一般的な会社の問題で、利益供与の問題もございまして、特に銀行を中心に書いたということはありませんで、よくその辺は存じません。

それから、インベストメントの論文のほうですが、これも実際に雑誌が発行されたのは平成 9 年の 10 月ということですが、論文をお書きになった時期はいつごろですか。

　それも 2 、3 月前ですね、その雑誌が出る。

2 、3 箇月前ですか。

　ええ。ちょっと正確に覚えてませんけど、 2 、 3 箇月前に書いたと思います。資料なんかも多分それは古いですけれども、そのときとしては新しいものだと思います。

その論文の 12 ページのところを示します。12 ページには、左右 2 つの段がありまして、その右側の段のところの真ん中辺りを見ていただきたいんですが、「ところで銀行の会計処理については、前述の通達は、『第 5 経理関係』として」というふうに書いてあって、いわゆる決算経理基準の内容を引用されていますね。

　はい、そうです。

これは、いつの時点の決算経理基準のことを書かれたんでしょうか。

　その当時のことですね。

その当時と言いますと。

　97 年(平成 9 年)ですかね、これが出たのは……。ちょっと正確に覚えてないんですけれども。

決算経理基準というのは平成 9 年の 7 月に一部改正があるんですが、その改正の前のものですか。

　いや、ちょっと正確に覚えてませんですけど。

今この論文を御覧になって、はっきりしないということですか。

　そうですね。

商法 32 条の関係で伺いますが、公正なる会計慣行を斟酌すべしという点についてですが、その斟酌という点について、公正な会計慣行によらない特別な事情を立証できない限り、それに従わなければならない趣旨であると、こういった解釈、理解でよろしいでしょうか。

　はい。

税効果会計という制度が導入されていますが、これについては、その税効果会計を用いて経理処理をするということは、法令上強制されているというふうにお考えでしょうか。

　はい。

その法令上の根拠は、どういった点にあるんでしょうか。

　私、大蔵省と法務省との間で、商法と企業会計の調整に関する委員会というのに参加してまして、そこで、税効果会計とか時価会計をどうするかということについて議論をしたわけでございます。で、その場合に、時価評価については法律を改正しないとできないということでしたけれども、税効果会計については、特に繰延資産、繰延税金資産、繰延税金負債は現行法の解釈でできるのではないかという報告書を出してるわけでございますけれども、そういう報告書等を根拠に、できると、それから、御承知のように、計算処理規則とか財務諸表規則も、省令ですけれども、大蔵省令とか法務省令です、それがかかわっておりますので、それはできると、それが根拠でございます。

今おっしゃった一点目というのは、企業会計審議会の。

企業会計審議会ではなくて、企業会計審議会の委員の方と、つまり会計の専門家とそれから法律の専門家で、座長が江頭東大教授ですけれども、そこで、企業会計の専門家と商法の専門家が集まって、商法を改正する場合にどの点を改正しなければならないかということを議論して、時価会計については商法を改正しない以上は導入は無理だろうという結論を出しまして、昨年、2000年(平成12年)の4月から時価会計に入ったわけですけれども、税効果会計はそういうことをしなくても入るのではないかという、つまりできるのではないかというふうに考えて。

その考えたというのは。

報告書を出してるわけですね。

今のその報告書というものを根拠に、税効果会計が法律上強制されていると。

根拠の一つでございます。

と考えるのは、どういう理屈によるんでしょうか。

ですから、理屈というのは。

その報告書と法律の関係は、どういうふうに考えればよろしいんですか。

報告書というのは、飽くまでも法務省、ま、実際にやったのは大蔵省の中なんですが、大蔵省と法務省の担当の役人の方と、それから学者が出て一応そこで調整をしたということで、企業会計審議会の報告ほどではないんですけど、一つの公の機関、ま、半公的なものが出したということで、私は申し上げてるわけです。だから、当然にそれだけになるということではございません。

今の点と、では商法32条2項は、どういうふうに関係するんでしょうか。

32条2項の公正なる会計慣行に入れば、法規性のある会計の一つになるのではないかというふうに、私は、そこに書いてあると思いますけど、それだけではないと、その辺は何回も申し上げておりますようにはっきりしておらないですね。だから、法務省が作った、法務省じゃなくてその報告、何とか審議会の報告というものが当然に法律の効力を持つかというのは全くあり得ないわけですが、しかしそれが、32条2項に当たる場合になり得ると、こういうことを申し上げてるわけです。

で、その今の32条2項を通じて、その報告書が。

報告書だけではないですよ。その場合は省令が改正されていますので。

時価会計についても触れられたので質問しますが、時価会計の関係では、商法が改正されて285条ノ4の第1項というところで、金銭債権より高い代金で買い入れたときは相当の増額をすることができるというような規定が入れられていると、こういうことですね。

その後の規定ですね、時価については。3項ですかね。

そうですね、3項のほうで、金銭債権について時価評価を認めると。

そうです。

ただ、その規定の仕方としては、時価評価することを得るというふうな規定になっておりますね。

　はい。

時価会計で処理することは法律上強制されているかどうかという点については、どうお考えでしょうか。

　それも、大会社、別に法律の規定はないわけですけども、公認会計士等の公の監査が行われているところでは強制されているというふうに、私は考えております。

その根拠は、どういった点にありますか。

　それもそこの報告書で議論したわけですけれども、会社法でしなければならないといいますと、すべての会社、つまり中小企業、ま、零細企業といいますか、そういうところでもそういうことをしなければならないということになりますと、中小企業では公の監査というのは行われておりませんので、例えば奥さんが主人の監査をするというんでは監査になりませんので、利益操作、ある場合には時価にして、ある場合にはしないと、恣意的に用いられるおそれがありますので、公認会計士という第三者が監査する大会社についてだけ認めよというのが趣旨でして、その当時の法律審議会の商法部会の会長の前田庸先生のテキストには、そういう趣旨のことが書いてあったと思います。だから、大会社だけだというふうに私は思っております。

大会社については時価会計制度を導入することが強制されているとお考えになっているということと、商法32条２項の関係は、どういうふうにお考えでしょうか。

弁　護　人（國廣）

一つ質問があります。今の質問は、いつの時点を基準にした御質問なのかを明らかにして。つまり、98年(平成10年）３月期のお話をされているのか、それより前なのか、それとも今なのかというところが不明確だと思いますが。

検　察　官（保坂）

時価会計制度は本年から導入されてますので。

裁　判　長

施行されたときからという、現在の時点に近いところになるという解釈ですか。

検　察　官（保坂）

時価会計の話については、現在のことを聞いてるということです。

弁　護　人（倉科）

時価会計だけじゃなくて、あれでしょう、税金の。

検　察　官（保坂）

もちろん、税効果会計も導入されてから。

弁　護　人（倉科）

当然そうですよね。

検　察　官（保坂）

それは当然の前提です。で、先ほどの質問に対しては。

　正確じゃありませんけど、多分、98年(平成10年)の１月22日に、企業会計審議会で金融商品の会計処理に関する報告というので、正確じゃないけれども出ておりまして、その企業会計審議会がそういう金融商品、有価証券、ま、一つの有価証券について時価で評価するという、ま、企業会計審議会が行ったものですから、それが一つの根拠、商法32条２項の根拠になるということでございます。

弁　護　人（更田）

今の検察官の反対尋問の中で、くどいようですけども、公正なる会計慣行を斟酌すべしとされていることとのかかわりで、特別な事情がない限り従わなければならないということについて聞かれましたが、それに対する先生のお答え、ちょっとよく聞き取れなかったのでもう一度お願いします。つまり、先ほど先生は、公正なる会計慣行は二つ以上ある場合があるということもおっしゃっておられたので、そうすると、公正なる会計慣行に、特別な事情がない限り従わなければならないということとの関係では、どうなるんでしょうか。

斟酌という意味が、先ほど申し上げたように、必ずしもそれに従わなきゃいけないという意味ではないんですが、原則としてそれに従うと、で、従わないからといって、斟酌という意味は、当然には違法ではないということですね。

それは、特別な事情がない限りということなんですね。

ええ。さっきおっしゃったように、企業会計原則じゃなかったですか。

先ほど、検察官が反対尋問の中で、公正なる会計慣行とのかかわりで聞いていたというふうに私は理解して、今お尋ねしてるんですが、そうじゃなかったんですかね。

もう一度、御質問をよろしいですか。

公正なる会計慣行を斟酌すべしとされていることとのかかわりで、公正なる会計慣行がある場合には、特別な事情がない限り従わなければならないのではないかというふうに検察官がたしか聞いたように私は聞き取ったんですけれども、その質問に対する先生のお答えをもう一度確認させていただきたいんです。

一般的にそう考えられているというふうに申しました。

そこで、公正なる会計慣行というのは、先ほど二つ以上ある場合があるというふうにおっしゃったこととのかかわりでは。

それぞれが正しいということですね。

そうすると、その特別な事情ということの一つになるわけですか、ほかに公正なる会計慣行があるということは。ある公正なる会計慣行に従わないという場合の一つの理由になるわけですか、他にも公正なる会計慣行があるということは。

いや、それも公正なる会計慣行で、別におかしくはないと思いますが。公正なる会計慣行が例えば三つあったと、三つの以外のものに従うという場合は特別な場合ですね。そういう意味で申し上げてるんです。

それから、ここで問題になってるのは改正前の285条ノ4なんですが、その2項の取立て不能の見込みというものと時価主義とは、どういう関係に立つんでしょうか。つまり、金銭債権について、取立て不能のおそれがあるものについて償却、引当すべしというものと時価主義との関係についてお尋ねしたいんです。

債権の場合には、原則が額面であると、例えば100万貸せば100万円というのは、相手が弁済とか、免除しない場合には当然100万円の額面があるというのが原則でございますね。で、その評価の過程として、今日の最初に申し上げたように、経済的に価値が下がっているという場合に、貸倒引当金等を積み立てるということを命ずというのは、別に矛盾はしてないと思いますが。

いや、矛盾してるかどうかということではなくて、額面主義を原則としながら、取立て不能のおそれがあるものについて償却、引当をすべきだとしているのは、時価主義と全く同一のものではないと、こういう理解でよろしいわけですね。

そうですね、先ほど商法285条ノ4のところで、金銭債権についても、一部のものについては時価主義が取り入れられましたですから。

改正後は取り入れられたということですね。

今現在ですね、時価があるものはですね。

改正前の法律についてお尋ねしてるんですけども。

改正前にはそういう規定はなかったですから、結局評価の問題だということになると思いますが。額面自体は、法律上の権利としては、100万円はあるということは全然問題ないわけですよね。しかしそれは、会計処理というのは飽くまでも会計、経済的な実情を表すものですから、それについて引当をすると、こういうことになるわけじゃないかと思いますけれども。

取立て不能のおそれが生じたから、それについて償却又は引当をすることと、時価で債権を評価するということとの間にはなお隔たりがあるんだと、こういうふうに理解してよろしいでしょうか。

はい、そうです。

裁　判　官（石田）

企業が、経済的価値の減少、金銭債権の価値が減少した際の処理をする際にどうすればいいかという弁護人の質問に対して、商法の解釈をして、それが正しいかどうかは最終的には裁判で決めることになるんだというお答えをしたと思うんですけれども、その解釈を企業が実際に決める際に、その企業家としては、やみくもにこれがいい解釈だというふうに勝手に決めるわけにはいかないと思うんですけれども、その際に考慮することというのはどういうことなんだというふうにお考えになったんでしょうか。

……。

質問の趣旨は分かりましたでしょうか。

法律の解釈で、不良債権について引当金を積み立てなきゃいけないという規定があった場合に、具体的にどうするかということですか。

はい、そうです。

それは経営判断の問題じゃないんでしょうか。法律の規定に従って、ある一定の裁量の範囲内では、やっぱり経営の判断の問題として行うということだろうと思いますけど。

それから、ジュリストの1129号に証人がお書きになった論文で、先ほどちょっと聞かれてますけれども、会社の役員が民事、刑事の責任を負うためにはというところから始まって、法令違反として役員のこういう責任を追及することは事実上困難であるというふうに記載されていますけれども、事実上困難であるというのは、正確にはどういう趣旨からでしょうか。

取締役の責任、民事でも刑事でも負わせるためには、当然に違法でないといけないということですね。だから、法律的に、その法律の規定があいまいな以上は、当然にそれが違法かどうかということについては、判断するのは難しいということですね。第何条に違反したということ、特に会計の規定というのは先ほど申し上げたように幅がございますので、実際に、この規定のこれに違反したということは言いにくいのではないかと、そういうことでございます。

理屈の問題として言いにくいというふうに理解されているということですか、それとも、事実認定の問題として、そういうことを立証するのは難しいという趣旨で言ってるわけですか。

実質そうですね。

どちらですか。

もう1回言ってください。

事実認定の問題として難しいというふうにおっしゃってるのか。

そうです。

そちらですか。

　　事実認定の問題と法律の判断という問題ですか。
法律の解釈の問題として理論上できないという趣旨でおっしゃってるんでしょうか。
　　両方でしょうね。
両方ですね。
　　特に事実認定は難しいと思いますけれども、私は。
(以上　　松本　美和)

経歴並びに業績
氏名　岸田　雅雄（きしだ　まさお）
　　神戸大学大学院法学研究科教授（商事法、証券取引法、税法　専攻）
学歴及び学位
　　1970年　滋賀大学経済学部卒業（経済学士）
　　1972年　神戸大学法学部卒業（法学士）
　　1982年　New York 大学大学院修了（法学修士　Master of Laws）
　　1997年　法学博士（早稲田大学）
職歴
　　1974年　最高裁判所司法研修所司法修習生修了
　　1974年　神戸大学法学部助手
　　1976年　神戸大学法学部助教授
　　1985年　神戸大学法学部教授
　　2000年　神戸大学大学院法学研究科教授　現在に至る。
業績
著書（単著）
　結合企業会計の法的規制（有斐閣　1984年）
　企業会計法入門（有斐閣、1989年）
　ゼミナール会社法入門（日本経済新聞社、1991年）
　ゼミナール企業取引法入門（日本経済新聞社　1996年）
　法と経済学（新世社　1996年）
　会計会社法（中央経済社　1996年）
　会社税法（悠々社　1997年）
　平成11年改正商法解説（税務経理協会、1999年）
　平成12年改正商法改正（税務経理協会　2000年）

Ⅵ　二巡目の被告人質問 1

第 23 回 公 判 調 書（手続）

被　告　人　の　氏　名 (1)　　大野木　　克　信（出頭）
被　告　人　の　氏　名 (2)　　須　田　　正　己（出頭）
被　告　人　の　氏　名 (3)　　鈴　木　　克　治（出頭）
被　　告　　事　　件　　名(1)、(2)、(3)証券取引法違反、商法違反
公 判 を し た 年 月 日　　平成 13 年 5 月 9 日
公 判 を し た 裁 判 所　　東京地方裁判所刑事第一部
裁 判 長 裁 判 官　　大　野　　市太郎
裁　　　判　　　官　　福　士　　利　博
裁　　　判　　　官　　石　田　　寿　一
裁 判 所 書 記 官　　村　上　　剛　英
検　　　察　　　官　　保坂直樹、大圖　明
出 頭 し た 弁 護 人 (1)　（主任）那須弘平、倉科直文、横田高人
出 頭 し た 弁 護 人 (2)　（主任）國廣　正、五味祐子、坂井　眞
出 頭 し た 弁 護 人 (3)　（主任）更田義彦、長　文弘

証　拠　調　べ　等

証拠等関係カード記載のとおり

指定告知した公判期日

平成 13 年 5 月 25 日午前 10 時 00 分　　（次回期日）
平成 13 年 6 月 7 日午前 10 時 00 分
平成 13 年 6 月 26 日午前 10 時 00 分

平成 13 年 5 月 18 日

東京地方裁判所刑事第一部

裁判所書記官　　村　上　　剛　英

○ 須田正己供述調書（第23回公判）

被告人供述調書（平成13年5月9日第23回公判）

弁　護　人（國廣）

大蔵省検査、MOF検の分類査定と引当、償却の関係について伺います。97年、平成9年の3月期まで、すなわち平成8年や9年の当時、MOF検や日銀考査において、ノンバンクの第三者向けの貸出しロスは、当該ノンバンクの金融機関においてどのように査定されておりましたか。

　関連ノンバンクの査定は母体行において集中的に査定されておりました。他の一般行については、査定されないか、あるいはせいぜいⅡ分類止まりだったと聞いております。

あなたはそのように当時聞いていたわけですね。

　はい、他行で査定したから、長銀はいいよというせりふがあったとか、それから、長銀はこの会社の母体行ですねという確認があったとかという話を聞いたことがありました。

例えば、どういう場面でどういう人から聞きましたか。

　大蔵省検査が長銀に来たときに、大蔵検査官に資産査定の状況を説明した長銀の行員から聞いたことがありました。

さてそのように、一つのノンバンク、つまり、同一の債務者について、母体行であるか否かということ、つまり銀行によって査定が異なるということだったようですけれども、それは何を理由にしていたと思われますか。

　母体行に集中的に査定を行うということで、他の銀行には、査定をしないで、貸出しを継続してもらう、そのことによって、当該ノンバンクの破綻を防ぐと、そういうことが目的であったと思います。

それでは、もしあるノンバンクについて、当該ノンバンクの第三者向けの貸出しロスが母体行以外の銀行の関係でも査定される、つまり、当該ノンバンクの第三者向けの貸出しロスがあることを理由として、当該ノンバンクに対する母体行以外の銀行の貸出金がⅢ分類やⅣ分類に分類されるとしたら、その母体行でない銀行は、当該ノンバンクに対して新規融資を行うことはできたでしょうか。

　母体行じゃないノンバンクの貸出金が査定される。で、査定されるということはⅢ分類とかⅣ分類に査定されるということも含まれるわけですけれども、その貸出しは、不良な貸出しであるというふうに認定されたということですから、不良な貸出しだと認定された貸出しに新規の貸出しを続けることはしないと思います。

そうすると、もしそのようなことになると、MOFや日銀の立場から見ても、母体行中心にノンバンク制度を維持していこうという観点からすると、そのような事態は望ましくないわけですね。

　望ましくないと思います。母体行を防波堤にして、ノンバンクの破綻から始まる金融システムの大混乱を避けようという母体行主義の考え方を行政が取っておりましたので、そうだと思います。

今説明されたような理由から、母体行主義の下では、大蔵省は母体行以外の銀行の当該ノンバンクに対する貸出金を査定の対象にしなかったわけですね。

　はい。

そうすると、関連ノンバンクの第三債務者向けの貸出しロスは、専ら母体行だけで査定の対象となるということですが、そうすると、母体行における資産分類では、関連ノンバンクに対する貸出金は、Ⅲ分類やⅣ分類に査定されると、そういうことになるのではありませんか。

　第三債務者の状況が非常によくない場合は、Ⅲ部類とかⅣ分類に査定されると思います。

母体行においてね。

　はい。

さて、平成８年４月からのMOF検では、長銀においてはどうでしたか。

　平成８年４月からのMOF検では、長銀においては、関連ノンバンクの資産査定でⅢ分類とかⅣ分類と査定されたものがありました。これが最初じゃなかったかと思います。

最初というのはどういうことですか。

　失礼しました。最初と申し上げましたのは、平成８年の大蔵省の検査以前の大蔵省検査や、それから、日本銀行の考査において、関連ノンバンクにⅢ分類とかⅣ部類と査定されたものは、一切なかったという記憶があるからです。

つまり、今あなたが初めてという言葉をおっしゃったのは、平成８年以前のMOF検、日銀考査もそうかもしれませんが、それまでは、長銀においては関連ノンバンクに対して、Ⅲ分類、Ⅳ分類は出ていなかったということですね。

　はい、そのとおりです。

（乙）証拠番号３（供述調書）添付資料⑦を示す

円卓会議資料の表紙を入れて３枚目、上に別紙１と書いてある部分、これを見てください。「不良債権管理・報告体系」と題する書面です。さて、この平成８年以前のMOF検や日銀考査で、関連親密先についてⅢ部類やⅣ分類が出なかったということはどこを見れば分かりますか。

　今お開きいただいた資料の右側に、箱が３つありまして、「前回日銀・MOF分類状況」と書いた欄でございます。左側に「関連・親密先」と書いた真ん中の欄の一番右の箱の中を見ていただきますと、前回MOF、92年(平成４年)１月、Ⅲ分類の欄ゼロ、Ⅳ分類の欄ゼロ。前回日銀、93年(平成５年)11月、いずれもバブル崩壊後なんですが、Ｄ査定ゼロ、Ｌ査定ゼロ、これが先ほど、以前の大蔵日銀検査では、Ⅲ分類、Ⅳ分類が出なかったと私が申し上げたことを示します。

平成８年のMOF検で、初めて関連ノンバンクにⅢ分類やⅣ分類が出たということですけれども、母体行においては、関連ノンバンクに対する貸出金がⅢ分類やⅣ分類に査定されるということであるならば、その母体行としては関連ノンバンクに対するⅢ分類やⅣ分類に査定された貸出金を、当然に引当、償却しなければならなくなるのではありませんか。

　いいえ、違います、当時は。

当時というのは。

　平成７、８年のことを申し上げておりますが、97年(平成９年)３月期以前のころでもいいんですけれども。

97年(平成９年)３月期以前ということで伺いましょう。

　はい。以前のころは、大蔵省の資産の査定と、それから引当、償却は、直接的な関係はございませんでした。

ちょっとその点を説明していただけますか。

　直接的じゃないという……。

直接の関係はなかったということですね。

　はい。

それはMOF検の回数とも関係あるんでしょうか。MOF検の頻度とか。

　大蔵省の検査というのは、4年か5年に1回だけ、そういうサイクルで資産査定が行われます。それから、銀行の決算は、先ほど申し上げましたように、6箇月ごとに、中間決算、年度末決算があり、そのたびに、不良債権処理の問題を含めた決算案を考えないといけませんから、4年に1回行われるものと、6箇月ごとに行われるものを関連づけようにも関連づけられなかったという事実があります。

ということは、引当、償却というのは、何に基づいて行われていたのですか。

　引当、償却は、銀行の経営者が公認会計士と相談の上、実施されておりました。

基づいていた基準はなんでしょうか、その引当、償却に関して。

　私どもは、いろんな法律がある中で、それらを全部踏まえた上で、銀行業の決算経理基準というものがありまして、決算経理基準に基づいて会計処理をやっていたと思います。

先ほどの話に戻りますが、MOF検の資産査定、Ⅲ分類やⅣ分類と償却、引当は、当然には、直接の関連はなかったと、あなたはおっしゃいましたけれども、じゃあ何らかの関係があった部分はあるんでしょうか。

　一般先のⅣ分類と査定されたものについては、無税償却証明制度にのっとりまして、Ⅳ分類と査定された金額が無税証明を受けられるということにつながりますので、その限りにおいて、資産査定と引当、償却の関係がありましたので、そこだけが関係あったということを申し上げました。

では、ちょっとまとめの意味も含めまして、一般先と関連ノンバンクに分けて、それぞれについて、MOF検における査定と引当、償却等の関係について、もう一度まとめて説明していただけますか。

　一般先については、無税償却証明制度との関係があるものですから、Ⅳ分類と査定されますと、年度末に、大蔵省に無税証明してくださいと銀行がお願いした場合に許可される確率が非常に高い資産だという認定を大蔵省の銀行検査官から事前に頂いているものだということでございました。でありますから、それは、期末に無税償却されるという、そういうことでございます。それから、関連親密先については、償却、引当と結び付いたものではなくて、むしろ関連親密先に対して、これから、銀行が何らかの形で支援をしていかなければいけない金額がこれだけあるぞという意味で、むしろ支援損ということのほうに結び付いていく概念だというふうに理解しておりました。

関連ノンバンクにつき、その支援損のほうに結び付いていく概念というのが、MOF検におけるⅢ分類やⅣ分類だったと、そういう御趣旨ですね。

　はい。

さて、平成8年、1996年の長銀に対するMOF検の示達については、どのような指摘がありましたか。

　MOF検が終わって、示達のときには、引当せよとか、これだけは償却しなさいとか、そういう指導は一切ありませんでした。ただ、関連会社について、今後の支援の計画を提出し、関連会社の管理をしっかりやりなさいという指導があったと記憶しております。

それに従って、長銀は、処理計画案を提出していますね。

　はい。昨年、ここで私が、その3箇年処理計画案を提出したことを御説明したような覚えがあります。

昨年の証言でね。

はい、昨年の証言で。

さて、関連ノンバンクでⅣ分類、母体行である長銀というふうに考えていいと思うんですけれども、関連ノンバンクでⅣ分類と査定された貸出しがあった場合、母体行として、その全額を償却することとして、無税償却証明申請をしようと、そのような発想は、当時ありましたか。

全くありませんでした。これから支援して、再建しようとしている相手先が取立て不能になるという判定とイコールになることはあり得ないと思います。それから、無税償却証明制度にのっとり、償却をする対象先というのは、ほとんどが、法的破綻先ということになりますので、長銀が単独で無税償却証明を得られるようなことは、大蔵省としても考えてなかったと思います。すなわち、法的破綻先が発生して、たまたまそのときに大蔵省検査があった銀行はⅣ分類と査定され、それから、大蔵省検査は４年に１回ですから、なかった銀行は法的破綻先についての情報入手して、あ、これは無税償却証明制度にのる案件であるということが分かりますから、無税償却証明願を出しまして、全国、その会社に対する償却をあらゆる取引銀行が一斉にやると、そういう場合に限って、無税償却証明制度が活用されていたと思います。

ちょっと分かりにくいんですけれども、今のあなたの、無税償却制度で法的破綻をした先というのは、いわゆる関連ノンバンクを念頭に置いておっしゃっているんですか。それとも、そうでない先を念頭に置いておっしゃっているんですか。

いいえ、無税償却証明制度にのる先は、一般先を念頭に置いてお答えしました。

そうしますと、もう一度繰り返しになりますが、母体行として、関連ノンバンクでⅣ分類と査定された貸出しがあった場合、それを無税償却証明をする発想はなかったということの説明で、今一般先の話で説明があったんですけどね、関連ノンバンクという観点からの説明ではどうなりますか。

関連ノンバンクは、まだ、延滞もしてないし、法的破綻にも至っていないし、無税償却証明願を出しても門前払いをされる案件だと思います。そのような会社について、大蔵省が無税償却証明処分を出すわけがないと思います。

ということは、先ほどの質問に戻ると、無税償却証明の申請を、Ⅳ分類が関連先に出たからやろう、などという発想は、長銀のほうにも、当然なかったと、そういう話ですね。

全くございませんでした。

ちょっと、関連ノンバンクのMOF検におけるⅣ分類において、平成９年の３月期の当時、銀行はどのように考えていたのかについて、あなたの理解を、もう一度まとめて分かりやすく説明してください。

MOF検で、Ⅲ分類あるいはⅣ部類と関連ノンバンクについて査定された場合は、その査定された金額、すなわち、その関連ノンバンクが抱えているロス見込み額は、母体行である長銀が、今後、何らかの形で支援し、そのロスを消すための支援をするための極大値的な考え方で理解しておりました。

ということは、関連ノンバンクに関してⅣ分類と査定されるということは取立不能という認識とは結び付いていなかったわけですか。

取立不能ということには結び付いておりませんでした。むしろ、これから支援していかなければいけない金額が存在するということを認識するに過ぎなかったと思います。

これに対して、一般先についてのⅣ分類というのは、先ほどおっしゃったように、引当や償却に直接結び付いていたわけですね。

はい、一般先のⅣ分類は、その会社と取引しているあらゆる銀行が、一斉にその直後の決算期で償却をする対象になっていたと思います。

では、今あなたが述べたような関連ノンバンクのⅣ分類についての考え方は、当時の大蔵省の考え方でもあったわけですね。

はい、そう思います。

そして、銀行は、そのような大蔵省の考えに沿って、不良債権の処理をしていたのですね。

はい、そうだと思います。

(甲)証拠番号153(供述調書)添付資料5を示す

平成7年4月13日付けの事務連絡、当面の貸出金等査定におけるⅢ分類及びⅣ分類の考え方についてと題する書面を見てください。あなたは、これを見たことがありますか。

裁判が始まってから提出された資料の中で、これを初めて見た覚えがあります。

この事務連絡には、先ほどあなたが証言した関連ノンバンクのⅣ分類についての考え方、つまり、関連ノンバンクについてのⅣ分類は、引当、償却に結び付くⅣ分類ではないという考え方が述べられていますね。

はい、述べられていると思います。

それでは、この資料に書かれてある、今おっしゃった趣旨を御説明ください。

お手元の資料は、1枚目は一般債務者と買取り機構への売却のケースなんですが、関連ノンバンクについては、1枚開いていただいて、2枚目に記載されていると思います。この2枚目は、関連ノンバンクとありまして、まず、大きく前提が2つに分かれております。左側のほうでございます。関連ノンバンクに体力がある場合と、ない場合。それで、体力がある場合のところの右側の箱、関連ノンバンクに対する親銀行の貸出金の査定の考え方のところを見ていただきますと、一般債務者の場合に準ずる分類の場合は、Ⅱ分類に止めるというふうに記載されております。それで、下の、体力がない場合について、再建計画が策定されていない場合と、されている場合に、また箱が2つに分かれておりますが、まず、上のほうのされていない場合のほうの右端、貸出金の査定の考え方の欄を見ますと、原則として、営業貸付金の査定結果を親銀行の貸出しの査定に当たって、Ⅳ、Ⅲ、Ⅱ分類の順に充当すると記載されておりまして、そこに例が表示されております。関連ノンバンクの営業貸付金が200あったとしまして、その査定結果が、非分類20、Ⅱ分類80、Ⅲ分類50、Ⅳ分類50となった場合に。

これは関連ノンバンクの第三債務者に対する営業貸付け。

第三債務者に対する営業貸付額の査定結果でございます。その場合に、その原資を供給している関連ノンバンクに対する親銀行の貸出金が150であったとしますと、その150を、まず、上の営業貸付金査定結果のⅣから順番に充当するということで、Ⅳに50、Ⅲに50、そして、残りの50をⅡに分類する、こういうふうに査定しなさいというふうに書いてあるように思います。それから、その下でございますけれども、再建計画が策定されている場合の文章は、原則として営業貸付金の査定結果を親銀行の貸出金の査定に当たって、Ⅳ、Ⅲ、Ⅱ分類の順に充当するということで、上のほうと同じ記載がありますが、ちょっと飛んで、ただし再建計画において、支援損等の計上が予定されている場合は、支援損相当額についてⅣ分類とし、その他をⅡ分類とすることも可とすると記載されています。それで、その文章を図で説明しているのがその下でございまして、ケースⅠは、上のほうと全く同じでございますので省略しますが、ケースⅡのほうは、支援損を予定している場合のことを書いてございまして、営業貸付金200の査定結果、これは上の例と全く同じ場合ですが、注と書いてあるところに、支援損75を５年間にわたり、各年度15ずつ計上予定の場合に、関連ノンバンクに対する親銀行の貸出金150の査定は、５年間の支援損予定額75全額をⅣ分類とし、残りをⅡ分類とするということも可とするという記載がされております。

今のあなたの御説明から分かることは、この事務連絡は、まず一番目として、修正母体行責任の考え方に従って、関連ノンバンクの第三債務者に対する貸出しロスを母体行に当てはめていくという方法で割り当てて資産査定を行っていくことが第一番目に書かれていて、そして、２番目には、その当てはめに従って、関連ノンバンクについては複数面にわたって計画的な支援を行うものをⅣ分類とすると、そういう二つのことが定められているという理解でよろしいですか。

はい、そのとおりでございます。

この同じページの一番下の注３というのがあるんですけれども、これはどのようなことが書かれていて、それは何を言っているとあなたは理解していますか。

注３、関連ノンバンクに対するⅣ分類と償却の関係については、当面、考慮せず査定作業を行うこととすると書いてございますけれども、私がこれを読んで解釈するには、まず、一般先に対するⅣ分類と償却の関係については、先ほど、無税償却証明制度ということで関係があるというふうに申し上げましたが、そのとおりなんですが、関連ノンバンクに対してⅣ分類と査定された金額については、償却との関係においては、当面考慮しなくても査定作業はやりなさいということは、関連ノンバンクについてⅣ分類と査定した金額について、無税償却証明制度で、銀行から証明願が来ることはないんだから、あんまりそういうことには考慮せずに、Ⅳ分類と査定してきなさいということを、検査官たちに、そのガイドラインとして指示しているのがこの文章だというふうに私は理解してます。

この事務連絡は公表されていたんでしょうか。

これは大蔵省の課長事務連絡で、こういうものは一切公表されていなかったと思います。

では、長銀の担当者は、当時、これが出された平成７年の４月から、平成９年の３月期ころにかけてですけれども、この事務連絡の考え方を把握していたでしょうか。

私どもの担当者は、多分、この平成７年４月以降、大蔵検査が入った銀行さんがどこかというのは分かりますので、多分、いろいろ情報入手に出掛けていって、最近大蔵省は、このような分類をするよ。すなわち、複数年にわたって支援損を計上するようなものはⅣ分類とされますよ。Ⅳ分類とされたものは、複数年にわたる銀行の支援損計画にのっとって支援していくことが許容されておりますよみたいなことを、当然キャッチしてたと思います。

そうすると、長銀の担当者というのは、これを直接見ていたかどうかはともかくとして、この事務連絡に書かれていた考え方は、当然理解し、それを前提に考えていたというふうに考えてよろしいですね。

はい。久しぶりに大蔵省検査が、この先、来そうなタイミングだったものですから、多分他行へのヒアリングは熱心にやって、こういう情報はキャッチしていた

　　と思います。

そうだとすると、この事務連絡が出された約1年後である平成8年4月に作成された円卓会議資料は、この事務連絡の考え方を前提にして、来るべき大蔵検査を予測したものと言えますね。

検　察　官（保坂）

異義があります。事務連絡の考え方を長銀が把握していたのではないかと、それは、被告人須田の想像にすぎませんから、それを前提に今のような断定的な質問をすることは不当であります。

弁　護　人（國廣）

想像ですか。それとも、あなたは、この事務連絡自体を見たことはないけれども、このような考え方があるであろうという認識を、直接、あるいはだれかから聞いて、当時、ぼんやりとではあるけれども持っていたということはないんですか。

　　持っておりました。

検　察　官（保坂）

ですから、それは推測ではないんですか。

裁　判　長

こういう事務連絡があったということは知ってたんですか。知らないんでしょう。

　　事務連絡があったことは知りませんが。

ですから、査定の考え方が他行から情報として入っていた、その範囲として知ってるというだけですね。

　　はい、そうです。

弁　護　人（國廣）

（乙）証拠番号3（供述調書）添付資料⑦を示す

じゃあ、そのような情報に基づいて、円卓会議資料を示して説明してもらいたいと思います。まず、客観的事実の認識として、この円卓会議資料は、修正母体行責任の考え方に従って、関連ノンバンクの第三債務者に対する貸出しロスを母体行に当てはめていくという当てはめをして作られていますね。

　　はい。

検　察　官（保坂）

異義があります。従前の供述では、この資料の内容について詳しく知らないということだったんじゃないですか。

弁　護　人（國廣）

前回の、ちょうど1年前の被告人質問でも、今から言う当てはめの問題は、かなり詳細に具体的なページを示し、証言しておりますので、それの続きだということです。

検　察　官（保坂）

いえ、前回の速記録には、ここで考えられている考え方について、先ほど、質問にあった修正母体行主義がどうのこうのといった質問はなかったと思います。

弁　護　人（國廣）

いや、修正母体行主義から質問して、全部、その点については、前回きっちり聞いているはずです。

裁　判　長

ですから、確認されながら聞かれて言ったらいいんじゃないですか。

弁　護　人（國廣）

（乙）証拠番号3（供述調書）添付資料⑦を示す

まず、当てはめというのは、先ほど言った第三債務者に対するロスを関連ノンバンクに対する貸出金に分類で当てはめていくというような考え方の記載というのは、この中にあるでしょうか。ないでしょうか。

　ありります。

どこですか。

　まず、別紙1、先ほど、前回日銀、大蔵分類状況を見たページなんですが、その中に、MOF分類の考え方と記載された欄がございます。その欄の関連親密先に相当するところに、真四角の箱がありまして、修正母体行式、各社の不良資産をⅡからⅣまで分類し、これをⅣ、Ⅲ、Ⅱの順序で、母体行の貸出し残高まで当てはめる分類額とする方式と書いてございまして、昨年。

昨年の部分に行って、次の次のページ、別紙4ですね。

　はい。昨年、私がこの証言台で別紙4の左側の関連会社不良資産実態で当行貸出しと関連会社のロス等を対比させた表で、修正母体の欄の金額が、どうしてこの金額がここに計上されているかというのを1社ずつ、ここで説明をした覚えがあります。

ということは、この別紙4のところで、先ほど言った当てはめが行われた結果が書かれていると、そういうことですね。

　はい、そうです。

ということは、この別紙4というのは、あなたは明確に分からないかもしれないけれども、先ほど示した大蔵事務連絡と、結果的に同じ査定の方法をしておりますね。

　はい、そのとおりです。

それと円卓会議の表紙を入れて3枚目、別紙1のMOF分類の考え方と書かれていることからすると、ここのMOF分類の考え方というのは、何がMOF分類の考え方であると、今思いますか。担当者がこのMOF分類の考え方としたMOF分類の考え方というのは何だったんでしょうかね。

　多分、ほかの銀行の情報を得て、ほかの銀行に大蔵省検査が入ったときに、多分、この平成7年の事務連絡の考え方に基づいて査定を行ったという、その方法を入手していたので、来るべき長銀の大蔵省検査も、きっとこのMOF分類の考え方に基づいて査定が行われるであろうと担当者は考えて、ここに大蔵省の考え方を記載したと思います。

あなたの今の答えを前提に次の質問をしますと、じゃあ、このような当てはめによって、関連ノンバンクについて、この円卓会議資料において、Ⅲ分類、Ⅳ分類の数字として出てくる金額は、今あなたがおっしゃったように、長銀の事務方が、MOFの考え方を前提にして、そして、その前提にした上でMOF検を予測した、そういうものだということですね。そうしますと、そのように予測した長銀の担当者の頭の中で、関連ノンバンクに関する、Ⅳ分類、あるいはⅢ分類という数字は、即時、償却、引当に結び付いていたものだったでしょうか。

　結び付いていなかったと思います。

では、そのことを個別に説明していただきたいと思いますが、表紙から数えて2枚目、この査定後（最悪ケース）という真ん中の欄がありますが、これの部分について、説明をしていただけますか。

　この表のⅣ分類の欄を見ていただきますと、一般先の合計欄に、1807億という数字が入っていますが、この1807億は一般先のⅣ分類ですから、もし仮に大蔵省検査がおいでになって、1807億がⅣ分類と査定された場合は、これは無税償却証明が出る可能性が非常に高い金額ですから、その手続にのっとって、その後の直近の決算において、無税償却をする予定になる金額と思います。で、一方、関連親密のところのⅣ分類には、9449億円という数字が入ってございますが、もし最悪の場合に、このような金額がⅣ分類と査定された場合は、この9449億を、今後、支援損をどのような店舗で計上して支援していくべきかを考える基の数字になると思います。

そういたしますと、9449億円という、このⅣ分類の数字というのは、即時償却、引当とは結び付くのですか。結び付かないのですか。

即時償却、引当とは、全然結び付かないと思います。

では、次に、この一番下の欄ですね、査定後(努力目標)の欄について、同様の説明をしていただけますか。

査定後、努力目標のⅣ分類の欄を見ますと、まず、一般先の合計1327億円は、仮にこれがⅣ分類という結果になったら、無税償却証明願を出して、次の決算で、即時償却したと思います。一方、関連親密先の合計欄、5284億円は、これは複数年にわたる、多分、支援損計画を作成して、計画的、段階的に支援をやっていく基になる数字だと思います。

そうすると、この円卓会議資料を、96年、平成8年の4月に見せられた、円卓会議出席メンバーの認識も、あなたもその中の1人ですが、円卓会議資料の作成者と同様の認識、すなわち査定後(最悪ケース)のⅣ分類、1兆1256億円にしても、査定後(努力目標)のⅣ分類、6611億円にしても、いずれにしても、即時償却、引当すべき金額がこれだけあるというものではなかったということになるんじゃないんですか。

そのとおりだと思います。でありますから、この円卓会議は、わずか30分の時間で、大騒ぎにならずに済んだんだと思います。

(以上　木場　英子)

前回のあなたの、去年の7月12日の証言では、査定後(最悪ケース)の1兆1256億円は、MOF検で第三債務者を一番悪く査定された場合であり、かつその場合における支援可能性のある最大値を示していますとあなたは速記録52ページで述べてますけれども、そのようにあなたが述べていたのは、今まで御説明があったような趣旨を言おうとしていたわけですね。

そのとおりでございます。

しかも、このⅣ分類、1兆1256億円というのは最悪の予想であり、来るべきMOF検ではこのような査定はまずなかろうという予測でもあったわけではないですか。

はい、昨年もそのように答えましたし、それから、この査定の最悪ケースについては、作成した担当者もこのようなことはあるまいと思っていることを予測させるかのごとき償却計画概要が右側にありまして。

ちょっとその辺について説明してください。

この最悪ケースについては、担当者も、今後の償却計画については、ここは空欄になっておりますから、予想してなかったということだと思います。

もう一度表紙から2枚目を見ますと、査定前ケースと査定後(努力目標)のケースには、一番右側にその償却計画が書かれていると、計画的な処理が書かれていると。

はい。

だけれども、この真ん中の最悪ケースには書かれていないと、ということは、もう1回説明してください。どういうことですか。

　　この作成担当者も、査定後最悪ケースは、数字ははじいてはみたものの、これは予測としてもあり得ない予測だなということを自分で認めていたんじゃないかというふうに。

だから、その場合についての計画案というのを出すまでもないということで出してないということですか。

　　はい、そう思います。

だとすると、結局、この円卓会議資料は何を示す資料なんですか。あなたの認識を述べてください。

　　この資料は、来るべき大蔵検査において、関連親密先について今後支援しなければいけない金額としてどのくらいの金額を想定しなければいけないのかということを示す数字だと思います。

確かに、現在の自己査定制度の下から考えると、Ⅳ分類というのは当然即時償却、引当に結び付くと思うんですけれども、その考え方とは、そこに書かれてあるのは違うとおっしゃるんですか。そういう意味ですね。

　　はい、その後、この関連親密先の償却、引当についての考え方はいろいろ変わっておりまして、確かに今の時点でこの表を見ますと、関連親密先、Ⅳ分類に計上されている金額は、当然即時引当、償却すべき金額のように見えますが、当時の、先ほど御説明させていただいた大蔵省の事務連絡などの考え方に照らしてみますとまるで別の表のように見えてくるということを、先ほどから申し上げております。

そうすると、あなたが逮捕されて調書などが取られた1999年(平成11年)の6月当時でも、やはり、既にその時点でも、Ⅳ分類イコール即時償却、引当という考え方に銀行の実務はなっていたわけですね。

　　はい、早期是正措置が導入されて、いろいろ、4号実務指針が出て、資産査定と、それから引当、償却が直接リンクするようになった後の99年(平成11年)6月ごろだと、そういうふうに理解することもできるようになっていたと思います。

しかし、円卓会議資料は、平成8年4月当時に作られたものであるわけですね。

　　はい、そうです。

そうすると、にもかかわらず、あなたは、円卓会議の資料に基づいて、平成8年4月の当時、1兆円を超える全額償却、引当を実施しなければならないⅣ分類債権があったと認識していましたという検面調書が取られていますね。

　　はい。

乙第50号証、平成11年5月20日付け須田正己被告人本人の検面調書の4丁から5丁にかけては、特に示しませんが、次のように書かれています。特に、実態を示した査定後最悪ケースのうち、Ⅳ分類だけで1兆1256億円もあるというのは衝撃的で、商法285条ノ4第2項に、金銭債権につきこれこれという規定があることは私も当然知っており、これは、取立て不能見込額は本来資産には掲げてはならないという意味であり、これを受けて、従前より大蔵省から、Ⅳ分類債権は当期において全額償却、引当を実施しなければならないという指導を受けてきました、そのようにあなたの調書には記載されていますが、この調書に記載されている認識は、今日この公判廷であなたが述べた円卓会議当時の認識と違いますね。

　　違います。

円卓会議資料の査定後（最悪ケース）の数字を見せられて、1兆円を超える金額を即時償却、引当しなければならないということを認識して衝撃を受けたという事実は、あったんですか。

ありませんでした。

また、この検面調書では、「Ⅳ分類債権は当期において全額償却引当を実施しなければならない」と、記載されており、ここにいうⅣ分類債権とは当然MOF検でⅣ分類債権と査定された債権を意味するわけですけれども、MOF検でⅣ分類と査定されるものにも、一般先に対するものと、関連ノンバンクに対するもので取扱いが違っていたということは、この調書には書かれていませんね。

はい。

また、この調書には、「従前より、大蔵省から、Ⅳ分類債権は当期において全額償却引当を実施しなければならないという指導を受けてきました」と記載されていますが、大蔵省はそのような決算処理をしていたんですか。

しておりませんでした。大蔵省は、引当、償却は資産査定とは別である、引当、償却は銀行の経営者が公認会計士と相談の上実施するものであるというふうに考えていたと思いますので、指導を受けるようなことはありませんでした。

指導というのは、MOF検のⅣ分類は即時償却、引当をしろというような指導はなかったということですか。

はい、そうです。

検 察 官(保坂)

異義というわけでもないんですけども、現在資料を見てお考えになったことを述べておられるのか、それとも、平成8年4月当時にそういうふうに考えていたのかというところが必ずしも明確でないと思いますので、そこのところをはっきりしてください。

弁 護 人(國廣)

分かりました。明確にしながら質問いたします。じゃ、今の質問をもう一度繰り返します。平成8年の円卓会議当時、あなたの認識として、大蔵省は、MOF検Ⅳ分類を即時償却、引当しろという指導をしていた、そういう認識が、96年(平成8年)4月当時、あなたにありましたか。

ありませんでした。その後、元大蔵省銀行局長の山口さんが、国会における御証言の中で、当時は、当時はというのは97年(平成9年)3月期以前は資産査定と引当、償却は関係ありませんでしたという証言をされている記事を、新聞で読んだことがあります。

検 察 官(保坂)

ですから、それは事後の情報に基づくもので。

弁 護 人(國廣)

だから、認識としては、じゃ、96年(平成8年)の8月当時は、そのような指導というものの認識はなかったんですね。

ございませんでした。4年に1回、それも期末日じゃなくて期の途中においでになる大蔵省の資産査定と、それから6箇月ごとの期末に生ずる決算事務、引当、償却事務とは、関連の持ちようがなかったというのが真実だと思います。

それでは次に、先ほど読みましたあなたのこの検面調書、平成11年5月20日当時において、この検面調書に記載されているように、従前より大蔵省から、Ⅳ分類債権は当期において全額償却、引当を実施しなければならないという指導を受けていましたという認識を、あなたは持っていましたか。

もう1度お願いします。

今、あなたの当時の認識はそのようなものではなかったということを伺ったんですけれども、どうしてあなたの当時の認識に反する検面調書が作られてしまったのかについて伺いたいと思うんですけれども、そのために１つだけ伺います。今日、この公判廷で述べたあなたの認識というのは、ある意味では客観的な資料にも合致して分かりやすいんですけれども、このようなあなたの認識がいつ明確になったのかということについて伺いたいと思います。今日あなたがここで述べている認識というのは、円卓会議当時である平成 8 年ごろから明確にあったものなんですか。それとも、検事の取調べのときに明確な形だったんですか。それとも、今回の裁判が始まってから明確になっていったんですか。どうなんですか。そこら辺をちょっと整理して説明していただけますか。

　平成 8 年当時も明確ではありませんでしたけれども、多分こういうものだろうという認識を持っておりまして、多分、これは他の役員も同じだったと思います。というのは、この円卓会議のときに、たくさんの役員が出席しておりましたけれども皆同じように考えた、認識したものですから、ほとんどもめることもなくすうっと終わった円卓会議だったことからも、そのことが分かります。それから、取調べ当時もぼんやりありましたんですが、この大蔵省の事務連絡も当然見たことはないし、何か変だな、何か変だなという、こうじゃないんだけど、こうじゃないんだけど、という思いをずうっとしながら検事さんとお会いしていたかと思います。それで、この裁判になってから、当時の認識を確かめるためにもいろいろな裁判資料を調べてるうちに、当時、当時というのは平成 8 年ごろからぼんやりと私が思っていたことは、全く間違いなかったということが確認できたと思います。

では、再び平成 11 年 5 月 20 日付けの検面調書について伺います。前回の、昨年の 7 月 12 日被告人質問でも若干聞いていますので、ダブらないように、前回お聞きしなかったことを伺います。では、平成 11 年 5 月 20 日、検事から、不良債権についてはどのように質問されたんですか。取調べの状況を簡潔に述べてください。

　銀行における略歴、経歴について非常に長い質問が続いた後に、余り脈絡なく、会計上資産とは何ですかとか、又は脈絡なく、大蔵省が資産査定を行う場合のⅣ分類というのはどういうものですか、それから、また前後がよく分かりませんが、長銀には不良債権が幾らありますか、そのような質問があった後に、この円卓会議資料を示されたような気がします。

あなたは、前回の証言のときでも、速記録 87 ページによりますと、Ⅳ分類とはどういう資産ですかとお尋ねがありましたので、取立て不能、回収不能の資産を大蔵検査ではⅣ分類と分類されますというように答えました、そのように証言しておるんですけれども、このことから分かるように、検事の取調べの際、関連ノンバンクに対するⅣ分類と一般先に対するⅣ分類を分けて考えてなかったようですね。分けて考えておりませんで、一般先についてのⅣ分類を念頭にお答えしていたのではないかと思います。

そして、円卓会議資料が 5 月 20 日に検事から示されたのは、大体どこら辺の時点なんですか。

　午後 1 時半から検事さんとお会いして、円卓会議資料が示されたのは、5 時ごろではなかったかと思います。

さっきのⅣ分類の話の前後で言うと、どちらが前だったと記憶しておりますか。

　脈絡なく、Ⅳ分類とは何ぞや、長銀の不良債権は幾らか、それから資産とは何かというのがまず最初にあって、そういうのが終わった後に、円卓会議資料が示されたと思います。円卓会議資料を示される前に、平成8年4月8日のことを覚えてますか、から始まる質問の後に、その資料が示されました。

円卓会議資料が示されてからは、どのようなやり取りがあったんですか。

検事さんから、あなたさっき1兆円と言ったね、これはⅣ分類という欄にそのくらいの数字が入っているね、これが、あなたがさっき私の質問に答えたものだねというふうな、念押し的な質問があったような気がしております。

あなたは、それですぐ納得できたんですか。

私が検事さんに長銀の不良債権は幾らですかと聞かれているときは、今日の午前中に説明した公表不良債権の1兆円のことが念頭にありまして、いつもその数字で決算説明をしておりますからそのつもりで答えたんですけれども、この表に載っている1兆円はあれと同じなのかな、違うのかなということが余り判然としなくなってしまいましたので、慌てて資料の2枚目、3枚目をめくっていったということを覚えております。それで、2枚目、3枚目をめくっていったら、個社の名前が出てくる表もございましたし、それから、作成者がだれなんだろうというふうに考えましたら、総合企画部とか事業推進部が作成したような名前も出ておりましたので、これは当行の部下どもが何らかの作業をした数字なんだなと、それにしてもこの数字はどういうふうに解釈する数字なのかなということがあいまいなまま、質問に答えていたような気がします。

あなたの頭の中でのⅣというのは、支援のⅣというのは、その時点ではなかったわけですね。

はい、一般先と関連ノンバンクを区別してなかなか考えられませんでしたし、それから、取調べのときは既に99年(平成11年)まで来ていますから、自己査定制度が導入され、またそれがいろいろ変遷しているようなことを知った後で取調べを受けておりますので、なかなかその平成8年当時の感覚に戻れなかったというのが事実だと思います。

そのような検事とのやり取りの後で、調書に署名するに至るまでの状況を簡潔に説明していただけますか。

資料が示されてからちょうど夕食の時間になりましたので、店屋物のメニューを見せられて、自分の好きなものを注文しなさいということになって、それで検事さんはそれから食事のために席を外されました。それで、私は届いた店屋物を事務官と二人で取調室の中で食べて、1時間ぐらいたってからまた検事さんがおいでになって、夕方の取調べが始まったと思っております。それで、検事さんは、その後は専らワードプロセッサーに向かってタイプ打ちを始められておりまして、それで、そのタイプ打ちが出来上がったものを示されたのが8時か9時ごろか、なんかそんな時間に、この調書を読んでサインしてくださいということで示されたと思ってます。

あなた、読んだんですか。

ええ、読みました。

先ほど、何となくおかしいなという気持ちはあったとおっしゃったんですけど、おかしい、おかしいという形で抵抗しなかったんですか。

何となく変だな、変だなと思いつつも、でも、検事さんは法律の専門家だし、それから、既に私の部下どもが何人もこの件についてヒヤリングがあったということも聞いておりましたし、検事さんがそういうふうにおっしゃるのならそうなんだろうなと、でもちょっと違うんだけどなというふうな思いで署名したのを覚えています。

ところで、円卓会議資料に関するその日の検事の取調べにおいても、あるいはその後の逮捕後の取調べにおいても、両方についてお聞きしますけれども、円卓会議資料における関連ノンバンクのⅣ分類について、支援額との関連性も考え方としてはあるよ、みたいな話は出たことありますか。

検事さんから出たことは、１度もありませんでした。

あなたは、この５月20日の第１回目の取調べであっても、その後の逮捕後の取調べであっても、先ほどの事務連絡を見せられたことはありますか。

１度もありませんでした。

どうして、取調べの検事は、円卓会議資料の考え方の基になっていると思われる事務連絡を見せなかったんでしょうかね。

分かりません。

あなたが見せられたのは、円卓会議資料だけだったわけですね。

はい、円卓会議の資料だけでした。

そして検事の円卓会議資料についての取調べは、関連ノンバンクであれ何であれ、Ⅳ分類イコール即時償却、引当という考え方を前提としていましたね。

はい、私が何か変だなと思ってもぐもぐ言っても、非常に明快な形で、あなたがさっき言ったように、Ⅳ分類というのは即時償却、引当だよねっていう強い調子の念押しがあったように覚えてます。

あなたは、他の二人の被告人の検面調書や、その他の長銀関係者の検面調書を見ましたね。

はい、公判が始まってから、他の人の調書も全部読みました。

そのいろんな人の調書の中で、円卓会議資料に関する部分についてなんですけど、みなさん一致して、１兆円を超える法的な引当、償却義務があると認識していましたという内容の検面調書が取られていて、そして、円卓会議資料はその認識を基礎づける証拠になると位置づけられているということが、それらの調書を読んで分かりましたね。

分かりました。

ただ、それにしても、何でそのような調書にあなたは署名を結果的にしているのかと、５月20日に限らずですよ、ということで前回も伺ったんですけれども、前回、昨年の７月12日の公判廷で、速記録98ページですが、弁護人から経営責任と法的責任は別と接見のときに言われたにもかかわらず、法的責任を調書で認めたのは、大変恥ずかしいですけれども、地位に伴う経営責任と法的責任の区別が全くつきませんでしたというふうにお答えになってるんですけれども、この点を少し補足して説明していただけますか。

任を大変重く受け止めておりまして、それで、その責任は大変に大きいものですから、他の人とか部下とかそういう人たちに責任を転嫁しないで、やっぱりすべてを私が負わなきゃいけないと、で、言わば破綻銀行経営者責任罪に私は問われているんだと、副頭取という地位にあった人なんだよねという念押しが何回もありましたし、私は当然経営の責任者の１人だと思っていましたから、大銀行の経営者責任というのは大変大きくて重くて、で、その中には法的責任ももう当然含まれるんだと、で、私の知らないところで部下どもが何かその法的責任を問われるようなことがあったとしても、それらも含めて、経営者の責任というのはすべてを覆うぐらいに大きいんだというふうに考えておりましたので、もし罰を加えられる、有罪にされるのであれば、それはもうそれで結構という気持ちになっておりました。ですから、取調べのときは、Ⅲだの Ⅳだの、母体行の支援意思ありだのないだのということはどうでもいいような、非常にさまつなことのように思いましたので、もう検事さん、どうぞサインしますから、というようなことでサインをしていったような気がしております。

私どもが接見に行ったときも、あなたは、ほとんど検事に抵抗せず署名をしているということをおっしゃっていましたね。

はい。

第 24 回 公 判 調 書（手続）

被告人の氏名⑴　大野木　克信（出頭）
被告人の氏名⑵　須田　正己（出頭）
被告人の氏名⑶　鈴木　克治（出頭）
被告事件名⑴、⑵、⑶証券取引法違反、商法違反
公判をした年月日　平成 13 年 5 月 25 日
公判をした裁判所　東京地方裁判所刑事第一部
裁判長裁判官　大野　市太郎
裁判官　福士　利博
裁判官　石田　寿一
裁判所書記官　村上　剛英
検察官　保坂直樹、大圖　明
出頭した弁護人⑴　（主任）那須弘平、倉科直文、横田高人
出頭した弁護人⑵　（主任）國廣　正、五味祐子、坂井　眞
出頭した弁護人⑶　（主任）更田義彦、長　文弘
証拠調べ等
証拠等関係カード記載のとおり
先に指定告知した次回期日
平成 13 年 6 月 7 日午前 10 時 00 分
平成 13 年 6 月 4 日
東京地方裁判所刑事第一部
裁判所書記官　村上　剛英

被告人質問（須田）を施行

第25回公判調書（手続）

被告人の氏名(1)　大野木　克信（出頭）
被告人の氏名(2)　須田　正己（出頭）
被告人の氏名(3)　鈴木　克治（出頭）
被告事件名　(1)、(2)、(3)証券取引法違反、商法違反
公判をした年月日　平成13年6月7日
公判をした裁判所　東京地方裁判所刑事第一部
裁判長裁判官　大野　市太郎
裁判官　福士　利博
裁判官　石田　寿一
裁判所書記官　村上　剛英
検察官　保坂直樹、大圖　明
出頭した弁護人(1)　（主任）那須弘平、倉科直文、横田高人
出頭した弁護人(2)　（主任）國廣　正、五味祐子、坂井　眞
出頭した弁護人(3)　（主任）更田義彦、長　文弘

証拠調べ等
証拠等関係カード記載のとおり

先に指定告知した次回期日
平成13年6月26日午前10時00分

平成13年6月14日
東京地方裁判所刑事第一部
裁判所書記官　村上　剛英

被告人質問（須田）を施行

第26回公判調書（手続）

被告人の氏名(1)　大野木　克信（出頭）
被告人の氏名(2)　須田　正己（出頭）
被告人の氏名(3)　鈴木　克治（出頭）
被告事件名(1)、(2)、(3)証券取引法違反、商法違反
公判をした年月日　平成13年6月26日
公判をした裁判所　東京地方裁判所刑事第一部
裁判長裁判官　大野　市太郎
裁判官　福士　利博
裁判官　石田　寿一
裁判所書記官　村上　剛英
検察官　保坂直樹、大圖　明
出頭した弁護人(1)　（主任）那須弘平、倉科直文、横田高人
出頭した弁護人(2)　（主任）國廣　正、五味祐子、坂井　眞
出頭した弁護人(3)　（主任）更田義彦、長　文弘

証拠調べ等

証拠等関係カード記載のとおり

先に指定告知した次回期日

平成13年7月12日午前10時00分

平成13年7月9日

東京地方裁判所刑事第一部

裁判所書記官　村上　剛英

被告人質問（鈴木）を施行

第27回公判調書（手続）

被告人の氏名(1)　大野木　克信（出頭）
被告人の氏名(2)　須田　正己（出頭）
被告人の氏名(3)　鈴木　克治（出頭）
被告事件名(1)、(2)、(3)証券取引法違反、商法違反
公判をした年月日　平成13年7月12日
公判をした裁判所　東京地方裁判所刑事第一部
裁判長裁判官　大野　市太郎
裁判官　福士　利博
裁判官　石田　寿一
裁判所書記官　村上　剛英
検察官　保坂直樹、大圖　明
出頭した弁護人(1)　（主任）那須弘平、倉科直文、横田高人
出頭した弁護人(2)　（主任）國廣　正、五味祐子、坂井　眞
出頭した弁護人(3)　（主任）更田義彦、長　文弘

証拠調べ等

証拠等関係カード記載のとおり

指定告知した次回期日

平成13年8月21日午前10時00分　（次回期日）
平成13年9月11日午前10時00分
平成13年9月28日午前10時00分

平成13年7月23日

東京地方裁判所刑事第一部

裁判所書記官　村　上　剛　英

○ 鈴木克治供述調書（第27回公判）

被告人供述調書（平成13年7月12日第27回公判）

検　察　官（保坂）

（略）

取調べ状況について伺いますが、検察官から最初に取調べを受けたのは平成11年5月20日ということで、その呼出しを受ける1週間から10日くらい前に現在の弁護人と相談をしていたということのようなんですが、どうして呼出しを受ける前から弁護人に相談をしていたんでしょうか。

　　この前のあれと重複するかもしれませんが、調査委員会等も動きだしておりますし、マスコミ等の追及とか、あるいはマスコミ自体の活字上の情報も非常に多くなってまいりまして、私自身としては、やはりそういう流れの中で刑事問題が出てくるんではないかと、そういうことを考えさせる多くの情報があったということでございまして、御紹介を受けて弁護士さんといろいろ相談をしていたということでございます。

前のお話では、5月の初めころにマスコミから、あなた自身が逮捕者リストに載っていると、こういうふうな話を聞いたということでしたが、それを聞いたから弁護人に相談をしたと、こういうことなんでしょうか。

　　いや、それが直接ではありませんが、今申し上げたような調査委員会とかの流れがありますんで、やはり専門の先生方の御意見、御指導も得なければならないなと、こういうふうに思っておったということです。

マスコミからは、どういう事実であなたは逮捕されるんじゃないかと聞いていたんですか。

　　それも、私自体は、マスコミから逃げまくってたわけではありませんけれども、とにかく家じゅうを囲まれておりまして、私の家内が、どういう親切かどうか分かりませんが、ある新聞記者の情報によれば、あなたは近く、来週ぐらいには逮捕されることになっているというようなことを言ってくれたそうであります。そのことを申し上げているわけです。

奥さん経由で聞いた話の中には、どういう事実で逮捕されるんだということまでは聞いていなかったということですか。

　　私の家内も、具体的に罪名を聞けばいいのかもしれませんが。

結論として、聞いていないんであれば結構ですけれども。

　　要するに、危ないよという情報だけです。

先ほどちょっと言われましたが、そのころのマスコミのあなたに対する対応というか取扱いというのは、あなたにとって何か不満な点はなかったですか。

　　不満な点といいますか。

不満というか、迷惑を受けていたというような点はなかったでしょうか。

　　それは、外へ出られない状況ですから、それ自体が迷惑ですし、家族もなかなか外へ出られない、それから、家の回りはたばこの吸い殻だらけになるとかいうようなこともありましたから、それはもう、大変、迷惑どころか、要するに、私どもはしょうがないにしても、近所には大変な迷惑を掛けたと思ってます。

5月10日過ぎごろに最初に弁護人と相談した際には、仮に刑事事件になったような場合にはどうしなさいといったようなアドバイスはあったんですか。

はい、しっかり話を聞いてあなたの真実を述べなさいという、言わば、基本中の基本を再三しっかり教え込まれました。

そのほかには。

意に沿わないものについては署名捺印する必要がありませんと、その程度ですね。

例えば、その事実でないことを述べたり、事実に反する調書に署名をしたらどうなるんだといった説明はあったでしょうか。

多分、あったと思います。

どんな説明でしたか。

そういうことにならないように真実をしっかり言いなさいと。

黙秘権については、その日、弁護人からは話を聞いたんでしょうか。

ちょっと記憶はありませんが、そもそも、私は黙秘権については、別に弁護士さんに言われなくても承知しておりましたから。言われたかもしれませんけれども、ちょっと記憶にありません。

仮に逮捕されたら、その後はどういう手続になるんだといった説明は、その日あったでしょうか。

……。

まず、あったか、なかったかお答えください。

余り記憶にありませんけど、そもそも、さっきのような状態で弁護士さんともなかなか会えるような状況、なかなかできなかったというのが事実です。

でも、実際に5月の10日過ぎごろにお会いになって相談した際に、仮に今後逮捕されるようなことになったらどういう手続になりますという説明は受けたんでしょうか、受けなかったんでしょうか。

ちょっと覚えてません。

その日そのものではなくても、いずれかの段階でそういった刑事手続についての説明を受けたということはありますか。

はい、それはございます。

いつごろ、どんな説明を受けたでしょうか。

5月下旬ぐらいかもしれません。

最初に取調べを受けた5月20日よりも後に説明を受けたということですか。

いや、どっちか、その前だったかもしれません。ちょっとはっきり覚えてません。

例えば、その手続の流れとしてはどんなことをお聞きになったんですか。

……。

覚えている範囲で結構ですけれども。

逮捕されたら、以降はこんな流れになるんじゃないかというような話を聞いた覚えがありますけど。

例えば、検事が弁解を聞く機会があるとか、裁判官から弁解を聞いてもらえる機会があるとか、そういった説明は受けたんでしょうか。

いや、そこまでは聞いておりません。

もし逮捕されたら、その日か翌日ぐらいにはすぐに接見に行くといったような話はありましたか。

当然、接見に来ていただけるような話は聞いてます。

検察官から、5月20日に来てくださいという呼出しを受けたということは、弁護人には伝えたんでしょうか。

ええ、お伝えしたと思います。

その際に、改めて何かアドバイスは受けましたか。

それは、先ほどの繰り返しになりますが、真実を述べなさいということと、意に沿わないものには署名捺印する必要はないと、それを繰り返して言われただけです。

5 月 20 日の最初の取調べも落合検事が行ったということでしょうか。

そうです。

5 月 20 日には、検察官のほうから黙秘権の告知は受けましたか。

あったと思います。

どういう事実について聞きますと、取調べをしますといったことは話はありましたか。

いえ、私はその前提みたいなことは、ちょっとお聞きした覚えはありませんが、大蔵省検査のことについて、まずお聞きしますというようなことを覚えてます。

大蔵省検査というのはいつのことですか。

その 96 年、平成 8 年ですか。

5 月 20 日には、聞かれたこととしては、平成 8 年の MOF 検の状況だけを聞かれたんですか。

そうです。

そのほか、聞かれたことはなかったですか。

午後から始まりまして、この前とダブりますが、資料は見せないのが私の主義だという落合さんのお話があって、平成 8 年の MOF 検は、分類は幾らだったとか、どうでしたねと言うんで、私はとにかくちょっと古い話なものですから、それと、場所が場所ですし、なかなか数字自体が思い出せなくて、えらい苦労したという覚えがあります。

その日の取調べの雰囲気というのは、どんな感じでしたか。

その日は、普通の雰囲気だったと理解しております。

特に厳しい議論になって大きな声を出すとか、そういうことはなかったということですか。

それはございませんし、そもそも、大蔵省検査の記憶を喚起しているうちに夕方になりまして、食事をしているうちに、取調べがはっきり再開されませんで、あとはマスコミに見付けられないように秘書官を外へ出していただいたりなんかして、それで、要は、解放されたといいますか、しまったものですから、どういう目的か、どういうあれなのかというのは、全く入らないうちに 20 日は終わってしまったということです。

5 月 20 日の調べのときには、平成 10 年 3 月期の決算には償却、引当不足があったんじゃないかとか、違法な決算だったのではないかと、こういったことは指摘されなかったですか。

いや、特になかったと思います。

5 月 20 日の取調べの結果については、弁護人には報告したんでしょうか。

はい、電話でしたつもりです。

どんな感じの報告をしたんですか。

ですから、今申し上げたようなことで、資料なしで大蔵省検査の話をやりまして、調書なんかもないわけですから、当然そういうものも、署名捺印なんかもありませんでしたというような報告をしたと思います。

（以上　　小海　智美）

昨年の6月10日にあなたが逮捕された当日に、検察官から逮捕事実について弁解はないかということで聞かれて否認したということのようなんですが、その際には、一緒に捕まっているほかの方が事実を認めているとか、そういったことは検察官のほうからは言われましたか。

何も言われませんでした。

で、その後、逮捕当日のうちにほかの2人も認めていると言われたということを以前の被告人質問でおっしゃってましたが、検察官からそういうことを言われたのはどういう経緯からですか。

私は、そのような容疑事実をした覚えがないということを一生懸命説明といいますか、して、何回も説明したわけでございますけれども、いやいや、あなたはそんなことを言ってるけれども、ほかのお2人はもう認めたよというようなことを強く言われたということです。

あなたのほうから、ほかの2人はどう話してるんでしょうかと、こういうふうに聞いたことがきっかけで、認めてるよということを言われたんじゃないんですか。

いや、2人のことも大変心配でありましたし……。

まずお聞きしているのは、あなたのほうから話を持ち出したから、検察官がそういうことを言ったのではないかということなんですけれども。結論だけまずお答えいただけますか。

2人のことについての話も、私の立場というのも御説明をしております。

じゃ、結論としては、あなたのほうから、ほかのお2人はどう話してるんですかと聞いたことがきっかけだということでよろしいでしょうか。

それがきっかけだけじゃなくて、るる、私はそのような事実はありませんということを申し上げておりまして、私自身も、ほかの2人にも大変迷惑のかかる話だからということを申し上げたわけですが、それで、そういう流れの中から、検事さんのほうから、もう2人ははっきりと認めてるよというお話があったということであります。

12回の42ページのところを見ますと、あなたの話として、事実に反することを認めればほかの2人に迷惑がかかると思っていたということなんですが、仮に事実に反するものであれば、ほかの2人がそうした事実に反することを認めさせられてしまったとしたら、あなた1人でも違うと言い続けないと、3人とも事実に反することで処罰を受けることになってしまうということではないんでしょうか。

はい、それは理論的にはそうだと思います。

ほかの2人が認めていようがいまいが、事実と違う調書に署名をしたら、ほかの2人に迷惑がかかるということは変わりないんじゃないんですか。

今になって思えばそのとおりだと思いますが、当時はそこまで思いが至らない状態でした。

逮捕翌日の勾留質問の際、裁判所であなたの弁解を聞かれた際には、あなた自身は、自分が裁判所にいることとか相手が裁判官だということは分かっていましたか。

はい、よく分かっておりました。

それは、どういうところから分かったんですか。

いや、今日は裁判所に行くんだということを、東京拘置所の、何というんでしょうか、係の方も裁判所に行くよって言っていましたし、事実、何とか裁判官と机の上に書いてあったような、私は記憶があります。

勾留質問の直前には、弁護人と接見しましたか。

ええ、いたした覚えがございます。

前の日、つまり逮捕当日に自白調書に署名をしたんだということは、弁護人には伝えましたね。

はい。

弁護人からはどう言われましたか。

それについては、自分が真実だと思うことは真実だときっちり主張しなさいと言われました。

あなたは認めるのが早過ぎますよと、こういった趣旨のことを言われたことはなかったですか。

もう少し頑張れないものなのかと、いろいろ環境もあろうけども、しっかり真実を述べなくちゃ、あなた、いけませんよということは言われました。

それから、勾留質問の際には、裁判官から、これからどういう手続をしますといった説明はありましたか。

たしかあったと思います。

裁判官からは、黙秘権の告知は受けましたか。

ええ、ありました。

勾留質問の裁判官は、あなたの言い分をよく聞いてくれましたか。

私はそこに記録になってますことを申し上げたわけですが、それはちゃんと聞いていただけました。

裁判所であなたの弁解を聞いたときに、乙 56 号証、勾留質問調書という書類を作ったんですが、そういうことは分かりますか。

はい、手で書いていただいたと思います。

で、その中に、前日検察庁でなぜ自白調書に署名をしたのかという理由がいろいろ書いてあるんですが、どうしてそういうことをそこに書いてもらおうとあなたは考えたんでしょうか。

いや、書いてもらおうというよりも、大変緊張して意に染まないものに署名捺印してしまいましたという事実を申し述べたわけですが、あと、書記官の方がおられて、それは速記をされておられたんだろうと思いますが、そこへ書いていただいて、もう一度見て、それでいいかというので、そのとおりですというふうに申し上げて、記録ができたということです。

弁護人のほうからは、なぜ自白の調書に署名をしてしまったのかということをきちんと裁判官に説明して、調書に書いてもらいなさいと、こういうことは言われてなかったですか。

さっき申し上げましたように、幾ら環境が違うからといっても信ずるところをちゃんと言わなきゃ駄目だよということを言われまして、で、私自身も 10 日の夜つくづく考えてみますと、どうも、真実じゃないことに署名捺印してしまったという反省もございまして、今の弁護士先生のお話も聞いて、これはやっぱり裁判官の面前でその事実を申し上げなければいけないと思って、さっきのことを申し上げたということです。

それで、勾留質問の当日、勾留質問を終えてまた拘置所に戻ってから、裁判所で否認したということが分かると検察官から追及を受けたということのようですが、あなたは、その日のうちに、また逮捕事実を認める話をしたんでしょうか。

ええ、この前も申し上げましたように、ものすごい勢いで、おまえの態度は何だ、というようなことで、いったん認めて翌日になったら逆のことを言うやつなんて見たことないというようなことで再三再四強烈に言われまして、これはもうとてもではないが、こんなことが続いたらもうたまらないなというようなことで、大変情けない話ですが、もう、このまま認めないでいるとこれは大変なことになるんじゃないかというようなことで、また、再び認めたということです。

今おっしゃったようなこと、12回の公判の62ページのところでは、検察官の存在が非常に大きくなって、いつまでも否認を続けていたら大変なことになるんじゃないかという気持ちになったと、こういうふうにおっしゃってるんですが、大変なことというのは、具体的にはどういうことをおっしゃってたんでしょうか。

司法制度とかなんかはもちろん知ってたわけですが、こんなような状況だと何をされるか分からないなというものすごい恐怖感があったということです。大変になるということは、要するに、どんなふうになっちゃうのかなというようなことが頭の中を駆け巡ったといいますか、えらいことになるなということでした。

今おっしゃった何をされるか分からないというのは、どういうことをおっしゃってるんですか。

いや、そのとき思いましたのは、もう永遠に出られないんじゃないかとかですね、それから、外に向かっていろんなことを、どんなことを言われるか分からないなとか、そんなようなことを勝手に想像したといいますか、何か、予想もつかないような私に対する仕打ちが出てくるんじゃないかなというふうに思ったわけです。

永遠に出られないというのは、それは、裁判が終わった後とかということですか。

そういう具体的に裁判のステップだとかいうんじゃなくて、猛烈に長く拘束されるんじゃないかとか、それから、これ以上何を言われ続けるんだろうかとか、そんなこと、ま、追い詰められたような気持ちになったということです。

そういうふうに思ったのは、その勾留質問を終えて戻ったその当日のことということになるんですか。

ええ、帰ってまいりましたら、あんたはとんでもないことを裁判官のところで言ったなというところから始まりまして。

だから、結論として、その勾留質問の当日にそういうふうに考えたということなんですか。

そういうふうな猛烈なお話がございまして、今申し上げたようなことが頭の中をよぎったといいますか、そういうことです。

ところで、その日、つまり6月11日に勾留質問が行われてるんですが、その日、検察官調書は作成されましたか。

いや、その辺は、私自身も相当ダメージが、その日なのか翌日なのか今でもはっきり覚えていません。

調書を作ったかどうかはともかくとして、逮捕事実を認めますというような話を勾留質問の当日にまたしたのかどうかという点はどうですか。

いや、それもはっきりしないんですが、またしたかもしれませんし、なぜそうなったんだという、もう1冊調書に調印した覚えもございます。

実際には、その勾留質問の当日に、検察官の前で、もう一度事実を認めますというようなことをあなたがおっしゃって、検察官のほうで調書を作ろうとしたんだけれども、あなたが調書の作成は待ってほしいということで待ってもらったという事実はないですか。

いや、たしかいろいろ言われたんですけども、まだ考えさせてくれとか、いや、そうじゃないんだとかいうんで何か往復をした覚えがありまして、なぜそんなこ

　　とで、あなた、裁判所に行って昨日書いたことを否定したんだと、いろいろ弁護士に言われたんだというようなことをそのとき言った記憶もございますし、どうも、はっきり今言われたようなことを、ま、かなり粘ったような記憶ももちろんあります。

弁護人ともう一度接見してから調書を作ってほしいということで、調書の作成を待ってもらったということはなかったですか。

　　いや、当時は、落合検事からは、弁護人はちゃんと毎日来てくれてますねと、そのときにも、あんた一体、弁護人と何を話してるんだというようなことを言われたこともございます。

お聞きしたことに直接お答えしてもらいたいんですが、勾留質問の当日に調書を作ろうとした際に、翌日弁護人と接見してから作ってくださいということを申入れして待ってもらったという事実はないんでしょうか。

　　そういうことを申し上げたかもしれません。はっきり覚えてません。

覚えてないですか。

　　ええ。

それから、落合検事のほうから、否認したいんであれば否認すればいいし、あなたの好きにすればいいと、こういうことを言われたことはなかったですか。

　　ええ、ですから、そういうことを言われた覚えもあります。そういうようなことをどんどん言われるもんですから、さっき申し上げた、これは一体どうなるんだろうなと、もうあんた勝手にしやがれと、こういうような感じに私は受け取りまして、そうなったらそうなったで知らないよというようなふうに、私はその言葉を感じました。

勾留質問の翌日には、弁護人とは接見しましたか。

　　接見したと思います。はっきり覚えてませんけど。

ま、勾留質問から一番近いところで接見した際に、弁護人から、あなたの家族のことでいろいろ話を聞いたということはなかったでしょうか。

　　家族とは面会禁止になっていますんで、家族の状況が私は心配でございましたから、で、弁護人の方も、こうなってるよというようなお話はしていただいたと思います。

家族の方からの話として、何か、聞いたことで覚えてることはないですか。

　　特段大きな変化があったようなことはちょっと記憶にありませんけれども、家族の状況が大変おかしくなったというような話はなかったと思います。

御家族自身のことではなくて、あなたが事実を認めるのか認めないのかということに関して家族がどういうふうに考えているとか、そういうことについて言われたことはなかったですか。

　　それは、弁護人からは、要するにあなた自体は、自分のことと家族のことを考えてしっかり真実を述べなさいと、これはずっと言われておりました。そういうことでしたら、そのとおりだと思います。

じゃ、もうちょっと具体的にお聞きしますが、逮捕事実を認めるということはマスコミ報道を肯定するようなものだから、認めないで頑張ってほしいと、こういったことを家族からメッセージを受け取ったということはないですか。

　　そこで受け取ったかどうか分かりませんが、家族自体は私のことはちゃんと信用してくれてますので、新聞に書かれたから、そんなことはないんだ、だから小菅に行っても頑張りなさいということは再三再四言われておりますので、その時点で言われたかどうかは別としまして、そういう家族の考えというか、私に対する支援といいますか、信用というのは、もともと承知しておりました。

逮捕後にもそういうメッセージを受け取ったという記憶はあるんですか。

あるいは、そういうお話もお聞きしたかもしれません。

そういうメッセージを受け取ったことによって、自白調書に署名をするという気持ちが揺らいだとか、そういうことはなかったですか。

だから、そういう家族の支援とかなんかあるんですけども、当時はやっぱりもうほんとに隔離されたような状況でございまして、裁判所に行って前日のあれを言わば引っ繰り返してきて、落合さんに徹底的に搾り上げられたそのプロセスの中で、もう私としては、ほんとに、どうしたらいいんだろうかなあと悩み続けておったわけです。

勾留質問で否認した後、また事実を認める調書に署名を続けているんですが、どうしてそういう調書に署名をするのかということについては、弁護人に説明したんですか。

はい、それは、やっぱり……いろいろ貴重なアドバイスをいただいたんですが、とても耐えられなくなって認めてしまいましたという、そういうふうに御報告したと思います。

それに対して、弁護人はどう言っていたんでしょうか。

あなたはほんとにそういうふうに思ってるのかと、だから、私は決して違法なことをした覚えはないんだと、やっぱりそういう真実を言い続けなければならないということを言われましたが、他方、それについて署名捺印してしまったという事実も事実でございますので、それはそれでそういう事実としてお話を聞いていただいたということです。

でも、事実と違うんなら、今後はそうした調書への署名を拒否しなさいということは言われないんですか。

ただ、私自身が、いったんはそういうふうになったんですが、とても頑張りきれないということでありましたんで、ま、極めて不本意ではあったんですが認めてしまったということで、せっかくの弁護人のアドバイスではあったんですけれども、それをもう一度引っ繰り返すだけの気力が全くわいてこなかったということです。

で、あなたがその耐えられない状況にあってどんどん自白調書に署名していくという状況に対して、弁護人は何か対応を取ったんですか。

はい、弁護人の先生にはほとんど毎日のように接見に来ていただきましたんで、その取調べの状況、その日その日というか、前日の状況などをお話しをしてたということです。

あなたの話を聞くだけでなくて、もっと積極的に何かしてくれたということはなかったんですか。

そのときは、余りに私自身の対応がだらしないと思われたのかどうか分かりませんが、ま、しようがないなと思われたのかよく分かりませんが、私の報告を聞いていただいたということでした。

その勾留の間のことですが、あなた自身としては、経営責任の問題と逮捕事実というのは別問題だということは、そういう考えはあったんですか。

はい、それは持っておりました。

それから、あなた自身が起訴された当日に、もう一度違法配当の関係で裁判所で勾留質問を受けたんですが、御記憶はありますか。

それは 6 月の末でございましょうか。

はい、6 月 30 日です。

はい、記憶ございます。

そのときは、事実を認めていますね。

はい。

これはどうして事実を認めたんでしょうか。

それは、裁判官にお目にかかる前に弁護人の接見がございまして、もうこれ以上頑張ってるとあなた出られないよという弁護士のアドバイスがございました。私としても 10 日ごろの記憶がよぎったわけでございますが、私自身も大変もう勾留のあれで疲れておりまして、やはりそれは弁護士先生に従おうかなということでお認めをいたしたと、こういうことです。

今、これ以上頑張ってると出られないというふうに言いましたが、じゃ、2 回目の勾留質問の前は頑張っていたということになるんですか。

やはり、そのときそのときの、逮捕された直後の供述と、20 日間ぐらいたった後のあれは大分様子が変わってきますので。しかしながら、毎日のように点呼を受けながら生活を続けてるというのは、もう、大変耐えられない状況でございました。そういうような中で、今日、商法違反というようなことで起訴が行われるということに関連して裁判官とのあれがございましたので、弁護士さんの御指示に従ったと、こういうことです。

そうしますと、裁判官に対してうそをついたということになるんですか。

私の本意からすれば、本心とは違って認めてしまったということになるかもしれません。

その 6 月 30 日の時点で、あなた自身が起訴されているということは分かっていましたね。

はい、もうそういう話もございましたから、それはよく承知しております。

あなたが起訴されるのではないかということは、いつごろから考えていましたか。

それは、もう、逮捕される以前から、逮捕されれば当然起訴されるだろうと思っておりました。

じゃ、その起訴された場合には、こういう法廷で事実を争うという気持ちだったんですか。

はい、私は、再度認めてしまった以降も、落合検事にも、私はそういうつもりでは全然なかったということを何回か申し上げてまいりましたんですが、やはりそういうことで認めてしまったんで、つまり完全に押し切られた格好でついに起訴にまでなってしまったわけでありますけれども、私自身としては、どこか変だな変だなと思ったまま出てまいりましたので、私の本心としてはどうも違うんじゃないかなとずっと思っておりました。

ちょっと繰り返しになるかもしれませんけど、起訴された後の裁判で争おうと考えていたのなら、どうして、起訴時の勾留質問の段階でも裁判官に事実を説明しようと考えないんでしょうか。

さっきの繰り返しになりますが、20 日間の勾留で、私は頑張らなくちゃいけないなとは思っておったんですが、また頑張ったらもう 1 回また落合検事との繰り返しの騒ぎになるなというふうに思っておりました。だけど、そういうことがあっても頑張らなきゃいかんかなと、やっぱり裁判所なんだからと思うところもあったんですが、裁判官にお目にかかる前の接見で、やっぱりあなた、出なければいかんよというお話があり、やはり私もそういう気持ちがあったんですが、やはりもう弁護士の御意見に従うのかなあというふうに思いまして、事実を認めたわけです。

ちょっと質問が変わりますが、勾留質問で否認した後に再度事実を認める調書に署名するようになってからは、資料を読まされて、その要点をメモさせられたということでしたが、そのメモというのは、資料を見てあなたが覚えてること、知ってることを書き出したと、こういうことでしょうか。

はい、落合検事からは、もう2日もほかのメンバーから比べると遅れちゃってるから、急いでその再度の供述調書に署名捺印したらどうですかということで、資料の読み込みというのはどういうことか私もよく分かりませんでしたが、例えば、NEDならNEDとか、第一ファイナンスなら第一ファイナンスという、そのときそのときのテーマごとにいろんな常務会資料だとか等々を幾つか、それで、ほかにスケジュール表ならここにあるよというようなことで、要点を整理してくれというだけ言われておりまして、大きなハトロン紙とボールペンを与えられまして、つまり、言われたとおりのことをやらざるを得ないんですが、要点って一体何の要点か分かりませんので、今日もいろいろ資料が出てきておりますけども、その資料の要約を日付順にメモで書き上げ、整理をしていたと、で、それが1テーマで出来上がると落合検事にお渡しする、どういうふうな扱いになるのか分かりませんけれども、お渡しするというのが大体の日課だったということです。

ある資料のこの部分はこういうふうに書いてあるけど、それはこういう意味なんですということを、あなたの知ってる限りで書いたということではないんですか。

いや、違います。

単純に要約をしたということだけなんですか。

要するに、メモに要点を整理してくれと言われましたんで、何年何月何日の何々会の資料とかというようなことで、特に事業推進部の資料が多うございますから、非常にボリュームのあるものを要点を書いたりして、ある程度できた段階で渡していたと、こういうことになります。

単純な要約だとしても、要約するためには、その資料の内容についてはよく見なければできないんじゃないんですか。

それはそうだと思いますけれども、特に事業推進部の関係の資料というのは、一部については説明を受けたようなものもございます。ただ、全体的に非常に日時がたってしまってから、このような資料もあったなというようなことで読み返したりなんかして要点をメモしたと、それだけです。そういうものがどう使われるのかなんてことの説明もございませんでしたから、資料の読み込みというのはこういうことをいうのかなと私は思って、御指示のとおりしていたということです。

で、実際に調書が作られてその本文を読んだときに、資料の内容が本文に引用されている部分というのがありますよね。

はい、ありました。

で、そういう部分については、要約の作業をした際に読んだあの資料だということは分かるんじゃないですか。

よく見れば多分分かったと思いますが、実際の流れを、この前申したのとダブるかもしれませんが、ワープロ打ちされた調書と資料がどんと置かれまして、これ読んで、どうですかと、10分もすると、もういいですね、どうですかと言われて、これが資料ですと、いちいち資料と本文との付き合わせなんかする時間もありませんでしたし、ですから、その資料の中に、資料、こう、山のようになっていますから、折り畳んでありますから結構厚みがあるんですが、その中に、私が読み込みの中で見てメモを作った資料ももちろんあったんだろうと思いますし、私がうっかりその中からメモをしなかった資料もあったかもしれませんけれども、いずれにしても、私は資料と本文を突き合わせるような時間もございませんし、突き合わせもほとんどしておりません。**（略）**

Ⅷ 行政官の証言 1

第28回公判調書（手続）

被告人の氏名(1)　大野木　克信（出頭）
被告人の氏名(2)　須田　正己（出頭）
被告人の氏名(3)　鈴木　克治（出頭）
被告事件名(1)、(2)、(3)証券取引法違反、商法違反
公判をした年月日　平成13年8月21日
公判をした裁判所　東京地方裁判所刑事第一部
裁判長裁判官　大野　市太郎
裁判官　福士　利博
裁判官　石田　寿一
裁判所書記官　村上　剛英
検察官　保坂直樹、大圖　明
出頭した弁護人(1)　（主任）那須弘平、倉科直文、横田高人
出頭した弁護人(2)　（主任）國廣　正、五味祐子、坂井　眞
出頭した弁護人(3)　（主任）更田義彦、長　文弘
出頭した証人　髙橋　洋一
証拠調べ等
証拠等関係カード記載のとおり
先に指定告知した次回期日
平成13年9月11日午前10時00分
平成13年8月28日
東京地方裁判所刑事第一部
裁判所書記官　村上　剛英

証人高橋洋一の尋問及び被告人質問（大野木、鈴木）を施行

① 高橋洋一証人尋問調書（第 28 回公判）

証人尋問調書（平成 13 年 8 月 21 日第 28 回公判）

弁　護　人（更田）

速記録末尾添付の経歴と題する書面を示す

あなたの御経歴はここに書いたとおりでしょうか。

はい、そうです。**（略）**

まず、金融検査部の審査課におられた当時のことを中心にお尋ねいたしますが、金融検査部の審査課は、どのような事項を所管していたのでしょうか。

３つございまして、１つは金融機関の検査の審査、検査が終わった後、すぐ審査するという意味です。もう１つは、償却証明です。最後は、これは通常的な業務ではなかったんですが、金融検査のお手伝いをしておりました。

金融検査の手伝いというのは、実際に金融検査官と一緒に検査に出掛けることもあると、こういうことでございましょうか。

はい、私自身は、１回金融検査官で地方に行きましたけれど、その他のときについては、東京近辺の金融検査では、資産査定が非常に忙しかったので、その手伝いで金融検査官として資産査定をしたこともございます。

金融検査の結果の審査ということをおっしゃいましたが、この審査の結果は、金融機関の監督部局である銀行局銀行課のほうには行くんでしょうか。

はい、行きます。

これは、審査課のほうから報告書を出すと、こういうことになるんですか。

事前に出すときもありますし、審査課に来てから出すときもあります。

そうすると、金融検査の結果は、銀行局はすべて承知していると、こういうふうに理解してよろしいでしょうか。

はい、結構です。

金融機関の資産評価について、職務上直接関与されたのは、審査課課長補佐として御在任になっておられた平成５年７月から６年７月ごろまでであったと、こういうふうに伺ってよろしいですか。

はい、そうです。

審査課課長補佐に着任された前年には、金融機関の不良債権問題について、宮沢首相の軽井沢発言と前後して大蔵省が金融行政の当面の運営方針というものを出して、不良資産処理問題に対する対応方針を示していたということは御記憶でしょうか。

はい、知っております。

この金融行政の当面の運営方針というのは、もちろん御覧になっておられますね。

金融機関の当面の方針は、90 年(平成 2 年)のやつですか。

いや、92 年(平成 4 年)の 8 月のものですが。

ええ、知っております。

（弁）証拠番号 4（金融財政事情 1992・8・24 号抜粋（10〜11 頁））を示す

これが平成 4 年 8 月の運営方針でしょうか。

はい。

ここでは、もう既に不良資産の処理について住専の問題などについても、触れておりましたかね。

具体的に住専に触れているかどうかは、記憶にありませんけれども。

そうしますと、あなたが審査課課長補佐に着任された時期には、金融機関の不良債権問題については、あなたとしてはどのように受け止めておられたんでしょうか。

非常に大変な問題だなと思っておりました。

一方、当の金融機関の側がその問題をどう受け止めていたかということに関連してお尋ねするんですけれども、全銀協の会長が、平成4年9月に担保不動産の売却損失に無税償却を認めるような要求をしていたというようなことは、御記憶がありますか。

そのこと自体は記憶ないんですが、審査課の課長補佐になったときに、そういう要望があるというのを聞きました。

(弁) 証拠番号106(金融機関の不良債権処理が遅れた事情に関する報告)の4枚目の記事を示す

全銀協の会長の若井さんがこういった表明をしているということが報告されておるんですが、こんなようなことがあったということは御存じですか。

92年(平成4年)は、まだ不良債権の仕事をしていなかったもので、余り記憶なかったですけど、審査課になったときに、そのときの全銀協の会長行は違う銀行だったんですけど、その人たちからこういう要望があるというのは聞きました。

次に、話が変わりますが、金融機関の不良債権と償却という著書をお出しになっておられますが、これは着任して数箇月という割合早い時期に執筆されているんですけれども、これはどのようないきさつによるものなのでしょうか。

たまたま、着任したときにそこの金融財政事情の関係者の人が来まして、今、金融機関の中で債権償却について非常に本のニーズがあると聞きまして、話を聞いたときには、私の一存で決定ができませんでしたので、そういう話があるんならば、検査部の幹部の人に話をしてくれと伝えました。恐らく、その人が検査部長、当時、岡田さんだったですけれど、その人に話をしたんだと思います。数日後、岡田部長のほうから、こういう金融機関の不良債権についてまとまったものを書かないかというお話がありました。

この端書きを拝見すると、そういった経過もうかがえるんですけれども、バブル崩壊後、不良債権問題を抱えるようになった金融機関の償却、引当の実務に当たる人たちの苦労というようなものは、あなたの立場として、察することができたわけですか。

はい、そうです。

具体的に、幾つかこの端書きに書いておられますけどね。

はい。

それから、その苦労の中で債権償却の実際の取扱いは、基本的には法人税の基本通達に基づいて行われることが多いけれども、判例、学説に乏しいというようなことを書いておられますが、そういった関連の判例、学説についても、当時検討されたということでしょうか。

初版の端書きだと思いますけれど、その当時は、確かに法人税の基本通達に従って行われていたんですけれど、それでももともと不良債権自体がその当時少なかったこともありまして、実務経験とか、そういうのが非常に不足していたと思っておりました。

ところが、こういった不良債権問題が生じてきた状況のもとで、金融機関の債権償却に関する類書は、ほかには余りなかったと、こういうことなんでしょうか。

その本の前に、何年前か忘れたんですけど、同じ題名の本がありまして、その本だけしかないと、出版社の人から話を聞きました。ただ、その本がもう既にもう

　　内容的に古いという話を聞きました。

金融、正確には金融証券検査官というんですか、ここでは簡略に金融検査官というふうに言いますけれども、金融検査官と金融機関の償却実務担当者というのは、どういった機会に顔を合わせるということになるんでしょうか。

　　金融検査官と金融機関の償却実務担当者ですか。

ええ。

　　これは、ほとんど会う機会がないと思います。

そうすると、金融検査官は、直接に金融機関の関係者と会うのは、どういった人たちと会うんでしょうか。

　　金融検査官ですから、金融検査のときだけです。

期末決算の償却証明のときにも、また接触があるということになるわけですか。

　　期末のちょっと前になりますと、金融機関の償却証明の担当者が書類を持って金融検査部の審査課に来ます。そこで対応するのは、私たちですけれども、金融検査官ではなく、金融検査部の審査課の職員です。

先ほどの端書きを引き続き拝見しながらお尋ねしているんですけれども、ここには金融機関の実務担当者の立場というのを推察してお書きになっていらっしゃるんですが、当時の不良債権償却証明制度の下では、金融検査官としても、２つの立場といいますか、スタンスから金融機関の債権を御覧になっていたのではありませんか。

　　確かにそうですが、金融検査部の中で審査課と検査官室という二つの組織がありまして、検査官室に属しているのが金融検査官です。で、審査課に属しているのは、私みたく、たまたまパートタイムで、金融検査をやるときもありますけれど、ここでは、一般的ではなくて、審査課の職員は一般的には金融検査官ではありません。ですから、金融検査官は金融検査の立場だけで判断して、審査課は審査課の立場で償却を証明をするというのが一般的だと思います。もちろん、例外はありまして、審査課の職員でも、忙しいときには金融検査官も兼務するときもありますけれど、それは余り一般的ではないので、仕事としては、金融検査官の資産査定と、償却証明をする人の償却証明は、仕事は分かれております。

そうしますと、両者の間には、見方についてある程度の開きというのもあり得るんでしょうか。

　　償却証明とは、実は仕事としては、言わば、国税庁の、税務署の代わりなんですね。ですから、書類が出てきたときにその処理が税務上の損金になるか、ならないかという観点が中心ですから、書類を見ている限り、余り見方が違うようになるとは思えませんけれども。

（弁）証拠番号186（金融機関の債権償却に関する報告書１）を示す

そのことはまた後にお尋ねします。この著書のことについて、もう少しお尋ねしますが、３ページ以下の理論編のほうですけれど、特に第一節、第二節、不良債権償却の意義とか、あるいは商法、企業会計原則及び決算経理基準における不良債権の取扱いについて論述しておられますが、特に何か、記載されていることで訂正をしておかなきゃならんというような点は、ありますでしょうか。

　　特にございません。

当時の御見解なり認識としては、この本にお書きになったとおりであるというふうに理解してよろしいですか。

　　はい、結構です。

それでは、少し話を進めまして、金融検査官の資産査定と債権償却証明についてお尋ねしたいと思います。金融機関の償却、引当は、商法に加えて決算経理基準が規定され、これによって行われるべきものとされていたというふうに、9ページ辺りにお書きになっていらっしゃるんですが、この決算経理基準というのは、一言で言うと、どういった性格のものなんでしょうか。

　　これは、銀行局のほうが銀行の経理決算についての基準を定めておったんですけど、それを総称して決算経理基準と言っております。

決算経理基準は、金融機関がほかの事業者と比べて特殊性があるというような点から設けられたものですね。

　　はい、そうです。

長信銀にも普通銀行の決算経理基準が準用される取扱いであったということも、そのとおりですか。

　　はい、そうです。

更に、決算経理基準は、商法の計算規定や企業会計原則と抵触をしないんだということを21ページにお書きになっていらっしゃいますが、商法との抵触とか、そういったことについても関心を持って検討されたと、こういうことなんですね。

　　はい、もちろん決算経理基準は法律ではありませんので、当然商法の枠内であるというふうに認識しておりました。

ちょっと、言葉の問題なので確認させていただきたいんですけれども、引当と償却ということなんですが、引当は将来に対するリスクに備えるというものであるのに対して、償却は貸倒れという結果に対する処理だということを16ページ辺りに書いておられるんですが、決算経理基準で定められた貸倒れ債権の償却特別勘定への繰入れというのは、これは商法上はどういうふうに位置づけられるというふうに理解したらよろしいでしょうか。

　　償却特別勘定の繰入れですか。

はい。

　　これは引当だと思います。ただ、ここにも書いてありますけど、引当と償却という言葉が、ちょっとあいまいでありまして、特に間接償却と引当というのは、ほぼ同義として使われておりました。直接償却と引当というのは、明らかに違っておりましたけれど、間接償却及び引当というのは、資産をそのままにしておいて、負債のほうに引当金なり、準備金を積むという経理でやりますんで、間接償却と引当というのは、この意味では重複しております。

当時の決算経理基準によると、貸出金の償却と貸倒引当金に分けて規定されておりましたね。そうですか。

　　貸倒引当金というのは、一般貸倒引当金だと思いますけれど、違いますか。

いや、証人の御記憶というか、でお答えいただいて構わないんですが。

　　そこまで、ちょっと分けてやったという記憶、余りないですけれども。

(弁) 証拠番号181 (決算経理基準の改正に関する報告書) を示す

これは、普通銀行の業務運営に関する基本事項についてという通達の中で、経理関係というものの中に決算経理基準というのが、実はあるようですけれど、そこの(3)の資産の評価及び償却、そこにイ、貸出金の償却、それから、(4)のところで貸倒引当金について書かれておりますね。

　　ええ。

ですから、この商法でいう償却、引当というのは、決算経理基準上はそういうふうに分類されていたというふうに理解してよろしいんでしょうか。

この貸倒引当金のところで、この現行のところで貸倒引当金、括弧、債権償却特別勘定及び特定海外債権引当勘定を除くという括弧書きがここにありますけれど、この意味は、貸倒引当金のうち一般貸倒引当金だけで、債権償却特別勘定というのは、これは個別の貸倒引当金ですけど、これは除いているわけですから、この貸倒引当金というのは一般貸倒引当金だけを想定している文章だと思います。

この新旧の対照表の現行の欄をずっと見ていていきますが、イのところに貸倒引当金というのは、今お述べになったような趣旨のものであると。

はい。

そして、その次のロ、ハのところに今除外されたものが書いてあるわけですね。

はい。

そこで引当の一般原則としては、企業会計原則の注解、注 18 をこの著書の中で引用しておられるんですが、償却の基準は、当時どのように考えられていたんでしょうか。

償却というのは、間接償却と直接償却の意味だと思いますけれども、資産査定でⅢ分類かⅣ分類になったときには償却しなさいと書いてあります。ということは、Ⅲ分類かⅣ分類になっていれば、間接償却又は直接償却しなさいというふうに書いてあったと記憶しておりますんで、そういうふうに処理されてたと思います。

決算経理基準では、貸倒引当金には先ほどのお話のように一般貸倒引当金と特定貸倒引当金があると、こういうことですね。

はい。

一般貸倒引当金というのは、貸出金の 1000 分の 3 というふうに書いてありますが、これは個別の債権によらずにその貸出金の総計に対して一律に引き当てるべきものというふうに考えてよろしいですか。

はい、そのとおりです。

それに対して、特定貸倒引当金というのは、どのようにして引当をすることになるんでしょうか。

理想的な話をすれば、個々の債権のリスクに応じて、そのリスク、リスクというのは将来に見込まれる損失額ですけれども、それに相当する額を引当金とするのが理想的であると思いました。

今、理想的というふうに言われたんですが、これはどういう観点から見て理想的だというような趣旨でおっしゃったんでしょうか。

金融機関の健全性という観点から見れば、正常債権以外はすべての債権についてそれぞれの貸倒れリスクがありますので、そのリスク額を引当金として計上しておけば、金融機関の健全性としては完全だと思いましたんで、その意味で理想的な引当と申し上げたところです。

次に、償却証明のことを簡単にお尋ねしたいんですが、償却証明の手順はこの本の中にお書きになっておるんですか。

はい。

（弁）証拠番号 33（不良債権償却証明制度に関する報告書）を示す

273 ページのチャートの部分を示す。毎年、金融機関から債権償却証明を求める手続としては、いつごろ金融検査課のほうに届けがあるんでしょうか。

決算期の前、たしか 2 箇月ぐらい前だったと思うんですけれど、金融検査部の審査課あてに、今期はこういう形で償却証明をお願いしますという書類が、たしか来ておりました。

これは、その本の 273 ページ辺りのところに詳しくお書きになっていらっしゃいますけれども、その申立、証明申請というのは、法人税法の基本通達の条項ごとに申請すると、こういうふうになっておりますか。

はい、そうです。

(以上　小海　智美)

それで、この債権償却証明制度というのは、金融検査官が、Ⅳ分類及びこれに準ずるものとして証明した不良債権の金額は、原則として、法人税法上損金に認められると、こういう扱いになっていたんでしょうか。

そうですね。

他方、金融検査官は、税法上の基準に基づいて償却証明をすると、こういうことになるわけですね。

償却証明官はそうです。金融検査官は、資産査定をするだけですから、その税法の基準とかいうのは、余り念頭に置いているとは思えません。

失礼しました。償却証明の担当者は、税法上の基準に基づいて償却証明をすると、こういうことになるわけですね。

はい、そうです。

先ほどもちょっとお話しあったんですけれども、この税法上の償却要件を満たしているか否かというようなことは、本来国税庁のほうの仕事じゃないんですか。

おっしゃるとおりです。

これを、なぜ国税庁でなく金融検査官が行っていたんでしょうか。あるいは金融検査部がこの事務を担当していたんでしょうか。そのことの意義について、書物の中にお書きになっておられたと思うんですけれども。

なぜ金融検査部が担当していたかと申しますのは、歴史的な経緯だと思います。たしかこの制度は、戦後から、国税庁と金融検査部の間の取決めに基づいて行われておりまして、もともと不良債権が少ないという状況の下で、税務のほうが、この償却証明する事務がはんさであるという要望、あと金融検査部のほうは、実は、確かに金融検査官と証明官は違うんですけれども、金融検査部全体としては、一応その銀行の資産についての情報が豊富であったので、その二つのニーズがあって、このような制度が生まれたんだと思います。

先ほどの御説明で、担当は一応分かれてはいるけれども、金融検査等によって得た情報というのは、償却証明の手続の中でも生かすことができると、こういう関係にあったということですか。

はい、そうです。

ところで、話が変わりますけれども、平成6年2月8日に、政府が総合経済対策を発表したことは御記憶でしょうか。

はい、その対策の案文を作る作業に携わっていたので、それは非常によく覚えております。

この2月8日の政府の総合経済対策と同時に、大蔵省は、金融機関の不良資産問題についての行政方針というのを発表していますね。

(うなずく)

(弁) 証拠番号5(金融財政事情1994・2・14号抜粋)を示す

証人はこの行政上の指針の作成にも関与されたと、こういうことなんでしょうか。

はい、そうです。

証人は、先ほど理想的な観点というようなこともお述べになったのでお尋ねするんですけれども、この行政上の指針というのは、十分満足すべきものだというふうに、当時お考えになりましたか。

　　この行政上の指針を作ったときには、まあ満足しておりましたけれど、その後、この行政上の指針が余り活用されなかったという意味では、ちょっと不満足でありました。

この行政上の指針の18ページのところの２段目をちょっと御覧いただきたいんですけれども、ここに貸付債権について、融資先企業の業績低下等により、通常に比べて留意を要する債権というのが１つ書いてありますね。

　　（うなずく）

その次に、金融機関が経営上の困難に直面した融資先に対して金利減免等により、支援を行っている債権があると、これが２番目に書いてありますね。

　　（うなずく）

そして３番目に、融資先が破綻しているか、又は延滞している債権があると、これらの債権は、その一部につき回収不能が見込まれ、今後時間をかけて償却等により処理していく必要があるが、その額はなお減少する段階に至っていないと、こういうふうに書いてありますね。

　　（うなずく）

これは、当時の金融機関の不良債権を分析すると、そういったものに分類できると、こういうことなんでしょうか。

　　ここの部分は、直接私が書いてないんですけれど、その当時の大蔵省としては、そういうふうに認識してたと思います。

それからまた、その行政上の指針を見ると、相変わらずと言いますか、前の行政上の方針などと同じように、計画的、段階的に処理を進めるということが書かれておりますか。

　　はい、書かれております。先ほど、これを書いたときに満足をしたというのは、ある意味で完全に満足はしておりませんで、実はこの計画的、段階的に処理を進めていくということについては、私自身は反対しました。ただ、大蔵省全体の方針、銀行局の方針としてはこのように、文書になっております。

先ほどの回収不能が見込まれるものについて、今後、時間をかけて償却等により処理をしていく必要があると、そういうような記載もあるのでお尋ねしたんですが、これは、当時、こういった考え方は商法と抵触するというふうにお考えになったでしょうか。

　　そこまで、深い議論は、多分なかったと思います。私は、でも個人的には、こういう処理について計画的とか段階的というのは、そもそも論理矛盾だと個人的に思っておりましたので、私自身はこの記載は非常におかしいというふうに、当時から思っておりました。

この指針の前後に、再建計画が策定されている債権については引当金は要らないというような見解が銀行局等から示されたというような事実を御存じですか。

　　はい、知っております。

具体的には、だれがどういうようなことを言ったんでしょうか。

　　その当時の銀行局の長野厖士審議官が、口頭で述べたということで聞きました。

そのような考え方は、商法と抵触するというふうに、当時お考えになったでしょうか。

　　私自身は、非常に変な考え方だなと思いました。

長野厖士官房審議官が、雑誌のインタビューに答えた記事などというのもありましたね。

はい。

御覧になった御記憶がありますか。

定かに記憶ないですけど、見たという記憶はあります。内容はちょっと覚えておりませんが、そのようなことをしゃべった記事があったということは記憶しております。

(弁) 証拠番号184(総合経済対策と不良債権問題に関する行政方針に関する報告書2)を示す

例えば、この金融財政事情の記事などがそういったものでしょうか。

ちょっと具体的にどこがというのは認識、この記事を読んだ限り、分からないんですけれども、ただ、こういうインタビューが、合理的再建計画があるものについては引当をしなくていいという考え方を生んだとは思います。

住専の場合もそうであったというようなことに言及していたんじゃなかったですかね。そういう御記憶ないですか。

このときの合理的再建計画で、一番皆さんの頭の中にあったのは住専ですから、当然、住専というのを頭に描きつつ、ほとんどの金融機関の人がこの雑誌を読んだと思います。

(弁) 証拠番号5(金融財政事情1994・2・14号抜粋)を示す

この中で、銀行の自主判断により、有事への備えとして、リスクに応じた必要な引当を行えることを明確化したというふうなことが書いてありますね。

はい、書いてございます。

18ページの4段目の一番左のところですけれどね。

(うなずく)

これは、具体的にはどういう意味なんでしょうか。

この部分は私が書いたんですけれど、それ以前については、ここで想定しているのは、実はⅡ分類なんです。Ⅱ分類の債権について、税法上の基準では引当金が積めません。ただ、その実際、Ⅱ分類の債権について、引当不足であると私自身は思っていたので、Ⅱ分類の債権についても15パーセントとか20パーセント、引当金を積んでもらいたいと思いました。ちなみに、アメリカなんかの制度では、Ⅱ分類についても引当金を積みます。ですから、その引当金を積んでもらうために、金融機関の判断でやってください。金融機関の判断だという意味は、債権のリスクを一番分かっているのは金融機関だから、その判断を尊重したいという意味です。

ところで、この行政上の指針が発表される直前に、大蔵省が金利減免先対象も容認すると、こういうタイトルの報道があったのは御記憶がありますか。

その報道はちょっと記憶にありません。

(弁) 証拠番号183(総合経済対策と不良債権問題に関する行政方針に関する報告書1)を示す

その記事は、御記憶がありますか。

ええ、こちらの「自主判断で有税償却」というのは記憶あったんですが、この「金利減免先対象も容認」というこの標題は記憶にありませんけれど、この記事そのものは記憶あります。これは、この行政上の指針に書いてあることと、内容的には同じことを説明したつもりだったんですけれど。

その先ほどの行政上の指針というのは、この報道の内容のレベルに達してないようにうかがえるんでお尋ねしているんですけれどもね、これは何か行政上の指針を先取りしたというか、行政上の指針がそこまでは書けなかったことを書いてるようにうかがえるんですけれども、どんなもんなんでしょうか。

　　この記事を書くときに、私がたしかインタビューを受けたはずなんで、行政上の指針と同じような内容をしゃべったつもりだったんですけれど。

こういったタイトルが付いているということから考えると、従来は、金利減免先対象の債権は、一般に償却、引当ができないというふうに考えられていた嫌いがあったんでしょうか。

　　この金利減免先というのは、大体Ⅱ分類になると思いますけれども、Ⅱ分類について、一般的に引当金をしないというのが慣行だったと思います。ですから、それができないとか、できるとかいう議論があったんで、これは、すべてできるんですよという意味で、金融機関の自主判断で必要な引当ができると申し上げたつもりだったんです。

次に、この同じ日に、同じ日というのは、平成6年2月8日ですけれど、不良債権償却証明制度の要領についてという通達を全面的に改正したということは御記憶ですね。

　　はい、覚えております。

これは、証人自身が御担当になったことですね。

　　そうです。

そのときに、その趣旨について、雑誌、金融財政事情に論文をお書きになったという御記憶はありますか。

　　はい、覚えております。

これは、先ほどの金融機関の債権償却の2訂版にも同じような表現が見られるのですけれども、証人御自身がお書きになったものですね。

　　はい、そうです。

(弁) 証拠番号185 (金融機関不良資産問題についての行政上の指針に関する報告書) を示す

正確を期するために示してお尋ねしますが、25ページを見てください。一番下の欄の注8というところを見ていただきたいんですけれども、再建計画中の債務者に係る債権について、有税引当は金融機関の自主判断で行われるものであるがうんぬんと、そして現状においては、やや自己矛盾的ではないかとお書きになっているんですが、これはどういう意味でしょうか。

　　ここについては、随分議論があったので、結果として、ここに書いてあることを読むと、何が書いてあるか分からなくなってしまったんですけれども、そのときの私の気持ちとしては、再建計画中の債権についても引当金をするべきだと思っておりました。ただ、一方で、そういう再建計画は再建するんだから引当金が要らないという考え方もありまして、それで、意見がちょっと集約できなかったんで、私自身は、それは再建計画中の債権について引当を行わないということがおかしいと、なぜならば、再建計画をするから再建ができるというのはちょっと矛盾した、だから、自己目的になってしまって、何を説明しているのか分からなかったので、ちょっと変な表現じゃないでしょうかと思って、こういうことを書きました。

今そういった見解があったというふうに紹介された見解というのは、金融機関の監督部局である銀行局のほうの見解と、こういうことになりましょうか。

　　はい、そうです。

その限度では、銀行局と金融検査部で見解に対立があったと、こういうことになるんでしょうか。

私が金融検査部を代表しているわけではないので分かりませんけど、少なくとも、ここの引当について私が担当してたんで、私と銀行局の人の間では意見がちょっと違ってたと思います。

次に有税償却、引当のことをお尋ねいたしますが、今の弁185号証の中にもお書きになっておられると思いますが、21ページの参考2のところですかね。改正後の不良債権償却証明制度実施要領についての、有税引当等という関連のことについてお尋ねしますけれども。有税引当は、決算経理基準によると繰り入れることができるというふうな表現になっているんですけれども、先ほどもちょっとお述べになっておられましたけれども、できるという任意的な表現になっているのは、これはどういう意味なんでしょうか。

一つには有税引当をすべき基準が、私がいた当時は、はっきりしていなかったと思います。普通ですと、これは会計士の仕事なんですが、引当金の基準というのが、会計士から示されて、それに基づいて引当をするというのが普通なんですけど、その当時は、引当金は税務基準であれば構わないという基準だけしか、会計士のほうから示されていなかったので、実務的にはどういう基準によって有税引当をしていいのか、具体的にはⅡ分類とか、そういう、見方によってはこれは正常な債権なのかどうか分かんないグレーな部分ですけれども、そういうとこについて、具体的な形で幾ら引当をすべきだという指針というか基準がなかったから、こういう形でできるというふうにしたわけです。

今お述べになった中で、会計士などは、税務基準、税法上の基準で、一般的に考えていたと、こういうことなんでしょうか。

そのときの公認会計士の文書を見ますと、税務基準ならばいいとしか書いてなくて、税務基準以外でやったときどうなるのかということについては、はっきりした意見がなかったと思います。もちろん学説的には、いろんな引当金のやり方があって、私の本の中にも何種類か書きましたけれども、そのやり方については、これがベストだとかいうまで、社会的に認知されていなかったと思います。

あなたが金融検査部に御在任中、金融機関の債権について、有税引当は実際に行われていたんでしょうか。

有税引当は、ほとんどなかったです。

(乙)証拠番号186(金融機関の債権償却に関する報告書1)を示す

先ほどの書物の11ページ、ここに日米の貸倒引当、償却の比較とありますけれども、実績なしと書いてあるのは、これは有税引当について実績がないと、こういう意味ですか。

はい、これは、特定貸倒引当金の有税の部分のⅡ分類ですね。これは実績がほとんどなかったと思います。それで、先ほど、金融機関の不良債権資産問題についての行政上の指針で、有税引当の制度を作ったんですけれども、作った直後についても、ほとんど実績がなかったので、多少がっかりしたという記憶があります。

ちょっと前後しますけれども、平成6年の不良債権償却証明制度の実施要領についてと、これの改正点というのは、一言で言うと、どういうことになるんでしょうか。

94年(平成6年)2月のときの不良債権償却の実施要領制度のことでございますか。

94年(平成6年)ですね。

　　これは、行政上の指針と全く同じでございまして、行政上の指針では、ただ有税引当はできますと書いたんですけど、それを具体的に、通達レベルで書き直しただけです。

それでは、次に、証人の金融検査部御在任中、大蔵省内で、関連ノンバンクに対する債権の査定と償却等は連動させないと、こういう方針はあったんでしょうか。

　　ええ、たしかありました。

その連動させないという方針は、どのような形で、金融検査部、あるいは金融検査官に指示されていたんでしょうか。

　　たしか、検査官あての指導で、そのような文書があったと思います。あと、実務的には、一般の債権ですと、金融検査に行ったときに、各検査官がラインシートといわれる膨大な書類を渡されまして、それに基づいて金融検査官が毎日査定していくんです。ただ、関連ノンバンク向けの貸付債権については、金融検査官がその場で査定しなくていいというのが書いてありまして、それに基づいて、全然査定しないわけじゃないんですけれども、たくさんの金融検査官がそれぞれ査定するんではなくて、それを抜き出して、だれか、専担の金融検査官が査定しておったという状況です。ですから、一般の金融検査官の人は、関連ノンバンク向けの貸付査定はほとんどしてないと思います。ごく少数の人間だけが関連ノンバンクの貸付金査定をしていたと思います。

その査定の結果は償却には連動させないと、こういう方針は、あなたが課長補佐になられる前からあった方針なんですか。それとも、あなたの御在任中に作られた方針なんでしょうか。

　　たしか私の記憶では、私が着任したときには、既にそういう方針があったと思います。

それは何か書かれた文書があったんでしょうか。

　　見た記憶はあるんですけど、どういう文書だったかは覚えてません。

それは、銀行局の作成した文書ですか。

　　それは、多分、恐らく金融検査部の中の検査官あてだったと思います。

当然、その方針は銀行局と協議して作られたものなんでしょうね。

　　だと思います、はい。

金融検査部においても、当時、関連ノンバンクに対する債権の査定の結果は償却には連動させないという方針が一般に受け入れられていたわけでしょうか。

　　ええ、少なくとも金融検査官は、そのようなことを知っていたと思います。

（甲）証拠番号 153（供述調書）添付資料 4 を示す

これは、証人御在任中の指導係発、検査官あてのⅢ分類及びⅣ分類の査定の考え方等についてという事務連絡、そうですか。

　　ええ、指導係が出している、検査官あての、こういうふうにやりなさいという考え方を示した書類ですね。

そうすると、この貸金業を営む関連会社に対する債権については、一般債務者とは違った取扱いをすると、こういうことを指示してますかね。

　　これ、分かれてますけれど、貸付金の査定自体は、それほど、やり方として違うとは思いませんけれども。ただ、支援損とかちょっと違う経理があるので、その辺りのところを注意的に書いてあるんじゃないでしょうか。貸付金の査定の考え方自体は、別に、相手がどういう債務者であっても、これは全く同じですから。

本来はそのはずですよね。

はい。

(甲) 証拠番号153（供述調書）添付資料5を示す

これは、あなたがもうポストを離れられた後の事務連絡のようですが、先ほどの関連で、275-3と書いたページを見てください。その注3のところに関連ノンバンクに対するⅣ分類と償却の関係については、当面、考慮せず査定作業を行うこととすると、こう書いてあるんですけれども、こういった文書が、そうすると、これ以前にもあったと、こういう御記憶なんですか。

はい、そうです。

そのような考え方は、商法と抵触するかどうかというようなことについては、当時お考えになられましたか。

多分、そこまで議論がなかったと思います。

抵触するという意見は特になかったわけですね。

ええ。

先ほど、御証言の中で、理想的な立場から考えればということをおっしゃっているんですが、不良債権の償却と与信管理との関係について、お考えを書かれたことがありますか。

はい、あります。

例えば、あなたが監修されたという、不良債権償却必携という本の第1版の「はしがき」の中にもそういったことをちょっと触れてらっしゃるのを覚えておられますか。

はい、覚えてます。

(弁) 証拠番号187（金融機関の債権償却に関する報告書2）を示す

「はしがき」の1ページ目のところを見てください。不良債権の償却と与信管理との関連というのについて触れておられるのは、これはどういうような趣旨で述べてらっしゃるんでしょう。

一般的に不良債権の処理は、皆簡単だと言うんですけれども、実は、この不良債権の処理というのはかなり難しい実務です。というのは、ここに書いてありますけれども、債務者の状況について、かなり情報を把握してないとできないという意味で難しい。ですから、実は、不良債権の処理ができないというのは、一面で、債務者についてよく分かってないということもあります。ですから、実はいい金融機関で、与信管理がしっかりしていればいるほど、実は不良債権の処理も簡単にできるという意味で、不良債権の処理と与信管理は表裏一体のものであるというふうに私は思ってましたんで、実は、不良債権の処理というのは、後ろ向きのつまんない仕事なんじゃなくて、本当は銀行業務には非常に重要な与信管理というのの裏腹だから、そこに力を入れてもらいたいという意味で、こういうのを書きました。

で、その与信管理の結果が、償却、引当に反映されるべきだというのが、先ほど述べられた引当の率というのは連続的になると、こういうような趣旨のことをおっしゃったと思いますけど、そういったことなんですか。

はい、そうです。

そうすると、当時行われていたⅣ分類という債権の分類によって、償却の率とか程度とかを考えるんじゃなくて、連続的に債権を管理すると、こういう考え方が証人のお考えだと、こういうふうに伺っていいわけですね。

そうですね。理想的に言えば、債権の分類というのは10段階くらいありまして、ゼロ分類では引当ゼロ、Ⅰ分類では引当が10パーセント、Ⅱ分類では引当が20

パーセントと、どんどん行けまして、X分類では引当が100パーセントと、こういうのが理想的な姿であると、私は思っておりました。

そういう理想的な考え方をお持ちになりながら、現状の実務というものをベースにして、金融債権の償却について著書をお書きになったと、こういうふうに理解してよろしいんでしょうか。

はい、そうです。

（弁）証拠番号186（金融機関の債権償却に関する報告書1）を示す

そうすると、当時の実務の中で、証人としては、この著書に、決算経理基準をベースにしていろいろ書いていらっしゃるわけですけれども、その20ページ以下などですね、商法における不良債権の取扱いと、それから24ページで商法における取扱いと決算経理基準における取扱いの相違というようなことを書いておられますが、当時の実務で、商法と抵触するような方針というのを、銀行局なり金融検査部が出したというふうなことがあったかどうか、その点について最後にお尋ねしたい。

決算経理基準は、飽くまでも商法の枠内で、商法は普通の法律ですけれども、決算経理基準は単なる通達ですから、普通、通達書くときに、その上位の法律に抵触するというのは、まず考えられないし、抵触するはずもないと思っておりました。

検　察　官（保坂）

先ほどの証言の中で、一般の債務者に対する査定も、関連先に対する査定も、支援損など、ちょっと違う面はあるが、同じ考え方なんだと、こういう証言がありましたね。

はい、そのとおりです。

そのことは、例えば、MOF検でⅣ分類の査定が出た場合には、一般先についても関連先についても意味は同じということなんでしょうか。

同じだと思います。

回収不能見込みであるということに変わりはないということですか。

はい。

関連先に対する貸出金についても、MOF検のⅣ分類が回収不能見込みであるという今の御証言からしますと、他方で、商法や企業会計原則等によると、回収不能見込みのものは償却、引当を要すると、こういうふうになっていますから、商法や企業会計原則等に従って考えると、関連先についても、Ⅳ分類が出れば、それは当期に、全額償却、引当すべきだと、こういうことになるのが論理的な帰結ということではないでしょうか。

そのとおりです。Ⅳ分類であれば、当期に全額償却すべきというのは、まあ当然だと思います。

仮に、MOF検で、関連会社向け貸出金、関連ノンバンクなども含めてですけれども、そういった貸出金について、Ⅳ分類の査定を受けた場合に、金融機関が、それについて償却、引当をしようとして、償却証明の申請をしてきた場合には、申請を受けた側、つまり、検査部の審査課ですか、こちらのほうで、その申請を拒むことというのはできないということでよろしいんでしょうか。

拒むことはありません。

先ほどの証言では、与信管理のしっかりしている金融機関であれば、不良債権の処理というのは難しくないのだと、こういった証言をされましたね。

はい、そうです。

大手の金融機関にとって、ある貸出金が、MOF検のⅣ分類に当たるのかどうか、つまり回収不可能、又は無価値と評価されるものであるかどうかと、こういう判断は、容易にできるようなことだったということなんでしょうか。

不良債権と言っても、いろんな段階でレベルが違いますけど、でも、Ⅳ分類はその中で最も意見が分かれる余地が少ない債権です。

(以上　　木場　英子)

証人のほうで、金融機関の不良債権償却必携という本を書かれておられるということですが、その中の記載を見ますと、Ⅳ分類については、だれが見ても疑義がなく損金であることは明らかであると、こういった記載があったのではないでしょうか。

Ⅳ分類は、今申し上げましたように、税務基準で見ても企業会計の基準で見ても、どんな基準で見ても一番疑義が少なくて、意見がほとんど分かれないと思いました。

大手の金融機関にとって、Ⅳ分類かどうかの判断ができないというようなことがあれば、それはそもそも金融機関としての資格がないと、こういうふうにいえないでしょうか。

Ⅳ分類は不良債権の中で最も不良のやつですから、一般的に、金融業務をするというのは実は与信管理をするというのとほとんど同じ意味ですから、一番その不良度が高い債権について判断できないというのは、免許業種である金融機関であればほとんど考えられないと思っておりました。

それから、関連ノンバンク向け貸出金の査定の方法、やり方として、営業貸付金についてまず分類を行って、その結果を金融機関の貸出金の査定に反映させると、こういった考え方がありますね。

はい、ございます。

そういう考えは、証人の御理解によると、どういう根拠というか、理論的な理屈によってされているんでしょうか。

ノンバンクというのは、もともと資金調達力がないわけです。ノンバンクの資金調達というのは、ほとんど、親銀行からお金を借りてきて、それを貸し出すという形です。そうしますと、親銀行からお金を借りてきて貸し出すんですけれど、その貸し出したものを営業貸付金と呼びますが、親銀行がノンバンクに貸すときには、そのノンバンクが貸した営業貸付金を担保として親銀行は取っております。親銀行、ノンバンク、貸付先と、これが全く1対1対応があるので、営業貸付金の価値というのは、実はその親銀行がノンバンクへ向けた貸付金と同じというふうに思っておりました。ですから、営業貸付金の価値を見れば、親銀行がノンバンクへ貸し付けた貸付金の価値が見れるというふうに思っております。

今の御説明を前提にしますと、関連ノンバンクの営業貸付金について回収不能があれば、それは、親金融機関の貸出金についても回収不能であると考えてよいということになるんでしょうか。

一般的に、ノンバンクがもしほかに資産があれば、ほかに優良な資産があればその資産をもってカバーできるわけですけれど、大体のノンバンクは親銀行から全部資金を借りてますし、その資金をそのまま自分の貸付金に充ててるというのが現状だったんで、ほかに特別な優良資産なんかを持っていなければ、今検事さんがおっしゃったような考え方は成り立つと思います。

関連ノンバンクの業況が悪くなって、母体行というか親金融機関から支援を受けなければいけないような状態にあるという場合には、既にそういった優良な資産というのは処分されるなどして自己努力が済んだ後だと思われるんですが、そのような場合については、先ほどの営業貸付金の回収不能は貸出金の回収不能と見てよいということでしょうか。

　はい、そうです。それをやる前に、そのノンバンクのバランスシートをまず見ればすぐその様子は明らかになるわけですけれど、ノンバンクのバランスシートを見て、恐らく、今言われたようなノンバンクであれば、もう優良資産は全部処分しておるし、ほかに含み資産も多分ないと思うんで、ノンバンクのバランスシートを見れば、すぐ、明らかに優良資産がないということは分かると思います。そういう状況であれば、確かに、親銀行がノンバンクに向けた貸付金は、もう既に腐っているというふうに思います。

今の証言に関連してちょっとお尋ねするんですが、貸出金の査定をする場合に、清算バランスというものを組んで、それに基づいて査定をするということがありますね。

　はい。

で、まだ破綻してもいない、まだ営業を続けているような貸出し先について、そういった清算バランスを組んで査定をするのはおかしいのではないかと、こういった意見を述べている人がいるんですが、その点については、証人はいかがお考えでしょうか。

　営業を続けているのはそうなんですけど、私がいた当時、その不動産業者は営業は続けているんです。なぜ営業を続けられるかと申しますと、金融機関のほうで追い貸しをすれば幾らでも営業は続けられます。ただ、その不動産業者は手形を振り出さないので不渡りが出ないんですね。そういうときにその不動産業者のバランスシートを作ってみますと、もう債務超過になっているわけです。で、そういうときには、税法基準にのっとっても、たしか 9-6-4 というのがあったんですけど、その税法基準の 9-6-4 というのでも債務超過が 2 年であれば、これはもう税務上も償却できるという規定がありましたので、ですから、ただ営業を続けているということだけで貸付金が健全であるとはいえない、要するに、相手先のバランスシートを見て、債務超過であれば、その債務超過が長期にわたって継続すれば、恐らくそこ向けの貸付金は既にもう実質的に破綻というふうに認定すべきであるというふうに思いました。

それから、税法の関係とは離れた企業会計の場面、商法、企業会計原則、あるいは決算経理基準等による会計処理の場面の話ということで伺いたいんですが、回収不能見込みの貸出金について、MOF 検でいえばⅣ分類について、分割して償却、引当をするといった損失処理をするということが会計処理上認められるということはあったんでしょうか。

　今の御質問は企業会計の話ですか。

はい、そうです。

　企業会計上は、その分割して処理するという考え方はなかなか取り得ないんだと思います。少なくとも全体の損失額を分かってるんであれば、これはその企業会計上も損失になります。ただ、税務上という話であれば、税務上の損金は企業会計上の損金と違いますので、税務上分割というのはあり得るのかなと思います。でも、企業会計の話でいえば、分割して償却ということは全体のロス額を分割して当期のロスに計上するという意味ですけど、これはなかなか企業会計上はあり得ないのではないかと思います。

それから、有税引当についてちょっと伺いたいんですが、先ほどのお話では具体的な基準はなかったという御証言があったんですが、その場合でも、金融機関というのは何の規制も受けずに全くの自由裁量で有税引当ができたということなんでしょうか。

今から考えますとその基準はあったんですけれど、その当時はそういう基準をだれも言ったことがないので、金融機関のほうでどの基準でやったらいいのか分からなかったというのが実態だと思います。ですから、有税引当だというのを全く自己裁量でやっていいと私は思っていませんでしたけれど、実態としては、ま、基準がないということで裁量的にやられた例があったんじゃないかなと思います。

ただ、当然のことだとは思うんですが、恣意的に行っていいということではなくて、回収の危険があるのかないのかということを客観的に証明できなければいけないと、こういうことではないんでしょうか。

有税引当ですから、実は税務当局と全く関係がないので、私自身はそのときにちゃんと金融機関の会計士さんとよく相談をして、会計士さんの了解というか、会計士さんに判断してもらいなさいということを申し上げました。

その場合でも、会計士さんも、当然のことながら商法や企業会計原則などに従って、その趣旨を踏まえて判断しなければいけないと、これは当然ではないんでしょうか。

私は会計士じゃないんでそこまで分かりませんけれど、外部の人から見れば、会計士さんが商法とか企業会計原則を無視すると思えませんので、その考え方で会計士さんは動いていたのではないかと思います。

実際に動いたかどうかはともかくとして、商法や企業会計原則等に従って処理しなければいけないと、これは、会計士であろうとそうでない人であろうと変わりはないのではないでしょうか。

すべきだという意味ではそうですね。

それから、決算経理基準については、その適用を受けるどの金融機関も、実際問題としてそれに従って経理処理をしていたということでよろしいんでしょうか。

はい。

弁護人が請求された証人の著作の中にも書いてあるんですが、商法、企業会計原則、同注解、決算経理基準における取立て不能とか回収不能の概念というのは、実質的に同一と見てよろしいんでしょうか。

違う理由はないと思います。

それから、決算経理基準というのは、企業会計原則やその注解を具体化したものというふうに考えてよろしいでしょうか。

そうですね、さっきも申し上げましたけど、決算経理基準は単なる通達ですから、商法ではちょっと抽象的で分かりにくい、企業会計原則ではちょっと抽象的で分かりにくいというところを具体化してる条項が多いと思います。

決算経理基準の償却、引当に関する規定というのは、商法285条の4の第2項とか企業会計原則注解18の解釈の基準となるものであると、こういうふうに見ていいものでしょうか。

はい、と思っていました。

それから、これもお書きになった本の中に書いてあるんですが、財務諸表規則の1条1項における一般に公正妥当と認められる企業会計の基準というものには、企業会計原則や同注解が含まれると、こういうふうにいってよろしいんでしょうか。

はい、私はそう思ってました。

で、やはりお書きになった本の中で、不良債権処理が必要な理由として、まず1点目として、正確な財務諸表を作成することによって株主などがその財務内容を把握できるようにすること、2点目として、不稼働資産の保有コストなどが減って効率的な経営ができるようになること、３番目として、金融機関の融資対応力の低下による経済全体の混乱を避けるためと、こういった３点を挙げられておられますね。

　　はい、挙げました。

その中で、不良債権処理をしないと金融機関の融資対応力が低下するというのは、これはどういうことをおっしゃってるんでしょうか。

　　貸付金が固定化して、新規貸出しに対して余力がなくなるという意味です。

それから、金融機関が決算をする上で様々な要素を考慮しなければいけないと、赤字決算にするわけにはいかないから、財源の範囲内で償却、引当をすると、こういった考え方は認められるんでしょうか。

　　少なくとも私個人は、それは何か本末転倒の、何か論理が逆転した話だなというふうに思っておりました。貸付金から、客観的な引当基準があって、その結果決算が行われるというふうに私自身思っておりました。ただ、金融機関の方でそういうことをおっしゃった人は、何か、多いんではないかなと思います。

それから、有税引当をしたら、無税化することによって税金が戻ってくるまでの間、資金が固定化されてしまって、背任と言われかねないと、だから無税引当しかしないと、こういった考え方というのは認められるんでしょうか。

　　それは、国際的な基準から見れば非常に変な考え方です。

そもそも、きちんと会計処理をして、その後で税金の問題というのは出てくるんではないですか。

　　そうです。これはアメリカでもほかの国でもそうですけれども、税務基準だけで引当金を計上するというところはないと思います。ですから、普通の企業会計原則に基づいて行われて、そのうちの一部が税務基準による損金になるというのが、ほかの国では当たり前です。

税金を払いたくないからといって償却、引当をしないという考え方は、本末転倒ということでしょうか。

　　そうです。

それから、金融機関が支援する先だから破綻の可能性はなく、偶発損失発生のリスクもないと、こういう理屈で支援先に対する償却、引当をしないと、こういったことは認められるんでしょうか。

　　べきだ論でいえば、それは非常におかしな考え方です。先ほど、金融機関が自己矛盾的だというのはそれを申し上げたかったんですが、金融機関が支援するからその先は絶対につぶれないというのは、金融機関自らが絶対に倒産しないというのが前提の議論です。ただ、でも、倒産するかしないかは確率の話なので、金融機関が倒産しないんだからそこの支援している先は絶対に安全だというのは、非常に不思議な考え方だったと思います。本来であれば、その金融機関が支援すべき先というのは、普通の債権よりはより危険度が高いわけです。で、金融機関のその支援先というのは、そこの支援先に貸し出している人というのはその親銀行以外にもあるわけですけれど、親銀行以外のところは、その親銀行が支援してくれるから大丈夫だとみんな思い込んでるわけでして、ですから、みんなが、その親銀行以外の人がそういうふうに思ってるときに親銀行もそこに引当金は積めないというふうに言う人がいましたけれど、これは非常に矛盾した考え方だと思います。一般的に、そういう支援しなきゃならないところというのは、その貸付先の状況だけ見ると非常に危険度が高かったです。で、その危険というのは、実は親銀行のほうに何らかの形で帰着するものです。ですから、仮に親銀行がその貸付先に貸倒引当金を積まなくても、例えば保証損失準備金とかほかの経理をすれば、必ずどこかに損失の見込みが出てきちゃうものです。それなのに貸倒引当金を積まない、保証損失準備金も積まないというのは、親銀行がそのようなことをするということは非常におかしな話であると思っていました。

それから、今後、追加の融資が必要な貸出し先について償却、引当をしてしまったら追加融資ができなくなってしまうから、だから償却、引当はしないんだと、こういった考え方は認められるんでしょうか。

それも何かちょっと論理が逆転した話で、追加融資をしなければいけない先というのは、実は、客観的にその貸付先だけを見れば、結構危険度が高まってるわけですね。ですから、本当は引当金を積み増していかなければいけない先であると思います。

(弁) 証拠番号5（金融財政事情 1994・2・14 号抜粋）示す

金融機関の不良資産問題についての行政上の指針、先ほども弁護人から示されたものですが、18ページの2段目のところに、3つほど、こういう債権があるといったことが記載されていますね。

はい。

で、その後を受けて、これらの債権は、その一部につき回収不能が見込まれると、そういう記載がありますね。

はい。

ということは、その前に挙げられている3つの債権の中には、回収できる部分もあるし、回収できない部分もあると、両方含まれているんだと、こういうことですよね。

はい、そうです。

その中で、今後時間をかけて償却等による処理をしていくと、こういうことが書いてあるわけですね。

はい、そうです。

今の指針が出されたことの意義については、従来はⅢ、Ⅳ分類に該当する債権については、無税又は有税によって償却することが可能であったし、行われていたと。

（うなずく）

しかし、この指針が出されたことによって、貸倒れには至っていないんだけれども回収に危険がある債権、つまりⅡ分類について、リスクに応じた引当ができるようになったと、こういうことでしょうか。

はい、そうです。

要するに、Ⅱ分類のところができるようになったというのが、この指針のメリットというか、大きな点と、こういうことでしょうか。

はい、そうです。ですから、それをはっきりさせるために、償却という言葉を使わないで引当という言葉を使ったわけです。償却という言葉を使いますとⅢ、Ⅳ分類だけに対象が限定されてしまいますので、引当というのはそういうⅡもⅢも、ま、ⅣもⅠもカバーする概念ですから、引当という言葉を使いました。

Ⅲ、Ⅳ分類について、無税又は有税できちんと償却、引当処理をしなければいけないということについては、この指針が出る前も出た後も変わりはないのではないですか。

Ⅲ、Ⅳ分類については変更ないです。

弁　護　人（更田）

証人が書かれた著書としては、金融機関の債権償却のほかに、今検察官が挙げた必携というのがあると、こういうことでしたね。

はい。

その中の一部を検察官が引用して聞いておったんですが、この必携というのはどういう人たちを対象とした書物なんですか。

必携はたしか表紙の白い本だったと思いますけれど、青い本を書いたときに何かちょっと難しいと言われて、その青い本は金融機関の本部の人が中心に読む本であると、何か、言っていました。それでも、実際不良債権で大変だったのは金融機関の本部ではなくて営業店、ま、支店ですね、支店の人が読む本が欲しいと言われたんで、その必携を書いた次第です。ですから、出版社の意図としては、恐らくその営業店の人が中心だと思います。

（弁）証拠番号187（金融機関の債権償却に関する報告書2）を示す

これが必携ですね。この本の第1版はあなたが監修されて、引き続いて第2版にもあなたの端書きが残っていると、こういう関係なんですね。

（うなずく）

こちらのほうは、どちらかというと初心者向けの本であると、こういうふうに理解していいですかね。

そうですね。青い本より理論的なのを省いて、実務の実例をもうちょっと増やしたっていう本です。

先ほど検察官が引用したのは、Ⅳ分類は非常に単純なんだと、認定が単純なんだという趣旨のことを言われましたけれども、Ⅳ分類であるかⅡ分類であるか、つまり、先ほどの長野厖士審議官のような見解もあるわけですよね。

（うなずく）

そうすると、支援先に対する債権はⅡ分類になるのかⅣ分類になるのかというようなことについて、悩むようなものはこの必携の読者には予定されていないと、こういうふうに理解していいんですか。

ちょっと御質問がよく分からなかったんですけれど、不良債権は、Ⅱ分類のときには、Ⅱ分類であるかⅢ分類であるか、Ⅱ分類であるかⅠ分類であるかというのは結構悩む話ですけど、それよりかはⅣ分類は疑義が少ないので、比較的、ま、ありていに言っちゃうと、10人検査官が見ればもうほとんど10人がその意見が変わらないようなのがⅣ分類であるということを書いたつもりですけど。

検査官による目のばらつきというのは、実際にはあったんじゃないですか。

あります。それはもちろん、当然、検査官によって同じ資料を見てても違うというときはあり得ます。あり得ますが、特にⅡ分類とかⅢ分類はよく議論が分かれるんですけれど、ⅢとかⅣになるに従ってだんだんだんだんそういう議論がなくなって、分かれなくなってくるというふうに思っています。

先ほど清算バランスで見るということがありましたけれども、のれんであるとか、その数量として必ずしも計数的に表れてこないような要素というのの評価は、いろいろ問題が複雑なのではありませんか。

確かにのれんはいつも議論になるんですけれど、その清算バランスを作ったとき、その債務超過額を計算しますと、仮に数字が債務超過じゃないんだったらこののれん代は幾らになるのですかというと、とてつもない大きな数字になったりするんで、のれん代を仮に考慮しても、清算バランス作ったときにはあんまり議論がなかったように思います。

不動産の評価について、路線価でなければいけないとか、あるいは、収益還元方式でやってはいけないとか、そういうような議論が一部にありますが、その点についてはどう考えますか。

それは私は言ったことなくて、鑑定評価もいいと言ったし、そしたら、全部を鑑定評価しますと1件当たり数十万円かかってしまうので、非常にコスト的にばかにならないときがあったんで、そういうときには路線価で代用したこともありますし、あと、個別の案件で収益還元法が非常に使いやすいときはそれでやったこともあります。それは、その物件に応じてケース・バイ・ケースですから、どれでやってはいけないとか、そういうことを言ったことはないと思います。

弁 護 人(倉科)

先ほど示されました、平成6年度等の貸出金の査定と関連ノンバンクについてですけど、貸出金の査定と償却、引当とはリンクさせないという、そういう方針ですね、これは大蔵省の方針というふうに一応理解してよろしゅうございますか。

ええ、そうですね。

これは、今検察官の反対尋問でお答えになった証人のお考えとは必ずしもなじまないように思ったんでございますが、ひょっとして矛盾を感じられておられたんですか。

もちろん、個人的には矛盾を感じました。

そうしますと、証人は、御在任の当時は、証人の今法廷で証言いただいたような考え方というのは、大蔵省内ではどちらかというと少数派という認識だったんじゃないですか。

そうですね、少数派でした。

それから、平成9年になってからなんでございますが、金融検査部から、関連ノンバンクについて、その査定の在り方ということについて、実は、俗称関連ノンバンク事務連絡というのが出てるんですが、そういうことは御存じですか。

平成9年はちょっと仕事変わってたんで、よくそれは知りません。

ただ、その関連ノンバンク事務連絡というのは、証人が先ほど、例えば債務超過を2年というのが一つの目安とおっしゃいましたけれども、その債務超過というものがもう2、3年では解消は不可能であると、そういった関連ノンバンクにつきまして、再建計画があるかどうかというようなことでもって査定の仕方の判断基準にする、あるいは、当期の支援の意思が確定している部分についてはⅣ分類とするが、それ以外はⅢ分類とすると、例えばね、そういうような判断基準をしてるんですが、これも、今証人がおっしゃったその証人のお考え、あるいは持論とはちょっとなじまないように思うんでございますが、そういうことではないんでしょうか。

さっきも言いましたけど、関連ノンバンクについて、普通の先と違うというときには、違う考え方を入れることはないと思います。ですから、普通の考え方でいけば、関連ノンバンクは親銀行が支援するんだから、親銀行は特別な保証をするから大丈夫だという論理を取らざるを得ないと思うんですね。ですから、そのときに親銀行が特別な支援とか保証が本当にできるんであれば、それは1つの考え方、普通の貸出し先と同じ意味で、これは状況が悪いけど、後で支援が来るし、だから大丈夫ですという論理が取れると思うんです。ただ、それは、でも親銀行が絶対に安全である、親銀行が限りなく、限りなくと言っちゃあれですけど、かなりの程度支援ができるというのが前提でないと、その考え方すらおかしいんじゃないかなと思います。極端にいいますと、関連ノンバンク、先が大丈夫だという以上、親銀行が支援しますということが必要ですよね。そして、支援しますという形ですと、例えば簡単ですと債務保証ですけれど、債務保証ですと本当は親銀行は一方で保証損失準備金を積まなきゃいけないんですよね。そうしますと、親銀行は貸出し先に引当金を積まなくても一応損失準備金を積みますから、損失という意味ではどっちで積んでも同じになっちゃうはずなんです。

そういう点で、証人としてはおかしいんではないかというふうにお考えになるかもしれませんけれども、ただ、大蔵省の、言わば組織の方針としてはそういった事務連絡というものが出ておって、それについては、証人のおっしゃっておられた持論とはずれておったということは言えるんではないでしょうか。

その平成９年のやつを具体的に見てませんけど、私のいたときも同じような考え方で、ちょっとノンバンクが別だという考え方があったと思うんですけれども、それについては、今申し上げた論理で、おかしいと思っていました。

弁　護　人（坂井）

先ほど、検察官の質問に対して、税務基準だけで償却、引当をするというのはおかしいというところで、国際的な基準では、ないしは他の国ではということを言われたんですが、それは何か意味があるんですか。

私、実は検査したときに、国際的な監督当局の意見交換会というのによく出てたんですけれど、そのときから、アメリカとかイギリスの国から、どうも日本の金融機関の海外支店の引当金が少ないと言われまして、それでいろいろ話を聞いてるうちに、日本では税務基準だけでやって、それで、アメリカなんか実は税務基準なんかなくて、もう完全に企業会計の基準だけだったんですね、それでやってるというその違いが分かったんで、その経験から、非常にその税務基準を重視するがゆえに引当金が少ないという事実がありましたので、そこを私の頭の中で非常に覚えてたんで、それで申し上げただけです。

そうすると、その当時の日本の実態としては、税務基準が重視されていたという。

それはそうだと思います。税務基準が重視だと思います。

検　察　官（保坂）

今の点に関して補足してお尋ねしますが、例えば、公認会計士協会のほうで監査委員会報告第５号というものが出ておりまして、その中に、企業が算定基準として税法基準を採用してるときは、税法基準によって計上した貸倒引当金が企業の実態に応じて計上すべき貸倒れ見積高に対して明らかに不足していると認められる場合を除いては、除外事項としないことができると、こういう規定があるんですけども、そうしますと、税法基準それだけに従っていればいいと、こういうことではないというのは従来からの考え方ということでよろしいんでしょうか。

べきだ論とかそういうことを言えば、税務基準でとても十分であるというのは思えません。例えば、II分類について、税法基準ですと引当のしようがないですからね。ですから、それは全く検事さんがおっしゃったことだと思いますけど、ただ、実態が、不良債権が少ないこともあったんでしょうけれど、税務基準で満足していたというか、それだけで十分だと思っていた人が多かったという意味です。

それは、だから、やるべきことをやってなかったということにすぎないんじゃないでしょうか。

その意味もあるんで、金融行政上の指針で、税務基準と引当金は違うんだということをはっきりいったつもりなんです。

それから、弁護人の指摘した平成７年の事務連絡のほうで、IV分類と償却が連動しないということだったんですが、正確に見ていきますと、IV分類と償却の関係については当面考慮せず査定作業を行うと、こういうふうに書いてありまして、そうしますとこの事務連絡自体も、IV分類になったものを償却、引当しなくてよいということまではいってないと思うんですが、それはどうでしょうか。

そこまでいいませんね。実際問題として、金融機関のほうの人が、Ⅲ分類とかⅣ分類つけられると償却とすぐ思い込んでしまいますんで、いろいろとプレッシャーなんかかけたり検査官にするわけですね。そうしますと、その検査官のほうもほんとに査定を客観的にできにくくなるんで、そういうことを入れて、それはもう関係ないんだから、査定は査定でしっかりしなさいという意味もその中に入っています。

(以上　　松本　美和)

経　歴

高橋洋一

昭和53年3月　東京大学理学部数学科卒業
　　55年3月　東京大学経済学部経済学科卒業
　　55年4月　大蔵省入省
　　60年7月　高松国税局観音寺税務署長
　　61年7月　公正取引委員会事務局へ出向
　　63年7月　証券局業務課課長補佐
平成3年6月　理財局資金第一課課長補佐
　　4年7月　理財局国債課課長補佐
　　5年7月　大臣官房金融検査部審査課課長補佐
　　6年7月　理財局資金第一課長補佐
　　7年7月　理財局資金企画室長
　　10年7月　プリンストン大学客員研究員
　　13年7月　国土交通省国土計画局特別調整課長

Ⅷ　二巡目の被告人質問２

○ 大野木克信供述調書（第28回公判）

被告人供述調書（平成13年8月21日第28回公判）

弁　護　人（倉科）

まず、あなたは、第７回公判、第８回公判、第９回公判と供述をしておりますが、その供述の調書を読んで、何か訂正するところがありましたでしょうか。

はい、誠に申し訳ないんでございますが、共同債権買取機構を使いました関連先の支援のメカニズムにつきまして、ちょっと私が誤解してたところがございますので、お許しいただいて訂正させていただければと存じます。

その部分は、弁護人が調べましたところ、第７回公判調書76ページ９行目に、関係会社の持っている不良債権を、当行はその関係会社の簿価で買い取りまして、それを共同債権買取機構に時価で売るという形で、そこで支援損が発生するという形で当行が行った処理でございますという部分がございますが、この部分のことでしょうか。

はい、そうでございます。

それをどういうふうにするのが訂正、つまり事実に合っているんでしょうか、

実際は、関係会社から時価で買い取りまして、時価で共同債権買取機構に売ると、そういたしますと、関係会社のほうでは、自分の持っているその資産の簿価と時価、ここに売却損が立つわけでございますね。この分を支援という形で、長銀が支援損を立てて支援すると、経済的な効果は全く同じなんでございますが、ちょっと私、その辺、実務に疎いもんですから、その辺、ちょっと誤解しておりまして、訂正させていただければと存じます。

その関係会社から時価で買い取って、それを共同債権買取機構に、また時価で売却するという、その時価というのはだれが査定した時価ですか。

これは基本的には、共同債権買取機構が評価した額だと思います。

それから、その間違いに気付いた事情ですが、何かきっかけがあったんですか。

これは、今、民事が並行して行われておりまして、この民事関係の告発された側からの資料に、この件について行われました長銀の内部決裁の資料の写しがございまして、それを読みましたところ、今、私が訂正させていただいたやり方で支援すると記載されておりますので、それで気がついたということでございます。

実は、同様の前提に立った問答が、第７回公判調書100ページ13行目、102ページ５行目、102ページ11行目にもあるんですが、これもいずれも同じ趣旨で訂正をするということで伺ってよろしいですか。

はあ、そうお願いできればと思います。

では、前回、第７回から第９回公判の尋問では十分にお聞きできなかった部分を補充してお伺いするようにしたいと思います。平成11年5月20日に検事さんから事情聴取を受けた。その前の状況について補充して伺いたいと思います。あなたは、長銀国営化の結末となったということについて、その後の時期、平成11年5月20日より前でございますけれども、それまでの時期、その経営責任について、どういう心境にありましたか。

一時国営化の道をたどるのを防ぎ得なかったわけでございますが、その結果、長

銀の株式の価値はゼロになったわけでございます。で、そういう意味で、公的資金、それから取引先、あるいは一般株主の持っておりました長銀の株式の価値はゼロになるということで、大変な損害をおかけしたと、併せて長銀の一時国有化に伴う行員の心配感、あるいは、今後の行き先に対する不安感、これは家族の方も含めて、非常に大きいものがございましたし、また長銀が今まで親しく融資取引などをしておりました取引先、この方々も、これから長銀との取引がどうなるのかというような意味で、言わば、大変な御苦労、御心配を各方面におかけしてしまったと、こういう事態を防ぎ得なかった経営のトップというものの責任というものが、非常に多くのしかかっておりました。

そのほかに、いわゆる一般的に、社会に対していろんな影響を与えたというような意味についても、当然、責任はお感じになっておられたでしょうね。

そうでございますね、はい。

そこで、折りしもあなたが長銀国営化によって完全に退陣した後、長銀の旧経営陣に対するマスコミの責任追及報道、あるいは内部調査委員会の設置のニュース、そういったものに接して、それをどのように受け止めておりましたか。

ただいま申し上げましたような結果を招来いたしましたわけでございまして、当然、それに伴う長銀の旧経営陣、特に経営のトップに対するマスコミの指弾というものは、非常に厳しいものがございました。私も、それは甘んじて受けなくてはいけないということで受け止めておりました。

それで、そのような中で、本件のような平成 10 年 3 月期の決算における自己査定に基づく償却、引当の違法が問われるというような事態を予想していましたか。

それにつきましては、実は予想いたしておりませんでした。

何か追及されるという可能性があるとすれば、どんなことかなと予想していましたか。

当時、いろいろ長銀のそれまでの経営につきまして、いろいろ、こういうこともやってた銀行だという報道がなされておったわけでございますけれども、その辺の点につきましては、非常に心配いたしておりました。

例えば、いわゆる、飛ばしの関係での事業化会社だとか、政策株の子会社への譲渡だとか、そういったようなことについて、何か報道が追及する状況にあるんじゃないかというようなことを感じておられたんではありませんか。

はい。当時、問題点として指弾されました点は、一つは、今御指摘がございました事業化会社による不良資産の処理のメカニズム、私どもは当時一般的なやり方としてやっておったわけでございますが、これが資産の飛ばしではないかと、それから、もう一つは関係会社に対して政策株を譲渡した件、これも同じようなことではないかと。それから、三番目には、98 年(平成 10 年)の初めに、関係会社の他の金融機関からの借入れにつきまして、一部の金融機関に、保証予約という形で株式差し入れをしたケースがございまして、その保証予約というのは、実は 98 年(平成 10 年) 3 月のバランスシートに載せておくべきものではないかと、この三点が問題に、ずっとされておりました。

(以上　　木場　英子)

そうしますと、それは、決算における不良債権の償却、引当の一般論ではなくて、飽くまでも個別の問題であったわけですね。

そうでございますね。そういう個別のものがもし問題であるとすれば、それは当然決算にも、ま、おかしいということにもなるというような意味での認識がございました。

そういった問題について、那須弁護士に相談しましたか。

　はい、いたしました。

結論は、どういう結論をいただきましたか。

　結論としては、その3点については違法の行為ではないという結論を、お調べいただいて、頂きました。

長銀の内部調査委員会からの事情聴取は受けましたか。

　いえ、受けておりません。

そうすると、結局、1回の弁明も聞かずに、いきなり6月に告発されたと、こういう経過だったわけですか。

　そのとおりでございます。

あなた以外の取締役レベルの人たちについては、その弁明を聞かれる機会があったかどうかというような点については御存じですか。

　そういう弁明の場に出たということは、一切、私は聞いておりません。

年が明けて平成11年になってから、マスコミの報道、あるいは取材攻勢というんですか、そういったものの様子というのは、相当に激しいものだったんですか。

　そうでございますね。その3点を受けて、すぐにでもこの年明けに何か動きがあるのではないかというようなことで、大変騒がしい動きがありました。

そのことによって、あなたや家族の生活にも影響が出ましたか。

　はい、やはりいろんな意味で制約を受けました。

おちおち外出もできないというような事態も、起き始めていたのではありませんか。

　起き始めてたということでございますね。これが、後になると大変なことになってきたということです。

それで、今回問題にされている平成10年3月期決算における自己査定に基づく償却・引当の違法を理由とするこの法律問題、この責任を問われる可能性があるなということを感じ始めたのはいつごろでございますか。

　この点につきましては、記憶する限りでは4月の半ばぐらいからぽつぽつと、ま、当時そういう情報は新聞記事しかなかったもんですから、新聞に出始めたと、ただ、これは、私が記憶する限りはきちっとやっていたはずだということでおりましたわけで、結局、これが本当に問題だということがはっきりしたのは5月20日の取調べのときだったということだと思いますが。

そういった状況の中で、第8回公判でも触れてはいただいておりますけれども、平成11年5月初旬に上原さんが亡くなったと。

　はい。

そういうことによって、何か、捜査がそこのレベルまで積み上がってきてるなということを感じ取られた、あるいはマスコミの取材攻勢ですかね、それが大変激しいものになってきたと、こういう話でしたね。

　はい、そのとおりです。

5月20日前のころになると、もう、報道陣が24時間あなたのおうちの周りを見張っていると、テレビカメラを向けているという状況だったんじゃないんですか。

　ま、そういった状況でございました。

そのことによって、実際に家族がマイクを突き付けられたと、あるいは追い掛けられたということがあったんじゃないんですか。

　はい。私は、そういった間、かなりの期間にわたって実は別のところに疎開してたことがございましたけれども、やはり家族が私に会いに来るときは必ず跡をつ

　けられて、それをどこかでまいて、まいてという表現は申し訳ないと思いますけれども、はぐらかして来たとか、そういうようなこともございましたし、ま、肝心の弁護人の先生たちとの交流と申しますか、これが非常に制約を受けました。

あなたのお兄さんがあなたと間違えられて追い掛けられて、頭取、逃げるなと声をかけられたというような事実もあったんじゃありませんですか。

　はい、それが実はあるテレビに映されまして、長銀の頭取は面談を避けて逃げてるという後ろ姿が、自転車で帰ってたんですけど、自転車の後ろ姿が映されて、実は同じ棟に住んでるわけでございますが、おいがすぐテレビ局に抗議の電話をしたから、まあいいんだというようなことで終わってしまったとか、そういうようなことを含めて周り中に迷惑をかけてるという感じは、家族は特に多かったと思います。

そういったマスコミ攻勢の中で、弁護士とおちおち会うこともできにくい状況であったということですが、そのほかに、この10年3月期決算におけるその自己査定に基づく償却、引当の違法、合法という問題について、検討ができるような条件があったでしょうか。

　その点、先ほどの鈴木さんのお話を聞いてちょっと違和感があったんですが、我々の手元にも、そういった問題に関する資料はほとんどないといった状況だったと思います。

実際にあったのは決算書ぐらいのもんですよね。

　そうなんです。決算書はさすがにございましたけれども、有価証券報告書を見ても何だか分からないというような感じです。

ましてや、この法廷で問題になっているいわゆる円卓会議資料だとか、あるいはそのほかのもろもろの常務会資料なんて、そんなものは手元にはありませんでしたよね。

　全くございませんでした。

そういったことが問題になるという予想は、全くなかったですね。

　はい。

それから、どんなことが実際に焦点になるであろうかと、そういったことについても予想はできたでしょうか。

　1つは那須先生にクリアにしていただいたということではありましたけれども、まだ、その点について内部調査委員会でいろいろ聞かれて、お話しして、納得いただいたとか、そういうことでもなかったもんですから、そういったこともあるのかなというようなことで、いってみれば焦点が定まらなかったという状況だったと思います。

ただ、マスコミがそうやって24時間あなたのうちのところをカメラでねらっているということは、何を期待しているかということは分かりましたね。

　はい、クルーシャルといいますかですね、非常に大事なときのテレビを逃すというのは、これは、私もマスコミの方とは昔からいろいろ付き合いがございましたので、それもお仕事だと思って家族にはよく話しておいたんでございますけれども、やはり、検事の方にいよいよ呼ばれるというようなことでうちを出るとかですね、あるいはその後のほうになりますけれども、逮捕のときの写真というのはよく新聞に出ますけれども、ああいうのをミスったら大変だという、そういうことだったんだろうと思います。

それで、5月20日の取調べのことなんですが、これも既に第8回公判で主にお話をいただいてることなんではございますけれども、それについて、あのときはかなり要約的にやったもんですからお聞きすることができなかったこともありますから補充して伺いますけれども、５月20日の日に、資料としては、平成８年４月のいわゆる円卓会議資料、その１枚目のみを示された、そのことについては、実はそういった資料の存在ですね、そういったことも覚えていなかったと、こういうことですよね。

はい。

その覚えてないということについては、やっぱり、特に覚えていなきゃならないような、何か、非常にあなたにとってはエポックメーキングな資料とか、そういう事実じゃなかったということなんですね。

そうでございます。やはり、経営いたしておりますと、どこかで非常にエポックメーキングと申しますか、肝心な資料がございます。例えば、SBC との提携だとか経営計画とかそういうのもございますが、ある程度ルーチンの報告とかそういったものは、申し訳ないですけど、その場ではしつかり見ますけれども、いついつの何は何だったと、こう標題抜きに聞かれましてもお答えできないという状況でございました。

だから、そういったことで、覚えてないと言いましたよね。

はい。

それに対して、検事さんにどう言われましたか。

こんな大事なことを覚えてないとは、経営者としてなってないか、大うそつきだと言われました。

それから、第８回だと思いますが、その調べのときにお話しいただいたんですが、円卓会議資料１枚目の最悪ケースなるものの数字について、検察官は、これが即時一括償却すべきものであると、あなたは、これは貸出し先の静的観察による清算価値だから即時一括償却は必要ないとして対立したというようなことだったですね。

はい。

そうすると、検察官は、貸出し先を清算価値に基づいて評価して、そこで計算されるロス額は即時に一括償却することが商法上のあるべき決算であるという立場を明確にしていたんですか。

はっきりとそういう立場で申されました。

関連会社、関連ノンバンクに対する貸出金って問題、ございますね。

はい。

これについては、例えば、支援、支援損、あるいはさらに支援している関連親密先の偶発リスクというようなことについてという問題があるのであって、一般先と同じには議論できないというようなことについても、あなたは、そういう主張をなさいましたか。

はい、今までの公判でるるその点は申し上げてると思いますが、そういった点を申し上げまして、その点につきましては、検察の方の、商法は清算価値に基づいて計算したものを即時一括でやる、これが商法の鉄則だという御見解と、言わばまっこうから対立したという経緯でございました。

その円卓会議資料の最悪ケースについて、これは、清算バランスによる計算値であるからまた償却、引当とは別問題であるということを御主張なさったことについては、実は調書がそういう調書はないんですけれども、それはどうなんですか。

その点につきましては、当日、実は、大ざっぱにいいますと物別れで終わったわけでございます。したがいまして私は、調書というのはいつどういうときに作るものか分かりませんし、何を作るかというのは全く検事さんの、言わば裁量と申しますか、ですから、こういう物別れの議論に終わったよという、言わば議事録みたいなものでございましょうか、そういうのが調書になるのかならないのか、それは分からなかったもんですから、結局、ないということについてはまたそれなりに疑問も持たずに、その日は帰ったということでございました。

それで、あなたがそのときから主張している、清算価値による計算の値と償却、引当の要否とは別という考え方、あるいは、関連会社、関連ノンバンクに対する貸出金査定、償却、引当というのは一般先とは違っていろんな要素を勘案して考えるんだと、こういう議論ですね、これはあなた1人のお考えだったんですか。

これは、やはり長銀全体と申しますか、さらに、私のそのときの気持ちでは、言わば、当時の金融界の決算で、ある意味では定着した慣行ではなかったかと、そのように思っておりました。

それは、取調べを受けたときの例えば慣行だとか、一般的な考え方という意味ではなくて、あなたが頭取として関与した決算をなさった当時、平成10年3月もあれば平成9年3月、平成8年3月もありますが、そういった時期について、あなたが検察官に5月20日に話したような考え方が一般的だったと、こういうことですか。

そうですね、やはり、母体主義という考え方が言わば金融システムの核として認知されたというときからの概念だったと思います。

決して、あなたの考えが長銀内において少数派ではなかったですね。

はい、少数派では全くなくて、また多数派でもなく、すべてだったと思います。

それから、あなたが頭取として決算に関与した当時の大蔵省の指導、これについてはどういうものであるという理解だったんですか。あなたが検事さんに5月20日に述べたような考え方に沿ってたんですか、それともそうじゃなかったのか。

私は、大蔵省の許容する決算のやり方だと思っておりました。

そういった考え方というものに立っていたから、あなたとしては、自己査定による償却、引当そのものが違法であるとか違法でないとかいうことに責任が問われるとは予想もしていなかったわけですね。

そのとおりでございます。

自己査定ルールが決算の粉飾目的でゆがめられていたという旨の検察官の主張に対して、あなたは、ルールの許す範囲で適正な自己査定というものを作り、それに基づいて行っていると5月20日に反論したというふうに第8回の公判でおっしゃっておられる、これは149ページでおっしゃっておられますが、そういうふうにお答えになることについては根拠があったんですか。

自己査定というルールを作る過程では、私としては、その一つ一つを、個別に通達の中身を吟味するとか、そういうのはつかさつかさの仕事でございまして、私は、言わばそのプロセスを、きちんと行われるような仕組みを作り、またそれをチェックすると、こういうのが経営のトップの仕事だろうと思っておったわけでございますが、その意味では、これを作る専属のプロジェクトチームを作り、その答申を受け、その答申を基礎として更に詳細な自己査定ルールを作っていくと、そしてそれを、独りよがりではいけませんので、公認会計士の方とか大蔵省とか、あるいはほかの銀行の作り方とか、こういうものを参考にしてまとめあげたと、こういうプロセスを私は見ておりましたもんですから、ただいまお話ししておりましたようなお答えをいたしましたわけでございます。

そうすると、これも、5月20日の時点であなたが思い付いた議論ではなくて、実はあなたが頭取として決算に関与した平成10年3月期決算のときからそういう認識だったということですね。

　　いや、もっと前に自己査定というものを考え出したときから、はい。

それで、結局あなたの立場は、検察官にとってはいわゆる否認という結果になったわけですよね。で、論争したけれども、この時点では、あなたは検察官の言うことには服さなかった、そういうあなたの態度に対して、検察官はどういう言葉を言いましたか。

　　いろんな場面場面があったわけでございますが、それをかいつまんで申しますと、やはり一つは、全く弱ったと言われました。既に、この決算がいい加減な自己査定に基づく違法な決算であるという証拠は山ほど積み上がっていると、したがって、あなたからは、誠にすみませんでしたと、しかしながら、それをやらざるを得なかったいろんな事情が多いこともございましたと、そういうトーンで今日はお話しいただけるものと期待していたと、しかし、これは全面対決ですねと。

あなたの人柄、信用性に言及するお言葉はなかったですか。

　　そうですね、やはりいろいろ議論をいたしました中で、やはり対立が、ある時点では高じたときでございましょうか、言うことがほんとに信用できないというような、人柄も信用できないと。

正確にいうと、人柄を見損なったと、こういうことを言われたんじゃないですか。

　　そうですね、そういう言い方をなさいました。

それに対して、あなたはどういう弁明をいたしましたか。

　　私は、私が昔から思っていたことを申し上げた次第でして、信用できないとおっしゃるのは、人柄も含めて残念ですと申し上げました。

それで、その検事さんの期待したのは、要するに、当時の状況としてはやむを得ずやらざるを得なかったんです、みたいなことを言ってもらえるんじゃないかと思っておったと、こういうことなんですが、それとの関係でいうと、あなたが問われているのは破廉恥罪ではないよというような言い方もされませんか。

　　はい、ま、雑談的なときもございましたわけで、その中で、これは決して破廉恥罪ではないんだと、その点は、上原君のようなことをするなんていうことはとんでもないことであって、決して破廉恥罪ではないのだからよく家族にも伝えておくようにというありがたいお言葉も頂いたということです。

家族に伝えておけと、こういうふうに言われたわけですね。

　　家族にもですね。

それで、5 月 20 日当時、従来の那須先生のほかに、私と中島弁護士とが弁護人になる予定ということで、顔合わせをしておりましたね。

　　そうですね、直前だったと思いますが。

その 3 名の名前を挙げたんですね、あなたは。

　　たしか挙げたと思います。

それについて、検察官は何か言いませんでしたか。

　　その 3 人の方の個人についてということじゃございませんで、やはり、今日のあなたのお話に対して、実は、繰り返しになりますが、証拠は山ほどあると、それを裏付ける資料も山ほどあると、これに対して、あなたの弁護団の方々はほとんど資料もなしに、あるいは、言わば自白調書を含めてそういったものがここまで積み上がってるというようなことを知らないで、ただ強気でいけと言ってるだけなんではないかと、よく今日お話ししたことを弁護士の先生方に伝えておくようにと、無駄な抗弁はしないようにというような感じでおっしゃっておられました。

そういう検事の発言を、何をおっしゃると一笑に付せるような心境でしたか。

正直申しまして、彼我の情報ギャップというのがものすごく大きいということを感じました。例えば、これだけ円卓会議の資料というのは問題になってるわけですけど、これはもう全然ないわけですね。それから、長銀全体の当時の金融のシステムとか、言わば金融というのは非常に複雑なものでございまして、そういったものの分析とか、そういうことを事実上できない状況だったものでございますので、私は私の思っていることを当時述べたわけですけど、これを弁護としてこれから裏付けていただく、そういったことが、その情報ギャップの中でどういうふうに進められるのかなという意味では、何か不安になったということはございました。

それから、中島弁護士や私なんかは引き合わされたばっかりで、一体、この弁護士、商法の償却、引当なんて分かるかなと、正直いってそういう不安もあったでしょう。

検　察　官（保坂）

異議があります。もうちょっと誘導しないで聞いていただけますか。

弁　護　人（倉科）

誘導しなきゃ、本人言えませんよ、こんなこと。

裁　判　長

だから、どういう不安がありましたかという形で聞いてもらえばいいと思います。

弁　護　人（倉科）

じゃ、その商法の償却、引当について、非常にエキスパートであるようなふうに思いましたか。

ポテンシャルではエキスパートなんじゃないかと思いましたけれども、ただ、やはりこういう具体的なデータ、ケース、状況ですね、そういったものがなくて、一般的に商法、私も商法って知りませんでしたけど、第二百何条でございますか、これは一体どう解釈するんですかって聞いても、弁護士の先生方が幾らエキスパートでも何か抽象的な答えしか返ってこないわけでして、長銀のさんざん今やられているケースについてはどうですかって、何もなしに、円卓でやられてますが円卓って何だと、円卓、たしか１兆という数字が出てる円卓でしたって、これじゃとても駄目だと、そういう感じだったです。

それから、5月20日には、MOF検に際しての資料のいわゆる見直しという問題について知ってるかというようなことを聞かれたことがありましたね。

はい、聞かれました。

で、どうお答えになったんですか。

私は、具体的な、言わば何をどうやったとか、何を、ま、変な話ですけど差し替えたとか、そういうことは一切知りませんというふうにお答えいたしました。

実際、事実としてはそうだったわけですか。

ええ。ただ、一般論としては、どんな銀行もある程度のお掃除はどんな時期にでもやるという、そういう、言わば、金融界、あるいは会社員としての常識みたいなものがあったわけでございますが、それをお聞きになってるんじゃないと思いましたんで、そういうお答えをしたわけでございます。

で、5月20日のこの取調べについては、比較的詳細に経過を供述していただいたんでございますが、これについては、記憶を確認、喚起する手段があったんですか。

20日に、9時か9時半ごろ終わりまして、即刻倉科先生に電話で、こういうやり取りでしたということをいたしましたら、すぐその日のうちにメモにしておくようにという御指示がございまして、で、私は早速メモにいたしまして、翌日先生にお届けしたと、で、実はその紙を取っておいていただいてるもんですから、ある程度記憶は喚起できたというのが本件です。

それで、5月20日の後、6月10日までの情勢なんでございますが、この間には、6月4日に長銀から告発をされたということもありますですね。

はい。

そういうようなことなんでございますけれども、この6月10日までの、これは6月10日逮捕なんですけどね、この5月20日の後、すぐ逮捕になると思ってましたか。

私は、いずれ逮捕だろうと思っておりました。ただ、その逮捕になる前に、実際問題として、お互いの論議が物別れに終わったわけでございますので、もうちょっとそういうことのすり合わせとか、あるいは、私がある意味ではあれだけ違うことを言ったわけですから、例えば、さっと円卓を見せるだけじゃなくてもうちょっと何か、いかにあなたは間違ってるかというような資料でのお話とか、そういうベースな話があって、そして、またそれを受けて、例えば弁護人の先生とお話ししてもう少し状況を分かっていただくと、これは検事さんのほうもそういうことを期待してたんじゃないかというような感じがいたしましてたんですが、実際はそれはございませんでした。

検事さんも期待していたんじゃないかということは、そういう検事さんの期待を思わせる発言が5月20日にあったんですか。

はい、要するに、資料とか情勢とかですね、そういうの一切なしに徒手空拳で強気で背中を押してるんだろうと、で、その辺が非常にミスリードするからきちっとよく説明するようにと言われたわけでございますので、その点は、我々、何も補完する材料は、例えば資料も何もないわけですから、もう少しこうだからというようなものが出て、それをまた弁護人の先生のほうに持っていって、やっぱりこうでしたというようなことをお話しするとか、そんなことも含めてあるのかなと思っておりました。これは私が一方的に思っていたわけで、検事さんがいかにもありそうなことを言われたとか、そういうことじゃ決してございません。こっちの誤解です。

それで、実際には6月10日に逮捕される前に、逮捕されるであろうというようなことが予想されるような動きがありませんでしたか。

これは完全にございました。やはり、マスコミの逮捕必至というのは非常にエスカレートしておりましたし、恐らく、確かに私も社会的には大変な悪いことを、おわびしなくちゃならないことをしたわけでございますので、そういう経営責任の追及というものが言わばこの司法の問題の追及ということと完全に一緒になって、そういう社会的な風圧として来る、これはもう逮捕しなければ、という事実がなければもう社会が収まらないと、また、うちの家族をこれだけマスコミのテレビか何かに密封されますと、もうやっぱり逮捕されたほうがいいんじゃないかというような、そんな感じまで出てるほどでございましたですね。

今、これだけの悪いことをしたとおっしゃいましたけど、これは、違法や粉飾をやったということですか。

いや、法律的なことじゃございませんで、これだけ社会に、税金を使い、行員を不安にし、取引先の株もゼロにし、その後の長銀の立ち上がりのコストが非常に多くかかるというような報道もありましたし、こういうことを防げなかった言わば経営責任というものが、言わば、社会的に何かあがなわなくちゃいけないんじゃないかと、その道の一つとして、マスコミサイドも当然逮捕されてしかるべき事件だということもありましたし、私も、そういう形であがなわなくちゃいけないんじゃないかという感じが非常に強くなって、これは、世の中が私が逮捕されなきゃ収まらないという、はっきりいってそういう状況だったと思います、当時は。

それから、他の経営陣の人たちの様子がどうかというようなことが分かるとか、あるいは、そういうことを知ろうとしたというようなことはございますか。

いや、それはございません。

それは、もう全く分からなかったわけですね。

そうですね、上原さんの事件の前くらいを契機として、ま、会うことを自粛していたと申しますか、会わなかったです。

つまり、関係者どうし会うことを自粛していた。

はい。

それは、那須先生にも、そういうことは自粛しておいたほうがいいよというふうにサジェスチョンされたんじゃありませんか。

そうですね、那須先生を中心としたことだったんですが、先生からのアドバイスで、あんまり、先生のところに1対1で会いに行くのは、これは構わないけれど、我々どうしで会うのはやめたほうがいいという御指示がございました。御指示といいますか、サジェスチョンがございました。

それから、マスコミの取材に応ずるかどうかという問題ですね、この問題についてはどうですか。

これは、私どもとしては、マスコミの方もお仕事ですし、本来は応じなくちゃいけないのかもしれませんけれども、当時のマスコミの報道というのは、やはり必ず、ま、いい結果が生まれないということでございましたし、例えば、これはもちろん最後まで私は一切、ですから会わなかったわけですけど、5月20日に面会した後ですね、その直後くらいに、ある一流紙で私が5月20日に事情聴取でしょうか、そういうのを受けたと、で、その結果、頭取は容疑を全面的にたしか認めたというのが書かれたわけです。で、私は、ほかの元役員たちと連絡はしなかったけれど、当然、上原君の後、私以外の旧役員もいろいろ呼ばれて事情聴取を受けているだろうと、当然そうだろうと思っておりましたんで、そういう人たちに対してですが、この記事を読んだときに、ものすごくミスリードされるのではないかと、だから、やはりマスコミというのは避けなくちゃいけないと、そういうふうに思いました。これを訂正なんて言っても、とても通らないような状況だったと思います、当時は。

それで、6月10日の少し前に、1回、東京の某所へ出てきてほしいということを検察官から連絡を受けたということがありましたよね。

はい、2日前だと記憶してますが、そこに来てほしいという話がございました。

そうすると、あなたは、これはもう逮捕だというふうに予想したんですか。

はい、指定場所が、ちょっと今忘れましたけど、深川とかあっちのほうの公園で、そこに来てほしいと、人が余りいない公園で、で、そこに、検事じゃなくて、5月20日に取調べのときに御一緒いただいた事務官の方がいらっしゃるんですけれども、その方がそこで待っているから、その人の誘導に従って行動してほしいということで、これは、普通そこから逮捕という道に行くのかなと、で、もちろん、非常に検察の方も好意的に、ま、逮捕というときによく自動車に乗った姿が写真に写りますけれども、そういうことはさせたくないんで、言わばそういうことを避ける、逮捕の仕方としてもそういうことを避けるというような感じの配慮をしていただいたんだということだと思います。

でも、これは結局、逮捕は中止になりましたね。

ええ、車でその公園に向かってる途中、担当の検事の方から御連絡がありまして、今日はマスコミにばれたから取りやめると、いったん取りやめて、後の連絡を待ってほしいということなんで、ま、またしばらく続くなという感じだったです。

それで、そういった一連の6月10日までの情勢ですね、そういった中で、弁護人と打合せができるという状況がありましたでしょうか。

事実上、ほとんど、交流の機会も非常に制限されておりましたし、あと、当然、資料というのは前と同様何もなかったわけでございますので、やはり、本当に思っていたことだけを言いなさいというようなアドバイスでございましたですね。それしか事実上不可能だったと思います。

それで、そういった今まで述べていただいた5月20日の取調べの様子、それから6月10日までの情勢、そういったことを踏まえて、あなたとしては、これは情勢はどうなるんだろうかということですね、これについては、もう逮捕必至ということは予想したということでしたね。

はい。

で、そのほか、この捜査の情勢というのはどういうものであるというふうに認識しておったんでしょうか。

捜査の情勢は、逮捕必至だろうと思っておりました。ただ、そういったことに対して、どういう態度と申しますか、気持ちで臨むべきかということは、1人で随分悩みながらその間考えておったわけでございますが、第1に、やはり当時のマスコミのあれに影響されたということでは決してございませんで、私自身としては、もう、社会に対する経営責任というものは、いかなる理由であれ何かの処罰の対象となってあがなわなくちゃいけないことではないかという気持ちと、もう一つは、その証拠資料が元の部下の下からずうっと積み上がってるということでございますので、この件、一体、こういうケースはどこまで逮捕とか有罪とか、ま、要するにそういう輪が広がるのか見当がつかなかったと申しますか、そういう状況の中で、やはりこれを、できれば私1人で悪いということを認めて、そこで、若い人たち、旧役員にいくのを止めてほしいと、そういう気持ちもございまして、この際、逮捕されれば基本的には争うまいと、ま、それに加えて、やはり私どもがある意味では考えてもいなかった商法について、この解釈について検事の方から、これこそ正にオフィシャルな見解であるということを言われましたもんですから、その点も1つ、ま、大きなショックでございまして、そういった点から、私は、逮捕されればやはり争わないというのが私の取るべき道ではないかと、そういう気持ち、心境が来たるべき逮捕に向けて徐々に固まってまいったわけでございます。

（以上　　松本　美和）

今、あなたがおっしゃったような心境になってきたということについて、弁護人とは御相談をされたんですか。

基本的に、そういう対応をしますということは申し上げませんでした。それとなく気持ちを分かっていただくようなことを、ちょっと那須先生に漏らしたという程度でございました。

これは那須先生にあなたが送られた手紙に書かれている歌でございますけれども、「親思う心に勝る親心、今日の訪れ何と聞くらん」という歌をあなたはそれに書き添えられませんでしたか。

　　はい、書き添えました。

これは吉田松陰の歌ですね。

　　はい。

そういう記載を書き添えることによって、それとなく弁護人には覚悟を伝えたつもりであったと、こういうことですか。

　　これは、那須先生ともう逮捕まで会えないなという時点でお書きした手紙です。

確認しますけれども、そういった心境になったときに、本当に自分は平成10年3月期の決算あるいは平成9年3月の決算、平成8年3月の決算等について、違法な決算をしてきたんだと、そういう認識で観念したんですか。

　　いえ、全くそういうことではございませんで、やはり、社会的責任を、全体の、その当時の社会全体の動き、それに対して私も正直にこたえなくてはいけないと、あがなわなくちゃいけないと、そういう気持ちが先行したことと、この件については、特に若い部下、私から見れば、まだ私の次の頭取だってまだ随分年下なわけでございますから、そういうのにまで逮捕の手が及ぶということはできるだけ防ぎたいと、そのためには、私が、違法とか違法じゃないとか、そういうことに関係なしに、ゃはり処罰を甘んじて受けるということが最後の、失敗した頭取の取るべき道ではないかというふうに思ったわけでございます。

それにしても、5月20日のときに検事が言った、清算バランスに基づく償却イコール商法だと、そういう論については、あなたとしては納得をしていなかったわけでしょう。

　　はい。

そういった問題については、どう解決しようということだったんですか。

　　私は、気持ちの上で覚悟はしていたわけでございますけれども、やはりそういう、言わば、公にオーソライズした、そういう解釈と、もしそういうものがあるならば、半ば、自分が争わないですみませんということに対する1つの自己説得と申しますか、自己納得にはなるんだというようなつもりで、その点はもう1度お伺いしたいなという気がございました。

もう1回、検事さんに、やっぱり商法は清算バランスによる償却だよということかどうかを確認したかったと、こういうことですか。

　　はい、それで自分を納得させたいという気持ちでございました。

6月10日の日に作られた調書、これは乙47号証、乙48号証、これは第8回公判のときにもそれを取り上げて証言いただきましたけれども、そういうものがあり、それから、それとは別に乙1号証という全く身上関係だけが載っているものがあるんですが、この乙1号証については、余り御記憶はないようですね。

　　身上というのは、気持ちじゃなくて、経歴、キャリアですか。

つまり、私の経歴はとか、生まれはとか、資産はという話です。

　　それはちょっと。

余り御記憶はないようですね。

　　ノーケアでございました。

もちろん、記憶にあるのは乙47号証、乙48号証。

　　はい。

乙 47 号証の調書には、この間、第 8 回公判でも引用しましたけれども、記憶を喚起し、最終的には私なりに納得のいく結論に従いたいと、こう書いてあるんですね。

はい。

その心境、これは今あなたがおっしゃった、検事さんにもう一回商法というのはそういうものかどうかを確認しておきたいという、そういう心境が出た言葉だったんでしようか。

ええ、非常に漠然とした表現になりましたけれども、やはりその点が 1 つ大きな、そういうことを申し上げたポイントだったと思います。

それで、乙 48 号証、調書、それにつきましては、48 号調書というのも、これもまた第 8 回公判で記載をいろいろ引用しましたけれども、例えば 6 月 10 日、そこには、その責任はすべて最高責任者である私が一身に背負うべきものであり、行員には一切責任はありません、この証券取引法違反及び商法違反の刑事責任を回避するつもりはありません、その前に最高経営責任者としてという言葉がつきますけど、一応そういうこと、あるいは、粉飾決算であり、違法配当であったことを争うつもりはありませんと、こういう言葉が出てくるんですけれども、この乙 48 号証の時点で、あなたとしては、6 月 10 日までの間にだんだんだんだん心境を固めていった、罪を引き受けるという、その気持ちが結局ここで決断がされたと、こういうことでございますね。

はい、先ほどの商法イコール清算価値で決算すべきだというこの点について、当日もいろいろ議論いたしまして、再度強くそれがオーソライズされた解釈であるという、そういうことを受けましたということもございましたし、争うまいという基本的な気持ちがベースになって、そういう調書をそのまま受け入れさせていただいたと。ただ、一身に引き受けたいということを申し上げたつもりなんですが、やはり、こういうことを認めるということは、何人かは分かりませんけれども、同じような形で逮捕されてる人、あるいはこれから逮捕されるであろう人には、非常に、事実はそうじやないわけでございますので、影響があるという点は、非常にじくじたるものがございましたけれども、やはり、私としては 20 日以降の気持ちを優先して、自分なりに考えて受け入れさせていただいたということでございます。

その受け入れたいろんな心境というものを分析して、第 8 回公判の大体 155 ページから 158 ページにかけて、あなたも既に説明しておられるんですけど、その説明の中で、この行員に責任を押し付けて一人が知らなかったと言って、あるいはこう思うと言って逃げるということは、最もやりたくないという気持ちがあったという点も挙げられておるんですけど、そういったあなたの気持ちに触れる何か、やり取りというものはなかったんですか。

ええ、始めはやはり、6 月 10 日の夕方の調べでございますね、これは 5 月 20 日にやったことと同じようなペースで始まっていったわけです。で、その過程の中で、やはり私が一番危惧しておりまして、あるいは、私が争うまいと、実は腹で決めて、逮捕に臨んだその部分がずばり検事の方から言われまして、おまえは下に押し付けるつもりかという言葉がありました。で、ここでやはり、争うまいということのきっかけになったといったらよろしいでしょうか、そういう感じのやり取りはございました。

それから、今、自分が一身に引き受けるとはいっても、自分が認めることは他の人に影響するのではないかという、じくじたる思いがあったということでしたね。

はい。

その点について関係することで、6月10日の調べの日に何かありませんでしたか。

実は、まだ検事さんといろいろ議論をしておったときに、1通の調書を別室からどなたかが持ってきて、担当の検事の方に渡されたわけです。これは赤い特別の紙なもんですから、調書だなということは分かったんですが、それを御担当の検事はじっと読まれまして、その後、須田さんの調書ですと、非常にきれいな調書になってますと、言われたのはそれだけです。そういうことがございましたので、須田さんも私と同じような気持ちでいたんだなと、で、須田さんがそういう調書を書いたから私が争うまいということを決意したとか、そういうことは全然ございませんで、私は前からそういう気持ちは固めていたんでございますけれども、ただ、ちょっとじくじたる思いの中で、一瞬の救いみたいなものはあったということは事実で、それはそういうことだったんで割と覚えておりますし、これはたしか接見で御報告したかと思うのでございますが。

ええ、私も覚えておりますけれども、そういうことだったですね。それで、翌日が勾留質問でしたですね。

はい。

勾留質問では、もちろんもう既に証拠調べ請求されておりますから、ありますけれども、事実はそのとおり間違いありませんとゴム印で押されておるわけでございますけれどもね。

はい。

これはどうですか。あなたとしては被疑事実を、これは読み聞かせられたんですか。

多分、そうだと思います。

それに対して何と答えたんですか。

そのとおりですと認めました。今にして思いますと、その後、一身に認めるということをるる述べたわけで、一身に認めるということと、その供述事実で、たしか共謀のと先ほど御指摘がございましたけれども、あれというのは確かに書いてあるんですね。ですから、共謀して何々しということを認めますと言って、これは一身ですというのは、今から思えば矛盾しているわけなんですけど、当時は、そっちはほとんどノーケアで、ただ、認めますということと、私一身の、責任を負うべき、そういう事柄のケースなんです、これはということをお話し申し上げたいということで、書かせていただいたことを記憶してます。

(乙)証拠番号60(勾留質問調書)を示す

今、あなたがおっしゃった、一身に罪をというような部分は、この別紙ですね。

はい。

別紙に書いてある手書きの部分、これがあなたのおっしゃったことをこの裁判所の担当書記官が筆記したと、こういうことでございますか。

はい。

ここに書いてある内容として、1項としては、私が一身に引き受けるものですと、こう書いてありますね。

はい。

2項として、本件の背景として、正当な処理をすれば長銀及び関係会社の破綻を招くことは必然であって、それがひいては日本の金融システム、さらにはアジアを始めとし、世界の金融界に計り知れない悪影響を与えることは確実と判断されたので、やむを得ず行ったものですと、こういう記載もあるんですよ。

はい。

この1項の問題は、これは一身に引き受けると、その前提としては、個別の案件というよりは、経営的問題であると、こう書いてありますからね。

はい。

これは先ほどから、あなたの心境で分かるんですが、もう一つ、この世界の金融界に計り知れない悪影響を与えるとかいうことまで達する、要するに、波及の強さ、そういったことについても、これはあなたのお気持ちとしてはあったということですか。

はい、そのとおりです。

それで、この勾留質問される前に弁護人と会いましたね。非常に短い接見時間ですが、裁判所での。

はい。

このときに、あなたの今おっしゃった、争わないという方針であるということを説明しましたか。

はい、実は前日、争わないという調書に署名いたしましたわけで、勾留質問の前に、先ほどここで申し上げましたような、こういう気持ちで、申し訳ないけれど、私の一人の判断ですね、昨日、かくかくしかじかの調書には争わず、これからの勾留にも事実を認めるということでやりたいと思いますと、是非、誠に、アドバイスには反して申し訳ないけれども、その気持ちは分かってくださいと、引き続き、また御指導くださいというようなことをわずかの間ですけど、申し上げました。

速記録末尾添付の供述調書作成経過表を示す

それでは、実は本日までに証拠調べ請求され、あるいは存在が開示された調書類を日にちごとに追った供述調書の作成経過表を弁護人倉科が作ったんでございますが、これにつきまして、これを証人に示しつつお聞きいたします。あなたが6月10日に供述方針を決めてからどんな供述調書が作られたのかということについて、私が作った供述調書作成経過表を御覧になってください。それで、御覧になりまして、こういった事実経過で、時間的な経過で供述調書にあなたが署名しているということについては、間違いないですか。

はい、間違いないと思います。

そこで、伺うんですが、あなたが6月10日以降、供述調書に署名するに際して、その供述の基本方針は、6月10日に決めたところを結局変えるところはなかったと伺ってよろしいですか。

はい、そのとおりでございます。

それから、その調書作成経過表には、特に取調べがあったか、なかったかということは私は書きませんでしたけれども、実際には、6月10日から6月29日までの間、取調べはない日があったでしょうか。

いや、毎日ございました。

取調べはどんな時刻にやったんですか。

そうですね、大体午前中2時間ぐらいでございましょうか。午後、これは1時半ないし2時ぐらいから5時ぐらいまででございますかね。それから、夜7時、これは時計は実は持っちゃいけないことになってるもんですから、正確じゃございませんが、大体その辺から、7時ないし8時ぐらいから10時、11時といった感じでございました。最後になるに従って、夜は遅くなったという感じがいたします。

時計を持ってなくても、そんな時間であるということが分かったのは、腹時計のほかには何か根拠はありましたか。

腹時計に近いんですけど、食事のその都度、部屋に帰って、頂きますものですから、食事の時間がたしか朝 8 時ぐらい、それから昼が 12 時ぐらいでございますかね。夜は、たしか 4 時半ぐらいからで、そのときに帰るんじゃなくて、大体その辺で切り上げてというような感じで、部屋に帰ると食事が置かれておりましたんで、大体そんな感じで。

それから、夜のおしまいについては、消灯時刻、これは 9 時だったですね。

ええ。

それよりも後だったんですか。

ええ、もう消灯後でございます、必ず。

そうだとすると、その日の取調べがどうだったかというようなメモを、例えばしようと思っても、実際問題としてはできる状況ではない。

そうでございますね。消灯時間で暗うございますし、それから、筆記用具と、私の場合、眼鏡をしておりますけれども、眼鏡も部屋に入るときに係の方にお渡ししなくちゃいけないという状況だったものですから、字がほとんど読めないという形でございます。

それから、弁護人の接見でございますけれども、これは指定書というのを 20 分ということで弁護人は受けておったんですけれども、そのくらいの短い時間であったという記憶はありませんか。

ええ、それは短うございました。

そういう状況の中で、取調べと調書の作り方がどうであったかということなんですけれども、第 8 回公判のあなたの供述によると、これは 164 ページ辺りですけれども、検事さんがあらかじめ調書の原案を作り、それに対応する資料を検証しながら進めていくのが基本のパターンだったという趣旨のことをおっしゃっておるんでございますけど、原案を作る前にいろいろ、文字どおりの取調べですね、尋問とか質疑応答とか、そういったことをやって、その結果を調書に書いていくという形ではなかったんですか。

基本はそうではなかったわけです。出来上がった原案と申しますかを見せていただいて、いろいろお話しするということでございました。ただ、1 つは、事前にこういう事項についてメモを書いてほしいというようなこともございましたが、それは主として、例えば、SBC の提携のねらいとか、経緯とか、あるいは長銀全体の投資銀行業務展開の経緯とか、そういう、どちらかといいますと本件のバッググラウンドとしての経営事項について、検事の方の知識を補充するというような点が中心だったと思います。それから、資料がわっと渡されるわけでございますが、たまには、この資料は一体何なんだとか、資料の中身について解説を求められるというようなこともございました。

しかし、そういった点を除けば、要するに、基本となる部分は、これはあなたから聴取した結果を調書案としたというよりは、検事さんが書いてきたと、あるいはどういう方法で作ったのか知りませんけど、そういうことで作ったと、こういうことですか。

そうですね、はい。

実際には、検事さんは取調室にパソコンを持ち込んでいたんじゃありませんか。

ええ、持ち込まれてました。

プリンターもあったんじゃないの。

はい。

そうすると、検事さんがあなたの前でパソコン作業をしているというようなときもあったんですね。

　　ええ、それもございました。

それは、調書の原案を作っておると、こういうことですか。

　　はい、私が、例えば次の調書のためのメモを書いておるときとか、あるいは、そのときの調書にまず対応する資料の束がございまして、それを見ておくようにという御指示をいただいて、私はその資料をめくって見ていると、その間、お打ちになるとか、そういうパターンでございましたですね。

検事さんから調書案が出てくるとどうするんですか。

　　まず、もちろん読ませていただく時間はございまして、基本的にはいろんな資料に基づいた調書でございます。かなりページ数も多いわけでございますけれども、まず、資料と調書との付け合わせでございますね、これをまずやってほしいというようなことで、例えば、この際、何とかかんとかの資料を、常務会の記録を資料何番として提示したというようなことが書いてありますね、そうすると、そこの対応している資料と、それからあと、出てくる、その場ではかくかくしかじかの報告がなされたというのは、大体、常務会の書いてる項目が出てくるわけでございますが、それと付け合わせてやっていくと、たまにはなかなか見付からないことが、供述資料の原本に入っておりまして、常務会でかくかくの報告があったというような感じで、なかなか見付からないようなケースもあったんですが、そういうときは、いや、あるはずだということで一生懸命捜して、あったあったというような、そういうこともありましたですね。

あなたのその調書には、常務会等の資料を、一部をそのまま抜き書きしたと、横を縦にしたというようなものが引用してあって、それについてという報告がありましたというような、そういうたぐいの記載が随分あるんですけれど、そういった部分については、本当に資料に書いてあるのかと、そういう点を照合したと、こういうことですか。

　　そうですね、はい。

そうして、その上でそれを、その問題がよろしければあとは結構ですと言って、署名するわけですか。

　　ええ、それについて、余り事実と違うような記述があれば直していただくし、その結果について、そのとき私はこの資料を受けて、こういうことを認識いたしましたとか、そういう、言わば、認識の部分がそこに入るわけですね。それも原案に入っているわけですけど、それについてチェックして、はいと、こう言うとか、こんなようなこともありましたし、それから、そういう認識について、なぜそういうような結果になったかというような、状況についていろいろ書かせていただくというような作業もございました。

直してもらうというようなことが問題になったとすれば、どんなところが問題だったんですか。

　　実は、冒頭に御質問がございましたように、基本的にはこの件は争わないと、処罰を受けて、商法違反ということを認識するということがベースに、そういうことで調書ができてきているわけでございまして、それを私が受け入れたということは終始変わらなかったわけでございますので、そういう点については、実は、余りここを変えるというようなことはございませんでした。そういう意味で、検事の方と議論をさせていただいたのは、例えば、違法認識について、私にだけなら、私はそういう覚悟を決めてやっておったから、よろしいんですが、ほかの人、例えば、表現としては、固有名詞が出てきたり、あるいは、私ども経営首脳陣3人はと、私はこういうことを十分承知してましたというなら、これはもう私はそういう覚悟で書いておりましたから、いいとしても、経営3人というのは、ほかの2人の人を、言わば、巻き添えにするような形になるので、これはちょっと何とかしていただけないかとか、あるいは私の前任者に対する始めのほうの調書ですが、評価が極めて厳しい、それをうまい文にしていただくとか、先ほど申しましたように、結論的には、違反事項及びそこから当然起こるいろんな事項の評価を受け入れたわけでございますけれども、そういったことをしなくちゃならなかったような状況というものを書き加えさせていただくと、そういうやり取りは絶えずあったということです。

盛り込んでくださいと言って盛り込んでもらったのは、先ほどの6月10日の勾留質問調書でいえば、手書きの2項のような、ああいった内容のことですか。

そうですね、そういうことです。

それから、他人を巻き込みたくないというような意味で、恐らく鈴木さん、須田さんというのが中心だろうと思うんだけど、そういったことの表現はやめてほしいという点については、結果はどうだったですか。

これは、結果は、もうあとの2人も同じなんだから気にするなとか、もうこれでいいというようなことで、そういう項目がかなり1つの原案の中にたくさんあるもんですから、そこまでちょっと、どうあっても全部悉皆的に直していただくというようなことはできませんでした。

あなたが服したという、清算バランスによる評価で資産査定をする、償却、引当をするだとか、そういったような問題については、これはもう、それは違うと思うから直してほしいなんて議論はしなかったわけですね。

はい、これは基本的な疑問はなかったわけじゃないんですけれども、一番初めに申し上げた、やはりこれはもう処罰に服し、争わないというトーンで一貫しようと思っておりましたので、そういうふうになっております。

自己査定基準が始めから粉飾目的で歪曲させたものであるという趣旨の、そういう調書もありますけど、これも原案に書いてあったわけですか。

はい、それはそのとおりでございまして、商法の原則、清算価値論ということをいったん認めますと、やはり、当行の自己査定の評価もそういう原案に書かれたような表現の性格のものというものに記述されざるを得ないわけでございまして、そこだけを直すということは、論理的に無理であったということです。

あるいは当期単年度に全額償却、引当しなければならない回収不能、あるいは回収不能見込みの金額はⅣ分類として計上されている1兆1256億円以上ありましたなんていう、例えばそういう記述があるんですが、そういった記述、これも検事さんの原案に書いてあったんですか。

はい、申し訳ございませんが、そういう等のことが随所にあるかと思うんでございますが、いずれもそういうスタンスで、そのまま争わず受け入れたということです。

繰り返すようですけれども、本当は平成10年3月、平成9年3月、平成8年3月といった決算では、当期単年度に全額償却、引当しなきゃならんのが1兆円以上もあるなんていう、そんな認識をしていたことはないんですよね、事実は。

ええ、それはございませんでした。

あなた以外の人も、そういうような認識でいたとは、あなたは認識していなかったですよね。

　そうとは決して思っておりませんでした。しかし、そう思っているという、そういう自白調書がかつての長銀の行員から役員に至るまで山積しているという中で、私だけがそれを否定するということはできないという、当初の気持ちを通したということでございます。

（以上　小海　智美）

先ほど、あなたが争わないということにした要因の一つとして、下の者に責任を転嫁するというような、後ろ指を指されるようなことはしたくないと、こういうお気持ちがあったということですが、そういう心理も、今の、あなたの本当の当時の認識とは違う調書であっても受け入れるということには影響してるんですか。

　その気持ちが一番強く、この段階では響いていたかと思います。

8回公判でも話していただいたんですけれども、調書の中には、あなたがこう言っただとか、ほかの人との会話でこういう内容があったとか、各種の会議に出席しただれそれがこういうことを言ったというようなことが書いてあるものがあるわけですよね。あたかも、今そこで見てきたようなことが書いてあるわけですが、こういったものはあなたの記憶にあったんですか。

　これは、普通、よくお分かりいただけると思いますが、こんなところまで記憶しているということは、まず不可能だし、絶対ないことです。ですから、だれが、そのときこういう報告をしたとか、私がそう言ったというのは、記憶してたかと言われれば、全く記憶してないことでございました。

しかし、そういうことが書いてある。これは検事さんの原案に書いてあったんですか。

　ですから、もちろんそのとおりです。

それについては、特にこんな発言しているように思わないけどもというようなことは、もう言わなかったんですか。

　ええ。記憶にないということは事実ですけれども、発言してなかったということも覚えてたというわけでもございません。したがいまして、これは、必ず何か根拠があって出てくる話であり、だれかが、例えばメモしてたとか、どこかでそういう情報メモみたいなものがあって、そこから引用されたんだと、それに違いないわけでございますので、これは、そこから引用されたことは、まあ御信頼して、そういう報告を受けたとか、あるいはそう話したということは、記憶にないからここに書くのはおかしいと、そういうようなことは一切申し上げませんでした。

それから、検事さんから添付資料付きの原案を示されたと。で、添付資料について、ちゃんと対応しているかをチェックしたと、こういう話でしたよね。

　はい。

そういうことはいいんですけど、乙1号証から12号証までに添付された資料を見ても1300丁以上あるんですよ。

　はい。

一体、これらの資料の性格だとか、趣旨とか位置づけ等について、あなたは正確に検討できる状況があったんでしょうか。

　現実問題として、申し訳ございませんが、このペースでこのボリュームを正確に取調べの期間に読み取るということは、不可能でございました。

まず、時間的な問題がございますな。

はい。時間と、そのボリュームの問題があると。それから、やはり、この長銀の破綻から取調べの間の異常な出来事で、ただでさえ薄れがちな記憶も、何か、薄くなって飛んでしまっているということ。それから、そもそも、この長銀の場合の資料というのは、実際にお分かりいただけると思いますが、一時間とか四〇分とか、そういう時間帯にかける資料としましては、非常にボリュームの多い資料がかかっているわけでございます。やはり、私の記憶しているのは、その中の一番基本的なところでございまして、それ以外の細かいところというのはほとんど説明もないけれども、一応、こういうことをやってますよと証拠に出てくるというケースが多いわけですね。ですから、もともと、あんまり、例えば、個別会社の記述とか何かは、そもそも私の知識がない、そういう部分もございますので、それやこれやで、言い訳で申すわけじゃございませんが、資料の読みというのは、この期間、非常に物足りないものがございました。

示される資料というのが、もともとそういった資料が出された会議とかいうところでも、全部を見たり、全部が読み上げられたとか、そういうようなものじゃなかったですね。

ええ、これは資料を見ていただいて、その会議の時間を御想像いただければ分かることだと思います。

それから、検事さんから示された資料を、自分の房に持ち帰って、よく検討するというようなことができましたか。

これは、持ち帰りは一切不可能でございますし、持ち帰っても、夜は眼鏡がございませんし、朝は朝で、結構、健康維持のための御配慮をいただいて、入浴とか体操とか、いろいろございましたので、それをいたしておったり、接見があったりもしたものですから、ございませんでしたね。そもそも、その資料そのものが手元になかったということです。

それから、その示された資料をほかの資料と比較検討するとか、そういったことができる状況だったでしょうか。

それはとてもできませんでしたね。

そういうような、非常に限界がある状況の中で作られた調書ということになるわけですが、そこで、先ほどの経過表を見ますと、この取調べ期間のうち、後半、だんだん調書の作成ペースが込んでくるのが、6月21日の乙４号証からなんですが、乙７号証、８号証くらいになってきますと、例えば、１日に３通も調書を作るというようなものまであるわけですよ。こういった後半になってからの調書の作成ペースというのは、大変時間的に忙しかったんではないかと思われますが、調書作成のときのやり方というのはどんなものだったんですか。

初めは、先ほども申し上げたかと思いますが、検事の方がパソコンでお作りになったりする間に、私のほうは該当する資料がどかっと来まして、それを読んでおいてくださいということで、それなりの読みを一生懸命してたわけでございますけれど、最後のほうになると、もう、そういう、言わば段階を追った作業がほとんどできなくなって、資料と、後は一緒になってくる、つまり、あらかじめかなりお作りになった調書の原案と資料が一時に来るというようなことが多うございました。この 21、22、23って、乙４、乙５、乙６、これは１日１つずつですね。それから、たしか 26、27、28、29 と、これはもう、かなり込んでた時期だと記憶してます。

そういうことになりますと、添付資料の検討と言っても、これはまた、非常にはしょったことになったんじゃないかなと予想しておるんですが、どうですか。

そうですね。時間があるときでも、なかなか制約があったわけでございますが、この時期になると、ほとんど突き合わせるのが精一杯というような感じでございましたね。

個別の、例えば、NED だとか、第一ファイナンスとかビルプロ 3 社とか日本リースというような調書も作られていますけれども、こういった会社の中には、あなたがほとんど内容を知らないものもあったんじゃありませんか。

さすがに、やっぱり NED、第一ファイナンス、日本リースとか、この点になりますと、それは、私もそれなりの知識は、経営としての必要な知識は持ってたと思うんですけれども、その子会社とか、そういうふうになりますと、ちょっと分からなかったのもたくさんございましたですね。

そういった忙しい中で、その個別の各社の中で、検事さんの調書の原稿を、これはさすがに直してくださいというようなものはありましたか。

私が記憶しておりますのは、やはり日本リースについての大きな位置づけでございましたね。それは、大分、議論いたしました。

（乙）証拠番号 11（供述調書）を示す

実は、調書を読んでまして、ちょっと変な調書だなと思ったところがあるんでお伺いするんですけれども、その乙 11 号証の本文の 17 ページのところに、日本リースについて、実態を厳格に見れば、破綻懸念先に近いものの、実態としては、実質破綻先と評価し得る状態であったと思いますという文章があるんですがね、この辺は、検事さんとやりあった部分ではないんですか。

はい。当然のことながら、この前に、日本リースについても、非常に先ほど申した静態、つまり、動態と反対の概念でございますが、いわゆる輪切りで評価して、これは大変な会社だというようなことが前提に書いてあったわけでございますが、さすがに私も、個社のこういった点については、評価については、確かに静態分析すればそうだけれども、何としても 170、80 億から 200 億を超える、言わば、生きている部分があると、そういうものと回転して、こういった不稼働の金利負担も負担した上で、なおかつ 200 億の収益を上げている会社で、リース業界 2 位の大手だと。こういう会社についての評価というのは、ちょっとこういう、原案、これしかございませんで、たしか、静態分析の結果は実質破綻先だというようなこともございましたんで、さすがにそのくらいは、アーギュメントと言いますか、議論ができることはしなくちゃいけないかなと思って、いたしました。非常に行ったり来たりして、破綻先に近い実質破綻先、実質破綻先に近い破綻懸念先なんだかんだって、いろんな、検事の方も一緒に考えていただいたんですが、最後に落ち着いたのが、果たして、そのいろいろ議論した中でも一番いい表現だったかどうかも、ちょっと自信がないんですけど、ちょっとこういう、言わば、私としては、何かここについて、私のほうも懸念があって、あれが残るなというような表現になってれば、まあしょうがないかなという、最後はそんな感じでございましたですね。

そういう点はあったかもしれないけれども、基本的なところ、要するに、単年度において、全額償却、引当すべきものは、1 兆あるいは 1 兆プラスアルファというような議論とか、あるいはそういう認識があったとか、そういった部分、更にそれは、当然、粉飾の意図があったということにもつながるんでしょうけれども、そういった問題については、これは検事さんの原案を争わなかったわけですか。

これは、初めの争わないという、商法原則を認め、それを前提とした全体の調書を受入れするという、そういうスタンスから、そこについては、原案をそのまま受け入れさせていただいたということでございます。

先ほどお話を伺った忙しい時期の後半の調書というのも、その基本的なところは同じだったわけですか。

そうですね。

(乙)証拠番号12(供述調書)を示す

それで、ちょっとわき道にそれるような話かもしれませんけれども、乙12号証の7ページを見ていただけますか。その7ページのところに、5行目、両副頭取にも御相談申し上げてという言葉が出てくるんですよ。それから、同じ8ページの10行目にも鈴木克治副頭取らにも御相談申し上げてと書いてある、こういう表現はほかのところにはないんですよね。一体何なんだと、この調書は、というのが、正直言って私の感想なんでございますけれども、その辺は、もうノーチェックという状況で通過していったわけですか。

ああ、それはそうですね。相談したことは事実でございますので、まあいいやということでございますが。

どこかほかの調書にこういうような表現があったのを、そのまま持ってきた、あるいは若干修正しながら持ってきたんじゃないかと、そういうような印象は持ちませんでしたか。

そこまでは、正直言って持ちませんでした。確かに、私が分かんないことなんかは御相談申し上げたこともありますから。

でも、ほかのところとは、全然言葉遣いが違いますよね。ほかの調書とはね。

ええ、トーンが違います、明らかに。

(乙)証拠番号7(供述調書)を示す

53ページの5行目から、これは、上原専務の発言として引用された部分、ここの5行目から始まる文の6行目の、信認は得られないという発想は分かるが、銀行の償却余力の問題も考えればというふうに言葉がつながっているんですよ。ところが、それが前提とする引用のものが、これが、乙7号証の資料⑥なんです。資料⑥の1ページ目のちょうど真ん中辺に、上原専務とありますね。分かりますか。丁数で行きますと51丁です。その51丁の真ん中の上原専務というところがありますが、非常に気になる問題で始まる文章なんですが、これは、本文では引用されてないけれども、実際には、切り離したところで残った銀行の存在感自体もなくなってしまうという言葉が、実はあるんですよ。この言葉が、実は本文の中では省略されておる。そういうことなんですが、そういう言葉が省略されているということも突き合わせの中でも気が付かないという状況だったんじゃないんですか。

これはもう、この時点ではここまでチェックはいたしませんでした。できなかったですね。

このあなたの調書では、何回も私が言っていますけれども、当期、単年度に全額償却、引当しなくちゃならない金額が、1兆円だとか1兆2560億円以上で上がっていましたとか、あるいは、そういう認識はありましたと、こう書いてある部分が随所に出てくるわけですが、これについては、先ほどのように、商法は清算バランスによる償却、引当というのが原則なんであるということに服したということと同時に、罪に服するということであればそれを認めざるを得ないと、こういう状況だったということですね。

はい。

（乙）証拠番号3（供述調書）を示す

それに近似する話なんですけれども、例えば、乙3号証の30ページを見てください。これは、平成8年4月の円卓会議資料の、いわゆる最悪ケースの話について議論している部分でございますけれども、ここで、金融界では、公知の事実、常識であると、当期、単年度に全額償却、引当すべき回収不能、あるいは回収不能見込みの不良債権であるⅣ分類の数字が極端に違っていましたと、こう書いてありますね。

はい。

これは、従来あなたが証言いただいたこの円卓会議資料におけるⅣ分類の意味の、平成8年4月当時の理解ですね、あるいは平成10年3月当時の理解とは違っているわけなんですが、そういう当時のあなたの理解とは違っている認識が金融界の常識であるというような公知の事実、常識であるということはあったんですかね。

そうはないと思います。ただ、基本線は争わないという、処罰を受けるべきで、そのためには争わないというところに置いておりましたんで、そこの議論をするということまでは控えていたというのが本当のことでございます。そのように書かれてきたことに対してですね。

同じように、清算価値をベースとして評価し、当期、単年度の全額処理が必要であることは金融界の常識という表現が、同じ乙3号証の84ページにも出てきますけれども、これも同じと、これ、みんな、この言葉は原案に書いてあったんですか。

そうです。

それから、乙3号証の48ページには腐ったりんごという言葉が出てくるんですよね。

はい。

腐ったりんごという表現、これも検事さんの原案に書いてあったんですか。

これは覚えておりますが、りんごがいいか何がいいかって、いろいろお話合いをしたことがありますので、覚えております。なしがいいか、なしじゃなかったですね。みかんがいいんじゃないかとか言われたことがございますね。

（乙）証拠番号5（供述調書）を示す

乙5号証の22ページの1行目に、時価会計原則にのっとつたもので、この時価会計の考え方にのっとってSBCが当行の資産を査定した結果の要償却、引当額は、正に自己責任原則の下、長銀が商法の規定など償却、引当の本則にのっとって、本来、平成9年度中に行うべき要償却、引当額の実態数値に近いものでありましたと答えてますね。

はい。

時価会計の考え方にのっとってというような表現とか、更には、商法の規定などどうんぬんの本則と書いてありますね。

はい。

そういったような記載というのは、これはあなたが考えだした言葉ですか。

これは、多分私が書いたと思います。ただ、時価会計とか商法の規定、償却、引当の本則にのっとってという、これは、言わば、従来から、商法の原則、これは清算価値ですから時価会計ですね、それで償却すべきであると、こういうことは、ずうっと一貫したトーンになって、私もずっと受入れしたことでございますね。で、そのトーンを、言わばベースにして、SBCの考え方というのは、一体どうなんだと、こうお聞きになられたんで、こういうふうに書いたということでございまして、言わば検事の方の言われている原則と、SBCが実際やったこと、これは私が知っていることなんですけれども、それと、言わば、合わせてSBCの償却、引当の考え方というのは、正に検事の方の考えておられる、あるいはそうであるべきだと言われて、私がずっと服している、それなんですよということを、ここでは、私から多分申し上げたと思います。

その商法の本則だとか、時価会計主義でなければならないということは、検事さんがあなたに対しておっしゃっておられたわけでしょう。

そうです。ですから、この部分について、検事さんが言われてたとか、書かれたということじゃないんです。

直接手を下しはしないけど。

ええ、つとに言われてた思想を、私が服しておりましたので、それはSBCの償却、引当の考え方に当てはめて、従来から、その来てた商法原則、時価会計原則というものを、そのままここに当てはめて書かせていただいたと、そういうことです。

そのほかにも経営首脳陣が粉飾の意図をもって、商法違反の意図をもって決算をしたというようなことが、例えば乙7号証の32ページとか乙5号証の100ないし101ページとか、そういったところにも出てくるんですけれども、どちらかと言うと、調書の締めの部分に出てくることが多いんですけれど、そういったことについてはどうですか。あなたの平成10年3月あるいは9年3月、8年3月当時の認識をそのまま述べたものなのかどうかという点ですが、それは。

それは再三申し上げておりますように、認識とは全然別です。ただ基本的な、この調書への対応方法、私の考え方は、その辺は、検事の方の考え方に服していくということでやりましたものですから、あえて、そこは違うんだという議論は、実はいたさなかったということでございます。

そのまま受け入れたと、こういうことですか。

そうです。

それから、乙2号証の50ページには、堀江頭取時代から決算を粉飾していたというような表現が出てくるんですけれどもね、これはあなたがそういうふうに言ったんですか。

いや、これは、言ったことじゃないんですが、商法の原則からは、当然、そうならざるを得ない話でございますので、その点についても、あえて異議は申し上げなかったと思ってます。

乙3号証の110ページには、8年度の決算も粉飾だったということが書いてあるんですけどね、これは、あなたが述べたり、あるいは特に書き加えてくださいと言って書いてもらったりしたものですか。

その辺も同じ考えと申しますか、対応をいたしたということです。

要するに、検事さんの原案に書いてあったものを受け入れたと、こういうことですか。

はい、そうです。

で、そのほか、自己査定基準についても、粉飾決算をするためにゆがめて作ったというような趣旨のことが、そちこちに出てくる、あるいは逆算して予算の範囲内に入るように、財源の範囲内に入るようにしましたなんていうことが書いてある部分が出てくるんですけれどもね、そういったのは平成10年の3月期、あるいは9年3月、平成8年3月、そういった時期のあなたの認識、あるいはあなたの理解している長銀のほかの行員の人たちも含めた人達の認識と合ってたんですか。

これはもちろん、全然そうではございませんでした。ただ、先ほど来、るる申し上げている状況、あるいは心境に基づく対応ということを心掛けておりましたので、部分部分で、そうじゃないというようなことは、余りしても意味がないというふうに考えましたので、そこは受け入れたということです。

あなたが、要するに争わないということで、検事さんのおっしゃることを受け入れるということで調書にサインするという、そういったことであったにしても、それにしてもどうなんでございますか、服するとしたわけですから、一応その説に従うということですよね。

はい。

その説に従うということであるにしても、釈然としないものを感じるところはなかったんですか。

やはり、基本的には、考えてたことを、当時思ってたこととは違うんだけれども、やはり、逮捕から取調べの間にいたる、いろいろな、やはり社会的な責任のあがない方とか、行員をカバーしたいとか、そういうところから、争わないという態度、考え方が、私の取るべき道だというふうに思って、そしてできた調書でございますので、やはり、本来考えていたこととは違うことを、全く別の要因から受け入れていったという、その間の当然の矛盾とか心の中のかっとうといったものは、終始ございました。

例えば、どんな点がありましたか。

例えば、一つは商法の原則ということを言われて、それが清算価値に基づくロスの額を即時一括でやるべきだと、これは、1つの決算の理想論としては、あり得る形ではあるわけです。で、現にここに書きましたように、SBCとかアメリカの一流銀行はそれでやっているわけでございますね。で、そういう意味も、検事の方の商法イコール鉄則、これぞ守るべきだという1つのゾルレンと言いますか、理想形をもって言われたんだと思うんですけれども、ですから、そしてそれが、どの時点でも通用する、あるいは守らなくちゃならない商法の原則であると、こうはっきりおっしゃっていると。ですから、これは、服さなくてはいけないということだなと思いましたけれども、結局、これをやるということは、実際上、例えば、銀行の決算にとっては大変なことですし、おそらく金融システムに非常に大きな混乱を及ぼすと、これは勾留質問の初めに書いていたようなことでございますけれども、一体そこまでのことを要求するということが、本則として守らなくちゃならないのではあっても、何かそこに1つ、心に残るものがありました。それから、もう一つは、やはり、仮にそうだとしましても、私どもが、実際、平成8年3月辺りまでにずうっと連綿とやってきたときに、そういう違法意識はなかったんですね。それも事実なんです。だけれども、その点について、行員の下のほうから、ずうっとそういうことを認識しながらやっていましたという違法供述が重なってくるという、この点、何かちょっと、引っ掛かるものが非常にありました。あと、さっき申し上げましたように、確かに商法の規定で行きますと、95年（平成7年）とか96年度（平成8年度）とか94年度（平成6年度）とか、ずうっと決算が粉飾決算になるわけです、事実上。これは銀行としては恐らく要求されてもできない決算だったろうから、多分そういうことになったんだと思うんですけれども。しかしながら、そこでは大蔵省という一つの行政方針というのは、一つのカバーとしてあったわけですから、そこまで否定するということは、一体、これも、どういうふうに考えたらいいのか、何か割り切れないものがあるという、そんなような気が、決して、商法の規定を認めて、それができませんでしたということを、開き直って言う話じゃないんですけれども、何かそこはひっかかる、変だなという感じのものが終始残ってたということは事実ですし、そういうものを引きずりながら、しかし、やはりということで、調書を受け入れて署名してたというのが事実でございます。

当時の、あなたが勾留されたときの被疑事実には、取立て不能あるいはその恐れがあるのに償却、引当をしなかった金額は 1528 億 3100 万円であると、こう書いてあるんですけれども、1528 億 3100 万円という貸出し先ごとの内訳だとか、そういったことが何であるかということは分かりましたか。

これは分かりません。今でもよく分かりません。

今度の起訴では、もっとずっと大きい数字になっていますよね。

いろいろな数字が出てくるものですから、本当によく分からないというのが。本当にお伺いすべきで、ちょっとお伺いしたことあるかと思いますけど、あんまりはっきりしたあれはなかったような気がします。

(以上　　木場　英子)

あなたが取調べを受けて調書を作ったという 6 月 10 日から 6 月 29 日、6 月 30 日も事実上入るかもしれませんけれども、その期間中に、あなたとして印象に残っている検事さんの発言というものは、どんなものがありますか。

全部記憶してるわけじゃないんですが、ちょっと今残っているということをばらばらと申しますと、一つは、先ほどのこととちょっと関係するんですが、本件は、やはり社会に警鐘を鳴らすんだと、つまり大蔵省によって、言わば、商法の規範というものに対する銀行の経営者の意識がいい加減になって、先送りとか何かばっかりしているんだと、だから、これはそういう意味では我々が正すんだと、そのための取調べなんだと、だによって、赤信号を渡っている人はみんなほかにもいるでしょうというような論理は通用しないというようなことが一つございました。それから、私が大野木さんと言っていただいたと思うんですけれども、立場であれば、同じことをしたと思いますよというようなこととか、それから、これはちょっと私が気になっていたことなんですが、初めの日だったと思います、本件は一身にということを申し上げたときですけれども、トップの責任が重いことはそれは当然だけれども、そんなことじゃ収まりませんよと言われたこと、これがやっぱりちょっと、早いところ、とにかく、確かにこの法律的な罪ということと別に、そういうのも含めた社会に対する罪のあがないという意味では、私が潔く引き受けて、そこでとどめられないかなという気持ちがそこで起きたということで覚えております。それから、調書の作り方につきまして先ほどちょっと触れましたけれども、確かに常務会の資料とか経営会議の資料というのは、かなりのボリュームで、事細かにずうっと出ているわけですね。で、それは、実際は全部報告したら 5 時間くらいの会議になるような紙なわけです。ですから、そのエッセンスといいますか、大事な 2 、 3 枚のところをやって、あとはこういう検討を私どもやりますよとか、やった上でのあれですよとかって、こういう話になるんですけれども、調書の場合には、そこに出てることをほとんどざあっと、横を縦にして書くわけですね。それで、こういう報告を受けましたという調書になるんですけど、実際そこにちょっと乖離があるわけです。やはり、こういう調書における、報告を受けましたという書き方はやっぱりそういうものなんですかとお伺いしたんです。もちろん、聞いてないからこの部分は責任を負わないと、そういうつもりではございませんで、やっぱり報告を受けたものについては、説明がない部分でも、やっぱりそれははいと言った以上はトップとしての責任を負うと、それは大前提なんですが、調書の作り方としてそういうようなものなんですかとお伺いしたら、正にそうだと言われたのを覚えていて、そうかというので、それから一生懸命突き合わせをやったりしたと、そんな記憶がございますね。

（以上　　松本　美和）

○ 鈴木克治被告人供述調書（第28回公判）

被告人供述調書（平成13年8月21日第28回公判）

(略)

弁　護　人（長）

最近開示されました乙62号証、63号証に関する質問です。第12回公判、去年の公判ですけれども、その公判で、平成11年6月11日、勾留質問後の検事の取調べ状況について、あなたは、机をたたいて大変なけんまくで追及されたとか、これは速記録の56ページですけれども、弁護士の意見によって、裁判官の前で否認したんだというふうなことをつい言う羽目になった、これは57ページです、などと述べた上で、弁護士の意見によって裁判所でそういうことを言ったというふうな趣旨の調書ができまして、署名をした覚えがあると、これは61ページ、旨の供述をしていますが、そこで言っている調書は、今回開示されたあなたの調書の中にありますか。

　　はい、ございます。

（乙）証拠番号62、63（各供述調書）を示す

この調書のどちらでしょうか。

　　63号証です。

それがあなたが前回公判で言った調書なんですね。

　　はい。

63号証の9ページに、裁判所に接見に来てくれた弁護士さんに対し、事実を認めたことを話したところ、認めるのが早すぎるなどとも言われ、また気持ちがぐらついてしまいましたという記載がありますけれども、このような事実、すなわち、6月11日の勾留質問の前に、裁判所で接見した弁護人から、事実を認めるのが早すぎると言われた事実はあったのですか。

　　いや、そのような、認めるのが早すぎるというようなことを弁護士さんから言われたことはありません。

では、実際にはどのようなやり取りがあったのですか。

　　一部、昨年お話ししているかもしれませんが、6月11日は、私が逮捕されてから初めて、先生方に逮捕後会ったという日で、たしか午前中だったと思いますが、それで、これから裁判官のところに行くというような時期でございました。そのとき、私は逮捕後の取調べ状況をお話をいたしまして、私が担当しておりました事業推進部の竹井君以下の部下たちが、どうも全部認めているようだというようなこと、それから、大野木さんも認めているようだと、それから、いろいろ計画的、段階的な処理について、私は検事に申し上げたんですが、いや、それは駄目だと、それは法律違反であるというようなことを厳しく言われたということ、それから、そういうことを踏まえて、優に1兆1000億のⅣ分類があるというようなことも何度も言われたんですが、そこまで、そんな多いとは私は全く考えておらなかったわけでありますけれども、今申し上げたような、部下のあれとか大野木さんのお話とか、それから、何度言っても検事が聞いてくれないというようなこともございまして、どうも状況が、極めて反論しにくい状況になっているというようなことを、たしか、まず初めに裁判所の面会室といいますか、そこでお話ししたと思います。

実際には、6月11日に接見する前の日、逮捕された当日に、あなた自身は、検察官の主張に沿う、それを認めるというなら、認めるということになるでしょうけれども、

認める調書に署名をしているんですよね。乙55号証というのが6月10日付けであるんですけれども、最初にあなたが弁護人に接見して、今言われたようなことを言った際に、認める内容の調書に署名したということを、あなたは冒頭で弁護士に述べましたか。

いえ、事実、昨夏も申し上げましたとおり、10日に、どうしても押し切られてしまって、逮捕された直後でございまして、全くどうしようもない状況に追い込まれまして、署名をしてしまったんです。しかしながら、余りに、私自身の気持ちとしては、どうも真実とは違うことを認めてしまったという意識もございましたし、逮捕されたその日ということでございますんで、ちょっといきなり両先生来られたんですが、いきなりということにはなかなかならずに、ちょっと、要するに、そこに至る背景というようなものを、さっきのようなことを、ちょっと先に、関係を申し上げたと思います。

検事の取調べの際、反論が困難ですよと、先ほどあなたがおっしゃったようなことを、まず我々弁護人に述べたということですね。

(うなずく)

そういうふうにあなたが思った理由なんですけれども、逮捕前に、あなたに我々弁護人は会ってますよね、1、2回。

はい。

その際に、事実だけ述べろと、事実に反する調書には署名をするな、もし事実に反するような記載があったら訂正しなさいという助言はしてましたよね。

はい、それははっきり覚えております。

それが念頭にあって、弁護人に言いづらかったということもあるんですか。

ええ、先生方とは、たしか5月の初めぐらいにお会いしたのが初めてだと思いますが、これもこの前申し上げたかもしれませんが、もうそのときにはマスコミの追及というのが、ものすごい状態でございますんで、たしかお目にかかったのも私も記憶にはっきりしてないんですが、それ以外に1回程度しかなかったのかなと思います。そのとき、会うたびにそのようなことは繰り返し言われましたんで、よく覚えております。

また戻しますけど、6月11日の裁判所の地下での接見の際ですが、あなたが、反論が困難な状況にありますという経緯を我々に対して説明されましたね。それに対して、我々弁護人はあなたに何と言いましたか。

たしか、長先生ではなかったかなと思うんですが、やっぱり、たしかそういう表現を使われたという記憶があるんですが、天下の特捜部が逮捕したというようなことになると、なかなか特捜部は君がいろんなことを言っても簡単に聞いてくれないよと、だから、これから大変だと思うけれども、やっぱり信ずるところをちゃんと言っていかなきゃいけませんというようなことを言われた記憶がございます。

あなたが反論が困難な状況にあると言うのを受けて、弁護人のほうは、特捜部は、逮捕した以上、虚心坦懐聞いてくれるというよりも、その可能性は少ないだろうけれども、事実を述べなさいというふうに、これは助言したわけですよね。

はい。

それに対して、あなたは弁護人たちにどう答えましたか。

さっきも、いきなりは報告できにくかったんですが、どうもそんなことを聞きますと、ますますこれは報告しなきゃいけないということで、実は、本当に、御助言申し訳ないんですが、やむにやまれず供述調書にサインをしてしまったという

　　ことを申し上げたはずです。
それは、検事の言い分どおりの調書に署名したというふうに述べたんですね。
　　はい、そうです。
それを聞いて、弁護人はあなたに何と言いましたか。
　　弁護人は、いきなり逮捕されたその日に認めたのかと、表情なんかもちょっと、私が感じましたのは、何かあきれたといいますか、ばかにされたような表情で言われたと思います。
そのほかに何か言いませんでしたか、弁護人は。
　　本当にそれが事実なのかというふうに、すぐ聞かれました。それに対して、いや、私はそういうふうな事情で、何度言っても聞いてくれないんで、検事の言うままに押してしまったけれども、私は違法なことをした覚えは今でもありませんというようなことを、それは申し上げたと思います。
それを聞いて、弁護人はあなたに何と言いましたか。
　　やはり、そういうことであれば、ちゃんとあなたの思うところを、つまり、真実を言ってきなさいということで、前から言われていることをまたかぶせて言われたということです。
以上のようなやり取りがあったわけですね、6月11日の接見の際には。
　　はい、6月11日の接見です。
逮捕翌日の接見ですよね。
　　はい。
以上のやり取りの状況を、あなたは検事にもきちんと述べたんですか。
　　はい、これも昨夏申し上げましたが、裁判所に行きまして、昨日、こんなことで押してしまったが、意に添わないものを押してしまったということを言って、東京拘置所に帰ってまいりまして、夜でございますか、検事の取調べが始まったんですが、その冒頭からものすごい勢いで、これも繰り返しませんが、昨夏、ここでお話ししたかと思いますが、というようなことで、一体、裁判所で弁護士に何を言ったんだというようなことを追及されて、私も、弁護士の話なんかしなければよかったのかもしれませんが、つい、やっぱり今申し上げたような報告をしたということを検事にも話しました。
そのやり取りですけど、弁護人との接見状況、それをありのままに述べたんですか、検事には。
　　私としては、先ほど話したような、ちょっと順序とか何かは一部違っていたかもしれませんが、基本的にはそういうお話をしたつもりです。
そうなりますと、弁護人が、認めるのが早すぎるとは、あなたも言ってないことになるんでしょうけれども、これはどういう経緯でこの表現が出てくるんでしょうかね。
検事は、あなたが弁護士との接見状況を話した際に、認めるのが早すぎると弁護人が言ったんだなというようなことを、あなたに確認を求めたりはしたんですか。
　　いえ、検事さんには、裁判所での接見の模様をお話ししたんですけれども、話を聞いた後、大きな声で、要するに、弁護士に否認しろと言われたのかというふうなことまで言われてしまったわけです。
あなたのやり取りを聞いていて、検事はそう言ってきたということですね。
　　はい。
それをあなたは否定しなかったんですか。
　　いや、ちょっと、あのときの状況を今でも思い出しますけれども、何か検事の表情もすごい表情でございまして、相当激しくそんなことを言ってました。それで、私としては、弁護士さんに言われたとおりのようなことで、真実を言ってきたつもりでございますが、どうも、真実を話した話したということを何度も言うと、要は、否認しろと言われたんだなというようなことになってしまったわけで、そのとき、いえ、そんなことは言われてませんと言えればよかったんですが、どうもそこまで言えずに、つまり、否定ができなかったというふうに言ったほうが正直なところかもしれません。

そもそも、認めるのが早すぎるというふうに弁護人が言うためには、弁護人が真実を把握している必要があるだろうと思うんですけれども、我々弁護人には、事実の有無を把握するだけの情報が、当時ありましたか。

いや、それはないと思います。さっきも申し上げましたとおり、5月の初めに会って、それを含めて、1、2回といいますか、2回程度しか先生方にはお会いしておりませんし、私自身は違法なことをした覚えはありませんということは、その都度、両先生に申し上げたと思いますけれども、本件といいますか、については、金融行政だとか、あるいは早期是正措置だとか、それから銀行の決算だとか、非常に全体をつかむのにはいろんなテーマが分からないと何とも言えないような状況であったと思いますが、とてもそんな時間もありませんので、事実関係について、先生方がその時点で、ちょっと、分かっていたとは、それは、とても思えない状態だと思います。

あなたが逮捕された6月10日の前、一番最初に会ったのは、昨年の12回公判で、5月20日の1週間から10日前、これが一番最初だというふうにおっしゃってますが、それが5月、今あなたがおっしゃった初めのころですかね。それが1回目と。

はい、そういう表現をしたかもしれません。

もう1回ぐらい会ったような気がするということですが、その際に、今あなたがおっしゃったようなもろもろの点について、話を伺う機会もないし、また、資料もないし、あなたからは、違法な決算をした覚えはないと、一切ないんだということを弁護人は聞いていただけだったと、こういうことですね。

そうです。

それでは、なぜ調書ではこのような記述になったんだとあなたは思いますか。

否定すればよかったんですが、否定をしなかったというのが第一の原因だと思いますが、第二に、検事さんが弁護士等の動きというのをどうも気にされた感じがございます。それは、検事さんのほうから、やはり大野木さんの弁護人は事実をよく承知しているよと、これも昨夏にも申し上げたと思いますが、決算資料を持っているというようなことを何回も言われておりまして、そういう意味からいうと、私の感じでございますから、当たっているかどうか分かりませんが、私の弁護人といいますか、長先生、それから更田先生とも、同じように事実をつかんでいるはずなんじゃないかというふうに、どうも、やっぱり検事さんは思っておられたんではないかというような気がしていました。

それが前提になっているから、認めるのが早すぎるというような表現を検事はしたんじゃなかろうかというのが、あなたのお考えですね。

はい、全く私の勝手な推量ですけど。

今のあなたの御発言を聞いてますと、大野木弁護団が事実を把握しているよとか、あなたの取調べ検事が思っているということはいいんですけど、事実を把握しているイコール逮捕事実を認めるという意味に受け取れるんですけれども、検事はそのような言い方をしてきたんですか。

　ええ、そのような感じに私も受け取りましたし、そういうようなことも言われたと思います。

具体的に、あなたがそういうふうに受け止めるような内容のことを検事は言ってきたんでしょうか。

　はい、昨年は、ちょっとそこまで、固有名詞まで申し上げなかったんですが、実は、こんなことを検事から言われました。それは、大野木さんの弁護人でおられた中島先生はさすがだよと、やっぱり元特捜部だからねと、やっぱり彼は、さっきとダブりますが、決算の資料を持っているし、事実もつかんでいるし、それから、見通しなんかも把握しているよというようなことをはっきり言われました。

それを聞いて、あなたはどう思いましたか。事実を把握しているというのは、逮捕事実を認めることなんだというふうに理解されるきっかけの発言なんでしょうけれども、あなたは、これを聞いて、この事件というのは争いようがないんだなというふうに理解されたということになりましょうか。

　ええ、大変厳しい状況に追い込まれちゃっているのかなと、やっぱりちょっと、弁護士さんのことも言われましたので、同時に不安になったということもございました。

また乙63号証の記載について伺いますけれども、乙63号証の7ページ、検事にあとの2人は何と言っているのですかと聞いてみた旨の記載があるんですけれども、これは事実なんですか。

　これは、前回のときに検事さんからも同じような質問をされたんですが、その後、帰ってよく考えてみましたけれども、ごく当たり前のことなんですが、私が逮捕されたときには、大野木さんはさすがに一緒かなとは思ってたんですが、須田さんが逮捕されたというような事実を、当然私は知りませんでした。したがいまして、順序で言いますと、検事から須田さんを含めた名前を出していただいたと、で、逮捕の当日に2人は認めているということを先に言われたんです。私自身は、当然、もともと、言われても、言われなくても、一緒に逮捕された人はだれで、その人はどうしているのかなという、そういう心配の気持ちは、もちろん持っておりましたけれども、そもそも、逮捕された人は、私は知りませんでしたので、順序からいえば、検事さんから言われたということは明らかだと思います。

まず、あなたは、逮捕されたのがあなたを含めて3人だったというようなことは、当初、知らないわけですよね、今の御発言ですと。

　はい。

あなたを含めて、さすがに大野木さんは逮捕されているだろうと、だから、二人なんだろうなという認識はあったと、しかし、須田さんまでも逮捕されてることは知らなかったということですね。

　知りませんでした。

そうすると、調書に書いてある、あとの2人という表現をしようがないわけですね、あなたは。

　ええ、要するに、本当をいいますと、もっといるのかも分からなかったわけですから、あとの、3人なのか、5人なのか、あとの1人なのか、私だけではないだろうとは思っておりましたけれども、そこら辺は、人数は、当然のことながら分かりませんでした。

だから、こういう聞き方すら、できる状態に、まずないわけですね、あなたが。それがまず一点ですね。

はい。

それと、あなた自身から、ほかの逮捕者が何と言っているのかと質問したこともないということですね。

２人が認めていると言った後、そうですかと言ったり、その後、裁判所から帰った後なので、２人は今度具体的にどう言っているんですかというようなことを聞いた覚えはあります。

また調書について伺いますが、11ページ、検事からは、否認したければ否認していいし、あなたの好きにすればいいと言われましたとの記載がありますけれども、これは事実ですか。

このようなことを言われたのは確かです。しかしながら、この調書では、この部分だけが抜き書きされておりますので、確かにこんなことを言われたんですが、できれば少し流れを説明をさせていただきますと、これを言われるまでに、これも昨年の夏にお話ししたかと思いますが、裁判所から帰ってきた後の取調べで、とにかく机をばんばんたたいて、大変なお怒りでございまして、昨日言ったことをすぐ引っ繰り返すのかというようなことで、がんがんやられたわけです。具体的に何回も言われたのは、あなたの部下はみんな認めてるぜと、それから、元頭取、副頭取の２人は本当に立派だと、長銀の破綻の認識、責任もしっかり自覚しているし、本件についても潔く認めていると、それに比べておまえは何だというふうなことを繰り返し繰り返し言われたわけです。また、検事さんからそう言われたと同時に、また一方では、強制しているんじゃないぞというようなことも、もちろん何回も言われました。それから、さっき申し上げたような弁護士さんの話もされましたし、そのほか、いやいや、あなたの人生の後半も長いんだよというようなことも言われたし、これもまだ申し上げたことはないんですが、商法と証取法を合わせると７年になるぞと、それは、たしか、人生が長いと言うときに合わせて言われたようなことがあるかと。そのようなことをわんわんわんわん繰り返し言われて、そういう中で、要するに、否認したければすればいいじゃないかと、その選択もあなたの人生でしょうというようなことを言われたわけでありまして、ここで抜き書きすれば、正にこのとおりになるんですが、私としては、とにかく、どうなるのかなというふうに、何回も申し上げていますが、もう大変なことになったなというふうなことに、させられたと、その最後か、最後の前ぐらいの言葉だったんじゃないかなと思います。

調書の記載から見ると、これは当たり前のことが書いてあるだけにしか見えないんですね、これは黙秘権の告知をしているようなものだけれども、今の話を聞くと、あなたはそうじゃない受け取り方をされたということですな。

はい、黙秘権については、必ず検事は冒頭に、ここに書いてあります、自己の意思に反して供述することはないよということは、必ず私の検事は言われていましたんで、それはそれで私も承知しております。

それとは別に、あなたが今言ったように、否認したければ否認していいと、あなたの人生だと、こういうふうに言ってきたと。

はい、そうです。

それは、調書に記載されてるように、その文言だけぽんと出たんじゃなくて、ありとあらゆることを言われた挙げ句にそう言われたんだということですね。

はい。

そうすると、その言葉自体をあなたはどういうふうに受け止めましたか。

もう、どうしようもないなというふうに、私は受け止めました。

額面どおりの言葉としては受け止められなかったということですね。

もう勝手にしろと言われたというような、これから大変なことになるなというふうに受け止めたということです。

さらに、調書の 11 ページから 12 ページに至るまでのところですけれども、自分が依頼している弁護士さんに、一言自分の決断を伝えてから、再度事実を認める旨の調書うんぬんという記載があるんですけれども、自分の決断を弁護士に伝えるというふうにあなたが自発的に言ってきたという旨の記載があるんですが、これは事実ですか。

確かにこのようなことを申し上げたと思いますが、自発的というのか、そういうことではなくて、またちょっと申し上げさせていただきますと、弁護士さんの話というのが、結構検事から何度もございまして、さっき申し上げたこととダブらない点を少し申し上げますと、これもちょっと私の両先生の名誉にもかかわるんで、ちょっと今まで申し上げたことはないんですが、要するに、大野木さんの弁護人に比べて、あなたの弁護人、長先生と更田先生がおられるわけですが、長先生については、何か検事のとき一緒だったと、同期と言われたと思いますが、だけど、長先生は特捜部にはいなかったよと、それから、更田先生については、どうも裁判所と言われたか、法廷と言われたか、刑事事件と言われたか、よく覚えておりませんけれども、要するに、会ったことも見たこともないということを言われまして、私は、やっぱり特捜部というのはすごいところなんだなというふうに思ったんですが、その後に、要するに、両先生は事実を分かっているのかなと、分かって、あなたのためにやっているのかなというようなことを言われまして、さらに、やっぱり大野木さんの弁護人たちとよく連絡を取っているのかなと、あなたも私が言ったようなことをちゃんと報告したほうがいいよと、弁護士というのは大事なんだよと、私からすると、非常に、何というんですか、検事からアドバイスを受けたというような感じのところもあったんですが、そういう話がありました。それで、私自身としても、とにかく接見の機会があれば、今申し上げたようなことを、後段申し上げた、特捜部にいなかったとか、裁判所で見たことないというのは、ちょっと余りに失礼なんで、申し上げたことはないんですが。

別に失礼でもないんですけどね、事実ですから。

それ以外のことは、御報告をしたと思いますけれども、そういう機会があれば、するんだというようなことを検事には言っておりました。それで、実はこの前も検事さんから聞かれて、調書を 1 日待ってくれと言ったのかどうか、あれだったんですが、ここでこれが出てまいりまして、見ると、なるほど、12 日の署名ということになってまして、それと合わせて考えますと、どうも 11 日、帰ってから夜でございますから、さっき言ったようなことをわんわんわんわん言われましたんで、それから、弁護士さんについて、検事からのアドバイスといいますか、そんなことも話さなきゃいかんなというようなことがありましたんで、どうもはっきりは覚えてないんですけれども、そういう機会まで、で、弁護士に話して、私の気持ちを話してというようなことを、どうも申し上げたんじゃないかなというふうに、今は思っております。

ちょっと長くなったんでまとめますけれども、検事が弁護士に関して言ってきたことというのは、他の弁護人に比べて、長弁護士は、元検事で落合検事と同期だけれども、特捜にいたことがないと、まず一点ね。

はい。

それから、更田弁護士に至っては、見たことも聞いたこともないという言い方をしてきたと。尊敬しているとは思えませんよね、どう見ても。この 2 人は事実を知っているのかということですね。で、大野木弁護団のところには資料があるから、連係を密にしろというふうに言ってきたわけですな。これを聞いていると、あなたの弁護人は事実が分からないで、あなたのためにならない助言をしているというふうにしか聞こえませんけれども、あなたもそう思ったんですか。

ええ、正直、非常に心配になったのは、こんなことを申し上げていいかどうか分かりませんが、そういうふうな気持ちになったことは事実です。

6 月 11 日のときに、どうも乙 63 号証を見ると、調書が出来上がっていたようですよね。ただ、それをその日に、出来上がっていたというのはちょっとあれですけど、作成されていて、あなたは閲読していたんでしょうかね。

はい、私は本当に、いつ署名したのか、前回、前回といいますか、昨年の夏のときにも、あのときの感じでは、何かその日じゅうに陥落しちゃったような感じでお答えした覚えがあるんですが、どうも事実これが 12 日になってますと、そういうもろもろから記憶を復元すると、こんなことを言ったのかなと。鮮明に覚えているのは、弁護士に、検事のアドバイスといいますか、そういうふうなことを、やっぱり早く言わなきゃということで、接見の機会があれば言え、言いますというようなことを言ったことははっきり覚えております。

あなた方の弁護人は事実を把握していないから、あなたからきちんと伝えろというふうにも言われたわけですよね、落合検事から。

はっきりその辺のことを話せと言われました。

じゃあ、話してから署名しますという話になったわけですかね、流れとして。

ええ、どうもそのようだと思います。

それが検事の意向でもあったというふうに、あなたは理解したということになりましょうか。

ええ、まあ、意向だとか、冒頭に自発的かどうかというのを聞かれたんですが、そういう意味でお答えできるかどうか分からないんですが、まあ、結果、こういうふうになったということは、とにかく今までの流れで、すぐ署名しろというふうに迫られてきていますから、一晩か二晩か、よく分かりませんが、時間を経過してというようなことが、できたということですから、検事も、そういう意味では分かってくれたのかなというふうなことだと私は思います。

（以上　　小海　智美）

今のあなたのお話を伺ってますと、この調書の記載を見ると、もう自発的に、あなたのほうから、事実はこうだということを弁護士に伝えますというふうに受け取れるんですが、そうではなくて、もろもろの話が、今あなたがおっしゃったような話があって、これ、弁護士に、まず伝えなきゃいかんという気持ちにあなたがなって、どうも署名するのを、調書作成日ではなく、その翌日にしたというふうに受け取れるんですが、それでよろしいでしょうか。

はい、方向としてはそういうことだと思います。

だから、あなたが自発的に、一方的に、待ってちょうだいよと言ったわけじゃないということですね。

はい。

あなたが検事の意向を酌んだという面もあるということでしょうか。

ええ。特に、大野木弁護団の、事実をよく知っているという以降の話を、ちゃんとしたらということのアドバイスを受けてますし、機会があったらしますと私も答えたのははっきり覚えてますんで、それと、正に連動してることでございますんで、だから、その部分で言えば、私だけではないと言いますか、ということじゃないかと思います。

それで、実際に11日の翌日の6月12日、これは土曜日ですけれども、弁護人はあなたに接見していますよね。

はい、来られました。

その6月12日の接見内容の点については、昨夏の被告人質問でもあなたはおっしゃってますが、その点について、この乙63号証の12ページに、接見内容の記載がありますね。昨日の朝、弁護士さんと会いました。昨日の朝というのは、これは6月13日付けの調書ですから、12日の朝ということになるんですが、すると、弁護士さんから、接見の冒頭、家族からの激しいメッセージが届けられました。それは逮捕事実を認めることは、それまでのマスコミ報道を認めることになるから、認めずに頑張ってくれというものでしたと、こういう記載があるんですが、これは6月12日のあなたと弁護人の接見内容としてあったことなんでしょうか。

いえ、中身が違います。たしか昨年の夏に、12日の接見の模様もこの席でお話ししたかと思いますが、私が先生方に御報告したのは、こういう経緯の、こういうというのは、先ほどお答えしたような経緯の中での話でございますから、私は違法な行為をしたことはないんだというようなことを、このまま言い続けていいのかと、それから、これは大変失礼な話だったかもしれませんが、先生方の御助言をずっと聴いていていいのかというようなことを先の大野木弁護団のお話とともにいたしたわけです。

それ、あなたがおっしゃっているのは、第12回公判のあなたの速記録の65ページからにあるんですけれども、あなたは弁護人に何を話しましたかと、こう質問したのに対して、一つは、私だけがそんなことで頑張っていて、いいのだろうかという点と、それから、本当に申し訳ないんですが、先生方の御助言を聴いてやっていて、いいのかというようなことを言いましたと、こうおっしゃっている。更に、私としては真実に反することは申し上げたくないんですが、検事の言われる98年(平成10年)3月期決算は、法律に違反しているという事実を、いつまでも拒否し続けるということを続けていて、いいのかというようなことを我々に言ったというふうに供述されていますよね。

はい。

これをあなたは、今おっしゃっているわけですな。

はい。昨年のことを繰り返しちゃったんですが、今お話ししたわけです。

この被告人質問をしている当時は、あなたがおっしゃったような長弁護士、私ですが、長弁護士と更田弁護士の話は聞いてないんで、このあなたの話というのは、接見したときも、そこまではあなたから言われてなかったもんだから、なぜそんなことを言うのかなと思いましたけれども、落合検事から、具体的に、そう言えと言われていたからこのようなことを言ったということになりましょうかね。

はい、厳格に言いますと、そういう命令口調だったということで答えていいかどうか分かりませんけれども、私としては、話さないと駄目だよという意味で、ある意味では命令口調なのかもしらんけれども、受け止め方としては強いアドバイスって言ったほうがいいのかも分かりませんが、そんな感じで御報告をしたということです。

ところが、我々はその背景を知らないから、それに対して、これは第12回公判、速記録の69ページですけれども、あなたがそこで答えてますね。質問は、ところで、あなたがそう言ったことに対して、弁護人は何と言いましたかと、こう質問したところ、そのとき言われましたことは、だれのためということではなくて、あなたと家族のためなんだと、我々が信じられないというのであれば、また別の道もあるけれども、まあ、何と言われたかはちょっと忘れましたけど、捜査段階では国選弁護人なんていうのは駄目なんだよと、大変厳しいことを言われた覚えがありますと、こういうふうに、あなた、お答えになっていますね。これは弁護人が怒っているということですよね。

はい。私も実は、その公判の国選弁護人の制度というのは、捜査時にはないんだっていう、一体、弁護士がいなくなっちゃってどうなっちゃうのかなって、もう大変厳しいことを言われた。だから、きちっと真実を言わないような人は相手にしないよと言われたのかなと思って、よろしくお願いしますってすぐ答えたと思うんですけど、本当に参ったなと、いやいや、本当にもう参った。で、たしか、昨年申し上げたんですけど、本当にそういうふうなことで表現がいいかどうか分からないんですけど、板挟みというようなことを申し上げたのは、正に板挟みだったんです。

落合検事の助言に従って、弁護人に伝えたところ、弁護士からは、事実どおり述べろと、あなたが言ったようなことであるならば、ほかの弁護人にしろと言わんばかりのことをあなたは言われてしまったんですよね。そういうことですな。

そうです。

ですから、その調書の12ページに書かれているようなこと、逮捕事実を認めることは、それまでのマスコミ報道を認めることになるから、認めずに頑張ってくれというようなことは、これ、我々は言ってませんよ。

はい、言われていません。

ところで、検事が、弁護人と接見して、あなたが弁護人に何かを伝えろという意向を持っていたことは、今あなたの話を聞いて分かるんですけれども、私から聞いていますよね、捜査段階というか拘置所で、実は6月13日の日曜日に、主任検事の大野検事から私の自宅に、朝、電話があったということを聞きましたね。

はい、それはお聞きました。

で、大野検事は、13日。

検　察　官（保坂）

異議があります。ちょっと誘導がひどいと思います。

弁　護　人（長）

じゃあ、質問しましょう。主任検事から電話があった旨の話を聞きましたね。

はい。

その具体的内容をあなたは覚えていますか。

いや、覚えておりませんが、何か落合検事が、要するに、私とよく、弁護士から会うようにと、会ってほしいというようなことを大野さんという方ですか、が言われたということは、長先生からお聞きました。

その中身は、先ほどちょっと異議が出ましたけれども、6月13日、日曜日ですけれども、大野検事から私の自宅に電話があったということじゃなかったですか。

ああ、たしか電話があったということは聞きました。

で、落合検事が、至急、鈴木さんに接見するようにというふうに言っているから、行ってくれないかということを大野検事が私に電話してきたということを、あなた、私から伝えられたんじゃないんですか。

はい、そのようなことをお聞きしました。

ところが、私、月曜日には接見に行けないという回答をしておいたんですよと伝えましたね。

はい。

(乙) 証拠番号 63 (供述調書) を示す

乙 63 号証の 14 ページですが、この真ん中辺りから、それでも私としては弁護士さんを通じて家族に対して、自分が再度決断したこと、逮捕事実を認めることはマスコミ報道を認めるものではないことを伝えてから調書を作成してもらいたいと思いましたと、こう記載がありますけれども、これは、先ほどの弁護士の接見内容、助言を前提にした記述ですから、このような気持ちというのも、あなたには実際、あったんですか、なかったんですか。

ここにこのとおり書かれてますけれども、私は家族は、私のことを信頼してくれてますが、何か、家族に私が決断したとかなんか、いちいち弁護士さんを通じてお話しするようなことも必要ありませんので、このようなことを申し上げるはずはないと思います。

これはあなたの述べたことではないんですね。

はい。

(乙) 証拠番号 62 (供述調書) を示す

この乙 62 号証は 6 月 12 日付けの調書になっていますから、これが、乙 63 号証の 11 ページから 12 ページに記載されている、調書作成を一晩待ってもらった調書になりましょうかね。

はい、と思います。

内容については、あなた自身が自分で述べたことが記載されているんですか。

いえ、これは、私も読みましたけれども、数字があちらこちらにございますが、その数字の全部について、私はそのとき覚えておりませんでしたし、それから、資料自体は、何も見せてもらっておりません。ですから、したがいまして、ここに私が供述したというふうに書いてありますが、このようなことを私が申し上げてはおりませんで、ただ、このような調書が出来上がったのに、大変情けなくて不本意だったんですが、ついにこれ以上頑張る気力もなくなって、署名をしてしまったというだけであります。

実際には、この乙 63 号証の記載内容から、この 6 月 12 日付けの乙 62 号証は、6 月 11 日に作成されていたことが明らかですよね。

はい。私の記憶ですと、6 月 12 日の夜は本当に大変でして、どのくらいの時間だったか、時計がないので分かりませんが、もう後半にはこのようなものができて、このとおりだろうというようなことを言われたことは覚えております。

その乙 62 号証というのは、細かな数字なんかも出てますけれども、あなたは資料なんかも示されていないわけですよね。

はい、おりません。

ですから、あなたが述べられるはずがないというような細かな数字も記載されているということになりますか。

はい、覚えていない数字も入っております。

検　察　官（保坂）

6月12日に、弁護士と接見した際に、家族から激しいメッセージが届けられたと、こういう記載が、先ほどの調書に書いてあるわけですが、全く事実に反する、そういうメッセージが届けられた事実もないし、あなたもそんなこと言ってないのに検察官が勝手にでっち上げげたと、こういうことになるんですか。

はい、そういうふうに私は思います。ただ、家族のことは、なんて言いますか、強制捜査って言いますか、家宅捜査みたいなものもありましたので、私自身としては、その家宅捜査も、どうも大変いかめしく行われるようでございますので、女房、子供なんかがどんな状況になっているかというのは心配しておりましたし、いつの日か分かりませんが、たしか12日にもあったかもしれませんが、両弁護人から、家族も元気でやっていると、あなたも頑張りなさいというようなことを、たしか言われたような気がしておりまして、家族についてはそのようなことです。それから、家族がそこで、マスコミの報道をそのまま認めてしまうことになるのかなんて、残念ながら、家族は私のことを信じておりますが、どうもマスコミを認めてしまうとか、そういう、なんて言うんですか、ただ私を信じているだけでございまして、そんな理屈めいたことを言うことはありませんで、要するに、私は、両先生から、だれのためでもないんだと、あなたのため、家族のために、やっぱり真実を述べなさいというようなことで、そういう意味で家族というようなことを申し上げたことはありますが、今、調書に書かれているようなことはありませんでした。

調書に書いてあるようなメッセージが来てないというのは、あなたははっきり分かってたわけですよね。あなたの今言った話からしますと、そういうことになりますね。

はい。

じゃあ、何でそういう、明らかに事実と違うことが書いてある調書に署名するんですか。

それは、先ほどの否認しろと言ったのと同じようなことで、もう正に、今、検事さんが厳しく指摘されているとおりだと、私は、もう正にそう思いますけれども、そのときには、もう全く、検事の言われるままに署名してしまったというだけでございますんで、分かっててなぜかと言われれば、本当にそのとおりだったと、今となっては、反省するしかないと思います。

あなたと弁護人の接見の内容というのは、あなた自身、それから、弁護士さんが、一番よく分かっているわけですよね。

……。

そうですよね、当事者なんだから。違いますか。

はい。

そこで、やり取りもされてないような内容について、調書に書いたら、これ、うそだというのは、後ですぐ分かることじゃないんですか。そんなことを検事が調書に書くんでしょうか。

いやあ、それはちょっと、私としてはお答えしようがないんですが、やっぱりその当時、正に弁護士先生から言われたように、事実が誤ったことは訂正しなさいということをしなかった、できなかったというだけでありまして、ちょっとそのように追及されても、ちょっとまともに、ちょっと私、お答えしようがありません。

それから、逮捕されたときに、被疑事実、どういうことで捕まえるのかということを読んでもらいましたよね。

　　はい、それは、検察庁の部屋で読んでもらいました。

そこの中に、あなたのほかに、大野木さん、それから、須田さんと共謀の上というふうに書いてあったと思うんですが、記憶ありますか。

　　全然覚えてません。

ただ、その2人の名前は出てきているんですけどね、そのことからすれば、その2人が一緒に捕まっているということは、大体、分かるんじゃないでしょうか。

　　……いや、私は、容疑事実を読み上げられたのも分かりますし、そんなようなことはありませんというのを手書きしてもらったのは覚えてますけれども、その謀議によるというのは、全然覚えておりませんでした。

共謀という点はともかくとして、大野木さんの名前と須田さんの名前が出ていたという記憶はないんですか。

　　書いてあるんで、そのとおり読み上げられたんだったらそうかもしれません。

そうだとしたら、その2人も一緒に捕まっているということは想像がつくんじゃないんですか。

　　そうであればそのとおりだと思いますが、私は拘置所に行ったときは、本当に大野木さんは間違いないなと、勝手に思っておりましたが、須田さんということは本当にしなかったです。

前回の速記録の130ページのところ辺りなんですが、逮捕の翌日、勾留質問の前に接見した際に、弁護人のほうから、もう少し頑張れないものなのかと、こういったようなことを言われたと、前回言われているんですが、今日はそういう話は出てきてないんですけれども、どっちが本当ですか。

　　私はさっき、具体的には長先生からの御質問でお答えしたかと思いますが、大変特捜部は厳しいぞと、なかなか聞いてくれなくて大変だよというようなことは頭へはっきり残っておりましたので、相当頑張らなくちゃというようなことで、この前お答えしたんだと思います。

そういうふうに言われたから、前回そういうふうにお答えになったということなんですか。

　　はい、要するに、事実に反することを言ってしまったと。で。

お聞きしているのは、弁護人から、もう少し頑張れないものなのかと言われた事実があったのか、ないのかということを確認しているんですが。

　　それは、さっき申し上げたようなことを聞いて、私は、頑張らなくちゃいけないという意味で申し上げております。

ちょっとよく分からない。言われたから、前回そう言ったんじゃないの。

　　いや、頑張らなくちゃいけないよというような趣旨のことを言われたんで、頑張らなくちゃというふうに申し上げたつもりです。

今日の話でも、逮捕のその日に認めたのかと、弁護人はあきれたような顔をしていたということなんですが、何であきれちゃうんですか。

　　何であきれるか分かりませんけど、要するに、私がそういうふうに受け止めたということを、あきれたような、びっくりしたようなと言いますか、そういうことで申し上げただけで、だから、私の表現で、弁護士があきれるようじゃ困るよというような意味で、今検事が聞かれているんであれば、そういう意味ではなくて、私が勝手に受け取った意味だということです。

こっちがお聞きしたいのは、逮捕のその日に認めたのかとか、あるいはもう少し頑張れないのかと言われたというのは、その前提として、認めるのが早いですよと、こういう趣旨が含まれているんじゃないんですかということをお聞きしているんですが。

弁　護　人（長）

異議があります。今、もう少し頑張れないものなのかというふうに、弁護人からそのような文言を言われたとは供述してないんで、それを前提としてうんぬんというのは、それは誤導なんで、異議があります。

検　察　官（保坂）

そういう趣旨のことは言われたって、先ほどおっしゃったと思うんですけど。

弁　護　人（長）

そう受け取れることは言われたと。じゃあ、質問をきちんと特定してください。弁護人はそう言ってないんですよというふうに答えてますから。

裁　判　長

そういうようなことを言われたという範囲では言ってたんですがね。

検　察　官（保坂）

じゃあ、質問し直しますが、もう少し頑張れないものなのかというようなことを言われたと、あるいは、逮捕のその日に認めたのかと言われたと、こういうことは、その前提として、認めるのが早すぎますよと、こういうことが含まれているんじゃないんですか。

弁　護　人（長）

今の質問も一緒じゃないですか。そう言ってないというふうに。だから、言われたというのが前提になっているから。

検　察　官（保坂）

そのようなことは言われたと言っているじゃないですか。

弁　護　人（長）

違いますよ。それは誤導ですよ。

裁　判　長

誤導とかではなくて、質問として、要するに、そんなに早くしゃべっちゃったのかということは言われたことはないんですね。

いいえ、逮捕当日に、もう認めたのかというようなことは言われた覚えがあります。

検　察　官（保坂）

だから、その前提として、認めるのが早すぎるということが含まれているんじゃないんですか。

裁　判　長

だから、そこは解釈論だからいいんじゃないですか。そういうことを言われたのかということであれば、事実として聞いてください。

検　察　官（保坂）

じゃあ、結構です。

裁　判　官（石田）

今日の話の中で、これまでもあなたは言ってきたと思うんですが、否認したければ否認すればよいと、取調べ中に検察官に言われて、これはどうなってしまうのかなということを考えたということを言ってましたよね。

はい。

逆に、認めたらどうなるのかということは考えたんですか。

おっしゃるとおり、否認すると認めると、全く反対の概念をお聞きになっているんでございましょうか。

はい。

そのときは、否認するならしろというようなことは、その否認とか、認めるとか、そういう、もう私は受け止め方というよりも、もう、勝手にしろと言いますか、そんなようなのに受け取れまして、だから、否認しろというの、その文字どおりの意味よりも、もうどうなっても知らないぞというような感じに受け取れたということを、先ほどちょっと申し上げたのはそういう意味でありました。

だから、このまま取調べ検察官から、ある意味、見放されるような状況におかれることは耐えられなかったというふうに聞けばいいんですか。

はい。要するに、こういう状況が、もう果てしなく続くんじゃないかというような、非常に追い込まれたような感じにさせられたということです。

そういう状況を終わらせたいというふうに考えたというふうに理解すればいいんですか。

そうですね。そういうようなことも、幾つかいろんなこと、何回も繰り返して言われましたんで、その一つの要因であったことは、まあ、つまり追い込まれた、もうどうしても抵抗できないなというのも理由の一つにはなったとは思います。

裁 判 長

ただ認めちゃうと、自分でそこの責任を負わなくちゃいかんという、そこは分かるわけですよね。

はい。確かに、もうそのとおりだと思いますが、当時はとても、1回、頑張ったんですが、とてもあの中では、情けないんですけれども、全くおっしゃるとおりのことだということは、分かってはいるんですけれども、できなかったという、もうそれ以外にありません。

弁護士からは、本当のことだけ言いなさいよと、違っているんだったら署名しちゃいけないよということを言われているわけですよね。

はい。もう本当に、正に、両先生からもそのとおり言われているんですが、もうやはり、昨年申し上げましたけれども、検事の存在感が、やっぱり、特に、裁判所から帰ってまいりました11日以降は、どうしても検事の存在のほうが、結果として大きくなってしまったということだと思います。

(以上　　木場　英子)

第 29 回公判調書（手続）

被告人の氏名(1)　大野木　克信（出頭）
被告人の氏名(2)　須田　正己（出頭）
被告人の氏名(3)　鈴木　克治（出頭）
被告事件名(1)、(2)、(3)証券取引法違反、商法違反
公判をした年月日　平成 13 年 9 月 11 日
公判をした裁判所　東京地方裁判所刑事第一部
裁判長裁判官　大野　市太郎
裁判官　福士　利博
裁判官　石田　寿一
裁判所書記官　村上　剛英
検察官　保坂直樹、大圖　明
出頭した弁護人(1)　（主任）那須弘平、倉科直文、横田高人
出頭した弁護人(2)　（主任）國廣　正、五味祐子、坂井　眞
出頭した弁護人(3)　（主任）更田義彦、長　文弘

証拠調べ等
　証拠等関係カード記載のとおり

先に指定告知した次回期日
　平成 13 年 9 月 28 日午前 10 時 00 分

平成 13 年 9 月 11 日
　東京地方裁判所刑事第一部
　　裁判所書記官　村上　剛英

第30回公判調書（手続）

被告人の氏名⑴　大野木　克信（出頭）
被告人の氏名⑵　須田　正己（出頭）
被告人の氏名⑶　鈴木　克治（出頭）
被告事件名⑴、⑵、⑶証券取引法違反、商法違反
公判をした年月日　平成13年9月28日
公判をした裁判所　東京地方裁判所刑事第一部
裁判長裁判官　川口　宰護
裁判官　福士　利博
裁判官　石田　寿一
裁判所書記官　村上　剛英
検察官　保坂直樹、大圖　明
出頭した弁護人⑴　（主任）那須弘平、倉科直文、横田高人
出頭した弁護人⑵　（主任）國廣　正、五味祐子、坂井　眞
出頭した弁護人⑶　（主任）更田義彦、長　文弘

公判手続の更新

裁判官がかわったので公判手続を更新した。

被告事件に対する前と異なる陳述

那須主任弁護人、倉科弁護人、横田弁護人

那須主任弁護人ほか弁護人2名連名作成の本日付け「弁論更新に際しての弁護人の意見」記載のとおり

坂井弁護人、國廣主任弁護人、五味弁護人

國廣主任弁護人ほか弁護人2名連名作成の本日付け「弁論更新における弁護人の意見」記載のとおり

更田主任弁護人

更田主任弁護人及び長弁護人連名作成の本日付け「意見書」記載のとおり

検察官の退廷

検察官大圖明退廷

証拠調べ等

証拠等関係カード記載のとおり

指定告知した公判期日

平成13年10月5日午前10時00分　（次回期日）
平成13年11月2日午後1時15分

平成13年10月3日

東京地方裁判所刑事第一部

裁判所書記官　村上　剛英

⑴　更新意見

①　須田弁護団

弁論更新における弁護人の意見

被告人　須　田　正　己

被告人須田正巳に対する証券取引法及び商法違反被告事件について、弁論の更新における弁護人の意見は、以下のとおりである。

2001（平成13）年９月28日

弁護人　國　廣　　正
弁護人　坂　井　　眞
弁護人　五　味　祐　子

東京地方裁判所刑事第１部　御中

【A】本件起訴の全体構造について

一　はじめに

今回の弁論更新手続きは証拠調べがほぼ終了した段階で行われるものであるため、弁護人らとしては、網羅的に証拠や論点について意見を述べることはしない。それは最終弁論で行うこととし、更新にあたっての意見としては、これまでの証拠調で明らかになった事実を前提に、本事件を判断するに際し最も重要であると考える視点を新たな構成の裁判所に理解していただくという観点から、特に重要な点に絞って更新意見を述べることとする。

二　本件公訴提起の根本的問題点

⑴　本件公訴提起には、刑事司法の根本原則である罪刑法定主義の観点から重大な疑義が存する。

もちろん弁護人らは、商法の違法配当罪に関する規定や証券取引法の有価証券虚偽記載に関する規定そのものが罪刑法定主義に違反し無効である、などという主張をするものではない。弁護人らの主張は、簡潔に言えば、「不良債権の償却・引当不足」などという事案に対してこれらの規定を適用する場合は、犯罪の構成要件該当性如何の判断が困難であるため、慎重に適用の可否を判断しなければ罪刑法定主義に違反する結果を招く、ということである。

⑵　違法配当罪は本来、損失の隠蔽や架空利益の計上などによるいわゆる「粉飾決算」のような事例に対しての適用されることを予想しているものである。したがって、本件のような「償却・引当不足」の事案にこれを適用することは原則として予想されていないし、仮に例外的に適用が許される場合があるとしても、それは、償却・引当「不足」額について、事前に明確な判断が可能であり、且つ、会社経営者がそのことについて「粉飾決算」と同様の認識を有していた場合に限らなければ、罪刑法定主義に違反する虞が強いということである。

⑶　さらに具体的に言えば、そのような観点からは、償却・引当不足のケースに違法配当罪を適用するのであれば、その前提として、要償却・引当額の算定基準が算定結果のばらつきをもたらさない程度に明確なものでなければ、事前に行為者は違法配当の事実を認識する

ことができないから、結局そのような場合には故意の欠如をもたらすことになるということである。

すなわち、算定基準の不明確性は、構成要件の不明確性をもたらすばかりでなく、その場合は故意も認定することはできないこととなるのである。

⑷ これらの問題点についてさらに詳細に弁護人らの意見を述べるが、その順序としては、まず一般的に償却・引当基準の「法規範性」といった場合の意味の問題、そして、それが刑罰法規適用の基準としての明確性を備えたものと言えるかどうか、そしてそもそも不良債権の償却・引当額算出行為の性質が結果に幅を生じるものであることを述べる。そして、その上で、これらの点についての検察官の主張や検察官の理解の不合理さ、さらに、長銀自己査定基準の具体的内容の適法性等について、具体的な主張を行うこととする。

三 償却・引当基準の「法規範性」の意味

⑴ 不良債権の償却・引当は、そもそもその行為の性質上、基準を適用した判断の結果に当然に幅が生じうるものである。また、その「基準」ないし償却・引当の「実務」も経時的に変遷しており、今回はまさにその変遷の最中であった。少なくとも、自己査定基準による償却・引当は98年3月期が史上初めての経験であり、それについて、判断が誤った場合にどう扱うかについては、一切前例がなかった。実際、金融監督庁は、事後に、長銀に限らず「不適当」な部分があったことを認めたが、それについては違法であるとして遡及的に訂正するのではなく、今後是正していくとしていたのである（弁第一号証）。

以上の観点からすれば、少なくとも本件当時は、償却・引当の基準は刑罰を適用する基準として要求される明確性を備えていなかった。

⑵ このことは次の事実からも裏付けられる。

すなわち、その「基準」なるものの具体的内容は

1996年12月26日　中間とりまとめ
1997年3月5日　大臣官房金融検査部長発　資産査定通達
1997年3月12日　全銀協　資産査定Q&A
1997年4月15日　公認会計士協会　四号実務指針
1997年4月21日　大蔵省管理課長発　関連ノンバンク事務連絡
1997年7月28日　全銀協　追加Q&A
1997月7年31日　大蔵省銀行局長発（改正）　基本事項通達中決算経理基準
1999年4月8日　金融検査マニュアル・最終とりまとめ
1999年4月30日　四号実務指針改正

というように徐々に定まっていったものであり、しかもそれは法律でなく、通達や任意団体の指針のようなものによって行われていったに過ぎない。

⑶ ところで、これらの「基準」が、公正な会計慣行に該るか否かという問題がある。

しかしその場合に注意しなければならないことは、会計基準として公正な慣行と認められるかどうかと、刑罰法規の適用基準としてそのような慣行を持ち出すことが認められるかどうかとは、次元が全く異なる問題だということである。

商法32条2項には、「商業帳簿ノ作成ニ関スル規定ノ解釈ニ付イテハ公正ナル会計慣行ヲ斟酌スベシ」との定めがあるが、上記の通達や指針がこれにあたるか否かについては、会計実務との関係で判断されるべきものである。

しかし、「斟酌」すべき「会計慣行」違反が、刑罰適用の対象になるか否かという問題を判断する場合には、その会計慣行なるものが、罪刑法定主義の要請から、構成要件該当性判断の明確な基準たりうる内容を備えているかという観点からの検討が必要とされる。少なく

とも、会計基準としての「公正なる慣行」についての違反が直ちに犯罪になるという判断はありえないはずである。

なぜなら、ここでは会計実務のあり方の問題ではなく、刑事司法のあり方の問題としての判断が要求されているからである。

このように、商業帳簿作成に関する規定の解釈に斟酌されるべき会計慣行であるか否かの判断と、刑罰法規適用の判断基準とされるべき会計慣行たりうるかとの判断とは、その依るべき観点が異なる以上、同一に考えることは出来ないのである。

⑷　以上述べたとおり、償却・引当基準の「法規範性」といった場合に、適用場面によって異なる意味が含まれるのであり、刑罰適用の基準という意味においては、本件当時不良債権の償却・引当基準は、要求される明確性を備えていなかったというべきである。その点に関して項を改めてさらに述べることとする。

四　刑罰法規適用の基準としての「償却・引当基準」は明確でなかった。

⑴　「バブル」以前から連綿と続いてきた「護送船団行政」、その流れの中で、「バブル崩壊」後に迫られた不良債権の処理問題に関して、大蔵省は、計画的・段階的処理を認め、これは事実上税法基準によって行われていた。そのような大蔵省の行政の存在と、それに従って銀行の決算処理実務が行われてきたことは、争いようのない客観的な事実である（検察官もそれ自体は否定しないはずである）。

確かに、このような大蔵省の行政手法や政策、そして、金融機関の経営者の経営方針や判断について、事後の視点において批判すべき点が存することは弁護人としても否定しない。

⑵　しかし、そのような「批判」を許すことと、刑罰を科することとは、次元の異なる問題である。行政手法や経営判断に対する批判については、事後の観点からこれを行うことは許されるし、必要でもある。しかし、事後の観点からさかのぼって刑罰を科するなどということは許されない。罪刑法定主義という原則が存在するからである。

⑶　本件当時も現在も、違法配当罪及び有価証券虚偽記載罪についての構成要件を定める法律の文言は、何ら変更されていない。そして、被告人らは、98 年 3 月期決算について、従来の大蔵行政及び実務を前提に、自己査定制度の導入を加味して、これを処理したにすぎない。

確かに、当時、償却・引当や金融行政のあり方についてはドラスティックに変更が行われつつあった。しかし、それは、従来の大蔵省の行政手法に対する批判に対応するものとして、金融監督行政のあり方の根本的変更が行われていたものであって、本件に関わる構成要件を変更したものではない。

⑷　逆に、1997 年から 1999 年にかけて、そのような償却・引当に関する実務の取り扱いが変更されつつあったという事実は、本件当時、違法配当罪及び有価証券虚偽記載罪の前提としての「あるべき」償却・引当の「基準」が明確でなかったことを意味する。

⑸　そもそも、「債権の回収可能性」如何の判断を前提とする不良債権の償却・引当なるものは、行為の性質上裁量ないし判断の結果に幅が生じることが不可避である。

すなわち、「取り立て不能の虞あるとき」における「取り立つること能わざる見込み額」如何の判断については、そこに「虞」の有無の判断と、「見込み額」についての算定という、主観的な「評価」行為が介在する以上、いかなる立場においても判断にばらつきが生じることは回避できないのである。このことは、不良債権の評価行為が、その本質において、金融機関の与信判断と同一であること、そして、同一企業に対する金融機関の融資担当者の判断は、担当者の着眼点如何（経営者の能力、経営方針、財務状態、担保価値、販売力、商品力等）によりさまざまであることに思いを致せば、直ちに了解できる。

そのように、本来的に判断結果に幅が生じることが不可避である行為について、あるべき償却・引当額に不足しているとして違法配当罪及び有価証券虚偽記載罪を適用するのは、不適当であるし、可能であるとしても、罪刑法定主義の観点から十分な検討がなされなければならない。

その意味で、不良債権の償却・引当不足について、違法配当罪等を適用し得るのは、架空利益の計上等の典型的な「粉飾決算」のケースと同視し得るような特別の事案に限られなければならないのである。

実際、不良債権の償却・引当不足を理由に、かつて違法配当罪及び有価証券虚偽記載罪が適用されたことはないという事実が、それを裏付けている。

(6) さらに、すでに指摘したとおり、この償却･引当に関する「新基準」ないし「新手法」を定めているのは、法律でも政令でもないのである。その意味で、右に述べたような基準が直ちに刑罰適用の規範たり得るはずがない。

(7) したがって、定まりつつあった「新たな基準」ないし「新たな実務」を前提に違法配当罪及び有価証券虚偽記載罪を適用するためには、事前に、立法措置か、少なくとも何らかのアナウンスがなされなければ、罪刑法定主義に反すると言わなければならないであろう。本件ではそのような前提を欠いており、そのような状況で刑罰を科することは、罪刑法定主義の精神から許されるものではない。

五 検察官は「基準」を明らかにしていない。

(1) 検察官も、償却・引当に関する実務の「変遷」については認めている。しかし、それではこの「変遷」時において、何が、どのような理由で、刑罰法規適用の前提となる償却・引当額算定のための基準であるのかという、本件起訴のもっとも核心部分について、弁護人の求釈明に対し、検察官は未だに明確な回答をすることは出来ていない。

結局、検察官は、罪刑法定主義にかかわる根本的な疑問に答えることができないのである。

(2) そして、検察官は算定基準を明確にしないまま、長銀において 1998 年 3 月期決算と同様の不良債権処理手法がとられていた 1997 年 3 月期決算には違法配当罪は適用せず、なぜに 1998 年 3 月期についてのみ適用するのかについては、その理由を明確にしない。

被告人らに対しての取調べ時における検察官の対応からすれば、検察官は、1997 年度以前においても、不良債権処理の結果については商法違反であったと言いたいようである。そして、従来の 1998 年 3 月期の長銀の不良債権処理手法が従来と同様であり、かつそれが、他銀行と同様の手法であったとしても、だから 1998 年 3 月期決算が違法でないということにはならないと主張するようである。

すなわち、検察官は「みんなで赤信号を渡っていた」からといってそれが適法である根拠にはならない、と言いたいようである。

(3) しかし、このような言い方は一見わかりやすいが、まったく誤ったものである。

なぜなら検察官の主張は、被告人らの行為について、現在の基準や実務をもとに、基準の異なった過去の行為の違法性を判断しようとするものだからである。そのような考え方は刑罰法規の適用に関しては許されない。刑罰法規の適用場面においては、現在から振り返るのでなく、当該行為が、行為当時、違法であったか否かが問題だからである。

(4) このような比喩は「わかりやすい」が重大な誤謬を招きやすい。なぜなら、このような比喩は、つぎのような重大な差異を覆い隠してしまうからである。

すなわち、交通信号が赤か青かについては、今も昔もその判断に変遷はないし、解釈上の争いなどない。しかし、償却・引当についてはその判断基準に変遷があり、結論にばらつきをもたらす解釈上の争い、ないしは裁量判断の余地が存在するのである。

さらに言えば、交通信号が「赤か青か」の意味については、そもそも判断基準さえ必要でないのに対し、債権の「取り立て不能の虞あるとき」における「取り立つること能わざる見込み額」如何の判断については、そこに「虞」の有無の判断と、「見込み額」についての算定という、主観的な「評価」行為が介在するから、性質上判断にばらつきが生じることは回避できず、その点から、不良債権の償却・引当不足について違法であると判断されるためには、明確な基準が定められなければならないという違いが存するのである。

右のような意味で、格別判断の基準を必要としない交通信号の問題と、前提として明確な判断基準が要求される不良債権の評価行為とは、本質的に異なるのである。

(5)　そして、そのような差異を念頭に考えれば、本件当時、長銀における償却・引当額の算定手法が適法と認識されていたことは容易に理解できる。

すなわち、98年3月期決算において、右のような「判断」行為たる不良債権の評価に関し、被告人らは、それまで大蔵省が認めてきたやり方に、新たに導入された自己査定の方法を加味して、不良債権の処理の内容を決した。

そして、その当時、従来認められてきた処理（計画的・段階的処理、税法基準の重視）を前提とすることが新たに導入される自己査定制度においては違法になる旨、事前に、立法どころか何らかの形でのアナウンスさえされたことはなかった。

それゆえ、そのような行政のあり方と新制度の導入を前提に、長銀のみでなく、すべての銀行が基本的に同様の処理を行っていたのである。

これらの事実は、行為当時の基準では、本件と同様の不良債権「評価」行為のありようについて適法とされていたことを示しているのである。

六　故意の欠如

(1)　違法配当罪及び有価証券虚偽記載罪は故意犯である。したがって、本件で被告人らが有罪となるには、故意が必要である。そして、本件での故意とは、配当可能利益が存しないのに配当することを知っていること、そして、有価証券報告書に虚偽の事実を記載することを知っていることである。具体的には、被告人らには、配当可能利益が存しないことを知っていなければならないということである。

そして、本件では不良債権の不当な評価が配当可能利益の欠如をもたらした、との検察官の主張であるから、故意の内容をなす具体的事実としては、被告人らは、不良債権を過小に評価していた事実を知っていなければならないということになる。

(2)　しかし、すでに述べたように、被告人らは本件当時、従来の実務を前提に新たに導入される自己査定制度を加味し、適法な範囲で不良債権の償却・引当額を決定したと理解していた。したがって、被告人らには故意が存しない。

(3)　検察官は、不良債権の償却・引当額の算定基準について明確にしないが、単に「取立ツルコト能ハザル見込ミ額」というだけでは、刑罰法規を適用する基準として不適当であることは明白である。

そして、仮に検察官が、何らかの通達や指針などを持ち出して、それが「基準」であるというのならば、それが刑罰法規適用の基準たり得る理由を明らかにしなければならない。

そうでなければ、検察官は、被告人らが法令の範囲内であると考えて定めた長銀自己査定基準にしたがって行われた査定結果とそれに基づく配当（及び有価証券報告書の記載）について、それが違法であると断定することはできないし、少なくとも被告人らの故意を立証することはできないのである。

(4)　検察官は、1996年4月8日の円卓会議において、すでに故意が固まり、それを引き継いで、1997年11月21日の常務役員連絡会において共謀を遂げたと主張するが、一体、何故に96年4月の段階で、98年3月期の決算についての償却・引当見込み額について違法な判断をすることを考え始め、それがそのままどうして97年11月まで継続するというのか。まことに奇妙な主張というほかない。

【B】検察官の具体的主張に対する反論

検察官の冒頭陳述を要約すると次のようになる。

(A) 円卓会議資料などから明らかなとおり、96(平成8)年4月当時から、長銀には1兆円を超える額の即時引当・償却を要する不良債権が存在しており、被告人は、本件決算に至るまで、一貫してその存在を認識し続けていた。

(B) 98(平成10)年3月期当時、長銀に存在した不良債権のうち、検察官の冒頭陳述書別紙3①「引当不足額」記載の3130億6900万円を即時引当・償却することを命じる刑罰法規が存在し、被告人はこの刑罰法規の存在を認識していた。

(C) しかし、財源の制約等の理由から、被告人は刑罰法規に抵触することを知りつつ、不良債権処理額を圧縮する目的で恣意的な自己査定基準を策定し、この結果、98(平成10)年3月期決算において、関連・親密先に対する3130億6900万円の引当・償却を意図的に怠った。

以下では、それぞれの点につき弁護人の意見を述べる。なお、便宜上、まず(B)につけて述べ、その後に(A)及び(C)について述べることにする。

Ⅰ 検察官の主張(B)に対する弁護人の主張

弁護人は、当公判廷において、以下の事実を証拠により明らかにする立証活動を行ってきた。

98(平成10)年3月期時点において、当時長銀に存在した関連・親密先に対する3130億6900万円の貸付金の即時引当・償却を命じる刑罰法規は存在しなかった。すなわち、従来、商法に適合すると認められていた不良債権の計画的、段階的処理を否定し、新たに不良債権の一括引当・償却を刑罰をもって強制することとする立法措置(あるいは構成要件の解釈の変更についての具体的基準)は98(平成10)年3月期には存在しなかった。

第一 早期是正措置の導入により不良債権の引当・償却に関する刑罰法規の内容を変更する具体的基準が定められたか。

一 早期是正措置導入前の不良債権処理(弁136号証)

バブル期の融資の多くは、銀行の関連ノンバンクを通じて行われていたため、銀行の不良債権処理問題は、銀行の関連ノンバンクに対する貸付金の問題であった。バブル崩壊後、苦境に立たされていたノンバンクには、それぞれ母体となった銀行が存在しており、その再建、整理は母体行を中心に行われることとされた。この場合、一つのノンバンクには数多くの銀行が融資していたため、それぞれの銀行が勝手に回収に走るとノンバンクの連鎖的倒産を招き、日本の金融システム全体が崩壊してしまうおそれがある。そこで、それぞれのノンバンクにつき母体行が再建の責任をもつことを条件に、他行も当該ノンバンクに対する融資を継続して再建に協力し、ノンバンクを起点とする金融秩序崩壊を防ぐという母体行主義(ノンバンク防波堤論)がとられたのである(弁94号証)。

すなわち、不良債権処理は、母体行主義(ノンバンク防波堤論)を前提として「計画的、段階的」に行う、つまり、母体行は、苦境にあるノンバンクに対する貸付金を「取立不能」であるとして貸倒償却や引当を行うというよりは、ノンバンクの再建計画にしたがって計画的、段階的に債権放棄や現金贈与等の「損益支援」を行い、他行は融資を継続することでその再建に協力する、というのが一般的な方式であった。債権者である銀行側は「債権放棄損」や「支援損の支出」などで不良債権処理財源を提供し、債務者であるノンバンク側は「債務免除益」や「受贈益」などを財源として不良債権処理を行ったのであり、債権者である銀行側のみの会計処理である償却・引当とは異なる方式だったのである。そして、これに応じて、他行は融資を継続して再建に協力し、また、国税当局も、母体行による「損益支援」（債権放棄等）を無税認定によりバックアップしたのである（弁93号証）。

大蔵省は、94(平成6)年2月8日、「金融機関の不良債権問題についての行政上の指針」（弁5号証）を出したが、ここにおいて、

「金融機関においては、かつてなく厳しい経営環境の下で、資産内容の実態に即した適切な対応を行っていく必要があり、償却等による処理が必要となるものについては、早期に方針を確定させ、計画的、段階的に処理を進めていくことが重要な課題となっている。この課題は、金融機関が、徹底した経営努力を前提に、毎期の業務純益を主たる財源として、実質的な引当金である含み益などの内部蓄積も長い目で考慮しながら、所要の償却等を積極的に進めていくことにより、解決できるものである」

と述べており、「計画的、段階的処理」の必要性を強調している。

そして、このような処理方法が商法に違反する違法なものでなかったことはいうまでもない。

二　早期是正措置の導入と本件決算期である98(平成10)年3月期の状況（早期是正措置導入による各種システムの試行錯誤的、段階的整備の過程のただ中であり、不良債権の引当・償却に関する刑罰法規の内容を変更する具体的基準は未だ確定していなかった）

1．95(平成7)年12月の金融制度調査会答申「金融システム安定化のための諸施策」（弁6号証）において、「早期是正措置」の導入が提言された。

この提言は、96(平成8)年6月21日に成立した「金融機関等の経営の健全性確保のための関係法律の整備に関する法律」（以下「関係法律の整備に関する法律」という）で法的根拠が与えられ、98(平成10)年4月1日からの早期是正措置制度の導入が決定された。

2．早期是正措置の導入は、98(平成10)年4月1日から施行される「関係法律の整備に関する法律」という一本の法律の存在だけで実行できるものではなかった。その導入に際しては、各種のシステム作り（各種の提言、内部通達の発出、改廃、各種ガイドラインの策定、金融検査体制の変更、試行的な金融検査の実施による各種ガイドラインの見直し、税制の改革等々）が同時並行的に行われることが必要だったのである。

これらの各種のシステム作りは、段階的、かつ同時並行的に進められた。そしてこのプロセスは、96(平成8)年12月の「中間とりまとめ」から始まり、99(平成11)年3月の税効果会計の導入、同年4月の「最終とりまとめ」「四号実務指針改正」等により、ようやく一応の確定を見たのである。

3．早期是正措置は、金融機関の資産の自己査定に基づいて算定された自己資本比率に基づき必要な行政措置を発動するという行政手法であり、「関係法律の整備に関する法律」は、それ自体、金融機関に対して不良債権の処理方法の具体的基準（償却・引当の具体的基準）を示し、それにしたがった処理を義務付ける法律でない。

本件で問題となっている引当・償却義務（の基準変更）は、本件決算時には「法律」上明記されていなかったのである。そして、これが「法律」上で明記されたのは、長

銀破綻に伴う立法措置（早期健全化法など）が最初だったのである。

4．早期是正措置自体、自己資本比率をもとにした行政措置であり、引当・償却の基準に変更を加えるものではない。ただ、早期是正措置導入に伴い不良債権の引当・償却の促進が図られたのも事実である。しかし、早期是正措置導入と時を同じくして引当・償却に関する具体的基準に変更が加えられる方向に動いていたとしても、それがいつの時点において、どのような方法によってであるか（立法措置が講じられていたかなど）は具体的事実に基づいて慎重に決する必要がある。まして、具体的な引当・償却基準の変更が刑罰法規の適用基準の変更を意味する場合においては、罪刑法定主義上、より慎重な吟味が必要である。

本件について見るに、刑罰法規としての引当・償却基準の変更がなされたといえるかどうか、罪刑法定主義上、おおいに疑問のあるところであるが、仮に変更がなされたとしても、それは99(平成11)年4月時点であり、それ以前ではありえないというべきである。

5．以下、本件決算期である98(平成10)年3月期は、早期是正措置導入による各種システムの試行錯誤的、段階的整備の過程のただ中にあり、引当・償却に関する刑罰法規の具体的内容を定める基準の変更は未だに行われていなかったことにつき、時系列にしたがって具体的に述べることにする。

第二 早期是正措置導入に伴う各種制度の変更

一 本件決算「以前」

1．96(平成8)年12月26日の「中間とりまとめ」（弁8号証）

「早期是正措置」制度の基本的な思想、そのあり方、導入にあたっての諸条件整備等について、全体的見地からまとめた基礎的資料として位置づけられるものは、96(平成8)年12月26日、「早期是正措置に関する検討会」が発表した「中間とりまとめ」である。

「中間とりまとめ」は、次のように述べている。

①Ⅰ．2．(1)

「日本公認会計士協会により償却・引当についての明確な考え方が実務上の指針（ガイドライン）として示されることが望ましい」

②Ⅰ．2．(4)

「償却・引当に関し、米国においては当局が金融機関の引当水準の目安（例えば50%、15%等）を示しているが、これはあくまでも当局検査官が貸倒引当金計上の妥当性を判断するために参考とすべき目安であり、行政措置の発動の根拠としてこのような目安を用いることは適切ではない。また、実態的にも、個別性の強い個々の債権の回収可能性の違いを無視して、機械的に一律の引当率を基準として示すことは適当ではない」

③Ⅰ．2．(6)

「各金融機関が適正な償却・引当を行っていくためには、有税による償却・引当を円滑に進めていく環境整備も必要である。その観点から、有税償却・引当を行った場合の前払税金等の取扱いを定める税効果会計について、今後、検討が行われることが望ましい」

④Ⅱ．1 (2)

「早期是正措置は金融機関を破綻に追い込むことを目的としたものではなく、制度導入時において多くの金融機関が達成不可能となるような基準を設けるべきではない」

「米国においては金融機関の不良債権処理に概ね目途がついたとされる92年末に早期是正措置が導入されたのと比べると、我が国においては、金融機関全体としては不良債権処理が進んでいるもののなお状況は区々であり、制度導入時の環境は異なるとの見方がある」

「また、先般の金融ビッグバン構想にあるように、2001 年までに金融・資本市場の活性化策と不良債権処理を車の両輪として進めていかねばならないという事情にもある。このような状況の下では、早期是正措置の導入により金融機関に貸し渋りが生じる等、実体経済に大きな悪影響が生ずることのないよう配慮することも必要である」

2．97(平成 9)年 3 月 5 日の「資産査定通達」(甲第 151 号証・資料 2)

「中間とりまとめ」を受けて、97(平成 9)年 3 月 5 日、「早期是正措置制度導入後の金融検査における資産査定通達について」(蔵検第 104 号。以下、「資産査定通達」という）が出された。

「資産査定通達」は、大蔵省大臣官房金融検査部から各検査官あてに出された内部通達であり、国会の議決を経た法律でも、法律の委任を受けた政令でもない。これはあくまで検査官が金融検査において資産査定を行う場合の手引きであり、金融機関向けに償却・引当の基準を提示する趣旨のものではなかった。つまり、「資産査定通達」は金融機関に対して不良債権償却の基準を示し、一定の場合に償却・引当を行う法的義務を課するものではなかった。

なお、「資産査定通達」は、従来の大蔵省検査にはなかった債務者区分という概念を新しく用いるなど、早期是正措置導入に伴う銀行の自己査定に関する、「初めて」の「間接的な」(検査官向けの）ガイドラインであったため、その文言は幅広い解釈を許容するものであるとともに、その後の金融監督庁の検査等を通じて、より基準を明確化していくことが予定されているものであった。また、関連ノンバンクに対する貸出金についての査定には明示的に触れておらず、これにつき幅広い解釈の幅を残していた。

関連ノンバンクに対する貸出金の査定も含めて、一応の査定基準の確定をみるのは 99(平成 11)年 4 月に出された「最終とりまとめ」によってであった。そして、「最終とりまとめ」の公表に伴って、この「資産査定通達」は廃止されたが、このことは、「資産査定通達」は暫定的なガイドラインであったことを雄弁に物語るのである。

なお、取り調べにあたって被告人らにはこの「資産査定通達」は示されていないし、長銀行員の検面調書にもほとんど添付されていない。

3．97(平成 9)年 3 月 12 日の「Q&A」

全銀協は、「資産査定通達」を受けて、「Q&A」を発表した。

なお、全銀協はたんなる任意団体であり、銀行法等により設立が義務付けられた組織ではない。

なお、取り調べにあたって被告人らにはこの「Q&A」は示されていない

4．97(平成 9)年 4 月 15 日の「四号実務指針」(甲第 151 号証・資料 5)

97(平成 9)年 4 月 15 日、公認会計士協会より「銀行等金融機関の資産の自己査定に係る内部統制の検証並びに貸倒引当金の監査等に関する実務指針」(報告第 4 号、以下「四号実務指針」という）が出された。

各金融機関の償却・引当は、債務者区分に応じた債権ごとに金融機関自身が行い、それを公認会計士が監査する。この意味で、「四号実務指針」は公認会計士による監査の際の「指針（ガイドライン)」となるものである。しかし、「ガイドライン」「指針」という文言からも分かるとおり、これは解釈の幅の存在を許容するものであり、個別・具体的な監査においては「四号実務指針」の文言から演繹的に唯一の「正しい」解釈が導かれるという性質のものではない。

事実、「四号実務指針」は、後述の「関連ノンバンク事務連絡」が出される前に作成され

たものであることから、専門家の間でも意見の対立が顕著であった銀行の関連ノンバンクに対する貸付金に対する査定及び引当・償却については明確な指針を示していないものであった。

この点がようやく一応の確定を見るには、99(平成11)年4月30日の「四号実務指針改正」を待たなければならなかった。

なお、取り調べにあたって被告人らにはこの「四号実務指針」は示されていない

5．97(平成9)年4月21日の「関連ノンバンク事務連絡」(甲第151号証・資料3)

平成9年3月に出された「資産査定通達」には銀行の関連ノンバンクの査定は明記されていなかった。

そこで出されたのが「関連ノンバンク事務連絡」なのである。

なお、これも「資産査定通達」と同様に検査官向けの事務連絡であり、当然に銀行の引当・償却義務に結びつくものではなかった。

また、「関連ノンバンク事務連絡」は98(平成10)年6月に金融監督庁の発足に伴って廃止されている。関連ノンバンクに対する貸出金の査定基準が一応の確定をみるのは99(平成11)年4月に出された「最終とりまとめ」によってであった。この事実は「関連ノンバンク事務連絡」が暫定的なガイドラインであったことを明らかにするものである。

なお、取り調べにあたって被告人らにはこの「関連ノンバンク事務連絡」は示されていない

6．97(平成9)年7月4日の「不良債権償却証明制度の廃止」(弁187号証)

早期是正措置の導入に伴い、大蔵省は決算経理基準の関連規定の改正を行い、これとともに、有税引当に関する事前届出制度は廃止され、あわせて、従来金融検査官が国税当局に代わって金融機関の無税償却を認定してきた不良債権償却証明制度も、97(平成9)年7月4日に廃止された。

7．97(平成9)年7月28日の「追加Q&A」(甲第151号証・資料4)

全銀協は、「関連ノンバンク事務連絡」を受けて、「追加Q&A」を発表した。全銀協は任意団体に過ぎないことは前述した。

なお、取り調べにあたって被告人らにはこの「追加Q&A」は示されていない

8．97(平成9)年7月31日の「決算経理基準の改正」(弁181号証)

「決算経理基準」は、早期是正措置の導入に先立ち、97(平成9)年7月31日に改正がなされ、

①「(1)経理処理の原則　ロ」として、「資産の評価は自己査定結果を踏まえ、商法、企業会計原則等及び下記に定める方法に基づき各行が定める償却及び引当金の計上基準によって実施するものとする」との規定が新設された。

②資産の評価及び償却に関する規定についても、「(ロ)債権償却特別勘定への繰入れは、回収不能と判定される貸出金等のうち上記(イ)により償却するもの以外の貸出金等については回収不能額を、最終の回収に重大な懸念があり、損失の発生が見込まれる貸出金等については債権額から担保の処分可能見込み額を減算した額のうち必要額を、それぞれ繰り入れるものとする」と規定された。

この場合においても、どれだけの割合を繰入れるかについては「必要額」を繰入れると規定されているだけであって、繰入れ額算定の具体的な基準は何ら示されていなかった。

不良債権の償却・引当の基準が明確な数字をもって示されたのは、99(平成11)年1月

25日付けの金融再生委員会告示「資本増強に当たっての償却・引当についての考え方」が初めてである。

二　本件の98(平成10)年3月期決算「以後」

1．98(平成10)年6月22日の「金融監督庁の発足」

98(平成10)年6月22日、金融監督庁が発足し、金融検査の業務は大蔵省から金融監督庁に移管させることになった。

2．98(平成10)年7月から行われた「主要行に対する一斉金融検査」

98(平成10)年3月期の大手19行の自己査定結果に対して、同年7月、金融監督庁の「一斉検査」が行われた（弁1号証・131ページ）。

これは、早期是正措置導入後、自己査定制度の下での初めての決算を行った主要行すべてを検査して自己査定のばらつきを検証し、引当・償却基準を明確化する目的で行われたものである。

この結果、大手17行（長銀、日債銀を除く）で、合計1兆413億円の償却・引当不足が指摘された（弁1号証・516ページ等）。

そして、この結果を踏まえて、「四号実務指針」が改正され、「金融検査マニュアル・最終とりまとめ」が発表され、引当・償却基準が明確化されていくのである。

なお、98(平成10)年3月期決算に対する金融監督庁検査の結果（償却・引当不足）につき、金融監督庁の五味検査部長は、98年12月7日号の「金融財政事情」のインタビューで、「いずれにしても、98年3月期決算を遡及修正するのは無理ということは承知している」と述べている（弁79号証・15ページ）。

3．98(平成10)年10月23日の「再生法、早期健全化法の施行」

自己査定に基づく不良債権の償却・引当の基準が初めて「法律」で明らかにされたのは、平成10年10月23日の長銀の一時国有化と同日に施行された「金融機能の再生のための緊急措置に関する法律」(平成10年10月16日法律第132号。以下「再生法」という)、及び、「金融機能の早期健全化のための緊急措置に関する法律」(平成10年10月22日法律第143号。以下「健全化法」という）によってである。

国会における与野党の折衝により、長銀の一時国有化を条件に成立したこの二つの法律及びこれらの法律の施行規則により、不良債権の償却・引当の基準が初めて「法律」上で明記されるに至った。

早期健全化法及び金融再生委員会告示（平成10年12月15日）は、金融機関の資産査定、引当の義務を次のように定める。

「第3条2項　金融機関等は、金融再生委員会がこの法律に基づいて施策を講ずる前提として、次に掲げる措置を行うことにより財務内容等の健全性を確保するものとする。
一　再生緊急措置法第6条2項に定めるところにより……適切に資産の査定を行うこと。
二　金融再生委員会が金融機関等の有する債権の貸倒れ等の実態を踏まえて定めるところにより、前号に規定する資産の査定の結果に基づき、適切に引当等を行うこと。」

そして、同法第3条2項2号の引当に関する金融再生委員会の定めとして、金融再生委員会告示は、概略、次のとおり定める。

「第1条（資産の査定）金融機関等は、決算期日において、再生法施行規則第4条……に定めるところに従い資産の査定を行う。
第2条（引当て等）金融機関等は、前条に規定する資産の査定の結果に基づき、次の各号に掲げる方法その他商法及び一般に公正妥当と認められる企業会計に従った方法により引当て等を行うものとする。
一　破産更生債権及びこれらに準ずる債権については、債権ごとに、［債権額－（担保処分可能見込額＋保証回収見込み額）］
二　危険債権については、債権ごとに［債権額－（担保処分可能見込み額＋保証回収見込額］の残額のうち債務者の財政状態及び経営成績を考慮して必要と認められる額についての引当
三　前二号に掲げる債権以外の債権については、要管理債権その他債務者の財政状態及び経営成績を考慮して管理に特に注意を要する債権とその他の債権に区分した上で、その区分ごとに過去の貸倒実績率に基づく引当」

本件決算期の「後」、しかも、長銀が破綻した「後」に整備された金融機関の資産査定、償却・引当に関する右の立法措置は、金融機関の資産査定及び償却・引当を行う法的根拠を初めて明確な形で与えたものである。

4．99(平成11)年1月25日付けの金融再生委員会告示「資本増強に当たっての償却・引当についての考え方」(弁1号証・259ページ)

金融再生委員会は、99(平成11)年1月25日付けで、償却・引当率についての「考え方」を示している。

不良債権の償却・引当の基準が具体的な数字で示されたのは、これは最初のことである。

ただし、これは99(平成11)年における公的資金申請行のみに対して示されたものであり、金融機関一般に対して示された基準ではない点に注意を要する。

5．99(平成11)年4月8日の「金融検査マニュアル検討会・最終とりまとめ」(弁2号証)

これは、「資産査定通達」「関連ノンバンク事務連絡」と同じく検査官あてのマニュアルであるが、98(平成10)年7月から行われた金融監督庁の一斉検査の結果（その結果は、引当・償却の基準が各銀行にばらつきがあり、金融監督庁の基準から見ると「引当・償却不足」のものが多く見られたことは前述）を踏まえ、しかもパブリックコメントを受けた上で行われた金融検査マニュアル検討会の議論に基づいて公表されたものである。

「最終とりまとめ」では、「自己査定に関する検査について」の項目において、「自己査定基準の適切性の検証」「自己査定結果の正確性の検証」の検査方法、基準を明らかにしている。

なお、「最終とりまとめ」自身も、その「信用リスク検査用マニュアル」69ページにおいて、

「また、金融機関は、金融機能早期健全化緊急措置法第3条第2項第2号の規定により、自己査定結果に基づき、金融再生委員会が定めるところにより、適切に引当等を行うこととされている」

と述べ、引当義務が法律により明示されたのは健全化法によってであるという認識を示している。

5．99(平成11)年4月30日の「四号実務指針の改正」(弁129号証)

「四号実務指針」は、平成11年4月30日に改正された。

(1)　この改正にあたり、公認会計士協会の伊藤大義常務理事は、

「本報告は、……平成9年4月に公表した四号報告が早期是正措置後の環境の変化に十分対応できていないのではないかという批判に応え、また、金融の健全化・再生に関する諸立法、貸倒償却・引当に関する会計基準の整備等監査環境の変化に対応するものであります」

「貸倒償却・引当に関する会計基準の整備等に関する具体的な動きとしては、……『最終とりまとめ』が去る4月8日に示されました。四号報告の見直しに当たっては、これらの報告書の考え方を念頭に置き、それらと調和を図ることとしました」

と述べている。

⑵「1．はじめに」の第1パラグラフに、

「加えて、「金融機能の再生のための緊急措置に関する法律（平成10年10月16日法律第132号）の規定により、金融機関は自己査定結果に基づき、金融再生委員会が定めるところにより、適切な貸倒償却及び貸倒引当金の計上をすることとされた」

という文章（下線部）が追加されている。すなわち、「再生法」の規定が置かれる前には貸倒償却・引当の計上義務を定める具体的な法規がなかったことを明らかにしている。

⑶「3．内部統制の有効性の評価に当たっての留意事項」の⑴において、

「自己査定基準と『資産査定通達』その他当局の定めるガイドラインとの整合性」

という文章（下線部）が追加されている。すなわち、「四号実務指針」は、「関連ノンバンク事務連絡」との整合性が十分にとられておらず、関連ノンバンクに対する貸付金の引当・償却に対する基準としては十分とはいえなかった旨が明記されている。

⑷「6．貸倒償却及び貸倒引当の計上に関する監査上の取扱い」の項目において、

「経営支援先である関連ノンバンクに対する債権については、今後の支援による予想損失額を、債権放棄により支援を行う場合には貸倒引当金として、現金贈与等の方法により支援を行う場合には特定債務者支援引当金として、それぞれ貸借対照表上に計上する」

という（注4）が追加され、「四号実務指針」では不明確であった関連ノンバンクに対する「支援予定額」の引当義務が、はじめて明記された。

6．早期是正措置制度における自己査定制度を支えるための前提条件の整備

早期是正措置制度は、資本主義社会の血液である金融を支える公的存在としての銀行の健全性を確保することを目的とする。

そして、不良債権の引当・償却は、銀行の健全性を確保するための一つの手段である。

したがって、引当・償却を自己目的化して、銀行が破綻しても構わないから十分な引当・償却を行うべきだなどという議論は本末転倒である。法は不可能を強制しない。特に、刑罰法規の解釈においてはなおさらである。

「中間とりまとめ」でも「早期是正措置は銀行を破綻に追い込むことを目的とするものではない」と述べている。

したがって、引当・償却を促進するためには、それが可能となる前提条件の整備が行われることが不可欠である。

98(平成10)年4月1日に導入された早期是正措置に伴う各種システムの変更、改廃は前述のとおり種々行われたが、それを実現可能とするための最終的な前提条件整備として不可欠なものは税効果会計の導入と公的資金の投入であった。

そして、これらは、99(平成11)年3月期においてようやく実現し、これにより早期是正措置制度及びこれに伴う引当・償却義務を伴う自己査定制度が一応の完成を見たのである。

⑴　税効果会計の導入（須田正巳・平成12年6月8日91ページ以下・弁22号証）

税効果会計（単体導入）は有税償却・引当を促進する効果をもつ制度であるが、98(平成10)年3月期においては未だに採用されていなかった。

有税引当については、届け出制が廃止されたが（上述「決算経理基準の改正」参照）、これは税効果会計の導入と一体となることで初めて制度として機能できるものとなる（そこに至るまでの過渡的な時期においては、決算経理基準の弾力的な解釈・運用が許容される）。

税効果会計（単体）を取り入れた決算を行うことができるに至ったのは、99(平成11)年3月期からである。本来は2000年3月期が想定されていたものであるが、1年前倒しで採用されたものである。税効果会計の採用により、99(平成11)年3月期には大手17行合計で6兆6,000億円の不良債権償却・引当の財源が確保されたのである。

⑵ 公的資金（須田正巳・平成12年6月8日・93ページ以下・弁22号証）

99(平成11)年3月期決算のために、大手17行合計で7兆3,000億円の公的資金が導入されたことにより、償却・引当による赤字決算を行っても自己資本比率の低下を防ぐ手当がなされた（98(平成10)年3月期には地方銀行を含めた総額で1兆8,000億円であった）。

この公的資金導入に際して、金融再生委員会は、99(平成11)年1月25日、「資本増強に当たっての償却・引当についての考え方」を発し、99(平成11)年3月期における厳格な資産査定に基づく償却・引当を求めた。これにより、初めて償却・引当についての具体的数値を示した基準が示されたことは前述した（4．参照）。

⑶ 98(平成10)年3月期決算に対する金融監督庁検査について（税効果会計導入と公的資金との関係における補足）

長銀と同じく、他の大手銀行も、98(平成10)年3月期、各行の自己査定基準に基づき多額の不良債権の償却･引当を行っている。大手19行の不良債権の償却･引当総額は10兆6,000億円であった。98(平成10)年3月期の各行の自己査定結果に対して、同年7月、金融監督庁の一斉検査が行われた。この結果、大手17行（長銀、日債銀を除く）で、合計1兆413億円の償却・引当不足が指摘された。

99(平成11)年3月期につき、大手17行は、税効果会計の単体導入による6兆6,000億円の財源と、7兆3,000億円の公的資金導入による自己資本増強をバックに10兆4,000億円の不良債権の償却・引当を実施した。

ところで、いかに不況による企業倒産や担保不動産の値下がりがあるにしても、たった1年間で、償却・引当を要する不良債権が10兆4,000億円も増加するとは思えない。

また、98(平成10)年3月期の大手17行の決算に関する有価証券報告書の償却・引当額が虚偽であり、配当が違法であったはずはない。

このことは何を意味するか。

大手17行には、98(平成10)年3月期時点で、99(平成11)年3月期に償却・引当すべきとされた10兆円を超える不良債権の大部分が存在していた。

大手17行では、98(平成10)年3月期において、これらの不良債権（10兆円超）を、即時償却・引当を要する資産とは判断していなかった。これは、大手17行の自己査定基準で、不良債権が「即時償却・引当すべき資産」に分類されていなかったことにほかならない。

つまり、大手17行は、98(平成10)年3月期において、一定額（合計約10兆円）の広義の不良債権を、「当期に即時償却・引当を要する資産」とは査定しないという経営判断を行ったものである。

そして、これら17行の98(平成10)年3月期における償却・引当は、当該時点（98(平成10)年3月期）においては「合法」であったことは疑いない。

このことは、6兆6,000億円の償却財源を提供する税効果会計と7兆3,000億円の公的資金導入というサポートが存在しなかった98(平成10)年3月期においては、これらの銀行の自己査定基準及びこれに基づく償却・引当の判断が裁量の範囲内であったことを意味する。

そして、このように解することは、まさに、前述の「中間とりまとめ」（Ⅰ．2（6））の趣旨に合致するのである。

第三　まとめ

一　早期是正措置に伴う各種システムの整備による不良債権処理の促進とそれを検証する金融検査（刑罰法規との峻別の必要性）

1．不良債権処理の促進と刑罰法規

早期是正措置の導入は、「関係法律の整備に関する法律」という一本の法律の存在だけで実行できるものではなかった。その導入に際しては、各種のシステム作り（各種の提言、内部通達の発出、改廃、各種ガイドラインの策定、金融検査体制の変更、試行的な金融検査の実施による各種ガイドラインの見直し、税制の改革等々）が同時並行的に行われることが必要だったのである。

これらの各種のシステム作りは一時に実行できるわけではなく、段階的、かつ同時並行的に進められた。つまり、これは96(平成８)年12月の「中間とりまとめ」から始まり、99(平成11)年３月の税効果会計の導入、同年４月の「最終とりまとめ」「４号実務指針改正」等により、一応の確定を見たのである。

これらの新システムは、全体として不良債権処理の促進を目指す方向のもので、銀行の不良債権の引当・償却についても、これを促進する方向に進んだが、従来から認められてきた「計画的・段階的処理」を全面否定するものではなかったのは当然である。

このように、早期是正措置導入に伴う新システムの段階的採用により、商法・企業会計原則に準拠した貸倒償却・貸倒引当の「促進」の方向が打ち出され、この意味で、企業会計に関する法規範としての商法第285条の４第２項の内容が変容を開始したと表現することはできるであろう。

しかし、この新しい各種システムの段階的導入は、98(平成10)年４月１日から刑罰法規としての商法第285条の４第２項の内容がただちに変化したということは意味しない。なぜなら、商法第285条の４第２項は、商法第489条３号と相まって刑罰法規の構成要件となるものであるから、罪刑法定主義の原則から見て、刑罰法規としてのこの条項の内容の変容は、明確な基準の設定により行われなければならないとともに、「法律」に基づくものでなければならないからである。

すなわち、企業の会計処理方法の変容の問題と刑罰法規の構成要件の変容の問題とは、厳格に区別して考えなければならない。

2．自己査定・金融検査と刑罰法規

早期是正措置の下での金融検査は自己査定の正確性を検証するものとされる。

そして実際には、金融機関が行った自己査定を金融監督庁（現在では金融庁）が検証し、金融機関と十分な議論を行った上で、引当・償却が適正に行われているかどうかを検証するというプロセスを経る。なぜなら債権の回収可能性の程度に対する判断は、複雑多岐にわたる事項の総合的な検討の上でなされることだからである。

そして、自己査定の結果に関する金融機関と金融監督庁の議論の結果、引当・償却不足が指摘されることはあるが、このような意見の食い違いは制度上、当然に予定されていることであって、銀行の引当・償却不足が違法であったということを意味するものではない。

これは、従来のMOF検でも同じであったし、現在の金融庁による金融検査でも同じことであり、2001年の現在に至っても、引当・償却をどこまで行うかが大問題として議論され続けているのである。

この意味で、早期是正措置制度の下における金融当局の検査の問題と刑罰法規の問題は峻別して考えるべきなのである。

二 試行錯誤的システムの改廃と刑罰法規

1．本件決算が行われた98(平成10)年3月期は、98(平成10)年4月1日の早期是正措置導入に伴い、試行錯誤的に多くのシステムの導入、改廃が行われていた最中であった（銀行に対する金融検査も「MOF検」から金融監督庁検査への移行の時期であった）。

そして、「早期是正措置導入に伴う引当・償却義務（の基準変更）」は長銀破綻に伴う立法措置（早期健全化法など）により初めて法律に明記され、その具体的基準は「最終とりまとめ」及び「改正四号実務指針」によって、ようやく、一応の確定をみたのである。

他方、不良債権の処理を促進するための前提条件整備（税効果会計の導入と公的資金の投入）も、ようやく99(平成11)年3月期に実現した。

また、この時期が早期是正措置導入に伴う試行錯誤的トライアルの時期であり、「資産査定通達」「関連ノンバンク事務連絡」等が「暫定的性格」のものであったこと（「資産査定通達」「関連ノンバンク事務連絡」は大蔵省の金融検査部から出されたものであるが、98(平成10)年6月には金融検査は金融監督庁により行われることになっており、金融監督庁の検査が大蔵省の通達にしたがって行われることはおかしなことであった。しかし、当時は「過渡期」であったため、98(平成10)年7月からの金融監督庁検査は、「取り敢えず」これらにしたがって行わざるを得なかった。そして、これらはいずれも「最終とりまとめ」の公表に伴い廃止された）を反映して、「資産査定通達」「関連ノンバンク事務連絡」は「最終とりまとめ」に比較して相当幅広い解釈が可能なものであったし、「4号実務指針」も同様に「改正4号実務指針」に比較して、相当幅広い解釈が可能なものであった。

そして、長銀の自己査定基準は、「資産査定通達」「関連ノンバンク事務連絡」等の文言が許容する内容のものであった（後述）。

2．また、その間、犯罪構成要件となる商法第284条2項の「金銭債権ニツキ取立不能ノ虞アルトキ」という文言自体、何ら変更されていない。

そして、そもそも、本件決算時点は、「暫定的」な通達等しか存在しておらず、「法律による明示的な犯罪構成要件の変更」が行われていない時期であったし、不良債権処理を促進するため前提条件整備もいまだに実現していなかった。

3．検察官は、弁護人の度重なる釈明にもかかわらず、本件起訴の根拠となる法令を明らかにしてこなかった。

検察官は冒頭陳述において、「資産査定通達」及び「関連ノンバンク事務連絡」にしたがって引当・償却不足額を算定していることからすると、本件「犯罪」の構成要件としてこれらの通達、事務連絡を根拠にしているようである。

しかし、上述のとおり、これらの通達、事務連絡は、あくまで「暫定的」な存在であったし、幅広い解釈を許容するものであり、検察官の解釈が唯一の正しい解釈ではない。そして、刑罰法規はその処罰の外延が明確でなければならないことからすると、検察官の拡張解釈をもってこれらの通達の正しい解釈として被告人に刑罰を科すことはできない。

しかも、検察官が処罰の対象として用いるこれらの通達及び事務連絡は、早期是正措置導入に伴う試行錯誤の一過程において出された検査官あての内部通達に過ぎず、しかも、早期是正措置における引当・償却基準が一応の確定を見たのは99(平成11)年4月になってからであることからすると、そもそもこれらの通達のみを根拠に被告人らを処罰することはできないというべきである。

すなわち、早期是正措置導入に伴い、引当・償却に関する刑罰法規の適用基準に変更がなされたとしても（変更自体がなされたかどうかについても罪刑法定主義上、おおいに疑問のあるところであるが）、それは「早くとも」99(平成11)年4月であるというべきであり、その構成要件の変更がなされる「以前」の行為である本件決算につき、新たな基準を用いて処罰することは不可能なのである。

付言すれば、銀行の貸出金に対する引当率の問題は、2001(平成13)年の現在に至るまで延々と（引当率を上げる方向で）議論され続けており、まだ最終的な確定を見ていないことは公知の事実である（この議論は、刑法の構成要件に関する議論ではないはずであるが、判然としない)。

Ⅱ　検察官の主張(A)に対する弁護人の反論

円卓会議資料は、「96(平成８)年４月当時、長銀には１兆円を超える額の即時引当・償却を要する不良債権が存在していたこと」を基礎づける証拠では全くない。

したがって、「被告人がそのように認識していたこと」もありえない。

つまり、「即時引当・償却すべき１兆円を超える額の不良債権が、本件決算期まで存在し続けていたこと」及び「被告人のこの点に関する認識が本件決算期に至るまで継続したこと」を前提とする、検察官冒頭陳述記載の被告らの「共謀」は認定できない。

第一　円卓会議資料の中にある「(最悪ケース) Ⅳ分類１兆1256億円」という記載の意味についての検察官の主張

検察官は、96(平成８)年４月８日に行われた「円卓会議」に提出された資料（被告人の平成11年6月15日付け検察官に対する供述調書・添付資料10）の中の「(最悪ケース) Ⅳ分類１兆1256億円」という記載に着目し、この記載を根拠にして、被告人から、

「この数字は、……わざわざ「査定後（最悪ケース)」という表現を用いていることから……この数字は、当時の長銀が抱える不良債権の実態をそのまま示した数字と言えます」(乙第15号証・10項)、

「<u>この１兆1256億円以上のⅣ分類資産は</u>、本来、商法第285条の４第２項の「金銭債権ニツキ取立不能ノ虞アルトキハ取立ツルコト能ハザル見込額ヲ控除スルコトヲ要ス」という規定に従って、<u>当期において全額償却引当を実施しなければならなかった</u>わけですが、当時の長銀の体力等から、抜本的処理を先送りとし、それが、今回逮捕された平成10年３月期の粉飾決算や有価証券報告書の虚偽記載へとつながっていくのでした」(乙第15号証・12項)

という供述を引き出し、この供述を「原点」として、本件公訴事実に対する被告人の故意を導くものである。そして、円卓会議資料の位置づけはすべての被告人のみならず、被告人以外の多くの供述書でも同じである。

しかし、本件資料における「１兆1256億円以上のⅣ分類資産」という記載は、当時の不良債権の取扱い及び通達等から見て、「当期に即時償却・引当すべきⅣ分類資産」を意味するものではありえず、当然、被告人もそのようなものとして認識していなかった。

第二　円卓会議資料の「(最悪ケース) Ⅳ分類１兆1,256億円」の記載が意味するもの（弁護人の主張）

当公判廷で明らかになった証拠より、大蔵検査でⅣ分類と査定された関連ノンバンクに対する貸出金は、即時償却･引当すべきものとは考えられていなかったことが明らかである（大岩一彦・平成12年12月７日・123ページ以下。須田正巳・平成13年５月９日・75ページ以下)。

一　円卓会議資料の「(最悪ケース) Ⅳ分類１兆1256億円」の項目に記載されている不良債権は、「一般先」項目が1807億円、「関連・親密先」項目が9449億円と記載されているが、当時、「関連・親密先」に対する貸付金は、仮に、MOF検でⅣ分類と査定されたとしても、即時引当・償却すべきものとは考えられていなかったという客観的事実がある。

二　前述のとおり、バブル崩壊後の96(平成8)年当時の銀行の関連ノンバンクに対する不良債権の処理の問題は、通常の貸倒償却・貸倒引当の問題としてではなく、母体行主義を前提とする計画的、段階的な「損益支援」問題の一環として位置付けられていた。

したがって、仮に万一、大蔵省検査において、「(最悪ケース) 分類1兆1256億円」のとおりのⅣ分類査定が行われたとしても、このⅣ分類記載の金額は即時引当・償却の対象となるとは考えられておらず、その額を上限として、複数年度の処理（損益支援）が予定されうるものでしかなかったのである（もちろん、長銀としては大蔵省検査で、「(最悪ケース) Ⅳ分類1兆1,256億円」という査定がなされるであろうとは全く考えていなかった)。

三　関連ノンバンクに対するⅣ分類額が即時引当・償却と結びついていなかったという実務の取扱いは、大蔵省の通達からも根拠づけられる。

すなわち、大蔵省の平成7年4月13日付け「当面の貸出金等査定におけるⅢ分類及びⅣ分類の考え方について」という検査官あての事務連絡（甲第153号証・資料5）では、その「関連ノンバンク」の項目において、

①「支援損（75）を5年間にわたり各年度（15）ずつ計上予定」の場合の査定につき「Ⅳ 75」と記載しており、Ⅳ分類が75億円と査定した場合において、即時75億円を引当・償却するのではなく、15億円ずつ5年間にわたって支援損を計上することを認めている。

②「(注3) 関連ノンバンクに対するⅣ分類と償却の関係については、当面、考慮せずに査定作業を行うとする」と記載しており、大蔵省検査におけるⅣ分類の査定と償却とは関係がないという趣旨を述べている。

この事務連絡は、ことさら特殊なことを述べているものではなく、母体行主義の下における当時の実務を確認したものである。

四　なお、「大蔵省検査（MOF検）のⅣ分類査定と引当・償却義務の関係」と「早期是正措置導入後の自己査定におけるⅣ分類査定と引当・償却義務の関係」とは、全く性質が異なるものであるが、誤解を生じやすい概念であるから、ここで整理することにする。

1．MOF検分類と償却・引当の関係

MOF検では、銀行の資産を査定してⅠ～Ⅳに分類するという手法が取られていた。

しかし、このMOF検での資産査定は銀行が行う引当・償却と連動するものではなかった。

そもそもMOF検は、4年に1回程度しか行われないものであり、しかも、その基準日は期末日ではないため、毎年（中間期と期末に）2回行われる引当・償却と連動するにも連動しようがないものであった。

ただ、MOF検における「一般先に対するⅣ分類」のみについては、債権償却証明制度により償却と関係をもっていた。しかし、MOF検における「関連ノンバンクに対するⅣ分類」については、母体行責任の考えの下で計画的、段階的に処理（引当・償却とは異なる概念である債権放棄、現金贈与等の損益支援）することが認められており「即時償却・引当」を行うべきものとは考えられていなかった。このことは、平成7年事務連絡にも明記されている。

2．早期是正措置制度導入による資産の自己査定と引当・償却の関連性

早期是正措置制度は、金融機関自身に対して、自ら資産査定をした上で、その結果に基づき引当・償却を行うことを要請するものであり、これにより、金融機関が行う自己査定と引当・償却が関連をもつこととなった。

早期是正措置制度における資産分類においては、MOF検と同じⅠ～Ⅳという分類方法が用いられた。そして、「自己査定制度におけるⅣ分類」は即時引当・償却を意味するものとなった。

ところで、上述のとおり、「MOF検における関連ノンバンクに対するⅣ分類」は、複数

年度にわたる「損益支援」の対象となるものであるから、「自己査定におけるⅣ分類（＝即時償却・引当すべきⅣ分類）」とは性質が異なるものであり、いわばⅤ分類とでもいうべきものなのである。

これを図示すれば左記のようになる。

MOF 検の資産査定	→ 早期是正措置制度下の自己査定 （導入時点）
一般先に対するⅣ分類 関連ノンバンクに対するⅣ分類（Ⅴ分類）	→ Ⅳ分類 → 当期支援損のみⅣ分類 その余についてはⅢ分類？

五　検察官は、この「円卓会議資料」に「（最悪ケース）Ⅳ分類1兆1,256億円」という記載があったことを奇貨として、ここにいう「Ⅳ分類」という言葉を、ストレートに「即時償却・引当を要する貸付金」の存在の認識に結びつけ、それを被告人の「故意」発生の原点としようとするものであるが、これまで述べたところからも明らかなとおり、それは実態に反する構成なのである。

Ⅲ　検察官の主張(C)に対する弁護人の主張

長銀の自己査定基準、査定結果及び償却・引当は適法なものであった。

一　長銀自己査定基準は資産査定通達等から逸脱するものではない。

1　弁護人らは、商法第285条の4第2項による不良債権の償却・引当基準は明確ではないこと、そして、大蔵省の通達にすぎない資産査定通達（甲第151号証・資料2）と関連ノンバンク事務連絡（甲第151号証・資料3）、公認会計士協会の実務上の取扱を定めたガイドラインにすぎない実務指針（甲第151号証・資料5）等が刑罰法規適用の前提となる「基準」にならないことは、縷々述べてきた。

2　もっとも、長銀の自己査定基準は、資産査定通達と関連ノンバンク事務連絡が基準であるとしても、これらの基準を逸脱するものではない。

そして、長銀は、適法な自己査定基準に基づいて自己査定作業を行ない、その査定結果に基づき適切な償却・引当を行ったものであり、98年3月期決算における償却・引当処理についても、資産査定通達、関連ノンバンク事務連絡及び実務指針を逸脱するものではない。

その理由は以下のとおりである。

二　不良債権の償却・引当は行為の性質上裁量ないし判断の結果に幅が生じることが不可避である。のみならず、資産査定通達、関連ノンバンク事務連絡、実務指針自体も、各金融機関に対して各金融機関の実情に即した基準を策定する裁量を認めていた。

1　長銀の自己査定基準（「自己査定手引き」「関連ノンバンクにかかる自己査定運用規則」「特定関連親密先自己査定運用細則」）は、資産査定通達、関連ノンバンク事務連絡などと全く同一ではない。

そのことから、検察官は、長銀の自己査定基準を「独自の基準」であるとして批判している。

2　しかし、そもそも、自己査定制度とは、金融機関が自ら査定基準を策定し、その基準に従って査定作業を行い引当・償却を行うものであり、制度の性質上、資産査定通達等と全く同一の基準を策定することは求められていない。

むしろ、資産査定通達、関連ノンバンク事務連絡、実務指針及びこれらのガイドラインの考え方を示した中間とりまとめ（弁第8号証）は、自己査定基準策定にあたって裁量を認め、金融機関に対し、合理的な説明が可能な、各金融機関の実態に応じた独自の基準を策定することを求めていた。

㈠まず、中間とりまとめは、「各金融機関において、ガイドライン（すなわち「資産査定通達」のこと）をベースに創意・工夫を十分に生かし、それぞれの実情に沿った詳細な自己査定に関する基準を自主的に策定する事は望ましい」（弁第8号証・3．⑶）として、各金融機関の実態に即した基準の策定を求めている。

㈡資産査定通達も、金融機関が策定した自己査定基準が独自のものである場合には、資産査定通達の枠組みとの関係を明瞭に把握すること、個別ルールについては合理的説明が可能であることを要求しており、金融機関がその実情に応じた独自の基準を策定することを前提としている。

㈢さらに、各金融機関に、資産査定通達と関連ノンバンク事務連絡の内容を広報した全銀協のQ&A、追加Q&Aの前文には、それぞれの内容が「将来にわたって固定されたものではな」いこと、「各金融機関の有する特殊性・地域性等を考慮していない」ことから、「表面上の表現にこだわらず、あくまでも実質面を重視した解釈を行なっていただく必要があります」と記載されており、金融機関に画一的な解釈を行なわないよう注意を喚起している。

㈣また、実務指針においても、監査法人が自己査定基準と資産査定通達との整合性を検証する際の留意事項として、自己査定基準の査定分類は資産査定通達と同一である必要がなく、より細かい分類である場合には、資産査定通達の分類に対応し、対応関係が確保されていることを検証する旨が規定されており（甲第151号証・資料5・2頁）、金融機関が独自の自己査定基準を策定することを認めていた。

3　資産査定通達、関連ノンバンク事務連絡、実務指針には解釈・運用の幅が存在した。

㈠資産査定通達と実務指針は、すべての金融機関を想定した一般的なものとして規定されていた。そのため、直接、具体的事例に適用するには抽象的すぎる部分が多々あり、各金融機関が実務上使用可能な査定基準を策定するためには、これらの規定の趣旨を解釈した上で、より詳細な具体的な基準を策定する必要があった。

また、各金融機関や各取引先の個別の事情や特殊性を考慮した詳細な規定は設けられていなかったため、その欠落した部分についての解釈・運用は、各金融機関に委ねられていたのである。

㈡98年3月期においては、自己査定制度が導入されて初めての決算期であるという事情も、解釈・運用の幅に大きく影響した。

98年3月期には、実務上も、自己査定制度の運用や資産査定通達等の基準の解釈や運用の積み重ねが全くなかった。各金融機関や監査法人は、それぞれ試行錯誤のもとにこれらの基準を解釈・運用して自己査定基準を策定していったのである。

そのような状況では、別途明確に否定するような法令がない限り、会計処理の継続性の原則という観点から、従前の会計処理方法を生かす形で、資産査定通達等を解釈し運用することも許容されていたといえる。

㈢さらに言えば、98年3月期が過渡期であったことからも、その解釈・運用についても幅があったものといえる（秋山正明証人・18ないし25頁）。

前述したように、98年3月期決算を終えた後、資産査定通達と関連ノンバンク事務連絡は廃止され、新たに金融監督庁から「金融検査マニュアル」（弁第2号証）が公表され、実務指針も改正されるに至った（弁第129号証）。このことにより初めて、98年3

月期に裁量に委ねられていた部分が明確化されたのである。

㈣このように、資産査定通達、関連ノンバンク事務連絡及び実務指針の解釈の幅は相当大きいものであり、その結果、98年3月期決算当時、各金融機関の自己査定基準策定につき広い裁量が認められていたものといえる。

4　以上述べた意味で、長銀の自己査定基準について検討する場合に、資産査定通達、関連ノンバンク事務連絡及び実務指針を画一的に解釈し適用することは、前述した不良債権の償却・引当額算出行為の本質を見失うこととなる。

資産査定通達等の趣旨から解釈し、長銀の実態に沿うものかどうかとの観点から資産査定通達の枠組みとの整合性を検証する必要がある。そして、個別のルールにわたる場合には、合理的な説明が可能か否かという観点から、資産査定通達等から逸脱しているか否かを判断することになる。さらに、前述したように、98年3月期は、「基準」が必ずしも明確ではなかったことから、従来の大蔵行政や実務との「継続性」の観点を度外視することはできない。

三　長銀の自己査定基準について

1　そこで、長銀の自己査定基準について検討すると、その枠組みは資産査定通達の枠組みに基本的に沿っており、長銀がその実情にあわせて設けた個別のルールについても合理的説明が可能なものであった。

ここでは、本件における争点のうちいくつかを具体例として取り上げる。

2　まず、関連ノンバンク等関連会社に対する貸出金の取扱について述べる。

㈠長銀の自己査定基準は、関連ノンバンク等関連会社に対する貸出金について、一般先と異なる基準を設けている（「関連ノンバンクにかかる自己査定運用規則」）。

これは、関連ノンバンクは長銀を補完する機能を果たしている点で一般先と異なる地位にあること、長銀は関連ノンバンクに対して人的、資金的、経営的に特別の影響力と責任を有しており（母体行責任）、積極的支援方針を有している以上、関連ノンバンクには突発的破綻リスクがないことから、貸出金の評価についても長銀の支援意思や支援内容を反映させることが長銀の実情を反映させ合理性を有するという考え方に基づく。この考え方は、従来から、実務上、合理性が認められるものとして、会計処理方法に反映されており、大蔵当局も認めていた。

98年3月期においても、このような関連ノンバンクの特殊性に応じた基準を策定することは、資産査定通達、実務指針、関連ノンバンク事務連絡においても認められていた。

すなわち、資産査定通達は、自行の支援方針の有無を債務者区分の判断要素とすることを認めている。関連ノンバンク事務連絡（及び全銀協追加Q&A）においては、資産査定通達において直接規定されていない関連ノンバンクに対する貸出金査定について規定されており、そこでは、母体行による支援意思・支援内容を考慮するものとされている。実務指針も、このような取扱を否定する趣旨のものではなかった。

㈡そして、この取扱の趣旨は、ノンバンクではない長銀の関連会社についてもそのまま当てはまる。

したがって、ノンバンク以外の関連会社に対する貸出金の査定基準を一般先の基準と別に設けたことについても、資産査定通達、関連ノンバンク事務連絡を逸脱するものではない。

㈢長銀は、複数年にわたる再建計画に基づく関連ノンバンクに対する翌期以降の支援予定額をⅢ分類と分類し、引当をゼロとして処理する基準を設けていた。

この処理方法は、従来から行われてきた「計画的・段階的処理」の考え方に基づくものであり、かつ、長銀担当者が他の都銀や長信銀から入手した情報（甲第32号証・資料4、甲第22号証・資料4、大田秀晴証人・48頁ないし51頁）からも分かるように、98年3月期における処理方法としては一般的な考え方であった。また、資産査定通達、関連ノンバンク事務連絡、実務指針の解釈からも認められるものである。

3　次に、長銀は、ノンバンク以外の関連会社の債務者区分を「正常先又は要注意先」とする基準を策定している（「特定関連親密先自己査定運用細則」）。このことは、自行が積極的に支援することが確実である取引先についての債務者区分を「要注意先」とすることを認める資産査定通達の合理的解釈から導き出すことが可能である。

この解釈は、財務内容が悪い債務者であっても、銀行が積極的支援をしている場合には、客観的に見て破綻する可能性が極めて小さいという現実、実務慣行にも合致しているものであり、合理的解釈であった。

4　長銀の一般先基準としての「自己査定の手引き」の中にある債務者区分「破綻懸念先」と「実質破綻先」の認定要件は、資産査定通達に規定されているそれぞれの債務者区分の認定要件と若干異なる部分がある。

しかし、資産査定通達に挙げられている文言では、そのまま、現場担当者が査定をする場合に適用することが困難であったため、長銀が、より具体的な要件を設けて査定担当者の判断を容易にするために詳細な規定にしたにすぎず、資産査定通達の解釈上認められるものである。

5　以上のような資産査定通達等の解釈、長銀の自己査定基準策定に関する基本的な考え方は、長銀のみの恣意的な解釈・判断ではない。

長銀は、他の金融機関や大蔵省の考え方について情報収集を行ない、従来の大蔵省検査によって体得した検査官の検査手法などを参考にして自己査定基準を策定していった。

その過程において、自己査定トライアル結果などを大蔵当局に報告をするほか、監査法人に対して、自己査定基準の説明を適宜行っていた。その際に、監査法人から特に問題を指摘されたことはない。

実際の監査が始まった98年2月には、長銀は、自己査定基準全てを監査法人（太田昭和監査法人）の関与社員に渡している（弁第131号証ないし133号証）。監査法人の関与社員は、資産査定通達と長銀の自己査定基準を照らし合わせて、一致しない部分については長銀担当者に質問し、説明を受けるという方法で自己査定基準を検証した（秋山正明証人・51頁）。その結果、自己査定基準については資産査定通達等を逸脱するものではないとの判断をしている。

このことは、長銀自己査定基準を直接検証した公認会計士が、当公判廷において、自ら作成した対照表を用いて、資産査定通達、関連ノンバンク事務連絡、実務指針との整合性に問題はないと供述していることからも明らかである。

四　自己査定結果及び償却・引当の適法性

1　長銀は、適法な自己査定基準に基づいて資産査定を行い、その結果をもとに償却・引当処理を行なった。

長銀は、その査定結果及び引当・償却についても、監査法人による適切かつ十分な監査を受けた。

具体的な監査は、各部店から債務者を抽出する方法で行われた（試査）が、98年3月期は自己査定制度が導入されて初めての決算期であったこともあり、監査法人は、例年よりも、債務者の抽出項目数を増やして幅広く抽出を行い、「深度ある監査」を行なったのである。そして、監査法人は、各債務者ごとのラインシートをもとに結果の検証を行ない、疑問点がある場合には追加説明を受けたり、追加資料を要求することによってすすめていった。

その結果、監査法人は、長銀の98年3月期決算について、適法である旨の監査報告書を提出している。

2　なお、長銀の監査を担当していた監査法人には、本件決算期ころに「金融ノンバンク審査専門委員会」が設置され、そこでは監査報告書にサインする関与社員の判断について審査され、正しいかどうか検討するシステムが設けられていた。

長銀の98年3月期決算についても、監査報告書を提出する前にこの委員会に通されている（**秋山正明証人・73頁、弁第1号証・549頁**）。他の大手信託銀行や都銀の監査を行っていた（**秋山正明証人・2～3頁**）当該監査法人全体の意見としても、長銀の98年3月期決算に問題なしという判断をしていた。

以　上

② 鈴木弁護団

意 見 書

証券取引法違反等　　　　　　　　　　　　　　　鈴 木 克 治

上記被告人に対する頭書被告事件について、弁護人は公判手続の更新の機会に次のとおり意見を申し述べます。

平成13年9月28日

主任弁護人 更 田 義 彦
同 長 文 弘

東京地方裁判所
刑事第1部 御中

記

第1 被告事件について弁護人の陳述

弁護人は、いずれの公訴事実についても無罪を主張しているが、その意見の骨子及び取り調べた証拠について意見を申し述べる。

1 本件の争点

本件公訴事実は、日本長期信用銀行（以下「長銀」という）の平成10年3月期の決算に関し、商法285条の4に違反して金銭債権の償却引当を怠り、いわゆる粉飾決算をなし、配当利益がないのに配当をし、かつ虚偽の記載をした有価証券報告書を提出したとして、当該決算時に在職していた頭取副頭取のみならず、すでに退職し、決算書の作成自体に関与していない前副頭取についても、共犯者として刑事責任を追及するものである。

しかしながら、本件は、有価証券報告書及び配当の前提となる決算書の作成にあたり、架空利益の計上や損失の隠ぺい工作があったわけではなく、貸倒れ引当金の計上額に誤りがあるとして刑事責任を追及する点で、従来型の粉飾決算の事案とは異なっている。

本件は、いわば政治的な圧力のもとで平成10年10月23日、特別公的管理銀行とされた長銀について、事後的に平成10年3月期の決算について、評価のあり方を見直し、元来は企業会計上、経営の健全化の観点から評価のあり方として提唱される考え方を、法律上、刑事罰の制裁をもって要求する会計基準として適用し、貸出金の償却引当が不十分であったと断定して起訴に踏み切ったものである。

したがって、検察官の償却引当が不十分であるとの認定は、金融監督庁が後に、平成11年4月8日に取り纏めた金融検査マニュアルの基準以上の厳しい考え方を、いわば前倒しして適用するものであり、本件当時の決算の当否を判断する基準として用いるのは不当である。

本来、検察官は本件審理の冒頭において貸出金の一部について取立不能と見込まれると認定した根拠及び判断基準を明確にすべきであった。ところが検察官は冒頭陳述において取立不能と見込まれるとした貸出金の内訳を明らかにしたのみで、取立不能とする根拠及び判断基準、それを判断基準と認定する法令上の根拠を明らかにしない。弁護人が法令に違反して利益の配当をしたとする根拠について釈明を求めたところ、「商法等の関連法令に違反した」としか答えない。検察官の冒頭陳述（別紙3①「引当不足額内訳」、同②）からみるところ、検察官が取立不能であると見込まれると認定した貸出金は、もっぱらバブル期に金融機関の通常の営業活動として貸し付けた貸付債権のうち、長銀の関連ノンバンクないし関連親密先である第一ファイナンス、NED、日本リース等に対する債権であると考えられる。

ところで、商法は、業種及び事業規模にかかわらず、すべての商人を対象とし、会社の計算に関する規定はすべての株式会社に適用されるのであるから、万一、本件において商法が誤って適用されるならば、その影響は測りがたいものがある。

商法の計算に関する規定の解釈には、公正なる会計慣行を斟酌すべしとされている一方で、商法を受けた計算書類規則においては、銀行、保険等の業種については多くの規定が適用除外とされ、銀行については銀行法（長期信用銀行については長期信用銀行法により銀行法が準用されている）とその監督官庁である大蔵省の定める通達等によって決算経理の基準が示されてきたのである。ちなみに銀行は、一般事業会社とは異なり、商法281条第1項の規定により作成する営業報告書及び附属明細書の記載事項についても、銀行法により大蔵省令で定めることとされている（銀行法22条）。

しかも、これらの基準あるいは監督官庁の指導は、少なくとも当時においては、一般に、商法に違反しないと認識されていたのみならず、公認会計士の職業団体においても「決算経理基準」は公正なる会計慣行と合致しているものとして取り扱うとされていた。金融行政の過度期といわれる平成10年3月期の決算について、通達によって株式の評価方法の変更を認めたことの一事を見ても大蔵省が、金融機関の健全性の確保を図りつつ、信用秩序の維持と預金者の保護等の行政目的を達成するため、銀行の決算について法令の整合性を考慮しつつ、強い行政指導を行っていたことが見て取れるのである。

商法の金銭債権の評価と償却引当を定めた商法285条の4は、資産の評価が経営者の判断において行われることを前提として規定されており、会社の広範な裁量に委ねていて、その規定振りを見ても違反行為について刑事罰の適用を予定していない。すなわち、本件では刑罰権の発動の要件とされるべき債権の「取立不能の虞」について法令上、明確な基準がない。

検察官は、取立不能と認定する根拠等は冒頭陳述で明らかにするとしていたが、検察官の冒頭陳述によれば、冒頭陳述で明らかにした貸出金は、大蔵省の平成9年3月5日の資産査定通達の規定する資産分類規準（「MOF一般先基準」という。検察官の冒頭陳述13頁）あるいは同年4月21日付の事務連絡の規定する資産分類の基準（「MOF関連ノンバンク基準」という。同15頁）によれば同基準上、「Ⅳ分類」に該当するというのみであって、あたかもこれらの通達等が商法の解釈基準であるかのごとく主張し、長銀の自己査定の結果がこの通達等に著しく違反しているかのごとく主張している。

しかしながら、もともと資産査定通達は、早期是正措置の導入に際して日本においては初めてとられる金融機関の自己査定制度において、各金融機関の基準が適度の統一性を確保することが望ましいとの観点から従来の金融検査の実情を踏まえて示されたものでありバブル崩壊による金融機関の不良債権の処理は、大蔵省銀行局の行政指導のもとで段階的計画的に処理が進められており、金融機関の系列ノンバンク等の支援先に対する貸出金については、大蔵省においても支援を打切った先に対する債権と同一に償却引当を求めておらず、資産査定通達もこのような実務と連続性を維持していた。

資産査定通達は、平成10年4月以降の検査から適用されるとはされていたが、当初は試行期間と理解されていたうえ、内容的に見ても金融機関の支援先に対する債権の債務者区分は一般先とは異なる取り扱いを容認するものであった。関連ノンバンクに対する債権の査定について一般先と異なる取り扱いを定めた「事務連絡」について検察官は、これを資産査定通達の細則であるという（冒頭陳述15頁）が、内容及び策定の経過から見ても一つの解釈例と言うべきである。したがって資産査定通達は、事務連絡の定めるほかに一般先と異なる扱いを禁じたものと断ずることまではできない。

一般に、自己査定の導入の先後を問わず、金融検査においては検査官と金融機関とで資産の評価に食い違いがある場合に、いずれの見解が企業会計上正当であるかの解決は、その技術的性格に鑑み、慎重に行われるものであることは米国の例を見てもあきらかである。

それゆえ本件でも、日銀考査官、あるいは金融監督庁検査官の意見によって左右される筋合いの問題ではない。むしろ、本件決算については、監査法人が適正意見を述べている上、この監査法人に所属する関与公認会計士に対しては、刑事責任が問題とされた形跡さえない。この事実は、長銀の決算が違法であると断定できないことの証左である。

このように商法 285 条の 4 の解釈について、検察官が資産査定通達に依拠すること自体、大蔵省の「通達行政」をいわば自ら認めるものであるが、検察官は本来、この通達を償却引当の認定の根拠として立論するのであれば、この通達の出されるまで状況、改廃の経緯、この通達を受けた各金融機関における決算の状況、平成 11 年以降における適用状況、「検査マニュアル」等に見られる決算基準の変遷等を立証すべきである。しかるに検察官は、これらの点についてはほとんど立証しようとしない。

したがって、本件起訴は、検察官による資産査定通達の一方的解釈にもとづく独自の判断にもとづくものと言わざるを得ないが、被告人は、本件決算の基本方針を策定した当時において、金融行政の変革期にあることは承知していたものの、第一ファイナンス、NED、日本リース等の関連親密先に対する貸出金については、従来の行政上の取り扱い、及び他行における取り扱いと同様に銀行経営者としては、税法上の基準に従って取り扱えば足りると考えていたので、これらの貸出金について法律上、当期に償却引当をなすべきであるとの認識を有しておらず、それが仮に銀行経営者の裁量権を逸脱していたとしても、故意がない。

なお、本件決算の基本方針を策定した後、平成 10 年 4 月以降の株価の急落及びその他の事情の急激な変化のゆえに長銀が破綻したことから、被告人を処罰するのであれば、それは刑事責任の追及と経営破綻の責任の追及とを混同するものである。

2　銀行の貸出債権の評価と償却引当

被告人らが平成 9 年度の決算について基本方針を策定したとされる平成 9 年当時、銀行の決算経理については、一般にいわゆる税法基準にもとづいて償却引当が行われており、これが公正なる会計慣行であると考えられていた。

言い換えると、「税務上、回収不能またはその虞があるとして償却引当が認められる債権」をもって、「取立不能または取立不能の虞のある債権」と認識していた。

大蔵省の決算経理基準は、税法基準のほか有税引当をすることができるとしていたものの、有税引当をなすべき基準は特に定めておらず、企業経営の健全性の観点から経営判断に任されるものと理解されていた。

次に、大蔵省金融検査部は、数年おきに銀行の金融検査を行っていたが、バブル崩壊後の銀行の不良債権については、平成 10 年 3 月期以前の決算については、関連ノンバンクについて分類債権の区分と償却引当を連動しない扱いを行っていたことは証拠上、明らかである。

これに対し、早期是正措置導入後の自己査定制度では、公認会計士協会の定めた実務指針において、債権額から担保又は保証によって回収が可能と認められる額を差し引いた残額について、破綻懸念先債権については必要額を、実質破綻先債権と破綻先債権についてはその全額を、それぞれ貸倒れ償却するか、貸倒れ引当金として計上すべきこととされたので、関連親密先に対する債権についても資産の査定と償却引当がいわば連動することとなった。しかし、その反面、資産査定通達及び事務連絡において、支援先に対する債権については債務者区分の段階において一般先とは異なる扱いが認められたのである。

すなわち、資産査定通達によれば、破綻懸念先とは「自行としても消極ないし撤退方針としており、今後、経営破綻に陥る可能性が大きいと認められる先」をいうとして、自行の支援先に対する債権は消極ないし撤退の方針を立てない限り破綻懸念先とはせず、要注意先にとどめることとしている。その結果、これらの債権は通常はⅡ分類にとどまることとなる。

実務指針においても破綻懸念先債権の回収可能性については、銀行等の金融機関並びに親会社の支援状況等一切の定量的・定性的要因を検討して総合的に判断する必要があるとされ、回収見込み額の算出にあたっては倒産確率を乗じて算出する方法も示されている。

したがってこのような扱いの方針が示される以前の平成８年４月の大蔵省金融検査部の長銀に対する金融検査に際し、被告人らが、長銀部内において大蔵省の検査が貸出先の資産を清算価値を基礎として評価される見込みであるとして貸出金の資産査定を予測する作業を行っていたこと、及びその結果が平成８年４月のいわゆる「円卓会議」に付議された事実から、右結果をもってあたかも長銀の貸出金の実態を示すものであると決めつけ、これが当期に償却引当をなすべき不良債権の規模を示すものであるかのごとく断定することは、誤りである。

第２　取り調べた証拠についての意見

１　被告人の自白の信用性

被告人には、公訴事実を認める供述がある。しかし、被告人に対する取調べの経過は、被告人質問及び取調べ済みの被告人の勾留質問調書等を通じて明らかにされたとおりである。

被告人は、本件決算の基本方針を検討した当時における認識及び資産の評価並びに償却引当の実情について、記憶に基づいて供述を試みた。

しかしながら、検察官は法律解釈について断定的であり、事実の理解についてさえも、被告人の説明に虚心に耳を傾けようとしなかったことはもとより、弁明をさえぎり、自白の撤回を許さず、いわば弁護人に対する信頼を損なう言辞を弄するなどして被告人を精神的に抵抗不能の状態に追い込んだのである（12、26、28回公判）。

被告人は、長銀在職当時の自ら関与した事実のうち外形的な事実については、ことさら争わないが、「平成８年４月頃の自らの資産を査定した結果、回収不能又は無価値であるいわゆるⅣ分類債権がいくらであった」という供述は、貸出金の評価の方法が単一であり、他の評価を一切許さないかのごとき、断定的取調べによるものである。

また「法律上義務づけられている回収不能不良債権全額の償却・引当を怠った」旨の供述も、何が法律上義務づけられている不良債権であるかを明確に質さなければ、何の意味をも有しないと言うべきである。

被告人は、自己査定制度の始まりの期のためきちんとし対応したのであり、「引当しなければならなかった額」が検察官の主張するようなものであるはずがないという認識であったのである（乙56）。

検察官の取調べにおいては、被告人はこれらの供述に際し、検察官が判断根拠とした資産査定通達あるいは事務連絡、公認会計士協会の実務指針、更には全銀協のQ&Aなどを全く示されてもおらず、検察官の「論理」を頭ごなしに押し付けられたのである。この点は、公判における検察官の被告人質問においても、「あるべき償却」をめぐって検察官と被告人の議論がすれ違うところが、再現されたが、取調べにおいては、資料を選択できる地位にある検察官に対して、被告人が徒手空拳で立ち向かっても到底太刀打ちできるものではないことは、想像に難くないところである。

したがって、「法律上義務づけられている」との判断根拠について何ら説明のない捜査段階の供述は、やむなく検察官に口裏を合わせたにすぎないことが明らかである。

この点に関する供述は、本来、法令あるいは会計慣行とその解釈を基礎として述べられるべきところ、「法律上義務づけられている」範囲に関する客観的証拠に反し、到底信用できない。

以上のとおり、違法性の認識にかかる自白調書は以上のごとき取調べによって獲得されたものであるから、信用性がない。

なお、これらの供述の信用性のないことは、ひとり被告人の供述について指摘するのではなく、共同被告人及び甲号証中の長銀関係者の供述に、等しく共通する点である。

2　弁護人の請求した証拠調べの結果

弁護人は、捜査段階において十分に解明されていない長銀の平成 9 年 4 月 1 日から同 10 年 3 月 31 日までの事業年度の貸借対照表、損益計算書及び利益処分計算書における貸出金の評価の経緯と背景事実について、公判において証拠調べを請求し、その立証につとめてきたが、裁判所におかれても丁寧な審理を行ってこられたことには、敬意を表したい。

その結果、実施した証人尋問については、証言の要旨を再現する暇がないが、弁護人の主張を裏付ける証言がある。

したがって、真相を究明し、適正なご判断を頂くために、今後とも必要なご審理を尽くされるように強く要請し、意見を申し述べる。

以　上

○ 大野木克信供述調書（第 30 回公判）

被告人供述調書（平成 13 年 9 月 28 日第 30 回公判）

弁　護　人（倉科）

前回、取調べのときの検察官の言葉としてどんな言葉を覚えているかということを伺いました、その中に、検察官に、トップとしての責任は重いが、責任ある者は一人だけではないという旨の言葉を言われたことを覚えているというお話ですが、それを聞いたときは、どのように感じたんですか。

本件につきましては、前回申し上げましたような理由で私は罪を認め、検察官の主張に争わないということで臨もうということにしておりましたわけでございますが、それはやはり、本件に対します、私どもが経営の破綻を防ぎきれなかったことから生ずる、社会に対して、あるいは取引先に対して、そして行員に対して、非常に大きな御迷惑をお掛けしたと、これをあがなう道としては、本件に服するということが取るべき道ではないかと。それからもう一つは、行員の、ある意味では自白調書と、今からではそう言えるかと思いますが、そういうものが積み上がっているという状況の中で、私が認めないことは、行員に、言わば責任を転嫁することになるのではないかと。逆に言えば、私は、本件の背景となった長銀破綻ということから考えますと、私がここで責任を引き受け、罪に服するということで、できるだけ私一身の罪ということで本件をとどめていただきたいと、そういう気持ちがあったわけでございますが、そういうことは、勾留質問とか検察官の方にも、るる申し上げてたところでございますが、そういうときにそういう御発言があったということで、やはりこれは、ほかにも波及するという可能性があるんじゃないかと、これは何としてもまた頑張って、なるべく私一身に治めたいという感じがいたしました。

それから、同じく検察官の言葉で、社会に警鐘を鳴らすための捜査であるという趣旨のことを言われたと、こう言われたとき、どのように感じましたか。

先ほど申しましたように、非常に申し訳ないことを犯した私ではございますけれども、そういったことが、こういう裁判を通じて、少しでも社会と申しますか、金融界の秩序を良くするという意味で警鐘を鳴らすという、まあ、捨て石にでもなるのであれば、それはそれで一つの救いかなというような気がいたしました。

それから、第 8 回公判のあなたの供述の中で、最終的に検事さんの見解に服することにしましたという、そういった動機の説明との関係で出てくる部分なんでありますけれども、関連親密先ですね、それに対する支援をもっと厚めにできればやりたい、経営として望ましい部分と実際にできる間に差があったことは事実だと、そういう気持ちは毎期決算のときに残っていたと。ページ数で言えば 156 ページとかにありますけれども、そういうことについては、これはそうすると、長銀の支援先に対する支援のことを言ってるわけですよね。

はい、そのとおりです。

経営として望ましい部分との差とか、経営の健全性という点から見た不足感というのは、これは当該支援先の経営の健全性だとか、経営としての望ましさと、こういう意味ですか。

はい。それが、ひいては長銀の経営戦略にマッチすると、そういう意味で申し上げたわけです。

望ましいとか、あるいは健全性という点から見て不足感ということの評価の基準ですよね、それはどういうところからそういう気持ちが残っていたんですか。

それは飽くまで経営の健全性という見地から望ましいレベルに達してないという感が残っていたということでございまして、法律的なものから要求されるそのレベルに対する不足感という感じを持っていたということでは決してございません。

そうすると、長銀がそれらに対する貸出金について、償却、引当すべき義務を怠っていたという、そういった感覚とか認識があったという意味ではないというわけですね。

はい、そのとおりでございます。

平成10年3月末の決算においては、支援先のうち、ランディックについては計画前倒しだと、私が計算してみると、1650億円を越える支援ということになっておりますが、名目はそれぞれ少しずつ分かれている部分はありますけど、これは全部支援ですね。

はい。

長銀リースに対しても、計画前倒しで800億円というふうになっているようでございますが、今おっしゃいました経営的な面から言うと望ましい部分との差という感じがあったのは、どの支援先を意識した答えですか。

一応その2社につきましては、長年の懸案であった、先ほど申しましたような差が解消したという感じは持っておりました。したがって、98年(平成10年)3月の時点では、一番そういう意味で念頭に入っておりましたのはエヌイーディーという会社でございます。

日本リースについては、どういう認識だったんですか。

これはお蔭さまで、94年度(平成6年)、95年度(平成7年)、両年において、相当の収益支援をいたしました結果、非常に形が良くなり、収益力もついてまいったわけでございますので、これは少なくとも収益支援はしないでも自転していくという態勢が既に確立されているという感じを持っておりました。

そういった認識の中で、支援不足感が若干あったということについて、それがなぜ検察官の言う、商法によれば清算価値による貸出金の評価をしなければならないと。で、商法違反の処理であったという説を受け入れて、そういう調書にサインをするという心境につながったのかということなんですよね。

先ほど、本件について罪を受け入れていこうということを申し上げましたけれども、そのベースとしては、検察官の言われた商法の鉄則と申しますか、これは言わば、会社について清算価値で即時仮にそれをつぶすとしたら、そこから生じるであろうロス、これは銀行としては、その都度それを計算して、即時一括償却しなくてはいけないと、これが商法の鉄則であると、こういう話から本件は始まってるわけでございまして、その考え方を受け入れまして供述に臨んでいたわけでございますので、そういう商法の鉄則という考え方からいきますと、私どもの経営戦略上の支援というのは、はるかにそれには及ばない。私どもは、そこまではやる必要はなくて、当然会社が、ある程度自分の力で収益を上げて回転していく、そこまでのレベルを収益の目標としていたわけで、それに対しても、先ほど申しましたように、1社ほどまだ残っていたというのが現状だったわけでございますけれども、そういう感じをずっと持っていたということと、それよりはるかに高いバーの商法の鉄則、これが本筋だということを比較いたしますと、それは吊時、とりもなおさず、商法の鉄則から比較すれば、償却不足感を意識していたと、こういうことにつながるというような意味で、半ば自分を納得させる意味で、そういう供述をしたということです。

次に、あなたは、取調べの経過の中で、最後に、検察官あての、今回の粉飾決算の違法配当事件を振り返ってという文書を書くという作業をしたことがありますね。

はい、ございます。

（乙）証拠番号49（上申書）を示す

平成11年6月30日付けの文書ですね、これは俗称にしたがって略して上申書と言わせていただきますけれども、これを書くことになった経緯について、第8回公判、169ページでは、検察官のサゼッションによるものであるという説明をいただきました。その後の話について、私は詳しくは第8回公判でお伺いしなかったので伺いますけれども、この検察官のサゼッションによるという話なんですが、検察官からは、いかなる趣旨のものを書くように言われたと理解したわけですか。

私の理解は、非常に膨大な供述調書がそのときまでに出来上がって、終了に近づいていたわけでございますが、その間、いろいろなところで、本件の基本的な考え方とか、そういったものがちりばめられているわけでございまして、それをこの段階で整理して、そして問題点を明らかにするというようなことが要求されていたのではないかと思いまして、そんなことでよろしいですかということを申し上げて、それでやったらどうかと。普通そういうようなことは最後にはだれでも書くものだというようなお話がありましたので、これを執筆したということです。

そういうものを最後に書くものだというのは、検察官に言われたんですか。

そうですね、最後に何かやっぱり被告人というのはこういうものを自分で書くものであるというようなことでございました。

この上申書は、どのように今後は取り扱われると当時は考えていたんですか。

詳しく分かりませんでしたけれども、ずっと供述調書が出来上がって、最後にこれということでございますので、最後に私の考え方というような形で、その一環をなすものではないかというふうに思いました。

で、日付は6月30日なんですけれども、6月30日は、もう商法違反の起訴で勾留質問のある日ですよね。

はい。

ということになるんであって、これはいつ書いたのかなと、こういうことになるわけですが、実際にはいつ書いたんですか。

そういうお話をいただいたのは、たしか6月30日の数日前ぐらいだったと思います。2、3日でございましょうか、とにかく前でございます。それから書き始めたわけでございますけれども、ちょっとここまで時間が掛かってしまったということです。

清書したのは。

最後に清書したのが6月30日です。

どういう場所で書いたんですか。

これは、取調べの間に、例えば検察の方がワープロで調書の原稿を打っておられるというようなときがございまして、その間、私はちょっと自由な時間がある、そういうときに逐次書いていったらどうかと、そういう意味で数日前から少しずつ書き始めていたということです。

使った道具は何ですか。

わら半紙と申しますか、それと鉛筆です。

そうすると、取調べの時間が終わると、どうしたんですか、それは。

すべて取調室からは何も持たないで出るわけでございますので、私の机の上に書きかけのものを置いて部屋から出たということです。

この上申書に書かれたことと、それまであなたがサインした供述調書ですね、内容との関係なんですけれども、先ほども少し御自分なりの理解は述べられましたけれども、これは、あなたとしては、どういう心境で書いたんでしょうね。

私としましては、先ほど申しましたようなことで、供述調書に向かうスタンスと申しますか、それは検察の方の言うことを全面的に受け入れて、罪を認めるということで、この取調べの最後まで至ったわけでございますが、その気持ちはこの時点でも変わりなかったわけです。ただ、商法の鉄則に違反しておりました、申し訳ありませんというだけでは、やはり気持ちとして物足りないと申しますか、やはり私としては、それであるからには一体なぜ違法ということを認めたのか、すなわち、どういうクライテリアと申しますか、どういう基準に対して我々は及ばなかったのかと。そしてまた、そういうことをせざるを得なかった状況というのは一体何なのかと。つまり、どういうバーに対して及ばなかったのか、それはどうしてそうせざるを得なかったのか、そこまでは、これは調書の中でも散在しているわけでございますけれども、せっかくまとめる機会をと言われましたものですから、やはりこの機会にそこはっきりさせたいなというつもりでこの上申書を書かしていただいたということでございます。

そうすると、それはある意味で、自分として、この罪を受け入れるというこの論理をはっきりさせると。

はい。受け入れるということ自身は、いろいろな気持ちの問題とか、社会的な責任の問題とかいうのがベースにあったわけでございますけれども、やはり私なりにも、それなりに、それとは別に、どういうことで、どういう基準というものがあって、それに対して足りなかったというようなことをやはり整理するということで、ある意味では、自分を最後にもう１回納得させたいというような気持ちがございました。

いわゆる上申書の中に、１枚目の第２段ですか、こういう言葉があります。この度は平成 10 年３月末の決算につきまして、当期未処理損失額を過少計上した内容虚偽の有価証券報告書を作成、提出したり、配当可能利益が皆無であるのに配当した事実は間違いなく、この点につきましても、当時の長銀の頭取として深く反省するとともに心からおわび申し上げますという言葉があるんです。で、実は私、これ、どこかで読んだ文書だなと思って、あなたの供述調書を調べたんですが、乙２号証の２ページから３ページもほぼ同じ文書がある。乙３号証の２ページにもある。乙４号証の２ページもほぼ同文。乙５号証の２ページに至っては全くの同文。乙５号証の２ページもほぼ同文。乙７号証の２ページも全く同文。乙８号証の２ないし３ページも同文で、乙12 号証の２ないし３ページにもほぼ同文があるんですが、一体、そうだとすると、あなたが書かれました上申書の１枚目の２段目の今お読みした言葉というのは、今まであなたがサインしてきた供述調書で言ってることをただ繰り返しただけというふうに私は読んだんですけれども、どうなんですかね。

やはり、先ほどの意味で、今までのことを振り返って整理して書くという意味でここに書かしていただいたということです。

要するに、頭からすらすらもう出てくるぐらい覚えちゃった言葉なんですね。

今御指摘のございましたように、ほとんどあらゆる供述調書に出てくる言葉でございますので、そういう意味では頭に入っておりました。これは別に調書を見て書いたわけじゃないんですが、すらすらとこれは出てきたわけでございます。

同じく上申書の 1 枚目の 4 段目、2 ないし 3 行目にこういう言葉があります。商法の本則に則った資産査定のあり方と、これは時代を問わず一貫した太い筋であり、原理原則であることは明らかであると、こうあります。で、商法の本則というところには、わざわざコーテイションマークと言うんでしょうか、マークが付いているんですね。それで、同じく 4 段目の 5 行目には、商法本則に対する規範意識という言葉も出てくるわけでございます。あと、3 枚目の 3 段目にも商法の本則という言葉が出ているんですけれども、これも乙 5 号証の 22 ページには商法の規定など償却、引当の本則に則ってという言葉が出てくるんですけれども、この商法の本則という言葉は、これはどういう意味合いであなたは書いたんですか。

取調べの冒頭から、貸出金の評価、償却、引当について商法が要求するのは、それは先ほど申しました清算価値に基づいた評価額であると、これをもってやるべきであって、これが償却、引当に関する商法の本則である、あるいは商法の鉄則である、あるいは商法が正に言わんとすることであると。こういった表現は、度々検察の方から教えていただいたものですから、それでここに書いたわけでございます。

そうすると、検察官のおっしゃる商法の本則と、こういうような意味合いでコーテイションマークを付けたんですかね。

はい。その商法の本則というものの理解をここで書いたつもりでございます。

そこで、今度はこの上申書の 2 枚目、4 段目ですね、2 ないし 3 行目にこういう言葉が出てくるんです。資産査定におけるグローバルスタンダードとは、対象企業を時価会計主義、清算価値に則して見ることが基本であり、これはとりもなおさず商法の原則の遵守そのものを意味するという言葉が出てくるんですけど、この時価会計主義とか、あるいは時価会計原則に則ってというのは、例えば乙 5 号証の 22 ページにもそういう言葉が出てくるんですけれども、この時価会計主義とか時価会計原則というのは、この平成 10 年の 3 月の決算期当時、導入されていたんだろうかという疑問があるわけですよ。どういう意味で時価会計主義という言葉をここでお書きになっているのかなと、こういうことなんですが。

これは繰り返しになりますけれども、企業を清算価値で評価して、そのロス額を算定して、それを正に償却、引当すべきだというのは、ある意味では企業を静態的に時価で評価して、その時価で償却、引当をすべきだという意味では、時価会計主義というのはいろんな解釈があって、いろんなやり方があることは事実です。貸出金に関しては、例えば将来の収益から還元して、現在価値を算定するとかいうようなやり方も当然あるわけですから、そういう意味ではいろんなバリエーションがあるんですけれども、やはりこの考え方も時価会計というものの一つのやり方ではないかと。正にそうですねというようなお話を検察の方ともいたしましたわけで、そこでここに書いたということでございます。

現実の時価会計主義とか時価会計原則の話で言えば、そもそも現在だって、有価証券について、今度の 9 月から、不十分ながら一種の時価会計主義に近いような一つの手法が使われ始めた、あるいは固定資産の減損会計だとかいうのはこれからの話、貸出金の評価に関しては、額面主義を改めるなんで話はまだ出ていませんよね。

はい。

ということになると、全くこれは、いわゆる講学上の時価会計主義ということではなくて、今おっしゃったような静的、静かに見るという意味ですね。

　はい。

そういう意味で清算価値を見たときの話という意味合いで言ったんだと。

　そのとおりでございます。

ということだと、一種の比喩的表現ですね。

　はい。

念のために伺いますけれども、あなたはこの平成10年の３月期決算当時、あるいはその前も含めてでしょうけれども、ここで言う清算価値主義あるいは比喩的に言う時価会計的なもので日本の会社の、日本の銀行の貸出金の査定をなされなければならないなんて思っていたんですか。

　そのようには決して思ってはおりませんでした。

それにしても、なんで時価会計主義は、とりもなおさず商法の原則の遵守だという表現に走ったのかなと、こう思うんですけれどもね。

　やはり、先ほど申しましたように、この上申書は、どういう基準、どういうクライテリアというものがあって、それに対して及ばなかったというところを明らかにしたいという気持ちで書いたわけでございますから、その時点で、それが正しいやり方かどうかということは抜きにして、少なくとも、この供述調書を作成するその過程において、私が考えておりました、一つの、先ほど申しましたバーと申しますか、クライテリアというのは、そういうような性格のものだったということをはっきりさせたいと、そういうふうに思って書いたわけでございます。

２枚目の３段目に、従来の護送船団方式と言われる保護行政や規制市場の慣行温存からオープンな市場と市場原理に基づく自己責任原則と競争原理の世界へ変わったとか、平成９年の金融機関に対する行政の大転換により、新しい自己責任の時代に入ってという表現があります。これは実は、同じ表現が乙８号証の50ページに出てくるんですが、そうすると、この乙８号証の供述調書の50ページに書いたのと同じ趣旨でこの２枚目の３段目の今私がお読みした表現の言葉を書いたんですか。

　はい。

本当のことを言って、平成10年３月の決算当時、早期是正措置の導入など金融行政の在り方の変化によって、従前からの償却、引当ルール、支援先や関連ノンバンクにおける償却、引当ルールが変わったという認識だったんでしょうか。

　従前からの償却、引当ルールといったものは、早期是正措置によって変わったということは考えておりませんでした。ただ、この商法による、言わば、清算価値償却論というのは、これは商法の鉄則であって、別に98年(平成10年)３月で変わったわけではなくて、97年(平成９年)３月決算も96年(平成８年)３月決算も95年(平成７年)３月決算も、すべてこういう考え方でやってなくちゃいけないんじゃないかと、そういう論理をいただいたわけでございまして、それを受け入れて供述調書ができているわけでございます。したがいまして、早期是正措置になって、いよいよ大蔵省の査定をベースとしたものではなくて、自分で自分の資産を判断するということになって、それは変わったことなんですが、そういう変わったやり方で見るとすれば、そういう変わらない鉄則に照らして自分を評価しなくちゃならない、それが自己責任じゃないかと。そうだとすると、やはりその時点で、私どもが正しいと思って98年(平成10年)３月にやったやり方というのは、そういう見方から言えば、明らかに間違っていたと、そういうことをここで書いたつもりです。

３枚目の３段目にこういう言葉が出てきます。商法の本則に照らせば、これこそ一括に償却すべき分類資産でありましたが、それは長銀の即死を意味し、また、連鎖的に内外の金融システムに甚大な影響を及ぼすものと思われますと、こういう記載があります。こういう記載の文書を書いた趣旨ですね、これは供述調書の中にもそういう部分を書き入れてもらった部分がありましたね。

はい。

そういった文書を書いた趣旨ですね、それと、その心境についてお話しいただけますか。

ここに書きましたことは、事実そのとおりになると私が思っておったことを書いたわけです。すなわち、商法の鉄則というものを、長銀だけではなくて、すべての銀行が守るとすれば、それは大変な混乱を引き起こし、金融崩壊につながる、そういうリスクを非常に伴ったものであるということは、これは事実として否定できないことだと思います。ただ、それがルールであれば、やはりそれを守らなかったことがいけなかったと、こういうことだったと思うのでございます。そういう意味で、そういうルールを遵守するということによって伴う影響というものも、やはりここでは記しておきたいと。そしてまた、そのとき書いた気持ちとしては、非常に高いバーがルールであるんで、それを守るということによって起こるこうした混乱というものを、一体どういうふうにバランスを取って考えたらいいのか、そこら辺は非常に難しい問題だなという疑問は、これはもう供述調書のときからそうですけれども、尽きなかったということでございます。

この３枚目の４段目にはこういう言葉もあります。２行目から、自らの手で長銀の生命を絶つことは何としても踏み切れずと、体力の及ぶ限りの処理を行いつつ、不良資産の処理を先送りして、時間を掛けてこの桎梏から抜け出そうとする法の軌範から逸脱した苦渋の中で選択し続けたものでありましたと、こういう文書が書いてあるんですけれども、こういう文書を書いた趣旨というのは、心境ですね。

やはり、そういう高い基準、高いバーが、守らなくちゃならない鉄則であるということは、取調べの段階で私が意識的に受け入れた基準であったわけでございますけれども、やはり、現実にここに書いたような時点に戻りますと、やはりそういうことはできなかったんじゃないかと、そういう道は取れなかったんじゃないかと、そう思いますということをここに書いたわけでございます。

あなたの書いたいわゆる上申書ですが、検察官が書き直してほしいと言った部分はありませんでしたか。

先ほど申しましたように、これは、かなり書いたものを部屋に残して出ていったわけでございますが、最後のほうになると、ほぼ全部出来上がったものの原稿までいったわけでございます。これは30日じゃなくて27日とか28日ごろのことでございますが、それをご覧いただいたようでございまして、その結果、二点ほど追加したらどうだという、そういうサゼッションをいただきました。

一つは。

一つは、大蔵省と相当経営面でいろいろ頼んで、ある意味では泣きついて、その結果、こういう決算でいいとか、そういうことを言われたんじゃないかというようなことがあったら書きなさいということと、もう一点は、これは私も反省したんですが、どうも大野木さんのを見たところ、本当に反省しているのかと、悪いと思っているのか、いまいち伝わらないというコメントをいただきまして、それで、第一点につきましては、大蔵省に別に、それは制度問題については随分頼んだことはあります。SBCの提携とか、そういった点については、もちろん大蔵に依頼したことがございますけれども、経営面で助けてくれといったことは今までなかったわけでございますので、それにつきましては、この1枚目の最後の2行、具体的に大蔵省に経営面で依頼したことはありませんが、いつでも駆け込めるといった安心感はありましたという、こういうのを書き足して、こんなものかなという御評価をいただいたということと、もう一点は、3ページ目の一番上のコラムでございまして。

この3行ね。

はい。

この3行を、こういう趣旨のことを書いてほしいと言われて書いたと。

これは御指導いただいて、たしかにそうかと思って書いたところでございます。

それで、このいわゆる上申書は、あなたはこれは何か供述調書に添付する資料か何かで使うんじゃないかと思っていたんじゃないですか。

私その辺の手続というのは全く分かってなかったわけでございますけれども、感じとしては、供述調書の最後に一言述べますという形で付くのかなというような気はいたしておりました。

実際にはそういう形では使われなかった。

はい。実際に保釈していただいた後、乙号という形で供述調書をいただいたんですが、その最後を見てみましたら、ございませんでした。ほかの方には付いていたようなんでございますが、そこはちょつと、どうなったかなという感じはいたしました。

あなたの供述調書に添付という形でないにしても、この事件の公判が始まるときに、検察官が開示した証拠の中には入ってなかったですね。

たしかそんなことだったと思います。

それで、これが6月30日までの経過なんですが、それで起訴された、その時点での心境についで伺いたいんですが、今度は商法違反ですね、商法違反ということも含めて起訴されたわけですが、この点について、あなたは争わないという心境には変わりはなかったんですか。

はい。その時点では、やはり今日の冒頭に申し上げましたような気持ちはずっと変わっておりませんものですから、これはそういう考え方、スタンスで一貫しようということでございました。

先ほどの上申書の中で、あなたが、これは事実だということで書いたとおっしゃる長銀として即死を意味しとか、あるいは、その他、長銀の命を絶つことはどうしても踏み切れずとかいうようなことですね、あるいは、先ほどの連鎖的に内外の金融機関に重大な影響を及ぼすとかいうようなこと、そういったような気持ちというか考えとかですね、そういった話については、どうするつもりだったんですか。

そこは、実は大きな疑問として、検察の方の言われる、やっぱり鉄則というのはそうかなと、そういうものであれば、それはそれでルールですから、致し方ないとしても、やはりそれによって起こる、明らかに起こり得るであろう、そういうこととのバランスを、やはりルールを守るということを考えるときに、どういうふうに考えたらいいかと、その辺は疑問としてそのまま残っておりました。

あなたの先ほどからの、あるいは前回からの供述も通してでございますけれども、平成10年3月の決算当時、本当は清算価値による償却、引当が義務であるという認識は、これはなかったわけでしょう。

はい。

それなのに、商法違反とか、あるいは証取法違反ということで粉飾決算は争わないということになると、どうしてもやっぱり釈然としないものが残るのではないかと思うんですが、どうだったんでしょうか。

全くその 98 年(平成 10 年) 3 月時点の認識とは異なる考え方でこの取調べに臨んだわけでございますが、やはりその行為をした当時の考え方とここまで違うもの、これは自分で選んだ道とは言え、釈然としないものが残りました。

そのような気持ちの中で、商法違反の起訴についての勾留質問ということがきたと、これについては、実は裁判所の構内で弁護人とごくわずか、10 分ですけれども、接見しましたね。

はい。

そのときに、この商法違反の勾留質問についてはどう対応するということであなたは心を決めたんですか。

やはりその時点ではまだ争わないという気持ちが続いていたわけでございますけれども、しかし、それにしても、上申書を書いたときも同じことだったんですが、やっぱり何が、どういう基準に対して及ばなかったのか、あるいは、それを守るということで一体どういうことが起こると、それをどう考えるのか。それから、その前に、本当に思ってなかったことと、そういう供述との関係というのは、釈然としないというところが、どういうふうに御理解と言いますか、御判断いただけるのか、いろいろな面で、公判という場で、そういった点をいろいろ教えていただきたいという気持ちが非常に強かったわけでございます。で、そのためには、やはり保釈していただいて、それでいろいろ調べたり、そういうことを更に理解を深めるということがどうしても必要だと思っておりました。で、弁護人の先生との会談は非常に短い間だったわけでございますけれども、やはり本件は、評価の問題であって、そういった点からいくと、ここでは事実を認めて保釈を認めていただくということに最重点を置くべきだというアドバイスをいただいたものですから、それで第 2 回の勾留質問に対する答えになったわけでございます。

要するに、何も言わずに、ゴム印で押す、事実そのとおり間違いありませんという調書で終わらせるということになりましたね。

そうですね、先程申しました目的意識をもってですね。

（以上　　茂木　末子）

その保釈申請のことについては、検事さんと話すときにも何か話題になったことはありませんでしたか。

実は保釈になりましたのは 7 月の 5 日か 6 日だったと思うんですが、この 6 月 30 日で一応区切りがついたわけでございますが、その後、 2 回くらい、雑談と言うと非常に失礼になるかもしれませんが、取調べの検察官と小菅の中で短時間ですけれどもお会いする機会があったわけでございます。その中で、検察の方は、もちろん、私どもが保釈の申請をしたことを御存じでございましたが、どうもこの件は、保釈なんかを受けないで、公判までここにいたら、ここらいたらと申しますか、いたほうがいいんじゃないかという、そのほうがあなたのためですよという、非常に御厚意から出たアドバイスだと思いますけれども、そういう話がございました。

それに対して、あなたはどう答えましたか。

私としては、非常に申し訳なかったんですが、先ほど申しましたように、いろん

　な点を公判の場でクリアにしていただきたい点もございましたわけで、それと、そもそもこの金融の事件というのは、大変失礼ですけれども、弁護人の方が資料を見ただけじゃあ、ある意味じゃあなかなか解明できない、そういう専門的な要素が非常に強いわけでございます。そういう意味では、とても保釈ベースで打合せしていたりしたんじゃあ、そういうことに対して責任ある分析はできないと思っておりましたので、そんなようなことも申し上げて、そういうことだから、本件について、大変生意気な言い方だったと思いますが、こういうケースについて保釈を認めないというのはアンフェアじゃないですかというふうに申し上げました。

今、保釈ベースとおっしゃいましたけれども、これは勾留ベースの言い間違いじゃありませんか。

　失礼しました、はい。

そういったことで保釈されて、起訴後、第1回公判に至るわけでございますけれども、第1回公判においては、先ほど裁判官からも確認されましたけれども、事実を争ったということですね。

　はい。

あなたは答弁なさったと。

　はい。

これについては、そういったあなたが起訴された当時の心境に比べれば、やっぱり変わっているんじゃないかと思うんですよ。

　はい。

そういうふうに第1回公判で、これが犯罪になるとは当時考えておりませんでしたという、そういった言葉をあなたが出すように変わったその心境、事情、それはどういうものだったんでしょうか、話していただけますか。

　はい、これは保釈以降、公判に至る間のいろいろな気持ちの変化がございまして、少し長くなるかもしれませんが、お許しいただきたいと思いますが、保釈された直後、やはり争わない、それは私のやっぱり取るべき道だということで、納得させたわけですけれども、やはり先ほど申しましたようにルールとそれに起こる影響とのバランスというのは一体どうかとか、それから、本当にそう思ってなかったことを一つのフィクションとして私は厳しく否定して、前からそう思ってました、すいませんと、こういう形で供述調書に臨んだわけでございますけれども、そのことは果していいのかという、何かもやっとした感じは残っておりました。それから、その間に昔の長銀の旧行員からの声というのが、直接、間接、いろんな形で来ておりまして、一種のうめき声といいますか、やはり心ならずも調書にサインしてしまいましたと、もし、おっしゃりたいことがあったら遠慮しないで言ってくれとか、そういうようなうめき声というのが何となく伝わってきたという状況でありました。そして、当然、弁護人の先生方ともいろいろお話しする機会があったわけでございますが、先生方は、本当に98年(平成10年)3月、そういう意識がなかったのであれば、もう一度原点に帰って、そして、そのときの気持ちをもっと正直に話をするというのは、供述調書で受け入れるという私の気持ち、心境については、十分御理解いただいていたわけでございますが、それでもなお、その辺についてもう一度考え直したらどうかと、そういうアドバイスを頂いていたわけでございます。そんなような状況の中で、甲号調書といった性格なんでございましょうか、私どもの乙号の調書に対して、旧行員の役職員とか、その他関係者のいわゆる調書、これがどさっと届けられたわけでございまして、それを特に長銀の関係者、幹部の調書を読みましたわけでございますけれども、これは私の感じですから、間違っているかもしれませんけれども、どうも全員が全く同じ基調で、同じようなことに対して、同じように色あいで告白しているというような、俗な言葉で言うと、金太郎あめみたいな調書になっていると。これが果たして、証拠が山積みしているということの本当の意味なのかと、同じものだけが積み上がっているということが。そういうことで一つ疑問に思ったのと、それから、やはりそういう目で見ますと、何か私と同じような調書にみんな署名しておりますもんですから、何か私と同じような感じで、それぞれ立場は違いますけれども、それぞれみんな、幹部行員は長銀が破綻したということに対して、私は私なりの責任感はありましたけれども、それなりの責任感は十分感じていて、これはやはり社会的にこれを認めるということで、あがなっていかなくちゃいけないんじゃないかという私と同じような気持ちを持ってやった心境じゃないかとか。若干、そこには保身的な意味もあったかもしれませんが、それも若い行員の立場から見れば、私もよくその気持ちも分かるような気がします。いずれにしても、何かそういう調書の性格というものを見て疑問を持ったという点がございました。それから、もう一つは、その段階で調書に付いておりました、調書の供述そのものもそうですが、膨大な資料、それから、その調書に付いております資料以外の参考書類とか、あるいは、こういった件について見識のある方の話とか、そういったことを中心に弁護人の先生と初めて密度のある深い勉強ができたわけでございまして、その結果、それが本件の例えば今朝の更新供述にもなっていると思うんですけれども、必ずしも検察側の見方、これも一つの見方かと思いますが、それ以外に我々が取った立場というものを当時の慣行から言って正しいと言えるものなんじゃないかと、そういうことも言えるんではないかというところまで分析が言えましたわけでございまして。そんな段階で、公判をだんだんに迎えるということに至ったわけですが、ひるがえって考えてみますと、どうもやはり長銀破綻を防げなかった、そういう非常に重い社会的責任、あるいは、行員に責任を転嫁しないという、そういうスタンスから取ったその 99 年(平成 11 年) 6 月逮捕時の私の判断というのは、果たして、経営者として取るべき道だと思っていたんですが、それが正しかったんだろうかと。やはり、その当時というのは、本件 98 年(平成 10 年) 3 月、あるいは、それ以前、私が経営をしていたときのことでございますが、その当時、自分で考えて、そして自分で指示をして行ったこと、こういったことをありのまま正直に筋道を立ててお話しし、その間にはいろいろ失敗もございますから、恥ずかしいこともございますけれども、そういった点をこの公判の場で公にして、そして、この裁判の御審判を仰ぐと、そういうことをしないと、供述調書だけがこの事件の歴史的な文書として残ってしまうわけでございまして、これは先ほど申しましたような私の感じから言って、これだけ流行の件が終わってしまうというのは、やはり最後の経営のトップとしての責任としても、もとることではないかなと。こんなようなこともございまして、やはり公判の冒頭で申し上げましたようなことが、経営破綻を防げなかった最後の頭取として取るべき道なんだろうと、こういうふうに気持ちが変わったところで、公判の冒頭の発言をさせていただいたと、そういう経緯でございます。

先ほど、行員のうめき声が聞こえてきたという話がありましたね。これは間接的に聞こえできたと、こういうふうな話ですけれども、具体的にはどんな形で聞こえてきたんですか。

本件に直接関係する行員とか役職員もおります。そういう者とは連絡をしないようにという御指示をいただいておりますから、当然、そうではございません。もっといろいろ若い人が一杯それなりに同情してきてくれるというケースも多々ございまして、そういう人からの言わば直接、間接の声、間接的な話とか、あるいは、中には手紙もございましたですね、そういう、すいませんというようなことを書いた。

その間接的な話の中の一つではあると思いますけれども、あなたにどこかの飲み屋のおかみから電話がかかってきたことはありませんでしたか。

これは恥ずかしい話なんですが、私はそういうところは関係なくなったんですけれども、昔の行員がそこに行って、いろいろ指導して育てていただいた大野木さんに大変申し訳ないと言って泣いちゃっているから、どうにかしてくれと、電話でも話してくれなんていうのもございましたけれども。

それは何ですか、あなたが育てた。

育てていただいて、いろいろ指導してくれた大野木さんに対して申し訳ないことをしちゃったと言って、情けない話ですけれども、涙を流しているので、ちょっとどうにかしてくださいなんて、そういう電話がかかってきたこともございましたね。

検　察　官（保坂）

異議があります。内容的に伝聞にわたることに入っていくと思いますので、これ以上、この点についての尋問を続けるのは適切でないと思います。

弁　護　人（倉科）

伝聞ではないと思います。おかみがこの被告人にどう言ったかという話を聞いているわけですから、別にそのおかみが言ったことが真実かどうかを聞いているわけではございません。

裁　判　長

関連性はどういうことになるのか、その辺を的確にしていただきたいと思います。異議は棄却いたします。

弁　護　人（倉科）

あなたがうめき声を間接的に聞いたと、こういう話でしたね。

はい。

それはそういう泣いている、大野木さんに申し訳ないことをしたと言っている行員がいるという話を聞いたということが、あなたにとってはうめき声と聞こえたわけですね。

そういうことでございます。

そういう思いというのは、開示された甲号各証の行員の調書を見たときに察することができましたね。

ひしひしと感じられたということです。

第31回公判調書

被告人の氏名⑴	大野木　克　信（出頭）
被告人の氏名⑵	須　田　正　己（出頭）
被告人の氏名⑶	鈴　木　克　治（出頭）
公判をした年月日	平成13年10月5日
公判をした裁判所	東京地方裁判所刑事第1部
裁判長裁判官	川　口　　宰　護
裁判官	福　士　　利　博
裁判官	石　田　　寿　一
裁判所書記官	村　上　　剛　英
検察官	保　坂　　直　樹
出頭した弁護人⑴	（主任）那須弘平、倉科直文、横田高人
出頭した弁護人⑵	（主任）國廣　正、坂井　眞
出頭した弁護人⑶	（主任）更田義彦、長　文弘

証拠調べ等

証拠等関係カード記載のとおり

弁護人の入廷

被告人大野木克信の速記録表示の時、弁護人坂井眞入廷列席

○ 大野木克信供述調書（第 31 回公判）

被告人供述調書（平成 13 年 10 月 5 日第 31 回公判）

弁　護　人（倉科）

あなたのこれまでの公判で供述した中で、何か訂正しておきたいところとして気が付いたところがありますか。

はい。申し訳ないんですが、たしか第８回の５月の公判の私の倉科先生の御質問に対する答えのところで、明らかな言い違いをしているところが、大変遅くなって恐縮ですが、発見いたしましたので、この機会を借りて、御訂正をお願いできればということでございます。

第８回公判被告人大野木克信の速記録を示す

86 ページの冒頭に、私の質問が始まるところがあります。そこから読みますと、そういった関連会社以外の部分というのは、これは支援なんですか、それとも支援とは違うものなんですかという問いに対して、あなたの答えとして、これは、関係会社が実態的に償却ないしは引当をしなくてはならない状態に陥ったことを認定しでやったものと、それから、若干その中でⅣ分類、Ⅲ分類という区分がございますが、そのⅢについては、先ほどの、支援額が増加した部分に見合った、多少厚めにやった分が入ってるというふうに理解してよろしいのではないかと思っておりますというあなたの答えが入っていますが、この部分で訂正というのは、どこのことですか。

この部分で、冒頭でございますが、御質問の関連会社以外の部分というのはどうなんですかと、これは、関連会社以外の部分がと、関連会社以外がと、そうお答えするところを、御質問に対して、その以外というところを、これを見ますと、抜かしてしゃべっているということでございまして、その部分について、関連会社以外がと、御質問に合わせた形に訂正させていただきたいと。

あなたの供述の答えの趣旨は、関係会社以外が実態的に償却ないしは引当をしなくてはならない状態に陥ったことを認定してやったものと、というふうに答えたつもりであったと、こういうことですか。

はい、そうでございます。

そういう意味では、言い間違い、訂正ですね。

はい。

検　察　官（保坂）

最初に確認しますが、前回、裁判長の交替に伴う更新意見というものが弁護人から出されましたが、それについては、あなた自身、内容を確認していますか。

詳しく確認ということでございませんけれども、弁護人の先生方の、特に私の関連した弁護人の先生方のお書きになったものの趣旨は御説明いただいております。

そのものは見てないんでしょうか。

ええ、そのものは見ておりません。

同じく、昨年、弁護人のほうから冒頭陳述というものがされているんですが、それについては、内容を読んだりしたことはあるんですか。

はい。それは、その時点で、たしか頂いて読ませていただいております。

そこに書いてあった主張というのは、あなた御自身が考えていることそのものということなんでしょうか。

基本的には同じだと思いました。

違う部分もあったんですか。

いえ、そういう意味じゃございませんで、基本的な流れと申しますか、そういうものを見たわけでございまして、そういう点で、今のようにお答えしたわけでございます。

先ほどの更新意見についても、概要の説明は受けたということですが、その概要については、あなたの考えていることと同じことということなんでしょうか。

はい、そう御理解いただいて結構だと思います。

それから、最終的な結論としてお聞きするんですが、今現在、長銀の平成10年3月期の不良債権の法律上義務づけられている償却、引当に関して、不足があったのかどうかについては、どう考えていますか。

私は、今現在も不足があったとは思っておりません。

客観的には償却、引当の不足があったが、知らなかったということではなくて、そもそも客観的にも償却、引当不足がなかったと、こういうことでしょうか。

はい、そうでございます。

本件で起訴された後、あなた以外の方の供述調書は読まれたんですか。

はい、一通り読みました。全部じゃございませんが、長銀の関連社の幹部の調書、それから、いろいろな先生方の調書というのを一通りは読ませていただきました。

今、先生方とおっしゃったのは、例えば、金融監督庁とか、日銀の関係者とか、あるいは公認会計士協会の方とか、そういったこの分野の専門家の方々の調書と、こういうことでしょうか。

そうですね、はい。

そういった調書を読んだ後でも、法律上義務づけられている償却、引当に不足はなかったと、こういうふうに考えているということですか。

はい、そのとおりでございます。

では、次に、取調べの状況などについて伺います。まず、平成11年5月20日に、最初に検察官から取調べを受けるに当たって、事前に、その呼出しがあったということは弁護人に伝えましたか。

はい、伝えました。

その際に、弁護人からは、取調べに当たってどうしなさいと、どういうことに注意しなさいといったアドバイスはありましたか。

はい、そのとき自分で考えていることをそのまま申し上げるようにということでございました。

そのほかにはなかったですか。

ええ、基本的にはそういうことでございましたね。

例えば、調書の作成がされるような場合には、どういう点に気を付けてくださいと。

そういうことはございませんでした。

あるいは取調べを受けた事項、内容についてメモを取ってくださいとか、そういったアドバイスはなかったですか。

その場ででございますか。取調べを受けている最中にということでございますか。

それは、分かりませせんが、そういった趣旨のアドバイスはなかったでしょうか。

それは、ございませんでした。

取調べが終わった後で、メモを作ってくださいとか、そういったアドバイスはどうですか。

これは、前回、ここでお話ししたかと思いますが、5月20日の取調べが終わった時点で、那須先生はちょっといらっしゃらなかったと思うんですが、倉科先生

　　に、今日、こういう取調べがあったということをお伝えしたわけでございます。
　　そういたしましたところ、倉科先生から、すぐそれは記憶が鮮明なうちにメモにして届けてほしいという話がございまして、その5月20日の晩に私はメモを作りまして、5月21日にお届けしたと、そういう経緯はございます。

考えていることをそのまま話してくださいというアドバイスを受けたということですが、調書を作成する際に、あなたが述べたことと違うことが記載されたらどうしたらいいのかということは、その最初に取調べを受ける前の時点では、どう考えていたんですか。

　　私がどう考えていたかということでよろしゅうございますか。

はい。

　　やはり、基本的には、自分の思っていることと違っていれば、それは、できるだけその趣旨をお話しして、それに沿ったものにしていただきたいものだというふうに思っておりました。

内容的に間違っている点があれば訂正ができるんだと、こういうことは分かっていましたか。

　　ええ。それは、分かっておりました。

どうしても納得のいかない調書であれば署名をしなくてもいいんだと、こういうことも一般的な知識として分かっていましたか。

　　一般的な知識としてはございました。

5月20日も、それ以降も、あなたの取調べは、長野検事が行ったということですか。

　　はい、そうです。

5月20日の日には、黙秘権は告げられましたか。

　　記憶がございませんが、多分、常識的に、あの時点では、お話があったと思います。

一般的な知識として、答えたくない質問に対しては答えなくてもいいという権利があると、こういうことは御存じでしたか。

　　はい。そういう権利があるとか、署名しなくてもいいということは、一般的な知識としてはございました。ただ、それが、実際の場になって、果たしてどれだけそういうことが行使できるのかというような点については、今までやったことがないもんでございますから、どれだけできるかなという点で、必ずしも理論どおりできるかどうかについて自信があったということではございません。

それから、5月20日の日には、調書が全部で4通作成されていて、既にこの法廷でも調べられているんですが、その調書については、その日、5月20日の取調べのどういう段階で作成されたんでしょうか。

　　ちょっと記憶が定かではございませんが、4通連続して作ったということではなくて、若干間を、話がいろいろありましたから、その間を置いてじゃなかったかなと思いますが。

例えば、平成8年の4月の円卓会議のころの要償却額とか、それについてやり取りをした調書もあったかと思うんですが、それについては、取調べのどういう段階で作成されたか。

　　5月20日の調書では、直接その辺のやり取りを調書にしたものはないんじゃないかと思いますが。

乙46号証というあなたの調書を見ますと、円卓会議の最悪ケースの数字については覚えていませんと、こういう調書が取られているんですが、記憶はないでしょうか。

あ、そういう意味ではありました。覚えていませんというのが調書になったことはありますが、そこから先、円卓会議について、これは清算かしらと、あるいはこれこそ商法の鉄則でやるべきものだという、そういう対立があったわけでございますが、意見の。この辺については、そういう対立をそのまま調書にした、そういう本質的な調書はなかったと思いますので、ただいま、それは、なかったんじゃないかと御返事した次第でございます。

今の乙46号証というのは、どういう段階で作成されたんでしょうか。

これもある程度進んだときだったんじゃないでしょうか。記憶が非常にもう薄れておりますけれども、いろんな話をして、さあ、じゃあ、この点だけ調書を作りましょうかということで、多少間を置いて、調書作成に入ったんじゃなかったかなと思います。その議論をして、すぐ、じゃ、これを調書にしましょうと、そういうような感じじゃなかったと思うんです。

じゃ、その調書が作られる前に、円卓会議の資料というのは見せられていたんですか。

ええ、そうだと思います。円卓会議をして、そして、初めからもう決算という話になったわけですけれども、私どもは、かくかくしかじかで決算を考えておりますと、検事の方のほうは、およそ円卓会議で出ている数字が、言わば会社を清算価値で取りつぶすとこれだけロスが出ると、こういうものをもって即時に償却、引当するのが商法の鉄則であると、こういう議論がずっと続いていたわけでございます。で、対立していたわけでございますが、そういうような話の後だったと思います、今の御指摘の円卓について知りませんというあれは。

あなたが言うところの円卓会議資料に出ている最悪ケースの数字というのは、即時償却を要するものではないのだということについては、その理由についても、その日、長野検事に説明したんですか。

はい、そうです。

どういう説明をしたんでしょうか。

企業の評価につきましては、その98年(平成10年)3月時点では、自己査定という、そういう制度が導入されたわけでございまして、それに基づいた決算をすると。その自己査定というのは、私どもの担当者がいろいろなガイダンスを見て、研究して作り、その趣旨を生かして作り、そして、公認会計士の承認を得てやったものであると。それ以前の決算については、基本的には、大蔵省の検査のⅣ分類、これは、決算と直結するものではございませんが、実質的には、租税証明制度といいますか、そういう制度を通じて、結果としてリンクしていたわけでございますが、いわゆる関係会社以外の一般先については、そういうもので償却していくと。つまり、Ⅳ分類を税法のメカニズムを通じて実質的に無税償却していく。それから、関連先については、いわゆる当時の会計慣行として定着しておりました、計画的、段階的処理というものに沿って処理していくと。まあ、こんなような言わば当時の定着した会計慣行に沿ってやってきたわけでございまして、そういうものの中に、商法は、清算価値で会社を査定し、ここで会社をつぶした場合に出てくるロスというものを一括してやるんだというようなことではなかったんじゃないですかというような話をしたと記憶していますが。

今おっしゃったような趣旨のことを、当日、5月20日の日に話したということですね。

ええ。そこまで精緻か分かりませんけれども、かいつまんで言うと、そういうことだと思います。

それで、あなたのそういう説明に対して、長野検事は、どういう反応というか、反論をしてきたんでしょうか。

そういう言わば企業体を生きたものとしてとらえて、そして、それを、例えば、関係会社については、それを支援して育てていくと。その支援損というものは、決算で損切りに処理されるわけですが、そういうものを計画的にスケジュールに沿って支援していって会社を良くしていくと。これが、毎期毎期の支援損が損になるとか、そういうような、言ってみれば、会社を生かして、長野検事も使われたと思いますが、ゴーイングコンサーンという言葉がありますが、会社を存続企業として、そして、評価していくと、そういう考え方は商法にはないんだと。要するに、即時一括清算価値をやるのが鉄則であるというようなことを言われまして、私は、それは、初めて聞きましたんで、商法の解釈というのはそういうものかとちょっと驚いた気がします。

そのゴーイングコンサーンという考え方が商法にないというのを聞いて、あなたは、納得しなかったということですか。

いや、そうじゃなくて、今まで我々が定着した会計慣行をもって、公認会計士のチェックも得、大蔵省にも、それ以前は決算を結果を出して進めてきたわけでございますので、そういった我々のやってきたことが、全く違う商法の大鉄則という形で言わばそこで否定されたということに驚いたということです。

その清算価値で考えるのが商法の大鉄則なのだということは、その日は納得されたんですか。

いや、納得しませんでした。

それから、先ほどの円卓会議の最悪ケースの数字について覚えていませんという調書ですが、長野検事は、あなたのそういう供述に対して納得していたんでしょうか。

これは、まず、平成８年４月に円卓会議というのが行われただろうと、これを覚えているかという御質問で、私は、本当に覚えておりませんもんですから、それは何のことですか、覚えていませんと、そう言いましたら、これは非常に大事な会議であって、そんな会議を覚えてないはずはないということでございました。

それで、長野検事としては納得しなかったんだけれども、あなたが覚えていないということをおっしゃるから、そのとおり調書にしたと、こういうことになるんですか。

ええ。覚えていないということは事実でございますので、覚えていないと申し上げて、そして、覚えていないということに対して、これはひどい経営者だという、そういう評価は下されましたけど、覚えていないという事実は、そう言われても、そう言われれば覚えてましたというふうな対応は、私は、しませんでした。

ですから、あなたの言い分を調書にしてくれたということになるわけですね。

そうですね、その点では、そうだと思います。

それから、やはり同じ日に作られた調書の中で、MOF 検などの際に、資料の差し替えや隠匿が行われていたことについては知りませんでしたと、これは、乙 45 号証という調書ですが、こういう調書もありますけれども、長野検事は、あなたのそういう説明に対して納得したんでしょうか。

長野検事は、ちょっとその問題については、やや質疑で行き違いがあったような気がします。長野検事の質問は、私が頭取に就任して以来、大蔵検査、それから、日銀検査、監督庁の検査があったわけですけれども、そのときに、資料の差し替えとか、これは、後で事実として判明したわけでございますが、そういうことをしたということを知っているかということでございましたので、どの資料をどうやって差し替えたとか、そういうことは一切知りませんと、そういうふうに申し上げたんです。ところが、長野検事のほうは、もうちょっと、あるいは一般論として、ずっと昔からそういうことがあったのをあなたは知らないのかという趣旨でお聞きになったのかもしれないんですね。で、そういうことに対しては、私は、大体、昔から、ある程度、監督庁の検査が来ますと、従来、例えば、監督官庁の人と取ってきた機密の文書とか、あるいは当行の経営に関して、これからどこそことどこそこを合併させようとか、そういうようなのもあるわけです。それから、例えば、議論の過程で、最終的には、常務会、経営会議で出る、その前の過程でいろいろ言わばフリーディスカッションみたいな形でやる、その資料というのは、各担当セクションが自分の好きなことを言わば書いてくる紙でございますから、場合によっては、それだけ見ると、非常に誤解を招くということもあろうかと思います。ある意味では、そういったものを掃除して出すと、こういうのは、昔からあったことなんで、そういうようなレベルのことを一般的にするんだという、そのくらいは、ある種の常識として持っておりましたんで、そっちの御質問だったら、そういうふうに答えるべきだったのかもしれないです。で、ちょっとそこが、やや今御覧になって違和感のあるものになっているかもしれません。

それで、その点についてもあなたが知らないとおっしゃったことについて、長野検事は、そのとおり調書を取ってくれたと、こういうことになりますね。

実は、その一般論みたいなところについて、たしか……。

お聞きしたいのは、あなたの言い分を調書にしてくれたんですかということなんですが。

はい。私の言い分は、その書いてあることにやや補完したことを申し上げたんです。例えば、知らないと言っているけれども、実際、常識として、ある程度のことは従来からやっていると、だけど、一体、具体的に何をどうやりますか、どこをどう差し替えるかと、そんなようなことは、これは、一切関与してませんよと、こういう意味で申し上げたんですが。

それで、その点については、そのとおり調書が作られているんじゃないんですか。

まあ、そういうふうにお読みいただければ結構だと思いますが。

それから、今回の事件については、破廉恥罪ではないんだということを取調べの過程で言われたということですが、これは、一番最初の日に言われたということですか。

5 月 20 日の夕食の休みで、やや雑談的な時間があったんですね。そこだと思います。

あなたとしては、なぜ検察官がそんなことを言うのだろうと受け止めたんでしょうか。

まず、このケースについての検察の方の御認識として、私腹を肥やすとか、道義的に非常に悪いことのために何かをするとか、そういうような要素はないんだということは、検察の方も認識して、ある意味では、経営上、あなたの立場に立ったら、私だってそうやったに違いないとくらい思いますと、そういう意味で、これは、破廉恥罪じゃないんですよということをおっしゃったと、そういうのが一つの理解です。それから、もう一つは、そのときにも言われたと思いますが、直前に、私どもの前の副頭取の上原さんが自殺されたんですね。それは、検事の方の御尋問を受けて、その結果ということじゃないかもしれませんが、いろいろ悩みを抱えて自殺されたわけなんです。で、その真相は、私どもがいろいろそんたくすべきことではないと思いますが、直前にそういうことがあったもんですから、検察の方も、我々の心情といいますか、気持ちを、ある程度、気持ちとしては、救ってあげたいなという気持ちで、そんな自殺なんてする、これでするようなものじゃないよということをおっしゃっていただいたんだと思うんです。たしかそのときの検事のお話では、そういうことも含めておっしゃったような記憶がしております、上原さんのようなことはしないでいいということで。

それから、逮捕当日、６月10日のことを伺いますが、その日は、何時ころ、検察庁に到着したんでしょうか。

朝、たしか九時半ぐらいに、実は、私がおりましたところの近くでピックアップしていただいたんです。それから、車でどこに行くのかと思ったんですが、やはり東京検察庁だと思います。そこに来たのが10時か、まあ、そこら辺、やや正確じゃございませんが、そんな感じだったと思います。

逮捕状が執行されたのは、その日の午後２時過ぎということでよろしいですね。

はい。

それまでの間は、取調べが続いていたということですか。

ええ、続いたというか、あったということです。

そのときは、どんな事項について取調べがあったんでしょうか。

前回は、言わば基本的なところで、対立で終わっていると、その辺について一体どうなんだと、今の時点で何か思い直すことはないかということでございました。

当然、じゃ、円卓会議のことについても話題に上ったということですか。

そんな具体的な話はございませんでした。

では、どんな事項について取調べがあったんでしょうか。

要するに、前回、対立してそのまま終わっているけれども、本日、そういった点について何か思い直したことはないのかと、こういうことでした。

それで、あなたは、どうお答えされたんですか。

私は、基本的には前回のとおりだと思いますが、しかし、検事の方があれだけ強く商法大鉄則論を言っている限り、しかも、そういう形でまた６月10日も及んでいるわけですから、これは、相当、法律解釈として、法制局の解釈とまでは言いませんけれども、相当オーソライズした解釈に違いないと。そうすると、一体それはどうなのかなという感じがいたしましたもんですから、結局、私は、基本的には５月20日のとおりだと思いますけれども、一度、そういったことを聞いて、あるいはそういうことをおっしゃる根拠などについてお伺いし、私が納得できるものかどうか、それを判断して対応は決めたいと思いますというのが６月10日の第１回の調書だったと思います。

それは、逮捕直後の弁解録取という手続の中で、そういうことをおっしゃっていますよね。

いや、何と申しますか、６月10日の第１回目の調書です。それ、弁解録取というんですか。

逮捕状執行の直後に、弁解することはないかということで聞かれて、それに対して答えたことを調書にしていると思うんですが。

あのときは、もう逮捕されていたんですか、私は。東京検察庁に行った時点で。

いや、そうではありません。

そうでしょう。だから、東京検察庁に行った直後に、そういう話があったんだと思うんです。

そうしますと、じゃ、逮捕状が執行される前に取られている調書というのがあるんですか。

それが、６月10日の１回目のあれじゃないでしょうか。ちょっとどこで、どの時点をもって逮捕されたのかというのは、私は、明確によく分かりませんので、そこら辺は、事実だけをお話し申し上げたいと思いますが。

逮捕された時点というのは、逮捕状が出ていますと、逮捕しますと告げられて令状を示された時点ということになりますが。

それは、６月10日、２つありますけど、第１回のやつを取った後だと思います。

（乙）証拠番号47（供述調書）を示す

あなたがおっしゃっている１回目というのが、この調書かどうかを確認してください。

これです。

今お示しした調書は、逮捕状が執行された直後に取られる弁解録取という手続で作成された調書だと思うんですが、違いますか。

あ、そうですか。私、その点は、全く素人ですんで。

前後、はっきりした記憶がないということですね。

はい、そういうことです。

裁　判　長

この今の乙47号証の頭の部分に、検察官のほうで、あらかじめ被疑者、あなたに対して、逮捕状記載の犯罪事実の要旨、それから、弁護人を選任できる旨、並びに自己の意思に反して供述をする必要がない旨を告げて弁解の機会を与えたというようなことが書いてあるんですが、逮捕状を読んでもらった記憶はありますか。

ありません。

それは、ない。

たしかなかったと思いますね。あるいはあったのかもしれません。すいませんが、その時点では、私は、その逮捕という行為が、一体どこでどう成立するのかというのは、例えば小菅に行くという、その直前かなとも思いましたし。

言葉として、逮捕するとかという言葉を聞いたことはあるんですか。

それは、その日のうちにあります。

この調書を作る前にあったのか、それとも、その後なのか、その時期ははっきりしない。

それは、ちょっと記憶にないんです。それがあれば、今、正確にお答えできるんですけれども、ただ、何となく物理的な状況から行きますと、その第１回目の調書を作ったときは、別に、何といいますか、今みたいな形で、ごく普通に、そういう雰囲気でやっていたわけですね。

普通、調べをしながら、それで、逮捕状をもらったりして、いろいろ手続が終わって、逮捕する際には、逮捕状を示したりして、事実を読み聞かせたりするのが通常なんですけれども、そういう逮捕状を見せられたという記憶はあるんですか。

それは、実は、あんまりないですね。ただ、私は、物理的には、何か第１回目が終わって、その後、物理的な話ですけど、例えば、手錠というものを掛けられて、それで、小菅に行ったわけですね。で、私の感じとしては、手錠を掛けられたときが何となく逮捕されたのかなという感じがしたもんですから、それで、今ちょっと実際の手続とは違う感じを持ったようなことで、あるいは検事にお答えしちゃったかもしれません。その辺は、私、確として、こうだと言うつもりはございません。

検　察　官（保坂）

逮捕当日の６月10日の日にも、清算価値で見るべきなのか、ゴーイングコンサーンベースで見るべきなのかといった点については、長野検事とやり取りというか、議論をしたと、こういうことになりますね。

　　はい。

その際には、長野検事の話としては、なぜ清算価値で見るべきなのかということは、５月20日の日よりも詳しい説明というのはあったんでしょうか。

　　余り詳しいという感じはいたしませんでした。

要するに、長野検事は、清算価値で見るのが商法の鉄則なんだと、こういうことしか言ってなかったということなんでしょうか。

　　そうだと思います。

（以上　　名児耶　明子）

清算価値で見る見方とゴーイングコンサーンベースで見る見方があるということは、平成10年３月期よりも前の時点からあなたは考えていたことなんでしょうか。

　　ええ、そうです。

で、その両者のうちのゴーイングコンサーンベースで見るほうが正しいのだと考えてきたということなんですか。

　　はい。

そうやってずっと考えてきたということが事実だとすれば、検察官から少しぐらい言われたぐらいでは考え方が変わるということはないんじゃないんですか。

　　その点につきましては、前々回、前回、それから去年もるる申し上げたと思います。あるいはもう一度ここで簡単に繰り返させていただきますと、やはり、５月20日、６月10日と、そういう前後において、私は常識的に逮捕というのは必ずあると思ってました。で、そういったときにどういう態度で臨むかということを真剣に考えたわけでございますが、やはり基本的には、その前の年に長銀の破綻を防げなかった、その結果として、お国、社会、人々、それから取引先、行員、こういう方々に大変な御迷惑を掛け、一番かわいがった行員が、あるいはそのかわいい子供が、幼稚園、運動会なんかでよく見たわけなんですけれども、そういった人たちが一杯、今、一体どうしてるのかというような、非常に社会的には責任に対して重い気持ちを持っておりました。

すみません、途中なんですが、前回までの質問の中で答えた趣旨だということでよろしいですかね。

　　はい。要するに、単に商法鉄則論対ゴーイングコンサーン論の分かれというだけじゃなくて、それよりももっと社会に対する罪のあがない、あるいは行員に対して罪を転嫁しないと、こういうような、むしろ全然別の心理的な心情的な要素が働いて、これはやはり争わないで検事の言われることを受け入れることにして、そして、それでもって私の破綻を防げなかった経営者の責任というものを果たそうと、商法の鉄則については、しかし、さはさりながら、やはりある種の理論的なものが欲しかったものですから、もう一度その６月の10日の夜は、やや議論をしまして、商法鉄則論というものを再確認したわけでございます。

それで、逮捕当日のうちに事実を認める調書に署名をされてるんですが、その調書に署名をする前に弁護人と接見をしてから結論を決めようと、こういうふうには考えなかったんでしょうか。

　　考えませんでした。

それはどうしてですか。

　　これは私が、弁護人の先生方は、その当時は思いもしなかったこと、自分が思っ

　てたこと、それを、これは思いもしなかった、これはこういうふうに考えてたと、それを正直に話し、それに反するものは一切署名するなと。これは当然のアドバイスでございます。ただ、私は、それはそうなんだけれども、それよりもっと大きな私の人生を、これからの人生を考えたときには、やっぱりそのレベルじゃなくて、やはり社会に対するあがないとか、行員に罪を犯させないとか、そういう要素のほうが、私のこれからの人生にはもっと大事だと、そういうふうに思いましたもんですから、それに反したことをしたわけです。で、そういう意味では、弁護人の方の御意見をもう一度聞くというようなことは考えませんでした。

今ほども、部下に押し付けることになるようなことはしたくないから認めたということをおっしゃってましたが、犯してもいない罪を部下が認めているからといって、あなたがそれに付き合って、犯してもいない罪を認めなきゃいけないと、こういうことにはならないんじゃないですか。

　いや、そうなると思います。むしろ、なるんじゃなくて、そうすべきだと思いました。

犯していない罪だったら、否認をしても、部下に責任を押し付けることにはならないんじゃないんですか。

　私はそう思いましたけれども、そのときの検事さんのお話では、もう部下の人は全部罪を認めて、悪うございましたと言ってますと、そういうのが山ほど捕まってますと、こういうことですから、仮に私がそう思ってないと言って否認したとしても、その部下のレベルではそういう違法意識というのは山ほどあって、その結果、この決算も大違法決算ですと、こういうふうに言ってるわけですから、仮に私がそう思ってないと言って、そこは免れたとしても、当然そうすればそういうことを自白してる人が罪に問われることは目に見えておりますから、そういう意味で、この部分は、私がその部分を認めて、是非私一人の責任にしていただきたいと、そういうふうに申し上げたんです。

その自白している人が犯してもいない罪で罰せられることがないように、あなたが罪を犯してないんだということを主張し続けようとは考えなかったんですか。

　それは今の段階です。

当時は、どうして、そう考えないんですか。

　当時はそういうことよりは、むしろそこまで絶対的な要素として積み上がっちゃってて、しかも、商法の鉄則だというようなことで、身動きならない状況になってるというお話だったもんですから、あるいは結果として私は、前回申し上げたと思いますが、私のそのときの対応は間違ってたと思ってます。ですから、今、検事の方の言われたように、それはなぜそうしなかったのかと言えば、確かにそうしたほうがよかったんだと思うんですが、その当時の私の気持ちとして、あるいは検察の方から受けた印象としては、もう、そこのところはのっぴきならないことになってると、私が否認すれば必ず下に行くと、こういうふうに受け止めたもんですから、それはいかんということで対応したんです。

それから、任意で取調べがあったときと逮捕の後で、長野検事のあなたに対する態度とか接し方とか取調べの仕方とか変わった点はありましたか。

　いや、特にはなかったと思います。

それから、昨年の被告人質問では、事実を認めた理由の一つとして、関係会社の支援が経営の健全性という点から見て不足感があると毎期毎期絶えず思っていました、それが商法違反につながると理解しましたと、こういうことをおっしゃっていたんですが、そこで言う経営の健全性というのは、確認になりますが、どこの経営の健全性ということになるんですか。

　これは前回たしかお答えしたと思いますけれども、まず関係会社の中身が支援によって良くなる、そしてそれは長銀にとっても長銀の貸出し先の内容が良くなるということは長銀の経営の健全性にもなると、そういう意味では両方のことでございます。

そうしますと、関連会社の支援が十分できていないということは、長銀の健全性に問題が生ずることにもなると、こういうことになるわけですね。

　問題が生ずるということじゃないんです。ただ、もっと望ましいレベルにもっていくことはできなかったということです。

経営の健全性化という点から見て不足があるということは、その会社の経営の健全性に問題が生じてるということにはならないんですか。

　違います。経営の健全性には問題がないけれども、その経営の健全性を更にもっと良くすると。これは企業にとっては永遠の努力です。どんな企業も、この時点で経営の健全性に対してそれをより良くするというそういう努力をしないでいい状況の企業というのは、どんな大企業でもありません。どんな企業も、経営の健全性というものに対しては絶えざる飢餓感があって、それが経営をもり立てておるわけでございます。そういう意味で申し上げてるわけです。

経営の健全性化という点から見て不足感がない状態というのは、どういう状態を言うんですか。

　それはないと思います。企業が存続する以上は、経営の健全性というものは永遠の課題でありまして、これを達成すれば経営の健全性ができたという、そこにとどまるとその経営が、あるいはその企業はもう駄目になるということです。

だから、それだと、どんな企業に関してもそういうことが言えるということであれば、その毎期の支援の不足感というものが商法違反というものにどういうふうにつながるんですか。

　それは私がこじつけたんです。

ちょっと、よく意味が分かりませんが。

　こじつけたということをもう少し申しますと、やはり毎期毎期商法違反であったという認識は全然なかったわけですね。全然なかったんですが、先ほど申しました要因で、検事の言われた本件に対する争点というのは全部受け入れることにしたわけです。ですから、あなたは毎期毎期違法意識を持って決算しただろうということに対しても、それは受け入れるということにしたわけです。そうなると、やはりそこに理屈が要るわけです。その理屈として自分を納得させるために考えたという要素が非常に強い。ただし、その飢餓感があったということはこれは事実でございますから、その事実をもってそういうふうに自分を納得させたと、そういうことでございます。

質問変わりますが、勾留質問という手続がありましたね。

　はい。

で、その日に弁護人とも接見してますが、前の日に事実を認める調書に署名をしたとか、勾留質問でも事実を認めるつもりですと、こういうことを話した際に、弁護人からは何か言われたんでしょうか。

　まず、弁護人の方から言われる前に、弁護人の先生方に私はおわびをいたしました。

そうしますと、事実とは違うんだけれども、先ほどおっしゃったようないろんな事情があるから事実を認めることにしましたと、こういう趣旨のことを説明されたんですか。

　　そうです。

それに対して、弁護人はどうおっしゃってたんでしょうか。

　　あれあれという感じは実はおありになったかもしれませんが、しかし、私の心情というものを、私の身勝手な解釈かもしれませんが、よく御理解いただいたと思います。

事実と違うのであればそれは認めてはいけませんと、こういう話にはならないんですか。

　　その話になってたわけなんですが、それを私は重々承知の上、私の言わば人生観に基づく結論として受け入れることにいたしましたと、この気持ちというのはよく分かってくださいと、そしてその上で、私の弁護というものが可能であればやってくださいと、そういうふうにお願いしました。

勾留質問の日に自分が裁判所に来ているのだということは分かっていましたか。

　　それは分かっていました。

どうして分かったんでしょうか。

　　これから裁判所に行くんだということで小菅からバスに乗りましたから。

で、勾留質問の相手が裁判官であるということは当時分かっていたんですか。

　　そうですね、お部屋に入りましたら裁判官のたしか大変失礼ですけど、独特のユニフォーム着ておられたと思います、裁判官のですね。

ユニフォームというのは、今の黒い法服ということですか。

　　はい、たしかそうだったと思います。

法服なんか着てましたかね。

　　着てなかったですかね。いずれにしても、その会う人は裁判官だということは分かってました。

裁判官のほうから、黙秘権の説明というのはありましたか。

　　覚えてませんけど、当然にあったんじゃないでしょうか。

裁判官は、あなたの話をよく聞いてくれたんでしょうか。

　　はい、聞いていただきました。

で、勾留質問調書、これも既に取調べ済みですが、それを読みますと、正当な処理をすれば長銀及び関係会社の破綻を招くことは当然であってうんぬんということが書いてありまして、そのうちの正当な処理をすればという言葉が後から書き加えられているということがその書面上分かるんですけれども、これはあなたのほうで付け加えをして書いてもらったと、こういうことでしょうか。

　　そこはよく覚えてません。ただ、そこで言う正当という意味は、飽くまで検事さんの見解に服す、受け入れることとしたという前提を置いての正当なということですから、あるいは私が入れたのかもしれませんですね。

その一文については、そのときのというか、それまでのあなたの考えを率直に述べたものということではないんですか。

　　ええ、そういうふうにほんとに思ってたということじゃなくて、私の言わば一つの人生観と言いますか、心境から来るスタンスをそのままそこに持ち込んだということです。

それから、調書の作成方法などについて伺いますが、取調べの最後のほうでは、いきなり調書の案文と資料を示されてチェックするように言われたと、こういうことをおっしゃっていましたけれども、そういうやり方で調書が作られているんだということについては、弁護人には伝えてあったんでしょうか、当時。

　　はい、お話ししたと思います。

その点については何か弁護人のほうから言われましたか。

　　いや、特に、そうですね……最近のこういうケースはそういうものなのかなということぐらいはあったかもしれませんね。

そんなやり方はおかしいということは言われなかったんですか。

　　やっぱり若干それはどうなのかなという話は、当然あったと思います。

どうなのかなというのを言われて、じゃ、あなたはそれどう思ったんですか。

　　どう思ったって、こちらは生殺与奪の権というのは事実上ないわけですから、そんなことをいちいち文句を言うなんていう気持ちは全然ございませんでした。

それから、会議における報告などについて全く記憶がないことであるのに記憶してるようなことが書かれていると、当時自分が考えてもいなかったことが書かれていると、こういったことは接見の際に弁護人に伝えたんですか。

　　そうですね、はい。

その辺については、何か言われましたか。

　　そういうことが書かれてあるわけですけれども、それはまた基本に戻って恐縮でございますけれども、そもそも、これは今から思うと、あるいは申し訳ないのかもしれませんけれども、現実にそう思ったことを調書に書いていただくと、その当時、私が経営しておりました当時のことを正確に思ったこと、やったことを評価して書いていただくと、そういうことじゃ全然ないもんですから、結局は今おっしゃったように一種のフィクション的なもので来ると、これは弁護人の方も、もう、それはしょうがないとおっしゃってましたから、今のお答えになるかと思いますが。

前回の供述では、自分の思ってもいなかったことが調書になっているのが釈然としなかったから公判で主張してみようと思ったと、こういうことをおっしゃっていたんですが、そういう釈然としない気持ちについて弁護人には伝えないんですか。

　　それは伝えました。

どういうことだったんですか。

　　でも、私は釈然としないけれども、この取調べに当たってはそういうこととは別に、何回も申しますが、初めのスタンスでやりますよと、これは御容赦くださいということで話してましたから、その期に及んでまた元に戻っていったらどうかというような、そういうようなことはおっしゃらなかったと思います。

でも、釈然としないということは、あなた御自身納得してないということだと思うんですけれども、それに対して、納得してないんだったらちゃんと主張したらどうかと、こういうアドバイスはないんですか。

　　それはございません。初めっから、その釈然としないということと全然別次元の話でこれは走ってるわけですから。

それから、前回も示された上申書について伺いますが、商法の本則に従った資産査定の在り方は時代を問わず一貫した太い筋であり原理、原則であることは明らかであるとか、資産査定におけるグローバルスタンダードとは対象企業を時価会計主義、清算価値に則って見ることが基本であるといったようなこと、それがとりもなおさず商法の原則の遵守につながると、こういった意味のことが書いてありますよね。

はい。

で、前回の話では、いかなる基準に達していなかったかをそこで明らかにしておきたかったということをおっしゃってましたが、いかなる基準に達していなかったのかということについては、検察官の調書において、もう何回も繰り返し書かれていることではないんですか。

はい。この上申書は、前回も申し上げたと思いますが、非常にあっちこっちで供述調書で出てるわけですから、その意味では重複かもしれませんが、もう一度、今おっしゃられましたように、何に対して、どういう基準に対して我々は議論したんだと、その結果どういうことが起こるかということも併せて書きたいと、まとめて整理して書きたいという趣旨で書いたものですから、今申したようなことになったのかと思います。

検察官が一方的に勝手に主張してることであって、あなたの考えとは全く違うということであれば、調書に書いてある以上に、あなた自身が書く上申書においてまでそんなことを書く必要はないと思うんですが、どうですか。

いえ、私はその上申書というのは今までの何回も申します基本的な気持ちから来る供述調書の対応、それの言わば何と申しますか最終的なまとめと、そういうふうな位置づけで考えておりましたので、今おっしゃったようなことではございませんでした。

当時の情勢、平成10年3月期とかの情勢からして、自分たちのやったことはやむを得なかったことなんだと、こういった点だけ書いておけば済む話じゃないんですか。

いや、そうじゃございません。そうじゃなくて、私の上申書というのは、言わば供述調書の集大成をまとめて書くというスタンスでございますから、その期に及んで最初のとき思ってたことを書くというような気持ちはさらさらございませんでした。

清算価値で見るのがグローバルスタンダードであるということは、これは事実なんでしょうか、事実は違うんですか。

グローバルスタンダード、清算価値、時価会計論というのは、一種のひゆ的な表現と申しますか、今、時価会計というのは非常に論議されてますけど、ものすごくいろんなバリエーションの中でどれを取るかという議論をしてるわけですね。で、その中で一つ時価会計というものと非常に結び付く考え方じゃないかと、清算価値のロスを算定して、それを一括引当の対象にするということはですね。そのようなことを検事さんともお話ししたことがありまして、結局、商法の原則に戻るということは、本来あるべき姿であり、その本来あるべき姿というのはよくよく考えてみたら、それは正にそのときの行政がローカルスタンダードからグローバルスタンダードに変わるというようなそういうようなときでしたんで、何のことはないグローバルスタンダードを先取りしてたんですねと、こんなような話をしたことがございます。そういうことです。

ですから、結論としては、清算価値で見るというのはグローバルスタンダードだということなんでしょうか。

グローバルスタンダードイコール時価会計という範疇の中の一つの手法には違いないと思います。

そういう考えは、平成10年3月期とか、それ以前にはなかったんですか。

ええ、アメリカの企業の会計とか、それからそういうのを見てますと、いろんな意味の時価会計が入って、前回の最後に申し上げましたけれども、日本のそのときの会計制度というのは、そのグローバルスタンダードから非常に遅れてるわけですね。ということを申し上げたと思いますが、それが今どんどん近寄ってきたんですが、少なくとも平成10年３月においては、そういう一種の目標的なべき論の会計というのはあるということは認識しておりましたけれども、10年３月にそれが会計慣行として適用さるべきものだとは思っておりませんでした。

それから、長野検事から大蔵省に泣きついて頼んだりしたようなことがあるんであれば、それも上申書に盛り込んだらどうかと言われたということですが、長野検事がそういう点に関心があったということであれば、もっと前の調書を作成する段階でそういう質問があるのではないかと思うんですが、どうですか。

お答えとしては、長野検事は、前回お答えした中にありましたように、これは要するに、将来に警鐘を鳴らすんだと、この件は、とおっしゃいました。将来に警鐘を鳴らすんだということは供述調書を作る過程でもおっしゃったわけです。で、将来に警鐘を鳴らすというのは、大蔵省で曇らされてた商法の鉄則というのをきれいにして、これぞ鉄則だと、こういう意味なんですね。そういう意味では、ちょっと長くなりましたが、供述調書作成の時点からそういう大蔵省意識というのはおありになったと思います。

ですから、調書を作る段階で大蔵省にそういう泣きついたことがあったんなら挙げてくれと、こういう質問があって、そういうことはありませんでしたと答えていたんではないんですか。

いや、それはそういう御質問はございませんでした。

でも、そういう問題意識があったということであれば、質問もあったんじゃないかと思うんですけれども。

いや、それは、ありませんでした。ただ、そういう対大蔵省に、言わば決算がいかに、商法鉄則論が94年、５年、６年（平成６年、７年、８年)、もっとそれ以前からですけど、商法の鉄則論がいかに大蔵省の主導みたいな形で曇らされてるかと、そういう強烈な意識はお持ちだったんで、それはありましたけれども、そういったことが背景に最後のところでそういう御指摘になったんじゃないかと思います。

上申書には、法律を犯して反省していますといったことが書いてあるんですけれども、これは当時のあなたの正直な気持ちとは違うということですか。

はっきり申し上げて、違います。ただ、供述調書のスタンスをそのまま継承したということです。

今現在の気持ちとしても、法律的なことで反省すべき点は全くないと、こういうことですか。

それは冒頭申し上げたとおりです。

その上申書のあて名は、長野検事あてという、個人の検事あての上申書になってるんですが、このことに関して長野検事とやり取りをしたことはありますか。

やり取りじゃございませんが、上申書を書きまして、このあて先はどなたにしたらよろしゅうございますかということをお話ししたことがあります。

長野検事のほうからは、東京地検の検察官殿ということでいいですよと言われたんじゃないですか。

いや、長野検事は大野検事という方がいらっしゃったんですか、この件で指揮を執っておられた方で。

主任検事ですね。

そうですね。ですから、主任検事の大野検事あてでもいいし、あるいは私あてでもあなたさえよければというようなお話いただいたんで、私は取調べをずっと受けてきたその集大成という意味では、やはり長時間にわたって取調べを受けていてよく分かっていただいてる方あてにしたいと、私は長野検事あてにしたいんですがよろしゅうございますかという形で、いいですということで、そうなったんです。

長野検事というのは、どういうタイプの検事だったんでしょうか。

それは非常に何と申しますか、立派な方だと思います。厳しいところもあれば、まあ、ある意味ではそれだけじゃなくて常識もある方だなと思いましたし、私に対する対応は２、３を除いては極めて紳士的にやっていただいたと思います。

それから、前回の供述でよく分からなかったんですが、公判で自分が思ってることを主張しよう、要するに、争おうと考えるようになった時期は、いつの時期ということになるんですか。

そうですね、この前るる申し上げましたけれども、結局、いろいろと、まあ、いろんな意味で疑問があって、それを甲号調書と申しますか、あれが一杯来て、それを読んで、それからそれ以外の参考資料なんかを弁護人の先生方と勉強した時点ですね。ですから、いつぐらいというんでしょうかね、余りはっきり、それは徐々に気持ちがそう固まっていったわけで、いつ、ある日突如としてこれは闘おうという気になったということじゃございません。

起訴された当日に保釈の請求を出してると思うんですが。

はい。

その時点では争うつもりはなかったんですか。

その時点では、基本的なことを争うというよりは、むしろ、このルール、この供述調書で受け入れた商法の鉄則というものを、ほんとにその鉄則としてやれと言うならそれは仕方ありませんが、そういうことをやることによる社会的な、あるいは世界全体の金融に及ぼす影響、それは明らかに目に見えてるわけです。そういったものもはっきり目に見えて分かるようなそういったルールというのは、果たして片っ方では鉄則であるということは争わないということにしておりましたが、一体それはそういうことでほんとに法として、あるいは法じゃなくて法の運用ですね、商法じゃなくて商法の運用の考え方ですから、運用としていいのかという疑問はありましたし、それから、やはり気持ちの上で、もうこれで行くんだということを私言いましたけれども、やっぱりそこにほんとのことと違うということもありますもんで、そういった点を中心に公判でお話ししたいなという気持ちがございました。ただ、弁護人の先生は、やはり、これは評価の問題であって、事実を認めても評価の問題としてこれは闘える問題なんだという、もっと私よりは進んだ意見をお持ちのようだったと思います。

で、結論としては、その保釈請求をした段階では、償却、引当不足はなかったという主張をするつもりはあったんですか、なかったんですか。

その時点では、もう検事、検察側の主張というものは受け入れで争わずと、言わば、社会に対するおわびとしてですね、これは罪に服するんだと、その気持ちは変わっておりませんから、そこまでは私個人としては保釈直後には言っておりませんでした。

だけど、事実と違うフィクションなんだからそれについても主張しようと思っていたということではないんですか。

いや､フィクションと違うんだから主張しようということじゃなしに､フィクションじゃなくて商法鉄則というこういう本件の私どもが逮捕された大原則、その大原則の意味、意義、それから、それを厳守することによって起こる非常な金融システムとかそういったものに対するはっきり言って悪影響、そういうバランスをやっぱり考えた上で、なお商法鉄則を守れということなんですかと、守れというルールがあるから守るということは、そのいろんな要素もあって受け入れることとしたわけですけど､その受け入れることとしたその大きな基準､これ自身のやっぱりそういう性格とか、そこから起こる影響というものを、やはり本件公判の場で決める場合に考慮しないというのはおかしいと、やはりそこも考慮した上でやるべきじゃないかと、そういう感じは持っておりました。

ただ、その保釈の関連というか、起訴された当日にもう１回勾留質問を受けてるわけですが、で、そこで事実を認めているということは、償却、引当不足があったという評価も受け入れるということになると思うんですけれども、この点については、じゃ、事実と違うことを裁判所で述べたということになるんですか。

いえ、違います。最後の勾留質問も、６月10日の勾留質問と同じスタンスでございました。

でも、事実と違うフィクションだけれども受け入れたということになるんじゃないですか。

そうですね。そういう意味ではそうです。

では、事実と違うことを裁判所で述べたということになりますね。

そうですね。これはもっと違う意味で、この受け入れて罪に服すというのが私の取るべき道だという考え方は、６月30日でございましたか、その時点でも変わりませんでした。

それから、ちょっと質問が変わりますが、貸出しの際の回収可能性の判断というものと、不良債権の回収の可能性の判断というのは、違いがありますか。いずれかが厳しいとか、そういうことはありますか。

御質問の趣旨は、どういうことなんでしょうか。通常の貸出し、長銀が貸出しがいろいろありますね。例えば超一流会社に対する貸出しの回収の考え方と、それから現に不良債権化してるそういう貸出しの回収とは違うと、そういう御質問ですか。

超一流かどうかは分かりませんけれども、長銀が一般に貸出しをする際に回収可能性というのを判断すると思うんですが、そのときの判断の厳しさというものと、実際に不良債権化してしまったものの回収を考えるときでは、その回収可能性についての判断の仕方というのは、厳しさに違いがあるのかという点はどうでしょうか。

厳しさに違いがあると言いますか、要するに、回収が可能であるか、その回収に努力を要するかと、そういう点では大きな違いがございます。大会社は超一流会社ですから、特に大会社に対する設備資金、金融ですね、これは私どもはよくやるわけですけれども、大きな会社が設備投資をする、その設備投資の資金を貸し出すと、それは当然にその設備を稼働してそこから収益を得て、その収益から減価償却というものを通じて銀行に借入金を返してくるわけです。で、減価償却が終わり、その設備が言わば役割が終わるときにはその分の借金は返ってると、これが普通の設備投資資金の我々の回収の考え方でして、これについては、ちゃんとした企業であればほとんど心配なく返ってくると、そういう見方です。ところが、いったん不良資産化したものは、当然にその会社のキャッシュフローから返れないわけですから、その辺についてどうするかというのは当然違ってきます。その違い方が更にその不良債権のレベルとか相手の内容によってもまた違ってくると、こういうことでございます。

（以上　　矢加部　俊子）

Ⅸ 行政官の証言 2

第32回公判調書（手続）

被告人の氏名(1)　大野木　克信（出頭）
被告人の氏名(2)　須田　正己（出頭）
被告人の氏名(3)　鈴木　克治（出頭）
被告事件名(1)、(2)、(3)証券取引法違反、商法違反
公判をした年月日　平成13年11月2日
公判をした裁判所　東京地方裁判所刑事第一部
裁判長裁判官　川口　宰護
裁判官　福士　利博
裁判官　石田　寿一
裁判所書記官　村上　剛英
検察官　保坂直樹、大圖　明
出頭した弁護人(1)　（主任）那須弘平、倉科直文、横田高人
出頭した弁護人(2)　（主任）國廣　正、五味祐子、坂井　眞
出頭した弁護人(3)　（主任）更田義彦、長　文弘
出頭した証人　内藤　純一

証拠調べ等
証拠等関係カード記載のとおり

指定告知した公判期日
平成13年12月19日午前10時00分　（次回期日・論告）
平成14年3月12日午前10時00分　（弁論）
平成14年3月13日午後1時15分　（弁論）

平成13年11月16日
東京地方裁判所刑事第一部
裁判所書記官　村上　剛英

① 内藤純一証人尋問調書（第 32 回公判）

証人尋問調書（平成 13 年 11 月 2 日第 32 回公判）

弁　護　人（倉科）

まず、証人の経歴について伺います。**（略）**

経歴書によりますと、平成 7 年 6 月に大蔵省銀行局調査課長と、こういうことになっておりますね。

　　はい。

この銀行局調査課長のときは、どういうようなことを職務として担当されていたわけですか。

　　調査課は、金融制度調査会というのがございまして、今後のこの銀行制度、広くいえば金融制度ですけれども、それについての企画立案をする要となる金融制度調査会の事務局となりまして、実体的にその作業の支援するという立場で、その、言わば事務局の責任者という立場でございました。

それから、平成 8 年 7 月から平成 10 年 6 月まで、銀行局銀行課長ということでいらっしゃいましたが、これはどういうことを担当しておられたわけですか。

　　銀行課は、ま、普通銀行ですけれども、いわゆる地方銀行、それから主要行といわれる大銀行ですけれども、そういったところの監督行政を担当いたしました。

そこには長期信用銀行も入るわけですね。

　　はい、入ります。

それで、こういった銀行局の調査課、あるいは銀行課の課長職を務めている間の銀行行政の課題といいますか、そういったものは、大まかにいってどのようなものがあったということでございましょうか。

　　平成 7 年当時、私が調査課長になりましたときには、最大の問題は、やはりペイオフ、預金の払戻しという制度ですけれども、これを凍結をして、預金は全額保護をして、この数年間、今後その数年間のうちに不良債権問題を処理していくというようなことが非常に政策的に大きな課題でありまして、ただ、銀行法であるとか預金保険法であるとか、そういった諸制度ではそういう対応が不十分であったということで、まず時限的な制度を導入してそういった不良債権問題の処理に当たるということができるような、そういう枠組みを作る、そういうことが一番大きな目標でございました。それから、銀行課長としての 2 年間は、そういった現実の監督行政という中で、個々の銀行の状況を把握し、監督をしていくという業務が主でございまして、ただ、8 年の秋ころからもう一歩、金融ビッグバンといわれるような、新たな金融の規制緩和というものの動きが出てまいりました。そういったものに対してもどう対応するかという、もう 1 つの大きな流れがございました。そういった 2 つの流れを担当しておりました。

その規制緩和という話になりますと、これは、いわゆる市場の自由競争といいますか、そういった、それも国内だけじゃなくて、国際的な厳しい競争状況に入り込まざるを得ないと、こういうような課題があったということでございますね。

　　そうです。で、国際的な競争もございますけれども、当時の問題は、とにかく日本の金融システムを、不良債権問題を処理して安定化の方向に持っていって、その中で更にこの自由化を進めていくと、で、自由化についてもなかなか時間が限られているということで、21 世紀入口には日本の市場を活性化させていかなきゃならないという課題が政治的に示されましたので、そういった課題にどう答えていくかということで対応していた時期でございます。

後にお伺いいたしますけれども、早期是正措置に関する検討会の中間取りまとめの中では、早期是正措置を実施していくという上で、条件としていろいろ厳しいものがあるという指摘もありますけれども、そういった厳しい条件というものの中には、もちろんその不良債権の問題がまだ解決してないという問題があったわけですね。

はい、一つその検討会の中で大きな議論になりましたのは、やはり金融機関の健全性を進めていくということになったときに、やはりそれは不良債権の処理、あるいは銀行の向こう側にいる企業との関係で厳しい対応が示される可能性があるわけで、ですから、それが、更に景気なり資産のデフレといわれている状況を悪化させるんじゃないかと、あるいは中小企業に悪影響を与えるんじゃないかというふうな懸念がございましたので、その金融不良債権の処理という問題と、それから景気とか経済の問題、それをどう考えていくかという論点が、一つの大きな論点として示されました。

証人が平成7年の6月に調査課長に就任されてから、例えば、コスモ信用組合が業務停止を受けるとか、あるいは大和銀行のニューヨーク事件が起こるというようなことがありましたですね。

(うなずく)

そういったことで、特に大和銀行ニューヨーク事件かもしれませんけれども、日本の金融システムというものに対する国際的な信頼を回復しなきゃならないと、そういう課題もあったと、こういうことでございますね。

はい、そうです。で、それはもちろん大和銀行という1つの特殊な個別の銀行の問題、それから、それに対応した金融当局の問題、それもその批判を受けたと思います。それで、そういったことが、金融システムに対する不信といいますか、批判といいますか、そういった問題が生じましたけれども、他方、単にそれだけではなくて、いろんな金融破綻、景気の問題等で日本の金融システムに対する信頼が非常に低下していたということをどうするかということが大きな課題でございました。

証人が銀行課長の時代の平成9年ですね、平成9年、ま、夏から秋、年末にかけてですか、大変経済危機といいますか、あるいは金融危機とかいう言葉もありましたけれども、そういったことで株価は落ちるし、それから、日本の金融機関に対してはジャパン・プレミアムという金利上乗せの問題が起きると、それからいわゆる貸し渋りというんですか、そういったことで金融機関が融資を渋るようになったということで経済に悪影響を与えると、そういったいろんな困難な問題が起きる時期がございましたですね。

はい。

そういった時期の中で早期是正措置というものを導入していかなければならない、これは大変困難な仕事ではあったんではないのかなと思いますけど、そういう課題はやっぱり感じられましたでしょうか。

はい、平成9年当時は、今御指摘のように、拓銀、山一の事件を始めとしまして、いわゆる金融危機と呼ばれるような状況が生じたわけです。で、やはり最大の問題は、10年4月の早期是正措置導入を前提にしますと、各金融機関でやはりその自己資本比率を向上させていく、その中で非常な貸し渋りの問題が起きたわけで、その貸し渋りの大きな流れの中で金融危機が生じ、更にまた不安感が増大していったということです。ただ、私としては、当時考えておりましたのは、その中でも、やはり早期是正措置というのは今後の金融行政の要であると、としての役割を果たしていくべきである点が1つ、それから2つ目は、やはり5年間、当時は2001年(平成13年)3月まで凍結という状況でしたので、その中で不良債権問題というのを処理していくためには、そうした新たな行政方法、手法というものを導入しながら不良債権という問題を更に処理を進めていくということがどうしても必要であるということで、ま、相矛盾したような気持ちはございましたけれども、その中で対応していくべきであると考えておった時期でございます。

10年の1月には、総理大臣が、金融システムは断固として守ると、金融機関の破綻が信用秩序と経済の危機を招くことは絶対に避けるという国会演説をするというような事態がございましたですね。

はい。

それで、平成10年の2月には、いわゆる安定化法ということを用意して、各行への資本注入という措置を取ったと、こういう状況がございましたですね。

はい。

それで、そういった10年の3月、4月までの時期なんでございますけれども、金融機関の信用秩序という観点からいったときに、大銀行を破綻させるということができるか、やっても大丈夫か、セーフティーネットがあるかという問題があると思うんですが、その状況はどうだったんでございましょうか。

ま、その破綻という場合に私どもとして認識しておりました難しい問題は、債務超過という形で何らかの認定を受けてそこで破綻をする、ま、業務執行停止の命令を受けるとかそういうケースと、それから金融機関のその信任が非常に低下して、それで資金繰りが続かずに資金繰り破綻をするというケースと、2つ概念的に分けられるんですけれども、実際に起きましたそれまでのケースはすべて後者のケースですね、拓銀とか山一の場合はそうでございました。ですから、そういうことからいいますと、やはりこの資金繰りで破綻をする、それがどんどん拡大をして、更に、本来であれば生きていける銀行が金融市場のひっぱくによって破綻をしていくということは、やはりこれは、いわゆる当時デフレスパイラル、今でもそういう言葉はよく使われているわけですけれども、そういうデフレスパイラルを避けるという観点からいきますと、それは何としても、何らかの国としての政策的対応をしていかざるを得ないだろうと、そういうふうに考えておりました。

この平成10年の10月に、いわゆる金融機能の再生のための緊急措置に関する法律、いわゆる金融再生法、それから、金融機能の早期健全化のための緊急措置に関する法律、いわゆる早期健全化法というものができましたけれども、それより前に、大きな銀行のそういった破綻に対して、どうやってその信用秩序を維持しつつそれを処理できるかという、そういったセーフティーネットというものは備わっていなかったんではないんですか。

それは、今弁護人が言われました10年の2月に成立をしました金融安定化法というのがございまして、で、これを円滑に運用すれば、資本注入することによって健全銀行を支えていくということは、我々、できるというふうに思っておりまして、で、当時、10年8月ですが、いわゆる金融国会といわれる国会に、政府としてはブリッジバンク法案ということで、ただ、その時点において唯一大きな不足な点は、ブリッジバンクということで、結局倒れた銀行の受皿を整備するというところが不十分でございましたので、それをやればできるだろうというふうに当局は考えまして、そういう法案を提案したということがございます。ただ、その後のいろいろな経過によりまして、今御指摘の二つの法案が10月にできたということでございます。さらに、公的資金の規模が拡充する等ですね、強化されたということがいえるのではないかと思います。

それで、その銀行局による銀行の指導監督ということについての根拠といいますか、それとして、銀行法がございますですね。その銀行法との関係でいいますときに、銀行局による銀行の指導監督というのは、平成8年の法改正前はどういうやり方をしていたわけでございましょうか。

今御指摘の話は、主に銀行法の26条、早期是正措置の制度を改正する前後ということであろうと思いますが、早期是正措置そのものは10年4月から導入されましたので、それまでは旧銀行法が適用された状態が続いておったわけでございますけれども、その前の段階は、基本的に監督という中で、当然行政処分という問題とそれから行政指導という問題、法律というものを前提にして指導し是正していくという二通りの手法がございました。それで、ただ、処分を行ったというのは極めてレアなケースでございまして、基本的には指導することによってそれを是正していく、それはやはり金融機関自身が経営についての自己責任を発揮すべきであるという考え方が底流にございまして、それを前提に行っていたということでございます。ただ、その制度の改正後、早期是正措置導入後は、それを行政指導という、ま、外部から見ますと、あるいは金融機関自身から見ても不透明な、そういう措置はやはり時代にはそぐわないんじゃないかという、ま、いろいろな御意見もございましたので、より透明性を明確にするという意味で自己資本比率に着目をしてそれが低くなれば行政処分を行うと、こういうような行政に転換をしたということでございます。

で、銀行監督の目的といいますか、それはどういうところにあったわけですか。

銀行法で、免許制に基づいて銀行監督をするという仕組みになってまして、これは現在も変わっておりません。で、なぜ銀行を監督する必要があるのかという点でございまして、これは正に第1条の目的のところに書いてありますように、金融の円滑という目的、それから信用秩序という目的、それを、きちっと目的を果たしていきませんと、ひいては日本経済というものが健全な発展ができないと、そういう理念に基づいたものでございます。で、やはり銀行というのは、一つの銀行が破綻をしていく、先ほど申し上げましたように資金繰り破綻というような状況が続いて金融市場が非常にひっぱくをしてまいりますと、次々にその不安が拡大をしていく、これはもう過去の歴史が示しているわけでございまして、そういった信用秩序を安定化させるためには、全体の金融機関に対する政府の影響力といいますか、そういうものを行使し得るようなそういう免許制度が必要であるということで、もうこれは、各国ともそういう制度を取っているものでございます。

銀行法の、平成8年の改正前と改正後の条文を御覧いただきたいと思います。

速記録末尾添付の六法全書の抜粋（平成8年版、平成10年版のもの）（編注:738頁参照）を示す

まず、平成8年版の六法全書、すなわち平成8年6月成立の改正法前の条文が載っているものでございますが、その第1条に目的が書いてございますけれども、これが今証人がおっしゃった銀行法の目的であり、そして、それを踏まえて監督があるわけで

すね。

はい、そうです。

それから、平成10年の同じく銀行法の抜粋のところも、第1条のところは同じでございますね。

はい、同じだと思います。

で、この平成10年の銀行法は平成8年の6月の改正の後の条文になっておりますので、その部分は、実際には26条が変わったのではありませんか。

主に大きな改正点が26条であったと思います。

そうしますと、平成8年の銀行法の26条というのを見ますと、大蔵大臣は、銀行の業務又は財産の状況に照らして必要があると認めるときは、当該銀行に対し、その業務の全部若しくは一部の停止又は財産の供託を命じ、その他必要な措置を命ずることができると、こう書いてあるわけでございますが、平成10年の26条によりますと、1項と2項に分かれ、かつ1項では、内閣総理大臣はと、こうありまして、銀行業務の健全かつ適切な運営を確保するため必要があると認めるときは、当該銀行に対し、措置を講ずべき事項及び期限を示して、経営の健全性を確保するための改善計画の提出を求め、若しくは提出された改善計画の変更を命じ、又はその必要の限度において、期限を付して業務の全部若しくは一部の停止を命じと、こういうふうに詳しくなっておりますね。具体的な行為が特定されているということがありますね。

はい。

それから2項、前項の規定による命令であって、銀行の自己資本の充実の状況によって必要があると認めるときにするものは、総理府令、大蔵省令で定める自己資本の充実の状況に係る区分に応じ総理府令、大蔵省令で定めるものでなければならないとありますね。これが、いわゆる早期是正措置の法令による規定の部分ではありませんか。

はい、おっしゃるとおりでございまして、第26条の第2項、これが早期是正措置の根拠条文というふうに考えているものでございます。

で、この条文があるために、自己資本というものを計算しなければならない、そういうことになるわけですね。

はい、そうです。

そうしますと、この早期是正措置というものの措置の目的というのは、先ほどの26条の1項にありますように、銀行の業務の健全かつ適切な運営を確保するためと、そういう大きな目的があると、こういうことになるわけですね。

はい。

で、それは、銀行法1条に掲げる目的との関係で、そういう内閣総理大臣のいろんな措置、あるいは、更に自己資本の充実によって、区分に応じた必要な措置と、こうなるわけですね。

はい。

そこで、早期是正措置というときによく自己査定という言葉が出てくるんですけれども、自己査定というのは、実はこの銀行法26条の中には何も出てこないんですよね。

はい。

で、よく自己査定制度というふうにいうんですけれども、これは、法令によってそういうものになったものでしょうか。

これは、法令の手続という、ま、法律というのは、基本的には、行政庁がどういうふうな対応をしていくのか、あるいは金融機関がその義務を規定するというようなものが基本的なフレームワークになると思うんですが、自己査定というのは基本的には金融機関の自己責任の発揮に基づいて行われていくものであるというふうな認識を我々はしておりますので、ま、法律ではなくて通達レベルといいますか、そういったところで確認的にそういったものをしていかなきゃならないということは書いてあると思いますけれども、ですから、法律に載せるような話ではないというふうな認識がございました。

その早期是正措置制度の前と後とで具体的に何が変わったのか、監督の例えば何が変わったんですか、そうしますと。

当然、例えば過去、その以前ですね、自己資本比率が極めて低下したというときに、じゃ、行政当局として何もしなくていいかどうかというと、それは指導する、あるいはもっと強い措置を講ずることも検討する、そういったことは当然必要だと考えられておりましたし、いろいろ対応はしたと思います。ただ、その前後で比較いたしますと、この26条の第2項にございますように、自己資本比率というものがどういうレベルであるかということの刻みを設けまして、その刻みの中でどういう措置を講じていくか、ま、8パーセントという、国際的な業務活動をしている銀行というのは8パーセントを要求されておりますけれども、そこの銀行が4パーセントに下がる、あるいは更に下がるというときに、次々強い措置を行政当局が対応していきますよということを明示的に示して、金融機機関にもそういうことを前提に経営努力をしてもらうというようなことで行政の透明性を高めるというところに主眼があった制度でございます。

そうすると、監督手法としては変化があったんでしょうか。

その変化があったかどうかというのは、なかなか、どういう観点で申し上げるかというのは難しいんですが、私は、やはり変化はあったと思います。といいますのは、自己資本比率というものに基づいてこういう処分というものを行う、そういう可能性がありますよということを明示的に示し、それが法律の根拠をもって示したということになりますので、例えばその8パーセントを下回るというようなときには行政庁も行政処分をしなければならないというような、ある意味での拘束をされるわけですね。ところが、以前の法律ですと必ずしも拘束ということにはならない、行政庁の裁量であるというふうに考えておりまして、そういう意味でかなり考え方に違いが出てくる、したがって、当然、その検査もより深度のある検査をその後は行わなければならないというようなことだろうと思います。

その検査手法においてはどうでしょうか。

検査手法においては、これも幾つかの検査、むしろ検査部のほうの問題だろうと思いますが、検査部の通達でも、ま、資産の査定、資産の査定といいますのは資産がいいか悪いかということを評価するという作業ですけれども、それに加えまして、その結果として行われる引当、償却というものの適切性といったようなものも検査官がチェックをするというような対応に変えるべきだということで、考え方が、そこで更に深度のある検査をするということになっていると思います。

その早期是正措置前から、大蔵省の金融検査部による検査、いわゆるMOF検というやつですね、それはあったんですよね。

はい。

その後の検査とはどこがどう違うのかということですが。

以前の検査は、資産査定をする、いわゆるII分類、III分類、IV分類というふうに検査官の資産査定の用語で呼んでおりますけれども、そういったものに振り分けていく作業を行っておりまして、それを踏まえて、引当、償却については金融機関がまず自己責任で財務諸表を作成をして、で、外部監査を受けると、こういう手続でございました。で、早期是正措置導入後は、もちろんそれはそれで、外部監査等は行われますけれども、検査官自身も引当、償却というものの適切性をチェックしていく、そういう対応を明示的に取るということで、自己責任に対する評価というものも、金融検査官自身か責任の一端を担うということが大きな違いだろうと思います。

早期是正措置制度前の時代には、金融検査官による資産分類と償却、引当とはリンクしていなかったという証拠が時々この事件でも出てくるんですけれども、そういうような認識はよろしいんでしょうか。

もちろんこれは、リンクを本来するのが最も適当な対応だろうとは思いますけれども、現実においては、私も、行政の実務の中で検査部の検査が、引当、償却のチェック、そこの妥当性をチェックするというところまでは至っていないと、それは金融機関が責任を持って外部監査との手続の中で対応していくべき問題だということを、ま、当時の検査部からもそういう話も聞かされておりますし、そういうことだろうということで認識をしておりましたので、そういう問題があったということについては、そういったこともあったやに聞いておりますけれども、具体的にどうかというのは、検査の立場ではございませんので、何も言えないと思います。

その早期是正措置後の検査の場合、検査官あてのいろんな通達とかいうものが出ておりますけれども、そこにおいては、各銀行が行う自己査定を前提にしてそれが適切かどうかということをチェックすると、こういう観点だったんではありませんか。

ですから、早期是正措置導入前も、金融機関の自己査定のようなものが一応あるということを前提に、検査は当然行われていたと思います。ただ、自己査定なり、それから外部監査といったような金融機関の枠組みの中で自主的に行われるそういう作業が非常に重要な作業になるという位置づけをより明確に出したのが、早期是正措置導入後の制度の対応ということになると思います。

（弁）証拠番号 193（新しい金融検査に関する基本事項についてと題する書面写し）を示す

これが、平成 10 年 3 月 31 日に、いよいよ改正の銀行法が施行される 4 月 1 日の 1 日前に出ているんでございますが、ここにおきまして、2 ページを見てください。この 2 ページのところに、2 の⑴とあって、検査による実態把握の主眼と、こう書いてございますね。

はい。

そこの①のところでございますけど、文章のおしまいのところを見ますと、金融機関等による自己査定、公認会計士による監査等を前提としつつ、商法、企業会計原則等を踏まえ、自己査定の正確性及び償却、引当の適切性について実態把握すると、こうありますですね。

（うなずく）

そういうのが検査による実態把握の主眼であると、こう書いてありますけれども、そういう考え方で検査に臨んだと、こういうことでございますね。

はい、そうです。

そうしますと、そこで行われるその検査というものは、この銀行法にある監督の目的からして、この金融機関の償却、引当が適切であるかどうかという観点からするということになるわけですね。

はい、そうです。

そこでそういうふうにいってみても、実際に各金融機関が自己査定ということでやることについて何のガイドラインもなくてはできないと、こういうことがございますですね。

(うなずく)

そのガイドラインとして、何か用意されたというものがあるんでございましょうか。

ですから、それが、8年の早期是正の検討会を経て、とにかくその公認会計士協会が作成するであろう実務指針と償却、引当にかかわる実務指針というものと、それから、検査部が今後作っていく検査官の資産査定なり検査マニュアルというようなものとが整合的でなければならないと、で、より明確なものにしていかなければならないという考え方がございまして、それで、平成、たしか9年に、公認会計士協会の実務指針、それから検査部の資産査定というものが概念的に整理されたものが、相互に整合性があり、初めて相互に、言わば我々が連結をしたというふうに思っておりますけれども、そういったものができてくるきっかけになったと、ただ、ま、それだけでは実はまだ不十分でございまして、更にいろいろ検討をした結果、11年に検査マニュアルというようなものができてきたというふうに認識しております。

平成11年には金融検査マニュアルというものができましたけれども、金融検査マニュアルという内容は、資産査定通達とは内容が変わってきているんではありませんか。

資産査定通達、必ずしも、内容が変わってきたといえばもちろん変わった面もございます、ただ、大きな枠組みは、基本的な考え方というのがそんなに大きく変わったというわけではございません。むしろ問題は、その時々に応じてより弾力的にその経済の状況、あるいは経営の状況に対応し得るような、そういう資産査定、あるいは引当、償却の基準というものを定めていったということで、かなりその期間途中は試行錯誤的なものもございましたけれども、より精密なものに仕上げていったというふうに考えております。

まず、証人は、金融検査マニュアルの確定、平成10年の夏以降、11年の4月まででですかね、確定の段階においてはオブザーバーとしてその作業に参加されたのではありませんか。

はい、金融検査マニュアルの検討会にオブザーバーとして参加しておりました。

例えば、資産査定通達では、銀行の貸出し先に対する支援という要素を考慮するという部分が、資産分類、あるいは債務者区分ですね、というものがあったのに対して、この金融検査マニュアルでは、それを考慮するという部分が非常に厳格になってきたと、例えばそういうような変化があるのではありませんか。

はい、そういう変化はございます。で、それは、少しバックグラウンドを申しますと、大ざっぱに申し上げますと、平成7年当時は住専問題が主眼の、大きな問題であると、それから、8年から9年、10年ということにかけては、関連ノンバンクの問題が非常に大きかったと、ただ、10年ごろから出てまいりましたのは、関連ノンバンクではなくて、いわゆる一般先のメーンバンクがどういう対応をしていくのかというのが問題としてあぶり出されてまいりまして、それが現在まで続いてるというふうに認識しております。で、その時点時点の比較をいたしますと、やはり、年を経るに従って経済状況が悪くなってきているということで、引当、償却、あるいは資産査定、債務者区分といったものをより厳しく見ていかざるを得ないだろうという認識が検査官にもあっただろうと思いますし、我々監督当局にももちろんございまして、ですから、検査においては、そういった状況変化を踏まえながら対応できるような、そういう基準作りということで、検査マニュアルにおいてはそういったものを、より詳細なものを作って厳格化を図ってるというふうに理解しております。

で、その早期是正措置導入当時ですね、当時というものは、それより以前からあるいわゆる会計慣行、そういったものがありましたけれども、そういったものを否定して、そういったガイドラインを作っていたということはあるんでしょうか。

それは、基本的には、今御指摘の点は、商法の引当、償却の基準とか、あるいは企業会計原則で、特に注解18というのがございますけれども、そういった基準、これはその前後においても全く変わっておりません。したがって、いずれにしても、その基準に外れるようなものが出来上がったというふうに我々全く考えておりませんで、ただ、それは、本来それがあればいいという議論もいろんな議論の中にありましたけれども、やはり抽象的すぎて、漠然としすぎて、議論の幅がありすぎるという議論がございましたので、よりそれを精密化していく必要があるということで、実務指針、それから資産査定の基準があり、更に金融検査マニュアルと、こういう形で、その大きな幅の中でよりその焦点を絞っていったというふうに考えております。

そうすると、それは早期是正措置開始当時ありました資産査定通達、あるいは関連ノンバンクに関しては事務連絡というのがございましたよね。

はい。

そういったものは、1つの固定した絶対的な基準というのではなくて、それも更にいろいろ検討を重ねていくのであると、こういうようなもので、1つのガイドラインという性格のものだったんではないんですか。

はい、そうだと思います。その時々において、先ほど申し上げましたように経済の変化がございましたので、かつ、その主眼とする問題、具体的問題というものも、焦点も、対象も、その時々で変わっていったというものもございますので、やはり、そういった基準というものが画一的なもので全部なかなか整理しきれませんでしたので、検査部においては、そういったものをいろいろ工夫をして変えていったということだと思います。ただ、いずれにしても、全体をつなぐ考え方が変わったというわけではございませんので、その幅の中で、実態を踏まえながら対応をしていったということです。

で、資産査定通達前の時代から、銀行の、いわゆる関連ノンバンクを中心にしまして、支援している貸出し先という問題がございまして、支援している貸出し先についての評価、債権評価につきましては、そうでない、いわゆる一般の貸出し先とは違って支援という要素を考慮するという会計をするという慣行が、広く銀行業界にはあったんではありませんか。

そうだと思います。それは、やはり支援をするということは、通常の、いわゆる一般先の対応の仕方とは当然に違うという、もちろん何か具体的なものがあることを前提にしてそういうことがいえると思いますけれども、そういった場合には、当然対応の仕方、扱いの仕方は変わってくるということで、検査部もそういうふうな観点で見ていたと思います。

資産査定通達、あるいは関連ノンバンク事務連絡、その存在それ自体がもうそうなんですけれども、そういった支援をしている貸出し先、それも関連会社というものに対しては、普通の一般先とはまた違った評価の観点というものがあるんだということは、この平成9年の3月の資産査定通達とか、4月の関連ノンバンク事務連絡が出されたときにおいても、やっぱりそういう要素は残されていたんではありませんか。

　　はい、おっしゃるとおりで、それは、金融機関が支援をするということになりますとその資産評価はもちろん変わってくるというのが、一般的な認識でございました。

そうしますと、今証人がおっしゃいました、1つの幅の中とおっしゃいましたが、その幅の中というときに、資産査定通達、関連ノンバンク事務連絡、それから金融検査マニュアル、それも一つの幅の中に入るというお話でしたね。

　　はい。

それは、それより前のいわゆる通常の支援先に対する評価に一般先とは違った観点を加えるという、その業界の会計慣行ですね、そういったものもその幅の中にはあるものとして容認されていたんではないんですか。

　　ええ、ですから、その支援先というものの考え方が、また裏返せばそれが、じゃ、その何年間の中で全く変わらなかったかというと、問題認識が少しずつ、先ほど申し上げましたようにいろいろ経済状況、あるいはその当該企業なり貸付先の経営状況等の変化がございますので、やはり、この将来のロスというものの予想というものをより厳しく見ていくというような反省といいますか、実務に裏打ちされた反省というのが検査の中で当然出てくる、で、実務界、公認会計士さんのそういう基準、監査基準の中でも当然出てくる、それからもう1つ問題になってまいりますのは、当然、その金融機関自体が非常に健全で強力な経営基盤を持っているという場合に支援していくという場合と、やはり経営状況がかなりの悪化をしてくるという中でその関連ノンバンクというものの支援をどう考えていくかという、そういう問題がやはり実務の中では当然出てまいりまして、その中でどう対応していくかということですので、ま、関連ノンバンクとかそういった一連の基準が常にいろいろ議論の対象、特に検査部の中では議論の対象になっておったというふうに聞いております。

それは、1つの幅の中でだんだん厳しく考えるようになってきた、より保守的というんですかね、より保守的に考えるようになってきたと、こういう話ですよね。

　　はい。

その金融検査マニュアルでは、例えば、計画的に支援をする場合に、当期支援分以外のものについて、これは全額引当すると、こういうようなことを明記するに至っているわけなんですけれども、じゃ、その平成10年の4月当時に、一体、そういうことが全く疑いのない認識であったのかということについては、そこまではだれも明言していなかったんじゃ。

検　察　官（保坂）

異議があります。誘導がちょっとひどいと思います。

裁　判　長

じゃ、その点について証人がどう思われていたか聞いてください。

弁　護　人（倉科）

この平成11年の4月の金融検査マニュアルというものの考え方をもって、平成10年の4月の決算期の決算が適切であったかどうかというようなことを、断言するということができる状況であったのか。

　　ま、10年の3月期の決算はですね、先ほど申し上げたような公認会計士協会が出している実務指針といったものがベースにありまして、それで、資産査定なり引当、償却というものが行われたというふうに私どもは考えております。で、検査部も、当時、10年3月期に資本注入をしておりまして、で、しておる段階で各金融機関の財務処理、これは10年、当時3月期は出ておりませんので、これは1月2月ごろだったですけれども、平成9年9月期ですね、そういった財務諸表を踏まえながら判断をし、それは事務作業として判断をしたわけで、それを、当時、いわゆる佐々波委員会といいますけれども、金融危機管理委員会ですか、そういった委員会の検討に、作業に資するような形で対応しておりましたけれども、ま、その中でも、各金融機関とも債務超過というような状況では当然ないという判断をしておりました。

この平成10年の1月ですかね、各大手銀行ですけれども、大手銀行の自己査定の状況を、どうなってるかということを照会したことがありますね。

はい。

で、それについては、資産査定の状況について各行がもう一斉にそろった状態で、出そろっているという状況だったんでございましょうか。

これは10年の1月に、実は、たしか前年の9年に各金融機関に試行的に自己査定をしてもらいまして、で、その数字の集計を年末にして1月に国会に提出するというような運びで作業を進めたと思いますが、この作業の目的は、むしろ、不良債権が一体幾らあるんだというのが常に議論になっておりまして、で、金融安定化法という資本注入の枠組みを作る基律を国会で審議していただくためには、そういうバックグラウンドの数字がどうしても必要であるということで、きゅうきょ、12月ごろだったと思いますが作業に入って、それで1月に公表したというものでございます。したがって、これはもうとにかく、各銀行はですね、それぞれ、自らの査定基準といいますか、は持っておった、あるいは行内格付という債権の区分の方法は持っておる、それは必ずしもⅠ、Ⅱ、Ⅲ、Ⅳという、そういう分類だけではございませんで、一般的にはより精緻なものを持っておったと、ただ、それが各行ばらばらでは全く比較のしようも集計のしようもございませんので、それをとにかくⅠ、Ⅱ、Ⅲ、Ⅳに組み替えて報告をしてもらうということで、それも金融機関の、基本的には自主性に任せてですね、それで集計をしたということで、とにかく法案審議の目的でそういったことをやりましたので、中身がどうなってるか、あるいは相互の整合性がどうなっているかというところまでとてもチェックする時間は、残念ながらございませんでしたので、当時においては、とにかく集計したものをお出ししたというような認識でございました。

平成10年の3月期決算を終えた各銀行に対して、7月ですか、一斉検査が金融監督庁に出されましたね。

はい。

そのときのその検査結果として、例えば、計画的に支援している貸出し先に対する将来支援の償却、引当をどうするかということについては、非常にばらばらであった。

検　察　官（保坂）

異議があります。それは誘導だと思います。

弁　護　人（倉科）

ということを聞いてますかという質問です。

裁　判　長

どうですか。

これは、私は検査を直接やってるわけでもありませんし、検査部局の責任者でもございませんので、個々の検査がどうなってるかということはもちろん直接的には承知しておりません。ただ、私は当時、ですから10年の6月以降は銀行課長の職を離れまして、大蔵省の官房の参事官という立場で、むしろ開示制度とか企業会計の制度の企画、立案を担当するという立場でございまして、そういう立場から間接的に聞いておりましたのが、銀行の検査の中でいろいろ銀行側も指摘を受けて、その内部的な基準というものに不適当なところがあれば、検査当局は当然指摘をして指導していくという役割りを担っておりますので、そういった動きがいろいろあったというふうに間接的には聞いておりました。

弁　護　人（倉科）

もともと、資産査定とかそういったガイドラインというものは、各銀行が自分たちなりに整合性を持ったルールを作るということ自体を否定しているものではありませんね。

はい、そうです。

そうだとすると、どうしてもばらつきが出るんじゃないかと思いますが、そういった各行の自己査定基準、あるいはその自己査定結果についてばらつきが生じた場合に、どうやってその統一性を図っていくかという、そのイメージはどういうものだったんでしょうか。

それは、我々の検討会で、早期是正の検討会でもそういう意見が出ました。で、金融機関も独自のものをいろいろ作っているから、それは是非受け入れてほしいと、で、いろいろ議論の結果、やはりその金融機関が自己責任に基づいて自己査定を行うわけですから、その独自性を否定する必要はないわけでございます。ただ、問題はその金融検査の基準というものとの整合性という点でありますので、整合性については金融機関が責任を持って留意し、対応する、で、その説明も行っていくというような話がございまして、それを踏まえた対応をしていったというふうに認識しております。

金融検査マニュアルでは、その検査における指摘が直ちに特定の監督上の措置に結び付くわけではないとか、あるいは、検査官は金融機関と十分意見交換を行う必要があると、こういう記載をしているんでございますけれども、そういった金融検査官と銀行の、ましてや自己査定との間に見解の相違があったとき、これは、そのときに直ちに26条や27条による処分になるんでしょうか。

それは、もちろん事の軽重という問題になりますけれとも、常識的に考えますと、それはやはり銀行側がそれに応じて、当然、質問に応じて説明をしていく、で、その説明が合理的であれば、それは検査官が受け入れるでしょうし、あるいはやや不明確なものであれば、こうしてくださいという指導ベースの中で金融機関が対応していくというようなものだと理解しておりますので、そういう行政処分とか、そういったたぐいのものでは基本的にはないだろうと思います。

ただ、それについてこう改善すべきではないかというようなことについて、銀行がそれで改善すれば、それは以後それでやるということですよね。

はい。

その改善が認められない場合にはどうするかという話になりますけれども。

改善が認められない、つまり、そういう場合には、検査部は飽くまでそういうものをチェックするという立場ですので、恐らく、手続的には、監督当局、ま、当時であれば銀行局のほうにそういう事実がもたらされまして、今度は銀行局として行政処分等ですね、あるいはより強い行政指導、そういったものを行うかどうかという、そういう検討に入ると思います。

で、それが銀行法26条の例えば２項の処分をするというときにも、そういうことを踏まえて実行していくと、こういうことになるわけですね。

はい、そうです。

そうすると、いずれにしましても、銀行が自己査定をやった、その結果がガイドラインに反しているということで、見解の相違ということになるんでしょうけれども、それに対して刑事罰を適用していこうと、早期是正措置というのはそういうイメージだったんでしょうか。

ですから、我々も、早期是正措置導入をしまして、それで、いろいろ早期是正措置そのものにも経過的な措置というものも入っておりました。例えば、表面的な自己資本比率が非常に低いけれども、改善計画とかそういったものを出せば時間的猶予を見るとかですね。それから、これらの貸し渋りの問題で９年の秋から大きな声になってまいりましたので、ま、国内銀行については行政処分を１年間見合わせると、そういった、いろいろ、早期是正措置そのものの問題がどういうふうに影響が及んでくるかということがまだ非常に未確定の状況もございましたので、そういった要素も見ていく必要があると、で、問題があればまたそれを是正することも必要であるということで、必ずしも硬直的な考え方は取らないで、とにかく、ただ、取らないけれども、早期是正措置というものは金融行政の１つの大きなかなめであるというふうに考えましたので、これ自体を、ま、何か、遅らせろとかですね、そういった声も世の中には実はございましたけれども、それは適当ではないということで、早期是正措置そのものは、やはり10年４月から導入していこうと、その中で、種々問題があれば、それは弾力的な対応もやはり考えていかなきゃならんなということで、そういう考え方でスタートさせたというふうに認識しております。

中間取りまとめの中では、将来、税効果会計が必要であるというような指摘がございましたですね。

はい、そうです。

そうしますと、やはり、その従来の税法基準にとらわれない償却、引当を促進しようというときには、そういった環境整備も必要であると、こういう条件があったんではございませんか。

税効果会計という問題も１つの大きな論点でございまして、金融機関サイドからは強い要望として当時出されていたと認識しております。で、この税効果会計という問題になりますと、これは、商法の問題とそれから金融行政の問題、二つの問題にまたがってまいります。あるいは証券取引法の関係もあろうかと思いますが、そういうことで、種々、更に調整を要する問題であるということで、検討が実はそこから本格的に始まりまして、それで、たしか11年の３月期からは正式に導入されたと、ただ、それにはいろいろ検討、それからそのための対応といったものに時間を要しましたので、残念ながら10年４月、10年３月期において直ちに導入というわけにはいかなかったということが事実でございます。

いずれにしましても、その早期是正措置に伴う自己査定のチェックという手法をするということになったりしましても、やはり、そのときいかなる基準によるべきものであるということについては、そういう制度の切替えそのものが過渡期であったという、そういう要素がいろんな問題に影響していたんではありませんか。

ま、早期是正措置というもの、過渡的な導入ということであったということはもうおっしゃるとおりで、我々もそういう認識であったと、それが徐々に定着をしていくという考え方で臨んでいたと思います。ですから、その早期是正措置の中間取りまとめの紙の中には、2000年度(平成12年度)中に必要があれば見直すこともあり得べしというような文言も、ですから私の課長時代に検討したときに、やはりそれは必要であるという声も強うございましたので、それを入れて、そういう中間取りまとめに仕上げたというふうな記憶がございます。

証人が銀行課長をお辞めになる、多分直前だと思いますけれども、大蔵省の銀行局が、それまでの金融関係通達を廃止するという通達を出したことがございますね。

はい。

(弁)証拠番号194(金融関係通達等の廃止についてと題する書面写し)を示す

これは、証人が退任される直前ですか。

はい、そうです。

これ、あて先を見ますと各銀行の代表者になってるんでございますが、銀行局の通達というのは、このように銀行あてに出すというものが大変多かったようでございますね。

はい、そういうことでございました。で、過去、全部そういう代表者に対して出してまいりましたので、廃止通達も代表者に対して出すというようなことで、こういう対応をしたんだろうと思います。

その廃止された通達の別紙を拝見しますと、別紙の2枚目の下から8行目に、金融行政の当面の運営方針についてという事務連絡があるんでございますが、平成4年8月21日というのがあるんでございますが、これは、私ども、金融財政事情の記事として、平成4年8月18日の同名の大蔵省の方針という形で実は証拠に出してるんですが、それと同じものでございますか、これは。

これだけではちょっと私も確認できませんけれども、恐らくそういうものだろうと、4年8月に株が大暴落したときに対応した、そういうものであろうと思います。

そういう、その発表したものを通達という形で各銀行あてに出したんでしょうね。

これは事務連絡ですか。

事務連絡としてね。

はい。

それから、別紙の3枚目ですが、平成6年2月8日、通達で蔵銀212というのがございます。上から9行目です。金融機関の不良資産問題についての行政上の指針についてとあります。

はい。

これも、実は同名の大蔵省の、金融財政事情に掲載されているそういった方針を私ども証拠に出してるんですが、これをこういう形で銀行にも、通達という形で出してたんですね。

はい、そうだと思います。

それから、同じく3枚目の今度は下から8行目、長期信用銀行の業務運営に関する基本事項等について、蔵銀1729、ありますですね。

はい。

これは、いわゆる決算経理基準というものがくっついているものですね。

そうだと思います。長期信用銀行にも基本的には同じものを、普通銀行とほとんど同じものですね。

これも、この日に廃止されているということになりますね。

（うなずく）

そうすると、この平成10年6月8日の日に廃止されたということは、それまでは廃止されていなかったということになりますか。

ええ、決算経理基準は、平成の、これより以前に1回、たしか9年ですか、に改正をして、早期是正措置導入後の対応をにらんで、ま、以前の経理基準は税法基準にもかなり引っ張られたといいますか、そういった影響も受けたような、ま、そうでないという見方ももちろんできるんですけれども、我々が実際に行政をしていく中でそういった批判もあるような、そういう基準でございましたので、たしか9年には改正をしております。ですから、その改正をしたものも含めて、この時点において廃止したというふうに認識しております。

先ほどの、4年の8月かな、それから平成6年の2月というのもこのときに廃止されているわけで、それまでは維持されていたというふうになるわけですね。

はい、そうです。

（弁）証拠番号192（「普通銀行の業務運営に関する基本事項等について」通達の一部改正についてと題する書面写し）を示す

これは平成10年の2月なんでございますけれども、これは、金融機関の保有している有価証券について、低価法でなくても、原価法の選択を許すという措置を取ったときの決算経理基準の改正ですか。

はい、そうですね。これは、9年の11月に金融危機が生じまして、猛烈な貸し渋りの問題が生じたという中で、1つ、法制度で資本注入し得る制度を作るという柱、もう1つは、ま、早期是正措置を導入していくけれとも、10年4月以降、国内銀行についてはその適用を一年延ばすという措置、それに加えてこういった緊急措置を講ずるということを実は9年の12月に発表しまして、それを受けて正式に制度化すると見て通達をこういう形で発出した、それがこれだと思います。

（以上　　松本　美和）

検　察　官（保坂）

先ほど、御証言で早期是正措置が入る前の金融検査と償却、引当の関係に関して、両者がリンクしているのが本来もっとも適当なんだという御証言をされたと思うんですが、その御趣旨というのは、要するに、検査官のほうは資産の分類、要するに、分類のところまでしかやらないと、その先の償却、引当のチェックまではしていなかったと、だけど、本来はそこまでできるような体制になっていれば望ましかったと、こういう御趣旨のことを証言されたんでしょうか。

はい、私はそう考えておりましたので、そういうふうな趣旨で申し上げました。

検査官のほうが、償却、引当のチェックをしていない間は、金融機関が自己責任で償却、引当をするのは当然で、それについて外部監査が入っていたんだという御証言でしたが、この自己責任による償却、引当あるいは外部監査というのは、当然のことながら、商法とか企業会計原則を始めとする会計基準に従って適正に行われなければいけないと、これは当然のことではないんでしょうか。

はい、そうですね。

それから、やはり早期是正措置が導入される前の話として、支援先に対する償却、引当の考え方と一般先に対する考え方は違いがあったんだというようなことを御証言されたと思うんですが、それも前提として、金融機関が単に支援をしますよと言っているだけでは足りなくて、その支援の意思を裏付ける合理的な再建計画とか、そういうものがなければいけないということも前提になっているんでしょうか。

はい、私はそういうふうに考えております。

その御証言の関係で、支援先に対する考え方というのは、時々の経済状況の変化とか金融機関自体の経営基盤の状態などによって、多少の変化があったんだという御証言があったと思うんですが、それは、要するに、例えばバブルのころのように右肩上がりの経済のときには金融機関の体力もあるし、貸出先も、一時的に業況が悪くてもしばらくすれば回復する見込みが高いから、再建計画については余り重点を置かないという考え方もあったと。だけども、その後、経済が悪化してくるにつれて、単に支援の意思というところだけではなくて、再建計画の中身とか、その合理性とか、そういうところにその見方のウエイトが置かれるようになってきたと、こういったようなことを御証言されたというふうにお聞きしてよろしいんでしょうか。

はい。

それから、早期是正措置については、一定の期間後に見直しがされることになっていたということなんですが、その見直しをされるまでの間、その早期是正措置の発動の前提となる償却、引当について適正に行わなくてもいいとか、そういうことではないということでよろしいでしょうか。

はい、もちろん適正にやってもらわないといけませんけれども、適正という問題の中にまた幅があるでしょうし、それから、適当か不適当かというところに、まあ、もちろんいろいろ意見の相違が生じていることも、当局として予想しておかないといけないと、そういうものを前提にしながら早期是正措置という制度を定着させていくというふうに、当時、認識しておりました。

弁　護　人(更田)

証人は、早期是正措置の検討会については、当時、銀行課長として事務的な立場で関与されたと、こういうふうに伺ってよろしいですか。

はい、そうでございます。

その検討会で資産査定通達について検討されていましたね。

はい、資産査定通達も、案というものが検査部から示されまして、それを一回検討したということがあったと思います。

そのような検討を経て、資産査定通達をお出しになったわけですが、その後、金融検査部のほうで関連ノンバンクに関する事務連絡というのを作ったということは、御存じですね。

はい、知っております。

この事務連絡は、証人が直接関与されて作成されたものなんでしょうか。

いえ、関与しておりません。

この関連ノンバンクに関する事務連絡というのは、資産査定通達との関係で御覧になると、新しい事柄について定めたというようなことになるのか、それとも、資産査定通達の幅の中にあるというふうに理解されるのか、その辺はどんな御理解なんでしょうか。

基本的には後者です。幅の中にあると思っております。ただ、表現ぶりを変えますと、資産査定通達というのは、いわゆる一般先を相手にしてどういう資産の評価を行うかということが主眼に書いてあると、それだけでは、当時の個別具体の問題を含めて、関連ノンバンクというものが一つ大きな、検査部の中では特に大きな議論になっておったというふうに聞いておりますので、そういうものには十分な対応ができないということで、特別のものを、たしか事務連絡というような形で作ったというふうに認識をしております。

今のお答えを、ちょっと整理というか、こういうふうに受け止めてよろしいんでしょうか。つまり、資産査定通達と関連ノンバンクに関する事務連絡とは、前者の幅の中に後者が包摂されている内容のものであると、しかし、前者、つまり資産査定通達では関連ノンバンクについてどうこうというような定め方をしていないので、関連ノンバンクについて、資産査定通達の幅の中で取扱いを検査部がまとめたと、こういったようなふうに理解してよろしいんですか。

はい、そういうことです。私の申し上げたのはそういう趣旨です。これも私の記憶ですけれども、その資産査定通達というものが出る運びになったときに、やはり、検査部の中で関連ノンバンクをどうするかという整理も必要であるということで、もう一回見直しをした上で、何かしかるべきものを別にきちっと出す必要があるという意見が、たしかありまして、それで、資産査定通達には盛り込むということではなかったんですけれども、事務連絡という形で追加的にそれをまとめて出したというような経緯があったように記憶をしております。

簡単にお答えいただきたいんですけれども、先ほどの証言の中で、平成７年当時、住専の問題があったと、それから、次に関連ノンバンクの問題があったと、そして現在に引き続いている一般先に関する問題があると、金融機関の不良債権についてそういった御説明があったと思うんですけれど、資産査定通達は、一般先に対する金融機関の支援、支援中の一般先に対する債権についても、どう取り扱うかということを織り込んで策定されておりますね。

はい。もちろん、事務連絡の考え方というのは、最終的にこの金融検査マニュアルの中に吸収されていきますけれども、基本的な考え方の流れというのはつながっているというふうに思います。ただ、その時点では、余り一般先についての問題というのは、実はさほど表面化しておりませんでしたので、専ら関連ノンバンクをどうするかというのが各行における最大の検討課題ということだったので、その関連ノンバンクの事務連絡は、たしか関連ノンバンク等というふうに書いてあると思いますが、専ら関連ノンバンクを想定したような整理をしておったのだというふうに思います。

この関連ノンバンクに関する事務連絡が出された前後の状況ですけれども、日本債券信用銀行に関する支援といいますか、再建といいますか、その施策について、銀行課長としてかかわられたことがありますね。

はい、ございます。

この日本債券信用銀行について増資をするという方針で、各金融機関に協力を求めたと、こういったことがありましたね。

はい、大蔵省、当時、日銀もそうですけれども、当局からも、日債銀の増資を側面的に支援をしていくというようなことで、いろいろ私どもとしても対応したことがございます。

検　察　官（保坂）

異議があります。関連性のない尋問だと思います。

裁　判　長

その点、どうですか。

弁　護　人（更田）

いや、自己査定基準の策定の経過について聞いているわけですから、つまり、平成９年３月に資産査定通達が出て、そして、それに基づいて各行が各金融機関に関する金融行政などの動向を見ながら自己査定基準を策定しているわけで、日債銀。じゃ、質問を変えます。

裁 判 長

関連性を明らかにするような感じで質問していただけますか。

弁 護 人(更田)

(弁) 証拠番号107(償却対象とする不良債権の範囲の不明確性に関する報告)を示す

2枚目に添付されている資料、5月11日付けの日経新聞を見てください。日債銀の不良債権処理について、こういった報道が当時なされたことは御存じですか。

はい、承知しております。

この時期、各金融機関が各行それぞれに自己査定基準を策定している時期であったと、こういう理解でよろしいでしょうか。

まあ、作業を進めている段階でしょうね。

早期是正措置に関する検討会の会合は、その年の6月が最終の会議であったという御記憶はありますか。

たしか、ええ、前年の8年12月で一応終えたんですけれども、会合をやった記憶は余りありませんけれども、あったのかもしれません。最終的な会合ですね。

大蔵省から、現在は金融庁に引き継がれた早期是正措置に関する検討会の議事概要についてのホームページがあるんですけれども、そういったものを銀行局でホームページに載せておられるということは御存じですか。

いえ、承知しておりません。

そのホームページによると、6月19日に第9回の会合をやって、それが最終回だと、こういうことのようなんですけれども、御記憶では、大体そんなようなことでしょうか。

ええ、今、御指摘ありましたので、記憶をたどりますと、実質的には、8年12月で実態的には終わっていますけれども、翌年に開いたことがあったのかもしれません。

早期是正措置に関する検討会の議事録というのは、現在では、公開の対象になっているということは御存じありませんか。

審議会とか、そういうものについての議事録というのは、公開するという形で私は承知しておりますけれども、早期是正措置の検討会というのは、そういうふうな、私的の局長の研究会というような位置付けでしたので、それをどういうふうに取り扱ったのかというのは、私は承知しておりませんでした。

(以 上 小海 智美)

●**銀行法**（昭和 56・6・1／法 59）
施行　昭和 57・4・1（昭和 57 政 39）
改正　昭和 56 法 75、昭和 58 法 78、昭和 63 法 75・法 77、平成 4 法 87、平成 5 法 63

第 1 章　総則
（目的）
第 1 条①　この法律は、銀行の業務の公共性にかんがみ、信用を維持し、預金者等の保護を確保するとともに金融の円滑を図るため、銀行の業務の健全かつ適切な運営を期し、もつて国民経済の健全な発展に資することを目的とする。
②　この法律の運用に当たつては、銀行の業務の運営についての自主的な努力を尊重するよう配慮しなければならない。
（業務の停止等）
第 26 条　大蔵大臣は、銀行の業務又は財産の状況に照らして必要があると認めるときは、当該銀行に対し、その業務の全部若しくは一部の停止又は財産の供託を命じ、その他必要な措置を命ずることができる。

『六法全書 II　平成 8 年版』（有斐閣）

●**銀行法**（昭和 56・6・1／法 59）
施行　昭和 57・4・1（昭和 57 政 39）
改正　昭和 56 法 75、昭和 58 法 78、昭和 63 法 75・法 77、平成 4 法 87、平成 5 法 63、平成 8 法 94、平成 9 法 55・法 72・法 102（平成 9 法 120）・法 117・法 120

第 1 章　総則
（目的）
第 1 条①　この法律は、銀行の業務の公共性にかんがみ、信用を維持し、預金者等の保護を確保するとともに金融の円滑を図るため、銀行の業務の健全かつ適切な運営を期し、もつて国民経済の健全な発展に資することを目的とする。
②　この法律の運用に当たつては、銀行の業務の運営についての自主的な努力を尊重するよう配慮しなければならない。
（業務の停止等）
第 26 条①　内閣総理大臣は、銀行の業務又は財産の状況に照らして、銀行の業務の健全かつ適切な運営を確保するため必要があると認めるときは、当該銀行に対し、措置を講ずべき事項及び期限を示して、経営の健全性を確保するための改善計画の提出を求め、若しくは提出された改善計画の変更を命じ、又はその必要の限度において、期限を付して業務の全部若しくは一部の停止を命じ、若しくは財産の供託その他監督上必要な措置を命ずることができる。
②　前項の規定による命令（改善計画の提出を求めることを含む。）であつて、銀行の自己資本の充実の状況によつて必要があると認めるときにするものは、総理府令・大蔵省令で定める自己資本の充実の状況に係る区分に応じ総理府令・大蔵省令で定めるものでなければならない。

『六法全書 II　平成 10 年版』（有斐閣）

X 二巡目の被告人質問 3

○ 大野木克信供述調書（第 32 回公判）

被告人供述調書（平成 13 年 11 月 2 日第 32 回公判）

では、前回の質問に対する答えに関連して、まずお尋ねします。前回、清算価値で評価をすることは、グローバルスタンダードイコール時価会計という範疇の中の一つの手法には違いないと、こういった話ですとか、10 年 3 月期には、そういう一種の目標的な会計というものがあるということは認識をしていたと、こういうふうに供述されたと思うんですが、その他方で、清算価値で見ても貸出金の回収可能性は判断できないんだと、こういう話もされてるんですが、これらはどういう関係になるんでしょうか。

まず、清算価値で見る見方というのは、時価会計という範疇の中の一つには入るものじゃないかということで申し上げました。ただ、現実に、今、時価会計で貸出債権を評価する対象は、どちらかというと、将来のキャッシュフローを現在価値で直すという、そういうのが時価価値と言われておりますので、いろいろある中の一つには違いないんじゃなかろうかと、素人なりにそう思ったということでございます。それから、清算価値で見るだけでは企業の判断ができないんじゃないかというのは、どういうことかという御質問でよろしゅうございますね。

はい。

それにつきましては、やはり、清算価値で、もちろん見る必要はあるんですが、それから先、企業がどのように展開していくか、よくなっていくのか、悪くなっていくのか、それに対する支援はあるのか、ないのか、そういった要素というのが、むしろ大事なことであって、清算価値だけで企業を見るということは不適切じゃないかというふうに思っておりますというふうに申し上げたつもりなんでございますが。

継続企業価値で見るという場合も、その前提として、清算価値的な面は当然見るんだと、こういう御趣旨ですか。

ええ、その一つの前提として、おっしゃるとおりでございます。それは見なくちゃいけないことだとは思っております。

やはり前回の供述の中で、有税償却、引当は、経営の裁量としてやれるんだということをおっしゃっている部分があるんですが、これは全くの自由裁量ということになるんでしょうか。何らかの制約というのはないんでしょうか。

例えば、自己査定がございますね。自己査定に従って、ある会社に対して、これは引当しなくちゃならないという結論が出たといたしますとですね、そうすると、それは無税でできるのか、有税でできるのかということは、これは関係なしにそういうことが出てくるわけでございますんで、そういうケースについては、やはり有税でもやらなくちゃならないんだと思います。ただ、それ以外に経営の裁量でやれる範囲の有税償却というものも、実は大宗を成しているんじゃないかというふうに思いましたので、そのようにお答えしたということです。

その自己査定の結果、明らかになった資産の状態に応じて償却、引当をする際に、無税償却の要件を満たさないから有税償却でやらざるを得ないという場合ですね、これは、有税償却をやらなきゃいけないということの根拠は、商法とか企業会計原則とか、そういうところにあるんじゃないんですか。

　そこはよく分かりません。自己査定という一つのルールに従ってできてきた結論に従うべきだということでございまして、その裏にはいろんなものがあると思うんですけど、そこは、私は特定できません。

いずれにせよ、何らの制約もなく有税償却、引当をその金融機関の全くの自由裁量でできるということになれば、それは利益調整が勝手にできてしまうということになるのではないでしょうか。

　そうですね。やっぱり、一つのそういう規律みたいなものはあるんじゃないでしょうか。

そうしますと、有税償却が適正になされているかどうかということを会計監査人がどうやって監査をするのか、何に基づいて監査をするのかということは、あなたは御存じないということなんでしょうか。

　そうですね、基本的には。10年3月の話でよろしゅうございましょうか。

そうですね。

　私も詳しくは読んだわけじゃございませんが、4号実務指針でございますか、そういったものが出ていたり、それ以前からある、いろいろ言われている会計原則とか。

企業会計原則とかですか。

　そういったものをしっかりと対比して、公認会計士の方がしっかり見るということが、我々実務の立場から言えば、ベースとして考えているということでございます。

それから、税法基準の逆基準性がものすごく本来の会計基準を阻害しているという文献がたくさんあるんだと、こういうことをおっしゃっていたと思うんですが、税法基準のどういうところが会計基準を阻害しているということなんでしょうか。

　これは、本当に孫引きみたいな話をして申し訳なかったんですが、要するに、ずっと98年(平成10年)に至ってもそうかもしれませんが、やはり、まず税法ありきで、特に一般先について、無税償却証明制度というので償却、引当を無税でやっていくと、これがずっとベースになってきたという、これが事実だと思うんです。そして、それが一種の会計慣行として定着していたんじゃないかと思うんでございますけれども、それに対して、やはり会計的に見れば、もっと、例えば、有税償却でもやるべきであるという議論は、ずっと昔からあったんじゃないかと思います。ただ、そこまで踏み込まなくてやらなくても、会計慣行として公認会計士もいいと言うし、大蔵省も、銀行の場合には、特に是認していたということも、事実としてはあったんじゃないかと、そういうことが、言わば、むしろ、どういう関係なんでしょうか、税法が非常に重きを置かれた決算が慣行として定着していたということなんじゃないかと思いまして、今みたいなお話をしたわけでございます。

その会計基準が阻害されているという言葉からしますと、税法基準主導のやり方というのは好ましくないという趣旨が入っているんじゃないかと思うんですが、いかがでしょうか。

　私は、そこまで深く考えてそういう言葉を使ったわけじゃございませんが、会計学者の書いた本を読みますと、そういう表現がないわけじゃないんで、そういうふうに申し上げたということでございます。

それから、4号実務指針、公認会計士協会の出しているその指針が会計の見地から書かれているというふうにおっしゃっていたと思うんですが、御記憶ありますか。

会計の見地からというのは、何かその前後にいろいろあった、まあ、どうぞ、御質問なさってください。

ちょっと質問を変えるというか、聞き方変えますけど、前回、たしか、4号実務指針と税法基準の関係についてはどういうふうにお考えでしょうかというふうにお尋ねして、その際に、実務指針は会計の見地から書かれていると思うと、こういうお答えではなかったかと思うんですけど、いかがでしょうか。

そうですね、はい。

同じことなんですが、平成9年7月に、先ほどもちょっと別の証人の方のところで出てきた決算経理基準が改正されているということがあるんですが、その改正後の決算経理基準というのが、税法との関係はどうなっているのかということについては、どうお考えですか。

これは、後から聞いた話なんですが、従来の税法基準というものから、やはり会計基準というものに重点を置いて考えるべきであるというようなことになりましたということは、これは公判になってから勉強しました。

決算経理基準自体、基本事項等通達ということですが、それは、そのころ改正されたということは御存じだったんでしょうか。

はい、改正があったということは知っております。

それから、長銀の自己査定基準について伺いますが、経営支援実績先とか特定先という名称の資産査定通達にはない債務者区分というのがあるんですが、そういう新たな債務者区分を作らないと長銀にとって何か不都合な点というのはあったんでしょうか。

基本的には、私は、まず、関係会社と一般先を分離するというところからスタートしたわけなんですが、要するに、長銀の持っている資産の内容を、できるだけ透明性を持たせて、正確にと申しますか、実態に合わせた区分を作るということは、言わば、そもそも自己査定のルールというのは、自分で、まず自己責任で自主的に実態をよく表すように考えて作りなさいよという精神、そこから来ているわけで、そういうようなのの延長として、そういう枝が、より精緻にできてくるということは、別におかしくないんじゃないかと思いました。

一般論として、その貸出先の状況に応じて区分を考えるというのはよろしいと思うんですが、具体的に経営支援実績先とか、特定先という債務者区分を作らなければいけなかった、こういう事情があるから作らなきゃいけなかったという、具体的な事情はあるんでしょうか。

いや、それは聞いておりません。要するに、実態をそういう形で、よりはっきりさせて、それに応じた査定をして、公認会計士の方のチェックを受けて決算しますと、そういうふうに聞いておりましたので、それはそれでよかろうと私は思いました。

もうちょっと細かい話を伺いますが、平成10年3月期において、第一ファイナンスという会社は、長銀の自己査定基準によると、債務者区分はどれに当たっていたんでしょうか。

私は記憶ありません。

NEDについてはどうですか。

NEDも余り記憶ありません。当期の支援額を、これは支援損を立てなくちゃいけませんから、これをIVにしますと、それから、翌期以降は、たしか支援を予定しているのはIIIにしますと、その程度は聞いてます。

それから、特定先という区分については、それに指定されるとその貸出先の業況にかかわらず、当然に正常先か要注意先になると、したがって、償却、引当が不要になると、こういう基準になっているようなんですが、そうすると、結局、特定先に該当するところについては、資産査定をしていないのと変わらないんじゃないかと思うんですが、いかがでしょうか。

　特定先に、何でもかんでも担当者が勝手に入れればいいということで入れたんじゃないと思うんです。やっぱり、入れるについては一つの枠あるいは会社の性格とか、そういう、特にそこは、我々の関係会社でいう事業会社が多いと思うんですが、そういう一つの範疇を決めて、その範疇の中のものを入れた、その結果として、今、保坂検事のおっしゃったような査定上の位置付けになったということなんだと思っております。

（以上　　小海　智美）

ただ、今のようなやり方ですと、毎期毎期の貸出し先の状況というのが反映されないことになるんではないですか。

　例えば、10 年 3 月期、これは、もう事業化会社であって、もうしゃかりきで事業化を推進するんだということをやるわけでございますが、仮に、ある会社についてもう事業化はあきらめたと、もうここは切り捨てると、つまり、関係会社じゃなくすというふうな結論がその期のうちに出たとしますと、それは、当然、今の範疇からは離れるというメカニズムだったと記憶しておりますが、そういうような意味での見直しというのは、当然考えていたと思いますが。

ちょっと質問が変わりますが、MOF 検とか、金融監督庁の検査というのは、犯罪捜査を目的としたものなんでしょうか。

　いえ、そうじゃないと思いますが。

資産査定通達の発出文書によりますと、早期是正措置制度は、金融機関が企業会計原則等に基づき、自らの責任において適正な償却、引当を行うことにより、資産内容の実態をできる限り客観的に反映した財務諸表を作成することを前提としたものであると、こういうふうに記載されているんですが、金融検査において、検査の結果として適正かどうかという表現がとられるのは、今のところを踏まえて、そういう表現がとられているんじゃないんでしょうか。

　ちょっと質問の趣旨が分からないんですが、金融検査の結果、仮に、例えば、自己査定、先ほども内藤さんの話にもありましたけれども、自己査定の長銀のやり方について、ここのところはやっぱり改善したほうがいいんじゃないかと、そういうお話を受けることは、これは、ままあると思います。そういうことは、それで受けてよろしいというふうに考えていますが。

そのときに、適正かどうかという表現が使われるのは、先ほど私が指摘した資産査定通達のところなどを反映しているということではないんでしょうか。

　そうですね、そうかもしれません。適正というものは、恐らくだれもが適正じゃないと思っていたものと適正だというものとが相互に議論し合うということじゃなしに、問題は、金融機関も適正だと思っていた、ところが、監督者も適正だと思っていたと、その両方が適正だと思っていたことが、実際は合わないと、一体これをどうしましょうかということは必ず起こるわけでございまして、それをどう解決していくかということは、先ほどの内藤さんのお話にも、西崎さんのお話にもあったように、そこをどういうふうに片付けのるかということで、早期是正措置というのが、逐次、言わば改善されていって、そういうものの蓄積を踏まえて、2001年(平成13年)には見直しをしましょうよということまで前提にしていたと、そういう制度だと私は理解しております。

ちょっとこちらの質問の意図が伝わっていないようなんですが、例えば、会計処理が適正でないということによって、財務諸表の内容がゆがめられるということがあったとすれば、その場合に、適法とか違法という問題も場合によっては生ずることがあるのではないでしょうか。

非常に一般的な御質問なんで、それ、私、分かりません。あるかもしれませんし、ないかもしれないとしかお答えできません。

(弁) 証拠番号1(金融監督庁の1年)を示す

133ページを示しますけれども、このページは、その前から見ていきますと、第2節銀行に対する金融検査ということで、平成10年に金融監督庁が大手19行に対して一斉に検査に入ったときの検査結果をまとめたものということなんですが、その133ページのところを見ますと、一番上のところですね、長銀と日債銀については、Ⅲ、Ⅳ分類の乖離が大きくて、特にⅣ分類の乖離はほかの17行の合計を上回っていると、こういうことが書いてありますね。

はい。

それから、その前のページ、132ページの別図16-2-1というところを見ますと、長銀、日債銀を除いた主要17行の自己査定と当局査定のⅣ分類の乖離額というのが2511億と、こういうふうになっていますね。

はい、そのとおりです。

それで、133ページに戻りまして、別図16-2-3というところによると、長銀、日債銀のⅣ分類の乖離額は2610億円と、こうなっていますね。

はい。

わずか2行でほかの17行のⅣ分類の乖離額を上回ってしまうというのは、ちょっと異常なことではないんでしょうか。

はい。これは、異常だと思います。で、長銀について言えば、その異常な理由は、やはり、残念ながら、98年(平成10年)の6月、例の株のアタックを受けまして、長銀の資産、体力が非常に落ち、その結果として、関係会社の信用力が非常に落ち、その結果として、それの資産査定が非常に厳しくなったと。それが3月まで引っ繰り返った形でチェックされたというふうに聞いておりますので、そういう意味で、並に保坂検事が言われたように異常だったと思います。

ちょっとよく分からないんですが、平成10年3月期のところを基準にして検査を行っているわけですね。

はい。

それ以後のことは、一応影響がないような状態に引き直しているのではないんでしょうか。

いや、そうじゃなくて、要するに、10年6月に非常に大きなパニックを受けて、その結果が、資産に影響がもう既に出ているわけですね、監督庁が検査したときには。その6月のダメージが資産の内容に大きく影響して、資産の価値が非常に劣化している、その劣化している資産内容、それを前提に、例えば日本リースに対して2000億ぐらい掛かったとしますと、そういう資産を3月には長銀は2000持っていたんだねと、これは何だという形の査定だというふうに私は申し上げているわけです。

長銀に対しては、平成10年３月期を基準とする検査と、それから、６月を基準とする検査と２種類あったと思うんですが、その長銀が非常に不安定な状態になったというところは、６月の基準のところで考慮されているんではないんですか。

　　ええ、本来ならそうだと思うんですけれども、やはりそうはいかなかったんじゃないかというふうに申し上げているわけです。

それは、何か根拠があるんですか。

　　ええ、それは、もう実際に目の前で資産が劣化しているわけですから、その劣化した資産を見て、３月をイメージして、これは全然違うんだと、これは、検査官としてはなかなかできないことじゃないかと思います。

というふうに考えるということですか。

　　というのが自然で、その結果じゃないかというふうに考えるということです。

それから、日本リースのことについて伺いますが、日本リースというのは、平成10年３月期には、実質的な債務超過状態にあったということでよろしいでしょうか。

　　実質でいくと、非常に飛び交うんですけれども、言わば清算価値でロス額を査定すれば債務超過であったということであれば、そのとおりだと思います。

じゃ、ちょっと質問を変えますけれども、平成10年３月ころに、日本リースが700億円くらいの含み損を抱えていると、こういう情報は、日本リース側から得ていましたよね。

　　ええ、いました。

その含み損を解消するためには、どれくらいの期間が掛かるというふうに、当時、お考えだったんでしょうか。

　　これは、当時、180億とか、200億とか、いろいろあると思いますが、ざっくり、この際、大した違いじゃないんで、200としますと、何十年ということで出ますね、30年とか。それは、正確じゃないと思います。

理屈は、大体千葉さんとかの御証言を聞いておりますけれども。

　　ですから、私は、10年たつと、かなりいいシェイプになると思ってました。

10年ぐらいは掛かるということですか。

　　ええ、10年たつとかなりいい会社になると、それは、手持ちのオートリースとか、いい会社を持ってましたから、そういうのを上場させて、上場益を加えたり、そういうことも含めて、目の子で我々が素人でも計算できることなんですが。

長銀の自己査定基準では、関連ノンバンクに体力があるのかないのかというところで区分を分けるという考え方があるようなんですけれども、そういう考え方でいきますと、その含み損の解消に10年掛かるというのは、どういう影響があるんでしょうか。

　　よくそこは、細かいことは分かりませんけど、私は、日本リースというものは、例えば200億の基礎収益があって、10年たてば非常にいいシェイプになる会社であれば、そういう会社だったら、やはりこういう位置づけでいいんだという、そういう位置づけは、担当者も考え、公認会計士もオーケーした、その結果の位置づけになっていると思います。

結論として、体力があるということになるのか。

　　結論としては、要注意先だったんじゃないでしょうか、債務者区分では。

それは、長銀の基準でということですか。

　　いや、長銀の基準というか、常識的な基準としてですね。

じゃ、また質問を変えます。佐々波委員会の関係でちょっと伺いますけれども、公的資金の導入に当たって、佐々波委員会で、被告人のほうでいろいろと説明をされたり、長銀から資料を提出されましたね。

はい。

それで、リスクアセットの見込みについては、どういう報告をされたんでしょうか。

リスクアセットについては、とんとんぐらいで出したんじゃないでしょうか。

とんとんといいますと。

あんまり増えないし、減りもしないという。

何兆円という数字でしょうか。

よく覚えてません。20兆、21兆とか、そんな感じじゃなかったでしょうか。違いますか。

20兆程度ということではなかったかと思うんですが、いかがでしょうか。

多分、私の感じは、そんなことだったらおかしくないと思います。

ここ何年かは、今後、20兆円程度を維持すると、こういう御説明をされたんでしょうか。

はい。私の趣旨は、20兆というのは、間口の意味で説明したんですね。取引先に対して、20兆ぐらいのものは、実質的に回転するように供給していくよと。しかし、それを証券化したりして、証券化すると簿外になりますよね。例えば10億貸せば、お客は10億のお金をもらったということになって、貸し渋りにはなりませんですね。だけど、長銀が10億をそのまま証券化してマーケットでやりますと、お客さんから見れば、長銀から10億借りているわけですけれども、長銀のバランスシートから落ちますよね、10億。そういうようなことも含めて、まあ、大綱、お客さんに対しては、20兆ぐらいは横ばいで持っていきますよという気持ちで申し上げたんですけどね。

そういう場合に、リスクアセットという表現をするんですか。

いや、しないと思います、本当は。

しないですよね。

はい、しないです。ただ、そういうことで、貸し渋りが問題になってましたから申し上げたんです。

それから、平成10年3月期に、ランディックと長銀リースに対して支援損の計上をされているんですが、これは、無税の支援をされたということですか。

はい。一部、有税引当をした分があるかと……。

まあ、その期越えの関係があるということで、ありましたね。

ええ、まあ、とにかく、ざっくり言えばそうです。

その無税の関係については、当然、通達等で決まっている要件を満たしているということになりますよね。

だと思います、はい。

そうしますと、その支援は、必要最低限のものでなきゃいけないということではないんでしょうか。

そうかもしれませんね。ただ、それを、その期その期の必要最低限じゃなくて、何年か先の分までざっと持ってくるという効果はあると思いますけど。いちどきに一括でやってしまうということですね。それは、必要最低限という意味と、ちょっと違う効果があるんじゃないでしょうか。

ちょっとよく分かりませんけれども、必要もない支援ではないということですよね、当然。

そうですね、そうだと思います。

弁　護　人（倉科）

今の検察官の最後の尋問のところなんだけれども、日本ランディックも、それから、長銀リースも、98 年(平成 10 年)の 3 月期の決算でやった、たくさんの償却、引当、これは、前倒しだったんじゃないんですか。

はい、そうです。

その前倒しというときに、何を前倒したのかということなんですよ。これは、国税当局の承認を受けていた枠との関係なんじゃないんですか。

そうです。

そういうことでしょう。つまり、こういう予定で支援をしますよという枠、その枠内でどうするかという話。それを前倒ししたという意味ですね。

そうです。

そういう意味で、あなたのほうとしては、それが必要最小限とは意味が違うんじゃないかとおっしゃったんですね。

はい、そうです。

裁　判　官（石田）

一点だけ確認させていただきます。取調べのときのことなんですけれども、被告人が取調べを受けるに当たって、取調べ検察官の商法の分類に関する評価の考え方が、いわゆる商法清算価値鉄則論というふうに言っておられますよね。

はい。

それを受け入れることにしたというふうにずっと言ってはいますけれども、それに対する不満というのは、取調べ中は感じてはいたんですか、感じてはいなかったんですか。

感じておりました。それは、ずうっと感じておりました。感じておりましたが、それは、押さえてました。

押さえていた理由というのは、もう 1 度確認いたしますけれども、それは、どういうところなんですか。

やはり本件は、もっと別の、もう申し上げたと思いますけれども、社会的責任とか、行員に対する責任感、そういったものを果たすために、本件は、やはり私が罪を負うべき性格のものだという判断をいたしましたもんですから、これは、そういう商法違反という原則をやはり受け入れて、あえて受け入れて罪を負おうと、こういう気持ちでずっと終始一貫おりましたもんですから、それで、そういうことになったわけでございます。

その気持ちは、違法配当のこともくっついて起訴される、そのときまでずっと続いていたわけですよね。

そうです。

検察官からも、この間、確認されていたと思うんですけれども、その気持ちは変わったわけですよね、途中で、取調べが終わった後は。

はい。取調べが終わりまして、やはり私が自分で納得しない商法違反ということを受け入れる、それは、社会的な問題とか、行員に対する問題とか、そういうことを非常に重要視して受け入れようということは、商法違反のところまで続いたわけでございますけれども、その考え方というのは、やはり私は、最後の経営者の取るべき道としては間違っていたんだというふうに思うに至ったということで、それが、その後、公判に至る過程で、そういうふうに気持ちが、申し訳ないんですけど、変わったということを申し上げたつもりでございます。

その変わった時期というのは、この間の回答ではちょっとよく分からなかったんですけれども、結局、どの段階で、そういう気持ちの変化があったというふうに今考えて思うんですか。

　やはり少しずついろんな事実が積み重なってきて、変わってきたわけなんでございます。

その少しずつ積み重なってきたものというのは何なんですか。

　一つは、初めに、やはり保釈いただいて出てきました後、いろいろ元の部下、行員から、あのとき、うめき声という表現をいたしましたけれども、そういう声が聞こえてきたというようなこともございました。それから、やはり弁護人の先生方から、原点に戻って、本当にそう思ってないんであれば、そこに立ち返ってやるのが経営者としての筋じゃないかというようなお話もございました。それと、それ以前に、やはりもともとこの商法鉄則論については、私は、基本的には疑問があったわけでございますが、それを、別な要因から、これは受け入れなくちゃいけないものだと思って自己納得していたわけですけど、そんな気持ちが重なり合っていたわけです。そうした中で、やはり供述調書の中で、甲号調書と申しますか、私どものは乙号と言いますけれども、甲号ってございますね、あれで、どさっと旧行員の調書とか、膨大な資料がそれに添付されてきました。その直前に、乙号ということで我々の調書も来たわけでございます。そうした中の資料とか、あるいは行員の供述調書というものを見る機会を得たわけでございますけれども、やはりそういうのを見ますと、どうも既に私が逮捕される直前には、行員からの言わば自白調書も含めた証拠がもう山積しているとか、商法の鉄則はこうだというお話、そういったものに対して、やっぱりちょっと違うんじゃないかという気がものすごくしてきたわけでございます。

そのちょっと違うんじゃないかという気がしてきたというのは、甲号証を見てからという意味ですか。

　そうですね、甲号証を見て、そう思いました。

甲号証を見て、なんでそう思ったんですか。

　甲号証を見ましたときに、要するに、みんな同じことを言っているんですね。極端に言えば、円卓会議というのがございますけれども、それを見て、清算価値1兆円というのがIV分類にあって、そこに記載されて、これが最悪ケースであると、したがって、そのときから、1兆円というのは即時一括償却しなくちゃいけないんだと、そういうことからすべてスタートして、法律的に合わない自己査定をし、決算をしましたと、こういうことになって、要するに、私の供述調書ともうほとんど同じ調書ばっかりなんです。

そういうふうに同じものが載っかっていると、そうあなたが認識して、で、そこからなんで気持ちが変わるというところにつながるのかというところは、どういうふうに理解すればいいんでしょうか。

　一つは、要するに、私自身が疑いを持っているに至った、その調書と同じものが山ほどあって、それ以外はほとんどない、そういうもので積み上がった証拠が山ほどあるという、そういうことは一体何なんだろうかと。これは、やはりちょっと既に証拠でこのケースが固まっているということと違うんじゃないかと思ったんです。

そういう証拠物件を見たら、それは、固まっているというものじゃないという意味なんですね。

はい、そうなんです。

端的に言うと、そういうことなんですね。

そういうことなんです。１つのことが山積みされているだけで、２つ目、３つ目、４つ目の証拠が何にもないじゃないかと。で、その１つ目について、私自身の経験ないし弁護人の先生がいろいろ調べた結果、その１つというのは、やっぱり随分私は疑問があるというように思っていたわけですから、それが、ほかもみんなそうだとすれば、それ以外にほかに何もないとすれば、本件はいかがなものかと、こういうふうに思ったわけです。

裁　判　長

前回、前々回、いろいろお話をお聞きしましたけれども、その中で、長銀としては、平成10年3月期を基準として考えた場合、将来的に何千億ですか、トータルすると１兆円くらいまで出てきましたけれども、それくらいの余裕はあるんだと、こういう話がございましたね。

はい。

それを前提にすれば、当然のことながら、この平成10年3月期の段階で、引当しなくても、段階的に、計画的に一つの戦略というんですか、経営戦略でいろいろめりはりをつけてやっていけばいいと、こういう御趣旨のことをお話しいただいたと思いますが。

はい。

ところが、実際は、平成10年の10月に公的管理に入ってしまったと、このギャップというのか、これは、一体どこにあったのかと、それは、被告人自身は、どういうふうに思っておられますか。

私は、この6月の海外投機資金のアタック、これが最大の原因だと思います。これは、やはり痛かったですね。

確かに、あのとき、株価がかなり暴落して、100円を割るくらいの。

ええ、200円からもう50円になりましたから。

それで、結局、株価が落ちるということ自体が長銀の体力を消耗させるメカニズムというんですか、その辺がちょっとよく分からないんですけれども、どういうことになるのかなというのが。教えていただけますか。

何と言えば、これが、長銀がアタックされたかということとも関連するんでございますが、長期信用銀行の場合には、資金調達が金融債なわけでございますね。金融債というのは、債券でございますから、市場商品なんです、原則は。そうすると、市場商品だとしますと、例えば、仮に企業の社債にしましても、企業の株価と社債というのは、ものすごくリンクするわけでございますね。ところが、都市銀行だとしますと、預金でお金を集めます。ですから、預金でお金を集めるということと、都市銀行のＡ銀行ならＡ銀行の株価というのは、必ずしもリンクしないわけでございます。そういう意味では、株をアタックすると、必ず債券に響き、したがって、資金繰りが困難になり、そこがへたると、そういうメカニズムが効いているところは、一番アタックしやすいわけです。で、長信銀行というのは3行ございますけれども、興銀さんは一番力が強い、日債銀さんは、正直申し上げまして、私どもより体力がなかったと思うんですが、その前の4月に、大蔵省の奉加帳で、特設ポストにおられたと。そうすると、残るは長銀だと。で、長銀は、UBSとの提携というのを確認して戦略をやっているようだけど、もうUBSとの提携というのは駄目だよとか、そういうことを言えば、がらがらと行くだろうという、そういう弱みもあったんだと思います。そこは、残念でございました。

普通の銀行だと、預金者が日々お金を預けてということで集まってくるんですが、長銀としては、その資金調達というのは、ある程度、定期的に金融債を発行して、それを買ってもらうと、こういう形になるわけですね。

そうです、毎月出しまして。

それは、大体大手の企業に買ってもらうというのが通常のパターンだったんですか。

金融機関の大手と申しますか、第二地銀、あるいは信金の大きなところまで含めた金融機関、それから、お買いいただいたかどうか分かりませんけど、ワリチョーという割引債、これは、個人でございました。

ある程度、ほかの銀行のほうでも購入しているとすれば、平成10年6月ですか、株が、けっこう外資系のいろんな機関の投資家がいろいろ新聞に載っていましたよね、そういうことからすれば、ほかの銀行で支えてあげようとか、そういう機運はなかったんですか。

そのころは、やはり日本の金融機関は全部へたってましたから、正直言って。

最後にまた意見を述べていただく機会がありますけれども、こういう形で話を聞くのは最後ですけれども、何か述べておくことはありますか。

前々回、那須先生の主尋問の後で申し上げたかと思うんですけれども、やはり今の現時点での本当の会計基準というのは随分進んでいると思いますし、いろいろ検察の方が言われた水準にはもう相当達しているんだと思います。で、私どもも、10年3月の時点から、日本の銀行の会計基準というのはやっぱり遅れているなという気持ちは持っておったわけでございますけど、ただ、突出して、踏み込んで、そういうことをすることもできませんでしたし、そういう意味で、その10年3月の決算について、私どもがこういう考え方でやりましたということは、今のレベルから見ると、何と遅れていることよと、こういうことになるかと思うんでございますが、そこで、進歩というものを私どもは決して否定しているわけじゃなくて、それはものすごいことだと思うけれども、残念ながら、10年3月は、こういうことが一般的な会計水準として許容されていたので、その幅の中でできることをいたしましたということをるる申し上げているということを御理解いただきたいということと、もう1つは、やはり、時々、主尋問とか反対尋問なんかで、私自身、反省しているんですけれども、偉そうなことをつい言ったりしておりますが、そういうことを言うにつれて、果たしてそんな偉そうなことを保坂検事に申し上げる資格はあるのかという気がいたします。やはり先ほど裁判官の方から御質問がございましたように、そもそもやっぱり社会にあれだけ迷惑を掛け、行員にも心配させた、そういう立場にある者としては、その責任というものは、常時というか、非常に重く、この裁判をやればやるほど感じるという心境になっております。そうした中で、あえて申し上げさせていただいているということは、ちょっとおこがましいと思うんですけれども、御理解いただければと思う次第でございます。最後に、お言葉でございましたので、余計なことでございますが、申し上げさせていただきました。

(以上　名児耶　明子)

○ 須田正己供述調書（第32回公判）

被告人供述調書（平成13年11月2日第32回公判）

弁　護　人（國廣）

あなたは、初公判の日に、公訴事実に対する認否意見を求められたとき、有価証券報告書に殊更虚偽の記載をしたという認識もなかったし、法令に違反する配当をしたという認識もありませんでしたというふうに述べておられますが、これは、今も変わりはありませんか。

はい、今も変わりありません。98年(平成10年) 3月の長銀の決算は、自己査定が導入された最初の決算だったわけでございますが、そういう新しい仕組みが入りましたんで、従来以上に全行員が参加して決算案を作り、取締役会で決議をし、監査役並びに公認会計士の監査をやってもらい、それから、決算案を大蔵省と日本銀行に提出して見てもらい、更には、マスコミに発表し、格付機関に説明し、それから、大株主にも説明するというプロセスを経て、株主総会に上程されました。その間、98年(平成10年) 3月期決算に違法な点があるなどということは、一度も思ったことはありませんでした。また、この公判が約2年、30回以上の回数で公判が重ねられましたが、それに出席させていただき、会計処理の法律的な面についても理解を少しは深めることができまして、会計処理についての自分なりの考え方を整理することができたというふうに思っています。

あなたは、今、違法だと思ったことは1回もなかったということで、この中で、それがだんだん整理されてきたとおっしゃいましたね。それは、どのように整理されたのか、これまでの公判廷で何度か述べられていますけれども、簡潔にまとめてその整理を述べていただけますか。

不良債権処理に関する会計処理というのは、大きく2つに分けられると思います。まず、第1の方法なんですが、これは、いわゆる引当、償却のことであります。

じゃ、その引当、償却のところをちょっと説明してください。

引当、償却は、もう御案内のとおり、債権者である銀行が、貸出金の中で回収不能懸念があるものについて、引当金を設定したり、あるいは直接償却をしたりする、それによって、銀行の資産の財務の健全性を図るということを目的にするものでありますが、この引当、償却は、銀行が単独で行う内部の会計処理にすぎないということです。

どういうことですか。

債務者には、その引当、償却については、何ら債務者のほうは関与しませんし、それから、そもそもその事実を絶対に知らされないし、でありますから、債務者側には会計処理は発生しませんし、それから、債務者側の財務が変わると良くなるということもないというのが引当、償却の内容だと思います。

それが、第1の方法としての引当、償却であると。

はい。

じゃ、不良債権処理のやり方の第2の方法としては、どのようなものにあなたは整理をしたのですか。

第2の方法は、この公判でしょっちゅう話題になっている債権放棄とか、金銭の贈与等の損益支援のことであります。

その損益支援について、ちょっと説明してください。

損益支援は、債権者と債務者が話し合って、両方に会計処理が発生するというのが特徴であります。すなわち、債権者のほうから、銀行のほうから債権放棄とか、あるいは金銭の贈与という形で、そめ収益が債務者側に移転されます。それで、そのもらった債務者側は、それを財源にして、自分の不良債権処理を行いまして、というやり方でございます。でありますから、債権者と債務者の両方に会計処理が発生します。その結果、債務者側の資産内容が、不良債権が処理されますので、改善し、それで、間接的に債権者の資産も改善されるというのが私の申し上げる第二の方法だと思います。

そうすると、あなたがおっしゃる第1のいわゆる引当、償却というのであると、債務者側は、特に財務状況が改善する、で、楽になると、助かると、そういうことはないわけですね。

債務者側は、何ら関与いたしません。

ところが、第2のいわゆる支援というものであると、会計処理は、債務者側にも成立して、そして、財源を得て、不良債権の処理ができていくと、そういう理解でよろしいわけですか。

はい、今申し上げたのは、そのことであります。

ところで、今、第1の方法と第2の方法というのは、両方の方法があったと思うんですけれども、これは、それぞれの方法がとられた時期的なものというのは、どのようなものだったんでしょうか。

どちらも昔からあったと思いますが、ちょっと時期を分けて申し上げますと、バブル経済以前の日本の高度成長期、非常に順調に日本全体が拡大していたころは、企業の倒産というのは非常にまれでございました。もちろんなかったわけではありませんで、石炭産業とか、繊維業とか、造船、海運業の一部に不良債権が発生しました。その場合に、銀行は、そういう不良債権が発生した場合は、単なる貸手の一人として、プロラタ負担分を私の申し上げる第1の方法である引当、償却していれば足りたというのが高度成長期だったと思います。

そうしますと、じゃ、時期が移って、バブルが崩壊した後は、どのようになっていったんでしょうか。

バブル崩壊後の不良債権の特徴は、あらゆる銀行の系列会社のノンバンク部門に集中的に不良債権が発生したということだと思います。

それについて、もう少し具体的に説明していただけますか。

それで、この系列ノンバンクに大量に発生した不良債権の問題は、マクロ経済的に日本全体を見てみますと、ノンバンクというのは、非常に大量の資金を、地方銀行とか、生損保とか、農林系の金融機関とか、いろんなところから調達している会社でございますので、もしノンバンクが破綻したりしますと、そこから日本金融システム全体の崩壊につながるというのがマクロ全体で見た場合の問題です。それから、一方、ミクロの個別の銀行から考えた場合は、その系列会社というのは、親銀行の銀行機能のグループ全体としての機能の一翼を担っている、例えばリース業とか、ベンチャーキャピタル業とか、そういうことなんですけれども、そういうことを担っている重要なパートナーでございますので、親銀行といたしましては、ノンバンク部門に発生した不良債権をなるべく早く処理して、本業部門の会社の再建を図るということを当然やらなければいけないということになったというのがバブル崩壊後だと思います。

ということは、今、ノンバンク部門とおっしゃいましたけれども、関連ノンバンクというのは、ノンバンク部門もあるし、ベンチャーキャピタルだとか、リース業とかあるから、そこのノンバンク部門に対する支援ということで今おっしゃったわけですね。

はい。貸金業専業会社もあったかと思いますが、別の事業をやられていた会社も、バブルのころは貸金業に乗り出していたという例が多いと思います。それで、ノンバンク部門の不良債権を処理するための会計的な方法といたしましては、先ほど私が申し上げた第２の方法、すなわち、不良債権処理財源を実際に債務者側に提供して、その債務者自身が不良債権処理をやらなければ、その財務の改善はないわけでございますので、その第２の方法でないと意味がないわけでございます。単に、貸手の銀行が単独で引当、償却をしていればいいという問題ではなくなったということだと思います。そのようなことから、92、３年(平成４、５年)ごろかと思いますけれども、あらゆる銀行は、系列ノンバンクの損益支援に乗り出したということで、その関連の昔の日経新聞の記事を、先ほど証拠で提出させていただいたと思います。

(以上　　名児耶　明子)

とすると、銀行の関連ノンバンク、あるいは関連会社でノンバンク部門を持つもの、そこに対する銀行の不良債権を処理するためには、銀行が単に引当、償却しただけでは助けることができないから、支援をする必要があった、そういうふうにおっしゃるわけですね。

はい、そうです。

そうすることによって、銀行の一部の機能、リース機能であるとかベンチャー機能であるとか、そういうグループとしての機能を果たすノンバンクと銀行が一体となって全体的に再建をしていこうと、そういう考え方であったという理解でよろしいわけですか。

はい、そのとおりです。

そうすると、繰り返しになりますが、引当は、償却だけ一方的にするだけでは意味ないわけですね。

意味がないというか、債権者の資産の健全化のためには大いに意味がありますが、債務者の不良債権処理を現実に処理するという観点からは、それだけでは足りないということを申し上げたわけです。

銀行は、当然、社会的責任があるわけですから、その債務者側のこと、あるいはグループ全体、更にはマクロ的な日本の企業制度全体まで考える必要があったと、そういうことですね。

はい、そうです。

ところで、今の話を前提にして、これはあなたの第９回や第10回の公判で言ってることなんですけどね、大蔵省や日銀は、92年(平成４年)ころから、いわゆる母体行主義による関連ノンバンク支援、これによって金融システム不安を回避する方針を取って、そして国税当局も、損益支援の無税化認定を弾力化していくと、そういう措置を講じたというふうなことをあなたはこれまで何度か述べておりますけれども、行政というのは、銀行のノンバンク支援については、どのような対応をし、あるいはサポートしていたのかというところで、あなたの認識を述べていただけますか。

大蔵省も、その92、３年(平成４、５年)ごろから始まった、銀行の系列ノンバンクに対する損益支援の問題についていろいろお考えをされたようでございまして、具体的な方策を打ち出されていたと思います。

具体的に、ちょっと述べていただけますか。

例えば、公判で前回言いましたが、1つは、大蔵省が銀行に資産査定の検査に行った場合は、母体行の貸出金のみを査定し、それ以外の銀行については取りあえず査定はしないというやり方。それから2つ目は、平成7年の課長事務連絡。

これは、もう既に示したやつですね。今回特に示しませんが。

はい。これは、今回の裁判が始まってから初めて見させていただいたものなんですが、この課長事務連絡の中に、償却とは関係なしにⅣ分類と査定する考え方とか、それから、Ⅳ分類と査定された金額の中には、計画的に数年間にわたる損益支援予定額が含まれるということが書かれておりますこと、それから、平成9年3月の自己査定の前提のガイドラインである資産査定通達に加えまして、わざわざ、これもその当時は見たことなかったんですが、関連ノンバンクについての課長事務連絡、そういうものを発出されていることなどが、金融界の系列ノンバンク支援をサポートするほうに働いたと思います。

そうしますと、本件裁判のポイントというのは、銀行の関連先、関連ノンバンク、あるいは関連先のノンバンク部門、そういうところに対する損益支援についての会計ルール、あるいは会計処理の仕方の、その問題であると思うわけですけれども、今述べてきた中で、あなたは、長銀の98年(平成10年)3月期決算を、どのように位置づけているのですか。

先ほど、内藤さんの証言を聞いておりましても、関連ノンバンクの支援損の査定の考え方についてはいろいろ変遷があって、それで、その変遷のさなかに、ちょうど98年(平成10年)3月期の決算が到来したんだなというふうに思っております。98年(平成10年)3月期は、自己査定制度が初めて導入される期だったものですから、私どもの銀行の自己査定基準を作るスタッフは、先ほど申し述べたような、大蔵省の考え方、あるいは他の銀行の考え方、そういうものを十分検討した上で、長銀の実情を加味して、創意工夫をした自己査定基準を作ってくれたんだと私は思ってますし、それから、その基準を適用した98年(平成10年)3月期の決算については、当時のルールにきっちり適合していたものだと思ってます。きっちり適合した適正なものだったから、私どもの会計監査法人である太田昭和監査法人は、4号実務指針に基づいて、非常に、従来以上に熱を入れた深度ある監査をしていただいたと思うんですけれども、その監査法人から、長銀の決算は適正であったという監査報告書がいただけたのも、きちんとやったからだと思ってます。

公認会計士の尋問でも、かなり徹底的にやったという証言が得られてましたね。

はい。

それで、今あなたは、98年(平成10年)3月期というのは、関連ノンバンク、あるいは関連会社のノンバンク部門などに対する損益支援についての会計ルールの変遷のまっただ中にあったというようなことであるんですけれども、これについては詳しくは、あなたは前回証言をしているので、詳しく述べていただく必要はありませんが、簡潔にポイントだけ述べてください。どういうふうな変遷のまっただ中だったんでしょうかね。

ポイントだけということになりますと、98年(平成10年)3月期までは、関連ノンバンクに対する損益支援についての将来の予定額について、引当金を計上しなければいけないという会計慣行は存在していなかったということであります。

まあ、詳しくはこれ以上聞きませんが、それがポイントだとあなたは考えるわけですね。

　はい。

だったらね、そのような認識であるならば、あなたはどうして、検事の取調べのときにそれを言わなかった、抵抗して、そのような説明をしなかったんですか。

　非常に悔しいんですが、説明できなかったんです。

どうしてですか。

　と申しますのは、私の取調べを担当した検事さんは、非常に穏やかなお人柄で、穏やかな応対をしてくださったんですが、私が先ほど申し上げました第一の方法、引当、償却、このことにしか言及されない方でありました。そして、資産査定のⅣ分類は、イコール取立て不能額であり、イコール即時引当、償却必要額だということの一本で私に対して主張されましたし、長銀の98年(平成10年）3月期決算は商法違反なんですが、それ以前の決算も違法であったという御見解をお持ちでございました。それに対して私は、商法とおっしやいますけれども、決算経理基準とか、不良債権償却証明制度というものもあったのになあとか、それから、国税の承認を得て5年間で支援損を支出していた実績があるんですけども、あれは何だったのでしょうかとか、そういうことを口に出してつぶやいてはみたんですけども、検事さんは、一顧だにしてくれませんでした。

つぶやいたことはあるんですか。

　はい。ただ、それよりも、私自身について、その取調べ当時、関連ノンバンクに対する損益支援についての会計ルールについて、きちんと説明できるような実務の体験も全くございませんし、知識もございませんでした。法律の専門家である検事さんに、到底太刀打ちできるような状態ではなかったというのが残念です。

取調べのときに、資産査定通達や、関連ノンバンク事務連絡や、更には平成7年の事務連絡、このようなものを見せられたことはありますか。

　見せられたことは一度もありません。見せていただければ、少しはましな説明ができたんじゃないかなというふうには、今は思ってます。

乙号証とか甲号証を見ても、長銀の行員の人の調書にはそれがほとんど添付されていないようですね。

　はい、そうです。

それ以外に、そうはいうもののですよ、抵抗せずに自白調書にサインをしてしまっているわけですけれども、更にほかの理由もあったんですか。

　当時、ちょうど、長銀が公的管理にされて我々が退任した後だったわけですけれども、やはり、公的管理を防げなかったという経営者の責任、これは、国費を投入することで国民の多くの方に迷惑を掛けたこととか、それから、銀行が破綻して職場を失った後輩もいたとか、それから、一緒に仕事をやってた同僚の上原副頭取が自殺したとか、そういうことで非常にめいっておりまして、そういうさなかに取調べの検事さんから、部下どもは皆供述してるんだよと、あなただけ否認するつもりですかという言葉が掛けられたり、それから、あなたは担当業務にないようだけども、なんといっても副頭取ですよねと、副頭取という重い地位に伴う責任というものがあるんだよねというような言葉を掛けられますと、大変な圧迫感を感じまして、何も言い出せなかったというような気持ちでした。

それで、サインをしてしまったんですか。

　はい。それで結局、そういうことを考えてたもんですから、検事さんが一生懸命タイプ打ってくれる調書にサインをし続けて、責任は全部ひっかぶるんだと、それが自分の身の処し方ではないかというふうに思っていたんだと思います。

そこら辺の事情はこれまでの公判廷で何度か述べられてますので、これ以上詳しくは述べていただく必要はないんですけども、では、そのような形で検事がタイプした調書に黙々とサインを続けたわけだけれども、公判になってから無罪主張をするようになった、そこはどうしてなんでしょうか。

保釈された後に、今回の裁判に関するほかの人たちの検面調書、あるいは、検面調書に添付されている資料、特に、関連ノンバンク課長事務連絡などはそのとき初めて見たわけですが、そういうものを見ながら自分のことをずっと考え続けておりましたところ、特に、他の人の調書に皆同じような記載がある。それはどういうことかと申しますと、我々が長銀時代にさんざん議論していたのは、関連ノンバンクに対する損益支援をどうするか。先ほどの分類でいきますと、第Ⅱの方法をどうするかということを一生懸命議論してたのが長銀の我々の実体験だったわけなんですが、どの人の調書にもそういう記述はなくて、ただ、優に1兆円を越える即時引当、償却必要額がありという言葉がみんなの調書にあるのは、なんか変じゃないかと。これは、我々が経験してきた長銀の実際の体験と違うことが書かれてる調書で、このようなものが、非常にクリーンだった長銀の歴史を記録する公文書としてこの先もずっと残っていくのは耐えられないなというふうに思いだしたのが、保釈されてから2箇月後か3箇月後くらいの、初公判の間ぐらいのころからでございます。

それで初公判以来、ここまでずっと無罪の主張を続けてきたわけですけれども、今、最後の局面になって思う気持ちを述べていただけますか。

銀行を破綻させてしまったという経営者の責任というのは、これは大変重いものがありまして、全国の納税者、国民の皆様方、それから株主、取引先のような長銀の関係者、それに対して本当に心からおわび申し上げなければいけないという気持ちは今も変わりません。この先、そういうおわびの気持ちと、それから経営者の責任というものを重く背負いながら残りの人生を生きていくしかないなというふうに思っております。それから、一度サインしたものを引っ繰り返すということは、なんか非常にためらいみたいなものもありまして、それから恥ずかしいし、それから何となく潔くないし、単なる罪逃れのために言ってるんじゃないかと思われるんじゃないかという、そういう気持ちもございます。しかし、当時の私たちの考え方とか、行動の事実をしっかりお話しして、説明責任を果たしていくことが、長銀の経営者の一人であった私が最後に果たさなければいけない責任なのではないかというふうに弁護人の方々からもアドバイスをいただきまして、よく考えてみると本当にそのとおりだなと思い始めたということであります。

さらに、最近の動きとの関係では何かありますか。

しかも、最近のマスコミ報道とかテレビの国会中継などを拝見いたしておりますと、この不良債権処理にかかわる会計ルールみたいなのは、まだ一部、基準が定まってないようなところがあるような議論が行われているように見ております。具体的に申し上げますと、例えば第一は、先般破綻したマイカルとか、それからゼネコンなどのように、今銀行が経営支援をしている経営支援先であるわけなんですが、その経営支援先の債務者区分は要注意先でいいのかどうかという議論とか、それから2つ目は、引当金をもっと積んでもらいたいんだけども、要注意先のまま引当を積むことができるのかとか、あるいは、いっそのこと、そういう引当を積まないといけないような会社は破綻先ではないのかとか、それから3つ目は、引当金を計上するということは回収不能見込みがあるということなんですが、そういう会社とか、それから、破綻するかもしれないような会社に、引続きその経営支援ということで貸出を続けていくことが法的には問題ないのかとか、それから四つ目は、不良債権の値段、時価というのは何ぞやと。これは今度、整理回収機構が業務を拡大いたしまして、銀行からの資産の買取額を増やそうとされてるようでございますけれども、その買取価格の適正な値段は一体幾らと評価すべきなのか、そういうことを、今までマスコミも、あるいは国会のテレビ中継なんかの議論も行われてるということは、この裁判は98年(平成10年)3月期の長銀の関連ノンバンク対象の問題、今、現に行われてる議論は、今の時点の、流通業とか、それからゼネコンの問題ということで、対象は違いますけども、やってる議論の中身は非常に似ているなというふうに私は見聞している次第であります。とにかく、いろいろ申し上げて恐縮なんですけども、事実を明らかにする、そして不良債権処理、いまだにまだ途上にあるわけなんですが、その議論とか、ひいては日本の金融再生ということについて、ここで私らが申し上げることが少しでも役に立てればいいなということでこの裁判に私は臨んできたつもりであります。私の申し上げたいことは以上でございます。

○ 鈴木克治供述調書（第32回公判）

被告人供述調書（平成13年11月2日第32回公判）

弁　護　人（更田）

これまで何回か法廷であなたが述べたことに関連して、幾つか補充して伺っておきたいと思います。あなたは、銀行でもほかの事業でも、銀行でも平成9年ごろまで税法基準で償却、引当を行っていたというふうに述べていますが、それでいいと、間違っていないと、そういう考えだったんですか。

はい、銀行では、前に申し上げた経理基準がございまして、経理基準上はそれでいいと考えておりました。もっとも金融機関の経営の健全化というような視点が別にございますが、そういう視点からすれば、財源があれば前倒しの処理というものをしていかなければいけないということも考えておりました。

そうしますと、平成9年ころまでの決算については、法律に違反していないという考えだったわけですか。

はい、そういうふうに考えております。

ところで、平成10年3月期の決算について、そういった基準は従前に比べて厳しくなったというふうに考えておったんですか。

平成10年3月期の期中に、先ほど申し上げました決算経理基準が変更になりました。で、それは、早期是正措置の導入に伴いまして、資産査定通達に従いましてそれぞれの金融機関が自己査定基準を作って、それによって自己査定をしていくというようなことで大きな変化があったわけでございますが、今お尋ねの基準という点で申し上げれば、従前のものが完全に否定されてしまったという意味には考えておりませんし、したがいまして、連続性が残っていたというふうに理解をしておりました。

銀行の貸倒引当金、あるいは債権償却特別勘定について確認しておきたいと思うんですが、従来、貸出金の総額の1000分の3を一般貸倒引当金として計上しておりましたけれども、こういった基準はいつ廃止されたんですか。

今言われましたいわゆる繰入率による貸倒引当金というものは法人税法の基本通達で定められていたと思いますけれども、たしか、平成10年5月に改正になったんではないかなというふうに私は記憶しております。それで、なお、銀行につきましては、それが前倒しするべく通達の改正があったんではないかなというふうに思っております。

（弁）証拠番号66（金融財政事情1998・4・27抜粋）、67（金融財政事情1998・6・15抜粋）を示す

法人税法の税制改正について弁66号証、それから、法人税の基本通達の一部改正について弁67号証を示します。今あなたが言われた法人税法の税制改正については、例えばこういったものに書かれているということでしょうか。

はい、そうだと思います。

なお、この法人税法、税制の改正というのは、銀行業だけではなくてほかの業種一般に適用されるものだと思うんですけれども、その一般貸倒引当金の法定繰入率といった考えは、直ちに全面的に廃止されたというふうに理解しておりますか。

いや、たしか、私の記憶ですと、ちょっと期間は忘れましたが4、5年の、言わば経過期間といいますか、段階的な期間が、非常に永年続いた制度でございます

から、当然そういうものが設けられたと記憶しております。

（弁）証拠番号 228（「法人税法上の貸倒引当金」（平成 10 年度）についての報告書）を示す

205 ページを見てください。これを見ますと、法定繰入率については、経過措置として、平成 10 年 4 月 1 日から平成 15 年 3 月 31 日までの間に開始する事業年度について、ここに書かれている業種について法定繰入率を漸減していくと、減らしていくと、こういう経過措置が定められているんですか。

ええ、そういうふうに理解しております。

ところで、従来の銀行業の決算経理基準では、一般貸倒引当金による引当、償却のほかは、大蔵省の金融検査部の債権償却証明制度によって証明を得た貸出金について、償却、引当を行っていたんですね。

はい、そうです。

債権償却証明をもらえるものについては、全部償却、引当をしていたんでしょうか。

はい、債権償却証明がもらえるものは、怠りなくすべて償却、引当をしておりました。で、そういう考え方を、いわゆる償却のマストというふうに考えておりました。

マスト、しなければならないという意味ですか。

はい、そういう意味です。

支援先に対する貸出金というのは、無税償却が認められていたんでしょうか。

法人税法の基本通達に幾つか条件ができまして、その条件をクリアできれば、可能でございますが、なかなか厳しく、難しかったというふうに思います。

平成 9 年度の会計年度、事業年度についてお尋ねいたしますけれども、この期中、期の途中である平成 9 年 7 月に決算経理基準が改正された後の銀行局の指導の下では、いわゆる法人税法の 9-6-4 の要件は、どのように理解されていたんでしょうか。

そのような状況になった後いろいろ検討したようでございますけれども、少なくとも、公認会計士の間では、無税でできるかできないかと、両論分かれておったように私は記憶しております。

（弁）証拠番号 96（経営支援先と貸倒引当金の計上に関する報告書）を示す

経営支援先と貸倒引当金の計上について公認会計士の書いた実務指針 Q ＆ A という書籍のようですが、ここら辺りにも、そういった従来の考え方がどういうふうに変わってきたかと、この時点でどう考えるかということについての会計士の考え方が書いてありますね。

ええ、貸倒引当金のいろんな考え方について、特に経営支援先についてどうするのか、有税とすれば矛盾が起こるよとか等々のことがここら辺に記載されているかと思います。

検　察　官（保坂）

ちょっと今の質問は誤導じゃないかと思うんですけど、税法基準の話をずっとされていたのに、何で急に有税引当ができるかどうかと、その経営支援先について有税引当ができるかというところのものを示して関連付けられるんでしょうか。

弁　護　人（更田）

経営支援先の貸倒引当金について、その企業会計上どう考えられていたかということについて、特に平成 9 年度までと平成 10 年、本件で問題になっている平成 9 年度の事業年度中に大蔵省の決算経理基準が変わり、かつ法人税法の税制改正があり、いろいろ揺れてる時代に公認会計士が経営支援先に対する貸倒引当金をどういうふうに取り扱うかということについて議論があったということを聞いただけです。

検　察　官（保坂）

じゃ、税法基準とはもう話が離れたんですか。

弁　護　人（更田）

離れたかと言われると、これは、後をお聞きいただかないと分からないんですが。

裁　判　長

じゃ、続けてください。

弁　護　人（更田）

ところで、この金融機関の貸出金の償却、引当といったことについては、その後、最近の状況まで含めて、銀行業界では、税法の考え方との関係ではどういった認識でいるというふうに理解しておられますか。

先ほどの貸倒引当金のところにも経過措置が出てまいりましたが、やはり銀行ばっかりじゃなくて、日本の場合には税法基準というのがずうっと長く続いてきておりますので、最近の新聞なんかを見ましても、企業の再建というようなときに債権放棄等をすることについて、経団連とか、あるいは全銀協とかそういうところで、無税を認めてくれなければなかなか進まないんだという要望を出しているというようなこともございますし、そういうような意味で、いろいろ少しずつ変わってはきておりますけれども、依然として、税法が企業会計に与えている影響というのはやはり大きいんではないかなというふうに私は考えております。

（弁）証拠番号224（不良債権処理の「指針」と無税償却の基準に関する報告書）添付の新聞記事を示す

今あなたが言及された新聞記事は、例えばこういった新聞記事なんですか。

さっきの全銀協と申し上げたのは、この記事でございます。

要するに、平成9年度までは税法基準でやっていたというふうにあなたは述べられたけれども、その後も、根強く税法基準、あるいは税法等の無税償却といったことに対する全銀協、銀行業界の強い要請があると、こういうふうに理解してよろしいんでしょうかね。

はい、そうです。

ところで、平成9年度中は期中に株価が大きく低落しましたけれども、その影響は決算に対してどのような影響を与えたんでしょうか。

株価の低落というのはものすごい大きな影響がございまして、いろいろ株価水準でシミュレーションを相当、経営としていたしました。ただ、先ほどの内藤さんの御証言の中にもございましたように、平成10年の3月の末ころに、27日でございましたですか、決算経理基準の改正がございまして、保有株式の評価方法について変更がございました。

（甲）証拠番号3（有価証券報告書）を示す

今、平成10年2月27日に決算経理基準の改正があったと、こういうふうに言われましたが、それは、この平成10年6月29日に関東財務局長に提出された当行の有価証券報告書の85ページの右側の一番下の欄に書かれていることですか。

はい、右側の真ん中辺りに、平成10年2月27日付け、同基準の改正によりうんぬんというところでございます。

これは前年の決算と並べて書かれていますが、会計処理基準に関してこういった変更があったと、こういうことなんですね。

ええ、極めて大きい変更でございました。

これは、大蔵省が銀行等の償却、引当の原資を厚めに確保させるために取った政策的な措置なんですね。

　　はい、そのとおりと思います。

なおも、その後佐々波委員会というふうに一般に言われている、この公的資金導入の決定はいつ行われたんですか。

　　それは平成10年の3月でございます。

これは、償却、引当の原資としては、どのような影響を与えたんでしょうか。

　　公的資金の注入によりまして、いわゆる自己資本が増加いたします。で、その10年3月期には赤字決算をしようと思っておりましたので、そういうような効果で赤字決算の幅が大きくできる、したがって、いわゆる償却原資が増えるという効果がございました。

そうすると、平成10年3月期の決算の骨格が決まったのは、おおむねいつごろであるというふうにあなたは理解しておりますか。

　　それは、今申し上げたようなことから、平成10年3月の、いわゆる期末ぎりぎりだというふうに考えております。

なお、この平成10年3月期の決算について、4月以降になってから重要な事項が生じたというようなこともあったんでしょうか。

　　はい、たしか、長銀の次の戦略で、既にこの法廷でもほかの被告人からも出ておりますが、SBCとの関連で重要なことがございまして、つまり、SBCに対して第三者割当て増資をしたというのが、ちょっと時期は忘れましたが、4月の上旬にあったかなと、つまり後発事象のようになってると思います。

（弁）証拠番号144（日本長期信用銀行1998年度年報）を示す

長銀の年報、1998年の資料編の20ページから23ページを示しますが、平成10年3月期の重要な会計方針について記載されているんですけれども、23ページの、一番最後の標題のところに、重要な後発事象として書かれているのが、今あなたが述べられた点なんでしょうか。

　　そうです。割当て方法のところに、第三者割当て増資でスイスバンクコーポレーションというのがそこに書いてございます。

平成10年4月9日が発行日と、こういうことなんですね。

　　はい、そうです。

ところで、話がちょっと変わりますけれども、長銀の自己査定基準について、専門家である公認会計士にその内容を説明して意見を聞くというようなことは、自己査定基準を策定するスケジュール表にも予定されていたようですけれども、証拠によって見ると。

　　はい。

この監査法人の意見は、結論として、どのようなものだったんでしょうか。

　　私が直接お伺いしたわけではございませんが、大田部長以下、竹井君とか常峰君等から聞いた話でございますが、御了解を得たというふうに私は聞いております。で、具体的な検討結果といいますか、詳細な検討結果は、先般この本法廷で秋山公認会計士がそれに触れておりまして、私はそのとき、その過程を初めて知りました。

公認会計士の検討結果といいますか、分析内容についてあなたが詳しく聞いたのは、この法廷で秋山さんの証言を通じてであると、こういうことになるんでしょうか。

　　はい、そうです。

この公認会計士の意見で当行の自己査定基準について修正を求められたときは、どのように対応する考えだったんでしょうか。

やはり、そういう御意見がございましたら、御助言に従って修正するのはやむを得ないものと考えておりました。なぜなら、申し上げますと、今回の早期是正制度から始まる自己査定基準については、やはり、他の業種と違いまして金融業については会計監査人との関係が深化という言葉を使っておりますが、というような関係で、他業種に比べて関係が非常に強化されるといいますか、というようなこともございますので、今冒頭に申し上げたような、もし、問題があれば、御助言を得て修正をするということだと思います。

長銀の自己査定基準について、これを大蔵省の担当官に見せて意見を求めるというようなことはあったんでしょうか。

スケジュール表にそういう項目が載っておりましたんで、必ず担当が大蔵省に出向いて意見をお伺いしてると思います。少なくとも、私が在任中では、何か、特段の御指導を受けたというようなことは聞いておりません。

(以上　　松本　美和)

あなたは、副頭取として平成10年の3月31日まで在任しておられたということでしたね。

はい、そうです。

在任当時、大蔵省の出した資産査定通達を詳しく検討したというようなことはあったんでしょうか。

ざっと目を通した程度でございます。したがいまして、詳しい分析は在任中しておりません。

(甲) 証拠番号153 (供述調書) 添付の資料1を示す

これは、今お尋ねしている、いわゆる資産査定通達ですね。

はい。

在任中に詳しく読んだことはないということですが、詳しく読んだのはいつごろのことですか。

正直申し上げまして、この法廷になってからでございます。

取調べの過程では、この資産査定通達を示されて読む時間を与えられるというようなことはなかったんでしょうか。

はい、示されもしておりません。

この資産査定通達の6ページ、この今示している証拠で言うと、この自己査定基準の37ページの上から5行目を示します。破綻懸念先の定義の①の一番最後のところですが、自行として消極ないし撤退方針を決定していない債務者であっても、経営破綻に陥る可能性が大きいと認められる場合は、破綻懸念先とすると、こういうふうに書かれていますね。

はい。

そうすると、いつごろ、あなたはこういう記述があるということに気が付いたんでしょうか。

それは、本法廷になりましてからもちょっとすぐには気が付きませんで、少なくとも昨年は気が付いておりませんでした。ただ、この裁判が進行するにつれまして、やはり重要な基礎資料でございますので、何回か見ているうちにその項目に気が付いたということです。

検　察　官 (保坂)

前提として、本文のほうは見ていたのかどうか、ちょっと確認していただきたいんですが。

弁　護　人（更田）

本文というのは。

検　察　官（保坂）

要するに、なお書きですよね。で、本文は見たけども、なお書きは知らなかったという御趣旨なのか、全体として知らなかったという御趣旨なのか分かりません。

弁　護　人（更田）

反対尋問でお尋ねになればいいと思うけれども、それを省略するために聞いておきましょう。先ほど来、あなたがおっしゃってることだけども、大体その資産査定通達を詳しく読んだのは、この法廷が進んでからだと、こういうことでしたね。

　　そうです。

今、あなたがおっしゃった、このなお書きのところを詳しく読んだというのは、その前の本文と併せて読んだと、こういう意味なんでしょうか、それともなお書きのところだけについておっしゃっているんでしょうか。

　　資産査定通達、これは資産査定通達に限りませんけれども、副頭取のレベルになりますと、資産査定通達そのものを届けられて見るというケースは余りありませんで、実際には、会議にその要点を要約されたような形で部下等が作ってまいりますので、そういうような意味で見ている、だから、そのようなものについては目を通したというのは、なお書きだから目を通さなかったとかいう意味じゃなくて、ざっとそういうのがあるなというのを見たという、そういうふうなことで申し上げました。

裁　判　長

いや、そういう趣旨じゃなくて、この裁判が始まってから、先ほどのお話だと、基礎資料なんで、この通達というのは非常に大切なものだというのでよく読まれたというお話をされたでしょう。

　　はい。

その中で、さっき言った破綻懸念先の①のなお書きのところに気付かれたという話をされていましたね。

　　はい。

その際は、破綻懸念先の①の破綻懸念先とはというのでうんぬんと書いてありますけど、当然上からずっと読んでいって、その中でこういうなお書きの文言があるということに気付かれたのか、それともただ単にこのなお書きだけしか読まれなかったのかという、そこを聞きたいということなんですね。

　　そういう御質問でしたら、私は勘違いをしまして、以前の話をちょっと今お答えしましたけども、本法廷になってからですと、しっかり見ましたので、もちろん全部を何回も読んでおります。

弁　護　人（更田）

で、このなお書きの趣旨なんですけどね。要するに、支援先に対する債権について、どういうふうなことを読み取ったんでしょうか。

　　私としては、やはり支援をしている先の債権というのは、偶発的な損失が発生しないわけでございますので、取調べ中も含めまして、検察官から言われておりましたように、償却、引当するものは当期全部やらなきゃ駄目だというような考え方にはなってないんじゃないかというふうに私は今でも考えております。

従前からそういうふうに考えていて、それで、この資産査定通達を読んでいったら、こういった条項というか、こういった表現があるということに気が付いたと、こういうことなんですね。

はい、従来からそういう考え方でおりました。

ところで、早期是正措置に関する検討会の審議過程なんていうことは、検察官の取調べ当時、あなたは承知していたんでしょうか。

いや、全然資料もありませんし、全く知りませんでした。

この早期是正措置の検討会の過程については、この裁判の資料の中でどんなようなものがあるということを知りましたか。

前にもこの法廷で私、一部御説明をしたかと思いますが、西川会計士の調書の添付資料の中に、今言われました検討会の議事録みたいなものが付いておったということと、もう一つは、西崎証言でその検討会の模様が一部この法廷で出たということでした。それから、私も頂いておりますけれども、今朝ほども金融監督庁のホームページに6回か7回まとまって議事の概要が出ているというのを承知しております。これは最近知った話でございます。

(甲) 証拠番号157(供述調書)添付の資料2及び3を示す

今、あなたが触れられた西川公認会計士の調書に添付されている資料というのは、例えばこういうものですね。

はい、そうです。

で、今、あなたが言われた早期是正措置に関する検討会の議事録の一部がここに添付されているということから、金融庁のホームページをのぞいてみたと、こういうことなんですね。

はい、そうです。

(弁) 証拠番号226(「早期是正措置に関する検討会の議事概要」についての報告書) 添付のホームページをプリントアウトしたものを示す

これは、今年の9月14日にプリントアウトされたもののようですが、そのころになってこういう議事概要があるということを知ったわけですね。

はい、これはごく最近知りました。

で、それを見ると、償却、引当について、早期是正措置に関する検討会でどのような議論がされたかという、主な意見として書かれているところから知ることができますね。

はい。

これまでの償却、引当は、税法基準に頼りすぎていたのではないかというような記述がありますね。

平成8年11月21日の第4回の検討会の議事内容ですが、例えば、これまでの償却、引当は税法基準に頼りすぎていたのではないかとか、あるいは、次の項の、有税でも必要な引当を行うべきとする考え方は分かるが、税務会計と企業会計をできるだけ一致させていくべきではないかと、これは、先ほど私もちょっと触れましたことと同じような御意見の方もどうもいるようだなと私は思いました。

今お尋ねしてきたような事柄については、検察官の取調べの段階で1つ1つ説明するような機会というのは与えられなかったんでしょうか。

はい、なかなかございませんで、やはり私は経営の健全化の視点からいろいろ申し上げようとしたわけでございますけれども、なかなかそういうふうには取り上げてくれずに、やはり経営健全化から申し上げること自体を、言わば基準として商法違反だよというようなことを断定されまして、これは既に申し上げているので繰り返しませんが、結局は押し切られてしまったというふうな次第でございます。

勾留質問の直後の調書では、乙63号証ですが、平成9年度は、商法に従い、回収不能見込額を償却すると、配当可能利益は皆無でしたと、ですから、違法配当であることは間違いなく、内容虚偽の有価証券報告書を作成したことも間違いありませんというふうに勾留質問の後の調書で取られたということは知っていますか。

はい、結論として申し上げれば、やはり事実と違うんですが、検察官が言うとおりであると、認めてしまったということの結果でございます。

それは、真実なんですか。

いや、真実じゃございません。それで、私の表現であれば、まず私は平成9年度の有価証券報告書が作成されましたときには既に副頭取を退任した後でございます。したがいまして、今読み上げていただいた一番最後のところでございますが、有価証券報告書を作成するんだろうというようなことを私の口から申し上げるというようなことは決してなかったと思います。

先ほども示した平成9年度の有価証券報告書が関東財務局長に提出されたのは、平10年6月のことであるから、あなた自身の供述としてこの有価証券報告書を作成したことが間違いないなんていう表現にはならないと、こういうことですね。

はい、私が申し上げたのであれば、そんなことには絶対ならないと思います。

（乙）証拠番号63（供述調書）を示す

今あなたが言ってる、この記載は、4ページの最初の2行、3行のことをおっしゃってるんですね。

はい、そうです。

ところで、あなたの逮捕されてからの取調べによる検察官の調書というのは、乙54号証では、まあ弁録ですけども、否認をして、そして乙55号証で認めるという調書があります。それから、乙56号証で否認に転じ、そして、今示した乙63号証、64号証、まあ64号証のほうが6月12日付けの調書になっていますが、これは認める調書になっていますね。こういった調書を見ると、結局あなたは勾留中、検察官の言い分を否定できないで終わったわけですが、検察官の主張というのを争うという考え方は持ち続けていたんでしょうか。

はい、不本意であるという気持ちはずっと持っておりました。ただ、不本意ではありましたが、そのような供述をいたしておりまして、それを覆すのは厳しいということは、弁護人の方からも言われ、承知しております。しかしながら、やはり本法廷で真相は明白にしたいんだということと、事実は必ず明らかにできるのではないかなと私は考えております。で、もちろん長銀内部から出ました客観的な資料について、いちいち争うようなつもりは全然ございませんけども、その読み方であるとか、それから、そういう資料ができました前後の大蔵省銀行局であるとか、あるいは長銀以外のところにあります資料が集められれば、検察官が取調べの中で断定されたのが間違いであるというようなことは説明できるのではないかなというようなことで今日まで来てるということでございます。

弁護人、つまり私は、小菅の拘置所で、あなたに真実を話しなさいと、真実を言わなければ、あなた自身や家族はもちろんのことだけれども、捜査機関や裁判所にも御迷惑をかけることになるんだから、本当のことを言いなさいと、私は、それは決まり文句で、争う事件ではいつも被疑者の人に言ってるから、あなたにも当然それは言ってるんですけどね。そう言われた記憶ありませんか。

記憶ございます。だから、そのような意味で、もっと頑張れればよかったんでしょうけども、とてもあの圧力には抗しようがなく、このような結果になったわけでございまして、その結果が逆に裁判所等にも御負担をかけるというようなことになったのは、本当に申し訳ないことだと思っておりますが、何とか、さっき申し上げたように、事実を明らかにしたいなというふうに考えておる次第でございます。

不良債権の査定が甘めではないかというふうに指摘されていますけれども、その点についてはどういうふうに考えておりますか。

最近の新聞を見ましても、要注意先というのに不信感があるとか、あるいは先送りであるとか、それから甘い査定だという具合に、否定の報道が出ておるわけでございます。で、そのような記事を見ますと、金融機関というところは、バブル崩壊までの話かも分かりませんが、極めて堅い業種というようなことで、堅め堅めにいろんなことをやっていくというようなことでおったわけでありますけども、そのような永年培ってきたような信頼感というのは、どうもやはり薄れてきたのかなというのが、片方でそういう印象が出ると同時に、また、他方では、やはりその融資先等を含めた不良債権の存在そのものが直ちにやっぱり刑事問題なんかになるなんて考えてる人が果たしているのかなというふうに思ったりしております。

その銀行に対する信頼が失われたことについては、あなたとしてはどういうふうに感じているんですか。

これも、先般申し上げましたけれども、私も長銀の副頭取として経営陣の一角を占めていたわけでございまして、そのような意味で、先ほど申し上げたような、言わば信頼感を失わせたということでは大きな責任があるなと反省をしております。

(弁)証拠番号225(不良債権の査定及び貸倒れ引当金の計上状況に関する報告書(2001年3月期))添付の平成13年9月12日付け日本経済新聞の記事抜粋を示す

さっき、あなたが最近の新聞でも要注意先に対する不信というようなことに触れられたのは、例えば、このような報道のことを言ってるんですか。

はい、この記事でございます。

最後に、何か申し述べておきたいことはありますか。

私としては、いろいろやってまいったつもりでございますけれども、振り返ってみますと、やはりバブル崩壊後、長銀の貸出資産の不良化といいますか、劣化に対する認識はやっぱり少し甘かったのかなと思っております。それから、銀行、行政当局もそうだったかもしれませんが、やっぱり何回にもわたって政府の積極的な景気打開策、景気振興策というのが出てまいりましたのを信じて、地価の回復もある程度見込めるのではないかなということも考えた点もございます。また、関連会社の支援につきまして、やはり経営判断をしてまいったわけでございますが、今になってみると、やはり反省する点はあるのかなというふうに思っております。しかしながら、やはり当時としては、十分検討して最善の策を立てたと、その点だけは現在でもそう考えております。

あなたのこの法廷での何回かの供述を聞いていると、あなたが考えている法律というのはどんなものなのかと、商法違反という調書が一杯うずたかく積まれているけれども、あなた自身、本当に商法のレベルをクリアしていないというふうに考えたんでしょうかね。

いや、私は前にも触れたかも分かりませんが、やはり銀行というところは、本日の冒頭にも内藤元銀行課長のお話としてございましたけれども、やはり銀行局の行政指導というのがずっと続いている世界でございます。で、なお、決算経理基準もその典型でございますが、やはり通達行政ということでやっておりました。で、大蔵省が、いろんな環境であるとか、それから、今、お話のあったようないろんな関連する法律なんかを踏まえて、そういう行政とか通達を出されているはずでございます。で、そういうものに従ってやってまいったつもりでございます。つまり、そういうことでやっていたということは、商法違反だとかいうようなつもりは全くなかったと、そんなはずはないというふうにずっと思ってやってまいったということでございます。

（以上　　宮崎　熙子）

大蔵省銀行局の指導なり、あるいは決算経理基準に従って、貸出金の査定それから償却、引当をやってきたということですが、それが法律違反になるなどということは考えてみたことがあったでしょうか。

いえ、そういうふうな基準に従ってやっておれば、当然のことながら、先ほどと重複しますが、それで大蔵省のほうでもそういうバックにあります法律の問題等もクリアして、検討してそういうものを出しておられてるはずでございますので、したがいまして、そういうものをしっかりそれに従ってやるということであれば、法律の問題には触れるようなことになるとは考えておりませんでした。

一般の事業者と銀行業と比べて、銀行業に対して大蔵省が監督行政という立場から、一般よりも厳格な決算基準を設けていると、そういう理解だったのではありませんか。

はい、そのとおりだと思います。

（以上　　矢加部　俊子）

XI 一審論告

第33回公判調書（手続）

被告人の氏名(1)　大野木　克信（出頭）
被告人の氏名(2)　須田　正己（出頭）
被告人の氏名(3)　鈴木　克治（出頭）
被告事件名(1)、(2)、(3)証券取引法違反、商法違反
公判をした年月日　平成13年12月19日
公判をした裁判所　東京地方裁判所刑事第一部
裁判長裁判官　川口　宰護
裁判官　福士　利博
裁判官　石田　寿一
裁判所書記官　村上　剛英
検察官　保坂直樹、大圖　明
出頭した弁護人(1)　（主任）那須弘平、倉科直文、横田高人
出頭した弁護人(2)　（主任）國廣　正、五味祐子、坂井　眞
出頭した弁護人(3)　（主任）更田義彦、長　文弘

証拠調べ等

証拠等関係カード記載のとおり

検察官の意見

保阪検察官、大圖検察官

検察官両名連名作成の本日付け論告要旨記載のとおり

先に指定告知した公判期日

平成14年3月12日午前10時00分　（次回期日・弁論）
平成14年3月13日午後1時15分　（弁論）

平成13年12月19日

東京地方裁判所刑事第一部

裁判所書記官　村上　剛英

○ 検察官論告（第33回公判）

論　告　要　旨

平成13年12月19日

東京地方裁判所　　刑事第1部　殿

東京地方検察庁
検察官　検事　　保　坂　直　樹
検察官　検事　　大　圖　　　明

被告人大野木克信、同須田正己及び同鈴木克治に対する証券取引法違反、商法違反被告事件についての検察官の意見は、次のとおりである。

目　　次

第1 事実関係

1 公訴事実の要旨及び主要な争点

本件公訴事実の要旨は

被告人大野木は、平成7年4月28日から平成10年9月28日までの間、東京都千代田区に本店を置き発行する株式が東京証券取引所第一部等に上場されている株式会社日本長期信用銀行（以下「長銀」という。）の代表取締役頭取であったもの、被告人須田は、平成9年10月1日から平成10年8月21日までの間、同会社の代表取締役副頭取であったもの、被告人鈴木は、平成9年10月1日から平成10年3月31日までの間は同会社の代表取締役副頭取、同年4月1日から同年7月27日までの間は同会社の特命顧問であったものであるが、被告人3名は、共謀の上

① 長銀の業務に関し、平成10年6月29日、同区所在大蔵省関東財務局において、同財務局長に対し、同会社の平成9年4月1日から平成10年3月31日までの事業年度の決算には5846億8400万円の当期未処理損失があったのに、取立不能の虞があって取立不能と見込まれる貸出金合計3130億6900万円の償却又は引当をしないことにより、これを同額過少の2716億1500万円に圧縮して計上した貸借対照表等を掲載するなどした同事業年度の有価証券報告書を提出し、もって、重要な事項につき虚偽の記載のある有価証券報告書を

提出した

② 前記①のとおり、長銀の前記事業年度の決算には5846億8400万円の当期未処理損失があって株主に配当すべき剰余金は皆無であったのに、平成10年6月25日、同会社本店で開催された同会社の定時株主総会において、前記圧縮に係る当期未処理損失2716億1500万円を基に、任意積立金の取崩しにより1株3円の割合による総額71億7864万7455円の利益配当を行う旨の利益処分案を提出して可決承認させ、そのころ、株主に対し、配当金合計71億6660万2360円を支払い、もって、法令に違反して利益の配当をした

というにある。

ところで、後記のとおり、平成10年4月から金融機関の健全性確保のため「早期是正措置制度」が導入され、金融行政当局において自己資本比率に応じて業務改善計画の提出等の是正措置を発動できることとなり、これに伴い、自己資本比率算出の前提として、大蔵省大臣官房金融検査部から資産査定の基準であるいわゆる「資産査定通達」及びその細則が発出され、各金融機関において平成10年3月期決算からこれらの基準と整合性を有する適正な自己査定基準を策定して自ら資産査定を行い、いわゆる不良債権を含む貸出金等を回収可能性に応じて分類した結果に基づき、従来にも増して適正に償却・引当を行うことが求められるようになったものであるところ、資産査定通等において「Ⅳ分類」と分類される貸出金等は「回収不可能又は無価値と判定される資産」とされ、平成10年3月期当時存在した貸出金等の償却・引当の基準である商法第285条の4第2項、企業会計原則・同注解18、大蔵省銀行局長通達中のいわゆる「決算経理基準」及び日本公認会計士協会が策定したいわゆる「4号実務指針」によれば、前記Ⅳ分類額は当期に全額償却・引当すべきものであった。このような早期是正措置制度の対象となる長銀は、バブル崩壊により関連ノンバンクを含む関連会社等（以下「関連親密先」という。）向け貸出金を中心に巨額の不良債権を抱えたものの、償却・引当のための財源に乏しいことから、適正な償却・引当を行わず、不良債権の処理を先送りし続けていたものであるところ、本件は、被告人3名が、早期是正措置制度が適用される前記事業年度の決算において、長銀の貸出金等につき資産査定通達等に従って適正に自己査定基準を策定し資産査定した場合、1兆円規模の回収不能見込額がⅣ分類となって前記の各基準によって償却・引当が義務付けられることになるにもかかわらず、それだけの財源がなく、他方、早期是正措置制度により求められる自己資本比率8%を達成する必要や業務提携先の外国銀行から増資に応じてもらうため利益配当を行う必要があったことなどから、Ⅳ分類を実態に反して圧縮することとし、自己査定基準策定に際して、一般の貸出先向け貸出金等に関し、Ⅳ分類の認定要件を資産査定通達よりも厳格にするとともに、関連親密先向け貸出金等に関し、長銀が支援する限り関連親密先は破綻せず偶発損失のリスクがないとの理由により、資産査定通達等にない長銀独自の基準を新たに定めるなど一般先向け貸出金等とは異なる基準を設け、このような資産査定通達等から逸脱し、かつ、合理性のない自己査定基準に従って自己査定を実施することにより、Ⅳ分類と査定される範囲を狭く限定して当期の要償却・引当額を違法に圧縮した上、当期未処理損失額を過少計上した貸借対照表等を掲載するなどした有価証券報告書を提出し、このような粉飾決算を前提に違法配当を行ったという事案である。

これに対し、被告人3名及び各弁護人は、①資産査定通達等は、金融検査における検査官向けに発出されたものであって金融機関を名宛人とするものではない上、内容的に不明確で、これによって貸出金等の回収不能見込みを判断することは困難であって、その判断は金融機関の広範な裁量判断に委ねられていたのであるから、長銀が判断した回収不能見込額が虚偽であるとはいえず、したがって、計上した償却・引当額は虚偽ではない、②企業会計原則・同注解18、4号実務指針及び決算経理基準は法令に根拠を置くものではなく、商法第285条

の4第2項についても、償却・引当について規定してはいるものの、極めて抽象的で明確性を欠き、結局、平成10年3月期には金融機関に対して同期における貸出金等の償却・引当を義務付ける具体的法規範はなかったのであり、したがって、計上した償却・引当額は虚偽ではない、③長銀の自己査定基準は資産査定通達等に準拠して策定されており、そのような自己査定基準に従って計上した償却・引当額は虚偽ではない、④資産査定通達等によって判断したとしても、平成10年3月期において、長銀に貸出金等の償却・引当不足はなく、したがって、計上した償却・引当額は虚偽ではない、⑤客観的に償却・引当不足があったとしても、被告人3名は、本件当時、長銀の自己査定基準は資産査定通達等の趣旨に従った適正なものであり、自己査定の結果に基づく償却・引当に不足はないものと認識していたのであり、虚偽有価証券報告書提出及び違法配当の故意はなく、共謀もしていなかった、旨主張し、いずれの公訴事実についても犯罪の成立を争っている。

しかし、取調べ済みの関係各証拠によれば、以下のとおり、被告人らの前記各主張にはいずれも理由のないことが明らかであり、本件各公訴事実は、優に証明十分である。

2　資産査定通達等の位置付けとその内容の明確性

(1)　早期是正措置制度及び資産査定通達等の概要

長期信用銀行を含む金融機関については、平成10年4月から、経営の健全性確保のための金融行政当局による監督手法として早期是正措置制度が導入され、金融行政当局が、金融機関に対し、客観的指標である自己資本比率が8%未満の場合、業務改善計画の提出等の是正措置を発動することができるものとされたところ、同制度を実効あらしめるため、平成10年3月期決算から、金融機関において、自己査定基準を策定し、これに従って貸出金等の資産を回収の危険性又は価値の毀損の危険性の度合に従って自己査定した上、その結果に基づき貸出金等の適正な償却・引当処理を行い、資産内容の実態を正しく反映した会計処理をすることが求められ、事後的に、大蔵省等による金融検査や会計監査人による会計監査において、自己査定基準の適正性、自己査定の正確性、償却・引当の適正性等について検証されることとなった（甲151号証・木戸2丁、甲155号証・水谷2丁裏～4丁表、15丁、資料6、91丁～92丁、甲158号証・宮川12丁裏、17丁裏）。

そして、早期是正措置制度の導入に当たっては、同制度の具体的内容の骨格並びに適正な財務諸表の作成に関する基本的考え方及び実務指針等について検討する目的で、大蔵省銀行局長の私的研究会として「早期是正措置に関する検討会」が設置され、同制度が全金融機関を対象にしたものであり、実務的な立場での検討が求められたため、同検討会には、法律学・経済学・商学の各学者、シンクタンクの研究員、地方公共団体関係者、日本公認会計士協会副会長、日本銀行信用機構局長等の正委員のほか、大蔵省銀行局長や同省大臣官房金融検査部長など金融行政の主要な関係者、都市銀行、長期信用銀行等の業態別の金融機関の代表者が特別委員として参加した。

同検討会は、平成8年12月26日、前記検討事項についての「中間とりまとめ」（甲181号証）を公表し、これを踏まえて、平成9年3月5日、大蔵省大臣官房金融検査部長名で「早期是正措置制度導入後の金融検査における資産査定について」と題する通達（甲155号証・水谷資料1。いわゆる「資産査定通達」）が発出されるとともに、同年4月15日、日本公認会計士協会から、早期是正措置制度に伴って導入される自己査定制度の整備状況の妥当性及び査定作業の査定基準への準拠性を確かめるとともに貸倒償却及び貸倒引当金の計上に関する監査上の取扱いを明らかにするための実務指針として、銀行等監査特別委員会報告第4号「銀行等金融機関の資産の自己査定に係る内部統制の検証並びに貸倒償却及び貸倒引当金の監査に関する実務指針」（甲155号証・水谷資料4。いわゆる「4号実務指針」）が公表された。

また、同月21日、関連ノンバンクに対する貸出金等の資産査定に関し、資産査定通達の細則として、大蔵省大臣官房金融検査部管理課長名で「金融機関等の関連ノンバンクに対する貸出金の査定の考え方について」と題する事務連絡（甲155号証・水谷資料10。いわゆる「9年事務連絡」）が発出された。（以上につき、甲155号証・水谷4丁、甲156号証・中嶋2丁裏～4丁表、甲157号証・西川11丁表、第3回・吉武4丁裏～5丁、第22回・西崎3丁裏～4丁表）

資産査定通達では、金融機関の保有する資産を個別に検討して、回収の危険性又は価値の毀損の危険性の度合に従って分類するものとされ、①債権確保上の諸条件が満足に充たされないため、あるいは、信用上疑義が存する等の理由により、その回収について通常の度合を超える危険を含むと認められる資産は「Ⅱ分類」、②最終の回収又は価値について重大な懸念が存し、従って損失の可能性が高いが、その損失額について合理的な推計が困難な資産は「Ⅲ分類」、③回収不可能又は無価値と判定される資産は「Ⅳ分類」、④その他の資産は「非分類」、と規定された。

また、資産査定通達は、貸出金の査定に当たって、債務者の財務状況、資金繰り、収益力等により返済能力を判定して「債務者区分」を行った上で、担保や保証等による保全の有無及び状況に照らして「資産分類」を行うべきものとし、債務者区分につき、「正常先」「要注意先」「破綻懸念先」「実質破綻先」「破綻先」の5区分を設け、概略、①正常先に対する貸出金は、原則として非分類、②要注意先に対する貸出金は、優良担保等による保全部分を非分類、これ以外をⅡ分類、③破綻懸念先に対する貸出金は、優良担保等による保全部分を非分類、一般担保等による保全部分をⅡ分類、これ以外をⅢ分類、④実質破綻先及び破綻先に対する貸出金は、優良担保等による保全部分を非分類、一般担保等による保全部分をⅡ分類（破綻先の場合には、このほか清算配当見込額も含む）、優良担保及び一般担保の評価額と処分可能見込額との差額及び保証による回収の見込が不確実な部分をⅢ分類、これ以外をⅣ分類にするものと規定していた。

なお、9年事務連絡においても、非分類ないしⅣ分類の資産分類の意義は資産査定通達におけるそれと全く同じであり、また、債務者区分など9年事務連絡に規定されていないものについては、原則規定である資産査定通達によって査定をすべきものとされていた。
（以上につき、甲152号証・木戸2丁、甲153号証・木戸4丁表、11丁裏～12丁表、甲155号証・水谷9丁、10丁裏～11丁、甲156号証・中嶋7丁裏、甲157号証・西川14丁～16丁、甲158号証・宮川14丁裏、第3回・吉武4丁裏～5丁、13丁裏、第19回・中嶋45丁）

(2)　資産査定通達の位置付け

資産査定通達の発出文書に「これまでの金融検査における資産査定の実務をもとに作成した」旨記載されているとおり、大蔵省大臣官房金融検査部による金融検査（以下「MOF検」という。）においては、従来から、金融機関の保有する全資産を個別に検討して、確実性の度合に応じ、Ⅰ分類（非分類）からⅣ分類まで4段階に分類する資産査定が行われており、平成5年4月1日付け同部管理課長発の「資産査定上の調整事項について」（甲212号証・資料複写報告書）によると、Ⅲ分類は、「最終の回収又は価値について重大な懸念が存し、従って損失の発生が見込まれるが、その損失額の確定し得ない資産」とされ、Ⅳ分類は、「回収不可能又は無価値と判定される資産」とされていたことなどからも明らかなように、資産査定通達における資産分類の手法や内容は、従前のMOF検におけるそれと基本的に同様であって、各金融機関に対するMOF検の際の情報として、事実上各金融機関に周知され十分理解されていた。

なお、資産査定通達で導入された債務者区分は、従来のMOF検においては用いられていなかった新しい概念であるが、資産分類を行う前に貸出先の業況について判断することにより、査定を行う者によって資産分類にばらつきが生ずることを防ぐため導入されたものであり、従来のMOF検における資産査定の考え方が変更されたわけではなく、査定の客観性を更に高め、資産分類の精度向上に資するものであった。

このように、資産査定通達は、それが長年にわたって行われてきたMOF検における資産査定の実務をベースとしていることに加え、「早期是正措置に関する検討会」において、様々な立場の関係者が適正な財務諸表作成の基本的考え方等について検討した結果である「中間とりまとめ」をも踏まえて策定されていることなどに照らすと、貸出金等の回収不能見込み等を判断する上で合理的な基準であった。

(以上につき、甲153号証・木戸2丁裏〜4丁表、甲155号証・水谷5丁、9丁、甲157号証・西川4丁、甲158号証・宮川6丁〜7丁表、13丁裏〜18丁表、第2回・高野56丁裏、第4回・吉武20丁裏〜25丁表、47丁裏〜48丁表、50丁裏、89丁裏〜90丁表・第11回・被告人鈴木70丁裏〜71丁、第22回・西崎3丁裏〜4丁表、11丁裏)

また、資産査定通達は、形式的には金融検査官あての通達ではあったが、早期是正措置制度導入後の金融検査の考え方を各金融機関に周知徹底することによって、各金融機関が自主的に定める自己査定基準やそれに基づいて行う資産査定について、適度な統一性を確保するため、資産査定通達それ自体が金融業界に公開されるとともに、その解説が、平成9年3月12日、全国銀行協会連合会（以下「全銀協」という。）から長銀を含む全国の銀行に対し、「『資産査定について』に関するQ&A」（甲155号証・水谷資料3。以下「資産査定Q&A」という。）として送付され、各金融機関において認識の共有化が図られていた（甲81号証・守澤11丁〜12丁表、甲153号証・木戸4丁裏、甲155号証・水谷4丁、12丁、第4回・吉武60丁表、第22回・西崎9丁裏）。

さらに、4号実務指針は、後記（第1・3(1)ウ）のとおり金融機関自体も準拠すべき会計基準であるところ、前記（第1・2(1)）のように「中間とりまとめ」を踏まえて資産査定通達と併せて策定されたものであり、3「内部統制の有効性の評価に当たっての留意事項」(1)において、「金融機関が自己査定基準に示す査定分類は、資産査定通達と同一である必要はなく、より細かい分類であってもよいが、資産査定通達の分類に整合し、分類の対応関係が確保されていることを確かめる必要がある」旨規定していた上、前記（第1・2(1)）のように、資産査定通達が、「正常先」等の5区分の債務者区分を定めており、4号実務指針は、この5区分に対応する形で、貸出金等を「正常先債権」等の5区分に分けて償却・引当の基準を規定しているのであるから、金融機関の自己査定基準における債務者区分が、資産査定通達のそれと整合し、対応関係が確保されていなければ、結局、4号実務指針に基づく適正な償却・引当ができないことになるのであって、これらに照らすと、4号実務指針は、金融機関において資産査定通達の趣旨に従った自己査定基準を策定することを前提としていたものといえる（甲156号証・中嶋7丁、9丁表、第2回・高野70丁表、第4回・吉武24丁裏）。

以上のとおり、資産査定通達は、貸出金等の回収不能見込み等を判断する上で合理的な基準であり、これに代わる他の合理的な基準がなく、その内容が各金融機関に周知されていたことに加え、金融機関自体も準拠すべき会計基準である4号実務指針が、金融機関において資産査定通達に従った自己査定基準を策定することを前提としていることなどに照らすと、早期是正措置制度の導入に当たり、金融機関が、自己査定により貸出金等の回収不能見込み等を適正に判断するため、資産査定通達に従ってその範囲内で自己査定基準を策定することが、当然の前提とされていたことは明らかである（甲155号証・水谷12丁表、第3回・吉武4丁裏〜5丁）。

(3)　9年事務連絡等の位置付け

9年事務連絡が策定されたのは、当時、従前と異なり、金融機関の関連ノンバンクに対する母体行責任が貫徹されない事例が出てきており、母体行責任を負う意思の有無に応じて関連ノンバンク向け貸出金等の査定を行う必要があったこと、また、関連ノンバンクが金融機関から調達した資金を原資として第三債務者に営業貸付を行っており、金融機関の関連ノンバンク向け貸出金等の回収可能性が関連ノンバンクの営業貸付金の稼働状況に左右されることから、営業貸付金の中身を査定して関連ノンバンクの実質的な資産内容を把握し、その結果を金融機関の貸出金等の査定に反映させる必要があること、などによるものであった。

このように、9年事務連絡は、関連ノンバンクの特殊性に応じ資産査定通達の細則としてその枠内で策定されたものであって、関連ノンバンク向け貸出金等の回収不能見込み等を判断する上で、資産査定通達同様合理的な基準であった。
(以上につき、甲155号証・水谷20丁裏～21丁表、22丁裏、甲157号証・西川15丁、甲183号証・資料作成報告書、第3回・吉武4丁裏～5丁、第32回・内藤25丁)

また、9年事務連絡は、金融検査官あての事務連絡であったが、平成9年7月、大蔵省の関与の下、全銀協から全国の銀行に対し、9年事務連絡と同内容の「『資産査定について』に関するQ&Aの追加について」(甲155号証・水谷資料11。以下「関連ノンバンクQ&A」という。)が送付され、金融機関においてその認識の共有化がなされていた(甲153号証・木戸4丁裏、甲155号証・水谷29丁裏～30丁、甲157号証・西川13丁)。

以上のとおり、9年事務連絡及び関連ノンバンクQ&Aについても、それが関連ノンバンク向け貸出金等の回収不能見込み等を判断する上で合理的な基準であり、これに代わる他の合理的な基準がなく、しかも、その内容が各金融機関に周知されていたことなどに照らすと、資産査定通達と同様、金融機関が、自己査定により関連ノンバンク向け貸出金等の回収不能見込み等を適正に判断するため、9年事務連絡及び関連ノンバンクQ&Aに従ってその範囲内で自己査定基準を策定することが、当然の前提とされていたことは明らかである(甲155号証・水谷12丁表、第3回・吉武4丁裏～5丁)。

(4)　資産査定通達等の具体的内容と明確性

被告人3名の弁護人は、「資産査定通達、9年事務連絡及び関連ノンバンクQ&Aは、各金融機関やその債務者の有する個別の特殊性を考慮に入れない一般的な規定として策定されているため、抽象的で、明確性を欠いており、金融機関の裁量により補充する余地が少なからず存在し、自己査定の統一性の確保は、事後の金融検査を通じた自己査定基準の自主的修正、あるいは、資産査定通達等の修正・明確化の過程を通じて徐々に実現していくことが予定されていたのであり、実際にも、平成10年7月から金融監督庁により大手金融機関に対して行われた集中検査において、長銀以外の金融機関も償却・引当不足を指摘されており、資産査定通達等の修正・明確化のため、平成11年に『金融検査マニュアル』(弁2号証)が策定されたことも従前明確性を欠いていたことを裏付けているのであるから、そのような暫定的性格を有し明確性を欠く資産査定通達等は、回収不能見込額の判断基準とはなり得ない」旨主張している(大野木弁護人更新意見第3・26頁～31頁、44頁～45頁、須田弁護人冒頭陳述書51丁、須田弁護人更新意見27頁～28頁、33頁～34頁、64頁、鈴木弁護人冒頭陳述書63頁～64頁、66頁)。

しかしながら、資産査定通達及びその細則である9年事務連絡等は、一体として資産査定の基準になるものであるところ、以下の諸点に照らし、それが明確性において欠けるものでなかったことは明白である。

ア　第一に、資産査定通達、9年事務連絡及び関連ノンバンクQ&Aは、それらにより的確にⅣ分類が導かれるようになっていた。

すなわち、金融機関の関連ノンバンク以外の貸出先向け貸出金等の資産査定については、個々の貸出先ごとに、資産査定通達に従って債務者区分を行った上、資産分類を行うこととなるところ、資産査定通達は、Ⅱ4「貸出金の分類基準」において、「破綻懸念先」について、「現状、経営破綻の状況にはないが、経営難の状態にあり、経営改善計画等の進捗状況が芳しくなく、今後、経営破綻に陥る可能性が大きいと認められる債務者をいう。具体的には、現状、事業を継続しているが、実質債務超過の状態に陥っており、業況が著しく低調で貸出金が延滞状態にあるなど事業好転の見通しがほとんどない状況で、自行（庫・組）としても消極ないし撤退方針としており、今後、経営破綻に陥る可能性が大きいと認められる先をいう。なお、自行（庫・組）として消極ないし撤退方針を決定していない債務者であっても、当該債務者の業況等について、客観的に判断し、今後、経営破綻に陥る可能性が大きいと認められる場合は、破綻懸念先とする。」とし、その資産分類は、前記（第1・2(1)）のように、「優良担保等による保全部分を非分類、一般担保等による保全部分をⅡ分類、これ以外をⅢ分類とする。」旨規定し、また、「実質破綻先」について、「法的・形式的な破綻の事実は発生していないものの、深刻な経営難の状態にあり、再建の見通しがない状況にあると認められるなど実質的に経営破綻に陥っている債務者をいう。具体的には、事業を形式的には継続しているが、財務内容において多額の不良資産を内包し、あるいは債務者の返済能力に比して明らかに過大な借入金が残存し、実質的に大幅な債務超過の状態に相当期間陥っており、事業好転の見通しがない状況、天災、事故、経済情勢の急変等により多大な損失を被り（あるいは、これらに類する事由が生じており）、再建の見通しがない状況で、元金又は利息について実質的に長期間延滞している先などをいう。」とし、「破綻先」について、「法的・形式的な経営破綻の事実が発生している先をいい、例えば、破産、清算、会社整理、会社更生、和議、手形交換所の取引停止処分等の事由により経営破綻に陥っている債務者をいう。」とし、以上の「実質破綻先」及び「破綻先」の資産分類については、前記（第1・2(1)）のように、「優良担保等による保全部分を非分類、一般担保等による保全部分（破綻先の場合には、このほか清算配当見込額も含む）をⅡ分類、優良担保及び一般担保の評価額と処分可能見込額との差額及び保証による回収の見込が不確実な部分をⅢ分類、これ以外をⅣ分類とする。」旨規定していた。

また、金融機関の関連ノンバンク向け貸出金等の資産査定については、個々の貸出先ごとに、資産査定通達に基づいて前記のような要件に従って債務者区分を行った上、その細則である9年事務連絡及び関連ノンバンクQ&Aに基づいて資産分類をすることになるところ、9年事務連絡及び関連ノンバンクQ&Aにおいては、資産分類に関し、当該関連ノンバンクの第三債務者に対する営業貸付金の査定結果及び保有資産の含み損の状況等から判断して実質債務超過状態にあり、かつ、その実質債務超過額が償却前利益によりおおむね2、3年で解消できない場合、当該関連ノンバンクは「体力のない関連ノンバンク」とされ、そのうち、親金融機関等に母体行責任を負う意思がある場合には、再建計画の作成の有無等に応じて、①再建計画が作成されているが、同計画に合理性がない場合には、営業貸付金のⅣ分類及び保有有価証券等の含み損等を親金融機関等の貸出金等のシェアで按分した分に相当する額を親金融機関等の貸出金のⅣ分類とし、残余の貸出金はⅢ分類に各査定するものとされ、②再建計画が作成されており、「同計画に合理性がない場合」以外の場合には、親金融機関等の貸出金は、原則として全額Ⅲ分類であるが、経営の意思により債権放棄額等が当該年度に確定している場合は、その金額をⅣ分類とし、残額をⅢ分類とするものとされ、③再建計画が作成されていないものの、当該関連ノンバンクの「再建可能性が十分にあると認められる場合」においては、親金融機関等の貸出金は、原則として全額Ⅲ分類とされ、④再建計画が作成されておらず、かつ、当該関連ノンバンクの「再建可能性が十分にあると認められる場合」以外の場合においては、営業貸付金のⅣ分類及び保有有価証券等の含み損等を親金融機関等の貸出金等のシェアで按分した分に相当する額を親金融機関等の貸出金のⅣ分類とし、残余の貸出金はⅢ分類に各査定するものとされていた。また、「体力のない関連ノンバンク」のうち、親金融機関等に母体行責任を負う意思がない場合には、①親金融機関等が関連ノンバンクを再建する意思がないときは、親金融機関等の貸出金は、原則として、営業貸付金等の査定結果を親金融機関等の貸出金等のシェアにより分類するものとされ、②親金融機関等が関連ノンバンクを再建する意思はないが親金融機関等の貸出金額の範囲内において損失負担する意思があるときは、親金融機関等の貸出金は、原則として、営業貸付金等の査定結果のⅣ分類を親金融機関等の貸出金等のシェアによりⅣ分類とし、残額をⅢ分類とし、経営の意思により債権放棄額が当該年度に確定しており、当該額が前記貸出金等のシェアにより算定したⅣ分類額を上回るときは、その金額をⅣ分類とし残額をⅢ分類とするものとされていた。(以上につき、甲153号証・木戸12丁裏〜15丁表)

なお、関連ノンバンク向け貸出金等の資産査定においては、一般先に係る場合と異なり、資産査定通達により破綻懸念先と債務者区分される先からも9年事務連絡及び関連ノンバンクQ&Aによる資産分類においてⅣ分類が出る場合があることになっていた。これは、一般先向け貸出金等の資産査定については、資産査定通達が、債務者区分と担保評価との組合せを行うことによって資産分類をするという認識手法を採ることから、実質破綻先及び破綻先に係る担保等による非保全部分については回収が見込まれず、Ⅳ分類であると特定できるのに対し、関連ノンバンク向け貸出金等の資産査定は、前記（第1・2(3)）のように、当該関連ノンバンクの第三債務者向け営業貸付金等の査定とリンクさせるのが合理的であるという考え方の下で、営業貸付金のⅣ分類等を特定・認識するという手法を採ることによるものであった（甲157号証・西川15丁）。

このように、資産査定通達及び9年事務連絡等は種々の状況を想定して詳細な基準を示している上、これらは、前記（第1・2(2)）のとおり長年にわたって行われてきたMOF検における資産査定の実務を基に策定されたものであって、各金融機関に十分理解されており、また、貸出金等の償却・引当を行う際の回収可能性の判断は、貸出の可否を審査する際の回収可能性の判断と同様であり、長銀を始めとする大手金融機関は、長年にわたる多数の案件の審査を通じて回収可能性の判断についての技術・知識が蓄積されているのであるから、資産査定通達等に沿った回収可能性についての的確な判断が十分に可能であった（第28回・高橋20丁〜21丁表、28丁裏〜29丁表）。

イ　次に、資産査定通達等と金融検査マニュアルとの関係について見るに、両者ともⅠ分類（非分類）ないしⅣ分類の定義は同一であり、債務者区分についても、正常先、要注意先、実質破綻先及び破綻先の定義は同一である。

破綻懸念先については、資産査定通達では前記（第1・2(4)ア）のように定義されていたのに対し、金融検査マニュアルでは、「自行（庫・組）としても消極ないし撤退方針としている」との部分及び「なお書き」が削除される一方、「金融機関等の支援継続中の債務者を含む。」との一文が加えられている。そして、金融検査マニュアルにおいては、破綻懸念先の具体的判断基準として、「金融機関の支援を前提として経営改善計画等が策定されている債務者については、経営改善計画等の計画期間が原則として概ね5年以内であり、かつ、計画の実現可能性が高いことなど4つの要件全てを満たしている場合には、経営改善計画が合理的であり、その実現可能性が高いものと判断し、当該債務者は要注意先と判断して差し支えないとし、それ以外は原則破綻懸念先とする」旨規定されている。被告人3名及び各弁護人は、これらをもって、金融機関の積極支援先に係る債務者区分につき、「資産査定通達では原則要注意先とされていたのに対し、金融検査マニュアルでは原則破綻懸念先になるものとして基準が変更されたのであり、資産査定通達は後の修正が予定された暫定的な基準にすぎなかった」旨主張しており、長銀の会計監査人の一人であった秋山正明（以下「秋山会計士」という。）もこれに沿う証言をしている（鈴木弁護人冒頭陳述書66頁、第20回・秋山21丁裏、54丁）。

しかし、資産査定通達においても、前記（第1・2(4)ア）のように、なお書きにおいて、「自行（庫・組）として消極ないし撤退方針を決定していない債務者」についても業況等によって破綻懸念先となるものとされていたところ、文理上これに積極支援先が含まれることは明らかである上、資産査定通達と対応して債務者区分を定める4号実務指針が、6「貸倒償却及び貸倒引当金の計上に関する監査上の取扱い」の（注2）「破綻懸念先債権の回収可能性」において、貸出先の業況の悪化の程度等も考慮すべきものとし、金融機関の支援意思を債権回収に関係のある要因の一つにすぎないとしていることに照らすと、前記の「消極ないし撤退方針を決定していない債務者」には積極支援先も含まれ、金融機関において積極支援意思を有している先であっても、業況等の他の要因によっては破綻懸念先となるのであって、要注意先とするのが原則であったとはいえない。他方、金融検査マニュアルにおいても、前記の4要件を形式的には満たしていないとしても、業種等の特性を踏まえ、事業の継続性と収益性の見通し、キャッシュフローによる債務償還能力、経営改善計画等の妥当性、金融機関等の支援状況等を総合的に勘案して判断することによって、要注意先とされる場合があることを規定している。そうすると、結局、資産査定通達、金融検査マニュアルのいずれにおいても、破綻懸念先に係る判断に当たり金融機関による支援意思と業況その他客観的事情を総合的に勘案するのであって、基本的な考え方に変更はない。
（以上につき、甲155号証・水谷25丁、第32回・内藤12丁、14丁表）

また、計画期間が原則として概ね5年以内である場合に経営改善計画等が合理的といえることなどについては、従来も、再建計画は、余り長期に及ぶ場合、将来にわたっての不安定要素が増大することから、その計画の実現可能性の検証が困難になるとされていた上、平成10年3月期当時、大半の銀行においては、経営環境等がめまぐるしく変化しており、金融機関については事業会社に比し特に経営の健全性がより強く要求されることなどから、合理的で実現可能な再建計画といえるためには、5年程度、長くても7年以内程度の期間を一応の基準とすべきであるとされていたのであり、金融検査マニュアルは、これらを確認的に規定したものにすぎない（甲156号証・中嶋12丁、第19回・中嶋34丁）。

このように、金融検査マニュアルにおいても、資産査定通達等で定められた資産査定の基本的な枠組みは維持されており、その中で基準の詳細化が図られたにすぎないのであるから、資産査定通達等につき、その性格を暫定的なものであったとするのは事実に反する（第32回・内藤12丁、14丁表）。

ウ　なお、事後の金融検査において、大手金融機関の自己査定基準につき、その内容の一部に問題があるものとして大半が改善を求められたのは事実であるが、その一方で、総体としては資産査定通達等に整合しており、概ね妥当であったとされている上、資産査定通達等に従って適正な自己査定基準を策定できた金融機関もあったのであるから、大手金融機関の大半が何らかの改善を求められたことをもって、資産査定通達等が不明確であり、資産査定の基準たり得なかったとする根拠となし得ないことは当然である（弁1号証・金融監督庁の1年131頁）。

3　有価証券報告書の虚偽性を根拠付ける規範違反等

前記（第1・1）のとおり、被告人3名及び各弁護人は、金融機関に対して、平成10年3月期における貸出金等の償却・引当を義務付ける具体的法規範はなかったのであり、したがって、計上した償却・引当額は虚偽ではない旨主張するが、以下論ずるように、当時、貸出金等の償却・引当の基準としては、商法第285条の4第2項、企業会計原則・同注解18、4号実務指針（平成11年4月30日改正前のもの。）及び決算経理基準（平成9年7月31日改正後のもの。）が存し、これらの基準に違反する会計処理に基づく貸借対照表等の作成は、有価証券報告書上の貸借対照表等の作成方法に係る規範違反となるのであって、このような貸借対照表等を掲載した有価証券報告書の内容が虚偽となることは明らかである。

(1)　貸出金等の償却・引当に係る諸基準

ア　商法第285条の4第2項

商法は、株式会社の計算に係る規定として、第285条の4第2項において、「金銭債権ニ付取立不能ノ虞アルトキハ、取立ツルコト能ハザル見込額ヲ控除スルコトヲ要ス」と規定している。ここにいう「控除」が償却・引当を意味することには異論がない。

イ　企業会計原則・同注解18

企業会計原則は、国民経済の民主的で健全な発達のための科学的基礎を与えることを目的として、昭和24年に経済安定本部企業会計制度対策調査会の中間報告として公表・設定されたもので、引当の基準について、その注解18（甲156号証・中嶋資料5）において、「将来の特定の費用又は損失であって、その発生が当期以前の事象に起因し、発生の可能性が高く、かつ、その金額を合理的に見積ることができる場合には、当期の負担に属する金額を当期の費用又は損失として引当金に繰入れるものとする。」と定めている。

ウ　4号実務指針

4号実務指針は、前記（第1・2(1)）のように、日本公認会計士協会が、「中間とりまとめ」を基に、貸倒償却及び貸倒引当金の計上に関する監査上の取扱い等を明らかにするための実務指針として策定したもので、資産査定通達における5区分の債務者区分に合わせて、貸出金等について「正常先債権」「要注意先債権」「破綻懸念先債権」「実質破綻先債権」「破綻先債権」の5区分を設け、①正常先債権及び要注意先債権については、貸倒実績率に基づいて貸倒引当金を計上し、②破綻懸念先債権については、債権額から担保の処分可能見込額及び保証による回収が可能と認められる額を減算し、残額のうち必要額を貸借対照表に貸倒引当金として計上し、③実質破綻先債権及び破綻先債権については、債権額から担保の処分可能見込額及び保証による回収が可能と認められる額を減算し、残額を貸倒償却するか又は貸倒引当金として貸借対照表に計上する、旨規定していた（甲156号証・中嶋10丁裏～14丁）。

4号実務指針は、前記（第1・2(1)）のように、金融機関関係者を含めた様々な立場の専門家の意見が反映された「中間とりまとめ」を基に策定されているのであるが、そのⅠ2(1)において「適正な財務諸表の作成のためには、企業会計原則等に基づき適正な償却・引当が実施される必要がある。……各金融機関が更に適正かつ客観的に償却・引当を行いうるよう、日本公認会計士協会より償却・引当についての明確な考え方が実務上の指針（ガイドライン）として示されることが望ましい」と提言していることを踏まえて、企業会計原則・同注解18の内容を明確化するものとして策定されたものである上、4号実務指針自体の策定の段階でも、同指針が社会的要請、受入態勢、他の監査とのバランス等を満たしているかどうかについて、商法学者、会計学者、金融機関関係者など様々な立場の専門家の意見を反映させており、内容において合理的なものであることは当然である。

また、4号実務指針は、形式的には会計監査人が監査をする際の基準ではあるが、前記の策定経緯に加え、金融機関が4号実務指針に従った償却・引当をしないと会計監査人の適正意見及び適法意見が得られず、その場合、決算不能となることなどに照らすと、単なる監査の基準にとどまらず、金融機関自体も準拠すべき会計基準であった。これは、長銀自体が、平成 10 年 3 月期の有価証券報告書（甲 3 号証）における「重要な会計方針」の「引当金の計上基準」において、「決算経理基準に基づき、予め制定した償却・引当基準に則り、4 号実務指針に規定する債権に相当する債権毎に計上している」旨、4 号実務指針が金融機関自体も準拠すべき会計基準であることを前提とする記載をしていることからも明らかである。
(以上につき、甲 156 号証・中嶋 3 丁～7 丁、甲 157 号証・西川 4 丁、甲 226 号証・資料複写報告書、第 4 回・吉武 30 丁裏、53 丁裏～54 丁表、第 19 回・中嶋 42 丁、第 20 回・秋山 50 丁、第 22 回・西崎 23 丁、24 丁、第 28 回・高橋 24 丁裏、第 31 回・被告人大野木 62 丁表、弁 147 号証・「企業会計法入門改訂版」抜粋写し、弁 148 号証・「規制産業とその企業会計規制」写し）

エ　決算経理基準

昭和 57 年 4 月 1 日付け大蔵省銀行局長発出の「普通銀行の業務運営に関する基本事項等について」と題する通達（甲 155 号証・水谷資料 6 参照。以下「基本事項等通達」という。同通達は、甲 155 号証・水谷資料 5 の同日付け同局長発出の「長期信用銀行の業務運営に関する基本事項等について」と題する通達により、長期信用銀行に適用されている。）には、銀行決算の基準として「決算経理基準」が定められており、その中に、貸出金の償却・引当の基準が示されている。

その内容については、平成 9 年 7 月の改正によって、第 5 の 1 (1)ロにおいて「資産の評価は、自己査定結果を踏まえ、商法、企業会計原則等及び下記に定める方法に基づき各行が定める償却及び引当金の計上基準に従って実施するものとする。」旨規定されるとともに、第 5 の 1 (3)イ(イ)において、貸出金等の償却につき、「回収不能と判定される貸出金等については、債権額から担保の処分可能見込額及び保証による回収が可能と認められる額を減算した残額を償却する。」とされ、第 5 の 1 (3)イ(ロ)において、債権償却特別勘定への繰入れにつき、「回収不能と判定される貸出金等のうち貸出金等の償却により償却するもの以外の貸出金等については回収不能額を、最終の回収に重大な懸念があり損失の発生が見込まれる貸出金等については債権額から担保の処分可能見込額及び保証による回収が可能と認められる額を減算した残額のうち必要額を、それぞれ繰り入れるものとする。」とされた。

(2)　償却・引当基準の有価証券報告書作成に係る規範性

ア　本件において有価証券報告書が提出された平成 10 年 6 月 25 日当時、有価証券報告書の提出を義務付けていた証券取引法第 24 条第 1 項（平成 9 年法律第 102 号による改正前のもの。以下、同法につき同じ。）は「有価証券の発行者である会社は、……大蔵省令で定める事項を記載した有価証券報告書を大蔵大臣に提出しなければならない」旨規定していたところ、その大蔵省令である「企業内容等の開示に関する省令」（平成 11 年大蔵省令第 15 号による改正前のもの。）第 15 条第 1 号イ及び第 3 号様式には、有価証券報告書に掲記すべき財務諸表として貸借対照表等が掲げられており、また、同法第 193 条は、「この法律の規定により提出される貸借対照表、損益計算書その他の財務計算に関する書類は、大蔵大臣が一般に公正妥当であると認められるところに従って大蔵省令で定める用語、様式及び作成方法により、これを作成しなければならない」と規定していたところ、その大蔵省令として、「財務諸表等の用語、様式及び作成方法に関する規則」（以下「財務諸表規則」という。）が定められていた。

まず、財務諸表規則第 1 条第 1 項は、「証券取引法第 24 条第 1 項の規定により提出される財務計算に関する書類のうち、貸借対照表、損益計算書の用語、様式及び作成方法は、第 1 章から第 6 章までの定めるところによるものとし、この規則において定めのない事項については、一般に公正妥当と認められる企業会計の基準に従うものとする」旨規定しているところ、前記企業会計原則・同注解 18 は、その公表文書において、「企業会計の実務の中に慣習として発達したものの中から、一般に公正妥当と認められたところを要約したものであって、必ずしも法令によって強制されないものでも、すべての企業がその会計を処理するに当たって従わなければならない基準である。」とされていることに照らし、同項にいう「一般に公正妥当と認められる企業会計の基準」に該当することに疑問の余地はない（甲151号証・木戸20丁表、甲153号証・木戸9丁表、甲155号証・水谷12丁裏、甲156号証・中嶋6丁表、甲158号証・宮川12丁表、17丁裏、甲226号証・資料複写報告書、第24回・被告人須田67丁裏）。

また、4号実務指針も、前記（第1・3(1)ウ）のように、金融機関関係者を含めた様々な立場の専門家の意見が反映され、内容において合理的なものであることからすると、同項にいう「一般に公正妥当と認められる企業会計の基準」に当たることは明らかである（甲156号証・中嶋3丁～7丁）。

さらに、決算経理基準も、合理的基準である4号実務指針と内容の一致が図られていること、日本公認会計士協会の銀行監査特別委員会が昭和51年に公表した「銀行業統一経理基準及び財務諸表様式に係る監査上の取扱について」と題する報告書において、決算経理基準の前身である統一経理基準につき、商法第32条第2項の公正なる会計慣行に合致しているものとして取り扱うとされており、統一経理基準を基に策定された決算経理基準も同様に取り扱われるべきこと、長銀を始めとする金融機関が従前から決算経理基準に従って償却・引当を行ってきたことなどに照らし、財務諸表規則第1条第1項における「一般に公正妥当と認められる企業会計の基準」に該当する（甲1号証・有価証券報告書53頁、甲3号証・有価証券報告書53頁、甲155号証・水谷14丁裏～17丁表、資料4～6、甲223号証・資料入手報告書、第19回・中嶋26丁、38丁裏、第23回・被告人須田41丁裏、第24回・被告人須田68丁表、第20回・秋山5丁表、50丁、第28回・高橋24丁表、第31回・被告人大野木61丁表）。

次に、財務諸表規則第2条は、「別記に掲げる事業を営む株式会社……が、当該事業の所管官庁に提出する財務諸表の用語、様式及び作成方法について、特に法令の定めがある場合、又は当該事業の所管官庁が、この規則に準じて制定した財務諸表準則がある場合には、当該事業を営む株式会社……が証券取引法の規定により提出する財務諸表については、第6条、第11条から第77条まで及び第79条から第118条までの規定にかかわらず、その法令又は規則の定めによるものとする。」旨規定し、「別記に掲げる事業」として財務諸表規則の別記3号が「銀行・信託業」と規定しているところ、銀行法を所管する大蔵省が同法上の監督権限に基づいて基本事項等通達を発出し、同通達中の決算経理基準が財務諸表の内容をなす償却・引当の実体的基準を定めていることなどからすると、決算経理基準は前記の財務諸表準則にも該当するものと解される。

したがって、企業会計原則・同注解18及び4号実務指針に違反する会計処理に基づく貸借対照表等の作成は財務諸表規則第1条第1項を介して、また、決算経理基準に違反する会計処理に基づく貸借対照表等の作成は、財務諸表規則第1条第1項や第2条を介して、いずれも、有価証券報告書上の貸借対照表等の作成方法に係る規範に違反していたこととなる。

イ　加えて、前記（第1・3(1)ア）のように商法第285条の4第2項も償却・引当に関して規定しているところ、同項を含む商法上の株式会社に係る実体的計算規定は、その立法趣旨が、株式会社は物的会社であって、会社財産が唯一の担保となることから、株主の配当要求を制限して会社債権者の保護を図り、また、取締役等の不正行為に対して株主の利益を保護するため、会社の財務内容を明らかにする必要があるとの点に存することに照らし、強行法規であり、かつ、「一般に公正妥当と認められる」以前の企業会計における一般法上の原則規範であって、その適用を財務諸表規則を含む証券取引法体系において排除する旨の特別規定がない限り一般法として適用されるべきものであること、及び、財務諸表規則が企業会計原則等の「一般に公正妥当と認められる企業会計の基準」を同規則上の貸借対照表等の作成方法に係る規範としていることとの均衡を踏まえると、財務諸表規則は、特段の定めなき限り、商法上の実体的計算規定にも従うべきものとして、その規範とすることを当然の前提にしていることは明らかである。そして、商法第285条の4第2項は、証券取引法体系においてこれを排除する特別規定がなく、一般法として有価証券報告書上の貸借対照表等の財務諸表の作成方法に係る規範としても機能していたものであり、同項に違反する会計処理に基づく貸借対照表等の作成は、この点においても有価証券報告書上の貸借対照表等の作成方法に係る規範に違反していたこととなる。

さらに、商法第32条第2項は、「商業帳簿の作成に関する規定の解釈に付てば公正なる会計慣行を斟酌すべし」と規定しているところ、企業会計原則・同注解18、4号実務指針及び決算経理基準は、前記（第1・3(1)ウ、(2)ア）の策定経緯や実務上の取扱い等に照らすと、いずれも、同項にいう「公正なる会計慣行」に該当し、同項により、商業帳簿の作成に関する同法第285条の4第2項の規定を解釈する際に斟酌、すなわち、特別の事情を立証できない限りそれに従わなければならない解釈基準であるから、企業会計原則・同注解18、4号実務指針及び決算経理基準に反する会計処理に基づく貸借対照表等の作成は、その点においても、有価証券報告書上の貸借対照表等の作成方法に係る規範に違反していたこととなる。

なお、被告人3名の弁護人は、商法第285条の4第2項の償却・引当基準は抽象的で、いかなる場合に償却･引当を要するのか明確性を欠いている旨主張しているが､同項のみによっても、後記（第1・3(3)）のように、本件で問題とされる「資産査定通達等においてⅣ分類とされる資産」について当期に全額償却・引当すべきことは明らかであって、何ら明確性に欠けるところはない上、前記のように、同項は、同法第32条第2項を介して企業会計原則・同注解18、4号実務指針及び決算経理基準と一体のものとなって更に具体化されており、その点でも明確性に欠けるところはない。

（以上につき、甲156号証・中嶋5丁裏〜6丁、第22回・岸田18丁、第28回・高橋6丁表、19丁、24丁裏、弁147号証・「企業会計法入門改訂版」抜粋写し31頁）

(3)　資産査定通達等におけるⅣ分類貸出金等と償却・引当基準との関係等

前記（第1・2(1)）のように、資産査定通達やその細則である9年事務連絡等においてⅣ分類とされる貸出金等は、「回収不可能又は無価値と判定される資産」とされ、商法第285条の4第2項において控除すべきものとされている「取立つること能はざる見込額」、企業会計原則・同注解18で引当すべきとされる「損失」、4号実務指針によって償却・引当すべきとされる「実質破綻先債権又は破綻先債権であって、担保等による回収見込額を減算した残額」「破綻懸念先債権であって、担保等による回収見込額を減算した残額のうち必要額」、決算経理基準によって償却・引当すべきとされる「回収不能と判定される貸出金等」、に各該当し、金融機関が当期に全額償却・引当すべき法的義務を負うこととなる。なお、前記（第1・2(4)）のように、関連ノンバンク向け貸出金の資産査定においては、資産査定通達により破綻懸念先と債務者区分される先からも9年事務連絡及び関連ノンバンクQ&Aによる資産分類の結果Ⅳ分類が出る場合があることになっていたが､破綻懸念先のⅣ分類についても「回収不可能又は無価値と判定される資産」に変わりはないのであるから、このⅣ分類はその全額が4号実務指針の「破綻懸念先債権であって、担保等による回収見込額を減算した残額のうち必要額」に包摂されることは当然である。

したがって、資産査定通達等から導かれるⅣ分類の貸出金について当期に全額償却・引当しないことは、前記各償却・引当基準に違反する会計処理となり、これに基づき作成された貸借対照表等は、有価証券報告書上の貸借対照表等の作成方法に係る規範に違反するものであって、その内容において虚偽であったこととなる。

（以上につき、甲151号証・木戸20丁表、甲156号証・中嶋13丁、甲158号証・宮川11丁裏、17

丁裏、甲160号証・宮川17丁裏、甲161号証・氏家8丁裏）

なお、前記（第1・3(1)ウ）のように、長銀は、平成10年3月期の有価証券報告書（甲3号証）において、「重要な会計方針」として、「決算経理基準に基づき、予め制定した償却・引当基準に則り、4号実務指針に規定する債権に相当する債権毎に計上している」旨、すなわち、決算経理基準及び4号実務指針に準拠している旨を表明しているところ、資産査定通達等から導かれるⅣ分類貸出金を当期に全額償却・引当しないことは、4号実務指針及び決算経理基準に違反する会計処理となって、これらの基準に従って償却・引当を行っているとの有価証券報告書の記載内容に自己矛盾を生ぜしめ、これらの規範性をさて措くとしても、それ自体が虚偽性を有することは論を俟たない。

4　長銀の自己査定基準の概要とその不当性

(1)　自己査定基準の概要

ア　長銀は、要償却・引当額を減額するため、当期に全額償却・引当を要するⅣ分類及び必要額につき償却・引当を要するⅢ分類を実態に反して圧縮しようと企て、一般先向け貸出金に関する自己査定基準において、資産査定通達と同名の「破綻懸念先」及び「実質破綻先」という債務者区分を設けながら、後記（第1・4(2)ア）のように、その認定要件を資産査定通達よりも厳格にすることによって、これらの債務者区分に該当する範囲を狭く限定してⅢ、Ⅳ分類を実態に反して圧縮するとともに、関連親密先向け貸出金に関しては、自己査定基準の細則として、以下のような内容の「特定関連親密先自己査定運用細則」、「関連ノンバンクにかかる自己査定運用規則」を策定し、Ⅲ、Ⅳ分類を実態に反して圧縮することとした（甲21号証・竹井1〜2丁、5丁、12丁裏〜13丁表、甲22号証・竹井1丁〜2丁、9丁〜10丁、甲30号証・大田1丁〜2丁、8丁表、甲32号証・山下1丁裏〜3丁、7丁裏、乙8号証・被告人大野木3丁〜5丁表、7丁〜8丁表、13丁表、15丁裏〜16丁表、乙20号証・被告人須田3丁、7丁裏、資料9、乙35号証・被告人鈴木10丁〜11丁、25丁裏〜27丁表）。

イ　まず、「特定関連親密先自己査定運用細則」では、資産査定通達にない独自の「経営支援先」及び「経営支援実績先」という債務者区分（以下、債務者区分としての「経営支援先」、「経営支援実績先」をそれぞれ「経営支援先区分」、「経営支援実績先区分」という。）を設け、「経営支援先区分」は、長銀が経営支援を行っている関連ノンバンクのうち後記（第1・4(1)ウ）の「関連ノンバンク区分」に該当する先を除いた先をいい、長銀が支援を続ける限り企業維持に懸念はないという理由により、通常の債務者区分を行わず、これに対する貸出金の資産分類を原則Ⅱ分類、当該年度支援計上予定額につきⅣ分類、次年度以降の支援予定額につきⅢ分類とし、「経営支援実績先区分」は、長銀による経営支援が完了した関連ノンバンクのうち「関連ノンバンク区分」に該当する先を除いた先をいい、支援の完了により業況は正常に復しており、引き続き長銀が特別の注意をもって管理を行っているとの理由により、通常の債務者区分を行わず、これに対する貸出金の資産分類を原則Ⅱ分類とした。長銀がこうした「経営支援先区分」、「経営支援実績先区分」という独自の債務者区分を設けたのは、後記（第1・5(1)エ）のように、長銀の関連ノンバンクである株式会社日本リース（以下「日本リース」という。）がバブル崩壊によって多額の不良債権を抱えて経営難に陥り、長銀による再建支援を受けたものの、その終了後も5600億円余もの実質債務超過状態にあり、償却前利益でこれを解消するには30年以上を要する状態にあったため、9年事務連絡及び関連ノンバンクQ&Aに従って査定した場合、長銀の日本リースに対する貸出金につき多額のⅢ、Ⅳ分類が出ることが避けられず、また、資産査定通達に従って査定した場合でも、破綻懸念先ないし実質破綻先となって、やはり多額のⅢ、Ⅳ分類が出ることから、日本リースは「経営支援実績先区分」とすることにより、これらを回避するためであり、その際、「経営支援実績先区分」だけを設けるのは不自然であることから、「経営支援先区分」をも設けたものであった。(以上につき、甲21号証・竹井6丁〜7丁表、甲22号証・竹井5丁裏〜8丁表、甲31号証・山下5丁〜7丁表、甲30号証・大田6丁裏〜7丁、甲32号証・山下15丁〜16丁、21丁裏〜24丁、乙8号証・被告人大野木20丁裏、乙11号証・被告人大野木9丁〜11丁表、乙20号証・被告人須田25丁裏〜26丁表、乙27号証・被告人須田9丁裏〜10丁、乙35号証・被告人鈴木22丁、乙37号証・被告人鈴木21丁〜24丁表、乙53号証・被告人須田7丁裏〜8丁表)

ウ　次に、「関連ノンバンクにかかる自己査定運用規則」では、関連ノンバンクのうち、実質債務超過状態にあり、かつ、その実質債務超過額が償却前利益によりおおむね2、3年で解消できない「体力のない関連ノンバンク」について、資産査定通達にない「関連ノンバンク」という債務者区分(以下、債務者区分としての「関連ノンバンク」を「関連ノンバンク区分」という。)を設け、業況悪化の程度によらず一律にこの債務者区分に当てはめて、長銀に母体行責任を負う意思がある場合には、再建計画の作成の有無等に応じて、①再建計画が作成されているが、同計画に合理性がない場合には、営業貸付金のⅣ分類等を長銀の貸出金等のシェアで按分した分に相当する額を長銀の貸出金のⅣ分類、残余の貸出金はⅢ分類とし、②再建計画が作成されており、再建計画に合理性がある場合には、経営の意思により債権放棄額等が当該年度に確定している場合、その金額をⅣ分類とし、その他の部分については、担保による回収見込額をⅡ分類、その他をⅢ分類とするものとし、③再建計画が作成されていないか検討中であるものの、当該関連ノンバンクの「再建可能性が十分に認められる場合」においては、原則として全額Ⅲ分類とし、④再建計画が作成されていないか検討中であり、かつ、当該関連ノンバンクの「再建可能性が十分に認められる場合」以外の場合においては、営業貸付金のⅣ分類等を長銀の貸出金等のシェアで按分した分に相当する額を長銀の貸出金のⅣ分類とし、残余の貸出金はⅢ分類とするものとした(甲22号証・竹井5丁裏〜8丁表、甲31号証・山下4丁〜7丁表、甲32号証・山下17丁〜20丁表、21丁裏〜24丁)。

また、「『関連ノンバンク区分』に該当する先のうち、取引金融機関が長銀のみである場合には、すでに損失が確定しているとみなされる部分のみをⅣ分類、担保等により回収が見込まれる部分をⅡ分類、その他をⅢ分類とすることができる」ものとした。これは、長銀が、関連ノンバンクである第一ファイナンス株式会社(以下「第一ファイナンス」という。)向け貸出金について、平成10年3月期において、償却・引当額を同会社の公表決算上の債務超過額のみにとどめることを目的としたもので、同会社のような長銀の一行取引先関連ノンバンクは、長銀が破綻させることを決定しない限り、法的破綻に陥ることがなく、回収不能が確定しているもの(確定損失)以外は損失として表面化しないので償却・引当の必要はないとの理由に基づくものであり、具体的には、一行取引先関連ノンバンクの保有する有価証券等の含み損や、その100%子会社の公表決算上の債務超過額等につき、将来有価証券等の価格が上昇したり、子会社の業況が回復するなどして解消される可能性があり、いまだ損失として確定していないとの理由で、長銀の貸出金の査定に反映しないこととしたものであった(甲31号証・山下13丁〜14丁表、甲32号証・山下34丁裏〜35丁、甲93号証・青木17丁、甲94号証・青木6丁裏、9丁〜10丁、甲96号証・青木5丁、甲97号証・常峰6丁〜8丁、乙38号証・被告人鈴木3丁裏〜6丁表、19丁〜20丁表)。

さらに、長銀が「関連ノンバンクにかかる自己査定運用規則」等を策定した際の決裁文書には、「『関連ノンバンク区分』とされた関係会社のうち、不稼働処理を(関連ノンバンク区分に該当する)本体と一体で行う会社については、これを『関連ノンバンク区分』とし、それに準じた資産分類を行う。」旨記載されており、長銀は、これに従って、関連ノンバンクのグループ会社向け貸出金の査定において当該関連ノンバンクとの一体査定を行った。これは、関連ノンバンクであるエヌイーディー株式会社(以下「NED」という。)の関連会社について、資産査定通達に従って個別に資産査定を行った場合、実質破綻先となってⅣ分類が出ることから、その圧縮を目的としたものであった（甲31号証・山下10丁、甲100号証・上池4丁～5丁表、乙8号証・被告人大野木22丁～23丁表、乙20号証・被告人須田27丁～28丁表、乙35号証・被告人鈴木23丁裏～24丁表、28丁～29丁表、乙37号証・被告人鈴木30丁裏～33丁表）。

エ　加えて、「特定関連親密先自己査定運用細則」では、長銀による支援が前提となっている関連親密先のうちノンバンクでない貸出先で、同細則上列挙されているものについて「特定先」とし、長銀が支援を続ける限り企業維持に懸念はないという理由により、その債務者区分は正常先又は要注意先とするものとされた。これは、関連ノンバンクの営業貸付金が不良債権化したため、その融資対象物件を取得して事業化し不良債権の回収を図るものとして設立されたいわゆる「事業化会社」について、事業化のめどが立たず、資産査定通達に従って資産査定を行った場合、破綻懸念先ないし実質破綻先となってⅢ、Ⅳ分類が出ることなどから、その圧縮を目的としたものであった（甲21号証・竹井7丁表、甲22号証・竹井5丁裏～8丁表、甲30号証・大田6丁裏～7丁、甲31号証・山下7丁～8丁表、甲32号証・山下21丁裏～24丁、34丁、乙8号証・被告人大野木20丁裏～21丁表、23丁、乙11号証・被告人大野木13丁裏～14丁表、乙20号証・被告人須田25丁裏～26丁表、乙35号証・被告人鈴木22丁裏～23丁表、乙39号証・被告人鈴木22丁）。

オ　長銀は、以上のようにして貸出先が可及的に破綻懸念先や実質破綻先に区分されないようにするなどしたものであるところ、そのしわ寄せの結果として、要注意先が増えてⅡ分類が増大したことから、これを理由に、格付機関が長銀の格付を下げることがないようにするため、資産査定通達では貸出金と同様の基準で分類することとなっていた賃貸借型の貸付有価証券を無条件に非分類とするなどしてⅡ分類が圧縮される基準をも策定した（甲24号証・竹井25丁、甲31号証・山下8丁～9丁、甲32号証・山下29丁裏～32丁表、甲95号証・青木10丁裏～12丁、15丁～17丁表、甲101号証・上池35丁～36丁、甲105号証・早田3丁裏～4丁、乙4号証・被告人大野木27丁裏～28丁表、乙8号証・被告人大野木21丁～22丁表）。

⑵　自己査定基準の不当性

被告人3名及び各弁護人は、長銀の前記（第1・4⑴）自己査定基準に関して、一般先向け貸出金に関する基準については、債務者区分の基準など内容的に資産査定通達と変わりがなく、「特定関連親密先自己査定運用細則」及び「関連ノンバンクにかかる自己査定運用規則」も、従前の会計慣行等を考慮しつつ、基本的に資産査定通達、9年事務連絡及び関連ノンバンクQ&A等に準拠し、合理的なものである旨主張し、秋山会計士もこれに沿う証言をしているが（大野木弁護人冒頭陳述書154頁～160頁、大野木弁護人更新意見第2・12頁、須田弁護人冒頭陳述書32頁～36頁、須田弁護人更新意見61頁、66頁～70頁、鈴木弁護人冒頭陳述書53頁～56頁、第20回・秋山8丁裏、27丁、32丁裏～35丁、43丁～44丁表）、以下詳論するとおり、それは、資産査定通達等を逸脱し、かつ、不合理であって、資産査定の基準として不当なものを多々含んでおり、前記主張に理由がないことは明らかである。

ア　一般先に係る債務者区分について

資産査定通達は、破綻懸念先や実質破綻先を認定する際に考慮すべき要件を掲げているところ、いずれも定性的なもので、具体的数値等による定量的な要件は設けておらず、しかも、そうした定性的要件について、全てを満たしていなくとも、破綻懸念先や実質破綻先と認定されるようになっていたのに対し、長銀の一般先向け貸出金の自己査定基準は、資産査定通達にない「6か月以上入金が全くない」とか「売上がゼロ」「従業員が全くいない」といった定量的な要件を設け、しかも、複数あるそれらの要件の「全て」を満たした場合にのみ破綻懸念先や実質破綻先となるものとしており、長銀の基準によれば、6か月に一度わずかでも入金を続けていれば破綻懸念先とならず、また、売上がわずかでもあり、あるいは、従業員が一人でもいれば実質破綻先とならないこととなるなど、破綻懸念先や実質破綻先に該当する範囲が極めて限定される結果を導くようになっており、これは、以下のとおり、資産査定通達を逸脱し、かつ、合理性を欠くものであった。

(ア) 資産査定通達は、前記(第1・2(4)ア)のとおり破綻懸念先及び実質破綻先について定義しているところ、資産査定通達の解説である資産査定Q&AのQ25において、「資産査定通達のII 1『基本的な考え方』で言及されているように、債務者の区分は債務者の財務状況、資金繰り、収益力、元本返済や利息支払の履行状況等を基本として総合的に判断した上で行うべきである」としていた。

また、資産査定通達における破綻懸念先の定義には、「実質債務超過の状態に陥っており」「業況が著しく低調で」「貸出金が延滞状態にある」との文言の後に「など」との文言があり、これに続いて「事業好転の見通しがほとんどない状況」と規定しており、「など」より前の部分は、「事業好転の見通しがほとんどない状況」についての例示であるから、「実質債務超過の状態に陥っており」「業況が著しく低調で」「貸出金が延滞状態にある」という全てを満たさなくとも「事業好転の見通しがない」と認定して破綻懸念先とすべき場合があることは明らかである。さらに、実質破綻先の定義についても、最後に「などをいう」との文言があることに照らすと、それ以前の部分は要件の例示であり、その全てを満たさなくとも実質破綻先と認定すべき場合があることも、文言上明らかである。

加えて、資産査定通達においては、具体的数値等による定量的な要件が設けられておらず、貸出先の業況を判断するに当たって、貸出金の規模に対して余りにも僅少な売上げしかない状況や、僅少な入金しかない状況などは、貸出金の回収につながらず、考慮に値しないものとして、その業況の実態に応じ実質的に判断して破綻懸念先や実質破綻先に区分することが予定されていた。この点、資産査定通達の解説である資産査定Q&Aも、Q37において、「『実質破綻先』に該当するかどうかは、財務状況、資金繰り、収益力等を基本に返済能力を判定し、債務者の事業の継続性や再建・事業好転の見込みを判断して決定すべきであり、債務超過の期間や延滞の期間によって一律的に判断することは適当ではない」としていた(甲155号証・水谷資料3、第20回・秋山65丁)。

(イ) これに対して、長銀が策定した自己査定基準(甲81号証・守澤資料11、176丁)は、第2編第1章III 4ロにおいて、破綻懸念先(以下、長銀の自己査定基準における破綻懸念先を「破綻懸念先区分」という。)について、「以下の『破綻懸念』3条件を全て満たしている先等、現状、経営破綻の状況にはないが、経営難の状態にあり、経営改善計画等の進捗状況が芳しくなく、今後、経営破綻に陥る可能性が大きいと認められる債務者をいう。」とし、①業況が著しく低調な状態が続いている先、②現状、事業を継続しているが、実質債務超過状態の先、③過去6か月以上入金が全くなく、今後の入金も殆ど見込めない先、の3要件(長銀の自己査定基準では「条件」と表記されている。)を挙げ、また、実質破綻先(以下、長銀の自己査定基準における実質破綻先を「実質破綻先区分」という。)については、「以下の『実質破綻』3条件を全て満たしている先等、法的・形式的な経営破綻の事実は発生していないものの、深刻な経営難の状態にあり、再建の見通しがない状況にあると認められるなど実質的に経営破綻に陥っている債務者をいう。」とし、①事業を形式的には継続しているが、売上が殆どない等会社の実態がない先、すなわち「売上がゼロ」、「廃業・休業・見なし解散先」、「従業員が全くいなく営業停止状態」の先、②債務超過状態(2期連続)の先、③債権のうち回収不能見込額が50%以上ある先、の3条件を挙げていた。この「実質破綻」3条件は、長銀内部で「死に体3条件」と呼ばれていた。なお、長銀の自己査定基準には、「全て満たしている先等」と「等」が入れられていて、一見全てを満たしていない場合もあり得るようにも読めるが、これは、長銀の自己査定基準が資産査定通達を逸脱していることを会計監査人等に悟られないようにするために後から加えられたもので、長銀の担当者が、関連ノンバンクの営業貸付金の査定担当者に破綻懸念3条件や死に体3条件を説明する際、全ての条件を満たすものでない場合には破綻懸念先区分や実質破綻先区分と認定しないよう指導するなどしており、実際の運用上は「等」が入っていないものとして扱われていた（甲81号証・守澤13丁、甲94号証・青木2丁裏〜5丁表、資料1、甲95号証・青木5丁裏〜6丁、甲98号証・鳩野2丁裏〜4丁、資料1、6、甲99号証・鳩野2丁、第4回・吉武77丁)。

そして、破綻懸念3条件によれば、「6か月以上入金が全くなく、今後の入金も殆ど見込めない先」との要件があることによって、途中わずかでも入金があればこの要件を満たさず、貸出先の業況に関する他の事情の如何にかかわらず破綻懸念先とならないことになるが、貸出先の業況がどんなに悪くても僅少な入金さえあれば破綻懸念先に当たらないとするこうした長銀の基準は、資産査定通達を逸脱していることが明らかであって、貸出先の業況の実態を的確に反映するものとは到底いえない。

また、死に体3条件についても、「売上がゼロ」「従業員が全くいない」といった要件があることによって、わずかでも売上げがあり、あるいは、一人でも従業員がいればこの要件を満たさず、貸出先の他の事情の如何にかかわらず実質破綻先に当たらないこととなるが、貸出金残高に比較して売上が余りに僅少な場合や、わずかな従業員がいても収益的業務を営むに足りるだけ人員がそろっていない場合などは、今後意味ある貸出金の回収が見込まれるとはいえず、それにもかかわらず実質破綻先に当たらないとするこうした長銀の基準が、資産査定通達を逸脱しており、貸出先の業況の実態を的確に反映するものとはいえないことも明らかである。

(以上につき、甲16号証・竹井5丁、資料1、甲18号証・竹井5丁裏〜7丁表、資料2、3、甲19号証・竹井4丁〜5丁、資料2、甲20号証・竹井4丁裏〜5丁、資料1、甲29号証・大田5丁〜6丁、資料2、甲74号証・川上14丁〜15丁表、資料6、甲81号証・守澤9丁、11丁〜13丁、資料6、11、甲156号証・中嶋18丁裏、20丁、甲193号証・資料作成報告書資料2-2、3、甲217号証・資料複写報告書、乙4号証・被告人大野木27丁〜28丁表、乙8号証・被告人大野木12丁〜13丁表、資料6、乙19号証・被告人須田23丁、資料6、乙20号証・被告人須田12丁〜13丁、資料4、乙35号証・被告人鈴木5丁〜6丁表、17丁、資料2、第2回・高野4丁〜7丁、28丁〜29丁、35丁表、第4回・吉武77丁、78丁、89丁表、第20回・秋山64丁裏〜67丁表)

(ウ)　したがって、長銀の一般先向け貸出金の自己査定基準は、定量的要件を設け、その全てを満たすことを要件とすることによって、貸出先の業況が的確に反映されず、資産査定通達に比べて破綻懸念先や実質破綻先に該当する範囲が不当に狭く限定されているのであるから、資産査定通達を逸脱し、かつ、その内容自体不合理であった。

イ　関連親密先に係る債務者区分について

資産査定通達の発出文書に明記されているように、資産査定が適正な償却・引当を行うための準備作業として位置付けられていること、また、資産査定通達が、関連ノンバンクも含めた全ての貸出先について、資産分類の前提として債務者の業況に応じて債務者区分を行うこととしたのは、査定に客観性を持たせ、査定者の違いによるばらつきを可及的に減らすためであること、さらに、4号実務指針が、資産査定通達と異なる査定分類をする場合には、資産査定通達の分類に整合し、対応関係が確保されていなければならないことを前提とし、資産査定通達の五つの債務者区分に応じて償却・引当を行うこととしていることなどに照らすと、資産査定通達の五つの債務者区分のどれにも対応しない新たな債務者区分を設けたり、債務者の実態を見ずに無条件に正常先ないし要注意先とすることが、資産査定通達を逸脱しており、かつ、内容的にも不合理であることは明らかである（甲153号証・木戸4丁表、甲

155号証・水谷9丁、甲156号証・中嶋7丁裏)。

特に、「経営支援先区分」、「経営支援実績先区分」及び「特定先」については、金融機関が支援し、あるいは、支援終了後も特別の注意を持って管理している先であるというだけで、そうした先に対する貸出金は破綻による偶発損失の危険がないものとして、Ⅲ、Ⅳ分類が全く出ないような基準となっているところ、このような基準を設けることが許されるとすれば、金融機関の思惑一つで償却・引当の時期・金額が左右されることとなる上、金融機関に積極支援意思があるからといって、策定される再建計画が客観的にみて合理的なものであるとは限らず、また、金融機関にその支援を実行するだけの体力があるとも限らず、実際上も、後記(第1・5(2)ア)のように、長銀には関連親密先を積極支援し続けるだけの十分な体力はなかったのであり、このように、支援等の具体的中身を検討することなく、単に金融機関に積極支援意思があるというだけで、Ⅲ、Ⅳ分類が出ない基準を設けるのが不合理であることはいうまでもない(甲21号証・竹井5丁裏〜7丁表、8丁、15丁、甲22号証・竹井3丁、6丁〜8丁、17丁表、22丁裏〜23丁、35丁表、資料3、6、甲30号証・大田5丁〜7丁表、26丁裏〜27丁表、甲151号証・木戸6丁〜7丁表、甲153号証・木戸11丁裏〜12丁表、甲156号証・中嶋14丁、甲157号証・西川13丁裏〜15丁表、甲193号証・資料作成報告書資料3、甲202号証・日本リースに係る査定メモ、乙8号証・被告人大野木7丁裏〜8丁表、10丁〜11丁表、15丁裏〜16丁表、18丁〜19丁、20丁裏〜21丁表、23丁、資料4、8、乙11号証・被告人大野木12丁表、乙19号証・被告人須田5丁、17丁、乙20号証・被告人須田7丁裏〜8丁、10丁、24丁、25丁裏〜26丁表、資料9、乙27号証・被告人須田10丁裏、乙35号証・被告人鈴木22丁〜23丁、乙39号証・被告人鈴木21丁表、第2回・高野9丁表、40丁裏、第3回・吉武5丁〜7丁、第4回・吉武28丁裏〜29丁表、30丁〜32丁、第19回・中嶋45丁、47丁、第23回・被告人須田60丁裏、第28回・高橋25丁裏〜26丁)。

なお、被告人3名の弁護人は、「平成9年3月期までは、原則として、法人税基本通達における損金計上の基準(いわゆる『税法基準』)を満たす場合にのみ償却・引当するのが会計慣行であり、税法基準においては、金融機関が支援し追加融資等を予定している先向けの貸出金等については原則として損金計上が認められていなかったところ、平成10年3月期にもこうした慣行に基づく処理は否定されていなかったのであって、積極支援先について償却・引当を要しないような自己査定基準を策定することも許容されていた」旨主張している(大野木弁護人冒頭陳述・書39頁〜41頁、大野木弁護人更新意見第3・14頁〜15頁、須田弁護人冒頭陳述書18頁〜19頁、鈴木冒頭陳述書20頁〜22頁、47頁、第11回・被告人鈴木45丁裏〜47丁表)。

しかしながら、そもそも、我が国における法人税額の計算が、企業会計上の処理を前提に益金・損金の税務調整を行ってなされることからすれば、税法上の取扱いの如何にかかわらず、まず、企業会計上適正に償却・引当すべきであり、その後初めて、税法上損金と認められるかどうかが問題となるのであり、税法上損金として認められないから、企業会計上も当初から償却・引当しないというのは、本末転倒の議論というほかなく(第28回・高橋25丁裏、31丁裏〜32丁、第32回・被告人大野木2丁表、3丁、弁5号証)、また、税法基準によらないいわゆる「有税償却・引当」については、平成5年11月29日付け大蔵省大臣官房金融検査部発出(平成6年2月8日一部改正)の「不良債権償却証明制度等実施要領」(甲217号証・資料複写報告書)に、「有税引当等については……金融機関の自主判断により行われるものであることに留意する。」旨明記されていることからも明らかなように、運用上何らの制約もなく、金融機関において商法等に従って適正な償却・引当を行うことについて全く支障はなく、さらに、改正後の決算経理基準は、前記(第1・3(1)エ)のように、税法基準について全く触れておらず、税法基準とは関係なく合理的な方法により必要額の償却・引当をすべきものであることが明確にされており、長銀自体も、平成10年3月期の有価証券報告書(甲3号証)中で、「銀行業の決算経理基準に基づき、予め制定した償却・引当基準に則り、4号実務指針に規定する債権に相当する債権毎に計上している」旨、税法基準とは関係なく引当をすることを前提とする記載をしていたこと、などに照らせば、金融機関において、従前、事実上税法基準に該当するもののみ償却・引当をしてきたとしても、それが「公正な」会計慣行でなかったことはいうまでもなく、平成10年3月期においてこのような事情を前提として自己査定基準を策定することは資産査定通達を逸脱し、かつ、合理性がないものといわざるを得ない。

さらに、被告人鈴木の弁護人は、「金融機関の積極支援方針の先は、資産査定通達の破綻懸念先の定義における『自行（庫・組）としても消極ないし撤退方針』という要件を満たさないため、悪くても要注意先としてII分類までしか査定されないから、『経営支援先区分』及び『経営支援実績先区分』を設けて原則II分類と査定することや、『特定先』を無条件に正常先又は要注意先として非分類ないしII分類と査定することは、資産査定通達の許容範囲内である」旨主張し、秋山会計士もこれに沿う証言をしているが（鈴木弁護人更新意見13頁、第20回・秋山53丁）、前記（第1・2(4)イ）のように、資産査定通達の破綻懸念先の定義のなお書きにある「消極ないし撤退方針を決定していない債務者」には積極支援先も含まれ、金融機関において積極支援意思を有している先であっても、他の要因によって破綻懸念先となり得ることは明らかであり、前記主張は理由がない（甲155号証・水谷25丁）。

したがって、「経営支援先区分」、「経営支援実績先区分」及び「関連ノンバンク区分」等の資産査定通達にない独自の債務者区分を定めることや「特定先」について業況にかかわらず無条件に正常先又は要注意先とすることが、資産査定通達等を逸脱しており、かつ、内容的にも不合理であることは明白である。

ウ　長銀一行取引の関連ノンバンク区分先に係るIV分類査定について

資産査定通達は、IV分類の定義において、「回収不可能又は無価値と判定される資産」であるとした上で、「なお、IV分類については、その資産が絶対的に回収不可能又は無価値であるとするものではなく、また、将来において部分的な回収があり得るとしても、基本的に、査定基準日において回収不可能又は無価値と判定できる資産である」としているところ、これは、貸出金等の将来における回収可能性を評価する資産査定、あるいは、将来の損失発生に対する蓋然性を前提として合理的に算定できる損失額を見積り計上する貸倒引当金の性質上、不確定要因が介在することを否定できないことから、必ずしも基準時において損失額が確定していることを要しないとしたものであり、そうすると、金融機関の関連ノンバンク向け貸出金の価値を適正に評価するためには、関連ノンバンクの資産で査定基準日において損失と判定できるものは、将来において部分的な変動の可能性があるとしても、判断の材料とすべきであり、それを金融機関の関連ノンバンク向け貸出金のIV分類にも反映させることが必要である。

すなわち、関連ノンバンクの保有する有価証券等の含み損や、関連ノンバンクの100%子会社でその損失につき当該関連ノンバンクが責任を負うべき実態にあるものの公表決算上の債務超過額については、関連ノンバンク向け貸出金の回収可能性に影響する資産の価値が毀損され損失が生じているという意味で、営業貸付金のIV分類と何ら変わりがないのであり、しかも、査定基準日におけるそうした含み損や債務超過の額を算定することは可能なのであるから、これらは、金融機関の関連ノンバンク向け貸出金のIV分類に反映されるべきである。なお、このような観点から、平成8年4月の長銀に対するMOF検においても、第一ファイナンスに対する貸出金につき保有有価証券等の含み損に相当する額はIV分類とされた。

したがって、長銀が、関連ノンバンク区分先のうち長銀のみが貸出しをしている先について、確定損失に相当する額のみをIV分類とし、保有有価証券等の含み損やその100%子会社の公表決算上の債務超過額に相当する額をIV分類としないとしていることは、資産査定通達を逸脱しており、かつ、金融機関の貸出金の回収可能性に直接的に影響する関連ノンバンクの資産の損失が適正に反映されず、内容的にも不合理であることは明白である。
(以上につき、甲93号証・青木16丁、18丁、資料1、甲94号証・青木12丁、資料2、甲96号証・青木4丁裏〜5丁表、甲153号証・木戸15丁裏〜17丁表、甲156号証・中嶋15丁裏〜16丁表、第3回・吉武41丁表、48丁表、第16回・大田68丁)

これに対して、被告人大野木の弁護人は、「9年事務連絡はII 2『体力がない関連ノンバンク』において、有価証券等の正味含み損を『加味することができる』と規定しており、加味することが義務付けられているものではなかった」旨主張している（大野木弁護人冒頭陳述書182頁）。しかし、9年事務連絡の前身である7年事務連絡（甲155号証・水谷資料9）においては、「加味するものとする」となっており、この点につき取扱いを変えなければならない特別の事情があったわけではないこと、9年事務連絡を基に策定された関連ノンバンクQ&Aにおいては、Q1で、「有価証券や不動産等の含み損益についても加味し」と明記されていることなどに照らすと、9年事務連絡が「加味することができる」とした趣旨は、含み損が実質的に考慮する余地がないほど小さい場合には加味しなくてよい場合があるという程度の意味にすぎず、原則は、有価証券等の含み損についても加味しなければならないものであった（甲153号証・木戸16丁〜17丁表、第4回・吉武80丁〜81丁表、第31回・被告人大野木36丁裏）。

また、被告人大野木の弁護人は、「平成10年3月期決算においては、金融機関自体が保有する有価証券は、期末の時価が取得原価を下回っている時にも原価、すなわち簿価で評価する『原価法』が許容されており、金融機関自体が保有していれば含み損は考慮されないのに、貸出先が保有する場合は含み損を考慮するのは矛盾している」旨主張している（大野木弁護人冒頭陳述書182頁〜183頁）。しかし、資産査定は、貸出金の回収可能性を実質的に判断することが目的であるところ、金融機関の決算において、原価法が採用されていようと、期末の時価と取得価格のいずれか低い方で評価する「低価法」が採用されていようと、その貸出先の業況等の実態は変わらず、したがって、貸出金の回収可能性には違いは何ら生じないのであって、資産査定において貸出金の回収可能性を実質的に判断するため、これに直接的な影響を及ぼす性質を有している「保有有価証券の含み損」を考慮すべきことは当然である（第4回・吉武42丁、87丁表）。

エ　関連ノンバンク区分先のグループ会社向け貸出金の査定について

資産査定通達は、I 1「資産査定の目的」において、資産査定について、「金融機関の保有する資産を個別に検討して、回収の危険性又は価値の毀損の危険性の度合に従って区分すること」と定義し、貸出先ごとに債務者区分を行い、資産分類することを前提にしているところ、関連会社であっても、それぞれ法人格を有する別個の会社であり、各会社に対してそれぞれ貸出時期、条件、金額及び徴求担保を異にすることにかんがみると、前記（第1・4(1)ウ）のような一体的な査定をすることは、貸出先ごとの業況の違いが資産査定に反映されず、適正な償却・引当を不可能とするものであるといわなければならない。

特に、長銀の「関連ノンバンクにかかる自己査定運用規則」においては、前記（第1・4(1)ウ）のように、「体力のない関連ノンバンク」について、その業況悪化の程度によらず、一律に「関連ノンバンク区分」とされることとなっており、これを前提として関連ノンバンクとそのグループ会社を一体査定することは、関連ノンバンクのグループ会社向け貸出金の査定において、その会社自体の個別の業況が反映されないばかりでなく、親会社等である関連ノンバンクの業況も何ら反映されないことになる。

したがって、関連ノンバンク区分先のグループ会社向け貸出金を査定する場合に当該関連ノンバンクと一体査定することは、資産査定通達を逸脱し、内容的にも不合理であることが明らかである。
（以上につき、甲100号証・上池3丁、甲146号証・吉武7丁、乙8号証・被告人大野木22丁裏～23丁表、乙25号証・被告人須田13丁裏～14丁表、乙37号証・被告人鈴木31丁、乙38号証・被告人鈴木21丁表）

オ　関連ノンバンク区分先に対する賃貸借型貸付有価証券の査定について

貸付有価証券とは、金融機関が保有している有価証券のうち取引先に貸与されるものをいい、取引先において借り受けた有価証券と同種・同量・同等のものを返還すればよい「消費貸借型」と借り受けた有価証券そのものを返還しなければならない「賃貸借型」とがあるところ、長銀策定の「関連ノンバンクにかかる自己査定運用規則」においては、前記（第1・4⑴オ）のようにⅡ分類を圧縮する目的から、「体力がない関連ノンバンクについても、長銀が母体行責任を放棄していない先に対してその信用補完を目的に賃貸借契約により行う貸付有価証券は分類対象外資産とする」とされた。

しかし、賃貸借型の貸付有価証券も、担保提供の目的で貸付けが行われていたのであり、貸与先の体力不足によって他行からの借入れを返済できなければ、担保実行により借入先の手に渡ってしまうものであって、その結果、貸与先である長銀関連親密先からの回収が不可能となり、それだけ長銀の資産が減少するという意味では、貸出しによる与信と何ら変わりがなく、実際にも、長銀とNED間の「有価証券賃貸借契約証書」第3条第1項には、貸付有価証券が返還されない場合があることを前提とする規定があり、有価証券の賃貸借契約が貸出と同等の与信行為であることが明らかである。

したがって、賃貸借型の貸付有価証券を分類対象外とすることは、資産査定通達を逸脱しており、内容的にも不合理である。
（以上につき、甲24号証・竹井25丁、甲31号証・山下8丁、11丁、甲32号証・山下30丁、34丁、甲95号証・青木15丁～16丁表、甲101号証・上池35丁裏～36丁、42丁裏、甲145号証・吉武16丁裏～17丁表、甲171号証・江端2丁表、甲216号証・資料複写報告書、乙8号証・被告人大野木21丁、第2回・高野9丁裏、10丁、第3回・吉武8丁裏～9丁表）

5　長銀の平成10年3月期における貸出金の償却・引当不足額

以下詳論するように、長銀の平成10年3月期決算において、貸出金に係る合計3130億6900万円の償却・引当不足が認められる。

⑴　償却・引当不足額の具体的内容

ア　第一ファイナンス関係

被告人3名の弁護人は、①長銀が査定したとおり、長銀の関連ノンバンクであり一行取引先である第一ファイナンス向け貸出金についてⅣ分類とすべきものは、「関連ノンバンクにかかる自己査定運用規則」によって、第一ファイナンスの確定損失相当額である平成10年3月期の同会社の公表決算上の債務超過相当額のみであり、同会社保有有価証券等の含み損等については考慮する必要がなく、同会社には営業貸付金のⅣ分類額も存在しなかった、②仮に、資産査定通達に従って査定をするとしても、長銀は、平成10年3月期時点で、第一ファイナンスを数年間は存続させるつもりであり、その後も新規にサービサー業務を行うことや他の関連親密先との合併等も念頭に置いており、清算が決まっていたわけではないから、債務者区分は破綻懸念先にとどまり、Ⅲ分類までしか出ず、長銀が支援する限り第一ファイナンスが破綻することはないから、このⅢ分類については、偶発損失発生の確率をゼロとみて、全く引当をしなくてもよかった、旨主張しており、秋山会計士も公判においてこれに沿う証言をしている（大野木弁護人冒頭陳述書182頁、第20回・秋山46丁裏～48丁）。

しかし、「関連ノンバンク区分」に該当する先のうち長銀の一行取引先について確定損失のみをⅣ分類とし、当該関連ノンバンクの保有有価証券等の含み損等を長銀の貸出金の査定において考慮しないことが、資産査定通達を逸脱し、かつ、内容的にも不合理であることは、前記（第1・4(2)ウ）のとおりである。

そこで、第一ファイナンスに対する長銀貸出金のⅣ分類額を算出するに当たっては、資産査定通達に従って債務者区分を行った上、9年事務連絡及び関連ノンバンクQ&Aに従って資産分類を行うこととなるところ（甲153号証・木戸11丁裏～12丁表、甲157号証・西川13丁～15丁表)、検討するに、債務者区分については、長銀の平成10年3月期における第一ファイナンス向け貸出金残高が1245億6000万円であり、当時、同会社は、営業貸付先である第三債務者の多くが特別清算等の法的破綻状態となっていたことなどから、公表決算上も3期連続で赤字決算、2期連続で債務超過状態にあり、保有有価証券等の含み損等が悪化の一途をたどっており、こうした含み損等も考慮すると平成10年3月末時点で約800億円の大幅な実質債務超過状態にあり、長銀としても、第一ファイナンスの優良資産を別会社である平河町ファイナンス株式会社に移し、第一ファイナンスについては、債権の回収に専念させて、近い将来の清算を予定していたことなどに照らすと、同会社は、平成10年3月期において、法的・形式的な経営破綻の事実は発生していないものの、深刻な経営難の状態にあり、再建の見通しがない状況にあって実質的に経営破綻に陥っていると認められ、実質破綻先に該当した。実際、第一ファイナンスは、平成11年4月30日、株主総会決議により解散し、同年7月21日、特別清算が開始され、倒産した。

(以上につき、甲16号証・竹井資料1、甲18号証・竹井資料3、甲27号証・大田資料13、甲28号証・大田資料1、3、5、甲37号証・平田13丁、甲93号証・青木5丁裏～6丁表、18丁表、甲94号証・青木6丁～7丁、資料2、甲95号証・青木4丁表、資料1、甲96号証・青木資料1、甲97号証・常峰2丁裏～3丁表、4丁～5丁表、甲144号証・吉武資料1、2－2、8、甲204号証・資料作成報告書資料1、甲259号証・資料複写報告書資料1、乙9号証・被告人大野木4丁裏～5丁表、9丁、10丁裏～11丁表、18丁～20丁表、乙24号証・被告人須田1丁裏、5丁～7丁表、10丁、資料4、乙38号証・被告人鈴木1丁裏～3丁、16丁～18丁表、第4回・吉武88丁表、第16回・大田65丁裏)

なお、被告人3名は、「第一ファイナンスについて新規事業や合併も念頭に置いていた」旨弁解し、元長銀事業推進部長大田秀晴（以下「大田事業推進部長」という。）もこれに沿う証言をしているが（第16回・大田65丁)、前記各証拠において、被告人3名を始めとする長銀関係者が、「第一ファイナンスは数年内に清算予定であった」旨一致して供述する一方で、新規事業や合併も念頭に置いていたとの供述は全くしておらず、長銀の各種会議資料等も、清算予定との記載がある一方で新規事業や合併に関する記載は全くないことなどに照らすと、平成10年3月期当時、長銀において第一ファイナンスを数年内に清算することは既定の方針であり、新規事業や合併の計画等は有しなかったものと認められる。また、被告人3名も、公判において、「新規事業や合併についてはまだ具体的な検討はされていなかった」などとも供述しているところ（第25回・被告人須田73丁裏～76丁、第27回・被告人鈴木49丁表、第31回・被告人大野木79丁裏～80丁表、89丁裏～90丁表)、資産査定通達の解説である全銀協の「資産査定Q&A」（甲155号証・水谷資料3）は、Ⅱ「貸出金の分類方法」のQ1で、債務者区分を行う際の要件である貸出先の返済能力の判断について、「原則として過去の実績に基づいて判断し、返済能力の判断をすべきであり、将来の収支予想について、その妥当性の判断根拠を明確に示すことができ、現状を踏まえて将来の予想が確実に履行できると判断される場合に限り、これを加味して判定することも可能である」としており、長銀の自己査定基準（甲81号証・守澤資料11、169丁）においても、第1編第2章Ⅲ2「債務者区分」で同様の規定が置かれていることに照らすと、そうした具体性のない新規事業や合併の構想を債務者区分の判定等において加味することが許されないのも明らかである。

以上の債務者区分を前提として資産分類すると、第一ファイナンスは、①前記のように大幅な実質債務超過状態にあり、償却前利益によっておおむね2、3年で実質債務超過額を解消できる状態にないことから、「体力のない関連ノンバンク」に該当し、②長銀には母体行責任を負う意思はあるものの、③再建計画が作成されておらず、④前記のように赤字体質かつ清算予定であることなどから、再建可能性が十分にあると認められる場合以外に該当し、⑤第一ファイナンスの取引金融機関は長銀のみであって貸出金のシェアが100％であることから、長銀の第一ファイナンス向け貸出金のうち、第一ファイナンスの営業貸付金のⅣ分類等に相当する額がⅣ分類に該当するものであった。

具体的には、第一ファイナンスの営業貸付金のⅣ分類合計219億1700万円、同会社の保有有価証券の含み損294億5500万円、同会社の保有する非上場株式の無価値部分18億8600万円、同会社の債務超過額137億4800万円及び同会社の100％子会社2社の債務超過額62億1100万円の合計額から、子会社2社において計上している貸倒引当金合計33億4500万円(100万円未満切上げ)を差し引いた698億7200万円に相当する金額が長銀の第一ファイナンス向け貸出金におけるⅣ分類であった。

(以上につき、甲94号証・青木12丁、甲95号証・青木22丁、甲96号証・青木4丁～5丁表、22丁裏～23丁表、甲98号証・鳩野25丁裏、資料3、9、12、甲99号証・鳩野9丁裏、15丁裏、資料3、甲144号証・吉武10丁、資料7、8、甲204号証・資料作成報告書資料2、3、乙9号証・被告人大野木21丁～22丁表、乙24号証・被告人須田10丁、資料3、乙38号証・被告人鈴木7丁、20丁裏～21丁表、第3回・吉武39丁、40丁、43丁、44丁、47丁～49丁)

なお、第一ファイナンスの営業貸付金については、同会社の従業員である鳩野耕司が、第三債務者の決算書等の客観的証拠に基づいて詳細かつ具体的に供述しているように、大阪ファイナンス株式会社ほか2社については、公表決算上、債務超過状態が続き、当期損益も赤字が続くなどしており、今後の収益によって営業貸付金が回収できる見込みがなく、担保の処分等によって一部の回収が見込めるにすぎず、また、株式会社ティ・アイ・エス・シーほか1社についても、公表決算上、債務超過状態が続き、長期の業績低迷のためわずかの収益しかなく、債務超過状態の解消に100年以上もの超長期を要することなどに照らすと、いずれの第三債務者も実質破綻先であり、それらの会社向け営業貸付金のうち担保処分可能見込額以外は全額Ⅳ分類であったことが明らかである。また、長銀自体、平成9年9月の自己査定のトライアル（試行）においては、一部の営業貸付金につきⅣ分類と査定していたのであり、その後、営業貸付先の業況に改善がないにもかかわらず、平成10年3月期において、同じ営業貸付金についてⅣ分類が全くないものと査定するのは、恣意的であり、不合理というほかない。

(以上につき、甲22号証・竹井24丁裏～25丁表、甲30号証・大田19丁裏～20丁表、甲94号証・青木11丁～12丁表、甲95号証・青木7丁～8丁、18丁裏～19丁表、甲96号証・青木8丁～9丁表、11丁、20丁、甲97号証・常峰13丁、甲98号証・鳩野、甲99号証・鳩野、乙38号証・被告人鈴木8丁～9丁、第16回・大田68丁裏、第31回・被告人大野木87丁)

以上によれば、平成10年3月期において、長銀の第一ファイナンス向け貸出金について、本来、698億7200万円の償却・引当をすべきであるところ、実際には147億円の有税引当をしたのみであるから、差額の551億7200万円が償却・引当不足であった。

イ　NED関係

被告人3名及び各弁護人は、「長銀の関連ノンバンクであるNED向け貸出金について、長銀は平成10年3月期において、NEDに対して、合理的な再建計画に基づいて再建のための支援を行っていたのであるから、『関連ノンバンクにかかる自己査定運用規則』によっても、また、9年事務連絡及び関連ノンバンクQ&Aによっても、長銀の査定したとおり、平成10年3月期のNEDに対する債権放棄による支援損相当額201億8000万円のみがⅣ分類、残額の1515億6500万円がⅢ分類であり、長銀が支援する限りNEDが破綻することはないから、偶発損失発生の確率はゼロであり、Ⅲ分類について、全く引当をする必要はなかった」旨主張しており、秋山会計士もこれに沿う証言をしている（大野木弁護人更新意見第1・38頁〜39頁、第20回・秋山45丁裏、48丁裏〜49丁表）。

しかし、「関連ノンバンクにかかる自己査定運用規則」における「関連ノンバンク区分」が、資産査定通達を逸脱し、かつ、合理性がないことは、前記（第1・4⑵イ）のとおりである。そこで、NEDに対する長銀貸出金のⅣ分類額を算定するに当たっては、資産査定通達に従って債務者区分を行った上、9年事務連絡及び関連ノンバンクQ&Aに従って資産分類を行うこととなる（甲153号証・木戸11丁裏〜12丁表、甲157号証・西川13丁〜15丁表）。検討するに、平成10年3月期における長銀による支援損計上直前のNEDの借入金総額は5165億4700万円（甲146号証・吉武資料9参照。支援損計上後の借入金総額4963億6700万円＋支援損計上額201億8000万円）であり、このうち長銀からの借入金の残高は1715億8500万円（甲146号証・吉武資料9参照。支援損計上後の借入金1514億0500万円＋支援損計上額201億8000万円）であったところ、NEDは、営業貸付金のⅣ分類や不動産含み損、保有有価証券の含み損等を考慮すると平成8年3月期が約1054億円、平成9年3月期が約2318億円、平成10年3月期が約2275億円の各実質債務超過状態にあり、経常利益は、平成8年3月期が約21億円、平成9年3月期が約13億円、平成10年3月期が約17億円にすぎず、平成10年3月期において、償却前利益によって実質債務超過状態を解消するには、100年以上の期間を要する状態にあり、後記（第1・5⑴イ㋐）のように合理的な再建計画がなく、将来清算する方向で検討されていたことなどに照らすと、法的・形式的な経営破綻の事実は発生していないものの、深刻な経営難の状態にあり、再建の見通しがない状況にあって実質的に経営破綻に陥っていたものと認められ、その債務者区分としては、平成10年3月期当時、実質破綻先に該当した。実際、NEDは、平成11年3月31日、株主総会決議により解散し、同年4月9日、特別清算が開始され、倒産した。

（以上につき、甲27号証・大田資料13、甲28号証・大田資料1、3、5、甲106号証・岸田輝雄7丁、8丁、資料11〜13、甲123号証・山下資料2、甲145号証・吉武5丁裏〜6丁表、資料2の2、9、甲259号証・資料複写報告書資料5、乙9号証・被告人大野木6丁裏〜8丁、乙25号証・被告人須田3丁裏〜5丁表、11丁、乙37号証・被告人鈴木5丁〜6丁表、7丁裏〜10丁表、19丁裏、資料5、第3回・吉武30丁）

そして、以上の債務者区分を前提として資産分類するに、NEDは、前記のように、①償却前利益によっておおむね2、3年で実質債務超過額を解消できる状況にないことから、「体力のない関連ノンバンク」に該当し、②長銀には母体行責任を負う意思があり、③NEDに対する再建計画を策定して国税局に提出したものの、④長銀が再建計画に基づく支援を実施しても再建可能性の認められない会社であって、再建計画に合理性がなく再建見通しがない場合に該当するので、長銀のNED向け貸出金のうち、NEDの営業貸付金についてのⅣ分類等に長銀のNED向け貸出金のシェアを乗じた金額に相当する額が、Ⅳ分類に該当するものであった。

以下、ふえんする。

㋐ NEDの再建計画に合理性がないこと

NEDは、もともとベンチャー企業に対する投資業務を本業としていたが、バブル期に不動産関連融資に傾注し、バブル崩壊によって多額の不良債権を抱えることとなったため、長銀は、NEDに関して、平成6年3月期以降、5年間の再建計画を作成し、法人税基本通達

9-4-2 により無税で支援損を計上するための国税局の承認を受けた上、債権放棄による損益支援を実施しており、平成6年3月期から平成10年3月期までに合計1900億円の計画に対し、平成6年3月期から平成9年3月期までに合計約1051億円の債権放棄を実施した（甲101号証・上池資料13）。しかし、前記再建計画では、NEDの営業貸付金の損失率につき、策定当時それが実態として60%〜70%に及んでいたにもかかわらず、支援額を少なくするため、これを30%にとどめていたもので、これに基づいて算出された長銀からの支援額は、NEDの再建にとって必要な額を大きく下回っていた。

そのため、当然のことながら、当初計画の平成10年3月期までの支援によってNEDを再建することは不可能となり、地価の下落や新規延滞の発生により、NEDの資産が更に悪化したこともあって、長銀は、再建計画の見直しを行い、平成10年3月期から5年間支援を延長するものとして、平成10年3月期に約349億円、平成11年3月期に約545億円、平成12年3月期に約608億円、平成13年3月期に約659億円、平成14年3月期に約789億円の合計約2950億円の損益支援を行う旨の計画を国税局に提出した（甲101号証・上池資料12、13）。同計画によれば、支援が行われた場合、5年後には当期利益が黒字になるとされていた。

しかし、長銀においては、前記見直し後の計画どおり5年間で約2950億円の損益支援が実施されたとしても、NEDの最終損益は10億円程度の赤字で、未引当の固定化債権が残り、当該資産の金利負担を賄えないと予測していたばかりか、長銀に償却財源がないことから、実際には、平成10年3月期から5年間で合計1300億円程度の支援しかできず、その後更に4年間かかってようやく残りの約1700億円の支援をなし得るにすぎないと見積もっていた（甲101号証・上池資料13）。

また、長銀は、平成10年3月期において、NEDで喫緊に処理すべき不良債権が約700億円あると見積もっており、当初の再建計画においても同期に約734億円の支援をすることとなっていたにもかかわらず、国税局に提出した見直し後の計画においては、同期の処理額が約349億円と大きく下回っていたばかりか、実際に同期に行った債権放棄による支援はわずか201億8000万円にすぎず、これだけの支援ではNEDの資産内容の改善はほとんど見込めず、他の金融機関のNEDを見る目も相当厳しくなり、資金返済圧力が高まる見込みとされていた。

ところで、再建計画は、余り長期に及ぶ場合、将来にわたっての不安定要素が増大するため、その計画の実現可能性の検証が困難になるところ、平成10年3月期において、大半の銀行は、当時経営環境等がめまぐるしく変化しており、金融機関については事業会社に比べて特に経営の健全性がより強く要求されることなどから、合理的で実現可能な再建計画といえるためには、5年程度、長くても7年以内程度の期間を一応の基準とすべきであるとしていた。このように、金融機関の貸出先の再建計画として合理性が認められる期間としてはおおむね5年程度、長くても7年程度であったところ、長銀は、国税局に見直し後の再建計画を提出する段階から、償却財源不足のため計画どおりに5年間で2950億円の追加支援を行うことができず、それだけの支援をするには9年間必要であり、しかも、仮に、計画どおりに支援を実施したとしても、支援終了後もなお最終損益の赤字が続くことなどを知りつつ、これらの事情を国税局に明らかにしていなかったもので、こうした事情が国税局側に知られることになれば、およそ合理的再建計画として承認される余地がなかった。

また、実際にも、見直し後の計画自体当初計画より支援金額が大幅に増加すること、支援期間も延長となることから、その国税局による承認につき、平成10年3月期において、内諾すら得られておらず、その後も、同年10月に長銀が破綻するまでその承認は得られなかった。

これらの諸事情に照らし、NEDの再建計画に合理性がなかったことは明白である。
(以上につき、甲100号証・上池6丁裏、甲101号証・上池2丁〜4丁、7丁裏、資料12、13、甲104号証・山本3丁〜7丁、甲123号証・山下資料2、甲145号証・吉武7丁、甲156号証・中嶋12丁、乙9号証・被告人大野木12丁裏〜15丁、22丁、資料10、乙25号証・被告人須田5丁裏〜8丁、10丁表、12丁、資料4、5、乙37号証・被告人鈴木3丁、11丁裏〜12丁、16丁〜19丁、28丁表、第2回・高野32丁、第3回・吉武23丁、第16回・大田53丁、第19回・中嶋34丁、第26回・被告人鈴木72丁裏〜73丁表、第31回・被告人大野木93丁表、96丁裏〜97丁表)

なお、被告人大野木及びその弁護人は、「平成10年3月期のNEDに対する支援は、当面の企業維持を図り、その間に本業のベンチャーキャピタル部門を中核として再建を果たせるだけの最低限の水準には達していた」旨主張しているが(大野木弁護人更新意見第1・38頁〜39頁)、前記のように、同期において、NEDにおいて喫緊に処理すべき不良債権が約700億円もあり、わずか201億8000万円の支援ではNEDの資産内容の改善がほとんど見込めず、他の金融機関からの資金返済圧力が高まる見込みとされていたこと、元長銀常務取締役鈴木恒男(以下「鈴木恒男常務」という。)も、公判において、「企業を維持できることと再建できることは、同じではない」旨証言していること(第14回・鈴木恒男38丁裏〜39丁表)などに照らし、前記主張には理由がない。

(イ) NEDの営業貸付金のⅣ分類額

NEDの営業貸付金は、以下のように、合計2171億2600万円がⅣ分類に該当するものであった。

すなわち、まず、長銀自身、平成10年3月期の自己査定において、株式会社ファーストほか18社に対するNEDの営業貸付金については合計947億8600万円をⅣ分類としている(甲105号証・早田資料1)。

次に、平成10年7月の同年3月31日を基準日とする金融監督庁検査においては、前記19社のほか、株式会社松本経営システムに対する150億4700万円、パシフィックモーゲージ株式会社に対する83億2600万円、日本ビルプロヂェクト株式会社(以下「ビルプロ」という。)に対する86億700万円、大福興業株式会社に対する54億7000万円、大阪ファイナンス株式会社に対する57億4800万円、第一不動産株式会社に対する45億2300万円、昭和興産株式会社に対する45億5300万円、岩崎住宅株式会社に対する39億6700万円及び他の長銀の関連親密先に対する187億3100万円、の各営業貸付金合計749億7200万円が追加でⅣ分類と査定された(甲105号証・早田資料1、甲145号証・吉武資料10)。例えば、株式会社松本経営システムは、平成5年から延滞を続けており、平成10年3月期において経常利益、当期利益、資本勘定がいずれも赤字となっており、同会社に対する156億8300万円の営業貸付金につき月額わずか100万円程度の内入れ入金しかなかった。このような業況にある同会社につき、長銀は、前記(第1・4(2)ア)のような資産査定通達を逸脱する一般先に係る自己査定基準を適用することにより、要注意先としてⅡ分類と査定しているのに対し、金融監督庁検査においては、こうした業況を基に資産査定通達に従って同会社を実質破綻先と認定し、Ⅳ分類査定を行っているところ、このような同検査の結果は、他の営業貸付金に係るものも含め合理的なものと認められる(第3回・吉武31丁〜32丁表)。

このほか、株式会社大和エンタープライズ(以下「大和エンタープライズ」という。)に対する257億4700万円、ゼネラルリース株式会社(以下「ゼネラルリース」という。)に対する83億8400万円、株式会社イ・アイ・イーインターナショナル(以下「EIE」ともいう。)に対する64億8500万円、株式会社プリンスホーム(以下「プリンスホーム」という。)に対する47億6700万円、株式会社柏栄(以下「柏栄」という。)に対する19億8500万円、の各営業貸付金合計473億6800万円も、Ⅳ分類に該当するものであった。

すなわち、大和エンタープライズは、北新宿再開発プロジェクトの土地保有会社であるところ、平成6年3月から延滞が続いており、決算書上、平成7年3月期以降4期連続で債務超過状態にあり、経常損益も平成7年3月期から平成9年3月期まで3期連続で赤字であり、平成10年3月期もわずかに黒字となったにすぎず、前記プロジェクトを推進する予定とはなっていたものの、同プロジェクトに関して東京都の予算が付くかどうかも確定しておらず、前記（第1・5(1)ア）のように、資産査定Q&Aにおいて、将来の収支は確実なもののみ加味できるとされていたことにかんがみると、同プロジェクトが推進されることを前提とし得ず、平成10年3月期において、実質破綻先であり、同会社に対するNEDの営業貸付金332億5900万円から担保による保全額75億1200万円を差し引いた257億4700万円（甲105号証・早田資料3、22丁）は、Ⅳ分類に該当するものであった。

ゼネラルリースは、EIEのグループ金融会社であるところ、平成4年6月から延滞が続いており、貸付債権の95%が延滞債権で、その大半が同グループ向け貸付であり、自主再建を進めているが期待できず、今後も一部債務者からの回収が若干予定されるにすぎず、決算書上、平成7年3月期以降4期連続の債務超過状態で、かつ、経常損益も赤字であることなどに照らし、平成10年3月期において、実質破綻先であり、ゼネラルリースに対するNEDの営業貸付金83億8400万円（甲105号証・早田資料5）は、担保による保全部分がないことから、その全額がⅣ分類であった。

EIEは、EIEグループの中核会社であるところ、過大な不動産投資により経営に失敗し、平成3年3月から延滞が続いており、長銀からの支援が打ち切られ、自主再建に注力するも実現は困難であり、担保は全て処分済みで利払いも行っておらず、決算書上、平成7年3月期以降4期連続の債務超過状態で、かつ、経常損益も赤字であることに照らし、平成10年3月期において、実質破綻先であり、EIEに対するNEDの営業貸付金64億8500万円（甲105号証・早田資料7）は、担保による保全部分がないことから、その全額がⅣ分類であった。

プリンスホームは、戸建の分譲等を営む会社であり、NEDから開発資金を調達してきたところ、数度にわたり開発許可が却下されるなどし、平成4年3月から延滞が続いており、NEDとしても、今後の回収を担保物件の処分に依存しているにすぎない状態であり、決算書上、平成6年5月期以降4期連続で債務超過状態にあり、経常損益も平成8年5月期はわずかに黒字となったものの、平成6年5月期、平成7年5月期及び平成9年5月期はいずれも大幅な赤字であることなどに照らし、平成10年3月期において、実質破綻先であり、プリンスホームに対するNEDの営業貸付金57億6400万円から担保による保全額9億9700万円を差し引いた47億6700万円（甲105号証・早田資料9、72丁）は、Ⅳ分類であった。

柏栄は、従来は柏栄グループの総括会社であったところ、同グループが、ホテル、ゴルフ場等の事業体毎に分社化し、独立採算制が採られたことから、柏栄自体は所有物件の賃貸収入のみで経営されることとなり、その所有物件の処分が進んだことで、賃貸収入もNEDが担保としているホテルと駐車場に係るもののみとなり、平成4年7月から延滞が続き、決算書上、平成7年5月期以降3期連続で債務超過状態となっており、かつ、経常損益も赤字であることなどに照らし、平成10年3月期において、実質破綻先であり、柏栄に対するNEDの営業貸付金28億8000万円から担保による保全額8億9500万円を差し引いた19億8500万円（甲105号証・早田資料11、87丁）は、Ⅳ分類であった。

（以上につき、甲105号証・早田4丁裏～5丁、7丁裏、資料3～12）

(ウ)　小括

以上によれば、長銀のNEDに対する貸出金については、同会社の営業貸付金のⅣ分類額2171億2600万円に、同会社の保有有価証券含み損84億3600万円、同会社の保有不動産含み損21億3500万円を加えた合計額2276億9700万円に長銀の貸出金のシェア33.2%を乗じた755億9500万円（100万円未満切捨て）がⅣ分類に該当し、その全額を平成10年3月期に償却･引当すべきであったところ、実際には201億8000万円の処理をしたのみであるから、差額の554億1500万円が償却・引当不足であった（甲145号証・吉武資料9、第3回・吉武25丁～26丁、29丁～30丁、甲24号証・竹井資料14、155丁）。

ウ　NED関連会社関係

被告人須田、同鈴木及びこれらの弁護人は、NED（以下「NED本体」ともいう。）の資産管理会社や資金調達会社である青葉エステート株式会社、ユニベスト株式会社、グラベス株式会社、コーポレックス株式会社、プロクセル株式会社、日本ビゼルボ株式会社及びエクセレーブファイナンス株式会社の7社（以下、前記各社について「株式会社」を省略し、これらの会社を「NED関連会社」ともいう。）向け貸出金については、「国税局に提出したNEDの再建計画において、NED関連会社が、不稼働資産処理をNED本体と一体で行うこととされていたから、長銀が査定したとおり、長銀の自己査定基準における『関連ノンバンク区分とされた先の関係会社のうち、不稼働処理を（関連ノンバンク区分に該当する）本体と一体で行う会社については、これを関連ノンバンク区分とし、それに準じた資産分類を行う。』旨の規定に従って、NEDと同じく『関連ノンバンク区分』とし、NEDに準じた資産分類を行うのが相当であり、平成10年3月期において、NED関連会社向け貸出金は、全額がⅢ分類であり、長銀が支援する限りNED及びNED関連会社が破綻することはないから、偶発損失発生の確率はゼロであり、Ⅲ分類について引当すべき必要額はなく、全く引当をする必要はなかった」旨主張しており、秋山会計士もこれに沿う証言をしている（第20回・秋山43丁～44丁）。

しかし、「関連ノンバンク区分」に該当する先のグループ会社を当該関連ノンバンク本体と一体として査定することが資産査定通達を逸脱し、かつ、内容的にも合理性がないことは、前記（第1・4(2)エ）のとおりである。(32P. ～)

そして、NED関連会社は、いずれも長銀の関連ノンバンクではないから、長銀の同関連会社に対する各貸出金については、資産査定通達に従って、それぞれ個別に債務者区分及び資産分類を行うこととなる（甲153号証・木戸10で丁裏～11丁表、甲155号証・水谷19丁裏、23丁、第3回・吉武19丁）。

検討するに、NEDの資産管理会社である青葉エステート、ユニベスト、グラベス、コーポレックス、プロクセル及び日本ビゼルボの6社は、いずれも、NEDの不動産開発等に関連する営業貸付金がバブル崩壊によって不良債権化したことから、NEDの赤字決算等を避けるため、当該不良債権を簿価譲渡する際の受皿会社として設立されたものであるところ、国税局からこのような簿価譲渡は不適切であるのでNEDにおいて買い戻すよう指導され、平成10年3月期までに、前記不良債権を再度NED本体に戻しており、その後は、前記不良債権の譲渡を受けていた間のキャリングコストの赤字分等を保有するにとどまる、いわば「カラ会社」であり、公表決算上、平成8年3月期から平成10年3月期の3期連続で経常利益も当期利益も赤字で、債務超過状態にあり、債務超過額は増加する状態にあって、長銀において再建する意思はなく、長銀からの利息の追貸しにより形式的に延滞を免れているにすぎない状態にあり、これがなければ他の金融機関への利払いもできず、業績回復の見込みもなかった（甲100号証・上池4丁、甲101号証・上池2丁、3丁、甲104号証・山本1丁、2丁、甲106号証・岸田輝雄6丁裏～8丁、資料11～13、甲146号証・吉武7丁～9丁、資料1-1、2-1～2-5、甲163号証･田上3丁、4丁、乙9号証･被告人大野木2丁～3丁表、16丁、資料7、乙25号証・被告人須田1丁裏～2丁表、12丁裏～13丁表、乙37号証・被告人鈴木3丁裏～4丁、32丁裏、33丁裏）。

また、NEDの資金調達会社であるエクセレーブファイナンスは、長銀からの借入金を全額NED本体に実質無担保で転貸しており、エクセレーブファイナンスの収益は、全てNED

からのもので、エクセレーブファイナンスが長銀に返済できるかどうかは、NEDから回収できるかどうかにかかっているのであるから、NEDとエクセレーブファイナンスの債務者区分は一致することとなるところ、前記（第1・5⑴イ）のようにNED本体は実質破綻先であった（甲106号証・岸田輝雄8丁、甲203号証・エクセレーブファイナンスに係る査定メモ、乙9号証・被告人大野木17丁、第3回・吉武36丁〜38丁）。

このように、NED関連会社は、平成10年3月期において、いずれも、法的・形式的な経営破綻の事実は発生していないものの、深刻な経営難の状態にあり、再建の見通しがない状況にあって実質的に経営破綻に陥っていると認められ、実質破綻先であり、長銀の青葉エステート向け247億8400万円、ユニベスト向け74億300万円、グラベス向け31億9600万円、コーポレックス向け13億6200万円、プロクセル向け5億9600万円、日本ビゼルボ向け1億3100万円及びエクセレーブファイナンス向け400億円、の各貸出金合計774億7200万円は、いずれも担保による保全部分がなく、全額がⅣ分類に該当するものであり、その全額を平成10年3月期に償却・引当すべきであった。実際、NED関連会社は、いずれも、平成11年3月31日、株主総会決議により解散し、同年4月9日、特別清算が開始され、倒産した。（以上につき、甲106号証・岸田輝雄9丁表、甲146号証・吉武資料1-2、1-5、2-1〜5、18丁、21丁、23丁、26丁、28丁、31丁、33丁、36丁、38丁、40丁、甲203号証・エクセレーブファイナンスに係る査定メモ、甲208号証・捜査報告書、甲259号証・資料複写報告書資料6〜12、乙9号証・被告人大野木6丁裏〜8丁、乙25号証・被告人須田14丁表、乙37号証・被告人鈴木36丁裏〜37丁）

なお、被告人3名及び各弁護人は、前記のような一体査定が許容されるべきNED関連会社固有の事情として、①国税局がNEDとその関連会社において不稼働資産を一体処理する形の再建計画を承認しており、これを根拠として、平成8年4月の長銀に対するMOF検において、NED本体とNED関連会社が一体のものとして資産査定されたこと、②4号実務指針に、「ある債務者に対する債権は、当該債務者が保証するグループ会社等に対する債権とともに、一元的に査定されているか確かめる」との規定があること、③長銀のNED関連会社向け貸出金について、支払能力を残しているNED本体が保証をしているため、無税償却・引当できないこと、などを挙げており、秋山会計士もこれに沿う証言をしている（第20回・秋山43丁〜44丁）が、次に述べるとおり、これらはいずれも当を得ないものである。

まず、国税局が前記のような再建計画を承認したのは、NEDから受皿会社であるNED関連会社に譲渡された不良債権が本来NEDの営業貸付金と評価すべきもので、その不良債権の処理がNEDの再建計画の一部と見られるという特殊な事情があったからであり、前記のように、平成10年3月期においては、すでに、簿価譲渡に係る不良債権は全てNEDに戻されており、NED関連会社には不良債権の簿価譲渡を受けていた間のキャリングコストの赤字等が残っているにすぎず、後はNED関連会社各社を個別に清算して前記赤字分の処理をするのみであるから、NED本体とNED関連会社を一体評価すべき理由はなかったのである（甲160号証・宮川15丁、甲163号証・田上3丁裏〜4丁、乙35号証・被告人鈴木24丁）。

また、前記の4号実務指針の規定は、親会社が子会社や関連会社等の債務を保証している場合、それが親会社からの回収可能性に影響を及ぼすことから、親会社に対する貸出金の査定の関係で、その保証分を、親会社に対する直貸しによる与信と同様のものとして扱うということであって、子会社や関連会社等に対する貸出金の査定の関係で親会社の状況を考慮することの根拠となるものではないし、仮に親会社の状況を考慮するとしても、前記（第1・5⑴イ）のように、NED自体が実質破綻先であって、NEDの形式的な保証があっても長銀のNED関連会社向け貸出金の回収可能性が増すわけではないのであるから、それがⅣ分類であるとの結論を左右するものではない（甲163号証・田上4丁）。

さらに、③の点については、NEDが前記のとおり実質破綻先であるにもかかわらず、これに支払能力が存することを前提としていること自体に誤りがあり、かつ、不良債権償却証明制度における無税償却・引当分のみが償却・引当の対象となるべきとする主張を前提とするものであって、それが当を得ないことは前記（第1・4(2)イ）のとおりである。

エ　日本リース関係

被告人3名及び各弁護人は、①日本リースは、長銀による平成7年3月期及び平成8年3月期の合計約1600億円の損益支援により、今後自力での再建が可能な状態になっており、平成10年3月期当時、日本リースは、実質債務超過状態にあったが、これは、費用を賄うだけの収益がないことによる損失から生じたものではなく、主として不動産価格の下落等による資産の含み損から生じたものであり、しかも、当該含み損は、実質的に日本リースと一体となって同会社の資産を管理しているにすぎない事業化会社の保有資産に係るものであり、これら保有資産の事業化を進めるなどして徐々にその含み損を解消していくことが十分可能であったから、こうした含み損分については、長銀の貸出金の回収可能性を判断する際の日本リースの実質債務超過の具体的内容の判定に当たって考慮しなくてよく、当時、同会社には本業のリース営業等により年間約250億円の基礎収益力があり、将来的にも新規事業を行うことによって収益の増加が見込め、こうした収益によっておおむね2、3年以内にその余の実質債務超過分を解消できる状態にあったのであるから、「体力のあるノンバンク」に該当し、したがって、長銀の特定関連親密先自己査定運用細則における「経営支援実績先区分」に該当し、また、仮に、資産査定通達に基づいて査定をしても要注意先に該当するのであって、同会社向け貸出金をII分類と査定して償却・引当を行わなかったことは妥当であった、②平成10年3月期当時、日本リースが「体力のないノンバンク」であったとしても、長銀は日本リースに対して母体行責任を負う意思があり、日本リースには長銀も交えて策定され平成11年3月期から実施された「第5次中期経営計画」と称する合理的再建計画が存在しており、仮に、それが合理的再建計画とは認められないとしても、日本リースは、必要があれば長銀から支援を得ることができ、資金繰りについても苦しいながらも何とかやり繰りしていくことができる状態にあり、今後十分再建を図っていくことが可能であったから、9年事務連絡及び関連ノンバンクQ&Aによれば全額III分類であって、長銀が支援する限り日本リースが破綻することはないから、偶発損失発生の確率はゼロであり、III分類について引当すべき必要額はなく、全く引当をする必要はなかった、旨主張しており、元日本リース副社長千葉務（以下「千葉副社長」という。）及び秋山会計士も公判においてこれに沿う供述をしている（大野木弁護人冒頭陳述書82頁～84頁、181頁～182頁、第18回・千葉、第20回・秋山90丁裏～91丁表)。

しかし、「経営支援実績先区分」という長銀独自の債務者区分が資産査定通達を逸脱し、かつ、合理性がないことは前記（第1・4(2)イ）のとおりであり、日本リースについては、資産査定通達に従って債務者区分を行った上、9年事務連絡及び関連ノンバンクQ&Aに従って資産分類を行うこととなる（甲153号証・木戸11丁裏～12丁表、甲157号証・西川13丁～15丁表)。

検討するに、日本リースは、後記（第1・5(1)エ(ア)）のように、平成4年3月期以降、毎期実質赤字決算が続いたことから、平成7年3月期及び平成8年3月期に長銀から合計約1600億円の損益支援を受けたものの、長銀の支援終了直後も、総資産2兆円余のうち営業貸付金等の不稼働資産が約7300億円も残存しており、そのうち約6500億円が回収不能見込額であり、平成10年3月期においては、営業貸付金の回収不能見込額が7200億円余（甲128号証・小島資料3、25丁）にも及び、これから資本勘定約240億円（甲124号証・大田資料9、169丁）及び引当済みの1342億円余を差し引くと5600億円余の実質債務超過状態にあったのに対し、これを解消するための財源となる償却前利益（「実態経常利益」「実力基礎収益」などとも呼ばれる。）は、本業であるリース部門の伸び悩みや、従前の不稼働資産処理の過程で行った正常債権売却等の対策が収益力に及ぼす悪影響等により、年間約175億円程度にすぎなかったばかりか、目先の資金繰りを確保するためのリース部門営業の抑制等によって更に先細りの状態にあって、平成10年3月期には122億円、平成11年3月期には105億円、平成12年3月期には103億円にまで減少することが見込まれていたのであり（甲124号証・大田資料9、170丁）、後記（第1・5(1)エ(ウ)）のように、前記実質債務超過額を解消するのに30年以上もの期間を要すると見込まれるとともに、後記（第1・5(1)エ(イ)、(2)ア）のように、日本リースの資金繰りはいつ破綻してもおかしくないほど逼迫しており、母体行である長銀自体も日本リースを支援する体力を失っていたことなどに照らすと、実質破綻状態にあったと評価し得る業況にあり、現状、事業を継続しているが、実質債務超過の状態に陥っており、事業好転の見通しがほとんどない状況で、長銀として消極ないし撤退方針を決定していないものの、日本リースの業況等を客観的に判断すると、今後、経営破綻に陥る可能性が大きいと認められ、平成10年3月期当時、少なくとも破綻懸念先に該当した（甲121号証・山下12丁、甲124号証・大田25丁、甲137号証・吉澤3丁〜8丁、資料2〜4、乙11号証・被告人大野木8丁裏〜9丁表、12丁裏、乙27号証・被告人須田7丁裏〜8丁表、11丁表、乙39号証・被告人鈴木19丁裏〜21丁、資料9、第3回・吉武50丁）。

そして、日本リースは、前記のように、①償却前利益によっておおむね2、3年で実質債務超過額を解消できる状況にないことから、「体力のない関連ノンバンク」に該当し、②長銀には母体行責任を負う意思があるものの、③再建計画が作成されておらず、かつ、再建可能性が十分あると認められる場合以外に該当するので、長銀の日本リースに対する貸出金のうち、同会社の営業貸付金のⅣ分類から同会社自体が計上した個別貸倒引当金を控除した残額に、長銀の日本リース向け貸出金のシェアを乗じた金額に相当する額は、Ⅳ分類に該当するものであった（甲124号証・大田3丁、甲168号証・河合16丁裏〜17丁、甲169号証・高野3丁裏〜7丁、第3回・吉武61丁、第4回・吉武87丁裏）。

以下、ふえんする。

(ア)　日本リースの不稼働資産及び長銀による損益支援の状況等

日本リースは、バブル期に不動産融資を拡大したが、バブル崩壊により、1兆円を超える巨額の不稼働資産を抱えることとなり、平成3年以降、債権保有受皿会社を多数設立し、長銀の資金供給により、日本リースの不良債権を簿価で買い取らせる、いわゆる不良債権の「飛ばし」を行うようになった。しかし、それでも日本リースの業況は回復せず、同会社の未収利息や元加すなわち利息追貸しによる元本の増加を差し引いた償却前損益は、平成4年3月期には約170億円、平成5年3月期には約350億円の赤字となった（甲133号証・岡本8丁、資料3、36丁）。

日本リースは、平成6年3月期において、約1兆2100億円の不稼働資産があり、そのうち約6500億円が回収不能見込額であったところ、自己資本、貸倒引当金及び含み益を合わせて約1400億円程度しかなく、実質大幅債務超過の状態であった。そして、当時、日本リースは、公表決算上は約82億円の収益があったが、未収利息や元加分を差し引いた償却前損益は約306億円の赤字であり、債務超過が解消できないばかりか増加する状態であり、長銀において再建計画を策定して損益支援するほかない状況となった。

そこで、長銀は、日本リースの支援に踏み切ることになったものの、長銀には1兆円を超える日本リースの不稼働資産の処理を進めて同会社が自転可能となるまでの支援が可能なほどの余力がなく、また、それまで同会社は、不稼働資産が1兆円を超える実態を隠して取引先金融機関からの返済要求を回避してきたところ、長銀による巨額支援の事実が明らかになって日本リースの実態が表沙汰になれば、同会社の信用が一気に失われて取引先金融機関からの返済要求に耐えることができなくなることから、長銀は、日本リースが抱えている不稼働資産全体を処理するのではなく、その一部の処理にとどめ、残余については事業化会社(不動産保有受皿会社)を利用することにより隠ぺいするなどして再建計画を策定することとした。

すなわち、長銀は、日本リースの再建支援に当たり、無税で支援損を計上するため国税局から再建計画の承認を得る際、約1兆2100億円の不稼働資産を約6908億円に減額して申告した上、そのうち約5910億円を5年間で処理することとし、国税局に申告しない約5400億円の不稼働資産については、長銀から日本リース経由で事業化会社に融資を行うなどし、これを原資として事業化会社に日本リースの不良貸出先から多額の含み損を抱えた担保不動産を簿価で買い取らせるなどして不稼働資産を事業化会社に付け替えることとし、その結果生じる事業化会社に対する日本リースの営業貸付金については、「事業化会社は、日本リースの不動産を管理しているのであり、同会社と一体であって実質的には同会社の融資先ではなく、同会社の完全なコントロール下にあるので突然破綻することはなく、事業化を進めることにより不動産の買取り資金の回収は可能である」との方便によって、何らの不稼働資産処理もせずに「塩漬け」することとした。

しかし、このように「塩漬け」部分を除いて恣意的に定められた不稼働資産額に基づいて策定された再建計画は、たとえそれが計画どおり支援が実行されたとしても、日本リースが真の意味で自転可能となるはずはなく、同会社の対外的信用の維持を目的としたものにすぎないのであって、同会社の再建につながる合理的な計画とは到底いえないものであった。

この再建計画は、国税局の承認を受けたが、長銀は、日本リースの他の金融機関に対する信用確保のめどさえつけばよいことから、当初から同会社に対する支援を計画どおり実施するつもりがなく、また、当時、支援損計上先に対する与信残高についても公表不良債権の開示基準に含めることが検討されており、長銀の公表不良債権を増加させないようにする必要もあったことなどから、5年間の再建計画を短縮して支援を終了させることとし、その結果、日本リースの自助努力分も含めて、平成7年3月期及び平成8年3月期の2期で合計約4500億円の不稼働資産が処理された(甲133号証・岡本10丁裏〜11丁表)。

しかし、日本リースは、不稼働資産処理のため資本勘定を取り崩したことによって平成8年3月期は決算上も582億円の債務超過に陥り、以後、自助努力による不稼働資産処理の財源は業務純益のみとなったところ、長銀の損益支援前の同期における償却前損益は3億円の赤字で、不稼働資産の元本処理に用いることのできる収益はなく、また、前記の「塩漬け」にされていた事業化会社向けの営業貸付金については、事業化会社が多額の含み損を抱えているばかりか、公表決算上も債務超過となっており、事業化の実現した一部の計画でも簿価利回りはわずかに1.1%にすぎず、その収益では元本はもとより金利の回収にも足りず、その他の多くの計画は実現のめども立っておらず、回収どころか、利息追貸しにより損失が累積するばかりの状態にあった。

にもかかわらず、長銀は、前記のように公表不良債権を増加させないなどのため、同期で日本リースに対する支援終了を宣言し、このため、長銀の支援終了直後も、日本リースは、事業化会社に対する分を含めた全営業貸付金について、約7300億円もの不稼働資産を積み残しており、そのうち約6500億円が回収不能見込額であった。

そして、その後も、事業化会社の保有する不動産の事業化は進展せず、日本リースの本業の収益を使った不稼働資産処理も一向に進まず、平成9年9月末時点で約7492億円が、また、平成10年3月末時点では7200億円余が不稼働資産の回収不能見込額であり、その解消のめどは立っておらず、同業他社の固定化営業債権に対する引当率が約70%であるのに対し、日本リースは40%程度にすぎないなど、同会社の不稼働資産処理は同業他社と比較しても大きく劣後していた。
（以上につき、甲117号証・常峰、甲118号証・常峰1丁、5丁裏～7丁、9丁、12丁～25丁表、30丁裏～32丁、資料1、3～19、甲119号証・常峰1丁～2丁表、6丁、資料2、甲120号証・鈴木恒男資料4、甲121号証・山下3丁～11丁、14丁裏～15丁、資料1～5、甲123号証・山下8丁～10丁表、資料2、甲124号証・大田4丁～7丁、11丁裏～13丁表、14丁～15丁表、資料2、4、5、甲125号証・大湊3丁裏～6丁表、資料2、3、7、甲132号証・岡本8丁裏～9丁表、40丁、資料3-4、甲133号証・岡本、甲137号証・吉澤1丁～2丁、資料1、甲138号証・吉澤、甲139号証・山田3丁裏～5丁表、甲140号証・小宮山4丁裏～5丁表、資料2、甲168号証・河合6丁裏、10丁～11丁表、資料9、乙11号証・被告人大野木1丁裏～6丁表、乙27号証・被告人須田1丁～4丁表、資料1、乙39号証・被告人鈴木1丁～13丁表、資料1～6、第13回・鈴木恒男55丁裏）

(イ)　日本リースの資金繰り状況等

日本リースは、平成8年3月期の長銀による支援終了後も、資金調達先の金融機関が、早期是正措置導入に備えて自己資本比率の向上を図るため貸出金等の資産圧縮を進めたことや、平成9年4月に株式会社日本債券信用銀行（以下「日債銀」という。）が母体行責任を放棄して関連ノンバンクについて自己破産の申立を行ったことによって、銀行系ノンバンクに対する不信を募らせたことなどから、借入金の返済要求や新規借入抑制の圧力を受け、資金繰りが苦しい状態が続いており、平成9年9月ころには、こうした返済圧力は更に強まる方向にあり、最悪の場合、日債銀の場合と同様、長銀において母体行責任を放棄し、各金融機関に対し、貸出金等のシェアに応じて損失負担をするいわゆるプロラタ方式による損失負担を要請しなければならない可能性すらあった。

その後、平成9年11月に株式会社三洋証券（以下「三洋証券」という。）、株式会社北海道拓殖銀行（以下「拓銀」という。）及び株式会社山一證券（以下「山一證券」という。）が相次いで破綻し、同月20日には大手格付機関であるスタンダード＆プアーズ（以下「S&P」という。）が長銀の長期格付を「BBB＋」から「BBB」に引き下げるなど、金融情勢は極めて緊迫した状況になったが、このころ、日本リースは、前記（第1・5(1)エ(ア)）のように長銀の支援終了後であるにもかかわらず巨額の不稼働資産を抱えており、これが収益を伸び悩ませているのみならず、こうした日本リースの不十分なリストラ等を理由に、従来から返済要求が出ていた住友信託銀行株式会社（以下「住友信託」という。）や日本生命保険相互会社等に加え、三菱信託銀行株式会社、株式会社東京三菱銀行及び株式会社住友銀行等も強い返済要求を行うようになってきたことから、他行残高の維持が困難となり、日本リースの資金繰り破綻を回避するためには、他行の残高が減少した分を長銀一行で肩代わりしていかなければならない状況にあった。

このため、日本リースの長銀からの借入残高は、平成9年3月の2557億円から3年後の平成12年3月には6457億円と、約3900億円が増加する見通しとなっており（甲123号証・山下資料2、29丁）、長銀がこれに対応して貸出しを行わなければ、その分、資金ショートを起こす可能性があったところ、後記（第1・5(2)ア）のように、当時、長銀自身の資金繰りが非常に厳しくなっていたことから、資金ショートを回避するには、長銀が融資するだけでなく、日本リース自身もリース資産の取得原価等を圧縮することが必要であり、このため、長銀は、平成9年11月18日、日本リースに対して、それまで聖域とされて資産圧縮の対象としていなかった本業のリース部門についても低稼働資産を中心に資産圧縮を求めた。しかし、本業の資産圧縮のため、新規のリース契約を結ばなければ、従前のリース契約が切れることによって順次リース料収入が得られなくなって、収益が先細りになっていくところ、日本リースのリース部門は、唯一ともいえる収入源であり、これをストップさせることは、同会社の経営の失速に直結しかねなかった。

その後、平成9年12月20日ころ、日本リースは、長銀に対し、平成9年度下期の資金繰り計画の一覧表を提出したが、これによると、拓銀、安田信託銀行株式会社（以下「安田信託」という。）及び日債銀の3行からの借入金や海外現地法人の借入金について、「折返し」、すなわち、返済後の再度借入ができないとの想定の下で、平成10年3月の手元現預金残高が約98億6900万円不足する見込みとなっており、そうなれば日本リースが資金繰り破綻することは必至であった。この資金繰り計画一覧表の提出の際、被告人鈴木は、平成9年11月以降、長銀自体の資金繰りが極めて憂慮すべき状態にあり、早期是正措置導入に伴う自己資本比率対策のために長銀自身の資産圧縮を更に進めなければならないものと認識していたことから、日本リース側に対して、「今期中における長銀からの資金付けについては近時の長銀の資金繰り状況を勘案するに当面凍結せざるを得ない」旨伝えた。

また、そのころ、長銀は、日本リースに対して、資産圧縮のために新規のリース契約を一切結ばないよう要請し、平成10年1月から日本リースの新規リース契約はほぼ全面的に停止されることとなった。

もっとも、日本リースは、当初折返しが困難と思われた拓銀、安田信託及び日債銀を始めとする金融機関との折返し交渉が予想外に順調に進んだこと、ABSと呼ばれる担保付証券を発行してリース債権を流動化することにより資金調達ができたこと、日本リースの保有物件を長銀が資金付けをした別会社が買い取り、日本リースに多額の売却益が入ったことなどにより、結果的に、平成10年3月期決算を乗り切ることができた。しかし、これは、日本リースが、他の金融機関から、不動産含み損を抱えさせている事業化会社の財務諸表を開示するよう強く要請されながら全て拒否して、事業化会社の実態を隠ぺいするなどし、当時日本リースが莫大な実質債務超過状態にあり、かつ、日本リースと長銀の資金繰りが逼迫し、いずれも体力がないことをひた隠しにしたことや、すでに金融機関の譲渡担保となっているリース債権について、その明細を提出していないことを奇貨として、同債権を対象としてABSを発行し、発行余力を水増ししていたことなどによるものであった。

日本リースは、新年度となった平成10年4月以降も、引き続き借入金の返済圧力が継続しており、資産圧縮をより一層進めなければならない状況に変わりはなく、リース部門の営業活動は事実上停止したままの状態が続くなど、同会社を取り巻く資金調達環境は、一向に改善する兆しはなかった。そして、日本リースが本業のリース部門の営業を事実上ストップするなどしたことによって、リース資産の購入先企業が日本リースの経営に不安を抱いて手形決済を拒否する動きを見せるなど、同会社の経営状態や資金繰りは、極めて深刻な状況に至り、同年7月31日、同会社は、第一生命保険相互会社（以下「第一生命」という。）からの借入金元本108億2000万円及びこれに対する利息3億8400万円余について弁済できず、これを原因として長銀が第一生命との間で締結していた株券担保差入予約契約の予約完結権が行使され、同年9月には、安田信託が、日本リース向け貸出金の折返しを拒否し、同会社の営業貸付金の第三債務者に対して、同営業貸付金に設定された譲渡担保権を実行する旨通知したのを契機として、日本リースに対する信用不安が更に高まり、同会社は、同月27日、会社更生法の申請を行い、倒産した。

(以上につき、甲119号証・常峰3丁〜5丁、6丁裏〜24丁、資料1〜13、甲121号証・山下12丁〜19丁表、資料5、6、甲123号証・山下1丁裏〜7丁、10丁裏〜24丁、資料2〜9、甲124号証・大田15丁〜46丁、資料5〜17、甲125号証・大湊・5丁、資料4〜6、甲132号証・岡本、甲140号証・小宮山4丁裏〜7丁表、資料2、甲168号証・河合7丁〜10丁表、資料5〜8、甲244号証・資料入手報告書、甲251号証・資料複写報告書、甲259号証・資料複写報告書資料13、乙11号証・被告人大野木6丁〜8丁、乙27号証・被告人須田5丁裏〜7丁、乙39号証・被告人鈴木13丁裏〜19丁、資料7〜10、第31回・被告人大野木98丁裏〜101丁、104丁）

以上のように、日本リースは、平成10年3月期において、資金調達先の金融機関から強い返済要求を受けており、長銀が肩代わりせざるを得ない状況にあったが、長銀自身の資金繰りも苦しい状況にあったため限界があり、本業のリース部門の営業を停止するなどして目先の資金繰りをつないでいたものの、同時に、将来の収益源の喪失や手形決済の拒否等の悪影響を招く結果となったもので、当時、日本リースの資金繰りはいつ破綻してもおかしくないほど逼迫した状態にあった。

なお、被告人3名の弁護人は、「日本リースが本業のリース営業を停止するなどしたのは、平成9年11月以降の金融危機における緊急避難的な措置であって、同業他社も同様の措置を取っていたのであり、政府等が公的資金の導入等様々な経済対策、景気対策等を講ずることによりこうした金融危機は長期化せずに終息し、元どおりリース営業ができるようになり、また、長銀以外の取引金融機関から折返しに応じてもらうこともできるものと予想されており、平成10年3月期当時、日本リースは資金繰り倒産のおそれはなかった」旨主張し、千葉副社長らも公判においてこれに沿う証言をしている（第18回・千葉18丁〜26丁、49丁裏〜50丁表）。

しかし、リース営業の抑制が短期間であったとしても、その間に顧客は他のリース会社と契約を結ぶなどするのであり、その契約は3年から5年程度に及ぶのであるから、リース営業の抑制を解いたからといって、直ちに収益が元の水準に戻るものではなく、また、各金融機関の資産圧縮傾向も、増加し続ける不良債権の処理による自己資本比率の低下を補う必要等にかんがみ、平成11年3月期以降も継続することは、平成10年3月期時点で予想されていたところであり、住友信託等の取引銀行からは、日本リースに多額の含み損がありその解消に長期間かかることは信用を大きく損なうものである旨指摘を受けていたことや、前記（第1・5(1)エ(ア)）のように日本リースの不稼働資産処理が同業他社に比較しても大きく劣後していたことなどをも踏まえると、平成10年3月期当時、日本リースが、近い将来、収益力の低下や資産内容の不良性によって信用を失い、折返しに応じてもらえないなどの事態に立ち至る可能性が大であったことは明らかであって、弁護人の主張等は事実に反するものである（甲119号証・常峰6丁〜7丁、資料2、甲121号証・山下13丁〜14丁表、資料5、甲132号証・岡本49丁裏、資料21-2、第18回・千葉67丁〜68丁表、82丁、第27回・被告人鈴木59丁表、第31回・被告人大野木66丁裏〜67丁表）。

(ウ)　日本リースの体力の有無等

被告人3名の弁護人は、前記（第1・5(1)エ冒頭）のように、「日本リースの事業化会社に保有させている不動産等の含み損については、日本リースの実質債務超過の具体的内容の判定に当たって考慮しなくてよく、同会社は、償却前利益によっておおむね2、3年以内にその余の実質債務超過分を解消できる『体力のあるノンバンク』であった」旨主張し、千葉副社長もこれに沿う証言をしている（第18回・千葉62丁）。

しかし、前記（第1・5(1)エ(ア)）のように、日本リースの不稼働資産の回収不能見込額は、平成8年3月期の支援終了直後よりも平成10年3月期時点の方が増加しており、本業のリース部門の収益によって不稼働資産の回収不能の原因となっている事業化会社の不動産等の含み損を解消していくことができるとの前提自体が崩れている。

また、前記（第1・5(1)エ(ア)）のように、日本リースにおいて、平成10年3月末時点で、事業化会社に対する分を含めた全営業貸付金のうち7200億円余が回収不能見込みと算定されていたところ、この回収不能見込額は、事業化会社等の個々の第三債務者について、保有不動産の含み損や今後の収益見込みに応じて詳細な場合分けをして見積もられたものであり、保有不動産等の含み損を実質根拠とする事業化会社向け営業貸付金の回収不能見込額についても、日本リースの資産が毀損され、今後回復される見込みがないという点で、一般先に対する営業貸付金の回収不能見込額と何ら変わりはないのであるから、日本リースの実質債務超過の具体的内容の判定において考慮すべきことは当然であり、現に、同会社自体が、従前から、営業貸付金の回収不能見込額の算定に際し一般先とともに事業化会社分についても対象に含めていたのであって、弁護人の主張は理由がない。

(以上につき、甲122号証・山下2丁裏～5丁、6丁裏～7丁表、11丁裏～12丁表、20丁～23丁、資料1、2、4、7、甲128号証・小島、甲130号証・小島、甲139号証・山田7丁)

次に、被告人3名の弁護人は、「日本リースの不稼働資産の処理が進めば、その分、同会社の借入金元本が減少し、金利負担も減って翌期以降の償却前利益が増加し、加速度的に不稼働資産の処理が進むので、実質債務超過額を償却前利益で単純に除算するよりも、はるかに短期間で実質債務超過状態を解消でき、30年以上もかかることはない」旨主張し、千葉副社長もこれに沿う供述をしている(第12回・被告人鈴木58丁裏～60丁、第18回・千葉15丁裏～16丁表)。

しかし、長銀、金融監督庁及び日銀の関係者らは、いずれも、実質債務超過額を償却前利益で除算し、実質債務超過状態の解消に30年から40年かかる旨供述しており、長銀の内部資料にも同様の方法で計算しているものがあること、千葉副社長自身も、「こうした計算方法はよくある方法であり、日本リース副社長在任中、同会社の実質債務超過分の解消に約30年を要するという計算が頭にあった」旨供述していることなどにかんがみ、一般的で妥当な計算方法である上、実質的にみても、10年、20年といった長期間にわたって全く当期利益を計上せず、償却前利益を全て不稼働資産の償却・引当に注ぎ込み続けることは現実的でなく、また、平成10年3月期当時は超低金利であり、長銀自身が予想していたように、将来的に調達金利の上昇の可能性が高いこと、さらに、日本リースは「第5次中期経営計画」において償却前利益を230億円程度に増加させることを目標としていたものの、いまだ具体的な計画を立案できておらず、むしろ前記(第1・5(1)エ冒頭)のように日本リースの収益力が減少するものと予想されていたことなどに照らし、同会社が実質債務超過状態を解消するには、30年以上を要すると見るのが正当な判断であったことは明らかである(甲124号証・大田7丁、甲135号証・宮坂、甲136号証・宮坂3丁裏～4丁表、甲168号証・河合4丁～5丁、資料3、4、甲169号証・高野3丁裏～4丁表、乙33号証・被告人鈴木資料7、101丁、第3回・吉武50丁、53丁、第18回・千葉33丁裏～35丁表、52丁)。

以上のとおり、日本リースは、平成10年3月期において、実質債務超過状態を解消するのに30年以上かかる状態にあって、「体力のないノンバンク」に該当するものであった。

(エ) 日本リースの再建計画の有無及び再建可能性

9年事務連絡及び関連ノンバンクQ&Aは、関連ノンバンクに対する貸出金につき、その再建計画の有無・内容によって回収可能性を判定することとしているところ、被告人3名の弁護人は、「日本リースの『第5次中期経営計画』(第1・5(1)エ(ウ))が9年事務連絡等にいう再建計画である」旨主張しており、千葉副社長もこれに沿う証言をしている(第18回・千葉45丁裏～46丁表)。

しかし、「第5次中期経営計画」は、いつ、いかなる方法で、どれだけの不稼働資産を処理するといった具体的な内容を含まず、企業が当面の経営目標設定のため一般的に策定する経営計画と何ら変わるところはなく、また、千葉副社長を除く、長銀、日本リース及び日銀等の関係者らが、「平成10年3月期には日本リースに係る再建計画はなかった」旨一致して供述していることなどに照らし、「第5次中期経営計画」が9年事務連絡等に規定する再建計画といえるものでないことは明らかである(甲124号証・大田3丁、甲168号証・河合5丁裏～6丁表、甲169号証・高野4丁表、乙11号証・被告人大野木12丁裏～13丁表、乙27号証・被告人須田11丁、乙39号証・被告人鈴木21丁裏～22丁表、第3回・吉武54丁)。

そして、前記（第1・5(1)イ(ア)）のように、合理的で実現可能な再建計画といえるためには、5年程度、せいぜい7年以内程度の期間を一応の基準とすべきであるとされていたところ、前記（第1・5(1)エ(ウ)）のように、日本リースは、実質債務超過状態を解消して体力のある状態まで回復するのに、30年以上もかかり、また、前記（第1・5(1)エ(イ)）のように、同会社の資金繰りはいつ破綻してもおかしくないほど逼迫しており、長銀自体も損益支援はもとより資金繰り支援についても続行する能力を失っていたのであるから、平成10年3月期時点において、同会社には「再建の十分な可能性」がなかったことも明白である（甲121号証・山下12丁表、甲124号証・大田25丁表、甲137号証・吉澤3丁～8丁、資料2～4、甲168号証・河合7丁表、乙11号証・被告人大野木8丁裏～9丁表、12丁裏、乙27号証・被告人須田7丁裏～8丁表、11丁表、乙39号証・被告人鈴木19丁裏～21丁、第3回・吉武50丁、第16回・大田56丁裏～57丁表）。

(オ)　小　括

以上のとおり、日本リースは、「体力のないノンバンク」であり、長銀には母体行責任を負う意思があるものの、再建計画が作成されておらず、かつ、再建可能性が十分あると認められる場合以外に該当するので、前記（第1・5(1)エ冒頭）のように、日本リースの営業貸付金のⅣ分類から同会社自体が計上した個別貸倒引当金を控除した残額に、長銀の日本リース向け貸出金のシェアを乗じた金額に相当する額が、長銀の日本リース向け貸出金に係るⅣ分類に該当することとなり、具体的には、平成10年3月期において、日本リースの営業貸付金のⅣ分類が7226億6300万円であり、これについて同会社自体が計上した引当金1342億7200万円を差し引いた残額が5883億9100万円であるから、これに長銀の貸出金のシェア13.4%を乗じた788億4400万円が長銀の日本リース向け貸出金に係るⅣ分類となり、同額を当期に全額償却・引当すべきところ、全く償却・引当されていないことから、その全額が償却・引当不足となるものであった（甲128号証・小島資料3、25丁、甲202号証・日本リースに係る査定メモ、第3回・吉武59丁～60丁）。

オ　ビルプロ3社関係

被告人3名及び各弁護人は、四谷プランニング株式会社、竜泉エステート株式会社及び木挽町開発株式会社の3社（以下、いずれも「株式会社」を略して称し、合わせて「ビルプロ3社」ともいう。）は、①長銀の査定したとおり、いずれも日本リース関連会社として「特定関連親密先自己査定運用細則」中の「特定先」に該当し、要注意先であり、②仮に、資産査定通達に従って査定しても、いずれも、長銀が現に支援し今後も積極的に支援していく先であり、いまだ事業化の努力の余地があって貸出金回収の見込みがあるから、やはり要注意先であり、したがって、ビルプロ3社向け貸出金は全額Ⅱ分類で、平成10年3月期に償却・引当をする必要はなかった旨主張し、秋山会計士もこれに沿う証言をしている（第20回・秋山42丁表）。

しかし、「特定先」について業況にかかわらず無条件に非分類ないし要注意先とすることが、資産査定通達を逸脱し、かつ、内容的にも不合理であることは前記（第1・4(2)イ）のとおりである。

ビルプロ3社は、実質破綻状態となったビルプロ等に対して日本リースが有していた営業貸付金のいわゆる「飛ばし」の受皿会社として設立されたもので、長銀から資金の融資を受けた上、日本リースから簿価で前記営業貸付金を買い受け、同時にビルプログループが所有していた不動産物件に担保権を設定していたものであって、いずれも、長銀の関連ノンバンクではないから、一般先と同様に、資産査定通達に従って債務者区分及び資産分類を行うこととなる（甲108号証・柳原2丁裏～4丁、甲109号証・山下2丁～4丁、甲153号証・木戸10丁裏～11丁表、乙10号証・被告人大野木1丁裏～2丁表、乙26号証・被告人須田1丁～2丁表、乙40号証・被告人鈴木1丁、4丁、20丁裏～21丁表）。

以下、各社ごとに検討する。

(ア) 四谷プランニングは、公表決算上、平成7年3月期から平成9年3月期まで3期連続で営業損失、当期損失を計上するとともに債務超過状態にあり、長銀が平成8年4月にMOF検を受けた当時、担保物件である東京都新宿区左門町の物件を利用して賃貸オフィスと賃貸住宅との複合ビルを建設し、事業化を図る計画を有していたが、前記物件が不整形であるため隣地を買収する必要があり、それまでの間、これを暫定的に運送業者の配送センターとして賃貸していたものであり、その後、平成10年3月期に至っても、隣地の買収ができていないなど状況に変化はなかった上、前記計画以外にも、複合ビルを建設する案や、更地のまま売却する案などがあったが、いずれも具体的な計画の策定までには至っていないなど、今後事業化が実現する具体的めどは立っておらず、延滞はしていなかったが、日本リースからの資金供給によって形式的に延滞を免れているにすぎなかったもので、平成10年3月期当時、法的・形式的な経営破綻の事実は発生していないものの、深刻な経営難の状態にあり、再建の見通しがない状況にあるなど実質的に経営破綻に陥っていると認められ、実質破綻先に該当した。実際、四谷プランニングは、平成11年7月9日、破産宣告を受け、倒産した。

したがって、同期における長銀の四谷プランニング向け貸出金187億8000万円のうち、担保処分可能見込額20億9000万円を差し引いた残額166億9000万円がIV分類であり、これについて全く償却・引当されていないので、その全額が償却・引当不足であった。

(以上につき、甲108号証・柳原6丁、8丁、35丁裏～36丁、39丁、甲109号証・山下31丁、甲110号証・大湊4丁～5丁表、甲111号証・市村資料2、甲112号証・常峰資料6、甲148号証・吉武7丁、資料1-1、1-2、1-7、1-9、甲259号証・資料複写報告書資料14、乙10号証・被告人大野木9丁、10丁裏～11丁表、乙26号証・被告人須田8丁～10丁表、乙40号証・被告人鈴木1丁裏～2丁、13丁表、第3回・吉武14丁裏～18丁表)

(イ) 竜泉エステートは、公表決算上、平成7年3月期から平成9年3月期まで3期連続で営業損失、当期損失を計上し、債務超過状態にあり、長銀が平成8年4月にMOF検を受けた当時、担保物件として東京都台東区竜泉の物件と東京都新宿区内藤町の物件があったが、竜泉の物件については、平成8年7月にビルプロとパチンコ業者との間で定期借地権の予約合意が締結されたものの、近隣住民がパチンコ店建設に強く反対していたため、平成10年3月期時点においても、同建設に必要な開発許認可を取得するめどさえ立たない状態が続いており、また、内藤町の物件についても、駐車場として暫定利用されているにすぎず、オフィスビルやマンションの建設案はあったものの、具体的な内容のある計画ではなく、結局、平成10年3月期時点において、いずれの物件についても今後事業化が実現する具体的めどは立っておらず、延滞はしていなかったが、日本リースからの資金供給によって形式的に延滞を免れているにすぎなかったもので、平成10年3月期において、法的・形式的な経営破綻の事実は発生していないものの、深刻な経営難の状態にあり、再建の見通しがない状況にあるなど実質的に経営破綻に陥っていると認められ、実質破綻先に該当した。実際、竜泉エステートは、平成11年7月9日、破産宣告を受け、倒産した。

したがって、同期における長銀の竜泉エステート向け貸出金149億4200万円のうち、担保処分可能見込額5億2800万円を差し引いた残額144億1400万円がIV分類であり、これにつき全く償却・引当されていないので、その全額が償却・引当不足であった。

(以上につき、甲108号証・柳原7丁～8丁、12丁裏、35丁裏～37丁、39丁、甲109号証・山下32丁～33丁表、35丁、甲110号証・大湊7丁裏～8丁表、甲148号証・吉武資料1-9、3-1、3-2、3-6、甲259号証・資料複写報告書資料15、乙10号証・被告人大野木9丁、10丁裏～11丁表、乙26号証・被告人須田5丁裏～6丁表、8丁～10丁表、乙40号証・被告人鈴木1丁裏～2丁、13丁表、第3回・吉武14丁裏～18丁表)

(ウ)　木挽町開発は、公表決算上、平成7年3月期から平成9年3月期まで3期連続で営業損失、当期損失を計上するとともに債務超過状態にあり、長銀が平成8年4月にMOF検を受けた当時、担保物件である東京都中央区銀座8丁目の物件を利用して隣地所有者と共同で賃貸オフィスと賃貸店舗との複合ビルを建設し事業化を図る計画を有していたが、そもそも隣地所有者が共同開発に消極的であったため、計画の具体化に至っていなかったばかりか、地形が不整形で、周辺地の買収が必要であったのに、立退きに応じない借家人がいるなど買収は膠着状態にあり、当該物件は未利用状態のままであって、平成10年3月期においても、全く進展がなく、今後事業化が実現する具体的めどは立っておらず、延滞はしていなかったが、日本リースからの資金供給によって形式的に延滞を免れているにすぎなかったもので、平成10年3月期において、法的・形式的な経営破綻の事実は発生していないものの、深刻な経営難の状態にあり、再建の見通しがない状況にあるなど実質的に経営破綻に陥っていると認められ、実質破綻先に該当した。実際、木挽町開発は、平成11年7月9日、破産宣告を受け、倒産した。

したがって、同期における長銀の木挽町開発向け貸出金115億5000万円のうち、担保処分可能見込額7億7300万円を差し引いた残額107億7700万円がⅣ分類であり、これにつき全く償却・引当されていないので、その全額が償却・引当不足であった。

（以上につき、甲108号証・柳原6丁裏～7丁表、8丁、35丁裏～37丁、39丁、甲109号証・山下33丁～35丁、甲110号証・大湊4丁～5丁表、甲111号証・市村資料1、2、甲112号証・常峰資料8、甲148号証・吉武資料1-9、2-1、2-2、2-6、甲259号証・資料複写報告書資料16、乙10号証・被告人大野木9丁、10丁裏～11丁表、乙26号証・被告人須田8丁～10丁表、乙40号証・被告人鈴木1丁裏～2丁、13丁表、第3回・吉武14丁裏～18丁表）

(エ)　小　括

以上のとおり、平成10年3月期において、長銀のビルプロ3社向け貸出金については、四谷プランニングに関する166億9000万円、竜泉エステートに関する144億1400万円、木挽町開発に関する107億7700万円の合計418億8100万円が償却・引当不足であった。

なお、被告人鈴木及びその弁護人は、「ビルプロ3社については、いずれも、いまだ事業化の努力の余地があった」旨主張している（第27回・被告人鈴木52丁～53丁）。しかし、前記（第1・5(1)オ(ア)～(ウ)）のように、左門町物件等の各物件については、昭和60年ころから、ビルプロ及び日本リースにおいて共同で事業化を図ろうとしたものの進展せず、ビルプロ3社が日本リースから債権譲渡を受けた後も、事業化が全く進んでいなかったこと、長銀自体も、すでに、平成8年当時から、ビルプロ3社の引当を検討しており、平成10年当初、四谷プランニング及び木挽町開発向け貸出金に関して共同債権買取機構に持ち込んで処理する準備を進めていたほか、平成10年3月期当時、日本リースがビルプロ3社に対して有する営業貸付金について全額回収不能と判断していたことなどに照らし、ビルプロ3社についていまだ事業化の努力の余地があると判断すべき事情は全くなく、被告人鈴木の前記供述は到底信用できず、弁護人の主張にも理由がない（甲28号証・大田28丁裏～29丁、資料5、甲108号証・柳原9丁、11丁裏～12丁表、17丁裏～19丁表、甲109号証・山下資料3、甲110号証・大湊資料2、甲112号証・常峰8丁、甲128号証・小島資料1、2、乙10号証・被告人大野木6丁、乙26号証・被告人須田4丁裏～5丁表、乙40号証・被告人鈴木12丁裏～13丁）。

カ　有楽エンタープライズ関係

被告人3名の弁護人は、有楽エンタープライズ株式会社（以下「有楽エンタープライズ」という。）向け貸出金につき、①長銀の査定したとおり、有楽エンタープライズは、日本リース関連会社であるから、「特定関連親密先自己査定運用細則」の「特定先」に該当し、要注意先であり、②仮に、資産査定通達に従って査定しても、長銀が現に支援し今後も積極的に支援していく先であり、いまだ事業化の努力の余地があって貸出金回収の見込みがあるから、やはり要注意先であって、全額II分類であり、平成10年3月期に償却・引当をする必要はなかった旨主張し、秋山会計士もこれに沿う証言をしている（第20回・秋山41丁〜42丁表)。

しかし、「特定先」について業況にかかわらず無条件に非分類ないし要注意先とすることが、資産査定通達を逸脱し、かつ、内容的にも不合理であることは前記（第1・4(2)イ）のとおりである。

検討するに、有楽エンタープライズは、日本リースの融資対象物件を長銀からの資金調達によって取得し、事業化することを目的とする会社であり、長銀の関連ノンバンクではないから、一般先と同様に、資産査定通達に従って債務者区分及び資産分類を行うこととなるところ、公表決算上、平成7年3月期から平成9年3月期まで3期連続で当期損失を計上し、債務超過状態にあり、平成8年4月に長銀に対するMOF検が行われたころは、大阪市内に所有していた物件について、パチンコ業者を賃借人として、賃貸ビルを建設する事業化計画を有していたが、同年9月ころ、前記業者が倒産し、その後も計画案としては存続していたものの、前記業者に替わる別のテナントが決まらないなど具体化せず、事実上白紙に戻っており、平成10年3月期当時、同物件の現況は駐車場として利用されているにすぎなかった上、同年7月ころ、日本リース営業第2部が試算したところによれば、仮に計画どおり物件の事業化が進んだとしても、20年後も経常利益はマイナスのままであり、期末借入残も1年目と20年目を比較すると借入れが増加する見込みであるなど、借入金の返済にはおよそ不十分な程度の収益しか上げることができず、かえって、借入金の金利負担が年を追うごとに増大する状況にあったのであるから、平成10年3月期において、法的・形式的な経営破綻の事実は発生していないものの、深刻な経営難の状態にあり、再建の見通しがない状況にあるなど実質的に経営破綻に陥っているものと認められ、実質破綻先であった。

したがって、同期における長銀の有楽エンタープライズ向け貸出金63億5000万円のうち、担保処分可能見込額20億6500万円を差し引いた残額42億8500万円がIV分類であり、これにつき全く償却・引当されていないので、その全額が償却・引当不足であった。

(以上につき、甲141号証・大湊、甲142号証・市村、甲150号証・吉武3丁、資料1〜3、7、甲153号証・木戸10丁裏〜11丁表、甲155号証・水谷19丁裏、23丁、甲167号証・河合3丁、第3回・吉武14丁、18丁、19丁)

(2) 償却・引当不足額の認定全般にかかわる弁護人の主張等に対する反論

ア 長銀の関連親密先に対する支援能力等について

9年事務連絡及び関連ノンバンクQ&Aにおいては、日本リースのように再建計画がない場合についても、支援する親金融機関等の収益力等から判断して関連ノンバンクの再建可能性が十分にあると認められるか否かによって査定結果が異なり、また、再建計画がある場合でも、その合理性の判断に当たって、支援する親金融機関の支援能力の有無が問題となるところ、被告人3名及び各弁護人は、長銀の関連親密先に対する支援能力及び資金繰り状況について、①長銀には、業務純益のほか、長銀が破綻していなければ、その後数年の間に、業務提携先のスイス銀行（以下「SBC」という。）を主幹事とする増資、SBCとの合弁事業からの収益、リスクアセット（貸出金その他の損失発生の可能性が一般的に存する資産）の削減により自己資本比率に余裕のできた分の資本勘定の取崩し、近く導入が予定されていた税効果会計による税金の戻り分、追加の公的資金の導入等により、合計1兆円余の支援財源を確保することが期待できた、②平成10年3月期当時、長銀の資金繰りは苦しかったが、平成9年11月の三洋証券等の破綻を契機とする金融危機による一時的なもので、金融・経済情勢が回復すれば、長銀の資金繰りも安定することが期待できた、③長銀が平成10年10月に破綻したのも、同年6月の月刊誌による「長銀破綻」の不当な予測記事や、その後の投機的な空売りによる長銀の株価急落等が原因であって、長銀の財務内容に主たる問題があったわけではなく、平成10年3月期において近く長銀の資金繰りが破綻する状況にはなかった、旨主張しており（大野木弁護人冒頭陳述書151頁、164頁～165頁、須田弁護人冒頭陳述書43頁、46頁～48頁、第12回・被告人鈴木3丁、第26回・被告人鈴木7丁裏～8丁表）、元長銀常務取締役越石一秀（以下「越石常務」という。）、元長銀総合企画部長大岩一彦（以下「大岩総合企画部長」という。）及び秋山会計士もこれに沿う証言をしている（第15回・越石37丁～40丁、第17回大岩21丁、24丁裏～25丁、27丁、第20回・秋山36丁）。

しかし、長銀は、平成10年3月期当時、主たる償却・引当や支援の財源となる業務純益が減少傾向にあり、他に償却等の財源として期待できるものはなく、また、従前から資金調達が構造的に不安定で、手元資金余剰がいつ枯渇してもおかしくない状態にあり、大手格付機関により格付が引き下げられ、株価も一貫して下落していたことなどから、すでに信用が低下していたのであり、平成10年6月の「長銀破綻」の予測記事や投機的な空売りによる株価急落等も、長銀がこうした様々な信用低下要因を抱えていたことから生じた事象であり、平成10年3月期において、近く長銀の資金繰りが破綻するおそれが大きく、関連ノンバンクに対する支援能力もなかったことは明らかである。

以下、ふえんする。

㈠　償却財源の不足

まず、業務純益について見るに、長銀は、平成10年3月当時、保有有価証券の含み益の減少等により、平成11年3月期以降は基本的に業務純益で不良債権処理をするしかないと自ら予想していたところ、平成10年3月期に約1647億円の業務純益を計上したものの、これは、貸出中途解約料、スワップ中途解約料、貸出債権流動化益など、利益の先取りによって嵩上げされたものであって、実態としては公表数値を大きく下回る水準にあり、早期是正措置制度導入に伴う自己資本比率達成のための急激な貸出金等の資産圧縮に伴う利息収入の減少やスワップ手数料の減少などから収益の先細りが避けられない情勢にあった（甲11号証・小西35丁裏～36丁、甲40号証・平田3丁表、12丁表、20丁裏～21丁表、甲42号証・平田9丁表、甲44号証・平田10丁～11丁表、甲48号証・平田14丁裏～15丁表、甲52号証・大岩5丁表、甲70号証・砺波25丁～26丁、甲193号証・資料作成報告書資料2-2、乙3号証・被告人大野木50丁表、資料21、乙25号証・被告人須田資料4、乙36号証・被告人鈴木27丁裏～28丁表）。

次に、SBCを主幹事とする増資及び同会社との合弁事業からの配当利益について見るに、長銀は、平成9年7月に、SBCと業務提携についての基本合意を結んだが、同年11月の金融危機を契機として長銀の信用力が低下したことや、SBCが日本市場に地歩を有しているスイス・ユニオン銀行（以下「UBS」という。）と合併することとなって、長銀の顧客基盤の獲得を目的とするSBCの業務提携の必要性が低下したことにより、平成10年3月の長銀とSBCとの間の変更契約では、長銀が経営危機に陥った場合にSBCが合弁会社の多数議決権を確保する旨を約したワラント権の発行システムが導入されるなど、長銀は、業務提携の主導権をSBCに握られ、契約が不利な方向へと変更される流れに従わざるを得なくなった。このため、平成9年7月のSBCとの当初基本合意では、3%の株式を持ち合うことが謳われていたが、平成10年4月に、1%の株式持合いを実施したにすぎず、残り2%の持合いは、今後検討予定とされてはいたが、SBC側は現実には消極的であった。それゆえ、SBCを主幹事とする2000億円の増資に関しても、平成10年3月の変更契約においては、将来長銀が増資を実行する際に、SBCが引受、購入に協力することのみ明示されており、追加的資本支援の期待は薄かった。実際上も、長銀の格付については、大手格付機関であるS&Pが、平成9年11月20日の格付引下げに続き、平成10年3月27日にも、長銀の資産の質及び資金調達の悪化の懸念や、SBCとの合弁会社からの配当利益が短期的には多くを望めないことなどから、長期格付をBBBからBBB－に引き下げ、やはり大手格付機関であるムーディーズも、同月20日に格付を引き下げ、同年5月27日には、長銀の脆弱な財務状態が更に悪化しているとして、長期債格付Baa3、劣後債格付Ba1につき引下げ方向での検討を始め、同年6月18日には、劣後債格付をB1へ格下げしており、また、長銀の株価も、平成8年3月末に894円であったものが、同年10月末には755円、平成9年3月末には420円、同年10月末には407円、平成10年3月末には232円と大幅に下落しており、平成11年3月期に入ってからも平成10年4月末には217円、同年5月末には201円と引き続き下落を続けていたもので、日経平均株価が今なおバブル崩壊後の最安値を更新し続けており、銀行株の株価も低迷していたことなども踏まえると、平成10年3月期当時、SBCを主幹事とする増資の環境が近い将来整う見込みは極めて乏しかったのである。このように、SBCを主幹事とする増資による資金を償却財源として期待できる状況にはなかったのである。
(以上につき、甲54号証・大岩6丁〜11丁、資料3、4、甲56号証・大岩5丁裏〜6丁表、甲179号証・捜査報告書、甲193号証・資料作成報告書資料2-2、甲244号証・資料入手報告書、甲249号証・資料入手報告書、乙5号証・被告人大野木13丁裏〜14丁表、乙21号証・被告人須田20丁、31丁裏、乙23号証・被告人須田3丁裏、乙36号証・被告人鈴木21丁、32丁〜34丁表、45丁裏〜46丁表)

また、SBCとの合弁事業である証券業務、投資顧問業務、プライベートバンキング業務及び投資信託業務からの配当利益を見るに、証券業務については、平成11年3月期の営業利益が約270億円、税引後利益は約80億円の見込みにとどまり、投資顧問業務については、平成11年3月期の営業利益が約6億円、税引後利益も約2億円にとどまり、プライベートバンキング業務及び投資信託業務については、いずれも当面の収益計上は見込めない状態にあり、各合弁会社の配当可能利益の見通しも、平成11年3月期は各業務の合計で約23億円、平成12年3月期は約40億円、平成13年3月期は約45億円と僅少で、償却財源として持つ意味は乏しかった。その後の実績を見ても、平成10年9月時点で、証券業務については、業務量が当初想定に比し大幅に減少し、税引後利益が前記の当初計画から下方修正されて約48億円となっており、投資顧問業務については、同年4月以降、解約が続くなど、いずれも、業況は不安定であり、期待できる配当利益も僅少なものにすぎず、このように、合弁事業からの配当利益が償却財源として考慮できるものでなかったことは明らかである(甲246号証・資料複写報告書)。

次に、前記以外の財源について検討するに、被告人大野木、同須田及びこれらの弁護人は、「平成9年12月25日の長銀の取締役情報連絡会において、当時約21兆円あったリスクアセットを今後2年間で6兆円削減することとしたものであって、仮に、自己資本比率が10%であったとして、5兆円のリスクアセットを削減すれば、前記自己資本比率を維持しながら約5000億円の資本勘定を取り崩すことが可能となり、その分を償却財源にできた」旨主張している。しかし、平成10年3月、長銀において平成10年度中間期の資金繰りを検討した際、金融債の発行残高が約1兆8500億円純減するものと予想されたことから、貸出金の回収による資金不足の穴埋めを検討したものの、貸出金の回収が1兆2500億円に上る場合、長銀が今後生き残るために確保しておきたい中核となる取引先を維持することができなくなると長銀自体が予想していたことに照らすと、その4倍に上る5兆円ものリスクアセットの削減は、実現可能性の極めて乏しい目標にすぎず、約5000億円もの償却財源が確保される見込みはなかったものといわざるを得ない(甲8号証・砺波25丁、資料5、第8回・被告人大野木12丁、第32回・被告人大野木10丁)。

被告人大野木、同須田及びこれらの弁護人は、「税効果会計制度が導入されることにより従前有税引当した際の約3000億円の税金の戻り分や、新たな公的資金が償却財源として望めた」旨を主張しているが、平成10年3月期時点では、税効果会計制度は法令の整備がなされておらずいまだ正式に導入されていなかった上、同制度は、企業会計上の収益・費用と税法上の益金・損金の計上時点が異なる場合等において、税額を適切に期間配分して、税引前利益と税額を合理的に対応させる制度であって、トータルで支払う税金に変わりはないから、償却財源が増加するわけではない。また、こうしたいまだ正式に導入されていない制度による財源の増加を見込むというのであれば、同様に導入が予定されていた時価会計制度による資産の減少等についても考慮されなければならないはずである。また、追加の公的資金の導入についても、平成10年3月期時点では、具体的な話は何もなく、単なる希望、願望の域を出るものでなかった。このように、いずれも、償却財源として具体的に考慮できるものではなかったことが明らかである（弁152号証・「時価評価や税効果導入」と題する新聞記事写し、第7回・被告人大野木84丁裏）。

(イ)　平成10年3月期当時における資金繰り破綻のおそれ

長銀は、従来、金融債の発行を中心として資金調達をしており、その主たる購入者である金融機関や機関投資家は、金融債の償還を受けてもそれを財源として新たな金融債を引き受ける「乗替え」をしていたところ、イ・アイ・イーインターナショナル問題等に絡んで長銀が相当の不良債権を有するとの観測が流れ、長銀の格付が引き下げられるなどしたことによる信用低下により、平成7、8年ころから始まった5年利付債の償還においては、金融機関や機関投資家の一部が乗替えをしないで資金を引き上げる事態が生じ、長銀の金融債発行による資金調達はその後回復することなく、発行残高は減少の一途をたどり、特に、平成9年2月に日債銀に経営破綻の噂が流れると、長銀もその余波を受けて信用低下が進み、対市中金融債発行残高は、平成9年2月から同年10月にかけて月平均約1000億円ずつ減少し、その後、同年11月の三洋証券、拓銀、山一證券等が破綻する金融危機により長銀の信用は更に低下し、長銀の対市中金融債発行残高は、平成9年11月から平成10年3月までに合計1兆1000億円余減少し、平成11年3月期に入ってからも、同年4月には1200億円余（甲11号証・小西資料3、61丁、63丁)、同年5月には約2000億円（甲11号証・小西資料3、63丁、65丁）の減少をみた。

このため、長銀は、金融債発行による資金調達の代わりにインターバンク市場等からの短期市場性資金の調達に依存するようになり、平成9年11月ころには貸出総額の20%弱の原資を短期資金で調達するようになったところ、こうした短期資金に頼ること自体、長銀の資金調達構造を脆弱なものとした上、そのころ、三洋証券がインターバンク市場において債務不履行を起こしたことから、長銀等の格付の低い金融機関は、借入期間の短縮、金利の上乗せや担保の提供を要求され、場合によってはコールマネーを拒絶されることもあり、インターバンク市場等からの資金調達も困難となった。

長銀は、平成9年末から平成10年初めころの資産が約26兆円であるから、約1割の2兆6000億円から3兆円程度の手元資金余剰があるのが通常であるところ、前記の信用低下により、平成9年11月には約1兆円、同年12月には約7000億円、平成10年3月には約1兆1600億円の手元資金余剰しかなかった上、前記のように金融債発行残高が減少する中、いつ巨額の金融債の償還を求められるかもしれず、また、譲渡性預金等について期日落ちによる資金の引上げをされるかもしれないなど短期市場からの資金調達も不安定であり、こうした資金調達力の低下を補うため、平成10年3月期には約2兆円の貸出金等の回収を進めて流動性の確保に努めてはいたものの、資産圧縮は、相手方の対応に左右されるなど即応性がなく、前記の1兆円程度の手元資金余剰はいつ枯渇してもおかしくない状態にあった。

このような中、長銀は、インターバンク市場における資金調達において、農林中央金庫（以下「農中」という。）からの調達のウエイトが増加し、平成9年12月ころには、円貨取引の約50%、外貨取引の大半を農中に依存するまでになり、農中が長銀に資金の放出を拒否すれば、インターバンク取引における長銀の資金調達が一気に困難となる状況にあったところ、同月29日、農中から、長銀とのインターバンク取引及び長銀の関連会社向け貸出の全てが原則折返し禁止になる可能性がある旨通告を受け、農中との交渉の結果、平成10年1月29日、農中の日本リース等に対する貸出金について、長銀保有の株式の担保差入予約契約を締結し、その際、予約完結権行使の事由の中に、①外部格付機関の格付が長銀について「投資不適格」とされたとき、②長銀について有力機関との提携関係に重大な懸念とする事実が生じたとき、③長銀の株価が100円を割り込むなど客観的情勢に照らし明らかに異常な水準に達したとき、④その他長銀及び関係会社についてその経営に重大な懸念を生じるような客観的事実が生じたとき、との事由が加えられ、その後、平成10年6月19日、長銀の株価が100円を割り込んだため、同日、農中が予約完結権を行使し、本担保に移行した。

また、長銀は、平成10年2月26日、第一生命との間でも同様の株式担保差入予約契約を締結していた。

(以上につき、甲5号証・石津、甲6号証・石津、甲8号証・砺波、甲9号証・寺嶋、甲10号証・大岩、甲11号証・小西、甲193号証・資料作成報告書資料2-2、甲215号証・資料複写報告書、第13回鈴木恒男・11丁〜14丁表、乙2号証・被告人大野木36丁裏〜38丁表、資料21)

以上のように、長銀の資金調達構造は、平成9年11月の金融危機以前から金融債発行による調達の減少分を短期資金に依存する不安定なものとなっており、また、前記(第1・5(2)ア(ア))のように、長銀の株価も一貫して下落傾向が続いていたものであることに照らすと、平成9年11月からの金融危機がいずれ沈静化したとしても、長銀の資金繰りが構造的に不安定であることに変わりなく、取引金融機関や市場関係者等の信用を回復することは容易でなかったことは明らかである。また、長銀のインターバンク取引における大口取引先である農中が、平成9年末当時から、長銀の格付や株価の低下、SBCとの提携解消など、長銀の経営に重大な懸念を生じるような事態を予期して、長銀の関連ノンバンク向け貸出金の保全措置を講じており、これが表面化した場合には、他の取引金融機関も同様の保全措置を求めて殺到し、長銀及び関連ノンバンクの信用が一気に失われることは必至であったこと、平成10年3月期時点で手元資金余剰は1兆円程度しかなく、この程度ではいつ枯渇してもおかしくない状態にあったこと、平成10年3月に大手格付機関が長銀の財務状態が脆弱で更に悪化するおそれがあるものと指摘して格付を引き下げるなどしていたこと、などをも勘案すると、弁護人らのいう平成10年6月の「長銀破綻」の予測記事や投機的な空売りによる株価急落等は、長銀がこうした様々な信用低下要因を抱えていたことから生じた事象であり、長銀の信用が喪失し、破綻に向かう一つの契機となったものであるとしても、元々の原因はすでに存在しており、長銀が平成10年3月期当時からいつ資金繰り破綻してもおかしくない状況にあったことは疑う余地がない。

(以上につき、甲6号証・石津12丁表、甲258号証・資料複写報告書、第13回・鈴木恒男39丁裏、41丁裏〜42丁表、第17回・大岩11丁、第31回・被告人大野木110丁裏〜117丁表、第32回・被告人大野木15丁)

イ　日銀考査・金融監督庁検査における資産査定結果との関係について

被告人大野木及び同鈴木の弁護人は、「平成10年5月の日銀考査においては、資産査定通達のⅣ分類に相当するL査定が約527億円であり、同年7月の金融監督庁検査においてもⅣ分類査定が約1372億円であって、これらを大幅に上回る本件公訴事実における償却・引当不足額の認定は不当である」旨主張している(大野木弁護人冒頭陳述書163頁、172頁〜173頁、183頁、大野木弁護人更新意見第1・43頁〜44頁、鈴木弁護人冒頭陳述書63頁)。

しかし、そもそも、日銀考査や金融監督庁検査においては、短期間で多数の貸出をチェックしなければならない上、犯罪捜査等と異なり、貸出先や更にその先の第三債務者に対して反面調査を行って裏付けを取ることができず、金融機関の提出する資料と説明に基づいて検査するほかなく、その提出資料等もしばしば実態を反映しないものであるなど、おのずと限界がある（甲151号証・木戸21丁、甲160号証・宮川16丁、20丁、甲161号証・氏家23丁裏～24丁、甲163号証・田上8丁裏、第2回・高野18丁裏、42丁裏、76丁）。

実際、長銀においては、昭和50年代ころから、MOF検等において、長銀の不良債権の実態等が記載された経営会議・常務会・部店長会議等の議事録や配付資料等の差し替えや隠匿を行っており、平成10年5月の日銀考査や同年7月の金融監督庁検査においても、従前と同様に会議の議事録や配付資料等の差し替えや隠匿が行われた（甲113号証・山崎16丁裏～19丁表、資料4、5、甲112号証・常峰17丁裏～18丁、甲191号証・三浦1丁裏～8丁、甲192号証・山岡1丁裏～12丁表、甲229号証・「大蔵省検査に係わる『経営会議・常務会・部店長会議資料の見直し』について」と題する書面、甲232号証・「MOF検前回各部見直し」と題するファイル、甲233号証・回議用紙、甲234号証・回議用紙、甲235号証・「通達類の見直しについて」と題する書面、甲236号証・「大蔵省検査に係わる『経営会議・常務会・部店長会議資料の見直し』について(2)」と題する書面、甲238号証・「98／5～6日銀考査：国内全部室店説明会」と題するファイル、甲239号証・「98／5～6日銀考査：事前準備（不存在)」と題するファイル、乙3号証・被告人大野木13丁表、乙32号証・被告人鈴木19丁裏～21丁表、資料3～5、8)。

具体的には、例えば、平成10年7月の金融監督庁検査において、長銀は、日本リース向け貸出金について、同会社の実質債務超過額が実際には5600億円余に上り、償却前利益は約175億円にすぎなかったにもかかわらず、その事業化会社向け営業貸付金を査定対象から除外するなどして営業貸付金のⅣ分類を違法に圧縮することにより、日本リースの実質債務超過額をわずか約1580億円とするとともに、償却前利益についても約250億円と嵩上げして説明し、金融検査官はこれに基づいて、同会社の再建は十分可能であるとして、同会社向け貸出金の査定を行っているのである（甲125号証・大湊3丁裏～6丁表、7丁裏～9丁、17丁～18丁表、21丁裏、甲202号証・日本リースに係る査定メモ、第3回・吉武50丁～52丁)。

また、同検査において、長銀は、ビルプロ3社向け貸出金に関し、前記（第1・5(1)オ(ア)～(ウ))のように、四谷プランニング及び木挽町開発の事業化計画については、事業化に必要な周辺地の買収が完了しておらず、竜泉エステートの事業化計画については、近隣住民の反対運動があって開発許可の取得ができていないなど、いずれも事業化のめどが立っていないにもかかわらず、めどが立った旨説明し、金融検査官はこれに基づいて査定を行っている（甲108号証・柳原32丁裏～34丁、甲109号証・山下10丁裏～11丁表、33丁裏～34丁表、35丁裏～36丁表、甲110号証・大湊7丁裏～8丁表、11丁～12丁表、甲112号証・常峰36丁～38丁表、43丁～44丁、46丁、48丁裏～49丁、甲148号証・吉武3丁裏～4丁、10丁裏～11丁、15丁裏～17丁、第3回・吉武15丁裏～17丁)。

このように、平成10年5月の日銀考査や同年7月の金融監督庁検査においては、長銀側の虚偽の説明や差し替えられるなどした資料等に基づいて査定が行われたことなどにかんがみると、その結果が前記（第1・5(1)ア～カ）の償却・引当不足額と一致していないのは当然であって、これが、長銀の平成10年3月期決算において、償却・引当不足がなかったことの根拠となり得ないことも明白である。

ウ　会計監査における適正意見等との関係について

被告人3名及び各弁護人は、「平成10年3月期決算の会計監査において、長銀の自己査定基準は資産査定通達等に従って策定されており、自己査定及び償却・引当の結果も適正なものであるとの意見が付されたのであるから、償却・引当不足はなかった」旨主張している（大野木弁護人冒頭陳述書159頁～160頁、須田弁護人冒頭陳述書36頁、鈴木弁護人冒頭陳述書53頁～

55頁)。

しかし、長銀の自己査定基準が資産査定通達等を逸脱し、それ自体合理性のないものであることは前記（第1・4）のとおりである。

次に、自己査定及び償却・引当の結果の正確性に関しては、秋山会計士が、公判廷において、「会計監査人の作業は、貸出先ごとのラインシートのチェックが中心であり、ラインシートの記載自体から不審に思われる点がなければ、追加の資料を求めて裏付けを取ることもない。そもそも会計監査において全ての貸出をチェックするわけではなく、NED関連会社の一部のようにラインシートが作成されていない先もある。ラインシート以外に取締役会議事録は毎期見ているが、その他の常務会の資料、経営問題協議会開催報告、特定債権対策委員会の資料等は見ていない。」旨証言していることからも明らかなように、会計監査人は、ラインシートに記載されていない事実については、長銀側が進んで明らかにしたり、マスコミ報道されるなどしなければ、知らない場合も多い。この点、秋山会計士は、例えば、日本リースについては、本業であるリース営業を停止した事実も、長銀が日本リースの事業化会社の営業貸付金について査定を行っていなかった事実も知らなかったばかりか、長銀の担当者から内容虚偽の清算バランスシートを渡されたため、平成10年3月期において日本リースが実質債務超過状態に陥っている事実も知らなかったのであり、また、同会社の基礎収益力を約290億円とする根拠について確認しておらず、同会社に対して資金繰り支援が必要であるとしながら、他行の折返し状況についても確認を取っておらず、営業貸付先である事業化会社の業況についても、わずか3社しか確認していないのであり、これらに照らし、会計監査人は、長銀側の説明について、その根拠を確認しないまま鵜呑みにしていたというほかなく、長銀の自己査定及び償却・引当の適正性を判断するための必要情報を有していなかったのであるから、その判断が正しいものたり得ないことはいうまでもない（第20回・秋山49丁、82丁、85丁、89丁、90丁裏～97丁、甲122号証・山下資料8、甲126号証・市村6丁裏～5丁表)。

また、秋山会計士らは、被告人鈴木らから接待を受け、その席で、第一ファイナンスの償却・引当に関して、「長銀の財源に制約があり、苦しいところを理解して欲しい。」旨、実態に反して償却・引当額が過少となるよう懇願を受けるなどしており、このような長銀側と会計監査人の癒着ともいうべき関係にかんがみると、会計監査人の中立性にも疑問がある（乙38号証・被告人鈴木3丁裏～4丁表、第16回・大田71丁～73丁)。

したがって、会計監査人が平成10年3月期決算の会計監査において適正意見等を付したことは、同決算において、償却・引当不足がなかったことの根拠となるものではない。

6　被告人3名の本件に係る故意・共謀

被告人3名は、いずれも、前記（第1・1）のように、「平成10年3月期決算当時、償却・引当に不足はないものと認識していたのであり、したがって、同期の有価証券報告書の記載に虚偽があるとの認識や、適正な償却・引当を行えば配当可能利益がなくなるとの認識もなかったのであるから、被告人3名に虚偽有価証券報告書提出及び違法配当の故意はなく、共謀もしていない」旨弁解している。

しかし、後記（第1・6(1)ア）の被告人3名の自白に加え、これを裏付ける諸事実を総合勘案すれば、被告人3名において、平成10年3月期当時、同期決算において、3000億円を超える償却・引当不足があり、これを法令に従って適正に処理すれば、同期公表決算上の剰余金約460億円はもとより存在しなくなって配当可能利益が皆無となることを認識しつつ、共謀の上、法令に従った償却・引当をせず、違法に配当を実施したことは明白である。以下、詳論する。

(1)　本件故意・共謀を基礎付ける事実等

ア　被告人３名の自白

被告人３名は、いずれも、検察官調書等において、「被告人大野木が頭取に就任した後の平成７年７月10日の常務会で、関連会社６社及び受皿会社の抱える不稼働資産のうち、長銀が処理すべき損失見込額が約8908億円に上る旨報告を受け、一般先等も合わせると当期に全額償却・引当を要する貸出金等の回収不能見込額が１兆円規模に上ることを認識したが、平成８年３月期は、住専処理等を行ったこともあって、関連親密先に係る不良債権処理は一部しか行わなかった。その後、平成８年４月８日の円卓会議において、近く実施されるMOF検で、最悪の場合、当期に全額償却・引当することが商法等によって義務付けられるⅣ分類が１兆1256億円を超える旨報告を受け、長銀の抱える貸出金等の回収不能見込額を改めて認識した。同MOF検では、担保評価や収益計画を実際よりも大きく見せるなどの各種対策を講じて検査に臨んだ結果、長銀の抱える不良債権の実態とは大きく異なりⅣ分類と査定されるべきものの大部分につきⅣ分類査定を免れることに成功したが、不稼働資産の実態が変わったわけではなく、むしろ、他行が早期是正措置対策等として貸出債権の回収に走ったことにより関連親密先の資金調達環境が悪化したことから、長銀において、一般先から資金を回収し、それにより得た資金を関連親密先への貸出に充当して支援するなどした結果、長銀の不良債権が更に増加し、平成９年12月15日に行われた会議において、関連親密先からの回収見込みが全くなく商法等により当期に全額償却・引当を義務付けられる『完全な不稼働資産』が約１兆円あるなどと報告を受けて、長銀の貸出金等の回収不能見込額が約１兆円に上ることを改めて認識した。しかし、長銀は、償却財源が乏しいことから、不良債権を実態のままには反映させない自己査定基準を策定せざるを得ず、このため、一般先については、破綻懸念先区分と実質破綻先区分のそれぞれ３要件を全て充足しなければその債務者区分に該当しないものとして、要件を厳格にすることによってⅢ、Ⅳ分類を圧縮しようとし、関連親密先についても、『関連ノンバンクにかかる自己査定運用規則』及び『特定関連親密先自己査定運用細則』によって、本来は多額のⅢ、Ⅳ分類資産を抱える日本リースを『経営支援実績先区分』とし、全額Ⅱ分類とするなど、Ⅲ、Ⅳ分類の圧縮を図った恣意的な基準を策定し、これに基づく償却・引当を実施することに了承を与えた。平成10年３月期決算においては、前記のように当時長銀が抱えていた回収不能見込額が関連親密先分だけでも１兆円規模に上るところ、約6000億円しか処理せず、その余の数千億円の処理は先送りしたもので、有価証券報告書記載の当期未処理損失額2700億円余は数千億円以上過少計上しており、この数千億円につき適正な不良債権処理をすれば、剰余金は生ぜず、配当可能利益は皆無となり、違法配当になることも当然に認識していた。」旨自白して本件を認めている（乙２号証・被告人大野木41丁裏〜43丁表、資料23、乙３号証・被告人大野木４丁裏〜20丁、23丁裏〜24丁表、25丁表、42丁裏、55丁〜58丁、資料６、乙４号証・大野木12丁〜40丁表、乙６号証・被告人大野木15丁〜16丁表、24丁、29丁、30丁裏〜31丁表、38丁〜41丁表、43丁〜44丁、資料10、乙７号証・被告人大野木11丁〜16丁表、乙８号証・被告人大野木３丁〜26丁、乙12号証・被告人大野木５丁、32丁〜33丁、42丁裏〜44丁表、乙15号証・被告人須田12丁裏〜16丁表、18丁〜22丁、資料5〜8、乙16号証・被告人須田12丁裏〜13丁、乙17号証・被告人須田３丁、７丁〜９丁表、11丁裏、12丁裏、18丁裏〜19丁表、26丁裏、31丁裏、乙18号証・被告人須田10丁〜12丁、乙19号証・被告人須田２丁〜26丁表、乙20号証・被告人須田３丁〜28丁表、資料３、乙22号証・被告人須田12丁裏〜13丁表、19丁、21丁裏、乙23号証・被告人須田７丁〜10丁表、25丁、乙32号証・被告人鈴木20丁裏〜22丁、乙33号証・被告人鈴木６丁〜７丁表、14丁〜18丁、21丁裏〜23丁表、27丁〜30丁、38丁、40丁〜42丁表、資料３、11、15、乙34号証・被告人鈴木29丁表、乙35号証・被告人鈴木、乙36号証・被告人鈴木38丁、50丁、57丁〜58丁表、乙41号証・被告人鈴木５丁〜

7丁表、10丁〜11丁、23丁〜25丁、乙48号証・被告人大野木2丁裏〜3丁表、乙49号証・被告人大野木2丁、3丁、乙50号証・被告人須田3丁裏〜4丁表、乙55号証・被告人鈴木1丁〜2丁表)。

イ　自白を裏付ける事実

(ア)　不良債権の発生及びその処理の先送り状況

長銀は、いわゆるバブル経済の中で、平成元年3月、第6次長期経営計画を策定して、不動産関連事業向け融資に傾斜し、同時に、長銀の関連ノンバンクもまた、不動産関連事業向け融資を拡大していった。

その後、平成2年以降の株価や地価の下落に伴い、長銀及び同行関連ノンバンクの保有有価証券や担保不動産の価値が減少したため、長銀自身の関連ノンバンク向けを含む多額の貸出金等が劣化したのみならず、関連ノンバンクを含む関連会社もまた、多額の不稼働資産を抱えることになった。しかし、長銀経営陣は、その後も、保有有価証券や担保不動産の売却といった抜本的な不稼働資産処理には踏み出さず、将来の株価や地価の上昇に期待し、長銀及び関連ノンバンク本体の赤字決算を回避するため、関連ノンバンクの非連結子会社を不稼働資産管理のための受皿会社として設立し、同子会社に長銀が融資をして不良不動産等を買い取らせたり、不動産の「事業化」を目指すと称して、これに追加融資を実行するなどして、不稼働資産処理の先送りを行った。

(以上につき、甲91号証・増澤9丁裏〜10丁表、11丁表、13丁裏、甲180号証・資料入手報告書、乙2号証・被告人大野木2丁裏〜3丁表、5丁〜6丁、10丁裏〜11丁表、乙15号証・被告人須田3丁、5丁、29丁・資料1・乙32号証・被告人鈴木1丁裏〜3丁)

被告人大野木は平成元年2月、同須田及び同鈴木は平成4年6月にいずれも常務取締役に就任し、それ以降は経営会議、常務会等に出席していたところ、長銀の関連会社の財務状況は、経営会議等の場で長銀経営陣に対して随時報告されており、平成5年6月25日の経営会議においては、関連会社の平成5年3月期決算がバブル崩壊の影響の深刻化により大幅な減収減益となったこと及び関連会社本体の赤字決算回避を主眼として不稼働資産の受皿会社への移管を促進していることなどが報告された。しかし、被告人3名ら長銀経営陣は、長銀内部に不稼働資産処理の先送りを問題視する意見があったにもかかわらず、受皿会社を使っての不稼働資産の移管といった先送り方針を維持し、その結果、平成4年1月以降平成8年4月までの間だけで、65社にも上る受皿会社が設立された。

(以上につき、甲159号証・宮川資料15、82丁、乙2号証・被告人大野木18丁裏〜19丁、22丁〜25丁、29丁、資料11、13、16、乙15号証・被告人須田10丁〜12丁表、乙32号証・被告人鈴木18丁〜19丁)

被告人3名ら長銀経営陣は、平成6年4月27日の常務会において、同年3月末時点の長銀の不良債権について、利息延滞債権が平成5年9月末時点から約614億円増加して約1兆2700億円となっていること及びそのほかに金利減免債権が約7800億円あって、合計約2兆円に上る旨報告を受けたが、平成7年3月期決算において、一般先につき約2296億円、関連親密先につき約1137億円の合計約3433億円の不良債権しか処理しなかった(乙2号証・被告人大野木31丁裏〜32丁、資料18、乙3号証・被告人大野木2丁裏〜4丁表、資料1〜3)。

その後、被告人大野木が頭取に就任した後の平成7年7月10日の常務会において、被告人3名は、大田秀晴関連事業部長から、同年3月末時点における第一ファイナンス及びNED等関連ノンバンク6社の延滞債権及び固定化営業債権等の不稼働資産合計額が約9905億円あり、そのうち長銀が処理すべき損失見込額は約8908億円に上る旨の報告を受けた(乙2号証・被告人大野木41丁〜43丁表、資料23、乙15号証・被告人須田12丁裏〜15丁、資料5〜8、乙32号証・被告人鈴木20丁裏〜22丁)。

長銀は、平成8年3月期決算において、一般先につき住専関係の処理額約3400億円を含む約5000億円、関連親密先につき約1500億円の合計約6500億円の不良債権処理を行って約1130億円の当期損失を計上したが、関連親密先に係る不良債権処理を先送りした結果、平成8年3月期決算後においても、長銀には、関連親密先と一般先を合わせ、なお1兆円規模の回収不能見込みの不良債権が残存していた（乙3号証・被告人大野木7丁～9丁、資料1、4、5）。

(イ)　平成8年4月のMOF検に向けた対策の検討及び同検査の実施状況並びに平成9年3月期決算の状況等

長銀では、平成7年夏ころ以降、MOF検が近く実施され、関連ノンバンクに対する貸出資産につき、相当多額のⅢ、Ⅳ分類を認定されるものと予想されたことから、竹井信治事業推進部参事役が中心となって、同行の抱える不良債権の実態を把握した上で、MOF検において最終的にⅢ、Ⅳ分類に査定されるであろう金額の予測作業を行い、その間の同年8月中旬ころ、被告人鈴木（当時常務取締役、事業推進部等担当）は、竹井事業推進部参事役から、その時点での資産分類予測結果について、実態ベースで、Ⅲ分類が約2800億円、Ⅳ分類が約1兆円になった旨の報告を受けた（甲13号証・竹井3丁～7丁）。

また、被告人鈴木は、平成7年8月22日、関連会社を所管していた営業企画部及び関連事業部の各担当役員のほか、審査部担当役員も出席するMOF検対策のための検討会において、竹井事業推進部参事役から、「MOF検に対する対応方針について」と題する資料（甲13号証・竹井資料2）に基づき、MOF検では、関連ノンバンク等の関連会社で分類額が積み上がることが確実で、簡易な方法での資産分類予想では、少なくとも、Ⅲ分類が約2800億円、Ⅳ分類が約1兆円との結果になり、特に関連ノンバンクのⅣ分類だけで約8000億円にも上ることなどにつき報告を受けた。

これに対して、被告人鈴木は、「今のままMOF検を受ければ、Ⅲ、Ⅳ分類がべらぼうに増えてしまう。Ⅲ、Ⅳ分類圧縮のために知恵を使ってくれ。まずは事業化のシナリオをきれいに書いて、検査官にしっかり説明することだな。見通しは立たなくとも計画があれば説明はできるだろう。担保評価を収益還元法で行い、分類額を圧縮したらどうか。」「MOF検の対応次第では、頭取の首を差し出すことになる。とにかく万全の体制で臨んでほしい。」などと発言し、MOF検においてⅢ、Ⅳ分類額が実態よりも少なく査定されるよう工夫することを指示し、以後、各部は連携しながら、被告人鈴木から示された前記方針の下、分類額の不当な圧縮のための準備を進めた。そして、頭取であった被告人大野木に対しては、被告人鈴木から、「MOF検については万全の対策で臨み、分類資産の認定が実態よりも圧縮できるように努力している」旨の報告がなされ、被告人大野木は、分類額を実態に反して圧縮する方針を了承した。

（以上につき、甲13号証・竹井8丁裏～12丁、資料2、甲75号証・鈴木良介3丁～7丁、甲83号証・鈴木恒男3丁裏～8丁表、乙3号証・被告人大野木9丁裏～10丁、乙33号証・被告人鈴木3丁～5丁）

このような中、竹井事業推進部参事役は、平成7年11月2日、MOF検では、分類資産の増加が懸念されるため、最大限の努力を行い、分類額を圧縮することが必要であること、及び、特に当該期の償却が求められるⅣ分類、さらには最終的に償却が必要なⅢ分類については、その絶対額が当行の経営に与える影響を考えれば、最優先で分類回避を図るべきであるとする方針や、そのための対策としての金融検査官に対する受け答えの仕方などを記載した「受検Q&A」を作成し、そのころ、被告人鈴木に対してその内容を説明するとともに、各営業部・店に配布した（甲13号証・竹井15丁～17丁表、資料4、乙33号証・被告人鈴木6丁～8丁）。

平成8年3月上旬、長銀は、同年4月には自行に対するMOF検が行われることを知り、竹井事業推進部参事役において、そのころMOF検を受けた他行の資産査定に関する情報を参考にして、査定基準日時点における貸出先の資産、負債の内容を時価評価した「清算バランスシート」に基づいて貸出先の財務状態を評価し、かつ、母体行が自らの貸出金の限度で損失を負担する「修正母体行方式」により、MOF検における分類予想額を整理した上、同年3月下旬、被告人鈴木に対し、「他行から得たMOF検の検査方式に基づき試算した結果、Ⅲ分類が2603億円、Ⅳ分類が1兆1256億円になったが、実態のⅣ分類はもっと大きな数字になる」旨報告したところ、同被告人は、Ⅳ分類を含む分類資産を圧縮する策を検討するよう告げて、貸出金等の回収不能見込額を実態に反して圧縮するよう指示した（乙33号証・被告人鈴木14丁～17丁表）。

長銀では、平成8年4月8日、被告人3名のほか在京の常務取締役以上の役員が出席した「円卓会議」において、大田事業推進部長から、「分類予測と償却計画について」と題する資料（甲14号証・竹井資料4）に基づいて、①近く予想されるMOF検では、取引先の死に体認定を避けたり、不動産評価を調整するなど、分類額の圧縮のための不当な工夫を凝らし、同資料に「査定前」として記載したⅢ分類2115億円、Ⅳ分類2877億円を目指す、②同検査の結果、最悪の場合、同資料に「最悪ケース」として記載したⅢ分類2603億円、Ⅳ分類1兆1256億円（一般先1807億円、関連親密先9449億円。）と認定されることも予想され、「最悪ケース」の数字が長銀の貸出金等の実態に最も近い、③同資料に「努力目標」として記載したⅢ分類3334億円、Ⅳ分類6611億円を当面の目標に、今後も更にⅢ、Ⅳ分類圧縮のための努力を重ねる必要がある、などとする報告を受け、これにより、被告人3名は、平成8年3月期決算後においても、長銀の回収不能見込みの不良債権が1兆円を超えて残存していることを明確に認識し、その際、被告人大野木は、工夫して前記「努力目標」の数値を更に圧縮するよう告げて、貸出金等の回収不能見込額を実態に反して圧縮するよう指示した（甲14号証・竹井1丁裏～3丁、23丁裏～25丁、甲26号証・大田11丁裏～18丁、20丁表、資料1、甲36号証・平田11丁、甲72号証・川上4丁、乙3号証・被告人大野木20丁裏、乙15号証・被告人須田16丁裏～23丁表、乙33号証・被告人鈴木17丁～19丁、第27回・被告人鈴木5丁裏～6丁表）。

平成8年4月17日から、長銀に対するMOF検が開始されたところ、同検査において、長銀側担当者は、金融検査官に対し、長銀本体及び関連ノンバンクを含む関連親密先の抱える不良債権の実態及び今後の処理予定などに関する資料や諸会議議事録等についてその一部若しくは全部を抜き取り又は差し替えるなどの工作を行った資料を閲覧させるとともに、事前に用意した説明シナリオに基づく説明を行うなどして、長銀保有資産の実態を秘匿し、当期に償却・引当を要するⅣ分類とされる資産が多く出ないように極力努めた。

その結果、長銀では、平成8年6月7日、MOF検結果の確定値見込みについて、総与信ベースで、Ⅲ分類が約9158億円、Ⅳ分類が約2096億円になるとの感触を得、同年10月4日に大蔵省が長銀に発した検査報告書における資産分類結果もこれと同一のものであったところ、これらは、前記円卓会議で報告された「最悪ケース」の分類予測をはるかに下回るものであった。

(以上につき、甲13号証・竹井11丁裏、15丁～20丁、甲14号証・竹井13丁、甲26号証・大田3丁、甲27号証・大田30丁、資料12、甲36号証・平田15丁裏～16丁、資料4、甲51号証・大岩2丁、甲73号証・川上2丁、甲83号証・鈴木恒男5丁～8丁表、甲86号証・越石1丁裏、甲101号証・上池9丁裏～14丁表、甲118号証・常峰、乙33号証・被告人鈴木13丁、資料7)

長銀は、その間の平成8年6月6日、MOF検の状況を踏まえ、被告人大野木の了承の下で、金融検査官に対し、平成9年3月期から平成12年3月期までの4年間で合計8385億円（平成9年3月期3372億円、平成10年3月期2505億円、平成11年3月期1908億円、平成12年3月期600億円）の不良債権を処理する旨の不良債権処理計画（以下「MOF提出計画」という。）を提出した（甲37号証・平田5丁～23丁表、資料2～7、甲72号証・川上35丁裏～40丁、甲159

号証・宮川15丁裏〜21丁、資料11〜14、甲161号証・氏家8丁〜19丁、乙33号証・被告人鈴木34丁裏〜39丁)。

大田事業推進部長は、MOF検対策のための資料改ざん工作等が奏功し、MOF検の査定結果が長銀に有利な内容に収まったことに安堵しつつも、不良債権処理を先送りすることに対する危機感を募らせ、同年7月、竹井事業推進部参事役に指示して、「今後の不良債権処理の進め方について」と題する資料(甲27号証・大田資料13)を作成させ、そのころ、同参事役をして、被告人鈴木(当時常務取締役、事業推進部等担当)に対し、前記資料に基づき、MOF検結果は全体的に甘い評価であり、長銀の不良債権の実態を正確に反映したものではない旨を報告させた(甲27号証・大田32丁裏〜36丁表、資料13、乙34号証・被告人鈴木4丁裏〜5丁、乙37号証・被告人鈴木5丁〜6丁表)。

ところで、長銀では、平成8年7月に2万2000円台で推移していた日経平均株価が、同年9月、2万円台にまで落ち込み、保有有価証券の含み益が大きく減少するなど不良債権処理に充てる財源が不足したことから、そのころにはMOF提出計画の実施すら困難な見通しとなった。

そのため、決算等を担当する大岩総合企画部長らは、被告人3名ら長銀経営陣が出席した平成8年9月18日の常務役員フリーディスカッション会議において、MOF提出計画を維持したまま、平成9年3月期決算を黒字とし配当を実施した場合、自己資本比率8%を確保するのは困難な状況になったため、自己資本比率8%と黒字決算をともに維持した場合に不良債権処理に充てることが可能な財源から逆算し、当初3年間の不良資産処理予定額を7785億円から5500億円(平成9年3月期3000億円、平成10年3月期1500億円、平成11年3月期1000億円)に減らすことを提案し、被告人3名ら長銀経営陣は、その旨了承した。

(以上につき、甲38号証・平田、甲39号証・平田5丁〜15丁、資料2、甲50号証・大岩4丁〜5丁、甲73号証・川上7丁裏〜14丁表、乙3号証・被告人大野木25丁〜27丁表、乙17号証・被告人須田13丁裏〜19丁、乙34号証・被告人鈴木7丁〜8丁)

前記会議の結果について報告を受けた大田事業推進部長及び竹井事業推進部参事役は、長銀が抱える不良債権の実態からすれば、MOF提出計画ですら不十分であったのに、同計画を更に後退させたのでは、不良債権処理が一層困難になるものと懸念し、この考えを長銀経営陣に認識させるため、平成8年10月29日、被告人鈴木に対し、「今後の不良資産処理について」と題する資料(乙34号証・被告人鈴木資料5)に基づき、「関連親密先につき、MOF検では、Ⅲ分類が5140億円、Ⅳ分類が1961億円と査定されたが、平成8年3月末時点の数字を使って、本音ベースの査定をした結果、Ⅲ分類が848億円、Ⅳ分類が1兆1626億円となった」旨を説明した上、「現在の長銀の不良債権処理計画は、3年間で5500億円にすぎず、明らかに不十分であるので、実態に基づく計画を立てるよう役員会に諮るべきである」旨を具申し、これを受けた被告人鈴木は、役員会に諮る前に被告人大野木に報告して指示を仰ぐこととした(甲15号証・竹井2丁、甲28号証・大田2丁裏〜11丁、資料1、乙34号証・被告人鈴木10丁〜14丁表)。

そこで、大田事業推進部長及び竹井事業推進部参事役は、平成8年11月11日、被告人鈴木らを交え、被告人大野木に対し、「今後の不良資産処理について」と題する資料(乙34号証・被告人鈴木資料7)に基づいて、MOF検結果は関連ノンバンクの受皿会社の赤字分や不動産含み損等を査定されずに済んだため実態と大きく乖離しており、本音ベースで査定した場合の分類額は関連親密先だけでⅣ分類が1兆1626億円であったこと、及び償却財源不足を考慮するとしても3年間で最低でも8000億円程度の不良債権処理を実施する必要があること、などにつき説明したところ、被告人大野木は、巨額の回収不能見込みの不良債権を今後どのように処理するかを役員会に諮って検討する旨述べた(甲15号証・竹井10丁裏〜17丁表、甲

28号証・大田12丁裏～18丁、乙3号証・被告人大野木34丁～38丁表、乙34号証・被告人鈴木14丁～17丁表)。

そして、平成8年12月19日、被告人3名ら長銀経営陣が出席した常務役員フリーディスカッション会議において、前記問題が協議された際、大田事業推進部長からは、「平成8年3月末時点の償却後の数字を使った実態ベースの関連親密先に係る要処理額は1兆7063億円で、各社に対する貸出金で足切りした場合でも、関連ノンバンク7社関係だけでⅣ分類が1兆円を超えており、現在の当初3年間で合計5500億円の不良債権を処理するという計画では不十分で、償却財源の制約を踏まえるとしても、3年間で最低でも8000億円程度の不良債権を処理すべきである」旨の意見が出され、他方、妹尾賢治総合企画部副部長からは、「日経平均株価が2万円台で推移している現状からは、同株価を2万2000円と想定して不良債権処理計画を立てるのが限界であり、この場合、平成9年3月期からの3年間の不良債権処理見込額は、合計で5600億円であり、前記9月18日の常務役員フリーディスカッション会議で了承された今後3年間で5500億円の不良債権を処理するという計画を達成するためには、日経平均株価が2万2000円を割ってしまう場合も考慮して、他の財源を確保しておく必要がある」旨の意見も出され、これらの意見を踏まえ、被告人大野木は、本来なら、平成9年3月期には1兆円以上の不良債権処理を行う必要があることを認識しつつも、とりあえず、総合企画部案の3年間で5500億円の不良債権を処理する計画を進めることにし、以後、株価動向を見ながら検討を続ける旨発言し、他の出席者もこれに賛同したため、前記9月18日の常務役員フリーディスカッション会議で了承された計画を基本に不良債権処理を進めることが確認され、平成9年3月期の不良債権処理額は3000億円と予定された(甲15号証・竹井17丁～21丁、甲28号証・大田20丁～28丁、甲39号証・平田33丁、甲50号証・大岩6丁裏～10丁表、甲73号証・川上21丁～22丁、乙3号証・被告人大野木46丁～47丁、乙17号証・被告人須田30丁裏～32丁表、乙34号証・被告人鈴木21丁裏～22丁表)。

長銀では、平成8年度中間期に約1000億円の不良債権処理を済ませ、同年度下期に残り2000億円の不良債権を処理する予定であったところ、平成9年1月、日経平均株価が1万8000円台を割り込み、不良債権の償却財源となる長銀保有の有価証券の含み益が大きく減少したため、平成9年3月期決算を黒字決算としつつ2000億円の不良債権処理を行うための財源を確保できる見通しがつかなくなった(甲40号証・平田2丁裏～4丁表、甲50号証・大岩10丁表)。

そのため、被告人3名らは、大岩総合企画部長らと協議を重ね、平成9年2月5日には、妹尾総合企画部副部長から、①平成9年3月期の年間不良債権処理額を2000億円に減額し、同期は黒字決算とすること、②平成10年3月期は赤字決算を前提に不良債権処理額を3000億円とし、株価が上昇すれば5000億円を処理すること、及び、③同期決算を赤字にした場合でも配当は実施すること、が提案された(甲40号証・平田27丁～29丁表、資料4、甲50号証・大岩10丁～12丁、甲73号証・川上37丁裏～39丁、乙18号証・被告人須田4丁～8丁表、乙34号証・被告人鈴木22丁裏～25丁表)。

被告人3名らは、平成9年3月期の不良債権処理額を当初計画どおりの3000億円とした場合、償却財源不足から平成8年3月期に続いて2期連続の赤字決算となって経営責任を追及されかねない状況にあったことに加え、他行が平成9年3月期を黒字決算とする方針である中で、長銀が赤字決算を組んだ場合には、長銀が市場から落後したものと思われて、資金調達の面でも悪影響が出るものと判断し、平成9年3月期を黒字決算とするため、平成8年度下期の不良債権処理額を1000億円に減額した上で、平成10年3月期からの3年間で合計5000億円(うち、平成10年3月期3000億円)を処理する方針を固め、同方針は、その後、被告人3名らが出席した平成9年3月10日の常務会において、平成9年3月期の不良債権処理額を3000億円から2000億円に減額し、平成10年3月期には最低でも3000億円の不良債権処理を行うことなどを内容とする「中期計画」(甲40号証・平田資料7) として承認された (甲17号証・竹井、甲18号証・竹井2丁～3丁表、甲40号証・平田29丁～32丁表、資料7、甲50号証・大岩14丁裏～15丁、甲73号証・川上39丁裏～44丁、資料16、17、乙3号証・被告人大野木53丁～54丁表、57丁裏～58丁、資料22、乙17号証・被告人須田3丁～4丁表、乙34号証・被告人鈴木25丁～27丁)。

長銀の平成9年3月期決算における不良債権処理額は、一般先1153億円、関連親密先934億円の合計2087億円にとどまり、決算書上の剰余金は約3432億円となった (甲41号証・平田4丁裏～5丁、乙3号証・被告人大野木資料1)。

(ウ)　自己査定の基準策定及び実施の状況等

長銀では、平成8年10月、自己査定体制検討プロジェクトチーム (以下「自己査定ＰＴ」という。) を設置し、早期是正措置制度の導入に伴う自己査定の基準策定等の検討を始めた。自己査定ＰＴは、平成9年2月14日、被告人3名らが出席した常務会において、「早期是正措置に関する検討会」が平成8年12月26日に公表した「中間とりまとめ」の内容を報告するとともに、自己査定ＰＴにおいて今後検討すべき最重要課題として償却・引当に直結するⅢ、Ⅳ分類の査定基準の策定を挙げた上、「中間とりまとめ」では区分されていない一般先と関連先等の取引先を区分し、長銀のⅢ、Ⅳ分類の相当部分を占める関連親密先につき、一般先とは異なる査定基準を策定することによってⅢ、Ⅳ分類を圧縮する方針である旨を自己査定ＰＴの中間答申として報告したところ、被告人3名らは、同方針を了承した (甲16号証・竹井1丁裏～5丁、甲40号証・平田9丁裏～10丁表、甲51号証・大岩5丁～6丁表、資料2、甲58号証・妹尾1丁裏～2丁表、甲74号証・川上7丁～9丁、甲81号証・守澤4丁～7丁表、甲181号証・資料作成報告書、乙19号証・被告人須田10丁～13丁、乙35号証・被告人鈴木1丁～2丁)。

その後、自己査定ＰＴは、前記中間答申の方針に従って長銀独自の自己査定基準の内容を更に検討し、竹井事業推進部参事役らをして、自己査定結果に基づいて算出される平成10年3月期の要償却・引当額が、長銀の償却財源の範囲内で不良債権処理をすることとして策定された平成9年3月の「中期計画」における処理予定額の3000億円に収まるか否かなどを検証させながら、長銀独自の自己査定基準策定のための基本方針をとりまとめた最終答申案を作成した。

竹井事業推進部参事役は、平成9年4月下旬、被告人鈴木 (当時専務取締役、事業推進部等担当) に対し、前記最終答申案等を記載した同月18日付け「早期是正措置への対応と今後の不良債権処理について」と題する資料 (甲18号証・竹井資料2) に基づき、長銀独自の自己査定基準策定のための基本方針について、「一般先と関連親密先とで、それぞれ別個の自己査定基準を策定する。一般先に係る自己査定基準は、Ⅲ、Ⅳ分類を圧縮するため、大蔵省の資産査定通達で示された債務者区分である、破綻懸念先及び実質破綻先につき、これらを認定するための要件を同通達よりも厳しく絞ったものにする。同通達には関連ノンバンクについての規定はなかったが、長銀では、関連親密先に係る自己査定基準として、関連ノンバンクを含む関連親密先全体について、債務者区分の内容を一般先とは異なるものにしてⅢ、Ⅳ分類を圧縮する。」旨説明した上、「前記の基本方針に従って自己査定を実施した場合に償却・引当が見込まれる金額の試算結果に関しては、国税局の承認を得た支援計画に基づいて支援を実施している長銀インターナショナルリース株式会社 (以下「長銀リース」という。)、日本ランディック株式会社 (以下「ランディック」という。)、NEDの3社に対する支援額のうち、翌期以降の支援額をⅢ分類としたケースでは一般先が1760億円、関連親密先が2838億円の合計4598億円となり、前記支援先3社に対する翌期以降の支援額をⅡ分類としたケースでは一般先が1760億円、関連親密先が1897億円の合計3657億円となった。」旨報告したところ、被告人鈴木は、自己査定基準策定の前記基本方針を了解した。
(以上につき、甲18号証・竹井3丁裏〜20丁表、23丁〜24丁表、資料3、乙35号証・被告人鈴木2丁裏〜3丁、資料1)

また、竹井事業推進部参事役は、平成9年4月30日、被告人須田(当時専務取締役)に対し、同月28日付け「早期是正措置への対応と今後の不良債権処理について」と題する資料(甲18号証・竹井資料3)に基づき、前記基本方針について、「実態どおりに自己査定をした場合には、決算不能の状態になる。自己査定結果から算出される要償却・引当額を中期計画における不良債権処理計画に合わせるためには、Ⅲ、Ⅳ分類を圧縮する独自の自己査定基準を策定するほかない。一般先と関連親密先とを別基準にし、いずれの基準でも、できるだけ破綻懸念先や実質破綻先が出ないような基準にする方針である。」旨説明したところ、被告人須田も前記基本方針を了解した(甲19号証・竹井3丁裏〜12丁表、資料2、乙19号証・被告人須田15丁〜24丁)。

続いて、竹井事業推進部参事役は、平成9年5月9日、被告人鈴木らを交え、被告人大野木に対し、同日付け「早期是正措置への対応と今後の不良債権処理について」と題する資料(甲18号証・竹井資料4)に基づき、前記基本方針について、「関連親密先のⅢ、Ⅳ分類をいかに圧縮するかが自己査定における最大のポイントであり、そのため、関連ノンバンクを含む関連親密先について、一般先とは別の査定基準を策定するなどして、Ⅲ、Ⅳ分類を圧縮する方針である。一般先についても、Ⅲ、Ⅳ分類を圧縮するため、大蔵省の通達よりも、実質破綻先や破綻懸念先の要件を絞っている。」旨説明した上、「この方針に基づく償却・引当の見込金額は、支援先3社の翌期以降の支援額をⅢ分類としたケースで合計4598億円となり、支援先3社の翌期以降の支援額をⅡ分類としたケースで合計3657億円となるが、事業推進部としては、翌期以降分をⅢ分類にするという前者の考えである。」旨報告し、その際、被告人鈴木も、「事業推進部では、中期計画での不良債権処理額に合うように自己査定基準を検討中だが、相当苦労している。」などと口添えをしたところ、被告人大野木は、中期計画の不良債権処理計画に沿った自己査定基準を策定する前記基本方針を了承するとともに、同基本方針に基づいて作業を進めるよう指示した。これに引き続いて、妹尾総合企画部副部長が、被告人大野木及び同鈴木らに対し、「97年度リスクアセット、決算・自己資本比率、不稼働処理運営について」と題する資料(甲18号証・竹井資料5)に基づき、「事業推進部の案では、自己査定に基づく償却・引当見込額が4598億円となり、中期計画における平成10年3月期の不良債権処理見込額である3000億円に収まっていない。そのため、自己査定結果による要償却・引当額が不良債権処理計画の内容と一致するように調整しなければならない。」旨報告したところ、被告人大野木は、妹尾総合企画部副部長に対し、「財源の関係もあるので、自己査定結果に基づく要償却・引当額と不良債権処理計画の内容が整合するよう事業推進部とともに検討するように。」などと指示したほか、被告人鈴木に対し、「細かなところは、鈴木専務と事業推進部に任せる。」旨述べた。
(以上につき、甲20号証・竹井2丁裏〜17丁、資料1、2、甲29号証・大田2丁〜25丁、甲51号証・大岩8丁裏〜18丁表、資料4、5、甲58号証・妹尾3丁〜11丁、資料2、3、甲74号証・川上11丁〜22丁表、乙4号証・被告人大野木19丁〜31丁、乙35号証・被告人鈴木3丁裏〜17丁表)

そして、被告人3名は、平成9年5月23日に開催された常務会において、前記最終答申案を了承したところ、同常務会において了承された基本方針には、前記(第1・4(2)ア(イ))の破綻懸念3条件や死に体3条件の基となる一般先の債務者区分の意義及び認定要件等が含まれていた(甲29号証・大田22丁、甲51号証・大岩18丁裏〜19丁表、甲182号証・捜査報告書、乙4号証・被告人大野木37丁、乙19号証・被告人須田24丁裏〜26丁表、乙35号証・被告人鈴木17丁)。

その後、長銀では、自己査定の試行として、平成9年7月から同年9月にかけて、同年6月末を基準日とする自己査定トライアル（以下「トライアル」という。）を実施したが、その進捗状況等に関し、平成9年8月6日、竹井事業推進部参事役が、被告人鈴木に対し、トライアル結果に基づく要償却・引当額は5650億円程度になる見込みであること、トライアルでは、関連親密先について、かなり無理な査定をしているため、自己査定本番では、会計士などから償却・引当額を増加させるように修正を迫られる可能性があること、関連親密先については、「経営支援実績先区分」や「特定先」といった区分を作ってII分類にとどめるなどしており、他行の基準と比べても相当自主裁量性の強い基準となっていること、などを報告したところ、被告人鈴木は、トライアルで使用した自己査定基準を自己査定本番でも使用し、要償却・引当額を圧縮するよう指示した（甲21号証・竹井2丁裏、甲22号証・竹井19丁裏～25丁、資料3、甲30号証・大田11丁裏～18丁表、資料4、乙35号証・被告人鈴木18丁裏～20丁表）。

また、被告人須田に対しても、平成9年10月16日、鈴木良介リスク統括部長及び鷲見守康同部参事役が、トライアルでは、関連親密先を一般先とは別基準にした上で、債務者区分として「経営支援実績先区分」などを設け、同区分には日本リースを当てはめ、同会社向け貸出金を全額II分類とし、その結果、平成8年4月のMOF検の際に約2000億円がIII分類と査定されたのをII分類に移すことができたこと、NED等については、今年度支援予定額をIV分類、来年度以降予定額をIII分類、それ以外をII分類としており、MOF検時と比べるとIV分類が減少し、一部がIII分類に移っている分があること、第一ファイナンスについては、MOF検時と比べて貸出金が増加しているが、有価証券含み損などをIII分類止まりとしたことによって、IV分類が約69億円減少していること、竜泉エステート等の不動産事業化計画を持つ会社に対する貸出金は、事業化計画にめどがついていることにしてII分類にとどめたこと、などを報告した上、自己査定本番も同様の方針で臨みたい旨具申したところ、被告人須田も、これを了承した（甲79号証・鷲見3丁～8丁表、資料2、乙20号証・被告人須田6丁～11丁表、資料3）。

さらに、被告人大野木に対しても、平成9年10月24日、鈴木リスク統括部長及び鷲見同部参事役が、トライアルは、自己査定ＰＴの最終答申に従った自己査定基準により実施しており、一般先については、破綻懸念先区分や実質破綻先区分となる要件に絞りをかけ、関連親密先については一般先とは別の基準を設け、III、IV分類を圧縮したこと、日本リースについて、長銀の基準で支援実績先として扱い、平成8年4月のMOF検の際にIII分類とされた約2000億円がII分類に移行したことなどのトライアルにおける大口の関連親密先の査定結果を報告した上、自己査定本番も同様の方針で行いたい旨具申したところ、被告人大野木も、これを了承した（甲79号証・鷲見8丁裏～12丁表、資料3、乙8号証・被告人大野木6丁～11丁表、資料3）。

平成9年11月17日、被告人3名らは、常務役員連絡会において、総合企画部担当者から、トライアルの最終結果及び平成10年3月期の償却・引当見込額などについて、「自己査定トライアル（97／6基準）結果と今年度の償却・引当見込みについて」と題する資料（乙6号証・被告人大野木資料8）に基づき、「平成9年6月末基準のトライアルの結果は、III分類が7697億円、IV分類が1756億円であった。処理財源の制約があるため、関連親密先のIII分類については処理の対象としない方針である。その結果、トライアル結果に基づく償却・引当額は、一般先が1644億円、関連親密先が867億円の合計2511億円となった。平成9年12月末基準の自己査定本番の予想結果に基づく平成10年3月期の償却・引当額は、トライアル後に破綻先が増えると見込まれるものの、一般先が2750億円、関連親密先が2650億円の合計5400億円程度になり、5000億円という処理予定額におおむね収まる。」旨の報告を受けた（乙

6号証・被告人大野木26丁裏〜31丁表、資料8、乙20号証・被告人須田12丁〜17丁表、資料4)。

なお、平成10年3月期の不良債権処理予定額については、前記（第1・6(1)イ(イ)）の中期計画において3000億円とされていたが、後記（第1・6(1)イ(エ)）のとおり、SBCから不良債権処理の促進を求められたため、平成9年8月1日の常務役員連絡協議会において、5000億円に増額されていた。

そして、長銀では、平成9年12月末を基準日とする本番の自己査定（以下「自己査定本番」という。）の実施に先立って、同年12月26日の常務会において、総合企画部担当者から、自己査定本番で使用する長銀独自の自己査定基準の概要の説明がなされ、同基準に基づき自己査定本番を実施し、Ⅲ、Ⅳ分類を圧縮するとの方針が提案され、同常務会において、同方針が了承された（甲32号証・山下31丁裏〜32丁表、34丁、甲81号証・守澤15丁裏〜17丁表、18丁裏〜19丁表、資料8、10、乙8号証・被告人大野木11丁裏〜14丁表、資料6、乙20号証・被告人須田17丁〜20丁表、資料6、乙35号証・被告人鈴木27丁裏、資料9)。

(エ) 平成10年3月期決算方針の検討・確定状況等

前記（第1・6(1)イ(ウ)）の長銀独自の自己査定基準策定作業と並行して、平成9年5月19日、被告人3名らは、平成9年度中間期決算について、大岩総合企画部長らとの間で協議し、仮に、中間期決算を赤字にしてまで不良債権処理を実施した場合、貸出資産等のリスクアセットの縮減が進まないときには、期末に自己資本比率8%を達成することが困難となるおそれがあることから、中期計画に掲げた約23兆円のリスクアセットを約21兆円に圧縮するとの目標を平成9年度中間期に先行達成し、不良債権処理は、その上で同年度下期に自己資本比率8%が維持できる範囲で実施することにし、これを前提に平成9年度中間期決算は黒字として中間配当を実施するとの方針を固めた（甲42号証・平田32丁裏〜34丁、甲58号証・妹尾12丁裏〜16丁表、乙4号証31丁裏〜37丁表、乙21号証・被告人須田4丁裏〜11丁表、乙36号証・被告人鈴木8丁裏〜15丁表)。

同決算方針について、被告人3名ら長銀経営陣は、平成9年6月12日、大岩総合企画部長らとの間で再度協議し、妹尾総合企画部副部長の報告に基づき、平成9年度中間期は黒字決算とし、同中間期には、平成10年3月期の不良債権処理予定額3000億円のうち、1000億円の処理にとどめることとした（甲42号証・平田34丁裏〜42丁表、甲52号証・大岩2丁〜3丁、資料1、乙5号証・被告人大野木3丁〜6丁、乙21号証・被告人須田12丁〜17丁表、乙36号証・被告人鈴木15丁裏〜18丁)。

その後、被告人3名ら長銀経営陣は、SBCを主幹事とする増資を行う前提として不良債権処理の促進を求められたことから、平成9年8月1日の常務役員連絡会において、平成10年3月期決算方針として、同期には5000億円の不良債権を処理することなどを決定した（甲43号証・平田7丁〜26丁、甲52号証・大岩3丁裏〜4丁表、乙5号証・被告人大野木16丁〜24丁、乙21号証・被告人須田22丁〜31丁、乙37号証・被告人鈴木25丁表)。

また、平成9年8月に入ってから日経平均株価が下落したことなどから、妹尾総合企画部副部長は、同年9月9日及び同月11日の両日にわたって、被告人3名ら長銀経営陣に対し、「97年度上期決算1次見込み」と題する資料（甲59号証・妹尾資料2）等に基づき、前記平成9年度中間期決算方針を維持するか否かを再確認したところ、被告人3名ら長銀経営陣は、同年5月に中間期は黒字決算見込みである旨を記者発表していたことや、中間期に配当を見送れば年内に予定していた増資が事実上不可能になりかねないことなどから、これを改めて了承し、同月16日の常務役員連絡会及び同年10月28日の取締役会においてもそれぞれ了承された（甲52号証・大岩8丁裏〜14丁表、16丁〜19丁表、資料5、甲59号証・妹尾1丁〜13丁表、資料2、乙5号証・被告人大野木37丁裏〜40丁表、48丁〜49丁表、乙6号証・被告人大野木42丁

～43丁表、乙21号証・被告人須田36丁裏～38丁表、乙35号証・被告人鈴木22丁～24丁表、26丁～30丁)。

さらに、前記（第1・5(1)エ(イ)）のように、平成9年11月3日には三洋証券が会社更生法の適用を申請し、日経平均株価が1万6000円を割り込むなどしたことから、大岩総合企画部長らは、同月7日、被告人大野木に対し、平成10年3月期において、5000億円の不良債権処理を行うとの既定方針についての再確認を求めるとともに、配当を実施するかどうかについても指示を仰いだ。

そこで、被告人3名は、平成9年11月11日、大岩総合企画部長らとの協議の場を設け、総合企画部担当者から、「97年度決算運営について」と題する資料（甲53号証・大岩資料3）に基づき、「平成9年9月末の剰余金残高が3447億円であり、配当維持を前提にした場合、年間普通株配当額144億円、優先株配当13億円、利益準備金31億円を控除した約3200億円が決算書上は剰余金として残り、将来の配当原資を留保しておく観点から、現実的な赤字幅は2500～2800億円が限度であり、無配とした場合には、剰余金を上回る赤字が可能となるが、自己資本比率8％を維持するためには、赤字の許容限度額は3600億円程度となり、増資の実施も困難となる。不良債権処理額が5000億円では見劣りするが、配当を前提とすると、それ以上の不良債権処理は困難である。5000億円の不良債権を処理しない場合には、処理の遅れが目立ちSBCとの提携にも悪影響が出かねない。今後の日経平均株価次第ではあるが、平成9年11月25日の中間期決算発表時には、平成10年3月期の不良債権処理額を5000億円としたまま、配当実施を前提に、同期の赤字幅を2500億円と発表してはどうか。」との意見具申を受け、同期決算方針に関する最終的な決断を求められた。これに対し、被告人大野木は、配当の実施が必要であるとの前記考えから、被告人須田及び同鈴木に対し、「無配という選択はないですね。」と配当実施の方針である旨を述べ、被告人須田及び同鈴木もこれに賛同し、また、平成10年3月期決算における不良債権処理額を5000億円とする方針については、被告人大野木が、「SBCにも説明済みであるから、中間期決算発表時には、5000億円の不良債権処理を実施すると発表する。ともかく自己資本比率8％の維持と増資の実施を最優先し、この2点を軸に平成10年3月期決算を行うしかない。」旨述べて、平成10年3月期決算において5000億円の不良債権を処理する方針であることを明らかにし、被告人須田及び同鈴木も、これに賛同した。そして、平成9年11月12日、被告人3名らが出席した常務役員連絡会において、前記決算方針が了承された。

（以上につき、甲45号証・平田5丁裏～31丁表、甲53号証・大岩3丁～12丁表、15丁～20丁表、21丁裏～23丁、資料1、3、5、甲60号証・妹尾2丁～7丁表、10丁～13丁、15丁裏～18丁表、資料1、4、6、乙6号証・被告人大野木7丁裏～8丁表、13丁裏～14丁表、18丁～23丁、25丁～26丁、資料6、乙22号証・被告人須田6丁、11丁裏、13丁裏～14丁、15丁裏～16丁、乙36号証・被告人鈴木34丁裏～35丁表、36丁裏～45丁）

ところが、平成9年11月17日に拓銀が経営破綻して金融システムに対する不安が増大し、同月20日にはS&Pが長銀の格付を下げたことなどから、同月21日、被告人3名らは、常務役員連絡会及び取締役情報連絡会において、「同月25日に予定されていた増資は取りやめるが、中間・期末の配当は実施し、中間期決算発表時には平成10年3月期の不良債権処理額を5000億円として発表する」旨を決定し、同月25日、当期利益を100億5100万円とし、1株当たり3円の中間配当を実施するとの内容の平成9年度中間期決算が発表された（甲45号証・平田43丁～48丁表、資料10～12、甲52号証・大岩16丁～19丁表、甲55号証・大岩4丁裏～5丁表、7丁、13丁～15丁、甲58号証・妹尾7丁裏～11丁表、資料2、甲59号証・妹尾10丁～13丁表、乙5号証・被告人大野木37丁裏～40丁表、48丁～49丁表、乙6号証・被告人大野木35丁裏～36丁表、42丁～43丁表、乙36号証・被告人鈴木45丁裏～51丁)。

こうした増資の延期等により、長銀とSBCとの間の提携解消の噂が生じ、長銀の株価は大きく下落し、金融債の解約ラッシュの事態が生じたことから、平成9年12月15日、被告人3名は、大岩総合企画部長らと、「長銀再生プラン」に基づき、対応を協議したところ、その際、妹尾総合企画部副部長が、「行内には、長銀には処理すべき不良債権が実際に幾らあるのか、長銀に不良債権を処理できる体力が本当にあるのか、一気に不良債権を処理できるのであれば自己資本比率が国内基準の4%となっても今期にやるべきではないかという意見がある。関連親密先に対する貸出金残高は3兆円であるが、そのうち回収の見込めない不良債権が約1兆円あり、今年度に予定している5000億円の不良債権処理では不十分である」「『完全な不稼働資産約1兆円』というのは関連会社からの回収見込みの全くない不良債権の額である。仮に関連会社に対する貸出金等の損失を、取引各行の貸出金等のシェアに応じて配分するプロラタ方式で処理しても、1兆円近い金額になることが事業推進部の計算で分かっている」旨報告した。

しかし、被告人3名は、早期是正措置制度において達成を求められる自己資本比率の国際統一基準8%維持の方針や、SBCを主幹事とする増資の前提条件としての配当実施の方針を変更できる状況になく、その帰結として、長銀の抱える不良債権の処理は先延ばしするしかないものと考え、被告人大野木が、「今後は将来が展望できるシナリオを立てて不良債権の処理を進めなければ、行内の納得も得られない。しかし、現時点では選択の余地はない。」などと発言し、被告人須田及び同鈴木もこれに賛同し、前記の平成10年3月期決算方針を維持することとした。

(以上につき、甲10号証・大岩13丁裏〜18丁表、資料4、甲62号証・妹尾3丁裏〜9丁表、資料2〜4、甲85号証・鈴木恒男2丁〜7丁表、10丁〜11丁表、資料2、乙7号証・被告人大野木3丁〜4丁表、乙23号証・被告人須田2丁〜4丁表、乙36号証・被告人鈴木54丁裏〜58丁)

被告人3名は、平成10年3月20日、砺波直久総合企画部参事役から、当期損失額を約2800億円とする平成10年3月期決算方針の報告を受けて、これを了承し、同期の不良債権処理額は、6000億円程度となる見込みとなり、同月23日、被告人3名ほか長銀経営陣が出席した常務会において、大田事業推進部長から、平成10年3月期における関連ノンバンクごとの不良債権処理額について、「ランディック1671億円、長銀リース800億円、NED200億円、第一ファイナンス138億円の合計約2810億円を処理する予定である。」旨の報告があり、同常務会において、これが了承された(甲24号証・竹井30丁裏〜31丁、資料12、甲56号証・大岩24丁〜26丁表、甲64号証・妹尾2丁〜4丁表、資料1、甲69号証・砺波3丁裏〜13丁表、資料2、乙12号証・被告人大野木25丁裏〜29丁表、乙28号証・被告人須田6丁〜9丁表、乙41号証・被告人鈴木8丁裏〜13丁表)。

なお、平成10年3月期の不良債権処理額については、前記のとおり、平成9年8月1日の常務役員連絡協議会において5000億円とされていたが、その後、同年12月24日に、大蔵省が、貸し渋り対策のため、短期売買以外の目的で保有する上場株式の評価方法につき低価法と原価法の選択制を導入したことを受けて、平成10年2月13日の常務役員連絡会において原価法を採用することとしたことなどにより、6000億円程度まで増額されたものであった(甲46号証・平田20丁〜21丁、甲47号証・平田1丁裏〜42丁、甲56号証・大岩3丁裏〜21丁、乙12号証・被告人大野木15丁〜18丁、乙23号証・被告人須田12丁〜16丁、乙36号証・被告人鈴木59丁〜60丁表)。

その後、平成10年3月31日、被告人大野木及び同須田らが出席した常務会において、大田事業推進部長から、最終的な平成10年3月期における関連ノンバンクに対する不良債権処理額について、「ランディック1671億円、長銀リース799億5400万円、NED201億8000万円、第一ファイナンス147億円の合計約2820億円に確定した。」旨報告があり、また、砺波総合企画部参事役から、「業務純益1500億円、経常損失3200億円、当期損失約2800億円の見込みである。不良債権処理額は、6000億円程度になる見込みであり、このうち、関連ノンバンク分は、2820億円で確定した。」旨の平成10年3月期決算方針の報告があり、同常務会において、同方針が了承され、同日の経営会議及び取締役会においても、同方針が承認された（甲64号証・妹尾10丁～11丁、資料3、乙12号証・被告人大野木32丁～35丁、乙41号証・被告人鈴木13丁裏～15丁）。

この常務会等において了承・承認された当期損失約2800億円（当期未処理損失は約2700億円）は、前記のとおり、配当を実施することを前提として許容される赤字幅を逆算したものであり、約6000億円の不良債権処理額も、こうした許容される赤字額や自己資本比率8％を維持できるように逆算したものであるが、前記のように、長銀の貸出金等の回収不能見込額は実態として1兆円を超えていて、平成10年3月期において数千億円の償却・引当不足額があった。

そして、前記のとおり、平成9年9月末時点の剰余金は約3447億円しかなかったところ、平成10年3月期の公表決算上の当期未処理損失だけでも約2700億円に及び、適正な不良債権処理をした場合、その分、当期未処理損失が数千億円増加するため、前記剰余金は全て消失するのであり、換言すれば、この当期未処理損失の増加によって平成10年3月期における公表決算上の剰余金約460億円は存在しなくなるのであって、配当可能利益は皆無であった（甲3号証・有価証券報告書48頁、乙5号証・被告人大野木34丁、81丁）。

(2)　弁護人の具体的主張等に対する反論

被告人3名及び各弁護人は、「前記（第1・6(1)ア）の被告人3名の自白には信用性がない」旨主張するとともに、「前記（第1・6(1)イ(ア)、(イ)、(エ)）の平成7年7月10日の常務会における関連会社6社及び受皿会社分の損失見込額約8908億円、平成8年4月8日の円卓会議における『最悪ケース』のⅣ分類1兆1256億円、平成9年12月15日の『長銀再生プラン』における『完全な不稼働資産約1兆円』『プロラタ方式で算定した場合の関連会社向け貸出金等の損失約1兆円』などは、いずれも、貸出先を清算バランスシートに基づいて清算価値で評価したものであるところ、現実にはそれらの貸出先が直ちに清算となることはあり得ないから、これらに示された数字が当期に全額の償却・引当を要する不稼働資産を意味するとの認識に至らず、また、金融行政当局の方針としても、関連親密先については、複数年度にわたって計画的・段階的に支援を行って不良債権を処理することを許容しており、このような行政方針は商法等の許容範囲内で出されているはずであるから、前記各金額について当期に全額の償却・引当が義務付けられるものではないと認識しており、さらに、会計監査人が、長銀の自己査定基準は資産査定通達等に従って策定されておりこれに基づく償却・引当の結果も適正なものであるとの意見を付したことが、償却・引当額を約6100億円とした平成10年3月期において償却・引当不足はないとの認識を裏付けていたのであり、これらに照らし、被告人3名は、平成10年3月期当時、貸出金の償却・引当不足が3000億円余にも上り、適正な償却・引当をすれば配当可能利益もなくなるなどとは認識しておらず、したがって、共謀もしていない」旨主張しており（大野木弁護人冒頭陳述書22頁、92頁～93頁、131頁～135頁、大野木弁護人更新意見第1・18頁、21頁～22頁、第2・6頁～8頁、10頁～11頁、第3・6頁～7頁、18頁～19頁、須田弁護人冒頭陳述書57頁～58頁、63頁～64頁、須田弁護人更新意見7頁～8頁、13頁、19頁～21頁、47頁、鈴木弁護人冒頭陳述書15頁～23頁、58頁、鈴木弁護人更新意見8頁、11頁～12頁）、鈴木恒男常務、越石常務、大田事業推進部長、大岩総合企画部長及び秋山会計士も公判においてこれに沿う証言をしている（第13回・鈴木恒男17丁、第14回・鈴木恒男56丁、第15回・越石15丁～16丁表、第16回・大田15丁裏～16丁、79丁表、第17回・大岩6丁、

12丁～13丁、第20回・秋山15丁裏～16丁、第24回・被告人須田30丁表、第26回・被告人鈴木89丁表)。

加えて、被告人鈴木及びその弁護人は、「同被告人が平成10年4月1日に取締役を退任するなどしたため、本件各犯行における最終決定に関与しておらず、その意味でも故意・共謀がない」旨主張している。

しかし、以下のとおり、被告人3名の自白調書には十分信用性が認められ、その余の主張にも理由がなく、被告人3名に本件故意・共謀が認められることは明らかである。

ア　被告人3名の自白の信用性について

(ア)　被告人3名の前記（第1・6(1)ア）自白は、大岩総合企画部長、竹井事業推進部参事役、大田事業推進部長、平田総合企画部参事役、川上陸司総合企画部企画室長及び鈴木恒男常務など他の長銀関係者らの捜査段階における供述によって裏付けられており、信用性に富んでいる。

中でも、平成8年4月8日の円卓会議における「最悪ケース」のⅣ分類1兆1256億円については、特に、説明者である大田事業推進部長が、検察官調書において、「円卓会議における報告は、経営陣に対し、当時の長銀の資産状態の実態を明らかにした上、資産状態をよく見せかけた予測結果と対比させて説明したもので、出席していた大野木頭取ら当時の経営陣は皆、回収不能なⅣ分類だけで少なくとも約1兆1000億円に上るという当時の長銀の資産状態の実態をはっきり認識したはずである。……私は、……『査定後（最悪ケース）は、不稼働資産の大半を抱える関連会社について清算バランスに基づいて自然体で試算したもので、関連会社については近時の大蔵省検査で採用されている債務者の資産分類結果をⅣ分類から順に与信残高まで当てはめる方式に従った実態数値です。したがって、当行の資産の実態は、平成8年3月期に償却・引当を実施した後もⅢ分類2606億円、Ⅳ分類1兆1256億円が残っているのです。これまでの大蔵省の考え方に基づけば、欠損見込額はⅢ分類50％とⅣ分類100％で1兆2558億円となり、……これだけの償却・引当が必要ということになります。』と言って、長銀の資産状態の実態について説明した。」と明確かつ具体的に供述して、被告人3名の前記自白を裏付けている。

また、平成9年12月15日の「長銀再生プラン」における「完全な不稼働資産約1兆円」等については、特に、「長銀再生プラン」の資料作成に当たった平田総合企画部参事役が、検察官調書において、「関連親密先については、貸出金残高が約3兆円あり、そのうち全く回収見込みがない完全な不稼働資産が約1兆円あると竹井事業推進部参事役から聞かされ、その資料も見せられた記憶がある。同参事役からは、『不稼働資産』というのは本当に回収見込みがないものであり、『低稼働資産』というのは低利回りではあるが一部キャッシュフローにより回収可能性があって回収見込みがゼロではないものを指し、『稼働資産』というのは一応回収の可能性があるものを指すと説明を受けた。同参事役の説明では、関連親密先についてだけ見ても、回収不能の資産が少なくとも1兆円近くあるということだった。そこで、『長銀再生プラン』の資料に、関連親密先については完全な不稼働資産が1兆円ある旨記載した。」旨、竹井事業推進部参事役から説明を受けた際の資料に基づき明確かつ具体的に供述するとともに、竹井事業推進部参事役も検察官調書においてこれに沿う供述をして、被告人3名の前記自白を裏付けている。

(以上につき、甲10号証・大岩17丁～18丁表、甲13号証・竹井2丁裏、15丁裏～16丁表、資料4、甲14号証・竹井6丁～9丁、13丁、15丁、20丁～24丁、資料2、3、甲16号証・竹井9丁、資料1、甲18号証・竹井22丁、資料4、97丁、甲25号証・竹井3丁裏～9丁表、資料1～4、甲26号証・大田3丁、6丁、8丁～10丁表、16丁裏～18丁表、甲27号証・大田2丁裏～3丁、5丁裏～6丁表、31丁裏、甲36号証・平田3丁～4丁表、11丁表、甲46号証・平田13丁～16丁、資料4、甲74号証・

川上2丁、甲85号証・鈴木恒男5丁裏～7丁、甲124号証・大田8丁）

なお、鈴木恒男常務、越石常務、大田事業推進部長及び大岩総合企画部長ら一部の長銀関係者は、公判において、被告人3名及び各弁護人の主張・弁解に沿う供述をしているが、前記各証人の検察官調書における供述は、他の長銀関係者、大蔵省及び金融監督庁関係者らの供述（第1・6⑴イ、⑵ア㋐、⑵イ～エ）並びにこれらの供述を裏付ける長銀の内部資料等の客観的証拠に符合しているのに対して、前記各証人の公判証言は、それらの証拠に反している。また、前記各証人は、公判において、捜査段階の取調状況について、検察官調書の内容を閲読して確認したこと、意に沿わない調書については署名を拒めることや調書に署名すれば被告人3名や自らの刑事責任を裏付ける証拠となることなどを知りつつ署名したこと、実際にも調書への署名を留保したり検察官と議論するなどして抵抗したこと、検察官の取調べが紳士的なものであったこと、などを証言しており、検察官調書の任意性・信用性を裏付けている（第13回・鈴木恒男10丁表、第14回・鈴木恒男8丁裏、12丁裏～14丁表、15丁裏、第15回・越石9丁裏、17丁、51丁、53丁～54丁表、第16回・大田32丁裏～33丁、35丁裏～37丁、第17回・大岩53丁、55丁裏、57丁、58丁裏～59丁、60丁表）。さらに、前記各証人は、いずれも、本件起訴後に、被告人3名とともに平成10年3月期の違法配当等を理由とする民事の損害賠償請求訴訟を提起されて共同被告となっており、本件の成否について個人的な利害関係を有している（第14回・鈴木恒男16丁裏～18丁表、第15回・越石54丁、第16回大田・37丁、第17回・大岩52丁裏）。

これらに照らし、前記各証人の検察官調書における供述は十分信用できるのに対し、公判供述は信用できないものといわざるを得ない。

㈠　次に、被告人3名の捜査段階における取調状況を見るに、被告人3名は、いずれも、任意捜査段階から弁護人と相談し、勾留中も頻繁に弁護人と接見して助言を受けていたもので、調書の訂正や署名・指印等が拒否できることや、事実と異なることを認めれば一緒に逮捕された他の2人を巻き込むことになることを知りつつ、各検察官調書を閲読の上、これに署名・指印したもので、調書への署名・指印を留保したり、記載内容の補充・訂正をするなどしている。

特に、被告人大野木は、逮捕時及び求令起訴時の勾留質問でいずれも事実を認めており、特に、逮捕時の勾留質問では、「正当な処理をすれば長銀及び関係会社の破綻を招くことは必然であって、……やむを得ず行ったものです。」旨、本件に及ばざるを得なかった自己の心情を具体的に供述しており、自ら積極的に事実を認めていたことが明白である。さらに、被告人大野木は、上申書（乙49号証）においても、「“商法の本則”に則った資産査定のあり方は時代を問わず一貫した太い筋であり、原理原則であることは明らかである。」「資産査定におけるグローバルスタンダードとは対象企業を時価会計主義、清算価値に則してみることが基本であり、これはとりも直さず商法の原則の遵守そのものを意味するものであると思う。」とまで記載しているところ、「上申書の内容については自由に書かせてもらった」旨公判で供述し、検察官調書における同様の趣旨の記載部分についても、「自ら進んで説明したことである。」旨認めている。

また、被告人須田は、自己の取調べ担当検察官につき、接見した弁護人に、「検察官でなかったら食事に招待したいくらいである」旨述べたり、起訴前日の取調べ終了後、検察官と握手をして別れるなど、およそ自己の意に反する調書への署名・指印をさせられた者とは思われない態度をとっている。

これらに照らし、被告人3名の検察官調書における供述が任意になされた信用性の高いものであることは明らかである。

（以上につき、乙29号証・被告人須田4丁、乙57号証・被告人須田、乙58号証・被告人須田、乙

59号証・被告人鈴木、乙60号証・被告人大野木、乙61号証・被告人大野木、第8回・被告人大野木84丁裏〜85丁、第10回・被告人須田49丁裏、第12回・被告人鈴木15丁裏、19丁表、21丁裏、28丁表、41丁、第24回・被告人須田16丁裏、43丁裏、50丁〜51丁表、63丁表、第25回・被告人須田83丁裏、85丁裏、第27回・被告人鈴木60丁裏、64丁裏、67丁表、72丁表、第28回・被告人大野木11丁表、12丁裏〜13丁表、35丁、37丁裏、第28画・被告人鈴木3丁〜4丁、10丁表、12丁裏、22丁裏〜23丁表、第31回・被告人大野木3丁〜5丁表、7丁裏〜9丁、15丁裏〜16丁表、21丁裏〜22丁、23丁裏〜26丁表、91丁〜92丁)

なお、被告人大野木は、公判において、勾留期間の後半に作成された検察官調書について、「検察官が被告人の供述を聞かないうちに調書の原案を作成し、その内容の確認と署名・指印を求められた。」「長銀の会議等におけるやり取りを全く覚えていなかったが、客観的な証拠から引用されているのだろうと信頼して訂正を求めなかった。」などと供述している。しかし、弁護人が頻繁に接見し、調書の作成状況等も確認している状況下で前記方法による調書の作成が続いていたとはおよそ考え難い上、被告人大野木は、公判において、一方では「調書の原案と添付資料を対比して齟齬がないか確認し、事実と違えば訂正してもらった。長銀の会議等におけるやり取りやその際の自己の認識等について、そうしたやり取りはなかった旨申し立てたことはなく、むしろ、自己の認識に関連して背景事情を付け加えてもらったこともあった。また、日本リースの債務者区分について検察官と議論をして調書における表現を一緒に考えた。」などとも供述しており、被告人大野木において、調書の内容について十分吟味し、自己の認識・意見を反映させていたものと認められるのであって、前記信用性を否定するかのような供述部分は信用に値しない(第28回・被告人大野木25丁〜26丁表、28丁裏〜29丁表、31丁〜32丁表、第31回・被告人大野木19丁裏〜20丁)。

また、被告人須田は、「検察官から任意捜査段階のみならず逮捕後も一度も黙秘権告知を受けなかった。」旨供述しているが、黙秘権についての一般的知識は有していた上、取調べ担当検察官は、直接の逮捕事実は虚偽有価証券報告書提出罪であるが商法違反(違法配当)の罪についても取り調べることを告知した旨調書に記載するほど手続に慎重であったのに、逮捕・勾留の前後を通じて一度も黙秘権の告知をしなかったとはおよそ考えられない。また、被告人須田は、癌のため膀胱の摘出手術を受けた後、人工的に排尿管理しているところ、「身体を蓄尿パックより高い位置に置かなければならないのに勾留中の就寝時ベッドが使えなかったことからそれができず、夜間不安で十分眠れなかった。」旨供述しているが、弁護人において、準抗告や勾留取消しを請求したことはなく、検察官や拘置所関係者に対してこの点の改善を要求するなどした形跡もなく、保釈請求の理由中や添付の診断書においてもこの点について触れられていないことなどにかんがみると、それが取調べに支障を及ぼすような不都合でなかったことは明らかである(甲247号証・保釈請求書謄本、甲248号証・診断書謄本、乙53号証・被告人須田1丁裏〜2丁表、第10回・被告人須田49丁裏、第24回・被告人須田34丁、40丁、43丁裏、60丁〜64丁)。

イ　長銀の各種会議で示されたⅣ分類貸出金等に係る数値の意味付けと被告人3名の認識について

(ア)　被告人3名の弁護人は、前記(第1・6(2)冒頭)のように、「長銀の各種会議において回収不能見込額として示されるなどした各金額は清算価値で評価して算出されたものにすぎず、仮に、これらの数値をもって当期に全額の償却・引当を要するものとすると、いまだ存続している貸出先の有価証券や不動産の含み損など将来解消される可能性がある部分まで当期に全額の償却・引当を要することとなり、また、『暖簾代』等の必ずしも資産として計数的に現れない要素も評価されず、さらに、円卓会議の『最悪ケース』のⅣ分類1兆1256億円については、長銀の関連ノンバンクの一つであるファーストクレジット株式会社(以下

「ファーストクレジット」という。）向け貸出金も含まれているが、同会社は、長銀から何らの支援も受けずに長銀破綻後の現在でも活動しており、ファーストクレジット向け貸出金について償却・引当の必要はなかったのであって、被告人3名において、このような企業の将来性等を無視して清算価値で算出された各種数値をもって当期に全額の償却・引当を要するものと認識するはずはなかった」旨主張している（大野木弁護人冒頭陳述書131頁、須田弁護人冒頭陳述書59頁〜61頁）。

しかし、まず、基本法令である商法は、同法第285条の4第1項において、「金銭債権に付ては其の債権金額を附することを要す」と規定し、原則として取得原価主義を取りつつ、その例外として、同条第2項において、「金銭債権に付取立不能の虞あるときは、取立つること能はざる見込額を控除することを要す」と規定しているのであるから、同項が、償却・引当との関係では時価主義を導入したものであることは、規定上明白であり、その「時価」が決算期を基準とすることもいうまでもないのであるから、基本的には、資産査定の基準日時点における貸出先の資産、負債の内容を含み損益等も考慮して正確に時価評価して作成した貸借対照表である清算バランスシートに基づいて資産査定を行うことが、正に、同項の求めるところである。

また、清算バランスシートは、金融監督庁検査総括課検査官吉武正訓が、公判廷において、「清算バランスシートは当該貸出先が倒産して解体処理する場合の評価ということか。」との質問に対して、「清算バランスシートとはいいながら、当然継続企業として見ており、貸出先を清算する場合と全く同じとは考えていない。」旨証言していることからも明らかなように（第4回・吉武81丁裏）、いまだ存続している貸出先についてまで、実際に清算される場合のように、一時点における貸出金の保全不足額を直ちに全額回収不能とするものではない。長銀においても、円卓会議での「最悪ケース」のⅣ分類算定に当たって、関連親密先のうちの不動産事業化会社や一般先向け貸出金については、全貸出先の保全不足額を直ちにⅣ分類とはしておらず、今後の収益見通し等をも踏まえ「死に体」と判断される業況にある貸出先の関係のみでⅣ分類としており、その他の関連親密先の関係でも、日本リースグループ向け貸出金に関して事業化会社の抱える不動産含み損に相当する損失をⅣ分類としておらず、ビルプロ3社向け貸出金についても担保物件に多額の含み損が生じているにもかかわらずⅣ分類としていないなど、実際にその時点で清算されれば当然損失となる部分の全てがⅣ分類とされているわけではない（甲14号証·竹井15丁裏〜18丁）。また、平成9年12月15日の「長銀再生プラン」における「完全な不稼働資産約1兆円」についても、関連親密先が今後も事業を継続することを前提として、長銀のこれに対する貸出金が事業としてどの程度の収益を挙げているか、すなわち、長銀の貸出金の収益率がどれくらいかを検討し、収益によって長銀の貸出金の元本回収はおろか利息回収の見込みもない不稼働資産が約9986億円つまり約1兆円と算出されたものである（甲25号証・竹井6丁裏〜7丁、資料3）。このように、長銀の各種会議で示されたⅣ分類等の数値は、貸出先の収益性などその将来性についても十分に考慮に入れて算定されていることが明らかである。

さらに、清算バランスシートが、「実態バランスシート」とも呼ばれているように、これを作成することによって、貸出先の実質債務超過の有無、程度等の資産状態の実態が把握でき、貸出金等の価値の毀損の程度を実質的に判断することができるのであって、MOF検における資産査定のみならず、法人税基本通達の無税償却・引当の要件にも貸出先が相当期間実質債務超過状態にあることが挙げられていることなどに照らすと、清算バランスシートに基づき資産査定をすることはその貸出先が実際に清算されるかどうかとは関係がなく、基本的には、直ちに清算されることが予定されていない貸出先についても、これに基づいて資産状態の実態を把握し、資産査定を行うことに十分な合理性が存する（甲14号証・竹井21丁裏

〜22丁表、甲153号証・木戸12丁裏〜13丁、甲155号証・水谷21丁、24丁、第3回・吉武28丁、第4回・吉武42丁、第16回・大田50丁表、第28回・高橋22丁〜23丁表、第31回・被告人大野木31丁裏、34丁裏、第32回・被告人大野木1丁裏〜2丁表)。

そして、貸出先の含み損等が貸出金等のIV分類等に反映される点については、前記(第1・4(2)ウ)のように、金融機関の貸出金等の価値を適正に評価するためには、査定基準日において損失と判定できるものは、将来において部分的な回収の可能性があるとしても、それを査定に反映させるのが合理的であり、逆に、地価の先行き見通しについてのアンケート結果によれば平成7年には半数を超える者が下がると回答しているように、平成8年ころには、すでにバブル崩壊後相当期間が経過し、大幅に下落した不動産価格や株価が上昇傾向に転ずるなど含み損解消の期待を合理化する具体的な事情は何ら存しない中で、いつかは不動産価格や株価が上がるだろうといった合理的根拠のない漠然たる期待を資産査定に反映させる方がむしろ不合理であったというほかなく、また、「暖簾代」等についても、大蔵省大臣官房金融検査部審査課課長補佐であった高橋洋一(以下「高橋課長補佐」という。)が、自らの金融検査における経験に基づいて証言するように、仮に、それを考慮するとしても、それほど大きな金額として評価できるものではなく、実際の金融検査における資産査定において金融機関と議論になること自体余りなかったというのであるから、「暖簾代」等を考慮しないとしても、実態バランスシートによる査定の合理性が失われるものでないことは明らかである(弁102号証・金融機関の不良債権問題についての経済企画庁の分析に関する報告書133頁、第7回・被告人大野木71丁裏、第28回・高橋29丁、第31回・被告人大野木36丁裏)。

ファーストクレジットについては、平成8年11月当時、不動産子会社において時価の1.5倍程度で不動産の引取りを実施し、ファーストクレジット本体の負担軽減を図るものとされていたことにかんがみると(乙3号証・被告人大野木資料16)、長銀は、日本リースの場合と同様、ファーストクレジットに対して表向き損益支援はしないが、含み損の生じている不動産を不動産子会社に移転して「塩漬け」しなければならない状態にあり、これはファーストクレジットにおいて自ら含み損を解消するだけの収益を上げることができなかったからにほかならず、このような実態にある同会社向け貸出金についても、同会社の保有不動産の含み損等について当期に全額償却・引当すべきであったことは明らかであり、同会社がその後も存続していること自体は、その合理性を否定する根拠になり得ない。

仮に、ファーストクレジットをさておくとしても、円卓会議後の平成8年10月当時、事業推進部が作成した「今後の不良資産処理について」と題する資料(甲15号証・竹井資料1、26丁、資料2、40丁、資料3、58丁)によれば、円卓会議資料に挙げられている関連親密先10社のうち、NED、第一ファイナンス、長銀リース、株式会社ジャリック、エル都市開発株式会社、日比谷グループ及び長ビル株式会社については、いずれも収益力がマイナスないしゼロであって、今後の収益によって営業貸付金等の損失を処理し、実質債務超過状態を解消することが不可能であり、ランディックについても、要処理とされる損失が約3100億円もあるのに対して収益力は年間約2億円と考慮に値しないものであり、今後の収益によって実質債務超過状態を解消することが不可能であって、その保有資産しか返済原資となるものがないことが明らかであるから(甲15号証・竹井資料1、26〜27丁)、これらの関連親密先8先に対する貸出金については、回収不能見込みとすべきことは明らかであった。そして、円卓会議の「最悪ケース」におけるIV分類はその8先向け貸出金等だけでも7400億円を超えており、一般先に係るIV分類と合計すると9200億円を超え、一般先のIV分類が「最悪ケース」においても圧縮されていたことなどに照らすと、回収不能見込額が1兆円規模に上ることに変わりはなく、かつ、NED等の関連親密先の業況については、被告人3名は、逐次報告を受けて十分認識していたのである。

以上に照らし、前記数値が清算価値評価に従い算定されているなどとして、これを被告人3名の回収不能見込額認識の根拠となし得ないとする弁護人の主張は、当を得ない。

(イ)　被告人3名の弁護人は、円卓会議の「最悪ケース」のⅣ分類1兆1256億円について、「修正母体行方式に従い算定されたもので、長銀の貸出金額を上限として、関連親密先の営業貸付金等の査定結果を長銀の貸出金等の分類額としているが、関連親密先の営業貸付金等の資産が毀損されている場合、長銀がその全額について損失処理のための支援をしなくとも、ある程度まで支援すれば、関連親密先の借入が減って金利負担が軽減され、関連親密先が自力で損失処理できるようになるから、関連親密先の回収不能見込額が直ちに長銀の回収不能見込額となるものではなく、被告人3名にそれが当期に全額の償却・引当を義務付けられているものであるとの認識は存しなかった」旨の主張もしている（大野木弁護人冒頭陳述書51頁、133頁～134頁、鈴木弁護人冒頭陳述書21頁～22頁）。

しかし、金融機関の貸出金等が関連親密先において営業貸付金等に転化しており、この営業貸付金等が金融機関の貸出金等の担保となっていることなどに照らすと、業況が悪く、短期間に自力で実質債務超過状態を解消できず、金融機関が支援をしなければならないような状態に陥っている関連親密先については、当該営業貸付金等以外に返済原資となるべきものがないのであるから、営業貸付金等の価値が毀損されて回収不能見込みであることは、それに見合う貸出金等が回収不能見込みとなっていることにほかならないといえ、また、母体行責任を負う意思のある金融機関が貸出金等のシェアを超えてその貸出金等の限度で損失を負担すること、すなわち、修正母体行方式による損失を負担することは、従前からの金融界における常識であるから、関連親密先の営業貸付金等の回収不能見込額に相当する額が当該金融機関の貸出金等の額を限度としてそのまま当該金融機関にとっての回収不能見込額となることは明白である。なお、円卓会議当時、NED及び長銀リースは再建計画実施中であったが、いずれも、当初から合理性がなく、あるいは、見直しが必要とされており、再建計画の実施によって長銀の貸出金等の回収が見込めなかったから、やはり営業貸付金等の回収不能見込額相当額が貸出金等の額を限度としてそのまま長銀の貸出金等の回収不能見込額であった。そして、長年銀行経営に携わってきた被告人3名がこれらの事情を十分認識していたことも疑う余地はなく、したがって、前記数値が修正母体行方式に従い算定されていることをもって、これを被告人3名の回収不能見込額認識の根拠とならないとすることはできない。
（以上につき、甲101号証・上池2丁～4丁、7丁～8丁表、資料1、甲145号証・吉武12丁裏、甲155号証・水谷20丁、第16回・大田50丁表、第28回・高橋21丁～22丁表、第31回・被告人大野木43丁）

ウ　不良債権処理に関する行政方針と被告人3名の認識について

被告人3名の弁護人は、大蔵省銀行局が平成6年2月8日付けで発表した「金融機関の不良資産問題についての行政上の指針」（以下「行政上の指針」という。）に「金融機関においては、……償却等による処理が必要となるものについては、……計画的、段階的に処理を進めていくことが重要な課題となっている。」旨（弁5号証）、金融制度調査会が平成7年12月22日に発表した「金融システム安定化のための諸施策」（以下「諸施策」という。）（弁6号証）に「不良債権問題の早期処理は現下の喫緊の課題であり、今後5年以内のできる限り早期にその処理に目処をつける必要がある。」旨、各記載されていることなどを根拠として、「大蔵省も行政方針として不良債権の複数年度にわたる計画的・段階的処理を認めていたもので、それゆえ、長銀が平成8年のMOF検の際に大蔵省に提出した償却計画において、Ⅳ分類につき複数年度にわたって処理する内容となっていたにもかかわらず、大蔵省は同計画をそのまま容認した」旨主張し、また、9年事務連絡の前身である平成7年4月13日付け大蔵省大臣官房金融検査部管理課長発出の「当面の貸出金等査定におけるⅢ分類及びⅣ分類の考え方について」と題する事務連絡（甲155号証・水谷資料9。以下「7年事務連絡」という。）にある「関連ノンバンクに対するⅣ分類と償却の関係については、当面、考慮せず査定作業を行うこととする」旨の注書きや、同事務連絡が合理的再建計画に基づき数期にわたって債権放棄等により支援損を計上する場合について翌期以降の分を含め支援損計上予定額の総額をⅣ分類と査定するものとしていたこと、などを根拠として、「Ⅳ分類を数期にわたって分割処理することが認められていた」旨主張し、これら主張を前提に、「円卓会議における『最悪ケース』のⅣ分類1兆1256億円等について、複数年度にわたる計画的・段階的処理が認められていたのであり、こうした行政方針については、平成10年3月期においても明示的に変更されていなかったから、その一部が未処理で残存していたとしても許容されるものであり、被告人3名には、同期においてその全額の償却・引当が義務付けられているとの認識は存しなかった」旨主張している。

しかし、そもそも、「行政上の指針」等には、「不良資産問題」や「不良債権問題」につき、「計画的・段階的に」あるいは「今後5年以内のできる限り早期に」処理する旨記載されているにすぎないところ、「不良債権」には金利減免等債権等が含まれる旨「諸施策」等に記載されていることなどから明らかなように、これらにいう「不良資産」や「不良債権」は、資産査定通達におけるⅡ分類やⅢ分類も含み得る広い概念であり、文言上、「回収不可能又は無価値と評価される資産」であるⅣ分類についてまで、分割償却・引当を容認したものとはいえず、「行政上の指針」の策定に関与した高橋課長補佐も、公判において、「MOF検のⅣ分類は当期に全額償却・引当すべきことは当然である」としつつ、「行政上の指針」の策定は、いまだ回収不能見込みに至っていないⅡ分類等についても、回収リスクに応じて引当が行えるようにする点に主眼があった旨証言している。また、被告人3名を始めとする長銀関係者のほか、MOF検の当事者としてⅣ分類の意義・性質について熟知している大蔵省の金融検査官等も、一般先か関連先かを区別することなく、「MOF検のⅣ分類は、当期に全額償却・引当をすることが商法、企業会計原則・同注解等によって義務付けられていた」旨一致して供述している（甲27号証・大田19丁裏～20丁表、23丁裏、甲37号証・平田2丁裏、6丁～7丁、12丁裏、甲72号証・川上29丁～30丁、36丁裏、資料4、8、甲83号証・鈴木恒男4丁裏、甲112号証・常峰25丁表、甲118号証・常峰2丁表、甲124号証・大田11丁裏～12丁、甲151号証・木戸20丁表、甲153号証・木戸2丁裏～4丁表、8丁裏～9丁表、甲158号証・宮川5丁表、7丁表、11丁裏、17丁裏～18丁表、19丁裏、甲159号証・宮川2丁、10丁、11丁表、16丁裏～17丁表、資料7、10、甲160号証・宮川17丁裏、甲161号証・氏家6丁表、8丁裏、10丁～11丁、資料5、乙3号証・被告人大野木15丁裏～16丁表、19丁裏、20丁表、24丁表、42丁裏、57丁裏、資料6、乙15号証・被告人須田22丁裏、乙17号証・被告人須田3丁表、11丁裏、12丁裏、18丁裏～19丁表、26丁裏、31丁裏、乙19号証・被告人須田16丁裏、乙33号証・被告人鈴木6丁～7丁表、18丁裏、21丁裏～23丁表、27丁～30丁、38丁、資料3、11、15、乙55号証・被告人鈴木1丁～2丁表）。しかも、これらの供述は、平成8年当時のMOF検における資産査定の基準においてⅣ分類が「回収不可能又は無価値と判定される資産」と定義されており（甲212号証・資料複写報告書）、前記（第1・3(3)）のように、その定義上、商法等によって当期に全額償却・引当を義務付けられるものであること、不良債権償却証明制度等実施要領（甲217号証・資料複写報告書）にも、「Ⅳ分類の一部分のみ償却・引当をすることは、確定損の繰延べとなり、資産内容の充実という要請に反する不健全な経理であるので、一部償却・引当の申請に対しては、Ⅳ分類全額の償却・引当申請をさせる」旨規定されていること、平成8年4月のMOF検において、金融検査官が、長銀側に対して、「関連ノンバンクであるランディックについて、本来はⅣ分類とすべきであるが、長銀の当期の償却の負担を考えてⅢ分類にとどめた」旨や、「Ⅳ分類のみならずⅢ分類についても原則として今年度中に全額を償却すべき」旨の発言をしたとする記載が、長銀の内部資料である「大蔵検査メモ」等に存すること（甲159号証・宮川資料10、乙3号証・被告人大野木資料11）、長銀がMOF検対策のために作成した「受検Q&A」等に「Ⅳ分類は当期に償却・引当を要するものである」旨記載されていること（甲16号証・竹井資料1、24丁、乙33号証・被告人鈴木資料3）、これら公的資料や長銀の内部資料のいずれも、一般先向け貸出金等と関連親密先向け貸出金等とでⅣ分類の内容や処理の仕方に全く区別を設けていないこと、などにより裏付けられていて、信用性が高い。これら諸事情に照らし、「行政上の指針」は、Ⅳ分類以外の分類債権についても引当を行えるようにして不良債権の計画的・段階的な処理を促したものにすぎず、その全額が回収不能見込みであるⅣ分類について、数期にわたる分割償却・引当を容認したものでないことはいうまでもない（第22回・西崎21丁裏、第28回・高橋12丁、19丁裏〜20丁表、27丁）。なお、長銀が平成8年のMOF検の際に大蔵省に提出した償却計画中に、Ⅳ分類と査定されたものについても複数年度にわたって処理する内容となっているものがあるのは否定できないが、このような償却計画を大蔵省が受領したのは、単に長銀の意向、考え方を聞き置くというにすぎず、その償却計画を適法なものとして承認したものではない。このことは、長銀が、後日、前記償却計画について達成できなくなった際、大蔵省に承認を求めたりすることなく同計画を変更して償却金額を縮小したことからも明らかである（甲158号証・宮川20丁〜21丁表、甲159号証・宮川24丁、甲161号証・氏家8丁〜15丁表）。

次に、7年事務連絡の前記注書きは、バブル崩壊後の金融機関の関連ノンバンクの業況悪化により、多額のⅢ、Ⅳ分類の査定をせざるを得なくなってきたため、金融検査官において、金融機関の償却・引当の負担を考慮する余り、関連ノンバンク向け貸出金等についてⅢ、Ⅳ分類とすることを躊躇し、実態を反映しない甘い査定になる懸念を踏まえ、金融検査官に対して、金融機関の負担等を考慮せず、正確に査定することに専念すべきである旨を示したものであって、関連ノンバンクに対するⅣ分類貸出金の分割償却・引当を認めたものでないことは明白である（甲153号証・木戸8丁裏〜9丁表、甲158号証・宮川11丁〜12丁表、18丁〜19丁表、第4回・吉武18丁、第28回・高橋32丁裏）。

7年事務連絡が翌期以降の債権放棄等による支援損計上予定額もⅣ分類としⅣ分類の数期にわたる処理を予定していたとする点については、税法上の無税の支援損計上と企業会計上の償却・引当とを混同する議論というほかない。すなわち、税法上、支援損計上が合理的再建計画に基づく場合は、寄付金課税の例外として、当期に計上した支援損について当期の損金として認容され、翌期以降も同再建計画に予定された支援損の計上が認容されるところ、企業会計上は、当期に支援損を計上するのみならず、翌期以降の支援損計上予定額についても、将来それだけの損失が発生する可能性が高いことが現時点において判明していて、その金額も合理的に見積もられており、その損失の発生は支援損計上を内容とする再建計画の策定という当期以前の事象に起因するものであって、企業会計原則・同注解18の「将来の特定の費用又は損失であって、その発生が当期以前の事象に起因し、発生の可能性が高く、かつ、その金額を合理的に見積ることができる場合には、当期の負担に属する金額を当期の費用又は損失として引当金に繰入れるものとする。」との要件などを満たしていることに照らし、その全額について当期に有税で引当をすることが義務付けられており、それが税法上は数期にわたって順次損金計上され無税化していくというにすぎない。このように当期に全額引当を要するものであるからこそ、7年事務連絡において翌期以降の支援損計上予定額もⅣ分類とされたのであって、同事務連絡が、Ⅳ分類貸出金の分割償却・引当処理を認めたものでないことは明らかである（甲251号証・資料複写報告書、甲252号証・資料複写報告書、甲253号証・資料複写報告書、第19回・中嶋37丁〜38丁、第24回・被告人須田89丁裏、第27回・被告人鈴木9丁裏、第28回・高橋23丁表、第31回・被告人大野木86丁）。なお、被告人須田及びその弁護人は、「支援損には、債権放棄だけではなく、新たに現金贈与をする場合等もあり、現金贈与等によって貸出先が再建されれば、従前の貸出金については貸倒れが生じないから、貸倒引当金を設定する必要はない」旨の主張もしているが（第25回・被告人須田17丁）、現金贈与等による支援が予定されているとしても、実際にはいまだ現金贈与等が行われていない以上、貸出金に関する損失発生の可能性は何ら減じていないのであるから、企業会計原則・同注解18等に従って引当がなされなければならないことに変わりはない。

このように、前記「行政上の指針」等の記載、7年事務連絡の注書き及び同事務連絡上の支援損に係る取扱いなどは、いずれもⅣ分類貸出金の分割償却・引当を許容し、あるいはそれを前提とするものでないことが明らかであり、加えて、7年事務連絡が適用されていた当時も、Ⅳ分類貸出金が「回収不可能又は無価値と判定される資産」と定義され、強行法規である商法第285条の4第2項を含む会計諸基準が回収不能見込額の控除を義務付けており、被告人3名もその旨認識していたのであるから、被告人3名において、これらが同法等の許容する範囲で策定されるなどしており、その範囲で理解や解釈・運用されるべきものと認識すべきは当然であって、これらを根拠に、Ⅳ分類の当期全額の償却・引当義務に係る被告人3名の認識を否定する弁護人の主張等は採り得ない。したがってまた、前記「円卓会議」等の長銀における会議等の場で示されたⅣ分類等の数値が被告人3名の本件償却・引当不足に係る認識の根拠となるものではないとの弁護人の主張等も理由がない。

エ　会計監査における適正意見等と被告人3名の認識について

前記（第1・5(2)ウ）のように、会計監査人は、長銀の自己査定基準やこれに基づく償却・引当の結果は適正なものであるとの意見を付しており、特に、第一ファイナンス向け貸出金については、同会社の公表決算上の債務超過額に相当する部分以外について積極的に長銀に引当を求めていない。

しかし、そもそも商法等に従って適正に償却・引当を行うべき第一義的責任は金融機関にあるのであって、会計監査において何ら問題の指摘を受けなかったことによって金融機関の責任が軽減あるいは免除されるものでないことはいうまでもない。

Ⅳ分類相当の貸出金等につき全額償却・引当が求められる趣旨は、要するに、当該貸出金等の回収可能性を検討した結果、その見込みがなく資産として無価値とされるものについては、当該会社の財産の現状を示すべき貸借対照表において資産として計上すべきでないといったことに尽きるもので、それ自体単純・明快な論理であって、会計手法・技術等の細部に詳しい会計専門家の意見を待たずに、的確に理解できる事柄である。また、個々の貸出金等がⅣ分類に該当するか否かの判断は、当該貸出金等の回収可能性の有無にかかっているところ、その判断は、金融実務の中で日常的に行われるもので、いわば銀行実務家の専門領域に属するとすらいえるのであり（第28回・高橋20丁裏～21丁表）、会計監査人による判断が銀行実務家の判断よりも的確で信頼に値するという一般的事情は存しない。当該貸出金等がⅣ分類に該当し全額償却・引当を要するか否かの判断が以上のような性質のものであり、これに係る会計監査人の意見等が前記のように位置づけられることに照らし、本件故意の有無判断に当たっては、被告人3名が、当該貸出債権につき、いかなる事実関係に基づきどのように考えていたか、が最も重要であり基本となるべきものであって、会計監査人の意見等はその周辺事情の一つにすぎない。

本件では、被告人3名は、前記のとおり、各種会議における報告によって長銀の貸出金等の回収不能見込額が実態として1兆円を超えることを認識していたのであり、他方、会計監査人については、長銀の担当者が虚偽の資料を渡したり（第20回・秋山49丁、82丁、85丁、89丁、90丁裏～97丁、甲122号証・山下資料8、甲126号証・市村6丁裏～5丁表）、第一ファイナンスの償却・引当の関係では、被告人鈴木らにおいて会計監査人を接待し、その席で、「長銀の財源に制約があり、苦しいところを理解して欲しい。」旨、実態に反して償却・引当額が過少となるよう懇願するなどしていたのであって（乙38号証・被告人鈴木3丁裏〜4丁表、第16回・大田71丁〜73丁）、会計監査人の判断自体が歪められたものであった。そして、前記（第1・5⑵イ）のように、長銀において昭和50年代ころからMOF検等の際に不良債権の実態等が記載された各種会議の議事録や配付資料等の差し替えや隠匿が銀行ぐるみで続けられてきたことなどにかんがみ、被告人3名も会計監査人が監査で十分な資料に接することなく長銀の示した結論を追認する可能性を認識していたものと合理的に推認され、したがって、被告人3名らが会計監査人の意見を正しいものとして鵜呑みにすることはあり得ない。また、この点をさておくとしても、Ⅳ分類判断等の性質や会計監査人の意見等の位置付けが前記のとおりであるから、被告人3名の生の認識判断と異なる会計監査人の意見が存したとしても、被告人3名が会計監査人と具体的に意見交換するなどしてその合理的な説明の下に納得したというような、後者の判断に従うことを合理化する特段の事情がない限り、被告人3名の生の認識を覆すことはできず、本件においては、このような特段の事情も存しない。そうすると、会計監査において自己査定基準やそれに基づく償却・引当について何ら問題の指摘を受けず、個別の貸出先について償却・引当を求められなかったからといって、それらが適法性の根拠となるものでないことはもとより、長銀の自己査定基準の不当性やこれに基づく償却・引当額の実態に反する不当な圧縮についての被告人3名の認識を左右するものでないことも明らかである。

オ　被告人鈴木の取締役退任等について

被告人鈴木及びその弁護人は、「被告人鈴木は、平成10年3月31日の取締役会等を欠席し平成10年3月期決算方針の最終的な決定に関与していない上、翌4月1日には取締役を退任して特命顧問に就任したため、同年4月28日の平成10年3月期決算案を承認するための取締役会等や同年5月25日の利益処分計算書案等を株主総会の議案として提出することなどを承認する取締役会等に出席しておらず、その点でも本件についての故意・共謀はない」旨主張している。

しかし、平成10年3月31日の取締役会等において承認された決算方針は、被告人鈴木も出席した前記（第1・6⑴イ㈤）の平成10年3月23日の常務会等において基本的に了承されたものである上、平成10年3月期決算における各関連ノンバンクに対する不良債権処理額については、事業推進部担当者から同月31日の常務会等の開催に先立って説明を受けて了解しており、同日の取締役会において前記決算方針が承認されたことは、そのころ、取締役会議事録の回覧を受けて認識していたのであり、その後の取締役会等における承認についても、同様に、従前決定された方針に基づいて行われたのであるから、被告人鈴木が本件についての故意を有し、被告人大野木及び同須田と共謀の上、本件各公訴事実の犯行に及んだことは論を俟たない（乙12号証・被告人大野木2丁裏〜3丁、乙28号証・被告人須田2丁裏〜5丁表、8丁〜9丁表、乙41号証・被告人鈴木13丁裏〜15丁）。

第2　情　　状

1　本件犯行が重大・悪質であること

本件は、長銀の頭取及び同副頭取であった被告人3名が、長銀の平成10年3月期決算において、5800億円余の当期未処理損失があったのに、回収不能見込みの貸出金合計3100億円余の償却又は引当をしないことにより、当期未処理損失を2700億円余に圧縮して過少計上した貸借対照表等を掲載するなどして、重要事項につき虚偽の記載のある有価証券報告書を提出するとともに、株主に配当すべき剰余金は皆無であったのに、任意積立金の取崩しにより、71億円余の違法配当を行ったという事案であるところ、粉飾額が3100億円余、違法配当額も71億円余と、過去に摘発された同種事犯に比し極めて巨額である。

また、その背景には、償却・引当に直結するⅢ、Ⅳ分類貸出金等を実態に反して不当に圧縮するため、かねてより、金融当局による検査等に際し、提出資料を差し替えるなどして、その隠ぺい工作を重ねてきた上、早期是正措置制度の導入に当たっては、様々な点で資産査定通達等を意図的に潜脱する不合理な自己査定基準を策定し、それに基づいて自己査定したという事情が存する。そして、平成10年に主要金融機関19行に対して実施された金融監督庁検査において、長銀及び長銀と同時期に破綻した1行のⅣ分類に係る自己査定と同検査の結果との間の乖離額が、残り17行の同乖離額合計を上回るなど、他の金融機関に比し長銀における不良債権の償却・引当に係る適正額からの乖離には著しいものが存したのである（弁1号証・金融監督庁の1年133頁）。

証券取引法が、上場会社等に対し、財務状況等の事業内容につき、有価証券報告書の提出を義務付けることにより開示を求めている趣旨は、現下の我が国における企業の資金調達の重要な部分を担い、経済活動の基盤ともなっている証券市場において、一般投資家が自己の自由な判断と責任に基づき投資等を行うためには、当該投資対象企業の財務内容など、投資判断に不可欠な情報を十分かつ正確に認識させる必要があるとの点に存し、逆に、内容虚偽の情報が開示された場合、これら多数の投資家の判断を誤らせ、重大な経済的損失を被らせるのみならず、証券市場の公正が害されてその信頼が失われ、引いては我が国経済にも重大な悪影響を及ぼしかねないものである。そのような中、本件は、長期信用銀行の老舗たる長銀の首脳が、前記のような巨額の不良債権隠しによって、投資家等の判断を誤らせ、かつ、我が国証券市場に対する信頼を著しく失わせる事態を招いたのであり、極めて重大・悪質な犯行といわなければならない。また、前記の早期是正措置制度は、従前のいわゆる護送船団方式による金融行政から客観的基準による公正で透明性の高い金融行政への転換を目的として導入されたところ、本件は、その趣旨を全く無視した結果であり、その点でも悪質である。

加えて、商法が、配当可能利益につき法的規制を加えている趣旨は、株式会社において会社財産が唯一の担保であり、その資本に相当する純資産を常に保持させることによって、株式会社資産の不当な流出を防止し、会社債権者の保護を図る点にあるところ、本件は、長銀が巨額の不良債権を抱え正しく経営破綻の危機に瀕していたにもかかわらず、粉飾により71億円余もの巨額の違法配当を実施して会社財産を流出させ、会社債権者らの利益をも危うくしたものであって、その点においても極めて重大・悪質な犯行である。

2　本件犯行の社会的影響が大であること

長銀は、我が国の経済活動の中心となるべき主要金融機関19行の一角を占め、その地位にふさわしい厳格な法令遵守・内部統制が行われることが期待されていたところ、被告人3名が本件粉飾決算、違法配当を敢行したことは、国民や諸外国からの我が国における金融機関の法令遵守・内部統制に対する信頼をも大きく失墜させ、我が国の経済活動全般に重大な支障を生ぜしめかねないものであって、その社会的影響は甚大であった。

3　本件の動機・経緯に酌量の余地が乏しいこと

被告人3名は、「バブル崩壊によって生じた不良債権が余りに巨額であったため、当期に全額処理するだけの償却財源がなく、不良債権処理を強行すれば、早期是正措置制度において求められる自己資本比率の達成ができず、また、無配とせざるを得なくなって、提携先の

SBCから増資の協力も得られなくなり、長銀の破綻は避けられず、セーフティネットのない状態で長銀のような大手金融機関が破綻すれば、金融システムに重大な影響を及ぼし、日本発の世界恐慌を引き起こしかねなかったことから、時間をかけて徐々に処理していくほかなかった」旨供述している。

しかし、長銀が破綻すれば金融システムに重大な影響を及ぼし日本発の世界恐慌を引き起こしかねなかったとの点については、そもそも、具体的論拠を伴わないものであって、被告人らにおいて自らの非を取り繕うための弁明にすぎない上、金融システム維持のため、いつ、いかなるセーフティネットを整備するかは金融行政当局や国政の場において議論・判断すべきことであって、一民間金融機関にすぎない長銀の経営陣において、金融システム維持のためと称して、内容虚偽の情報を開示し、多数の投資家の判断を誤らせ、証券市場の公正を害することが許されるはずがないことはいうまでもない。また、仮に、長銀が破綻することにより金融システムに悪影響を及ぼすおそれがあるというのであれば、むしろ、不良債権の内容等の財務状況をつまびらかにして金融行政当局等による適切な対策・検討に供すべきなのであって、本件のように金融機関が財務状況を隠ぺいすることは、金融行政当局等において適宜・適切な措置を講ずる機会を失わせ、かえって金融システムへの悪影響を増幅させるものというべきである。

被告人３名は、いずれも、長年にわたって長銀の経営に携わってきたものであるが、長銀内部においても前々から不良債権の早期・抜本的処理をすべきであるとの意見があり、長銀に保有有価証券の含み益等の償却余力が残存しているうちにそうした抜本的処理を行うことも十分可能であったにもかかわらず、いずれ経済が回復して貸出先の業況も改善するであろうとの具体的根拠を伴わない安易な発想や、金融機関同士の悪しき横並び意識、自らの経営責任追及に対するおそれなどから、不良債権処理を先送りし続け、その挙げ句、本件に及んだものであって、動機・経緯に酌量の余地は乏しいというほかない。

４　本件における被告人３名の役割が重大であることなど

被告人大野木は、本件当時、長銀の頭取として役職員の全てを指揮監督する立場にあったもので、同被告人の最終的な決断・了承がなければ、本件の組織的犯行がなされなかったことは明らかであり、いわば本件の主犯であって、その責任は最も重い。

被告人須田は、本件当時、副頭取としてリスク統括部を担当し、「特定関連親密先自己査定運用細則」、「関連ノンバンクにかかる自己査定運用規則」を最終決裁し本件犯行の素地を築いたもので、その責任は重い。

被告人鈴木は、本件の直前まで、副頭取として長銀の不良債権処理の中心部門である事業推進部を担当し、同部の部下らに指示して、Ⅲ、Ⅳ分類を圧縮するための独自の自己査定基準を策定するのに深く関与するなどしたもので、その責任は重い。被告人鈴木は、本件犯行当時、取締役の身分を失っていたが、平成10年３月期の決算方針、したがってまた本件犯行は、その副頭取在任中に決定されていたもので、同被告人の責任が軽減されるものではない。

にもかかわらず、被告人３名はいずれも、公判において不合理な弁解に終始しており、十分な反省の態度も見られない。

第３　求　　刑

以上の諸情状を考慮し、相当法条を適用の上

被告人大野木を懲役３年
被告人須田を懲役２年
被告人鈴木を懲役２年
に各処するを相当と思料する。

XIII　一審最終弁論

第34回 公 判 調 書（手続）

被 告 人 の 氏 名 (1)　大野木　克 信（出頭）
被 告 人 の 氏 名 (2)　須 田　正 己（出頭）
被 告 人 の 氏 名 (3)　鈴 木　克 治（出頭）
公 判 を し た 年 月 日　平成14年3月12日
公 判 を し た 裁 判 所　東京地方裁判所刑事第一部
裁 判 長 裁 判 官　川 口　宰 護
裁　判　官　福 士　利 博
裁　判　官　石 田　寿 一
裁 判 所 書 記 官　村 上　剛 英
検　察　官　保坂直樹、大圖　明
出 頭 し た 弁 護 人 (1)　（主任）那須弘平、倉科直文、横田高人
出 頭 し た 弁 護 人 (2)　（主任）國廣　正、五味祐子、坂井　眞
出 頭 し た 弁 護 人 (3)　（主任）更田義彦、長　文弘

証 拠 調 べ 等

証拠等関係カード記載のとおり

検 察 官 の 意 見

保阪検察官

従前の論告要旨に別紙論告補充を付言する。

弁 護 人 の 意 見

倉科弁護人、横田弁護人、那須主任弁護人

那須主任弁護人ほか弁護人2名連名作成の本日付け弁論要旨記載のとおり

國廣主任弁護人

國廣主任弁護人ほか弁護人2名連名作成の本日付け弁論要旨記載のとおり（弁論要旨1頁から59頁まで朗読）

検 察 官 の 退 廷

被告人大野木についての弁論要旨162頁3行目までを横田弁護人が朗読後、検察官大圖明退廷

① 大野木弁護団

平成11年特(わ)第2139号

弁 論 要 旨

平成14年3月12日

東京地方裁判所 刑事第1部 御中

被告人 大野木 克 信
主任弁護人 那 須 弘 平
弁護人 倉 科 直 文
弁護人 横 田 高 人

被告人大野木克信に対する証券取引法違反、商法違反被告事件につき、弁護人らの弁論の要旨は、次の通りである。

目 次

第1章　本件訴追の基本的問題点と、被告人の無罪

第1　本件訴追の基本的問題点

本件は従前の違法配当罪、有価証券虚偽報告書提出罪とは著しく様相をことにするものであって、それ故に本件訴追については、その正当性ないし可罰性の面においても、よって立つ商法解釈の面においても、またその有罪の論理構造と証拠構造の面においても、重大な問題点ないし基本的疑問をもつものであって、本件において被告人らの罪責を問うためには、その慎重な吟味を免れることはできないのである。

1 第1の問題点――その時期の長銀経営者として、当然の行為が処罰されようとしていること

大野木被告を取り調べた検察官は、同被告に対し、次の旨を発言した。
「わたしが大野木さんの立場であれば、同じことをしたと思いますよ」(28回、77丁)。本件の本質に迫る象徴的言葉である。

被告人大野木は(勿論他の被告人も同様)、平成10年3月当時の長銀の経営責任を担う者として、まさにその時点で長銀の経営者であれば誰もがとったであろう、ごく普通の、当たり前の決算処理を行ったのである。

(1) 本件は、役員による銀行財産の横領とか、個人的利益のための背任といった、それ自体違法性が明かな行為の罪が問われていたり、あるいは架空利益や架空経費の計上など、積極的な作為による「粉飾決算」が問われている事件ではない。従来銀行監督当局により認められて来た会計慣行、及び新しい銀行監督当局のガイドライン(資産査定通達など)の枠内であると見込まれた会計慣行の枠内で資産評価と償却引当をなした。それを前提として、当時の長銀のおかれた経営条件に適合し、長銀が今後取り組むべき経営戦略としても合目的的な内容の不良債権処理を行い、それを前提とした決算処理をしただけである。例えば長銀は支援先である債務者について、当期より後の将来支援予定額について引当金計上をしなかったが、このような処理は当時他の大手18行(長銀を除く)のうち14行においてとられていたのである(秋山・第20回、37丁)。

その従来型の不稼働資産処理方法が不良債権処理の先送りであり、商法の貸出債権評価の法に違反しているというのが検察官の主張であるが、本件訴追がなされるまで、従来の会計慣行あるいはその延長線で行われてきた各行の不良債権処理が、事後的に違法といわれたり、処罰の対象とされることはなかった。従来の会計慣行に従った不良債権処理を今後禁止する旨の立法がなされていたわけでもない。のみならず、本件平成10年3月期の他行決算においても、長銀と同じような従来型慣行による不稼働資産の評価と処理(特に本件で焦点となっているいわゆる関連親密先に対する貸出金の評価の場で)が行われている。

長銀本体については日本でトップクラスの監査法人による、入念に入念を重ねた監査を受けて、それをパスしている。付言して言えば、検察官によれば大幅な債務超過で実質破綻先であるという日本リースやNEDについては、長銀とは別の監査法人の、トップクラスの公認会計士が監査をし、適正意見を出している。それにもかかわらず、長銀の決算は粉飾であるといわれている。

何故、被告人らにつき突然、商法違反の非難と処罰が加えられなければならないのか。その疑問は、一般社会人であれば誰でも抱く疑問である。ましてや、たまたま本件の時期に長銀の経営者とならなかった長銀マン、長銀ではなく他行の経営者だった者達、そして商法の解釈適用という意味では共通の問題である一般事業会社の経営者にとっては、他人事ではない重大な疑問である。

(2) 長銀は、つとに金融政策ないし金融行政の立ち後れに由来する経営上の制約のもとで、高度経済成長時代以降の新しい経済環境のもとで必要な業務態勢の革新、収益体質の改善を終えることができない状態のまま、バブル経済期をむかえ、そのため他行と同様に土地担保融資に傾斜せざるを得ず、その後経済失政によるバブルの急激な崩壊と資産デフレにより長銀及び関連会社に生じた大量の不良債権の処理が不十分なままの状態で残り、それが経営上の大きなハンディとなっていた。これの処理という仕事と、他方で、同時に始まった遅ればせながらの金融の規制緩和、国際化(金融ビッグバン)による厳しい競争への対応という、2正面作戦を極めて短期間の間に取り組まなければならない立場に立ったのが被告人らであり、いわば「9回裏ツーアウトのバッター」であった。

そのような困難な条件の下で、被告人らは、新しい競争の条件下で勝ち抜くための業務体質、収益体質の転換を達成することと並んで、市場の信任を得るためにも「不稼働資産の積極的な処理」が必要との認識のもとで、これに真剣に取り組んできたのである。企業会計基準が本質的にもつ相対性の幅の中で、従来認められてきた銀行の会計慣行、銀行行政の動行、資産査定通達等のガイドラインの流れの中で妥当と認められる会計方法を検討し、その幅の中で、長銀とその関連ノンバンク等の関連会社の実状に合う資産査定基準を採用して、これに従い決算処理を行った。ルールに基づき最低限なさなければならない（must）ものの処理をなすは当然として、それを上回る部分についてどこまで、いつの時期に、どのような態様で処理するかという点について、経営戦略全体の関係や、決して潤沢ではない処理財源との調和を図っていくのは経営者として当然の行為である。いなむしろそこにこそ、経営者の本来の機能の場があるのである。例えば、検察官は3130億円の償却引当不足を言うが、平成10年３月期の不稼働資産処理、あるいは決算処理の正当な評価をなすうえで、長銀リース、ランディックの前倒し支援として、本来のmustにあたる額を1830億円も上回る2450億円を処理した事実の評価を抜きにすることはできない。

しかも被告人ら経営陣は、長銀の職員と一丸となって、役職員らの賞与、給与カットなどまさに身をそぎながら経費を切りつめ、少しでも財源に余裕が出れば不稼働資産の処理をより厚めに行うことに腐心してきた。

これまた、本件平成10年３月期当時の長銀経営者として、極めてノーマルで普通の振る舞いではないか。

⑶　このような被告人らの行為が処罰されなければならない実体があるのか。普通の経営者であれば誰もが「同じことをする」行為を違法とするのが商法の趣旨であろうか。そのような経営者の行為が結果として商法の規定に違反すると事後的に判定されたからといって、その行為に故意を認めることができるのか。

そのような行為をあえて処罰することを求める訴追は、その前提となる商法の解釈論において無理があるのではないか。捜査検事にいわれたこととして被告人は次のように証言している。

「やはり社会に警鐘を鳴らすんだと、……赤信号を渡っている人はみんなほかにもいるでしょうというような論理は通用しない」と。

しかし、赤信号は絶対的な指示であり、皆が渡っても赤信号であり、青になることはない。しかし、企業会計は相対的な基準の世界であり、慣行の支配する世界である。比喩的に言えば、皆が渡るところが青信号となるのである。企業会計につき唯一無二の基準を想定し、これに合わぬものを違法と決めつけて「社会に警鐘を鳴ら」そうと試みるのは間違っているのではないか。

また、そのような無理な訴追がなされる背景には、平成10年６月の長銀株空売り攻撃にさらされたことをきっかけとして同年秋の政治状況の中で長銀の破綻処理と国有化・外資への売却が行われた一連の結末について、眼前の長銀経営者に対する経営責任追及の心理が高じて、結論が先の、性急な「国策」起訴になってしまった嫌いがあるのではないか。

上述の「社会に警鐘をならす」発言もそのような時期の雰囲気を示しているように思われる。

本件決算期から４年、本件公訴提起から３年近くを経過した今日、これらの問題を冷静に考えるべき時が来ているのではあるまいか。

2 第2の問題点――経営判断を抜きにした貸出債権評価はあり得ないことを看過した訴追であること

⑴ 本件訴追は、長銀のなした償却引当につき、商法285条の4に反して不足するところがあったことを前提とするものであるが、商法285条の4第2項は「取立ツルコト能ハザル見込額ヲ控除スルコトヲ要ス」との抽象的表現に止まっており、それ以上の具体的要件ないし基準を示さない。

それは、法の不備ではなく、むしろ債権評価の本質に由来する問題なのではあるまいか。

すなわち、第1に、取立不能性の判断は、回収される側と回収する側の相互の主観的客観的条件の相互関係、経済情勢、業界情勢などの外的条件等の種々の判断を踏まえて行う、将来に対する経営判断（risk taking）により成り立っているからではないか。

清算バランスのみで取立不能を判断し、経営判断の要素を認めないのであれば、経営者の存在意義はないのである。この経営判断が問われるべき場面のその1は、取り立てる側の主観的意思とは一応別の、債務者側の条件を勘案した結果を踏まえての、債権回収可能性に対する判断であり、その2は取り立てる側の主体的経営意思の問題である。後者について言えば、例えば取立が滞っている貸出先からの回収を今の時点で断念して破綻清算処理するのかあるいは今後の手間とロスを甘受してでも回収の努力を続けるのか、いずれであってもそれなりの経営判断としてありうることであり、どちらかが誤りであると断定することはできない場合がある。

このような債権評価において経営判断が決定的要素を占める例として、支援している会社、なかんずく関連ノンバンク等に対するリスク評価の場合をあげることができる。

このように、債権の回収可能性の判断においては、その対象債権者ごとに広範囲で多面的な、かつ種々の深度による経営判断を臨機応変になすことが不可欠である。このような性質を有する回収可能性の判断を、法律の条文などにより的確に表現することはその性質上無理である。

結局回収可能性の判断については経営者の経営上の裁量判断に委ねることを原則とせざるを得ないのである。

⑵ この経営判断を踏まえた債権回収可能性判断の誤りを理由とする起訴は、結局検察官、裁判官に経営者に成り代わった経営判断を求めるに等しいことになりはしまいか。

さような法の運営を商法の計算規定は予定していないのではないか。

法令の抽象的な文言以外に具体的な基準が示されず、会社の経営裁量判断、自主性が予定されている部分について、事後的に検察官の信ずる独自の極端な、かつ結果論に立った価値判断を押しつけて、会計処理の違法をいうことは許されないのではないか。

3 第3の問題点――無理な起訴を支える検察官の論理の基本的誤りと証拠構造の問題点

⑴ 本件の捜査段階では、検察官は、当時の関連会社支援に対する銀行行政と金融機関における慣行の実体を無視し、当時の長銀の役職員の認識に反する、貸出債権は貸出先の清算価値に基づくロスの額を即時一括で償却・引当するのが商法のルールであるとの、あまりにも極端な独自の理論を事後的に適用して訴追を図った。―検察官第1の誤りである。

そのため、「円卓会議」の「最悪ケース」等の長銀会計資料に出てくる「1兆円（のロス見込み）」という記載をてこに、無理矢理に長銀の元役職員から「自白」調書を取り、それの積み上げにより被告人らにもこの検察官の論理に対する屈服を迫ったのである。しかしそれは、会計ルール、会計慣行の多様性、相対性を否定し、会社の自主的経営判断を軽視ないし無視し、従来の銀行の会計慣行、銀行行政、大蔵省ガイドラインとも整合しない無理な法理論であった。

清算価値は企業の有する資産を評価する一つの方法ではあるが、商法が決算を行うについて要求しているものではない。

清算価値による企業価値の把握は、通常企業が倒産してその有する資産を処分して債権者に配当するための準備作業として採用されるものであって、企業が存続することを前提にしてその有する資産を評価する場合には、例えば企業が解散する場合に、債権者にどの程度の配当が行われるかを予測する手法として有効であるに過ぎない。

⑵　ところが、捜査に当たった検察官は一様にこの手法を採用しこれを確固不動の大方針として取り調べに当たった。取り調べを受けた者は、長銀の破綻に多かれ少なかれ心理的な負い目を持った者ばかりで、しかも法律的には検察官の知識と権威に対抗するすべもない者ばかりであった。このような状況の中では、長銀関係者等が、検事の主張する清算価値論に釈然としないものを感じながらも、有効な反論をすることができなかったのもやむをえないことであった。

このようにして作成された調書の山を前提にして、検察官は被告人等に「証拠は積み上がっている」として、検察官の意見に同調することを求めた。このような捜査の結果できあがったのが本件関係者の調書、それも「金太郎飴」のように商法＝清算価値論を繰り返す調書の山なのである。

被告人等については逮捕前に一応弁護人がついてはいたが、しかし取り調べに際して検察官が豊富な時間と資料を縦横に駆使して被告人等を問いつめるのが可能だったのに対し、被告人等は資料も断片的に示されるだけで、弁護人等との打ち合わせも拘置所の接見室で15分ないし20分程度の制限された時間だけしか与えられなかった。弁護人等の手持ち資料は検事のそれに比べてわずかなものであった。本件で文面の意味が問題となったいわゆる「円

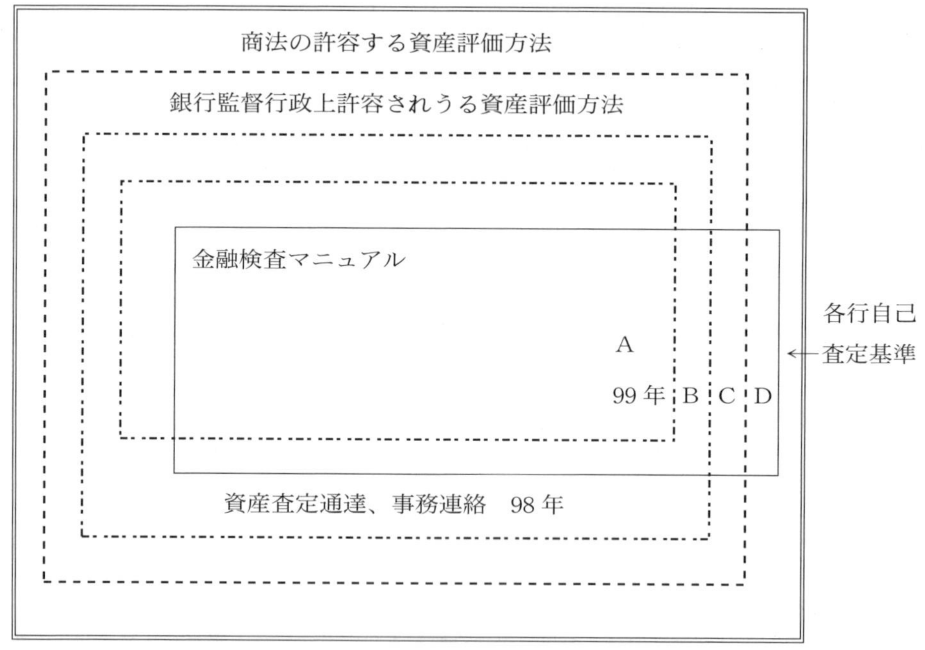

卓会議資料」などもその一例である。このような状況の中で弁護人たちが被告人等に助言できる内容は極めて限られたものにとどまった。

(3) さて上記のような状況の中で、本件起訴が行われたのであるが、法廷における検察官の主張は捜査当時の商法＝清算価値論から大きく方向を転じて、商法＝資産査定通達論あるいは商法＝関連ノンバンク事務連絡論ないしQ&A論に移行したと見られる。

検察官も、さすがに商法上の企業会計における資産評価を清算価値で行うことの不合理さに気づいたものであろう。

しかし、清算価値論を放棄したことは弁護人等も評価するにやぶさかではないが、これに替えるに、通達、事務連絡、Q&A、実務指針などを持ち出してきたことについては、全く評価できない。むしろ商法に基づく資産評価が正しいものであることを前提にすれば、商法から離れただけ誤った方向に足を踏み込んだと言っても過言ではない。

検察官の主張の最大の問題点は、商法違反を問題にしながら、その実通達違反、ガイドライン違反を問うているにすぎない点である。それもその通達、事務連絡等のガイドラインを唯一の公正な会計方法とし、その「厳格解釈」以外を違法としているのである。しかし、商法は金融機関だけではなく、商事会社や建設会社等幅広く適用されるものである。これを法令として強制するためには、それなりの法形式をとる必要がある。そこになぜ突如大蔵省の通達（しかも内部通達）や事務連絡、全銀協のQ&A、公認会計士協会の実務指針が登場するのか、殆ど理解困難と言わざるを得ない。

ここで問題を判りやすくする為に、商法の予定する資産評価方法、金融監督行政の面から許容されうる評価方法、その中で1998(ママ)年の資産査定通達、関連ノンバンク事務連絡の示すガイドライン、1999年の金融検査マニュアルの示すガイドライン及び各行の平成10年3月期決算において使用した自己査定基準の相互関係を模式的に描けば、下図のようになるのではあるまいか。

本件訴追は、上記Aのみを商法上適法とし、その余のB～Dの領域のものを違法と断ずるものであり、その誤りは明白である。

第2 本件起訴後に明らかになった客観的事実の物語るもの

本件起訴から2年9ヵ月を経た今日までの間を振り返ると、その間の本件の真実を示唆する貴重な事実が明らかになってきたように思われる。

1 まず第一に平成10年3月期決算における他行の自己査定の状況が相当程度明らかになってきていることである

弁第1号証の「金融監督庁の1年」によれば平成10年の金融監督庁による平成9年度決算に対する検査の結果として、本件長銀の自己査定の欠陥として検察官の主張するところと同様の自己査定の状況であることが示されている。

本件法廷で証言した秋山正明証人が、長銀を除く大手18行のうち14行が長銀と同様に将来支援損を引当しなかったと指摘している事実も重要な指摘である。

平成11年4月の金融マニュアル制定後の時期においてすら、例えば直近の金融庁検査でも、指摘された「不良債権」が各行の自己査定よりも25%も多かったという事実があり、これは「金融マニュアルの一部が抽象的だった為である」旨の説明がされている事実（弁190）、又、同一の貸出先について各行査定にバラツキがあるとか、倒産企業の査定について正常先或いは要注意先が7割を占めていた（弁129、214）などの報道もある。

これらの事実は何を意味するのであろうか。本件自己査定制度が、制度導入の初年度において確定した資産査定基準があるとの前提で作られたものではなく、まさに実務におけるトライアンドエラーの積み重ねにより「公正な慣行」を形作ることを想定していたことを示すものではないか。

2　本件後の不良債権処理状況

本件決算の一年後の平成11年3月期において、大手15行に対する公的資金の一斉注入、税効果会計の導入、金融健全化法制定によるセーフティネットの構築並びに引当、償却に関する法に基づいた告示、金融マニュアルによる自己査定の厳密化、等々、金融危機を抑え込むための必要な措置が執られ、不良債権の処理は大きな山を超えた筈であった。実際大手17行はこれにより、この年9兆円余による不良債権の処理を行っている（弁22）。

しかしそれでも、平成12年3月、平成13年3月と続いて、全国銀行ベースでみても、各年6兆円余の不良債権処理を余儀なくされ（弁189）、更に今日、再び98年度と同じ不良債権問題が再燃している。

こういう事態から、本件の長銀決算はいかなる位置づけで考えるのが自然であろうか。当時も今も商法は同じであり、基準自体は変わっていないということであるとすれば、このたまねぎの皮をむくような不良債権の処理状況はどう理解したら良いのだろうか。

過去を振り返って「べき論」で裁断するのは、やさしい。

しかし、長銀を含む各行は、その時点時点で、「べき論」とは別に、当時普遍的な処理のレベルが会計慣行として存在し、それに従った処理を懸命に行ってきたのである。このような処理に対して不変の基準とでもいうべきものを押しあてて事後的に正邪を決めつけるようなことに、どれほどの意義があるというのであろうか。

3　空売り規則の強化の事実

平成10年初、前年11月の金融危機の反省に立って、大蔵省は、借株を利用した売り主を、一般の空売り規則の対象に組み入れる方向で証取法を改正する方針を明かにしたが、その施行は同年12月を待つこととした（弁59）。

このことは、逆に同年12月までは、借株による売りは空売り規制の対象外であり、借株空売りに対しては市場は無防備であることを明らかにしたものであった。

こうした、借株による空売り取引規制は、米国に於いて、1930年代初の株式市場暴落に対する、第一のチェック項目とされ、夙に、同年代より導入されていたいわば常識的な規制であったにも拘わらず、かくのごとく後手にまわった行政が展開されたのである。

こうした中で、平成10年6月の長銀株それ以降10月にかけての銀行株へのアタックが続いたのである。この長銀などに対する攻撃の経験から、今日ではようやく空売り規制が強化され、それが「総合デフレ対策」に位置づけられるほどの重要性を持つことが認識されるに至ったのである。この事実をどう評価すれば良いのか。

4　住専償却にかかる課税訴訟

平成8年3月長銀は前年12月の住専処理方針に係わる閣議決定を受け、母体行責任をとって、第一住宅金融に対する貸出金2367億円を一括無税償却した。

興銀も同様の処理を行った。

しかるにこれが、国税により否認され、法人税更正処分による1333億円の法人税納付を余儀なくされた。

これにつき審査請求は平成9年10月28日棄却され、更正処分取消訴訟を東京地裁に提起することになり、平成10年3月当時は係争中であった（甲3・平成10年3月31日有価証券報告書56頁）。

その後長銀は一時国有化された際にこの訴訟を取り下げてしまった。対照的に興銀は引き続き係争を進めたところ、弁140号証の通り、興銀の勝訴の結果となっている。当然償却すべき債権でかつ、無税が当然の債権償却であっても、実際にはかくのごとき高いリスクを負わされるのが債権償却だったのである。このような事実を無視して本件を論ずることはできないのである。

5 日本リースの会社更生の成功

日本リースは長銀の信用不安を原因として会社更生法の適用を、東京地裁に申請したが、リース事業・割賦事業部門は平成11年4月に、日本リースの100%子会社である日本オートリースは平成11年1月に、夫々米国GEのファイナンス子会社であるGECCが買収した。不動産並びに融資部門は、平成12年3月に米国GM（ゼネラルモーターズ）のファイナンス子会社GMACが買収した。これにより2兆円の資金をもつ金融会社としては異例の早さで更生が確定した。

リース並びに割賦事業部門は、日本リースの総資産1兆9500億円の中、7900億円を占め、又日本オートリースの総資産は約1300億円で、これがGECCの買収の対象となった（弁82）。

その後、もともと健全黒字会社であった日本オートリースは100%配当で、更生申立後わずか4ヶ月で更生手続が終結したことは周知のことである。

日本リースのリース割賦部門は、同じくGECCに売却されて新たな事業展開を始めている。

難題とみられた不動産、融資部門も、不動産が一切担保に入っていなかったこと、並びに事業化努力により当時70億円の賃貸収入がありその他と併せ年間100億円のキャッシュフローがあることが評価され、GMACが買収した（以上、弁82, 83等）。

以上の事実から、日本リース総体としては、清算価値で見た場合の含み損を抱えているものの、健全な企業体として存続しうる収益力は充分あり、もし長銀の6月急変という事態がなければ、充分企業存続が可能であった内容をもつ企業であったことが明らかになったといえよう。

本件において日本リースを実質破綻先であるとか、回収不能債権が700億以上あるという検察官の主張がいかに企業経済の実体に合わない議論であったのか論証されたものといえよう。

第3 被告人の無罪

被告人は無罪である。

長銀の本件配当及び有価証券報告書提出には何ら違法はなく、また公訴事実に関する故意も認められないからである。

以下、その理由を述べる。

〈第2章 以下略〉

②　須田弁護団

弁　論　要　旨

2002（平成14）年３月12日

東京地方裁判所　刑事第１部　御中

被告人　須　田　正　己
弁護人　國　廣　　正
弁護人　坂　井　　眞
弁護人　横　田　高　人

被告人須田正己に対する証券取引法違反、商法違反被告事件についての弁護人の意見は次のとおりである。

目　次

第1. 本件の争点と弁護人の主張の要旨

検察官の論告の構図は、要するに、

(1)　96(平成8)年4月の円卓会議の当時、円卓会議資料に「最悪ケース」として記載された「IV分類」貸付金1兆1256億円は即時全額引当・償却すべきものであり、被告人らはこれを認識していたが、この引当・償却を先送りしていた（この「IV分類」は「税法基準」によれば引当・償却すべきものでなかったとしても、「税法基準」は「公正なる会計慣行」ではなく、被告人らもこれを認識していた）

(2)　自己査定制度が導入された本件決算期（98(平成10)年3月期）において、「資産査定通達」「4号実務指針」「関連ノンバンク事務連絡」等（以下、「資産査定通達等」という）は、99(平成11)年4月に公表された「金融検査マニュアル」・「改正4号実務指針等」（以下、「金融検査マニュアル等」という）のとおり解釈しなければならなかった（「税法基準」に沿って解釈してはならなかった）もので、被告人らはこれを認識していたところ、「IV分類」資産の範囲を限定し、要引当・償却額の圧縮を図る違法な目的の下、資産査定通達等から逸脱した（「税法基準」に沿った）合理性のない独自の自己査定基準を、そのようなものと認識しながらあえて作成することによって、(1)において引当・償却を先送りした「IV分類」貸付金を本件決算期においても「IV分類」とせずに、引当・償却を怠ったというものである。

したがって、本件の争点は以下のとおりである。

① 97(平成9)年3月期までにおいて、「不良債権償却証明制度」「決算経理基準」「法人税基本通達9-6-4及びその実施要領」「法人税基本通達9-4-2」「報告5号」等により示され、金融機関の実務において通用していた引当・償却にかかる「税法基準」は、金融機関の貸出金の引当・償却に関する「公正なる会計慣行」の内容を構成していたか否か。

そして、被告人は、本件決算期における違法配当罪及び有価証券報告書虚偽記載罪の故意の前提として、97(平成9)年3月期までにおいて「税法基準」が「公正なる会計慣行」ではないと認識していたか否か。

② 円卓会議資料記載の「(最悪ケース) IV分類1兆1,256億円」の貸付金は、当時、即時全額引当・償却しなければならないものであったか。すなわち、早期是正措置導入「前」の円卓会議当時における「IV分類」は、早期是正措置導入「後」の自己査定制度における「IV分類」の意味と同じく、即時引当・償却を要するものを意味したか。

そして、被告人は、本件決算期における違法配当罪及び有価証券報告書虚偽記載罪の故意の前提として、円卓会議資料記載の「IV分類」の意味を、当時、即時全額引当・償却しなければならないものと認識していたか。

③ 本件決算期(98(平成10)年3月期)において資産査定通達等に明文で規定されていなかった点について、97(平成9)年3月期まで実務上通用していた「税法基準」に沿って解釈することは許されず、本件決算期後である99(平成11)年4月に公表された金融検査マニュアル等で初めて明文で規定されたとおりに解釈されなければならなかったか。

そして、被告人は、本件決算期における違法配当罪及び有価証券報告書虚偽記載罪の故意の前提として、資産査定通達等に明文で規定されていなかった点について、「税法基準」に沿って解釈することは許されず、金融検査マニュアル等で初めて明文で規定されたとおりに解釈しなければならないものと認識していたか否か。

④ 本件決算期(98(平成10)年3月期)の自己査定に当たり長銀が作成した自己査定基準は、資産査定通達等の解釈の範囲から逸脱した合理性のないものであり、1兆円を超える即時引当・償却を要するIV分類資産の範囲を限定し、要引当・償却額の圧縮を図る違法な目的を有するものであったか。

そして、被告人は、本件決算期における違法配当罪及び有価証券報告書虚偽記載罪の故意の前提として、長銀の自己査定基準をそのようなものであると認識していたか否か。

⑤ 自白の信用性

以下では、本件の争点である①から⑤につき、弁護人の意見の要旨を述べる。

1. 97(平成9)年3月期までにおいて、「不良債権償却証明制度」「決算経理基準」「法人税基本通達9-6-4及びその実施要領」「法人税基本通達9-4-2」「報告5号」等により示され、金融機関の実務において通用していた引当・償却にかかる「税法基準」は、金融機関の貸出金の引当・償却に関する「公正なる会計慣行」の内容を構成していたか否か。

そして、被告人は、本件決算期における違法配当罪及び有価証券報告書虚偽記載罪の故意の前提として、97(平成9)年3月期までにおいて「税法基準」が「公正なる会計慣行」ではないと認識していたか否か。

1．1．1．検察官の主張

97(平成9)年3月期までにおいて、「税法基準」は「公正なる会計慣行」ではなく、被告人もそれを認識していた（論告30ページ）。

検察官の構図は、97(平成9)年3月期までにおいて、「税法基準」は「公正なる会計慣行」ではなく、しかも、96(平成8)年4月の円卓会議当時、被告人は「税法基準」が「公正なる会計慣行」ではないと認識していたことを前提とするものであり、この点が崩れれば、検察官の構図は前提から崩壊することになる。

1．1．2．弁護人の主張（第2の1．で詳論する）

97(平成9)年3月期までにおいて、「税法基準」は、具体的基準として実務上通用していた唯一の引当・償却基準であり、金融機関の貸出金の引当・償却に関する「公正なる会計慣行」の内容を構成していた。

すなわち、97(平成9)年3月期まで、引当・償却に関する商法及び企業会計原則の規定が極めて抽象的である状況下で、実務上、「税法基準」以外には、引当・償却の基準として合理性及び客観性のある具体的な基準となる実務指針やガイドラインは存在していなかった。

97(平成9)年3月期までは、貸出金に関する会計処理は「不良債権償却証明制度」の下、大蔵省の強い監督の下に行われていた。すなわち、法人税法における貸出金の無税償却のためには、この制度により大蔵省の承認が必要であったし、有税による償却・引当を実施するにあたっても、92(平成4)年7月までは大蔵省の承認が必要であり、それ以降は届出制となったものの、実際には大蔵省と協議の上、その事実上の了解を得て行われていた。

なお、金融機関において「税法基準」に基づいて運用されていた「不良債権償却証明制度」は、単なる徴税目的のものであったと誤解されがちであるが、そうではなく、国税当局とは別の部署であり、金融機関の業務全般について監督する大蔵省金融検査官に償却証明を行わせるものであり、金融検査官が金融機関の資産内容全般を審査してその適正を確保することも重要な目的とされており、これ自身、金融機関の資産にかかる会計処理の適正を確保する制度としての性質を備えていたのである。すなわち、「不良債権償却証明制度実施要領」では、冒頭に、「金融機関等が必要な償却を行い、資産内容の充実を図ることが望ましいが、証明官の審査が厳に失し、あるいは寛に流れるときは本制度の本来の意義を失うおそれがあるので、税務当局と密接な連絡を保ちつつ、適正且つ慎重に審査を行う」とされ、金融検査官は、金融機関の資産内容の適正と課税目的の適正の双方について「適正且つ慎重」に審査を行うとされていた。また、同要領の「6 審査手続」「⑵実地調査」「イ　調査事項」②において、金融検査官による決算期末の審査における調査事項として、「要償却債権の全貌（申請債権のほか要償却債権の有無、その金額について調査する）」が明記されているとおり、金融検査官は、金融機関からの償却証明申請がなされた債権の償却について審査するばかりでなく、償却すべき債権が申請債権の他にもあるかどうかも含めて、審査の対象としていたのである。このように「不良債権償却証明制度」は、大蔵省金融検査官が金融機関の資産内容全般を審査してその適正を確保することも重要な目的とされており、これ自身、金融機関の資産にかかる会計処理の適正を確保するための制度として銀行実務における「公正なる会計慣行」を形成していたのである（第2．1．1．）。

また、金融機関に適用される「決算経理基準」は、「税法基準」につき明記し、それによって引当・償却を行うことを前提とする規定となっていた。

すなわち、「決算経理基準」と、その前提として存在した「税法基準」（法人税基本通達9-6-4、9-4-2等）によると、金融機関の引当・償却義務は、

①　法人税基本通達等により無税引当・償却が認められる場合には、会計上も引当・償却を

行う義務があるが、
②　法人税基本通達等により無税引当・償却が認められない場合には、会計上、有税引当・償却についての義務はなく、それをするかどうかは任意である、
とされていた。

そして、「決算経理基準」が「公正なる会計慣行」であることに争いがない（甲223号証）。

しかも、不良債権償却証明制度の下においては、①の判断は金融検査官によりなされることとされ、②についても、それをするためには「当局への届け出」という事実上の制約が加えられていた。

したがって、「公正なる会計慣行」であることに争いがない「決算経理基準」が、引当・償却の基準として、上記のように「税法基準」によることとしている以上、「税法基準」が、引当・償却の基準を定める「公正なる会計慣行」を形成していたことは明らかである（第2. 1. 2.）。

また、「日本公認会計士協会監査委員会報告5号」（以下「報告5号」という。弁245号証）3(3)ただし書きも、「税法基準によって計上した貸倒引当金が……明らかに不足していると認められる場合を除いては、除外事項としない（＝無限定適正意見を述べる）ことができる」と定めていた。すなわち、「報告5号」は、企業の貸倒引当は合理的かつ客観的基準に基づいて行わなければならないとしているところ、かかる具体的な算定基準として「税法基準」が会計基準としての合理性及び客観性を有することを認めたものと解することができる。貸倒償却・引当に関する商法及び企業会計原則の規定が極めて抽象的である状況下で、97（平成9）年3月期以前においては、実務上、「税法基準」以外には、貸倒引当金の計上基準として合理性及び客観性のある具体的な基準となる実務指針やガイドラインは存在しておらず、「明らかに不足していると認められる場合」を除いては、「税法基準」による引当を行えば足りるという「報告5号」の取扱いも、金融機関においても「税法基準」が引当・償却の基準を定める「公正なる会計慣行」を構成していたことを基礎付けていたのである（第2. 1. 4.）。

以上のとおり、当時、金融機関の貸出金の引当・償却に関しては、「不良債権償却証明制度」による大蔵省の監督の下で「税法基準」に基づいて会計処理を行うことが、実務上一般に公正妥当と認められた会計慣行となっていたものであり、「税法基準」が金融機関の貸出金の引当・償却に関する「公正なる会計慣行」を形成していたことは疑いがない。

そして、この「税法基準」においては、支援継続中の関連ノンバンク等に対する債権については、「法人税基本通達9-6-4及びその実施要領」に基づけば貸倒引当・償却はできず、「法人税基本通達9-4-1、同9-4-2」に基づけば未だ実行していない支援予定額の引当・償却もできないことから、結局、当期に実行した支援損以外には引当・償却を行わないものとされていたのである（第2. 1. 3.）。

なお、当時においては、金融機関における業況不良の関連ノンバンク等に対する債権については、必ずしも短期的に処理をして損失を計上するのではなく、中長期的に支援を継続することによって最終的な回収額の最大化を目指すという方針が、一般に妥当性を有するものとして採用されていた。かかる状況の下では、関連ノンバンク等に対する債権については、支援を断念して即時清算する場合はさておき、支援を継続する限りは原則として引当・償却を認めないという、上記「税法基準」の考え方は、会計基準としても実質的妥当性を有するものであった（第2. 2. 1. 1. 及び第2. 4. 1. 2.）。

以上のとおり、97(平成9)年3月期までの金融機関においては、「税法基準」は「公正なる会計慣行」を形成していたものである。

したがって、検察官の構図、すなわち、「税法基準」は「公正なる会計慣行」ではなく、

被告人もそれを認識していたことを前提とし、被告人らが96（平成8）年4月の円卓会議当時から「Ⅳ分類」債権を即時全額引当・償却すべきと認識しながらそれを先送りしていたため、自己査定制度の導入にあたっても引当・償却を免れるために、合理性のない独自の基準により「Ⅳ分類」を少なくした、という構図は根底から崩壊することになるのである。

1．2．円卓会議資料記載の「（最悪ケース）Ⅳ分類1兆1,256億円」の貸付金は、当時、即時全額引当・償却しなければならないものであったか。すなわち、早期是正措置導入「前」の円卓会議当時における「Ⅳ分類」は、早期是正措置導入「後」の自己査定制度における「Ⅳ分類」の意味と同じく、即時引当・償却を要するものを意味したか。

そして、被告人は、本件決算期における違法配当罪及び有価証券報告書虚偽記載罪の故意の前提として、円卓会議資料記載の「Ⅳ分類」の意味を、当時、即時全額引当・償却しなければならないものと認識していたか。

1．2．1．検察官の主張

早期是正措置導入「前」の96(平成8)年4月に行われた円卓会議当時において、円卓会議資料に「（最悪ケース）Ⅳ分類1兆1,256億円」と記載された「Ⅳ分類」の意味は、早期是正措置導入「後」の自己査定制度における「Ⅳ分類」の意味と同じであり、即時全額引当・償却を要するものを意味した（「税法基準」によれば関連ノンバンク等に対する「Ⅳ分類」は引当・償却できなかったとしても、「税法基準」は「公正なる会計慣行」ではなかった）。

そして、被告人らは、円卓会議資料記載の関連ノンバンク等についての「Ⅳ分類」の意味を、96(平成8)年4月時点において、即時全額引当・償却しなければならないものと明確に認識していた（論告81ページ）。

検察官の構図は、円卓会議の96(平成8)年3月期時点においても、関連ノンバンク等に対する「Ⅳ分類」は即時全額引当・償却を要する債権であり、被告人はそれを認識していたことを前提とし、その旨を供述した被告人らの捜査段階の自白調書に依拠したものであり、この点が崩れれば、被告人らの捜査段階の自白は事実でなかったことに帰し、自白調書の信用性は崩れることになり、この結果、検察官の構図全体が崩壊することになる。

1．2．2．弁護人の主張（第2の4．で詳論する）

円卓会議資料記載の「（最悪ケース）Ⅳ分類1兆1,256億円」の大部分（9,449億円）は長銀の関連ノンバンク等に対するものであった。

円卓会議当時である96(平成8)年4月時点における金融機関の貸出金の引当・償却に関する「公正なる会計慣行」は「税法基準」であった。

「税法基準」によれば、MOF検でⅣ分類と査定される関連ノンバンク等に対する貸出金は、即時引当・償却すべきものとされておらず、計画的な「支援」の対象とされていた。

すなわち、MOF検における「一般先に対するⅣ分類」は、大蔵省金融検査官が不良債権の償却について証明を行う不良債権償却証明制度と結びつき、即時引当・償却ができるものであったが、「関連ノンバンク等に対するⅣ分類」は、計画的「支援」と結びつく概念であり、下記のとおり即時引当・償却と結びつくものではなかった。

具体的にいえば、MOF検における「関連ノンバンク等に対するⅣ分類額」は、「修正母体行主義」の考え方に基づいて、「関連ノンバンク等の第三債務者に対する不稼働資産の額」を「母体行である親金融機関の関連ノンバンク等に対する貸出金」に対して機械的に反映させた数字に過ぎず、いわば「取り敢えず数字として置いてみた仮のⅣ分類」とでも呼ぶべきものであって、金融機関の関連ノンバンク等に対する貸出金の取立不能見込みと直結するものではなかった（第2．4．1．2.）。また、法人税基本通達9-4-2も、金融機関が関連ノンバンク等に対して「合理的な再建計画」に基づき「債権放棄等をした」金額（未だ債権放棄等をしていない将来の支援予定額は含まない）を無税認定することによりこれを税務面から基礎づけていた（第2．4．1．3.）。さらに、法人税法基本通達9-6-4及び不良債権償却証明制度実施要領7⑵ハ②bも、金融機関が追加的な支援を予定している貸出先は、「事業好転の見通しがない」という要件を満たさず、償却の対象にならないものと扱っていた。加えて、「債務者に対して追加融資を予定している場合、無税償却適状にならないことは当然であるが、このとき有税償却すれば追加融資自体が背任的な行為となるおそれがある点に留意する必要がある。逆にいえば、追加融資先を有税とはいえ償却することは、基本的に決算経理基準等からみて問題となろう」（弁95号証「金融機関の債権償却」高橋洋一著。52ページ）という見解が一般的であった。

関連ノンバンクに対するⅣ分類額が即時引当・償却と結びついていなかったことは、大蔵省の通達からも根拠づけられる（第2．4．1．4.）。すなわち、大蔵省の95（平成7）年4月13日付け「当面の貸出金等査定におけるⅢ分類及びⅣ分類の考え方について」という検査官あての事務連絡（甲第153号証・木戸・資料5。以下「平成7年事務連絡」という）では、その「関連ノンバンク」の項目において、
①「支援損(75)を5年間にわたり各年度(15)ずつ計上予定」の場合の査定につき「Ⅳ 75」と記載しており、Ⅳ分類が75億円と査定した場合において、即時75億円を引当・償却するのではなく、15億円ずつ5年間にわたって支援損を計上することを認めている。
②「(注3) 関連ノンバンクに対するⅣ分類と償却の関係については、当面、考慮せずに査定作業を行うとする」と記載しており、大蔵省検査におけるⅣ分類の査定と償却とは関係がないという趣旨を述べている。

この「平成7年事務連絡」は、金融機関が支援を継続する関連ノンバンク等について、「税法基準」による不良債権の計画的処理をMOF検における資産査定の面から裏づけるものであり、国税当局と大蔵省（検査部）が、同一の方針で、一体となって金融機関の不良債権問題に対処していたことを示すものであるとともに、「税法基準」が単なる徴税目的のものではなくMOFによる資産査定と連動する点において、「公正なる会計慣行」としての実質的な根拠を有していたことを物語る。

以上より明らかな通り、検察官による円卓会議資料の「(最悪ケース) Ⅳ分類1兆1,256億円」という記載を即時全額引当・償却と結びつける解釈は、金融機関の関連ノンバンク等に対する貸出金についての「公正なる会計慣行」である「税法基準」と相容れないものであり、かつ、それを裏付ける「平成7年事務連絡」の文言をも無視するものである。

そもそも、当時の関連ノンバンク等に対するⅣ分類は「修正母体行主義」により算定されていた。そして、「修正母体行主義」は、母体行による関連ノンバンクに対する計画的支援（銀行から見れば「計画的・段階的処理」）を前提とした概念である。「修正母体行主義」により算定されたⅣ分類を、即時破綻処理を前提としたⅣ分類としてしか見ようとしない検察官の主張は、当時の不良債権処理実務における「税法基準」の「存在」を否定し、その後、多くのプロセスを経て、金融検査マニュアル等により一応の確定を見た現在の引当・償却基準が「当時も存在していた」と強弁するものである。

そして、被告人が、円卓会議当時、同資料記載の「Ⅳ分類」の意味を即時全額引当・償却しなければならないものと認識するはずがなかったことはいうまでもない（第2．4．2.）。検察官が依拠する被告人らの捜査段階の自白調書は、被告人らにとって、98(平成10)年3月期以降の「Ⅳ分類」が即時全額引当・償却を要する債権であることは記憶に新しく、一方で、

97(平成9)年3月期以前の関連ノンバンク等に対する「Ⅳ分類」については即時全額引当・償却しなければならないとは取り扱われていなかったという記憶はあるものの、その規定上の根拠が指摘できない（平成7年事務連絡は非公表の通達であって被告人らには開示されておらず、被告人はそれを指摘できなかった）ことを利用して作成された、客観的事実に反する虚偽の調書であり、これに依拠する検察官の構図は、根底から崩壊することになるのである。

1．3．本件決算期（98(平成10)年3月期）において資産査定通達等に明文で規定されていなかった点について、97(平成9)年3月期まで実務上通用していた「税法基準」に沿って解釈することは許されず、本件決算期後である99(平成11)年4月に公表された金融検査マニュアル等で初めて明文で規定されたとおりに解釈されなければならなかったか。

そして、被告人は、本件決算期における違法配当罪及び有価証券報告書虚偽記載罪の故意の前提として、資産査定通達等に明文で規定されていなかった点について、「税法基準」に沿って解釈することは許されず、金融検査マニュアル等で初めて明文で規定されたとおりに解釈しなければならないものと認識していたか否か。

1．3．1．検察官の主張

98(平成10)年3月期の本件決算期から早期是正措置導入による自己査定制度が実施された。

本件決算期「後」、資産査定通達等は金融検査マニュアル・改正4号実務指針等に取って代わられたが、どのような資産をⅣ分類と査定すべきかについては、資産査定通達等とその後の金融検査マニュアル・改正4号実務指針との間で違いは存在しない。金融検査マニュアル・改正4号実務指針等は、資産査定通達等の唯一の解釈を事後的・確認的に明記したものにすぎない（論告13ページ）。

したがって、資産査定通達等に明文で規定されていなかった点については、金融検査マニュアル等で初めて明文で規定された以外の解釈はありえず、97(平成9)年3月期まで実務上通用していた「税法基準」に沿った解釈は許されない。

そして、被告人は、本件決算期（98(平成10)年3月期）において、資産査定通達等に明文で規定されていなかった点について、金融検査マニュアル等で初めて明文で規定された以外の解釈はありえず、「税法基準」に沿った解釈は許されないことを認識していた。

1．3．2．弁護人の主張（第2の2．～3．で詳論する）

1．3．2．1．本件決算期

早期是正措置導入に伴い資産査定通達、4号実務指針、関連ノンバンク事務連絡等（以下「資産査定通達等」という）が定められた。

そして、早期是正措置導入後の本件決算期（98(平成10)年3月期）においては、不良債権償却証明制度は廃止され、決算経理基準は改定されていたが、法人税基本通達はそのまま存続しており、「税法基準」はそれまでのように引当･償却に関する唯一の「公正なる会計慣行」ではなくなったものの、いまだにその一部を構成していた。特に、以下のとおり、本件決算期は、早期是正措置下の自己査定制度への移行期であったことと、従来の会計処理の継続性に配慮する「企業会計原則5（注解3）」の考え方からも、資産査定通達等は、関連ノンバンク等に対する貸付金にかかる引当・償却などについて弾力的な幅広い解釈を許容するものであり、従来の「税法基準」による解釈を継続できる余地を残した規定とされ、多くの金融機関もかかる解釈に従った取扱いを行っていた。

⑴ 政策的観点

早期是正措置導入に基づく自己査定制度１年目においては、従来の取扱いから断絶した形で急激かつ全面的に引当・償却基準の変更を行うことは予定されておらず、導入１年目の実施状況を見ながら、より適切かつ明確な自己査定による引当・償却の新しい基準を作りあげていこうというのが当時の一致した考え方であった。そして、これは96(平成8)年に公表された「中間とりまとめ」(弁８号証）が、II．1．⑵において「早期是正措置は金融機関を破綻に追い込むことを目的としたものではなく、制度導入時において多くの金融機関が達成不可能となるような基準を設けるべきではない」「また、先般の金融ビッグバン構想にあるように、2001年までに金融・資本市場の活性化策と不良債権処理を車の両輪として進めていかねばならないという事情にもある。このような状況の下では、早期是正措置の導入により金融機関に貸し渋りが生じる等、実体経済に大きな悪影響が生ずることのないよう配慮することも必要である」と述べていることに正しく合致するのである。

⑵ 資産査定通達等の規定

このような政策的観点をふまえて、資産査定通達II．4．⑶①の「破綻懸念先」の定義においては、「実質債務超過の状態に陥っており、業況が著しく低調で貸出金が延滞状態にあるなど事業好転の見通しがほとんどない状況」だけでなく、「自行（庫・組）としても消極ないし撤退方針としており、」という文言を特に加え、消極ないし撤退方針でない支援先は原則として「要注意先」に分類できる規定にすることにより、「税法基準」(法人税基本通達９－６－４及び不良債権償却証明制度実施要領７⑵ハ②ｂ）による、支援を予定する関連ノンバンク等に対する貸付金については引当・償却の必要はない、という取扱を継続できる解釈の余地を残した規定とされた。

また、資産査定通達等においては、「貸倒引当金」の項目が存在するのみで、関連ノンバンク等の「支援」についての「支援引当金」は明確な位置づけが与えられていなかった。しかるに、97(平成9)年３月期以前は、「関連ノンバンクに対するIV分類」は、「平成７年事務連絡」にも明記されているとおり、引当・償却とは結びつかない概念（いわば「取り敢えず数字として置いてみた仮のIV分類」とでもいうべきもの）であったところ、98(平成10)年３月期の自己査定制度導入にあたっての「関連ノンバンク事務連絡」II．2．⑵①ロ．及び「追加Q&A」Q4では、従来の「関連ノンバンクに対するIV分類」につき、「当期支援額のみをIV分類とし、支援予定額はIII分類とする」と、あえて分類を変更し、当期支援額（IV分類）は全額引当・償却する必要があるが、支援予定額（III分類）は必ずしも即時全額引当・償却する必要はなく、関連ノンバンクの破綻可能性等に応じた必要額を引き当てれば足りるものとした。すなわち、関連ノンバンク等に対する支援については、当期に支援実行した金額のみ支援損として計上し、将来の支援予定額については引当・償却する必要はないという、従来の「税法基準」(法人税基本通達9-4-2、平成７年事務連絡等）に従った取扱を継続できるという解釈の余地を残した規定とされたのである。

⑶ 実務上の取扱

そして、このような資産査定通達等の規定をうけ、長銀を含む多くの金融機関では、98(平成10)年３月期においては、支援継続中の関連ノンバンク等は「破綻懸念先」にはあたらず、また、未だ実行していない将来の支援予定額については引当金計上の必要はない、といった、従来の「税法基準」による処理を事実上継続する取扱がなされていた。

このことは、次に述べるとおり、98(平成10)年３月期決算後に行われた金融監督庁による大手銀行に対する一斉検査において、関連ノンバンク等に対する債権につき引当・償却不足が指摘されたこと、また、それをうけて金融検査マニュアル等の「新基準」が作成され、99年(平成11)年3月期決算に関する新聞記事でも、同期においては「新基準」の採用により、各銀行が大幅な引当・償却の積み増しを行ったと報じられていることからも明らかである。

なお、本件決算期である98(平成10)年3月期において、将来の支援予定額の引当を行ったのは大手19行中4行に過ぎず、長銀を含む15行は従来と同じく引当を行わなかった事実があったことには注意を要する（第20回・秋山111～113ページ）。そして、この15行はいずれも監査法人から無限定適正意見を得ている。検察官の主張にしたがえば、本件決算期において長銀を含む大手14行が違法な決算を行ったということにならざるをえない。しかし、現実は、本件決算期においては将来の支援予定額について引当を行わないことも「公正なる会計慣行」に反しない取扱いだったのである。

1．3．2．2．本件決算期後

本件決算期後、新しい基準作りが開始された。

すなわち、98(平成10)年6月22日に発足したばかりの金融監督庁は、自己査定と引当・償却と連動させた初の試みであった本件決算期の決算について、大手銀行に対する一検査を行い、関連ノンバンク等に対する債権について引当・償却不足を指摘した。

その結果をもとに、同年8月25日から、商法学者、公認会計士、銀行代表者、金融監督庁の専門職員等により構成される「金融検査マニュアル検討会」において新しい基準作りの議論が開始された（弁1号証「金融監督庁の1年」16～24ページ、弁2号証「金融検査マニュアル」1ページ）。

検討会においては、98(平成10)年12月22日、それまでの検討の結果を発表してパブリック・コメントを求めた上で、それらも踏まえて更なる議論を行った。そこでは、本件起訴で争点となっている「要注意先」と「破綻懸念先」の区分基準、及び、関連ノンバンク等に対する支援損計上等の問題についても議論が闘わされた。議論においては、「パブリック・コメント」（弁1号証「金融監督庁の1年」545ページ以下）からうかがわれるとおり、反対意見も強力であった（かかる事実からしても、金融検査マニュアル等で初めて明文で示された考え方が、資産査定通達等の唯一の解釈ではなかったことは明らかである。なお、弁84号証「金融財政事情1999. 2. 8」参照）。

検討会は24回にわたる検討を経て、99(平成11)年4月8日、「金融検査マニュアル」を「公表」した。そして、「金融検査マニュアル」に示された貸倒引当・支援引当・償却の考え方にしたがって「4号実務指針」の「改正」が行われ、新しい引当・償却基準が作成された。

この「新基準」により、資産査定通達等は廃止されるとともに「4号実務指針」は「改正」され、支援中の債務者は原則として「破綻懸念先」とすることや、関連ノンバンク等に対する将来の支援予定額について引当金を計上すべきこと等が初めて明記され、ここにおいて、ようやく自己査定に基づく引当・償却基準が一応の確定をみたのである（なお、その後、現在に至るまで、多くの民事再生法適用申請事案などをめぐり、金融機関の「要注意先」と「破綻懸念先」区分についての議論が続いていることは周知の事実である）。

金融検査マニュアル・改正4号実務指針等に示された基準は、いわば「新基準」というべきものであって、99(平成11)年4月に成立したものであるから、本来平成11年4月1日以降開始する事業年度から適用されるべきものであった。そこで、「改正4号実務指針」（弁129号証）は、「8．適用」の項目において「改正後の本報告は、99(平成11)年4月1日以降開始する事業年度に係る監査から適用する。ただし、同日前に終了する事業年度に係る監査から改正後の本報告を適用することを妨げない」と特に記載して「前倒し」適用の可能性を認めた。そもそも、適用時期を明記するということは「新基準」であるからに他ならない。この適用時期の定めがあること1つをとっても検察官の主張が間違いであることは明らかである（第2. 2. 2. 2. 6.）。

また、金融検査マニュアル等が、従来の資産査定通達等と比べて「新基準」であると一般に受け止められていたことは、99(平成11)年3月期に、大手17行は、前倒し適用が可能とされた「新基準」にしたがって自己査定を実施し、当初見込額よりも償却・貸倒引当・特定債務者支援引当の大幅な積み増しを行ったこと（第2. 3. 4.）からも明らかである。

1. 4. 本件決算期（98(平成10)年3月期）の自己査定に当たり長銀が作成した自己査定基準は、資産査定通達等の解釈の範囲から逸脱した合理性のないものであり、1兆円を超える即時引当・償却を要するⅣ分類資産の範囲を限定し、要引当・償却額の圧縮を図る違法な目的を有するものであったか。

そして、被告人は、本件決算期における違法配当罪及び有価証券報告書虚偽記載罪の故意の前提として、長銀の自己査定基準をそのようなものであると認識していたか否か。

1. 4. 1. 検察官の主張

長銀が作成した自己査定基準は、資産査定通達等から逸脱した合理性のないものであり、96(平成8)年4月の円卓会議当時から引当･償却を先延ばししてきた1兆円を超える即時引当･償却を要するⅣ分類資産の範囲を限定し、要引当・償却額の圧縮を図る違法な目的を有するものであり、被告人らは、長銀の自己査定基準をそのようなものであると認識していた。

1. 4. 2. 弁護人の主張（第3. で詳論する）

長銀は資産査定通達等に準拠して自己査定基準を作成した。本件起訴で問題視されている「要注意先」と「破綻懸念先」の区分基準、及び、関連ノンバンク等に対する支援損計上等についても、従来の「税法基準」に沿い、資産査定通達等の弾力的解釈にも合致する自己査定基準を作成し、これに基づいて適正な引当・償却を実施した。そして、長銀作成の自己査定基準、本件決算期の引当・償却いずれについても監査法人の入念なチェックを受け、適正意見を得た。

また、長銀のみならず大多数の銀行も、長銀同様、従来の「税法基準」に沿って、支援継続中の関連ノンバンク等は「破綻懸念先」にはあたらず、未だ実行していない支援予定額については引当金計上の必要はない、等の取扱いを行った。このことは、前記のとおり、多くの金融機関が事後の金融検査において引当・償却不足を指摘され、99(平成11)年3月期には当初見込額よりも大幅な引当・償却の積み増しを行った事実からも明らかである。

被告人に、長銀の自己査定基準が、1兆円を超える即時引当・償却を要するⅣ分類資産の範囲を限定し、要引当・償却額の圧縮を図る違法な目的を有するものであるなどという認識は存在しなかった。そもそも、自己査定とは、1つ1つの貸出金について査定を行うという全行をあげての膨大な作業であり、長銀の自己査定基準は、文書にしてこの作業に従事する多数の行員に配布されるのである。そのような文書の記載内容について、被告人が違法であると認識していたことはありえない。

そもそも、長銀の自己査定基準は監査法人による十分に時間をかけたチェックを受けており、かつ、大蔵省にも事前に提出され、しかも、金融監督庁や日銀の検査時にも提出することが予定されているものであった。このように金融の専門家に公開した上、精査されるものが違法なものであるなどという認識を被告人がもつはずがなかった。

1．5．小　括

以上、1．1．ないし1．4．で述べたとおり、98(平成10)年3月期において、支援継続中の関連ノンバンク等は「破綻懸念先」にはあたらず、未だ実行していない支援予定額については引当金計上の必要はない、等とした長銀の自己査定基準等は、資産査定通達等に明文で規定されていなかった点について、97(平成9)年3月期まで「不良債権償却証明制度」による大蔵省の監督のもと「公正なる会計慣行」を形成していた「税法基準」による取扱を継続した、資産査定通達等の解釈として許容された範囲内の、かつ、他の多くの金融機関も採用した解釈と同様のものであり、検察官の主張するような、資産査定通達等から逸脱した合理性のない、恣意的に要引当・償却額の圧縮を図る違法な目的を有するものなどではなかった。

検察官の主張する、97(平成9)年3月期まで全ての金融機関で実務上通用していた「不良債権償却証明制度」の下での「税法基準」は「公正なる会計慣行」ではなく、また、自己査定制度導入1年目の98(平成10)年3月期において資産査定通達に明文で定められていなかった点について金融検査マニュアル等で初めて明記された以外の解釈はあり得なかったという考え方は、まさに検察官独自の見解と言うほかない。検察官は、歴史的事実、客観的事実をことさらに無視し、「早期是正措置導入以前から引当･償却基準は一貫しており変更はなかった」と強弁しつつ、他方で『早期是正措置が導入され……従来にも増して適正に償却・引当を行うことが求められるようになった』（論告2ページ）というようなあいまいな表現で自らの主張と現実の折り合いをつけようとしているものに他ならない。

さらに、長銀の自己査定基準等が検察官の主張するような違法なものであったと被告人が認識していたことの根拠として、検察官が依拠する被告人らの捜査段階の自白調書は、後述2．で詳細に述べる本件事件に関する極めて無理な構図を強引に裏付けるために、97(平成9)年3月期以前の関連ノンバンク等に対する「Ⅳ分類」も98(平成10)年3月期以降の自己査定制度の下での「Ⅳ分類」同様に全額即時引当・償却しなければならなかったという被告人らの捜査段階における錯覚を利用して作成された、客観的事実に反する虚偽の調書であり、かかる虚偽の自白に依拠する検察官の構図は、根底から崩壊することになるのである。

1．6．自白の信用性

以下の「検察官の構図の破綻」（2.）の部分で述べる。

2．検察官の構図の破綻（自白の信用性）

検察官の主張、提示する本件事件の構図には、以下のとおり極めて無理があり、到底、有罪を立証するに足る説得力をもつものではない。

2．1．円卓会議資料を起点にした構図

検察官は、円卓会議資料という「決定的証拠」に基づき、96(平成8)年4月の円卓会議当時、すでに即時引当・償却を要する不良債権が1兆円を超える額で存在し、かつ、被告人らがそれを明確に認識していた、と主張する（論告81ページ）。そして、検察官は、98(平成10)年3月期の本件決算時における即時引当・償却を要する1兆円を超える不良債権の存在（客観面）と故意の存在（主観面）は、円卓会議当時から本件決算時まで継続したという構図を作った。

ここに、

(a)　円卓会議資料記載のⅣ分類＝自己査定制度導入後のⅣ分類＝即時全額償却・引当

という一本の線が貫かれることになる。

この結果、検察官としては、まず客観面（要引当・償却資産）において、円卓会議当時、関連ノンバンク等に対する貸付金につき即時全額一括引当・償却の義務を課することなく計画的な損益支援による処理を認めていた「税法基準」を「公正なる会計慣行」ではなかった（論告30ページ）と切り捨てるほかないのである。しかし、これが「不良債権償却証明制度」による大蔵省の監督下での金融機関における引当・償却の実務を無視した、客観的事実に反する主張であることは自明である。

また、主観面（故意）においても、上述と同じく、

(a)　円卓会議資料記載のIV分類＝自己査定制度導入後のIV分類＝即時全額償却・引当という一本の線で貫かざるを得ないため、「自白調書」もすべてこの線で統一していくこととなる。

すなわち、円卓会議当時の「MOF 査定に基づくIV分類」と本件決算期当時の「自己査定制度に基づくIV分類」は同一の概念ではなかったにもかかわらず、たまたま「IV分類」という用語が同じであったことを奇貨とし、かつ、取調時である99(平成11)年6月当時のIV分類概念（当然のこととして、その時点では「即時引当・償却」に結びついていた）を前提にして被告人らに円卓会議資料の「(最悪ケース) IV分類1兆1,256億円」という記載を突きつけ、「この1兆1,256億円以上のIV分類資産は、本来、商法第285条の4第2項の規定に従って、当期において全額償却・引当を実施しなければならなかったわけですが……」（乙第15号証・須田22丁ほか）という「自白」を誤導したのである（なお、検察官自身が、非公表の通達であった平成7年事務連絡の「(注3) 関連ノンバンクに対するIV分類と償却の関係については、当面、考慮せず査定作業を行うこととする」との記載の存在と意味を認識せず、「IV分類」＝即時全額引当・償却と思い込んでいたフシもある)。この取調の状況については別に詳述するが、被告人に対しては、まず「IV分類とは何ですか」という質問を与え、これに対して「即時引当・償却しなければならない資産です」という答えを引き出した上で円卓会議資料を示す、というテクニックが用いられているのである。そして、取調の際には、資産査定通達等も「平成7年事務連絡」も何ら示していないのである（第10回・須田86ページ以下、第23回・須田88ページ及び110ページ以下)。

ところが、現実には、円卓会議が行われた96(平成8)年4月時点においては、関連ノンバンクに対して計画的支援を行う場合に、将来の支援予定額に相当する「IV分類」については引当・償却できないという「税法基準」が「公正なる会計慣行」であり、「MOF 検における関連ノンバンクIV分類」を、「税法基準」から離れてでも即時引当·償却しなければならない、という認識を、実務に携わる銀行員が持つはずがなかった。また、当時、「関連ノンバンクに対する MOF 検でIV分類と査定される資産」に対して即時全額引当・償却を実行した金融機関は、当然のことながら、皆無であった。

しかるに、本件では、多数の「自白調書」が、この検察官が描いた構図に沿って「円卓会議資料の「(最悪ケース) IV分類1兆1,256億円」は、「その時点において、即時全額引当・償却すべき額であった」という記載で見事に統一されている（乙第3号証・大野木19丁ほか、乙第15号証・須田22丁、乙第33号証・鈴木18丁ほか、甲第86号証・越石1丁、甲第72号証・川上9丁、甲第26号証・大田7丁等々)。

当時の銀行実務家がもちえない誤った認識がこれだけ多数の供述調書で揃えられていること自体、極めて不自然であり（しかも、各調書の表現もほとんど同一であり、あたかもフロッピーをコピーして手を加えたのではないかという疑いすら抱かせかねないものもある)、このことは本件捜査が「検察官の構図」にしたがって事実を無視して強引に行われ、捜査段階の自白が何ら信用性を持っていないことを雄弁に物語る（第24回・須田68〜72ページ)。

2．2．金融検査マニュアル・改正4号実務指針等を起点とした構図

本件起訴で問題とされている関連ノンバンク等に対する長銀の貸付金を、98(平成10)年3月期当時に存在していた資産査定通達等に照らして評価した場合、早期是正措置導入により金融機関が破綻に追い込まれたり実体経済に大きな悪影響が生ずる事態を避けたいという資産査定通達等の弾力的解釈の要請（前記「中間とりまとめ」参照)、支援を継続する関連ノンバンク向け債権については貸倒引当・償却はできず、将来の支援予定額についての引当金計上もできないという従来の「税法基準」との継続性、整合性などからすると、検察官が本件決算期に引当・償却すべきであったと主張する額の「Ⅳ分類」は当然には算出されない。

他方、金融検査マニュアル・改正4号実務指針等を後付けで適用し、そこに新しく記載されている文言に照らして査定を行えば、検察官が主張する額の「Ⅳ分類」に近い額が導かれてくることとなる。

そこで、検察官は、本件決算期に存在していた資産査定通達等を、金融検査マニュアル・改正4号実務指針等の文言にしたがって解釈し、金融検査マニュアル・改正4号実務指針等は本件決算期後に作られたものではあるが、唯一絶対の資産査定通達等の解釈を事後的・確認的に規定したにすぎない、と主張するほかないのである。

そして、検察官がこの構図をとる以上、何としても、

⒝　金融検査マニュアル・改正4号実務指針等の文言＝資産査定通達等の唯一の解釈

という一本の線（論告13ページ）で貫かざるを得なかったのである。

2．3．検察官の構図の全体構造

上記のとおり、検察官による「円卓会議を起点にした構図」と「金融検査マニュアル・改正4号実務指針等を起点にした構図」を合わせてみると、その全体像は、

⒜＋⒝＝円卓会議当時（96(平成8)年4月）の「公正なる会計慣行」は金融検査マニュアル・改正4号実務指針等（99(平成11)年4月）で新たに記載された基準と同一のものであった、という、現実と乖離したものとなってしまうのである。

しかも、⒜を維持するためには、「税法基準」は早期是正措置導入前においても「公正なる会計慣行」ではなかった、という、現実と乖離した主張をさらに積み上げるほかなくなるのである。

2．4．まとめ

96(平成8)年4月の円卓会議の当時、円卓会議資料に「最悪ケース」として記載された「Ⅳ分類」貸付金1兆1256億円を即時全額引当・償却しなければならないとする「公正なる会計慣行」は存在しなかった。

本件決算期である98(平成10)年3月期において、資産査定通達等をその後に公表された金融検査マニュアル、改正4号実務指針によって解釈しなければならないという「公正なる会計慣行」は存在しなかった。

本件決算期の自己査定に当たり長銀が作成した自己査定基準は、資産査定通達等から逸脱した合理性のないものではなかった。被告人は、長銀の自己査定基準が資産査定通達等から逸脱した合理性のないものであるという認識を有していなかった。

第2. 基 準 論

商法第285条の4第2項は、「金銭債権に取立不能のおそれがあるときは取立てることができない見込額を控除することを要す」としており、金銭債権の評価にあたっては、取立不能見込額を控除（引当・償却）しなければならないと規定する。しかし、この商法の取立不能見込額の規定からは、当然にはその具体的な金額を導き出すことはできない。

そこで、貸出金の引当・償却の具体的基準は、商法32条2項にいう「公正なる会計慣行」によるものと解され、本件決算期である98(平成10)年3月期における引当・償却についての刑罰法規の構成要件としての「公正なる会計慣行」の「具体的内容」が何であったのかが、本件裁判の前提となる。

98(平成10)年3月期は、早期是正措置導入の初年度にあたり、引当・償却が金融機関の自己査定に基づいて行われる最初の場面であった。

早期是正措置自体は、自己資本比率をもとにした「行政措置」であり、引当・償却の基準に、直接、変更を加えるものではないが、導入に伴い不良債権の処理を促進しようという金融行政上の目的があったことは事実である。ただ、そうであるにしても、当時は、早期是正措置導入により金融機関が破綻に追い込まれたり実体経済に大きな悪影響が生ずる事態を避けたいという「中間とりまとめ」に示された政策的配慮の影響が強かったことも考えれば、不良債権の引当・償却を促進するということが金融行政上の目的に止まらず、刑罰法規の適用基準の変更まで直ちに意味していたといえるかどうか、罪刑法定主義上、慎重な吟味が必要である。

いうまでもなく、罪刑法定主義の原則から、刑罰法規は、明確で一義的な犯罪構成要件を行為者に対して明示したものでなければならない。しかし、債権回収の可能性の判断には、債務者の資産状態や現在の経営状態、担保価値の動向、今後の収益見通しや経済情勢等、現在及び将来にわたる一切の要因についての総合的な考慮が必要となる。このように、債権の回収可能性（裏からいうと取立不能の「見込み」）は多くの不確実な判断要素による「予測を伴う評価」であり、そもそもこのような「予測を伴う評価」に関する認識について事後的に刑罰権を発動できるのか、という基本的な疑問がある。現在から過去のある時点を振り返り、その後の経済情勢の変化に伴う貸出先企業の将来につき、当該時点において当然に認識していたはずであるという「後知恵」すなわち現在（＝捜査時点）の尺度から当該時点の行為者の「認識」を基礎づけることは許されない。このような観点からは、存在しない資産を架空計上したり債務を簿外に隠したなど、明白な外形的行為が存在する場合に限って刑罰権が発動されることを原則とすべきであるし、仮に、このような「評価を伴う認識」に対する刑罰権の発動を考える場合には、極めて慎重な姿勢が求められる。

さらに、本件決算期における特殊事情、すなわち98(平成10)年3月期は、早期是正措置導入1年目であり、当時存在した引当・償却基準は、1年目の実績を見た上で改定が行われることが予定されていた過渡的な基準であり、極めて弾力的な解釈が可能とされる構造にされていたことを併せ考えれば、本件における刑罰権の発動には、より一層の謙抑性が求められるのである。

そして、本件について見るに、従来の「税法基準」を変更し、支援中の関連ノンバンクについては原則として「破綻懸念先」に分類して貸倒引当・償却を行い、また将来の支援予定額について引当金を計上しなければならないという引当・償却基準の変更が、刑罰をもって強制されたと言いうる可能性があるとすれば、それは、この変更について明記せずに従来の「税法基準」の継続も許容していると解しうる解釈の幅があった資産査定通達等の下での98(平成10)3月期決算からではありえず、金融検査マニュアル等の「新基準」による上記変更が「公表」という行為によって金融関係者に対して明示され、かつ、「健全化法」という「法律」によって自己査定制度に基づく基準による引当・償却義務が明記された99(平成11)年3月期決算からであるというべきである。

すなわち、自己査定制度導入1年目の98(平成10)年3月期においては、罪刑法定主義の要請からして、従来の「税法基準」に沿った取扱に対して刑罰法規の発動をもって臨みうるような、引当・償却にかかる「基準」の変更は認められないというべきである。

〈中略〉

第7. 論告の構成の問題点と論告の構成に沿った供述調書の信用性

1. 論告の構成の問題点

1. 1. 論告の構成（検察官のシナリオ）

検察官の論告の構成（シナリオ）は、

「長銀には、円卓会議の時点から、商法（貸出金の引当・償却に関する「公正なる会計慣行」）によれば即時全額引当・償却しなければならない1兆円を超える不良債権がすでに存在していた」という主張を「前提」とし、

→「したがって、自己査定制度になった場合においても、従前と同様に、1兆円を超える即時全額引当・償却を行わなければならない」

→「それを避け、決算を粉飾するために、長銀の関係者は、関連ノンバンク等を別扱いにするという恣意的な自己査定基準作りに着手した」

というものである。

しかし、そもそも、検察官の主張は、その「前提」において誤りである。このことは、すでに詳細に論じた（第2. 4.）。

1. 2. 本件においてとるべきアプローチ

本件に対するアプローチは、次のようなものである。

⑴　97(平成9)年3月期までは、金融機関の貸出金の引当・償却についての「公正なる会計慣行」は「税法基準」であったが、長銀の97(平成9)年3月期決算は、その「税法基準」にしたがって行われた合法なものであったか否か。

⑵　98(平成10)年3月期からの自己査定制度の導入により、「税法基準」が、どの時点で、どの範囲で、「新基準」に変化したか。そして、過渡期であった本件決算期における貸出金の引当・償却に関する「公正なる会計慣行」は何であり、長銀の自己査定基準の作成は、その「公正なる会計慣行」に反する違法なものであったのか否か。そして、被告人らに「公正なる会計慣行」に違反するという認識（故意）があったか否か。

弁護人は、

⑴　については、長銀の97(平成9)年3月期までの決算は「税法基準」にしたがった合法なものであり、

⑵　についても、本件決算期においては、早期是正措置導入1年目という過渡期であったことや、会計処理の継続性重視、さらには罪刑法定主義の原則等を総合的に考慮すれば、資産査定通達等を弾力的に解釈により可能とされる従来の「税法基準」と継続性のある引当・償却を行うことは「公正なる会計慣行」に合致していたし、被告人らには、本件決算期の引当・償却が「公正なる会計慣行」に違反するものであるという認識は存在しなかった、と主張するものである。

しかるに、検察官は、論告において、上記1. 1. の検察官シナリオを主張するのみである。また、検察官が摘示する非常に多くの供述調書は、ほとんどがそのシナリオに沿った記載となっている。

本来、長銀の本件決算期における決算が違法であるとするためには、

⑴　97(平成9)年3月期までの「公正なる会計慣行」が何であったのかを明らかにした上で、

⑵　の問題につき、これは過渡期における「公正なる会計慣行」の形成というデリケートな問題であるので、時系列にしたがった丁寧な主張、立証を行う必要がある。にもかかわらず、検察官はそのような観点からの主張・立証活動を何ら行っていない。

したがって、検察官の論告は、いわば「主張自体失当」とでもいうべきものであるが、以下では、念のため、論告の、

㈠　平成8年4月のMOF検に向けた対策の検討及び同検査の実施状況並びに平成9年3月期決算の状況等（79ページ以下）

㈡　自己査定の基準策定及び実施の状況等（85ページ以下）

について、誤りを指摘することとする。

なお、㈠の円卓会議に関する部分については、すでに詳細に論じたので（第2. 4. 4. 2.）、それ以後の部分（論告81ページ以下）から論ずることにする。

2. 円卓会議から自己査定制度導入前までの時期における検察官による「自白を裏付ける事実」の主張の問題点（論告81～85ページについて）

2. 1. 論告80ページについて

論告（80ページ）は、「平成8年4月17日から、長銀に対するMOF検が開始されたところ、同検査において、長銀側担当者は、金融検査官に対し、長銀本体及び関連ノンバンクを含む関連親密先の抱える不良債権の実態及び今後の処理予定などに関する資料や諸会議議事録等についてその一部若しくは全部を抜き取り又は差し替えるなどの工作を行った資料を閲覧させるとともに、事前に用意した説明シナリオに基づく説明を行うなどして、長銀保有資産の実態を秘匿し、当期に償却・引当を要するIV分類とされる資産が多く出ないように極力努めた。

その結果、長銀では、平成8年6月7日、MOF検結果の確定値見込みについて、総与信ベースで、III分類が約9158億円、IV分類が約2096億円になるとの感触を得、同年10月4日に大蔵省が長銀に発した検査報告書における資産分類結果もこれと同一のものであったところ、これらは、前記円卓会議で報告された「最悪ケース」の分類予測をはるかに下回るものであった。

(以上につき、甲13号証・竹井11丁裏、15丁～20丁、甲14号証・竹井13丁、甲26号証・大田3丁、甲27号証・大田30丁、資料12、甲36号証・平田15丁裏～16丁、資料4、甲55号証・大岩2丁、甲73号証・川上2丁、甲83号証・鈴木恒男5丁～8丁表、甲86号証・越石1丁裏、甲101号証・上池9丁裏～14丁表、甲118号証・常峰、乙33号証・被告人鈴木13丁、資料7)」（論告81ページ）と述べるので、これについて論ずる。

2．1．1．「長銀保有資産の実態を秘匿し、当期に償却・引当を要するⅣ分類とされる資産が多く出ないように極力努めた」という部分について。

検察官の主張の論理展開は、

円卓会議資料の「(最悪ケース）Ⅳ分類1兆1,256億円」という記載が、96(平成8)年4月当時、即時全額引当・償却を要するものであり、かつ、それを即時全額引当・償却しなければ違法となるという認識を長銀関係者がもっていたこと（以下「円卓即時全額引当・償却の原則」という」を前提とし、長銀関係者は、それが「実態」であるとし、それを「秘匿」するよう努めたとするものである。そして、「秘匿」という言葉は、「実態」が違法であり、かつ、それを知っている（＝故意がある）からこその行為を表わす言葉であることは明らかである。

この論理展開は、「秘匿」の対象となった「長銀保有資産の実態」が、検察官のいうところの「(最悪ケース）Ⅳ分類1兆1,256億円＝即時全額引当・償却を要する資産」であるという「前提」がなければ成立しえない。そして、その「前提」が誤りであることはすでに述べたとおりである。

したがって、検察官の上記主張は、誤った「円卓即時全額引当・償却の原則」の上に展開されるものであり、成立しえないものである。

2．1．2．「その結果、……同年10月4日に大蔵省が長銀に発した検査報告書における資産分類結果もこれと同一のものであったところ、これらは、前記円卓会議で報告された「最悪ケース」の分類予測をはるかに下回るものであった」という部分について

この論理展開は、上記1．の「秘匿」が功を奏した「結果」として、「前記円卓会議で報告された「最悪ケース」の分類予測をはるかに下回るものであった」というものであり、同じく、「円卓即時全額引当・償却の原則」を起点とする主張であり、成立しえない。

2．1．3．結　論

以上より、検察官の主張は、すべて「円卓即時全額引当・償却の原則」に基づくものであり、それに沿って作成され検察官が引用する供述調書は、いずれも事実に反し、信用性がない。

2．2．論告82ページについて

論告は、「そのため、決算等を担当する大岩総合企画部長らは、被告人3名ら長銀経営陣が出席した平成8年9月18日の常務役員フリーディスカッション会議において、MOF提出計画を維持したまま、平成9年3月期決算を黒字とし配当を実施した場合、自己資本比率8%を確保するのは困難な状況になったため、自己資本比率8%と黒字決算をともに維持した場合に不良債権処理に充てることが可能な財源から逆算し、当初3年間の不良資産処理予定額を7785億円から5500億円（平成9年3月期3000億円、平成10年3月期1500億円、平成11年3月期1000億円）に減らすことを提案し、被告人3名ら長銀経営陣は、その旨了承した。

(以上につき、甲38号証・平田、甲39号証・平田5丁～15丁、資料2、甲50号証・大岩4丁～5丁、甲73号証・川上7丁裏～14丁表、乙3号証・被告人大野木25丁～27丁表、乙17号証・被告人須田13丁裏～19丁、乙34号証・被告人鈴木7丁～8丁)」(論告82ページ)

と述べるので、これについて論じる。

2．2．1．「不良債権処理に充てることが可能な財源から逆算し」という部分について

「円卓即時全額引当・償却の原則」という検察官の前提に立つ限り、決算にあたって財源を考慮に入れるという長銀の行為は「逆算」と位置付けるほかないであろう。

しかし、その「円卓即時全額引当・償却の原則」を取り去って見ると、そもそも、金融機関が決算を考える場合に、「公正なる会計慣行」に反しない範囲で財源を考慮するのは当然のことであり（第5. 2. 2.）、何らおかしなことではない。検察官は、「まず違法ありき」という「円卓即時全額引当・償却の原則」から出発したため、決算における財源考慮という通常の行為を「逆算」としてしか見ようとしなかったのである。

2. 2. 2. 結　論

したがって、検察官の主張は「円卓即時全額引当・償却の原則」を前提にしている点において事実に反し、検察官が摘示する供述調書の各部分は、いずれも信用性がない。

2. 3. 論告 82～3 ページについて

論告は、「前記会議の結果について報告を受けた大田事業推進部長及び竹井事業推進部参事役は、長銀が抱える不良債権の実態からすれば、MOF 提出計画ですら不十分であったのに、同計画を更に後退させたのでは、不良債権処理が一層困難になるものと懸念し、この考えを長銀経営陣に認識させるため、平成 8 年 10 月 29 日、被告人鈴木に対し、「今後の不良資産処理について」と題する資料（乙 34 号証・被告人鈴木資料 5）に基づき、「関連親密先につき、MOF 検では、Ⅲ分類が 5140 億円、Ⅳ分類が 1961 億円と査定されたが、平成 8 年 3 月末時点の数字を使って、本音ベースの査定をした結果、Ⅲ分類が 848 億円、Ⅳ分類が 1 兆 1626 億円となった」旨を説明した上、「現在の長銀の不良債権処理計画は、3 年間で 5500 億円にすぎず、明らかに不十分であるので、実態に基づく計画を立てるよう役員会に諮るべきである」旨を具申し、これを受けた被告人鈴木は、役員会に諮る前に被告人大野木に報告して指示を仰ぐこととした（甲 15 号証・竹井 2 丁、甲 28 号証・大田 2 丁裏～11 丁、資料 1、乙 34 号証・被告人鈴木 10 丁～14 丁表）」（論告 82 から 83 ページ）と述べるので、これについて論じる。

2. 3. 1.「大田事業推進部長及び竹井事業推進部参事役は、長銀が抱える不良債権の実態からすれば、MOF 提出計画ですら不十分であったのに、同計画を更に後退させたのでは、不良債権処理が一層困難になるものと懸念し、この考えを長銀経営陣に認識させるため……」という部分について

検察官の主張は、「円卓即時全額引当・償却の原則」を前提とするものであり、「長銀が抱える不良債権の実態」とは、検察官のいうところの「(最悪ケース) Ⅳ分類 1 兆 1,256 億円＝即時全額引当・償却を要する資産」を意味することは明らかである。

しかし、ここにいう「長銀が抱える不良債権の実態」とは、即時全額引当・償却を要する不良債権を意味するものでないことは明らかであり、ここにいう「長銀が抱える不良債権の実態」を懸念したとは、大田部長らは、「不良債権の実態」を、「即時引当・償却しなければ粉飾になるもの」などとは考えておらず、ただ、いずれは処理が必要となることに鑑みると、できるだけ多額の処理を行うべきであり、かつ、処理を促進しなければ経営上支障が生じるという事業推進部の立場からの懸念を表明したものに過ぎない。

このことは大田部長が示したとされる乙 34 号証・鈴木・資料 5「今後の不良債権処理について」（96. 10. 29 付け）の記載からも明らかである。すなわち、この資料 3 枚目の「(注) 実態ベースは MOF 検分類に捕らわれずに現時点において当行として本音ベースで自己査定した場合の分類数字。但し、修正母体方式であるため当行残高が上限」という記載を見ると、「修正母体方式」で算定されていることが明らかであり、ここでいう「本音ベースのⅣ分類」

が修正母体行主義による機械的あてはめを行って算出されていることが分かる。そして、「修正母体行主義」による機械的あてはめを行った「とりあえずの数字として置いてみた仮のⅣ分類」は、即時引当・償却と結びつくものでなかった（第2．4．1．2.）ことに鑑みると、この資料5から、長銀関係者が「本音ベース」のⅣ分類の数字について、即時全額引当・償却すべきであるという認識を有していたと認めることはできない。

このように、大田部長は、「ここにいう「実態」の不良債権については、即時全額引当・償却しなければ違法になる」という意味での懸念を表明したものではない。もし、違法になるという懸念をもっていれば、当然、法務部や顧問弁護士にその懸念を払拭するための手立ての相談をするはずであるが、もちろん、そのようなことは行われていない。このことからも「懸念」は法的懸念ではなく経営上の懸念であったことが分かる。

検察官の主張は、上記のとおり、「誤った資料の読み方」に立つものであり、何ら犯罪を基礎付けるものではない。

2．3．2．結　論

以上より、検察官は、当時存在した「公正なる会計慣行」によれば1兆円を超える金額の即時全額引当・償却を要する不良債権が存在したこと（違法性)、及び、その旨を長銀関係者が認識していたこと（故意）を何ら主張するものではなく、検察官が摘示する供述調書の各部分は、いずれもこれらの事実（検察官により主張されていないが）を証明するものでもない。

2．4．論告83ページについて

論告は、「そこで、大田事業推進部長及び竹井事業推進部参事役は、平成8年11月11日、被告人鈴木らを交え、被告人大野木に対し、「今後の不良資産処理について」と題する資料（乙34号証・被告人鈴木資料7）に基づいて、MOF検結果は関連ノンバンクの受皿会社の赤字分や不動産含み損等を査定されずに済んだため実態と大きく乖離しており、本音ベースで査定した場合の分類額は関連親密先だけでⅣ分類が1兆1626億円であったこと、及び償却財源不足を考慮するとしても3年間で最低でも8000億円程度の不良債権処理を実施する必要があること、などにつき説明したところ、被告人大野木は、巨額の回収不能見込みの不良債権を今後どのように処理するかを役員会に諮って検討する旨述べた（甲15号証・竹井10丁裏～17丁表、甲28号証・大田12丁裏～18丁、乙3号証・被告人大野木34丁～38丁表、乙34号証・被告人鈴木14丁～17丁表)」（論告83ページ)

と述べるので、これについて論じる。

2．4．1．「実態と大きく乖離しており、本音ベースで査定した場合の分類額は関連親密先だけでⅣ分類が1兆1626億円であったこと」という部分について

検察官の主張は、「円卓即時全額引当・償却の原則」を前提とするものであり、「実態と大きく乖離しており、本音ベースで査定した場合の分類額は」という部分の「実態」「本音ベース」という言葉は、検察官のいうところの「（最悪ケース）Ⅳ分類1兆1,256億円＝即時全額引当・償却を要する資産」そのもの、あるいは、半年後のそれを意味することは明らかである。

ところで、この時点において、「円卓即時全額引当・償却の原則」にしたがって、即時全額引当・償却を要する不良債権が1兆円を超えて存在していたという事実はなく、ここでの「実態」は、前述（2．3.）の「長銀が抱える不良債権の実態」と同じものである。

また、乙3号証・大野木・添付資料16「今後の不良債権処理について」(96. 11. 11付け)の№2の「(注)実態ベースはMOF検分類に捕らわれずに現時点において当行として本音ベースで自己査定した場合の分類数字。但し、修正母体方式であるため当行残高が上限」という記載につき検討するに、検察官は、これに検察官の「円卓即時全額引当・償却の原則」をかぶせ、ここにいう「本音ベース」の数字は即時全額引当・償却を要するものである、という意味をもたせようとするものである。

しかし、「修正母体方式」で算定されているという記載を合わせ読むと、ここでいう「本音ベースのIV分類」が修正母体行主義による機械的あてはめを行って算出されていることが分かる。そして、「修正母体行主義」による機械的あてはめを行った「とりあえずの数字として置いてみた仮のIV分類」は、即時引当・償却と結びつくものでなかった(第2. 4. 1. 2.)ことに鑑みると、この資料16から、長銀関係者が「本音ベース」のIV分類の数字について、即時全額引当・償却すべきであるという認識を有していたと認めることはできない。「本音」という言葉は、前述の「実態」という言葉とさほど変わるものではなく、「即時全額引当・償却」という判断を表現する言葉ではない。

2. 4. 2. 結　論

以上より、この部分の検察官の主張は事実に反する(つまり、資料の読み方を誤っている)上に、検察官が摘示する供述調書の各部分は、「円卓即時全額引当・償却の原則」という検察官の前提に沿った記載がなされているだけである。

検察官は、当時存在した「公正なる会計慣行」によれば1兆円を超える金額の即時全額引当・償却を要する不良債権が存在したこと(違法性)、及び、その旨を長銀関係者が認識していたこと(故意)を何ら主張するものではなく、検察官が摘示する供述調書の各部分は、いずれもこれらの事実(検察官により主張されていないが)を証明するものでもない。

2. 5. 論告83～84ページについて

論告は、「そして、平成8年12月19日、被告人3名ら長銀経営陣が出席した常務役員フリーディスカッション会議において、前記問題が協議された際、大田事業推進部長からは、「平成8年3月末時点の償却後の数字を使った実態ベースの関連親密先に係る要処理額は1兆7063億円で、各社に対する貸出金で足切りした場合でも、関連ノンバンク7社関係だけでIV分類が1兆円を超えており、現在の当初3年間で合計5500億円の不良債権を処理するという計画では不十分で、償却財源の制約を踏まえるとしても、3年間で最低でも8000億円程度の不良債権を処理すべきである」旨の意見が出され、他方、妹尾賢治総合企画部副部長からは、「日経平均株価が2万円台で推移している現状からは、同株価を2万2000円と想定して不良債権処理計画を立てるのが限界であり、この場合、平成9年3月期からの3年間の不良債権処理見込額は、合計で5600億円であり、前記9月18日の常務役員フリーディスカッション会議で了承された今後3年間で5500億円の不良債権を処理するという計画を達成するためには、日経平均株価が2万2000円を割ってしまう場合も考慮して、他の財源を確保しておく必要がある」旨の意見も出され、これらの意見を踏まえ、被告人大野木は、本来なら、平成9年3月期には1兆円以上の不良債権処理を行う必要があることを認識しつつも、とりあえず、総合企画部案の3年間で5500億円の不良債権を処理する計画を進めることにし、以後、株価動向を見ながら検討を続ける旨発言し、他の出席者もこれに賛同したため、前記9月18日の常務役員フリーディスカッション会議で了承された計画を基本に不良債権処理を進めることが確認され、平成9年3月期の不良債権処理額は3000億円と予定された(甲15号証・竹井17丁～21丁、甲28号証・大田20丁～28丁、甲39号証・平田33丁、甲50号証・大岩 6 丁裏〜10 丁表、甲 73 号証・川上 21〜22 丁、乙 3 号証・被告人大野木 46 丁〜47 丁、乙 17 号証・被告人須田 30 丁裏〜32 丁表、乙 34 号証・被告人鈴木 21 丁裏〜22 丁表)」(論告 83〜84 ページ)と述べるので、これにつき論じる。

2. 5. 1.「大田事業推進部長からは、「平成 8 年 3 月末時点の償却後の数字を使った実態ベースの関連親密先に係る要処理額は 1 兆 7063 億円で、各社に対する貸出金で足切りした場合でも、関連ノンバンク 7 社関係だけでⅣ分類が 1 兆円を超えており、……である」旨の意見が出され」という部分について

検察官の主張は、「円卓即時全額引当・償却の原則」を前提とし、ここにいう「関連ノンバンクだけで 1 兆円を超えるⅣ分類」とは即時全額引当・償却を要するものであるとの前提に立った主張であることは明らかである。

しかし、当該部分の証拠とされている甲 15 号証・竹井・資料 3「今後の不良債権処理について」(常務役員フリーディスカッション資料 96. 12. 19 付け) №. 1 は、まさに「関連ノンバンクのⅣ分類」についての資料であり、これは、当時、「即時全額引当・償却」とはリンクしていないものであった(第 2. 4.)。

加えて、同資料 3 の№. 1 には「〈実態ベース要処理額〉(関連・親密) 〜現状自転可能な日本リース、ライフ、ファークレ等も対象とした広義のベース〜」と記載されており、ここにいう「実態ベースの関連親密先に係る要処理額は 1 兆 7063 億円」が、円卓会議資料と全く同様に、修正母体行主義に基づき機械的に、自転可能な会社も含めて算定されたものであったことが分かる。すなわち、この資料 3 の記載は、円卓会議資料の記載と何ら変わりないのであって、ここの「Ⅳ分類」という記載は、何ら「要即時全額引当・償却」を意味するものでないことは明らかである。

2. 5. 2.「被告人大野木は、本来なら、平成 9 年 3 月期には 1 兆円以上の不良債権処理を行う必要があることを認識しつつも」という部分について

上述 (2. 5. 1.) したところと同じである。

2. 5. 3. 結　論

以上より、検察官の主張は、当時の実務を無視した「関連ノンバンクのⅣ分類」についての誤った認識に基づき、資料を誤った読み方で解釈した上でのものであることが分かる。

そして、検察官が摘示する供述調書の各部分は、「円卓即時全額引当・償却の原則」という検察官の前提に沿った記載がなされているだけである。

検察官は、当時存在した「公正なる会計慣行」によれば 1 兆円を超える金額の即時全額引当・償却を要する不良債権が存在したこと (違法性)、及び、その旨を長銀関係者が認識していたこと (故意) を何ら主張するものではなく、検察官が摘示する供述調書の各部分は、いずれもこれらの事実 (検察官により主張されていないが) を証明するものでもない。

2. 6. 論告 84〜85 ページについて

論告は、「被告人 3 名らは、平成 9 年 3 月期の不良債権処理額を当初計画どおりの 3000 億円とした場合、償却財源不足から平成 8 年 3 月期に続いて 2 期連続の赤字決算となって経営責任を追及されかねない状況にあったことに加え、他行が平成 9 年 3 月期を黒字決算とする方針である中で、長銀が赤字決算を組んだ場合には、長銀が市場から落後したものと思われて、資金調達の面でも悪影響が出るものと判断し、平成 9 年 3 月期を黒字決算とするため、平成 8 年度下期の不良債権処理額を 1000 億円に減額した上で、平成 10 年 3 月期からの 3 年間で合計5000億円（うち、平成10年3月期3000億円）を処理する方針を固め、同方針は、その後、被告人3名らが出席した平成9年3月10日の常務会において、平成9年3月期の不良債権処理額を3000億円から2000億円に減額し、平成10年3月期には最低でも3000億円の不良債権処理を行うことなどを内容とする「中期計画」（甲40号証・平田資料7）として承認された（甲17号証・竹井、甲18号証・竹井2丁～3丁表、甲40号証・平田29丁～32丁表、資料7、甲50号証・大岩14丁裏～15丁、甲73号証・川上39丁裏～44丁、資料16、17、乙3号証・被告人大野木53丁～54丁表、57丁裏～58丁・資料22、乙17号証・被告人須田3丁～4丁表、乙34号証・被告人鈴木25丁～27丁）」（論告84～85ページ）
と述べるので、これについて論じる。

2．6．1．「平成9年3月期を黒字決算とするため、平成8年度下期の不良債権処理額を1000億円に減額した上で、平成10年3月期からの3年間で合計5000億円（うち、平成10年3月期3000億円）を処理する方針を固め」

という部分について

この記載は、「円卓即時全額引当・償却の原則」を出発点として、「96(平成8)年4月の円卓会議以降、97(平成9)年3月期決算方針確定までの間、継続して、即時全額引当・償却を要するⅣ分類が1兆円を超えて存在し続けていた」というストーリーをつなげた上で、「本来、即時全額引当・償却を行えば97(平成9)年3月期は黒字決算不能であったため、それを避けるために違法に不良債権処理額を減額した（したがって、97(平成9)年3月期決算も違法なものであった）」という主張を行うものである。

しかし、そもそも「円卓即時全額引当・償却の原則」自体が誤りであり、したがって、「96(平成8)年4月の円卓会議以降、97(平成9)年3月期決算方針確定までの間、継続して、即時全額引当・償却を要するⅣ分類が1兆円を超えて存在し続けていた」という検察官の主張全体が存在しえないものであることは上述のとおりである。

2．6．2．結　論

したがって、この検察官の主張は事実に反し、検察官が摘示する供述調書の各部分は、いずれも信用性がない。

なお、そもそも、銀行の決算というものがどのようなプロセスによって行われるかについては、第5．2．2．参照。

3．自己査定制度導入から本件決算までの時期における検察官による「自白を裏付ける事実」の主張の問題点（論告85～87ページについて）

3．1．自己査定基準作成についての全体構造について

論告の構成は、「円卓即時全額引当・償却の原則」を前提として、
→「したがって、自己査定制度になった場合においても、従前と同様に、引当・償却すれば1兆円以上の即時全額引当・償却を行わなければならない」
→「それを避けるために、長銀の関係者は、関連ノンバンク等を別扱いにするという恣意的な自己査定基準作りに着手した」
という構図を描くものである。

しかし、そもそも、検察官の主張は、その「前提」において誤りであることはこれまで述べたとおりである。

そして、自己査定基準作成の経緯を検討するにあたっては、

検察官の主張にように、「円卓即時全額引当・償却の原則」から、演繹的な「理屈」によって自己査定基準の違法性を導き、それにしたがった供述調書を取るというのではなく、

客観的な「事実」に基づき、98(平成10)年３月期からの自己査定制度の導入により、従来の「税法基準」が、どの時点で、どの範囲で、「新基準」に変化したか。そして、過渡期であった本件決算期における「公正なる会計慣行」は何であり、長銀の自己査定基準の作成は、その「公正なる会計慣行」に反する違法なものであったのか否か。そして、被告人らに「公正なる会計慣行」に違反するという認識（故意）があったか否か。
について検討を加えるべきである。

しかし、論告は、そのような構造ではないし、検察官が摘示する供述調書は、そのような「公正なる会計慣行」の「変化」につき何ら触れられておらず、ただ、「円卓即時全額引当・償却の原則」からの論理的帰結をなぞっているだけである。

検察官の主張は「円卓即時全額引当・償却の原則」を起点とした演繹的、かつ、無内容なものであるというほかなく、したがって、検察官が証拠として摘示する供述調書は、いずれも、長銀の自己査定基準の「違法性」と、これに対応する「故意」、すなわち、
①　「税法基準」が、どの時点で、どの範囲で、「新基準」に変化したかという問題との関連で、当時の、刑罰権発動の根拠とするに足る「公正なる会計慣行」は何であったのか、
②　その「公正なる会計慣行」によれば、一体、要引当・償却額はいくらになったのか、
③　長銀の自己査定基準は、その「公正なる会計慣行」にどの部分において違反するものであったのか、
④　そして、被告人らは①②③を認識していたか、
を根拠づけるものではない。

しかも、これらの供述調書には、あたかも、長銀関係者の自己査定基準の違法性についての故意を基礎付けるような供述が記載されているが、前記①〜③については触れられておらず、「違法性の存在」を何ら証明するものではない。単に、「円卓即時全額引当・償却の原則」を起点とする、「MOF検Ⅳ分類＝即時全額引当・償却」「MOF検Ⅳ分類＝自己査定によるⅣ分類」「資産査定通達等の解釈は金融検査マニュアル・改正４号実務指針等に新たに記載された文言によりなされるのが当然」という「公式」（以下、「検察官の公式」という）がなぞられ、「検察官の公式」を「それが実際に行われていた会計慣行であった」と認めさせているだけである（これが、④の「故意」とは全く異なるものであることはいうまでもない）。

実質的な違法性については触れられていないにもかかわらず、「検察官の公式」にしたがった「故意」のみが完璧に取られている供述調書の「山」は、検察シナリオに基づく本件捜査の強引さを如実に物語るものである。

３．２．論告85〜86ページについて

論告は、「長銀では、平成８年10月、自己査定体制検討プロジェクトチーム（以下「自己査定ＰＴ」という）を設置し、早期是正措置制度の導入に伴う自己査定の基準策定等の検討を始めた。自己査定ＰＴは、平成９年２月14日、被告人３名らが出席した常務会において、「早期是正措置に関する検討会」が平成８年12月26日に公表した「中間とりまとめ」の内容を報告するとともに、自己査定ＰＴにおいて今後検討すべき最重要課題として償却・引当に直結するⅢ、Ⅳ分類の査定基準の策定を挙げた上、「中間とりまとめ」では区分されていない一般先と関連先等の取引先を区分し、長銀のⅢ、Ⅳ分類の相当部分を占める関連親密先につき、一般先とは異なる査定基準を策定することによってⅢ・Ⅳ分類を圧縮する方針である旨を自己査定ＰＴの中間答申として報告したところ、被告人３名らは、同方針を了承した（甲

16号証・竹井1丁裏〜5丁、甲40号証・平田9丁裏〜10丁表、甲51号証・大岩5丁〜6丁表、資料2、甲58号証・妹尾1丁裏〜2丁表、甲74号証・川上7丁〜9丁、甲81号証・守澤4丁〜7丁表、甲181号証・資料作成報告書、乙19号証・被告人須田10丁〜13丁、乙35号証・被告人鈴木1丁〜2丁)」(論告85〜86ページ)
と述べるので、これにつき論じる。

3. 2. 1.「中間とりまとめ」では区分されていない一般先と関連先等の取引先を区分し」という部分について

検察官は一般先と関連先等を区分したこと自体を「恣意的」であると主張しているが、そもそも、「資産査定通達」とは別に「関連ノンバンク事務連絡」「追加Q&A」等が出されていることからすると、この区分を行うことは何ら恣意的なことではなかった。

また、「中間とりまとめ」自体、早期是正措置導入前に、新しい制度についての基本的な考え方を表したものであり、債務者区分の詳細について述べるような性格のものではなかった。それどころか、「中間とりまとめ」は、Ⅰ. 2. (3)において「各金融機関においては、このガイドラインをベースに創意・工夫を十分に生かし、それぞれの実情に沿ったより詳細な基準を自主的に作成することが望ましい」と述べているのである。

検察官の主張は、「中間とりまとめ」の誤った理解を示すものにほかならず、失当である。

3. 2. 2.「長銀のⅢ、Ⅳ分類の相当部分を占める関連親密先につき、一般先とは異なる査定基準を策定することによってⅢ、Ⅳ分類を圧縮する方針である旨を自己査定PTの中間答申として報告したところ、被告人3名らは、同方針を了承した」という部分について

関連先等を一般先と区分すること自体、何ら「恣意的」なことでないことは上述した。

そして、金融機関が、法律(「公正なる会計慣行」)に反しない限りにおいて、引当・償却額の増減のシミュレーションを行うことは何ら違法・不当な行為ではない。財源との兼ね合いで不良債権処理額の増減を図ることは、ある意味では当然のことであって、それが「公正なる会計慣行」の範囲内で行われるものである以上、すべての金融機関が行う当然の企業行動である(第6. 2. 2.)。そして、そのような工夫を一切認めないとすれば、そもそも「自己」査定の意味が失われてしまうのであり、「中間とりまとめ」が、Ⅰ. 2. (3)において「各金融機関においては、このガイドラインをベースに創意・工夫を十分に生かし、それぞれの実情に沿ったより詳細な基準を自主的に作成することが望ましい」と述べている趣旨を没却してしまうのである。

検察官は、財源との兼ね合いで不良債権処理額の増減を図るという、金融機関のみならず、すべての企業が現に行っている当然の企業行動を、「よって」という言葉で「圧縮する方針」という「違法な目的」に結びつけようとするが、検察官がなすべきことは、そのような言葉のマジックではなく、あるいは、実態に反する「円卓即時全額引当・償却の原則」を押し付けることでもなく、まず、当時の「公正なる会計慣行」が何であったのかを、自白の強要に頼ることなく客観的に証明し、長銀の自己査定基準が、本当に「公正なる会計慣行」に反するものであったかどうかを事実に基づいて主張することなのである。

3. 3. 論告86ページについて

論告は、「その後、自己査定PTは、前記中間答申の方針に従って長銀独自の自己査定基準の内容を更に検討し、竹井事業推進部参事役らをして、自己査定結果に基づいて算出される平成10年3月期の要償却・引当額が、長銀の償却財源の範囲内で不良債権処理をすることとして策定された平成９年３月の「中期計画」における処理予定額の3000億円に収まるか否かなどを検証させながら、長銀独自の自己査定基準策定のための基本方針をとりまとめた最終答申案を作成した。

竹井事業推進部参事役は、平成９年４月下旬、被告人鈴木（当時専務取締役、事業推進部等担当）に対し、前記最終答申案等を記載した同月18日付け「早期是正措置への対応と今後の不良債権処理について」と題する資料（甲18号証・竹井資料2）に基づき、長銀独自の自己査定基準策定のための基本方針について、「一般先と関連親密先とで、それぞれ別個の自己査定基準を策定する。一般先に係る自己査定基準は、Ⅲ、Ⅳ分類を圧縮するため、大蔵省の資産査定通達で示された債務者区分である、破綻懸念先及び実質破綻先につき、これらを認定するための要件を同通達よりも厳しく絞ったものにする。同通達には関連ノンバンクについての規定はなかったが、長銀では、関連親密先に係る自己査定基準として、関連ノンバンクを含む関連親密先全体について、債務者区分の内容を一般先とは異なるものにしてⅢ、Ⅳ分類を圧縮する。」旨説明した上、「前記の基本方針に従って自己査定を実施した場合に償却・引当が見込まれる金額の試算結果に関しては、国税局の承認を得た支援計画に基づいて支援を実施している長銀インターナショナルリース株式会社（以下「長銀リース」という。）、日本ランディック株式会社（以下「ランディック」という。）、NEDの３社に対する支援額のうち、翌期以降の支援額をⅢ分類としたケースでは一般先が1760億円、関連親密先が2838億円の合計4598億円となり、前記支援先３社に対する翌期以降の支援額をⅡ分類としたケースでは一般先が1760億円、関連親密先が1897億円の合計3657億円となった。」旨報告したところ、被告人鈴木は、自己査定基準策定の前記基本方針を了解した。

（以上につき、甲18号証・竹井３丁裏〜20丁表、23丁〜24丁表、資料3、乙35号証・被告人鈴木２丁裏〜3丁、資料1）」（論告86ページ）

と述べるので、これについて論じる。

３．３．１．「大蔵省の資産査定通達で示された債務者区分である、破綻懸念先及び実質破綻先につき、これらを認定するための要件を同通達よりも厳しく絞ったものにする」という部分について

この主張は、「検察官の公式」に基づいて、「即時全額引当・償却」の額が１兆円である、という「結論」を導かない債務者区分は、すべて「恣意的」な「絞込み」であるという検察官の主張を再確認したものに過ぎない。

３．３．２．結　論

検察官の摘示する供述調書は、いずれも「検察官の公式」をなぞるものに過ぎず、犯罪認定の証拠になりうるものではない。

３．４．論告86〜87ページについて

論告は、「竹井事業推進部参事役は、平成９年４月30日、被告人須田（当時専務取締役）に対し、同月28日付け「早期是正措置への対応と今後の不良債権処理について」と題する資料（甲18号証・竹井資料3）に基づき、前記基本方針について、「実態どおりに自己査定をした場合には、決算不能の状態になる。自己査定結果から算出される要償却・引当額を中期計画における不良債権処理計画に合わせるためには、Ⅲ、Ⅳ分類を圧縮する独自の自己査定基準を策定するほかない。一般先と関連親密先とを別基準にし、いずれの基準でも、できるだけ破綻懸念先や実質破綻先が出ないような基準にする方針である。」旨説明したところ、被告人須田も前記基本方針を了解した（甲19号証・竹井３丁裏〜12丁表、資料2、乙19号証・

被告人須田15丁～24丁）」（論告86～87ページ）
と述べているので、これについて論じる。

3．4．1．「実態どおりに自己査定をした場合には、決算不能の状態になる。自己査定結果から算出される要償却・引当額を中期計画における不良債権処理計画に合わせるためには、Ⅲ、Ⅳ分類を圧縮する独自の自己査定基準を策定するほかない」という部分について

(1) 検察官は、この部分で、あたかも、竹井参事役が「正しい自己査定」をすれば決算不能になるので、粉飾を行うための「恣意的な自己査定」を行うことを決意し、これを表明したかのごとき印象を与えようとしている。

(2) しかし、まず、この発言があったとされる97(平成9)年4月30日という「時点」に注目する必要がある。

この時点において、「Q&A」はすでに公表されていたが、そこには関連ノンバンク等に対する取り扱いについては明示されておらず、「関連ノンバンク事務連絡」は検査官あてに4月21日に通知されていたものの金融機関に対しては公表されず、「追加Q&A」の公表は7月28日まで待たなければならない状況であった。

そして、そもそも「関連ノンバンク事務連絡」及び「追加Q&A」は、資産査定通達のみでは関連ノンバンク等に対する自己査定に困難をきたすのではないかという危惧が検査官及び金融機関関係者の中で広がったために、追加的に作成されたものなのである。つまり、「追加Q&A」は、ひとことでいえば、従来の「関連ノンバンク等についてのMOF検Ⅳ分類査定は、即時全額引当・償却にリンクしていなかった」という取り扱いを踏襲して、「関連ノンバンク等についての従来のMOF検Ⅳ分類は、自己査定制度の下における即時引当・償却を要する新しいⅣ分類には直結させない」という取り扱い（第2．4．3．2.）を明らかにしたものである。つまり、「関連ノンバンク事務連絡」及び「追加Q&A」は、「平成7年事務連絡」における「税法基準」による引当・償却の考え方を、「Ⅳ分類＝即時引当・償却」という新しい自己査定制度の下でも継続すること、具体的には、「従来の関連ノンバンク等に対するⅣ分類」につき、「当期処理分をⅣ分類、将来の予定分をⅢ分類とする」ことを明示したのである（第2．3．2.）。

(3) 以上によれば、4月30日における竹井参事役の発言は、「従来の関連ノンバンクに対するMOF検Ⅳ分類が、そのまま自己査定制度の下でのⅣ分類にされてしまえば、えらいことになる」という、97(平成9)年4月時点におけるすべての金融機関関係者の危惧を表明したものに過ぎないのである。

そもそも、97(平成9)年4月という時点は、金融機関にとって、初めての試みである自己査定制度の全貌が明らかでなく、従来のMOF検による査定と、新制度の下における自己査定と、どこが変わり、どこが変わらないかの情報収集を行うという「手探り」の時期であった。

それは当局にとっても同様であり、資産査定通達を出したものの、検査官及び金融機関双方から、「資産査定通達のみでは関連ノンバンク等の査定をやりにくい」という要望が出されたことに応じて、追加的に関連ノンバンク事務連絡を出さざるを得ない、という状況であった。

竹井参事役が被告人に対して実際に「決算不能」などという言葉を発したかどうかはともかくとして（乙19号証・須田17丁ではそのように記載されているが、これは甲19号証・竹井3

丁のコピー・ペーストである)、仮に発したとしても、それは上記のような意味においてであり、当時が、まさに新しい会計慣行が出来つつある混乱した局面であったことを、かえって雄弁に物語る。

そして、このような状況は、「追加Q&A」が出された後においても同様であり、金融機関の貸出金についての引当・償却に関する新しい「公正なる会計慣行」が出来上がったのは、99(平成10)年4月の金融検査マニュアル・改正4号実務指針等の公表によってであった(第2.全体)。

(4)　ところが、検察官は、竹井参事役が「正しい自己査定」をすれば決算不能になるので「恣意的な自己査定」を行うことを決意し、これを表明した、というシナリオを作った。そして、このシナリオを貫徹させるためには、
①　従来の関連ノンバンクに対するMOF検Ⅳ分類は、従来から全額即時引当・償却を要するものであった(すなわち、「税法基準」は「公正なる会計慣行」ではなかった)、あるいは、
②　従来の関連ノンバンクに対するMOF検Ⅳ分類は、従来から全額即時引当・償却を要するものでなかった(すなわち、「税法基準」は「公正なる会計慣行」であった)が、自己査定制度の下で、新たに即時全額引当・償却を要することとされた、
という、いずれかの主張とセットにしなければならなかった。そして、検察官は、①の主張を選択したのである(第1．2.)。

(5)　論告の「実態どおりに自己査定をした場合には、決算不能の状態になる。自己査定結果から算出される要償却・引当額を中期計画における不良債権処理計画に合わせるためには、Ⅲ、Ⅳ分類を圧縮する独自の自己査定基準を策定するほかない」という部分は、竹井参事役が「正しい自己査定」をすれば決算不能になるので「恣意的な自己査定」を行うことを決意し、これを表明したことを意味するという検察官の主張は、当時の状況を無視し、現実を歪めて長銀を犯罪者集団のごとく仕立てあげるものである。

そして、このような検察官の長銀に対する「見方」は、国策捜査たる本件捜査・起訴全体を通じた一貫した姿勢なのである。

4．検察シナリオの崩壊、これに沿う供述調書の信用性の崩壊

検察官が主張する意味内容における金融機関の引当・償却に関する「公正なる会計慣行」、すなわち、

(a)　円卓会議資料記載のⅣ分類＝自己査定制度導入後のⅣ分類＝即時全額引当・償却

(b)　金融検査マニュアル・改正4号実務指針等の文言＝資産査定通達等の唯一の解釈

を基礎付ける「事実」は全く存在しない。

逆に、「税法基準」が97(平成9)年3月期までの「公正なる会計慣行」であり、自己査定制度導入後においても「税法基準」が引き続き変容を受けながらも実務慣行として継続していたことを基礎付ける「事実」は多数存在するのである(「資産査定通達」の文言の柔軟性、「平成7年事務連絡」「関連ノンバンク事務連絡」「追加Q&A」の存在。本件決算期の他行決算の結果とそれに対する金融監督庁の検査結果。本件決算期において大手19行中14行が将来の支援予定額の引当を行わなかった事実。金融検査マニュアル制定までの議論の経緯。金融検査マニュアル・改正4号実務指針の文言等々)。

そして、検察官は、自らの主張を基礎付ける「事実」の不存在を補うため、長銀関係者から、上記(a)(b)を認めさせる「自白」調書を積み上げた。

しかし、それらの自白調書の「山」からは、検察官に屈服し、検察官のシナリオどおりの供述調書に署名せざるを得なかった長銀関係者のうめき声が聞き取れるのみであり、本件決

算期における「公正なる会計慣行」の存在は読み取れないのである。

第8. おわりに

長銀時代の同僚であった元副頭取の上原隆氏が被告人に99(平成11)年正月に送った年賀状がある（弁100号証)。ここには、「この困難な時期をいずれ静かに振り返って共に語る日が来るのに備えて、毎日をしっかり生きていきたいと考えております。本年もよろしくお願い申しあげます。上原隆」と書かれている。

上原氏は、その数ヵ月後、本件裁判を遂行するための捜査の最中に自ら命を絶った。その原因は分からない。

この年賀状の文面からは、犯罪を行った者の「後ろ暗さ」は感じられない。上原氏は、長い銀行員生活を通じて、ささいな不正も決して許さず、問題に正面から取り組んできた。文面からも、破綻という現実から逃げずに、責任を果たそうとする姿勢がうかがわれる。そして、上原氏の「責任の果たし方」は長銀の破綻の原因を、事実に基づき、きちんと説明することであった。そのような人物であるからこそ、検察官のシナリオに迎合せず、まっすぐに立ち向かって闘った結果、自ら命を絶ったのではないかと被告人は推測する（第10回・須田)。上原氏は、事実に反する検察官のシナリオに屈服しなかった。

他方、被告人は、いったんは検察官のシナリオに屈服し、そして、今、闘っている。

この裁判を通じて明らかになったとおり、検察官の描いたシナリオは、荒唐無稽である。長銀には、違法な簿外取引があったわけでもなければ、背任行為があったわけでもない。そこで、検察官は、法律の「解釈論」主導による「犯罪」を持ち出した。不良債権の処理が遅かったことが「粉飾」だというのである。しかし、一体、どのようにして大多数の行員が参加して行う自己査定作業を違法に行うことができるだろうか。しかも、その「解釈論」たるや、不十分極まりないものであった。そして、検察官は、生き残りをかけて闘った長銀役職員の努力を「粉飾決算」に向けた「共同謀議」であるという。

不良債権処理の促進は重要な金融政策の一環である。金融の再生に向かったタブーのない議論が不可欠であることはいうまでもない。しかし、不良債権処理の促進と、銀行経営の実態に必ずしも明るくない検察官が、引当・償却に関する「後付け」の理屈で、検察官の主張(それは可能性のある考え方の1つに過ぎない）とは異なる考え方に基づく会計処理をした経営者を犯罪者として断罪することは別である。これでは、経営者はリスクをとった経営を行うことはできない。不良債権処理の問題に限らず、金融・経済の重要問題は、市場とそのプレーヤー、そして市場のコントローラーとしての行政の議論によって決せられるべきものであり、検察官が刑罰権を振りかざして決めることではない。

無罪の主張に被告人がためらいを感じた時期もあった。それは、破綻した銀行の副頭取として、結果責任を背負い込むつもりであったからだ。「粉飾」があったからではない。

決算は適正に行われた。しかし、長銀は破綻した。そして、被告人は「粉飾決算」の責任はないが、長銀の破綻に対して責任がある。

では、被告人にはどのような責任の果たし方があるのか。「粉飾の罪を認める」ことでないことだけは確かである。なぜなら、「罪を認める」ことは虚偽だからである。そして、長銀の破綻、そして日本の金融・経済危機について「粉飾をやるような一握りの悪い経営者の処罰」で国民を納得させ、真の原因究明を怠っているようでは金融・経済の再生はおぼつかない。

被告人は、この裁判で「ありのままの事実」を隠すことなく明らかにしてきた。金融・経済の再生に役立つかどうか、確たる自信はない。しかし、上原氏に代わって説明責任だけは真剣に果たしてきたつもりである。

第9. 結　　論

被告人は無罪である。
「粉飾決算」は存在しない。

以　上

③ 鈴木弁護団

平成11年（特わ）第2139号

弁 論 要 旨

平成14年3月13日

東京地方裁判所 刑事第1部 御中

被告人 鈴 木 克 治
弁護人 更 田 義 彦
弁護人 長 文 弘

被告人鈴木克治に対する証券取引法違反、商法違反被告事件についての弁護人の意見は、次のとおりである。

目 次

第1　本件の性格と審理の対象

1　本件の性格

本件は、日本長期信用銀行（以下、長銀という）の元頭取及び副頭取に対し、同行が金融再生法36条に基づく措置を受ける直近の決算期である平成10年3月期の決算書において虚偽の報告があったか否かに関する証券取引法違反、及びその決算期において配当利益がないのに配当をしたか否かに関する商法違反が審理の対象とされている。

本件は、刑事手続の形式をとっているが、その実質を端的に言えば、長銀の破綻、特別公的管理に付されたことによる経営者責任の追及訴訟の性格を有し、告発・捜査の過程にその性格は如実に現れている。

(1) 告発・捜査の経過

本件は、その起訴とその前後の経過を見れば、極めて強い政治的動機と背景があり、実質は破綻金融機関の経営者に対する「経営責任」の追及に向けられている。

長銀の破綻の経過を、比較的中立的に簡潔にまとめたものとしては、金融監督庁の1年中に「資料」として収載されたチャート（弁1「金融監督庁の1年」中の資料（308頁）の資料7-4-8「特別公的管理の開始決定が行われる状況に至った経緯」骨子）がある。これによると、長銀は、平成10年3月当時はもとより債務超過ではなかった。市場の標的とされ、株価、格付けがスパイラル的に低下し、同年6月以降のマスコミの過熱した報道によって資金調達力が急低下し、資金繰り破綻したものである。

たしかに長銀の不良債権問題は大手金融機関の中で相対的に負担の重いグループには属していた。しかし、資産内容の順番に低位行から順番に破綻したわけでもなく、長銀経営陣がその任務に違背して不良資産の処理を先送りしたことによって破綻したわけでもない。

ちなみに平成10年7月からの金融監督庁の検査の結果では、貸出金のⅣ分類は自己査定よりも1280億円上回るとされた（要追加償却・引当見込額は、検査により増加分類されたⅡ、Ⅲ分類について長銀基準による追加償却・引当を含めると、全体で2747億円）が、自己資本額は5124億円となり、有価証券の含み損を考慮しても資産超過の結果となるとされた。その後、平成10年9月末までに起こった後発事象を加味した資産査定では、日本リースの会社更生法適用申請、あるいはエヌイーディー、日本ランディックに対する債権放棄等の追加措置の実施により、資産が劣化したが、バランスシート上はなお、1570億円の資産超過であった。

しかるに金融監督庁は、自己資本1570億円に対し有価証券等の含み損が4982億円あると認定し、金融再生法36条（債務超過による特別公的管理）の適用に踏み切ったものである（弁1・143頁、301頁）。

しかし、上述の金融監督庁の検査においてさえ、商法等の法律違反の指摘は全くなく、また後述のとおり検査結果の報告を受けた行政当局からも法令違反の事実または可能性について何らの指摘もなかった。

ところが長銀は10月23日、政治的なシナリオにしたがって、債務超過によって破綻したものとして特別公的管理に付されたのである。長銀は特別管理の申し出事由が、36条（債務超過）によるとされたことに異議を述べ、37条（資金繰り）によるものであるとの立場から「行政手続法に基づく弁明の機会の付与について」と題する書面（弁111）によって弁明を申し入れたけれども、これに対しては何らの応答もなく、無視された。含み損を考慮するのであれば過去の高金利時代の長期固定貸し付けは今後も継続して収益への貢献が期待される。これら貸出債権の含みが約3000億円あるほか、別途、有税償却分の税効果会計で資本勘定に約4000億円の戻りが期待されたのである（弁171）。しかしこれらの点は、手続き上、全く検討に付されなかった。

また、長銀の破綻した後、設けられた内部調査委員会も、法律家によって構成されているにもかかわらず、調査の対象とされる者に対する聴聞、告知、弁解の機会など適正手続きの保障を無視して、結論を出した。すなわち、同委員会は、償却・引当必要額判断が経営の裁量に属することを認めながら、あえて一方的に「長銀経営陣は無意味な支援損を発生させ続けた。結局、長銀経営陣は最終的処理の決断を回避するため、再建可能性があるかのように装って巨額の支援損をあてもなく流失させるという選択をしていただけである」として、筋書きどおり経営者の責任を断罪したのである。

その結果、鈴木被告人は、事業推進部の担当役員であり、たまたま平成9年10月から同

10 年 3 月まで副頭取の地位にあったために、告発され、かつ民事上も巨額の損害賠償請求を受けている。バブル経済のもとで不良資産を積み上げたかつての責任者に対してではなく、これらの債権の管理と回収の極大化にあたった者が、不運にも破綻の責任を追及されているのである。

長銀の破綻後、約半年にわたり、背任、不良資産隠し、接待等による贈賄、記録の差し替え等、考えられるあらゆる容疑について執拗な捜査が行なわれ、多くの長銀関係者が雇用の不安定かつ心身の疲労困憊の中で連日のように取調べを受け、中には自死した者さえある。他方、この間、その捜査情報が一方的にメディアによって連日のように流され続け、長銀ないし経営者の不正の疑いが喧伝された。

しかし、長銀の行風は元来、極めて生真面目な風土を持っており、破綻企業にありがちな不正や公私の混同などの案件はなく、熾烈な、いわゆる国策捜査にもかかわらず、もとより背任、贈賄等の犯罪による訴追は、皆無である。

メディアには、不良資産処理の手法としての事業化会社に対する非難のように、捜査当局の不良資産の処理の先送り、隠蔽の手段に過ぎないとする見方を受け、無批判に非難する風潮があった。これに対しては、行政当局関係者や実情を知る関係者から冷静な評価が必要であるとの指摘があるところである。たとえば、大蔵省銀行局においてもバブル崩壊による金融機関の資産の劣化を十分に認識し（弁 136・西村吉正「金融行政の敗因」）、各行は創意工夫を凝らしてその処理にあたっていたが、事業化は、土地売買市場が機能不全の状況にあったので不稼動資産を稼動させて回収を極大化するための手法として長銀、日債銀に限らず、各行においてとられていた手法であり、一定の成果をあげていた（弁 239（11〜12 頁）、弁 240（14 頁）及び同号証中の山口公生銀行局長発言（17〜18 頁）、千葉 107〜115 頁など）。

事業化についてその実績の一端をみると、たとえば日本リース関係では、96 年度中に、三崎町、芝大門、高円寺、江坂（甲 138 資料 7 の⑥「事業会社の損益・財務状況」中の〈96 年度〉）が稼働し、97 年度中には銀座アイタワー、ワシントンホテル（難波）、ビリーブ堂山、神宮前ビルが事業化ずみであった（甲 138 資料 10 の⑥「97 年度の問題債権処理後の状況」中の 3．事業会社）。

捜査情報による経営陣のバッシング、更には本件起訴に対し、実情を知る論者はその不当性を指摘しているが、特別公的管理のシナリオに従って、経営者の破綻責任を刑事上も追及しなければならないとされているところから、破綻の直近の決算に違法があるとの結論を強引に仕立て上げたのである。

そこで検察官は本件において、あたかも長銀経営陣が資産の評価、とりわけ同行の関連会社、関連親密先に対する貸出金の評価を故意に誤り、償却引当を怠り、配当を実施して資本を毀損したことによって、長銀が破綻したかのごとく主張している。

すなわち、本件起訴状によると平成 10 年 3 月期の決算には、本来 5846 億 8400 万円ある当期未処理損失について、取立不能の虞があって取立不能と見込まれる貸出金 3130 億 6900 万円の償却又は引当をしないことにより、同額過少の 2716 億 1500 万円に圧縮したとされている。

しかし、長銀は、平成 5 年度から長銀リース、エヌイーディーに損益支援を行なったのをはじめ、平成 5 年度から 9 年度までに関連親密先関係を含め、累計で 2 兆 1000 億円の不良債権の処理をなしたのであり、現に、関連ノンバンクの抜本的処理に向けて加速する計画で、平成 10 年 3 月期決算についても、「97 年 3 月の中期展望」（乙 3　資料 22）における処理予定額を「97 年 8 月の更なる加速」（乙 5　資料 5）で促進し、実際の決算では後述のとおりさらに積み増し処理をなした（大岩 21 頁）のである。それは長銀が信用力を高め、財務体質を改善するために、長期的なビジョンに基づき自主的に推進したものである。経営にとって不良資産を可及的に早期に処理をすることは望ましいことである。そのために綿密な試算を行ない（「再生2ヵ年計画の策定の動機」に関する大岩証言29～31頁参照）、たとえば再生2ヵ年計画において示された「収益計画算定根拠」（乙7　資料4　No.10）に、投資銀行部門収益200億とあるのは、パートナーのUBSと協議のうえ策定した収益計画における実現目標のうち長銀の取り分であって、実際、4月には長銀ブリンソン投資顧問、6月には長銀ウオーバーグ投資銀行証券会社が開業し、UBSとの間の株の持ち合いも4月には実行され具体化した（大岩54、55頁）のである。このような事実を見るだけでも、長銀には、検察官が主張するような不良資産処理の先送りや、資産の過大評価による違法配当の事実がないことは明らかである。

(2)　本件審理にあたり留意を求める事情

本件においては、①長銀の性格、歴史、社会的役割、バブル崩壊による資産の劣化の事情、その後の不良資産処理の経過、②被告人について、入行以来、いかなる勤務態度で銀行員としての勤務を行なってきたか、③銀行の不良資産処理の難しさについて、十分な検討を煩わしたい。その過程で、犯罪が行なわれたとする検察官の主張がいかに事実に合致しないものであるかが自ずから明らかになるというべきである。

①　長銀の性格等

長銀など長期信用銀行は昭和27年、長期信用銀行法に基づき設立され、企業に対し長期の安定的資金を調達し長期金融をして日本の産業ことに基幹産業の育成に寄与した。その後、都市銀行は金融債の購入を手控えて、企業に対する長期金融に積極的に乗り出し、更に高度経済成長を遂げた昭和50年代後半には日本の資本市場は成熟期に入り、大企業は市場から社債や株式の発行等により直接資金の調達を行なうようになった。

そこで都市銀行や大企業の長信銀離れの傾向を見通し、長銀としては従来の重厚長大型産業のみならず私鉄、百貨店などの流通産業など社会開発的な企業に対し資金を振り向けるなど融資業務の見直しを図った。

昭和60年から始まる第5次長期経営計画では大企業に対する融資を中心にしたバンキング業務から証券業務、国際業務を中心にした投資銀行業務に主体を置き換えようとした。しかし、金融行政の規制緩和が遅れ（西崎38～39頁、甲91・増沢16頁）、理念が先行し、方向転換が実をあげるには至らなかった。

もともとは1984年の日米円ドル委員会における金融自由化の方針を決め、金利の自由化は進んだが、業務の自由化、特に銀行と証券の相互開放が著しく遅れ（鈴木26回14頁）、しかも業態別子会社でスタートせざるを得なかった。そのため、長銀の投資銀行構想も流れた。多年、金融制度調査会の委員であり、早期是正措置に関する検討会の座長であった西崎哲郎証人は、1997年のビッグバンは10年遅れ、その間、日本経済は弱体化し、国際的な競争力を失った（西崎39頁）と供述している。結果論ではあるが、制度の改革が早期に実現していれば銀行が不動産金融にあれほど異常に集中しなかったであろう。

この時期にバブル経済が到来し、長銀も他の金融機関に遅れて不動産業者、ノンバンク等に貸し出しを行なった。この時期に始まった第6次長計では、投資銀行の構想を進めるとともに中堅中小企業に対する融資業務に傾注する方針を決めた（大野木8回9頁以下）。

②　被告人鈴木克治と長銀における不良資産処理

鈴木被告人は、第6次長期計画がスタートした後に出向先から長銀に帰任したのであり、同計画の策定には関与していない。

被告人は同計画の下で中堅中小企業に対する融資本部であると同時に資金調達の本部として設置された業務推進部長の任についたが、融資に関する決済権限は営業部店の担当役員に落とされており、融資本部にはその権限はなかった（鈴木11回38頁）。従って鈴木被告人をバブルの旗振り役であるかのごとく非難することは、偏見と誤解にもとづき、被告人を長銀破綻のスケープゴートに仕立て上げようとする企てであり、極めて遺憾である。

むしろ、被告人は長銀に帰任する以前に積み上げられた状況を引き継ぎ、推進すべき事業と抑制すべき事業を仕分けし、営業グループが関連ノンバンクを通じて中堅中小企業に貸し出しているものについても情報を把握する必要があることを提言する（鈴木11回44頁）など、積極的な債権管理と不良資産の処理に傾注したのである（鈴木26回54頁）。

この点について、増澤高雄長銀元会長は、「鈴木克治はバブル当時は業務推進部長でありましたが、融資の権限は部店担当役員にあり、業務推進部長に融資権限はありませんでしたので、鈴木克治がバブルの旗振り役そのものであったということはないと思います。むしろ彼は、長銀のために、バブル当時の経営幹部が残した多額の不良債権を限られた財源の中で整理しようと格闘した人間であり、そのことは理解していただきたいと思います」と述べている（甲91・増沢45頁）。

すなわち、鈴木被告人は平成3年2月、組織改正により、大企業、中堅中小企業の両方に対する融資について一本化した本部である営業企画部の部長となり、ノンバンク関係に対する債権の全体像を取りまとめるとともに、担保価値の下落に伴う債権の不良化に的確に対応するために、後の事業推進部の前身であるグループを組織した（鈴木11回48〜49頁）。

鈴木被告人は平成4年6月、企画部長となり、第7次長期経営計画の作成にも関与した。第7次長計では、業務面での大きなテーマは、既存の営業基盤を固め、収益力を強化して不稼働資産の処理に全面的に取り組むというものであった（甲180）。

平成6年6月、企画グループの担当役員となったが、在任中、関連事業部が日比谷総合開発などの事業化会社を設立した。不動産市場が買手不在の状況なので、担保物件を収益事業化を図った。当時の経済環境においては合理性があると判断したからである（鈴木11回57頁、弁102『日本経済の現況』（経済企画庁調査局編133頁））。

平成7年4月、常務取締役の定年に達したが、頭取が交代すると、請われて残留し、企画部長、資金部長、営業企画部長、事業推進部長等の重要メンバーからなる特定債権委員会を組織し、委員長として住専等大きな不良債権の処理を担当した（鈴木11回62頁、26回68頁）。

平成7年6月以降、特定債権委員会委員長、事業推進部担当役員として不稼働資産の処理、特に住専である第一住金の処理にあたり、証券会社、農林系統金融機関等との交渉にあたった。以後事業推進部担当役員のまま、専務を経て平成9年10月副頭取に就任し、同10年4月1日に退任した。

検察官がいわば償却引当不足のベンチマークとする平成8年4月の「円卓会議資料」は確かに事業推進部が作成したものである。しかしながら円卓会議資料の作成のねらい及び資料の意義は、検察官が主張するところとは、全く異なる。

事業推進部は、大蔵省金融検査部が、銀行の経営の健全化を高める目的で、清算価値による資産査定を行うことを予想して、査定予測の一例として過酷なまでに厳しい査定予測を行なった。これが最悪ケースであるが、いうまでもなく企業会計上、当期に償却引当を要するものとしての査定予測ではない。事業推進部は不稼動資産の処理にあたる専門担当部であって、不稼動資産の確実な処理が最重要経営課題であることから、経営陣に共通の認識を得るために理論上の最悪ケース、すなわち最大限早期に処理することが望まれる「不良資産の規模」を予測して、注意を喚起したのである（鈴木26回76頁）。

たしかに、長銀の不稼動資産の処理は、平成8年当時、なお少なくとも数年を要する見通しであったが、当局の行政方針も、金融機関の不良資産の処理は、住専の処理を優先し、ついで関連ノンバンク等の関連会社に対する不良債権の計画的段階的に進めるというものであった。同年のMOF検においても早期是正措置の導入を先取りして経営の早期是正を促すものであった（鈴木11回98頁、105頁、乙33添付資料3）。

それゆえ長銀が検査結果を踏まえて作成し、提出した償却計画については、当局から計画の不備等について指摘を受けたり、見直しを求める指導は何ら受けていない（鈴木11回169頁以下、特に175、176頁）。

したがって事業推進部及びその担当役員としては、MOF検の結果に安心することなく、経営の健全性を高めるため、できるだけ計画を前倒しで処理を促進すべきであると指摘してきた（同100頁）。「事業推進部は早く達成感を出したいということで企画部と厳しい交渉、協議を行い、その処理に全力をあげていたのであって、それが自ら償却引当額を圧縮する努力を行なうわけがない」（鈴木恒男13，67頁、鈴木11回112〜115頁、大野木8回175頁）。

しかしながら事業推進部及びその担当役員も、法令上、関連会社に関するIV分類について当期にその全額償却引当をすべき性質の資産であると、考えていたわけではない。なぜならば関連会社に対する債権は、経済的に価値があり、当期に償却又は引当を要する資産ではないからである。

もし仮に、これが法令上、当期に全額償却又は引当を義務づけられた資産であって、平成9年当時、すでに違法な会計処理を積み重ねているというのであれば、違法団体の役員の地位にとどまったり、副頭取に就任したりしなかったであろう。

③　銀行の不良資産処理と経営者の責任

金融行政当局は、平成7、8年当時、5年間で業務純益、含み益で十二分に処理可能であると考え、5年を目処に不良債権を処理する方針を示していた。

経済は順調に回復し、地価の大幅な暴落はないと見通してソフトランディングができるとしていた。しかしその後の橋本内閣の増税路線で経済が大きく傾くという判断のミスがあった。その上、銀行の不良債権の処理は、企業の過剰債務の処理を強行すれば企業の法的整理にいたり、経済に大変な影響を与えるという面があり、大変に難しいものである（西崎37頁）。

したがって、銀行の破綻について、最後の経営者に刑事責任を追及することは、極めて慎重であるべきである（西村吉正元銀行局長も、同旨の意見を述べている。弁136（219頁））。

すなわち、各金融機関、たとえば主要19行は、平成4年度から9年度までに累計で業務純益を大幅に上回る39兆円の不良債権を処理し、長銀も前記のとおり、平成5年度から9年度までの間に2兆1000億円の処理をするなど、その早期処理を進めていた。

他方、政府も競売手続の迅速・円滑化及び特定競売の特例に関する臨時措置法、債権管理回収業に関する特別措置法、共同債権買取機構及び金融機関の自己競落会社の機能拡充等の債権流動化のための諸措置を講じるなど必要な環境整備を行なってきた（弁1の62頁）。

しかし、早期健全化法が成立したのは平成10年10月23日のことであり、本件決算期の翌期である平成11年3月期には、大手銀行に対し7兆4592億円の公的資金が導入された。また国税当局も、不良債権処理を進める環境を整備するために税効果会計制度の導入を求められていた（中嶋12頁）が、採用されたのは平成11年3月期の決算からである。この結果、不良資産処理のために主要17行で6兆6500億円の資金が準備されたのである（弁22、須田9回92頁）。

全国銀行の各年度決算における不稼働資産処理の概容（弁189）

（日本銀行調査月報）

	平成10年3月期	11年3月	12年3月期	13年3月期
業務純益	5.4兆円	3.8	4.6	4.6
不稼働資産処理	13.3兆円	13.5	6.1	6.1
都銀	7兆5174億円			
うち債権放棄	1兆9808億円			
最終利益	－4.8兆円	－4.5	5.2	3.2

それにもかかわらず、不良債権処理は、周知のとおり、本件起訴から2年半を経過した今日、なお目処がつかず、国政上も最大の課題となっている。

破綻懸念先以下の不良債権を2、3年で最終処理をするというが、企業が倒産して担保不動産を処分すると、市場で買い叩かれるので銀行の損失は拡大する。公的資金を注入すればすぐに無配となって政府の議決権が発生するだけだとも言われている（弁190②　2001年9月11日付け日経）。

資産査定の厳格化による不良債権額は積み増され、地価の下落による担保価値は減価し、景気の悪化による企業の業況不振を招いている（弁190③　2001年9月12日付け日経）。不動産市場は相変わらず円滑に機能せず、道府県など自治体の土地開発公社でも5年以上事業に活用せず、保有している土地が取得金額ベースで4兆1180億円に上っており、前保有地の5割を超えていることは周知のとおりである（2001年12月28日付け朝日）。

本件においては、以上に述べた点についても、十分考慮してご判断を頂きたい。

2　審理の対象、主たる争点

本件は、銀行の貸出金について法律上、なすべき償却・引当をしなかったか否か、その結果、法律に違反して配当をなし、かつ虚偽の有価証券報告書を提出したか否かが争点である。

第1は、会計基準について、公正なる慣行を捜し求めること。

銀行の貸出金の資産評価において、よるべき会計慣行、会計基準は何か。商法は、額面主義を原則とし、取立不能の虞のあるものについて控除することを要すとしているが、その評価並びに償却引当に関する基準は法令上定められていない。証券取引法は、報告の対象とされる決算書の作成について金銭債権をどのように査定評価し表記すべきかについて直接何も言っておらず、財務諸表規則も後述のとおり、銀行業については適用を排除している。

したがって公正な慣行、よるべき慣行をたずねるほかはない。問題は何が「よるべき慣行」であるかである。それを提示し、実務上、すなわち大蔵省、全銀協、他の金融機関が何を基準としたかを立証するのは、本来、訴追側の責任である。資産査定通達の趣旨、内容に争いがあるのに、「通達等」をもって「慣行」であるというのでは、その責任を果したといえないことは明らかである。

第2は、検察官の指摘する関連親密先に対する貸出金の償却引当に不足があるか、すなわち「取立不能の虞」、「過少な計上」があるか、減価の計上漏れを指摘される程度に、貸出金の価値が毀損しているか。

銀行の貸出金と、債権回収業者の貸付金では、同じ金銭債権であっても取立不能の虞の評価が異なる。銀行では、「回収可能性又は価値の毀損」を基準として資産の評価を行い、償却引当を行なっている。

しかるに検察官は、銀行に、いわば債権回収業者と同じ目線で、支援先を含むすべての貸出先に対する貸出金を常時、清算価値で評価しなければならないとの「資産の厳格評価義務」を課し、本件において銀行の関連親密先に対する貸出金は、回収不能かつ経済的に無価値であるから、全額を直ちに放棄するか、引当をすべきであるかのごとく主張する。

しかしながら、平成10年3月期においては、銀行にこのような厳格な義務は課されておらず、また不良債権の評価を、あたかも取得した事実のない架空の資産を会計上、計上したのと同一に論ずるのは誤りである。これまで粉飾決算違法配当として刑事、民事の責任が争われたのは、架空売上、先行売上、棚卸資産の過大計上、固定資産の仮想売却、原価の繰延、負債の減額調整、有価証券の簿外処理等に関する事例であり、銀行の貸出金の資産評価をめぐる事案は前例がない。

会計は、企業の経済活動を評価して記録して報告するシステムであると言われている。静止的な法律状態と異なり、会計の事実は不断に変化するのであり、これをある程度の幅で権利義務の法律体系に翻訳することになる（証人岸田5頁）。しかし、法律的効果を生ぜしめない単なる経済的価値の現象は、たとえば引当金の計上でも分かるとおりその発生額、発生時期とも極めて曖昧である（弁147　岸田雅雄『企業会計法入門』8頁）。

貸出金債権は、整理回収機構の買取価格をめぐって、今日、簿価か時価かが議論されていることを見ても明らかなように、いかなる場合にも時価と簿価の間には常に乖離がある。しかも金銭債権の評価基準は、法令に定めがない。経済価値を反映するルールを定めることは難しい。幾つかの選択方法があっておかしくない（証人岸田9頁）。

本件では、長銀と関連親密先との関係を正視すれば、当該不良債権は、検察官が主張する程度に価値の毀損した財産ではない。すなわち、後述するとおり、およそ債権回収のみを目的として債権を取得する債権回収会社が債権を資産評価する場合と、銀行がグループ会社その他の関連親密先、あるいは支援先に対する貸出金を資産として評価する場合を同一に論ずることは、誤りである。

少なくとも平成10年3月期の決算当時は、銀行の支援先に対する貸出金は、債務者の非財務面の評価を織り込んで支援判断の合理性を基礎として査定してよいと考えられていたのであり、かかる要素を織り込んで査定すれば、検察官の主張する償却引当不足は、本件では全く認められないのである。

第2　検察官の論理の誤り

1　検察官の主張

検察官は、冒頭手続きで金銭債権の評価の基準について商法等に定めるところとしか答えなかった。しかし論告によると、「平成10年4月から早期是正措置が導入され、これに伴い大蔵省大臣官房金融検査部からいわゆる「資産査定通達」及びその細則が発出されて、各金融機関において平成10年3月期からこれらの基準と整合性を有する適正な自己査定基準を策定して自ら資産査定を行い、いわゆる不良債権を含む貸出金等を回収可能性に応じて分類した結果に基づき、従来にもまして適正に償却引当を行なうことが求められるようになったものであるところ、……長銀の貸出金等につき1兆円規模の回収不能見込み額がⅣ分類となって前記の各基準によって償却・引当が義務づけられることになるにもかかわらず、それだけの財源がなかったことなどから、関連親密先向け貸出金等に関し、長銀が支援する限り関連親密先は破綻せず、偶発損失のリスクがないとの理由により、……一般先向け貸出金等とは異なる基準を設け、……Ⅳ分類と査定される範囲を狭く限定して当期の要償却・引当額を違法に圧縮した上、当期未処理損失額を過少計上した貸借対照表等を掲載するなどした有価証券報告書を提出し、このような粉飾決算を前提に違法配当を行なった」と主張する（論告1～2頁）。

要するに検察官の主張は、「商法第285条の4第2項が、償却・引当との関係では時価主義を導入したものである」（論告101頁）との独自の解釈に立って、かつ資産査定通達等どおりの自己査定基準によって時価主義＝清算価値との立場で資産を評価すれば、Ⅳ分類と査定される債権は1兆円規模に達し、これらの債権は当期において全額償却・引当を義務づけられているというのである。

2　検察官の主張の誤り

(1)　会計基準単一の幻想

このように検察官は、大蔵省の金融検査におけるⅣ分類は、すなわち商法、企業会計原則上、当期に全額の償却引当を要する債権であると断定している。

しかしながら、検察官は大蔵省の金融検査が、いかなる目的をもって、いかなる視点から資産査定がなされるかを一顧だにしない点で、すでに誤っている。

大蔵省の金融検査において「Ⅳ分類」と査定した債権は、償却引当すべき程度に価値を毀損され、回収不能又は経済的に無価値であると判定されたわけではない。検察官が、大蔵省の金融検査の査定基準と、商法及び企業会計原則の要求する償却引当義務の水準とが常に同一であると決めつけたのは誤りである。そしてその観念を前提として、貸出先が一般先であると関連親密先であるとⅣ分類と査定される以上、当期に全額償却引当すべきであるとしたのは、前提において誤りがある以上、間違った結論であるというべきである。

(2)　査定、分類の難しさに対する無理解

もともと自己査定制度をとるのは、金融機関の不良債権の評価は困難であり、当該金融機関自体がもっともよくその評価をなし得るからである。ところが「破綻先債権」であってさえも、基準の取り方あるいは見る目によって大きなずれを生ずることがある。

現に、同一銀行の同一決算期においてリスク管理債権中の「破綻先債権」の額が大きく食い違う例が示されている。不良債権の情報開示（ディスクロージャー）は、平成10年3月期から拡充され、全国銀行は米国証券取引委員会と同様の基準による「リスク管理債権」の開示を開始した。この「リスク管理債権」は、従来基準の公表不良債権（破綻先債権・6ヶ月以上延滞債権・金利減免債権）と比べて、延滞債権の範囲が「3ヶ月以上延滞債権」とされており、更に「金利減免債権」だけではなく、債務者の経営再建又は支援を図ることを目的として金利減免や返済期限猶予など元利支払条件を緩和した全ての債権を「貸出条件緩和債権」として含む広い概念とされた（弁1「金融監督庁の1年」の61頁）。

金融財政事情に発表されたリスク管理債権額（弁22『98年度決算を読む』）をみると、98(平成10)年3月期と99(平成11)年3月期の比較を見ると各行とも、99年度を従来基準で見るのと新基準で見るのとで大きく乖離しており、中には「破綻先債権」が大きい違いを示している例もある。

たとえば、弁22の第7表（20頁）をみると、第一勧業銀行ではリスク管理債権の新旧基準のいずれによったかで2倍以上の開き（1兆2790億円）があり、住友も1兆62億円の開きがある。旧基準対比で破綻先債権は、第一勧銀では663億円増、あさひでは752億円増となっている。このように差額が大きくなったのは、「会計基準の変更が主因だが、……債務

者区分に対する厳格な姿勢も大きく影響している」とされている（弁22の22〜23頁)。

(3) 検察官の主張は、さしあたり次の４点で誤っている

第１に、大蔵省金融検査部の査定は、従来、償却・引当とリンクしていないとされていた。この事実は大蔵省金融検査部の事務連絡等の文書によって明らかである。しかるに検察官は、この点について何らの説明もしない。のみならず、検察官は、大蔵省がⅣ分類と査定しながら銀行に対して当期に全額償却引をさせないことに、あたかも法律上、疑義があるかのごとくさえ主張する。

しかしながら、検察官は、大蔵省の金融検査が銀行の業務の公共性に鑑み、銀行の業務の健全かつ適切な運営を期す目的から、一般の事業者に期待される以上に厳格に資産を査定していること、従ってこの査定の結果が直ちに商法及び企業会計の原則（後述第３の２，３，４）に基づく償却引当義務と直結することとはされていなかったこと、すなわち査定の目的の違いを、理解しようとさえしない点で誤っている。

第２に、検察官は、「資産査定通達」等の法的性格（後述第４の３(1)）を明らかにしない。

検察官が、資産査定の基準を資産査定通達等に依拠するのであれば、少なくともその立案過程、制定手続等を積極的に立証するべきである。

この通達は早期是正措置の導入に伴って大蔵省が金融検査官等にあてて発出したものであり、早期是正措置制度の導入に伴い、初めて採用され、各行において自主的に策定される自己査定基準策定の「ガイドライン」としての性格を有するのものである。

しかるに検察官は、資産査定通達がいわば法的な拘束力を有する厳格な基準であるかのように断定している点において、誤っている。

第３に、検察官は、資産査定通達と関連ノンバンク事務連絡との関係を「細則」であるというのみで、他に何ら説明しようとしない。この関係こそ、資産査定通達の奥の深さ、読み方を示すものであるのに、検察官はその点を怠り、長銀の自己査定基準において、関連親密先向けの貸出金の評価について一般先に対する基準と異なる基準を設けたことが誤りであると断定している点において誤っている。

資産査定通達は、大蔵省金融検査部が自ら関連ノンバンクに対する事務連絡において金融機関の支援先である一定の業種について一般先とは異なる基準を定めたように、資産査定通達の考え方の範囲で支援先に対する債権の分類について一般先とは異なる基準を定めることを容認していたのである。しかるに検察官は、資産査定通達自体の支援先債権に対する取扱にさえ目を瞑り、「メインバンク」と融資先との関係をこの通達がどのように取り扱っているか、その合理性等についてどのように考えているのかを一言も説明できないのである。

要するに、検察官は商法等に基づく償却引当義務について、回収不能又は経済的に無価値な債権について償却引当をなすべきであるという以上の具体的な基準を示さず、長銀の関連親密先に対する貸出金の価値を一顧だにせず、資産査定通達等に定めるとおりの自己査定基準によればⅣ分類と査定される債権が１兆円規模に達するはずであるなどと断定しているのである。

しかし、銀行の経営者は、関連親密先に対し支援方針を決定し、債権の経済的価値を認め、回収不能又は経済的に無価値ではないと判断しているのであるから、これらの債権はⅣ分類にはあたらない。

検察官の主張は帰するところ、銀行の関連親密先に対する支援方針の経済的合理性の判断について、何らの行政手続さえ経ることなく、後視的観点から刑事責任を追及するものであり、はなはだしく不当である。

3　検察官の証拠の構造

(1)　本件捜査の性格、経緯

本件で被告人らに刑罰権を発動しようとするからには、先に指摘した点について万人が納得しうる説明を検察官は本来行う必要があるが、本件ではこれが一切行われてはいないに等しい。行おうにもできないのが実体といってよい。なぜなら、本件長銀事件は、取調べ検察官自らが被告人らに度々述べていたとおり、国策捜査であったからであり、それは即ち長銀が破綻した結果責任を被告人らに問うものであるからである。破綻後多額の税金が投入された以上、落とし前をつけてもらうという発想に依拠した捜査及び起訴が本件なのである。

当弁護人らは、刑事裁判の場で、証拠関係を離れ、捜査及び起訴そのものについて云々することは、必ずしも好むところではないのであるが、長銀破綻の経緯あるいは本件捜査及び起訴当時の政治情勢等を思い起こさざるを得ないことを誠に遺憾に思う次第である。

(2)　証拠の構造

本件捜査の性格が前記のとおりであることから、検察官は緻密な分析、捜査を遂げることなく、多数の長銀関係者の供述調書の作成という物量作戦に終始している。

中でも、平成８年４月８日の円卓会議における資料中の「最悪ケース」のⅣ分類１兆1256億円の記載を金科玉条の如く扱い、平成９年度の決算期においても資産査定通達等の基準に従った査定により同様の結論に達すべきものであると断定して、これに依拠した参考人らや被告人らの金太郎飴の如き内容同一の供述が記載された検面調書が多数存在しているが、銀行が決算あるいは経営判断の資料として、あらゆるケースを想定することは当たり前のことであり、その記載内容を不動の真実と決めつける検察官の姿勢には理解しがたいものがある。

銀行だけでなく法人における決算のあり方は、解答が１つしかない数学的なものではない。違法な決算はもちろん論外であるが、決算においても経営判断が存在することは公知の事実といってよく、それを検察官は無視あるいは理解しようとしていない。円卓会議資料の最悪ケースは、全ての関連親密先が同時に清算に至るというケースを前提に、いわゆる修正母体主義により算定したという実際には考えられない想定のもとで計算したものであった。

検察官が決めつけたものが唯一の解答とする本件における検察官の姿勢は独善といってよい。わかり易い例でいえば、検察官が不起訴処分とした事件において検察審査会が不起訴不当とし、その後起訴された場合、解答が１つであるならば、当初不起訴処分とした検察官は誤りを犯したこととなり、処分されて然るべきである。しかし、実際にはそのような処分はなされていない。なぜなら、解答は１つではなく、検察官には裁量権限があるからである。

銀行経営も全く同じであり、経営判断から独立した唯一絶対の真実などありえないのである。

平成10年３月期決算時は金融・経済における緊迫感が継続し、それまでの会計慣行が現実の経営に抜き難く浸透していた中基準や価値観が転換するという正に不透明な時期であった。このような時期における経営判断が、本件においては、長銀破綻という結果から断罪されているといっても過言ではない。

参考人らや被告人らの検面調書中に必ず存在する「商法に基づき当期に全額償却・引当をしなければならない不稼働資産が約１兆円存在する」旨の記載でこと足りるとする検察官の姿勢がそれを雄弁に物語っている。

(3) 証拠（検面調書）の信用性

ア　検察官は、被告人３名の捜査段階での自白は、大岩、大田ら長銀関係者の捜査段階における供述によって裏付けられており、信用性に富んでいると主張している。しかし、そもそも長銀関係者の捜査段階での供述そのものに信用性がないのである。それは、検察官の認識の投影でしかない先に述べた金太郎飴供述の存在も一つの理由であるし、長銀あるいは銀行に在籍していた人間が、銀行の関連会社ないし関連親密先と一般先を同一視した考え方をするはずがなく、この認識・考え方は当然各人の供述調書に記載されて然るべきものであるが、本件においてはそれらの記載が全くない点等からも明らかなのである。

銀行が関連会社と一般先とを区別して考えることが当然のことである点については後述するが、かかる認識ないし主張が検察官によって完全に黙殺され、供述調書に記載されることがなかった経緯は、大田、大岩、越石、鈴木恒男ら証人となった長銀関係者の公判供述によって明らかである。

検察官は、同証人らが被告人３名とともに、本件起訴後民事の損害賠償請求訴訟を提起されたことにより、個人的利害関係を有するに至ったためその公判供述に信用性がないとするが、そのような些末なことで、同証人らの検面調書の信用性を維持することは不可能である。証人となった大田、大岩、越石、鈴木恒男ら長銀関係者の証言に共通するのは、①当期に全額償却・引当を義務付けられているという認識は全くなく、したがって商法違反の認識も有していなかったこと、②長銀の関連会社ないし関連親密先については、長銀が支援するため破綻しないという認識があったこと、③これらの認識を再三検察官に述べても全く受け入れられなかったこと等である。

証人らがその認識に反する供述調書に署名した理由についても、①長期にわたる度重なる長時間の取調べが行われたこと、②検察官が、商法違反であることは明瞭であり疑う余地はないのだから協力しろ、協力しなければ即ち検察官の主張を受け入れなければ、被疑者として逮捕もありうる旨事実上恫喝してきたこと、③部下は調書で既に認めている旨告知しあるいはその調書を読み聞かせ、検察官の主張どおりの調書に署名しなければ、証人ら以上に長時間取調べを受けている部下を再度取調べる可能性のあることを示唆し、あるいは被告人らが既に自白している旨を告知してきたこと等の点で共通しており、証人越石においては、自己の認識を強く主張する同人に対し、検察官は被告人鈴木の調書を閲読までさせ、しかもこれを口外させないよう巧妙な語り口をとっているのである（証人越石 96 頁以下）。

また本件強制捜査前に、長銀副頭取であった上原氏が自殺したことも証人らに影響を及ぼしていることも見逃せない。検察官に迎合しなければ、自殺を決意するに至るまでの苦悩にさらされるという恐怖感である（証人大岩 79 頁以下、など）。

かかる取調べにより得られた内容同一の検面調書がどれだけ存在していても、相互に信用性を補強し合う関係にないことは、明らかである。

イ　被告人らの捜査段階における自白の信用性について

長銀関係者の捜査段階での供述に信用性がない以上、これに合致するから被告人らの自白に信用性があるとする検察官の主張は、もはや破綻しているというほかない。特に被告人鈴木の捜査段階の自白に信用性がないことは、検察官自身が自認しているといってよい。

即ち、検察官は論告において、被告人大野木、同須田についてはその固有の事情ないし公判供述に言及しているのではあるが、被告人鈴木に対しては、自白の信用性に関する同人の公判供述に全く言及していないことからそれは明らかである。

被告人鈴木は、捜査段階において、自己の認識を強く検察官に述べ、検察官との間で激しいやりとりを行っている。

一旦は事実に反する調書に署名するに至るも、弁護人の事実を述べるようにとの助言に従い、勾留質問の際意に反する調書に署名するに至った旨裁判官に述べたところ（乙56）、その後これを知った検察官が激怒し、当弁護人らがとるに足らない弁護士であり、被告人のための助言を行っていないなどという検察官としての見識を欠く、いわば掟破りの言動にまで及び、最終的には恐怖感、絶望感にかられた被告人鈴木が長銀破綻に対する経営者としての責任と刑事責任を峻別できないままに（正にそれが検察官の目論見ではあったのだが）、検察官の言いなりの調書に署名してゆく過程がそれであり、被告人鈴木の第12回公判供述調書25頁以下でその詳細が明らかとなっている。

検察官の虚偽の自白獲得のための取調手法に深入りしても、結局は言った言わない論争となることから、ここでは特に信用性を欠くことが調書の記載それ自体から明瞭となる点をいくつか指摘しておく。

いずれも検察官が一方的に調書を作成したことに起因する誤りであり、被告人自身がその記憶・認識に基づき述べたり、資料を検討して述べていたならば起こり得なかったはずのものである。

検察官の一方的な作文であることから、被告人自身も十分な閲読をしなかったかあるいはする気にもなれなかった状況が想起できる。

まず、言葉の意味をとり違えている点である。本来「リテール型」とすべきところを「ホールセール型」とし、本来「ホールセール型」とすべきところを「リテール型」と記載している調書（乙32、14丁表）が存在している。長銀副頭取であった被告人が間違うはずのない誤りである（以上、被告人鈴木の第12回公判供述調書96～99頁）。

次に、回覧文書を決裁文書と取り違えることから始まり、添付資料の記載の文脈とは異なる調書本文の記述がなされたり、資料に記載されている会社をとり違えて調書本文に記述するなどしている調書（乙37）が存在している。押収文書を精査・吟味して真実を追及するという検察官の姿勢は微塵も見られず、調書本文に記載しておけば添付資料など読みはしまいという検察官の傲慢さが見えかくれしているといってよい。特に資料の引用を部分的なものとし、全く文脈の異なる調書本文の記述を行っている部分は、怠慢を超えるものであり、意図的で悪質というほかない（同公判供述調書99～116頁）。

さらに、ある事項に関する被告人の検面調書作成前に、異なる検察官作成の同一事項に関する長銀関係者の検面調書が存在しているところ、同検面調書の記述と言葉の意味のとり違えを含め全く同一の記載がなされている調書（乙40）が存在している。2人の検事が全く同一の文章を作成し、しかも言葉の意味をも取り違える記述をするなどということは、まともな取調べを実施した上での調書作成ではおよそ考えられないといってよく、先に作成された長銀関係者の検面調書をその誤りも含めまる写しした結果としか考えられない。

被告人から事情を聴き調書を作成するというまっとうな取調べが行われなかったことを、はしなくも検察官自らが明らかにしているといってよい（以上、同公判供述調書120～123頁）。

かかる杜撰な被告人の検面調書に信用性など到底認めることはできない。

ウ　このような形で続々と他の被告人らや参考人らの検面調書が作成されていったことは疑いようのない事実であり、検察官の主張どおりの調書が何通存在していようが、それは本件公訴事実を立証する証拠としての価値がないといっても過言ではない。各検面調書に供述者の署名、指印（押印）があることは、控え目に言っても任意性を示すものでしかなく、信用性を付与するものでは全くないのである。かかる検面調書である以上、それぞれが信用性がないということを補強し合っているといった方が正確である。

第3　金銭債権の資産評価に関する制度

1　企業会計法の相互の関係

刑事責任は、事前に予測不能な結果について後視的観点から問うものであってはならない。本件で鈴木被告人の責任根拠とされる法律は、平成10年3月末までの銀行の会計に関する法令である。

企業会計法の法源としては、一般には商法総則、会社法、証券取引法、税法が挙げられる。銀行では、商法、企業会計原則等が償却・引当制度の基本的な枠組みと考えられているが、その業務の公共性、社会性から一般の事業法人以上に資産内容の健全性を要求されるので、銀行法に基づく銀行局長通達において決算経理基準を設け、銀行はこの基準により適正な決算経理を行い、自己資本の充実と資産内容の健全化を図ることとされてきた。したがって決算経理基準は、商法、証券取引法、税法等の基準を下回るものでないことは言うまでもない。

日本では商法と証券取引法とがいずれも企業会計の実体面を規制し、証券取引法が適用される株式会社については、会計及び監査が二重になる。そこで商法の計算規定と企業会計との調整が計られてきた。しかし、通説は、商法の観点から「公正なる会計慣行」と評価されるものが『企業会計原則』の支持する会計処理方法と一致する場合があるとしながら、『企業会計原則』自体は法的な拘束力をもつものではないとしている（弁243）。

ところが、平成10年6月16日の『商法と企業会計の調整に関する研究会報告書』（弁241）は商法32条2項の斟酌規定の解釈上、企業会計原則は、『公正なる会計慣行』の中心をなすと明示的に指摘した。また、平成10年11月24日、法務省が、財務諸表規則の1条2項を改正し、企業会計審議会の公表する企業会計の基準が一般に公正妥当と認められる企業会計の基準にあたる旨を定めたことにより、証券取引法上、企業会計原則の法規範性が認知された。

ただし企業会計原則は、後に見るように極めて抽象的な規定にとどまっているのでその有効に機能する範囲は限られている上、企業会計原則に関するこれらの動きは本件決算期以後のことに注目すべきである。

更に、法務省民事局は、平成13年4月18日に商法等の一部を改正する法律案中間試案を発表したと伝えられている。これによると、「第二十　資産評価等に関する規定の方法」では、『株式会社の会計帳簿に記載すべき財産の価額については、第34条の規定は適用しないものとし、財産、繰延資産及び引当金の額並びに記載の方法は、法務省令で定めるものとする』ことが提案されている。そして証券取引法上の要求に従って作成された貸借対照表及び損益計算書を商法上の計算書類として扱うことの当否が検討されている。このような改正の動向は、違法配当罪との関係では、罪刑法定主義の観点から疑問なしとしない。

なお、平成14年2月13日、法制審議会は、商法等の一部を改正する法律案の要綱を決定したと伝えられる（ジュリスト1219号181頁以下）。

これによると、計算関係規定については、従来とは異なり、ほぼ全面的に省令に委任されている。

すなわち、要綱によると、株式会社の会計帳簿に記載又は記録すべき財産については、資産評価の原則に関する商法34条の規定にかかわらず、法務省令の定めるところにより、その価額を付さなければならないものとし、金銭債権の評価に関する第285条の4も、削除することとされている。そして配当可能限度額の算定に関する商法293条1項4号及び6号の規定を削除し、いずれも法務省令で定めるものとしている。

その立法化の当否をここで論ずる暇はないが、少なくとも本件は、現行の法令の下における事案であって、伝えられる法案のように、銀行の会計帳簿の記載を、監督官庁でもない、法務省の決めるところによって価額を付すべきものとは、されていない時代の事案であることに、くれぐれも留意すべきである。

本件決算期の当時においては、明確な資産評価の基準は商法上も、政令によっても、定められておらず、これに対し、法人税法の会計が確定決算主義を採用しておりながら、明確かつ詳細な会計基準を定めており、実務上、資産評価については税法基準が一般に用いられていたのである。

2　商法、計算書類作成規則

(1)　商法における金銭債権の評価と償却引当

商法32条第2項は、「商業帳簿の作成に関する規定の解釈については公正なる会計慣行を斟酌すべし」としている。

また、金銭債権の資産評価について商法285条の4は、原則として額面主義をとり、同条第2項において「金銭債権に付取立不能の虞あるときは取り立つること能はざる見込額を控除することを要す」としている。

資産の評価基準としては、「取得原価基準」、「低価基準」、「時価基準」などがあるが、商法及び企業会計原則は、原則として取得原価基準を採用し、これに部分的に修正を加えている。いずれの基準を採用するかは、会計の対比・選択の問題であるとされている。

商法が原則として、取得原価基準を採用した理由は、取得原価基準によれば、経営者の恣意的な評価を防止できると考えられたこと、誰が測定しても同じ結果を導けるため、会計監査に適していると考えられたことなどによると言われている。金銭債権についても額面主義をとりつつ、取立不能の虞があるときは償却又は引当を要することとして取得主義に一定の修正を加えているが、判断の恣意性、多義性は免れ得ない。

ここで、「取立不能の虞」あるいは「取立不能の見込額」がなにを意味するかは必ずしも明らかではなく、客観的な判断基準はない（岸田弁148の12頁参照）。商法の規定は客観的、具体的な基準としては機能しておらず、経済価値を反映するルールを作ることはもともと難しい。

金銭債権の評価について、銀行法の改正（1966年6月12日の改正）により一定の金融機関の行なう特定取引について一定の条件のもとで資産評価について時価法が導入され、また商法の改正により市場価格のある金銭債権については時価を付するものとすることができる（商法285条の4第3項）とされた。商法上選択性を認めた会計処理について銀行法の通達で一つの会計処理の強制を行うこと（たとえば有価証券の評価について低価法を採用した例）も解釈論上、極めて困難な問題があると指摘されている（岸田「規制産業とその企業会計規則」弁148（9頁）参照）。

このように資産評価に関する原則及び基準の改正は、商法または銀行法の改正によるのであり、監督庁の単なる通達ではできないことは明らかである。

金銭債権の評価、すなわち償却引当の基準は、商法上、一義的ではなく、企業経営者に相当広範な裁量権が認められており、仮に裁量権を逸脱していると評価される場合であっても、基準が不明確である以上、直ちに刑事法上、違法であると評価できない。

取立不能の虞については、商法上、一般には、債務者の資産状態、取立のための費用及び手続の難易などを総合し、企業関係者の社会通念によって回収不能のおそれあるときをいうと解されているが、とりわけ社会通念について判断をするときは証拠に基づいて慎重に判断をなすべきである。

(2)　商法計算書類規則

法務省は、昭和37年の商法改正にともない、株式会社の貸借対照表、損益計算書、営業報告書及び附属明細書に関する規則（「商法計算書類規則」という）は、商法281条による計算書についての記載方法を定めている。

計算書類規則は「会社の財産及び損益の状態を正確に判断できるように明瞭に記載しなければならない」（1条）とし、「売掛金等の金銭債権のうち破産債権、更生債権その他これらに準ずる債権で決算後一年以内に弁済を受けられないことが明らかなものは、投資等の部に記載しなければならない」（7条）とした上で、「流動資産の部に記載した金銭債権のうち取立不能のおそれがある場合には、その金銭債権が属する科目ごとに取立不能見込額を控除する形式で記載しなければならない」（10条）、「投資の部に記載された長期の金銭債権についても同様である」（20条）と定めている。しかし、いかなる場合に取立不能のおそれがあると判定するかについては何らの基準も明示していない。

その上、法務省の商法計算書類規則は、銀行には適用されない。すなわち、建設会社、銀行、保険会社等一定の業種については、それぞれの業種に応じ書類作成上の特殊性や決算経理上の基準があるので監督庁の定める省令等によることとされている。長期信用銀行については、長期信用銀行法にもとづき大蔵省の省令である「長期信用銀行施行規則」が適用される。

3　証券取引法及び財務諸表作成規則（略）

4　企業会計原則

企業会計原則及びその注解は、商法32条2項の「公正なる会計慣行」条項、法人税法22条4項の「公正会計処理基準」、証券取引法上の財務諸表規則等を通じて法規範性を有すると言われている。

会計基準は蔵相の諮問機関の企業会計審議会が決めるが、大蔵省の「裁量」で、企業会計の原則が踏みにじられる例も見られた。

金銭債権の資産評価について、企業会計原則は、極めて抽象的に「債権の貸借対照表価額は、債権金額又は取得価額から正常な貸し倒れ見込み額を控除した金額とする」と定めているのみで、「正常な貸倒見込み額」の判断基準については何ら述べていない。

引当金については、「企業会計原則注解18（引当金について）」が、「将来の特定の費用又は損失であって、その発生が当期以前の事象に起因し、発生の可能性が高く、かつ、その金額を合理的に見積もることができる場合には、当期の負担に属する金額を当期の費用又は損失として引当金に繰入れ、当該引当金の残高を貸借対照表の負債の部又は資産の部に記載するものとする。……発生の可能性の低い偶発事象にかかる費用又は損失については、引当金を計上することはできない」としている。

すなわち、引当金を計上するには、①将来の特定の費用又は損失、②起因事象が当期以前に存在、③発生の可能性が高い、④金額の合理的見積が可能の4条件を充たすことが必要であるとされているのである。

企業会計上、債権の回収不能見込み額の控除又は貸倒引当金の繰り入れは損失となる。しかし、企業会計上の損失が税法上、損金として取り扱われるか否かは、理論上は、別問題である。そこで金融機関が不良債権の評価損を計上するかどうかは国税当局と相談しながら決めているのが実態であった（96・10・30日経、鈴木27回20頁、77頁）。

ところで、銀行の支援先に対する貸出金について「損失の発生の可能性が高い」と言えるであろうか。貸倒れが発生するのは、資金繰りが破綻し、返済不能となる場合であるが、金融機関が支援方針を決定し実行している限り、資金繰り破綻はあり得ない。もとより銀行が支援を行うのは、銀行の利益に資するものでなければならず、経営陣がその時々の経済・金融環境から見て著しく不合理で、銀行の利益に反する支援判断を行えば、銀行に対する任務違背となる。

その反面、金融機関が支援方針を決定している場合、その方針の決定にあたった者が背任とされるような場合を除いては、この基準によると損失発生の可能性が高いとは言えず、貸倒引当金の計上は認められないと考えられていたのである。この点に関し、近時、民事再生法適用企業に対する金融の円滑化のため、再建途上企業への融資について金融監督庁が検査指針を見直し不良債権の扱いをしないこととすると伝えられている（弁176、178）。

5　税　法

(1)　「公正処理基準」

法人税法は、債権は一般的にその債務者の総財産を担保とするものであるから部分的な価値の減少は考え難いこと等から回収不能の認定を厳格にして、債権の放棄である全額貸し倒れ、債権の切捨て額の確定等の一部貸し倒れの場合の法的事実を求め、その判定基準を詳細かつ明確に通達によって規定する一方、債務者の支払い能力についても、一定の事実の発生した場合に法人の貸し倒れ処理をそのまま認める扱いとしており、実際上、これが企業会計実務を左右する影響を与えていると言われている。

しかしながら、法人税法における法人の収益・損金の額は「一般に公正妥当と認められる会計処理の基準」に従って計算されるものとする（同法22条4項）とされており、商法及び企業会計原則等に基づく公正妥当な基準に違反するものではない。

法人税法22条4項は、法人所得の計算が原則として企業利益の算定の技術である企業会計に準拠して行なわれるべきこと（「企業会計準拠主義」）を意味している。企業会計と租税会計との関係を別個のものとすることも制度上は可能であるが、法人の利益と法人の所得が共通の観念であるため、法人税法は企業会計準拠主義を採用した（金子宏「租税法」弘文堂（第4版）231頁以下）。むしろ、この法人税法上の「公正処理基準」は、企業の会計処理に用いている企業会計原則、商法及び証券取引法の計算規定、更には確立した会計慣行のうち、一般に公正妥当であると認められないものだけを税務上も認められないこととする基本方針を明らかにしたものと解されており（武田昌輔「立法趣旨法人税法の解釈」62頁参照）、法人税法や租税特別措置法は、企業会計原則の内容や確立した会計慣行が必ず公正妥当とは限らないこと、また企業会計原則や確立した会計慣行が網羅的とは言えないことなどから詳細な規定をおいている。

このように法人税法は、貸倒れ引当金の計算について極めて詳細な規定を定めており、その範囲でのみ損金すなわち費用計上が認められていることから、実務上、多くの企業がその限度にしたがって金銭債権の償却引当を行なっており、税法基準が大きな影響を有している（岸田雅雄「企業会計法入門」弁147（79頁）、中嶋50頁）。

(2)　貸金の償却引当と法人税

法人税法や租税特別措置法は、損金の額の計算について詳細な規定をおいているが、それらの規定はもとより公正妥当な会計処理の基準であり、規定のない場合にはなにが公正妥当な基準であるかの解釈を通じて損金の意義と範囲とを決めることになるのである。

ところで法人税法は原則として実現した損失のみを損金に算入することとしているから、資産の評価換えをしても、その評価損は損金の額に算入されないのが原則であり、例外的に法人税基本通達により貸倒損失を認めている。

また引当金は、企業会計の観点から見ると、将来の損失であってもそれを当年度の収益を生み出すのに役立っている場合には、その金額を損失として計上することによって、費用・損失と収益とを対応させて、期間損益を正確に把握・計算するための技術である。法人税法は、貸金の貸倒による損失の見込み額として、貸倒引当金勘定に繰り入れた金額のうち、法人税法施行令に定める貸金額の一定割合（金融及び保険業については1000分の3。法人税法施行令第97条）又は過去3年間の経験値による貸倒見込額のいずれかを限度としていた。

企業は、一般に過去3年間の経験値による貸倒れ見込み額によるよりは、法定の繰入れ率を繰り入れることを選択していたのである。いわば法人税法は、企業会計処理上、当年度の損金としてさしあたり、この限度の貸倒引当金の額を引当てることをもって公正妥当であると見ていたのである。

しかし、法定繰入れ率の運用は、実務上、固定的に運用される傾向があったため、平成10年の税制改正によって法定繰入率は廃止された（弁66）。しかし、この制度改正は企業の会計に重大な影響を与えるので、平成15年まで5年間の経過措置が設けられている（弁228）。およそ金銭債権の償却引当にかかる企業会計基準の変革は、企業を破綻に追い込むことを目的とするものではないのであるから、税法においてさえ、かかる経過措置が設けられているのである。

いずれにせよ税法が、会社の計算に大きな影響を与えており（弁147（27頁））、特に法人税法の特に22条ないし64条の規定は実質的な会計規定となっており、さらに法人税法施行令、施行規則は重大な企業会計法になっている。

大蔵省が銀行の決算経理基準において、税法の基準を充たすこととしていたのは、銀行の経営の健全性を確保する見地から、税法上の基準に銀行の決算経理基準としての合理性を認めていたからである。

平成10年3月期の決算当時、なお原則は「税法基準」という認識であった（鈴木26回95頁）。この点は平成8年11月の金融機関の決算経理に関する検討会においても、税務会計と企業会計をできるだけ一致させていくべきであるとする意見があり（弁226）、自己査定制度の導入に伴って税法基準から離れることとされた（内藤、西崎）のちも、全銀協は相変わらず、無税償却の強い要望を出している（弁224、鈴木32回8頁）ことからも十分に窺われるところである。なお、一般に、貸倒引当金の額は、税法基準をとっている（弁147岸田58頁参照）。

政府与党の緊急経済対策に対し、銀行の財務改善には、不良債権を貸借対照表から直接償却する決意とともに、償却財源を担保する税制措置を伴わねばならないという批判がある（弁177「不良債権直接償却の盲点―税務面での対応に不備」）。その趣旨は「日米では不良債権処理の環境にさまざまな違いがあるが最大の違いは税務面の対応にある。米国では金融当局や会計監査で第4分類債権と認定されると無条件で無税償却できるのに対し、日本では無税償却が認められるには金融当局とは別に国税当局の認定が必要であるとされている。償却体力への配慮の差もあり、米国では不良債権償却で増える損金を15年先まで繰り延べできるほか、損金処理のため過去に銀行が払った税金を還付する繰り戻し措置も3年分認めている。これに引き換え日本では繰り延べ5年で繰り戻しはわずか1年（それも1992年から停止中）とされている。利益は当期で処理し、損失は複数年で対応するのがシャウプ勧告依頼の原則のはずであるのにこれではなかなか不良債権処理が進まない」というものである。

(3) 不良債権処理と税法

金融機関の不良債権問題に対する税務当局の対応は極めて消極的であり、「これほど長く不良債権を処理しきれなかったのは、これに呻吟する銀行の責任だけでなく、その原因の一端は「貸倒れ」の基準を極めて厳しく解することにより早期の処理を妨げてきた税務基準にもあるのではないか」との指摘がある（岸田雅雄「不良債権処理と商法、税法、企業会計」判例タイムズ1079号20頁）。従来、金融機関が申請しても、説明や資料が不十分であるとして、大蔵省の金融検査部がⅣ分類と判定せず債権償却証明を出さないケースもあったのである（鈴木11回152頁）。

このような国税当局の消極的態度を端的に示すのが、政府の住専処理策に協力した金融機関に対してなした更正処分の例である。旧住専の母体行として閣議決定に基づき母体行債権の全額放棄の要請を受け、興銀、長銀等の民間金融機関が、旧住専向け債権の全額を直接償却し、債権放棄をした上で、平成8年3月期の決算において損金に算入した申告につき、税務官庁は、興銀、長銀等のかかる債権の全額償却は公正妥当な会計処理とは言えないとして全額を否認し、更正処分並びに過少申告加算税賦課決定処分をなしたのである。国税当局は、興銀に対する法人税更正処分等取消し請求事件で、「債権が回収不能と認められるためには、強制執行、破産手続、会社更生、整理といった回収不能を推定し得る法律的措置がとられた場合及びこれに準じるような場合、すなわち債務者の死亡や所在不明又は事業閉鎖というような回収不能の事実が不可逆的で、一義的に明白な場合に限られる」と主張したことが、この事件の第一審判決（東京地裁平成13年3月2日判決　判例時報1742号25頁）の判決文上、明らかである（弁25、弁34）。

またこの判決は、債権放棄に経済的合理性のある一定の場合には債権放棄の寄付金該当性を否定する取扱が行なわれている（法基通9-4-1）が、問題の債権放棄の場合にも、系統や一般行という多くの同業者から信義則に反するとの非難を受け、更には回収可能額を超える損害を発生させる虞があるとの判断の下に、むしろ債権放棄をすることによって、それ以上の責任を追及されることによる負担の増加をできるだけ避けるのが得策であると判断したことによるものであって、これも経済的合理性があると認め、損金算入を否定した更正処分を取り消した。なお、長銀も同様に更正処分の取消しを求める訴訟を提起していたが、公的管理銀行となるや、訴えを取り下げた（鈴木27回171頁）。

支援先に対する債権については、税務上、法人税法基本通達9-6-4（認定による債権償却特別勘定の設定）の条件として「事業好転の見通しがないこと」が必要な条件とされているが、この条件に該当するか否かの審査基準として、追加的な支援を予定している場合には、原則として事業好転の見通しがないと判断することは適当ではないとされている（「不良債権償却証明制度実施要領について」高橋洋一357頁所収）。

平成9年10月に公認会計士が執筆したハンドブックによると、金融機関が経営上の困難に直面した貸出先に対して金利減免等により支援を行なっている債権については、引当金の計上に合理性が認められる場合があると考えられるようになってきてはいるが、保全不足額の全額を有税で引当てるという場合には明らかに自己矛盾であると考えられている（弁96）。

このように税法は、不良資産の処理にとって重大なハードルとなっていた。

6　銀　行　法

銀行法は、信用を維持し、預金者等の保護を確保するとともに金融の円滑を図るため、銀行の健全かつ適正な運営を期し、国民経済の健全な発展に資することを目的としている。

昭和42年9月、大蔵省は、銀行局通達をもって銀行の経理処理に関する統一基準を定めた。

昭和50年には銀行法施行細則により、商法に基づく「計算書類規則」、証券取引法に基づく「財務諸表等規則」と調整をはかった。

昭和56年6月、銀行法が全面改正され（昭和57年4月施行）、新銀行法の施行規則によって、銀行の統一経理基準通達も、通達「普通銀行の業務運営に関する基本事項等について」（昭和57・4・1付蔵銀第901号「基本事項等通達」）に整理統合された。この通達に添付された「普通銀行の業務運営に関する基本事項」に基づいて健全性の確保の観点から指導、監督を行ってきたが、銀行の決算経理については、この通達中の「第5　経理関係について」で、「決算経理基準」を定めていた。

大蔵省は、近年、日本の金融システムの安定化をはかるために、預金の保護を確保しつつ、不良債権問題を処理し、更に自由化を進める課題に取り組んできたが、平成8年に銀行法を改正し、是正措置を具体的に定める一方で、これを命じる要件として「銀行の自己資本の充実の状況」の判断基準を政令で定めることとし（同法26条）、こうして平成10年4月1日から早期是正措置が導入され、資産の評価の「手法」（内藤18頁）として自己査定制度が採用されることとなった。

(1)　決算経理基準

従来の決算経理基準によると、金融機関の不良債権については「回収不能と判定される貸出金及び最終の回収に重大な懸念があり損失の発生が見込まれる貸出金については、これに相当する額を償却するものとして税法基準を援用し、有税償却するときは、その内容をあらかじめ当局に提出するものとする」とされていた。具体的には回収不能見込み額を貸倒引当金として負債項目に繰り入れ（「間接償却」という）、回収不能額を直接貸借対照表の資産項目から引き落とす（「直接償却」という）とされた。実務上、一般に債権にかかる損失がすでに発生し、損失額がほぼ確定しているが、担保物の処分が完了していない等、回収の途中にあるときは間接償却を行い、その後、回収作業が完了して最終的に回収不能額が確定したときに直接償却が行われることとされてきた。

自己査定制度の採用に先立って、「決算経理基準」のうち経理処理原則、資産の評価及び償却、諸引当金及び諸準備金の繰入れが改正された（平成9年7月31日蔵銀第1714号「新旧対照表」弁181）が、「決算経理基準」は、平成10年6月10日に廃止されるまで存続した。

従来、長銀の財務諸表は、「財務諸表等の用語、様式及び作成方法に関する規則」（昭和38年大蔵省令第59号）第2条の規定に基づき、同規則及び「長期信用銀行法施行規則」（昭和57年大蔵省令第13号）により作成され太田昭和監査法人の監査を受けてきた（例えば弁3参照）。

銀行が従わなければならないルールは大蔵省によって慣行的に行なわれてきたが、当然商法、企業会計原則を受けたものであると理解されてきた（甲56資料4）。

平成8年度決算書によれば重要な会計方針として、引当金の計上基準の項に、貸倒引当金については、銀行業の決算経理基準に基づき税法上の貸金の1000分の3.0に相当する額を引き当てているほか、貸金等について回収可能性を検討して計上しているなどと記載されている。

この決算経理基準について、公認会計士協会は、昭和51年に公正なる会計慣行として取り扱う旨の意見書を取りまとめており、その後その見解は見直されていないし、銀行の貸出金の償却又は引当について大蔵省の示した通達、指導等について、異論を唱えた事実もない（中嶋78頁）。要するに大蔵省の決算経理基準及び資産の査定、償却引当に関する取扱は、一般的に支持されていたのである。

これに対し、改正後は、「資産の評価は、自己査定結果を踏まえ、商法、企業会計原則等に基づき各行が定める償却及び引当金の計上基準に従って実施するものとする」とされた。そこで平成9年度決算書では、改正後の銀行業の決算経理基準に基づき、予め制定した償却・引当基準に則り、貸倒引当金を計上している旨が記載されている。

(2)　不良債権償却証明制度

課税上、一般に、事業会社の債権の貸倒損失の認定は税務当局が行うが、金融機関の貸出金債権については、国税庁は、独自の判断を差し控え、大蔵大臣官房金融検査部の金融検査官が「回収不能又は最終の回収に重大な懸念があり、損失の発生が見込まれる貸出金であること」を証明した金額に限り、税務上も損金として経理処理をすることが認められてきた。この制度は、昭和25年以来実施されていたが、昭和30年2月、「不良債権償却証明制度実施要領」（昭和30・2・24銀秘第933号）によって従前の各種通牒を統一した。この通達によると、「金融機関の不良債権償却証明制度は、国税庁との協定に基づき実施せられ、金融検査官が第四分類及びこれに準ずるものとして証明した不良債権の金額は、原則として法人税法上損金に認められることとなっている。金融機関が必要な償却を行い、資産内容の充実を図ることは望ましいが、証明官の審査が厳に失し、あるいは寛に流れるときは本制度本来の意義を失うおそれがあるので、税務当局と密接な連絡を保ちつつ、適宜かつ慎重に行うようにする」とされていた。したがって金融機関としては、各期末の償却予定債権を報告し、金融検査官の査定により、適当と認められ償却証明を受けた債権に限り、無税で償却することが認められたのであり、有税償却については言及されていなかった。

平成4年6月、「不良債権償却証明制度等実施要領について」（平成4・6・25蔵銀第1237号）が、右通達を引き継ぎ、平成5年11月、不良債権の実態に応じた取り扱いをするため、同名の通達（平成5・11・29蔵銀第439号）が出された。この通達も、有税引当等についてはその内容を当局に届け出ることとし、平成6年2月8日に政府の総合経済対策と同時に、大蔵省も金融機関の不良資産問題についての行政方針（弁248）を発表し、同日、上記通達の内容を一部改正した。

しかし、この指針の前後に銀行局は、再建計画が策定されている債権については引当金は要らないという見解を示した（高橋21頁）。この見解は住専処理にあたって政府がとった方針を踏まえたものである。

しかも当時は引当金は税務基準であればかまわないという基準が会計士から示されており（高橋29頁）、金融機関の金銭債権については有税引当の例はほとんどなかった（同30頁）ので、さしあたり「有税引当をできる」ことを明らかにしたのである。これを公認会計士の側から言えば、実務上は、償却証明制度の下で無税償却・引当については大蔵省の承認を必要としており、有税の償却・引当についても、（平成9年3月期以前は）事実上、大蔵省の了解の下に行われていた（秋山9頁）。

その後、平成9年度中である平成9年7月4日に「不良債権償却証明制度」は、廃止された。なお、中嶋証人は、不良債権償却証明制度の廃止の理由について、税効果会計が認められるようになったからであると述べたが、税効果会計が導入されたのはこれよりのち、平成11年3月期からであるから、償却証明制度の廃止の理由とはなり得ず、明らかな誤りである。

(3)　銀行の決算経理に関する「公的規制の廃止」と資産評価の基準

早期是正措置によって金融機関の経理から公的規制を廃止し、第一次的には金融機関の自主的な自己査定に委ねたといわれる。しかし、その実情は果たしでどのようなものであったか。

ア　不良債権償却証明制度の廃止と自己査定制度の導入

大蔵省銀行局長山口公生は、平成9年度の決算期の期中である平成9年7月4日に「不良債権償却証明制度」を廃止し、同年7月31日、「普通銀行の業務運営に関する基本事項等について」通達の一部を改正する通達（蔵銀第1714号）を発した（弁181）。これによると、第1経営関係の項目の中で、各行においては、「商法、企業会計原則及び第5に定める決算経理基準をも勘案し自己査定基準を作成し、当該基準にもとづき自らの資産を検討・分析して、回収の危険性又は価値の毀損の度合いに応じて分類区分することが必要である」としている。

決算経理関係では経理処理の原則や資産の評価及び償却について変更があり、引当金等の繰入に関する部分は削除されている。

しかし金融機関の不良債権の償却・引当は、平成9年3月期まで、大蔵省検査、日銀考査、大蔵省検査部における償却認定、すなわち税法を基準とする大蔵省の査定を考慮に入れて、銀行の不良債権担当セクションが要償却・引当額を算定してきた。ただ大蔵省は貸倒償却に対して消極的であり、償却証明を求めるために「復活折衝」が行なわれた。大蔵省検査部審査課に償却証明を申請しても償却証明が得られない場合には、結果的には本来貸倒償却されるべき債権まで引き続き資産として計上されることとなる（鈴木11回152頁）。

従来は、これと並行して監査法人が資産内容を抽出などの方法により調査し、これらを総合して、決算担当部署が償却引当額の原案を作成し、最終的に役員会において決定していた。

自己査定制度の導入によって、この方式が変更され、各行の定める自己査定基準に基づいて行内で査定を行い、償却引当を行なうこととされたのである。制度上は、不良債権償却証明制度の廃止によって、銀行が資産の健全性を自ら把握し、不良債権の範囲を自ら認定し、引当金を積み増したり、償却を行うかを自ら決定することができるようになった（「不良債権の範囲どこまで」97・8・20日経）。しかし、早期是正措置の導入と、不良債権償却証明制度の廃止、決算経理基準の改正は、手法の変化にすぎず、不良債権の資産評価及び償却・引当の基準自体については、従来の金融検査部ないしは税務当局の扱いを変更するものではなく（中間取りまとめ、西崎18頁、内藤）、また金融機関に対しても査定の基準を変更するとは説明されていない。

イ　原価法の採用を認める措置

大蔵省は決算経理基準の改正、自己査定制度の導入などの措置によって、金融機関の資産の評価に関する事前指導を全て廃止したわけではなかった。事実、この間にあって、大蔵省銀行局長は、平成10年2月27日の「普通銀行の業務運営に関する基本事項等について」と題する蔵銀第468号を新たに発して決算経理基準の一部を改正し、有価証券の評価法について従来、低価法によることとしていた規定を削除し、原価法を選択することを認めた（弁192）。

これは97年暮れから98年にかけての金融危機の事態に対し、政府が金融機関の決算に対応するためにとった措置であり、この扱いの変更は通達によるものであった（商法285条の6参照）。通達がなければ、銀行はそのような基準によることはできなかったのである（大岩101―104頁）。

なお、大蔵省のこの措置により、主要行19行のうち、14行が原価法を採用した（弁14）。

ウ　金融関係通達（「決算経理基準」、「行政の運営方針」など）の廃止

ところで大蔵省銀行局長は、平成10年6月8日に至り、普通銀行、信託銀行、長期信用銀行の代表者等に対し、金融関係通達の廃止についてという通達を発し、前記「普通銀行の業務運営に関する基本事項等について」などの基本通達をはじめ、不良債権の処理に関する行政の方針を示した「金融行政の当面の運営方針について」、（平成4年8月21日事務連絡）、あるいは「金融機関の不良資産問題についての行政上の指針について」（平成6年2月8日通達）などを廃止し（弁194）、更に前記改正後の「決算経理基準」自体も、本件平成10年3

月期の決算の終了した後である平成10年6月10日に廃止した。

本件の決算期は、まさに制度の変革の端境期のことである。これに対し、検察官は、平成9年度の決算について自己査定基準として大蔵省が示したガイドラインである資産査定通達等を根拠としてその違法を主張する一方で、平成9年度以前の決算期の決算も違法であるかのごとく主張する。

しかしながら　長銀においては、平成8年当時、貸倒損失・債権償却特別勘定繰り入れは、債務者の状況等に関する要件を検討し、税務上損金算入が認められるものについて償却引当を行なった（乙33添付資料3「貸倒損失・債権償却特別勘定繰入れのフローチャート」、秋山証人31、34頁）が、銀行局の指導監督のもとで適正に行なわれ、監査法人の適正意見を得ているのであるから、検察官の主張は言いがかりと言わざるを得ない。

第4　支援先に対する貸出金と会計基準

1　関連親密先に対する貸出金の特質

検察官が指摘する償却・引当不足とされる貸出金債権は、長銀の関連会社ないし関連親密先（以下、単に「関連親密先」ともいう。）を貸出先とするものであり、これを一般の貸出先（一般先）と同様の考え方で捉えることは、長銀だけではなく銀行一般の実情からいって明らかに誤っている。本件公訴事実の成否を考える上で留意すべきは、銀行業務を判断する上での専門性であり、銀行にとって関連親密先がいかなる存在であったかの深い理解を抜きにしてそれは成しえないというべきである。

すなわち、例えば同じ失火であっても、焚き火による失火と大規模な化学工場における技術上の問題に関連した失火とでは、過失の有無の判断過程に差異があるのは当然であって、前者の場合は、日常的な知識経験、法律的に言えばいわゆる経験則のみによって、過失の有無が判断できる場合が大半であろうと思われるが、後者の場合は、専門的な領域に踏み込むことなく、単なる経験則のみをもって過失の有無を判断することができないのは明らかであろう。

このことは、本件にも当てはまる。具体的には、同じ金融であっても、いわゆる質屋や街金と言われる金融業者の行っている事業と銀行などの金融機関の行う本来の意味における金融事業とでは、リスク、担保、融資先との関係等のすべての面にわたって、質的に大きな差異があり、その意味で、後者における金融事業が、単純な質屋金融などに照らした経験則をもってしては到底理解し得ない専門領域に属することは明らかである。

したがって、本件の成否についての判断は、上記の意味での専門性を前提としたものでなければならない。

銀行が銀行法上営むことができないが、金融関連業務であることが明確で、しかも銀行業務と同時に必要となり派生してくる業務については、顧客の多様なニーズに適切に対応し、既存の取引基盤を維持・拡大するために不可欠な機能であることから、一人長銀に限らず全ての銀行が関連会社（関連親密先）を設立し、これに対応してきた。かかる関連会社が存在するか否かは当該銀行の競争力を決定することになるからである。

関連会社は、法形式としては銀行とは別法人ではあるものの、金融界及び取引先等からは事実上銀行本体と同一視されるに至っている。そのため当該銀行は、社長をはじめ主要役職員には内外から十分納得の得られる人材を派遣し、資金面、情報提供面等の各種支援をおしまないのである（被告人鈴木の第11回公判供述、被告人大野木の公判供述ほか）。

かかる銀行と関連会社との一体性の認識は、企業間、金融界において疑いようのない常識であり、長銀にもかかる意味での本件でも問題とされている関連会社が存在していた。

これら長銀の関連会社は、本来長銀が具備しなければならない諸機能を担っており、正に一心同体の関係にあり、かつこれら機能は今後も長銀の業務展開において必要不可欠なものであった。

したがって、長銀がこれら関連会社に支援を行う意図を有していたのは極くあたり前のことであり、そもそも一般先に対する融資と同一の次元で議論すべきことではないのである。

検察官は、融資先企業の「実態」につき、企業内容、例えば実質的債務超過か否か、債務超過の場合本業の収益の何年分で解消できるかなどの単純な数値を問題にしているが、それはあくまで当該企業の破綻する可能性の判断を意味するというべきであり、「破綻可能性」の判断は、機械的に把握しうる企業内容とは異なり、例えば、実質債務超過であっても、メインバンク制の下では、メインバンクが資金を支援を継続する場合は、多くの金融機関がメインバンクのリスク負担を前提にメインに追随することとなり、破綻の可能性はほとんどないに等しいのである。

かかる認識は、平成10年3月期決算当時の金融界の常識なのであり、メインバンクと企業との関係よりもなお銀行と密接な関係にある関連会社の場合、銀行が支援意思を有する以上、関連会社の破綻可能性は全くないといってよく、母体銀行の信用力が低下したとしても自己査定において、当事者が自ら一体と認識する関連会社を破綻（ないしその可能性あり）と認定することは、当時ありえないことであり、そうであるからこそ長銀の自己査定基準は、監査法人からも資産査定通達に合致するものとされたのであった。

母体銀行と関連会社との上記関係が当然視されることは、一体視されるほどではないメインバンクと企業との関係をみればより明らかとなるので、以下メインバンクについて述べる。

(1) メインバンクの機能

メインバンクの一般的な意義、機能等を論ずると、以下のとおりである。

ア　メインバンクの意義、条件等

「メインバンク」という言葉はかなり一般的に知られているが、その意義、条件等は経験則によって理解し得るようなものでなく、金融の専門的な知識にかかるものであるところ、同意義等については、平成6年11月20日刊行の「変革期の金融システム」（東京大学出版会発行・貝塚啓明等編）中の日本銀行金融研究所・鹿野嘉昭担当にかかる「3章　銀行企業間の最適契約としてのメインバンク(──国際比較から見たメインバンク関係の日本的特徴──)」(弁29号証・以下「鹿野レポート」という）において

「……メインバンク関係とは、ある一定の条件の下で成立する銀行と企業との間の相互に最適な契約を化体した制度的慣行ないし仕組みであり、貸出順位1位などメインバンク関係に関する定型化された事実は、そうした最適契約に基づく取引の結果として観察される事象と考えられるのである。ただし、この契約はとくに明文化されておらず、お互いに相手の利益最大化につながるよう行動する、あるいは内部的な協調関係を維持するという両者間の暗黙の合意の上に成り立っているものであり……」（「2．メインバンクをどのようにとらえるか」「2．1　メインバンクの意味するもの」・72頁）

「……メインバンクは、借入企業に対し安定的な資金供給（経営危機に際しての救済融資の実行を含む）を確約しているがゆえに、企業からは、メインバンクは資金面での『精神的支柱』と称されることが多い」「メインバンク関係とは、ある特定の銀行が取引先企業の経営状況や信用度を常時監視し、そこで得られた当該企業の信用度に関する情報を貸出の実行を通じて他の銀行に伝達する、あるいは情報生産に対する『ただ乗り』を容認することにより、メ

インバンク以外の銀行による貸出を誘い出そうという制度的仕組みと考えられるのである。そして取引先企業が資金的な面での困難に直面したときにはメインバンクが率先して救済の手をさしのべるのは、その他の銀行に対してコミットした貸出の安全性を事後的に保証するためといえよう。」（「2．メインバンクをどのようにとらえるか」「2．2　資金の安定供給契約としてのメインバンク契約」・74、75頁）などと各記述されている。

また、従来言われてきた「メインバンクの条件」については、同じく「鹿野レポート」において「……これまでの研究においてはメインバンクに関する定型化された事実として、①数ある銀行のうち最大の融資シェアを誇る銀行、②借入企業の株式保有に関しても銀行の中では最大の持株シェアを誇る、③借入企業に対し役員を派遣している、④長期、固定的な総合取引である、⑤借入企業が経営危機に陥ったときには救済策を積極的に講じる、といった点……」（「1．これまでの議論の批判的検討」・69頁）と記述されているところ、その①ないし④は、文字通りの「メインバンクの条件」であり、⑤は、いわば「その効果」とも理解されるが、ちなみに、本件当時の日本長期信用銀行の関連会社ないし関連親密先に対する関係が同①ないし④に該当することは本件関係証拠によって明らかである。

同⑤の関係は、次に触れるとして、②の株式保有については、「鹿野レポート」において「銀行による取引先企業の株式保有という観点から、銀行と企業との関係を考える。日本の場合、銀行は制度的に株式の保有が認められている。実際、銀行が取引先企業の株式を『声なき安定株主』として、独占禁止法に基づく株式取得規制の範囲内で大量に保有し、現経営陣の策定した経営方針や長期的な投融資計画を支持する一方で、乗っ取り、企業買収のリスクから守るなど企業経営権の安定化に努めてきたのは多くの論者が指摘するところである。こうした銀行による株式保有は、銀行と経営者との間の企業経営権の安定化に関する最適契約としてとらえることが可能であり、それはまた、平時は企業経営権の安定化に協力しているが、『いざという時』には銀行が企業経営権へ介入しうる権限を留保していることを意味している。こうしたメインバンクによる借入企業の経営権への関与は、平時、有事を問わず、銀行資産の健全性をより確実なものとする方向で作用しうるとみられるため、銀行による株式保有は銀行、借入企業の双方にとって最適であったと考えられるのである」（「2．メインバンクをどのようにとらえるか」「2.3　企業経営権の安定化契約としてのメインバンク契約」・75頁、76頁）と記述されている。

イ　メインバンクによる融資先救済の理由、目的等

メインバンクによる融資先救済の理由、目的等については、「鹿野レポート」の「4．企業の経営支配とメインバンク」「4.1　なぜメインバンクは経営危機先を救済しようとするのか」（81頁〜84頁）において「……メインバンク関係の特徴の一つとしてしばしば指摘される経営危機に陥った企業に対するメインバンクの救済活動について考えることにしよう。……メインバンクといえども利潤最大化を目指す私的企業であり、経営危機先企業を救済するに際しては、当然のこととして、救済の費用と便益を比較衡量して最終的には便益の方が費用を上回ると判断したがゆえに救済措置を講じると考えられる」と記述指摘された上、「救済の費用」については「金利の減免に伴う逸失利息、救済融資実行に伴う損失負担リスクの増大、救済活動に要する事務的費用などがある」と記述されている。

一方、「救済の便益」については「経営危機先企業の救済に際してはメインバンクの役割が強調されることが多いが、実は他の銀行による、現在の貸出残高を維持するというかたちでの消極的な協力も重要であるという点には留意する必要がある。経営危機先の救済に際しては、既存融資残高を維持したうえで、当面の事業資金および企業再建に向けてのリストラ融資をメインバンクが供与することになるが、他の銀行からの残高維持協力が得られなければ、危機先はたちまち資金繰りに窮し、倒産してしまうからである。経営危機先の救済は、

融資銀行全行からの協力があってはじめて円滑に進めることができるのである。そのため、仮に救済に成功したとしても、メインバンクが救済費用を回収すべく当該企業との取引シェアを引き上げることは事実上不可能であるといわざるをえない。換言すると、メインバンクは経営危機先救済に要した費用を短期的には回収することができないのである」と記述され、金融機関の本来の事業構造に照らせば、「経営危機先」の救済に成功した場合は、貸出の拡大（──融資の回収ではない──）により、より多額の利息収入を得ることが望ましいことではあるが、他の金融機関との関係から、直ちにそのような行動は取れないこと、すなわち、そのような行動を可能にすることが救済の目的ではないことが説明された上「このように考えると、メインバンクが企業救済から得られる便益は、貸出金償却負担の回避という直接的効果を除けば、①メインバンクとしての名声の維持、②預金・貸出残高でみた営業基盤の維持・拡大、③銀行に課された社会的・公共的使命の達成、といった中長期的観点に立った便益であるといえよう。こうした便益の中でもとりわけ、①と②が重要である。すなわち、メインバンクによる経営危機先の救済は、銀行がメインバンクとして取引先企業に対してコミットした資金の安定供給契約を遂行するうえでの前提条件となる融資の安全性およびメインバンクとして『名声』を維持・確保するための行動として理解することができるのである」と記述されている。

そして、同①、②の説明として「先に指摘したように、メインバンクによる資金の安定供給契約は、単に設備投資資金調達に関するアベイラビリティ・リスクを減じることだけにとどまらず、借入企業の『精神的支柱』として経営困難時には資金繰りの安定化に協力することを含むと考えられるからである。また、メインバンクが経営危機に陥った借入企業の資金繰り安定化に協力するためには、融資銀行全行の協力が不可欠となる。したがって、メインバンクによる救済措置の実施は、借入企業に対する追加的な損失リスクを負担するにとどまらず、追加融資の実行により事前に確約した当該企業向け貸出の安全性を改めて『保証』し、他の銀行に貸出残高維持を求めるための措置と考えられる」と記述されているほか、特に②の「営業基盤の維持・拡大」との関連では、「……もっとも、メインバンクといえどもすべての取引先企業を救済するわけではない」「メインバンクも私的企業であり、株主の利益を考えると、中長期的にみて救済の便益が費用を上回ると判断されない限り、やみくもに経営危機先を救済することはできない」などと記述された上で、救済するか否かの判断基準について「……銀行の実務関係者からは、経営危機先を救済するか否かは、借入企業およびその業界の将来予測、借入企業保有資産価値の多寡といった観点に加え、これまでの銀行取引において当該企業がどれだけメインバンクを尊重し、またメインバンクからの協力要請に応じてきたかという『メインバンクに対する協力度合い』をも考慮のうえ総合的に判断されると指摘されることが多い。このため、第三者からみると、メインバンクの救済に関する意思決定は曖昧なものに映るかもしれないが、そこでは冷徹な収益判断が働いているといえよう」と記述されている。

また、続く「4.2　誰がメインバンクの行動を監視しているのか」(84頁～85頁）においては、「それでは、借入企業の救済に際し、なぜメインバンクとしての名声が問題になるのであろうか。第1には、ある銀行がメインバンクとしての名声を維持すればするほど、取引先企業への他の銀行からの資金提供が容易となる結果、取引先企業からの借入要請に対してはより少ない資金・リスク負担での対応が可能となる一方、流動性預金のメインバンクへの集中を通じて預金通貨発行に伴う資金運用益をより多く獲得することができるという点が挙げられよう。このほか、メインバンクとしての名声が高まれば、名声の高い銀行との取引を希望して従来取引関係が希薄であった企業からのメインバンク契約締結に関する依頼が増加するという、中長期的な営業基盤拡大効果も見込まれる。換言すると、メインバンクとしての名声維持はメインバンク獲得競争を通じて銀行の規模および収益とも密接に関連しており、その意味で、メインバンクとしての名声の維持・確保は銀行間の規模および収益に関する順位競争の一形態と考えられるのである。第2には、メインバンクの行動、とりわけ経営危機に陥った取引先企業への対応は、メインバンク以外の融資銀行および当該銀行をメインバンクとする他の企業から監視されているため、メインバンクとしての名声維持が重要となるといえよう。例えば、経営危機先救済に際してのメインバンクの行動が他の銀行による融資の引揚げという救済活動に水をさす動きもありうる。このため、経営危機先の救済に際しメインバンクは、短期的な犠牲を覚悟のうえ、融資銀行団全体としての利益の確保あるいは損失の最小化を狙いとして行動するよう監視されているといえよう。また、当該銀行をメインバンクとする他の取引先企業もそのメインバンクとしての救済活動を、万が一自らが危機に瀕した場合のことを想定して慎重に見守っているという点にも留意する必要がある。仮に企業からみてメインバンクによる救済活動が満足のいくものでないと判断されるときには、他の銀行にメインバンク交代の機会を与えるという意味において、その活動振りは他の銀行や企業からも監視されていると考えられる。すなわち、メインバンクとしての銀行の行動は、借入企業および他の銀行により監視されているのである。そして、このような相互監視的な仕組みが、銀行による取引先企業の経営に対する介入権の留保とともに、借入企業および銀行の自己規律を高める方向に働き、結果として借入企業の経営の安定性を金融面から支え、日本経済の成長に寄与してきたと考えられる」と記述されている。

さらに「5．メインバンク関係を支える制度的要因」「5.2　経営危機先企業への介入が制度的に可能か」（88頁）においては、「日本の場合、銀行貸出の償却は税法の基準により、借入企業が形式的あるいは実質的に見て倒産状態にあって初めて実施できる扱い。借入企業が事実上債務超過の状態にあるなど実質的に破綻していたとしても、金利の減免や緊急融資の実行により銀行が流動性を供給し、手形などの決済が期日通りに行われている限り倒産と認定されないため、当該企業向け貸出を償却する義務は生じない。従って銀行が借入企業の業況が先行き好転すると見込んで支援策を採る限り、貸付債権は安全であると見なされ、償却負担は発生しない。……このように日本においては、借入企業が経営危機に瀕した場合、銀行にとっては緊急融資などの経営支援措置を講じることが一般に得策となるような体制にあり、そうした仕組みがメインバンクを中心とした銀行による企業救済活動の実施を制度面から支えているといえよう。」とも記述されている。

すなわち、以上の各記述に照らし、メインバンクによる「経営危機先」救済には、当該金融機関にとって、既存の関係融資債権の健全化等をはるかに上回る多大の利害がかかっていること、裏面から言えば、メインバンクにとって、「経営危機先」を救済しないということは、個別的な「経営危機先」企業に対する既存の融資債権の行く末の如何にかかわらず、その中長期的経営に多大の打撃となるものであることは明らかである。

ちなみに、「鹿野レポート」においても、「メインバンクが企業救済から得られる便益」の一つ、すなわち③として「銀行に課せられた社会的・公共的使命の達成」が挙げられているところ、その点についての説明記述は必ずしも多くはないのであるが、その点も極めて重要であることは、大蔵省銀行局長であった西村吉正の「金融行政の敗因」（弁136号証）中の「92年8月……要するに、この時期には地価の下落や経済情勢の先行きがそれほど深刻に考えられていなかったため、まだ従来の日本的な解決法、すなわちメインバンクによって経営困難に陥っている企業に時間を貸すという方式が有効だと考えられていた」（「第三　不良債権の処理はどう進めればよかったのか」「2　パニックは本当に起こるのか？」「不良債権開示をどう行ったか」・119頁）

「金融分野に限らず、戦後の日本経済は基本的には、善かれ悪しかれ護送船団（共生）方式で、落ちこぼれを出すことなく日本人が一丸となって成果を上げてきた。しかしあまりにも成長、変化が早かったから、その過程での多少の落伍者が出てくることは避けられない。その場合にメインバンクは、社会に混乱を起こさないよう支援・処理にあたることになる」(「第五章　金融行政の曲がり角」「1　事前行政から事後行政へ」「護送船団方式とは何だったのか」・205頁)「護送船団方式も、社会の安定のためリスクを分担する仕組みである。メインバンクシステムは日本相互保険会社の中枢となってきた」(同・208頁）などの各記述、また、「検証バブル」(弁137号証）中の西村（「金融行政の敗因」の著者）の談話部分である「『バブル崩壊の初期の段階までは、日本の間接金融やメーンバンクシステムは、日本経済全体の保険の役割をするという意識があったと思う。だから銀行のバランスシートで個々の企業の倒産をせき止めるダムの役割をしてやらなければいけないと。日本の金融に自信を持っていた時期だし、別の言い方をすれば、個々の企業のバランスシートが傷んでいるのを、本業の利益で穴埋めする時間を貸そう、その役目は銀行がする、これが戦後の日本の仕組みだったじゃないかということだ。確かに銀行のバランスシートは傷むが、それは耐えなければいけない、ということだった。この考え方は地価の下落が二、三年で終わっていれば貫くことができたし、頑張れたと思う。先延ばしと言われるのも、そういうことの一つの側面だ』『……今は銀行のバランスシートを何とかすることがメーンテーマになっているが、初期の段階では、銀行のバランスシートが少し傷むことはあるかもしれないが、それは社会的な役割として防波堤になるべきだという段階だった』」(「第Ⅲ部　清算」「11章　かすむ司令塔」「それぞれの責任④西村吉正元大蔵相銀行局長・現早大教授」「銀行は企業倒産を防ぐ“防波堤”だった」・218頁―219頁）との記述部分によって、明らかである。

ウ　以上からすれば、貸出先に対しメインバンクとされる銀行が行う企業救済から得られる便益は、①メインバンクとしての名声の維持、②預金・貸出残高でみた営業基盤の維持・拡大、③銀行に課された社会的・公共的使命の達成、といった中長期的観点に立った便益であり、①、②はまさにメインバンク自体の利益に資するものであり、③は経済の維持・発展に資するものであった。

(2)　長銀の関連親密先

ア　長信銀の関連会社の特色

長期信用銀行は長期資金の安定供給のための専門銀行であり、またその所要資金は主に金融債の発行（利付金融債、割引金融債）により賄ってきたため、証券市場に最も関係の深い銀行であった。

設備投資など長期資金の借入は運転資金借入の場合と異なり、中長期にわたる企業経営戦略に基づきなされることが多く、このため企業戦略自体、とくに資金調達全般について国内・海外調達のバランス、他の調達手段である証券市場調達やリースの利用などの助言が求められる。金融債発行を通じ証券会社や生保・損保・地方銀行、農林系統金融機関などと、また長期貸出を通じ融資取引先とは、長期間にわたる継続的な取引関係が構築され、人的な関係においても、担当を人事異動で変わってもなお親密かつ信頼ある付き合いが保たれてきた。また、財閥系銀行と異なり中立的な銀行であったので、客観的な立場からの助言を期待されたし、地方銀行等中小金融機関からは、彼らが育ててきた企業が全国展開や海外進出を行うに際し、そのサポートを求められた。

このようになると、求められる機能の具備の必要性は、都市銀行よりも高く、銀行として営み得ない機能であれば、銀行外にその機能を有する事実上の関連会社を抱え、対応しなければならない。その具備すべき機能、順序、方法は長期信用銀行各行の戦略により相異があったが、証券業務（事実上の系列証券会社)、リース業務（同リース会社)、不動産業務（同不動産会社）については、長信銀各行共通であった。この点は、平成5年施行の金融制度改革法において、100％出資の証券子会社について長信銀に最優先の設立が認められたことで、明らかである。

リース業務や不動産業務の関連会社の所要資金は、当該親銀行が主力となるのは当然であるが、このほか幅広い金融機関から調達されてきた。これにより、店舗の少ない当該長信銀としてはホールセール（卸売り）的な対応が可能となり、次なる顧客予備軍を確保できるというメリットが得られ、また、独自の融資基盤が比較的乏しい信託銀行や、生損保、農林系統金融機関などの機関投資家に対し大きな資金需要をもたらしてきた。

長信銀のこうした関連会社と当該親銀行との関係は、先に述べたメインバンクと同様なところが多いが、親銀行との一体性の認識は、法人企業間、金融界において格段に強い。日債銀が関連ノンバンクの処理にあたり他の金融機関に同様の負担を求めたことが、金融界から甚大な不信を招いたのは、金融債消化や資金需要提供の取引経緯を思い起こせば、至極当然の帰結であったと言えよう。

イ　長銀の関連親密先（関連会社）

日本興業銀行（興銀）は、明治時代設立の長い歴史をもち、長信銀に転換したため産業界に確固たる基盤を有したままスタートした。前述したような機能をもつ関連会社としては既に有力な不動産会社である興和不動産を擁し、また証券界にも強い影響力をもち、40年証券不況時には新日本証券、和光証券を事実上傘下に収めた。

これに対し長銀は、勧業銀行の金融債発行部門が中心になり、長期信用銀法施行とともに設立され、営業基盤はいわば無から立ち上げる状態であったが、役職員一丸となった努力に、戦後の産業復興から高度成長、ソフト化に伴う旺盛な長期資金需要の後押しがあり、順調な成長路線を辿ってきた。このような経過を踏まえ、長銀では新しい産業分野、新しい機能発掘の意欲は旺盛であった。

長銀が具備しなければいけない機能、そしてそれを担う関連会社についてみると、不動産業務では日本ランディックを立ち上げ、また証券業務では第一證券を傘下にしたものの、歴史の差はいかんともし難く興銀の後塵を拝し、またそれぞれの業界での地位も劣後した。

しかし、今後不可欠になるであろう新たな機能やこれを担当する関連会社の設立では、以下のとおり興銀を凌駕してきた（証人大田191頁）。

a　証券業務の一環である投資顧問業務

昭和47年に顧問会社を設立した（後に長銀投資顧問に模様替え）が、銀行では初、証券界でも2番目の早さであった。長銀投資顧問は、1997年(平成9年)長銀がSBCとの合併投資銀行業務を進めるに際し、SBCからも高く評価され、最有力の提携分野となった。

b　住宅金融業務

野村証券と共同設立した第一住宅金融がそれであり、その後興銀が他の大手証券会社、日債銀と同様なスキームで日本ハウジングローンを設立した。第一住宅金融はその後東京証券取引所上場により独立し、長銀は設立母体、主力銀行の立場を維持した（遺憾ながら、バブル崩壊の影響を受け、他の住宅金融専門会社と同様破綻した）。

c　IPO業務

長銀がアメリカの状況調査を踏まえ、第一勧業銀行、大和証券および伊藤忠商事に働きかけ、共同設立したのがエヌイーディーである。

IPO業務とはいわゆるベンチャービジネスであり、発達した資本市場を背景に開発された機能であるが、今後発展していくであろう技術や商品開発力等をもつ中小・零細企業を発掘し、それぞれの特質に見合う組織運営の有り方から所要資金の調達アドバイスを行い、最終的には上場企業にまで育成するのが課せられた業務である。

長銀としては、上場大企業が証券市場の発展に伴い資金調達の場を間接金融から直接金融に軸足を移していく方向が予測される中、次なる取引基盤の早期醸成が肝要であり、IPO業務こそはその最重要な施策と判断された。また、このような機能を有することは、企業育成という長銀としての本来の機能であり、他の銀行との差別化のための機能でもあった（なお、第一勧業銀行の参加は都市銀行として多数の中小・零細企業との取引があり、IPO推進のいわば底辺を供給し、大和証券は上場に際しての引受業務での参画であった。伊藤忠商事については、新たな商社機能の創設にあった）。

こうした経緯を経て、エヌイーディーはスタートしたが、わが国では野村證券以外に類例がなく、またアメリカの実例などを参考にしたものの、証券市場・金融市場の状況がかなり異なるので、試行錯誤を繰り返しつつ、軌道に乗せていった。

この業務は、企業の発掘力がその出発点になるが、技術面や創業者の資質から当該企業の成長性をどう判断するか、ついで、上場に至るまでの各成長・発展ステージを定め、かつそのステージにおいて優先すべき課題は何か等々、きめ細かいフォローが決め手となる。エヌイーディーは、長い経験からわが国の状況に適応したIPO機能を確立したのである。この分野については、今日に至るまで銀行界からは他の追随を許していない（証人大田114〜115頁）。

d　リース機能

本機能が、長銀が前述したような特に長期金融の専門銀行として取引先のニーズに対応するとともに、競争力を一段と高めるために必要不可欠との認識が早くからもたれていた。しかし同時に、同機能は、技術開発力やリース会計の習熟、リース商品にかかる定率減価償却による先行投資負担への対応力、幅広い顧客基盤等が前提となることも明らかであった。

リコーが設立した日本リースは、融資取引開始後しばらくの間は、長銀の単なる融資先にすぎなかったが、同社はオリックスと並ぶリース業界の草分けとして、前記のような要件については既に卓越したものを擁していた。そこで、長銀としては、融資取引の拡大、リース案件についての商材斡旋等により、親密化、メイン化を進め、その後長銀常務であった西尾哲夫を同社社長として派遣、ついで２代目、３代目社長に佐々木寛、榊原実を送り、この間社長以外の幹部役職員の派遣、長銀グループの出資比率アップを図ってきた。

この結果、佐々木社長在任の後半には、長銀のリース機能を担う関連親密企業となった。地方銀行、第二地方銀行（相互銀行）の直系リース会社設立に際し、日本リースは設立時の出資協力、開業時、営業後の業務指導を積極的に行ったが、これが長銀自体のこれら中小金融機関との親密化を促進、金融債販売の安定化をもたらすという大きな効果もあった。

基本的には、長銀は、優れたリース機能と強固な顧客基盤をもつ日本リースを長銀のグループ会社として傘下に収めることにより、取引先から寄せられる各種のファイナンス期待に適切な対応が可能になり、また相互に顧客の紹介も実現してきた。

なお、長銀は、長銀インターナショナルリースをこの間別途設立しているが、これは航空機や船舶といった海外でのファイナンススキームへの参入を目的にしたもので、日本リースとの基本的な競合関係にはなかった（日本リースの概要について、弁123「企業と共に考え歩む」、証人千葉３頁以下）。

e　さらに、第一ファイナンスは、途中新設の平河町ファイナンスに優良貸出資産を譲渡しているが、同社の本来の機能は、長銀に対し取引先から寄せられる株式保有や買い増し要請を、長銀に代わって保有する機能であり、平河町ファイナンスへの資産譲渡後も持ちつづけてきた。長銀取引先からの依頼は多種多様で、額面割当増資や時価発行増資、株主安定化推進に伴うもので長銀自体が独禁法上保有し得ないものから、保有できても他の銀行とのバランス上間接保有を依頼されるものまであった。歴史の古い都市銀行や興銀では戦前からの超親密取引先があり、こうした取引先がそういう機能を有していたが、戦後生まれの長銀にとっては、第一ファイナンスの持ち株機能はきわめて重要な意味を持ってきた。同社の保有株式は、長銀では「政策株」と称され、長期保有が基本であった。

ウ　これら関連親密先に対する長銀支援は、本来長銀自体が具備しなければいけない諸機能をこれら関連会社が担っており、まさに長銀と一心同体の関係にあり、かつこれらの機能は今後も長銀の業務展開において必要不可欠なものであるから、継続されてきたのである。このように考えると、長銀の関連会社（関連親密先）に対する貸出金は、単に一時点での時価評価により査定評価するのではなく、これら関連会社の有する機能を今後も支えていく意味合いを持つ、価値のある貸付金といってよいのである。また、長銀と一体視されるこれら関連親密先に対する貸出金を無価値ないしその価値が著しく毀損していると認定することは、当時ありえないことであり、平成9年3月5日付「資産査定通達」も、関連親密先に対する一般先と異なる貸出金評価を認めていたのであった（大野木7回52〜54頁、関連親密先に対する支援実績について、甲12資料2）。

(3)　取立不能と経済的価値

このように一般先に対するのと異なる関連親密先に対する貸出金の評価を行うのは、長銀が支援意思を有する以上、破綻の可能性がないというだけの理由だけでなく、長銀と一体視される関連親密先が、長銀がその取引基盤を維持・拡大するために不可欠な機能を有する価値ある存在だからであり、その経済的側面からいえば、いわば「のれん」や「開発費」のような無形資産にも匹敵する資産として独自の資産評価がなされるべきものだからである（被告人大野木第8回公判供述調書104頁以下）。だからこそ資産査定通達もかかる資産評価を容認していたのであった。

長銀は、関連親密先の不稼動資産処理を進めるため、逐次、具体的な方策を検討し（たとえば、甲12資料3〈事業推進部、平成9年3月11日作成の常務会資料「関連親密先の資金状況について」〉№3「Ⅲ. 今後の見通しと対応」)、同年11月10日の常務会では、当行グループ会社の管理運営について、とくに資金調達問題等に関する基本方針を検討した。同日の常務会議事録（甲123資料1）によると、常務会は同日付で事業推進部が作成した「資金調達問題を中心としたグループ会社対策の基本方針」(同資料2〈調書26〜74丁〉）を了承し、当行グループ会社の現状を下に、支援の基本的考え方を確認し、課題と具体的な対応策を個社別に詳細に決定し、この決定に基づき、個社別にリストラ計画を説明し、促進した（甲123資料3）。

なお、甲12資料6（事業推進部、平成9年11月12日作成の企画担当役員会資料「当行関連親密先の資金調達問題と今後の資産圧縮等の進め方について」）の№3 Ⅱ.「今後の当行関連・親密先支援の基本的考え方」も、今後の支援の必要性を確認し、それを前提として、環境の変化、1997年上期の状況を踏まえ、基本的なスタンスと具体的な対策を提言している。

長銀の総合企画部は、98年2月2日付け「2カ年計画の実施について」と題する常務役員連絡会資料（乙7資料7）において、関連親密先に対する「支援」の方針を確認し、これを前提とした計画の実施要領を検討した。すなわち、「現状の認識」に基づき「2ヵ年計画の概要」を確認（№1）したうえ、「長銀グループ」が、「成長産業・企業に対し、グローバルな高付加価値商品・サービスを提供する金融グループとして、競争力と収益力の極大化を図ること」を目標として掲げている（№2）。このような観点から、長銀としては不稼動処理と関連会社の再編・整理を進めることとし、グループ主要機能の位置付けと方向性を明確に整理し、支援計画を踏まえた思い切った横断的なリストラ案の策定と実施を目指すこととしている（№7）。見直しの具体的方向としては、グループ内事業重複の解消による効率化、本体業務の変革に沿ったグループ機能強化、体制の見直し、収益性の見極めを踏まえた業務の方向性の明確化、当行機能代替先における業務の効率化などとし、関連親密先の個社ごとに機能と方向性を分析し、2ヵ年計画の実施スケジュール（№12, 13）との関係で、関係会社の再編・整理の具体的方向（案）を示している（№14）。

同資料中には、関連親密先の中には、具体的方向として事業の全部又は一部について撤退・清算を検討している先がある。

しかしこれは長銀のグループ会社の一員であって、単にメインバンクが支援中の取引先から撤退又は消極の方針を検討しているというのとは、本質的に異なる。関連親密先に対する支援は経営上、グループの全体として機能と信用を維持しつつ、計画的段階的に再編・整理を進める必要があり、経営判断として、同期においては同社に対する貸出金に相応の価値があると認め、支援を継続する必要があるとしたのである（なお、関連親密先に対する債権の計画的処理に関し、四社全体をどういうふうに持ち上げていくかというのが、経営上、重要な観点であったことについて、大野木30回40, 43丁参照）。

2 大蔵省の行政方針と「支援先債権」

(1) 不良資産の処理と行政方針

大蔵省銀行局はバブル崩壊後の金融機関の不良債権問題について、数次にわたり、住専問題をはじめ、金融機関の系列ノンバンク、関連親密先、その他金融機関の支援先の債務者に対する不良債権の段階的計画的処理を認める行政方針を示していた（平成4年8月21日の事務連絡「金融行政の当面の運営方針について」弁247、平成6年2月8日の「金融機関の不良資産問題についての行政上の指針」弁248）。

西村吉正元銀行局長は、著書「金融行政の敗因」（弁136）の中で、「将来の地価の下落まで的確に見通して、もっと思い切った処理ができなかったかとの問題はある。……バブル崩壊の初期にはむしろ地価の反騰を恐れる声の方が多かった。……地価がかつてのように回復することはないにしても、何時までも下がり続けることはあるまい。借り手はたしかに不良債権を抱えているが、銀行が時間の猶予を与えれば、本業の収益で徐々に穴埋めができるだろう。従来、わが国経済において期待されている銀行の役割りとはそういうものだ」（88頁）。「大蔵省は92年10月、……主要行21行の不良債権（破綻先債権及び6ヶ月以上の延滞債権）を公表した。……この時期には、地価の下落や経済情勢の先行きがそれほど深刻に考えられていなかったため、まだ日本的な解決法、すなわちメインバンクによって経営困難に陥っている企業に時間を貸すという方式が有効だと考えられていた。意図的に先送りするという感覚はなかった。」（119頁）と述べている。

長野大蔵大臣官房審議官（銀行局担当）（弁184）は、1994年2月8日の「金融機関の不良資産問題についての行政上の指針」の背景と狙いに関するインタビューの中で、「数年前まで、総貸出残高の1000分の3を一般貸倒引当金に積んでさえいれば、個別に回収リスクがある貸出が若干あっても十分に対応できると考えられていた。しかし今日の状況のもとで、一般貸倒引当金のほかに必要な引当を円滑に行なえることを『指針』の中で示した」と述べながら、貸出先を支援することにより回収を確実にする場合には、回収に危険があるとして引当を認めると、企業会計の観点から整合性を欠くのではないか、と指摘していた。

銀行局の行政方針に従って、金融検査部も金融検査における資産査定と償却引当を直接結びつける扱いをしなかった（平成7年4月13日の「当面の貸出金等査定におけるⅢ分類及びⅣ分類の考え方について」と題する事務連絡（甲153資料5の末尾(注3)を参照)）。これは金融検査の目的が銀行の健全性を促進することにあり、そのような目的で実施した査定上、ⅢないしⅣ分類と判定されたからといって、商法上の「取立不能の虞」に直ちに該当するわけではないとの考え方に基づくものである。「時間をかけた償却が商法と抵触するという議論はなかった」（高橋21頁）のである。

しかし、このような取扱は、検察官の理解によれば、償却引当すべきものと査定しながら、償却引当をしていないことを見逃した点で違法の疑いがあることになりかねない。大蔵省はこのような悪意ある誤解を避けるため、自己査定制度の下においては、Ⅳ分類と分類された債権は当期に全額償却引当すべきものとしたものと思われる（この点は、「関連ノンバンク事務連絡」（甲153資料3）にその趣旨が記載されている）。

資産査定通達及び関連ノンバンク事務連絡は、むしろ体力のない関連ノンバンクなど支援先に対する貸出金について、正面から一般先に対する債権と異なる扱いを認め、支援判断に合理性があれば、Ⅲ分類あるいはⅣ分類に区分しない扱いを容認したのである。

このような行政実例は大蔵省が平成9年4月に実施した日本債券信用銀行に対する金融検査においても見られるところである（弁13, 212）。

大蔵省が、平成10年3月期の決算時までに、上記行政方針を明示的に修正ないし撤回した形跡は、資産査定通達においても認められない（鈴木11回175頁）。

(2)　大蔵検査と償却引当

銀行は、早期是正措置の導入に伴う自己査定制度が採用されるまでは、前記のとおり、決算経理基準と不良債権償却証明制度の下で、大蔵省の指導に従って資産の評価及び償却引当を行なってきた。

金融機関は債権者が膨大な数の預金者であることから高度の公共性を備えており、一般の事業会社以上にその資産内容の健全性が要求されている。

大蔵省は決算経理基準を設け、金融機関がこの基準により適正な決算経理を行ない、自己資本の充実と資産内容の健全化をはかるよう指導している（弁186（9頁））。

大蔵省金融検査部の検査は毎年実施されるわけではないが、その検査における検査官の査定の結果は、直近の決算期に反映され、一般先に対する貸出金について言えば、Ⅳ分類と査定された貸出金は全額当期に償却引当を行ってきた。

これに反し、関連親密先に対する債権については、大蔵省に償却計画を提出し、分割して償却する扱いが認められていた（甲155・水谷貢（大蔵省金融検査部）12頁、22頁）。それは関連親密先は親金融機関にとって重要な支援先であり、財務面のみで資産を評価することは適当ではなく、貸出金を維持することが経済的に価値があると判断されるからである。

田島証人は、自分の経験では、大蔵省の検査、あるいは日銀の考査があったときに、やはり銀行の関連先については、銀行の支援の意思（の存否）を非常に強く聞かれ、その結果、一般先とは違った分類が行なわれていたと証言している（田島20頁）。

銀行は一般に、貸出金の評価及び償却並びに貸倒金引当金（債権償却特別勘定を含む）の繰入れは、税法基準に従って行ってきた。たしかに決算経理基準によれば「税法基準のほか、その内容をあらかじめ当局に提出して、有税による繰入れができる」とされてはいたが、前記のとおり、有税であっても償却引当をなすべきであるとする基準は示されていなかった上、金融機関が追加融資を予定している貸出先に対する貸出金について有税引当をすれば、追加融資自体が背任的な行為となる虞がある（高橋洋一「金融機関の債権償却」（52頁））とされていたからである（弁215・01. 09. 12. 日経 柳沢発言）。

そこで金融機関の会計の実務上、税法基準により無税による償却引当が認められる限度で償却引当を行っていたのである。

不良債権の処理を加速するため有税引当を促進するについては、「税効果会計」を導入する必要性があると指摘されていた。

(3)　資産査定と「支援先」

大蔵省は、金融検査等を通じて、金融機関の関連ノンバンク等に対する不良債権等の不良資産を把握していた。

長銀についても平成8年4月に検査を行い、その状況を把握していた。長銀は大蔵省検査による査定の結果に基づき、処理の計画表を提出している（乙34添付資料2「今後の不良債権処理の進め方について」参考資料2〜5（MOF提出資料））。

長銀が大蔵省に提出した「償却計画」（乙34資料7（146頁））によると、Ⅳ分類の査定を受けた関連親密先に対する債権について複数年度にわたる償却が計画されている（鈴木11回174頁）。仮にこのような償却計画が違法であり、ひいてはこのような計画に基づく決算が違法であるとすれば、監督庁としてはその是正を求めるべきところ、その提出を受けた大蔵省がこの償却計画に対し是正を求める指導を行なった事実は全くない。長銀が平成8年11月に大蔵省に提出した「経営改善計画」も不良債権処理について基本的に従来どおりの方針に基づくものであったが、大蔵省からその点について疑問を指摘された事実もない。

のみならず大蔵省は金融検査の結果について平成8年10月4日付書面で示達し、関連会社の支援について「不良資産の処理を計画的に処理していくことが必要である」（乙3添付資料⑭）と述べ、当期に全額を償却引当すべきであるというどころか、積極的に計画的な処理を認めている。

長銀においては、平成8年当時、貸倒損失・債権償却特別勘定繰り入れは、債務者の状況等に関する要件を検討し、税務上損金算入が認められるものについて償却引当を行なってきた（乙33添付資料3「貸倒損失・債権償却特別勘定繰入れのフローチャート」参照）。

内藤純一元銀行課長は、支援している貸出先については、いわゆる一般の貸出先にとは違って支援するという要素を考慮する慣行が、広く銀行業界にあった事実を認め、「やはり支援するということは、一般先の対応の仕方とは当然に違うという、具体的なものがあるということを前提にしてそういうことがいえると思う」と証言した。それは支援することによって、貸出金の利息収入を生ずる以外に、銀行にとって有形無形の事業上の利益を生むことを意味していると思われる。

3　資産査定通達と「支援先」

(1)　「資産査定通達」の策定経過

「資産査定通達」（甲151資料2）は、「従来から、……個々の資産を回収の危険性又は価値の毀損の危険性の度合いに従って区分し、査定を行なっている」とした上、「資産査定について」のⅠ．資産査定の目的等　3．資産査定における分類区分の項においても「回収の危険性または価値の毀損の危険性の度合いに応じて資産を……判定する」としている。

第1に、ここでは「回収の危険性または価値の毀損の危険性の度合い」が問題とされている。したがって銀行の支援先、特に関連親密先に対する貸出金については、単に回収可能性だけに着目して検討・分析するのではなく、銀行とグループ会社との取引によって銀行が享受し期待できる利益を考慮して評価することができるものであるというべきである。

第2に、資産査定通達の考え方を正しく理解するためには、その策定の経過が参考とされるべきである。大蔵省は、早期是正措置に関する検討会と並行して平成8年秋、金融機関の決算経理に関する検討会を行なったが、どのような議論がなされたのか、検察官は何ら立証しない。しかし、たとえば第8回検討会（平成8年10月28日・甲157資料6）では、債権の償却引当について、破綻懸念先債権についても個々の債権ごとに回収可能性を検討するのではなく、グルーピングする方法が議論され、企業会計上は合理的であれば問題ないとの意見がある。また、ここでは査定のⅢ、Ⅳ分類とは別に3、4などの区分も議論されている。銀行としては一定の債務者をグループとしてまとめ、同一の集団に属する債務者群に対する貸出金を評価することも可能ではないかと思われる。

第3に、資産査定通達の「Ⅱ．貸出金の分類方法　4．貸出金の分類基準(3)において『破綻懸念先』とは、『現状、経営破綻の状況にはないが、経営難の状態にあり、経営改善計画等の進捗状況が芳しくなく、今後経営破綻に陥る可能性が大きいと認められる債務者をいう』とされている。

破綻懸念先に関する具体例として、「具体的には、現状、事業を継続しているが、実質債務超過の状態に陥っており、業況が著しく低調で貸出金が延滞状態にあるなど事業好転の見通しがほとんどない状況で、自行（庫・組）としても消極ないし撤退方針としており、今後、経営破綻に陥る可能性が大きいと認められる先をいう」とされている。平成8年9月18日の資料中の「資産査定について」甲157資料3〈35丁〉（「9月案」という）は、この本文のみであった。

これによれば、破綻懸念先の具体例は①事業継続すれども、②実質債務超過、③業況低調、④延滞中など事業好転の見通しなしであって、⑤自行が消極ないし撤退方針としており、その結果、経営破綻の可能性大と認められる先などであるということになる。

ところが資産査定通達では、本文に加えて、「なお、自行（庫・組）として消極ないし撤退方針を決定していない債務者であっても、当該債務者の業況等について、客観的に判断し、今後、経営破綻に陥る可能性が大きいと認められる場合は、破綻懸念先とする。」と付け加えられた。

そこで検察官は、自行が積極的に支援している先であっても破綻懸念先にあたると主張し、なお書きの読み方が、争いとなっている。

しかしながら、検察官の論理には無理があり、なお書きは「消極ないし撤退の方針を明示的に決定していないが、支援意思が不明瞭な先」と読むべきであって、自行が積極的に支援する先は含まれないと読むべきである。これに反しもし検察官の主張のように、自行が積極的であれ消極的であれ、①ないし④の状況にある先は破綻懸念先であると理解するならばおよそ本文の⑤の条件はただし書きを加えることによって全く意義を失うこととなるからである。

いずれにせよ、一義的に確定できず、少なくとも解釈に幅のある文言であることは明らかである。

次に検察官は被告人に対する質問中で、9月案では、実質破綻先の具体例に「支援損の計上予定あるいは支援実施先の債務者を含む」とされていたこと及び本件後に金融監督庁が策定したマニュアルにこの文言が復活したなどとして、支援先についても実質破綻先に該当する場合があるのではないかと指摘した。

しかし、この文言は資産査定通達では、明らかに削除されており、検察官の理解の誤りであることを裏書している（鈴木27回132―134頁）。

以上のとおり、資産査定通達が出された当時においても、支援先、関連会社に対しては普通の一般先とは違った資産評価の観点があり、金融機関の支援があれば貸出金の評価は変わってくる（内藤28，29頁）、ここで支援とは損益支援にかぎらず、資金繰り支援、残高維持、人事面の支援、営業面の支援などを含む（秋山105頁）というのが一般的な認識であったのである。

(2)　関連ノンバンク事務連絡、追加Q&Aの性格

ア　金融検査部管理課長は、平成9年4月21日、「金融機関等の関連ノンバンクにたいす

る貸出金の査定の考え方について」と題する事務連絡を金融証券検査官等に充てて発した(甲153添付資料3)。

これによると、「金融機関等の関連ノンバンクに対する貸出金については親金融機関の支援等によって処理が進められていること、しかしその貸出金は多額であり、今後も金融機関等の経営に与える影響が大きいと考えられることから、さしあたり母体行主義を前提として貸出金の分類額を直ちに引当償却に結び付けないで査定してきたが、母体行主義が貫徹されない状況があること、日本公認会計士協会の実務指針では資産査定と償却引当とを極めて密接に関連付けていることなどから、このような状況の変化を踏まえ、改めて考え方を示したものである」としている。

イ 事務連絡は、基本的考え方として、関連ノンバンクに対する貸出金については、関連ノンバンクの体力の有無、親金融機関等の再建意思の有無、関連ノンバンクの再建計画の合理性の有無等を総合的に勘案して査定するとした上、具体的には「体力がない関連ノンバンクについて、銀行に母体行責任を負う意思がある場合には、再建可能性が認められれば、原則としてⅢ分類とする」などとしている。

ウ 資産査定通達と事務連絡の内容的かかわりを検討すると、結局のところ、関連ノンバンク事務連絡は、資産査定通達中、金融機関の支援先に対する債権の評価基準にかかわる部分を敷衍するものであるということができる。

吉武証人は「関連ノンバンク事務連絡がなぜ特別に出ているかというと、これは母体行の支援という特殊な、通常の一般先とは違う特殊な考え方というのが入ってきますので」(第4回56頁)、「それは資産査定通達の中でもそれは読み取れるのです」(同66頁)、「(関連ノンバンクではないけれども、関連する会社について、関連ノンバンクと同じ、あるいはそれと類似するフローチャートで資産査定をすることも)関連ノンバンク事務連絡に限らず、その元の通達であり資産査定通達からもその考え方はでてくる」(同72, 73頁)と証言している。

検察官は、「関連ノンバンクに対する事務連絡」を「資産査定通達」の細則であると主張しているが、金融監督庁検査部の検査官である吉武証人は「資産査定通達をより詳しく解釈したものだ」(第4回173頁)と供述をしている。同人は、事務連絡が資産査定通達の細則であると、検察官の主張に従う供述もしたが、いわば本則である資産査定通達のいかなる部分にかかる細則であるかについては全く説明することができなかった。むしろ解釈例と言うべきである。

なお、証人内藤純一も、関連ノンバンクに関する事務連絡は資産査定通達とは矛盾していないと証言している。

要するに、関連ノンバンク事務連絡は、資産査定通達の破綻懸念先に関する具体例として示された前記文言の適用例として、金融機関の「支援先」のうち、関連ノンバンクに対する貸出金の査定の場合を示したものということができる。

エ 従来、金融検査部の検査においては、貸金業を営む関連会社、関連ノンバンク等に対する貸出金については、一般債務者に対する貸出金とは異なる扱いが行なわれてきた(平成6年4月12日の指導係発検査官宛通知(甲153添付資料4)、平成7年4月13日管理課長発金融証券検査官等宛「事務連絡」(甲153添付資料5)、証人高橋31-35頁)。ところが、資産査定通達には関連先に対する貸出金の査定基準が示されていなかったので各銀行担当者は大蔵省の考え方に強い関心を持っていた。

たとえば、資産査定通達が出された直後に実施された日債銀に対する大蔵省検査において関連会社に対する債権の査定が注目された。当時、日債銀の不良債権処理は妥当と認定され、損失懸念分については5年で償却するとされたと報道され(弁107)、銀行業界では、従来の扱いが当局によって維持されたと受けとめられたのである。

しかるに関連ノンバンクに関する事務連絡は、銀行に対しては示されず、長銀関係者は本件捜査の過程でもその存在を知らされていない。

なお、追加 Q&A の作成経過について大蔵省金融検査部水谷貢は、「当時の全銀協の会長行であった三和銀行の担当者に連絡をとり、……関連事務連絡を見せてメモをとらせた上で、Q&A の作成を依頼しました。その後、三和銀行が原案を持ってきたのですが、関連ノンバンク事務連絡の内容と必ずしも整合していない部分もあったため、大幅に修正した上で三和銀行に渡しました。このようないきさつを経て、平成９年７月 28 日になって関連ノンバンク事務連絡に関する Q&A が全銀協から出されました」と述べている（甲 155・水谷調書（30 丁））。

したがって事務連絡は一義的に解釈できるものではないこと、全銀協の会長行でさえ事務連絡の交付を受けることすら許されず一瞥してメモをとったにすぎないことが、明らかである。長銀関係者には、この事務連絡の存在さえ知らされておらず、検討する機会はなかったのである。

関連ノンバンクに関する事務連絡は、本件捜査の過程でも、被告人らはもとよりのこと、長銀関係者に対してこれを示して関連ノンバンク等に対する資産の査定に関する供述を求めた形跡がない（鈴木、大野木、須田）。

しかも、金融監督庁発足と同時にこの事務連絡は消滅し、なぜか他の通達とは異なり、引き継がれなかったという（第４回吉武調書 45 頁）。検査マニュアルの作成にあたった金融監督庁がこの事務連絡を大蔵省から引継いでいないというのは、全く理解できない。

オ　検察官は資産査定通達について、あらゆる債務者を一律に評価して区分すべきものであるかのごとく主張する。

しかしながら、資産査定通達は債務者の業種あるいは金融機関との関係等によって異なる査定基準を設けることを禁止していない。金融検査部自体が、ノンバンク事務連絡によって金融機関の関連会社であってノンバンク事業を営む債務者について一般の債務者と異なる査定基準を設けたのである。

たとえば銀行の貸出金の評価について、債務者区分が「要注意先」の例示としての「業況が不良の関係会社に対する支援」は、損失の発生の可能性の比較的低い債務者、あるいはその債務であると扱うことは解釈の幅の中にあり（岸田 24―26 頁）、業況不良の関係会社に対する当行のかかわり方を考慮するか、どういう方法で考慮するかには、さまざまな方法がある（岸田 29 頁）。

ちなみにその後金融監督庁発足後にまとめられた金融検査マニュアルの見直しの過程においても、「債務者区分の判定にあたっては債務者の業種の特性、非財務面の要素等を踏まえて総合的に判断する」とされたところである（弁２（金融検査マニュアル）別添２頁　見直しのポイント３(1)「債務者区分の判断基準」）。

資産の評価は債務者の業種によって同一でないだけでなく、債権者によっても一律ではない。たとえば銀行機能を有しない債権回収会社においては、金銭債権の資産評価は金銭的な回収可能性の見地のみから厳格に判断すべきものとされるにしても、長銀など銀行の使命と役割り、機能からすれば、関係会社等関連親密先に対する貸出金は、いわば営業の原料ないし暖簾等の信用等の価値を有するのであって、仮に短期に回収をはかる近い予定がなくても、貸出を維持すること自体に十分に価値があると評価し得るのである。

カ　その後、平成９年７月に至り、全国銀行協会は「資産査定通達」に関する Q&A の追加を各銀行に送付した（甲 151 添付資料４）。これによると、全銀協の融資業務専門委員会は、各銀行の資産査定の参考に供するため、当局と相談の上、追加的に Q&A を取りまとめたというのであり、「表面上の文言にこだわらず、実質面を重視した解釈をする必要がある」と付言している。

たとえば、自行の関連ノンバンクに体力がないが、再建計画に合理性があれば、経営の意思によって確定した当該年度の債権放棄額についてはIV分類とし、残額をIII分類とするなどとされている（Q4)。各銀行は、全銀協の追加Q&Aによって、資産査定通達のうち支援先に対する債権の査定の要領を推測したのである。しかし、Q&Aは、公認会計士協会の実務指針のような指針としての位置づけはなく、その性格は曖昧である（中嶋45頁）。

キ　このような状況の下で、各行は、大蔵当局の考え方を探り、あるいは他行の取扱を参考として、それぞれ自己査定基準の策定にあたった。その結果、平成10年1月、大蔵省が取りまとめたところ、「各行ばらばら」であるとの報告結果であった。しかし、大蔵省は、これに対し格別の対応策を講じた形跡がない（西崎31，53頁）。

(3)「実務指針」

ア　日本公認会計士協会の銀行等監査特別委員会は、平成9年4月15日に「銀行等金融機関の資産の自己査定に係る内部統制の検証並びに貸倒償却及び貸倒引当金の監査に関する実務指針」（以下4号実務指針という）を策定した。

その作成者及び形式から見て、同協会の会員である公認会計士に宛てた監査実務のための指針である。

検察官は、これが当然に銀行の会計基準でもあるかのように主張するが、内容からみても会計基準にかかる部分は、資産査定通達よりも簡略であり（中嶋証人によれば、監査基準は会計の専門家が見るからその程度の文章で判断できるという)、これが直ちに「慣行」として成熟し、金融機関の会計基準として法規範性を持つとは言えない。

イ「監査手続」の項目において、監査手続は査定担当者等と協議する方法で行なわれ、基礎資料が十分かつ最新の物か、数値に虚偽や明らかな異常がないかを注意し、確かめるなどとされている。

ウ「破綻懸念先債権の回収可能性」の項目では、債務者の支払能力を総合的に判断する必要があるとした上、債務者の経営状態、債務超過の程度、事業活動の状況等の要因を検討し、かつ銀行等金融機関並びに親会社の支援状況、再建計画の実現可能性等、その他債権回収に関係のある一切の定量的、定性的要因を検討しているか確かめるなどとされている。

エ　日本公認会計士協会から実務指針が出て以降、各行が自己査定を試行している段階における都市銀行、地方銀行、第2地方銀行、信用金庫、協同組織金融機関の担当者の認識の一端は、「業態別、自己査定の現状と課題の座談会」における都市銀行担当者の発言にいみじくも現れている。これによると、「取引先を破綻懸念先に区分してしまうと必要額を控除したものは引当を積みなさいということになってしまう。そうすると、たとえ有税償却にしろ貸倒れ償却を行なうわけですからそのような先に今ニューマネーなどは出せません」（金融法務事情　№1490号10頁)、「要注意先と破綻懸念先どちらかに区分する、これをどういう具合に振り分けるかが一番むずかしいところですが、一つだけポイントを上げるとすれば、当行が支援する先かどうかでしょうね。支援するのであれば破綻懸念先にすることはまずできない」（同14頁）というものであった。

オ　平成11年3月期には不良債権の取扱について、従来であれば不良債権として計上しなくてもよいものが計上されたという傾向はある（中嶋49頁）とし、事実上、基準の変更を認めている。

カ　実務指針も、その後平成11年4月30日に改正され公表された（「銀行等監査特別委員会報告第4号の一部改正について」弁129)。これによると、内部統制の有効性を評価するについては、自己査定基準と当局の定めるガイドラインとの整合性とを検証することとされたほか、新たに経営支援先である関連ノンバンクに対する債権について、今後の支援による予想損失額を、債権放棄による支援については貸倒れ引当金として、現金贈与等の方法によるときは特定債務者支援引当金として、それぞれ貸借対照表に計上することなどが定められた。

要するに、当局の資産査定通達に基づき平成９年４月に実務指針が定められた後、金融監督庁が検査マニュアルによって基準を厳格化したことに対応する監査の指針を定めたのである。

(4)　その後の検査基準の厳格化

資産査定通達による資産査定の基準は、その後、金融監督庁の「金融検査マニュアル」の策定の経過において、見直しが行なわれた。

中間とりまとめから最終取りまとめに至る検討の経緯、特にパブリックコメントの結果、更には内容からみても資産査定通達では明らかに読み取れないようなさまざまな調整が行なわれ、資産査定通達よりは厳格化し、かつ精緻化した（弁2)。

内藤純一元銀行課長は、基準の厳格化について、「その時々に応じてより弾力的にその経済の状況、あるいは経営の状況に対応し得るような資産査定、引当、償却の基準を定めていった」(23頁)、「銀行の貸出先に対する支援の要素を考慮するという部分が厳格になったのは、年を経るに従って経済状況が悪くなってきているからである」(25頁）と証言している。基準を厳格化したのは、その後の金融機関における不良資産の処理を一層促進し、更に健全化を進めるためである。一方、実務指針も改正された（弁129)。

これに対し、検察官は被告人あるいは弁護側申請の証人に対する反対尋問において、金融検査マニュアルが厳格化したのは、どういう背景事情があったのか、その事情はマニュアルのあるなしにはかかわりなく、変化がないのではないかと質している（たとえば秋山証人に対し、速記録111、112頁など)。これは検察官の銀行の健全化に関する検査の基準が経済現象の影響を受けて変動することに対する無理解を端的に示すものであって真相を究明しようとするよりは相手を威圧して屈服させようとする態度で極めていかんである。

検査マニュアルの新基準では、特に破綻懸念先の判断基準や適用について、たとえば破綻懸念先の定義中に、「金融機関等の支援継続中の債務者を含むと挿入された。これは資産査定通達と関連ノンバンク事務連絡によれば、金融機関等の支援継続中の債務者については、破綻懸念先として区分されないと解釈されていた事実に基づき、その後の経済環境の推移等に基づき、経営改善計画が合理的であり、その実現の可能性が高いものについては要注意先にとどめるが、そうでないものについては一般先と同様の基準によって破綻懸念先に区分する趣旨で基準の厳格化が図られたものである（鈴木12回19頁、内藤参照)。

なお、金融検査マニュアル（弁2）においても、金融機関の支援を前提としている債務者については、実質破綻先に区分する範囲に絞りをかけていることが読み取れる（鈴木12回20頁)。

このように資産査定通達の当時に比べ基準の厳格化が進められた金融検査マニュアルにおいてさえ、金銭債権の評価について時価主義を採用してはおらず、また全面的に減損価格について評価損を認めるところまで踏み切ってはおらず、その基準の適用にあたっては慎重な配慮を求められている。

いわんや、資産査定通達は、自己査定制度の導入当初の過渡期であり、各行において試行錯誤的に基準の策定と自己査定が行われたのであり、またそれを許すかのごとき説明がなされていたところである。

長銀が特別公的管理とされた後、金融監督庁は、金融機関に対する検査について、「中間とりまとめ」(平成10年12月22日）を発表し、関係各方面の意見を聞いた上、最終の取り纏め（平成11年4月8日）を公表した。ここでは、金融機関の支援先に対する債権の査定について見直しが加えられているが、その後の環境の変化等を踏まえ、金融機関の健全化を図る観点から、基準の厳格化の方向で議論があり、これに対し金融機関等からさまざまな意見があったことが明らかである。

たとえば破綻懸念先についてみると、金融検査中間とりまとめでは資産査定通達と同一であったが、最終取り纏めの段階で、その末尾に括弧書きで「……今後、経営破たんに陥る可能性が大きいと認められる債務者（金融機関等の支援継続中の債務者を含む）をいう」と付加された。また、具体例としては、金融検査マニュアルには、自行の消極・撤退といった表現が削除され、次のように記載されている。

「具体的には、現状、事業を継続しているが、実質債務超過の状態に陥っており、業況が著しく低調で貸出金が延滞状態にあるなど元本及び利息の最終の回収について重大な懸念があり、従って損失の発生の可能性が高い状況で、今後、経営破綻に陥る可能性が大きいと認められる債務者をいう」

最終とりまとめでは、自己査定結果の正確性の検証に関する項目で、金融機関等の支援を前提として経営改善計画等が策定されている債務者についての検討項目が詳しく定められた上、「本基準はあくまでも……目安であり、債務者区分を検討するにあたっては本基準を機械的・画一的に適用してはならない」等々と留意すべき事項が詳しく記載されている。

実質破綻先に関する自己査定結果の正確性の検証の項目にも、金融機関の支援先に関する検討項目が記載されている。

このように資産査定通達によるガイドラインを見直した金融検査マニュアルでは、支援先に関する部分について極めて重要な見直しがなされたことが明らかである。

(5) 長銀の自己査定基準の策定経過

長銀は自己査定体制検討プロジェクトチームを設け、平成8年10月から全銀協から情報を収集するなどして自己査定のあり方を検討し、平成9年3月5日の資産査定通達の頃までには相当の検討を進めていた（甲81添付の資料3、鈴木11回178頁）。プロジェクトチームは、平成8年11月に非公式に発表されたという大蔵省の金融検査部案などを通じ、大蔵省の金融検査部の考え方の理解につとめた。

他行の動向については、まず、全銀協の会長行であるさくら銀行、その他、幾つかの都市銀行、長信銀の中の数行の情報を収集し、情報交換をし、（乙35添付資料1の№5、鈴木11回182頁、証人大田39頁以下。なお、甲32資料3、甲16資料1、甲32資料4、甲22資料4）。

プロジェクトチームは、資産分類と管理債権、信用ランクとの関係の調整などの作業をした。ただし、財源が少ないので本来償却引当すべきものをしなくてもよい基準を作成するなどという経営陣の「指示」がないことは、プロジェクトチームの担当役員であつた鈴木恒男前頭取が証言したとおりである（鈴木恒男13・52頁）。

一般先に対する債務者区分については、長銀の自己査定基準と大蔵省の示したガイドラインとは基本的には同一である（秋山56〜64頁）が、長銀においては営業部店における査定を平準化するためにできるだけ基準の客観化につとめた。

資産査定通達の自己査定基準の策定にあたっては系列の関連親密先の基準が重要なテーマであった（鈴木恒男13・53頁）が、大蔵省金融検査部の原案に示されていた関連親密先に関する基準（一般先と異なる基準（乙35添付資料1の№12））が、資産査定通達の段階では示されていなかった。しかし、従来から、早期是正措置の導入に伴う自己査定制度においても資産査定の基準には大きな変動はないと説明されており、関連親密先が一般先と同じように破綻しないことから、突発的なとり漏れにはならないことを前提として考えることが許容されると考えられた。

第 5　平成 9 年度決算と決算書の作成

1　関連親密先に対する貸出金の評価及び償却引当

検察官は、長銀の平成 10 年 3 月期の決算において、貸出金にかかる 3130 億 6900 万円の償却･引当不足が認められると主張し、第一ファイナンス、エヌイーディー、エヌイーディー関連会社、日本リース、日本リース関連会社のビルプロ 3 社・有楽エンタープライズの各社に対する貸出金の償却引当が不足していると主張する。

しかしながら、①これらの各社はいずれも長銀の関連ノンバンク及びその関連会社であって、一般先に対する貸出金とは異なる資産評価に合理性があること、②関連親密先は単なる支援先とは異なり、長銀の基本的な経営方針に基づき支援を継続している先であること、③長銀においては関連親密先に関する不良資産を計画的段階的に処理してきたのであり、計画の途上において債務者ごとに償却引当額の過不足を論ずることは当を得ないこと（大野木 30 回 42—45 丁）、④長銀とこれら関連親密先とは、いわば運命共同体であり、これら各社に対する支援を打切ることは、日本債券信用銀行のクラウンリーシングに対する処理方針が同行にもたらしたと同様に、いわば長銀の信用の喪失を意味する（鈴木 11 回 167 頁）が、平成 10 年 3 月期においては長銀は、平成 6 年 4 月からの第 7 次長期経営計画に基づき、また同 9 年 12 月の中期 2 カ年計画によって業務の運営に十分な展望と計画があったのであり、検察官のかかる主張は、破綻の結果からみた結果論であり、当を得ない（弁 141～144 長銀の「年報」、たとえば弁 141 の 4 ～ 6 頁、及び 9 頁以下の「業務内容のご紹介」参照)。

検察官のあげる日本リース、エヌイーディー、第一ファイナンス 3 社とその関連会社など関連親密先各社は、それぞれ一般先とは異なり、長銀の経営上、有機的関連があり、関連親密先として段階的計画的に「再建」を図っていくだけの価値と必要性とがあった。

銀行は銀行法及び大蔵省の行政指導（1975 年銀行局長通達）により銀行本体が直接営み得る業務に制限を受けている。そこで長銀は、その沿革から関連会社、関連親密先に長銀の必要機能を代替させ、顧客ニーズへの対応および競争力の具備を図ってきた。

長銀は､前述したとおり長期資金の安定供給の専門銀行で､資金調達は金融債の発行で賄っていた。このため、取引先企業の中長期企業戦略に基づく資金需要や中小金融機関との親密な関係等から、これら関連会社、関連親密先が具備する機能は、都市銀行よりも一層重要である。

各関連会社が有する機能の価値は、各社のバランスシートに計上された資産勘定にも計上されているが、より本質的なものはバランスシートに計上されない定性的な価値であり、これこそが長銀が顧客ニーズに適切に対応し、金融界における競争に打ち勝つための原動力である。

具体的にいえば､日本リースにおけるリース機能の価値は､単に資産勘定に計上されたリース用の貸与資産にあるだけではなく､新リース技術の開発力､リース会計のためのコンピューターシステムやバランスシートには乗らないリースアップ資産、そして長年にわたり構築した顧客基盤・信用力等の存在にある（大野木 7 回 34 頁)。これらは、日本リースが創業以来工夫を続け、歴代の社員に無形資産として承継され、また各種コンピューターシステムもプログラムとして保管されてきたものである。これらは、長年にわたる人件費、出張旅費等の経費の支出により歴代役職員が作り出し、結実させたものである（大野木 7 回 52 頁以下)。また、リース業務収益の中核となるリースアップ資産は、依然として使用に十分耐えるものであるが、リース期間に応じ定率の減価償却を実施済みであるから、現時点の帳簿上の価値は備忘録的なものでしかない。

他方、日本リースの収益状況は、第3次支援によって自転のレベルに達し（甲138（吉澤）資料5、資料10の④P／L（収益状況））、実態面利益が97年3月期には176億円の黒字に転じ、98年3月期には計画値を上回る182億円に達していた。

エヌイーディーにおけるIPO（Initial Payment Offering）機能についてみると、この機能発揮の成果は、バランスシート上では、今後上場期待のある先についての先行的な取得株式およびその先への貸付金が計上され、その金額は比較的規模は小さい。しかし、IPO機能も、企業の発掘力からはじまり、技術面や創業者の資質等からの成長性の見極め力、さらに各社の特質に応じ上場に至るまでの各成長・発展ステージの設定、各ステージでの優先すべき課題と方策の決定等々のきめ細かいフォロー能力に、エッセンスがある。この機能は、周知のとおりアメリカを嚆矢とするが、資本市場の発達状況や企業金融のあり方などアメリカと状況を異にするわが国に適応したIPO機能を確立すべく、エヌイーディーは努力を重ねてきた。エヌイーディーのIPO機能も、歴代社員の長年の努力の結晶であり、ノウハウなのである。

さらに、第一ファイナンスの本来の機能は、前述したとおり長銀に対し取引先から寄せられる株式保有や買い増し要請を、長銀に替わって保有する機能であった。

ただ、同社の機能は、上記日本リース及びエヌイーディーの定性的な機能と異なり、バランスシート上保有株式として取得原価法にて計上されてきた。しかし、同社の株式保有機能は、わが国独自な持合制度の中において、長銀の営業基盤構築の重要な側面を担ってきており、したがって保有株式の議決権行使は単独ではできず、事実上長銀の意向に沿い行われた。同社の保有株式は、長銀では「政策株」と称され、長期保有が基本であった。

長銀インターナショナルリースは航空機など国際リース業務の分野で、日本ランディックは内外の不動産関連業務の分野で、長銀に寄せられる取引先の各ニーズを充足させるため、それぞれ重要な機能を営んできた。

エヌイーディー関連会社、ビルプロ3社（鈴木27回105頁）、有楽町エンタープライズなどは、それぞれエヌイーディー、日本リースという親会社の関連会社の不良資産処理と密接な関係にあり、社会的経済的に親会社と一体をなすと評価しうるもの（鈴木27回112頁）であって、長銀が関連ノンバンク、関連会社に準じ、計画的に処理を進めている先であるから、その資産評価は関連親密先として扱うことに合理性がある（秋山82頁。なお、甲163・田上律児（大蔵省金融検査部）も「NED及び関連六社の実体から考えると一体のものとして査定することもありうる選択だと考え議論の結果、（そのように）査定を行いました」（同調書5頁）と述べている）。

銀行の監督庁である大蔵省銀行局は金融機関の不良資産処理の課題について一貫して計画的段階的処理の方針を打ち出し、金融機関はその方針に信頼を置いて、政府の方針に協力してきた。たとえば平成7年度には住専問題の早期決着を図るために閣議決定された処理案に基づき、第一住宅金融の母体行として同社向け貸出金2367億円の債務免除を実施し（弁142・年報1996の10頁）、さらに平成9年度には日本債券信用銀行の再建策としての増資に100億円を拠出したのである（いわゆる「奉加帳方式」。大野木8回68頁）。

しかし、国税当局は不良資産の処理の環境の整備が遅れ、大蔵省も保有有価証券の売却による益出しを抑制するなど、銀行の不良資産処理の遅れには、さまざまな要因が複合している。

上記関連会社は、いずれもバブル崩壊により深刻な影響を受け、その後の地価の動向の厳しさなど経済環境の中で、不良資産の処理に難渋していた。長銀はこれら各社の母体行ないし主力行として各社の支援に傾注し、不良資産の処理のスキームを援助し、資産の譲渡に必要な資金の融資を行い、不稼動資産の事業化を支援し（大野木7回143頁)、更には損益支援を行ってきた。

債権回収業者とは異なり、銀行としての使命を考慮すれば、上記各社に対する貸出金を自己評価するについて、このような背景を斟酌しない清算価値による評価ではなく、継続的な価値による評価が許容されることはいわば当然である。

長銀関連会社の機能を斟酌すれば、各社のバランスシートを期末時点で言わば清算処分するかのごとく時価評価し、この結果生ずる債務超過額をもって、長銀の関連親密先に対する長銀の貸付金が「無価値である」などとしなければ商法に違反し、違法であるなどとは、とうてい言えない。

既に述べたとおり、日本リースおよびエヌイーディーについては、長銀が業務を円滑に展開するためのリース、IPO機能の源泉は、バランスシートにあるのではなく、バランスシート外と言うべきか、バランスシートに数字としては現われないいわば無形資産にある。したがって同社に対する貸出金の評価にあたってはこのような非財務面の要素を斟酌することが許されるというべきである。

（①　日本リースに対する支援について、鈴木26回87頁、27回27頁。日本リースに対する支援方針は、経営計画（甲123資料9〈平成10年4月20日の長銀と日本リースとの間の第2回経営問題協議会開催報告〉中の、日本リースの98年度経営計画〈①第五次中期経営計画の要約、②中期経営計画を踏まえた98年度経営計画等〉）があること、基礎収益、実力収益が年間180億円程度見込まれること（千葉29頁)、含み資産として、日本リースオート、千代田情報機器のキャピタルゲインが見込まれること（同22頁)、その他、人的支援（同24頁）を通じて同社の実態を把握しており、それが合理的な判断であることは十分に裏付けられている（同139—146頁)。

②　エヌイーディーの分割償却について、鈴木26回83頁、136頁以下、27回106頁以下。証人大田57頁以下、なお86頁、151頁、甲101資料5「情報メモ」、甲101資料13などを参照されたい。98年3月23日付の常務会資料（乙9資料7）によれば、長銀の同社に対する支援の基本方針は93年3月26日の常務会において決定され、4年間にわたって支援が行われてきた経過（№1）と現状（№2）を踏まえ、98年3月期の支援について検討された経過が示されている。これによると、本業（ベンチャー部門）の最近5年間の状況を踏まえ、課題を克服して収益力を強化する目標を立てていること（№5）が明らかである。長銀としては、エヌイーディーに対する貸出金に相応の価値を認め、同社並びに受け皿会社を支援する方針を確認したものである。)

また、第一ファイナンスについては、その持ち株機能としての成果は確かにバランスシートに計上されているが、これらは長銀に替わって長銀のために保有する長銀取引先の株式であるから、取得原価法による評価を採用していた。短期保有株式ならいざ知らず、こうした長期保有株式について、期末の一時点において時価評価をすることが果たして株主の利益あるいは会社債権者の利益を保護する意義があるとは思われない。それゆえ平成10年3月期の決算において長銀は原価法によって評価したのである。

（③　第一ファイナンスの分割償却については、鈴木26回85頁、141頁以下を参照されたい。なお、証人大田128-129頁。98年3月23日付の常務会資料（乙9資料9）によれば、同社は、長銀本体では手掛けにくい提携ローン、ファクタリング等を行ってきたが、バブルの崩壊に伴い、95年7月に会社の分割による抜本的なリストラを行って正常債権を平河町ファイナンスに移管し、同社は残存不良債権の回収処理等を行ってきた（№1)。長銀は、同社を関連グループ会社として、全体的計画の中で計画的段階的に機能の再編・整理を進める積極的な価値があると判断していたのである。

④ ビルプロ三社に対する貸出金の処理計画については、鈴木26回88―90頁、27回105頁。

⑤ ランディックに対する支援について鈴木26回173頁以下、27回167，168頁。）

以上のとおり、長銀の関連会社、関連親密先に対する貸出金は、単に一時点での時価評価により査定評価するのではなく、上記関連会社、関連親密先各社の有する機能を今後も継続的に支援していく積極的な意義があり、それゆえ貸出金には財産的な価値があるのである。

仮に、上記各3社につき、期末一時点での時価評価により存続の意味がないとして清算など何らかの措置をとるとしたら、長銀の金融界における信用が失墜するのは勿論であるが、同時に長銀が今後業務展開をしていく上での不可欠な機能を即座に失うのである。上述したとおり、これら機能は長年の積み上げの果実であり、短兵急には構築できない。清算や破綻により機能、ノウハウが宿る社員に大きな動揺を与える中、従業員の確保ができるだろうか。また既往の取引先からの信頼を失わずにすむであろうか。再構築には大変な年月と努力が必要である。このように考えれば、これら企業を支援し、持てる機能を発揮させることが、長銀の業務展開、存続のために不可欠なのである。

また、万一、上記各社の破綻処理を行う必要が生じた場合にも、こうした機能が損なわれないよう、今日まで培ってきた顧客基盤を維持できるよう、細心の注意と施策が求められることは言うまでもない。

しかしながら平成10年3月末現在では、関連親密先各社も、そして況や長銀自体もそのような段階には至っていないというのが、経営判断であった。

2 自己査定と監査法人の見解

監査法人は、長銀の自己査定基準、及び関連親密先に対する貸出金の自己査定について、適正であるとの意見を示しているが、その結論に至った経緯は、公判廷で秋山証人が、供述したとおりである。

(1) 資産査定通達、実務指針の読み方

第1は、要注意先と破綻懸念先の債務者区分である。

実質債務超過の状態で、財務内容が悪い債務者であっても銀行が積極支援する債務者については、客観的に見て破綻する可能性は極めて小さいから、破綻懸念先にしなくてよいと読める（秋山29頁）。

第2は、支援計画に基づく翌期以降の支援予定額について引当金計上の要否の問題である。

平成9年3月期までの扱いは、一方で、支援側銀行が寄付金課税を受けないこと、同時に、支援を受ける側は受けた益に相当する不良債権の償却を無税で行う必要があるので国税当局と相談をしながら処理をしていた。

支援損は会計上、銀行の寄付を行う意思決定を要する。従来は、会計慣行として、当期に計上する支援損の額を決定して計上する、すなわち分割償却が認められてきた（秋山32頁）。

翌期以降の支援予定額は引当金として計上しないのは、関連ノンバンクは銀行が積極支援をするので破綻する可能性が極めて小さいから、貸倒れ引当をしないという考え方も許容範囲であった。

追加Q&Aは、この会計慣行を会計処理の継続として認めたものと理解できる（秋山35頁）。

第3に、実務指針は、「破綻懸念先債権の回収可能性」について前記のとおり、銀行など金融機関並びに親会社の支援状況その他債権回収に関係のある一切の定量的、定性的要因を検討することを挙げている。

なお、平成10年3月期の大手行19行の決算の結果によると、長銀を除く18行で将来の支援予定額について特定債務者支援引当金ないし貸倒れ引当金として計上しなかった銀行は18行中、14行であるといわれている（秋山37頁、金監1年）。

(2) 長銀の自己査定基準と関連親密先に対する貸出金の自己査定

「長銀の特定関連親密先自己査定運用細則」は、①体力のある関連ノンバンク、②特定先に関する自己査定基準である。

監査法人は、この細則にいう「体力のある関連ノンバンク」に対する貸出金はⅡ分類以上になるところ資産査定通達に照らし、許容範囲内であるとし、また特定先として指定された各社は、いずれも銀行の積極支援先であって、破綻に陥る可能性が極めて小さいから、破綻懸念先にはあたらないとするところも、前記資産査定通達の許容範囲であると認めている（秋山67〜68頁）。

特定先中には、日比谷総合開発、新橋総合開発など個社名を特定した代表的な事業化会社のほか、日本リース関連会社、日本ランディック関連会社等の指定がある。ビルプロ3社（四谷プランニング、竜泉エステート、木挽町開発）は、日本リース関連会社と理解できる。いずれも銀行の支援先であり、破綻懸念先にはあたらない。

エヌイーディーは体力がない関連ノンバンクであって、長銀に母体行責任を負う意思があり、エヌイーディーの要処理不良債権中には、エヌイーディーの関連会社に対する債権も含まれており、会社が不良債権処理の手法として成立した経緯等があること、エヌイーディーの保証付債権であること、エヌイーディーについては他の大手監査法人（朝日監査法人）の監査にかかる財務諸表を検討したことなどから、会計上、エヌイーディーと併せて処理をすることには合理性があり、破綻懸念先にはあたらない。国税当局もこれらの関連会社をエヌイーディー本体の処理計画の中で一体として処理することを認めた（秋山83頁以下）。エヌイーディーの支援計画については国税当局と協議中であったが、平成10年3月期についでは償却枠がある上、2002年3月までの第2次支援計画についても従来の経緯からすれば、悲観的な状況ではなかった（秋山171頁、大田59頁）。

第一ファイナンスについては、繰越欠損額130億円をⅣ分類としているが、同社は関西系のノンバンク等の倒産による不良債権の回収にあたっていた。同社の資産中の営業貸付金は、会社整理、特別清算等の裁判中の手続きにより債権放棄をした後の残高であって、その回収は平成13年3月まで時間を要するとされていた。そこで破綻懸念先と区分したので、本来はⅢ分類であってもよいが、会計上、保守的に見て一部をⅣ分類として引き当てた。

次に同社の保有有価証券は、前記のとおりすべて上場有価証券で優良銘柄ばかりであって、含み損も回復可能性があるので、あえてⅢ分類としたのは、会計上、保守的な扱いである（秋山153頁）。

同社の子会社に対する貸付金のうち繰越欠損分をⅢ分類としたのは、資産査定通達上、子会社は破綻懸念先と区分されるから、上記処理は許容範囲にある（秋山91，165頁以下）。

日本リースについては、監査法人としては、財務諸表上、債務超過ではなかったので実質債務超過という認識はなかったが、平成8年3月期で損益支援を終了した後もメインバンクとして資金繰り支援、人事面での支援、営業面での支援が行われていた。更に日比谷総合開発、新橋総合開発、有楽町総合開発については自ら監査にあたっていた。

監査法人としては、捜査官とは異なる立場で監査を行うのであるから、資料に限界があるが、さりとて長銀の平成10年3月期の決算に関する監査についてその後、監査意見の変更をした事実もなく、かつ日本公認会計士協会等において本件監査について懲戒等の職業上の責任を追及された形跡は全く窺われず、いわんや刑事責任は全く追及されていない。むしろ、平成9年9月中間決算に関しても、監査法人は証券取引法違反を請求原因とする損害賠償請求事件において監査の適法かつ適正を主張している。

3 決算手続 期末に至る経過

(1) 資金繰り、支援能力

1997（平成9）年7月には、タイから始まったアジア危機と呼ばれる海外における金融危機が起こったが、同年11月には、わが国金融市場が危機的な状況に陥った。すなわち、三洋証券、北海道拓殖銀行、山一証券の連続する経営破綻によって国内市場は混乱をきわめた。各金融機関とも、預金等による資金調達が不安感から不冴えとなり、また短期金融市場での調達も厳しい局面に遭遇した。

長銀も、資金調達面で大きな影響を受けた。主力調達商品である利付金融債が機関投資家の警戒にあい、また金融債の窓口販売も新規の入金が減少するばかりか解約されるという事態となった。加えて、上述のように多くの金融機関も同様に資金調達に問題が生じたため、いわゆる貸し渋り、貸し剥がしが厳しい局面に立ったのは事実である（鈴木恒男13、26、69頁）。しかし、外貨資金が逼迫する状況にはならなかった（越石73頁）。

97年内は格付けの低い金融機関に対する資金供給に厳しさが継続するというのが大方の見方であり、12月一杯は緊張感を持ってあたり、アジアからの外貨資金の引揚げなどの危機管理を行った。

このように本邦銀行は11月一杯内外にわたり資金調達の厳しさに悩まされたが、12月に入ると、公的資金の導入及び保有有価証券の評価方法の変更について議論、手当てがなされるにつれて、次第に金融マーケットに落ち着きが見られるようになった。

長銀についても、年明け後の平成10年2月から3月にかけては、外貨資金の厳しさの緩和と、公的資金の導入方針とがあいまって資金繰りに余裕が出てきた（鈴木恒男13、68頁参照）。

「円貨手元資金余剰」（甲10添付資料1）によると平成10年1月の手元資金は当初計画より多い4600億を見込める状況となり、実績は更に上回る7000億円となった。2月も、3月も計画より見込み、実績（2月8500億円、3月1兆1600億円）と具体化するに従って増えている（甲8添付の資料4、大岩44〜48頁）。

さらに、SBCとのアライアンスについても3月半ばに、株式の持合を実行することを発表、投資顧問会社、合併会社の開業の目処が立った。4月ないし5月には、資金の問題も安定していき、SBC、UBSとのアライアンスも進展して、証券子会社、投資顧問子会社が順次立ち上がった（越石77頁）。

平成10年2月法によって30兆円の資金枠による公的資金が導入されることとなり、1700億円が導入され、また有価証券の評価について、原価法を採用した。平成10年2月27付け通達は、決算経理基準中、従来、低価法を採るように定めていた部分を撤廃し、これによって原価法をとることが可能となった。この結果、大手19行中16行が原価法を採用したのである。

以上の経緯で、平成10年3月ないし4月当時、長銀としては資金繰り破綻を高度のリスクとして想定するような状況ではなかった。

したがって長銀は、関連親密先の資金繰り支援を続行できないような状況にはなかった（大岩48頁）。年度始めの経営見通しとしては、長銀が行き詰まるとか、破綻するという予想はなく、むしろビッグバンの先陣を走るグループのひとつであるという自負さえあったのである（鈴木恒男13・71-73頁）。

なお、平成10年3月期当時、同年5月をもって長銀インターナショナルリース及び日本ランディックの支援を終了し、エヌイーディーについては、2000億円の処理を残していた。また、特定先各社に対する支援も、損益支援以外の支援によってまかなえるという見通しであった。しかし監査法人としては、これらの事情によって長銀の体力が毀損されるものとは見ていなかった（秋山71頁）。

⑵　関連親密先に対する不良債権の処理

ア　内容及び評価

平成10年3月期の決算では、関連親密先に対する不良債権の処理額は、財源の上積みによって積み増しされた。

平成10年2月4日現在では償却財源が5900億円とされていたが、一般先の要処理額が3200億円と見込まれた（甲24資料10）。

同年3月20日ころ、総合企画部から事業推進部に100億円くらいの財源増額の可能性が伝えられ、その後、（鈴木被告人が退任した後である）4月上旬になって同じく、さらに100億円の財源増額が可能になったという連絡があり、第一ファイナンスにも上乗せした（甲24竹井29、30丁）。

この結果、関連親密先に対する不良債権は合計2820億円（ほかに日本ビルプロジェクトは、支援先であるが一般先として取り扱い、514億円の処理）をした（甲24添付資料13、乙41資料8（55丁））。

「第74期（97年度）決算案補足説明資料」中の№4「不稼働資産の処理状況」乙26資料5）によれば、不稼動資産処理額合計6165億4300万円の内訳は、①債権償却特別勘定繰入額は、東食グループ6社など一般先のほか、日本ビルプロジェクト、日本ランディック、長銀インターナショナルリース、第一ファイナンス及び第一証券系列2社に対し、有税で2990億3700万円、②共同債権買取機構への売却損は、損失額57億4500万円、第二次ロス引当の債権売却損失引当金繰入額は94億6300万円、③その他債権売却損・交換損は、297億1600万円、④支援損は、共同債権買取機構への売却についてかかる支援損（長銀インターナショナルリース及び日本ランディック）として、123億4200万円、債権放棄にかかる支援損（エヌイーディー、長銀リース、日本ランディック）1740億4900万円、2信組関連支援損6億6400万円、合計1870億5500万円となっている。

個社別には、①長銀インターナショナルリースに対し（甲24添付資料14の1）、平成10年3月期まで5年間の支援計画にもとづき支援し、当初計画を上回る償却・引当を行った。共同債権買取機構への債権売却及び当行貸付金債権の放棄441億1100万円、貸倒れ引当金・債権償却特別勘定に繰入れ（有税）358億4300万円、②日本ランディックに対し（同2）、平成9年3月期から5年間の支援計画に基づいて支援中であり、前期には302億円を支援したが、国税庁に提出した計画を前倒しして、平成10年3月期に共同債権買取機構への債権売却及び当行貸付金債権の放棄1221億円、貸倒れ引当金・債権償却特別勘定に繰入れ（有税）450億円、③エヌイーディーに対し（同3）、当行貸付金債権の放棄201億8000万円、④第一ファイナンスに対する支援（同4）、貸倒れ引当処理147億円（有税）、⑤日本ビルプロジェクトに対する支援（同5）、貸倒れ引当処理513億8589万3762円、合計660億4462万7574円の貸付金元利金債権に対し回収困難と見込まれる部分について有税引当などとなっている。

なお、長銀は、平成10年5月に日本ランディックに対する有税引当分450億円と、長銀リースに対する同じく358億円については、債権放棄を行ったが、監査法人は、監査報告書上は後発事象として財務諸表に注記する方法もあるが、むしろ債権償却特別勘定として個別引当を行うことがより妥当な処理であると判断した（秋山80頁）。

検察官は、長銀における不良資産の処理は、財源の範囲で実行しているものであり、法律上、なすべき償却引当を行っていないと主張している。しかしながら、長銀は一般先に対する債権についてはⅣ分類に査定される債権は、たとえば平成10年3月期決算においても、東食グループに対する債権のように期末に切迫した時期に償却事由が発生した場合にも、すべて当期に償却引当を行っており、関連親密先に対する債権については、上述のとおり当期に償却引当を法律上、義務づけられる程度に価値が毀損しているわけではなく、経営の健全化を進める見地で財源の増枠を求め、その範囲で償却計画を前倒しして処理を進めているのである。したがって検察官の前記指摘は的外れである。

以上のとおり、長銀は自己査定により当期に処理しなければならない償却引当は、すべて処理したのである。

イ　不良資産の処理と事業推進部

検察官は事業推進部が不良資産を隠し、処理の先送りをしているかのごとく主張するが、全く事実に反する。

事業推進部は、平成9年度の不稼動資産の処理についても、その促進を訴えてきたが、その一端が同年度の決算における償却引当の上記実績に結実したものと言える。すなわち事業推進部作成の平成9年6月4日付の「97／上期の不稼動資産処理について」（甲24資料1）によれば、97年度の基本方針として「中期計画に基づいて99年度までの3年間に5000億円を投入して不稼動資産を処理する方針で、とくに97年度は3000億円を投入し最大限前倒し処理をする」と控え目に述べた上で、具体的な処理計画（№4）では、97年度は上期と下期をあわせ5000億円（うち関連親密先3000億円）、98，99の両年度に各1000億円年（同各500億円）、3年間で7000億円（同4000億円）の財源を要求し、97年度に長銀リースと日本ランディックの支援終了を提言した。

日本ランディックに対する当初の国税庁に承認を得た支援計画では、不動産会社として自転可能な資産内容の再構築と対外信用力の維持並びに外部調達力の確保を目的として、97年3月期から01年3月期までの5年間に総額1973億円を充てて同社及びその受皿会社等に対し債務免除あるいは買取機構活用による損益支援の方法で支援するというものであった。しかし実際には、初年度の96年度中に計画（227億円）を上回る358億円の支援及び子会社神栄開発に対する貸付金肩代わりなどの側面支援（693億円）を実施したのに続き、98年3月期に上記のとおり支援を行うこととしたものである。これによって今後の経営課題は残るものの、同社本体について充分企業維持が見込まれた（甲24資料12の1常務会資料「日本ランディック㈱の処理について」№1，6，7）。

また長銀インターナショナルリースについては、94年3月期から5年間の支援計画に基づき、4年間の計画額565億円に対し実績505億円を支援した（同資料12の2常務会資料「長銀インターナショナルリース㈱の処理について」№1）、その後の地価の下落、新規延滞の発生により当初想定以上の不良債権が残存している（同№3）。そこで上記のとおり計画額以上の支援を実施することにより、当面、同社の基礎収益力の増強を図り黒字決算を維持し、自転化を図り、同社の機能の見直しなど方向性を検討することとしていた。

以上のとおり、関連親密先に対する貸出金の償却引当の促進について、事業推進部は、まさにそれを推進する役割を果たしたのである（証人大田7頁）。

4　決算承認と報告書提出の経緯

(1)　監査法人の監査

太田昭和監査法人（現在の新日本監査法人）は、自己査定制度の導入に伴って、日本公認会計士協会の定めた実務指針第4号に従い、外部監査を担当し、深度のある監査、すなわち自己査定制度の理解を深めるため各部店から幅広く抽出し、かつ抽出項目を最高限度まで増やして試査を行った。同監査法人は監査法人内部に『金融ノンバンク審査専門委員会』（弁1の549頁、秋山74頁）を設け、新制度に対応して適正かつ十分な監査を行う体制を整えていた。

具体的には、秋山公認会計士が証言したとおり、関与社員、主査、公認会計士、会計士補の合計20名の陣容で、年間825日、延べ6595時間を費やして監査を実施した。これは同監査法人が他行について実施した監査に比較して十分な規模であったし、前年度の監査に比べると日数だけ見ても170日増となっている。

平成9年10月から11月の間、自己査定にかかわる内部体制の整備状況について評価、平成10年2月以降5月までの間、自己査定基準の検証等、内部統制の検証、同年5月、償却・引当の監査を、それぞれ行った。

(2)　監査役の監査

長銀の監査役は、平成10年4月28日に、取締役会に出席し、当期の決算報告書を執行部から受領し、同年5月15日に監査法人から松尾、江端、秋山、山内の4公認会計士が出席し、会計方針について説明を受け、次いで自己査定に基づく償却引当についても処理が適切である旨の報告を受けた。

岸、田島、戸塚、深井の4監査役は、5月21日に監査役会を開き、3月26日に事業推進部から受けた説明、4月24日のリスク統括部からの自己査定に伴う償却引当の説明、5月の綜合企画部の説明に照らし、全員一致で適法であるとの結論に達した。田島証人はその見解を今日でも見直す必要はないと考えている（田島32，47頁）。

なお、決算案について戸塚監査役から修正を指示された部分があり修正した（甲70・砺波72頁）。

(3)　日銀考査、金融検査と調整

日銀考査は平成10年5月21日から6月12日まで行われたが、長銀の自己査定基準ないしこれにもとづく決算が違法であるとの判断に至った形跡は全く認められない。すなわち日銀考査にあたった調査役は長銀の自己査定基準の適否について判断したと供述するが、他方、頭取、副頭取との面談の席でその点の指摘をした記憶もなく、適否の判断については文書上の記載もない（高野138頁）。越石前副頭取は、98年の日銀考査における考査官面談では、格付けが下がった場合の対応、アジアの拠点の整理統合に伴う国内的な対応といった実務的な項目のみ（越石81頁）が取りあげられ、自己査定基準の適否の判断は示されなかった旨述べている。

他方、金融監督庁検査部の検査は同年7月から9月まで行なわれたが、自己査定基準の違法であるとの指摘はなかった。検査官と長銀担当部長、参事役との面談においては、木戸主任検査官が、長銀自己査定基準の債務者区分について長銀側の説明に対し「一理あるし、経緯はわかった」と述べたことが面談記録上も、明らかである（甲151添付資料6）。越石証人も、金融監督庁検査の講評においても違法の指摘は受けなかったと証言している（越石82頁）。

早期是正措置に関する検討会における検討の経緯からすれば、検査官と金融機関との間で見解の相違がみられた場合には協議によって自己査定を見直し、是正するものと考えられており（西崎28頁）、現に、検査の講評もその域を出ないものであった。これに反し、仮に、将に違法な会計処理がなされようとしている事態に遭遇したのであれば、未然に是正すべき職務上の義務がある。しかしながら決算が違法であるとの判断はなく、そのような措置は何ら講じられていない。

第6 証券取引法違反（虚偽報告）について

1 有価証券報告書の作成経緯

証券取引法上、有価証券報告書の記載については記載の要領が定められているが、貸出金債権の評価を誤った場合に、仮に誤記があったとしても、被告人がなにが真実であるかを知り得ない限り、その記載が虚偽とは言えない。

企業会計法の定める基準に相当の幅があり、本件では少なくとも税法の基準に従っているのであるから、法律上一応適法との推定は働く（岸田教授 弁148の16頁参照）のであり、上述のとおり、関連親密先に対する貸出金は追加的な償却引当を法律上義務づけられる程度に毀損されてはいない一方で、金銭債権の評価が主観的であることを排除できないのであるから、虚偽の記載とは言えない。

その上、鈴木被告人は、当該有価証券報告書の作成及び提出以前の平成10年4月1日に取締役を辞任しており、その後に株主総会にいたるまでに、決算取締役会があり、更に監査法人の監査による適正意見、監査役の適正意見を経て、株主総会議案確定の取締役会があったのである。

長銀の決算案は、平成10年4月10日ころまでかかり個々の数値を入力し、13日ころに財務諸表第一次案が作成され、株式三勘定尻の数値が固まって、業務純益が予想値より約180億円の上方修正となり、これを不稼動資産処理財源に振り向けて追加した（甲70・砺波5頁まで）。更に貸出先の不渡り・会社更生法の適用申請などの後発事情による変動もあり、不稼動資産処理額6165億4300万円など決算数値が確定したのは同月22日である（同7頁）。なお、同月28日の臨時経営会議における決算案の審議状況については同20—68頁、同年5月25日の経営会議において利益処分計算書を承認した経緯については同77—88頁参照。

なお、上原隆副頭取（企画グループ担当役員）は、平成11年5月、本件捜査の続行中に、死亡した。同人は、決算担当の役員として平成10年3月期の決算を担当したので、長銀が公的管理銀行とされた後、自己査定の考え方の骨格に会計処理として不適切な点がなかったか、償却・引当の実行過程に法律上の問題がないかなどについて充分考察していた。したがって本件における事案の究明にあたり、同人の供述がないことがまことに惜しまれるところである。

2 監査報告書の意義

長銀では、平成10年5月23日ころ、有価証券報告書のドラフトを作成し、同年6月1日から5日まで監査法人の山内会計士ら5名の公認会計士の証取法監査を受け、6月5日に口頭で講評を受けたが、貸出金の償却引当については何ら指摘事項がなかった。その後、長銀は同月下旬に監査法人から監査報告書を受領した（甲92（横井信夫）19頁）。

検察官は、決算方針は在任中に確定している以上、あとは決められたどおりに運んだだけであるから責任を問いうるとの立場であるが、それはあまりにも監査法人の監査、あるいはその後の手続を全く形骸化した形式的儀式に過ぎないかのごとくに軽視するものであり、資産査定通達あるいは実務指針の立場と一致せず、事実にも反する。早期是正措置に伴って導入される自己査定制度の下で、専門家である大手監査法人が自己査定作業の査定基準への準拠性を確認し、平成10年6月25日監査報告書によって、一般に公正妥当と認められる監査基準に準拠し、第74期事業年度の財務諸表について監査をなし、その結果、当該事業年度の経営成績を適正に表示しているものと認める旨の報告を受けたのである。

有価証券報告書の提出については、このように専門家の実質的判断が介在していることを考えれば、少なくともその文書の作成に直接関与しない元取締役の行為は、文書の内容の真否とは、因果関係がないというべきである。

第7　意味の認識、違法性の意識の可能性がない（事実の錯誤）

1　関連親密先に対する貸出金の評価額の錯誤

被告人は、「配当可能利益」が皆無であることについても、また取立不能と見込まれる貸出金が「過少」であったことについても、認識がなかった。

被告人は、配当可能利益を作出するために会計・決算を加功し、操作した事実がない。

検察官は、被告人が資産評価を故意に歪めたかのごとく主張するが、上述のとおりそのような事実は全くない。

すなわち、政府及び行政当局は、平成8年6月、金融関連法案の成立の前後を通じ、金融機関の健全化を進めるため、不良債権を計画的段階的に処理する方針を示していた。

被告人は、当時、長銀の経営陣の一角にあり、請われて常務の定年を延長され、不良債権の処理の特命を受け、不良債権の処理と懸命に格闘していた。平成8年3月決算で住専の処理を行い、日本リースに対する第三次支援を前倒しで一区切りをつける赤字決算をして大きな山を越え、残る関連親密先に対する不稼働資産の処理に決意を新たにした。

長銀は、関連親密先4社とそのグループ会社について、日本リースを自転させた後、長銀リースと日本ランディックを自転する段階まで支援し、最後に第一ファイナンスとエヌイーディーの処理を行なうという計画の下に、順次、処理を進める方針であった。

従来、貸出金の管理については信用ランク、管理ランクに応じた管理を行なっていたが、そのランクは会計上の資産の評価ひいては償却引当とは直結しておらず、資産の評価は、数年ごとに大蔵検査において資産査定を受けるほかは、毎年の会計処理としては税務基準に照らし、無税償却の要件を充たしたものについて債権償却証明を得て（鈴木11回146頁）、公認会計士の意見を聴き、償却引当を行なっていた。

事業推進部は、融資実務経験の長い交渉力等の能力の優れた有為の人材を集め（鈴木11回165頁）、いわば不稼働資産の本部という位置づけで各営業店と連絡をとりつつ、債権保全、滞留している資産を事業化して稼働させる処理方針、対応の指示、検討などを行なう（鈴木11回159～164頁）とともに、全体像を整理集約し、行内の他の部署に対し財源の手当てを要求するなど折衝を進め、経営陣にも不良資産の処理が優先課題であることの認識を求めてきたのである（同11回166頁）。この点に関し検察官は、あたかも事業推進部が大蔵省検査の対策等を通じ、不良資産隠しを謀ったかのごとく主張するが、全く事実に反する。

一般先に対する債権については、大蔵検査においてⅣ分類と査定された債権あるいはこれに相当する債権については怠りなく、償却引当を行なった（鈴木12回1，2頁）。これに対し、関連親密先、すなわち長銀が広義の支援継続中の債務者のうち関連会社及びその子会社等については、清算価値で評価を行なえば財務的には資産が劣化していることは否めないが、他方、当行の営業戦略上の関連親密先の価値を評価すれば、支援の継続は必要かつ合理的であり、したがってこれらの各社に対する貸出金には財産的価値があるから、当期に全額償却引当を行なう必要はないと認識していた。

しかも、企業会計上、当期に偶発損失を生じる虞がない場合には引当を要しないと考えられており、税法上も当期の支援損を決定しない限り、無税償却引当の要件を充たさないとされている。

このような関連親密先に対する継続支援の方針及びこの方針に基づく会計処理は、長銀の経営上の判断として合理性があると確信しており、かつかかる支援判断をなしたかについては、これらの関連親密先に対する貸出金が前述のとおり、財産上、無価値ではないからであった。

2　錯　　誤

法令はもとより、会計基準、あるいは資産査定通達等においても、支援先に対する貸出金をすべて債務者の資産を清算価値で評価し、当期に全額償却引当をなすべきであるとは明示しておらず、そのように認識し得る可能性がなかった。

平成9年3月期まで、関連親密先に対する債権は、大蔵省検査によってⅣ分類と査定された場合であっても、償却引当に連動しないと扱われていた。従来、大蔵省銀行局及び金融検査部において、関連親密先に対する貸出金について、一般先とは異なり、債務者の資産内容及び業容以外の要素を斟酌した取扱を認めていたが、それは、当局も銀行の支援先にたいする貸出金は、銀行が自行にとって経済的価値があると判断して支援を決定している事実に合理性を認めたからである。

その後、資産査定通達で示されたガイドラインはこれまでの基準に基本的に変動をもたらすものではない（弁8（金融財政事情1997. 1. 20号抜粋64頁））とされていた。

未曾有の経済的環境に対応して不良資産を処理する過程で、計画的に償却引当をする方針の下で、関連親密先に対する貸出金についても、非財務面を除外して評価すべきであるとする規範の存在を認識することができず、非財務面に着目して評価し、経済的価値があると認識したことについて、錯誤があるとしても、当時の事情からすればやむを得ないところである。

したがって関連親密先に対する貸出金について、当期に償却引当をした以上に価値が毀損されていないと認識し、当期に、その一部について償却引当をしなかったことについて、非難可能性がない。

よって被告人には商法違反及び証券取引法違反の責任がない。

第8　結　　び

弁護人の意見を終えるにあたり、以上申し上げたことの「まとめ」を申し上げたい。

1　弁護人は、さまざまな事情から長銀及び関連親密先関係者の供述調書についてその信用性を弾劾するために証人尋問を請求することはできなかった。

しかし捜査官の面前における供述の真実性については、それに影響を与える重大な事情があること―何人かの証人は、本件捜査が検察官によって「国策捜査」と言われていたと証言した―を見過ごすことはできない。存在する多くの供述証拠は、人間の弱さを如実にあらわしている。

2　検察官が、勾留中の被告人に対し、あなたの弁護人はよく分かっていないのではないかと「忠告」したと言う。たしかに、その当時、当弁護人は、資産査定通達や、関連ノンバンク事務連絡、追加Q&Aといった資料を見ておらず問題の所在をよく理解できなかったことを告白しなければならない。

しかし、それではかく言う検察官は「資産査定通達」を、どのように読んだのであろうか。検察官の冒頭陳述などによると、検察官は、すでに述べたように「資産査定通達」について、本件決算期当時の中井省大蔵省大臣官房審議官銀行局担当、西村吉正、山口公生といった歴代の銀行局長、内藤純一銀行課長などの関係者を、誰一人取調べることもせず、一方的に実態に反した、あまりにも厳しい解釈をしている。検察官の思い込みの強さに、誰しもつい引き込まれて、多くの供述調書がうずたかく積まれているが、当弁護人もまた、「資産査定通達」の内容が、本件決算期よりも後になって策定された「金融検査マニュアル」において緩和されたのかと誤解に陥り、公判廷で被告人に質問したほどである（鈴木12回17〜24頁、26回125、130頁）。

しかし、「資産査定通達」が、当時までの金融機関における資産査定の実務、とくに「メインバンク」が支援先に対して有する債権の査定の実務を反映した「奥の深い通達」であることは、関係証拠上、明らかであり、また本件決算期の後において、経済の状況、経営の状況に対応しうるように資産査定、あるいは引当、償却の基準を、より精緻かつ厳格に定めていったことは、大蔵省銀行課長も証言したところである（内藤23―25頁）。

「資産査定通達」は、銀行の貸出金を、単に「回収可能性」によって分類するのではなく、わざわざ『価値の毀損』によって分類するとしている。銀行にとって単なる一般の支援先ではなく、グループ会社を支援することは、経済合理性のゆえに、当然とされていた。それに相応の価値があるからにほかならない。

検察官は、この点を全く顧慮しておらず、その結果、関連親密先に対する貸出金債権の「価値」が、当期に償却引当を要する程度に毀損していたことについて、証明していない。

3　同時に、重ねて指摘するが、本件は過失犯ではない。平成10年3月期の決算当時の被告人の認識が問われているが、被告人は関連親密先に対する貸出金には相応の「財産的な価値がある」と認識していた。

したがって検察官が主張するような償却引当を要するとはとうてい考えていなかったのである。

以上の次第で、被告人は、本件公訴事実一、二について、いずれも無罪であると確信いたします。

弁論要旨（補充）

平成14年3月13日

東京地方裁判所刑事第1部　御中

被告人　鈴　木　克　治
弁護人　更　田　義　彦
同　　　長　　　文　弘

被告人鈴木克治に対する証券取引法違反、商法違反被告事件についての弁護人の意見（補充）は、以下のとおりである。

「弁論要旨」に以下のとおりの文章を加える。

1　（25頁14行目（編注903頁26行目）末尾に次の文章）

その一部を具体的に述べるなら次のとおりである。

① 乙37号証は、エヌイーディーに関する検面調書であるが、まず同調書の添付資料7（情報メモ）の記載内容と調書本文の記載とが、異なる文脈となっている点である。

同資料は、長銀担当者と東京国税局担当者とのやりとりが記載された文書であり、同文書には、「④親銀行の支援財源についてそもそもは金融秩序の維持の為（銀行を守る為）にノンバンクの支援を認めてきた。表面は子会社支援であるが裏では親銀行の生き残りであるはず（＝親銀行が生き残るために子会社を支援するもの）であるが、昨今助ける力のない親が子会社支援を検討する例がある（日産生命）。そもそも助ける力がないのであれば、支援検討はおかしい。当該観点から今回の見直しに当たっては銀行の支援財源についても説明もお願いしたい。（含み益を使うのか、それとも業務純益で賄うのか）」と記載されているにもかかわらず、調書本文（13丁裏）では、「（日産生命）」部分と「（含み益を使うのか、それとも業務純益で賄うのか）」部分の引用がなく、前者についてはたまたま日産生命の話となったという点が無視され、長銀自体をさしているかの如き印象を与え、後者については、国税局担当者が、含み益を使うのか業務純益を使うのか説明して欲しい、ということを述べているとしか受けとれないものを、調書本文では、この部分の引用をなくした上で、「長銀の計画しているエヌイーディーの支援計画について、そもそも長銀にエヌイーディーを支援する財源の裏付けがあるのか疑っていることがわかりました」（14丁表）などと全く文脈の異なる記述をしているのである。

② 次に同調書添付資料8（情報メモ）の説明につき、調書本文（14丁裏）では、「これによると大田事業推進部長が、エヌイーディーの支援計画について三年延長でどうかと尋ねたのに対し、国税局の係官は、『処理自体は可能であるが、その場合は新たな支援計画としてご相談させていただく。現在の計画は期間五年ということで認めているが、一年であれば清算した方（＝無税支援を認めなかった方）がよかったとの判断があるかもしれず具体的には中身を見ないと判断できない。但し、支援者の事情でアコーディオンの様に支援期間を伸び縮みさせるのは論外。当初計画の期間五年が短縮になる合理的な説明が必要。』と厳しい指摘をしていました。」（14丁裏～15丁表）とエヌイーディーに関するやりとりとして記載されているのであるが、資料8をまじめに見れば、同引用部分は、その上段にある長銀担当者のランディックに関する相談に対する国税局担当者の回答であることが明白であり、調書本文は明らかに会社を取り違えるという誤りを犯している。

③　また資料８の同引用部分のすぐ後には、「無税を認めた金額（1,973 億円）を無税で処理し、不足は有税で処理することは認められない。」との記載があり、これは税の適用を二重使いしてはいけない、即ち一部を無税、不足分を有税とする処理をするならば無税償却を認めた 1,973 億円も有税とする旨国税局担当者が述べたと受けとるのがどうみても素直であるのだが、検察官は調書本文で、「これでは意味が通らず、『不足は有税で処理することは問題ない。』との誤りだと思います。」（15 丁表）などと記載しているのである。

無税にしろ有税にしろ償却には制約があったという当時の償却実務を無視し、償却はいつでも自由にできるとの前提で本件捜査を行っている検察官にとっては、邪魔な記載であったことから、強引に国税局担当者の誤りとしてしまったのである。ここにも検察官の独善がはしなくもあらわれている。

④　さらに同調書添付９（情報メモ）に関する説明として、調書本文では「結局、国税局係官は、『地価下落等見直しに至った経緯の説明がつけば、見直し金額が大きくとも問題はない。』としながらも『今回見直し計画が当初ポリシーをうち消すもの、当初計画がそもそも小出しにしていたもの＝隠し事があった場合』であるとして、『御行の立場も理解できるが、当方としても現時点での責任ある回答はできない（怖い）。金額が上回った部分ではなく、根っこから否認される可能性もあり、なんともいえない。』などとして、結局支援計画を認める旨の回答はもらえませんでした。」（15 丁裏〜16 丁表）と記述されているのであるが、第２段目の引用中の「隠し事があった場合」は明らかに意図的で悪質であるとの謗りを免れない。

資料８には、「隠し事があった場合は別であるが……」とあり全く文意が変わってしまうのである。

３段目の引用も意図的に一部を脱落させている。

３段目の引用は２つの文章となっているが、資料８には、２つの文章（そもそも２つの文章自体が、別個の話題に関することが資料８から明らかなのだが）の間に「住専の問題もあり当方としても非常にナーバスになっている。」という文章が存在しており、これを前提に読めば、住専処理の際に興銀と長銀が無税償却したが、国税がこれを否認したところ、両行がこれを不服として訴訟となっていること（国有化に伴い長銀はその後取り下げるも、興銀は一審勝訴）に国税局担当者がナーバスになっていることがうかがえるというだけで、調書本文の如く「結局支援計画を認める旨の回答はもらえませんでした。」などとはいいようがなく、またそもそも、資料９には「極端な話、当初計画は今年度までであり、当初計画の枠の中で支援を行う部分については今年度問題になることは無く、見直し計画認可が来年にずれ込んでも問題ない。」との記載もあるのであり、上記調書本文の「結局支援計画を認める旨の回答はもらえませんでした」の記載は明らかに誤りなのである。

２　（25 頁 22 行（編注 903 頁 32 行目）末尾に次の文章）

乙 40 号証は、ビルプロ３社に関する検面調書であり、同調書 15 丁裏に長銀の山下調査役が被告人鈴木らに説明を行っているくだりが、「長銀が作成した第二次再建案については、買取持ち込み行を中心に拒絶反応が強いため、時間的な問題もあって事実上断念せざるを得ず、」などと記載されているが、同記載部分の「買取持ち込み行」は、文脈からみて明らかに誤りであって「買取非持ち込み行」が正しいのであるが、同調書作成前に作成された上記山下の検面調書（25 丁表末行〜同丁裏４行）には、その誤りを含めて一字一句違わぬ全く同一の記載が存在しているのである。

第35回公判調書

被告人の氏名(1)　大野木　克信（出頭）
被告人の氏名(2)　須田　正己（出頭）
被告人の氏名(3)　鈴木　克治（出頭）
公判をした年月日　平成14年3月13日
公判をした裁判所　東京地方裁判所刑事第1部
裁判長裁判官　川口　宰護
裁判官　福士　利博
裁判官　石田　寿一
裁判所書記官　村上　剛英
検察官　保坂　直樹
出頭した弁護人(1)　（主任）那須弘平、倉科直文、横田高人
出頭した弁護人(2)　（主任）國廣　正、五味祐子、坂井　眞
出頭した弁護人(3)　（主任）更田義彦、長　文弘

弁護人の意見

五味弁護人、坂井弁護人、國廣主任弁護人

國廣主任弁護人ほか弁護人二名連名作成の平成14年3月12日付け弁論要旨記載のとおり（弁論要旨60頁から148頁まで朗読）

更田主任弁護人、長弁護人

更田主任弁護人及び長弁護人連名作成の本日付け弁論要旨及び弁論要旨（補充）記載のとおり

被告人の最終陳述

被告人大野木

3年前の11月以来この公判を通じまして、いろいろな方から非常に貴重な意見を聴く機会を得ましたが、私に対しても質問を通じて私が本件について考えていたことを十分に発言する機会を与えていただいたことをまずもって御礼申し上げます。本件に関してただ今私が申し上げたいことは、昨日の弁護人の先生方の弁論で尽きていると思われますので、特に付け加えることはありません。ただ、この公判を通じまして当時のことを振り返るにつれて、やはり長銀の破綻を防ぎきれなかったことの、世の中の皆様に対して非常な迷惑をかけ、取引先、株主、行員の皆さんに非常な迷惑をかけたという責任を改めて痛感し、反省を深めております。この公判を通じてこのような立場の者としてふさわしくないような態度や発言がもしあったとしましたならば、重々におわびいたしたいと思います。

被告人須田

本日付け「1、私は長銀の」で始まる文書記載のとおり

被告人鈴木

私が申し上げたいことは、本法廷で6回の機会をちょうだいしてその際に詳しく申し上げさせていただきました。また、弁護人の弁論に特に付け加えることもありません。いろいろと御手数をおかけしました。

指定告知した次回期日（判決宣告）

平成14年6月28日午前10時00分

※公判期日変更決定は省略。

第 36 回 公 判 調 書

被告人の氏名(1)　大野木　克信（出頭）

被告人の氏名(2)　須田　正己（出頭）

被告人の氏名(3)　鈴木　克治（出頭）

公判をした年月日　平成14年9月10日

公判をした裁判所　東京地方裁判所刑事第1部

裁判長裁判官　川口　宰護

裁判官　福士　利博

裁判官　黒澤　幸恵

裁判所書記官　栗原　治郎

検察官　竹中理比古、保坂直樹

山頭した弁護人(1)　（主任）那須弘平、倉科直文、横田高人

出頭した弁護人(2)　（主任）國廣　正、五味祐子、坂井　眞

出頭した弁護人(3)　（主任）更田義彦、長　文弘

裁判長

判決宣告

XIII 証拠取調請求と採否

証拠等関係カード

（請求者等 検察官）証拠等関係カード（甲）No.（1）

（このカードは、公判期日又は準備手続期日においてされた事項については、各期日の調書と一体となるものである。）

（平成11年（わ）第2115号）

（被告人 A 大野木克信 B 須田正己 C 鈴木克治）

番号	標目〔供述者・作成年月日・住居・尋問時間等〕	立証趣旨（公訴事実の別）	請求 期日	請求 関係被告人	備考
1 ㊕	有価証券報告書〔平成11年東地領第3685号 符1号〕	長銀の平成8年度の有価証券報告書等の内容（全）		CBA	平11押2115号の1
2 ㊕	半期報告書〔平成11年東地領第3685号 符4号〕	長銀の平成9年度の半期報告書の内容（全）		CBA	平11押2115号の2
3 ㊕	有価証券報告書〔平成11年東地領第3685号 符2号〕	長銀の平成9年度の有価証券報告書等の内容（全）		CBA	平11押2115号の3

第1回公判番号1ないし7 請求・同意・決定・済
取調順序番号順に1番号1すべて領置
（関係被告人は請求欄のとおり）裁判所書記官

〈編注〉証拠等関係カードで用いた被告人の符号は、下記のとおりである。
大野木　克信…A
須　田　正己…B
鈴　木　克治…C
継続用紙は掲載を省略した。

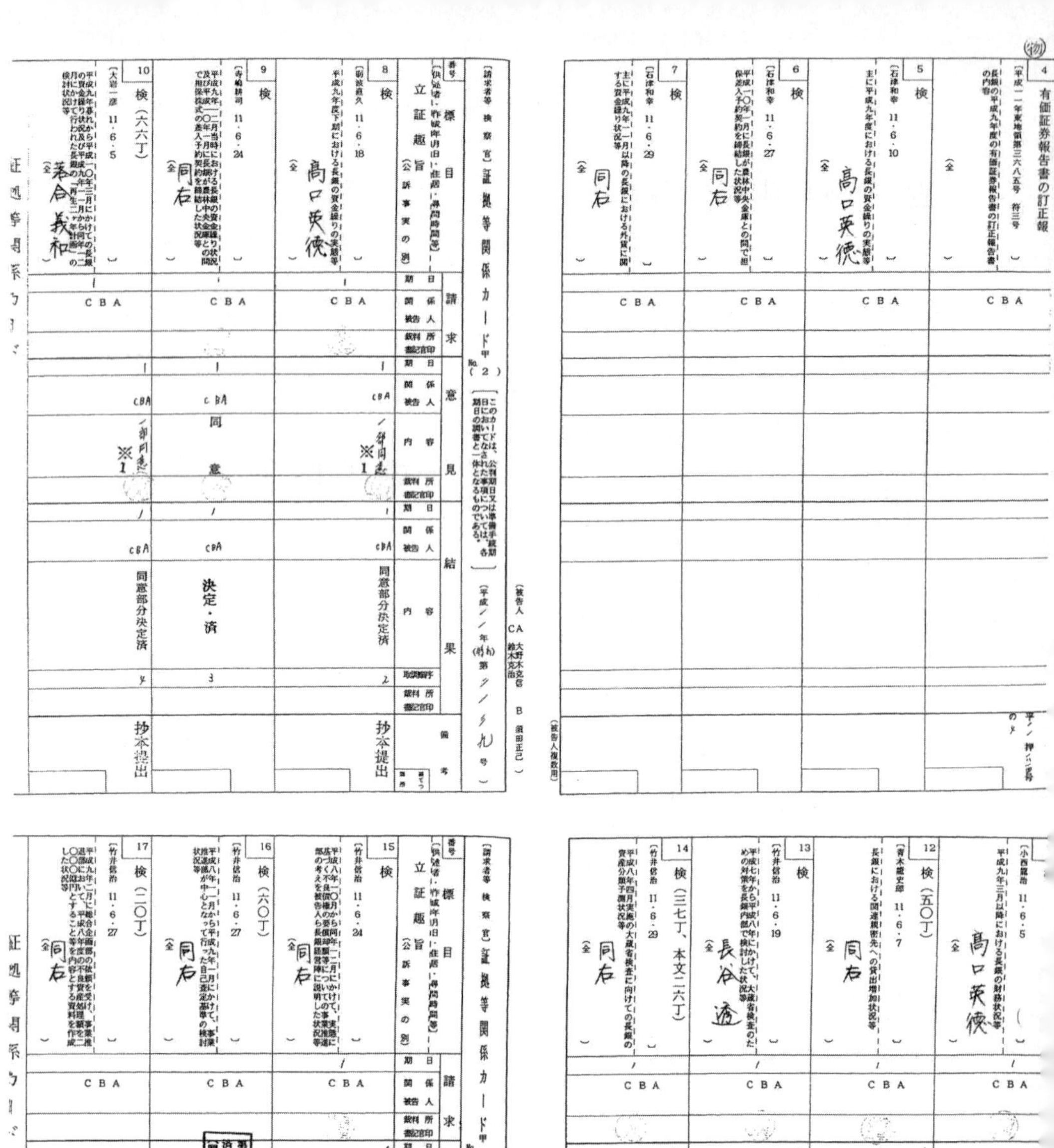

（物）

番号	標目〔供述者・作成年月日、住居・尋問時間等〕	立証趣旨（公訴事実の別）	請求 期日	請求 関係被告人	意見 期日	意見 関係被告人	意見 内容	結果 期日	結果 関係被告人	結果 内容	取調順序	備考
4	有価証券報告書の訂正報告書〔平成一一年東地領第三六八五号 符三号〕	長銀の平成九年度の有価証券報告書の訂正報告書の内容等（全）		C B A								
5	検〔石津和幸 11・6・10〕	主に平成九年度における長銀の資金繰りの実態等（全 高口英徳）		C B A								
6	検〔石津和幸 11・6・27〕	平成一〇年一月に長銀が農林中央金庫との間で担保差入予約契約を締結した状況等（全 同右）		C B A								
7	検〔石津和幸 11・6・29〕	主に平成九年一一月以降の長銀における外貨に関する資金繰り状況等（全 同右）		C B A								

請求者等 検察官 証拠等関係カード甲 No.（2）
（このカードは、公判期日又は準備手続期日においてなされた事項については、各期日の調書と一体となるものである。）
（平成11年（わ）第[illegible]号）
（被告人 CA 大野木克信 B 須田正己）
（被告人複数用）

番号	標目〔供述者・作成年月日、住居・尋問時間等〕	立証趣旨（公訴事実の別）	請求 期日	請求 関係被告人	意見 期日	意見 関係被告人	意見 内容	結果 期日	結果 関係被告人	結果 内容	取調順序	備考
8	検〔前波直久 11・6・18〕	平成九年度下期における長銀の資金繰りの実態等（全 高口英徳）	1	C B A	1	CBA	一部同意 ※1	1	CBA	同意部分決定済	2	抄本提出
9	検〔寺嶋耕司 11・6・24〕	平成九年一二月当時における長銀の資金繰りの状況及び平成一〇年一月に長銀が農林中央金庫との間で担保株式の差入予約契約を締結した状況等（全 同右）	1	C B A	1	CBA	同意	1	CBA	決定・済	3	
10	検（六六丁）〔大岩一彦 11・6・5〕	平成九年暮れから平成一〇年三月にかけての長銀の資金繰り状況及び平成九年一一月から同年一二月にかけて行われた長銀の「再生二ヶ年計画」の検討状況等（全 落合義和）	1	C B A	1	CBA	一部同意 ※1	1	CBA	同意部分決定済	4	抄本提出

番号	標目〔供述者・作成年月日、住居・尋問時間等〕	立証趣旨（公訴事実の別）	請求 期日	請求 関係被告人	意見 期日	意見 関係被告人	意見 内容	結果 期日	結果 関係被告人	結果 内容	取調順序	備考
11	〔小西龍治 11・6・5〕	平成九年三月以降における長銀の財務状況等（全 高口英徳）	1	C B A			※1					
12	検（五〇丁）〔青木継史郎 11・6・7〕	長銀における関連親密先への貸出増加状況等（全 同右）	1	C B A	1	CBA	不同意					
13	検〔竹井信治 11・6・19〕	平成七年から平成八年にかけて、大蔵省検査のための対策を長銀内部で検討した状況等（全 長谷透）	1	C B A	1	CBA	一部同意 ※1	1	CBA	同意部分決定済	6	抄本提出
14	検（三七丁、本文二六丁）〔竹井信治 11・6・29〕	平成八年四月実施の大蔵省検査に向けての長銀の資産分類予測状況等（全 同右）	1	C B A	1	CBA	一部同意 ※1	1	CBA	同意部分決定済	7	抄本提出

請求者等 検察官 証拠等関係カード甲 No.（3）
（このカードは、公判期日又は準備手続期日においてなされた事項については、各期日の調書と一体となるものである。）
（平成11年（わ）第[illegible]号）
（被告人 CA 大野木克信 B 須田正己）
（被告人複数用）

番号	標目〔供述者・作成年月日、住居・尋問時間等〕	立証趣旨（公訴事実の別）	請求 期日	請求 関係被告人	意見 期日	意見 関係被告人	意見 内容	結果 期日	結果 関係被告人	結果 内容	取調順序	備考
15	検〔竹井信治 11・6・24〕	平成八年一〇月から同年一二月にかけて、実態に基づく不良債権の要償却額等について事業推進部の考えを被告人ら長銀経営陣に説明した状況等（全 同右）	1	C B A	1	CBA	一部同意 ※1	1	CBA	同意部分決定済	8	抄本提出
16	検（六〇丁）〔竹井信治 11・6・27〕	平成八年一一月から平成九年一一月にかけて、事業推進部が中心となって行った自己査定基準の検討状況等（全 同右）		C B A								
17	検（二〇丁）〔竹井信治 11・6・27〕	平成九年二月に総合企画部の依頼を受け、事業推進部において平成八年度の不良資産処理額を二〇〇〇億円とすること等を内容とする資料を作成した状況等（全 同右）		C B A								

第1回公判番号16ないし22 請求・同意・決定・済
取調順序番号順に9
（関係被告人は請求欄のとおり）
裁判所書記官

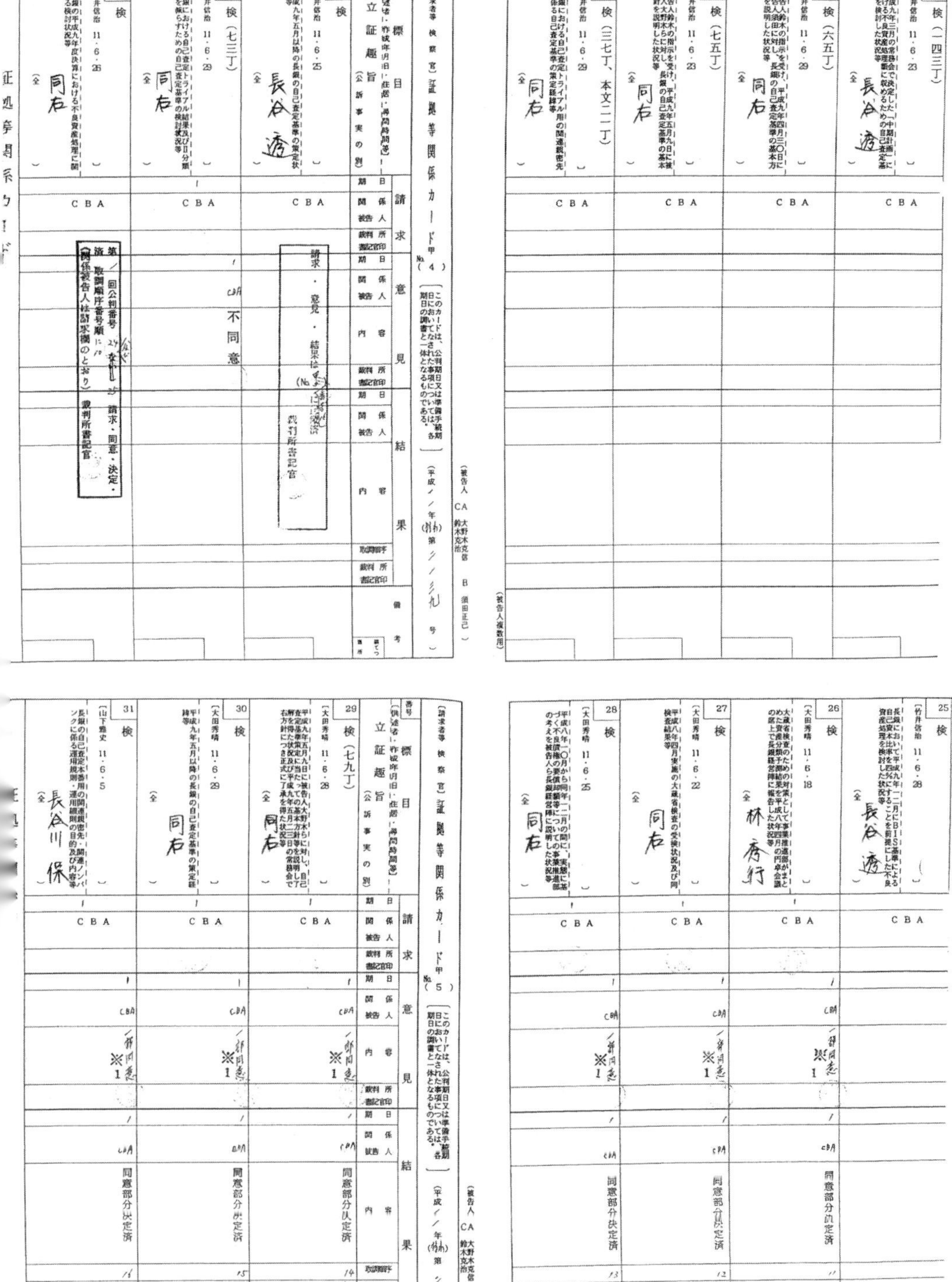

請求者等 検察官 証拠等関係カード（甲）No.（4）

（被告人 A 大野木克信 B 須田正己 C 鈴木克治）（平成11年（特わ）第[illegible]号）

（このカードは、公判期日又は準備手続期日においてなされた事項については、各期日の調書と一体となるものである。）

番号	請求	標目〔供述者・作成年月日・住居・尋問時間等〕	立証趣旨（公訴事実の別）	請求 期日	請求 関係被告人	意見	結果	取調順序	備考
18	検（一四三丁）	〔竹井信治 11・6・23〕	平成九年三月の常務会で決定した「中期計画」における不良資産処理額に収めるための自己査定基準を検討した状況等		CBA				
19	検（六五丁）	〔竹井信治 11・6・29〕	被告人鈴木の指示を受け、平成九年四月三〇日に被告人須田に対し、長銀の自己査定基準の基本方針を説明した状況等		CBA				
20	検（七五丁）	〔竹井信治 11・6・23〕	被告人鈴木の指示を受け、平成九年五月九日に被告人大野木らに対し、長銀の自己査定基準の基本方針を説明した状況等		CBA				
21	検（三七丁、本文二一丁）	〔竹井信治 11・6・29〕	長銀における自己査定トライアル用の関連親密先に係る自己査定基準の策定経緯等		CBA				
22	検	〔竹井信治 11・6・25〕	平成九年五月以降の長銀の自己査定基準の策定状況等		CBA				
23	検（七三丁）	〔竹井信治 11・6・29〕	長銀における自己査定トライアル結果及びⅡ分類額を減らすための自己査定基準の検討状況等	1	CBA	1 不同意			
24	検	〔竹井信治 11・6・26〕	長銀の平成九年度決算における不良資産処理に関する検討状況等		CBA				

（18 全 長谷透）（19～21 全 同右）（22 全 長谷透）（23・24 全 同右）

請求・意見・結果は（No.[illegible]）[illegible] 裁判所書記官

第1回公判番号24[illegible] 請求・同意・決定・済 取調順序番号順 [illegible]（関係被告人は請求欄のとおり） 裁判所書記官

請求者等 検察官 証拠等関係カード（甲）No.（5）

（被告人 A 大野木克信 B 須田正己 C 鈴木克治）（平成11年（特わ）第[illegible]号）

（このカードは、公判期日又は準備手続期日においてなされた事項については、各期日の調書と一体となるものである。）

番号	請求	標目〔供述者・作成年月日・住居・尋問時間等〕	立証趣旨（公訴事実の別）	請求 期日	請求 関係被告人	意見	結果	取調順序	備考
25	検	〔竹井信治 11・6・28〕	長銀において平成九年一二月にBIS基準による自己資本比率を四%にすることを前提にした不良資産処理を検討した状況等		CBA	1 CBA ※1 一部同意	1 CBA 同意部分決定済	11	抄本提出
26	検	〔大田秀晴 11・6・18〕	大蔵省検査のための対策として事業推進部がまとめた資産分類予測結果を平成八年四月の円卓会議の席上で長銀経営陣に報告した状況等	1	CBA	1 CBA ※1 一部同意	1 CBA 同意部分決定済	12	抄本提出
27	検	〔大田秀晴 11・6・22〕	平成八年四月実施の大蔵省検査の受検状況及び同検査結果等	1	CBA	1 CBA ※1 一部同意	1 CBA 同意部分決定済	13	抄本提出
28	検	〔大田秀晴 11・6・25〕	平成八年一〇月から同年一二月の間に、実態に基づく不良債権の要償却額等についての事業推進部の考えを被告人ら長銀経営陣に説明した状況等	1	CBA	1 CBA ※1 一部同意	1 CBA 同意部分決定済	13	抄本提出
29	検（七九丁）	〔大田秀晴 11・6・28〕	平成九年五月九日に被告人大野木らに対し、自己査定基準策定に当たっての基本方針等を説明し了解を得た状況及び平成九年五月二三日の常務会で右方針につき正式に了承を得た状況等	1	CBA	1 CBA ※1 一部同意	1 CBA 同意部分決定済	14	抄本提出
30	検	〔大田秀晴 11・6・29〕	平成九年五月以降の長銀の自己査定基準の策定経緯等	1	CBA	1 CBA ※1 一部同意	1 CBA 同意部分決定済	15	抄本提出
31	検	〔山下雅史 11・6・5〕	長銀の自己査定本番用の関連親密先・関連ノンバンクに係る運用規則・運用細則の目的及び内容等	1	CBA	1 CBA ※1 一部同意	1 CBA 同意部分決定済	16	抄本提出

（25 全 長谷透）（26 全 林秀行）（27～30 全 同右）（31 全 長谷川保）

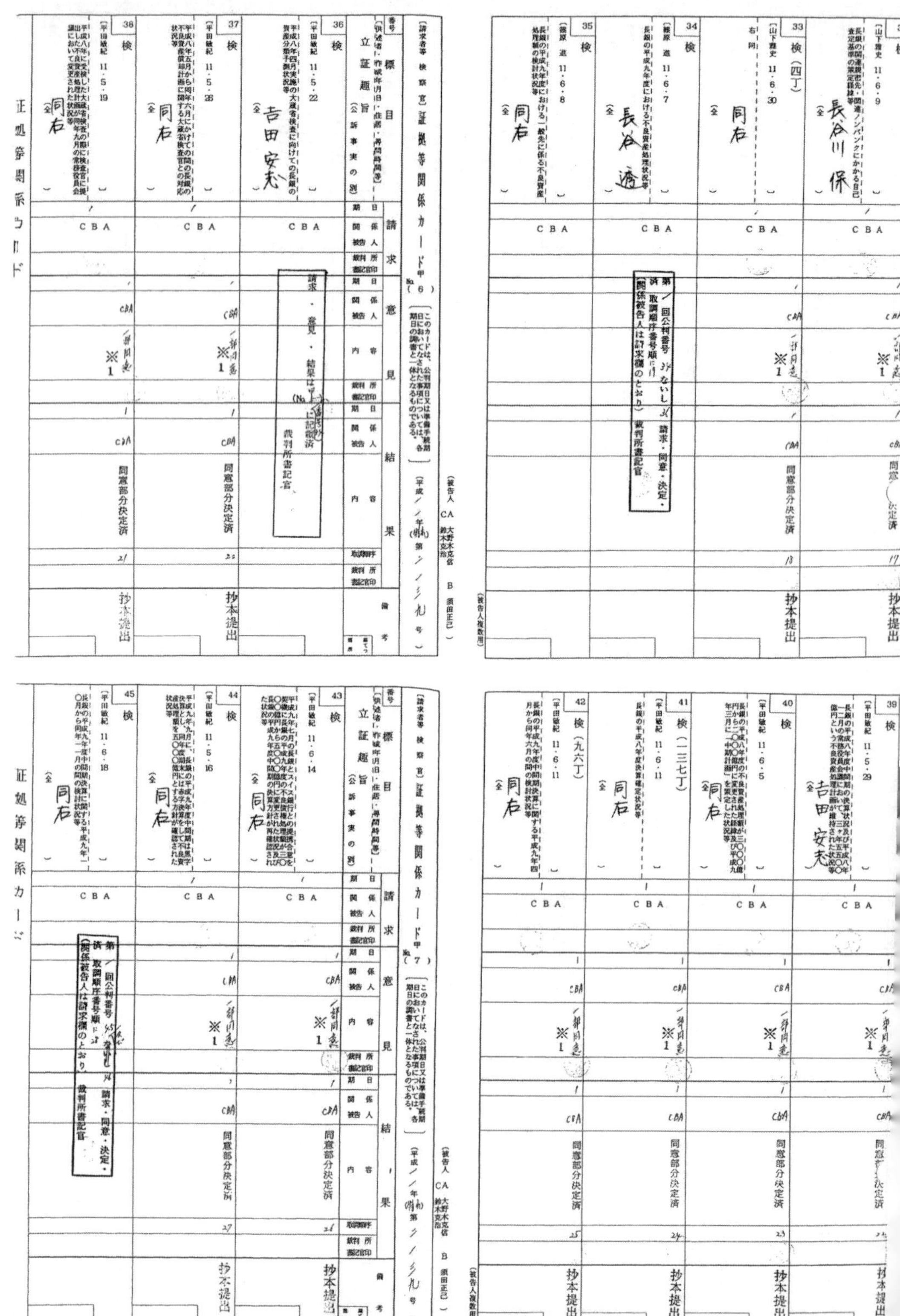

証拠等関係カード（甲）No.（6）

（請求者等　検察官）

（このカードは、公判期日又は準備手続期日においてなされた事項については、各期日の調書と一体となるものである。）

（平成11年（刑わ）第2139号）

（被告人　CA 大野木克信　鈴木克治　B 須田正己）（被告人複数用）

番号	標目〔供述者・作成年月日・住居・尋問時間等〕	立証趣旨（公訴事実の別）	請求 期日	請求 関係被告人	意見 期日	意見 関係被告人	意見 内容	結果 期日	結果 関係被告人	結果 内容	取調順序	備考
36	検〔平田敏紀 11・5・22〕	平成八年四月実施の大蔵省検査に向けての長銀の資産分類予測状況等（全 吉田安志）		CBA	請求・意見・結果は甲（No.[illegible]）に記載済　裁判所書記官							
37	検〔平田敏紀 11・5・26〕	平成八年五月から同年六月にかけての長銀の不良資産償却計画に関する大蔵省検査官との間の対応状況等（全 同右）	1	CBA	1	CBA	※1 一部同意	1	CBA	同意部分決定済	20	抄本提出
38	検〔平田敏紀 11・5・19〕	平成八年に受検した大蔵省検査の際に提出した不良資産処理計画が同年九月の常務役員会議において変更された状況等（全 同右）	1	CBA	1	CBA	※1 一部同意	1	CBA	同意部分決定済	21	抄本提出

番号	標目〔供述者・作成年月日・住居・尋問時間等〕	立証趣旨（公訴事実の別）	請求 期日	請求 関係被告人	意見 期日	意見 関係被告人	意見 内容	結果 期日	結果 関係被告人	結果 内容	取調順序	備考
32	検〔山下雅史 11・6・9〕	長銀の関連親密先・関連ノンバンクにかかる自己査定基準の策定経緯等（全 長谷川保）	1	CBA	1	CBA	※1 一部同意	1	CBA	同意部分決定済	17	抄本提出
33	検（四丁）〔山下雅史 11・6・30〕	右同（全 同右）	1	CBA	1	CBA	※1 一部同意	1	CBA	同意部分決定済	18	抄本提出
34	検〔篠原進 11・6・7〕	長銀の平成九年度における不良資産処理状況等（全 長谷透）		CBA	第1回公判番号 [illegible] ないし [illegible] 請求・同意・決定・済　取調順序番号順に1（関係被告人は請求欄のとおり）裁判所書記官							
35	検〔篠原進 11・6・8〕	長銀の平成九年度における一般先に係る不良資産処理額の検討状況等（全 同右）		CBA								

証拠等関係カード（甲）No.（7）

（請求者等　検察官）

（このカードは、公判期日又は準備手続期日においてなされた事項については、各期日の調書と一体となるものである。）

（平成11年（刑わ）第2139号）

（被告人　CA 大野木克信　鈴木克治　B 須田正己）（被告人複数用）

番号	標目〔供述者・作成年月日・住居・尋問時間等〕	立証趣旨（公訴事実の別）	請求 期日	請求 関係被告人	意見 期日	意見 関係被告人	意見 内容	結果 期日	結果 関係被告人	結果 内容	取調順序	備考
43	検〔平田敏紀 11・6・14〕	平成九年七月の長銀とスイス銀行との提携合意を契機に長銀の平成九年度の不良債権処理額が三〇〇〇億円から五〇〇〇億円に変更された状況及び長銀の平成九年度中間期の決算方針が再確認された状況等（全 同右）	1	CBA	1	CBA	※1 一部同意	1	CBA	同意部分決定済	26	抄本提出
44	検〔平田敏紀 11・5・16〕	平成九年九月に、長銀の平成九年度中間期は黒字決算とし、同年度期末には赤字決算をして不良資産処理額を五〇〇〇億円とする方針が確認された状況等（全 同右）	1	CBA	1	CBA	※1 一部同意	1	CBA	同意部分決定済	27	抄本提出
45	検〔平田敏紀 11・6・18〕	長銀の平成九年度中間期の決算に関する平成九年一〇月から同年一一月の間の検討状況等（全 同右）		CBA	第1回公判番号 [illegible] ないし [illegible] 請求・同意・決定・済　取調順序番号順に1（関係被告人は請求欄のとおり）裁判所書記官							

番号	標目〔供述者・作成年月日・住居・尋問時間等〕	立証趣旨（公訴事実の別）	請求 期日	請求 関係被告人	意見 期日	意見 関係被告人	意見 内容	結果 期日	結果 関係被告人	結果 内容	取調順序	備考
39	検〔平田敏紀 11・5・29〕	長銀の平成八年度中間期の決算状況及び平成八年一二月の常務役員会議において、三ヶ年五五〇〇億円という不良資産処理計画が維持された状況等（全 吉田安志）	1	CBA	1	CBA	※1 一部同意	1	CBA	同意部分決定済	22	抄本提出
40	検〔平田敏紀 11・6・5〕	長銀の平成八年度の不良資産処理額が三〇〇〇億円から二一〇〇億円に変更された経緯及び平成九年三月に「中期計画」を策定した状況等（全 同右）	1	CBA	1	CBA	※1 一部同意	1	CBA	同意部分決定済	23	抄本提出
41	検（一三七丁）〔平田敏紀 11・6・11〕	長銀の平成八年度決算確定状況等（全 同右）	1	CBA	1	CBA	※1 一部同意	1	CBA	同意部分決定済	24	抄本提出
42	検（九六丁）〔平田敏紀 11・6・11〕	長銀の平成九年度中間期決算に関する平成九年四月から同年六月の間の検討状況等（全 同右）	1	CBA	1	CBA	※1 一部同意	1	CBA	同意部分決定済	25	抄本提出

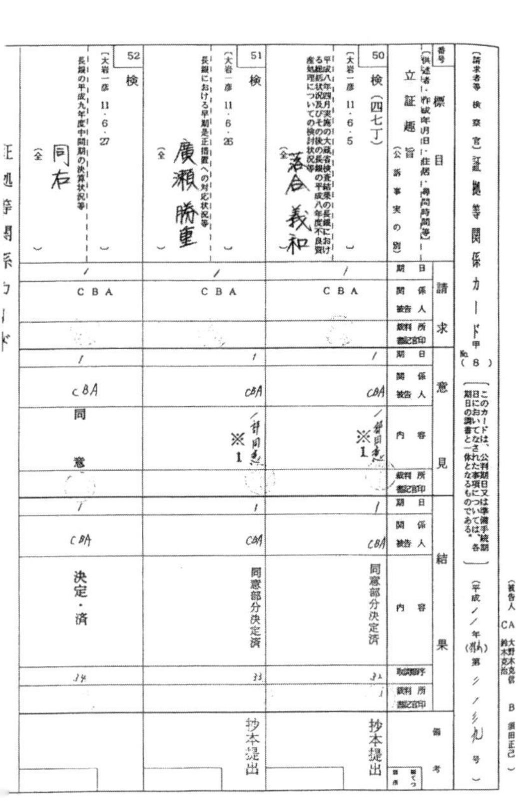

（請求者等　検察官）証拠等関係カード　甲 No.（8）

（このカードは、公判期日又は準備手続期日においてなされた事項については、各期日の調書と一体となるものである。）

（平成11年（特わ）第2139号）

（被告人　CA 大野木克信 鈴木克治　B 須田正己）

番号	標目〔供述者・作成年月日、住居・尋問時間等〕	立証趣旨（公訴事実の別）	請求 期日	請求 関係被告人	意見 期日	意見 関係被告人	意見 内容	結果 期日	結果 関係被告人	結果 内容	取調順序	備考
50	検（四七丁）〔大岩一彦 11・6・5〕	平成八年四月実施の大蔵省検査結果の長銀の平成八年度不良資産処理状況及びその検討状況等（全 落合義和）	1	CBA	1	CBA	一部同意 ※1	1	CBA	同意部分決定済	32	抄本提出
51	検〔大岩一彦 11・6・26〕	長銀における早期是正措置への対応状況等（全 廣瀬勝重）	1	CBA	1	CBA	一部同意 ※1	1	CBA	同意部分決定済	33	抄本提出
52	検〔大岩一彦 11・6・27〕	長銀の平成九年度中間期の決算状況等（全 同右）	1	CBA	1	CBA	同意	1	CBA	決定・済	34	

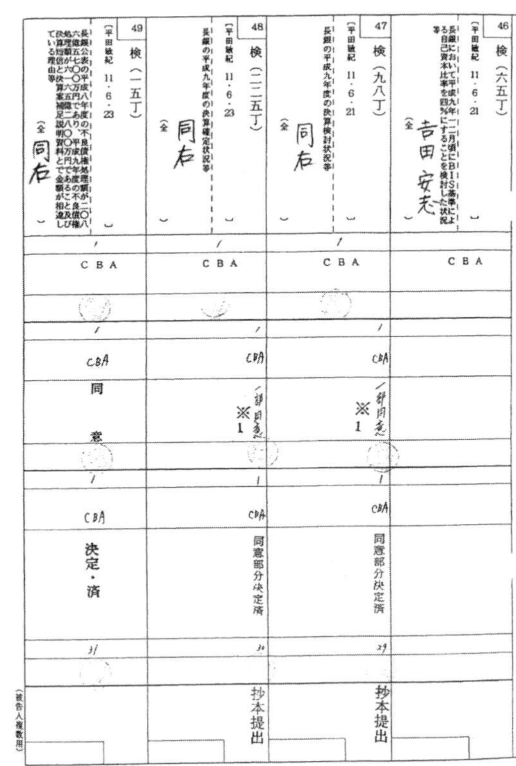

番号	標目〔供述者・作成年月日、住居・尋問時間等〕	立証趣旨（公訴事実の別）	請求 期日	請求 関係被告人	意見 期日	意見 関係被告人	意見 内容	結果 期日	結果 関係被告人	結果 内容	取調順序	備考
46	検（六五丁）〔平田敏紀 11・6・21〕	長銀において平成九年一二月頃にBIS基準による自己資本比率を四％にすることを検討した状況等（全 吉田安志）		CBA								
47	検（九八丁）〔平田敏紀 11・6・21〕	長銀の平成九年度の決算検討状況等（全 同右）	1	CBA	1	CBA	一部同意 ※1	1	CBA	同意部分決定済	29	抄本提出
48	検（一二五丁）〔平田敏紀 11・6・23〕	長銀の平成九年度の決算確定状況等（全 同右）	1	CBA	1	CBA	一部同意 ※1	1	CBA	同意部分決定済	30	抄本提出
49	検（一五丁）〔平田敏紀 11・6・23〕	長銀公表の平成八年度の不良債権処理額が二〇八六億五七〇〇万円で平成九年度の不良債権処理額が六一〇六億五〇〇〇万円であることと決算短信及び決算案補足説明資料とで金額が相違している理由等（全 同右）	1	CBA	1	CBA	同意	1	CBA	決定・済	31	

（被告人複数用）

（請求者等　検察官）証拠等関係カード　甲 No.（9）

（このカードは、公判期日又は準備手続期日においてなされた事項については、各期日の調書と一体となるものである。）

（平成11年（特わ）第2139号）

（被告人　CA 大野木克信 鈴木克治　B 須田正己）

番号	標目〔供述者・作成年月日、住居・尋問時間等〕	立証趣旨（公訴事実の別）	請求 期日	請求 関係被告人	意見 期日	意見 関係被告人	意見 内容	結果 期日	結果 関係被告人	結果 内容	取調順序	備考
57	検〔鉄尾賢治 11・5・14〕	総合企画部の組織、業務内容、各種会議の性格等（全 長野哲生）	1	CBA	1	CBA	同意	1	CBA	決定・済	38	
58	検〔鉄尾賢治 11・6・24〕	平成九年五月の長銀の自己査定基準に関する基本方針及び長銀の平成九年度中間期決算の基本方針についての決定状況等（全 吉田安志）	1	CBA	1	CBA	同意	1	CBA	決定・済	39	
59	検（三三丁）〔鉄尾賢治 11・6・26〕	平成九年九月に長銀の平成九年度中間期決算方針を被告人らに長銀経営陣に再確認した状況等（全 同右）	1	CBA	1	CBA	一部同意 ※1	1	CBA	同意部分決定済	40	抄本提出

番号	標目〔供述者・作成年月日、住居・尋問時間等〕	立証趣旨（公訴事実の別）	請求 期日	請求 関係被告人	意見 期日	意見 関係被告人	意見 内容	結果 期日	結果 関係被告人	結果 内容	取調順序	備考
53	検〔大岩一彦 11・6・28〕	長銀の平成九年度決算に向けての検討状況等（全 廣瀬勝重）	1	CBA	1	CBA	一部同意 ※1	1	CBA	同意部分決定済	35	抄本提出
54	検（一九丁）〔大岩一彦 11・6・5〕	平成九年一二月から平成一〇年三月までの間の長銀とスイス銀行との交渉経過状況等（全 落合義和）		CBA								
55	検〔大岩一彦 11・6・29〕	長銀がスイス銀行を主幹事とするファイナンスの実施を延期してその平成九年内実施を断念した経緯等（全 廣瀬勝重）		CBA								
56	検〔大岩一彦 11・6・30〕	長銀が保有有価証券の評価方法を低価法から原価法に変更した経緯及び長銀経営陣に対し平成九年度決算見込みを報告した状況等（全 同右）	1	CBA	1	CBA	一部同意 ※1	1	CBA	同意部分決定済	37	抄本提出

（番号54・55欄の押印）済　第1回公判　番号54・55　請求・同意・決定・取調順序番号順36（関係被告人は請求欄のとおり）裁判所書記官

（被告人複数用）

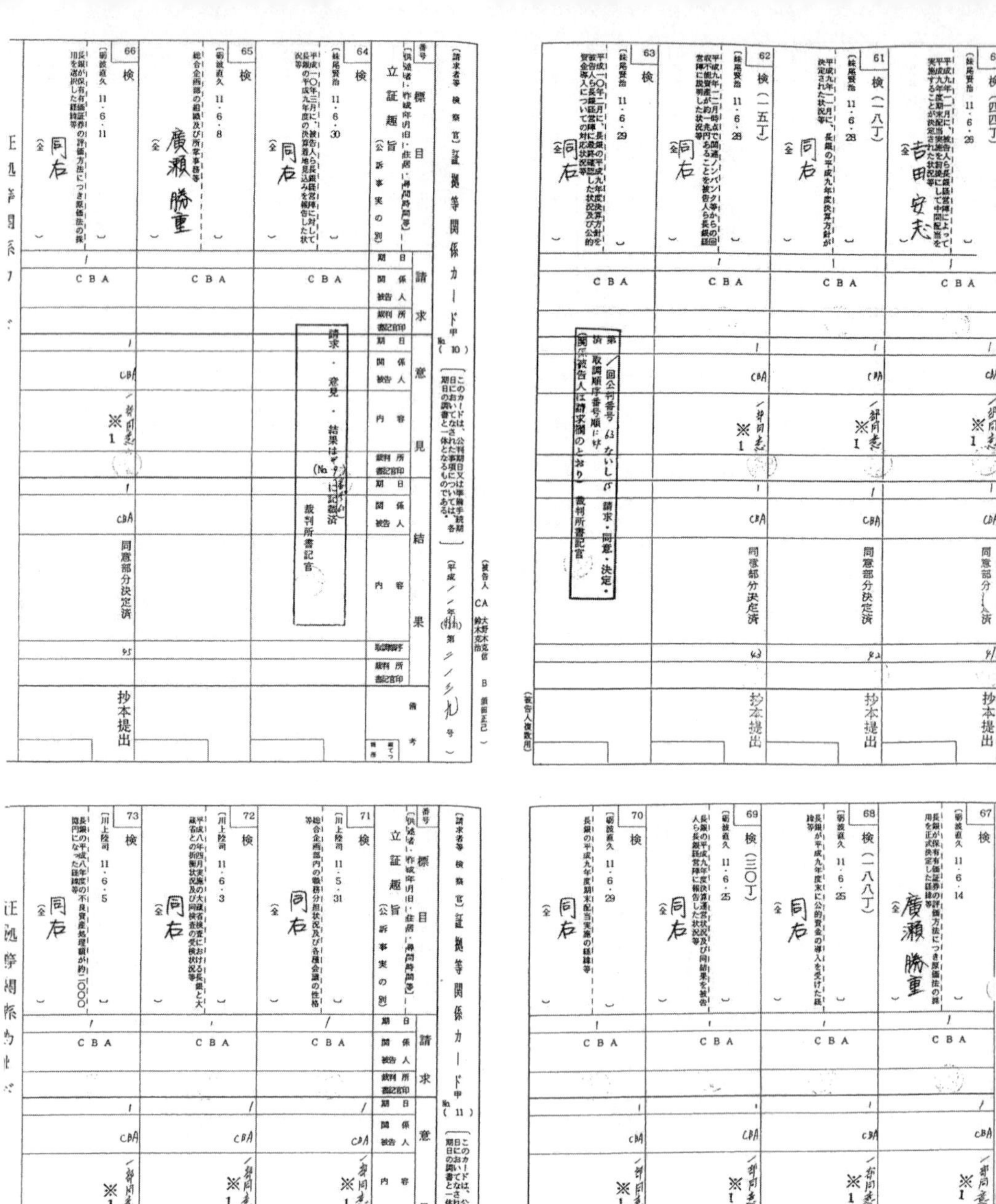

（請求者等 検察官）証拠等関係カード 甲 No.（10）

（被告人 CA 大野木克信 B 須田正己）（平成11年(わ)第2139号）（被告人複数用）

（このカードは、公判期日又は準備手続期日においてされた事項については、各期日の調書と一体となるものである。）

番号	請求者等	標目〔供述者・作成年月日・住居・尋問時間等〕	立証趣旨（公訴事実の別）	請求 期日	請求 関係被告人	意見 期日	意見 関係被告人	意見 内容	結果 期日	結果 関係被告人	結果 内容	取調順序	備考
60	検	検（四四丁）〔鈴尾賢治 11・6・26〕	平成九年一一月に、被告人らが長銀経営陣によって平成九年度期末配当を中間配当を実施することが決定された状況等（全 吉田安夫）	1	CBA	1	CBA	※1 一部同意	1	CBA	同意部分決定済	41	抄本提出
61	検	検（一八丁）〔鈴尾賢治 11・6・28〕	平成九年一一月に、長銀の平成九年度決算方針が決定された状況等（全 同右）	1	CBA	1	CBA	※1 一部同意	1	CBA	同意部分決定済	42	抄本提出
62	検	検（一五丁）〔鈴尾賢治 11・6・28〕	平成九年一二月時点で関連ノンバンク等からの回収不能資産が約一兆円あることを被告人らが長銀経営陣に説明した状況等（全 同右）	1	CBA	1	CBA	※1 一部同意	1	CBA	同意部分決定済	43	抄本提出
63	検	検〔鈴尾賢治 11・6・29〕	平成一〇年二月に、長銀の平成九年度決算方針を被告人らが長銀経営陣に最終確認した状況及び公的資金導入についての対応状況等（全 同右）	1	CBA	1	CBA	※1 一部同意	1	CBA	同意部分決定済	63	抄本提出
64	検	検〔鈴尾賢治 11・6・30〕	平成一〇年三月に、被告人らが長銀経営陣に対して長銀の平成九年度の決算着地見込みを報告した状況等（全 同右）		CBA								
65	検	検〔砺波直久 11・6・8〕	総合企画部の組織及び所掌事務等（全 廣瀬勝重）		CBA								
66	検	検〔砺波直久 11・6・11〕	長銀が保有有価証券の評価方法につき原価法の採用を選択した経緯等（全 同右）	1	CBA	1	CBA	※1 一部同意	1	CBA	同意部分決定済	45	抄本提出

第1回公判 番号63ないし65 請求・同意・決定・取調 順序番号順に取（関係被告人は請求欄のとおり） 裁判所書記官

請求・意見・結果は（No.9）に記載済 裁判所書記官

（請求者等 検察官）証拠等関係カード 甲 No.（11）

（被告人 CA 大野木克信 B 須田正己）（平成11年(わ)第2139号）（被告人複数用）

（このカードは、公判期日又は準備手続期日においてされた事項については、各期日の調書と一体となるものである。）

番号	請求者等	標目〔供述者・作成年月日・住居・尋問時間等〕	立証趣旨（公訴事実の別）	請求 期日	請求 関係被告人	意見 期日	意見 関係被告人	意見 内容	結果 期日	結果 関係被告人	結果 内容	取調順序	備考
67	検	検〔砺波直久 11・6・14〕	長銀が保有有価証券の評価方法につき原価法の採用を正式決定した経緯等（全 廣瀬勝重）	1	CBA	1	CBA	※1 一部同意	1	CBA	同意部分決定済	46	抄本提出
68	検	検（一八八丁）〔砺波直久 11・6・25〕	長銀が平成九年度末に公的資金の導入を受けた経緯等（全 同右）	1	CBA	1	CBA	※1 一部同意	1	CBA	同意部分決定済	47	抄本提出
69	検	検（三〇丁）〔砺波直久 11・6・25〕	長銀の平成九年度決算運営状況及び同結果を被告人ら長銀経営陣に報告した状況等（全 同右）	1	CBA	1	CBA	※1 一部同意	1	CBA	同意部分決定済	48	抄本提出
70	検	検〔砺波直久 11・6・29〕	長銀の平成九年度期末配当実施の経緯等（全 同右）	1	CBA	1	CBA	※1 一部同意	1	CBA	同意部分決定済	49	抄本提出
71	検	検〔川上陸司 11・5・31〕	総合企画部内の職務分担状況及び各種会議の性格等（全 同右）	1	CBA	1	CBA	※1 一部同意	1	CBA	同意部分決定済	50	抄本提出
72	検	検〔川上陸司 11・6・3〕	平成八年四月実施の大蔵省検査における長銀と大蔵省との折衝状況及び同検査の受検状況等（全 同右）	1	CBA	1	CBA	※1 一部同意	1	CBA	同意部分決定済	51	抄本提出
73	検	検〔川上陸司 11・6・5〕	長銀の平成八年度の不良資産処理額が約二〇〇〇億円になった経緯等（全 同右）	1	CBA	1	CBA	※1 一部同意	1	CBA	同意部分決定済	52	抄本提出

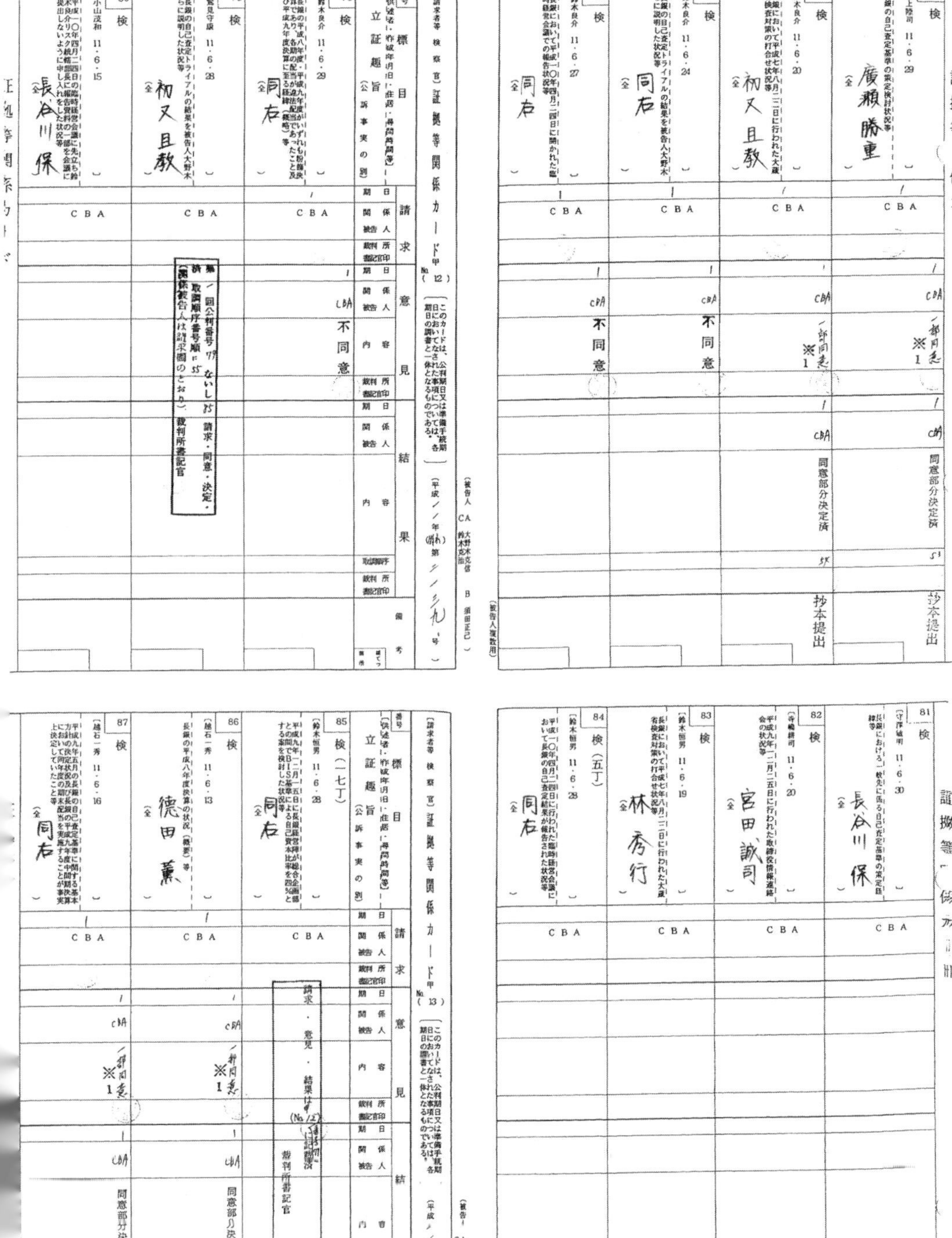

（請求者等　検察官）証拠等関係カード　甲　No.（12）

（このカードは、公判期日又は準備手続期日においてなされた事項については、各期日の調書と一体となるものである。）

（平成一一年（刑わ）第二一三九号）

（被告人　A 大野木克信　B 須田正己　C 鈴木克治）（被告人複数用）

番号	標目〔供述者・作成年月日・住居・尋問時間等〕	立証趣旨（公訴事実の別）	請求 期日	請求 関係被告人	意見 期日	意見 関係被告人	意見 内容	結果 期日	結果 関係被告人	結果 内容	取調順序	備考
74	検〔川上隆司　11・6・29〕	長銀の自己査定基準の策定検討状況等（全　廣瀬勝重）	1	CBA	1	CBA	一部同意 ※1	1	CBA	同意部分決定済	53	抄本提出
75	検〔鈴木良介　11・6・20〕	長銀において平成七年八月二三日に行われた大蔵省検査対策の打合せ状況等（全　初又且教）	1	CBA	1	CBA	一部同意 ※1	1	CBA	同意部分決定済	54	抄本提出
76	検〔鈴木良介　11・6・24〕	長銀の自己査定トライアルの結果を被告人大野木らに説明した状況等（全　同右）	1	CBA	1	CBA	不同意					
77	検〔鈴木良介　11・6・27〕	長銀において平成一〇年四月二四日に開かれた臨時経営会議での報告状況等（全　同右）	1	CBA	1	CBA	不同意					
78	検〔鈴木良介　11・6・29〕	長銀の平成八年度・平成九年度がいずれも粉飾決算であり、各期の配当が違法配当であったこと及び平成九年度決算に至る経緯（概略）等（全　同右）	1	CBA	1	CBA	不同意					
79	検〔鷲見守康　11・6・28〕	長銀の自己査定トライアルの結果を被告人大野木らに説明した状況等（全　初又且教）		CBA								
80	検〔小山茂和　11・6・15〕	平成一〇年四月二四日の臨時経営会議に先立ち鈴木良介リスク統括部長に報告資料の一部を会議に提出しないように申し入れをした状況等（全　長谷川保）		CBA								

〔検察官請求・関係被告人は請求欄のとおり〕第1回公判番号79ないし85　請求・同意・決定・取調順序番号順に55　裁判所書記官

証拠等関係カード（続）

番号	標目〔供述者・作成年月日・住居・尋問時間等〕	立証趣旨（公訴事実の別）	請求 期日	請求 関係被告人	意見 期日	意見 関係被告人	意見 内容	結果 期日	結果 関係被告人	結果 内容	取調順序	備考
81	検〔守澤城明　11・6・30〕	長銀における一般先に係る自己査定基準の策定経緯等（全　長谷川保）		CBA								
82	検〔寺嶋耕司　11・6・20〕	平成九年一二月二五日に行われた取締役情報連絡会の状況等（全　宮田誠司）		CBA								
83	検〔鈴木恒男　11・6・19〕	長銀において平成七年八月二三日に行われた大蔵省検査対策の打合せ状況等（全　林秀行）		CBA								
84	検（五丁）〔鈴木恒男　11・6・28〕	平成一〇年四月二四日に行われた臨時経営会議において長銀の自己査定結果が報告された状況等（全　同右）		CBA								

（請求者等　検察官）証拠等関係カード　甲　No.（13）

（このカードは、公判期日又は準備手続期日においてなされた事項については、各期日の調書と一体となるものである。）

（平成一一年（刑わ）第二一三九号）

（被告人　A 大野木克信　B 須田正己　C 鈴木克治）（被告人複数用）

番号	標目〔供述者・作成年月日・住居・尋問時間等〕	立証趣旨（公訴事実の別）	請求 期日	請求 関係被告人	意見 期日	意見 関係被告人	意見 内容	結果 期日	結果 関係被告人	結果 内容	取調順序	備考
85	検（一七丁）〔鈴木恒男　11・6・28〕	平成九年一二月一五日に長銀経営陣が総合企画部との間でBIS基準による自己資本比率を四%とする案を検討した状況等（全　同右）		CBA								
86	検〔越石一秀　11・6・13〕	長銀の平成八年度決算の状況（概要）等（全　徳田薫）	1	CBA	1	CBA	一部同意 ※1	1	CBA	同意部分決定済	56	抄本提出
87	検〔越石一秀　11・6・16〕	平成九年五月の長銀の自己査定基準に関する基本方針の決定状況及び長銀の平成九年度中間決算において同年度の期末配当を実施することが事実上決定していたこと等（全　同右）	1	CBA	1	CBA	一部同意 ※1	1	CBA	同意部分決定済	57	抄本提出

請求・意見・結果は甲（No.12）に記載済　裁判所書記官

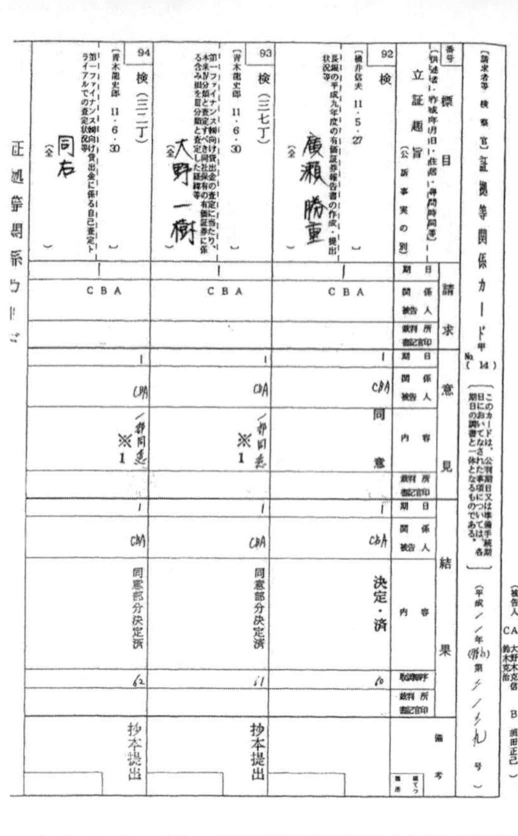

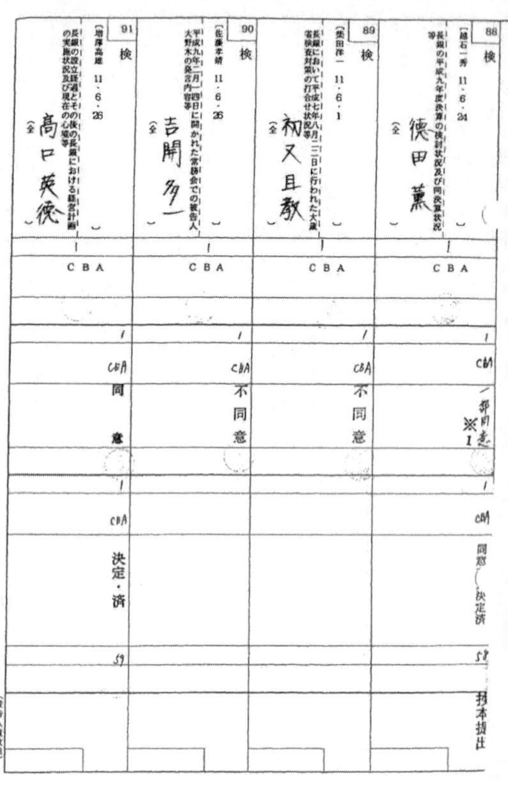

（請求者等　検察官）証拠等関係カード（甲）No.（14）

（このカードは、公判期日又は準備手続期日においてされた事項については、各期日の調書と一体となるものである。）

（平成11年（わ）第[illegible]号）

（被告人　A 大野木克信　B 須田正己　C 鈴木克治）

番号	標目〔供述者・作成年月日・住居・尋問時間等〕	立証趣旨（公訴事実の別）	請求 期日	請求 関係被告人	意見 期日	意見 関係被告人	意見 内容	結果 期日	結果 関係被告人	結果 内容	取調順序	備考
88	検〔越石一秀 11・6・24〕	長銀の平成九年度決算の検討状況及び同決算状況等（全　徳田薫）	1	CBA	1	CBA	一部同意 ※1	1	CBA	同意（　）決定済	58	抄本提出
89	検〔柴田洋一 11・6・1〕	長銀において平成七年八月二三日に行われた大蔵省検査対策の打合せ状況等（全　初又且教）	1	CBA	1	CBA	不同意					
90	検〔佐藤孝靖 11・6・26〕	平成九年二月一四日に開かれた常務会での被告人大野木の発言内容等（全　吉開多一）	1	CBA	1	CBA	不同意					
91	検〔増澤高雄 11・6・26〕	長銀の設立経過とその後の長銀における経営計画の実施状況及び現在の心境等（全　高口英徳）	1	CBA	1	CBA	同意	1	CBA	決定・済	59	
92	検〔横井信夫 11・5・27〕	長銀の平成九年度の有価証券報告書の作成・提出状況等（全　廣瀬勝重）	1	CBA	1	CBA	同意	1	CBA	決定・済	60	
93	検（三七丁）〔青木龍史郎 11・6・30〕	第一ファイナンス㈱向け貸出金の査定に当たり、本来Ⅳ分類と査定すべき同社保有の有価証券に係る含み損をⅢ分類と査定した経緯等（全　大野一樹）	1	CBA	1	CBA	一部同意 ※1	1	CBA	同意部分決定済	61	抄本提出
94	検（三二丁）〔青木龍史郎 11・6・30〕	第一ファイナンス㈱向け貸出金に係る自己査定トライアルでの査定状況等（全　同右）	1	CBA	1	CBA	一部同意 ※1	1	CBA	同意部分決定済	62	抄本提出

（請求者等　検察官）証拠等関係カード（甲）No.（15）

（このカードは、公判期日又は準備手続期日においてされた事項については、各期日の調書と一体となるものである。）

（平成11年（わ）第[illegible]号）

（被告人　A 大野木克信　B 須田正己　C 鈴木克治）

番号	標目〔供述者・作成年月日・住居・尋問時間等〕	立証趣旨（公訴事実の別）	請求 期日	請求 関係被告人	意見 期日	意見 関係被告人	意見 内容	結果 期日	結果 関係被告人	結果 内容	取調順序	備考
95	検（二九丁）〔青木龍史郎 11・6・7〕	自己査定本番における第一ファイナンス㈱向け貸出金の査定状況等（全　大野一樹）	1	CBA	1	CBA	同意	1	CBA	決定・済	63	
96	検（三四丁）〔青木龍史郎 11・6・7〕	平成一〇年五月実施の日銀考査及び同年七月実施の金融監督庁検査の各受検状況等（全　同右）	1	CBA	1	CBA	同意	1	CBA	決定・済	64	
97	検〔常峰仁 11・6・5〕	第一ファイナンス㈱向け貸出金の査定状況等（全　國分敬一）	1	CBA	1	CBA	一部同意 ※1	1	CBA	決定・済	65	抄本提出
98	検〔鳩野耕司 11・5・25〕	第一ファイナンス㈱における同社営業貸付金の査定状況等（全　大野一樹）		CBA								
99	検〔鳩野耕司 11・6・28〕	第一ファイナンス㈱における同社営業貸付金の査定状況等（全　同右）		CBA								
100	検〔上池昌伸 11・5・24〕	エヌ・イー・ディー㈱関連六社（青葉エステート㈱、ユニベスト㈱、グラベス㈱、コーポレックス㈱、プロクセル㈱、日本ビゼルボ㈱）の査定状況等（全　古谷伸彦）		CBA								
101	検〔上池昌伸 11・5・27〕	エヌイーディー㈱向け貸出金の査定状況（エヌイーディー㈱に対する国税局向け支援計画を、関連ノンバンク基準にいう「再建計画」として利用した状況）及び平成一〇年七月実施の金融監督庁検査の際の検査官への説明状況等（全　同右）		CBA								

（No.98〜101欄）請求・意見・結果は（No. 16）に記載済　裁判所書記官

（No.95〜97欄）第1回公判番号98ないし101　請求・同意・決定・取調順序番号順に（関係被告人は請求欄のとおり）裁判所書記官

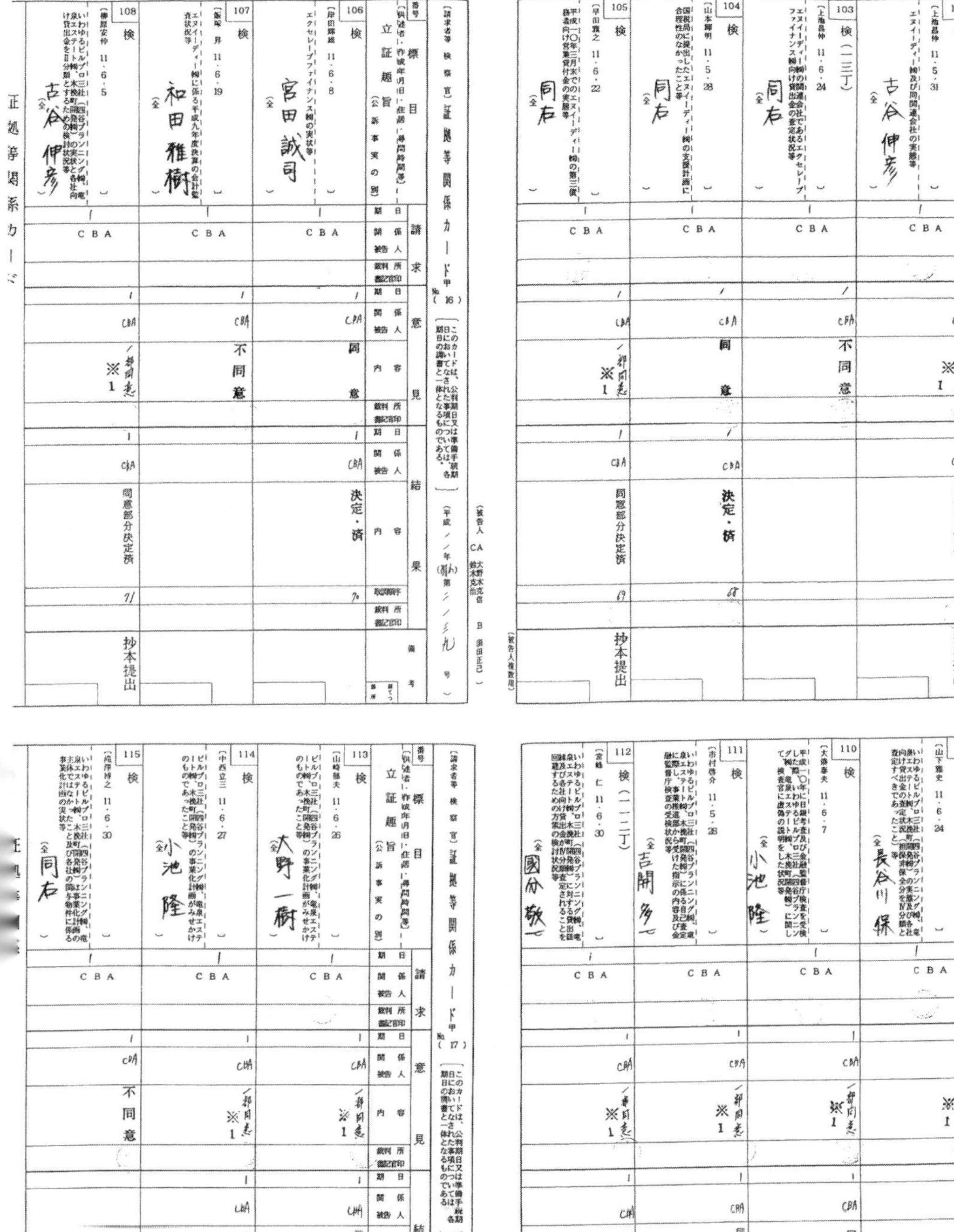

証拠等関係カード（続）

（請求者等 検察官）証拠等関係カード 甲 No.（16）

（このカードは、公判期日又は準備手続期日においてなされた事項については、各期日の調書と一体となるものである。）

（平成 一一 年（わ）第 二一三九 号）

（被告人 A 大野木克信 B 須田正己 C 鈴木克治）（被告人複数用）

番号	標目〔供述者・作成年月日・住居・尋問時間等〕	立証趣旨（公訴事実の別）	請求 期日	請求 関係被告人	意見 期日	意見 関係被告人	意見 内容	結果 期日	結果 関係被告人	結果 内容	取調順序	備考
102	検〔上池昌伸 11・5・31〕	エヌイーディー㈱及び同関連会社の実態等（全 古谷伸彦）	1	CBA	1	CBA	一部同意 ※1	1	CBA	同意部分決定済	67	抄本提出
103	検（一三丁）〔上池昌伸 11・6・24〕	エヌイーディー㈱の関連会社であるエクセレーブファイナンス㈱向け貸出金の査定状況等（全 同右）	1	CBA	1	CBA	不同意					
104	検〔山本輝明 11・5・28〕	国税局に提出したエヌイーディー㈱の支援計画に合理性のなかったこと等（全 同右）	1	CBA	1	CBA	同意	1	CBA	決定・済	68	
105	検〔早田雅之 11・6・22〕	平成一〇年三月末でのエヌイーディー㈱の第三債務者向け営業貸付金の実態等（全 同右）	1	CBA	1	CBA	一部同意 ※1	1	CBA	同意部分決定済	69	抄本提出
106	検〔岸田輝雄 11・6・8〕	エクセレーブファイナンス㈱の実状等（全 宮田誠司）	1	CBA	1	CBA	同意	1	CBA	決定・済	70	
107	検〔飯塚昇 11・6・19〕	エヌイーディー㈱に係る平成九年度決算の会計監査状況等（全 和田雅樹）	1	CBA	1	CBA	不同意					
108	検〔栁原安伸 11・6・5〕	いわゆるビルプロ三社（四谷プランニング㈱、竜泉エステート㈱、木挽町開発㈱）の実状と各社向け貸出金をⅢ分類とするための検討状況等（全 古谷伸彦）	1	CBA	1	CBA	一部同意 ※1	1	CBA	同意部分決定済	71	抄本提出

（請求者等 検察官）証拠等関係カード 甲 No.（17）

（このカードは、公判期日又は準備手続期日においてなされた事項については、各期日の調書と一体となるものである。）

（平成 一一 年（わ）第 二一三九 号）

（被告人 A 大野木克信 B 須田正己 C 鈴木克治）（被告人複数用）

番号	標目〔供述者・作成年月日・住居・尋問時間等〕	立証趣旨（公訴事実の別）	請求 期日	請求 関係被告人	意見 期日	意見 関係被告人	意見 内容	結果 期日	結果 関係被告人	結果 内容	取調順序	備考
109	検〔山下雅史 11・6・24〕	いわゆるビルプロ三社（四谷プランニング㈱、竜泉エステート㈱、木挽町開発㈱）の実態及び各社向け貸出金の査定状況（担保保全分をⅣ分類と査定すべきであったこと）等（全 長谷川保）	1	CBA	1	CBA	一部同意 ※1	1	CBA	同意部分決定済	72	抄本提出
110	検〔大換泰夫 11・6・7〕	平成一〇年に日銀考査及び金融監督庁検査を受検した際、いわゆるビルプロ三社（四谷プランニング㈱、竜泉エステート㈱、木挽町開発㈱）に関して検査官に虚偽の説明をした状況等（全 小池隆）	1	CBA	1	CBA	一部同意 ※1	1	CBA	同意部分決定済	73	抄本提出
111	検〔市村啓介 11・5・28〕	いわゆるビルプロ三社（四谷プランニング㈱、竜泉エステート㈱、木挽町開発㈱）に係る自己査定に際し、事業推進部から受けた指示の内容及び金融監督庁検査の受検状況等（全 吉開多一）	1	CBA	1	CBA	一部同意 ※1	1	CBA	同意部分決定済	74	抄本提出
112	検（一一二丁）〔常峰仁 11・6・30〕	いわゆるビルプロ三社（四谷プランニング㈱、竜泉エステート㈱、木挽町開発㈱）に対する貸出債権及び各社向け貸出金がⅣ分類に査定されることを回避するための方策の検討状況等（全 國分敬一）	1	CBA	1	CBA	一部同意 ※1	1	CBA	同意部分決定済	75	抄本提出
113	検〔山崎郁夫 11・6・26〕	ビルプロ三社（四谷プランニング㈱、竜泉エステート㈱、木挽町開発㈱）の事業化計画がみせかけのものであったこと等（全 大野一樹）	1	CBA	1	CBA	一部同意 ※1	1	CBA	同意部分決定済	76	抄本提出
114	検〔中西立三 11・6・27〕	ビルプロ三社（四谷プランニング㈱、竜泉エステート㈱、木挽町開発㈱）の事業化計画がみせかけのものであったこと等（全 小池隆）	1	CBA	1	CBA	一部同意 ※1	1	CBA	同意部分決定済	77	抄本提出
115	検〔滝澤博之 11・6・30〕	いわゆるビルプロ三社（四谷プランニング㈱、竜泉エステート㈱、木挽町開発㈱）は事業化計画の主体ではなかったこと及び各社の関与物件に係る事業化計画の実状等（全 同右）	1	CBA	1	CBA	不同意					

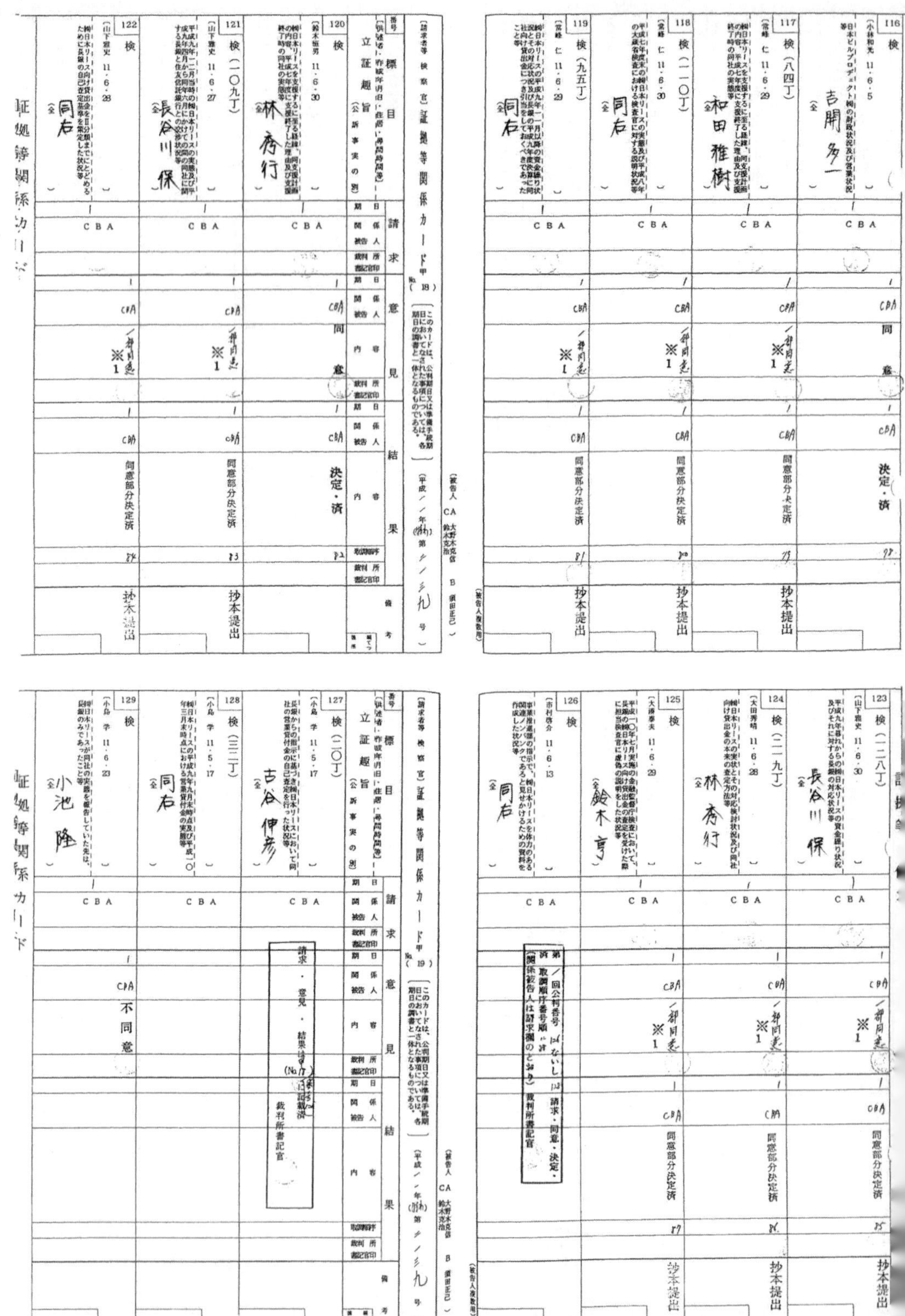

番号	標目〔供述者・作成年月日・住居・尋問時間等〕	立証趣旨（公訴事実の別）	請求 期日	請求 関係被告人	意見 期日	意見 関係被告人	意見 内容	結果 期日	結果 関係被告人	結果 内容	取調順序	備考
116	検〔小林和光 11・6・5〕	日本ビルプロデュース㈱の財政状況及び営業状況等（全 吉開多一）	1	CBA	1	CBA	同意	1	CBA	決定・済	78	
117	検（八四丁）〔常峰仁 11・6・29〕	㈱日本リースを支援するに至る経緯、同支援計画の内容、平成七年度に支援終了した理由及び支援終了時の同社の実態等（全 和田雅樹）	1	CBA	1	CBA	※1 一部同意	1	CBA	同意部分決定済	79	抄本提出
118	検（一一〇丁）〔常峰仁 11・6・30〕	平成七年度末の㈱日本リースの実態及び平成八年の大蔵省検査における検査官に対する説明状況等（全 同右）	1	CBA	1	CBA	※1 一部同意	1	CBA	同意部分決定済	80	抄本提出
119	検（九五丁）〔常峰仁 11・6・29〕	㈱日本リースの平成九年一一月以降の資金繰り状況とその対応状況及び長銀の平成九年度決算に同社向け貸出金につき引当をしておくべきであったこと等（全 同右）	1	CBA	1	CBA	※1 一部同意	1	CBA	同意部分決定済	81	抄本提出

〔請求者等 検察官〕証拠等関係カード甲 No.（18）

（このカードは、公判期日又は準備手続期日においてなされた事項については、各期日の調書と一体となるものである。）

（平成11年(特わ)第[illegible]号）

（被告人 A 大野木克信 B 須田正己 C 鈴木克治）

番号	標目〔供述者・作成年月日・住居・尋問時間等〕	立証趣旨（公訴事実の別）	請求 期日	請求 関係被告人	意見 期日	意見 関係被告人	意見 内容	結果 期日	結果 関係被告人	結果 内容	取調順序	備考
120	検〔鈴木恒男 11・6・30〕	㈱日本リースを支援するに至る経緯、同支援計画の内容、平成七年度に支援終了した理由及び支援終了時の同社の実態等（全 林秀行）	1	CBA	1	CBA	同意	1	CBA	決定・済	82	
121	検（一〇九丁）〔山下雅史 11・6・27〕	平成九年一二月当時の㈱日本リースの実態及び平成九年四月から同年六月にかけての同社に関する長銀と住友信託銀行との交渉状況等（全 長谷川保）	1	CBA	1	CBA	※1 一部同意	1	CBA	同意部分決定済	83	抄本提出
122	検〔山下雅史 11・6・28〕	㈱日本リース向け貸出金をII分類までにとどめるために長銀の自己査定基準を策定した状況等（全 同右）	1	CBA	1	CBA	※1 一部同意	1	CBA	同意部分決定済	84	抄本提出

（被告人複数用）

番号	標目〔供述者・作成年月日・住居・尋問時間等〕	立証趣旨（公訴事実の別）	請求 期日	請求 関係被告人	意見 期日	意見 関係被告人	意見 内容	結果 期日	結果 関係被告人	結果 内容	取調順序	備考
123	検（一二八丁）〔山下雅史 11・6・30〕	平成九年暮れからの㈱日本リースの資金繰り状況及びそれに対する長銀の対応状況等（全 長谷川保）	1	CBA	1	CBA	※1 一部同意	1	CBA	同意部分決定済	85	抄本提出
124	検（一一九丁）〔大田秀晴 11・6・28〕	㈱日本リースの実状とその対応検討状況及び同社向け貸出金の本来の査定方法等（全 林秀行）	1	CBA	1	CBA	※1 一部同意	1	CBA	同意部分決定済	86	抄本提出
125	検〔大藤泰夫 11・6・29〕	平成一〇年七月実施の金融監督庁検査において、長銀の㈱日本リース向け貸出金の査定を受けた際に担当検査官に虚偽の説明をした状況等（全 鈴木亨）	1	CBA	1	CBA	※1 一部同意	1	CBA	同意部分決定済	87	抄本提出
126	検〔市村啓介 11・6・13〕	事業推進部の指示で、㈱日本リースを体力のある関連ノンバンクであると見せかけるための資料を作成した状況等（全 同右）		CBA								

第1回公判番号 [illegible]ないし[illegible] 請求・同意・決定・済 取調順序番号順に済（関係被告人は請求欄のとおり）裁判所書記官

〔請求者等 検察官〕証拠等関係カード甲 No.（19）

（このカードは、公判期日又は準備手続期日においてなされた事項については、各期日の調書と一体となるものである。）

（平成11年(特わ)第[illegible]号）

（被告人 A 大野木克信 B 須田正己 C 鈴木克治）

番号	標目〔供述者・作成年月日・住居・尋問時間等〕	立証趣旨（公訴事実の別）	請求 期日	請求 関係被告人	意見 期日	意見 関係被告人	意見 内容	結果 期日	結果 関係被告人	結果 内容	取調順序	備考
127	検（一〇丁）〔小島学 11・5・17〕	長銀からの指示に基づき㈱日本リースにおいて同社の営業貸付金の自己査定を行った状況等（全 古谷伸彦）		CBA								
128	検（三二丁）〔小島学 11・5・17〕	㈱日本リースの平成九年九月末時点及び平成一〇年三月末時点における営業貸付金の実態等（全 同右）		CBA								
129	検〔小島学 11・6・23〕	㈱日本リースが同社の実態を報告していた先は、長銀のみであったこと等（全 小池隆）	1	CBA	1	CBA	不同意					

請求・意見・結果は甲（No.17）に記載済 裁判所書記官

（被告人複数用）

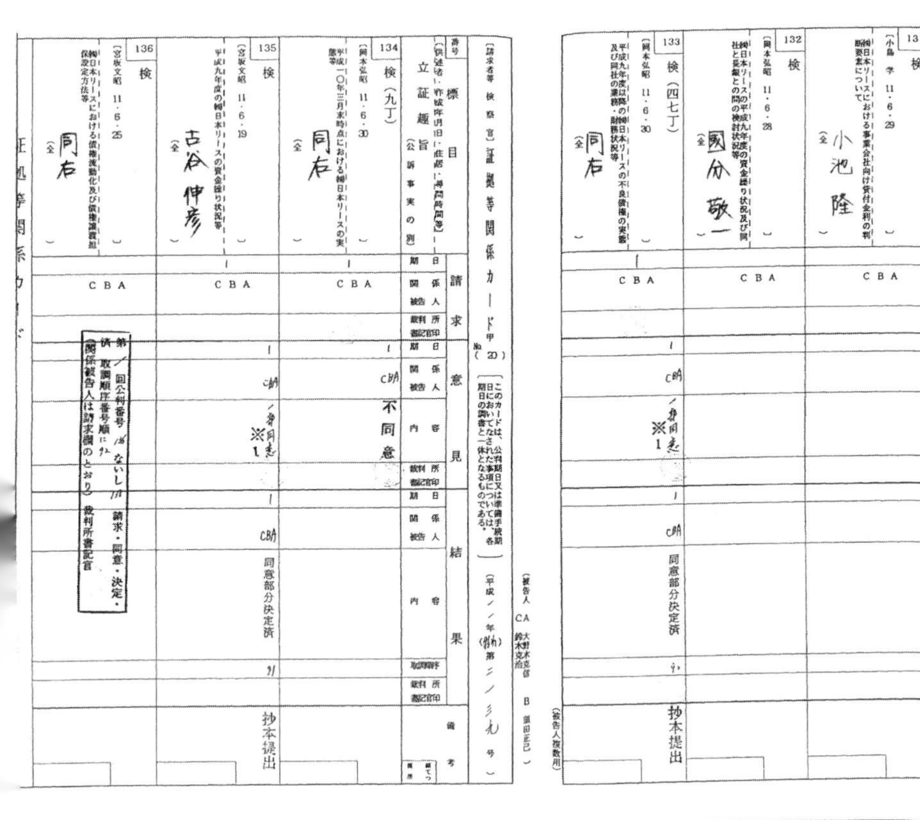

〔請求者等　検察官〕証拠等関係カード甲　No.（20）

（平成11年（特わ）第二一三九号）

（被告人　CA 大野木克信・鈴木克治　B 須田正己）（被告人複数用）

〔このカードは、公判期日又は準備手続期日においてなされた事項については、各期日の調書と一体となるものである。〕

番号	標目〔供述者・作成年月日・住居・尋問時間等〕	立証趣旨（公訴事実の別）	請求 期日	請求 関係被告人	意見 期日	意見 関係被告人	意見 内容	結果 期日	結果 関係被告人	結果 内容	取調順序	備考
130	検〔小島 学 11・6・28〕	㈱日本リースの平成一〇年三月末時点における営業貸付金の実態等（全）古谷伸彦		CBA								
131	検〔小島 学 11・6・29〕	㈱日本リースにおける事業会社向け貸付金利の判断要素について（全）小池隆		CBA								
132	検〔岡本弘昭 11・6・28〕	㈱日本リースの平成九年度の資金繰り状況及び同社と長銀との間の検討状況等（全）國分敬一		CBA								
133	検（四七丁）〔岡本弘昭 11・6・30〕	平成九年度以降の㈱日本リースの不良債権の実態及び同社の業務・財務状況等（全）同右	1	CBA	1	CBA	1番同意 ※1	1	CBA	同意部分決定済	90	抄本提出
134	検（九丁）〔岡本弘昭 11・6・30〕	平成一〇年三月末時点における㈱日本リースの実態等（全）同右	1	CBA	1	CBA	不同意					
135	検〔宮坂文昭 11・6・19〕	平成九年度の㈱日本リースの資金繰り状況等（全）古谷伸彦	1	CBA	1	CBA	1番同意 ※1	1	CBA	同意部分決定済	91	抄本提出
136	検〔宮坂文昭 11・6・25〕	㈱日本リースにおける債権流動化及び債権譲渡担保設定方法等（全）同右		CBA								

済　第1回公判番号130ないし132　請求・同意・決定・取調順序番号順による　裁判所書記官

済　第1回公判番号[illegible]ないし[illegible]　請求・同意・決定・取調順序番号順による（関係被告人は請求欄のとおり）　裁判所書記官

〔請求者等　検察官〕証拠等関係カード甲　No.（21）

（平成11年（特わ）第二一三九号）

（被告人　CA 大野木克信・鈴木克治　B 須田正己）（被告人複数用）

〔このカードは、公判期日又は準備手続期日においてなされた事項については、各期日の調書と一体となるものである。〕

番号	標目〔供述者・作成年月日・住居・尋問時間等〕	立証趣旨（公訴事実の別）	請求 期日	請求 関係被告人	意見 期日	意見 関係被告人	意見 内容	結果 期日	結果 関係被告人	結果 内容	取調順序	備考
137	検〔吉澤秀男 11・5・16〕	㈱日本リースにおける同社の基礎収益力を増強するための検討状況等（全）大野一樹		CBA								
138	検〔吉澤秀男 11・5・17〕	㈱日本リースにおける同社の不良資産処理検討状況及び同社の経営状況についての長銀との協議状況等に関する資料の説明（全）同右		CBA								
139	検〔山田俊一 11・5・18〕	㈱日本リースにおいて、同社の営業貸付金を査定するに当たり長銀から受けた指示の内容等（全）小池隆	1	CBA	1	CBA	1番同意 ※1	1	CBA	同意部分決定済	93	抄本提出
140	検〔小宮山賢 11・6・23〕	㈱日本リースに係る平成九年度決算の会計監査状況等（全）和田雅樹	1	CBA	1	CBA	1番同意 ※1	1	CBA	同意部分決定済	94	抄本提出
141	検〔大藤泰夫 11・5・27〕	有楽エンタープライズ㈱の実状等（全）小池隆	1	CBA	1	CBA	1番同意 ※1	1	CBA	同意部分決定済	95	抄本提出
142	検〔市村啓介 11・5・31〕	有楽エンタープライズ㈱の実状及び金融監督庁検査の受検状況等（全）吉開多一	1	CBA	1	CBA	1番同意 ※1	1	CBA	同意部分決定済	96	抄本提出
143	検〔山下雅史 11・6・29〕	有楽エンタープライズ㈱の実態及び長銀における同社向け貸出金の査定状況等（全）長谷川保	1	CBA	1	CBA	不同意					

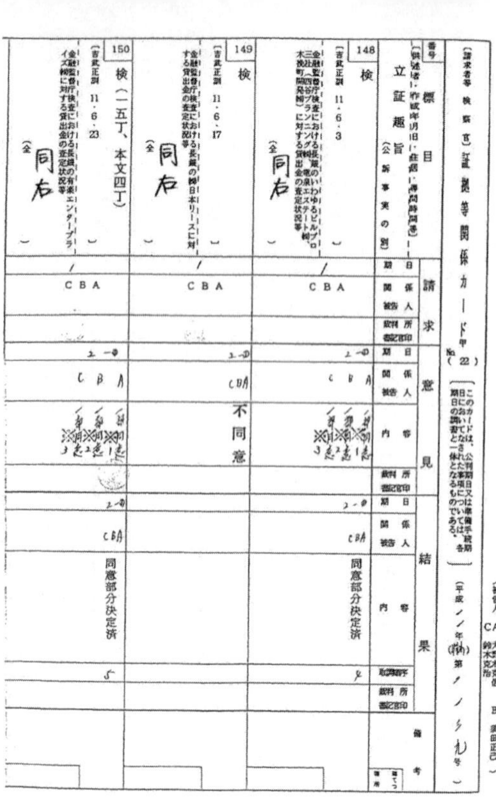

証拠等関係カード（請求者等　検察官）　甲 No.（22）

（このカードは、公判期日又は準備手続期日においてなされた事項については、各期日の調書と一体となるものである。）

（平成11年（刑わ）第1139号）

（被告人　CA 大野木克信・鈴木克治　B 須田正己）

番号	標目〔供述者・作成年月日・住居・尋問時間等〕	立証趣旨（公訴事実の別）	請求 期日	請求 関係被告人	意見 期日	意見 関係被告人	意見 内容	結果 期日	結果 関係被告人	結果 内容	取調順序	備考
144	検（三四丁）〔吉武正訓 11・6・8〕	金融監督庁検査における長銀の第一ファイナンス㈱に対する貸出金の査定状況等（全 鈴木亨）	1	CBA	2-⑩	CBA	一部同意	2-⑩	CBA	同意部分決定済	1	
145	検〔吉武正訓 11・6・4〕	金融監督庁検査における長銀のエヌイーディー㈱に対する貸出金の査定状況等（全 同右）	1	CBA	2-⑩	CBA	一部同意	2-⑩	CBA	同意部分決定済	2	
146	検（四〇丁）〔吉武正訓 11・6・8〕	金融監督庁検査における長銀のエヌイーディー㈱関連六社に対する貸出金の査定状況等（全 同右）	1	CBA	2-⑩	CBA	同意	2-⑩	CBA	決定・済	3	
147	検（一五丁、本文七丁）〔吉武正訓 11・6・23〕	金融監督庁検査における長銀のエヌイーディー㈱の関連会社であるエクセレーブファイナンス㈱に対する貸出金の査定状況等（全 同右）	1	CBA	2-⑩	CBA	不同意					
148	検〔吉武正訓 11・6・3〕	金融監督庁検査における長銀のいわゆるビルプロ三社（四谷プランニング㈱、竜泉エステート㈱、木挽町開発㈱）に対する貸出金の査定状況等（全 同右）	1	CBA	2-⑩	CBA	一部同意	2-⑩	CBA	同意部分決定済	4	
149	検〔吉武正訓 11・6・17〕	金融監督庁検査における長銀の㈱日本リースに対する貸出金の査定状況等（全 同右）	1	CBA	2-⑩	CBA	不同意					
150	検（一五丁、本文四丁）〔吉武正訓 11・6・23〕	金融監督庁検査における長銀の有楽エンタープライズ㈱に対する貸出金の査定状況等（全 同右）	1	CBA	2-⑩	CBA	一部同意	2-⑩	CBA	同意部分決定済	5	

証拠等関係カード（請求者等　検察官）　甲 No.（23）

（このカードは、公判期日又は準備手続期日においてなされた事項については、各期日の調書と一体となるものである。）

（平成11年（刑わ）第1139号）

（被告人　CA 大野木克信・鈴木克治　B 須田正己）

番号	標目〔供述者・作成年月日・住居・尋問時間等〕	立証趣旨（公訴事実の別）	請求 期日	請求 関係被告人	意見 期日	意見 関係被告人	意見 内容	結果 期日	結果 関係被告人	結果 内容	取調順序	備考
151	検〔木戸久男 11・6・23〕	平成一〇年七月からの金融監督庁による長銀に対する金融検査の実施状況及び同検査結果等（全 和田稚樹）		CBA	第1回公判番号151ないし153請求・同意・決定・済　取調順序番号順に97（関係被告人は請求欄のとおり）裁判所書記官							
152	検（四丁）〔木戸久男 11・6・24〕	関連ノンバンクに対する貸出金の査定方法等（全 同右）		CBA								
153	検（七〇丁）〔木戸久男 11・6・24〕	金融検査に当たり準拠した基準等の説明（全 同右）		CBA								
154	検（七丁）〔吉武正訓 11・6・23〕	関連ノンバンクに対する貸出金の査定方法等（全 鈴木亨）	1	CBA	2-⑩	CBA	不同意					
155	検〔水谷 實 11・6・14〕	平成九年三月五日付け「資産査定通達」及び同年四月二一日付け「関連ノンバンク事務連絡」の内容等（全 同右）	1	CBA	2-⑩	CBA	一部同意	2-⑩	CBA	同意部分決定済	6	
156	検〔中嶋敬雄 11・6・9〕	平成九年四月一五日付け日本公認会計士協会公表の「実務指針」の基本的考え方及び同指針と大蔵省の「資産査定通達」との関係等（全 徳田薫）		CBA	第1回公判番号156ないし157請求・同意・決定・済　取調順序番号順に98（関係被告人は請求欄のとおり）裁判所書記官							
157	検〔西川郁生 11・6・28〕	平成九年四月一五日付け日本公認会計士協会公表の「実務指針」の基本的考え方及び関連ノンバンク向け与信の査定方法等（全 同右）		CBA								

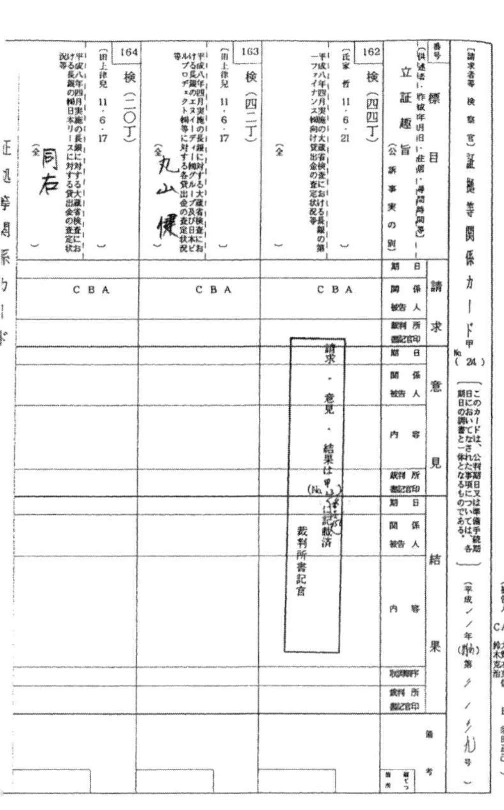
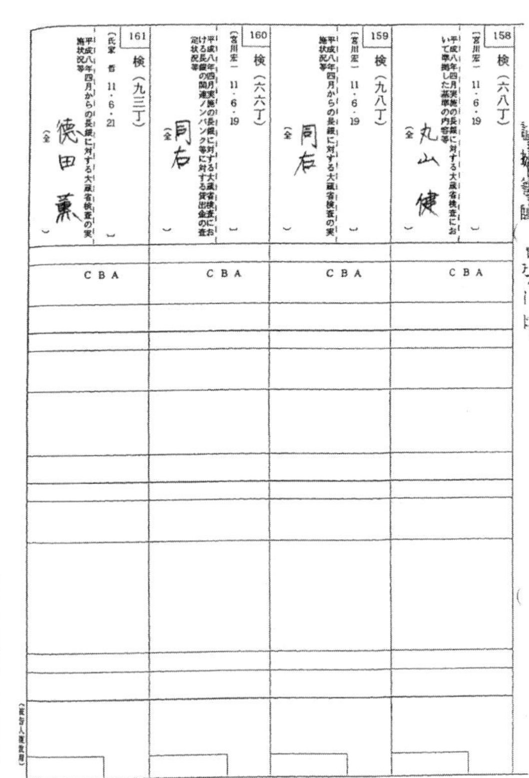

（請求者等　検察官）証拠等関係カード（甲）No.（24）

（このカードは、公判期日又は準備手続期日においてされた事項については、各期日の調書と一体となるものである。）

（平成11年（刑わ）第 [illegible] 号）　（被告人　A 大野木克信　B 須田正己　C 鈴木克治）（被告人複数用）

番号	標目〔供述者・作成年月日・住居・尋問時間等〕	立証趣旨（公訴事実の別）	請求 期日	請求 関係被告人	意見 期日	意見 関係被告人	意見 内容	結果 期日	結果 関係被告人	結果 内容	取調順序	備考
158	検（六八丁）〔宮川宏一 11・6・19〕	平成八年四月実施の長銀に対する大蔵省検査において準拠した基準の内容等（全 丸山健）		CBA								
159	検（九八丁）〔宮川宏一 11・6・19〕	平成八年四月からの長銀に対する大蔵省検査の実施状況等（全 同右）		CBA								
160	検（六六丁）〔宮川宏一 11・6・19〕	平成八年四月実施の長銀に対する大蔵省検査における長銀の関連ノンバンク等に対する貸出金の査定状況等（全 同右）		CBA								
161	検（九三丁）〔氏家 哲 11・6・21〕	平成八年四月からの長銀に対する大蔵省検査の実施状況等（全 徳田薫）		CBA								
162	検（四四丁）〔氏家 哲 11・6・21〕	平成八年四月実施の大蔵省検査における長銀の第一ファイナンス㈱向け貸出金の査定状況等（全 ）		CBA								
163	検（四二丁）〔田上律児 11・6・17〕	平成八年四月実施の長銀に対する大蔵省検査における長銀のエヌイーディー㈱グループ及び日本ビルプロヂェクト㈱等に対する各貸出金の査定状況等（全 丸山健）		CBA								
164	検（二〇丁）〔田上律児 11・6・17〕	平成八年四月実施の長銀に対する大蔵省検査における長銀の㈱日本リースに対する貸出金の査定状況等（全 同右）		CBA								

請求・意見・結果は甲（No.13）に記載済　裁判所書記官

（請求者等　検察官）証拠等関係カード（甲）No.（25）

（このカードは、公判期日又は準備手続期日においてされた事項については、各期日の調書と一体となるものである。）

（平成11年（刑わ）第 [illegible] 号）　（被告人　A 大野木克信　B 須田正己　C 鈴木克治）（被告人複数用）

番号	標目〔供述者・作成年月日・住居・尋問時間等〕	立証趣旨（公訴事実の別）	請求 期日	請求 関係被告人	意見 期日	意見 関係被告人	意見 内容	結果 期日	結果 関係被告人	結果 内容	取調順序	備考
165	検〔高野 円 11・5・24〕	平成一〇年五月からの長銀に対する日銀考査の実施状況及び長銀策定の自己査定基準の問題点等（全 鈴木亨）	1	CBA	1	CBA	不同意					
166	検（九一丁）〔河合 博 11・5・21〕	平成一〇年五月実施の長銀に対する日銀考査における長銀のエヌイーディー㈱、第一ファイナンス㈱及びいわゆるビルプロ三社（㈱四谷プランニング㈱、竜泉エステート㈱、木挽町開発㈱）等に対する各貸出金の査定状況等（全 同右）	1	CBA	1	CBA	不同意					
167	検（九丁）〔河合 博 11・5・21〕	平成一〇年五月実施の長銀に対する日銀考査における有楽エンタープライズ㈱に対する貸出金の査定状況等（全 鈴木亨）		CBA								
168	検〔河合 博 11・6・16〕	平成一〇年五月実施の長銀に対する日銀考査における長銀の㈱日本リースに対する貸出金の査定状況等（全 同右）		CBA								
169	検〔高野 円 11・6・11〕	平成一〇年五月実施の長銀に対する日銀考査における㈱日本リースに対する貸出金の査定状況等（全 同右）		CBA								
170	検〔松尾致和 11・6・26〕	長銀の平成九年度決算に係る会計監査の状況及び同監査結果等（全 徳田薫）	1	CBA	2-①	CBA	不同意					
171	検〔江端広司 11・6・1〕	長銀におけるエヌイーディー㈱に対する貸出金についての自己査定結果の監査は、国税局によって長銀の同社に係る国税提出計画が承認されることを前提としていたこと等（全 徳田薫）	1	CBA	1	CBA	同意	1	CBA	決定・済	100	

請求・意見・結果は甲（No.25）に記載済　裁判所書記官

第1回公判番号167ないし171　請求・同意・決定・済　取調順序番号順により（関係被告人は請求欄のとおり）　裁判所書記官

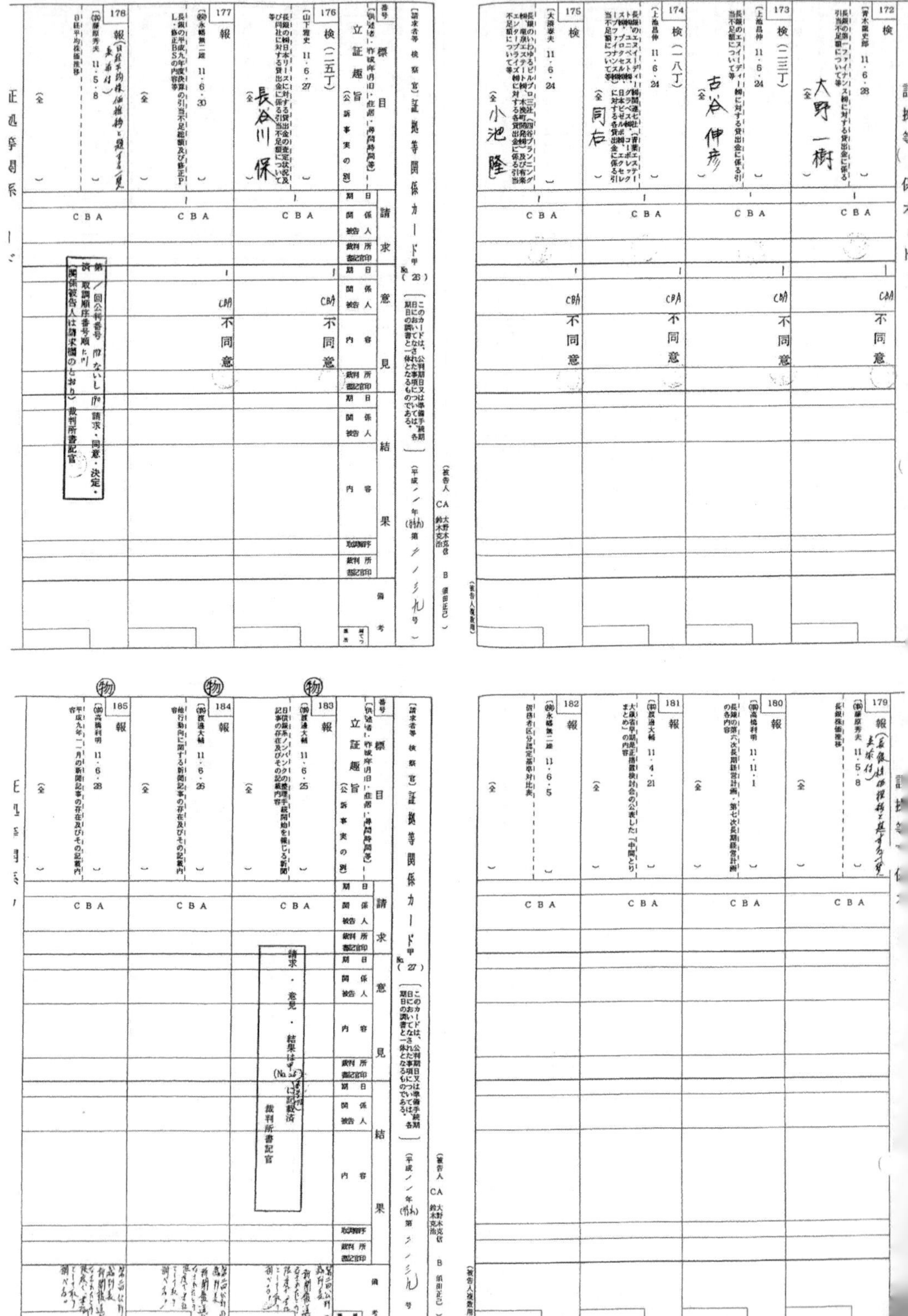

証拠等関係カード 甲 No.（26）

（請求者等 検察官）

（このカードは、公判期日又は準備手続期日においてなされた事項については、各期日の調書と一体となるものである。）

（平成11年（特わ）第[illegible]号）

（被告人 CA 大野木克信 鈴木克治 B 須田正己）（被告人複数用）

番号	標目〔供述者・作成年月日・住居・尋問時間等〕	立証趣旨（公訴事実の別）	請求 期日	請求 関係被告人	意見 期日	意見 内容
172	検〔青木龍史郎 11・6・28〕	長銀の第一ファイナンス㈱に対する貸出金に係る引当不足額について等（全 大野一樹）	1	C B A	1	CBA 不同意
173	検（二三丁）〔上飯昌伸 11・6・24〕	長銀のエヌイーディー㈱に対する貸出金に係る引当不足額について等（全 古谷伸彦）	1	C B A	1	CBA 不同意
174	検（一八丁）〔上飯昌伸 11・6・24〕	長銀の㈱エヌイーディー、ト㈱・、ユニベストスト㈱・、ブ㈱・ファイナンス㈱・ロクセスルト、㈱関連七社（青葉エステート㈱・グラベル㈱・、コーポレックス㈱・日本ビゼル㈱・、エクセレクに対する各貸出金に係る引当不足額について等（全 同右）	1	C B A	1	CBA 不同意
175	検〔大藤泰夫 11・6・24〕	長銀のいわゆるビルプロ三社（四谷プランニング㈱・竜泉エステート㈱・木挽町開発㈱）及び有楽エンタープライズ㈱に対する各貸出金に係る引当不足額について等（全 小池隆）	1	C B A	1	CBA 不同意
176	検（二五丁）〔山下雅史 11・6・27〕	長銀の㈱日本リースに対する貸出金の査定状況及び同社に対する貸出金に係る引当不足額について等（全 長谷川保）	1	C B A	1	CBA 不同意
177	報〔㈱永幡無二雄 11・6・30〕	長銀の平成九年度決算の引当不足総額及び修正PL・修正BSの内容等（全）	1	C B A	1	CBA 不同意
178	報（日経平均株価推移と題する一覧表添付）〔㈱藤原秀夫 11・5・8〕	日経平均株価推移（全）		C B A		

第1回公判番号170ないし190 請求・同意・決定・済 取調順序番号順たり（関係被告人は請求欄のとおり）裁判所書記官

証拠等関係カード 甲 No.（27）

（請求者等 検察官）

（このカードは、公判期日又は準備手続期日においてなされた事項については、各期日の調書と一体となるものである。）

（平成11年（特わ）第[illegible]号）

（被告人 CA 大野木克信 鈴木克治 B 須田正己）（被告人複数用）

番号	標目〔供述者・作成年月日・住居・尋問時間等〕	立証趣旨（公訴事実の別）	請求 関係被告人	備考
179	報（長銀株価推移と題する一覧表添付）〔㈱藤原秀夫 11・5・8〕	長銀株価推移（全）	C B A	
180	報〔㈱高橋利明 11・11・1〕	長銀の第六次長期経営計画・第七次長期経営計画の各内容（全）	C B A	
181	報〔㈱渡邉大輔 11・4・21〕	大蔵省早期是正措置検討会の公表した「中間とりまとめ」の内容（全）	C B A	
182	報〔㈱永幡無二雄 11・6・5〕	債務者区分認定基準対比表（全）	C B A	
183 ㊕	報〔㈱渡邉大輔 11・6・25〕	日債銀系ノンバンクの整理手続開始を報じる新聞記事の存在及びその記載内容（全）	C B A	第3回公判の裁判長 [illegible]
184 ㊕	報〔㈱渡邉大輔 11・6・26〕	他行動向に関する新聞記事の存在及びその記載内容（全）	C B A	[illegible]
185 ㊕	報〔㈱高橋利明 11・6・28〕	平成九年一一月の新聞記事の存在及びその記載内容（全）	C B A	[illegible]

請求・意見・結果は甲（No.26）に記載済 裁判所書記官

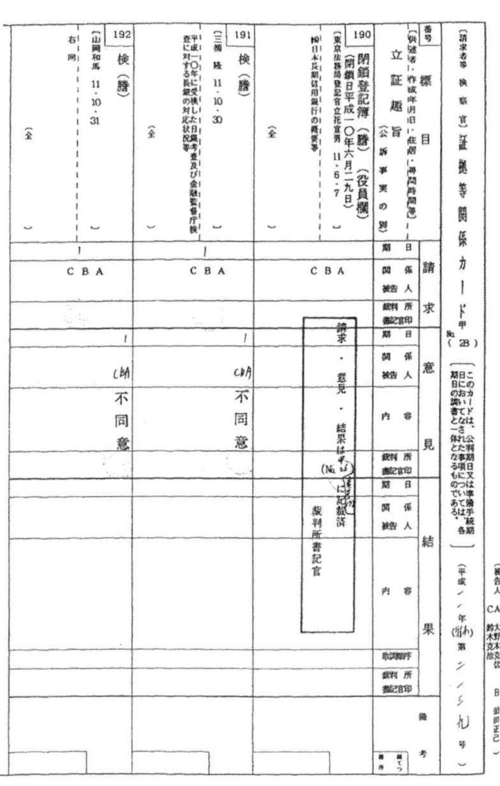

（請求者等 検察官）証拠等関係カード 甲 No.（28）

（このカードは、公判期日又は準備手続期日においてなされた事項については、各期日の調書と一体となるものである。）

（平成11年（わ）第2139号）

（被告人 CA 大野木克信 鈴木恒男 B 須田正己）

番号	標目［供述者・作成年月日・住居・尋問時間等］	立証趣旨（公訴事実の別）	請求 期日	請求 関係被告人	意見 期日	意見 関係被告人	意見 内容	結果
190	閉鎖登記簿（謄）（役員欄）（閉鎖日平成一〇年六月二九日）［東京法務局登記官立花宣男 11・6・7］	㈱日本長期信用銀行の概要等（全）		CBA				
191	検（謄）［三楯隆 11・10・30］	平成一〇年に受検した日銀考査及び金融監督庁検査に対する長銀の対応状況等（全）	1	CBA	1	CBA	不同意	
192	検（謄）［山岡和馬 11・10・31］	右同（全）	1	CBA	1	CBA	不同意	

請求・意見・結果は（No. 26）に記載済 裁判所書記官

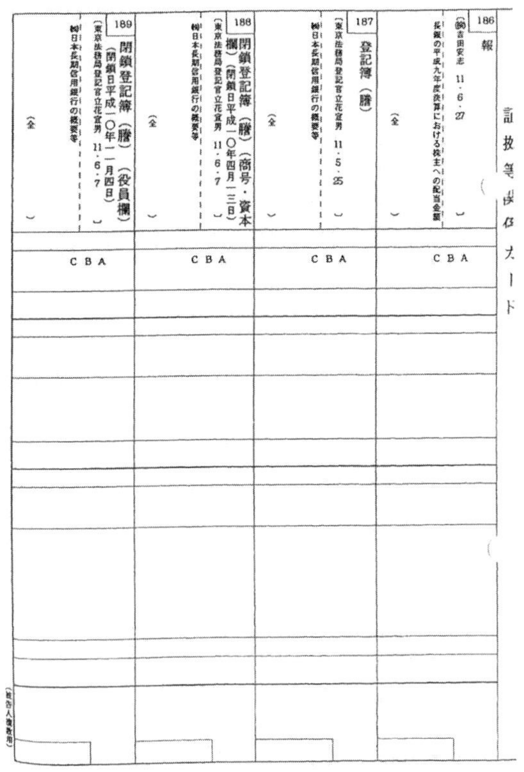

証拠等関係カード

番号	標目	立証趣旨	関係被告人
186	報［㈱吉田安志 11・6・27］	長銀の平成九年度決算における株主への配当金額（全）	CBA
187	登記簿（謄）［東京法務局登記官立花宣男 11・5・25］	㈱日本長期信用銀行の概要等（全）	CBA
188	閉鎖登記簿（謄）（商号・資本欄）（閉鎖日平成一〇年四月一三日）［東京法務局登記官立花宣男 11・6・7］	㈱日本長期信用銀行の概要等（全）	CBA
189	閉鎖登記簿（謄）（役員欄）（閉鎖日平成一〇年一一月四日）［東京法務局登記官立花宣男 11・6・7］	㈱日本長期信用銀行の概要等（全）	CBA

（被告人複数用）

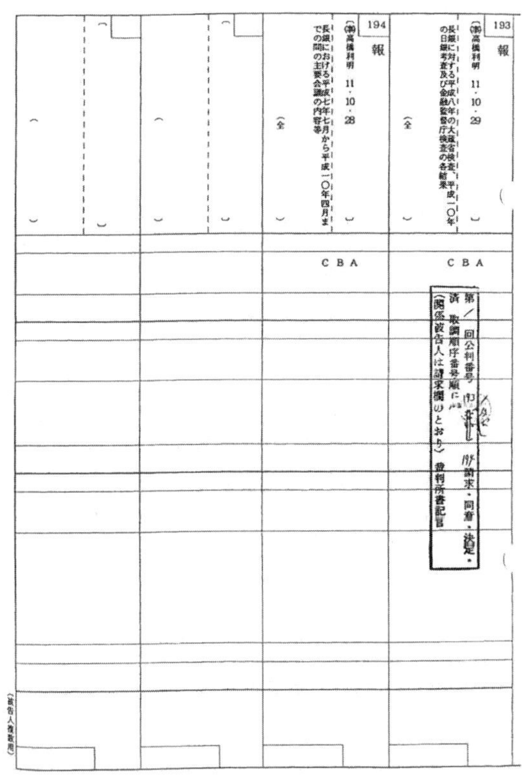

番号	標目	立証趣旨	関係被告人
193	報［㈱高橋利明 11・10・29］	長銀に対する平成八年の大蔵省検査、平成一〇年の日銀考査及び金融監督庁検査の各結果（全）	CBA
194	報［㈱高橋利明 11・10・28］	長銀における平成七年七月から平成一〇年四月までの間の主要会議の内容等（全）	CBA

第1回公判番号 193〜209 請求・同意・決定・済 取調順序番号順に（関係被告人は請求欄のとおり） 裁判所書記官

（被告人複数用）

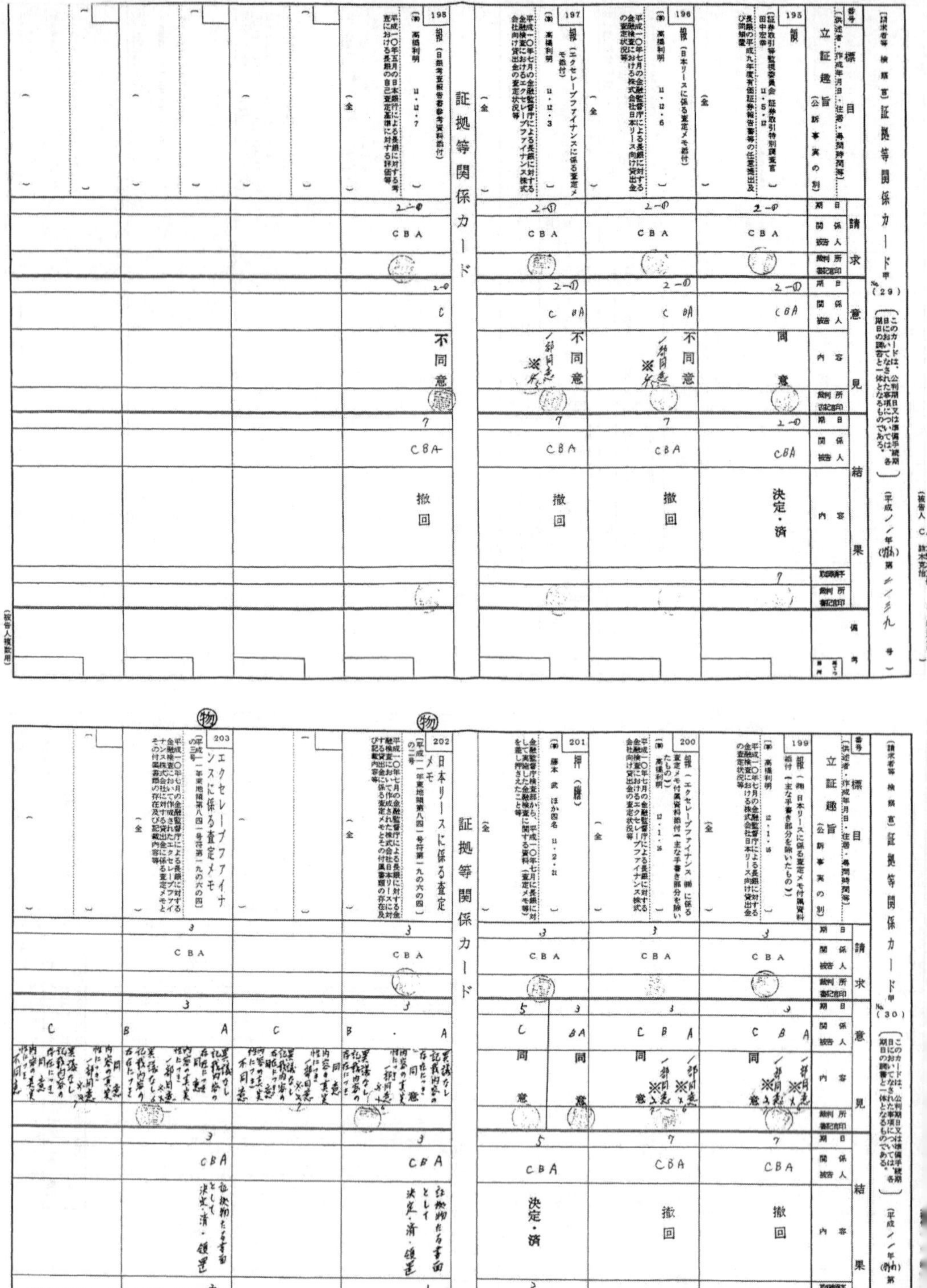

（請求者等 検察官）証拠等関係カード 甲 No.（29）

（平成11年（特わ）第2139号）

（被告人 A 大野木克信 B 須田正己 C 鈴木克治）

（このカードは、公判期日又は準備手続期日においてなされた事項については、各期日の調書と一体となるものである。）

番号	標目（供述者・作成年月日・住居・尋問時間等）／立証趣旨（公訴事実の別）	請求 期日	請求 関係被告人	意見 期日	意見 関係被告人	意見 内容	結果 期日	結果 関係被告人	結果 内容	取調順序	備考
195	領（証券取引等監視委員会 証券取引特別調査官 田中宏幸 11・5・12）／長銀の平成九年度有価証券報告書等の任意提出及び領置（全）	2-①	CBA	2-①	CBA	同意	2-①	CBA	決定・済	7	
196	報（日本リースに係る査定メモ添付）（事）高橋利明 11・12・6／平成一〇年七月の金融監督庁による長銀に対する金融検査における株式会社日本リース向け貸出金の査定状況等（全）	2-①	CBA	2-①	C BA	不同意 一部同意 ※外	7	CBA	撤回		
197	報（エクセレーブファイナンスに係る査定メモ添付）（事）高橋利明 11・12・3／平成一〇年七月の金融監督庁による長銀に対する金融検査におけるエクセレーブファイナンス株式会社向け貸出金の査定状況等（全）	2-①	CBA	2-①	C BA	不同意 一部同意 ※外	7	CBA	撤回		
198	報（日銀考査報告書参考資料添付）（事）高橋利明 11・12・7／平成一〇年五月の日本銀行による長銀に対する考査における長銀の自己査定基準に対する評価等（全）	2-①	CBA	2-①	C	不同意	7	CBA	撤回		

（被告人複数用）

（請求者等 検察官）証拠等関係カード 甲 No.（30）

（平成11年（特わ）第2139号）

（このカードは、公判期日又は準備手続期日においてなされた事項については、各期日の調書と一体となるものである。）

番号	標目（供述者・作成年月日・住居・尋問時間等）／立証趣旨（公訴事実の別）	請求 期日	請求 関係被告人	意見 期日	意見 関係被告人	意見 内容	結果 期日	結果 関係被告人	結果 内容	取調順序	備考
199	報（㈱日本リースに係る査定メモ付属資料添付〔主な手書き部分を除いたもの〕）（事）高橋利明 12・1・16／平成一〇年七月の金融監督庁による長銀に対する金融検査における株式会社日本リース向け貸出金の査定状況等（全）	3	CBA	3	C B A	同意 一部同意 ※	7	CBA	撤回		
200	報（エクセレーブファイナンス㈱に係る査定メモ付属資料添付〔主な手書き部分を除いたもの〕）（事）高橋利明 12・1・16／平成一〇年七月の金融監督庁による長銀に対する金融検査におけるエクセレーブファイナンス株式会社向け貸出金の査定状況等（全）	3	CBA	3	C B A	同意 一部同意 ※	7	CBA	撤回		
201	押（[illegible]）（事）藤本 武 ほか四名 11・2・21／金融監督庁検査部から、平成一〇年七月に長銀に対して実施した金融検査に関する資料（査定メモ等）を差し押さえたこと等（全）	3	CBA	5 / 3	C / BA	同意 / 同意	5	CBA	決定・済	3	
202	日本リースに係る査定メモ〔平成一一年東地領第八四一号符第一九の六の四の二号〕／平成一〇年七月の金融監督庁による長銀に対する金融検査において作成された株式会社日本リース向け貸出金に係る査定メモとその付属書類の存在及び記載内容等（全）	3	CBA	3	C / B / A	[手書き意見]	3	CBA	証拠物たる書面として 決定・済・領置	1	平11押八四一号の5
203	エクセレーブファイナンスに係る査定メモ〔平成一一年東地領第八四一号符第一九の六の四の三号〕／平成一〇年七月の金融監督庁による長銀に対する金融検査において作成されたエクセレーブファイナンス株式会社向け貸出金に係る査定メモとその付属書類の存在及び記載内容等（全）	3	CBA	3	C / B / A	[手書き意見]	3	CBA	証拠物たる書面として 決定・済・領置	2	平11押八四一号の6

（被告人複数用）

(請求者等 検察官)証拠等関係カード甲 No.(31)

(このカードは、公判期日又は準備手続期日においてされた事項については、各期日の調書と一体となるものである。)

(平成11年(特わ)第2139号)

(被告人 CA 大野木克信 B 須田正己 鈴木克治)

番号	標目 [供述者・作成年月日・住居・尋問時間等] / 立証趣旨(公訴事実の別)	請求	意見	結果
204 報	高橋利明 12・2・15 / 株式会社日本長期信用銀行の関連ノンバンクである「第一ファイナンス株式会社」及びその子会社である「すずらん恒産株式会社」「はまなす恒産株式会社」に係る平成九年度の各社の決算状況 (全)	期日 5 / 関係被告人 C B A	期日 5 / 関係被告人 C B A / 内容 同意	期日 5 / 関係被告人 C B A / 内容 決定・済 / 取調順序 4

(請求者等 検察官)証拠等関係カード甲 No.(32)

(このカードは、公判期日又は準備手続期日においてされた事項については、各期日の調書と一体となるものである。)

(平成一一年(特わ)第二一三九号)

(被告人 CA 大野木克信 B 須田正己 鈴木克治)

番号	標目 [供述者・作成年月日・住居・尋問時間等] / 立証趣旨(公訴事実の別)	請求	意見	結果
205 報	保坂直樹 12・10・4 / 本件に関係する通達等の内容 (全)	期日 14 / 関係被告人 C B A	期日 14 / 関係被告人 C B A / 内容 同意	期日 14 / 関係被告人 C D A / 内容 決定・済 / 取調順序 1

(被告人複数用)

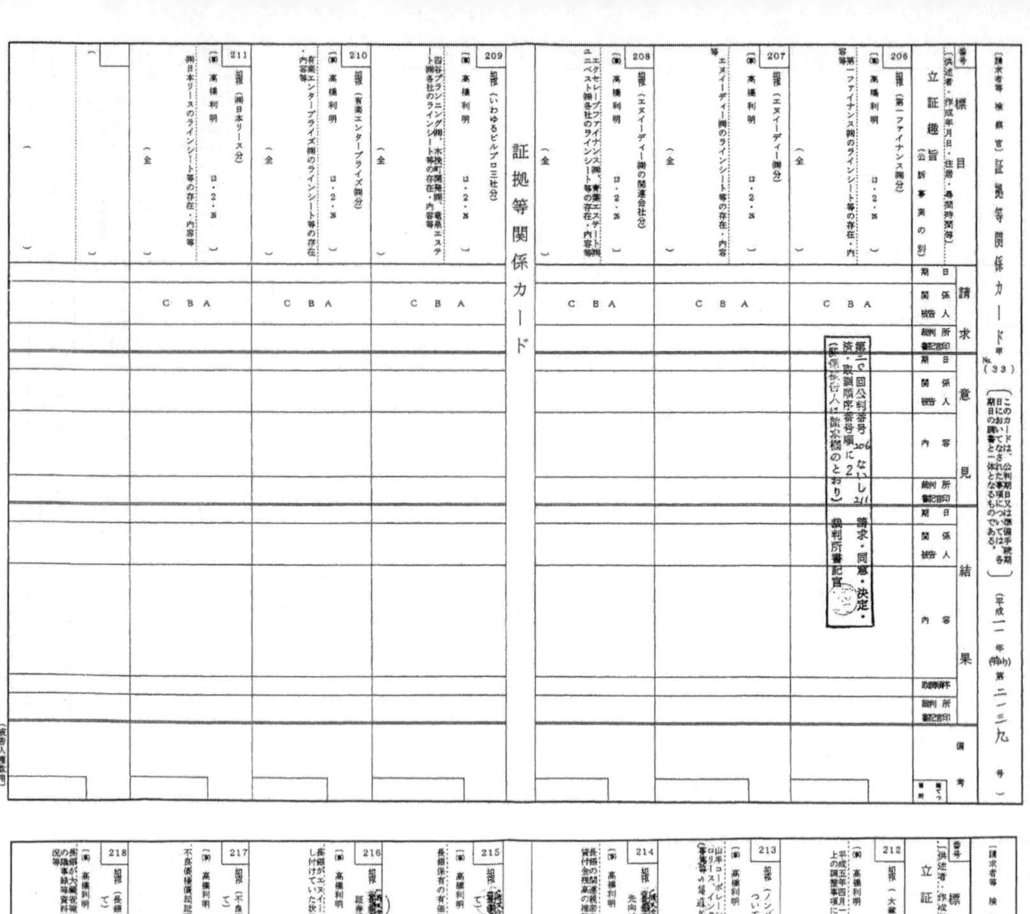

（請求者等 検察官）証拠等関係カード 甲 No.（33）

（このカードは、公判期日又は準備手続期日においてなされた事項については、各期日の調書と一体となるものである。）

（平成一一年（特わ）第二一三九号）

（被告人 A 大野木克信 B 須田正己 C 鈴木克治）

番号	標目〔供述者・作成年月日・住居・尋問時間等〕	立証趣旨（公訴事実の別）	請求 期日	請求 関係被告人	意見	結果	取調順序	備考
206	報（第一ファイナンス㈱分）（㈶）高橋利明 13・2・26	第一ファイナンス㈱のラインシート等の存在・内容等（全）		C B A				
207	報（エヌイーディー㈱分）（㈶）高橋利明 13・2・26	エヌイーディー㈱のラインシート等の存在・内容等（全）		C B A				
208	報（エヌイーディー㈱の関連会社分）（㈶）高橋利明 13・2・26	エクセレーブファイナンス㈱、青葉エステート㈱、ユニベスト㈱各社のラインシート等の存在・内容等（全）		C B A				
209	報（いわゆるビルプロ三社分）（㈶）高橋利明 13・2・26	四谷プランニング㈱、木挽町開発㈱、竜泉エステート㈱各社のラインシート等の存在・内容等（全）		C B A				
210	報（有楽エンタープライズ㈱分）（㈶）高橋利明 13・2・26	有楽エンタープライズ㈱のラインシート等の存在・内容等（全）		C B A				
211	報（㈱日本リース分）（㈶）高橋利明 13・2・26	㈱日本リースのラインシート等の存在・内容等（全）		C B A				

第二〇回公判番号206ないし211 請求・同意・決定・済・取調順序番号順に2（証拠関係被告人は請求欄のとおり） 裁判所書記官

（被告人複数用）

（請求者等 検察官）証拠等関係カード 甲 No.（34）

（このカードは、公判期日又は準備手続期日においてなされた事項については、各期日の調書と一体となるものである。）

（平成一一年（特わ）第二一三九号）

（被告人 C 鈴木克治）

番号	標目〔供述者・作成年月日・住居・尋問時間等〕	立証趣旨（公訴事実の別）	請求 期日	請求 関係被告人	意見 期日	意見 関係被告人	意見 内容	結果 期日	結果 関係被告人	結果 内容	取調順序	備考
212	報（大蔵省事務連絡について）（㈶）高橋利明 13・5・22	平成五年四月一日付、大蔵省事務連絡「資産査定上の調整事項について」の存在・内容等（全）	24	C B A	24	C B A	同意	25	C B A	決定・済	1	
213	報（ノンバンク特別清算に関する新聞報道について）（㈶）高橋利明 13・5・22	山手コーポレーション（旧東武クレジット）、アポロリース、インターリース各社が特別清算に至った（事業等の撤退があった事実）	24	C B A	24	C B A	同意	25	C B A	決定・済	2	
214	報（[illegible]の関連親密先等の概要及び関連親密先向け貸付金残高について）（㈶）高橋利明 13・5・22	長銀の関連親密先等の会社概要及び関連親密先向け貸付金残高の推移等（全）	24	C B A	25	C B A	同意	25	C B A	決定・済	3	
215	報（[illegible]の有価証券担保提供の状況等について）（㈶）高橋利明 13・5・22	長銀保有の有価証券を担保提供していた状況等（全）	24	C B A	25	C B A	添付資料の三枚目及び四枚目の表の債務者区分欄 不同意 その余 同意	25	C B A	同意部分決定済	4	
216	報（[illegible]エヌイーディー株式会社間の有価証券賃貸借契約証書について）（㈶）高橋利明 13・5・22	長銀がエヌイーディーに同行保有の有価証券を貸し付けていた状況等（全）	24	C B A	25	C B A	同意	25	C B A	決定・済	5	
217	報（不良債権償却証明制度等実施要領について）（㈶）高橋利明 13・5・22	不良債権償却証明制度等実施要領について（全）	24	C B A	25	C B A	同意	25	C B A	決定・済	6	
218	報（長銀の大蔵省検査等の受検対策について）（㈶）高橋利明 13・5・24	長銀が大蔵省検査による検査の受検対策として、同行の議事録等資料を差替え、不存在扱いにしていた状況等（全）	24	C B A	25	C B A	不同意					

（被告人複数用）

〔請求者等 検察官〕証拠等関係カード（甲）

No.（35）

（このカードは、公判期日又は期日外においてなされた事項については、各期日の調書と一体となるものである。）

（平成一一年（わ）第二一三九号）

（被告人 CA 大野木克信、鈴木克治、B 須田正己）

（被告人複数用）

証拠等関係カード

番号	標目〔供述者・作成年月日・住居・尋問時間等〕／立証趣旨（公訴事実の別）	請求 期日	請求 関係被告人	意見 期日	意見 関係被告人	意見 内容	結果 期日	結果 関係被告人	結果 内容	取調順序
219	報告〔(検) 米山 明 13・5・24〕 さくら銀行がアポロリースに対して有税引当していた(事実及びその)報道(状況)の存在及びその内容（全）	24	CBA	25	CBA	添付資料の新聞記事以外のもの 不同意 その余 同意	25	CBA	同意部分決定済 不同意部分撤回	7

〔請求者等 検察官〕証拠等関係カード（甲）

No.（36）

（このカードは、公判期日又は期日外においてなされた事項については、各期日の調書と一体となるものである。）

（平成一一年（わ）第二一三九号）

（被告人 CA 大野木克信、鈴木克治、B 須田正己）

証拠等関係カード

番号	標目〔供述者・作成年月日・住居・尋問時間等〕	立証趣旨（公訴事実の別）	請求 関係被告人
220	閉鎖登記簿謄本〔(閉鎖日平成一〇年一二月三日) 東京法務局北出張所登記官小野寺般男 13・5・29〕	株式会社山手コーポレーションの概要等（全）	CBA
221	(閉鎖)登記簿謄本〔山台法務局 登記官 遠岸利夫 13・5・29〕	株式会社アポロリースの概要等（全）	CBA
222	履歴事項全部証明書〔東京法務局 登記官 立花富男 13・5・29〕	インターリース株式会社の概要等（全）	CBA
223	報告（資料入手）〔(事) 高橋利明 13・5・30〕	銀行業における決算経理基準が公正なる会計慣行と扱われていた事実（全）	CBA
224	報告（税効果会計の概要等について記載のある書籍の写し）〔(事) 高橋利明 13・5・30〕	税効果会計と商法の関係等（全）	CBA
225	報告（時価会計の問題点等について記載のある書籍の写し）〔(事) 高橋利明 13・5・30〕	時価会計と商法の関係等（全）	CBA
226	報告（公正なる会計慣行の解釈についての学説の状況）〔(事) 高橋利明 13・5・30〕	公正なる会計慣行の解釈についての学説の状況等（全）	CBA

（第五回公判 番号220ないし227 済・取調順序 番号順に8 関係被告人は請求欄のとおり 請求・同意・決定 裁判所書記官）

(請求者等 検察官) 証拠等関係カード 甲 No.(37)

(このカードは、公判期日又は公判準備期日においてされた事項については、各期日の調書と一体となるものである。)

(平成一一年特わ第二一三九号)

(被告人 C A 大野木克信 B 須田正己)

番号	標目〔供述者・作成年月日・住居・尋問時間等〕 立証趣旨（公訴事実の別）	請求 期日	請求 関係者	意見 期日	意見 関係者	意見 内容	結果 期日	結果 関係者	結果 内容	取調順序	備考
227	報 （員）米山明 13・6・4 平成一一年四月から五月にかけての本件捜査状況等についての新聞記事の存在・内容等 （全）		C B A			請求・意見・結果は甲(No.36)に記載済 裁判所書記官					
228	領（抄） 〔証券取引等監視委員会 証券取引特別調査官 田中宏幸 11・3・[illegible]〕 長銀から任意提出された内部資料を領置したこと等 （全）	25	C B A	26	C B A	同意	26	C B A	決定・済	1	
229	（平成[illegible]年9月14日付）「大蔵省検査に係わる『経営会議・業務会・部店長会議資料の見直し』について」と題する書面 1綴 （平成一三年東地領第二四九五号符第四の二号） 長銀において大蔵省の金融検査に当たって会議資料の別保管・差替え等を全行的かつ継続的に行った事実等 （全）	25	C B A	25 / 26	C B A / C B A	異議がある ※11 / 異議がある撤回 異議がない	26	C B A	決定・済・領置	7	平一一押一八〇四号の8
230	「ラインシートの差し換えについて」と書き出しのメモ （平成一三年東地領第二四九五号符第四の三号） 長銀において大蔵省に提出するためのラインシートの差替えの準備をしていた事実等 （全）	25	C B A	25	C B A	異議がある ※11	26	C B A	撤回		
231	押（抄） 〔証券取引等監視委員会 証券取引特別調査官 田中宏幸 11・6・10〕 長銀から内部資料を差押えたこと等 （全）	25	C B A	26	C B A	同意	26	C B A	決定・済	2	
232	「MOF検 前回各部見直し」と題するファイル 1冊 （平成一三年東地領第二四九五号符第一の二号） 長銀において大蔵省の金融検査に当たって会議資料の別保管・差替え等を全行的かつ継続的に行った事実等 （全）	25	C B A	25 / 26	C B A / C B A	異議がある ※11 / 異議がある撤回 異議がない	26	C B A	決定・済・領置	8	平一一押一八〇四号の9
233	（平成[illegible]年[illegible]月[illegible]日付）回議用紙（「企画部 大蔵省検査対策を全店向け発信する件」と題する書面に[illegible]）五枚 （平成一三年東地領第二四九五号符第三の二号） 長銀において大蔵省の金融検査に当たって会議資料の別保管・差替え等を全行的かつ継続的に行った事実等 （全）	25	C B A	25 / 26	C B A / C B A	異議がある ※11 / 異議がある撤回 異議がない	26	C B A	決定・済・領置	9	平一一押一八〇四号の10

(被告人複数用)

(請求者等 検察官) 証拠等関係カード 甲 No.(38)

(このカードは、公判期日又は公判準備期日においてされた事項については、各期日の調書と一体となるものである。)

(平成一一年特わ第二一三九号)

番号	標目〔供述者・作成年月日・住居・尋問時間等〕 立証趣旨（公訴事実の別）	請求 期日	請求 関係者	意見 期日	意見 関係者	意見 内容	結果 期日	結果 関係者	結果 内容	取調順序	備考
234	（平成[illegible]年10月8日付）回議用紙（「大蔵省検査対応にかかる通達の見直しについて」の通達発信の件と題する書面）一綴 （平成一三年東地領第二四九五号符第三の四号） 長銀において大蔵省の金融検査に当たって通達の別保管・差替え等を全行的かつ継続的に行った事実等 （全）	25	C B A	25 / 26	C B A / C B A	異議がある ※11 / 異議がある撤回 異議がない	26	C B A	決定・済・領置	10	平一一押一八〇四号の11
235	（平成[illegible]年10月[illegible]日付）「通達類の見直しについて」と題する書面（[illegible]）四枚 （平成一三年東地領第二四九五号符第三の三号） 長銀において大蔵省の金融検査に当たって通達の別保管・差替え等を全行的かつ継続的に行った事実等 （全）	25	C B A	25 / 26	C B A / C B A	異議がある ※11 / 異議がある撤回 異議がない	26	C B A	決定・済・領置	11	平一一押一八〇四号の12
236	（平成[illegible]年[illegible]月28日付）「大蔵省検査に係わる『経営会議・業務会・部店長会議資料の見直し』について」と題する書面 1綴 （平成一三年東地領第二四九五号符第三の二号） 長銀において大蔵省の金融検査に当たって会議資料の別保管・差替え等を全行的かつ継続的に行った事実等 （全）	25	C B A	25 / 26	C B A / C B A	異議がある ※11 / 異議がある撤回 異議がない	26	C B A	決定・済・領置	12	平一一押一八〇四号の13
237	領（抄） 〔証券取引等監視委員会 証券取引特別調査官 田中宏幸 11・4・1〕 長銀から任意提出された内部資料を領置したこと等 （全）	25	C B A	26	C B A	同意	26	C B A	決定・済	3	
238	「98/5～6 日銀考査・国内金部審査説明会」と題するファイル 一冊 （平成一三年東地領第二四九五号符第六の二号） 長銀において平成一〇年及びそれ以前の日銀考査に当たって会議資料の別保管・差替え等を全行的かつ継続的に行った事実等 （全）	25	C B A	25 / 26	C B A / C B A	異議がある ※11 / 異議がある撤回 異議がない	26	C B A	決定・済・領置	13	平一一押一八〇四号の14
239	「98/5～6 日銀考査・事前準備（不存在）」と題するファイル 一冊 （平成一三年東地領第二四九五号符第六の三号） 長銀において平成一〇年及びそれ以前の日銀考査に当たって会議資料の別保管・差替え等を全行的かつ継続的に行った事実等 （全）	25	C B A	25 / 26	C B A / C B A	異議がある ※11 / 異議がある撤回 異議がない	26	C B A	決定・済・領置	14	平一一押一八〇四号の15

(被告人複数用)

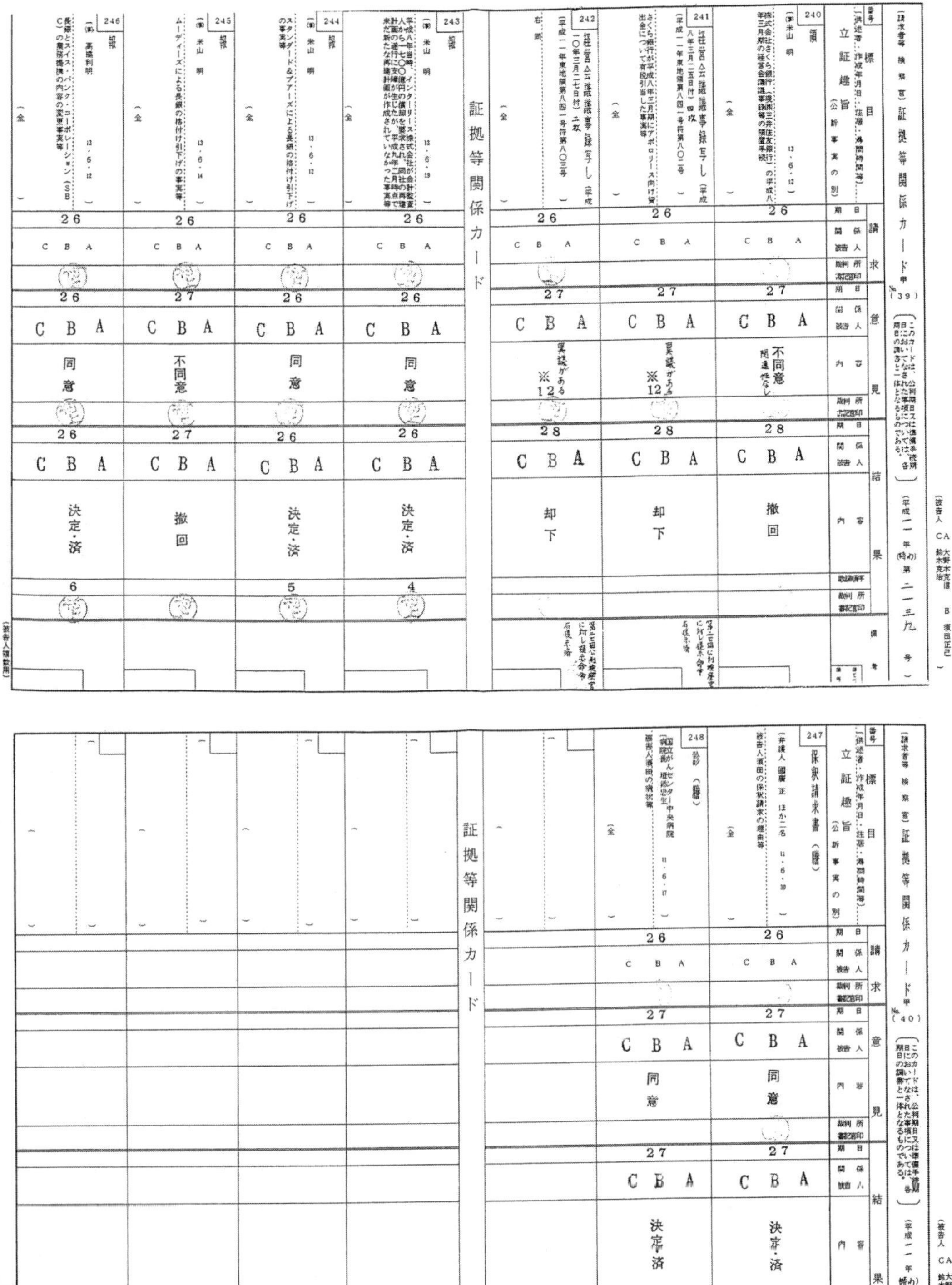

（請求者等　検察官）証拠等関係カード　甲　No.（39）

（このカードは、公判期日又は期日外の各期日の調書と一体となるものである。）

（平成一一年（特わ）第二一三九号）

（被告人　CA　大野木克信　鈴木克治　B　須田正己）

番号	標目（供述者・作成年月日、住居・尋問時間等）	立証趣旨（公訴事実の別）	請求 期日	請求 関係被告人	意見 期日	意見 関係被告人	意見 内容	結果 期日	結果 関係被告人	結果 内容	取調順序	備考
240	領（検）米山明　13・6・12	株式会社さくら銀行（現株式会社三井住友銀行）の平成八年三月期の経営会議議事録等の領置手続（全）	26	C B A	27	C B A	不同意　関連性なし	28	C B A	撤回		
241	経営会議議事録写し（平成八年三月二五日付）四枚（平成一一年東地領第八四一号符第八〇二号）	さくら銀行が平成八年三月期にアポロリース向け貸出金について有税引当した事実等（全）	26	C B A	27	C B A	異議がある　※12	28	C B A	却下		第二三回公判検察官に対し提示命令　右提示済
242	経営会議議事録写し（平成一〇年三月二七日付）二枚（平成一一年東地領第八四一号符第八〇三号）	右同（全）	26	C B A	27	C B A	異議がある　※12	28	C B A	却下		第二三回公判検察官に対し提示命令　右提示済
243	捜報（検）米山明　13・6・19	平成八年当時、インターリース株式会社が会計監査人から一七〇〇億円の償却を要求され、"同社の再建計画"の遂行に支障が生じたが、平成九年二月時点で未だ新たな再建計画が作成されていなかった事実等（全）	26	C B A	26	C B A	同意	26	C B A	決定・済	4	
244	捜報（検）米山明　13・6・12	スタンダード＆プアーズによる長銀の格付け引下げの事実等（全）	26	C B A	26	C B A	同意	26	C B A	決定・済	5	
245	捜報（検）米山明　13・6・14	ムーディーズによる長銀の格付け引下げの事実等（全）	26	C B A	27	C B A	不同意	27	C B A	撤回		
246	捜報（検）高橋利明　13・6・12	長銀とスイス・バンク・コーポレーション（SBC）の業務提携の内容の変更事実等（全）	26	C B A	26	C B A	同意	26	C B A	決定・済	6	

（被告人複数用）

（請求者等　検察官）証拠等関係カード　甲　No.（40）

（このカードは、公判期日又は期日外の各期日の調書と一体となるものである。）

（平成一一年（特わ）第二一三九号）

（被告人　CA　大野木克信　鈴木克治　B　須田正己）

番号	標目（供述者・作成年月日、住居・尋問時間等）	立証趣旨（公訴事実の別）	請求 期日	請求 関係被告人	意見 期日	意見 関係被告人	意見 内容	結果 期日	結果 関係被告人	結果 内容	取調順序	備考
247	保釈請求書（謄本）（弁護人　國廣正　ほか二名　11・6・30）	被告人須田の保釈請求の理由等（全）	26	C B A	27	C B A	同意	27	C B A	決定・済	4	
248	診断（謄本）（国立がんセンター中央病院　病院長　垣添忠生　11・6・17）	被告人須田の病状等（全）	26	C B A	27	C B A	同意	27	C B A	決定・済	5	

（被告人複数用）

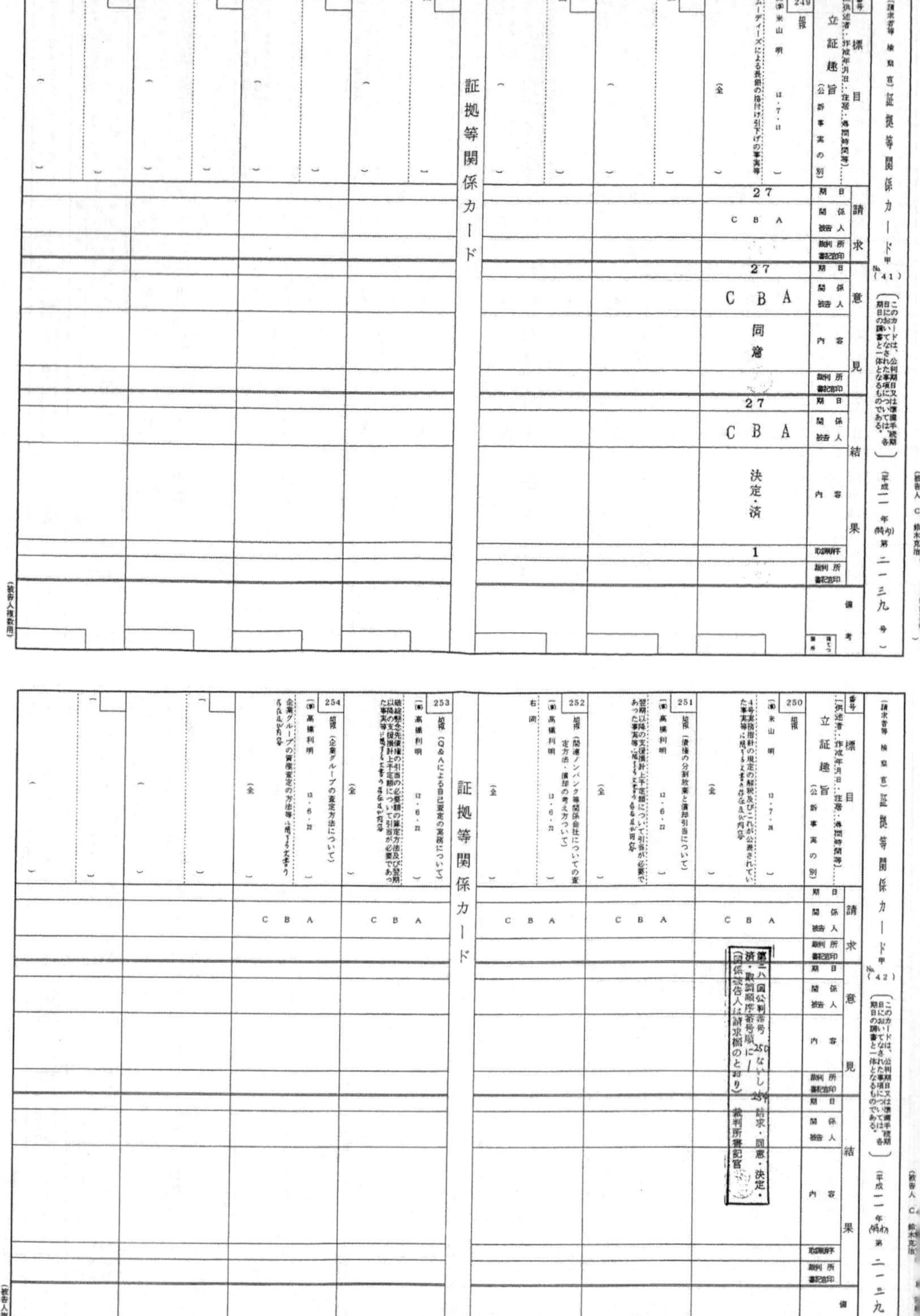

（請求者等　検察官）証拠等関係カード　甲 No.（41）

（このカードは、公判期日又は公判準備期日においてされた事項については、各期日の調書と一体となるものである。）

（平成一一年（特わ）第二一三九号）

（被告人　CA　大野木克信　鈴木克治　B　須田正己）

番号	標目［供述者・作成年月日・住居・尋問時間等］	立証趣旨（公訴事実の別）	請求 期日	請求 関係被告人	意見 期日	意見 関係被告人	意見 内容	結果 期日	結果 関係被告人	結果 内容	取調順序	備考
249	報（㊞米山明　12・7・11）	ムーディーズによる長銀の格付け引下げの事実等（全）	27	C B A	27	C B A	同意	27	C B A	決定・済	1	

（被告人複数用）

（請求者等　検察官）証拠等関係カード　甲 No.（42）

（このカードは、公判期日又は公判準備期日においてされた事項については、各期日の調書と一体となるものである。）

（平成一一年（特わ）第二一三九号）

（被告人　CA　鈴木克治）

番号	標目［供述者・作成年月日・住居・尋問時間等］	立証趣旨（公訴事実の別）	請求 関係被告人
250	報（㊞米山明　12・7・26）	4号実務指針の規定の解釈及びこれが公表されていた事実等に関する文書の存在及び内容（全）	C B A
251	報（債権の分割放棄と償却引当について）（㊞高橋利明　13・6・22）	翌期以降の支援損計上予定額について引当が必要であった事実等に関する文書の存在及び内容（全）	C B A
252	報（関連ノンバンク等関係会社についての査定方法・償却の考え方ついて）（㊞高橋利明　13・6・22）	右同（全）	C B A
253	報（Q＆Aによる自己査定の実務について）（㊞高橋利明　13・6・22）	破綻懸念先債権の引当の必要額の算定方法及び翌期以降の支援損計上予定額について引当が必要であった事実等に関する文書の存在及び内容（全）	C B A
254	報（企業グループの査定方法について）（㊞高橋利明　13・6・22）	企業グループの資産査定の方法等に関する文書の存在及び内容（全）	C B A

第二八回公判番号250ないし254請求・同意・決定・済・取調順序番号順に1

（関係被告人は請求欄のとおり）　裁判所書記官

（被告人複数用）

（請求者等　検察官）証拠等関係カード（甲）No.（43）

（このカードは、公判期日又は準備手続期日においてなされた事項については、各期日の調書と一体となるものである。）

（平成一一年（わ）第二一三九号）

（被告人　CA　大野木克信　鈴木克治　B　須田正己）

番号	標目（供述者・作成年月日、住居・尋問時間等）	立証趣旨（公訴事実の別）	請求 期日	請求 関係被告人	意見 期日	意見 関係被告人	意見 内容	結果 期日	結果 関係被告人	結果 内容	取調順序	備考
255	抄報（事　高橋利明　13・9・3）	株日本リースの第五次中期経営計画の内容等（全）	29	C B A	29	C B A	同意	29	C B A	決定・済	1	

（被告人複数用）

（請求者等　検察官）証拠等関係カード（甲）No.（44）

（このカードは、公判期日又は準備手続期日においてなされた事項については、各期日の調書と一体となるものである。）

（平成一一年（わ）第二一三九号）

（被告人　大野木克信　鈴木克治　B　須田正己）

番号	標目（供述者・作成年月日、住居・尋問時間等）	立証趣旨（公訴事実の別）	請求 期日	請求 関係被告人	意見 期日	意見 関係被告人	意見 内容	結果 期日	結果 関係被告人	結果 内容	取調順序	備考
256	抄本（第四二回　銀行局金融年報　平成五年版）（事　高橋利明　13・10・29）	右書類の存在及び内容（全）	32	C B A	32	C B A	同意	32	C B A	決定・済	2	
257	抄本（第四三回　銀行局金融年報　平成六年版）（事　高橋利明　13・10・29）	右書類の存在及び内容（全）	32	C B A	32	C B A	同意	32	C B A	決定・済	3	

（請求者等　検察官）証拠等関係カード　甲　No.（45）

（このカードは、公判期日又は期日準備手続期日においてなされた事項については、各期日の調書と一体となるものである。）

（平成一一年（特わ）第二一三九号）

（被告人　大野木克信　鈴木克治　B　須田正巳）

番号	標目〔供述者・作成年月日・住居・尋問時間等〕	立証趣旨（公訴事実の別）
258	報告（月刊現代　平成一〇年七月号の記載内容について）（㈱）高橋利明　13・10・25	右書籍の存在及び内容（全）

項目	期日	関係被告人	内容	取調順序
請求	32	C　B　A		
意見	32	C　B　A	同意	
結果	32	C　B　A	決定・済	4

備考

（被告人複数用）

証拠等関係カード

（請求者等　検察官）証拠等関係カード　甲　No.（46）

（このカードは、公判期日又は期日準備手続期日においてなされた事項については、各期日の調書と一体となるものである。）

（平成一一年（特わ）第二一三九号）

（被告人　鈴木克治）

番号	標目〔供述者・作成年月日・住居・尋問時間等〕	立証趣旨（公訴事実の別）
259	報告（長銀関連親密先の登記事項について）（㈱）高橋利明　13・12・3	長銀関連親密先の登記事項（全）

項目	期日	関係被告人	内容	取調順序
請求	33	C　B　A		
意見	33	C　B　A	同意	
結果	33	C　B　A	決定・済	1

備考

（被告人複数用）

証拠等関係カード

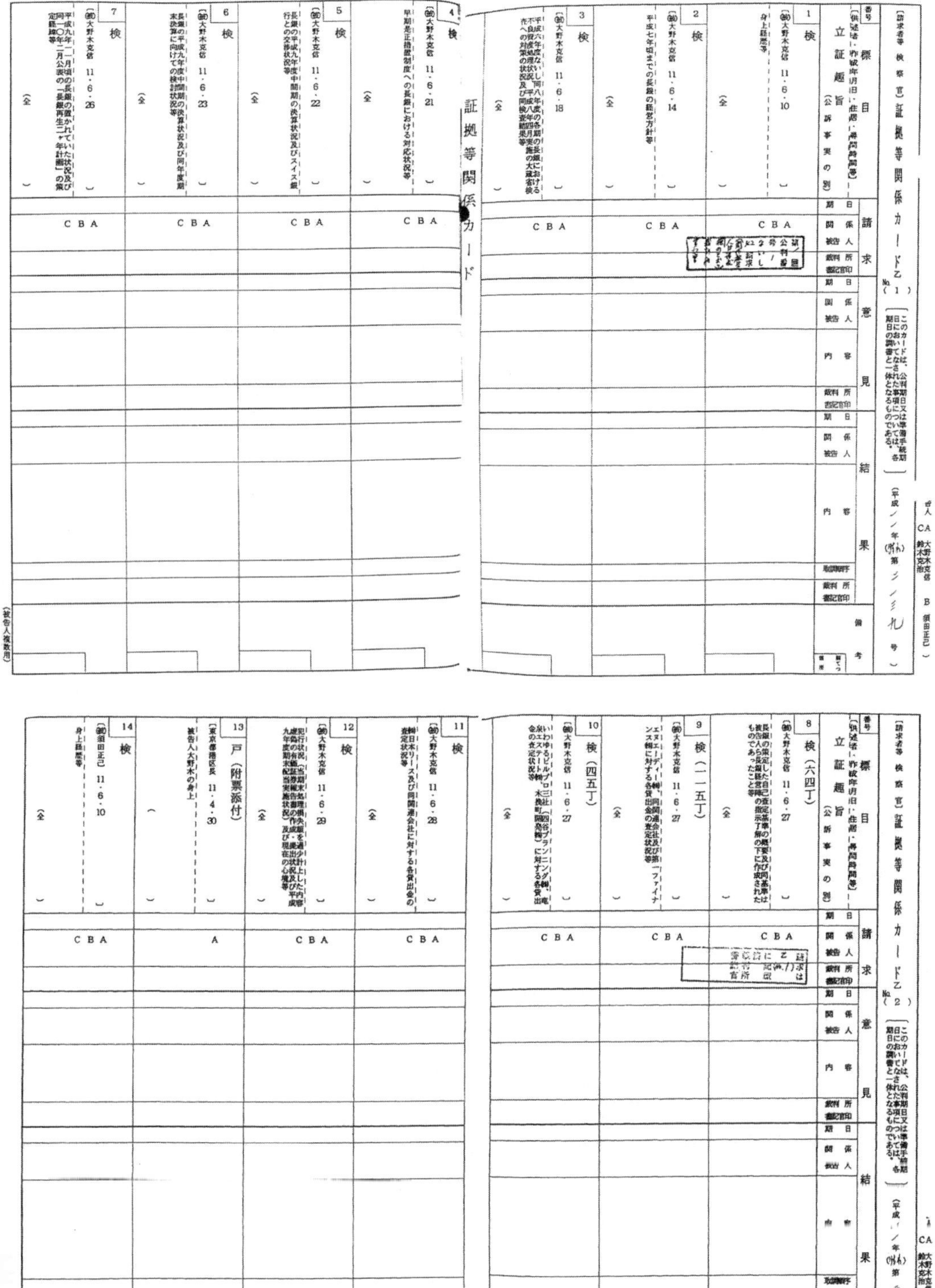

（請求者等　検察官）証拠等関係カード乙　No.（1）

（このカードは、公判期日又は準備手続期日においてなされた事項については、各期日の調書と一体となるものである。）

（平成11年（わ）第[illegible]号）

被告人　A 大野木克信　B 須田正己　C 鈴木克治

番号	標目〔供述者・作成年月日・住居・尋問時間等〕	立証趣旨（公訴事実の別）	請求 関係被告人
1	検〔㈹大野木克信　11・6・10〕	身上経歴等（全）	A B C
2	検〔㈹大野木克信　11・6・14〕	平成七年頃までの長銀の経営方針等（全）	A B C
3	検〔㈹大野木克信　11・6・18〕	平成六年度ないし同八年度の各期の長銀における不良資産処理の状況及び平成八年四月実施の大蔵省検査への対策状況及び同検査結果等（全）	A B C
4	検〔㈹大野木克信　11・6・21〕	早期是正措置制度への長銀における対応状況等（全）	A B C
5	検〔㈹大野木克信　11・6・22〕	長銀の平成九年度中間期の決算状況及びスイス銀行との交渉状況等（全）	A B C
6	検〔㈹大野木克信　11・6・23〕	長銀の平成九年度中間期の決算状況及び同年度期末決算に向けての検討状況等（全）	A B C
7	検〔㈹大野木克信　11・6・26〕	平成九年一一月頃の長銀の置かれていた状況及び同一〇年二月公表の「長銀再生三ヶ年計画」の策定経緯等（全）	A B C

証拠等関係カード

（請求者等　検察官）証拠等関係カード乙　No.（2）

（このカードは、公判期日又は準備手続期日においてなされた事項については、各期日の調書と一体となるものである。）

（平成11年（わ）第[illegible]号）

被告人　A 大野木克信　B 須田正己　C 鈴木克治

番号	標目〔供述者・作成年月日・住居・尋問時間等〕	立証趣旨（公訴事実の別）	請求 関係被告人
8	検（六四丁）〔㈹大野木克信　11・6・27〕	長銀の策定した自己査定基準の概要及び同基準は被告人ら長銀経営陣の指示了解の下に作成されたものであったこと等（全）	A B C
9	検（一一五丁）〔㈹大野木克信　11・6・27〕	エヌ・イー・ディー㈱、同関連会社及び第一ファイナンス㈱に対する各貸出金の査定状況等（全）	A B C
10	検（四五丁）〔㈹大野木克信　11・6・27〕	いわゆるビルプロ三社（四谷プランニング㈱、竜泉エステート㈱、木挽町開発㈱）に対する各貸出金の査定状況等（全）	A B C
11	検〔㈹大野木克信　11・6・28〕	日本リース㈱及び同関連会社に対する各貸出金の査定状況等（全）	A B C
12	検〔㈹大野木克信　11・6・29〕	犯行状況（当期未処理損失を過少計上した内容虚偽の平成九年度有価証券報告書の作成・提出及び平成九年度期末配当実施状況）及び現在の心境等（全）	A B C
13	戸（附票添付）〔東京都港区長　11・4・30〕	被告人大野木の身上（ ）	A
14	検〔㈹須田正己　11・6・10〕	身上経歴等（全）	A B C

（被告人複数用）

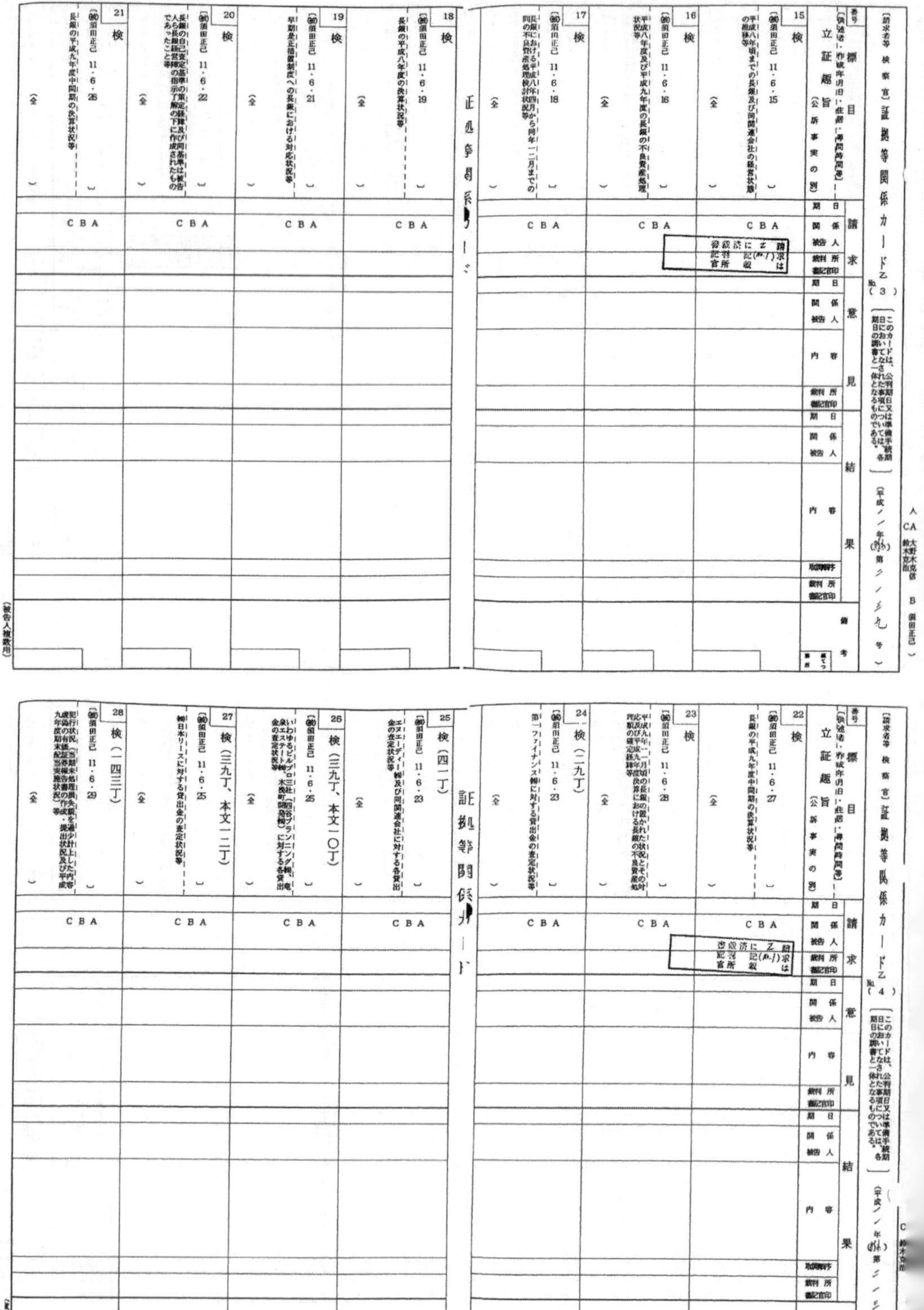

（請求者等 検察官）証拠等関係カード乙 No.（3）

（このカードは、公判期日又は準備手続期日においてされた事項については、各期日の調書と一体となるものである。）

（平成11年（わ）第　号）

人 A 大野木克信　B 須田正己　C 鈴木克治

番号	標目〔供述者・作成年月日・住居・尋問時間等〕	立証趣旨（公訴事実の別）	請求 期日	関係人被告人	意見	結果	備考
15	検〔㈹須田正己 11・6・15〕	平成八年頃までの長銀及び同関連会社の経営状態の推移等（全）		CBA			
16	検〔㈹須田正己 11・6・16〕	平成八年度及び平成九年度の長銀の不良資産処理状況等（全）		CBA			
17	検〔㈹須田正己 11・6・18〕	長銀における平成八年四月から同年一二月までの間の不良資産処理検討状況等（全）		CBA			
18	検〔㈹須田正己 11・6・19〕	長銀の平成八年度の決算状況等（全）		CBA			
19	検〔㈹須田正己 11・6・21〕	早期是正措置制度への長銀における対応状況等（全）		CBA			
20	検〔㈹須田正己 11・6・22〕	長銀の自己査定基準の策定経緯及び同基準は被告人ら長銀経営陣の指示了解の下に作成されたものであったこと等（全）		CBA			
21	検〔㈹須田正己 11・6・26〕	長銀の平成九年度中間期の決算状況等（全）		CBA			

請求は乙記（略）記載済　裁判所書記官

（被告人複数用）

（請求者等 検察官）証拠等関係カード乙 No.（4）

（このカードは、公判期日又は準備手続期日においてされた事項については、各期日の調書と一体となるものである。）

（平成11年（わ）第　号）

C 鈴木克治

番号	標目〔供述者・作成年月日・住居・尋問時間等〕	立証趣旨（公訴事実の別）	請求 期日	関係人被告人	意見	結果	備考
22	検〔㈹須田正己 11・6・27〕	長銀の平成九年度中間期の決算状況等（全）		CBA			
23	検〔㈹須田正己 11・6・28〕	平成九年一一月頃の長銀の置かれた状況とその対応及び平成九年度決算における長銀の不良資産処理額の確定経緯等（全）		CBA			
24	検（二九丁）〔㈹須田正己 11・6・23〕	第一ファイナンス㈱に対する貸出金の査定状況等（全）		CBA			
25	検（四一丁）〔㈹須田正己 11・6・23〕	エヌエーディー㈱及び同関連会社に対する各貸出金の査定状況等（全）		CBA			
26	検（三九丁、本文一〇丁）〔㈹須田正己 11・6・25〕	いわゆるビルプロ三社（四谷プランニング㈱、竜泉エステート㈱、木挽町開発㈱）に対する各貸出金の査定状況等（全）		CBA			
27	検（三九丁、本文一二丁）〔㈹須田正己 11・6・25〕	㈱日本リースに対する貸出金の査定状況等（全）		CBA			
28	検（一四三丁）〔㈹須田正己 11・6・29〕	犯行状況（当期末処理損失額を過少計上した内容虚偽の有価証券報告書の作成・提出状況及び平成九年度期末配当実施状況）等（全）		CBA			

請求は乙記（略）記載済　裁判所書記官

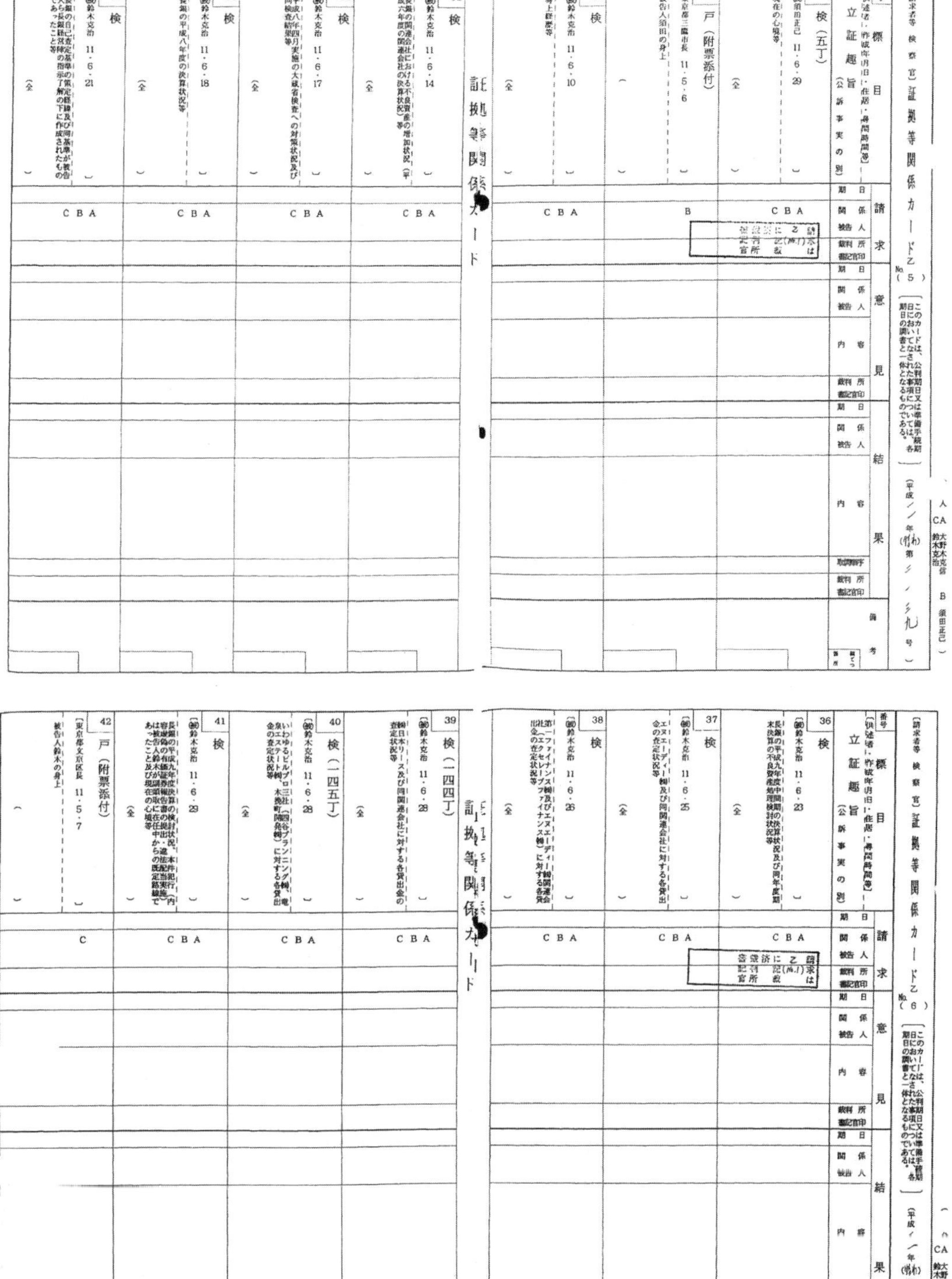

（請求者等 検察官）証拠等関係カード乙 No.（5）

（このカードは、公判期日又は準備手続期日においてなされた事項については、各期日の調書と一体となるものである。）

（平成11年（特わ）第3139号）

（被告人 A 大野木克信 B 須田正己 C 鈴木克治）

番号	標目〔供述者・作成年月日・住居・尋問時間等〕	立証趣旨（公訴事実の別）	請求 関係被告人
29	検（五丁）〔㈱須田正己 11・6・29〕	現在の心境等（全）	C B A
30	戸（附票添付）〔東京都三鷹市長 11・5・6〕	被告人須田の身上（ ）	B
31	検〔㈱鈴木克治 11・6・10〕	身上経歴等（全）	C B A
32	検〔㈱鈴木克治 11・6・14〕	長銀の関連会社における不良資産の増加状況（平成六年度の関連会社の決算状況）等（全）	C B A
33	検〔㈱鈴木克治 11・6・17〕	平成八年四月実施の大蔵省検査への対策状況及び同検査結果等（全）	C B A
34	検〔㈱鈴木克治 11・6・18〕	長銀の平成八年度の決算状況等（全）	C B A
35	検〔㈱鈴木克治 11・6・21〕	長銀の自己査定基準の策定経緯及び同基準が被告人らの長銀経営陣の指示了解の下に作成されたものであったこと等（全）	C B A

請求は乙記（№1）に記載済 裁判所書記官

（請求者等 検察官）証拠等関係カード乙 No.（6）

（このカードは、公判期日又は準備手続期日においてなされた事項については、各期日の調書と一体となるものである。）

（平成11年（特わ）第3139号）

（被告人 A 大野木克信 B 須田正己 C 鈴木克治）

番号	標目〔供述者・作成年月日・住居・尋問時間等〕	立証趣旨（公訴事実の別）	請求 関係被告人
36	検〔㈱鈴木克治 11・6・23〕	長銀の平成九年度中間期の決算状況及び同年度期末決算の不良資産処理検討状況等（全）	C B A
37	検〔㈱鈴木克治 11・6・25〕	エヌ・イー・ディー㈱及び同関連会社に対する各貸出金の査定状況等（全）	C B A
38	検〔㈱鈴木克治 11・6・26〕	第一ファイナンス㈱及びエヌ・イー・ディー㈱関連会社（エクセレーブファイナンス㈱）に対する各貸出金の査定状況等（全）	C B A
39	検（一四四丁）〔㈱鈴木克治 11・6・28〕	㈱日本リース及び同関連会社に対する各貸出金の査定状況等（全）	C B A
40	検（一四五丁）〔㈱鈴木克治 11・6・28〕	いわゆるビルプロ三社（四谷プランニング㈱、竜泉エステート㈱、木挽町開発㈱）に対する各貸出金の査定状況等（全）	C B A
41	検〔㈱鈴木克治 11・6・29〕	長銀の平成九年度決算の検討状況、本件犯行内容は虚偽の有価証券報告書の提出・配当実施であったことについて被告人鈴木が取締役在任中から既定路線で（全）	C B A
42	戸（附票添付）〔東京都文京区長 11・5・7〕	被告人鈴木の身上（ ）	C

請求は乙記（№1）に記載済 裁判所書記官

（請求者等 検察官）証拠等関係カード（乙） No.（7）

（このカードは、公判期日又は公判準備期日においてなされた事項については、各期日の調書と一体となるものである。）

（平成一一年（特わ）第二一二九号）

（被告人 C 鈴木克治 A 大野木克信 B 須田正己）

番号	標目〔供述者・作成年月日・住居・尋問時間等〕	立証趣旨（公訴事実の別）	請求 期日	請求 関係被告人	意見 期日	意見 関係被告人	意見 内容	結果 期日	結果 関係被告人	結果 内容	取調順序	備考
43	検（七丁）（大野木克信 11・5・20）	長野哲生（全） 供述経過	8	CBA	8	CBA	同意	8	CBA	決定・済	1	
44	検（一一丁）（文頭「不良債権の償却」）（大野木克信 11・5・20）	同右（全） 償却・財源の範囲内に納まるよう逆算して不良債権の償却・引当額を決することが適正な処理でないこと	8	CBA	8	CBA	同意	8	CBA	決定・済	2	
45	検（一一丁）（文頭「私の長銀在職中」）（大野木克信 11・5・20）	同右（全） 供述経過	8	CBA	8	C BA	同意 ただし、信用性を争う　同意	8	CBA	決定・済	3	
46	検（一一丁）（文頭「私は、昭和三四年」）（大野木克信 11・5・20）	同右（全） 供述経過	8	CBA	8	CBA	同意	8	CBA	決定・済	4	
47	検（三丁）（大野木克信 11・6・10）	同右（全） 右同	8	CBA	8	CBA	同意	8	CBA	決定・済	5	
48	検（五丁）（大野木克信 11・6・10）	同右（全） 長銀の平成一〇年三月期決算が粉飾決算であり違法配当であったこと	8	CBA	8	CBA	同意 ただし、信用性を争う	8	CBA	決定・済	6	
49	上（大野木克信 11・6・30）	（全） 右同	8	CBA	8	CBA	同意 ただし、信用性を争う	8	CBA	決定・済	7	

（被告人複数用）

（請求者等 検察官）証拠等関係カード（乙） No.（8）

（このカードは、公判期日又は公判準備期日においてなされた事項については、各期日の調書と一体となるものである。）

（平成一一年（特わ）第二一二九号）

番号	標目〔供述者・作成年月日・住居・尋問時間等〕	立証趣旨（公訴事実の別）	請求 期日	請求 関係被告人	意見 期日	意見 関係被告人	意見 内容	結果 期日	結果 関係被告人	結果 内容	取調順序	備考
50	検（須田正己 11・5・20）	江畑宏則（全） 平成八年四月当時、長銀の貸出金のうち一兆一二五六億円がIV分類債権で、当期に全額を償却引当しなければならないと認識していたこと等	9	CBA	9	CBA	同意 ただし、信用性を争う	9	CBA	決定・済	1	
51	検（一一丁）（文頭「事実はその」）（須田正己 11・6・10）	同右（全） 当期未処理損失額を過少に偽った有価証券報告書を提出した事実等	9	CBA	9	CBA	同意 ただし、信用性を争う	9	CBA	決定・済	2	
52	検（一一丁）（文頭「私の氏名の」）（須田正己 11・6・10）	同右（全） 供述経過	9	CBA	9	CBA	同意	9	CBA	決定・済	3	
53	検（一〇丁）（須田正己 11・6・10）	同右（全） 長銀の平成九年度決算について粉飾決算を実施し、虚偽の有価証券報告書を提出した事実等	9	CBA	9	CBA	同意 ただし、信用性を争う	9	CBA	決定・済	4	

（被告人複数用）

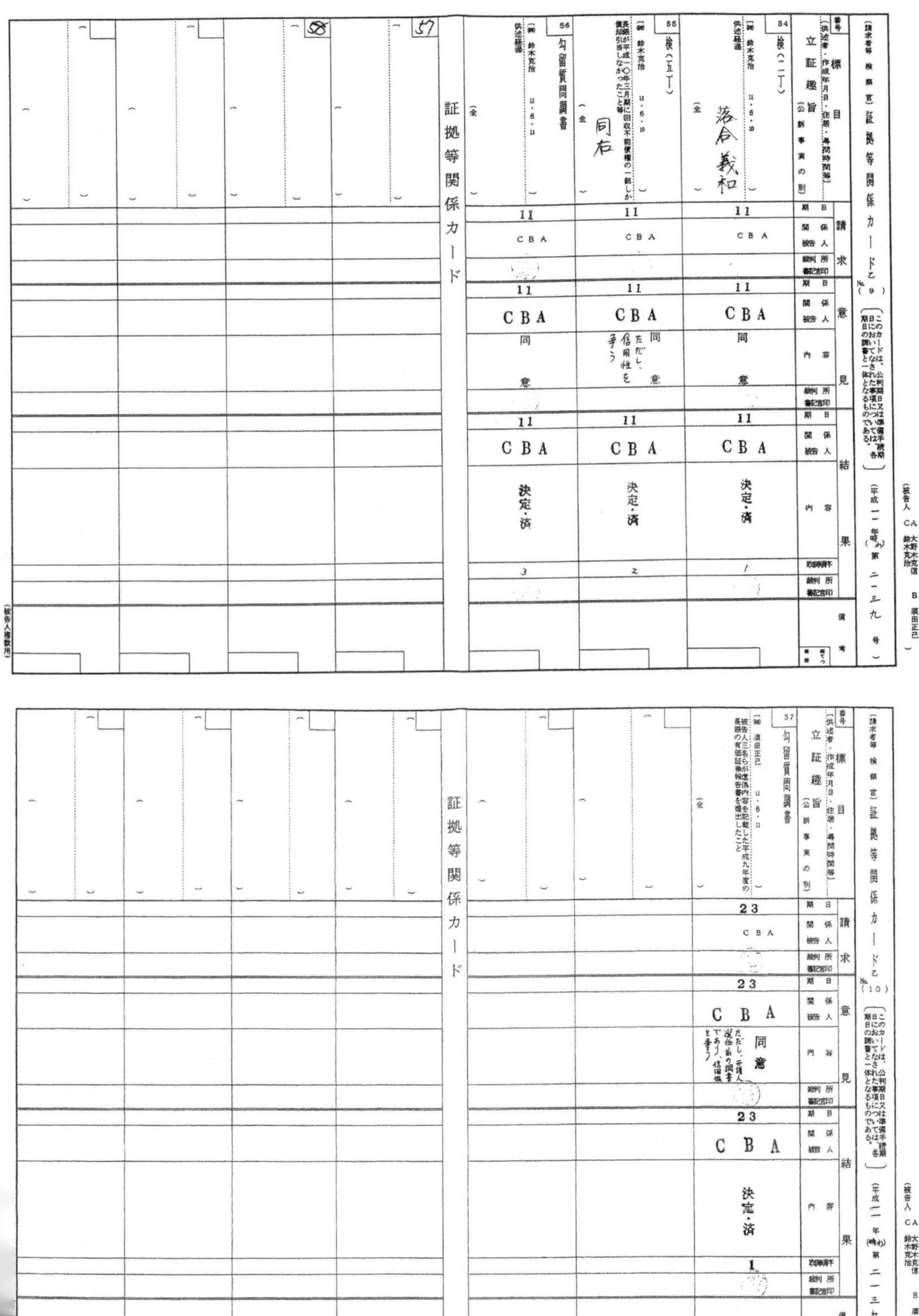

（請求者等 検察官）証拠等関係カード（乙）No.（9）

（このカードは、公判期日又は準備手続期日においてなされた事項については、各期日の調書と一体となるものである。）

（平成一一年（刑わ）第二一三九号）

（被告人 CA 大野木克信 B 須田正己）

番号	標目（供述者・作成年月日・住居・尋問時間等）	立証趣旨	公訴事実の別	請求 期日	請求 関係被告人	意見 期日	意見 関係被告人	意見 内容	結果 期日	結果 関係被告人	結果 内容	取調順序
54	検（二丁）（員）鈴木克治 11・6・10	供述経過 落合義和	（全）	11	CBA	11	CBA	同意	11	CBA	決定・済	1
55	検（五丁）（員）鈴木克治 11・6・10	長銀が平成一〇年三月期に回収不能債権の一部しか償却引当しなかったこと等 同右	（全）	11	CBA	11	CBA	同意 ただし、信用性を争う	11	CBA	決定・済	2
56	勾留質問調書（員）鈴木克治 11・6・11	供述経過	（全）	11	CBA	11	CBA	同意	11	CBA	決定・済	3
57												
58												

（被告人複数用）

（請求者等 検察官）証拠等関係カード（乙）No.（10）

（このカードは、公判期日又は準備手続期日においてなされた事項については、各期日の調書と一体となるものである。）

（平成一一年（刑わ）第二一三九号）

（被告人 CA 大野木克信 B 須田正己）

番号	標目（供述者・作成年月日・住居・尋問時間等）	立証趣旨	公訴事実の別	請求 期日	請求 関係被告人	意見 期日	意見 関係被告人	意見 内容	結果 期日	結果 関係被告人	結果 内容	取調順序
57	勾留質問調書（員）須田正己 11・6・11	被告人三名らが虚偽内容を記載した平成九年度の長銀の有価証券報告書を提出したこと	（全）	23	CBA	23	CBA	同意 ただし、弁護人選任前の調書であり、信用性を争う	23	CBA	決定・済	1

（請求者等　検察官）証拠等関係カード乙　No.（11）

（このカードは、公判期日又は準備手続期日においてされた事項については、各期日の調書と一体となるものである。）

（平成一一年（わ）第二一三九号）

（被告人 A 大野木克信 B 須田正己 C 鈴木克治）

番号	標目〔供述者・作成年月日・住居・尋問時間等〕／立証趣旨（公訴事実の別）	請求 期日	請求 関係被告人	意見 期日	意見 関係被告人	意見 内容	結果 期日	結果 関係被告人	結果 内容	取調順序	備考
58	勾留質問調書（謄）〔須田正己　11・6・30〕被告人三名らが平成一〇年三月期決算において違法配当を行った事実等（全）	25	C B A	25	C B A	同意 ただし、任意性を争う	25	C B A	決定・済	9	

（被告人複数用）

（請求者等　検察官）証拠等関係カード乙　No.（12）

（このカードは、公判期日又は準備手続期日においてされた事項については、各期日の調書と一体となるものである。）

（平成一一年（わ）第二一三九号）

番号	標目〔供述者・作成年月日・住居・尋問時間等〕／立証趣旨（公訴事実の別）	請求 期日	請求 関係被告人	意見 期日	意見 関係被告人	意見 内容	結果 期日	結果 関係被告人	結果 内容	取調順序	備考
59	勾留質問調書（謄）〔鈴木克治　11・6・30〕被告人三名らが平成一〇年三月期決算において違法配当を行った事実等（全）	27	C B A	27	C B A	同意 ただし、任意性を争う	27	C B A	決定・済	2	

（被告人複数用）

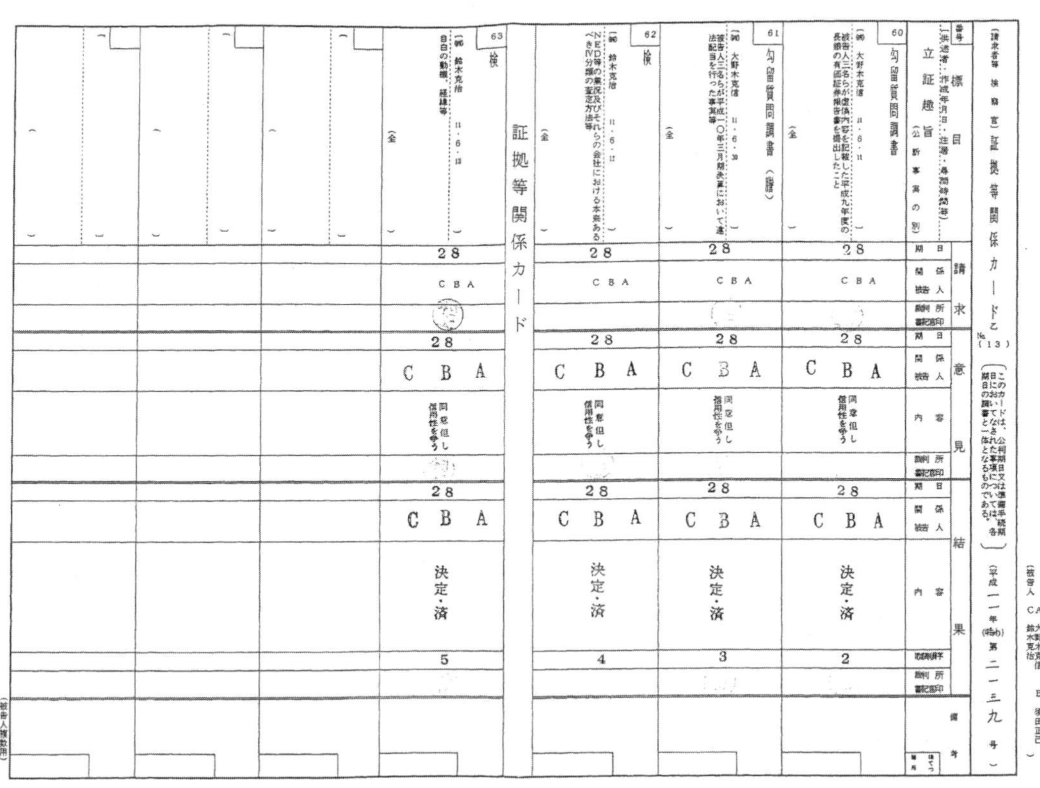

証拠等関係カード（請求者等　検察官）乙 No.（13）

（このカードは、公判期日又は準備手続期日においてなされた事項については、各期日の調書と一体となるものである。）

（平成一一年（特わ）第二一三九号）

（被告人　CA 大野木克信　B 須田正己）

番号	標目〔供述者・作成年月日、住居・尋問時間等〕	立証趣旨（公訴事実の別）	請求 期日	請求 関係人被告人	意見 期日	意見 関係人被告人	意見 内容	結果 期日	結果 関係人被告人	結果 内容	取調順序	備考
60	勾留質問調書〔（員）大野木克信 11・6・11〕	被告人三名らが虚偽内容を記載した平成九年度の長銀の有価証券報告書を提出したこと（全）	28	CBA	28	CBA	同意但し信用性を争う	28	CBA	決定・済	2	
61	勾留質問調書（謄）〔（員）大野木克信 11・6・30〕	被告人三名らが平成一〇年三月期決算において違法配当を行った事実等（全）	28	CBA	28	CBA	同意但し信用性を争う	28	CBA	決定・済	3	
62	検〔（員）鈴木克治 11・6・12〕	NED等の業況及びそれらの会社における本来あるべきIV分類の査定方法等（全）	28	CBA	28	CBA	同意但し信用性を争う	28	CBA	決定・済	4	
63	検〔（員）鈴木克治 11・6・13〕	自白の動機、経緯等（全）	28	CBA	28	CBA	同意但し信用性を争う	28	CBA	決定・済	5	

（被告人複数用）

証拠等関係カード（請求者等　弁護人）

（このカードは、公判期日又は準備手続期日においてなされた事項については、各期日の調書と一体となるものである。）

（平成11年（特わ）第2139号）

（被告人　）

番号	標目〔供述者・作成年月日、住居・尋問時間等〕	立証趣旨（公訴事実の別）	請求 期日	請求 関係人被告人	意見 期日	意見 関係人被告人	意見 内容	結果 期日	結果 関係人被告人	結果 内容	取調順序	備考
1	金融監督庁の1年〔金融監督庁〕	金融監督庁による金融監督・検査の趣旨及び実施状況等（全）		CBA	4	CBA	同意	4	CBA	決定・済	2	甲1 提出
2	金融検査マニュアル〔（財）金融研究所〕	金融監督庁による検査の目的・手法及び基準（全）		CBA	4	CBA	同意	4	CBA	決定・済	3	
3	有価証券報告書〔株式会社日本長期信用銀行〕	長銀の平成七年度の有価証券報告書等の内容（全）		CBA	4	CBA	同意	4	CBA	決定・済	4	
4	金融財政事情一九九六・八・二四号抜粋（一〇〜一一頁）	平成四年八月一八日大蔵省が発表した、金融行政の当面の運営方針（全）		CBA								甲1 提出
5	右同一九九四・二・一四号抜粋（一八〜一九頁）	平成六年二月八日大蔵省が発表した、金融機関の不良資産問題についての行政上の指針（全）		CBA								甲1 提出
6	右同一九九六・一・一五号抜粋（二二〜二八頁）	平成七年一二月二二日金融制度調査会が答申した、「金融システム安定化のための諸施策」（全）		CBA								甲1 提出
7	右同一九九六・一・一五号抜粋（六四〜六七頁）	平成七年一二月二六日大蔵省の金融検査・監督などに関する委員会が発表した、今後の金融検査・監督[illegible]（全）		CBA								甲1 提出

第4回公判調書
4ないし7 同意・決定・済・取調順序番号順に[illegible]
裁判所書記官

請求 欄押印：第4回公判 [illegible]

（請求者等 弁護人）証拠等関係カード （No.2）

（このカードは、公判期日又は準備手続期日においてなされた事項については、各期日の調書と一体となるものである。）

（平成一一年（特わ）第二一三九号）

（被告人　　）

番号	標目〔供述者・作成年月日、住居・尋問時間等〕	立証趣旨（公訴事実の別）	請求 期日	請求 関係人 被告人	意見 期日	意見 関係人 被告人	意見 内容	結果 期日	結果 関係人 被告人	結果 内容	取調順序	備考
8	右同 一九九七・一・二〇 抜粋（六二〜六七頁）	平成八年一二月二六日大蔵省「早期是正措置に関する検討会」が発表した中間とりまとめ（全）		CBA	4	CBA	同意	4	CBA	決定・済	5	写し提出
9	右同 一九九七・九・一五号 抜粋（五一〜五三頁）	平成九年九月三日大蔵省銀行局が発した蔵銀一九九二号通達「早期是正措置の運用基準等について」（全）		CBA								写し提出
10	右同 一九九七・一二・八号 抜粋（四三頁）	平成九年一二月二六日に発表された大蔵大臣・日本銀行総裁談話（全）		CBA								写し提出
11	右同 一九九八・一・一二号 抜粋（六〇〜六九頁）	都市銀行九行の平成九年度中間決算の概要（全）		CBA								写し提出
12	右同 一九九八・一・二六号 抜粋（五四〜六一頁）	信託銀行七行の平成九年度中間決算の概要（全）		CBA								写し提出
13	右同 一九九八・二・二号 抜粋（三二〜三五頁）	長期信用銀行三行の平成九年度中間決算の概要（全）		CBA								写し提出
14	右同 一九九八・四・六号 抜粋（八頁）	都市銀行、長期信用銀行、信託銀行一九行の平成九年度決算における上場有価証券評価損の状況（全）		CBA								写し提出

請求は 弁（No.1）に記載済 裁判所書記官

第５回公判番号４ないし２２ 同意・決定・済・取調順序番号順に34 関係被告人は請求番号（No.1）裁判所書記官

（被告人複数用）

（請求者等 弁護人）証拠等関係カード （No.3）

（このカードは、公判期日又は準備手続期日においてなされた事項については、各期日の調書と一体となるものである。）

（平成一一年（特わ）第二一三九号）

（被告人　　）

番号	標目〔供述者・作成年月日、住居・尋問時間等〕	立証趣旨（公訴事実の別）	請求 期日	請求 関係人 被告人	意見 期日	意見 関係人 被告人	意見 内容	結果 期日	結果 関係人 被告人	結果 内容	取調順序	備考
15	右同 一九九八・六・一号 抜粋（四二〜四五頁）	都市銀行九行の平成九年度決算の概要（全）		CBA								写し提出
16	右同 一九九八・六・八号 抜粋（三二〜三六頁）	長期信用銀行三行及び信託銀行七行の平成九年度決算の概要（全）		CBA								写し提出
17	右同 一九九八・六・二九号 抜粋（五二〜六〇頁）	都市銀行九行の平成九年度決算の状況（全）		CBA								写し提出
18	右同 一九九八・七・一三号 抜粋（三五〜三八頁）	長期信用銀行三行の平成九年度決算の状況（全）		CBA								写し提出
19	右同 一九九八・一一・三〇号 抜粋（二六〜二九頁）	都市銀行九行の平成一〇年度中間決算の概要（全）		CBA								写し提出
20	右同 一九九八・一二・七号 抜粋（三二〜三五頁）	長期信用銀行、信託銀行一〇行の平成一〇年度中間決算の概要（全）		CBA								写し提出
21	右同 一九九九・三・二二号 抜粋（五七〜六一頁）	平成一一年三月一二日金融再生委員会が発表した申請金融機関に対する資本増強の基本的考え方及び審査結果の概要（全）		CBA								写し提出

請求は 弁（No.1）に記載済 裁判所書記官

意見・結果は（No.2）に記載済 裁判所書記官

（被告人複数用）

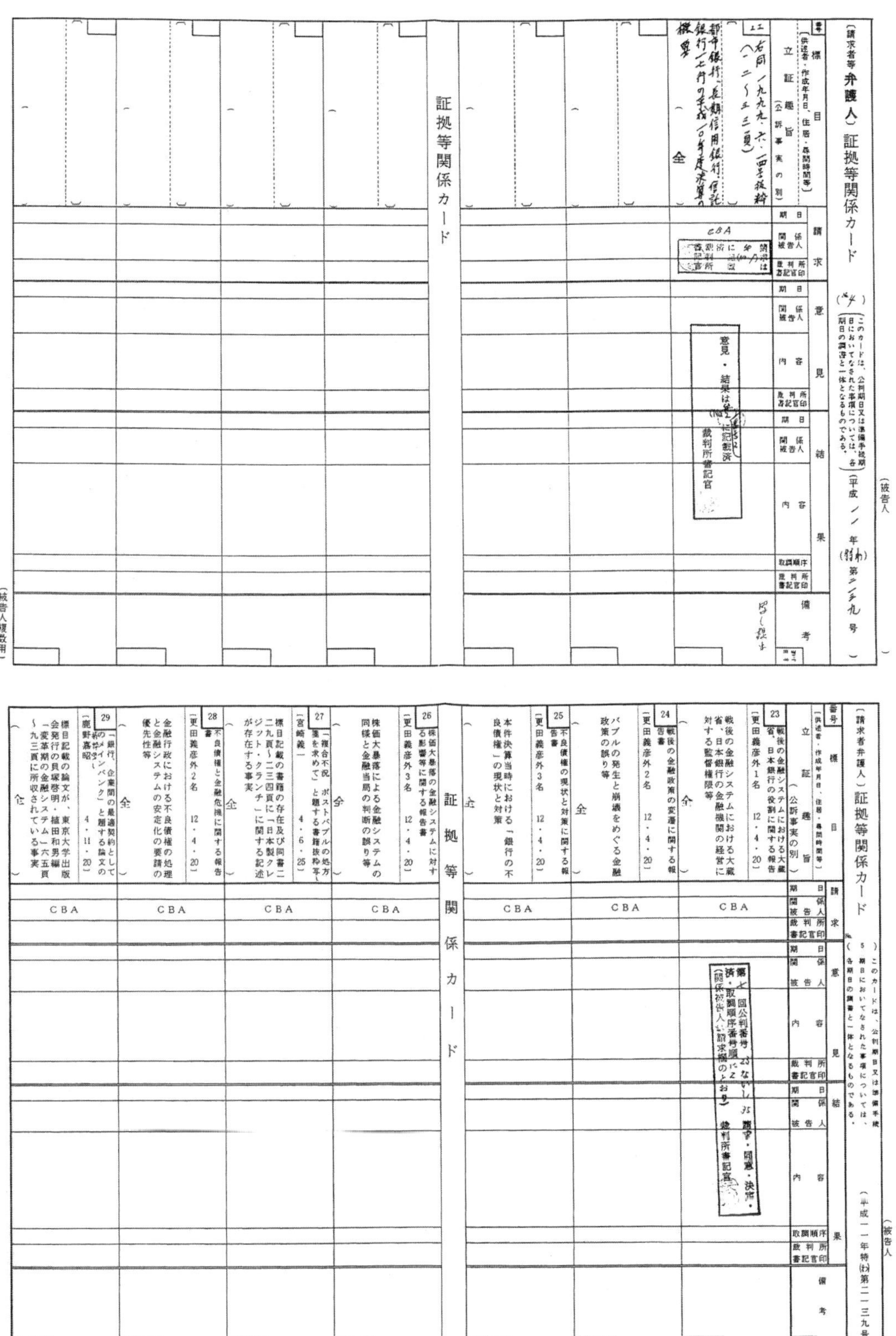

（請求者等 弁護人）証拠等関係カード （No.4）

（このカードは、公判期日又は準備手続期日においてなされた事項については、各期日の調書と一体となるものである。）

（平成11年（特わ）第2239号）

（被告人）

（被告人複数用）

番号	標目（供述者・作成年月日、住居・尋問時間等）	立証趣旨（公訴事実の別）	請求	意見	結果	備考
22	右同1999.6.14号抜粋（12〜53頁）	都市銀行、長期信用銀行、信託銀行17行の平成10年度決算の概要（全）	CBA 請求は第7回公判調書記載済 裁判所書記官	意見・結果は第7（No.5）に記載済 裁判所書記官		写し提出

証拠等関係カード

（請求者弁護人）証拠等関係カード （No.5）

（このカードは、公判期日又は準備手続期日においてなされた事項については、各期日の調書と一体となるものである。）

（平成11年特(わ)第2239号）

（被告人）

番号	標目（供述者・作成年月日、住居・尋問時間等）	立証趣旨（公訴事実の別）	請求	意見	結果	備考
23	戦後の金融システムにおける大蔵省、日本銀行の役割に関する報告書（更田義彦外1名 12・4・20）	戦後の金融システムにおける大蔵省、日本銀行の金融機関の経営に対する監督権限等（全）	CBA	第7回公判番号23ないし35 意見・同意・決定・済・取調順序番号順に2（関係被告人は請求欄のとおり） 裁判所書記官		
24	戦後の金融政策の変遷に関する報告書（更田義彦外2名 12・4・20）	バブルの発生と崩壊をめぐる金融政策の誤り等（全）	CBA			
25	不良債権の現状と対策に関する報告書（更田義彦外3名 12・4・20）	本件決算当時における「銀行の不良債権」の現状と対策（全）	CBA			
26	株価大暴落の金融システムに対する影響等に関する報告書（更田義彦外3名 12・4・20）	株価大暴落による金融システムの同様と金融当局の判断の誤り等（全）	CBA			
27	「複合不況　ポストバブルの処方箋を求めて」と題する書籍抜粋写し（宮崎義一 4・6・25）	標目記載の書籍の存在及び同書二二九頁〜二三四頁に「日本製クレジット・クランチ」に関する記述が存在する事実（全）	CBA			
28	不良債権と金融危機に関する報告書（更田義彦外2名 12・4・20）	金融行政における不良債権の処理と金融システムの安定化の要請の優先性等（全）	CBA			
29	「銀行、企業間の最適契約としてのメインバンク」と題する論文の抜粋写し（鹿野嘉昭 4・11・20）	標目記載の論文が、東京大学出版会発行の貝塚啓明・植田和男編「変革期の金融システム」一六五頁〜一九三頁に所収されている事実（全）	CBA			

証拠等関係カード

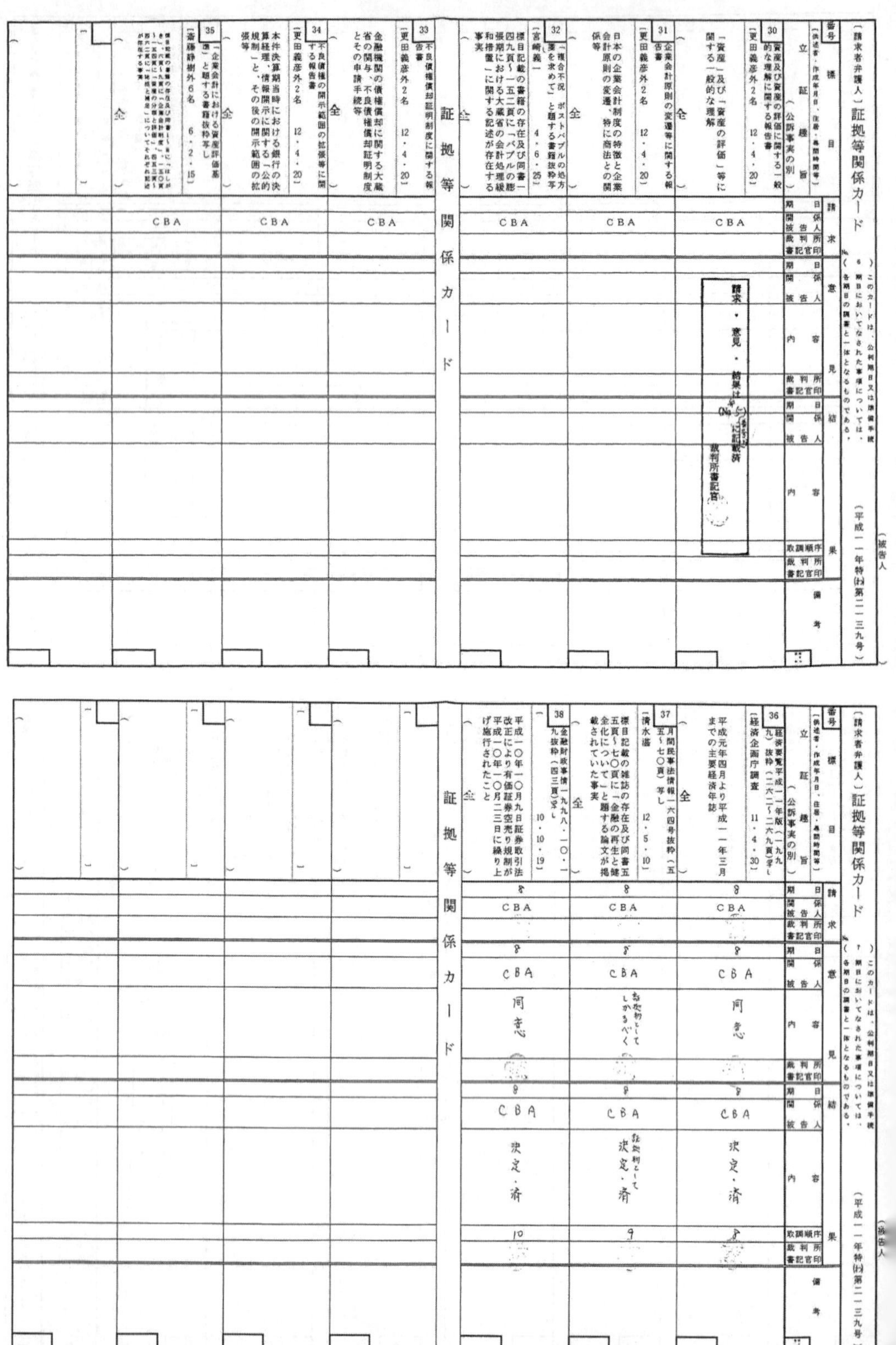

（請求者弁護人）証拠等関係カード　No.（6）

（このカードは、公判期日又は準備手続期日においてなされた事項については、各期日の調書と一体となるものである。）

（平成一一年特(わ)第二二三九号）（被告人　）

番号	標目（供述者・作成年月日、住居・尋問時間等）	立証趣旨（公訴事実の別）	請求 関係被告人
30	「資産及び資産の評価に関する一般的な理解に関する報告書」〔更田義彦外2名　12・4・20〕	「資産」及び「資産の評価」等に関する一般的な理解（全）	CBA
31	企業会計原則の変遷等に関する報告書〔更田義彦外2名　12・4・20〕	日本の企業会計制度の特徴と企業会計原則の変遷、特に商法との関係等（全）	CBA
32	「複合不況　ポストバブルの処方箋を求めて」と題する書籍抜粋写〔宮崎義一　4・6・25〕	標目記載の書籍の存在及び同書一四九頁〜一五二頁に「バブルの膨張期における大蔵省の会計処理緩和措置」に関する記述が存在する事実（全）	CBA
33	不良債権償却証明制度に関する報告書〔更田義彦外2名　12・4・20〕	金融機関の債権償却に関する大蔵省の関与、不良債権償却証明制度とその申請手続等（全）	CBA
34	不良債権の開示範囲の拡張等に関する報告書〔更田義彦外2名　12・4・20〕	本件決算期当時における銀行の決算経理、情報開示に関する「公的規制」と、その後の開示範囲の拡張等（全）	CBA
35	「企業会計における資産評価基準」と題する書籍抜粋写し〔斎藤静樹外6名　6・2・15〕	標目記載の書籍の存在及び同書Ⅰ〜Ⅱに「はしがき」、六頁〜九頁に「企業会計制度」、一五〇頁〜一五四頁に「資産の分類と評価」、四五三頁〜四六二頁に「棚卸と減価」についてそれぞれ記述が存在する事実（全）	CBA

請求・意見・結果は（No.（5））に記載済　裁判所書記官

証拠等関係カード

（請求者弁護人）証拠等関係カード　No.（7）

（このカードは、公判期日又は準備手続期日においてなされた事項については、各期日の調書と一体となるものである。）

（平成一一年特(わ)第二二三九号）（被告人　）

番号	標目（供述者・作成年月日、住居・尋問時間等）	立証趣旨（公訴事実の別）	請求 期日	請求 関係被告人	意見 期日	意見 関係被告人	意見 内容	結果 期日	結果 関係被告人	結果 内容	取調順序
36	経済要覧平成一一年版（一九九九）抜粋（二六二〜二六九頁）写し〔経済企画庁調査　11・4・30〕	平成元年四月より平成一一年三月までの主要経済年誌（全）	8	CBA	8	CBA	同意	8	CBA	決定・済	8
37	月間民事法情報一六四号抜粋（五五〜七〇頁）写し〔清水湛　12・5・10〕	標目記載の雑誌の存在及び同書五五頁〜七〇頁に「金融の再生と健全化について」と題する論文が掲載されていた事実（全）	8	CBA	8	CBA	証拠物としてしかるべく	8	CBA	証拠物として決定・済	9
38	金融財政事情一九九八・一〇・一九抜粋（四三頁）写し〔10・10・19〕	平成一〇年一〇月九日証券取引法改正により有価証券空売り規制が平成一〇年一〇月二三日に繰り上げ施行されたこと（全）	8	CBA	8	CBA	同意	8	CBA	決定・済	10

証拠等関係カード

（請求者弁護人）証拠等関係カード

（平成一一年特(わ)第二二三九号）

（被告人　　）

（8）（このカードは、公判期日又は準備手続期日においてなされた事項については、各期日の調書と一体となるものである。）

番号	標目（供述者・作成年月日、住居・尋問時間等）	立証趣旨	（公訴事実の別）	請求 期日	請求 関係被告人	意見 期日	意見 被告人	意見 内容	結果 期日	結果 被告人	結果 内容	取調順序	備考
39	金融財政事情一九九五・一〇・九抜粋（二二頁～二六頁）	金融制度調査会金融システム安定化委員会が平成七年九月二七日付審議経過報告を発表した事実等	全	9	CBA	9	CBA	同意	9	CBA	決定・済	5	
40	金融財政事情一九九六・四・二二抜粋（二〇頁～二四頁）	金融三法案要綱の内容	全	9	CBA	9	CBA	同意	9	CBA	決定・済	6	
41	金融財政事情一九九七・一・二〇抜粋（一二頁～一五頁）	早期是正措置に関する検討会中間とりまとめに関する同会座長のインタビュー内容	全	9	CBA	10	CBA	同意	10	CBA	決定・済	1	
42	金融財政事情一九九七・三・一七抜粋（六〇頁～六四頁）	金融監督庁設置関連法案の内容	全	9	CBA	9	CBA	同意	9	CBA	決定・済	7	
43	金融財政事情一九九七・三・二四抜粋（二六頁～二八頁）	大蔵大臣官房金融検査部長による大蔵省資産査定通達に関するインタビュー内容	全	9	CBA	10	CBA	同意	10	CBA	決定・済	2	
44	金融財政事情一九九七・三・二四抜粋（二九頁～三三頁）	大蔵大臣官房企画官による「資産査定通達」の概要説明	全	9	CBA	10	CBA	同意	10	CBA	決定・済	3	
45	金融財政事情一九九七・四・七抜粋（一二頁～一三頁）	日債銀・拓銀の経営再建策の概要	全	9	CBA	10	CBA	同意	10	CBA	決定・済	4	

（請求者弁護人）証拠等関係カード

（平成一一年特(わ)第二二三九号）

（被告人　　）

（9）（このカードは、公判期日又は準備手続期日においてなされた事項については、各期日の調書と一体となるものである。）

番号	標目（供述者・作成年月日、住居・尋問時間等）	立証趣旨	（公訴事実の別）	請求 期日	請求 関係被告人	意見 期日	意見 被告人	意見 内容	結果 期日	結果 被告人	結果 内容	取調順序	備考
46	金融財政事情一九九七・六・二三抜粋（二六頁～三四頁）	都市銀行一〇行の九六年度決算内容	全	9	CBA	10	CBA	同意	10	CBA	決定・済	5	
47	金融財政事情一九九七・六・二三抜粋（五三頁～六〇頁）	大蔵省の金融関連三審議会が平成九年六月一三日付で金融システム改革答申を発表した事実及びその内容	全	9	CBA	9	CBA	同意	9	CBA	決定・済	8	
48	金融財政事情一九九七・六・三〇抜粋（四二頁～四四頁）	長期信用銀行三行の九六年度決算内容	全	9	CBA	10	CBA	同意	10	CBA	決定・済	6	
49	金融財政事情一九九七・七・七抜粋（四一頁）	大蔵省の平成九年六月三〇日付金融規制撤廃の内容	全	9	CBA	10	CBA	同意	10	CBA	決定・済	7	
50	金融財政事情一九九七・七・一四抜粋（六〇頁～六七頁）	信託銀行七行の九六年度決算内容	全	9	CBA	10	CBA	同意	10	CBA	決定・済	8	
51	金融財政事情一九九七・七・一四抜粋（四三頁）	大蔵省金融検査部が平成九年七月四日に償却証明制度を廃止した事実	全	9	CBA	9	CBA	同意	9	CBA	決定・済	9	
52	金融財政事情一九九七・八・一八抜粋（六二頁～七一頁）	大蔵省銀行局が平成九年七月三一日付で早期是正措置導入等の通達を発出し、貸出金等の評価方法等について改正が行われた事実等	全	9	CBA	9	CBA	同意	9	CBA	決定・済	10	

（請求者弁護人）証拠等関係カード

（被告人　　　　）　（平成一一年特(わ)第二一三九号）

（10）このカードは、公判期日又は準備手続期日においてなされた事項については、各期日の調書と一体となるものである。

番号	標目〔供述者・作成年月日、住居・尋問時間等〕	立証趣旨（公訴事実の別）	請求 期日	請求 関係被告人	意見 期日	意見 関係被告人	意見 内容	結果 期日	結果 関係被告人	結果 内容	取調順序	備考
53	〔金融財政事情一九九七・一一・一七抜粋（六頁）〕	大蔵省が平成九年一一月七日の政府税制調査会総会において債権償却特別勘定を貸倒引当金制度に含める案を提示した事実（全）	9	CBA	10	CBA	同意	10	CBA	決定・済	9	
54	〔金融財政事情一九九七・一一・二四抜粋（一二頁～一五頁）〕	拓銀が平成九年一一月一七日、自力での営業継続を断念し、業務を他行に営業譲渡し、清算することとなった事実（全）	9	CBA	10	CBA	同意	10	CBA	決定・済	10	
55	〔金融財政事情一九九七・一一・二四抜粋（五九頁～六一頁）〕	拓銀が北洋銀行に道内営業を譲渡する方針を発表した事実（全）	9	CBA	9	CBA	同意	9	CBA	決定・済	11	
56	〔金融財政事情一九九七・一二・一抜粋（一二頁～一五頁）〕	山一證券が平成九年一一月二四日自主廃業をすることとなった事実（全）	9	CBA	10	CBA	同意	10	CBA	決定・済	11	
57	〔金融財政事情一九九七・一二・一抜粋（五六頁～六一頁）〕	山一證券の自主廃業の内容（全）	9	CBA	9	CBA	同意	9	CBA	決定・済	12	
58	〔金融財政事情一九九八・一・五抜粋（八八頁～九三頁）〕	自由民主党が平成九年一二月一五日に「金融システム安定化のための緊急対策」を発表した事実等（全）	9	CBA	9	CBA	同意	9	CBA	決定・済	13	
59	〔金融財政事情一九九八・一・一二抜粋（六頁）〕	大蔵省が株式市場の安定性確保（全）	9	CBA	10	CBA	同意	10	CBA	決定・済	12	

（請求者弁護人）証拠等関係カード

（被告人　　　　）　（平成一一年特(わ)第二一三九号）

（11）このカードは、公判期日又は準備手続期日においてなされた事項については、各期日の調書と一体となるものである。

番号	標目〔供述者・作成年月日、住居・尋問時間等〕	立証趣旨（公訴事実の別）	請求 期日	請求 関係被告人	意見 期日	意見 関係被告人	意見 内容	結果 期日	結果 関係被告人	結果 内容	取調順序	備考
60	〔金融財政事情一九九八・一・一二抜粋（四〇頁）〕	大蔵省が平成九年一二月二四日付で「貸し渋り」への対応策を公表した事実及びその内容（全）	9	CBA	9	CBA	同意	9	CBA	決定・済	14	
61	〔金融財政事情一九九八・一・一二抜粋（四一頁～四三頁）〕	自民党が、平成九年一二月二四日に、預金保険機構に、金融機関の自己資本充実のための業務を行わせることとした事実及びその内容（全）	9	CBA	9	CBA	同意	9	CBA	決定・済	15	
62	〔金融財政事情一九九八・一・二六抜粋（三五頁～三九頁）〕	金融システム安定化法案要綱の内容（全）	9	CBA	9	CBA	同意	9	CBA	決定・済	16	
63	〔金融財政事情一九九八・一・二六抜粋（七頁）〕	大蔵省が銀行の自己査定結果を公表した事実及びその内容（全）	9	CBA	10	CBA	同意	10	CBA	決定・済	13	
64	〔金融財政事情一九九八・三・二三抜粋（一二頁～一五頁）〕	金融危機管理審査委員会が、平成一〇年三月に、二一行全てに合計一兆八一五六億円の資本注入を決定した事実（全）	9	CBA	10	CBA	同意	10	CBA	決定・済	14	
65	〔金融財政事情一九九八・四・一三抜粋（三四頁～三七頁）〕	大蔵省が平成一〇年三月三一日に、新しい金融検査に関する基本事項について内部通達を発表した事実及びその内容（全）	9	CBA	9	CBA	同意	9	CBA	決定・済	17	
66	〔金融財政事情一九九八・四・二七抜粋（六頁）〕	平成一〇年四月に、債権償却特別勘定を貸倒引当金に統合する政府令が交付された事実（全）	9	CBA	10	CBA	同意	10	CBA	決定・済	15	

（請求者弁護人）証拠等関係カード　No.（12）　（平成一一年特(わ)第二二三九号）（被告人　）

このカードは、公判期日又は準備手続期日においてなされた事項については、各期日の調書と一体となるものである。

番号	標目（供述者・作成年月日、住居・尋問時間等）	立証趣旨（公訴事実の別）	請求 期日	請求 関係被告人	意見 期日	意見 関係被告人	意見 内容	結果 期日	結果 関係被告人	結果 内容	取調順序	備考
67	金融財政事情一九九八・六・一五抜粋（五三頁）	国税庁が平成一〇年六月一日、法人税基本通達の一部を改正し、債権放棄にかかる税務上の取扱いを明確にした事実及びその内容（全）	9	CBA	9	CBA	同意	9	CBA	決定・済	18	
68	金融財政事情一九九八・七・六抜粋（一二頁〜一三頁）	住友信託銀行と日本長期信用銀行とが平成一〇年六月二六日合併に向けて検討に入ることを発表した事実及びその内容（全）	9	CBA	10	CBA	同意	10	CBA	決定・済	16	
69	金融財政事情一九九八・七・六抜粋（二〇頁〜二一頁）	橋本首相が、平成一〇年七月二日付金融再生トータルプランについて・ブリッジバンク設立による金融機関の破綻処理手続の確立等を指示した事実及びその内容（全）	9	CBA	10	CBA	同意	10	CBA	決定・済	17	
70	金融財政事情一九九八・七・一三抜粋（五一頁〜五三頁）	政府・与党が平成一〇円六月ないし七月に金融再生トータルプランを公表した事実及びその内容（全）	9	CBA	9	CBA	同意	9	CBA	決定・済	19	
71	金融財政事情一九九八・七・一三抜粋（二四頁〜二五頁）	金融再生トータルプランの具体化状況の概要（全）	9	CBA	9	CBA	同意	9	CBA	決定・済	20	
72	金融財政事情一九九八・七・二七抜粋（七頁）	金融監督庁が九八年三月期の銀行の分類債権額を公表した事実及びその内容（全）	9	CBA	10	CBA	同意	10	CBA	決定・済	18	
73	金融財政事情一九九八・八・一〇抜粋（一三一頁〜一三一頁）	金融機能の安定化のための緊急措置に関する法律案要綱等の内容（全）	9	CBA	9	CBA	同意	9	CBA	決定・済	21	

（請求者弁護人）証拠等関係カード　No.（13）　（平成一一年特(わ)第二二三九号）（被告人　）

このカードは、公判期日又は準備手続期日においてなされた事項については、各期日の調書と一体となるものである。

番号	標目（供述者・作成年月日、住居・尋問時間等）	立証趣旨（公訴事実の別）	請求 期日	請求 関係被告人	意見 期日	意見 関係被告人	意見 内容	結果 期日	結果 関係被告人	結果 内容	取調順序	備考
74	金融財政事情一九九八・八・一〇抜粋（三五頁）	全銀協が、無税償却基準の緩和を政府・与党に要望した事実及びその内容（全）	9	CBA	10	CBA	同意	10	CBA	決定・済	19	
75	金融財政事情一九九八・八・二四抜粋（七頁）	ロシアが平成一〇年八月一七日にルーブル切り下げを実施した事実（全）	9	CBA	10	CBA	同意	10	CBA	決定・済	20	
76	金融財政事情一九九八・八・三一抜粋（二四頁〜二六頁）	長銀が平成一〇年八月二一日に、住友信託銀行との合併に向けた経営改善策と公的資金注入を申請することを骨子とする経営改善策を発表した事実及びその内容（全）	9	CBA	10	CBA	同意	10	CBA	決定・済	21	
77	金融財政事情一九九八・八・三一抜粋（三〇頁〜三三頁）	長銀が平成一〇年八月二一日に発表した経営改善策関連資料の内容（全）	9	CBA	10	CBA	同意	10	CBA	決定・済	22	
78	金融財政事情一九九八・一〇・一二抜粋（三八頁〜四五頁）	野党三党提出に係る「金融再生関連法案」の要綱と修正案骨子（全）	9	CBA	9	CBA	同意	9	CBA	決定・済	22	
79	金融財政事情一九九八・一二・七抜粋（一二頁〜一六頁）	金融監督庁検査部長が金融検査の在り方について述べたインタビューの内容（全）	9	CBA	9	CBA	同意	9	CBA	決定・済	23	
80	金融財政事情一九九八・一二・二一抜粋（一二頁〜二一頁）	政府が平成一〇年一二月一三日に日債銀の特別公的管理開始を決定した事実及びその内容（全）	9	CBA	10	CBA	同意	10	CBA	決定・済	23	

（請求者弁護人）証拠等関係カード

No.（14）

（このカードは、公判期日又は準備手続期日においてなされた事項については、各期日の調書と一体となるものである。）

（平成一一年特(わ)第二一三九号）

（被告人

番号	標目〔供述者・作成年月日、住居・尋問時間等〕	立証趣旨（公訴事実の別）	請求 期日	請求 関係被告人	意見 期日	意見 関係被告人	意見 内容	結果 期日	結果 関係被告人	結果 内容	取調順序	備考
81	金融財政事情一九九九・二・一抜粋（四五頁）	金融監督庁が公表した平成一〇年九月末における銀行のリスク管理債権等の状況（全）	9	CBA								
82	金融財政事情一九九九・二・一抜粋（七頁）	日本リースがGEキャピタルにリース部門を営業譲渡した事実（全）	9	CBA								
83	金融財政事情一九九九、二・二八抜粋（三八頁～三九頁）	日本リースの再建の内容（全）	9	CBA								
84	金融財政事情一九九九・二・八抜粋（六頁）	全銀協等が金融検査マニュアルへの反対意見書を提出した事実（全）	9	CBA								
85	金融財政事情一九九九・五・三抜粋（六頁～七頁）	税効果会計が九八年度決算の「救世主」となったとする記事の存在する事実（全）	9	CBA								
86	金融財政事情一九九九・五・三抜粋（八頁～一三頁）	金融システムに関する金融監督庁長官日野正晴のインタビュー内容（全）	9	CBA								
87	担当役員一覧表〔株式会社日本長期信用銀行 9・9・8〕	株式会社日本長期信用銀行作成にかかる一九九七年九月八日付「担当役員一覧表」の存在とその内容（全）	9	CBA	9	CBA	同意	9	CBA	決定・済	24	

第17回公判調書 済・取調順序番号順に18ないし23 同意・決定・（関係被告人ABC） 裁判所書記官

（請求者弁護人）証拠等関係カード

No.（15）

（このカードは、公判期日又は準備手続期日においてなされた事項については、各期日の調書と一体となるものである。）

（平成一一年特(わ)第二一三九号）

（被告人

番号	標目〔供述者・作成年月日、住居・尋問時間等〕	立証趣旨（公訴事実の別）	請求 期日	請求 関係被告人	意見 期日	意見 関係被告人	意見 内容	結果 期日	結果 関係被告人	結果 内容	取調順序	備考
88	担当役員一覧表〔株式会社日本長期信用銀行 9・10・1〕	株式会社日本長期信用銀行作成にかかる一九九七年一〇月一日付「担当役員一覧表」の存在とその内容（全）	9	CBA	9	CBA	同意	9	CBA	決定・済	25	
89	副頭取の営業店分担について（事務連絡）〔株式会社日本長期信用銀行 9・10・1〕	株式会社日本長期信用銀行作成にかかる「副頭取の営業店分担について」と題する書面の存在とその内容（全）	9	CBA	9	CBA	同意	9	CBA	決定・済	26	
90	管掌役員一覧表・担当役員一覧表〔株式会社日本長期信用銀行 10・4・1〕	株式会社日本長期信用銀行作成にかかる平成一〇年四月一日付「管掌役員一覧表・担当役員一覧表」の存在とその内容（全）	9	CBA	9	CBA	同意	9	CBA	決定・済	27	
91	管掌役員一覧表・担当役員一覧表〔株式会社日本長期信用銀行 10・9・1〕	株式会社日本長期信用銀行作成にかかる平成一〇年九月一日付「管掌役員一覧表・担当役員一覧表」の存在とその内容（全）	9	CBA	9	CBA	同意	9	CBA	決定・済	28	
92	組織管理規程等の一部改正についてと題する書面〔株式会社日本長期信用銀行 9・9・30〕	株式会社日本長期信用銀行作成にかかる「組織管理規程等の一部改正について」と題する書面の存在とその内容（全）	9	CBA	9	CBA	同意	9	CBA	決定・済	29	
93	週刊税務通信〔税務研究会 12・5・8〕	政務研究会作成にかかる「週刊税務通信」第二六二二号の存在とその内容（全）	9	CBA	9	CBA	同意	9	CBA	決定・済	30	
94	日本経済新聞の記事抜粋（「不良債権親銀行に責任」と見出しの付）〔株式会社日本経済新聞社 3・8・31〕	平成三年八月三一日付日本経済新聞の記事（「不良債権親銀行に責任」との見出し部分）の存在とその内容（全）	9	CBA	9	CBA	同意	9	CBA	決定・済	31	

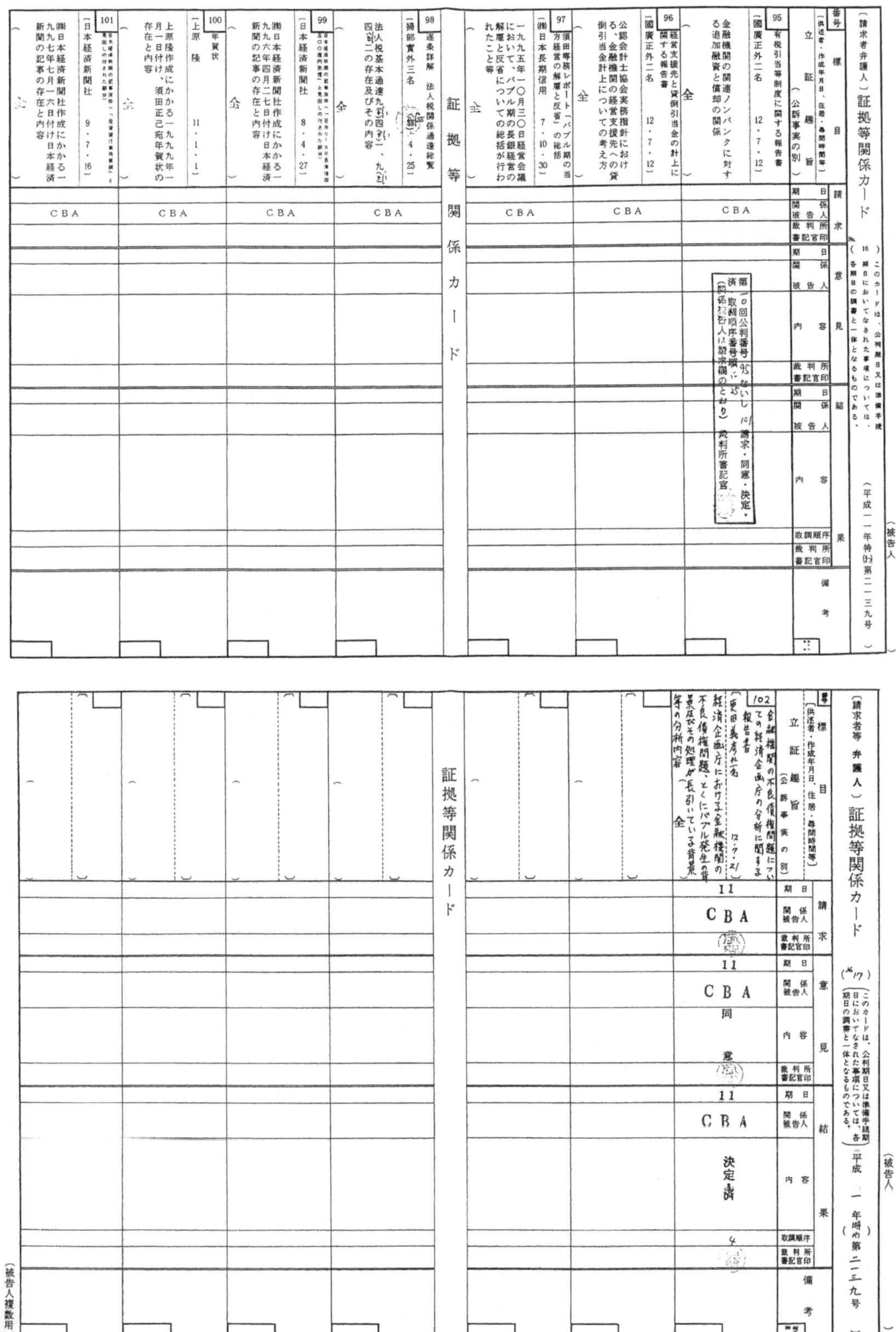

（請求者弁護人）証拠等関係カード

No.（16）（このカードは、公判期日又は準備手続期日においてなされた事項については、各期日の調書と一体となるものである。）

（平成一一年特(わ)第二一三九号）

（被告人）

番号	標目（供述者・作成年月日、住居・尋問時間等）	立証趣旨（公訴事実の別）	請求 期日	請求 関係被告人	意見	結果
95	有税引当等制度に関する報告書〔國廣正外二名 12・7・12〕	金融機関の関連ノンバンクに対する追加融資と償却の関係（全）		CBA		
96	経営支援先と貸倒引当金の計上に関する報告書〔國廣正外二名 12・7・12〕	公認会計士協会実務指針における、金融機関の経営支援先への貸倒引当金計上についての考え方（全）		CBA		
97	須田専務レポート「バブル期の当方経営の解雇と反省」の総括〔㈱日本長期信用 7・10・30〕	一九九五年一〇月三〇日経営会議において、バブル期の長銀経営の解雇と反省についての総括が行われたこと等（全）		CBA		
98	逐条詳解 法人税関係通達総覧〔掃部實外三名 4・25〕	法人税基本通達九(訂)四(訂)一、九(訂)四(訂)二の存在及びその内容（全）		CBA		
99	日本経済新聞の記事抜粋（「日本リース不良債権四五〇〇億円処理」と見出しの付された部分）〔日本経済新聞社 8・4・27〕	㈱日本経済新聞社作成にかかる一九九六年四月二七日付け日本経済新聞の記事の存在と内容（全）		CBA		
100	年賀状〔上原隆 11・1・1〕	上原隆作成にかかる一九九九年一月一日付け、須田正己宛年賀状の存在と内容（全）		CBA		
101	日本経済新聞の記事抜粋（「[illegible]業務縮減」と見出しの付された部分）〔日本経済新聞社 9・7・16〕	㈱日本経済新聞社作成にかかる一九九七年七月一六日付け日本経済新聞の記事の存在と内容（全）		CBA		

第一〇回公判 番号95ないし101 請求・同意・決定・済 取調順序番号順に行う（関係被告人は請求欄のとおり） 裁判所書記官

期日 / 関係被告人 / 裁判所書記官印 / 内容 / 取調順序 / 備考

（請求者等 弁護人）証拠等関係カード

No.（17）（このカードは、公判期日又は準備手続期日においてなされた事項については、各期日の調書と一体となるものである。）

（平成一一年特(わ)第二一三九号）

（被告人）

番号	標目（供述者・作成年月日、住居・尋問時間等）	立証趣旨（公訴事実の別）	請求	意見	結果
102	金融機関の不良債権問題についての経済企画庁の分析に関する報告書〔更田義彦外一名 12・7・21〕	経済企画庁における金融機関の不良債権問題、とくにバブル発生の背景及びその処理が長引いている背景等の分析内容（全）	期日 11　関係被告人 CBA	期日 11　関係被告人 CBA　内容 同意	期日 11　関係被告人 CBA　内容 決定済　取調順序 4

（被告人複数用）

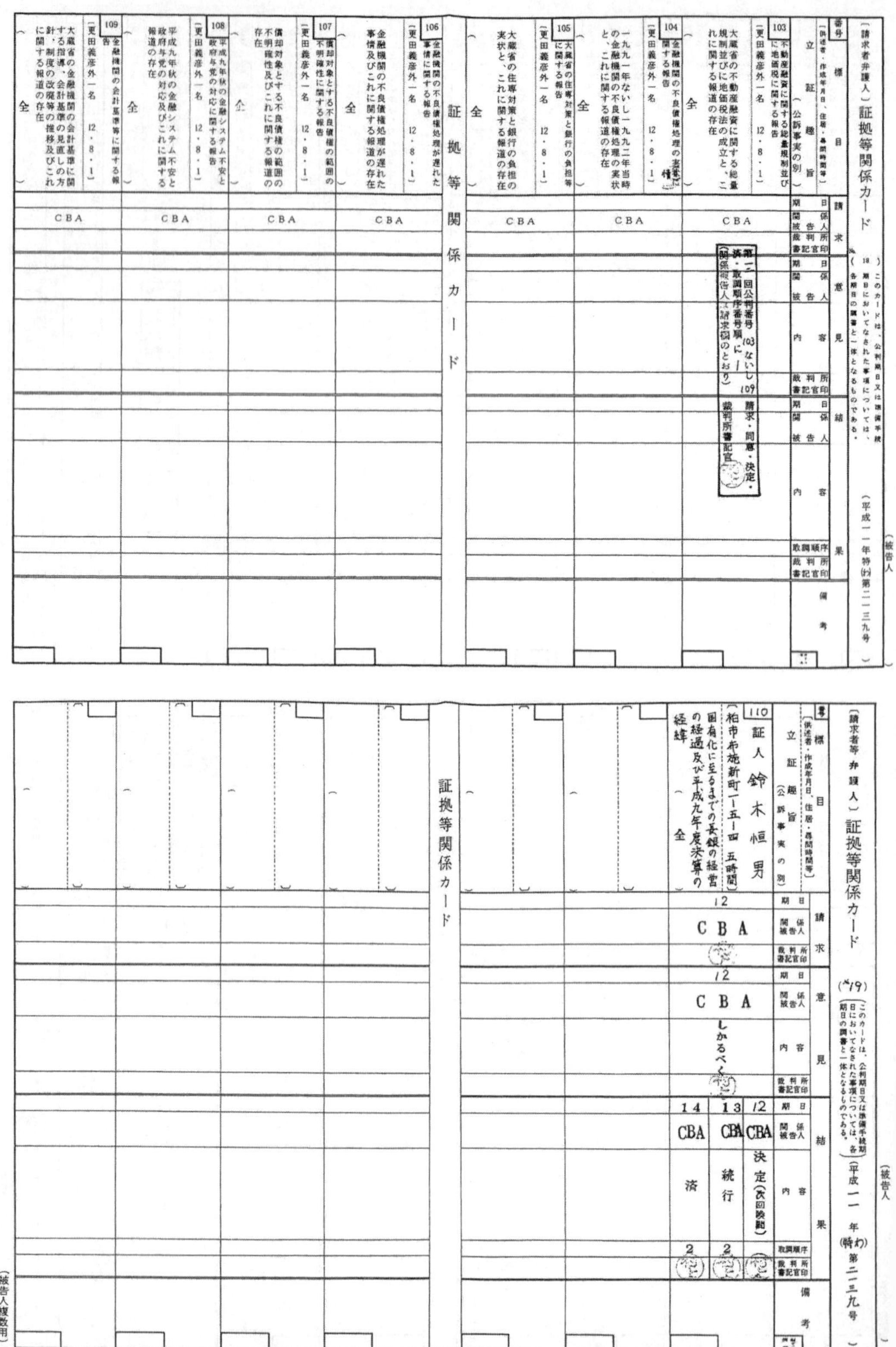

（被告人　　　　　　　　　）
（平成一一年特(わ)第二一三九号）
No.（18）（このカードは、公判期日又は準備手続期日においてなされた事項については、各期日の調書と一体となるものである。）

（請求者弁護人）証拠等関係カード

番号	標目〔供述者・作成年月日、住居・尋問時間等〕	立証趣旨（公訴事実の別）	請求 期日	請求 関係被告人	意見	結果
103	不動産融資に関する総量規制並びに地価税に関する報告〔更田義彦外一名 12・8・1〕	大蔵省の不動産融資に関する総量規制並びに地価税法の成立と、これに関する報道の存在（全）		CBA		
104	金融機関の不良債権処理の実情に関する報告〔更田義彦外一名 12・8・1〕	一九九一年ないし一九九二年当時の金融機関の不良債権処理の実状と、これに関する報道の存在（全）		CBA		
105	大蔵省の住専対策と銀行の負担等に関する報告〔更田義彦外一名 12・8・1〕	大蔵省の住専対策と銀行の負担の実状と、これに関する報道の存在（全）		CBA		
106	金融機関の不良債権処理が遅れた事情に関する報告〔更田義彦外一名 12・8・1〕	金融機関の不良債権処理が遅れた事情及びこれに関する報道の存在（全）		CBA		
107	償却対象とする不良債権の範囲の不明確性に関する報告〔更田義彦外一名 12・8・1〕	償却対象とする不良債権の範囲の不明確性及びこれに関する報道の存在（全）		CBA		
108	平成九年秋の金融システム不安と政府与党の対応に関する報告〔更田義彦外一名 12・8・1〕	平成九年秋の金融システム不安と政府与党の対応及びこれに関する報道の存在（全）		CBA		
109	金融機関の会計基準等に関する報告〔更田義彦外一名 12・8・1〕	大蔵省の金融機関の会計基準に関する指導、会計基準の見直しの方針・制度の改廃等の推移及びこれに関する報道の存在（全）		CBA		

（スタンプ）第一二回公判番号103ないし109 請求・同意・決定・済・取調順序番号順に1（関係被告人は請求欄のとおり）裁判所書記官

証拠等関係カード

（被告人　　　　　　　　　）
（平成一一年(特わ)第二一三九号）
（No.19）（このカードは、公判期日又は準備手続期日においてなされた事項については、各期日の調書と一体となるものである。）

（請求者等弁護人）証拠等関係カード

番号	標目〔供述者・作成年月日、住居・尋問時間等〕	立証趣旨（公訴事実の別）	請求 期日	請求 関係被告人	意見 期日	意見 関係被告人	意見 内容	結果 期日	結果 関係被告人	結果 内容	取調順序
110	証人 鈴木恒男〔柏市布施新町一―五―四 五時間〕	国有化に至るまでの長銀の経営の経過及び平成九年度決算の経緯（全）	12	CBA	12	CBA	しかるべく	12	CBA	決定（次回喚問）	
								13	CBA	続行	2
								14	CBA	済	2

証拠等関係カード

（被告人複数用）

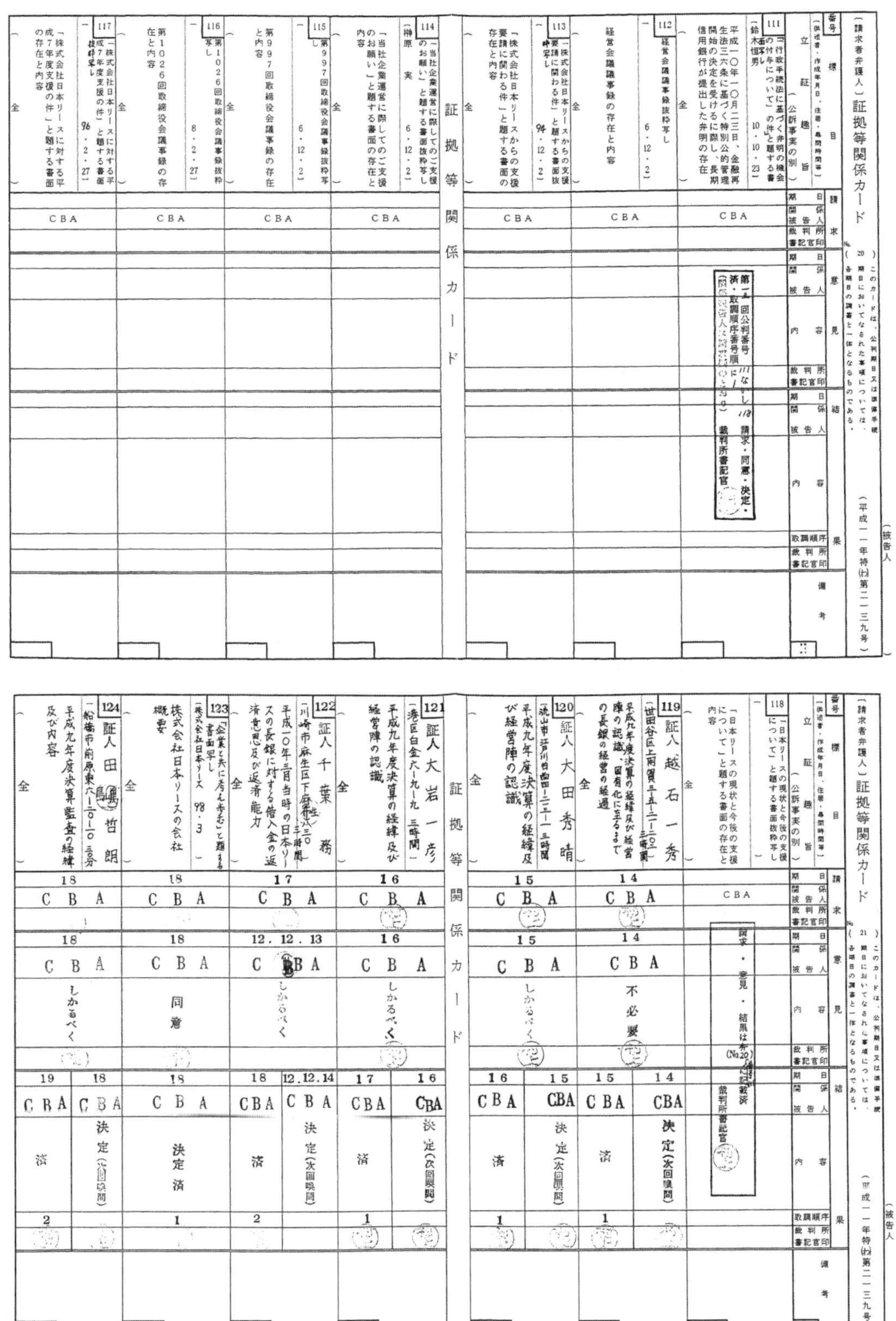

（請求者弁護人）証拠等関係カード

No.（20）　このカードは、公判期日又は準備手続期日においてなされた事項については、各期日の調書と一体となるものである。

（平成一一年特(わ)第二一三九号）　（被告人）

番号	標目（供述者・作成年月日、住居・尋問時間等）	立証趣旨（公訴事実の別）	請求 期日	請求 関係被告人	意見	結果
111	「行政手続法に基づく弁明の機会の付与について」の件」と題する書面写し〔鈴木恒男 10・10・23〕	平成一〇年一〇月二三日、金融再生法三六条に基づく特別公的管理開始の決定を受けるに際し、長期信用銀行が提出した弁明の存在（全）		CBA	第一三回公判番号111ないし118 請求・同意・決定・済・取調順序番号順に1（関係被告人は[illegible]） 裁判所書記官	
112	経営会議議事録抜粋写し〔6・12・2〕	経営会議議事録の存在と内容（全）		CBA		
113	「株式会社日本リースからの支援要請に関わる件」と題する書面抜粋写し〔94・12・2〕	「株式会社日本リースからの支援要請に関わる件」と題する書面の存在と内容（全）		CBA		
114	「当社企業運営に際してのご支援のお願い」と題する書面抜粋写し〔榊原実 6・12・2〕	「当社企業運営に際してのご支援のお願い」と題する書面の存在と内容（全）		CBA		
115	第997回取締役会議事録抜粋写し〔6・12・2〕	第997回取締役会議事録の存在と内容（全）		CBA		
116	第1026回取締役会議事録抜粋写し〔8・2・27〕	第1026回取締役会議事録の存在と内容（全）		CBA		
117	「株式会社日本リースに対する平成7年度支援の件」と題する書面抜粋写し〔96・2・27〕	「株式会社日本リースに対する平成7年度支援の件」と題する書面の存在と内容（全）		CBA		

（請求者弁護人）証拠等関係カード

No.（21）　このカードは、公判期日又は準備手続期日においてなされた事項については、各期日の調書と一体となるものである。

（平成一一年特(わ)第二一三九号）　（被告人）

番号	標目（供述者・作成年月日、住居・尋問時間等）	立証趣旨（公訴事実の別）	請求 期日	請求 関係被告人	意見 期日	意見 関係被告人	意見 内容	結果 期日	結果 関係被告人	結果 内容	取調順序
118	「日本リースの現状と今後の支援について」と題する書面抜粋写し	「日本リースの現状と今後の支援について」と題する書面の存在と内容（全）		CBA			請求・意見・結果は(No.20)に記載済 裁判所書記官				
119	証人　越石一秀〔世田谷区上用賀三-五-二一-二〇二 三時間〕	平成九年度決算の経緯及び経営陣の認識、国有化に至るまでの長銀の経営の経過（全）	14	C B A	14	C B A	不必要	14	CBA	決定（次回尋問）	
								15	C BA	済	1
120	証人　大田秀晴〔流山市江戸川台西四-三三-一 三時間〕	平成九年度決算の経緯及び経営陣の認識（全）	15	C B A	15	C B A	しかるべく	15	CBA	決定（次回尋問）	
								16	C B A	済	1
121	証人　大岩一彦〔港区白金六-九-九 三時間〕	平成九年度決算の経緯及び経営陣の認識（全）	16	C B A	16	C B A	しかるべく	16	CBA	決定（次回尋問）	
								17	CBA	済	1
122	証人　千葉務〔川崎市麻生区下麻生八三〇 三時間〕	平成一〇年三月当時の日本リースの長銀に対する借入金の返済意思及び返済能力（全）	17	C B A	12.12.13	C B A	しかるべく	12.12.14	C B A	決定（次回尋問）	
								18	CBA	済	2
123	「企業と共に考え歩む」と題する書面写し〔株式会社日本リース 98・3〕	株式会社日本リースの会社概要（全）	18	C B A	18	C B A	同意	18	C B A	決定 済	1
124	証人　田島哲朗〔船橋市前原東六-一二〇-一〇 三〇分〕	平成九年度決算監査の経緯及び内容（全）	18	C B A	18	C B A	しかるべく	18	C BA	決定（次回尋問）	
								19	C BA	済	2

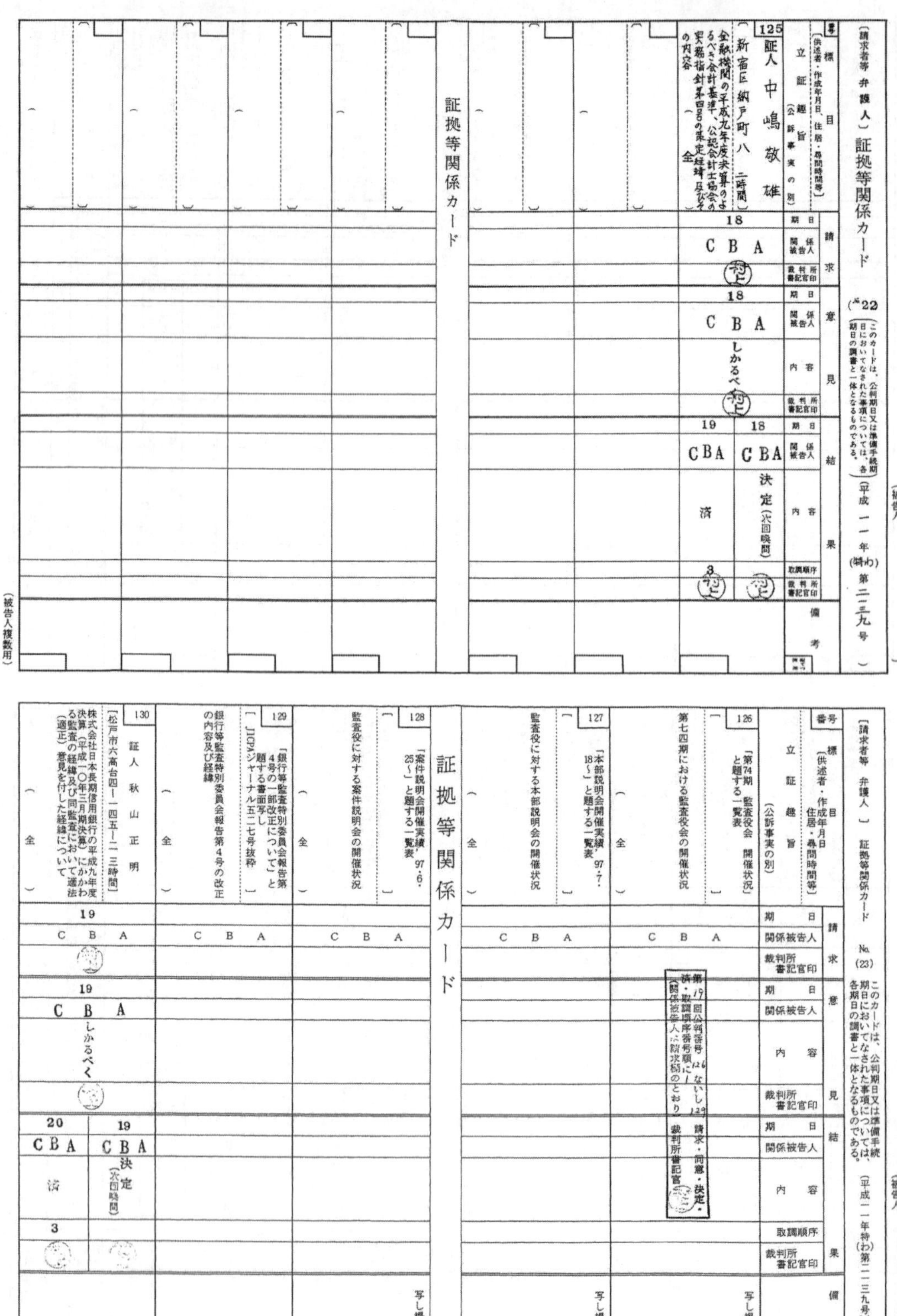

証拠等関係カード

（請求者等　弁護人）

（被告人　　）（被告人複数用）

（平成一一年（特わ）第二一三九号）

（№22）（このカードは、公判期日又は準備手続期日においてなされた事項については、各期日の調書と一体となるものである。）

番号	標目〔供述者・作成年月日、住居・尋問時間等〕	立証趣旨（公訴事実の別）	請求 期日	請求 関係被告人	意見 期日	意見 関係被告人	意見 内容	結果 期日	結果 関係被告人	結果 内容	取調順序	備考
125	証人　中嶋敬雄〔新宿区納戸町八　二時間〕	金融機関の平成九年度決算のよるべき会計基準、公認会計士協会の実務指針第四号の策定経緯及びその内容（全）	18	C B A	18	C B A	しかるべく	18	C B A	決定（次回喚問）		
								19	CBA	済	3	

証拠等関係カード

（請求者等　弁護人）

（被告人　　）

（平成一一年（特わ）第二一三九号）

（№(23)）（このカードは、公判期日又は準備手続期日においてなされた事項については、各期日の調書と一体となるものである。）

番号	標目〔供述者・作成年月日、住居・尋問時間等〕	立証趣旨（公訴事実の別）	請求 期日	請求 関係被告人	意見 期日	意見 関係被告人	意見 内容	結果 期日	結果 関係被告人	結果 内容	取調順序	備考
126	「第74期　監査役会　開催状況」と題する一覧表	第七四期における監査役会の開催状況（全）		C B A								写し提出
127	「本部説明会開催実績'97・7・18～」と題する一覧表	監査役に対する本部説明会の開催状況（全）		C B A								写し提出
128	「案件説明会開催実績'97・6・25～」と題する一覧表	監査役に対する案件説明会の開催状況（全）		C B A								写し提出
129	「銀行等監査特別委員会報告第4号の一部改正について」と題する書面写し〔JICPAジャーナル五二七号抜粋〕	銀行等監査特別委員会報告第4号の改正の内容及び経緯（全）		C B A								
130	証人　秋山正明〔松戸市六高台四―一四五―一一　三時間〕	株式会社日本長期信用銀行の平成九年度決算（平成一〇年三月期決算）にかかわる監査の経緯及び同監査において適法（適正）意見を付した経緯について（全）	19	C B A	19	C B A	しかるべく	19	C B A	決定（次回喚問）		
								20	C B A	済	3	

第19回公判番号126ないし129　請求・同意・決定・済・取調順序番号順に1（関係被告人は請求欄のとおり）　裁判所書記官

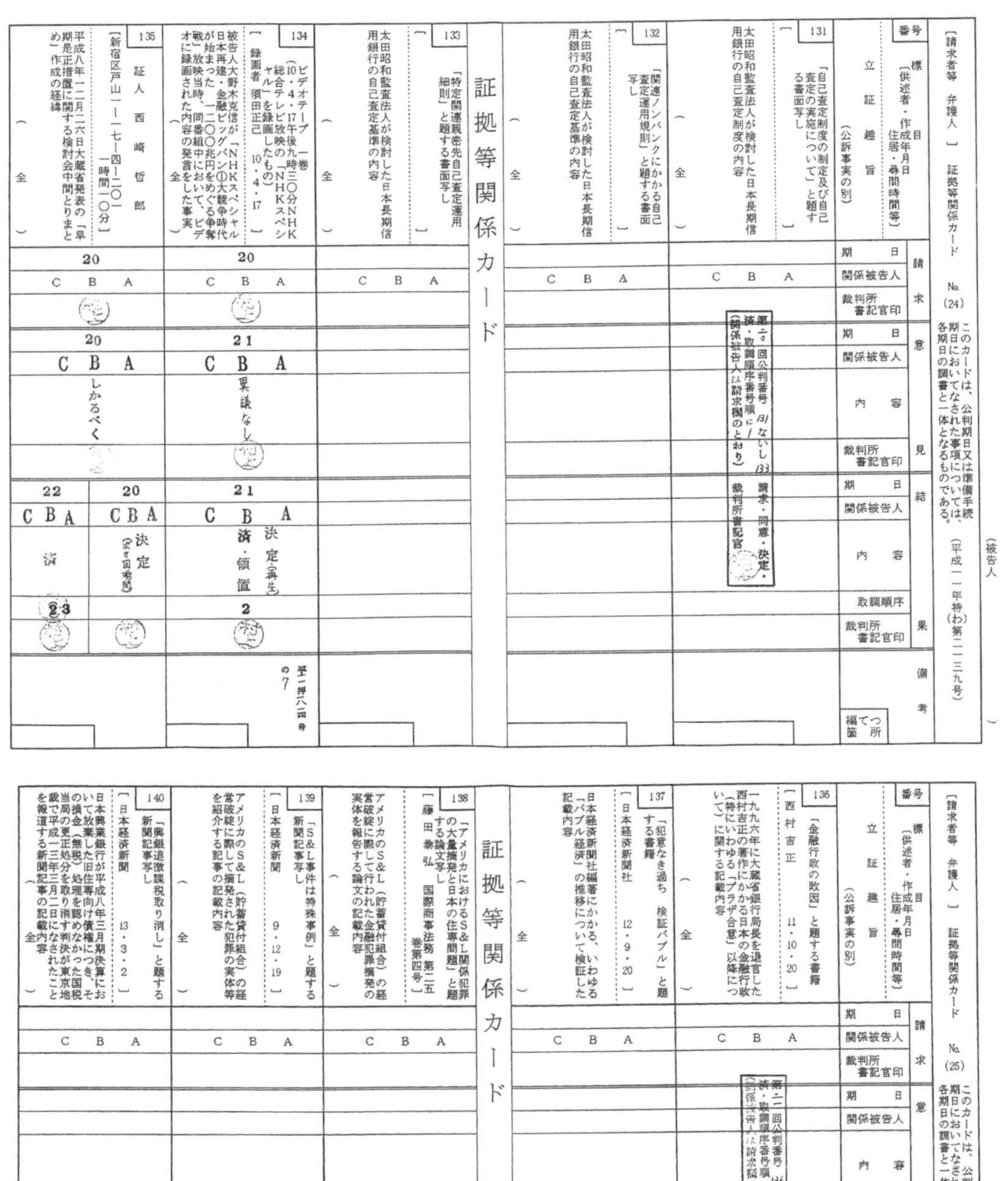

〔請求者等　弁護人〕　証拠等関係カード　No.（24）

このカードは、公判期日又は準備手続期日においてなされた事項については、各期日の調書と一体となるものである。

（平成一一年特(わ)第二一三九号）（被告人　　　）

証拠等関係カード

番号	標目〔供述者・作成年月日、住居・尋問時間等〕	立証趣旨（公訴事実の別）	請求 期日	請求 関係被告人	意見 期日	意見 関係被告人	意見 内容	結果 期日	結果 関係被告人	結果 内容	取調順序	備考
131	「自己査定制度の制定及び自己査定の実施について」と題する書面写し〔　〕	太田昭和監査法人が検討した日本長期信用銀行の自己査定制度の内容（全）		C B A								
132	「関連ノンバンクにかかる自己査定運用規則」と題する書面写し〔　〕	太田昭和監査法人が検討した日本長期信用銀行の自己査定基準の内容（全）		C B A								
133	「特定関連親密先自己査定運用細則」と題する書面写し〔　〕	太田昭和監査法人が検討した日本長期信用銀行の自己査定基準の内容（全）		C B A								
134	ビデオテープ一巻（10・4・17午後九時三〇分NHK総合テレビ放映の「NHKスペシャル」を録画したもの）〔録画者　須田正己　10・4・17〕	被告人大野木克信が「NHKスペシャル　日本再建・金融ビッグバン①大競争時代が始まった　一二〇〇兆円をめぐる争奪戦」放映当時、同番組中において、ビデオに録画された内容の発言をした事実（全）	20	C B A	21	C B A	異議なし	21	C B A	決定（再生）済・領置	2	平一一押八四号の7
135	証人　西崎哲郎〔新宿区戸山一—一七—四—二〇一　一時間一〇分〕	平成八年一二月二六日大蔵省発表の「早期是正措置に関する検討会中間とりまとめ」作成の経緯（全）	20	C B A	20	C B A	しかるべく	20 / 22	C B A / C B A	決定（次々回喚問） / 済	23	

第二〇回公判番号131ないし133　請求・同意・決定・済・取調順序番号順に1（関係被告人は請求欄のとおり）　裁判所書記官

〔請求者等　弁護人〕　証拠等関係カード　No.（25）

このカードは、公判期日又は準備手続期日においてなされた事項については、各期日の調書と一体となるものである。

（平成一一年特(わ)第二一三九号）（被告人　　　）

証拠等関係カード

番号	標目〔供述者・作成年月日、住居・尋問時間等〕	立証趣旨（公訴事実の別）	請求 期日	請求 関係被告人	意見	結果	備考
136	「金融行政の敗因」と題する書籍〔西村吉正　11・10・20〕	一九九六年に大蔵省銀行局長を退官した西村吉正の著作にかかる日本の金融行政（特にいわゆる「プラザ合意」以降について）に関する記載内容（全）		C B A			
137	「犯意なき過ち　検証バブル」と題する書籍〔日本経済新聞社　12・9・20〕	日本経済新聞社編著にかかる、いわゆる「バブル経済」の推移について検証した記載内容（全）		C B A			
138	「アメリカにおけるS&L関係犯罪の大量摘発と日本の住専問題」と題する論文写し〔藤田泰弘　国際商事法務第二五巻第四号〕	アメリカのS&L（貯蓄貸付組合）の経営破綻に際して行われた金融犯罪摘発の実体を報告する論文の記載内容（全）		C B A			
139	「S&L事件は特殊事例」と題する新聞記事写し〔日本経済新聞　9・12・19〕	アメリカのS&L（貯蓄貸付組合）の経営破綻に際して摘発された犯罪の実体等を紹介する記事の記載内容（全）		C B A			
140	「興銀追徴課税取り消し」と題する新聞記事写し〔日本経済新聞　13・3・2〕	日本興業銀行が平成八年三月期決算において放棄した旧住専向け債権につき、その損金（無税）処理を認めなかった国税当局の更正処分を取り消す判決が東京地裁で平成一三年三月二日になされたことを報道する新聞記事の記載内容（全）		C B A			

第二一回公判番号136ないし145　請求・同意・決定・済・取調順序番号順に1（関係被告人は請求欄のとおり）　裁判所書記官

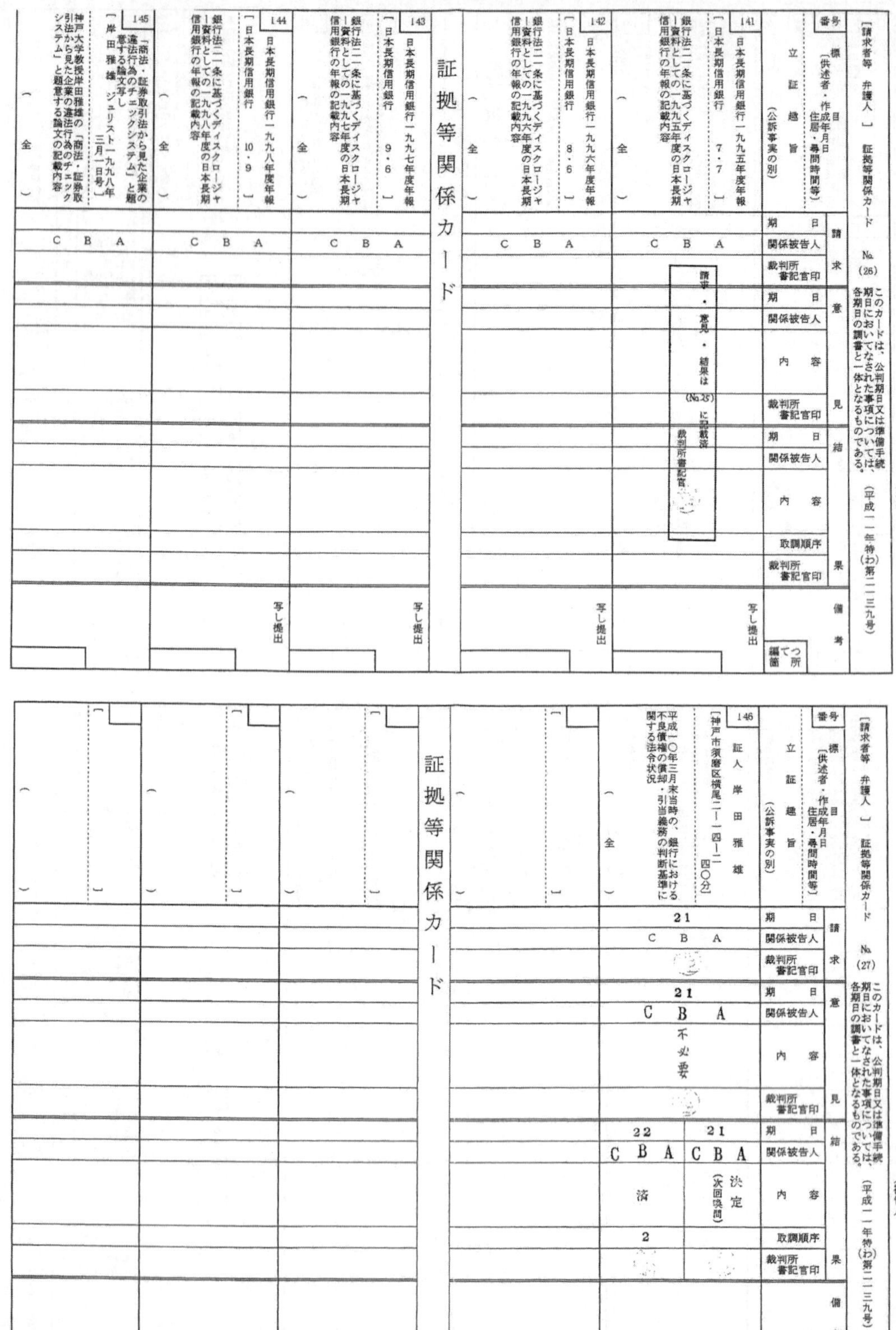

〔請求者等　弁護人〕　証拠等関係カード　No.（26）

（被告人　　　　　）（平成一一年特(わ)第二二三九号）

このカードは、公判期日又は準備手続期日においてなされた事項については、各期日の調書と一体となるものである。

証拠等関係カード

番号	標目〔供述者・作成年月日、住居・尋問時間等〕	立証趣旨（公訴事実の別）	請求 期日	請求 関係被告人	意見	結果	備考
141	日本長期信用銀行一九九五年度年報〔日本長期信用銀行 7・7〕	銀行法二一条に基づくディスクロージャー資料としての一九九五年度の日本長期信用銀行の年報の記載内容（全）		C B A	請求・意見・結果は（No.25）に記載済　裁判所書記官		写し提出
142	日本長期信用銀行一九九六年度年報〔日本長期信用銀行 8・6〕	銀行法二一条に基づくディスクロージャー資料としての一九九六年度の日本長期信用銀行の年報の記載内容（全）		C B A			写し提出
143	日本長期信用銀行一九九七年度年報〔日本長期信用銀行 9・6〕	銀行法二一条に基づくディスクロージャー資料としての一九九七年度の日本長期信用銀行の年報の記載内容（全）		C B A			写し提出
144	日本長期信用銀行一九九八年度年報〔日本長期信用銀行 10・9〕	銀行法二一条に基づくディスクロージャー資料としての一九九八年度の日本長期信用銀行の年報の記載内容（全）		C B A			写し提出
145	「商法・証券取引法から見た企業の違法行為のチェックシステム」と題する論文写し〔岸田雅雄　ジュリスト一九九八年三月一日号〕	神戸大学教授岸田雅雄の「商法・証券取引法から見た企業の違法行為のチェックシステム」と題する論文の記載内容（全）		C B A			

〔請求者等　弁護人〕　証拠等関係カード　No.（27）

（被告人　　　　　）（平成一一年特(わ)第二二三九号）

このカードは、公判期日又は準備手続期日においてなされた事項については、各期日の調書と一体となるものである。

証拠等関係カード

番号	標目〔供述者・作成年月日、住居・尋問時間等〕	立証趣旨（公訴事実の別）	請求 期日	請求 関係被告人	意見 期日	意見 関係被告人	意見 内容	結果 期日	結果 関係被告人	結果 内容	取調順序	備考
146	証人　岸田雅雄〔神戸市須磨区横尾二―一四―一　四〇分〕	平成一〇年三月末当時の、銀行における不良債権の償却・引当義務の判断基準に関する法令状況（全）	21	C B A	21	C B A	不必要	21	C B A	決定（次回喚問）		
								22	C B A	済	2	

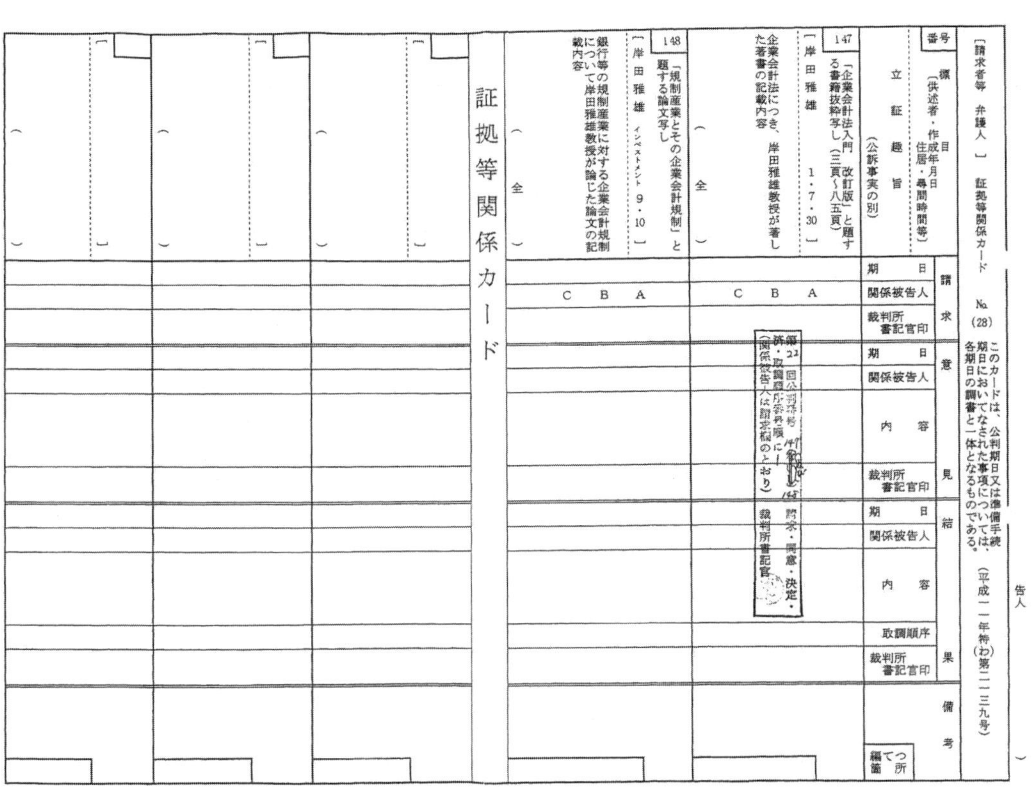

〔請求者等　弁護人　〕　証拠等関係カード　No.（28）　（平成一一年特（わ）第二二三九号）

このカードは、公判期日又は準備手続期日においてなされた事項については、各期日の調書と一体となるものである。

（被告人　　　　）

番号	標目〔供述者・作成年月日　住居・尋問時間等〕	立証趣旨（公訴事実の別）	請求（関係被告人）
147	「企業会計法入門　改訂版」と題する書籍抜粋写し（三頁～八五頁）〔岸田雅雄　1・7・30〕	企業会計法につき、岸田雅雄教授が著した著書の記載内容（全）	A　B　C
148	「規制産業とその企業会計規制」と題する論文写し〔岸田雅雄　インベストメント　9・10〕	銀行等の規制産業に対する企業会計規制について岸田雅雄教授が論じた論文の記載内容（全）	A　B　C

第22回公判番号147・148　請求・同意・決定・済・取調順序番号順に1（関係被告人は請求欄のとおり）　裁判所書記官

期日／関係被告人／裁判所書記官印／内容／取調順序／備考／編てつ箇所

証拠等関係カード

〔請求者等　弁護人　〕　証拠等関係カード　No.（29）　（平成一一年特（わ）第二二三九号）

このカードは、公判期日又は準備手続期日においてなされた事項については、各期日の調書と一体となるものである。

（被告人　　　　）

番号	標目〔供述者・作成年月日　住居・尋問時間等〕	立証趣旨（公訴事実の別）	請求（関係被告人）
149	「金融年報　平成9年版」抜粋写し〔社団法人　金融財政事情研究会　10・7・31〕	「金融機関検査の実施状況」に関する年報の記載内容（全）	A　B　C
150	「資産自己査定と償却・引当」と題する書籍抜粋写し〔山手　章　9・9・25〕	当局の検査における査定結果の取扱いに関する書籍の記載内容（全）	A　B　C
151	「13行 通期で赤字に」と題する新聞記事写し〔日本経済新聞　9・11・26〕	「13行 通期で赤字に」と題する新聞記事の記載内容（全）	A　B　C
152	「時価評価や税効果導入」と題する新聞記事写し〔日本経済新聞　10・3・29〕	「時価評価や税効果導入」と題する新聞記事の記載内容（全）	A　B　C
153	「スイス銀もうわさを否定」と題する新聞記事写し〔日本経済新聞　10・6・10〕	「スイス銀もうわさを否定」と題する新聞記事の記載内容（全）	A　B　C

第23回公判番号149ないし171　請求・同意・決定・済・取調順序番号順に2（関係被告人は請求欄のとおり）　裁判所書記官

期日／関係被告人／裁判所書記官印／内容／取調順序／備考／編てつ箇所

証拠等関係カード

〔請求者等　弁護人〕　証拠等関係カード　No.（30）

このカードは、公判期日又は準備手続期日においてなされた事項については、各期日の調書と一体となるものである。

（平成一一年特(わ)第一二三九号）

（被告人　　　）

証拠等関係カード

番号	標目〔供述者・作成年月日 住居・尋問時間等〕 立証趣旨（公訴事実の別）	請求 期日	関係被告人	意見	結果	備考
154	「スイス銀との提携解消のうわさ否定 長銀副頭取が会見」と題する新聞記事写し 〔日本経済新聞　10・6・10〕 「スイス銀との提携解消のうわさ否定 長銀副頭取が会見」と題する新聞記事の記載内容 （全）		A B C	請求・意見・結果は（No.29）に記載済 裁判所書記官		
155	「反発、1万5500円台回復」と題する新聞記事写し 〔日本経済新聞　10・6・10〕 「反発、1万5500円台回復」と題する新聞記事の記載内容 （全）		A B C			
156	「長銀株、上場来の安値」と題する新聞記事写し 〔日本経済新聞　10・6・18〕 「長銀株、上場来の安値」と題する新聞記事の記載内容 （全）		A B C			
157	「金融危機を政争の具にするな」と題する新聞記事写し 〔日本経済新聞　10・9・13〕 「金融危機を政争の具にするな」と題する新聞記事の記載内容 （全）		A B C			
158	「金融安定化法を廃止」と題意する新聞記事写し 〔日本経済新聞　10・9・14〕 「金融安定化法を廃止」と題する新聞記事の記載内容 （全）		A B C			

〔請求者等　弁護人〕　証拠等関係カード　No.（31）

このカードは、公判期日又は準備手続期日においてなされた事項については、各期日の調書と一体となるものである。

（平成一一年特(わ)第一二三九号）

（被告人　　　）

証拠等関係カード

番号	標目〔供述者・作成年月日 住居・尋問時間等〕 立証趣旨（公訴事実の別）	請求 期日	関係被告人	意見	結果	備考
159	「長銀に新法を適用」と題する新聞記事写し 〔日本経済新聞　10・9・15〕 「長銀に新法を適用」と題する新聞記事の記載内容 （全）		A B C	請求・意見・結果は（No.29）に記載済 裁判所書記官		
160	「金融法案 修正協議 大筋で合意 長銀は一時国有化」と題する新聞記事写し 〔日本経済新聞　10・9・17〕 「金融法案 修正協議 大筋で合意 長銀は一時国有化」と題する新聞記事の記載内容 （全）		A B C			
161	「金融法案、野党案で修正」と題する新聞記事写し 〔日本経済新聞　10・9・18〕 「金融法案、野党案で修正」と題する新聞記事の記載内容 （全）		A B C			
162	「金融法案修正で基本合意」と題する新聞記事写し 〔日本経済新聞　10・9・19〕 「金融危機を政争の具にするな」と題する新聞記事の記載内容 （全）		A B C			
163	「金融危機打開に政治責任を果たせ」と題する新聞記事写し 〔日本経済新聞　10・9・19〕 「金融危機打開に政治責任を果たせ」と題する新聞記事の記載内容 （全）		A B C			

【請求者等 弁護人】証拠等関係カード No.(32) （平成一一年特(わ)第二二三九号） （被告人　　　　）

このカードは、公判期日又は準備手続期日においてなされた事項については、各期日の調書と一体となるものである。

番号	標目［供述者・作成年月日 住居・尋問時間等］ 立証趣旨（公訴事実の別）	請求 関係被告人	意見・結果	備考
164	「金融再生なお課題残す」及び「長銀4月合併難しく」と題する新聞記事写し ［日本経済新聞 10・9・19］ 「金融再生なお課題残す」及び「長銀4月合併難しく」と題する新聞記事の記載内容 （全）	C B A	請求・意見・結果は(No.29)に記載済 裁判所書記官	
165	「13兆円枠、衣替えで存続」と題する新聞記事写し ［日本経済新聞 10・9・25］ 「13兆円枠、衣替えで存続」と題する新聞記事の記載内容 （全）	C B A		
166	「長銀が法的整理を検討」と題する新聞記事写し ［日本経済新聞 10・9・25］ 「長銀が法的整理を検討」と題する新聞記事の記載内容 （全）	C B A		
167	「長銀、一時国有化で決着」と題する新聞記事写し ［日本経済新聞 10・9・26］ 「長銀、一時国有化で決着」と題する新聞記事の記載内容 （全）	C B A		
168	「東海銀・あさひ銀 全面提携」と題する新聞記事写し ［日本経済新聞 10・9・28］ 「東海銀・あさひ銀 全面提携」と題する新聞記事の記載内容 （全）	C B A		

【請求者等 弁護人】証拠等関係カード No.(33) （平成一一年特(わ)第二二三九号） （被告人　　　　）

このカードは、公判期日又は準備手続期日においてなされた事項については、各期日の調書と一体となるものである。

番号	標目［供述者・作成年月日 住居・尋問時間等］ 立証趣旨（公訴事実の別）	請求 期日 / 関係被告人	意見 期日 / 関係被告人 / 内容	結果 期日 / 関係被告人 / 内容 / 取調順序	備考
169	「日本リース更生法申請 政治混迷動揺に拍車」と題する新聞記事写し ［日本経済新聞 10・9・28］ 「日本リース更生法申請 政治混迷、動揺に拍車」と題する新聞記事の記載内容 （全）	C B A	請求・意見・結果は(No.29)に記載済 裁判所書記官		
170	「日本リースの取引金融機関 損失大幅に膨らむ」と題する新聞記事写し ［日本経済新聞 10・9・29］ 「日本リースの取引金融機関 損失、大幅に膨らむ」と題する新聞記事の記載内容 （全）	C B A			
171	「長銀破たん処理の『恣意性』」と題する新聞記事写し ［日本経済新聞 10・11・4］ 「長銀破たん処理の『恣意性』」と題する編集委員藤井良広の新聞記事の記載内容 （全）	C B A			
172	押収品目録交付書 ［(事)小栗出 11・5・20］ 押収品目録交付書が被告人須田正己に交付された事実とその記載内容 （全）	24 C B A	24 C B A 同意	24 C B A 決定・済 1	写提出

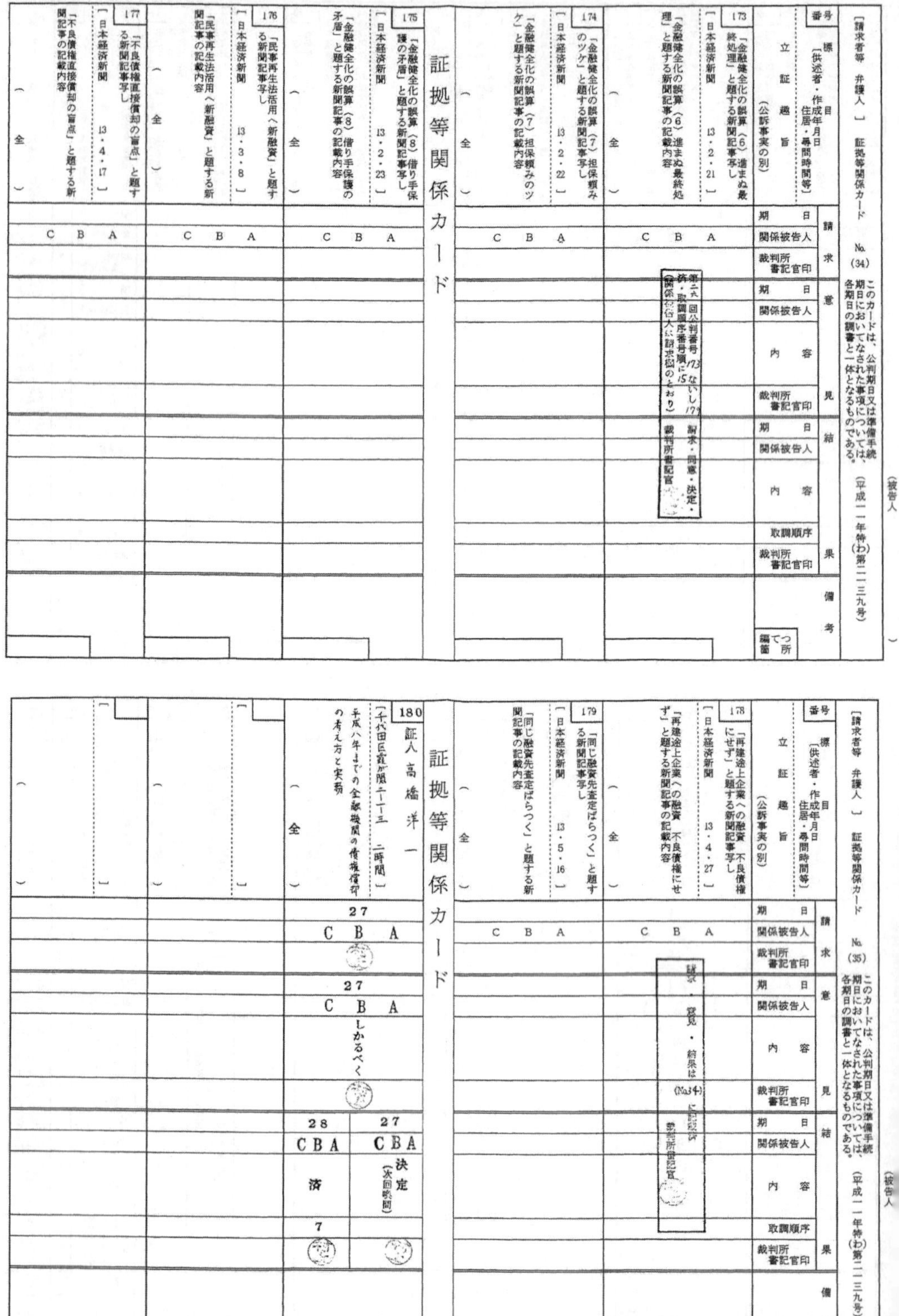

〔請求者等　弁護人〕　証拠等関係カード　No.（34）

このカードは、公判期日又は準備手続期日においてなされた事項については、各期日の調書と一体となるものである。（平成一一年特(わ)第二二三九号）（被告人　　）

番号	標目〔供述者・作成年月日・住居・尋問時間等〕	立証趣旨（公訴事実の別）	請求 関係被告人
173	「金融健全化の誤算〈6〉進まぬ最終処理」と題する新聞記事写し〔日本経済新聞　13・2・21〕	「金融健全化の誤算〈6〉進まぬ最終処理」と題する新聞記事の記載内容（全）	A　B　C
174	「金融健全化の誤算〈7〉担保頼みのツケ」と題する新聞記事写し〔日本経済新聞　13・2・22〕	「金融健全化の誤算〈7〉担保頼みのツケ」と題する新聞記事の記載内容（全）	A　B　C
175	「金融健全化の誤算〈8〉借り手保護の矛盾」と題する新聞記事写し〔日本経済新聞　13・2・23〕	「金融健全化の誤算〈8〉借り手保護の矛盾」と題する新聞記事の記載内容（全）	A　B　C
176	「民事再生法活用〈新融資〉」と題する新聞記事写し〔日本経済新聞　13・3・8〕	「民事再生法活用〈新融資〉」と題する新聞記事の記載内容（全）	A　B　C
177	「不良債権直接償却の盲点」と題する新聞記事写し〔日本経済新聞　13・4・17〕	「不良債権直接償却の盲点」と題する新聞記事の記載内容（全）	A　B　C

第二六回公判番号173ないし179　請求・同意・決定・済・取調順序番号順に15（関係被告人に請求欄のとおり）　裁判所書記官

〔請求者等　弁護人〕　証拠等関係カード　No.（35）

このカードは、公判期日又は準備手続期日においてなされた事項については、各期日の調書と一体となるものである。（平成一一年特(わ)第二二三九号）（被告人　　）

番号	標目〔供述者・作成年月日・住居・尋問時間等〕	立証趣旨（公訴事実の別）	請求 期日	請求 関係被告人	意見 期日	意見 関係被告人	意見 内容	結果 期日	結果 関係被告人	結果 内容	取調順序
178	「再建途上企業への融資　不良債権にせず」と題する新聞記事写し〔日本経済新聞　13・4・27〕	「再建途上企業への融資　不良債権にせず」と題する新聞記事の記載内容（全）		A　B　C							
179	「同じ融資先査定ばらつく」と題する新聞記事写し〔日本経済新聞　13・5・16〕	「同じ融資先査定ばらつく」と題する新聞記事の記載内容（全）		A　B　C							
180	証人　高橋洋一〔千代田区霞が関二－一－三　二時間〕	平成八年までの金融機関の債権償却の考え方と実務（全）	27	A　B　C	27	A　B　C	しかるべく	27 / 28	CBA / CBA	決定（次回喚問） / 済	7

請求・意見・結果は（No.34）に記載済　裁判所書記官

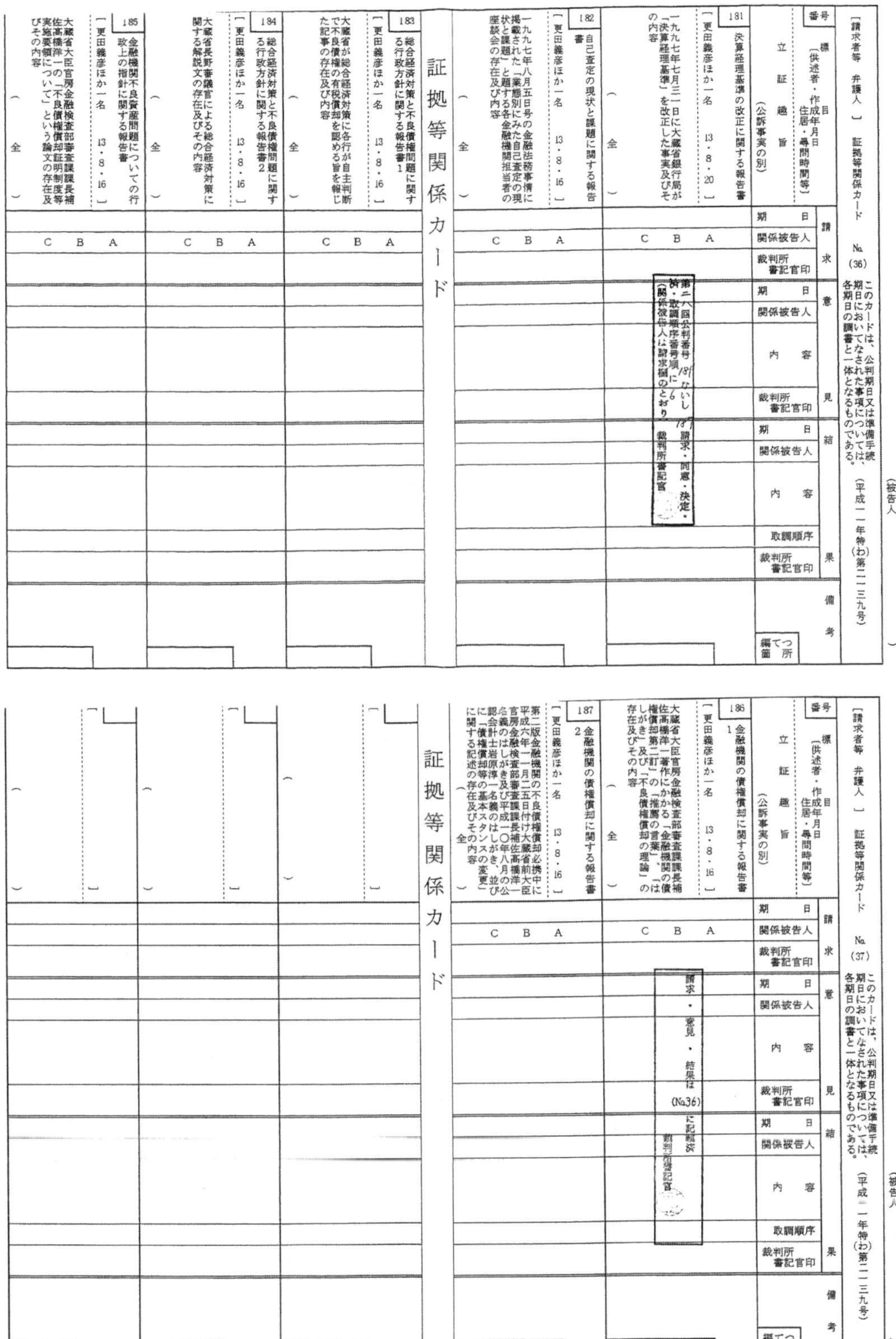

〔請求者等　弁護人〕　証拠等関係カード　No.（36）

このカードは、公判期日又は準備手続期日においてなされた事項については、各期日の調書と一体となるものである。

（平成一一年特（わ）第二二三九号）

（被告人　　　）

番号	標目〔供述者・作成年月日 住居・尋問時間等〕	立証趣旨（公訴事実の別）	請求 期日	関係被告人	裁判所書記官印	意見 期日	関係被告人	内容	裁判所書記官印	結果 期日	関係被告人	内容	取調順序	裁判所書記官印	備考	編てつ箇所
181	決算経理基準の改正に関する報告書〔更田義彦ほか一名　13・8・20〕	一九九七年七月三一日に大蔵省銀行局が「決算経理基準」を改正した事実及びその内容（全）		A B C												
182	自己査定の現状と課題に関する報告書〔更田義彦ほか一名　13・8・16〕	一九九七年八月五日号の金融法務事情に掲載された「業態別にみた自己査定の現状と課題」と題する各金融機関担当者の座談会の存在及び内容（全）		A B C												
183	総合経済対策と不良債権問題に関する行政方針に関する報告書1〔更田義彦ほか一名　13・8・16〕	大蔵省が総合経済対策に各行が自主判断で不良債権の有税償却を認める旨を報じた記事の存在及び内容（全）		A B C												
184	総合経済対策と不良債権問題に関する行政方針に関する報告書2〔更田義彦ほか一名　13・8・16〕	大蔵省長野審議官による総合経済対策に関する解説文の存在及びその内容（全）		A B C												
185	金融機関不良資産問題についての行政上の指針に関する報告書〔更田義彦ほか一名　13・8・16〕	大蔵省大臣官房金融検査部審査課課長補佐高橋洋一の「不良債権償却証明制度等実施要領について」という論文の存在及びその内容（全）		A B C												

第二八回公判　番号181ないし187　請求・同意・決定・済・取調順序番号順に6（関係被告人は請求欄のとおり）　裁判所書記官

〔請求者等　弁護人〕　証拠等関係カード　No.（37）

このカードは、公判期日又は準備手続期日においてなされた事項については、各期日の調書と一体となるものである。

（平成一一年特（わ）第二二三九号）

（被告人　　　）

番号	標目〔供述者・作成年月日 住居・尋問時間等〕	立証趣旨（公訴事実の別）	請求 期日	関係被告人	裁判所書記官印	意見 期日	関係被告人	内容	裁判所書記官印	結果 期日	関係被告人	内容	取調順序	裁判所書記官印	備考	編てつ箇所
186	1 金融機関の債権償却に関する報告書〔更田義彦ほか一名　13・8・16〕	大蔵省大臣官房金融検査部審査課長補佐高橋洋一著作にかかる「金融機関の債権償却第二訂」の「推薦の言葉」、「はしがき」及び「不良債権償却の理論」の存在及びその内容（全）		A B C												
187	2 金融機関の債権償却に関する報告書〔更田義彦ほか一名　13・8・16〕	第二版金融機関の不良債権償却必携中平成六年一一月二五日付け大蔵省前大臣官房金融検査部審査課長補佐高橋洋一名義のはしがき及び平成一〇年八月の公認会計士岩原淳一のはしがき、並びに「債権償却等の基本スタンスの変更」に関する記述の存在及びその内容（全）		A B C												
	〔　　〕	（　　）														
	〔　　〕	（　　）														
	〔　　〕	（　　）														

請求・意見・結果は（No.36）に記載済　裁判所書記官

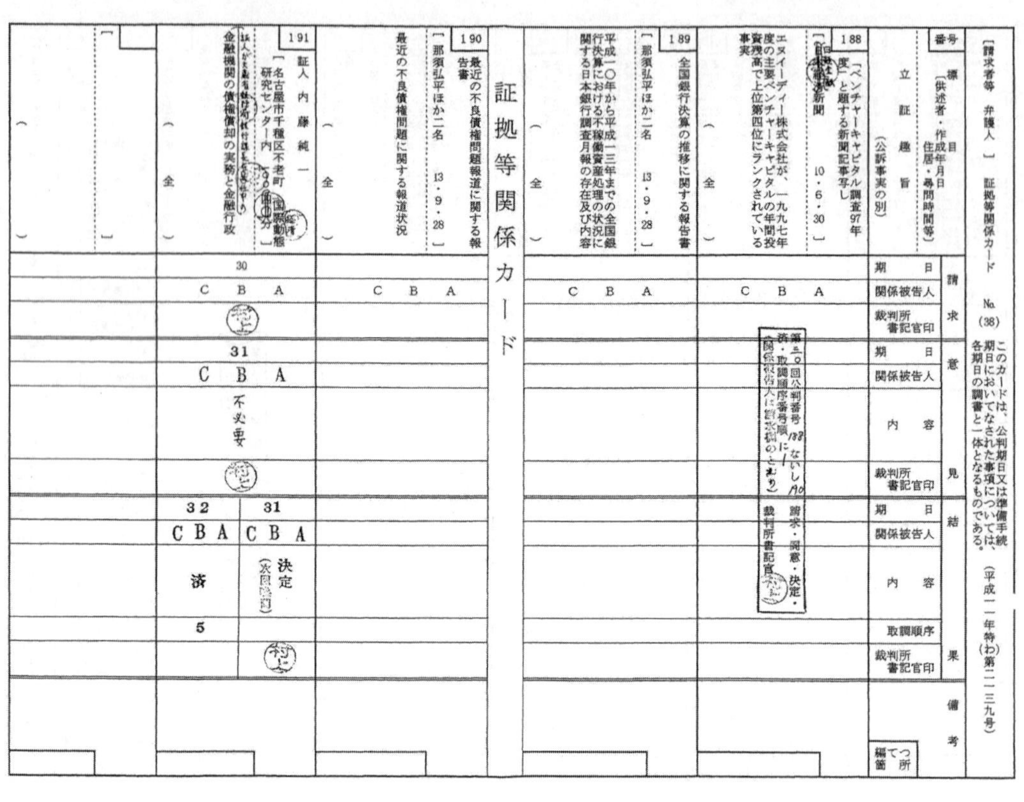

〔請求者等　弁護人〕　証拠等関係カード　No.（38）

このカードは、公判期日又は準備手続期日においてなされた事項については、各期日の調書と一体となるものである。（平成一一年特（わ）第一一三九号）

証拠等関係カード

番号	標目〔供述者・作成年月日、住居・尋問時間等〕	立証趣旨（公訴事実の別）	請求 期日	請求 関係被告人	意見 期日	意見 関係被告人	意見 内容	結果 期日	結果 関係被告人	結果 内容	取調順序	備考
188	「ベンチャーキャピタル調査97年度」と題する新聞記事写し〔日本経済新聞 10・6・30〕	エヌイーディー株式会社が、一九九七年度の主要ベンチャーキャピタルの年間投資残高で上位第四位にランクされている事実（全）		C B A								
189	全国銀行決算の推移に関する報告書〔那須弘平ほか二名 13・9・28〕	平成一〇年から平成一三年までの全国銀行決算における不稼働資産処理の状況に関する日本銀行調査月報の存在及び内容（全）		C B A								
190	最近の不良債権問題報道に関する報告書〔那須弘平ほか二名 13・9・28〕	最近の不良債権問題に関する報道状況（全）		C B A								
191	証人　内藤純一〔名古屋市千種区不老町　国際動態研究センター内　[illegible]分〕	証人が[illegible]金融機関の債権償却の実務と金融行政（全）	30	C B A	31	C B A	不必要	31	C B A	決定（次回喚問）		
								32	C B A	済	5	

第三〇回公判番号188ないし190　請求・同意・決定・済・取調順序番号順に（関係被告人は請求欄のとおり）　裁判所書記官

〔請求者等　弁護人〕　証拠等関係カード　No.（39）

このカードは、公判期日又は準備手続期日においてなされた事項については、各期日の調書と一体となるものである。（平成一一年特（わ）第一一三九号）

証拠等関係カード

番号	標目〔供述者・作成年月日、住居・尋問時間等〕	立証趣旨（公訴事実の別）	請求 期日	請求 関係被告人	意見 期日	意見 関係被告人	意見 内容	結果 期日	結果 関係被告人	結果 内容	取調順序	備考
192	「普通銀行の業務運営に関する基本事項等について」通達の一部改正について」写し〔大蔵省銀行局長 10・2・27〕	「普通銀行の業務運営に関する基本事項等について」通達の一部改正について」の存在及び内容（全）		C B A								
193	「新しい金融検査に関する基本事項について」写し〔大蔵省大臣官房金融検査部長 10・3・31〕	「新しい金融検査に関する基本事項について」の存在及び内容（全）		C B A								
194	「金融関係通達等の廃止について」写し〔大蔵省銀行局長 10・6・8〕	「金融関係通達等の廃止について」の存在及び内容（全）		C B A								

第32回公判番号192ないし194　請求・同意・決定・済・取調順序番号順に（関係被告人は請求欄のとおり）　裁判所書記官

〔請求者等　弁護人〕　証拠等関係カード　No.（40）

（平成一一年特（わ）第二一三九号）

このカードは、公判期日又は準備手続期日においてなされた事項については、各期日の調書と一体となるものである。

（被告

番号	標目〔供述者・作成年月日・住居・尋問時間等〕	立証趣旨（公訴事実の別）	
195	「不良債権、親銀行に責任」と題する新聞記事写し〔日本経済新聞　3・8・31〕	「不良債権、親銀行に責任」と題する新聞記事の存在及びその内容	（全）
196	「不良債権処理　銀行の税軽減」と題する新聞記事写し〔日本経済新聞　4・8・20〕	「不良債権処理　銀行の税軽減」と題する新聞記事の存在及びその内容	（全）
197	「不良債権600億円移管」と題する新聞記事写し〔日本経済新聞　5・4・2〕	「不良債権600億円移管」と題する新聞記事の存在及びその内容	（全）
198	「系列ノンバンクを支援」と題する新聞記事写し〔日本経済新聞　5・11・2〕	「系列ノンバンクを支援」と題する新聞記事の存在及びその内容	（全）
199	「三菱信託、3000億円償却」と題する新聞記事写し〔日本経済新聞　[illegible]〕	「三菱信託、3000億円償却」と題する新聞記事の存在及びその内容	（全）

請求：期日／関係被告人　C　B　A／裁判所書記官印

意見：期日／関係被告人／内容／裁判所書記官印

結果：期日／関係被告人／内容／取調順序／裁判所書記官印

備考／編てつ箇所

第32回公判　番号195ないし299　請求・同意・決定・済・取調順序番号順に6（関係被告人は請求欄のとおり）　裁判所書記官

〔請求者等　弁護人〕　証拠等関係カード　No.（41）

（平成一一年特（わ）第二一三九号）

このカードは、公判期日又は準備手続期日においてなされた事項については、各期日の調書と一体となるものである。

（被告

番号	標目〔供述者・作成年月日・住居・尋問時間等〕	立証趣旨（公訴事実の別）	
200	「興銀3年で8000億円処理」と題する新聞記事写し〔日本経済新聞　6・1・3〕	「興銀3年で8000億円処理」と題する新聞記事の存在及びその内容	（全）
201	「三菱銀、肩代わり償却」と題する新聞記事写し〔日本経済新聞　6・2・18〕	「三菱銀、肩代わり償却」と題する新聞記事の存在及びその内容	（全）
202	「3年で4000億円償却」と題する新聞記事写し〔日本経済新聞　6・5・14〕	「3年で4000億円償却」と題する新聞記事の存在及びその内容	（全）
203	「三菱銀080億円肩代わり」と題する新聞記事写し〔日本経済新聞　6・10・1〕	「三菱銀080億円肩代わり」と題する新聞記事の存在及びその内容	（全）
204	「第一勧銀、肩代わり償却」と題する新聞記事写し〔日本経済新聞　7・3・8〕	「第一勧銀、肩代わり償却」と題する新聞記事の存在及びその内容	（全）

請求：期日／関係被告人　C　B　A／裁判所書記官印

意見：期日／関係被告人／内容／裁判所書記官印

結果：期日／関係被告人／内容／取調順序／裁判所書記官印

備考／編てつ箇所

請求・意見・結果は（No.40）に記載　裁判所書記官

〔請求者等　弁護人〕　証拠等関係カード　No.（42）

（平成一一年特(わ)第二二三九号）（被告）

このカードは、公判期日又は準備手続期日においてなされた事項については、各期日の調書と一体となるものである。

証拠等関係カード

番号	標目〔供述者・作成年月日、住居・尋問時間等〕	立証趣旨（公訴事実の別）	請求（期日／関係被告人／裁判所書記官印）	意見（期日／関係被告人／内容／裁判所書記官印）	結果（期日／関係被告人／内容／取調順序／裁判所書記官印）	備考（編てつ箇所）
205	「長銀、日本リースを支援」と題する新聞記事写し〔日本経済新聞　7・4・9〕	「長銀、日本リースを支援」と題する新聞記事の存在及びその内容（全）	C B A	請求・意見・結果は（No.40）に記載済　裁判所書記官（印）		
206	「大和銀、2200億円償却」と題する新聞記事写し〔日本経済新聞　7・5・17〕	「大和銀、2200億円償却」と題する新聞記事の存在及びその内容（全）	C B A			
207	「富士銀、4700億円支援損」と題する新聞記事写し〔日本経済新聞　7・11・25〕	「富士銀、4700億円支援損」と題する新聞記事の存在及びその内容（全）	C B A			
208	「都銀7行経常赤字に」と題する新聞記事写し〔日本経済新聞　8・5・25〕	「都銀7行経常赤字に」と題する新聞記事の存在及びその内容（全）	C B A			
209	「ひと山越え　なお重荷」と題する新聞記事写し〔日本経済新聞　8・11・23〕	「ひと山越え　なお重荷」と題する新聞記事の存在及びその内容（全）	C B A			

〔請求者等　弁護人〕　証拠等関係カード　No.（43）

（平成一一年特(わ)第二二三九号）（被告）

このカードは、公判期日又は準備手続期日においてなされた事項については、各期日の調書と一体となるものである。

証拠等関係カード

番号	標目〔供述者・作成年月日、住居・尋問時間等〕	立証趣旨（公訴事実の別）	請求（期日／関係被告人／裁判所書記官印）	意見（期日／関係被告人／内容／裁判所書記官印）	結果（期日／関係被告人／内容／取調順序／裁判所書記官印）	備考（編てつ箇所）
210	「不良債権5兆円償却」と題する新聞記事写し〔日本経済新聞　9・2・27〕	「不良債権5兆円償却」と題する新聞記事の存在及びその内容（全）	C B A	請求・意見・結果は（No.40）に記載済　裁判所書記官（印）		
211	「富士銀は1500億円負担」と題する新聞記事写し〔日本経済新聞　9・3・29〕	「富士銀は1500億円負担」と題する新聞記事の存在及びその内容（全）	C B A			
212	「大蔵検査で「妥当」認定」と題する新聞記事写し〔日本経済新聞　9・5・11〕	「大蔵検査で「妥当」認定」と題する新聞記事の存在及びその内容（全）	C B A			
213	「銀行悩ます「自己査定」」と題する新聞記事写し〔日本経済新聞　9・8・20〕	「銀行悩ます「自己査定」」と題する新聞記事の存在及びその内容（全）	C B A			
214	「倒産企業の査定7割が「正常」「要注意」」と題する新聞記事写し〔日本経済新聞　13・6・26〕	「倒産企業の査定7割が「正常」「要注意」」と題する新聞記事の存在及びその内容（全）	C B A			

[請求者等　弁護人]　証拠等関係カード　No.(44)　(平成一一年特(わ)第二一三九号)　(被告人　　)

このカードは、公判期日又は準備手続期日においてなされた事項については、各期日の調書と一体となるものである。

番号	標目 [供述者・作成年月日 住居・尋問時間等]	立証趣旨	(公訴事実の別)	請求（期日／関係被告人／裁判所書記官印）	意見（期日／関係被告人／内容／裁判所書記官印）	結果（期日／関係被告人／内容／取調順序／裁判所書記官印）	備考（編てつ箇所）
215	「不良債権新たに8兆6000億円」と題する新聞記事写し [日本経済新聞 13・9・12]	「不良債権新たに8兆6000億円」と題する新聞記事の存在及びその内容	(全)	C B A	請求・意見・結果は(No.40)に記載 裁判所書記官		
216	「早期処理へ両面作戦」と題する新聞記事写し [日本経済新聞 13・9・20]	「早期処理へ両面作戦」と題する新聞記事の存在及びその内容	(全)	C B A			
217	「ファミリー経済 要注意先債権って何?」と題する新聞記事写し [日本経済新聞 13・9・30]	「ファミリー経済 要注意先債権って何?」と題する新聞記事の存在及びその内容	(全)	C B A			
218	「大手銀、取り崩し検討」と題する新聞記事写し [日本経済新聞 13・10・6]	「大手銀、取り崩し検討」と題する新聞記事の存在及びその内容	(全)	C B A			
219	「大手銀剣が峰の中間決算 下 甘い貸倒引当金」と題する新聞記事写し [日本経済新聞 13・10・6]	「大手銀剣が峰の中間決算 下 甘い貸倒引当金」と題する新聞記事の存在及びその内容	(全)	C B A			

[請求者等　弁護人]　証拠等関係カード　No.(45)　(平成一一年特(わ)第二一三九号)　(被告人　　)

このカードは、公判期日又は準備手続期日においてなされた事項については、各期日の調書と一体となるものである。

番号	標目 [供述者・作成年月日 住居・尋問時間等]	立証趣旨	(公訴事実の別)	請求（期日／関係被告人／裁判所書記官印）	意見（期日／関係被告人／内容／裁判所書記官印）	結果（期日／関係被告人／内容／取調順序／裁判所書記官印）	備考（編てつ箇所）
220	「ニュースなるほど 要注意先債権、不信高まる」と題する新聞記事写し [日本経済新聞 13・10・9]	「ニュースなるほど 要注意先債権、不信高まる」と題する新聞記事の存在及びその内容	(全)	C B A	請求・意見・結果は(No.40)に記載 裁判所書記官		
221	「金融庁 特別検査、月内にも」と題する新聞記事写し [日本経済新聞 13・10・11]	「金融庁 特別検査、月内にも」と題する新聞記事の存在及びその内容	(全)	C B A			
222	「大手銀引きずる難題」と題する新聞記事写し [日本経済新聞 13・10・12]	「大手銀引きずる難題」と題する新聞記事の存在及びその内容	(全)	C B A			
223	「金融危機からの脱出」と題する書籍抜粋写し [リチャード・クー 10・3・26]	「金融危機からの脱出」と題する書籍の存在及び抜粋部分の内容	(全)	C B A			
224	不良債権処理の「指針」と無税償却の基準に関する報告書 [更田義彦ほか一名 13・10・30]	「債権放棄指針・全銀協、経団連研究会、国税庁に・不良債権処理急ぐ・一律無税償却を要請」と題する新聞記事の存在及びその内容	(全)	C B A			

〔請求者等　弁護人〕　証拠等関係カード　No.（46）　（平成一一年特(わ)第二二三九号）　（被告…）

このカードは、公判期日又は準備手続期日においてなされた事項については、各期日の調書と一体となるものである。

証拠等関係カード

番号	標目〔供述者・作成年月日　住居・尋問時間等〕	立証趣旨（公訴事実の別）	請求 期日	請求 関係被告人	意見	結果	備考
225	不良債権の査定及び貸倒れ引当金の計上状況に関する報告書（二〇〇一年三月期）〔更田義彦ほか一名　13・10・30〕	「不良債権　新たに8兆6000億円・全国銀行前3月期　地銀など査定厳格化、待ったなし不良債権処理」中と題する新聞記事の存在及びその内容（全）		A　B　C	請求・意見・結果は（No.40）に記載済　裁判所書記官		
226	「早期是正措置に関する検討会の議事概要」についての報告書〔更田義彦ほか一名　13・10・30〕	金融庁のホームページに「早期是正措置に関する検討会の議事概要」が存在する事実及びその内容（全）		A　B　C			
227	「法人税法上の貸倒引当金、債権償却特別勘定」（平成九年度）についての報告書〔更田義彦ほか一名　13・10・30〕	税務経理ハンドブック（平成九年度版）中に「法人税法上の貸倒引当金、債権償却特別勘定」の説明が存在する事実及びその内容（全）					
228	「法人税法上の貸倒引当金」（平成一〇年度）についての報告書〔更田義彦ほか一名　13・10・30〕	税務経理ハンドブック（平成一〇年度版）中に「法人税法上の貸倒引当金」の説明が存在する事実及びその内容（全）					
229	「動き出すノーアクションレター　金融庁、裁量脱却腰重く」と題する新聞記事写し〔日本経済新聞　13・1・9〕	「動き出すノーアクションレター　金融庁、裁量脱却腰重く」と題する新聞記事の存在及びその内容（全）					

〔請求者等　弁護人〕　証拠等関係カード　No.（47）　（平成一一年特(わ)第二二三九号）　（被告…）

このカードは、公判期日又は準備手続期日においてなされた事項については、各期日の調書と一体となるものである。

証拠等関係カード

番号	標目〔供述者・作成年月日　住居・尋問時間等〕	立証趣旨（公訴事実の別）	請求 期日	請求 関係被告人	意見	結果	備考
230	「会計ビッグバン　企業経営に激震」と題する新聞記事写し〔日本経済新聞　13・1・9〕	「会計ビッグバン　企業経営に激震」と題する新聞記の存在及びその内容（全）		A　B　C	請求・意見・結果は（No.40）に記載済　裁判所書記官		
231	「大手銀、取り崩し検討」と題する新聞記事写し〔日本経済新聞　13・10・6〕	「大手銀、取り崩し検討」と題する新聞記の存在及びその内容（全）		A　B　C			
232	「要注意先債権、不信高まる」と題する新聞記事写し〔日本経済新聞　13・10・9〕	「要注意先債権、不信高まる」と題する新聞記の存在及びその内容（全）		A　B　C			
233	「金融機関淘汰将来あり得る」と題する新聞記事写し〔日本経済新聞　10・5・6〕	「金融機関淘汰将来あり得る」と題する新聞記事の存在及びその内容（全）		A　B　C			
234	「東証、一時約500円安」と題する新聞記事写し〔朝日新聞　10・5・6〕	「東証、一時約500円安」と題する新聞記事の存在及びその内容（全）		A　B　C			

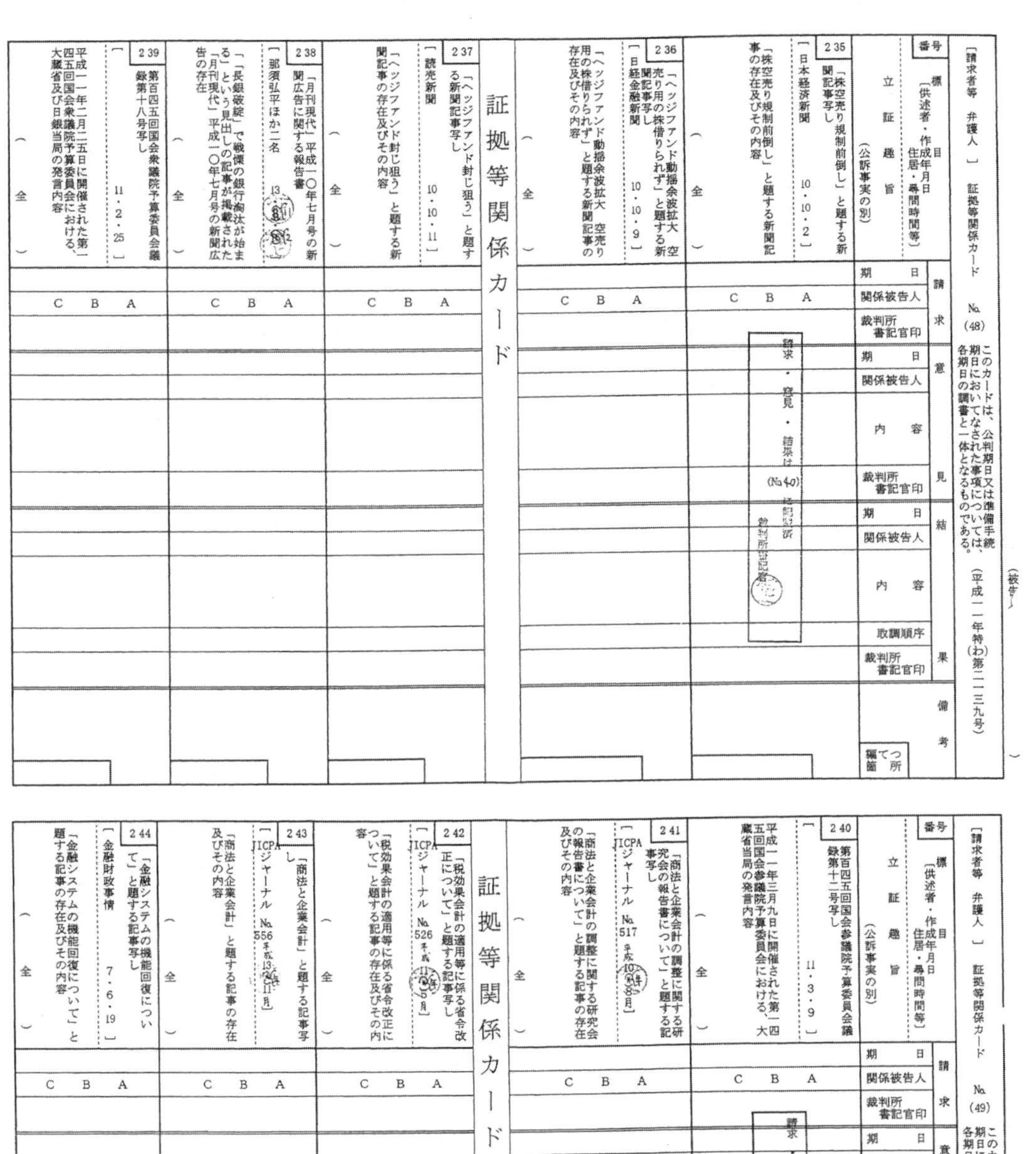

〔請求者等　弁護人　〕　証拠等関係カード　No.（48）

このカードは、公判期日又は準備手続期日においてなされた事項については、各期日の調書と一体となるものである。

（平成一一年特（わ）第二一三九号）

（被告人　　　）

番号	標目〔供述者・作成年月日、住居・尋問時間等〕	立証趣旨（公訴事実の別）	請求	意見	結果	備考
235	「株空売り規制前倒し」と題する新聞記事写し〔日本経済新聞　10・10・2〕	「株空売り規制前倒し」と題する新聞記事の存在及びその内容（全）	C B A			
236	「ヘッジファンド動揺余波拡大　空売り用の株借りられず」と題する新聞記事写し〔日経金融新聞　10・10・9〕	「ヘッジファンド動揺余波拡大　空売り用の株借りられず」と題する新聞記事の存在及びその内容（全）	C B A			
237	「ヘッジファンド封じ狙う」と題する新聞記事写し〔読売新聞　10・10・11〕	「ヘッジファンド封じ狙う」と題する新聞記事の存在及びその内容（全）	C B A			
238	「月刊現代」平成一〇年七月号の新聞広告に関する報告書〔那須弘平ほか二名　13・8・31〕	「「長銀破綻」で戦慄の銀行淘汰が始まる」という見出しの記事が掲載された「月刊現代」平成一〇年七月号の新聞広告の存在（全）	C B A			
239	第百四五回国会衆議院予算委員会議録第十八号写し〔　11・2・25〕	平成一一年二月二五日に開催された第一四五回国会衆議院予算委員会における、大蔵省及び日銀当局の発言内容（全）	C B A			

請求・意見・結果は（No.40）記載のとおり　裁判所書記官

期日／関係被告人／裁判所書記官印（請求）　期日／関係被告人／内容／裁判所書記官印（意見）　期日／関係被告人／内容／取調順序／裁判所書記官印（結果）　備考　編てつ箇所

〔請求者等　弁護人　〕　証拠等関係カード　No.（49）

このカードは、公判期日又は準備手続期日においてなされた事項については、各期日の調書と一体となるものである。

（平成一一年特（わ）第二一三九号）

（八　　　）

番号	標目〔供述者・作成年月日、住居・尋問時間等〕	立証趣旨（公訴事実の別）	請求	意見	結果	備考
240	第百四五回国会参議院予算委員会議録第十二号写し〔　11・3・9〕	平成一一年三月九日に開催された第一四五回国会参議院予算委員会における、大蔵省当局の発言内容（全）	C B A			
241	「商法と企業会計の調整に関する研究会の報告書について」と題する記事写し〔JICPAジャーナル　No.517　平成10年8月〕	「商法と企業会計の調整に関する研究会の報告書について」と題する記事の存在及びその内容（全）	C B A			
242	「税効果会計の適用等に係る省令改正について」と題する記事写し〔JICPAジャーナル　No.526　平成11年5月〕	「税効果会計の適用等に係る省令改正について」と題する記事の存在及びその内容（全）	C B A			
243	「商法と企業会計」と題する記事写し〔JICPAジャーナル　No.556　平成13年11月〕	「商法と企業会計」と題する記事の存在及びその内容（全）	C B A			
244	「金融システムの機能回復について」と題する記事写し〔金融財政事情　7・6・19〕	「金融システムの機能回復について」と題する記事の存在及びその内容（全）	C B A			

請求・意見・結果は（No.40）記載のとおり　裁判所書記官

期日／関係被告人／裁判所書記官印（請求）　期日／関係被告人／内容／裁判所書記官印（意見）　期日／関係被告人／内容／取調順序／裁判所書記官印（結果）　備考　編てつ箇所

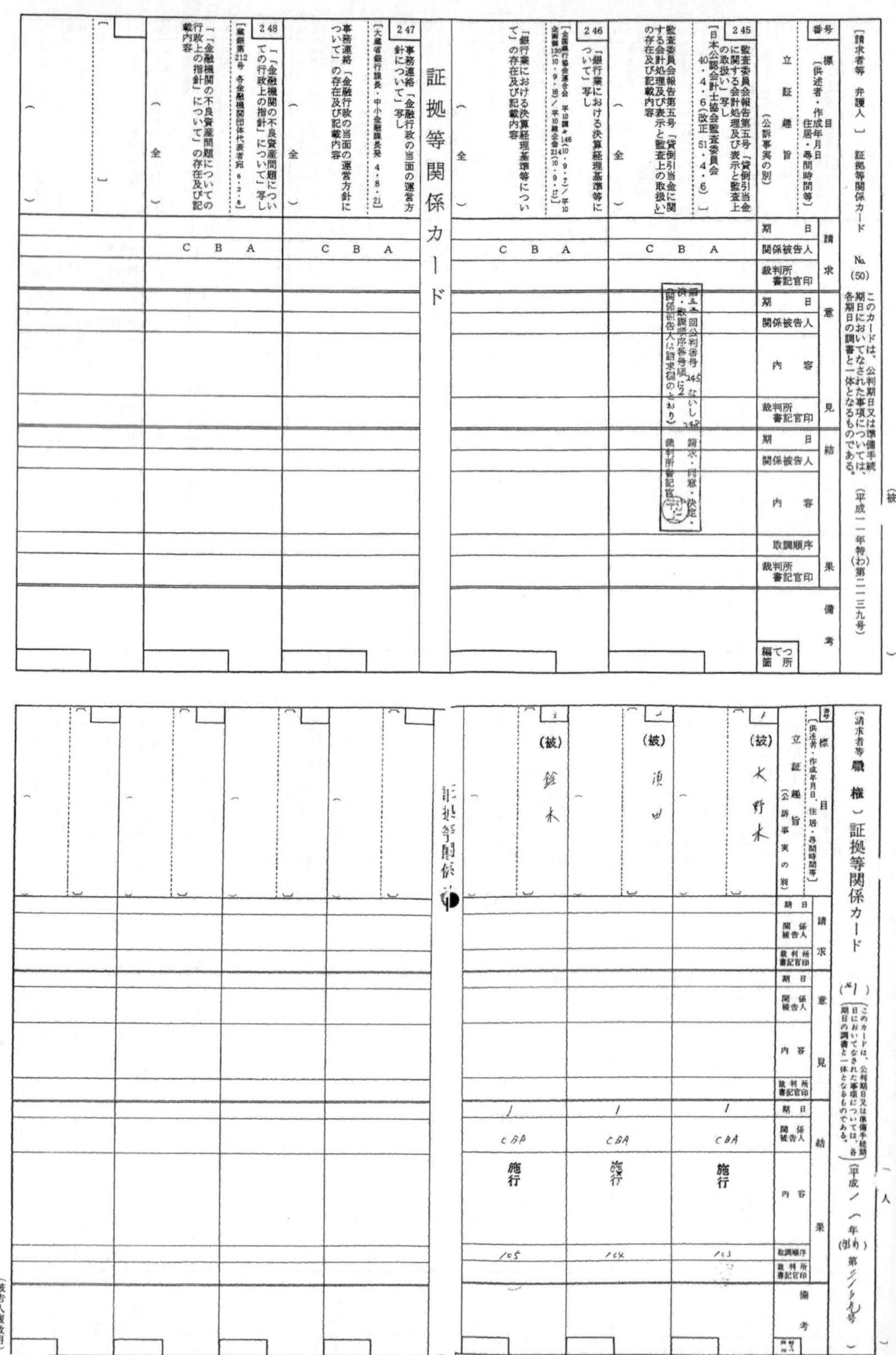

（請求者等　弁護人）　証拠等関係カード　No.（50）

このカードは、公判期日又は準備手続期日においてなされた事項については、各期日の調書と一体となるものである。

（平成一一年特(わ)第二二三九号）

番号	標目［供述者・作成年月日、住居・尋問時間等］／立証趣旨（公訴事実の別）	請求 期日	関係被告人	裁判所書記官印	意見	結果	備考
245	監査委員会報告第五号「貸倒引当金に関する会計処理及び表示と監査上の取扱い」写し［日本公認会計士協会監査委員会 40・4・6（改正 51・4・6）］ 監査委員会報告第五号「貸倒引当金に関する会計処理及び表示と監査上の取扱い」の存在及び記載内容（全）		A B C				
246	「銀行業における決算経理基準等について」写し［全国銀行協会連合会 平10調々146（10・9・7）／平10企画個130（10・9・16）／平10総企会214（10・9・17）］ 「銀行業における決算経理基準等について」の存在及び記載内容（全）		A B C				
247	事務連絡「金融行政の当面の運営方針について」写し［大蔵省銀行課長・中小金融課長発 4・8・21］ 事務連絡「金融行政の当面の運営方針について」の存在及び記載内容（全）		A B C				
248	「「金融機関の不良資産問題についての行政上の指針」について」写し［蔵銀第212号 各金融機関団体代表者宛 6・2・8］ 「「金融機関の不良資産問題についての行政上の指針」について」の存在及び記載内容（全）		A B C				

第三回公判番号245ないし248　請求・同意・決定・済・取調順序番号欄に2　関係被告人は請求欄のとおり　裁判所書記官

（請求者等　職権）証拠等関係カード　（No.1）

このカードは、公判期日又は準備手続期日においてなされた事項については、各期日の調書と一体となるものである。

（平成11年（特わ）第2239号）

番号	標目［供述者・作成年月日、住居・尋問時間等］／立証趣旨（公訴事実の別）	請求	意見	結果 期日	関係被告人	内容	取調順序	備考
1	（被）大野木			1	CBA	施行	103	
2	（被）須田			1	CBA	施行	104	
3	（被）鈴木			1	CBA	施行	105	

（被告人複数用）

（請求者等 職権）証拠等関係カード（No.2）

（このカードは、公判期日又は準備手続期日においてなされた事項については、各期日の調書と一体となるものである。）

平成一一年（わ）第二一三九号

（被告人　　）

（被告人複数用）

番号	8	9	10	11	12	13	14
標目（供述者・作成年月日、住居・尋問時間等）立証趣旨（公訴事実の別）	（被）須田	（被）鈴木	（被）鈴木	（被）須田	（被）須田	（被）須田	（被）鈴木
請求　期日							
請求　関係被告人							
請求　裁判所書記官印							
意見　期日							
意見　関係被告人							
意見　内容							
意見　裁判所書記官印							
結果　期日	10	11	12	23	24	25	26
結果　関係被告人	C B A	C B A	C B A	C B A	C B A	C B A	C B A
結果　内容	施行	施行	施行	施行	施行	施行	施行
取調順序	26	5	2	3	2	10	16
裁判所書記官印	（印）	（印）	（印）	（印）	（印）	（印）	（印）
備考							

証拠等関係カード

（請求者等 職権）証拠等関係カード（No.3）

（このカードは、公判期日又は準備手続期日においてなされた事項については、各期日の調書と一体となるものである。）

平成一一年（わ）第二一三九号

（被告人　　）

（被告人複数用）

番号	15	16	17	18	19	2	2
標目（供述者・作成年月日、住居・尋問時間等）立証趣旨（公訴事実の別）	（被）鈴木	（被）鈴木	（被）大野木	（被）大野木	（被）大野木	（被）大野木	（被）須田
請求　期日							
請求　関係被告人							
請求　裁判所書記官印							
意見　期日							
意見　関係被告人							
意見　内容							
意見　裁判所書記官印							
結果　期日	27	28	28	30	31	32	32
結果　関係被告人	C B A	C B A	C B A	C B A	C B A	C B A	C B A
結果　内容	施行	施行	施行	施行	施行	施行	施行
取調順序	3	8	9	2	1	7	8
裁判所書記官印	（印）	（印）	（印）	（印）	（印）	（印）	（印）
備考							

証拠等関係カード

（請求者等 職権）証拠等関係カード（被告人）

（※4）（このカードは、公判期日又は準備手続期日においてなされた事項については、各期日の調書と一体となるものである。）（平成一一年（わ）第一一三九号）

番号	標目（供述者・作成年月日、住居・尋問時間等）	立証趣旨（公訴事実の別）	請求 期日	請求 関係被告人	請求 裁判所書記官印	意見 期日	意見 関係被告人	意見 内容	意見 裁判所書記官印	結果 期日	結果 関係被告人	結果 内容	取調順序	結果 裁判所書記官印	備考
22	（被）鈴木									32	CBA	施行	9	（判）	

証拠等関係カード

（被告人複数用）

〈編著者紹介〉

更田義彦（ふけた　よしひこ）　弁護士　更田・河野法律事務所

倉科直文（くらしな　なおふみ）　弁護士　虎の門法律事務所

國廣　正（くにひろ　ただし）　弁護士　国広総合法律事務所

坂井　眞（さかい　まこと）　弁護士　シリウス総合法律事務所

五味祐子（ごみ　ゆうこ）　弁護士　国広総合法律事務所

日本裁判資料全集 3

長銀最高裁無罪事件 上巻

2011(平成23)年 7 月18日　第 1 版第 1 刷発行

6019-01011　p1024：￥30000E：b055

編　集　更田義彦
倉科直文
國廣　正
坂井　眞
五味祐子

発行者　今井　貴・稲葉文子

発行所　株式会社 信山社
編集第 2 部

〒113-0033 東京都文京区本郷 6 − 2 − 9 −102
Tel 03-3818-1019

出版契約2011-6019-01011　Fax 03-3818-0344

印刷・製本／東洋印刷・渋谷文泉閣製本

ISBN978-4-7972-6019-9 C3332　分類326-000-a003